GOETHES WERKE

Hamburger Ausgabe in 14 Bänden
Herausgegeben von Erich Trunz

Goethes Werke · Hamburger Ausgabe

Band 1
Gedichte und Epen I

Band 2
Gedichte und Epen II

Band 3
Dramatische Dichtungen I

Band 4
Dramatische Dichtungen II

Band 5
Dramatische Dichtungen III

Band 6
Romane und Novellen I

Band 7
Romane und Novellen II

Band 8
Romane und Novellen III

Band 9
Autobiographische Schriften I

Band 10
Autobiographische Schriften II

Band 11
Autobiographische Schriften III

Band 12
Kunst und Literatur

Band 13
Naturwissenschaftliche Schriften I

Band 14
Naturwissenschaftliche Schriften II
Materialien · Register

GOETHES WERKE
BAND I
GEDICHTE UND EPEN I

Textkritisch durchgesehen und kommentiert von Erich Trunz

VERLAG C.H. BECK MÜNCHEN

Sonderausgabe
zum 250. Geburtstag Goethes
am 28. 8. 1999

*Die ‚Hamburger Ausgabe' wurde begründet
im Christian Wegner Verlag, Hamburg
Die erste bis neunte Auflage des ersten Bandes
erschien dort in den Jahren 1948 bis 1969*

*Dieser Band ist identisch mit der
16., durchgesehenen Auflage. 1996*

ISBN für die 14bändige Sonderausgabe: 3 406 44186 6

Sonderausgabe. 1998

Druck: C.H.Beck'sche Buchdruckerei, Nördlingen
Gedruckt auf säurefreiem, alterungsbeständigem Papier
(hergestellt aus chlorfrei gebleichtem Zellstoff)
von Schoeller & Hoesch, Gernsbach
Printed in Germany

GEDICHTE UND EPEN

ERSTER BAND

FRÜHE GEDICHTE

Gedichte der Knabenjahre

Bei dem erfreulichen Anbruche des 1757. Jahres wollte seinen hochgeehrtesten und herzlichgeliebten Großeltern die Gesinnungen kindlicher Hochachtung und Liebe durch folgende Segenswünsche zu erkennen geben deroselben treugehorsamster Enkel Johann Wolfgang Goethe.

Erhabner Großpapa!
Ein Neues Jahr erscheint,
Drum muß ich meine Pflicht und Schuldigkeit entrichten,
Die Ehrfurcht heißt mich hier aus reinem Herzen dichten,
So schlecht es aber ist, so gut ist es gemeint.
Gott, der die Zeit erneut, erneure auch Ihr Glück,
Und kröne Sie dies Jahr mit stetem Wohlergehen;
Ihr Wohlsein müsse lang so fest wie Zedern stehen,
Ihr Tun begleite stets ein günstiges Geschick;
Ihr Haus sei wie bisher des Segens Sammelplatz,
Und lasse Sie noch spät Möninens Ruder führen,
Gesundheit müsse Sie bis an Ihr Ende zieren,
Dann diese ist gewiß der allergrößte Schatz.

Erhabne Großmama!
Des Jahres erster Tag
Erweckt in meiner Brust ein zärtliches Empfinden
Und heißt mich ebenfalls Sie jetzo anzubinden
Mit Versen, die vielleicht kein Kenner lesen mag;
Indessen hören Sie die schlechte Zeilen an,
Indem sie wie mein Wunsch aus wahrer Liebe fließen.
Der Segen müsse sich heut über Sie ergießen,
Der Höchste schütze Sie, wie er bisher getan.

Er wolle Ihnen stets, was Sie sich wünschen, geben
Und lasse Sie noch oft ein Neues Jahr erleben.
Dies sind die Erstlinge, die Sie anheut empfangen,
Die Feder wird hinfort mehr Fertigkeit erlangen.

Bei diesem neuen Jahreswechsel überreicht
seinen verehrungswürdigen
Großeltern
dieses Opfer aus kindlicher Hochachtung
Joh. Wolfg. Goethe
den 1. Jenner 1762.

Großeltern, da dies Jahr heut seinen Anfang nimmt,
So nehmt auch dieses an, das ich vor Euch bestimmt,
Und ob Apollo schon mir nicht geneigt gewesen,
So würdiget es doch nur einmal durchzulesen.
Ich wünsch aus kindlichem gehorsamen Gemüte
Euch alles Glück und Heil von Gottes Hand und Güte,
Sein guter Engel sei bei Euch in aller Zeit.
Er geb' Euch das Geleit in Widerwärtigkeit
Sowohl als in dem Glück und laß Euch lang noch leben,
Daß Ihr Urenklen noch den Segen könnet geben;
Dies schreibt der älteste von Eurer Töchter Söhnen,
Um sich auch nach und nach zu denken angewöhnen,
Und zeigt ingleichen hier mit diesen Zeilen an,
Was er dies Jahr hindurch im Schreiben hat getan.
Wenn mich bis übers Jahr die Parzen schonen täten,
Wie gerne wollt' ich denn mit fremder Zunge reden.

POETISCHE GEDANKEN ÜBER DIE HÖLLENFAHRT JESU CHRISTI

Auf Verlangen entworfen von J. W. G.

Welch ungewöhnliches Getümmel!
Ein Jauchzen tönet durch die Himmel.
Ein großes Heer zieht herrlich fort.
Gefolgt von tausend Millionen
Steigt Gottes Sohn von seinen Thronen
Und eilt an jenen finstern Ort.
Er eilt, umgeben von Gewittern;
Als Richter kommt Er und als Held.
Er geht, und alle Sterne zittern.
Die Sonne bebt. Es bebt die Welt.

Ich seh' Ihn auf dem Siegeswagen,
Von Feuerrädern fortgetragen,
Den, der für uns am Kreuze starb.
Er zeigt den Sieg auch jenen Fernen,
Weit von der Welt, weit von den Sternen,
Den Sieg, den Er für uns erwarb.
Er kommt, die Hölle zu zerstören,
Die schon sein Tod darnieder schlug;
Sie soll von Ihm ihr Urteil hören.
Hört! Jetzt erfüllet sich der Fluch.

Die Hölle sieht den Sieger kommen,
Sie fühlt sich ihre Macht genommen.
Sie bebt und scheut Sein Angesicht.
Sie kennet Seines Donners Schrecken.
Sie sucht umsonst sich zu verstecken.
Sie sucht zu fliehn und kann es nicht.
Sie eilt vergebens, sich zu retten
Und sich dem Richter zu entziehn,
Der Zorn des Herrn, gleich ehrnen Ketten,
Hält ihren Fuß, sie kann nicht fliehn.

Hier lieget der zertretne Drache,
Er liegt und fühlt des Höchsten Rache,
Er fühlet sie und knirscht vor Wut.

Er fühlt der ganzen Hölle Qualen,
Er ächzt und heult bei tausend Malen:
Vernichte mich, o heiße Glut!
Da liegt er in dem Flammen-Meere,
Ihn foltern ewig Angst und Pein.
Er flucht, daß ihn die Qual verzehre,
Und hört, die Qual soll ewig sein.

Auch hier sind jene große Scharen,
Die mit ihm gleichen Lasters waren,
Doch lange nicht so bös als er.
Hier liegt die ungezählte Menge,
In schwarzem schröcklichen Gedränge,
Im Feuer-Orkan um ihn her.
Er sieht, wie sie den Richter scheuen,
Er sieht, wie sie der Sturm zerfrißt.
Er sieht's und kann sich doch nicht freuen,
Weil seine Pein noch größer ist.

Des Menschen Sohn steigt im Triumphe
Hinab zum schwarzen Höllen-Sumpfe
Und zeigt dort Seine Herrlichkeit.
Die Hölle kann den Glanz nicht tragen,
Seit ihren ersten Schöpfungstagen
Beherrschte sie die Dunkelheit.
Sie lag entfernt von allem Lichte,
Erfüllt von Qual im Chaos hier.
Den Strahl von Seinem Angesichte
Verwandte Gott auf stets von ihr.

Jetzt siehet sie in ihren Grenzen
Die Herrlichkeit des Sohnes glänzen,
Die fürchterliche Majestät.
Sie sieht mit Donnern Ihn umgeben,
Sie sieht, daß alle Felsen beben,
Wie Gott im Grimme vor ihr steht.
Sie sieht's, Er kommet, sie zu richten,
Sie fühlt den Schmerzen, der sie plagt;
Sie wünscht umsonst, sich zu vernichten.
Auch dieser Trost bleibt ihr versagt.

Nun denkt sie an ihr altes Glücke,
Voll Pein an jene Zeit zurücke,
Da dieser Glanz ihr Lust gebar;
Da noch ihr Herz im Stand der Tugend,
Ihr froher Geist in frischer Jugend
Und stets voll neuer Wonne war.
Sie denkt mit Wut an ihr Verbrechen,
Wie sie die Menschen kühn betrog.
Sie dachte sich an Gott zu rächen,
Jetzt fühlt sie, was es nach sich zog.

Gott ward ein Mensch. Er kam auf Erden.
Auch dieser soll mein Opfer werden,
Sprach Satanas und freute sich.
Er suchte Christum zu verderben,
Der Welten Schöpfer sollte sterben.
Doch weh dir, Satan, ewiglich!
Du glaubtest Ihn zu überwinden,
Du freutest dich bei Seiner Not.
Doch siegreich kommt Er, dich zu binden.
Wo ist dein Stachel hin, o Tod?

Sprich, Hölle! Sprich, wo ist dein Siegen?
Sieh nur, wie deine Mächte liegen.
Erkennst du bald des Höchsten Macht?
Sieh, Satan! Sieh dein Reich zerstöret.
Von tausendfacher Qual beschweret
Liegst du in ewig finstrer Nacht.
Da liegst du wie vom Blitz getroffen.
Kein Schein vom Glück erfreuet dich.
Es ist umsonst. Du darfst nichts hoffen,
Messias starb allein für mich!

Es steigt ein Heulen durch die Lüfte,
Schnell wanken jene schwarze Grüfte,
Als Christus Sich der Hölle zeigt.
Sie knirscht aus Wut; doch ihrem Wüten
Kann unser großer Held gebieten;
Er winkt, die ganze Hölle schweigt.
Der Donner rollt vor Seiner Stimme.

Die hohe Siegesfahne weht.
Selbst Engel zittern vor dem Grimme,
Wann Christus zum Gerichte geht.

Jetzt spricht Er; Donner ist Sein Sprechen,
Er spricht, und alle Felsen brechen.
Sein Atem ist dem Feuer gleich.
So spricht Er: Zittert, ihr Verruchte!
Der, der in Eden euch verfluchte,
Kommt und zerstöret euer Reich.
Seht auf! Ihr waret Meine Kinder,
Ihr habt euch wider Mich empört.
Ihr fielt und wurdet freche Sünder,
Ihr habt den Lohn, der euch gehört.

Ihr wurdet Meine größten Feinde,
Verführtet Meine liebsten Freunde.
Die Menschen fielen so wie ihr.
Ihr wolltet ewig sie verderben.
Des Todes sollten alle sterben.
Doch, heulet! Ich erwarb sie Mir.
Für sie bin Ich herab gegangen,
Ich litt, Ich bat, Ich starb für sie.
Ihr sollt nicht euren Zweck erlangen.
Wer an Mich glaubt, der stirbet nie.

Hier lieget ihr in ew'gen Ketten,
Nichts kann euch aus dem Pfuhl erretten,
Nicht Reue, nicht Verwegenheit.
Da liegt, krümmt euch in Schwefel-Flammen!
Ihr eiltet, euch selbst zu verdammen,
Da liegt und klagt in Ewigkeit!
Auch ihr, so Ich Mir auserkoren,
Auch ihr verscherztet Meine Huld;
Auch ihr seid ewiglich verloren.
Ihr murret? Gebt Mir keine Schuld.

Ihr solltet ewig mit Mir leben,
Euch ward hierzu Mein Wort gegeben,
Ihr sündigtet und folgtet nicht.

Ihr lebtet in dem Sünden-Schlafe.
Nun quält euch die gerechte Strafe,
Ihr fühlt Mein schreckliches Gericht. —
So sprach Er, und ein furchtbar Wetter
Geht von Ihm aus. Die Blitze glühn.
Der Donner faßt die Übertreter
Und stürzt sie in den Abgrund hin.

Der Gott-Mensch schließt der Höllen Pforten,
Er schwingt Sich aus den dunklen Orten
In Seine Herrlichkeit zurück.
Er sitzet an des Vaters Seiten,
Er will noch immer für uns streiten.
Er will's! O Freunde! Welches Glück!
Der Engel feierliche Chöre,
Die jauchzen vor dem großen Gott,
Daß es die ganze Schöpfung höre:
Groß ist der Herr Gott Zebaoth!

AN MEINE MUTTER

Obgleich kein Gruß, obgleich kein Brief von mir
So lang dir kömmt, laß keinen Zweifel doch
Ins Herz, als wär' die Zärtlichkeit des Sohns,
Die ich dir schuldig bin, aus meiner Brust
Entwichen. Nein, so wenig als der Fels,
Der tief im Fluß vor ew'gem Anker liegt,
Aus seiner Stätte weicht, obgleich die Flut
Mit stürm'schen Wellen bald, mit sanften bald
Darüber fließt und ihn dem Aug' entreißt,
So wenig weicht die Zärtlichkeit für dich
Aus meiner Brust, obgleich des Lebens Strom
Vom Schmerz gepeitscht bald stürmend drüber fließt,
Und von der Freude bald gestreichelt still
Sie deckt und sie verhindert, daß sie nicht
Ihr Haupt der Sonne zeigt und ringsumher
Zurückgeworfne Strahlen trägt und dir
Bei jedem Blicke zeigt, wie dich dein Sohn verehrt.

Anakreontik

AN ANNETTEN

Es nannten ihre Bücher
Die Alten sonst nach Göttern,
Nach Musen und nach Freunden,
Doch keiner nach der Liebsten.
Warum sollt' ich, Annette,
Die Du mir Gottheit, Muse
Und Freund mir bist und alles,
Dies Buch nicht auch nach Deinem
Geliebten Namen nennen?

ZIBLIS,
EINE ERZÄHLUNG

Mädchen, setzt euch zu mir nieder,
Niemand stört hier unsre Ruh,
Seht, es kommt der Frühling wieder,
Weckt die Blumen und die Lieder,
Ihn zu ehren hört mir zu.

Weise, strenge Mütter lehren:
Mädchen, flieht der Männer List!
Und doch laßt ihr euch betören.
Hört, ihr sollt ein Beispiel hören,
Wer am meisten furchtbar ist.

Ziblis, jung und schön, zur Liebe,
Zu der Zärtlichkeit gemacht,
Floh aus rauhem wilden Triebe —
Nicht aus Tugend — alle Liebe;
Ihre Freude war die Jagd.

Als sie einst tief im Gesträuche
Sorglos froh ein Liedchen sang,
Ward sie blaß wie eine Leiche,
Da aus einer alten Eiche
Ein gehörnter Waldgott sprang.

Zärtlich lacht das Ungeheuer,
Ziblis wendet ihr Gesicht,
Läuft, doch der gehörnte Freier
Springt ihr wie ein hüpfend Feuer
Nach und ruft: O flieh mich nicht!

Schrein kann niemals überwinden.
Sie lief schneller, er ihr nach.
Endlich kam sie zu den Gründen,
Da wo unter jungen Linden
Emiren am Wasser lag.

Hilf mir! rief sie. Er voll Freude,
Daß er so die Nymphe sah,
Stand bewaffnet zu dem Streite
Mit dem Ast der nächsten Weide,
Als der Waldgott kam, schon da.

Der trat näher, ihn zu höhnen,
Und ging schnell den Zweikampf ein.
Sie erbebt für Emirenen.
Immer wird das Herz der Schönen
Auf des Schönen Seite sein.

Seinen Feind im Sand zu höhnen
Regt sich Fuß und Arm und Hand
Bald mit Stoßen bald mit Dehnen.
Liebe stärkt die Kraft der Sehnen:
Beide waren gleich entbrannt.

Endlich sinkt der Faun zur Erden,
Denn ihn traf ein harter Streich.
Gräßlich zerrt er die Gebärden.

Emiren, ihn loszuwerden,
Wirft ihn in den nächsten Teich.

Ziblis lag mit matten Blicken,
Da der Sieger kam, im Gras.
Wird's ihm ihr zu helfen glücken?
Leicht sind Mädchen zu erquicken,
Oft ist ihre Krankheit Spaß.

Sie erhebt sich. Neues Leben
Gibt ein heißer Kuß ihr gleich.
Doch, der einen schon gegeben,
Sollte nicht nach mehrern streben?
Das sieht einem Märchen gleich.

Wartet nur! Es folgten Küsse
Hundertweis. Sie schmeckten ihr.
Ja, die Mäulchen schmecken süße,
Und bei Ziblis waren diese
Gar die ersten. Glaubt es mir!

Darum sog mit langen Zügen
Sie begierig immer mehr.
Endlich, trunken von Vergnügen,
Ward dem Emiren das Siegen,
Wie ihr denken könnt, nicht schwer.

Mädchen, fürchtet rauher Leute
Buhlerische Wollust nie.
Die im ehrfurchtsvollen Kleide
Viel von unschuldsvoller Freude
Reden, Mädchen, fürchtet die!

Wacht, denn da ist nichts zu scherzen!
Seid viel lieber klug als kalt.
Zittert stets für eure Herzen!
Hat man einmal diese Herzen —
Ha, das andre hat man bald.

AN DEN SCHLAF

Der du mit deinem Mohne
Der Götter Augen zwingst,
Und Bettler oft zum Throne,
Zum Mädchen Schäfer bringst,
Hör mich: Kein Traumgespinste
Verlang ich heut von dir,
Den größten deiner Dienste,
Geliebter, leiste mir.

An meines Mädchens Seite
Sitz ich, ihr Aug' spricht Lust,
Und unter neid'scher Seide
Steigt fühlbar ihre Brust.
Oft wären, sie zu küssen,
Die gier'gen Lippen nah,
Doch ach — dies muß ich missen:
Es sitzt die Mutter da!

Heut abend bin ich wieder
Bei ihr. O, tritt herein,
Sprüh' Mohn von dem Gefieder,
Da schlaf' die Mutter ein,
Blaß werd' der Lichter Scheinen.
Von Lieb' mein Mädchen warm
Sink, wie Mama in deinen,
Ganz still in meinen Arm.

ANNETTE AN IHREN GELIEBTEN

Ich sah, wie Doris bei Damöten stand,
Er nahm sie zärtlich bei der Hand;
Lang sahen sie einander an,
Und sahn sich um, ob nicht die Eltern wachen,
Und da sie niemand sahn,
Geschwind — genug, sie machten's wie wir's machen.

DAS SCHREIEN

Nach dem Italienischen

Jüngst schlich ich meinem Mädchen nach,
Und ohne Hindernis
Umfaßt' ich sie im Hain; sie sprach:
„Laß mich, ich schrei' gewiß!"
Da droht' ich trotzig: „Ha, ich will
Den töten, der uns stört!"
„Still", winkt sie lispelnd, „Liebster, still,
Damit dich niemand hört!"

DIE NACHT

Gern verlass' ich diese Hütte,
Meiner Schönen Aufenthalt,
Und durchstreich mit leisem Tritte
Diesen ausgestorbnen Wald.
Luna bricht die Nacht der Eichen,
Zephirs melden ihren Lauf,
Und die Birken streun mit Neigen
Ihr den süßten Weihrauch auf.

Schauer, der das Herze fühlen,
Der die Seele schmelzen macht,
Wandelt im Gebüsch im Kühlen.
Welche schöne, süße Nacht!
Freude! Wollust! Kaum zu fassen!
Und doch wollt' ich, Himmel, dir
Tausend deiner Nächte lassen,
Gäb' mein Mädchen eine mir.

WUNSCH EINES KLEINEN MÄDCHEN

Ach, fände für mich
Ein Bräutigam sich!
Wie schön ist's nicht da,
Man nennt uns Mama,

Da braucht man zum Nähen,
Zur Schul' nicht zu gehen,
Da kann man befehlen,
Hat Mägde, darf schmälen,
Da schickt man zum Schneider,
Gleich bringt der uns Kleider.
Da läßt man spazieren,
Auf Bälle sich führen
Und fragt nicht erst lange
Papa und Mama.

DIE FREUDEN

Da flattert um die Quelle
Die wechselnde Libelle,
Der Wasserpapillon,
Bald dunkel und bald helle
Wie ein Chamäleon;
Bald rot und blau, bald blau und grün,
O daß ich in der Nähe
Doch seine Farben sähe!

Da fliegt der Kleine vor mir hin
Und setzt sich auf die stillen Weiden.
Da hab' ich ihn, da hab' ich ihn!
Und nun betracht' ich ihn genau
Und seh' ein traurig dunkles Blau.

So geht es dir, Zergliedrer deiner Freuden!

UNBESTÄNDIGKEIT

Auf Kieseln im Bache, da lieg' ich, wie helle,
Verbreite die Arme der kommenden Welle,
Und buhlerisch drückt sie die sehnende Brust.
Dann trägt sie ihr Leichtsinn im Strome darnieder,
Schon naht sich die zweite und streichelt mich wieder,
Da fühl' ich die Freuden der wechselnden Lust.

O Jüngling, sei weise, verwein' nicht vergebens
Die fröhlichsten Stunden des traurigen Lebens,
Wenn flatterhaft je dich ein Mädchen vergißt.
Geh, ruf sie zurücke, die vorigen Zeiten,
Es küßt sich so süße der Busen der zweiten
Als kaum sich der Busen der ersten geküßt.

AN DEN MOND

Schwester von dem ersten Licht,
Bild der Zärtlichkeit in Trauer,
Nebel schwimmt mit Silberschauer
Um dein reizendes Gesicht.
Deines leisen Fußes Lauf
Weckt aus tagverschloßnen Höhlen
Traurig abgeschiedne Seelen,
Mich, und nächt'ge Vögel auf.

Forschend übersieht dein Blick
Eine großgemeßne Weite.
Hebe mich an deine Seite,
Gib der Schwärmerei dies Glück!
Und in wollustvoller Ruh
Säh' der weitverschlagne Ritter
Durch das gläserne Gegitter
Seines Mädchens Nächten zu.

Dämmrung, wo die Wollust thront,
Schwimmt um ihre runden Glieder.
Trunken sinkt mein Blick hernieder —
Was verhüllt man wohl dem Mond!
Doch was das für Wünsche sind!
Voll Begierde zu genießen,
So da droben hängen müssen —
Ei, da schieltest du dich blind!

ODEN AN MEINEN FREUND. 1767.

Erste Ode

Verpflanze den schönen Baum,
Gärtner, er jammert mich.
Glücklicheres Erdreich
Verdiente der Stamm.

Noch hat seiner Natur Kraft
Der Erde aussaugendem Geize,
Der Luft verderbender Fäulnis,
Ein Gegengift, widerstanden.

Sieh, wie er im Frühling
Lichtgrüne Blätter schlägt!
Ihr Orangenduft
Ist dem Geschmeiße Gift.

Der Raupen tückischer Zahn
Wird stumpf an ihnen,
Es blinkt ihr Silberglanz
Im Sonnenscheine.

Von seinen Zweigen
Wünscht das Mädchen
Im Brautkranze;
Früchte hoffen Jünglinge.

Aber sieh, der Herbst kömmt:
Da geht die Raupe,
Klagt der listigen Spinne
Des Baums Unverwelklichkeit.

Schwebend zieht sich
Von ihrer Taxuswohnung
Die Prachtfeindin herüber
Zum wohltätigen Baum

Und kann nicht schaden;
Aber die Vielkünstliche
Überzieht mit grauem Ekel
Die Silberblätter,

Sieht triumphierend,
Wie das Mädchen schaurend,
Der Jüngling jammernd
Vorübergeht.

Verpflanze den schönen Baum,
Gärtner, er jammert mich.
Baum, danke dem Gärtner,
Der dich verpflanzt!

Zwote Ode

Du gehst. Ich murre.
Geh! Laß mich murren.
Ehrlicher Mann,
Fliehe dieses Land.

Tote Sümpfe,
Dampfende Oktobernebel
Verweben ihre Ausflüsse
Hier unzertrennlich.

Gebärort
Schädlicher Insekten,
Mörderhülle
Ihrer Bosheit.

Am schilfigten Ufer
Liegt die wollüstige,
Flammengezüngte Schlange,
Gestreichelt vom Sonnenstrahl.

Fliehe sanfte Nachtgänge
In der Mondendämmerung,
Dort halten zuckende Kröten
Zusammenkünfte auf Kreuzwegen.

Schaden sie nicht,
Werden sie schrecken.
Ehrlicher Mann,
Fliehe dieses Land!

Dritte Ode

Sei gefühllos!
Ein leichtbewegtes Herz
Ist ein elend Gut
Auf der wankenden Erde.

Behrisch, des Frühlings Lächeln
Erheitre deine Stirne nie,
Nie trübt sie dann mit Verdruß
Des Winters stürmischer Ernst.

Lehne dich nie an des Mädchens
Sorgenverwiegende Brust,
Nie auf des Freundes
Elendtragenden Arm.

Schon versammelt
Von seiner Klippenwarte
Der Neid auf dich
Den ganzen luchsgleichen Blick,

Dehnt die Klauen,
Stürzt und schlägt
Hinterlistig sie
Dir in die Schultern.

Stark sind die magern Arme,
Wie Panther-Arme,
Er schüttelt dich
Und reißt dich los.

Tod ist Trennung,
Dreifacher Tod
Trennung ohne Hoffnung
Wiederzusehn.

Gerne verließest du
Dieses gehaßte Land,
Hielte dich nicht Freundschaft
Mit Blumenfesseln an mir.

Zerreiß sie! Ich klage nicht.
Kein edler Freund
Hält den Mitgefangnen,
Der fliehn kann, zurück.

Der Gedanke
Von des Freundes Freiheit
Ist ihm Freiheit
Im Kerker.

Du gehst, ich bleibe.
Aber schon drehen
Des letzten Jahrs Flügelspeichen
Sich um die rauchende Achse.

Ich zähle die Schläge
Des donnernden Rads,
Segne den letzten,
Da springen die Riegel, frei bin ich wie du.

STURM UND DRANG

Sesenheimer Lieder

Ob ich dich liebe, weiß ich nicht.
Seh' ich nur einmal dein Gesicht,
Seh' dir ins Auge nur einmal,
Frei wird mein Herz von aller Qual.
Gott weiß, wie mir so wohl geschicht!
Ob ich dich liebe, weiß ich nicht.

*

Ich komme bald, ihr goldnen Kinder,
Vergebens sperret uns der Winter
In unsre warmen Stuben ein.
Wir wollen uns zum Feuer setzen
Und tausendfältig uns ergötzen,
Uns lieben wie die Engelein.
Wir wollen kleine Kränzchen winden,
Wir wollen kleine Sträußchen binden
Und wie die kleinen Kinder sein.

*

Jetzt fühlt der Engel, was ich fühle,
Ihr Herz gewann ich mir beim Spiele,
Und sie ist nun von Herzen mein.
Du gabst mir, Schicksal, diese Freude,
Nun laß auch morgen sein wie heute
Und lehr' mich, ihrer würdig sein.

*

Kleine Blumen, kleine Blätter
Streuen mir mit leichter Hand
Gute junge Frühlings-Götter
Tändlend auf ein luftig Band.

Zephir, nimm's auf deine Flügel,
Schling's um meiner Liebsten Kleid!
Und dann tritt sie für den Spiegel
Mit zufriedner Munterkeit.

Sieht mit Rosen sich umgeben,
Sie wie eine Rose jung.
Einen Kuß, geliebtes Leben,
Und ich bin belohnt genung.

Schicksal, segne diese Triebe,
Laß mich ihr und laß sie mein,
Laß das Leben unsrer Liebe
Doch kein Rosen-Leben sein!

Mädchen, das wie ich empfindet,
Reich mir deine liebe Hand!
Und das Band, das uns verbindet,
Sei kein schwaches Rosen-Band!

MIT EINEM GEMALTEN BAND

Spätere Fassung

Kleine Blumen, kleine Blätter
Streuen mir mit leichter Hand
Gute junge Frühlingsgötter
Tändelnd auf ein luftig Band.

Zephyr, nimm's auf deine Flügel,
Schling's um meiner Liebsten Kleid!
Und so tritt sie vor den Spiegel
All in ihrer Munterkeit.

Sieht mit Rosen sich umgeben,
Selbst wie eine Rose jung:
Einen Blick, geliebtes Leben!
Und ich bin belohnt genung.

Fühle, was dies Herz empfindet,
Reiche frei mir deine Hand,
Und das Band, das uns verbindet,
Sei kein schwaches Rosenband!

Es schlug mein Herz. Geschwind, zu Pferde!
Und fort, wild wie ein Held zur Schlacht.
Der Abend wiegte schon die Erde,
Und an den Bergen hing die Nacht.
Schon stund im Nebelkleid die Eiche
Wie ein getürmter Riese da,
Wo Finsternis aus dem Gesträuche
Mit hundert schwarzen Augen sah.

Der Mond von einem Wolkenhügel
Sah schläfrig aus dem Duft hervor,
Die Winde schwangen leise Flügel,
Umsausten schauerlich mein Ohr.
Die Nacht schuf tausend Ungeheuer,
Doch tausendfacher war mein Mut,
Mein Geist war ein verzehrend Feuer,
Mein ganzes Herz zerfloß in Glut.

Ich sah dich, und die milde Freude
Floß aus dem süßen Blick auf mich.
Ganz war mein Herz an deiner Seite,
Und jeder Atemzug für dich.
Ein rosenfarbes Frühlingswetter
Lag auf dem lieblichen Gesicht
Und Zärtlichkeit für mich, ihr Götter,
Ich hofft' es, ich verdient' es nicht.

Der Abschied, wie bedrängt, wie trübe!
Aus deinen Blicken sprach dein Herz.
In deinen Küssen welche Liebe,
O welche Wonne, welcher Schmerz!

Du gingst, ich stund und sah zur Erden
Und sah dir nach mit nassem Blick.
Und doch, welch Glück, geliebt zu werden,
Und lieben, Götter, welch ein Glück!

WILLKOMMEN UND ABSCHIED

Spätere Fassung

Es schlug mein Herz, geschwind zu Pferde!
Es war getan fast eh gedacht.
Der Abend wiegte schon die Erde,
Und an den Bergen hing die Nacht;
Schon stand im Nebelkleid die Eiche,
Ein aufgetürmter Riese, da,
Wo Finsternis aus dem Gesträuche
Mit hundert schwarzen Augen sah.

Der Mond von einem Wolkenhügel
Sah kläglich aus dem Duft hervor,
Die Winde schwangen leise Flügel,
Umsausten schauerlich mein Ohr;
Die Nacht schuf tausend Ungeheuer,
Doch frisch und fröhlich war mein Mut:
In meinen Adern welches Feuer!
In meinem Herzen welche Glut!

Dich sah ich, und die milde Freude
Floß von dem süßen Blick auf mich;
Ganz war mein Herz an deiner Seite
Und jeder Atemzug für dich.
Ein rosenfarbnes Frühlingswetter
Umgab das liebliche Gesicht,
Und Zärtlichkeit für mich — ihr Götter!
Ich hofft' es, ich verdient' es nicht!

Doch ach, schon mit der Morgensonne
Verengt der Abschied mir das Herz:
In deinen Küssen welche Wonne!

In deinem Auge welcher Schmerz!
Ich ging, du standst und sahst zur Erden
Und sahst mir nach mit nassem Blick:
Und doch, welch Glück, geliebt zu werden!
Und lieben, Götter, welch ein Glück!

*

Erwache, Friederike,
Vertreib die Nacht,
Die einer deiner Blicke
Zum Tage macht.
Der Vögel sanft Geflüster
Ruft liebevoll,
Daß mein geliebt Geschwister
Erwachen soll.

Ist dir dein Wort nicht heilig
Und meine Ruh'?
Erwache! Unverzeihlich —
Noch schlummerst du!
Horch, Philomelens Kummer
Schweigt heute still,
Weil dich der böse Schlummer
Nicht meiden will.

Es zittert Morgenschimmer
Mit blödem Licht
Errötend durch dein Zimmer
Und weckt dich nicht.
Am Busen deiner Schwester,
Der für dich schlagt,
Entschläfst du immer fester,
Je mehr es tagt.

Ich seh' dich schlummern, Schöne,
Vom Auge rinnt
Mir eine süße Träne
Und macht mich blind.

Wer kann es fühllos sehen,
Wer wird nicht heiß,
Und wär' er von den Zehen
Zum Kopf von Eis!

Vielleicht erscheint dir träumend
— O Glück! — mein Bild,
Das halb voll Schlaf und reimend
Die Musen schilt.
Erröten und erblassen
Sieh sein Gesicht:
Der Schlaf hat ihn verlassen,
Doch wacht er nicht.

Die Nachtigall im Schlafe
Hast du versäumt,
So höre nun zur Strafe,
Was ich gereimt.
Schwer lag auf meinem Busen
Des Reimes Joch:
Die schönste meiner Musen,
Du, schliefst ja noch.

MAIFEST

Wie herrlich leuchtet
Mir die Natur!
Wie glänzt die Sonne!
Wie lacht die Flur!

Es dringen Blüten
Aus jedem Zweig
Und tausend Stimmen
Aus dem Gesträuch

Und Freud und Wonne
Aus jeder Brust.
O Erd', o Sonne,
O Glück, o Lust,

O Lieb', o Liebe,
So golden schön
Wie Morgenwolken
Auf jenen Höhn,

Du segnest herrlich
Das frische Feld,
Im Blütendampfe
Die volle Welt!

O Mädchen, Mädchen,
Wie lieb' ich dich!
Wie blinkt dein Auge,
Wie liebst du mich!

So liebt die Lerche
Gesang und Luft,
Und Morgenblumen
Den Himmelsduft,

Wie ich dich liebe
Mit warmen Blut,
Die du mir Jugend
Und Freud' und Mut

Zu neuen Liedern
Und Tänzen gibst.
Sei ewig glücklich,
Wie du mich liebst.

*

Ach, wie sehn' ich mich nach dir,
Kleiner Engel! Nur im Traum,
Nur im Traum erscheine mir!
Ob ich da gleich viel erleide,
Bang um dich mit Geistern streite,
Und erwachend atme kaum.

Ach, wie sehn' ich mich nach dir,
Ach, wie teuer bist du mir
Selbst in einem schweren Traum.

*

Ein zärtlich-jugendlicher Kummer
Führt mich ins öde Feld; es liegt
In einem stillen Morgenschlummer
Die Mutter Erde. Rauschend wiegt
Ein kalter Wind die starren Äste. Schauernd
Tönt er die Melodie zu meinem Lied voll Schmerz,
Und die Natur ist ängstlich still und trauernd,
Doch hoffnungsvoller als mein Herz.

Denn sieh, bald gaukelt dir, mit Rosenkränzen
In runder Hand, du Sonnengott, das Zwillingspaar
Mit offnem blauen Aug', mit krausem goldnen Haar
In deiner Laufbahn dir entgegen. Und zu Tänzen
Auf neuen Wiesen schickt
Der Jüngling sich und schmückt
Den Hut mit Bändern, und das Mädchen pflückt
Die Veilchen aus dem jungen Gras, und bückend sieht
Sie heimlich nach dem Busen, sieht mit Seelenfreude
Entfalteter und reizender ihn heute,
Als er vorm Jahr am Maienfest geblüht;
Und fühlt, und hofft.
Gott segne mir den Mann
In seinem Garten dort! Wie zeitig fängt er an,
Ein lockres Bett dem Samen zu bereiten!
Kaum riß der März das Schneegewand
Dem Winter von den hagern Seiten,
Der stürmend floh und hinter sich aufs Land
Den Nebelschleier warf, der Fluß und Au
Und Berg in kaltes Grau
Versteckt: da geht er ohne Säumen,
Die Seele voll von Ernteträumen,
Und sät und hofft.

Die großen Hymnen

WANDRERS STURMLIED

Wen du nicht verlässest, Genius,
Nicht der Regen, nicht der Sturm
Haucht ihm Schauer übers Herz.
Wen du nicht verlässest, Genius,
Wird der Regenwolke
Wird dem Schloßensturm
Entgegen singen
Wie die Lerche
Du dadroben.

Den du nicht verlässest, Genius,
Wirst ihn heben übern Schlammpfad
Mit den Feuerflügeln.
Wandeln wird er
Wie mit Blumenfüßen
Über Deukalions Flutschlamm
Python tötend, leicht, groß
Pythius Apollo.

Dem du nicht verlässest, Genius,
Wirst die wollnen Flügel unterspreiten,
Wenn er auf dem Felsen schläft,
Wirst mit Hüterfittichen ihn decken
In des Haines Mitternacht.

Wen du nicht verlässest, Genius,
Wirst im Schneegestöber
Wärmumhüllen,
Nach der Wärme ziehn sich Musen,
Nach der Wärme Charitinnen.

Umschwebt mich, ihr Musen,
Ihr Charitinnen!
Das ist Wasser, das ist Erde
Und der Sohn des Wassers und der Erde,
Über den ich wandle
Göttergleich.

Ihr seid rein wie das Herz der Wasser,
Ihr seid rein wie das Mark der Erde,
Ihr umschwebt mich, und ich schwebe
Über Wasser über Erde
Göttergleich.

Soll der zurückkehren,
Der kleine schwarze feurige Bauer!
Soll der zurückkehren, erwartend
Nur deine Gaben, Vater Bromius,
Und helleuchtend umwärmend Feuer,
Der kehren mutig,
Und ich, den ihr begleitet,
Musen und Charitinnen all,
Den alles erwartet, was ihr,
Musen und Charitinnen,
Umkränzende Seligkeit
Rings ums Leben verherrlicht habt,
Soll mutlos kehren?

Vater Bromius,
Du bist Genius,
Jahrhunderts Genius,
Bist, was innre Glut
Pindarn war,
Was der Welt
Phöb Apoll ist.

Weh! Weh! Innre Wärme,
Seelenwärme,
Mittelpunkt,

Glüh' entgegen
Phöb Apollen,
Kalt wird sonst
Sein Fürstenblick
Über dich vorübergleiten,
Neidgetroffen
Auf der Zeder Kraft verweilen,
Die zu grünen
Sein nicht harrt.

Warum nennt mein Lied dich zuletzt,
Dich, von dem es begann,
Dich, in dem es endet,
Dich, aus dem es quillt,
Jupiter Pluvius!
Dich, dich strömt mein Lied,
Und Castalischer Quell
Rinnt, ein Nebenbach,
Rinnet müßigen
Sterblich Glücklichen
Abseits von dir,
Der du mich fassend deckst,
Jupiter Pluvius.

Nicht am Ulmenbaum
Hast du ihn besucht —
Mit dem Taubenpaar
In dem zärtlichen Arm,
Mit der freundlichen Ros' umkränzt,
Tändlenden ihn blumenglücklichen
Anakreon,
Sturmatmende Gottheit.

Nicht im Pappelwald
An des Sybaris Strand,
An des Gebürges
Sonnebeglänzter Stirn nicht
Faßtest du ihn,

Den bienensingenden
Honiglallenden
Freundlichwinkenden
Theokrit.

Wenn die Räder rasselten
Rad an Rad, rasch ums Ziel weg
Hoch flog
Siegdurchglühter
Jünglinge Peitschenknall,
Und sich Staub wälzt'
Wie vom Gebürg herab
Kieselwetter ins Tal,
Glühte deine Seel' Gefahren, Pindar,
Mut. — Glühte —
Armes Herz —
Dort auf dem Hügel,
Himmlische Macht,
Nur so viel Glut,
Dort meine Hütte,
Dort hin zu waten.

DER WANDRER

Wandrer

Gott segne dich, junge Frau,
Und den säugenden Knaben
An deiner Brust!
Laß mich an der Felsenwand hier
In des Ulmbaums Schatten
Meine Bürde werfen,
Neben dir ausruhn.

Frau

Welch Gewerbe treibt dich
Durch des Tages Hitze
Den sandigen Pfad her?
Bringst du Waren aus der Stadt

Im Land herum?
Lächelst, Fremdling,
Über meine Frage?

Wandrer

Ich bringe keine Waren
Aus der Stadt.
Schwül ist, schwer der Abend.
Zeige mir den Brunnen,
Draus du trinkest,
Liebes junges Weib.

Frau

Hier den Felsenpfad hinauf.
Geh voran! Durchs Gebüsche
Geht der Pfad nach der Hütte,
Drin ich wohne,
Zu dem Brunnen,
Da ich trinke draus.

Wandrer

Spuren ordnender Menschenhand
Zwischen dem Gesträuch —!
Diese Steine hast du nicht gefügt,
Reich hinstreuende Natur!

Frau

Weiter 'nauf.

Wandrer

Von dem Moos gedeckt ein Architrav —?
Ich erkenne dich, bildender Geist,
Hast dein Siegel in den Stein geprägt.

Frau

Weiter, Fremdling.

Wandrer

Eine Inschrift, über die ich trete,

Der Venus – und ihr übrigen
Seid verloschen,
Weggewandelt, ihr Gesellen,
Die ihr eures Meisters Andacht
Tausend Enkeln zeugen solltet.

Frau

Staunest, Fremdling,
Diese Stein' an?
Droben sind der Steine viel
Um meine Hütte.

Wandrer

Droben?

Frau

Gleich zur Linken
Durchs Gebüsch hinan,
Hier!

Wandrer

Ihr Musen und Grazien!

Frau

Das ist meine Hütte.

Wandrer

Eines Tempels Trümmern!

Frau

Da zur Seit' hinab
Quillt der Brunnen,
Da ich trinke draus.

Wandrer

Glühend webst du über deinem Grabe,
Genius! Über dir
Ist zusammengestürzt
Dein Meisterstück,
O du Unsterblicher!

Frau

Wart'! Ich will ein
Schöpfgefäß dir holen.

Wandrer

Efeu hat deine schlanke
Götterbildung umkleidet.
Wie du emporstrebst
Aus dem Schutte,
Säulenpaar!
Und du, einsame Schwester dort!
Wie ihr,
Düstres Moos auf dem heiligen Haupt,
Majestätisch traurend herabschaut
Auf die zertrümmerten
Zu euren Füßen,
Eure Geschwister!
In des Brombeergesträuches Schatten
Deckt sie Schutt und Erde,
Und hohes Gras wankt drüber hin.
Schätzest du so, Natur,
Deines Meisterstücks Meisterstück?
Unempfindlich zertrümmerst
Du dein Heiligtum,
Sä'st Diesteln drein.

Frau

Wie der Knabe schläft!
Willst du in der Hütte ruhn,
Fremdling, willst du hier
Untern Pappelbaum dich setzen?
Hier ist's kühl! Nimm den Knaben,
Daß ich Wasser schöpfen hinabgeh'.
Schlaf, Lieber, schlaf!

Wandrer

Süß ist deine Ruh!
Wie's in himmlischer Gesundheit schwimmend,
Ruhig atmet!

Du, geboren über Resten
Heiliger Vergangenheit,
Ruh' ihr Geist auf dir!
Welchen der umschwebt,
Wird in Götterselbstgefühl
Jedes Tags genießen.
Voller Keim, blüh' auf,
Lieblich dämmernden Lenzes Schmuck,
Scheinend vor deinen Gesellen!
Und welkt die Blütenhülle weg,
Dann steig' aus deinem Busen
Die volle Frucht, und reif' der Sonn' entgegen.

Frau

Gesegn' es Gott! — Und schläft er noch?
Ich habe nichts zum frischen Trunk
Als ein Stück Brot,
Das ich dir bieten kann.

Wandrer

Ich danke dir.
Wie herrlich alles blüht umher
Und grünt!

Frau

Mein Mann wird bald
Nach Hause sein
Vom Feld. Bleib, Mann,
Und iß mit uns
Das Abendbrot.

Wandrer

Ihr wohnet hier?

Frau

Hier zwischen das Gemäuer her
Die Hütte baute noch mein Vater
Aus Ziegeln und des Schuttes Steinen.
Hier wohnen wir.

Er gab mich einem Ackersmann
Und starb in unsern Armen. —
Hast du geschlafen, liebes Herz?
Wie er munter ist und spielen will!
Du Schelm!

Wandrer

Natur, du ewig keimende!
Schaffst jeden zum Genuß des Lebens;
Deine Kinder all
Hast mütterlich mit einem
Erbteil ausgestattet,
Einer Hütte.
Hoch baut die Schwalb' am Architrav,
Unfühlend, welchen Zierat
Sie verklebt,
Die Raup' umspinnt den goldnen Zweig
Zum Winterhaus für ihre Brut,
Und du flickst zwischen der Vergangenheit
Erhabne Trümmer
Für dein Bedürfnis
Eine Hütt', o Mensch,
Genießest über Gräbern. —
Leb wohl, du glücklich Weib!

Frau

Du willst nicht bleiben?

Wandrer

Gott erhalt' euch,
Segn' euren Knaben!

Frau

Glück auf den Weg!

Wandrer

Wohin führt mich der Weg
Dort übern Berg?

Frau

Nach Cuma.

Wandrer

Wie weit ist's hin?

Frau

Drei Meilen gut.

Wandrer

Leb' wohl! —
O leite meinen Gang,
Natur, den Fremdlingsreisetritt,
Den über Gräber
Heiliger Vergangenheit
Ich wandle.
Leit' ihn zum Schutzort,
Vorm Nord geschützet,
Wo dem Mittagsstrahl
Ein Pappelwäldchen wehrt;
Und kehr' ich dann
Am Abend heim
Zur Hütte, vergoldet
Vom letzten Sonnenstrahl,
Laß mich empfangen solch ein Weib,
Den Knaben auf dem Arm.

MAHOMETS-GESANG

Seht den Felsenquell
Freudehell,
Wie ein Sternenblick!
Über Wolken
Nährten seine Jugend
Gute Geister
Zwischen Klippen im Gebüsch.

Jünglingfrisch
Tanzt er aus der Wolke

Auf die Marmorfelsen nieder,
Jauchzet wieder
Nach dem Himmel.

Durch die Gipfelgänge
Jagt er bunten Kieseln nach,
Und mit frühem Führertritt
Reißt er seine Bruderquellen
Mit sich fort.

Drunten werden in dem Tal
Unter seinem Fußtritt Blumen,
Und die Wiese
Lebt von seinem Hauch.

Doch ihn hält kein Schattental,
Keine Blumen,
Die ihm seine Knie' umschlingen,
Ihm mit Liebesaugen schmeicheln;
Nach der Ebne dringt sein Lauf,
Schlangewandelnd.

Bäche schmiegen
Sich gesellig an.
Nun tritt er
In die Ebne silberprangend,
Und die Ebne prangt mit ihm,
Und die Flüsse von der Ebne
Und die Bäche von Gebürgen
Jauchzen ihm und rufen: Bruder,
Bruder, nimm die Brüder mit,
Mit zu deinem alten Vater,
Zu dem ew'gen Ozean,
Der mit weitverbreit'ten Armen
Unsrer wartet;
Die sich, ach, vergebens öffnen,
Seine Sehnenden zu fassen;
Denn uns frißt in öder Wüste
Gier'ger Sand,

Die Sonne droben
Saugt an unserm Blut,
Ein Hügel
Hemmet uns zum Teiche.
Bruder,
Nimm die Brüder von der Ebne,
Nimm die Brüder von Gebürgen
Mit, zu deinem Vater mit!

Kommt ihr alle! —
Und nun schwillt er
Herrlicher, ein ganz Geschlechte
Trägt den Fürsten hoch empor,
Und im rollenden Triumphe
Gibt er Ländern Namen, Städte
Werden unter seinem Fuß.

Unaufhaltsam rauscht er über,
Läßt der Türne Flammengipfel,
Marmorhäuser, eine Schöpfung
Seiner Fülle, hinter sich.

Zedernhäuser trägt der Atlas
Auf den Riesenschultern, sausend
Wehen über seinem Haupte
Tausend Segel auf zum Himmel
Seine Macht und Herrlichkeit.

Und so trägt er seine Brüder,
Seine Schätze, seine Kinder
Dem erwartenden Erzeuger
Freudebrausend an das Herz.

PROMETHEUS

Bedecke deinen Himmel, Zeus,
Mit Wolkendunst!
Und übe, Knaben gleich,
Der Diesteln köpft,

An Eichen dich und Bergeshöhn!
Mußt mir meine Erde
Doch lassen stehn,
Und meine Hütte,
Die du nicht gebaut,
Und meinen Herd,
Um dessen Glut
Du mich beneidest.

Ich kenne nichts Ärmer's
Unter der Sonn' als euch Götter.
Ihr nähret kümmerlich
Von Opfersteuern
Und Gebetshauch
Eure Majestät
Und darbtet, wären
Nicht Kinder und Bettler
Hoffnungsvolle Toren.

Da ich ein Kind war,
Nicht wußt', wo aus, wo ein,
Kehrte mein verirrtes Aug'
Zur Sonne, als wenn drüber wär'
Ein Ohr, zu hören meine Klage,
Ein Herz wie meins,
Sich des Bedrängten zu erbarmen.

Wer half mir wider
Der Titanen Übermut?
Wer rettete vom Tode mich,
Von Sklaverei?
Hast du's nicht alles selbst vollendet,
Heilig glühend Herz?
Und glühtest, jung und gut,
Betrogen, Rettungsdank
Dem Schlafenden dadroben?

Ich dich ehren? Wofür?
Hast du die Schmerzen gelindert

Je des Beladenen?
Hast du die Tränen gestillet
Je des Geängsteten?
Hat nicht mich zum Manne geschmiedet
Die allmächtige Zeit
Und das ewige Schicksal,
Meine Herrn und deine?

Wähntest du etwa,
Ich sollte das Leben hassen,
In Wüsten fliehn,
Weil nicht alle Knabenmorgen-
Blütenträume reiften?

Hier sitz' ich, forme Menschen
Nach meinem Bilde,
Ein Geschlecht, das mir gleich sei,
Zu leiden, weinen,
Genießen und zu freuen sich,
Und dein nicht zu achten,
Wie ich.

GANYMED

Wie im Morgenrot
Du rings mich anglühst,
Frühling, Geliebter!
Mit tausendfacher Liebeswonne
Sich an mein Herz drängt
Deiner ewigen Wärme
Heilig Gefühl,
Unendliche Schöne!

Daß ich dich fassen möcht'
In diesen Arm!

Ach, an deinem Busen
Lieg' ich, schmachte,

Und deine Blumen, dein Gras
Drängen sich an mein Herz.
Du kühlst den brennenden
Durst meines Busens,
Lieblicher Morgenwind,
Ruft drein die Nachtigall
Liebend nach mir aus dem Nebeltal.

Ich komme! Ich komme!
Wohin? Ach, wohin?

Hinauf, hinauf strebt's,
Es schweben die Wolken
Abwärts, die Wolken
Neigen sich der sehnenden Liebe,
Mir, mir!
In eurem Schoße
Aufwärts,
Umfangend umfangen!
Aufwärts
An deinem Busen,
Alliebender Vater!

AN SCHWAGER KRONOS

In der Postchaise den 10. Oktober 1774

Spude dich, Kronos!
Fort den rasselnden Trott!
Bergab gleitet der Weg;
Ekles Schwindeln zögert
Mir vor die Stirne dein Haudern.
Frisch den holpernden
Stock Wurzeln Steine den Trott
Rasch in's Leben hinein!

Nun schon wieder
Den eratmenden Schritt

Mühsam Berg hinauf.
Auf denn, nicht träge denn!
Strebend und hoffend an.

Weit hoch herrlich der Blick
Rings ins Leben hinein
Vom Gebürg zum Gebürg
Über der ewige Geist
Ewigen Lebens ahndevoll.

Seitwärts des Überdachs Schatten
Zieht dich an
Und der Frischung verheißende Blick
Auf der Schwelle des Mädchens da.
Labe dich! — Mir auch, Mädchen,
Diesen schäumenden Trunk
Und den freundlichen Gesundheitsblick!

Ab dann, frischer hinab!
Sieh, die Sonne sinkt.
Eh' sie sinkt, eh' mich faßt
Greisen im Moore Nebelduft,
Entzahnte Kiefer schnattern
Und das schlockernde Gebein,

Trunknen vom letzten Strahl
Reiß mich, ein Feuermeer
Mir im schäumenden Aug',
Mich Geblendeten, Taumelnden
In der Hölle nächtliches Tor!

Töne, Schwager, dein Horn,
Raßle den schallenden Trab,
Daß der Orkus vernehme, ein Fürst kommt,
Drunten von ihren Sitzen
Sich die Gewaltigen lüften.

SEEFAHRT

Taglang nachtlang stand mein Schiff befrachtet,
Günst'ger Winde harrend saß mit treuen Freunden
— Mir Geduld und guten Mut erzechend —
Ich im Hafen.

Und sie wurden mit mir ungedultig:
Gerne gönnen wir die schnellste Reise,
Gern die hohe Fahrt dir; Güterfülle
Wartet drüben in den Welten deiner,
Wird Rückkehrendem in unsern Armen
Lieb' und Preis dir.

Und am frühen Morgen ward's Getümmel,
Und dem Schlaf entjauchzt' uns der Matrose,
Alles wimmelt, alles lebet, webet,
Mit dem ersten Segenshauch zu schiffen.

Und die Segel blühen in dem Hauche,
Und die Sonne lockt mit Feuerliebe;
Ziehn die Segel, ziehn die hohen Wolken,
Jauchzen an dem Ufer alle Freunde
Hoffnungslieder nach im Freudetaumel
Reisefreuden wähnend wie des Einschiffmorgens
Wie der ersten hohen Sternennächte.

Aber gottgesandte Wechselwinde treiben
Seitwärts ihn der vorgesteckten Fahrt ab,
Und er scheint sich ihnen hinzugeben,
Strebet leise sie zu überlisten,
Treu dem Zweck auch auf dem schiefen Wege.

Aber aus der dumpfen grauen Ferne
Kündet leise wandelnd sich der Sturm an,
Drückt die Vögel nieder auf's Gewässer,
Drückt der Menschen schwellend Herze nieder;
Und er kommt. Vor seinem starren Wüten
Streckt der Schiffer weis' die Segel nieder;
Mit dem angsterfüllten Balle spielen
Wind und Wellen.

Und an jenem Ufer drüben stehen
Freund' und Lieben, beben auf dem Festen:
Ach, warum ist er nicht hiergeblieben!
Ach, der Sturm! Verschlagen weg vom Glücke
Soll der Gute so zu Grunde gehen?
Ach, er sollte, ach, er könnte! Götter!

Doch er stehet männlich an dem Steuer.
Mit dem Schiffe spielen Wind und Wellen,
Wind und Wellen nicht mit seinem Herzen.
Herrschend blickt er auf die grimme Tiefe
Und vertrauet, scheiternd oder landend,
Seinen Göttern.

HARZREISE IM WINTER

Dem Geier gleich,
Der auf schweren Morgenwolken
Mit sanftem Fittich ruhend
Nach Beute schaut,
Schwebe mein Lied.

Denn ein Gott hat
Jedem seine Bahn
Vorgezeichnet,
Die der Glückliche
Rasch zum freudigen
Ziele rennt;
Wem aber Unglück
Das Herz zusammenzog,
Er sträubt vergebens
Sich gegen die Schranken
Des ehernen Fadens,
Den die doch bittre Schere
Nur einmal löst.

In Dickichtsschauer
Drängt sich das rauhe Wild,
Und mit den Sperlingen
Haben längst die Reichen
In ihre Sümpfe sich gesenkt.

Leicht ist's, folgen dem Wagen,
Den Fortuna führt,
Wie der gemächliche Troß
Auf gebesserten Wegen
Hinter des Fürsten Einzug.

Aber abseits, wer ist's?
Ins Gebüsch verliert sich sein Pfad,
Hinter ihm schlagen
Die Sträuche zusammen,
Das Gras steht wieder auf,
Die Öde verschlingt ihn.

Ach, wer heilet die Schmerzen
Des, dem Balsam zu Gift ward?
Der sich Menschenhaß
Aus der Fülle der Liebe trank.
Erst verachtet, nun ein Verächter,
Zehrt er heimlich auf
Seinen eignen Wert
In ungnügender Selbstsucht.

Ist auf deinem Psalter,
Vater der Liebe, ein Ton
Seinem Ohre vernehmlich,
So erquicke sein Herz!
Öffne den umwölkten Blick
Über die tausend Quellen
Neben dem Durstenden
In der Wüste!

Der du der Freuden viel schaffst,
Jedem ein überfließend Maß,
Segne die Brüder der Jagd
Auf der Fährte des Wilds
Mit jugendlichem Übermut
Fröhlicher Mordsucht,
Späte Rächer des Unbills,
Dem schon Jahre vergeblich
Wehrt mit Knütteln der Bauer.

Aber den Einsamen hüll'
In deine Goldwolken,
Umgib mit Wintergrün,
Bis die Rose wieder heranreift,
Die feuchten Haare,
O Liebe, deines Dichters!

Mit der dämmernden Fackel
Leuchtest du ihm
Durch die Furten bei Nacht,
Über grundlose Wege
Auf öden Gefilden,
Mit dem tausendfarbigen Morgen
Lachst du ins Herz ihm;
Mit dem beizenden Sturm
Trägst du ihn hoch empor.
Winterströme stürzen vom Felsen
In seine Psalmen,
Und Altar des lieblichsten Danks
Wird ihm des gefürchteten Gipfels
Schneebehangner Scheitel,
Den mit Geisterreihen
Kränzten ahnende Völker.

Du stehst mit unerforschtem Busen
Geheimnisvoll-offenbar
Über der erstaunten Welt
Und schaust aus Wolken
Auf ihre Reiche und Herrlichkeit,
Die du aus den Adern deiner Brüder
Neben dir wässerst.

Die Künstlergedichte

AN KENNER UND LIEBHABER

Was frommt die glühende Natur
An deinem Busen dir,
Was hilft dich das Gebildete
Der Kunst rings um dich her,
Wenn liebevolle Schöpferkraft
Nicht deine Seele füllt
Und in den Fingerspitzen dir
Nicht wieder bildend wird.

LIED DES PHYSIOGNOMISCHEN ZEICHNERS

O daß die innre Schöpfungskraft
Durch meinen Sinn erschölle,
Daß eine Bildung voller Saft
Aus meinen Fingern quölle!
Ich zittre nur, ich stottre nur,
Ich kann es doch nicht lassen,
Ich fühl', ich kenne dich, Natur,
Und so muß ich dich fassen.
Wenn ich bedenk', wie manches Jahr
Sich schon mein Sinn erschließet,
Wie er, wo dürre Heide war,
Jetzt Freudenquell genießet,
Da ahnd' ich ganz, Natur, nach dir,
Dich frei und lieb zu fühlen,
Ein lust'ger Springbrunn wirst du mir
Aus tausend Röhren spielen,
Wirst alle deine Kräfte mir
In meinem Sinn erheitern
Und dieses enge Dasein hier
Zur Ewigkeit erweitern.

KÜNSTLERS MORGENLIED

Ich hab' euch einen Tempel baut,
Ihr hohen Musen all',
Und hier in meinem Herzen ist
Das Allerheiligste.

Wenn morgends mich die Sonne weckt,
Warm froh ich schau umher,
Steht rings ihr ewig Lebenden
In heil'gem Morgenglanz.

Ich bet' hinan, und Lobgesang
Ist lauter mein Gebet,
Und freudeklingend Saitenspiel
Begleitet mein Gebet.

Ich trete vor den Altar hier
Und lese, wie sich's ziemt,
Andacht liturg'scher Lektion
Im heiligen Homer.

Und wenn der in's Getümmel mich
Von Löwenkriegern reißt,
Und Göttersöhn' auf Wagen hoch
Rachglühend stürmen an,

Und Roß dann vor dem Wagen stürzt,
Und drunter und drüber sich
Freund', Feind' sich wälzen in Todesblut,
Er sengte sie dahin

Mit Flammenschwert, der Heldensohn,
Zehntausend auf einmal,
Bis denn auch er gebändiget
Von einer Gottheit Hand

'rab auf den Totenrogus stürzt,
Den er sich selbst gehäuft,
Und Feinde nun den schönen Leib
Verschändend tasten an —

Da greif' ich mutig auf und fass':
Die Kohle wird Gewehr,
Und jene meine hohe Wand
In Schlachtfeld-Wogen braust.

Hinan, hinan! Es heulet laut
Gebrüll der Feinde Wut.
Und Schild an Schild und Schwert auf Helm
Und um den Toten Tod.

Ich dränge mich hinan, hinan,
Da kämpfen sie um ihn,
Die tapfern Freunde, tapferer
In ihrer Tränen Wut.

Ach, rettet! Kämpfet! Rettet ihn,
Ins Lager bringt ihn 'rück,
Und Balsam gießt dem Toten auf
Und Tränen, Totenehr'.

Und find' ich mich zurück hierher,
Empfängst du, Liebe, mich,
Mein Mädchen! Ach, im Bilde nur,
Und so im Bilde warm.

Ach, wie du ruhtest neben mir,
Mich schmachtetst liebend an,
Und mir's vom Aug' durchs Herz hindurch
In'n Griffel schmachtete —

Wie ich an Aug' und Wange mich
Und Mund mich weidete,
Und mir's im Busen jung und frisch
Wie einer Gottheit war!

O kehre doch und bleibe dann
In meinen Armen fest,
Und keine, keine Schlachten mehr,
Nur dich in meinem Arm!

Und sollst mir, meine Liebe, sein
Alldeutend Ideal,
Madonna sein, ein Erstlingskind,
Ein heilig's, an der Brust.

Und haschen will ich Nymphe dich
Im tiefen Waldgebüsch,
Ein geiles Schwänzchen hinten vor,
Die Ohren aufgereckt.

Und liegen will ich Mars zu dir,
Du Liebes-Göttin stark,
Und ziehn ein Netz um uns herum
Und rufen dem Olymp,

Wer von den Göttern kommen will,
Beneiden unser Glück,
Und soll's die Fratze Eifersucht —
An'n Bettfuß angebannt!

DER NEUE AMADIS

Als ich noch ein Knabe war,
Sperrte man mich ein,
Und so saß ich manches Jahr
Über mir allein
Wie in Mutterleib.

Doch du warst mein Zeitvertreib,
Goldne Phantasie,
Und ich ward ein warmer Held,
Wie der Prinz Pipi,
Und durchzog die Welt.

Baute manch kristallen Schloß
Und zerstört' es auch,
Warf mein blinkendes Geschoß
Drachen durch den Bauch,
Ja, ich war ein Mann!

Ritterlich befreit' ich dann
Die Prinzessin Fisch;
Sie war gar zu obligeant,
Führte mich zu Tisch,
Und ich war galant.

Und ihr Kuß war Himmelsbrot,
Glühend wie der Wein.
Ach, ich liebte fast mich tot,
Rings mit Sonnenschein
War sie emailliert.

Ach! Wer hat sie mir entführt?
Hielt kein Zauberband
Ihr verrät'risch Fliehn?
Sagt, wo ist ihr Land,
Wo der Weg dahin?

DER ADLER UND DIE TAUBE

Ein Adlerjüngling hob die Flügel
Nach Raub aus;
Ihn traf des Jägers Pfeil und schnitt
Der rechten Schwinge Sennkraft ab.
Er stürzt' herab in einen Myrtenhain,
Fraß seinen Schmerz drei Tage lang
Und zuckt' an Qual
Drei lange, lange Nächte lang.
Zuletzt heilt' ihn
Allgegenwärt'ger Balsam
Allheilender Natur.

Er schleicht aus dem Gebüsch hervor
Und reckt die Flügel — ach,
Die Schwingkraft weggeschnitten —,
Hebt sich mühsam kaum
Am Boden weg,
Unwürd'ger Raubbedürfnis nach,
Und ruht tieftraurend
Auf dem niedern Fels am Bach,
Und blickt zur Eich' hinauf,
Hinauf zum Himmel,
Und eine Träne füllt sein hohes Auge. —
Da kömmt mutwillig durch die Myrtenäste
Hergerauscht ein Taubenpaar,
Läßt sich herab und wandelt nickend
Über goldnen Sand am Bach
Und ruckt einander an.
Ihr rötlich Auge buhlt umher,
Erblickt den Innigtraurenden.
Der Täuber schwingt neugiergesellig sich
Zum nahen Busch und blickt
Mit Selbstgefälligkeit ihn freundlich an.
Du trauerst, liebelt er;
Sei gutes Mutes, Freund!
Hast du zur ruhigen Glückseligkeit
Nicht alles hier?
Kannst du dich nicht des goldnen Zweiges freun,
Der vor des Tages Glut dich schützt?
Kannst du der Abendsonne Schein
Auf weichem Moos am Bache nicht
Die Brust entgegenheben?
Du wandelst durch der Blumen frischen Tau,
Pflückst aus dem Überfluß des Waldgebüsches dir
Gelegne Speise, letzest
Den leichten Durst am Silberquell.
O Freund, das wahre Glück ist die Genügsamkeit,
Und die Genügsamkeit hat überall genug!
O weise! sprach der Adler, und trüb' erst
Versinkt er tiefer in sich selbst.
O Weisheit! du redst wie eine Taube.

EIN GLEICHNIS

Über die Wiese, den Bach herab,
Durch seinen Garten
Bricht er die jüngsten Blumen ab;
Ihm schlägt das Herz für Erwarten:
Sein Mädchen kommt! O Gewinst, o Glück!
Jüngling, tauschest deine Blüten um einen Blick!

Der Nachbar Gärtner sieht herein
Über die Hecke: So ein Tor möcht' ich sein!
Hab' Freude, meine Blumen zu nähren,
Die Vögel von meinen Früchten zu wehren,
Aber sind sie reif: Geld, guter Freund!
Soll ich meine Mühe verlieren?

Das sind Autoren, wie es scheint,
Der eine streut seine Freuden herum
Seinen Freunden, dem Publikum;
Der andre läßt sich pränumerieren.

*

Es hatt' ein Knab' eine Taube zart,
Gar schön von Farben und bunt,
Gar herzlich lieb nach Knabenart,
Geätzet aus seinem Mund,
Und hatte so Freud' am Täubelein sein,
Daß er nicht konnte sich freuen allein.

Da lebte nicht weit ein Altfuchs herum,
Erfahren und lehrreich und schwätzig darum;
Der hatte den Knaben manch Stündlein ergötzt,
Mit Wunder und Lügen verprahlt und verschwätzt.

„Muß meinem Fuchs doch mein Täubelein zeigen!"
Er lief und fand ihn strecken in Sträuchen.
„Sieh, Fuchs, mein lieb' Täublein, mein Täublein so schön!
Hast du dein Tag' so ein Täublein gesehn?"

„Zeig her!“ Der Knabe reicht’s. „’s geht an.
Aber sieh, es fehlt noch manches dran.
Die Federn sind viel zu kurz geraten.“
Da fing er an, rupft sich den Braten.

Der Knabe schrie. — „Du mußt stärkre einsetzen,
Sonst ziert’s nicht, schwingt’s nicht!“
Da war’s nackt — „Mißgeburt!“ — und in Fetzen.
Dem Knaben das Herze bricht.

Wer sich erkennt im Knaben gut,
Der sei vor Füchsen auf seiner Hut.

ANEKDOTE UNSRER TAGE

Ich führt’ einen Freund zum Maidel jung,
Wollt’ ihm zu genießen geben,
Was alles es hätt’: gar Freud’ genung,
Frisch junges warmes Leben.

Wir fanden sie sitzen an ihrem Bett,
Tät sich auf ihr Händlein stützen,
Der Herr der macht ihr ein Kompliment,
Tät gegen ihr über sitzen.
Er spitzt die Nas’, er sturt sie an,
Betracht sie hinüber, herüber,
Und um mich war’s gar bald getan,
Die Sinnen gingen mir über.

Der liebe Herr für allen Dank
Führt mich drauf in eine Ecken,
Und sagt, sie wär’ doch allzuschlank
Und hätt’ auch Sommerflecken.
Da nahm ich von dem Kind Adieu,
Und scheidend sah ich in die Höh’:
Ach Herre Gott, ach Herre Gott,
Erbarm’ dich doch des Herren!

Da führt' ich ihn in die Galerie
Voll Menschenglut und Geistes.
Mir wird's da gleich, ich weiß nicht wie,
Mein ganzes Herz zerreißt es.
O Maler, Maler! ruf ich laut,
Belohn' dir Gott dein Malen!
Und nur die allerschönste Braut
Kann dich für uns bezahlen.

Und sieh, da ging mein Herr herum
Und stochert sich die Zähne,
Registriert in Katalogum
Mir meine Göttersöhne.
Mein Busen war so voll und bang,
Von hundert Welten trächtig.
Ihm war bald was zu kurz, zu lang,
Wägt alles gar bedächtig.

Da warf ich in ein Eckchen mich
In süße Liebesbanden.
Um ihn versammelten Männer sich,
Die ihn einen Kenner nannten.

KENNER UND KÜNSTLER

Kenner

Gut, brav, mein Herr! Allein
Die linke Seite
Nicht ganz gleich der rechten!
Hier zuckt's ein wenig,
Und die Lippe
Nicht ganz Natur,
Noch alles so tot.

Künstler

O ratet, helft mir,
Daß ich mich vollende!
Wo ist der Urquell der Natur,

Daraus ich schöpfend
Himmel fühl' und Leben
In die Fingerspitzen empor,
Daß ich mit Göttersinn
Und Menschenhand
Vermög' zu bilden,
Was bei meinem Weib
Ich animalisch kann und muß?

Kenner

Da sehen Sie zu.

Künstler

So.

*

Da hatt' ich einen Kerl zu Gast,
Er war mir eben nicht zur Last,
Ich hatt' just mein gewöhnlich Essen.
Hat sich der Mensch pumpsatt gefressen;
Zum Nachtisch, was ich gespeichert hatt'.
Und kaum ist mir der Kerl so satt,
Tut ihn der Teufel zum Nachbar führen,
Über mein Essen zu räsonieren:
Die Supp' hätt' können gewürzter sein,
Der Braten brauner, firner der Wein. —
Der Tausendsackerment!
Schlagt ihn tot, den Hund! Es ist ein Rezensent.

DENK- UND TROSTSPRÜCHLEIN

's geschieht wohl, daß man an einem Tag
Weder Gott noch Menschen lieben mag,
Dringt nichts dir nach dem Herzen ein.
Sollt's in der Kunst wohl anders sein?
Drum hetz' dich nicht zur schlimmen Zeit,
Denn Füll' und Kraft sind nimmer weit.
Hast in der schlappen Stund geruht,
Ist dir die gute doppelt gut.

SPRACHE

Was reich und arm! Was stark und schwach!
Ist reich vergrabner Urne Bauch?
Ist stark das Schwert im Arsenal?
Greif milde drein, und freundlich Glück
Fließt, Gottheit, von dir aus!
Fass' an zum Siege, Macht, das Schwert,
Und über Nachbarn Ruhm!

DES KÜNSTLERS ERDEWALLEN

I.

Vor Sonnenaufgang

Der Künstler
vor der Staffelei, worauf das Bild einer dicken, häßlichen, kokett-schielenden Frau gestellt ist

Ich will nicht! Ich kann nicht!
Das schändliche, verzerrte Gesicht!
Soll ich so verderben den himmlischen Morgen?
Da sie noch schlafen all meine lieben Sorgen!
Gutes Weib! Köstliche Kleinen!

Er stellt das Bild ab und tritt ans Fenster.

Aurora, wie neukräftig liegt die Erd' um dich!
Und dieses Herz fühlt wieder jugendlich,
Und dies Auge wie selig, dir entgegenzuweinen!

Er stellt das Bild der Venus Urania auf.

Meine Göttin, deiner Gegenwart Blick
Überdrängt mich wie erstes Jugendglück,
Die ich in Seel' und Sinn, himmlische Gestalt,
Dich umfasse mit Bräutigams Gewalt.
Wo mein Pinsel dich berührt, bist du mein,
Du bist ich, bist mehr als ich, ich bin dein,
Uranfängliche Schönheit, Königin der Welt!
Und ich soll dich lassen für feiles Geld —
Dem Toren lassen, der am bunten Tand
Sich weidet, an einer scheckigen Wand...
Meine Kinder! — Göttin, du wirst sie letzen,

Du gehst in eines Reichen Haus,
Ihn in Kontribution zu setzen,
Und ich trag' ihnen Brot heraus.
Und er besitzt dich nicht, er hat dich nur,
Du wohnst bei mir, Urquell der Natur,
Leben und Freude der Kreatur!
In dir versunken
Fühl' ich mich selig an allen Sinnen trunken.

Ein Kind schreit

Ä! ä!

Der Künstler

Lieber Gott.

Frau erwacht

'S ist schon Tag!
Lieber, geh doch, schlag
Mir Feuer, leg' Holz an, stell Wasser bei,
Daß ich dem Kindel koch den Brei

Künstler am Bilde einen Blick weilend

Meine Göttin!

Ältester Knabe springt barfuß auf

Lieber Pappe! Ich helfe dich!

Künstler

Wie lang?

Knab

Was?

Künstler

Bring klein Holz in die Küch'!

II.

Höher am Tag

Künstler

Wer klopft so gewaltig? Fritzel, schau!

Knab
Es ist der Herr mit der dicken Frau!

Künstler
Da muß ich tun, als hätt' ich gemalt.
Er stellt das garstige Bild wieder auf.

Frau
Mach's nur, es wird ja wohl bezahlt.

Künstler
Das tut's ihm.

Der Herr und Madame treten auf

Herr
Da kommen wir ja zurecht.

Madame
Hab' heut geschlafen gar zu schlecht.

Frau
O, die Madame sind immer schön.

Herr
Darf man die Stück' in der Eck' besehn?

Künstler
Sie machen sich staubig.
(zu Madame:) Belieben sich niederzulassen.

Herr zur Staffelei tretend
Sie müssen sie recht im Geiste fassen.
Es ist wohl gut, doch so noch nicht,
Daß es einen vom Tuch anspricht.

Künstler vor sich
Es ist auch darnach ein Angesicht.

Herr *eins der bestaubten Gemälde aufhebend*
Ist das Ihr eigen Bildnis hier?

Künstler
Vor zehen Jahren glich es mir.

Herr
Es gleicht noch ziemlich.

Madame *einen flüchtigen Blick drüber hinwerfend*
O, gar sehr!

Herr
Sie haben jetzt gar viel Runzeln mehr.

Frau *mit einem Korbe, heimlich*
Gib mir Geld, ich muß auf den Markt!

Künstler
Ich hab' nichts.

Frau
Dafür kauft man ein' Quark.

Künstler *gibt ihr*
Da.

Herr
Aber Ihre Manier ist jetzt größer.

Künstler
Das ein' wird schlimmer, das andre besser.

Herr *hinter dem Künstler*
So, so! Da an dem Nasenbug!
Und die Augen sind nicht feurig gnug.

Künstler *vor sich*
O weh! Das mag der Teufel ertragen!

Die Muse ungesehen den andern tritt zu ihm
Mein Sohn, fängst jetzt an zu verzagen?
Trägt nicht ein jeder Mensch sein Joch?
Ist sie garstig, bezahlt sie doch!
Und laß den Kerl tadeln und schwätzen.
Hast Zeit genug, dich zu ergötzen
An dir selbst und an jedem Bild,
Das liebevoll aus deinem Pinsel quillt.
Wer muß eine Zeitlang hacken und graben,
Der wird die Ruh' erst willkommen haben.
Der Himmel kann einen auch verwöhnen,
Daß man sich tut nach der Erde sehnen.
Dir schmeckt das Essen, Lieb' und Schlaf,
Und bist nicht reich, so bist du brav.

DES KÜNSTLERS VERGÖTTERUNG

Stellt eine Gemäldegalerie vor, wo unter andern das Bild der Venus Urania in einer breiten goldnen Rahme wohlgefirnißt aufgehängt ist. Ein junger Maler sitzt davor und zeichnet, der Meister mit andern steht hinter dem Stuhle. Der Jünger steht auf.

Jünger
Hier leg ich, teurer Meister, meinen Pinsel nieder.
Nimmer, nimmer wag' ich es wieder,
Diese Fülle, dieses unendliche Leben
Mit dürftigen Strichen wiederzugeben.
Ich stehe beschämt, Widerwillens voll,
Wie vor 'ner Last ein Mann,
Die er tragen soll
Und nicht heben kann.

Meister
Heil deinem Gefühl, Jüngling, ich weihe dich ein
Vor diesem heiligen Bilde! Du wirst Meister sein!
Das starke Gefühl, wie größer dieser ist,
Zeigt, daß dein Geist seinesgleichen ist.

Jünger
Ganz, heil'ger Genius, versink' ich vor dir.

Meister

Und der Mann war ein Mensch wie wir,
Und an der Menschheit zugeteilten Plagen
Hatte er weit schwerer als wir zu tragen.

Jünger

O, warum sah ich sein Angesicht,
Hört' seiner Lippe Rede nicht!
Du Glücklicher kanntest ihn?

Meister

Ja, mein Sohn.
Ich war noch jung, er nahte schon
Dem Grabe. Ich werd' ihn nie vergessen.
Wie oft hab' ich zitternd vor ihm da gesessen
Voll von heißem Verlangen,
Jedes Wort von seinen Lippen zu fangen,
Und, wenn er schwieg, an seinem Auge gehangen.

KÜNSTLERS APOTHEOSE

Es wird eine prächtige Gemäldegalerie vorgestellt. Die Bilder aller Schulen hängen in breiten goldenen Rahmen. Es gehen mehrere Personen auf und ab. An einer Seite sitzt ein Schüler und ist beschäftiget, ein Bild zu kopieren.

Schüler

(indem er aufsteht, Palette und Pinsel auf den Stuhl legt und dahinter tritt)

Da sitz' ich hier schon Tage lang,
Mir wird's so schwül, mir wird's so bang,
Ich male zu und streiche zu
Und sehe kaum mehr, was ich tu'.
Gezeichnet ist es durchs Quadrat;
Die Farben, nach des Meisters Rat,
So gut mein Aug' sie sehen mag,
Ahm' ich nach meinem Muster nach;
Und wenn ich dann nicht weiter kann,

Steh' ich wie ein genestelter Mann
Und sehe hin und sehe her,
Als ob's getan mit Sehen wär';
Ich stehe hinter meinem Stuhl
Und schwitze wie im Schwefelpfuhl —
Und dennoch wird zu meiner Qual
Nie die Kopie Original.
Was dort ein freies Leben hat,
Das ist hier trocken, steif und matt;
Was reizend steht und sitzt und geht,
Ist hier gewunden und gedreht;
Was dort durchsichtig glänzt und glüht,
Hier wie ein alter Topf aussieht;
Und überall es mir gebricht
Als nur am guten Willen nicht,
Und bin nur eben mehr gequält,
Daß ich recht sehe, was mir fehlt.

Ein Meister (tritt hinzu)

Mein Sohn, das hast du wohl gemacht,
Mit Fleiß das Bild zustand gebracht!
Du siehst, wie wahr ich stets gesagt:
Je mehr als sich ein Künstler plagt,
Je mehr er sich zum Fleiße zwingt,
Um desto mehr es ihm gelingt.
Drum übe dich nur Tag für Tag,
Und du wirst sehn, was das vermag!
Dadurch wird jeder Zweck erreicht,
Dadurch wird manches Schwere leicht,
Und nach und nach kommt der Verstand
Unmittelbar dir in die Hand.

Schüler

Ihr seid zu gut und sagt mir nicht,
Was alles diesem Bild gebricht.

Meister

Ich sehe nur mit Freuden an,
Was du, mein Sohn, bisher getan.

Ich weiß, daß du dich selber treibst,
Nicht gern auf einer Stufe bleibst.
Will hier und da noch was gebrechen,
Wollen wir's ein andermal besprechen. (Entfernt sich.)

Schüler (das Bild ansehend)
Ich habe weder Ruh noch Rast,
Bis ich die Kunst erst recht gefaßt.

Ein Liebhaber (tritt zu ihm)
Mein Herr, mir ist verwunderlich,
Daß Sie hier Ihre Zeit verschwenden
Und auf dem rechten Wege sich
Schnurstracks an die Natur nicht wenden;
Denn die Natur ist aller Meister Meister!
Sie zeigt uns erst den Geist der Geister,
Läßt uns den Geist der Körper sehn,
Lehrt jedes Geheimnis uns verstehn.
Ich bitte, lassen Sie sich raten!
Was hilft es, immer fremden Taten
Mit größter Sorgfalt nachzugehn?
Sie sind nicht auf der rechten Spur;
Natur, mein Herr! Natur! Natur!

Schüler
Man hat es mir schon oft gesagt.
Ich habe kühn mich dran gewagt;
Es war mir stets ein großes Fest.
Auch ist mir dies und jen's geglückt;
Doch öfters ward ich mit Protest,
Mit Scham und Schande weggeschickt.
Kaum wag' ich es ein andermal;
Es ist nur Zeit, die man verliert:
Die Blätter sind zu kolossal,
Und ihre Schrift gar seltsam abbreviert.

Liebhaber (sich wegwendend)
Nun seh' ich schon das Wo und Wie;
Der gute Mensch hat kein Genie!

Schüler (sich niedersetzend)
Mich dünkt, noch hab' ich nichts getan;
Ich muß ein andermal noch dran.

Ein zweiter Meister
(tritt zu ihm, sieht seine Arbeit an und wendet sich um, ohne etwas zu sagen)

Schüler
Ich bitt' Euch, geht so stumm nicht fort
Und sagt mir wenigstens ein Wort.
Ich weiß, Ihr seid ein kluger Mann,
Ihr könntet meinen Wunsch am allerersten stillen.
Verdien' ich's nicht durch alles, was ich kann,
Verdien' ich's wenigstens durch meinen guten [Willen.

Meister
Ich sehe, was du tust, was du getan,
Bewundernd halb und halb voll Mitleid an.
Du scheinst zum Künstler mir geboren,
Hast weislich keine Zeit verloren:
Du fühlst die tiefe Leidenschaft,
Mit frohem Aug' die herrlichen Gestalten
Der schönen Welt begierig fest zu halten;
Du übst die angeborne Kraft,
Mit schneller Hand bequem dich auszudrücken;
Es glückt dir schon und wird noch besser glücken,
Allein —

Schüler
Verhehlt mir nichts!

Meister
Allein du übst die Hand,
Du übst den Blick, nun üb' auch den Verstand.
Dem glücklichsten Genie wird's kaum einmal ge-
Sich durch Natur und durch Instinkt allein [lingen
Zum Ungemeinen aufzuschwingen:

Die Kunst bleibt Kunst! Wer sie nicht durchge-
Der darf sich keinen Künstler nennen; [dacht,
Hier hilft das Tappen nichts; eh' man was Gutes
Muß man es erst recht sicher kennen. [macht,

Schüler

Ich weiß es wohl, man kann mit Aug' und Hand
An die Natur, an gute Meister gehen;
Allein, o Meister, der Verstand,
Der übt sich nur mit Leuten, die verstehen.
Es ist nicht schön, für sich allein
Und nicht für andre mit zu sorgen:
Ihr könntet vielen nützlich sein,
Und warum bleibt Ihr so verborgen?

Meister

Man hat's bequemer heutzutag,
Als unter meine Zucht sich zu bequemen:
Das Lied, das ich so gerne singen mag,
Das mag nicht jeder gern vernehmen.

Schüler

O sagt mir nur, ob ich zu tadeln bin,
Daß ich mir diesen Mann zum Muster auserkoren?
(Er deutet auf das Bild, das er kopiert hat.)
Daß ich mich ganz in ihn verloren?
Ist es Verlust, ist es Gewinn?
Daß ich allein an ihm mich nur ergetze,
Ihn weit vor allen andern schätze,
Als gegenwärtig ihn und als lebendig liebe,
Mich stets nach ihm und seinen Werken übe?

Meister

Ich tadl' es nicht, weil er fürtrefflich ist;
Ich tadl' es nicht, weil du ein Jüngling bist:
Ein Jüngling muß die Flügel regen,
In Lieb' und Haß gewaltsam sich bewegen.
Der Mann ist vielfach groß, den du dir auserwählt,
Du kannst dich lang' an seinen Werken üben;

Nur lerne bald erkennen, was ihm fehlt:
Man muß die Kunst und nicht das Muster lieben.

Schüler

Ich sähe nimmer mich an seinen Bildern satt,
Wenn ich mich Tag für Tag damit beschäft'gen
[sollte.

Meister

Erkenne, Freund, was er geleistet hat,
Und dann erkenne, was er leisten wollte:
Dann wird er dir erst nützlich sein,
Du wirst nicht alles neben ihm vergessen.
Die Tugend wohnt in keinem Mann allein;
Die Kunst hat nie ein Mensch allein besessen.

Schüler

So redet nur auch mehr davon!

Meister

Ein andermal, mein lieber Sohn.

Galerie-Inspektor (tritt zu ihnen)

Der heut'ge Tag ist uns gesegnet!
O, welch ein schönes Glück begegnet!
Es wird ein neues Bild gebracht,
So köstlich, als ich keins gedacht.

Meister

Von wem?

Schüler

Sagt an, es ahnet mir.
(Auf das Bild zeigend, das er kopiert.)
Von diesem?

Inspektor

Ja, von diesem hier.

Schüler

Wird endlich doch mein Wunsch erfüllt!
Die heiße Sehnsucht wird gestillt!
Wo ist es? Laßt mich eilig gehn.

Inspektor

Ihr werdet's bald hier oben sehn.
So köstlich, als es ist gemalt,
So teuer hat's der Fürst bezahlt.

Gemäldehändler (tritt auf)

Nun kann die Galerie doch sagen,
Daß sie ein einzig Bild besitzt.
Man wird einmal in unsern Tagen
Erkennen, wie ein Fürst die Künste liebt und [schützt.
Es wird sogleich heraufgetragen;
Es wird erstaunen, wer's erblickt.
Mir ist in meinem ganzen Leben
Noch nie ein solcher Fund geglückt.
Mich schmerzt es fast, es wegzugeben:
Das viele Gold, das ich begehrt,
Erreicht noch lange nicht den Wert.

(Man bringt das Bild der Venus Urania herein und setzt es auf eine Staffelei.)

Hier! wie es aus der Erbschaft kam,
Noch ohne Firnis, ohne Rahm.
Hier braucht es keine Kunst noch List.
Seht, wie es wohl erhalten ist!

(Alle versammeln sich davor.)

Erster Meister

Welch eine Praktik zeigt sich hier!

Zweiter Meister

Das Bild, wie ist es überdacht!

Schüler

Die Eingeweide brennen mir!

Liebhaber

Wie göttlich ist das Bild gemacht!

Händler

In seiner trefflichsten Manier.

Inspektor

Der goldne Rahm wird schon gebracht.
Geschwind herbei! geschwind herein!
Der Prinz wird bald im Saale sein.

(Das Bild wird in den Rahmen befestigt und wieder aufgestellt.)

Der Prinz (tritt auf und besieht das Gemälde)

Das Bild hat einen großen Wert;
Empfanget hier, was Ihr begehrt.

Der Kassier (hebt den Beutel mit den Zechinen auf den Tisch und seufzet)

Händler (zum Kassier)

Ich prüfe sie erst durchs Gewicht.

Kassier (aufzählend)

Es steht bei Euch, doch zweifelt nicht!

Der Fürst steht vor dem Bilde, die andern in einiger Entfernung. Der Plafond eröffnet sich; die Muse, den Künstler an der Hand führend, auf einer Wolke.

Künstler

Wohin, o Freundin, führst du mich?

Muse

Sieh nieder und erkenne dich!
Dies ist der Schauplatz deiner Ehre.

Künstler

Ich fühle nur den Druck der Atmosphäre.

Muse

Sieh nur herab! Es ist ein Werk von dir,
Das jedes andre neben sich verdunkelt
Und zwischen vielen Sternen hier
Als wie ein Stern der ersten Größe funkelt.
Sieh, was dein Werk für einen Eindruck macht,
Das du in deinen reinsten Stunden
Aus deinem innern Selbst empfunden,
Mit Maß und Weisheit durchgedacht,
Mit stillem, treuem Fleiß vollbracht!
Sieh, wie noch selbst die Meister lernen!
Ein kluger Fürst, er steht entzückt,
Er fühlt sich im Besitz von diesem Schatz beglückt;
Er geht und kommt, und kann sich nicht entfernen.
Sieh diesen Jüngling, wie er glüht,
Da er auf deine Tafel sieht!
In seinem Auge glänzt das herzliche Verlangen,
Von deinem Geist den Einfluß zu empfangen.
So wirkt mit Macht der edle Mann
Jahrhunderte auf seinesgleichen:
Denn was ein guter Mensch erreichen kann,
Ist nicht im engen Raum des Lebens zu erreichen.
Drum lebt er auch nach seinem Tode fort
Und ist so wirksam, als er lebte;
Die gute Tat, das schöne Wort,
Es strebt unsterblich, wie er sterblich strebte.
So lebst auch du durch ungemeßne Zeit.
Genieße der Unsterblichkeit!

Künstler

Erkenn' ich doch, was mir im kurzen Leben
Zeus für ein schönes Glück gegeben,
Und was er mir in dieser Stunde schenkt!
Doch er vergebe mir, wenn dieser Blick mich
Wie ein verliebter junger Mann [kränkt.
Unmöglich doch den Göttern danken kann,
Wenn seine Liebste fern und eingeschlossen
Wer wagt es, ihn beglückt zu nennen? [weint:
Und wird er wohl sich trösten können,

Weil eine Sonne ihn und sie bescheint?
So hab' ich stets entbehren müssen,
Was meinen Werken nun so reichlich widerfährt;
Was hilft's, o Freundin, mir, zu wissen,
Daß man mich nun bezahlet und verehrt?
O hätt' ich manchmal nur das Gold besessen,
Das diesen Rahm jetzt übermäßig schmückt!
Mit Weib und Kind mich herzlich satt zu essen,
War ich zufrieden und beglückt.
Ein Freund, der sich mit mir ergetzte,
Ein Fürst, der die Talente schätzte,
Sie haben leider mir gefehlt;
Im Kloster fand ich dumpfe Gönner:
So hab' ich emsig, ohne Kenner
Und ohne Schüler mich gequält. —
(Hinab auf den Schüler deutend.)
Und willst du diesen jungen Mann,
Wie er's verdient, dereinst erheben,
So bitt' ich, ihm bei seinem Leben,
So lang' er selbst noch kau'n und küssen kann,
Das Nötige zur rechten Zeit zu geben!
Er fühle froh, daß ihn die Muse liebt,
Wenn leicht und still die frohen Tage fließen.
Die Ehre, die mich nun im Himmel selbst betrübt,
Laß ihn dereinst, wie mich, doch freudiger ge-
[nießen!

Balladen

HEIDENRÖSLEIN

Sah ein Knab' ein Röslein stehn,
Röslein auf der Heiden,
War so jung und morgenschön,
Lief er schnell, es nah zu sehn,
Sah's mit vielen Freuden.
Röslein, Röslein, Röslein rot,
Röslein auf der Heiden.

Knabe sprach: Ich breche dich,
Röslein auf der Heiden!
Röslein sprach: Ich steche dich,
Daß du ewig denkst an mich,
Und ich will's nicht leiden.
Röslein, Röslein, Röslein rot,
Röslein auf der Heiden.

Und der wilde Knabe brach
's Röslein auf der Heiden;
Röslein wehrte sich und stach,
Half ihr doch kein Weh und Ach,
Mußt' es eben leiden.
Röslein, Röslein, Röslein rot,
Röslein auf der Heiden.

*

Ein Veilchen auf der Wiese stand,
Gebückt in sich und unbekannt,
Es war ein herzig's Veilchen.
Da kam eine junge Schäferin
Mit leichtem Schritt und munterm Sinn
Daher, daher,
Die Wiese her, und sang.

Ach! denkt das Veilchen, wär' ich nur
Die schönste Blume der Natur,
Ach, nur ein kleines Weilchen,
Bis mich das Liebchen abgepflückt
Und an dem Busen matt gedrückt!
Ach nur, ach nur
Ein Viertelstündchen lang!

Ach, aber ach! Das Mädchen kam
Und nicht in acht das Veilchen nahm,
Ertrat's, das arme Veilchen.
Und sank und starb und freut sich noch:
Und sterb' ich denn, so sterb ich doch
Durch sie, durch sie,
Zu ihren Füßen doch!

DER KÖNIG VON THULE

Frühe Fassung

Es war ein König in Thule,
Ein' goldnen Becher er hätt
Empfangen von seiner Buhle
Auf ihrem Todesbett.

Den Becher hätt er lieber,
Trank draus bei jedem Schmaus.
Die Augen gingen ihm über,
So oft er trank daraus.

Und als er kam zu sterben,
Zählt' er seine Städt' und Reich',
Gönnt' alles seinen Erben,
Den Becher nicht zugleich.

Am hohen Königsmahle,
Die Ritter um ihn her,
Im alten Vätersaale
Auf seinem Schloß am Meer

Da saß der alte Zecher,
Trank letzte Lebensglut
Und warf den heiligen Becher
Hinunter in die Flut.

Er sah ihn sinken und trinken
Und stürzen tief ins Meer.
Die Augen täten ihm sinken,
Trank keinen Tropfen mehr.

DER KÖNIG IN THULE

Spätere Fassung

Es war ein König in Thule
Gar treu bis an das Grab,
Dem sterbend seine Buhle
Einen goldnen Becher gab.

Es ging ihm nichts darüber,
Er leert' ihn jeden Schmaus;
Die Augen gingen ihm über,
So oft er trank daraus.

Und als er kam zu sterben,
Zählt' er seine Städt' im Reich,
Gönnt' alles seinem Erben,
Den Becher nicht zugleich.

Er saß beim Königsmahle,
Die Ritter um ihn her,
Auf hohem Vätersaale
Dort auf dem Schloß am Meer.

Dort stand der alte Zecher,
Trank letzte Lebensglut
Und warf den heil'gen Becher
Hinunter in die Flut.

Er sah ihn stürzen, trinken
Und sinken tief ins Meer.
Die Augen täten ihm sinken;
Trank nie einen Tropfen mehr.

*

Hoch auf dem alten Turne steht
Des Helden edler Geist,
Der, wie das Schiff vorüber geht,
Es wohl zu fahren heißt.

„Sieh, diese Sehne war so stark,
Dies Herz so fest und wild,
Die Knochen voll von Rittermark,
Der Becher angefüllt.

Mein halbes Leben stürmt' ich fort,
Verdehnt' die Hälft' in Ruh.
Und du, du Menschen-Schifflein dort,
Fahr immer, immer zu!"

*

Es war ein Buhle frech genung,
War erst aus Frankreich kommen,
Der hat ein armes Maidel jung
Gar oft in Arm genommen,
Und liebgekost und liebgeherzt,
Als Bräutigam herumgescherzt,
Und endlich sie verlassen.

Das arme Maidel das erfuhr,
Vergingen ihr die Sinnen,
Sie lacht' und weint' und bet' und schwur
So fuhr die Seel' von hinnen.
Die Stund, da sie verschieden war,
Wird bang dem Buben, graust sein Haar,
Es treibt ihn fort zu Pferde.

Er gab die Sporen kreuz und quer
Und ritt auf alle Seiten,
Herüber, 'nüber, hin und her,
Kann keine Ruh' erreiten;
Reit' sieben Tag und sieben Nacht —
Es blitzt und donnert, stürmt und kracht,
Die Fluten reißen über;

Und reit' im Blitz und Wetterschein
Gemäuerwerk entgegen,
Bindt 's Pferd hauß an und kriecht hinein
Und duckt sich vor dem Regen.
Und wie er tappt und wie er fühlt,
Sich unter ihm die Erd' erwühlt:
Er stürzt wohl hundert Klafter.

Und als er sich ermannt vom Schlag,
Sieht er drei Lichtlein schleichen.
Er rafft sich auf und krapelt nach,
Die Lichtlein ferne weichen,
Irrführen ihn die Quer und Läng',
Treppauf treppab durch enge Gäng',
Verfallne wüste Keller.

Auf einmal steht er hoch im Saal,
Sieht sitzen hundert Gäste,
Hohlaugig grinsen allzumal
Und winken ihm zum Feste.
Er sieht sein Schätzel unten an
Mit weißen Tüchern angetan,
Die wend't sich —

KLAGGESANG VON DER EDLEN FRAUEN DES ASAN AGA

Was ist Weißes dort am grünen Walde?
Ist es Schnee wohl oder sind es Schwäne?
Wär es Schnee da, wäre weggeschmolzen,
Wären's Schwäne, wären weggeflogen.

Ist kein Schnee nicht, es sind keine Schwäne,
's ist der Glanz der Zelten Asan Aga,
Niederliegt er drin an seiner Wunde.

Ihn besucht die Mutter und die Schwester,
Schamhaft säumt sein Weib zu ihm zu kommen.

Als nun seine Wunde linder wurde,
Ließ er seinem treuen Weibe sagen:
„Harre mein nicht mehr an meinem Hofe,
Nicht am Hofe, und nicht bei den Meinen."

Als die Frau dies harte Wort vernommen,
Stand die Treue starr und voller Schmerzen.
Hört der Pferde Stampfen vor der Türe,
Und es deucht ihr, Asan käm, ihr Gatte,
Springt zum Turne, sich herabzustürzen.
Ängstlich folgen ihr zwei liebe Töchter,
Rufen nach ihr, weinend bittre Tränen:
„Sind nicht unsers Vaters Asans Rosse!
Ist dein Bruder Pintorowich kommen."

Und es kehret die Gemahlin Asans,
Schlingt die Arme jammernd um den Bruder:
„Sieh die Schmach, o Bruder, deiner Schwester!
Mich verstoßen, Mutter dieser fünfe!"

Schweigt der Bruder und zieht aus der Tasche
Eingehüllet in hochrote Seide
Ausgefertiget den Brief der Scheidung,
Daß sie kehre zu der Mutter Wohnung,
Frei, sich einem andern zu ergeben.

Als die Frau den Trauer-Scheidbrief sahe,
Küßte sie der beiden Knaben Stirne,
Küßt' die Wangen ihrer beiden Mädchen;
Aber, ach, vom Säugling in der Wiege
Kann sie sich im bittern Schmerz nicht reißen.
Reißt sie los der ungestüme Bruder,

Hebt sie auf das muntre Roß behende,
Und so eilt er mit der bangen Frauen
Grad nach seines Vaters hoher Wohnung.

Kurze Zeit war's, noch nicht sieben Tage,
Kurze Zeit gnug: von viel großen Herren
D'liebe Frau in ihrer Witwen-Trauer,
D'liebe Frau zum Weib begehret wurde.
Und der größte war Imoskis Kadi.
Und die Frau bat weinend ihren Bruder:
„Ach, bei deinem Leben, dich beschwör' ich,
Gib mich keinem andern mehr zur Frauen,
Daß das Wiedersehen meiner lieben
Armen Kinder mir das Herz nicht breche!"

Ihre Reden achtet nicht der Bruder,
Fest, Imoskis Kadi sie zu trauen.
Doch die Fraue bittet ihn unendlich:
„Schicke wenigstens ein Blatt, o Bruder,
Mit den Worten zu Imoskis Kadi:
Dich begrüßt die junge Wittib freundlich
Und läßt durch dies Blatt dich höchlich bitten,
Daß, wenn dich die Suaten herbegleiten,
Du mir einen langen Schleier bringest,
Daß ich mich vor Asans Haus verhülle,
Meine lieben Waisen nicht ersehe."

Kaum ersah der Kadi dieses Schreiben,
Als er seine Suaten alle sammelt
Und zum Wege nach der Braut sich rüstet,
Mit den Schleier, den sie heischte, tragend.

Glücklich kamen sie zur Fürstin Hause,
Glücklich sie mit ihr vom Hause wieder.
Aber als sie Asans Wohnung nahten,
Sahn die Kinder oben ab die Mutter,
Riefen: „Komm zu deinen Kindern wieder!
Iß mit uns das Abendbrot in deiner Halle!"

Traurig hört es die Gemahlin Asans,
Kehrete sich zu der Suaten Fürsten:

„Bruder, laß die Suaten und die Pferde
Halten 'wenig vor der lieben Türe,
Daß ich meine Kleinen noch beschenke."

Und sie hielten vor der lieben Türe,
Und den armen Kindern gab sie Gaben,
Gab den Knaben goldgestickte Stiefel,
Gab den Mädchen lange reiche Kleider,
Und dem Säugling, hilflos in der Wiegen,
Gab sie für die Zukunft auch ein Röckchen.

Das beiseit sah Vater Asan Aga,
Rief gar traurig seinen lieben Kindern:
„Kehrt zu mir, ihr lieben armen Kleinen!
Eurer Mutter Brust ist Eisen worden,
Fest verschlossen, kann nicht Mitleid fühlen."
Wie das hörte die Gemahlin Asans,
Stürzt' sie bleich, den Boden schütternd, nieder,
Und die Seel' entfloh dem bangen Busen,
Als sie ihre Kinder vor sich fliehn sah.

VOR GERICHT

Von wem ich's habe, das sag' ich euch nicht,
Das Kind in meinem Leib.
Pfui, speit ihr aus, die Hure da!
Bin doch ein ehrlich Weib.

Mit wem ich mich traute, das sag' ich euch nicht,
Mein Schatz ist lieb und gut,
Trägt er eine goldne Kett' am Hals,
Trägt er einen strohernen Hut.

Soll Spott und Hohn getragen sein,
Trag' ich allein den Hohn.
Ich kenn' ihn wohl, er kennt mich wohl,
Und Gott weiß auch davon.

Herr Pfarrer und Herr Amtmann ihr,
Ich bitt', laßt mich in Ruh!
Es ist mein Kind und bleibt mein Kind,
Ihr gebt mir ja nichts dazu.

Gelegenheitsgedichte

PILGERS MORGENLIED

An Lila

Morgennebel, Lila,
Hüllen deinen Turn um.
Soll ich ihn zum
Letzten Mal nicht sehn!
Doch mir schweben
Tausend Bilder
Seliger Erinnerung
Heilig warm ums Herz.
Wie er so stand,
Zeuge meiner Wonne,
Als zum ersten Mal
Du dem Fremdling
Ängstlich liebevoll
Begegnetest
Und mit einem Mal
Ew'ge Flammen
In die Seel' ihm warfst! —
Zische, Nord,
Tausend-schlangenzüngig
Mir ums Haupt!
Beugen sollst du's nicht!
Beugen magst du
Kind'scher Zweige Haupt,
Von der Sonne
Muttergegenwart geschieden.

Allgegenwärt'ge Liebe,
Durchglühst mich!
Beutst dem Wetter die Stirn,
Gefahren die Brust!

Hast mir gegossen
Ins frühwelkende Herz
Doppeltes Leben,
Freude, zu leben,
Und Mut!

Aus einem Briefe an Johann Christian Kestner.

Frankfurt, Januar 1773

Wenn dem Papa sein Pfeifchen schmeckt,
Der Doktor Hofrat Grillen heckt
Und sie Karlinchen für Liebe verkauft,
Die Lotte herüber hinüber lauft,
Lenchen treuherzig und wohlgemut
In die Welt hinein lugen tut,
Mit dreckigen Händen und Honigschnitten,
Mit Löchern im Kopf nach deutschen Sitten
Die Buben jauchzen mit hellem Hauf
Tür ein Tür aus, Hof ab Hof auf,
Und Ihr mit den blauen Äugelein
Gucket so ganz gelassen drein,
Als wäret Ihr Männlein von Porzellan,
Seid innerlich doch ein wackrer Mann,
Treuer Liebhaber und warmer Freund!
So lass des Reichs und Christen Feind
Und Russ' und Preuß' und Belial
Sich teilen in den Erdenball,
Und nur das liebe Teutsche Haus
Nehmt von der großen Teilung aus!
Und daß der Weg von hier zu Euch
Wie Jakobs Leiter sei sicher und gleich,
Und unser Magen verdau' gesund!
So segnen wir Euch mit Herz und Mund:
Gott allein die Ehr',
Mir mein Weib allein,
So kann ich und Er
Wohl zufrieden sein.

AN LOTTEN

Wenn einen sel'gen Biedermann,
Pastor oder Ratsherrn lobesan
Die Wittib läßt in Kupfer stechen
Und drunter ein Verslein radebrechen,
Da heißt's: Seht hier von Kopf und Ohren
Den Herrn hochwürdig, wohlgeboren,
Seht seine Augen und seine Stirn.
Aber sein verständig Gehirn,
So manch Verdienst ums gemeine Wesen
Könnt ihr ihm nicht an der Nase lesen.

So, liebe Lotte, heißt's auch hier:
Ich schicke da meinen Schatten dir.
Magst wohl die lange Nase sehn,
Der Stirne Drang, der Lippe Flehn,
's ist ohngefähr das garstge Gesicht —
Aber meine Liebe siehst du nicht.

An Friedrich Wilhelm Gotter mit einem Exemplar des „Götz von Berlichingen"

Schicke dir hier den alten Götzen,
Magst ihn zu deinen Heilgen setzen
Oder magst ihn in die Zahl
Der Ungeblätterten stellen zumal.
Hab's geschrieben in guter Zeit,
Tags, Abends und Nachts Herrlichkeit,
Und find' nicht halb die Freud' so mehr,
Da nun gedruckt ist ein großes Heer.
Find', daß es wie mit den Kindern ist,
Da doch wohl immer die schönste Frist
Bleibt, wenn man in der schönen Nacht
Sie hat der lieben Frau gemacht;
Das andre geht dann seinen Gang
Und Rechnen, Wehn und Tauf' und Sang.
Mögt euch nun auch ergötzen dran,
So habt ihr doppelt wohlgetan.

Magst, wie ich höre, dann allda
Agieren, tragieren Komödia
Vor Stadt und Land und Hof und Herrn;
Die sähn das Schattenspiel wohl gern.
So such' dir denn in deinem Haus
Einen recht tüchtigen Bengel aus,
Und gib ihm die Roll' von meinem Götz,
In Panzer, Blechhaub' und Geschwätz.
Dann nimm den Weisling vor dich hin,
In Pumphos', Kragen und stolzem Kinn,
Mit Spada wohl nach Spanier Art,
Mit Weitnaslöchern, Stützleinbart,
Und sei ein Falscher an den Frauen,
Laß dich zuletzt vergiftet schauen.
Und bring', da hast du meinen Dank,
Mich vor die Weiblein ohn' Gestank!
Mußt alle garstgen Worte lindern,
Aus Scheißkerl Schurken, aus Arsch mach Hintern,
Und gleich' das alles so fortan,
Wie du's wohl ehmals schon getan.

MIT EINER ZEICHNUNG

Sieh in diesem Zauberspiegel
Einen Traum, wie lieb und gut
Unter ihres Gottes Flügel
Unsre Freundin leidend ruht.

Fühle, wie sie sich herüber
Aus des Lebens Woge stritt;
Sieh dein Bild ihr gegenüber
Und den Gott, der für euch litt.

Fühle, was ich in dem Schweben
Dieser Dämmrung all gefühlt,
Als mit ungeduld'gem Streben
Ich die Zeichnung hingewühlt.

*

Zwischen Lavater und Basedow
Saß ich bei Tisch des Lebens froh.
Herr Helfer, der war gar nicht faul,
Setzt' sich auf einen schwarzen Gaul,
Nahm einen Pfarrer hinter sich
Und auf die Offenbarung strich,
Die uns Johannes der Prophet
Mit Rätseln wohl versiegelt hätt;
Er öffnet' die Siegel kurz und gut,
Wie man Theriaksbüchsen öffnen tut,
Und maß mit einem heil'gen Rohr
Die Kubusstadt und Perlentor
Dem hocherstaunten Jünger vor.
Ich war indes nicht weit gereist,
Hatte ein Stück Salmen aufgespeist.
Vater Basedow, unter dieser Zeit,
Packt' einen Tanzmeister an seiner Seit'
Und zeigt' ihm, was die Taufe klar
Bei Christ und seinen Jüngern war,
Und daß sich's garnicht ziemet jetzt,
Daß man den Kindern die Köpfe netzt.
Drob ärgert' sich der andre sehr
Und wollte garnichts hören mehr
Und sagt', es wüßte ein jedes Kind,
Daß's in der Bibel anders stünd'.
Und ich behaglich unterdessen
Hatt' einen Hahnen aufgefressen.

Und wie nach Emmaus weiter ging's
Mit Sturm- und Feuerschritten:
Prophete rechts, Prophete links,
Das Weltkind in der Mitten.

AUF CHRISTIANEN R.

Hab oft einen dummen düstern Sinn,
Ein gar so schweres Blut,
Wenn ich bei meiner Christel bin,
Ist alles wieder gut.

Ich seh sie dort, ich seh sie hier
Und weiß nicht auf der Welt
Und wie und wo und wann sie mir,
Warum sie mir gefällt.

Das schwarze Schelmenaug' dadrein,
Die schwarzen Braunen drauf,
Seh ich ein einzigmal hinein,
Die Seele geht mir auf.
Was sie so gar einen süßen Mund,
Liebrunde Wänglein hat!
Ach, und es ist noch etwas rund,
Da sieht kein Aug' sich satt.

Und wenn ich sie dann fassen darf
Im lüft'gen deutschen Tanz,
Da geht's herum, da geht's so scharf,
Da fühl' ich mich so ganz.
Und wenn's ihr tummlig wird und warm,
Da wieg' ich sie sogleich
An meiner Brust, in meinem Arm,
Ist mir ein Königreich!

Und wenn sie liebend nach mir blickt
Und alles rings vergißt,
Und dann an meine Brust gedrückt
Und weidlich eins geküßt,
Das läuft mir durch das Rückenmark
Bis in die große Zeh',
Ich bin so schwach, ich bin so stark,
Mir ist so wohl, so weh.

Da möcht' ich mehr und immer mehr,
Der Tag wird mir nicht lang.
Wenn ich die Nacht auch bei ihr wär',
Davor wär' mir nicht bang.
Ich denk', ich fasse sie einmal
Und büße meine Lust;
Und endigt sich nicht meine Qual,
Sterb' ich an ihrer Brust.

An Merck mit einer Zeichenmappe

Hier schick' ich dir ein teures Pfand,
Das ich mit eigner hoher Hand,
Mit Zirkel rein und Lineal
Gefertigt dir zur Zeichenschal'
Und auch zu festem Kraft und Grund
In einer guten Zeichenstund'.
Nimm's, lieber Alter, auf dein Knie
Und denke mein, wenn's um dich schwebt,
Wie es in Sympathieen hie
Um mein verschwirbelt Hirnchen lebt.
Geb' Gott dir Lieb' zu deinem Pantoffel,
Ehr' jede krüpplige Kartoffel,
Erkenne jedes Dings Gestalt,
Sein Leid und Freud, Ruh und Gewalt
Und fühle, wie die ganze Welt
Der große Himmel zusammenhält:
Dann du ein Zeichner, Kolorist,
Haltungs- und Ausdrucks-Meister bist.

Motto-Verse zur zweiten Ausgabe der „Leiden des jungen Werthers" 1775

Zum 1. Buch

Jeder Jüngling sehnt sich, so zu lieben,
Jedes Mädchen, so geliebt zu sein.
Ach, der heiligste von unsern Trieben,
Warum quillt aus ihm die grimme Pein?

Zum 2. Buch

Du beweinst, du liebst ihn, liebe Seele,
Rettest sein Gedächtnis von der Schmach;
Sieh, dir winkt sein Geist aus seiner Höhle:
Sei ein Mann und folge mir nicht nach.

In das Stammbuch von Jakob Michael Reinhold Lenz

Zur Erinnrung guter Stunden,
Aller Freuden, aller Wunden,
Aller Sorgen, aller Schmerzen
In zwei tollen Dichterherzen,
Noch im letzten Augenblick
Lass' ich Lenzchen dies zurück.

BUNDESLIED, EINEM JUNGEN PAAR GESUNGEN VON VIEREN

Den künft'gen Tag' und Stunden,
Nicht heut dem Tag allein,
Soll dieses Lied verbunden
Von uns gesungen sein.
Euch bracht ein Gott zusammen,
Der uns zusammenbracht.
Von schnellen, ew'gen Flammen
Seid glücklich durchgefacht!

Ihr seid nun eins, ihr beide,
Und wir mit euch sind eins.
Auf, trinkt der Dauerfreude
Ein Glas des echten Weins!
Auf, in der holden Stunde
Stoßt an und küsset treu
Bei diesem neuen Bunde
Die Alten wieder neu.

Nicht lang in unserm Kreise
Bist nicht mehr neu darin,
Kennst schon die freie Weise
Und unsern treuen Sinn.
So bleib' zu allen Zeiten
Herz Herzen zugekehrt;
Durch keine Kleinigkeiten
Werd' unser Bund gestört!

Uns hat ein Gott gesegnet
Ringsum mit freiem Blick,
Und wie umher die Gegend
So frisch sei unser Glück.
Durch Grillen nicht gedränget
Verknickt sich keine Lust;
Durch Zieren nicht geenget
Schlägt freier unsre Brust.

Mit jedem Schritt wird weiter
Die rasche Lebensbahn,
Und heiter, immer heiter
Steigt unser Blick hinan,
Und bleiben lange, lange,
Fort ewig so gesellt.
Ach, daß von einer Wange
Hier eine Träne fällt!

Doch ihr sollt nichts verlieren,
Die ihr verbunden bleibt,
Wenn einen einst von Vieren
Das Schicksal von euch treibt;
Ist's doch, als wenn er bliebe:
Euch ferne sucht sein Blick;
Erinnerung der Liebe
Ist wie die Liebe Glück.

BUNDESLIED

Spätere Fassung

In allen guten Stunden,
Erhöht von Lieb' und Wein,
Soll dieses Lied verbunden
Von uns gesungen sein!
Uns hält der Gott zusammen,
Der uns hierher gebracht.
Erneuert unsre Flammen,
Er hat sie angefacht.

So glühet fröhlich heute,
Seid recht von Herzen eins!
Auf, trinkt erneuter Freude
Dies Glas des echten Weins!
Auf, in der holden Stunde
Stoßt an und küsset treu
Bei jedem neuen Bunde
Die alten wieder neu!

Wer lebt in unserm Kreise
Und lebt nicht selig drin?
Genießt die freie Weise
Und treuen Brudersinn!
So bleibt durch alle Zeiten
Herz Herzen zugekehrt;
Von keinen Kleinigkeiten
Wird unser Bund gestört.

Uns hat ein Gott gesegnet
Mit freiem Lebensblick,
Und alles, was begegnet,
Erneuert unser Glück.
Durch Grillen nicht gedränget
Verknickt sich keine Lust;
Durch Zieren nicht geenget
Schlägt freier unsre Brust.

Mit jedem Schritt wird weiter
Die rasche Lebensbahn,
Und heiter, immer heiter
Steigt unser Blick hinan.
Uns wird es nimmer bange,
Wenn alles steigt und fällt,
Und bleiben lange, lange,
Auf ewig so gesellt.

Lili

NEUE LIEBE, NEUES LEBEN

Herz, mein Herz, was soll das geben,
Was bedränget dich so sehr?
Welch ein fremdes neues Leben —
Ich erkenne dich nicht mehr.
Weg ist alles, was du liebtest,
Weg, worum du dich betrübtest,
Weg dein Fleiß und deine Ruh —
Ach, wie kamst du nur dazu?

Fesselt dich die Jugendblüte,
Diese liebliche Gestalt,
Dieser Blick voll Treu und Güte
Mit unendlicher Gewalt?
Will ich rasch mich ihr entziehen,
Mich ermannen, ihr entfliehen,
Führet mich im Augenblick
— Ach — mein Weg zu ihr zurück.

Und an diesem Zauberfädchen,
Das sich nicht zerreißen läßt,
Hält das liebe lose Mädchen
Mich so wider Willen fest.
Muß in ihrem Zauberkreise
Leben nun auf ihre Weise;
Die Verändrung, ach, wie groß!
Liebe, Liebe, laß mich los!

AN BELINDEN

Warum ziehst du mich unwiderstehlich,
Ach, in jene Pracht?
War ich guter Junge nicht so selig
In der öden Nacht?

Heimlich in mein Zimmerchen verschlossen
Lag im Mondenschein,
Ganz von seinem Schauerlicht umflossen,
Und ich dämmert' ein.

Träumte da von vollen goldnen Stunden
Ungemischter Lust;
Ahndungsvoll hatt' ich dein Bild empfunden
Tief in meiner Brust.

Bin ich's noch, den du bei so viel Lichtern
An dem Spieltisch hältst?
Oft so unerträglichen Gesichtern
Gegenüberstellst?

Reizender ist mir des Frühlings Blüte
Nun nicht auf der Flur,
Wo du Engel bist, ist Lieb' und Güte,
Wo du bist, Natur.

*

Bleibe, bleibe bei mir,
Holder Fremdling, süße Liebe,
Holde süße Liebe,
Und verlasse die Seele nicht!
Ach, wie anders, wie schön
Lebt der Himmel, lebt die Erde,
Ach, wie fühl' ich, wie fühl' ich
Dieses Leben zum ersten Mal!

SEHNSUCHT

Dies wird die letzte Trän' nicht sein,
Die glühend Herz-auf quillet,
Das mit unsäglich-neuer Pein
Sich schmerzvermehrend stillet.

O laß doch immer hier und dort
Mich ewig Liebe fühlen,
Und möcht' der Schmerz auch also fort
Durch Nerv und Adern wühlen.

Könnt' ich doch ausgefüllt einmal
Von dir, o Ew'ger, werden!
Ach, diese lange tiefe Qual,
Wie dauert sie auf Erden!

LILIS PARK

Ist doch keine Menagerie
So bunt als meiner Lili ihre!
Sie hat darin die wunderbarsten Tiere
Und kriegt sie 'rein, weiß selbst nicht wie.
O wie sie hüpfen, laufen, trappeln,
Mit abgestumpften Flügeln zappeln,
Die armen Prinzen allzumal,
In nie gelöschter Liebesqual!

„Wie hieß die Fee? Lili?" — Fragt nicht nach ihr!
Kennt ihr sie nicht, so danket Gott dafür.

Welch ein Geräusch, welch ein Gegacker,
Wenn sie sich in die Türe stellt
Und in der Hand das Futterkörbchen hält!
Welch ein Gequiek, welch ein Gequacker!
Alle Bäume, alle Büsche
Scheinen lebendig zu werden:
So stürzen sich ganze Herden
Zu ihren Füßen, sogar im Bassin die Fische
Patschen ungeduldig mit den Köpfen heraus;
Und sie streut dann das Futter aus
Mit einem Blick — Götter zu entzücken,
Geschweige die Bestien. Da geht's an ein Picken,
An ein Schlürfen, an ein Hacken;
Sie stürzen einander über die Nacken,
Schieben sich, drängen sich, reißen sich,

Jagen sich, ängsten sich, beißen sich,
Und das all um ein Stückchen Brot,
Das, trocken, aus den schönen Händen schmeckt,
Als hätt' es in Ambrosia gesteckt.

Aber der Blick auch, der Ton,
Wenn sie ruft: Pipi! Pipi!
Zöge den Adler Jupiters vom Thron;
Der Venus Taubenpaar,
Ja der eitle Pfau sogar,
Ich schwöre, sie kämen,
Wenn sie den Ton von weitem nur vernähmen.

Denn so hat sie aus des Waldes Nacht
Einen Bären, ungeleckt und ungezogen,
Unter ihren Beschluß hereinbetrogen,
Unter die zahme Kompanie gebracht
Und mit den andern zahm gemacht —
Bis auf einen gewissen Punkt, versteht sich!
Wie schön und ach! wie gut
Schien sie zu sein! Ich hätte mein Blut
Gegeben, um ihre Blumen zu begießen.

„Ihr sagtet: ich! Wie? Wer?"
Gut denn, ihr Herrn, grad aus: Ich bin der Bär!
In einem Filetschurz gefangen,
An einem Seidenfaden ihr zu Füßen.
Doch wie das alles zugegangen,
Erzähl' ich euch zur andern Zeit;
Dazu bin ich zu wütig heut'.

Denn ha! steh' ich so an der Ecke
Und hör' von weitem das Geschnatter,
Seh' das Geflitter, das Geflatter,
Kehr' ich mich um
Und brumm'
Und renne rückwärts eine Strecke
Und seh' mich um
Und brumm'

Und laufe wieder eine Strecke,
Und kehr' doch endlich wieder um.

Dann fängt's auf einmal an zu rasen,
Ein mächt'ger Geist schnaubt aus der Nasen,
Es wildzt die innere Natur.
Was, du ein Tor, ein Häschen nur!
So ein Pipi! Eichhörnchen, Nuß zu knacken!
Ich sträube meinen borst'gen Nacken,
Zu dienen ungewöhnt.
Ein jedes aufgestutzte Bäumchen höhnt
Mich an! ich flieh' vom Boulingreen,
Vom niedlich glatt gemähten Grase.
Der Buchsbaum zieht mir eine Nase!
Ich flieh' ins dunkelste Gebüsche hin,
Durchs Gehäge zu dringen,
Über die Planken zu springen.
Mir versagt Klettern und Sprung,
Ein Zauber bleit mich nieder,
Ein Zauber häkelt mich wieder,
Ich arbeite mich ab, und bin ich matt genung,
Dann lieg' ich an gekünstelten Kaskaden
Und kau' und wein' und wälze halb mich tot,
Und ach! es hören meine Not
Nur porzellanene Oreaden.

Auf einmal! ach, es dringt
Ein seliges Gefühl durch alle meine Glieder:
Sie ist's, die dort in ihrer Laube singt!
Ich hör' die liebe, liebe Stimme wieder,
Die ganze Luft ist warm, ist blütevoll.
Ach! singt sie wohl, daß ich sie hören soll?
Ich dringe zu, tret' alle Sträuche nieder,
Die Büsche fliehn, die Bäume weichen mir,
Und so — zu ihren Füßen liegt das Tier.

Sie sieht es an: „Ein Ungeheuer! doch drollig!
Für einen Bären zu mild,
Für einen Pudel zu wild;
So zottig, täpsig, knollig!“

Sie streicht ihm mit dem Füßchen übern Rücken;
Er denkt im Paradiese zu sein.
Wie ihn alle sieben Sinne jücken!
Und sie — sieht ganz gelassen drein.
Ich küss' ihre Schuhe, kau' an den Sohlen,
So sittig, als ein Bär nur mag;
Ganz sachte heb' ich mich und schmiege mich ver-
Leis an ihr Knie — am günst'gen Tag [stohlen
Läßt sie's geschehn und kraut mir um die Ohren
Und patscht mich mit mutwillig derbem Schlag —
Ich knurr', in Wonne neu geboren.
Dann fordert sie mit süßem, eitlem Spotte:
„Allons tout doux! eh la menotte!
Et faites Serviteur,
Comme un joli Seigneur."
So treibt sie's fort mit Spiel und Lachen!
Es hofft der oft betrogne Tor;
Doch will er sich ein bißchen unnütz machen,
Hält sie ihn kurz als wie zuvor.

Doch hat sie auch ein Fläschchen Balsam-Feuers,
Dem keiner Erde Honig gleicht,
Wovon sie wohl einmal, von Lieb und Treu erweicht,
Um die verlechzten Lippen ihres Ungeheuers
Ein Tröpfchen mit der Fingerspitze streicht
Und wieder flieht und mich mir überläßt,
Und ich dann, losgebunden, fest
Gebannt bin, immer nach ihr ziehe,
Sie suche, schaudre, wieder fliehe —
So läßt sie den zerstörten Armen gehn,
Ist seiner Lust, ist seinen Schmerzen still;
Ha, manchmal läßt sie mir die Tür halb offen stehn,
Seitblickt mich spottend an, ob ich nicht fliehen will.

Und ich! — Götter, ist's in euren Händen,
Dieses dumpfe Zauberwerk zu enden:
Wie dank' ich, wenn ihr mir die Freiheit schafft!
Doch sendet ihr mir keine Hilfe nieder —
Nicht ganz umsonst reck' ich so meine Glieder:
Ich fühl's! ich schwör's! Noch hab' ich Kraft.

Aus dem Tagebuch der Reise in die Schweiz

15. Junius 1775, aufm Zürichersee.

Ich saug' an meiner Nabelschnur
Nun Nahrung aus der Welt.
Und herrlich rings ist die Natur,
Die mich am Busen hält.
Die Welle wieget unsern Kahn
Im Rudertakt hinauf,
Und Berge wolkenangetan
Entgegnen unserm Lauf.

Aug mein Aug, was sinkst du nieder?
Goldne Träume, kommt ihr wieder?
Weg, du Traum, so gold du bist,
Hier auch Lieb und Leben ist.
Auf der Welle blinken
Tausend schwebende Sterne,
Liebe Nebel trinken
Rings die türmende Ferne,
Morgenwind umflügelt
Die beschattete Bucht,
Und im See bespiegelt
Sich die reifende Frucht.

AUF DEM SEE

Spätere Fassung des vorigen

Und frische Nahrung, neues Blut
Saug' ich aus freier Welt;
Wie ist Natur so hold und gut,
Die mich am Busen hält!
Die Welle wieget unsern Kahn
Im Rudertakt hinauf,
Und Berge, wolkig himmelan,
Begegnen unserm Lauf.

Aug', mein Aug', was sinkst du nieder?
Goldne Träume, kommt ihr wieder?
Weg, du Traum, so gold du bist:
Hier auch Lieb' und Leben ist.

Auf der Welle blinken
Tausend schwebende Sterne,
Weiche Nebel trinken
Rings die türmende Ferne;
Morgenwind umflügelt
Die beschattete Bucht,
Und im See bespiegelt
Sich die reifende Frucht.

VOM BERGE IN DIE SEE

Aus dem Reisetagebuch

Wenn ich, liebe Lili, dich nicht liebte,
Welche Wonne gäb' mir dieser Blick!
Und doch, wenn ich, Lili, dich nicht liebte,
Wär', was wär' mein Glück?

VOM BERGE

Spätere Fassung

Wenn ich, liebe Lili, dich nicht liebte,
Welche Wonne gäb' mir dieser Blick!
Und doch, wenn ich, Lili, dich nicht liebte,
Fänd' ich hier und fänd' ich dort mein Glück?

IM HERBST 1775

Fetter grüne, du Laub,
Das Rebengeländer,
Hier mein Fenster herauf.
Gedrängter quillet,
Zwillingsbeeren, und reifet
Schneller und glänzend voller.

Euch brütet der Mutter Sonne
Scheideblick, euch umsäuselt
Des holden Himmels
Fruchtende Fülle.
Euch kühlet des Monds
Freundlicher Zauberhauch,
Und euch betauen, ach,
Aus diesen Augen
Der ewig belebenden Liebe
Voll schwellende Tränen.

WONNE DER WEHMUT

Trocknet nicht, trocknet nicht,
Tränen der heiligen Liebe!
Ach, den halbtrocknen Augen schon
Wie öde, tot ist die Welt!
Trocknet nicht, trocknet nicht,
Tränen der ewigen Liebe!

*

Holde Lili, warst so lang
All meine Lust und all mein Sang.
Bist, ach, nun all mein Schmerz — und doch
All mein Sang bist du noch.

AN EIN GOLDENES HERZ, DAS ER AM HALSE TRUG

Angedenken du verklungner Freude,
Das ich immer noch am Halse trage,
Hältst du länger als das Seelenband uns beide?
Verlängerst du der Liebe kurze Tage?

Flieh' ich, Lili, vor dir, muß noch an deinem Bande
Durch fremde Lande,
Durch ferne Täler und Wälder wallen!
Ach, Lilis Herz konnte so bald nicht
Von meinem Herzen fallen.

Wie ein Vogel, der den Faden bricht
Und zum Walde kehrt,
Er schleppt des Gefängnisses Schmach,
Noch ein Stückchen des Fadens nach,
Er ist der alte freigeborne Vogel nicht,
Er hat schon jemand angehört.

AN LILI

In ein Exemplar der „Stella“

Im holden Tal, auf schneebedeckten Höhen
War stets dein Bild mir nah;
Ich sah's um mich in lichten Wolken wehen,
Im Herzen war mir's da.
Empfinde hier, wie mit allmächt'gem Triebe
Ein Herz das andre zieht,
Und daß vergebens Liebe
Vor Liebe flieht.

GEDICHTE DER ERSTEN MANNESJAHRE

Gelegenheitsgedichte aus dem Weimarer Kreise

Aus einem Brief an den Herzog Carl August

Gehab' dich wohl bei den hundert Lichtern,
Die dich umglänzen,
Und all den Gesichtern,
Die dich umschwänzen
Und umkredenzen!
Findst doch nur wahre Freud' und Ruh
Bei Seelen grad und treu wie du.

Begrüßung des Herzogs Carl August in Verkleidung als Bauer

Durchlauchtigster! Es nahet sich
Ein Bäuerlein demütiglich,
Da Ihr mit Euerm Roß und Heer
Zum Schlosse tut stolzieren sehr.
Gebt auch mir einen gnädgen Blick!
Das ist schon Untertanen-Glück;
Denn Haus und Hof und Freud' und Leid
Hab' ich schon seit geraumer Zeit.
Haben Euch sofern auch lieb und gern,
Wie man eben lieb hat seinen Herrn,
Den man wie unsern Herrgott nennt
Und ihn auch meistens nicht besser kennt.
Geb' Euch Gott allen guten Segen,
Nur laßt Euch uns sein angelegen;
Denn wir bäurisch treues Blut
Sind doch immer Euer bestes Gut,
Und könnt Euch mehr an uns erfreun
Als am Park und an Stutereien.

Dies reich' ich Euch im fremden Land,
Bliebe auch übrigens gern unbekannt.
Zieht ein und nehmet Speis' und Kraft
Im Zauberschloß in der Nachbarschaft,
Wo eine gute Fee regiert,
Die einen goldnen Szepter führt
Und um sich eine kleine Welt
Mit holdem Blick beisammenhält.

ILMENAU

am 3. September 1783

Anmutig Tal! du immergrüner Hain!
Mein Herz begrüßt euch wieder auf das beste.
Entfaltet mir die schwerbehangnen Äste,
Nehmt freundlich mich in eure Schatten ein,
Erquickt von euren Höhn, am Tag der Lieb' und Lust,
Mit frischer Luft und Balsam meine Brust!

Wie kehrt ich oft mit wechselndem Geschicke,
Erhabner Berg, an deinen Fuß zurücke!
O laß mich heut' an deinen sachten Höhn
Ein jugendlich, ein neues Eden sehn!
Ich hab' es wohl auch mit um euch verdienet:
Ich sorge still, indes ihr ruhig grünet.

Laßt mich vergessen, daß auch hier die Welt
So manch Geschöpf in Erdefesseln hält,
Der Landmann leichtem Sand den Samen anvertraut
Und seinen Kohl dem frechen Wilde baut,
Der Knappe karges Brot in Klüften sucht,
Der Köhler zittert, wenn der Jäger flucht.
Verjüngt euch mir, wie ihr es oft getan,
Als fing' ich heut' ein neues Leben an.

Ihr seid mir hold, ihr gönnt mir diese Träume,
Sie schmeicheln mir und locken alte Reime.
Mir wieder selbst, von allen Menschen fern,

Wie bad' ich mich in euren Düften gern!
Melodisch rauscht die hohe Tanne wieder,
Melodisch eilt der Wasserfall hernieder;
Die Wolke sinkt, der Nebel drückt ins Tal,
Und es ist Nacht und Dämmrung auf einmal.

Im finstern Wald, beim Liebesblick der Sterne,
Wo ist mein Pfad, den sorglos ich verlor?
Welch seltne Stimmen hör' ich in der Ferne?
Sie schallen wechselnd an dem Fels empor.
Ich eile sacht, zu sehn, was es bedeutet,
Wie von des Hirsches Ruf der Jäger still geleitet.

Wo bin ich? ist's ein Zaubermärchen-Land?
Welch nächtliches Gelag am Fuß der Felsenwand?
Bei kleinen Hütten, dicht mit Reis bedecket,
Seh' ich sie froh ans Feuer hingestrecket.
Es dringt der Glanz hoch durch den Fichtensaal,
Am niedern Herde kocht ein rohes Mahl;
Sie scherzen laut, indessen bald geleeret
Die Flasche frisch im Kreise wiederkehret.

Sagt, wem vergleich' ich diese muntre Schar?
Von wannen kommt sie? um wohin zu ziehen?
Wie ist an ihr doch alles wunderbar!
Soll ich sie grüßen? soll ich vor ihr fliehen?
Ist es der Jäger wildes Geisterheer?
Sind's Gnomen, die hier Zauberkünste treiben?
Ich seh' im Busch der kleinen Feuer mehr;
Es schaudert mich, ich wage kaum, zu bleiben.
Ist's der Ägyptier verdächtiger Aufenthalt?
Ist es ein flüchtiger Fürst wie im Ardenner-Wald?
Soll ich Verirrter hier in den verschlungnen Gründen
Die Geister Shakespeares gar verkörpert finden?
Ja, der Gedanke führt mich eben recht:
Sie sind es selbst, wo nicht ein gleich Geschlecht!
Unbändig schwelgt ein Geist in ihrer Mitten,
Und durch die Roheit fühl' ich edle Sitten.

Wie nennt ihr ihn? Wer ist's, der dort gebückt
Nachlässig stark die breiten Schultern drückt?
Er sitzt zunächst gelassen an der Flamme,
Die markige Gestalt aus altem Heldenstamme.
Er saugt begierig am geliebten Rohr,
Es steigt der Dampf an seiner Stirn empor.
Gutmütig trocken weiß er Freud' und Lachen
Im ganzen Zirkel laut zu machen,
Wenn er mit ernstlichem Gesicht
Barbarisch bunt in fremder Mundart spricht.

Wer ist der andre, der sich nieder
An einen Sturz des alten Baumes lehnt
Und seine langen, feingestalten Glieder
Ekstatisch faul nach allen Seiten dehnt
Und, ohne daß die Zecher auf ihn hören,
Mit Geistesflug sich in die Höhe schwingt
Und von dem Tanz der himmelhohen Sphären
Ein monotones Lied mit großer Inbrunst singt?

Doch scheinet allen etwas zu gebrechen:
Ich höre sie auf einmal leise sprechen,
Des Jünglings Ruhe nicht zu unterbrechen,
Der dort am Ende, wo das Tal sich schließt,
In einer Hütte, leicht gezimmert,
Vor der ein letzter Blick des kleinen Feuers schimmert,
Vom Wasserfall umrauscht, des milden Schlafs genießt.
Mich treibt das Herz, nach jener Kluft zu wandern,
Ich schleiche still und scheide von den andern.

Sei mir gegrüßt, der hier in später Nacht
Gedankenvoll an dieser Schwelle wacht!
Was sitzest du entfernt von jenen Freuden?
Du scheinst mir auf was Wichtiges bedacht.
Was ist's, daß du in Sinnen dich verlierest,
Und nicht einmal dein kleines Feuer schürest?

„O frage nicht! denn ich bin nicht bereit,
Des Fremden Neugier leicht zu stillen;

Sogar verbitt' ich deinen guten Willen;
Hier ist zu schweigen und zu leiden Zeit.
Ich bin dir nicht imstande selbst zu sagen,
Woher ich sei, wer mich hierher gesandt;
Von fremden Zonen bin ich her verschlagen
Und durch die Freundschaft festgebannt.

Wer kennt sich selbst? wer weiß, was er vermag?
Hat nie der Mutige Verwegnes unternommen?
Und was du tust, sagt erst der andre Tag,
War es zum Schaden oder Frommen.
Ließ nicht Prometheus selbst die reine Himmelsglut
Auf frischen Ton vergötternd niederfließen?
Und konnt' er mehr als irdisch Blut
Durch die belebten Adern gießen?
Ich brachte reines Feuer vom Altar;
Was ich entzündet, ist nicht reine Flamme,
Der Sturm vermehrt die Glut und die Gefahr.
Ich schwanke nicht, indem ich mich verdamme.

Und wenn ich unklug Mut und Freiheit sang
Und Redlichkeit und Freiheit sonder Zwang,
Stolz auf sich selbst und herzliches Behagen,
Erwarb ich mir der Menschen schöne Gunst;
Doch ach! ein Gott versagte mir die Kunst,
Die arme Kunst, mich künstlich zu betragen.
Nun sitz' ich hier, zugleich erhoben und gedrückt,
Unschuldig und gestraft, und schuldig und beglückt.

Doch rede sacht! denn unter diesem Dach
Ruht all mein Wohl und all mein Ungemach:
Ein edles Herz, vom Wege der Natur
Durch enges Schicksal abgeleitet,
Das, ahnungsvoll, nun auf der rechten Spur
Bald mit sich selbst und bald mit Zauberschatten streitet
Und, was ihm das Geschick durch die Geburt geschenkt,
Mit Müh' und Schweiß erst zu erringen denkt.
Kein liebevolles Wort kann seinen Geist enthüllen,
Und kein Gesang die hohen Wogen stillen.

Wer kann der Raupe, die am Zweige kriecht,
Von ihrem künft'gen Futter sprechen?
Und wer der Puppe, die im Boden liegt,
Die zarte Schale helfen durchzubrechen?
Es kommt die Zeit, sie drängt sich selber los
Und eilt auf Fittichen der Rose in den Schoß.

Gewiß, ihm geben auch die Jahre
Die rechte Richtung seiner Kraft.
Noch ist, bei tiefer Neigung für das Wahre,
Ihm Irrtum eine Leidenschaft.
Der Vorwitz lockt ihn in die Weite,
Kein Fels ist ihm zu schroff, kein Steg zu schmal;
Der Unfall lauert an der Seite
Und stürzt ihn in den Arm der Qual.
Dann treibt die schmerzlich überspannte Regung
Gewaltsam ihn bald da, bald dort hinaus,
Und von unmutiger Bewegung
Ruht er unmutig wieder aus.
Und düster wild an heitern Tagen,
Unbändig, ohne froh zu sein,
Schläft er, an Seel' und Leib verwundet und zerschlagen,
Auf einem harten Lager ein:
Indessen ich hier still und atmend kaum
Die Augen zu den freien Sternen kehre
Und, halb erwacht und halb im schweren Traum,
Mich kaum des schweren Traums erwehre."

Verschwinde, Traum!
Wie dank' ich, Musen, euch,
Daß ihr mich heut' auf einen Pfad gestellet,
Wo auf ein einzig Wort die ganze Gegend gleich
Zum schönsten Tage sich erhellet!
Die Wolke flieht, der Nebel fällt,
Die Schatten sind hinweg. Ihr Götter, Preis und Wonne!
Es leuchtet mir die wahre Sonne,
Es lebt mir eine schönre Welt.
Das ängstliche Gesicht ist in die Luft zerronnen,
Ein neues Leben ist's, es ist schon lang' begonnen.

Ich sehe hier, wie man nach langer Reise
Im Vaterland sich wiederkennt,
Ein ruhig Volk in stillem Fleiße
Benutzen, was Natur an Gaben ihm gegönnt.
Der Faden eilet von dem Rocken
Des Webers raschem Stuhle zu,
Und Seil und Kübel wird in längrer Ruh
Nicht am verbrochnen Schachte stocken;
Es wird der Trug entdeckt, die Ordnung kehrt zurück,
Es folgt Gedeihn und festes ird'sches Glück.

So mög', o Fürst, der Winkel deines Landes
Ein Vorbild deiner Tage sein!
Du kennest lang' die Pflichten deines Standes
Und schränkest nach und nach die freie Seele ein.
Der kann sich manchen Wunsch gewähren,
Der kalt sich selbst und seinem Willen lebt;
Allein wer andre wohl zu leiten strebt,
Muß fähig sein, viel zu entbehren.

So wandle du — der Lohn ist nicht gering —
Nicht schwankend hin, wie jener Sämann ging,
Daß bald ein Korn, des Zufalls leichtes Spiel,
Hier auf den Weg, dort zwischen Dornen fiel.
Nein! streue klug wie reich, mit männlich steter Hand,
Den Segen aus auf ein geackert Land;
Dann laß es ruhn: die Ernte wird erscheinen
Und dich beglücken und die Deinen.

EPIPHANIAS

Die heil'gen drei König' mit ihrem Stern,
Sie essen, sie trinken, und bezahlen nicht gern;
Sie essen gern, sie trinken gern,
Sie essen, trinken, und bezahlen nicht gern.

Die heil'gen drei König' sind kommen allhier,
Es sind ihrer drei und sind nicht ihrer vier;
Und wenn zu dreien der vierte wär',
So wär' ein heil'ger drei König mehr.

Ich erster bin der weiß' und auch der schön',
Bei Tage solltet ihr erst mich sehn!
Doch ach, mit allen Spezerein
Werd' ich sein Tag kein Mädchen mir erfrein.

Ich aber bin der braun' und bin der lang',
Bekannt bei Weibern wohl und bei Gesang.
Ich bringe Gold statt Spezerein,
Da werd' ich überall willkommen sein.

Ich endlich bin der schwarz' und bin der klein'
Und mag auch wohl einmal recht lustig sein.
Ich esse gern, ich trinke gern,
Ich esse, trinke und bedanke mich gern.

Die heil'gen drei König' sind wohlgesinnt,
Sie suchen die Mutter und das Kind;
Der Joseph fromm sitzt auch dabei,
Der Ochs und Esel liegen auf der Streu.

Wir bringen Myrrhen, wir bringen Gold,
Dem Weihrauch sind die Damen hold;
Und haben wir Wein von gutem Gewächs,
So trinken wir drei so gut als ihrer sechs.

Da wir nun hier schöne Herrn und Fraun,
Aber keine Ochsen und Esel schaun,
So sind wir nicht am rechten Ort
Und ziehen unseres Weges weiter fort.

CHRISTOPH KAUFMANN VON WINTERTHUR IM GEFOLGE LAVATERS, DER SEINE FRÖMMELND PHYSIOGNOMISIERENDE SPIONEREI ZU ADELN SICH GOTTES SPÜRHUND ZU NENNEN BELIEBTE. 1779.

Als Gottes Spürhund hat er frei
Manch Schelmenstück getrieben,
Die Gottesspur ist nun vorbei,
Der Hund ist ihm geblieben.

AUF MIEDINGS TOD

Welch ein Getümmel füllt Thaliens Haus?
Welch ein geschäftig Volk eilt ein und aus?
Von hohlen Brettern tönt des Hammers Schlag,
Der Sonntag feiert nicht, die Nacht wird Tag.
Was die Erfindung still und zart ersann,
Beschäftigt laut den rohen Zimmermann.
Ich sehe Hauenschild gedankenvoll:
Ist's Türk', ist's Heide, den er kleiden soll?
Und Schumann froh, als wär' er schon bezahlt,
Weil er einmal mit ganzen Farben malt.
Ich sehe Thielens leicht bewegten Schritt,
Der lust'ger wird, je mehr er euch verschnitt.
Der Jude Elkan läuft mit manchem Rest,
Und diese Gärung deutet auf ein Fest.

Allein, wie viele hab' ich hererzählt,
Und nenn' ihn nicht, den Mann, der nie gefehlt,
Der sinnreich schnell, mit schmerzbeladner Brust,
Den Lattenbau zu fügen wohl gewußt,
Das Brettgerüst, das, nicht von ihm belebt,
Wie ein Skelett an toten Drähten schwebt.

Wo ist er? sagt! — Ihm war die Kunst so lieb,
Daß Kolik nicht, nicht Husten ihn vertrieb.
„Er liegt so krank, so schlimm es nie noch war!"
Ach Freunde! Weh! Ich fühle die Gefahr;
Hält Krankheit ihn zurück, so ist es Not,
Er ist nicht krank, nein, Kinder, er ist tot!

Wie? Mieding tot? erschallt bis unters Dach
Das hohle Haus, vom Echo kehrt ein Ach!
Die Arbeit stockt, die Hand wird jedem schwer,
Der Leim wird kalt, die Farbe fließt nicht mehr;
Ein jeder steht betäubt an seinem Ort,
Und nur der Mittwoch treibt die Arbeit fort.

Ja, Mieding tot! O scharret sein Gebein
Nicht undankbar wie manchen andern ein!
Laßt seinen Sarg eröffnet, tretet her,
Klagt jedem Bürger, der gelebt wie er,
Und laßt am Rand des Grabes, wo wir stehn,
Die Schmerzen in Betrachtung übergehn.

O Weimar! dir fiel ein besonder Los:
Wie Bethlehem in Juda, klein und groß!
Bald wegen Geist und Witz beruft dich weit
Europens Mund, bald wegen Albernheit.
Der stille Weise schaut und sieht geschwind,
Wie zwei Extreme nah verschwistert sind.
Eröffne du, die du besondre Lust
Am Guten hast, der Rührung deine Brust!

Und du, o Muse, rufe weit und laut
Den Namen aus, der heut' uns still erbaut!
Wie manchen, wert und unwert, hielt mit Glück
Die sanfte Hand von ew'ger Nacht zurück;
O laß auch Miedings Namen nicht vergehn,
Laß ihn stets neu am Horizonte stehn!
Nenn' ihn der Welt, die kriegrisch oder fein
Dem Schicksal dient und glaubt ihr Herr zu sein,
Dem Rad der Zeit vergebens widersteht,
Verwirrt, beschäftigt und betäubt sich dreht;
Wo jeder, mit sich selbst genug geplagt,
So selten nach dem nächsten Nachbar fragt,
Doch gern im Geist nach fernen Zonen eilt
Und Glück und Übel mit dem Fremden teilt.
Verkünde laut und sag' es überall:
Wo Einer fiel, seh' Jeder seinen Fall!

Du, Staatsmann, tritt herbei! Hier liegt der Mann,
Der, so wie du, ein schwer Geschäft begann;
Mit Lust zum Werke mehr als zum Gewinn
Schob er ein leicht Gerüst mit leichtem Sinn,
Den Wunderbau, der äußerlich entzückt,
Indes der Zaubrer sich im Winkel drückt.

Er war's, der säumend manchen Tag verlor,
So sehr ihn Autor und Acteur beschwor;
Und dann zuletzt, wann es zum Treffen ging,
Des Stückes Glück an schwache Fäden hing.

Wie oft trat nicht die Herrschaft schon herein!
Es ward gepocht, die Symphonie fiel ein,
Daß er noch kletterte, die Stangen trug,
Die Seile zog und manchen Nagel schlug.
Oft glückt's ihm, kühn betrog er die Gefahr;
Doch auch ein Bock macht' ihm kein graues Haar.

Wer preist genug des Mannes kluge Hand,
Wenn er aus Draht elast'sche Federn wand,
Vielfält'ge Pappen auf die Lättchen schlug,
Die Rolle fügte, die den Wagen trug,
Mit Zindel, Blech, gefärbt Papier und Glas,
Dem Ausgang lächelnd, rings umgeben saß?
So, treu dem unermüdlichen Beruf,
War er's, der Held und Schäfer leicht erschuf.
Was alles zarte schöne Seelen rührt,
Ward treu von ihm, nachahmend, ausgeführt:
Des Rasens Grün, des Wassers Silberfall,
Der Vögel Sang, des Donners lauter Knall,
Der Laube Schatten und des Mondes Licht —
Ja selbst ein Ungeheu'r erschreckt' ihn nicht.

Wie die Natur manch widerwärt'ge Kraft
Verbindend zwingt, und streitend Körper schafft,
So zwang er jedes Handwerk, jeden Fleiß,
Des Dichters Welt entstand auf sein Geheiß.
Und, so verdient, gewährt die Muse nur
Den Namen ihm: Direktor der Natur.

Wer faßt nach ihm, voll Kühnheit und Verstand,
Die vielen Zügel mit der einen Hand?
Hier, wo sich jeder seines Weges treibt,
Wo ein Factotum unentbehrlich bleibt,
Wo selbst der Dichter, heimlich voll Verdruß,
Im Fall der Not die Lichter putzen muß.

O sorget nicht! Gar viele regt sein Tod!
Sein Witz ist nicht zu erben, doch sein Brot;
Und, ungleich ihm, denkt mancher Ehrenmann:
Verdien' ich's nicht, wenn ich's nur essen kann.

Was stutzt ihr? seht den schlecht verzierten Sarg,
Auch das Gefolg' scheint euch gering und karg.
Wie! ruft ihr, wer so künstlich und so fein,
So wirksam war, muß reich gestorben sein!
Warum versagt man ihm den Trauerglanz,
Den äußern Anstand letzter Ehre ganz?

Nicht so geschwind! Das Glück macht alles gleich,
Den Faulen und den Tät'gen, Arm und Reich.
Zum Gütersammeln war er nicht der Mann;
Der Tag verzehrte, wie der Tag gewann.
Bedauert ihn, der, schaffend bis ans Grab
Was künstlich war, und nicht was Vorteil gab,
In Hoffnung täglich weniger erwarb,
Vertröstet lebte und vertröstet starb.

Nun laßt die Glocken tönen, und zuletzt
Werd' er mit lauter Trauer beigesetzt!
Wer ist's, der ihm ein Lob zu Grabe bringt,
Eh' noch die Erde rollt, das Chor verklingt?

Ihr Schwestern, die ihr bald auf Thespis' Karrn,
Geschleppt von Eseln und umschrien von Narrn,
Vor Hunger kaum, vor Schande nie bewahrt,
Von Dorf zu Dorf, euch feilzubieten, fahrt;
Bald wieder, durch der Menschen Gunst beglückt,
In Herrlichkeit der Welt die Welt entzückt:
Die Mädchen eurer Art sind selten karg,
Kommt, gebt die schönsten Kränze diesem Sarg!

Vereinet hier teilnehmend euer Leid,
Zahlt, was ihr ihm, was ihr uns schuldig seid!
Als euren Tempel grause Glut verheert,
Wart ihr von uns drum weniger geehrt?

Wie viel Altäre stiegen vor euch auf!
Wie manches Rauchwerk brachte man euch drauf!
An wie viel Plätzen lag, vor euch gebückt,
Ein schwer befriedigt Publikum entzückt!
In engen Hütten und im reichen Saal,
Auf Höhen Ettersburgs, in Tiefurts Tal,
Im leichten Zelt, auf Teppichen der Pracht,
Und unter dem Gewölb der hohen Nacht,
Erschient ihr, die ihr vielgestaltet seid,
Im Reitrock bald und bald im Galakleid.

Auch das Gefolg', das um euch sich ergießt,
Dem der Geschmack die Türen ekel schließt,
Das leichte, tolle, scheckige Geschlecht,
Es kam zu Hauf, und immer kam es recht.

An weiße Wand bringt dort der Zauberstab
Ein Schattenvolk aus mytholog'schem Grab.
Im Possenspiel regt sich die alte Zeit,
Gutherzig, doch mit Ungezogenheit.
Was Gallier und Brite sich erdacht,
Ward, wohlverdeutscht, hier Deutschen vorgebracht;
Und oftmals liehen Wärme, Leben, Glanz
Dem armen Dialog Gesang und Tanz.
Des Karnevals zerstreuter Flitterwelt
Ward sinnreich Spiel und Handlung zugesellt.
Dramatisch selbst erschienen hergesandt
Drei Könige aus fernem Morgenland;
Und sittsam bracht' auf reinlichem Altar
Dianens Priesterin euch Opfer dar.
Nun ehrt uns auch in dieser Trauerzeit!
Gebt uns ein Zeichen! denn ihr seid nicht weit.

Ihr Freunde, Platz! Weicht einen kleinen Schritt!
Seht, wer da kommt und festlich näher tritt!
Sie ist es selbst — die Gute fehlt uns nie —
Wir sind erhört, die Musen senden sie.
Ihr kennt sie wohl! sie ist's, die stets gefällt:
Als eine Blume zeigt sie sich der Welt.

Zum Muster wuchs das schöne Bild empor,
Vollendet nun, sie ist's und stellt es vor.
Es gönnten ihr die Musen jede Gunst,
Und die Natur erschuf in ihr die Kunst.
So häuft sie willig jeden Reiz auf sich,
Und selbst dein Name ziert, Corona, dich.

Sie tritt herbei. Seht sie gefällig stehn!
Nur absichtslos, doch wie mit Absicht schön.
Und hocherstaunt seht ihr in ihr vereint
Ein Ideal, das Künstlern nur erscheint.

Anständig führt die leis erhobne Hand
Den schönsten Kranz, umknüpft von Trauerband.
Der Rose frohes, volles Angesicht,
Das treue Veilchen, der Narzisse Licht,
Vielfält'ger Nelken, eitler Tulpen Pracht,
Von Mädchenhand geschickt hervorgebracht,
Durchschlungen von der Myrte sanfter Zier,
Vereint die Kunst zum Trauerschmucke hier;
Und durch den schwarzen, leichtgeknüpften Flor
Sticht eine Lorbeerspitze still hervor.

Es schweigt das Volk. Mit Augen voller Glanz
Wirft sie ins Grab den wohlverdienten Kranz.
Sie öffnet ihren Mund, und lieblich fließt
Der weiche Ton, der sich ums Herz ergießt.

Sie spricht: Den Dank für das, was du getan,
Geduldet, nimm, du Abgeschiedner, an!
Der Gute wie der Böse müht sich viel,
Und beide bleiben weit von ihrem Ziel.
Dir gab ein Gott in holder, steter Kraft
Zu deiner Kunst die ew'ge Leidenschaft.
Sie war's, die dich zur bösen Zeit erhielt,
Mit der du krank, als wie ein Kind, gespielt,
Die auf den blassen Mund ein Lächeln rief,
In deren Arm dein müdes Haupt entschlief!
Ein jeder, dem Natur ein Gleiches gab,

Besuche pilgernd dein bescheiden Grab!
Fest steh' dein Sarg in wohlgegönnter Ruh,
Mit lockrer Erde deckt ihn leise zu,
Und sanfter als des Lebens liege dann
Auf dir des Grabes Bürde, guter Mann!

An Herzog Carl August

Du sorgest freundlich, mir den Pfad
Mit Lieblingsblumen zu bestreun.
Still tätig danke dir mein Leben
Für alles Gute, was du mir erzeigt.
Fügst du dazu die Sorge für dich selbst,
So geh' ich ohne Wünsche fröhlich hin;
Denn nur gemeinsam Wohl beglückt Verbundene.

Verse an Lida

JÄGERS NACHTLIED
Erste Fassung

Im Felde schleich ich still und wild,
Lausch mit dem Feuerrohr,
Da schwebt so licht dein liebes Bild,
Dein süßes Bild mir vor.

Du wandelst jetzt wohl still und mild
Durch Feld und liebes Tal,
Und, ach, mein schnell verrauschend Bild
Stellt sich dir's nicht einmal?

Des Menschen, der in aller Welt
Nie findet Ruh noch Rast,
Dem wie zu Hause so im Feld
Sein Herze schwillt zur Last.

Mir ist es, denk ich nur an dich,
Als säh' den Mond ich an;
Ein stiller Friede kommt auf mich,
Weiß nicht, wie mir getan.

JÄGERS ABENDLIED
Zweite Fassung

Im Felde schleich' ich still und wild,
Gespannt mein Feuerrohr,
Da schwebt so licht dein liebes Bild,
Dein süßes Bild mir vor.

Du wandelst jetzt wohl still und mild
Durchs Feld und liebe Tal,
Und ach, mein schnell verrauschend Bild,
Stellt sich dir's nicht einmal?

Des Menschen, der die Welt durchstreift
Voll Unmut und Verdruß,
Nach Osten und nach Westen schweift,
Weil er dich lassen muß.

Mir ist es, denk' ich nur an dich,
Als in den Mond zu sehn;
Ein stiller Friede kommt auf mich,
Weiß nicht, wie mir geschehn.

*

Warum gabst du uns die tiefen Blicke,
Unsre Zukunft ahndungsvoll zu schaun,
Unsrer Liebe, unserm Erdenglücke
Wähnend selig nimmer hinzutraun?
Warum gabst uns, Schicksal, die Gefühle,
Uns einander in das Herz zu sehn,
Um durch all' die seltenen Gewühle
Unser wahr Verhältnis auszuspähn?

Ach, so viele tausend Menschen kennen,
Dumpf sich treibend, kaum ihr eigen Herz,
Schweben zwecklos hin und her und rennen
Hoffnungslos in unversehnem Schmerz;
Jauchzen wieder, wenn der schnellen Freuden
Unerwart'te Morgenröte tagt.
Nur uns armen liebevollen beiden
Ist das wechselseit'ge Glück versagt,
Uns zu lieben, ohn' uns zu verstehen,
In dem andern sehn, was er nie war,
Immer frisch auf Traumglück auszugehen
Und zu schwanken auch in Traumgefahr.

Glücklich, den ein leerer Traum beschäftigt!
Glücklich, dem die Ahndung eitel wär'!
Jede Gegenwart und jeder Blick bekräftigt
Traum und Ahndung leider uns noch mehr.
Sag', was will das Schicksal uns bereiten?
Sag', wie band es uns so rein genau?
Ach, du warst in abgelebten Zeiten
Meine Schwester oder meine Frau;

Kanntest jeden Zug in meinem Wesen,
Spähtest, wie die reinste Nerve klingt,
Konntest mich mit einem Blicke lesen,
Den so schwer ein sterblich Aug' durchdringt.
Tropftest Mäßigung dem heißen Blute,
Richtetest den wilden irren Lauf,
Und in deinen Engelsarmen ruhte
Die zerstörte Brust sich wieder auf;
Hieltest zauberleicht ihn angebunden
Und vergaukeltest ihm manchen Tag.
Welche Seligkeit glich jenen Wonnestunden,
Da er dankbar dir zu Füßen lag,
Fühlt' sein Herz an deinem Herzen schwellen,
Fühlte sich in deinem Auge gut,
Alle seine Sinnen sich erhellen
Und beruhigen sein brausend Blut.

Und von allem dem schwebt ein Erinnern
Nur noch um das ungewisse Herz,
Fühlt die alte Wahrheit ewig gleich im Innern,
Und der neue Zustand wird ihm Schmerz.
Und wir scheinen uns nur halb beseelet,
Dämmernd ist um uns der hellste Tag.
Glücklich, daß das Schicksal, das uns quälet,
Uns doch nicht verändern mag.

RASTLOSE LIEBE

Dem Schnee, dem Regen,
Dem Wind entgegen,
Im Dampf der Klüfte,
Durch Nebeldüfte,
Immer zu! Immer zu!
Ohne Rast und Ruh!

Lieber durch Leiden
Möcht' ich mich schlagen,
Als so viel Freuden
Des Lebens ertragen.
Alle das Neigen
Von Herzen zu Herzen,
Ach wie so eigen
Schaffet das Schmerzen!

Wie soll ich fliehen?
Wälderwärts ziehen?
Alles vergebens!
Krone des Lebens,
Glück ohne Ruh,
Liebe, bist du!

Aus den Briefen an Frau v. Stein

Hier bildend nach der reinen stillen
Natur, ist ach mein Herz der alten Schmerzen voll,
Leb' ich doch stets um derentwillen,
Um derentwillen ich nicht leben soll.

*

Zwischen Felsen wuchsen hier
Diese Blumen, die wir treu dir reichen,
Verwelkliche Zeichen
Der ewigen Liebe zu dir.

*

Ach, so drückt mein Schicksal mich,
Daß ich nach dem Unmöglichen strebe.
Lieber Engel, für den ich nicht lebe,
Zwischen den Gebürgen leb' ich für dich.

*

Ach, wie bist du mir,
Wie bin ich dir geblieben!
Nein, an der Wahrheit
Verzweifl' ich nicht mehr.
Ach, wenn du da bist,
Fühl' ich, ich soll dich nicht lieben,
Ach, wenn du fern bist,
Fühl' ich, ich lieb' dich so sehr.

An Frau v. Stein mit „Werthers Leiden"

Was mir in Kopf und Herzen stritt
Seit manchen lieben Jahren,
Was ich da träumend jauchzt' und litt,
Muß wachend nun erfahren.

Aus den Briefen an Frau v. Stein

Und ich geh' meinen alten Gang
Meine liebe Wiese lang;
Tauche mich in die Sonne früh,
Bad' ab im Monde des Tages Müh,
Leb in Liebes-Klarheit und -Kraft,
Tut mir wohl des Herren Nachbarschaft,
Der in Liebes-Dumpfheit und -Kraft hinlebt
Und sich durch seltnes Wesen webt.

*

Deine Grüße hab' ich wohl erhalten.
Liebe lebt jetzt in tausend Gestalten,
Gibt der Blume Farb' und Duft,
Jeden Morgen durchzieht sie die Luft,
Tag und Nacht spielt sie auf Wiesen, in Hainen,
Mir will sie oft zu herrlich erscheinen.
Neues bringt sie täglich hervor,
Leben summt uns die Biene ins Ohr.
Bleib, ruf ich oft, Frühling, man küsset dich kaum,
Engel, so fliehst du wie ein schwankender Traum.
Immer wollen wir dich ehren und schätzen,
So uns an dir wie am Himmel ergötzen.

*

Zum Tanze schick' ich dir den Strauß
Mit himmelfarbnem Band,
Und siehst du andern freundlich aus,
Reichst andern deine Hand,
So denk' auch an ein einsam Haus
Und an ein schöner Band.

*

Sag' ich's euch, geliebte Bäume,
Die ich ahndevoll gepflanzt,
Als die wunderbarsten Träume
Morgenrötlich mich umtanzt?
Ach, ihr wißt es, wie ich liebe,
Die so schön mich wiederliebt,
Die den reinsten meiner Triebe
Mir noch reiner wiedergibt.

Wachset wie aus meinem Herzen,
Treibet in die Luft hinein;
Denn ich grub viel Freud und Schmerzen
Unter eure Wurzeln ein.
Bringet Schatten, traget Früchte,
Neue Freude jeden Tag:
Nur daß ich sie dichte, dichte,
Dicht bei ihr genießen mag!

AN LIDA

Den Einzigen, Lida, welchen du lieben kannst,
Forderst du ganz für dich, und mit Recht.
Auch ist er einzig dein.
Denn seit ich von dir bin,
Scheint mir des schnellsten Lebens
Lärmende Bewegung
Nur ein leichter Flor, durch den ich deine Gestalt
Immerfort wie in Wolken erblicke;
Sie leuchtet mir freundlich und treu,
Wie durch des Nordlichts bewegliche Strahlen
Ewige Sterne schimmern.

Aus den Briefen an Frau v. Stein

Gewiß, ich wäre schon so ferne, ferne,
So weit die Welt nur offen liegt, gegangen,
Bezwängen mich nicht übermächt'ge Sterne,
Die mein Geschick an deines angehangen,
Daß ich in dir nun erst mich kennen lerne.
Mein Dichten, Trachten, Hoffen und Verlangen
Allein nach dir und deinem Wesen drängt,
Mein Leben nur an deinem Leben hängt.

FÜR EWIG

Denn was der Mensch in seinen Erdeschranken
Von hohem Glück mit Götternamen nennt,
Die Harmonie der Treue, die kein Wanken,
Der Freundschaft, die nicht Zweifelsorge kennt,
Das Licht, das Weisen nur zu einsamen Gedanken,
Das Dichtern nur in schönen Bildern brennt
Das hatt' ich all, in meinen besten Stunden,
In Ihr entdeckt und es für mich gefunden.

Aus den Briefen an Frau v. Stein

Woher sind wir geboren?
Aus Lieb'.
Wie wären wir verloren?
Ohn' Lieb'.
Was hilft uns überwinden?
Die Lieb'.
Kann man auch Liebe finden?
Durch Lieb'.
Was läßt nicht lange weinen?
Die Lieb'.
Was soll uns stets vereinen?
Die Lieb'.

AN DEN MOND

Erste Fassung

Füllest wieder 's liebe Tal
Still mit Nebelglanz,
Lösest endlich auch einmal
Meine Seele ganz.

Breitest über mein Gefild
Lindernd deinen Blick
Wie der Liebsten Auge, mild
Über mein Geschick.

Das du so beweglich kennst,
Dieses Herz im Brand,
Haltet ihr wie ein Gespenst
An den Fluß gebannt,

Wenn in öder Winternacht
Er vom Tode schwillt
Und bei Frühlingslebens Pracht
An den Knospen quillt.

Selig, wer sich vor der Welt
Ohne Haß verschließt,
Einen Mann am Busen hält
Und mit dem genießt,

Was den Menschen unbewußt
Oder wohl veracht'
Durch das Labyrinth der Brust
Wandelt in der Nacht.

AN DEN MOND

Spätere Fassung

Füllest wieder Busch und Tal
Still mit Nebelglanz,
Lösest endlich auch einmal
Meine Seele ganz;

Breitest über mein Gefild
Lindernd deinen Blick,
Wie des Freundes Auge mild
Über mein Geschick.

Jeden Nachklang fühlt mein Herz
Froh- und trüber Zeit,
Wandle zwischen Freud' und Schmerz
In der Einsamkeit.

Fließe, fließe, lieber Fluß!
Nimmer werd' ich froh,
So verrauschte Scherz und Kuß,
Und die Treue so.

Ich besaß es doch einmal,
Was so köstlich ist!
Daß man doch zu seiner Qual
Nimmer es vergißt!

Rausche, Fluß, das Tal entlang,
Ohne Rast und Ruh,
Rausche, flüstre meinem Sang
Melodien zu,

Wenn du in der Winternacht
Wütend überschwillst,
Oder um die Frühlingspracht
Junger Knospen quillst.

Selig, wer sich vor der Welt
Ohne Haß verschließt,
Einen Freund am Busen hält
Und mit dem genießt,

Was, von Menschen nicht gewußt
Oder nicht bedacht,
Durch das Labyrinth der Brust
Wandelt in der Nacht.

Natur- und Weltanschauungs-Lyrik

HOFFNUNG

Schaff', das Tagwerk meiner Hände,
Hohes Glück, daß ich's vollende!
Laß, o laß mich nicht ermatten!
Nein, es sind nicht leere Träume:
Jetzt nur Stangen, diese Bäume
Geben einst noch Frucht und Schatten.

SORGE

Kehre nicht in diesem Kreise
Neu und immer neu zurück!
Laß, o laß mir meine Weise,
Gönn', o gönne mir mein Glück!
Soll ich fliehen? Soll ich's fassen?
Nun, gezweifelt ist genug.
Willst du mich nicht glücklich lassen,
Sorge, nun so mach' mich klug!

EIS-LEBENS-LIED

Sorglos über die Fläche weg,
Wo vom kühnsten Wager die Bahn
Dir nicht vorgegraben du siehst,
Mache dir selber Bahn!
Stille, Liebchen, mein Herz,
Kracht's gleich, bricht's doch nicht!
Bricht's gleich, bricht's nicht mit dir!

DEM SCHICKSAL

Erste Niederschrift

Was weiß ich, was mir hier gefällt,
In dieser engen kleinen Welt
Mit leisem Zauberband mich hält!
Mein Karl und ich vergessen hier,
Wie seltsam uns ein tiefes Schicksal leitet,
Und, ach, ich fühl's, im stillen werden wir
Zu neuen Szenen vorbereitet.
Du hast uns lieb, du gabst uns das Gefühl,
Daß ohne dich wir nur vergebens sinnen,
Durch Ungeduld und glaubenleer Gewühl
Voreilig dir niemals was abgewinnen.
Du hast für uns das rechte Maß getroffen,
In reine Dumpfheit uns gehüllt,
Daß wir, von Lebenskraft erfüllt,
In holder Gegenwart der lieben Zukunft hoffen.

EINSCHRÄNKUNG

Spätere Fassung

Ich weiß nicht, was mir hier gefällt,
In dieser engen kleinen Welt
Mit holdem Zauberband mich hält.
Vergess' ich doch, vergess' ich gern,
Wie seltsam mich das Schicksal leitet;
Und ach, ich fühle, nah und fern
Ist mir noch manches zubereitet.
O wäre doch das rechte Maß getroffen!
Was bleibt mir nun, als eingehüllt,
Von holder Lebenskraft erfüllt,
In stiller Gegenwart die Zukunft zu erhoffen!

HYPOCHONDER

Der Teufel hol' das Menschengeschlecht!
Man möchte rasend werden!
Da nehm' ich mir so eifrig vor:
Will niemand weiter sehen,
Will all das Volk Gott und sich selbst
Und dem Teufel überlassen!
Und kaum seh' ich ein Menschengesicht,
So hab' ich's wieder lieb.

BEHERZIGUNG

Ach, was soll der Mensch verlangen?
Ist es besser, ruhig bleiben?
Klammernd fest sich anzuhangen?
Ist es besser, sich zu treiben?
Soll er sich ein Häuschen bauen?
Soll er unter Zelten leben?
Soll er auf die Felsen trauen?
Selbst die festen Felsen beben.

Eines schickt sich nicht für alle.
Sehe jeder, wie er's treibe,
Sehe jeder, wo er bleibe,
Und, wer steht, daß er nicht falle.

ERINNERUNG

Willst du immer weiter schweifen?
Sieh, das Gute liegt so nah.
Lerne nur das Glück ergreifen,
Denn das Glück ist immer da.

KÖNIGLICH GEBET

Ha, ich bin Herr der Welt, mich lieben
Die Edlen, die mir dienen.
Ha, ich bin Herr der Welt, ich liebe
Die Edlen, denen ich gebiete.
O gib mir, Gott im Himmel, daß ich mich
Der Höh' und Lieb' nicht überhebe.

*

Feiger Gedanken
Bängliches Schwanken,
Weibisches Zagen,
Ängstliches Klagen
Wendet kein Elend,
Macht dich nicht frei.

Allen Gewalten
Zum Trutz sich erhalten,
Nimmer sich beugen,
Kräftig sich zeigen,
Rufet die Arme
Der Götter herbei.

MENSCHENGEFÜHL

Ach, ihr Götter, große Götter,
In dem weiten Himmel droben,
Gäbet ihr uns auf der Erde
Festen Sinn und guten Mut —
O, wir ließen euch, ihr Guten,
Euren weiten Himmel droben.

ERKLÄRUNG EINES ALTEN HOLZSCHNITTES, VORSTELLEND HANS SACHSENS POETISCHE SENDUNG

In seiner Werkstatt Sonntags früh
Steht unser teurer Meister hie,
Sein schmutzig Schurzfell abgelegt,
Ein sauber Feierwams er trägt,
Läßt Pechdraht, Hammer und Kneipe rasten,
Die Ahl' steckt an den Arbeitskasten;
Er ruht nun auch am siebenten Tag
Von manchem Zug und manchem Schlag.

Wie er die Frühlingssonne spürt,
Die Ruh ihm neue Arbeit gebiert:
Er fühlt, daß er eine kleine Welt
In seinem Gehirne brütend hält,
Daß die fängt an zu wirken und leben,
Daß er sie gerne möcht' von sich geben.
Er hätt' ein Auge treu und klug
Und wär' auch liebevoll genug,
Zu schauen manches klar und rein
Und wieder alles zu machen sein;
Hätt' auch eine Zunge, die sich ergoß
Und leicht und fein in Worte floß.
Des täten die Musen sich erfreuen,
Wollten ihn zum Meistersänger weihen.

Da tritt herein ein junges Weib,
Mit voller Brust und rundem Leib,
Kräftig sie auf den Füßen steht,
Grad, edel vor sich hin sie geht,
Ohne mit Schlepp' und Steiß zu schwänzen,
Noch mit 'n Augen 'rum zu scharlenzen.
Sie trägt einen Maßstab in ihrer Hand,
Ihr Gürtel ist ein güldin Band,
Hätt' auf dem Haupt ein'n Kornähr-Kranz,
Ihr Aug' war lichten Tages Glanz:
Man nennt sie Tätig Ehrbarkeit,
Sonst auch Großmut, Rechtfertigkeit.

Die tritt mit gutem Gruß herein.
Er drob nicht mag verwundert sein,
Denn wie sie ist, so gut und schön,
Meint er, er hätt' sie schon lang' gesehn.

Die spricht: „Ich hab' dich auserlesen
Vor vielen in dem Weltwirr-Wesen,
Daß du sollst haben klare Sinnen,
Nichts Ungeschicklichs magst beginnen.
Wenn andre durcheinander rennen,
Sollst du's mit treuem Blick erkennen;
Wenn andre bärmlich sich beklagen,
Sollst schwankweis deine Sach fürtragen;
Sollst halten über Ehr' und Recht,
In allem Ding sein schlicht und schlecht;
Frummkeit und Tugend bieder preisen,
Das Bös' mit seinem Namen heißen,
Nichts verzierlicht und nichts verkritzelt,
Nichts verlindert und nichts verwitzelt!
Sondern die Welt soll vor dir stehn,
Wie Albrecht Dürer sie hat gesehn:
Ihr festes Leben und Mannlichkeit,
Ihr inner Maß und Ständigkeit!
Der Natur-Genius an der Hand
Soll dich führen durch alle Land.
Soll dir zeigen all das Leben,
Der Menschen wunderliches Weben,
Ihr Wirren, Suchen, Stoßen und Treiben,
Schieben, Reißen, Drängen und Reiben,
Wie kunterbunt die Wirtschaft tollert,
Der Ameishauf durcheinander kollert!
Mag dir aber bei allem geschehn,
Als tätst's in ein'm Zauberkasten sehn.
Schreib das dem Menschenvolk auf Erden,
Ob's ihnen möcht' zur Witzung werden."
Da macht sie ihm ein Fenster auf,
Zeigt ihm draußen viel bunten Hauf,
Unter dem Himmel allerlei Wesen,
Wie ihr's mögt in sein'n Schriften lesen.

Wie nun der liebe Meister sich
An der Natur freut inniglich,
Da seht ihr an der andern Seiten
Ein altes Weiblein zu ihm gleiten:
Man nennet sie Historia,
Mythologia, Fabula;
Sie ist rumpfet, schrumpfet, bucklet und krumb,
Aber eben ehrwürdig darumb.
Sie schleppt mit keuchend wankenden Schritten
Ein' große Tafel, in Holz geschnitten;
Drauf seht ihr mit weiten Ärmeln und Falten
Gott Vater Kinderlehre halten,
Adam, Eva, Paradeis und Schlang',
Sodom und Gomorras Untergang,
Könnt auch die zwölf durchlauchtigen Frauen
Da in ein'm Ehrenspiegel schauen;
Dann allerlei Blutdurst, Frevel und Mord,
Der Zwölf Tyrannen Schanden-Port,
Auch allerlei Lehr' und gute Weis',
Könnt sehen Sankt Peter mit der Geiß,
Über der Welt Regiment unzufrieden,
Von unserm Herrn zurecht beschieden.
Auch war bemalt der weite Raum
Ihres Kleids und Schlepps und auch der Saum
Mit weltlich Tugend- und Laster-Geschicht.

Unser Meister dies all ersicht
Und freut sich dessen wundersam,
Denn es dient wohl in seinen Kram.
Von wannen er sich eignet sehr
Gut Exempel und gute Lehr',
Erzählt das alles fix und treu,
Als wär' er selbst gesyn dabei.
Sein Geist war ganz dahin gebannt,
Er hätt' kein Aug' davon verwandt,
Hätt' er nicht hinter seinem Rucken
Hören mit Klappern und Schellen spuken.
Da tät' er einen Narren spüren
Mit Bocks- und Affensprüngen hofieren

Und ihm mit Schwank und Narreteiden
Ein lustig Zwischenspiel bereiten.
Schleppt hinter sich an einer Leinen
Alle Narren, großen und kleinen,
Dick und hager, gestreckt und krumb,
Allzuwitzig und allzudumb.
Mit einem großen Farrenschwanz
Regiert er sie wie 'n Affentanz:
Bespottet eines jeden Fürm,
Treibt sie ins Bad, schneidt ihnen die Würm
Und führt gar bitter viel Beschwerden,
Daß ihr' doch nie wöll'n minder werden.

Wie er sich sieht so um und um,
Kehrt ihm das fast den Kopf herum,
Wie er möcht' Worte zu allem finden?
Wie er möcht' so viel Schwall verbinden?
Wie er möcht' immer mutig bleiben,
Das all zu singen und zu schreiben?
Da steigt auf einer Wolke Saum
Herein zu 's Oberfensters Raum
Die Muse, heilig anzuschaun,
Wie 'n Bild unsrer lieben Fraun.
Die umgibt ihn mit ihrer Klarheit
Immer kräftig würkender Wahrheit,
Sie spricht: „Ich komm', um dich zu weihn,
Nimm meinen Segen und Gedeihn!
Das heilig Feuer, das in dir ruht,
Schlag' aus in hohe lichte Glut!
Doch daß das Leben, das dich treibt,
Immer bei holden Kräften bleibt,
Hab' ich deinem innern Wesen
Nahrung und Balsam auserlesen,
Daß deine Seel' sei wonnereich,
Einer Knospe im Taue gleich."

Da zeigt sie ihm hinter seinem Haus
Heimlich zur Hintertür hinaus
In dem eng umzaunten Garten
Ein holdes Mägdlein sitzend warten

Am Bächlein, beim Holunderstrauch;
Mit abgesenktem Haupt und Aug'
Sitzt's unter einem Apfelbaum
Und spürt die Welt rings um sich kaum,
Hat Rosen in ihr'n Schoß gepflückt
Und bindet ein Kränzlein gar geschickt,
Mit hellen Knospen und Blättern drein.
Für wen mag wohl das Kränzel sein?
So sitzt sie in sich selbst geneigt,
In Hoffnungsfüll' ihr Busen steigt,
Ihr Wesen ist so ahndevoll,
Weiß nicht, was sie sich wünschen soll,
Und unter vieler Grillen Lauf
Steigt wohl einmal ein Seufzer auf.

Warum ist deine Stirn so trüb?
Das, was dich dränget, süße Lieb',
Ist volle Wonn' und Seligkeit,
Die einem in dir ist bereit,
Der manches Schicksal wirrevoll
An deinem Aug' sich lindern soll,
Der durch manch wunniglichen Kuß
Wiedergeboren werden muß.
Wie er den schlanken Leib umfaßt,
Von aller Müh er findet Rast,
Wie er ins runde Ärmlein sinkt,
Neue Lebenstäg' und Kräfte trinkt;
Und dir kehrt süßes Jugendglück,
Deine Schalkheit kehret dir zurück.
Mit Necken und manchen Schelmerein
Wirst ihn bald nagen, bald erfreun:
So wird die Liebe nimmer alt,
Und wird der Dichter nimmer kalt.

Weil er so heimlich glücklich lebt,
Da droben in den Wolken schwebt
Ein Eichenkranz, ewig jung belaubt,
Den setzt die Nachwelt ihm aufs Haupt;
In Froschpfuhl all das Volk verbannt,
Das seinen Meister je verkannt!

DIE NEKTARTROPFEN

Als Minerva, jenen Liebling,
Den Prometheus, zu begünst'gen,
Eine volle Nektarschale
Von dem Himmel niederbrachte,
Seine Menschen zu beglücken
Und den Trieb zu holden Künsten
Ihrem Busen einzuflößen,
Eilte sie mit schnellen Füßen,
Daß sie Jupiter nicht sähe;
Und die goldne Schale schwankte,
Und es fielen wenig Tropfen
Auf den grünen Boden nieder.

Emsig waren drauf die Bienen
Hinterher und saugten fleißig;
Kam der Schmetterling geschäftig,
Auch ein Tröpfchen zu erhaschen;
Selbst die ungestalte Spinne
Kroch herbei und sog gewaltig.

Glücklich haben sie gekostet,
Sie und andre zarte Tierchen!
Denn sie teilen mit dem Menschen
Nun das schönste Glück, die Kunst.

AN DEN GEIST DES JOHANNES SECUNDUS

Lieber, heiliger, großer Küsser,
Der du mir's in lechzend atmender
Glückseligkeit fast vorgetan hast!
Wem soll ich's klagen, klagt' ich dir's nicht!
Dir, dessen Lieder wie ein warmes Kissen
Heilender Kräuter mir unters Herz sich legten,
Daß es wieder aus dem krampfigen Starren
Erdetreibens klopfend sich erholte.
Ach, wie klag' ich dir's, daß meine Lippe blutet,
Mir gespalten ist und erbärmlich schmerzet,

Meine Lippe, die so viel gewohnt ist
Von der Liebe süßtem Glück zu schwellen
Und, wie eine goldne Himmelspforte,
Lallende Seligkeit aus- und einzustammeln.
Gesprungen ist sie! Nicht vom Biß der Holden,
Die, in voller ringsumfangender Liebe,
Mehr möcht' haben von mir, und möchte mich Ganzen
Ganz erküssen, und fressen, und was sie könnte!
Nicht gesprungen, weil nach ihrem Hauche
Meine Lippen unheilige Lüfte entweihten.
Ach, gesprungen, weil mich, öden, kalten,
Über beizenden Reif der Herbstwind anpackt.
Und da ist Traubensaft und der Saft der Bienen,
An meines Herdes treuem Feuer vereinigt,
Der soll mir helfen! Wahrlich, er hilft nicht:
Denn von der Liebe alles heilendem
Gift-Balsam ist kein Tröpfchen drunter.

LIEBEBEDÜRFNIS
Spätere Fassung des vorigen

Wer vernimmt mich? ach, wem soll ich's klagen?
Wer's vernähme, würd' er mich bedauern?
Ach! die Lippe, die so manche Freude
Sonst genossen hat und sonst gegeben,
Ist gespalten, und sie schmerzt erbärmlich.
Und sie ist nicht etwa wund geworden,
Weil die Liebste mich zu wild ergriffen,
Hold mich angebissen, daß sie fester
Sich des Freunds versichernd ihn genösse:
Nein, das zarte Lippchen ist gesprungen,
Weil nun über Reif und Frost die Winde
Spitz und scharf und lieblos mir begegnen.

Und nun soll mir Saft der edlen Traube,
Mit dem Saft der Bienen bei dem Feuer
Meines Herds vereinigt, Lindrung schaffen.
Ach, was will das helfen, mischt die Liebe
Nicht ein Tröpfchen ihres Balsams drunter?

Aus einem Brief an Gräfin Auguste zu Stolberg

Alles gaben Götter, die unendlichen,
Ihren Lieblingen ganz,
Alle Freuden, die unendlichen,
Alle Schmerzen, die unendlichen, ganz.

WANDRERS NACHTLIED

Der du von dem Himmel bist,
Alles Leid und Schmerzen stillest,
Den, der doppelt elend ist,
Doppelt mit Erquickung füllest,
Ach, ich bin des Treibens müde,
Was soll all der Schmerz und Lust?
Süßer Friede,
Komm, ach komm in meine Brust!

EIN GLEICHES

Über allen Gipfeln
Ist Ruh,
In allen Wipfeln
Spürest du
Kaum einen Hauch;
Die Vögelein schweigen im Walde.
Warte nur, balde
Ruhest du auch.

GESANG DER GEISTER ÜBER DEN WASSERN

Des Menschen Seele
Gleicht dem Wasser:
Vom Himmel kommt es,
Zum Himmel steigt es,
Und wieder nieder
Zur Erde muß es,
Ewig wechselnd.

Strömt von der hohen,
Steilen Felswand
Der reine Strahl,
Dann stäubt er lieblich
In Wolkenwellen
Zum glatten Fels,
Und leicht empfangen
Wallt er verschleiernd,
Leisrauschend
Zur Tiefe nieder.

Ragen Klippen
Dem Sturz entgegen,
Schäumt er unmutig
Stufenweise
Zum Abgrund.

Im flachen Bette
Schleicht er das Wiesental hin,
Und in dem glatten See
Weiden ihr Antlitz
Alle Gestirne.

Wind ist der Welle
Lieblicher Buhler;
Wind mischt vom Grund aus
Schäumende Wogen.

Seele des Menschen,
Wie gleichst du dem Wasser!
Schicksal des Menschen,
Wie gleichst du dem Wind!

MEINE GÖTTIN

Welcher Unsterblichen
Soll der höchste Preis sein?
Mit niemand streit' ich,
Aber ich geb' ihn
Der ewig beweglichen,
Immer neuen,
Seltsamsten Tochter Jovis,
Seinem Schoßkinde,
Der Phantasie.

Denn ihr hat er
Alle Launen,
Die er sonst nur allein
Sich vorbehält,
Zugestanden
Und hat seine Freude
An der Törin.

Sie mag rosenbekränzt
Mit dem Lilienstengel
Blumentäler betreten,
Sommervögeln gebieten
Und leichtnährenden Tau
Mit Bienenlippen
Von Blüten saugen,

Oder sie mag
Mit fliegendem Haar
Und düsterm Blicke
Im Winde sausen
Um Felsenwände
Und tausendfarbig
Wie Morgen und Abend,
Immer wechselnd
Wie Mondesblicke
Den Sterblichen scheinen.

Laßt uns alle
Den Vater preisen,
Den alten, hohen,
Der solch eine schöne,
Unverwelkliche Gattin
Dem sterblichen Menschen
Gesellen mögen!

Denn uns allein
Hat er sie verbunden
Mit Himmelsband,
Und ihr geboten,
In Freud' und Elend
Als treue Gattin
Nicht zu entweichen.

Alle die andern
Armen Geschlechter
Der kinderreichen
Lebendigen Erde
Wandeln und weiden
In dunklem Genuß
Und trüben Schmerzen
Des augenblicklichen
Beschränkten Lebens,
Gebeugt vom Joche
Der Notdurft.

Uns aber hat er
Seine gewandteste,
Verzärtelte Tochter,
Freut euch! gegönnt.
Begegnet ihr lieblich
Wie einer Geliebten,
Laßt ihr die Würde
Der Frauen im Haus.

Und daß die alte
Schwiegermutter Weisheit

Das zarte Seelchen
Ja nicht beleid'ge!

Doch kenn' ich ihre Schwester,
Die ältere, gesetztere,
Meine stille Freundin:
O daß die erst
Mit dem Lichte des Lebens
Sich von mir wende,
Die edle Treiberin,
Trösterin, Hoffnung!

GRENZEN DER MENSCHHEIT

Wenn der uralte
Heilige Vater
Mit gelassener Hand
Aus rollenden Wolken
Segnende Blitze
Über die Erde sät,
Küss' ich den letzten
Saum seines Kleides,
Kindliche Schauer
Treu in der Brust.

Denn mit Göttern
Soll sich nicht messen
Irgend ein Mensch.
Hebt er sich aufwärts
Und berührt
Mit dem Scheitel die Sterne,
Nirgends haften dann
Die unsichern Sohlen,
Und mit ihm spielen
Wolken und Winde.

Steht er mit festen,
Markigen Knochen
Auf der wohlgegründeten
Dauernden Erde,
Reicht er nicht auf,
Nur mit der Eiche
Oder der Rebe
Sich zu vergleichen.

Was unterscheidet
Götter von Menschen?
Daß viele Wellen
Vor jenen wandeln,
Ein ewiger Strom:
Uns hebt die Welle,
Verschlingt die Welle,
Und wir versinken.

Ein kleiner Ring
Begrenzt unser Leben,
Und viele Geschlechter
Reihen sie dauernd
An ihres Daseins
Unendliche Kette.

DAS GÖTTLICHE

Edel sei der Mensch,
Hilfreich und gut!
Denn das allein
Unterscheidet ihn
Von allen Wesen,
Die wir kennen.

Heil den unbekannten
Höhern Wesen,
Die wir ahnen!

Ihnen gleiche der Mensch!
Sein Beispiel lehr' uns
Jene glauben.

Denn unfühlend
Ist die Natur:
Es leuchtet die Sonne
Über Bös' und Gute,
Und dem Verbrecher
Glänzen wie dem Besten
Der Mond und die Sterne.

Wind und Ströme,
Donner und Hagel
Rauschen ihren Weg
Und ergreifen
Vorübereilend
Einen um den andern.

Auch so das Glück
Tappt unter die Menge,
Faßt bald des Knaben
Lockige Unschuld,
Bald auch den kahlen
Schuldigen Scheitel.

Nach ewigen, ehrnen,
Großen Gesetzen
Müssen wir alle
Unseres Daseins
Kreise vollenden.

Nur allein der Mensch
Vermag das Unmögliche:
Er unterscheidet,
Wählet und richtet;
Er kann dem Augenblick
Dauer verleihen.

Er allein darf
Den Guten lohnen,
Den Bösen strafen,
Heilen und retten,
Alles Irrende, Schweifende
Nützlich verbinden.

Und wir verehren
Die Unsterblichen,
Als wären sie Menschen,
Täten im großen,
Was der Beste im kleinen
Tut oder möchte.

Der edle Mensch
Sei hilfreich und gut!
Unermüdet schaff' er
Das Nützliche, Rechte,
Sei uns ein Vorbild
Jener geahneten Wesen!

ZUEIGNUNG

Der Morgen kam; es scheuchten seine Tritte
Den leisen Schlaf, der mich gelind umfing,
Daß ich, erwacht, aus meiner stillen Hütte
Den Berg hinauf mit frischer Seele ging;
Ich freute mich bei einem jeden Schritte
Der neuen Blume, die voll Tropfen hing;
Der junge Tag erhob sich mit Entzücken,
Und alles war erquickt, mich zu erquicken.

Und wie ich stieg, zog von dem Fluß der Wiesen
Ein Nebel sich in Streifen sacht hervor,
Er wich und wechselte, mich zu umfließen,
Und wuchs geflügelt mir ums Haupt empor.
Des schönen Blicks sollt' ich nicht mehr genießen,
Die Gegend deckte mir ein trüber Flor;
Bald sah ich mich von Wolken wie umgossen
Und mit mir selbst in Dämmrung eingeschlossen.

Auf einmal schien die Sonne durchzudringen,
Im Nebel ließ sich eine Klarheit sehn.
Hier sank er, leise sich hinabzuschwingen,
Hier teilt' er steigend sich um Wald und Höhn.
Wie hofft' ich ihr den ersten Gruß zu bringen!
Sie hofft' ich nach der Trübe doppelt schön.
Der luft'ge Kampf war lange nicht vollendet,
Ein Glanz umgab mich, und ich stand geblendet.

Bald machte mich, die Augen aufzuschlagen,
Ein innrer Trieb des Herzens wieder kühn,
Ich konnt' es nur mit schnellen Blicken wagen,
Denn alles schien zu brennen und zu glühn.
Da schwebte, mit den Wolken hergetragen,
Ein göttlich Weib vor meinen Augen hin,
Kein schöner Bild sah ich in meinem Leben,
Sie sah mich an und blieb verweilend schweben.

„Kennst du mich nicht?" sprach sie mit einem Munde,
Dem aller Lieb' und Treue Ton entfloß,
„Erkennst du mich, die ich in manche Wunde
Des Lebens dir den reinsten Balsam goß?
Du kennst mich wohl, an die, zu ew'gem Bunde,
Dein strebend Herz sich fest und fester schloß.
Sah ich dich nicht mit heißen Herzenstränen
Als Knabe schon nach mir dich eifrig sehnen?"

„Ja!" rief ich aus, indem ich selig nieder
Zur Erde sank, „lang' hab' ich dich gefühlt:
Du gabst mir Ruh, wenn durch die jungen Glieder
Die Leidenschaft sich rastlos durchgewühlt;
Du hast mir wie mit himmlischem Gefieder
Am heißen Tag die Stirne sanft gekühlt;
Du schenktest mir der Erde beste Gaben,
Und jedes Glück will ich durch dich nur haben!

Dich nenn' ich nicht. Zwar hör' ich dich von vielen
Gar oft genannt, und jeder heißt dich s e i n,
Ein jedes Auge glaubt auf dich zu zielen,

Fast jedem Auge wird dein Strahl zur Pein.
Ach, da ich irrte, hatt' ich viel Gespielen,
Da ich dich kenne, bin ich fast allein;
Ich muß mein Glück nur mit mir selbst genießen,
Dein holdes Licht verdecken und verschließen."

Sie lächelte, sie sprach: „Du siehst, wie klug,
Wie nötig war's, euch wenig zu enthüllen!
Kaum bist du sicher vor dem gröbsten Trug,
Kaum bist du Herr vom ersten Kinderwillen,
So glaubst du dich schon Übermensch genug,
Versäumst die Pflicht des Mannes zu erfüllen!
Wie viel bist du von andern unterschieden?
Erkenne dich, leb' mit der Welt in Frieden!"

„Verzeih mir", rief ich aus, „ich meint' es gut.
Soll ich umsonst die Augen offen haben?
Ein froher Wille lebt in meinem Blut,
Ich kenne ganz den Wert von deinen Gaben.
Für andre wächst in mir das edle Gut,
Ich kann und will das Pfund nicht mehr vergraben!
Warum sucht' ich den Weg so sehnsuchtsvoll,
Wenn ich ihn nicht den Brüdern zeigen soll?"

Und wie ich sprach, sah mich das hohe Wesen
Mit einem Blick mitleid'ger Nachsicht an;
Ich konnte mich in ihrem Auge lesen,
Was ich verfehlt und was ich recht getan.
Sie lächelte, da war ich schon genesen,
Zu neuen Freuden stieg mein Geist heran;
Ich konnte nun mit innigem Vertrauen
Mich zu ihr nahn und ihre Nähe schauen.

Da reckte sie die Hand aus in die Streifen
Der leichten Wolken und des Dufts umher;
Wie sie ihn faßte, ließ er sich ergreifen,
Er ließ sich ziehn, es war kein Nebel mehr.
Mein Auge konnt' im Tale wieder schweifen,
Gen Himmel blickt' ich, er war hell und hehr.

Nur sah ich sie den reinsten Schleier halten,
Er floß um sie und schwoll in tausend Falten.

„Ich kenne dich, ich kenne deine Schwächen,
Ich weiß, was Gutes in dir lebt und glimmt!“
So sagte sie, ich hör’ sie ewig sprechen,
„Empfange hier, was ich dir lang’ bestimmt!
Dem Glücklichen kann es an nichts gebrechen,
Der dies Geschenk mit stiller Seele nimmt:
Aus Morgenduft gewebt und Sonnenklarheit,
Der Dichtung Schleier aus der Hand der Wahrheit.

Und wenn es dir und deinen Freunden schwüle
Am Mittag wird, so wirf ihn in die Luft!
Sogleich umsäuselt Abendwindes Kühle,
Umhaucht euch Blumen-Würzgeruch und Duft.
Es schweigt das Wehen banger Erdgefühle,
Zum Wolkenbette wandelt sich die Gruft,
Besänftiget wird jede Lebenswelle,
Der Tag wird lieblich, und die Nacht wird helle.“

So kommt denn, Freunde, wenn auf euren Wegen
Des Lebens Bürde schwer und schwerer drückt,
Wenn eure Bahn ein frischerneuter Segen
Mit Blumen ziert, mit goldnen Früchten schmückt,
Wir gehn vereint dem nächsten Tag entgegen!
So leben wir, so wandeln wir beglückt.
Und dann auch soll, wenn Enkel um uns trauern,
Zu ihrer Lust noch unsre Liebe dauern.

Balladen

DER FISCHER

Das Wasser rauscht', das Wasser schwoll,
Ein Fischer saß daran,
Sah nach dem Angel ruhevoll,
Kühl bis ans Herz hinan.
Und wie er sitzt, und wie er lauscht,
Teilt sich die Flut empor;
Aus dem bewegten Wasser rauscht
Ein feuchtes Weib hervor.

Sie sang zu ihm, sie sprach zu ihm:
„Was lockst du meine Brut
Mit Menschenwitz und Menschenlist
Hinauf in Todesglut?
Ach wüßtest du, wie's Fischlein ist
So wohlig auf dem Grund,
Du stiegst herunter, wie du bist,
Und würdest erst gesund.

Labt sich die liebe Sonne nicht,
Der Mond sich nicht im Meer?
Kehrt wellenatmend ihr Gesicht
Nicht doppelt schöner her?
Lockt dich der tiefe Himmel nicht,
Das feuchtverklärte Blau?
Lockt dich dein eigen Angesicht
Nicht her in ew'gen Tau?"

Das Wasser rauscht', das Wasser schwoll,
Netzt' ihm den nackten Fuß;
Sein Herz wuchs ihm so sehnsuchtsvoll,
Wie bei der Liebsten Gruß.

Sie sprach zu ihm, sie sang zu ihm;
Da war's um ihn geschehn:
Halb zog sie ihn, halb sank er hin,
Und ward nicht mehr gesehn.

Gesang der Elfen

Um Mitternacht, wenn die Menschen erst schlafen,
Dann scheinet uns der Mond,
Dann leuchtet uns der Stern,
Wir wandlen und singen
Und tanzen erst gern.

Um Mitternacht, wenn die Menschen erst schlafen,
Auf Wiesen an den Erlen
Wir suchen unsern Raum
Und wandlen und singen
Und tanzen einen Traum.

ERLKÖNIG

Wer reitet so spät durch Nacht und Wind?
Es ist der Vater mit seinem Kind;
Er hat den Knaben wohl in dem Arm,
Er faßt ihn sicher, er hält ihn warm. —

Mein Sohn, was birgst du so bang dein Gesicht? —
Siehst, Vater, du den Erlkönig nicht?
Den Erlenkönig mit Kron' und Schweif? —
Mein Sohn, es ist ein Nebelstreif. —

„Du liebes Kind, komm, geh mit mir!
Gar schöne Spiele spiel' ich mit dir;
Manch' bunte Blumen sind an dem Strand;
Meine Mutter hat manch' gülden Gewand.“

Mein Vater, mein Vater, und hörest du nicht,
Was Erlenkönig mir leise verspricht? —
Sei ruhig, bleibe ruhig, mein Kind!
In dürren Blättern säuselt der Wind. —

„Willst, feiner Knabe, du mit mir gehn?
Meine Töchter sollen dich warten schön;
Meine Töchter führen den nächtlichen Reihn
Und wiegen und tanzen und singen dich ein.“

Mein Vater, mein Vater, und siehst du nicht dort
Erlkönigs Töchter am düstern Ort? —
Mein Sohn, mein Sohn, ich seh' es genau;
Es scheinen die alten Weiden so grau. —

„Ich liebe dich, mich reizt deine schöne Gestalt;
Und bist du nicht willig, so brauch' ich Gewalt.“ —
Mein Vater, mein Vater, jetzt faßt er mich an!
Erlkönig hat mir ein Leids getan! —

Dem Vater grauset's, er reitet geschwind,
Er hält in Armen das ächzende Kind,
Erreicht den Hof mit Mühe und Not;
In seinen Armen das Kind war tot.

DER SÄNGER

„Was hör' ich draußen vor dem Tor,
Was auf der Brücke schallen?
Laß den Gesang vor unserm Ohr
Im Saale widerhallen!“
Der König sprach's, der Page lief;
Der Knabe kam, der König rief:
„Laßt mir herein den Alten!“

„Gegrüßet seid mir, edle Herrn,
Gegrüßt ihr, schöne Damen!
Welch reicher Himmel! Stern bei Stern!
Wer kennet ihre Namen?
Im Saal voll Pracht und Herrlichkeit
Schließt, Augen, euch; hier ist nicht Zeit,
Sich staunend zu ergetzen."

Der Sänger drückt' die Augen ein
Und schlug in vollen Tönen;
Die Ritter schauten mutig drein
Und in den Schoß die Schönen.
Der König, dem das Lied gefiel,
Ließ, ihn zu ehren für sein Spiel,
Eine goldne Kette holen.

„Die goldne Kette gib mir nicht,
Die Kette gib den Rittern,
Vor deren kühnem Angesicht
Der Feinde Lanzen splittern!
Gib sie dem Kanzler, den du hast,
Und laß ihn noch die goldne Last
Zu andern Lasten tragen!

Ich singe, wie der Vogel singt,
Der in den Zweigen wohnet;
Das Lied, das aus der Kehle dringt,
Ist Lohn, der reichlich lohnet.
Doch darf ich bitten, bitt' ich eins:
Laß mir den besten Becher Weins
In purem Golde reichen!"

Er setzt' ihn an, er trank ihn aus:
„O Trank voll süßer Labe!
O wohl dem hochbeglückten Haus,
Wo das ist kleine Gabe!
Ergeht's Euch wohl, so denkt an mich,
Und danket Gott so warm, als ich
Für diesen Trunk Euch danke."

DIE ZEIT DER KLASSIK

Römische Elegien

I.

Saget, Steine, mir an, o sprecht, ihr hohen Paläste!
Straßen, redet ein Wort! Genius, regst du dich nicht?
Ja, es ist alles beseelt in deinen heiligen Mauern,
Ewige Roma; nur mir schweiget noch alles so still.
O wer flüstert mir zu, an welchem Fenster erblick' ich
Einst das holde Geschöpf, das mich versengend erquickt?
Ahn' ich die Wege noch nicht, durch die ich immer und immer,
Zu ihr und von ihr zu gehn, opfre die köstliche Zeit?
Noch betracht' ich Kirch' und Palast, Ruinen und Säulen,
Wie ein bedächtiger Mann schicklich die Reise benutzt.
Doch bald ist es vorbei· dann wird ein einziger Tempel,
Amors Tempel nur sein, der den Geweihten empfängt.
Eine Welt zwar bist du, o Rom; doch ohne die Liebe
Wäre die Welt nicht die Welt, wäre denn Rom auch nicht Rom.

II.

Ehret, wen ihr auch wollt! Nun bin ich endlich geborgen!
Schöne Damen und ihr, Herren der feineren Welt,
Fraget nach Oheim und Vetter und alten Muhmen und Tanten,
Und dem gebundnen Gespräch folge das traurige Spiel.
Auch ihr übrigen fahret mir wohl, in großen und kleinen
Zirkeln, die ihr mich oft nah der Verzweiflung gebracht.
Wiederholet, politisch und zwecklos, jegliche Meinung,
Die den Wandrer mit Wut über Europa verfolgt.
So verfolgte das Liedchen „Malbrough" den reisenden Briten

Einst von Paris nach Livorn, dann von Livorno nach Rom,
Weiter nach Napel hinunter; und wär' er nach Smyrna gesegelt,
Malbrough! empfing ihn auch dort, Malbrough! im Hafen das Lied.
Und so mußt' ich bis jetzt auf allen Tritten und Schritten
Schelten hören das Volk, schelten der Könige Rat.
Nun entdeckt ihr mich nicht so bald in meinem Asyle,
Das mir Amor der Fürst, königlich schützend, verlieh.
Hier bedecket er mich mit seinem Fittich; die Liebste
Fürchtet, römisch gesinnt, wütende Gallier nicht;
Sie erkundigt sich nie nach neuer Märe, sie spähet
Sorglich den Wünschen des Manns, dem sie sich eignete, nach.
Sie ergötzt sich an ihm, dem freien, rüstigen Fremden,
Der von Bergen und Schnee, hölzernen Häusern erzählt;
Teilt die Flammen, die sie in seinem Busen entzündet,
Freut sich, daß er das Gold nicht wie der Römer bedenkt.
Besser ist ihr Tisch nun bestellt; es fehlet an Kleidern,
Fehlet am Wagen ihr nicht, der nach der Oper sie bringt.
Mutter und Tochter erfreun sich ihres nordischen Gastes,
Und der Barbare beherrscht römischen Busen und Leib.

III.

Laß dich, Geliebte, nicht reun, daß du mir so schnell dich ergeben!
Glaub' es, ich denke nicht frech, denke nicht niedrig von dir.
Vielfach wirken die Pfeile des Amor: einige ritzen,
Und vom schleichenden Gift kranket auf Jahre das Herz.
Aber mächtig befiedert, mit frisch geschliffener Schärfe
Dringen die andern ins Mark, zünden behende das Blut.
In der heroischen Zeit, da Götter und Göttinnen liebten,
Folgte Begierde dem Blick, folgte Genuß der Begier.
Glaubst du, es habe sich lange die Göttin der Liebe besonnen,
Als im Idäischen Hain einst ihr Anchises gefiel?
Hätte Luna gesäumt, den schönen Schläfer zu küssen,

O, so hätt' ihn geschwind, neidend, Aurora geweckt.
Hero erblickte Leandern am lauten Fest, und behende
Stürzte der Liebende sich heiß in die nächtliche Flut.
Rhea Silvia wandelt, die fürstliche Jungfrau, der Tiber
Wasser zu schöpfen, hinab, und sie ergreifet der Gott.
So erzeugte die Söhne sich Mars! — Die Zwillinge tränket
Eine Wölfin, und Rom nennt sich die Fürstin der Welt.

IV.

Fromm sind wir Liebende, still verehren wir alle Dämonen,
Wünschen uns jeglichen Gott, jegliche Göttin geneigt.
Und so gleichen wir euch, o römische Sieger! Den Göttern
Aller Völker der Welt bietet ihr Wohnungen an,
Habe sie schwarz und streng aus altem Basalt der Ägypter,
Oder ein Grieche sie weiß, reizend, aus Marmor geformt.
Doch verdrießet es nicht die Ewigen, wenn wir besonders
Weihrauch köstlicher Art Einer der Göttlichen streun.
Ja, wir bekennen euch gern: es bleiben unsre Gebete,
Unser täglicher Dienst Einer besonders geweiht.
Schalkhaft, munter und ernst begehen wir heimliche Feste,
Und das Schweigen geziemt allen Geweihten genau.
Eh' an die Ferse lockten wir selbst durch gräßliche Taten
Uns die Erinnyen her, wagten es eher, des Zeus
Hartes Gericht am rollenden Rad und am Felsen zu dulden,
Als dem reizenden Dienst unser Gemüt zu entziehn.
Diese Göttin, sie heißt Gelegenheit; lernet sie kennen!
Sie erscheinet euch oft, immer in andrer Gestalt.
Tochter des Proteus möchte sie sein, mit Thetis gezeuget,
Deren verwandelte List manchen Heroen betrog.
So betrügt nun die Tochter den Unerfahrnen, den Blöden;
Schlummernde necket sie stets, Wachende fliegt sie vorbei;
Gern ergibt sie sich nur dem raschen, tätigen Manne.
Dieser findet sie zahm, spielend und zärtlich und hold.
Einst erschien sie auch mir, ein bräunliches Mädchen, die Haare
Fielen ihr dunkel und reich über die Stirne herab,
Kurze Locken ringelten sich ums zierliche Hälschen,

Ungeflochtenes Haar krauste vom Scheitel sich auf.
Und ich verkannte sie nicht, ergriff die Eilende; lieblich
Gab sie Umarmung und Kuß bald mir gelehrig zurück.
O wie war ich beglückt! — Doch stille, die Zeit ist vorüber,
Und umwunden bin ich, römische Flechten, von euch.

V.

Froh empfind' ich mich nun auf klassischem Boden begeistert,
Vor- und Mitwelt spricht lauter und reizender mir.
Hier befolg' ich den Rat, durchblättre die Werke der Alten
Mit geschäftiger Hand, täglich mit neuem Genuß.
Aber die Nächte hindurch hält Amor mich anders beschäftigt;
Werd' ich auch halb nur gelehrt, bin ich doch doppelt beglückt.
Und belehr' ich mich nicht, indem ich des lieblichen Busens
Formen spähe, die Hand leite die Hüften hinab?
Dann versteh' ich den Marmor erst recht: ich denk' und vergleiche,
Sehe mit fühlendem Aug', fühle mit sehender Hand.
Raubt die Liebste denn gleich mir einige Stunden des Tages,
Gibt sie Stunden der Nacht mir zur Entschädigung hin.
Wird doch nicht immer geküßt, es wird vernünftig gesprochen;
Überfällt sie der Schlaf, lieg' ich und denke mir viel.
Oftmals hab' ich auch schon in ihren Armen gedichtet
Und des Hexameters Maß leise mit fingernder Hand
Ihr auf den Rücken gezählt. Sie atmet in lieblichem Schlummer,
Und es durchglühet ihr Hauch mir bis ins Tiefste die Brust.
Amor schüret die Lamp' indes und denket der Zeiten,
Da er den nämlichen Dienst seinen Triumvirn getan.

VI.

„Kannst du, o Grausamer! mich in solchen Worten betrüben?
Reden so bitter und hart liebende Männer bei euch?

Wenn das Volk mich verklagt, ich muß es dulden! und bin ich
Etwa nicht schuldig? Doch ach! schuldig nur bin ich mit dir!
Diese Kleider, sie sind der neidischen Nachbarin Zeugen,
Daß die Witwe nicht mehr einsam den Gatten beweint.
Bist du ohne Bedacht nicht oft bei Mondschein gekommen,
Grau, im dunklen Surtout, hinten gerundet das Haar?
Hast du dir scherzend nicht selbst die geistliche Maske gewählet?
Soll's ein Prälate denn sein — gut, der Prälate bist du.
In dem geistlichen Rom, kaum scheint es zu glauben, doch schwör ich:
Nie hat ein Geistlicher sich meiner Umarmung gefreut.
Arm war ich, leider! und jung, und wohl bekannt den Verführern.
Falconieri hat mir oft in die Augen gegafft,
Und ein Kuppler Albanis mich mit gewichtigen Zetteln
Bald nach Ostia, bald nach den vier Brunnen gelockt.
Aber wer nicht kam, war das Mädchen. So hab' ich von Herzen
Rotstrumpf immer gehaßt und Violettstrumpf dazu.
Denn ‚ihr Mädchen bleibt am Ende doch die Betrognen'
Sagte der Vater, wenn auch leichter die Mutter es nahm.
Und so bin ich denn auch am Ende betrogen! Du zürnest
Nur zum Scheine mit mir, weil du zu fliehen gedenkst.
Geh! Ihr seid der Frauen nicht wert! Wir tragen die Kinder
Unter dem Herzen, und so tragen die Treue wir auch;
Aber ihr Männer, ihr schüttet mit eurer Kraft und Begierde
Auch die Liebe zugleich in den Umarmungen aus!"
Also sprach die Geliebte und nahm den Kleinen vom Stuhle,
Drückt' ihn küssend ans Herz, Tränen entquollen dem Blick.
Und wie saß ich beschämt, daß Reden feindlicher Menschen
Dieses liebliche Bild mir zu beflecken vermocht!
Dunkel brennt das Feuer nur augenblicklich und dampfet,
Wenn das Wasser die Glut stürzend und jählings verhüllt;

Aber sie reinigt sich schnell, verjagt die trübenden Dämpfe,
Neuer und mächtiger dringt leuchtende Flamme hinauf.

VII.

O wie fühl' ich in Rom mich so froh! gedenk' ich der Zeiten,
Da mich ein graulicher Tag hinten im Norden umfing,
Trübe der Himmel und schwer auf meine Scheitel sich senkte,
Farb- und gestaltlos die Welt um den Ermatteten lag,
Und ich über mein Ich, des unbefriedigten Geistes
Düstre Wege zu spähn, still in Betrachtung versank.
Nun umleuchtet der Glanz des helleren Äthers die Stirne;
Phöbus rufet, der Gott, Formen und Farben hervor.
Sternhell glänzet die Nacht, sie klingt von weichen Gesängen,
Und mir leuchtet der Mond heller als nordischer Tag.
Welche Seligkeit ward mir Sterblichem! Träum' ich? Empfänget
Dein ambrosisches Haus, Jupiter Vater, den Gast?
Ach! hier lieg' ich und strecke nach deinen Knieen die Hände
Flehend aus. O vernimm, Jupiter Xenius, mich!
Wie ich hereingekommen, ich kann's nicht sagen; es faßte
Hebe den Wandrer und zog mich in die Hallen heran.
Hast du ihr einen Heroen herauf zu führen geboten?
Irrte die Schöne? Vergib! Laß mir des Irrtums Gewinn!
Deine Tochter Fortuna, sie auch! die herrlichsten Gaben
Teilt als ein Mädchen sie aus, wie es die Laune gebeut.
Bist du der wirtliche Gott? O dann so verstoße den Gastfreund
Nicht von deinem Olymp wieder zur Erde hinab!
„Dichter! wohin versteigest du dich?" — Vergib mir; der hohe
Kapitolinische Berg ist dir ein zweiter Olymp.
Dulde mich, Jupiter, hier, und Hermes führe mich später,
Cestius' Mal vorbei, leise zum Orkus hinab.

VIII.

Wenn du mir sagst, du habest als Kind, Geliebte, den Menschen
Nicht gefallen, und dich habe die Mutter verschmäht,
Bis du größer geworden und still dich entwickelt — ich glaub' es:
Gerne denk' ich mir dich als ein besonderes Kind.
Fehlet Bildung und Farbe doch auch der Blüte des Weinstocks,
Wenn die Beere, gereift, Menschen und Götter entzückt.

IX.

Herbstlich leuchtet die Flamme vom ländlich geselligen Herde,
Knistert und glänzet, wie rasch! sausend vom Reisig empor.
Diesen Abend erfreut sie mich mehr; denn eh' noch zur Kohle
Sich das Bündel verzehrt, unter die Asche sich neigt,
Kommt mein liebliches Mädchen. Dann flammen Reisig und Scheite,
Und die erwärmete Nacht wird uns ein glänzendes Fest.
Morgen frühe geschäftig verläßt sie das Lager der Liebe,
Weckt aus der Asche behend Flammen aufs neue hervor.
Denn vor andern verlieh der Schmeichlerin Amor die Gabe,
Freude zu wecken, die kaum still wie zu Asche versank.

X.

Alexander und Cäsar und Heinrich und Friedrich, die Großen,
Gäben die Hälfte mir gern ihres erworbenen Ruhms,
Könnt' ich auf eine Nacht dies Lager jedem vergönnen;
Aber die Armen, sie hält strenge des Orkus Gewalt.
Freue dich also, Lebend'ger, der lieberwärmeten Stätte,
Ehe den fliehenden Fuß schauerlich Lethe dir netzt.

XI.

Euch, o Grazien, legt die wenigen Blätter ein Dichter
Auf den reinen Altar, Knospen der Rose dazu,
Und er tut es getrost. Der Künstler freuet sich seiner
Werkstatt, wenn sie um ihn immer ein Pantheon scheint.
Jupiter senket die göttliche Stirn, und Juno erhebt sie;
Phöbus schreitet hervor, schüttelt das lockige Haupt;
Trocken schauet Minerva herab, und Hermes, der leichte,
Wendet zur Seite den Blick, schalkisch und zärtlich zugleich.
Aber nach Bacchus, dem weichen, dem träumenden, hebet Cythere
Blicke der süßen Begier, selbst in dem Marmor noch feucht.
Seiner Umarmung gedenket sie gern und scheinet zu fragen:
Sollte der herrliche Sohn uns an der Seite nicht stehn?

XII.

Hörest du, Liebchen, das muntre Geschrei den Flaminischen Weg her?
Schnitter sind es; sie ziehn wieder nach Hause zurück,
Weit hinweg. Sie haben des Römers Ernte vollendet,
Der für Ceres den Kranz selber zu flechten verschmäht.
Keine Feste sind mehr der großen Göttin gewidmet,
Die, statt Eicheln, zur Kost goldenen Weizen verlieh.
Laß uns beide das Fest im stillen freudig begehen!
Sind zwei Liebende doch sich ein versammeltes Volk.
Hast du wohl je gehört von jener mystischen Feier,
Die von Eleusis hieher frühe dem Sieger gefolgt?
Griechen stifteten sie, und immer riefen nur Griechen,
Selbst in den Mauern Roms: „Kommt zur geheiligten Nacht!"
Fern entwich der Profane; da bebte der wartende Neuling,
Den ein weißes Gewand, Zeichen der Reinheit, umgab.
Wunderlich irrte darauf der Eingeführte durch Kreise
Seltner Gestalten; im Traum schien er zu wallen: denn hier

Wanden sich Schlangen am Boden umher, verschlossene Kästchen,
Reich mit Ähren umkränzt, trugen hier Mädchen vorbei,
Vielbedeutend gebärdeten sich die Priester und summten;
Ungeduldig und bang harrte der Lehrling auf Licht.
Erst nach mancherlei Proben und Prüfungen ward ihm enthüllet,
Was der geheiligte Kreis seltsam in Bildern verbarg.
Und was war das Geheimnis, als daß Demeter, die große,
Sich gefällig einmal auch einem Helden bequemt,
Als sie Jasion einst, dem rüstigen König der Kreter,
Ihres unsterblichen Leibs holdes Verborgne gegönnt
Da war Kreta beglückt! das Hochzeitbette der Göttin
Schwoll von Ähren, und reich drückte den Acker die Saat.
Aber die übrige Welt verschmachtete; denn es versäumte
Über der Liebe Genuß Ceres den schönen Beruf.
Voll Erstaunen vernahm der Eingeweihte das Märchen,
Winkte der Liebsten — Verstehst du nun, Geliebte, den Wink?
Jene buschige Myrte beschattet ein heiliges Plätzchen!
Unsre Zufriedenheit bringt keine Gefährde der Welt.

XIII.

Amor bleibet ein Schalk, und wer ihm vertraut, ist betrogen!
Heuchelnd kam er zu mir: „Diesmal nur traue mir noch.
Redlich mein' ich's mit dir: du hast dein Leben und Dichten,
Dankbar erkenn' ich es wohl, meiner Verehrung geweiht.
Siehe, dir bin ich nun gar nach Rom gefolget; ich möchte
Dir im fremden Gebiet gern was Gefälliges tun.
Jeder Reisende klagt, er finde schlechte Bewirtung;
Welchen Amor empfiehlt, köstlich bewirtet ist er.
Du betrachtest mit Staunen die Trümmern alter Gebäude
Und durchwandelst mit Sinn diesen geheiligten Raum.
Du verehrest noch mehr die werten Reste des Bildens
Einziger Künstler, die stets ich in der Werkstatt besucht.
Diese Gestalten, ich formte sie selbst! Verzeih mir, ich prahle
Diesmal nicht; du gestehst, was ich dir sage, sei wahr.

Nun du mir lässiger dienst, wo sind die schönen Gestalten,
Wo die Farben, der Glanz deiner Erfindungen hin?
Denkst du nun wieder zu bilden, o Freund? Die Schule der Griechen
Blieb noch offen, das Tor schlossen die Jahre nicht zu.
Ich, der Lehrer, bin ewig jung, und liebe die Jungen.
Altklug lieb' ich dich nicht! Munter! Begreife mich wohl!
War das Antike doch neu, da jene Glücklichen lebten!
Lebe glücklich, und so lebe die Vorzeit in dir!
Stoff zum Liede, wo nimmst du ihn her? Ich muß dir ihn geben,
Und den höheren Stil lehret die Liebe dich nur."
Also sprach der Sophist. Wer widerspräch' ihm? und leider
Bin ich zu folgen gewöhnt, wenn der Gebieter befiehlt. —
Nun, verräterisch hält er sein Wort, gibt Stoff zu Gesängen,
Ach! und raubt mir die Zeit, Kraft und Besinnung zugleich;
Blick und Händedruck, und Küsse, gemütliche Worte,
Silben köstlichen Sinns wechselt ein liebendes Paar.
Da wird Lispeln Geschwätz, wird Stottern liebliche Rede:
Solch ein Hymnus verhallt ohne prosodisches Maß.
Dich, Aurora, wie kannt' ich dich sonst als Freundin der Musen!
Hat, Aurora, dich auch Amor, der lose, verführt?
Du erscheinest mir nun als seine Freundin, und weckest
Mich an seinem Altar wieder zum festlichen Tag.
Find' ich die Fülle der Locken an meinem Busen! das Köpfchen
Ruhet und drücket den Arm, der sich dem Halse bequemt.
Welch ein freudig Erwachen, erhieltet ihr, ruhige Stunden,
Mir das Denkmal der Lust, die in den Schlaf uns gewiegt! —
Sie bewegt sich im Schlummer und sinkt auf die Breite des Lagers,
Weggewendet; und doch läßt sie mir Hand noch in Hand.
Herzliche Liebe verbindet uns stets und treues Verlangen,
Und den Wechsel behielt nur die Begierde sich vor.
Einen Druck der Hand, ich sehe die himmlischen Augen
Wieder offen. — O nein! laßt auf der Bildung mich ruhn!

Bleibt geschlossen! ihr macht mich verwirrt und trunken, ihr raubet
Mir den stillen Genuß reiner Betrachtung zu früh.
Diese Formen, wie groß! wie edel gewendet die Glieder!
Schlief Ariadne so schön: Theseus, du konntest entfliehn?
Diesen Lippen ein einziger Kuß! O Theseus, nun scheide!
Blick' ihr ins Auge! Sie wacht! — Ewig nun hält sie dich fest.

XIV.

Zünde mir Licht an, Knabe! — „Noch ist es hell. Ihr verzehret
Öl und Docht nur umsonst. Schließet die Läden doch nicht!
Hinter die Häuser entwich, nicht hinter den Berg, uns die Sonne!
Ein halb Stündchen noch währt's bis zum Geläute der Nacht.“ —
Unglückseliger! geh und gehorch'! Mein Mädchen erwart' ich.
Tröste mich, Lämpchen, indes, lieblicher Bote der Nacht!

XV.

Cäsarn wär' ich wohl nie zu fernen Britannen gefolget,
Florus hätte mich leicht in die Popine geschleppt!
Denn mir bleiben weit mehr die Nebel des traurigen Nordens
Als ein geschäftiges Volk südlicher Flöhe verhaßt.
Und noch schöner von heut' an seid mir gegrüßet, ihr Schenken,
Osterien, wie euch schicklich der Römer benennt;
Denn ihr zeigtet mir heute die Liebste, begleitet vom Oheim,
Den die Gute so oft, mich zu besitzen, betrügt.
Hier stand unser Tisch, den Deutsche vertraulich umgaben;
Drüben suchte das Kind neben der Mutter den Platz,
Rückte vielmals die Bank und wußt' es artig zu machen,
Daß ich halb ihr Gesicht, völlig den Nacken gewann.

Lauter sprach sie, als hier die Römerin pfleget, kredenzte,
Blickte gewendet nach mir, goß und verfehlte das Glas.
Wein floß über den Tisch, und sie, mit zierlichem Finger,
Zog auf dem hölzernen Blatt Kreise der Feuchtigkeit hin.
Meinen Namen verschlang sie dem ihrigen; immer begierig
Schaut' ich dem Fingerchen nach, und sie bemerkte mich wohl.
Endlich zog sie behende das Zeichen der römischen Fünfe
Und ein Strichlein davor. Schnell, und sobald ich's gesehn,
Schlang sie Kreise durch Kreise, die Lettern und Ziffern zu löschen;
Aber die köstliche Vier blieb mir ins Auge geprägt.
Stumm war ich sitzen geblieben und biß die glühende Lippe,
Halb aus Schalkheit und Lust, halb aus Begierde, mir wund.
Erst noch so lange bis Nacht! dann noch vier Stunden zu warten!
Hohe Sonne, du weilst, und du beschauest dein Rom!
Größeres sahest du nichts und wirst nichts Größeres sehen,
Wie es dein Priester Horaz in der Entzückung versprach.
Aber heute verweile mir nicht, und wende die Blicke
Von dem Siebengebirg früher und williger ab!
Einem Dichter zuliebe verkürze die herrlichen Stunden,
Die mit begierigem Blick selig der Maler genießt;
Glühend blicke noch schnell zu diesen hohen Fassaden,
Kuppeln und Säulen zuletzt und Obelisken herauf;
Stürze dich eilig ins Meer, um morgen früher zu sehen,
Was Jahrhunderte schon göttliche Lust dir gewährt:
Diese feuchten, mit Rohr so lange bewachsnen Gestade,
Diese mit Bäumen und Busch düster beschatteten Höhn.
Wenig Hütten zeigten sie erst; dann sahst du auf einmal
Sie vom wimmelnden Volk glücklicher Räuber belebt.
Alles schleppten sie drauf an diese Stätte zusammen;
Kaum war das übrige Rund deiner Betrachtung noch wert.
Sahst eine Welt hier entstehn, sahst dann eine Welt hier in Trümmern,
Aus den Trümmern aufs neu fast eine größere Welt!
Daß ich diese noch lange von dir beleuchtet erblicke,

Spinne die Parze mir klug langsam den Faden herab.
Aber sie eile herbei, die schön bezeichnete Stunde! —
Glücklich! hör' ich sie schon? Nein, doch ich höre schon Drei.
So, ihr lieben Musen, betrogt ihr wieder die Länge
Dieser Weile, die mich von der Geliebten getrennt.
Lebet wohl! Nun eil' ich und fürcht' euch nicht zu beleid'gen:
Denn ihr Stolzen, ihr gebt Amorn doch immer den Rang.

XVI.

„Warum bist du, Geliebter, nicht heute zur Vigne gekommen?
Einsam, wie ich versprach, wartet' ich oben auf dich." —
Beste, schon war ich hinein; da sah ich zum Glücke den Oheim
Neben den Stöcken, bemüht, hin sich und her sich zu drehn.
Schleichend eilt' ich hinaus! — „O welch ein Irrtum ergriff dich!
Eine Scheuche nur war's, was dich vertrieb! Die Gestalt
Flickten wir emsig zusammen aus alten Kleidern und Rohren,
Emsig half ich daran, selbst mir zu schaden bemüht."—
Nun, des Alten Wunsch ist erfüllt: den losesten Vogel
Scheucht' er heute, der ihm Gärtchen und Nichte bestiehlt.

XVII.

Manche Töne sind mir Verdruß, doch bleibet am meisten
Hundegebell mir verhaßt: kläffend zerreißt es mein Ohr.
Einen Hund nur hör' ich sehr oft mit frohem Behagen
Bellend kläffen, den Hund, den sich der Nachbar erzog.
Denn er bellte mir einst mein Mädchen an, da sie sich heimlich
Zu mir stahl, und verriet unser Geheimnis beinah.
Jetzo, hör' ich ihn bellen, so denk' ich mir immer: sie kommt wohl!
Oder ich denke der Zeit, da die Erwartete kam.

XVIII.

Eines ist mir verdrießlich vor allen Dingen, ein andres
Bleibt mir abscheulich, empört jegliche Faser in mir,
Nur der bloße Gedanke. Ich will es euch, Freunde, gestehen:
Gar verdrießlich ist mir einsam das Lager zu Nacht.
Aber ganz abscheulich ist's, auf dem Wege der Liebe
Schlangen zu fürchten, und Gift unter den Rosen der Lust,
Wenn im schönsten Moment der hin sich gebenden Freude
Deinem sinkenden Haupt lispelnde Sorge sich naht.
Darum macht Faustine mein Glück; sie teilet das Lager
Gerne mit mir, und bewahrt Treue dem Treuen genau.
Reizendes Hindernis will die rasche Jugend; ich liebe,
Mich des versicherten Guts lange bequem zu erfreun.
Welche Seligkeit ist's! wir wechseln sichere Küsse,
Atem und Leben getrost saugen und flößen wir ein.
So erfreuen wir uns der langen Nächte, wir lauschen,
Busen an Busen gedrängt, Stürmen und Regen und Guß.
Und so dämmert der Morgen heran; es bringen die Stunden
Neue Blumen herbei, schmücken uns festlich den Tag.
Gönnet mir, o Quiriten! das Glück, und jedem gewähre
Aller Güter der Welt erstes und letztes der Gott!

XIX.

Schwer erhalten wir uns den guten Namen, denn Fama
Steht mit Amorn, ich weiß, meinem Gebieter, in Streit.
Wißt auch ihr, woher es entsprang, daß beide sich hassen?
Alte Geschichten sind das, und ich erzähle sie wohl.
Immer die mächtige Göttin, doch war sie für die Gesellschaft
Unerträglich, denn gern führt sie das herrschende Wort;
Und so war sie von je, bei allen Göttergelagen,
Mit der Stimme von Erz, Großen und Kleinen verhaßt.
So berühmte sie einst sich übermütig, sie habe
Jovis herrlichen Sohn ganz sich zum Sklaven gemacht.
„Meinen Herkules führ' ich dereinst, o Vater der Götter",

Rief triumphierend sie aus, „wiedergeboren dir zu.
Herkules ist es nicht mehr, den dir Alkmene geboren;
Seine Verehrung für mich macht ihn auf Erden zum Gott.
Schaut er nach dem Olymp, so glaubst du, er schaue nach deinen
Mächtigen Knieen — vergib! nur in den Äther nach mir
Blickt der würdigste Mann, nur mich zu verdienen, durchschreitet
Leicht sein mächtiger Fuß Bahnen, die keiner betrat;
Aber auch ich begegn' ihm auf seinen Wegen, und preise
Seinen Namen voraus, eh' er die Tat noch beginnt.
Mich vermählst du ihm einst; der Amazonen Besieger
Werd' auch meiner, und ihn nenn' ich mit Freuden Gemahl!"
Alles schwieg; sie mochten nicht gern die Prahlerin reizen:
Denn sie denkt sich, erzürnt, leicht was Gehässiges aus.
Amorn bemerkte sie nicht: er schlich beiseite; den Helden
Bracht' er mit weniger Kunst unter der Schönsten Gewalt.
Nun vermummt er sein Paar: ihr hängt er die Bürde des Löwen
Über die Schultern und lehnt mühsam die Keule dazu,
Drauf bespickt er mit Blumen des Helden sträubende Haare,
Reichet den Rocken der Faust, die sich dem Scherze bequemt.
So vollendet er bald die neckische Gruppe; dann läuft er,
Ruft durch den ganzen Olymp: „Herrliche Taten geschehn!
Nie hat Erd' und Himmel, die unermüdete Sonne
Hat auf der ewigen Bahn keines der Wunder erblickt."
Alles eilte; sie glaubten dem losen Knaben, denn ernstlich
Hatt' er gesprochen; und auch Fama, sie blieb nicht zurück.
Wer sich freute, den Mann so tief erniedrigt zu sehen,
Denkt ihr? Juno. Es galt Amorn ein freundlich Gesicht.
Fama daneben, wie stand sie beschämt, verlegen, verzweifelnd!
Anfangs lachte sie nur: „Masken, ihr Götter, sind das!
Meinen Helden, ich kenn' ihn zu gut! Es haben Tragöden

Uns zum Besten!“ Doch bald sah sie mit Schmerzen: er war’s! —
Nicht den tausendsten Teil verdroß es Vulkanen, sein Weibchen
Mit dem rüstigen Freund unter den Maschen zu sehn,
Als das verständige Netz im rechten Moment sie umfaßte,
Rasch die Verschlungnen umschlang, fest die Genießenden hielt.
Wie sich die Jünglinge freuten, Merkur und Bacchus! sie beide
Mußten gestehn: es sei, über dem Busen zu ruhn
Dieses herrlichen Weibes, ein schöner Gedanke. Sie baten:
Löse, Vulkan, sie noch nicht! Laß sie noch einmal besehn!
Und der Alte war so Hahnrei, und hielt sie nur fester. —
Aber Fama, sie floh rasch und voll Grimmes davon.
Seit der Zeit ist zwischen den zweien der Fehde nicht Stillstand;
Wie sie sich Helden erwählt, gleich ist der Knabe darnach.
Wer sie am höchsten verehrt, den weiß er am besten zu fassen,
Und den Sittlichsten greift er am gefährlichsten an.
Will ihm einer entgehn, den bringt er vom Schlimmen ins Schlimmste.
Mädchen bietet er an; wer sie ihm töricht verschmäht,
Muß erst grimmige Pfeile von seinem Bogen erdulden;
Mann erhitzt er auf Mann, treibt die Begierden aufs Tier.
Wer sich seiner schämt, der muß erst leiden; dem Heuchler
Streut er bittern Genuß unter Verbrechen und Not.
Aber auch sie, die Göttin, verfolgt ihn mit Augen und Ohren;
Sieht sie ihn einmal bei dir, gleich ist sie feindlich gesinnt,
Schreckt dich mit ernstem Blick, verachtenden Mienen, und heftig
Strenge verruft sie das Haus, das er gewöhnlich besucht.
Und so geht es auch mir: schon leid’ ich ein wenig; die Göttin,
Eifersüchtig, sie forscht meinem Geheimnisse nach.
Doch es ist ein altes Gesetz: ich schweig’ und verehre;
Denn der Könige Zwist büßten die Griechen, wie ich.

XX.

Zieret Stärke den Mann und freies mutiges Wesen,
O, so ziemet ihm fast tiefes Geheimnis noch mehr.
Städtebezwingerin du, Verschwiegenheit! Fürstin der Völker!
Teure Göttin, die mich sicher durchs Leben geführt,
Welches Schicksal erfahr' ich! Es löset scherzend die Muse,
Amor löset, der Schalk, mir den verschlossenen Mund.
Ach, schon wird es so schwer, der Könige Schande verbergen!
Weder die Krone bedeckt, weder ein phrygischer Bund
Midas' verlängertes Ohr: der nächste Diener entdeckt es,
Und ihm ängstet und drückt gleich das Geheimnis die Brust.
In die Erde vergrüb' er es gern, um sich zu erleichtern;
Doch die Erde verwahrt solche Geheimnisse nicht,
Rohre sprießen hervor und rauschen und lispeln im Winde:
„Midas! Midas, der Fürst, trägt ein verlängertes Ohr!"
Schwerer wird es nun mir, ein schönes Geheimnis zu wahren,
Ach, den Lippen entquillt Fülle des Herzens so leicht!
Keiner Freundin darf ich's vertraun: sie möchte mich schelten;
Keinem Freunde: vielleicht brächte der Freund mir Gefahr.
Mein Entzücken dem Hain, dem schallenden Felsen zu sagen,
Bin ich endlich nicht jung, bin ich nicht einsam genug.
Dir, Hexameter, dir, Pentameter, sei es vertrauet,
Wie sie des Tags mich erfreut, wie sie des Nachts mich beglückt.
Sie, von vielen Männern gesucht, vermeidet die Schlingen,
Die ihr der Kühnere frech, heimlich der Listige legt;
Klug und zierlich schlüpft sie vorbei und kennet die Wege,
Wo sie der Liebste gewiß lauschend begierig empfängt.
Zaudre, Luna, sie kommt! damit sie der Nachbar nicht sehe;
Rausche, Lüftchen, im Laub! niemand vernehme den Tritt.
Und ihr, wachset und blüht, geliebte Lieder, und wieget
Euch im leisesten Hauch lauer und liebender Luft,
Und entdeckt den Quiriten, wie jene Rohre geschwätzig,
Eines glücklichen Paars schönes Geheimnis zuletzt.

Venetianische Epigramme

1.

Sarkophagen und Urnen verzierte der Heide mit Leben:
Faunen tanzen umher, mit der Bacchantinnen Chor
Machen sie bunte Reihe; der ziegengefüßete Pausback
Zwingt den heiseren Ton wild aus dem schmetternden Horn,
Cymbeln, Trommeln erklingen; wir sehen und hören den Marmor.
Flatternde Vögel, wie schmeckt herrlich dem Schnabel die Frucht!
Euch verscheuchet kein Lärm, noch weniger scheucht er den Amor,
Der in dem bunten Gewühl erst sich der Fackel erfreut.
So überwältiget Fülle den Tod; und die Asche da drinnen
Scheint, im stillen Bezirk, noch sich des Lebens zu freun.
So umgebe denn spät den Sarkophagen des Dichters
Diese Rolle, von ihm reichlich mit Leben geschmückt.

2.

Kaum an dem blaueren Himmel erblickt' ich die glänzende Sonne,
Reich, vom Felsen herab, Efeu zu Kränzen geschmückt,
Sah den emsigen Winzer die Rebe der Pappel verbinden,
Über die Wiege Virgils kam mir ein laulicher Wind:
Da gesellten die Musen sich gleich zum Freunde; wir pflogen
Abgerißnes Gespräch, wie es den Wanderer freut.

3.

Immer halt' ich die Liebste begierig im Arme geschlossen,
Immer drängt sich mein Herz fest an den Busen ihr an,
Immer lehnet mein Haupt an ihren Knieen, ich blicke

Nach dem lieblichen Mund, ihr nach den Augen hinauf.
„Weichling!“ schölte mich einer, „und so verbringst du die Tage?“
Ach, ich verbringe sie schlimm! Höre nur, wie mir geschieht:
Leider wend' ich den Rücken der einzigen Freude des Lebens,
Schon den zwanzigsten Tag schleppt mich der Wagen dahin.
Vetturine trotzen mir nun, es schmeichelt der Kämmrer,
Und der Bediente vom Platz sinnet auf Lügen und Trug.
Will ich ihnen entgehn, so faßt mich der Meister der Posten,
Postillone sind Herrn, dann die Dogane dazu!
„Ich verstehe dich nicht! du widersprichst dir! du schienest
Paradiesisch zu ruhn, ganz, wie Rinaldo, beglückt.“
Ach! ich verstehe mich wohl: es ist mein Körper auf Reisen,
Und es ruhet mein Geist stets der Geliebten im Schoß.

4.

Das ist Italien, das ich verließ. Noch stäuben die Wege,
Noch ist der Fremde geprellt, stell' er sich, wie er auch will.
Deutsche Redlichkeit suchst du in allen Winkeln vergebens;
Leben und Weben ist hier, aber nicht Ordnung und Zucht;
Jeder sorgt nur für sich, mißtrauet dem andern, ist eitel,
Und die Meister des Staats sorgen nur wieder für sich.
Schön ist das Land! doch ach, Faustinen find' ich nicht wieder.
Das ist Italien nicht mehr, das ich mit Schmerzen verließ.

5.

Seh' ich den Pilgrim, so kann ich mich nie der Tränen enthalten.
O, wie beseliget uns Menschen ein falscher Begriff!

6.

Diese Gondel vergleich' ich der sanft einschaukelnden Wiege,
Und das Kästchen darauf scheint ein geräumiger Sarg.
Recht so! Zwischen der Wieg' und dem Sarg wir schwanken und schweben
Auf dem großen Kanal sorglos durchs Leben dahin.

7.

Feierlich sehn wir neben dem Doge den Nuntius gehen:
Sie begraben den Herrn, einer versiegelt den Stein.
Was der Doge sich denkt, ich weiß es nicht; aber der andre
Lächelt über den Ernst dieses Gepränges gewiß.

8.

Warum treibt sich das Volk so, und schreit? Es will sich ernähren,
Kinder zeugen, und die nähren, so gut es vermag.
Merke dir, Reisender, das und tue zu Hause desgleichen!
Weiter bringt es kein Mensch, stell' er sich, wie er auch will.

9.

Schüler macht sich der Schwärmer genug, und rühret die Menge,
Wenn der vernünftige Mann einzelne Liebende zählt.
Wundertätige Bilder sind meist nur schlechte Gemälde:
Werke des Geists und der Kunst sind für den Pöbel nicht da.

10.

Mache zum Herrscher sich der, der seinen Vorteil verstehet!
Doch wir wählten uns den, der sich auf unsern versteht.

11.

Emsig wallet der Pilger! Und wird er den Heiligen finden?
Hören und sehen den Mann, welcher die Wunder getan?
Nein, es führte die Zeit ihn hinweg, du findest nur Reste,
Seinen Schädel, ein paar seiner Gebeine verwahrt.
Pilgrime sind wir alle, die wir Italien suchen:
Nur ein zerstreutes Gebein ehren wir gläubig und froh.

12.

Jupiter Pluvius, heut erscheinst du ein freundlicher Dämon!
Denn ein vielfach Geschenk gibst du in einem Moment:
Gibst Venedig zu trinken, dem Lande grünendes Wachstum,
Manches kleine Gedicht gibst du dem Büchelchen hier.

13.

Welch ein Mädchen ich wünsche zu haben? Ihr fragt mich. Ich hab' sie,
Wie ich sie wünsche — das heißt, dünkt mich, mit wenigem viel.
An dem Meere ging ich, und suchte mir Muscheln. In einer
Fand ich ein Perlchen; es bleibt nun mir am Herzen verwahrt.

14.

Vieles hab' ich versucht, gezeichnet, in Kupfer gestochen
Öl gemalt, in Ton hab' ich auch manches gedruckt,
Unbeständig jedoch, und nichts gelernt noch geleistet;
Nur ein einzig Talent bracht' ich der Meisterschaft nah:
Deutsch zu schreiben. Und so verderb' ich unglücklicher Dichter
In dem schlechtesten Stoff leider nun Leben und Kunst.

15.

Sämtliche Künste lernt und treibet der Deutsche, zu jeder
Zeigt er ein schönes Talent, wenn er sie ernstlich ergreift.
Eine Kunst nur treibt er, und will sie nicht lernen, die Dichtkunst.
Darum pfuscht er auch so; Freunde, wir haben's erlebt.

16.

Oft erklärtet ihr euch als Freunde des Dichters, ihr Götter!
Gebt ihm auch, was er bedarf! Mäßiges braucht er, doch viel:
Erstlich freundliche Wohnung, dann leidlich zu essen, zu trinken
Gut; der Deutsche versteht sich auf den Nektar, wie ihr.
Dann geziemende Kleidung und Freunde, vertraulich zu schwatzen;
Dann ein Liebchen des Nachts, das ihn von Herzen begehrt.
Diese fünf natürlichen Dinge verlang' ich vor allem.
Gebet mir ferner dazu Sprachen, die alten und neu'n,
Daß ich der Völker Gewerb' und ihre Geschichten vernehme;
Gebt mir ein reines Gefühl, was sie in Künsten getan.
Ansehn gebt mir im Volke, verschafft bei Mächtigen Einfluß,
Oder was sonst noch bequem unter den Menschen erscheint.
Gut — schon dank' ich euch, Götter, ihr habt den glücklichsten Menschen
Ehstens fertig: denn ihr gönntet das meiste mir schon.

17.

Klein ist unter den Fürsten Germaniens freilich der meine,
Kurz und schmal ist sein Land, mäßig nur, was er vermag.
Aber so wende nach innen, so wende nach außen die Kräfte
Jeder: da wär' es ein Fest, Deutscher mit Deutschen zu sein.
Doch was priesest du Ihn, den Taten und Werke verkünden?
Und bestochen erschien' deine Verehrung vielleicht;
Denn mir hat er gegeben, was Große selten gewähren,
Neigung, Muße, Vertraun, Felder und Garten und Haus.
Niemand braucht' ich zu danken als Ihm, und manches bedurft' ich,
Der ich mich auf den Erwerb schlecht, als ein Dichter, verstand.

Hat mich Europa gelobt, was hat mir Europa gegeben?
Nichts! Ich habe, wie schwer! meine Gedichte bezahlt.
Deutschland ahmte mich nach, und Frankreich mochte mich lesen.
England! freundlich empfingst du den zerrütteten Gast.
Doch was fördert es mich, daß auch sogar der Chinese
Malet, mit ängstlicher Hand, Werthern und Lotten auf Glas?
Niemals frug ein Kaiser nach mir, es hat sich kein König
Um mich bekümmert, und Er war mir August und Mäcen.

18.

Eines Menschen Leben, was ist's? Doch Tausende können
Reden über den Mann, was er und wie er's getan.
Weniger ist ein Gedicht; doch können es Tausend genießen,
Tausende tadeln. Mein Freund, lebe nur, dichte nur fort!

19.

Böcke, zur Linken mit euch! so ordnet künftig der Richter,
Und ihr Schäfchen, ihr sollt ruhig zur Rechten mir stehn!
Wohl! Doch eines ist noch von ihm zu hoffen; dann sagt er:
Seid, Vernünftige, mir grad gegenüber gestellt!

20.

Alle Freiheitsapostel, sie waren mir immer zuwider,
Willkür suchte doch nur jeder am Ende für sich.
Willst du viele befrein, so wag' es, vielen zu dienen.
Wie gefährlich das sei, willst du es wissen? Versuch's!

21.

Jeglichen Schwärmer schlagt mir ans Kreuz im dreißigsten Jahre;
Kennt er nur einmal die Welt, wird der Betrogne der Schelm.

22.

Frankreichs traurig Geschick, die Großen mögen's bedenken!
Aber bedenken fürwahr sollen es Kleine noch mehr.
Große gingen zu Grunde: doch wer beschützte die Menge
Gegen die Menge? Da war Menge der Menge Tyrann.

23.

Tolle Zeiten hab' ich erlebt, und hab' nicht ermangelt,
Selbst auch töricht zu sein, wie es die Zeit mir gebot.

24.

„Sage, tun wir nicht recht? Wir müssen den Pöbel betrügen.
Sieh nur, wie ungeschickt, sieh nur, wie wild er sich zeigt!"
Ungeschickt und wild sind alle rohe Betrognen;
Seid nur redlich, und so führt ihn zum Menschlichen an.

25.

Fürsten prägen so oft auf kaum versilbertes Kupfer
Ihr bedeutendes Bild; lange betrügt sich das Volk.
Schwärmer prägen den Stempel des Geists auf Lügen und Unsinn;
Wem der Probierstein fehlt, hält sie für redliches Gold.

26.

Lange haben die Großen der Franzen Sprache gesprochen,
Halb nur geachtet den Mann, dem sie vom Munde nicht floß.
Nun lallt alles Volk entzückt die Sprache der Franken.
Zürnet, Mächtige, nicht! Was ihr verlangtet, geschieht.

27.

„Seid doch nicht so frech, Epigramme!" Warum nicht? Wir sind nur
Überschriften; die Welt hat die Kapitel des Buchs.

28.

„Wär' ich ein häusliches Weib, und hätte, was ich bedürfte,
Treu sein wollt' ich und froh, herzen und küssen den Mann."
So sang, unter andern, gemeinen Liedern, ein Dirnchen
Mir in Venedig, und nie hört' ich ein frömmer Gebet.

29.

Frech wohl bin ich geworden; es ist kein Wunder. Ihr Götter
Wißt, und wißt nicht allein, daß ich auch fromm bin und treu.

30.

Was mit mir das Schicksal gewollt? Es wäre verwegen,
Das zu fragen: denn meist will es mit vielen nicht viel.
Einen Dichter zu bilden, die Absicht wär' ihm gelungen,
Hätte die Sprache sich nicht unüberwindlich gezeigt.

31.

„Mit Botanik gibst du dich ab? mit Optik? Was tust du?
Ist es nicht schönrer Gewinn, rühren ein zärtliches Herz?"
Ach, die zärtlichen Herzen! ein Pfuscher vermag sie zu rühren.
Sei es mein einziges Glück, dich zu berühren, Natur!

32.

Liebe flößest du ein, und Begier; ich fühl' es, und brenne.
Liebenswürdige, nun flöße Vertrauen mir ein!

33.

Ha! ich kenne dich, Amor, so gut als einer! Da bringst du
Deine Fackel, und sie leuchtet im Dunkel uns vor.
Aber du führest uns bald verworrene Pfade; wir brauchten
Deine Fackel erst recht, ach! und die falsche erlischt.

34.

Ist es dir Ernst, so zaudre nun länger nicht: mache mich glücklich!
Wolltest du scherzen? es sei, Liebchen, des Scherzes genug!

35.

Welch ein lustiges Spiel! Es windet am Faden die Scheibe,
Die von der Hand entfloh, eilig sich wieder herauf!
Seht, so schein' ich mein Herz bald dieser Schönen, bald jener
Zuzuwerfen; doch gleich kehrt es im Fluge zurück.

36.

O wie achtet' ich sonst auf alle Zeiten des Jahres,
Grüßte den kommenden Lenz, sehnte dem Herbste mich nach!
Aber nun ist nicht Sommer noch Winter, seit mich Beglückten
Amors Fittich bedeckt, ewiger Frühling umschwebt.

37.

Sage, wie lebst du? Ich lebe! und wären hundert und hundert
Jahre dem Menschen gegönnt, wünscht' ich mir morgen wie heut'.

38.

Glänzen sah ich das Meer, und blinken die liebliche Welle,
Frisch mit günstigem Wind zogen die Segel dahin.
Keine Sehnsucht fühlte mein Herz; es wendete rückwärts,
Nach dem Schnee des Gebirgs, bald sich der schmachtende Blick.
Südwärts liegen der Schätze wie viel! Doch einer im Norden
Zieht, ein großer Magnet, unwiderstehlich zurück.

39.

Arm und kleiderlos war, als ich sie geworben, das Mädchen;
Damals gefiel sie mir nackt, wie sie mir jetzt noch gefällt.

40.

Oftmals hab' ich geirrt, und habe mich wieder gefunden,
Aber glücklicher nie; nun ist dies Mädchen mein Glück!
Ist auch dieses ein Irrtum, so schont mich, ihr klügeren Götter,
Und benehmt mir ihn erst drüben am kalten Gestad'.

41.

„Ach, mein Hals ist ein wenig geschwollen!" so sagte die Beste
Ängstlich. — „Stille, mein Kind! still! und vernehme das Wort:
Dich hat die Hand der Venus berührt; sie deutet dir leise,
Daß sie das Körperchen bald, ach! unaufhaltsam verstellt.
Bald verdirbt sie die schlanke Gestalt, die zierlichen Brüstchen,
Alles schwillt nun, es paßt nirgends das neuste Gewand.
Sei nur ruhig! es deutet die fallende Blüte dem Gärtner,
Daß die liebliche Frucht schwellend im Herbste gedeiht."

42.

Wonniglich ist's, die Geliebte verlangend im Arme zu halten,
Wenn ihr klopfendes Herz Liebe zuerst dir gesteht.
Wonniglicher, das Pochen des Neulebendigen fühlen,
Das in dem lieblichen Schoß immer sich nährend bewegt.
Schon versucht es die Sprünge der raschen Jugend; es klopfet
Ungeduldig schon an, sehnt sich nach himmlischem Licht.

Harre noch wenige Tage! Auf allen Pfaden des Lebens
Führen die Horen dich streng, wie es das Schicksal gebeut.
Widerfahre dir, was dir auch will, du wachsender Liebling—
Liebe bildete dich; werde dir Liebe zuteil!

43.

Und so tändelt' ich mir, von allen Freunden geschieden,
In der neptunischen Stadt Tage wie Stunden hinweg.
Alles, was ich erfuhr, ich würzt' es mit süßer Erinnrung,
Würzt' es mit Hoffnung; sie sind lieblichste Würzen der Welt.

Elegien und Lehrgedichte

ALEXIS UND DORA

Ach! unaufhaltsam strebet das Schiff mit jedem Momente
Durch die schäumende Flut weiter und weiter hinaus!
Lange Furchen hinter sich ziehend, worin die Delphine
Springend folgen, als flöh' ihnen die Beute davon.
Alles deutet die glücklichste Fahrt, der ruhige Schiffer
Ruckt am Segel gelind, das sich statt seiner bemüht;
Alle Gedanken sind vorwärts gerichtet, wie Flaggen und Wimpel.
Nur Ein Trauriger steht, rückwärts gewendet, am Mast,
Sieht die Berge schon blau, die scheidenden, sieht in das Meer sie
Niedersinken, es sinkt jegliche Freude vor ihm.
Auch dir ist es verschwunden, das Schiff, das deinen Alexis,
Dir, o Dora, den Freund, dir, ach, den Bräutigam raubt.
Auch du blickest vergebens nach mir. Noch schlagen die Herzen
Für einander, doch ach! nun an einander nicht mehr.
Nur Ein Augenblick war's, in dem ich lebte, der wieget
Alle Tage, die sonst kalt mir verschwindenden, auf.
Nur Ein Augenblick war's, der letzte, da stieg mir ein Leben
Unvermutet in dir, wie von den Göttern, herab.
Nur umsonst verklärst du mit deinem Lichte den Äther,
Phöbus, mir ist er verhaßt, dieser alleuchtende Tag.
In mich selber kehr' ich zurück, da will ich im stillen
Wiederholen die Zeit, als sie mir täglich erschien.
War es möglich, die Schönheit zu sehen und nicht zu empfinden?
Wirkte der himmlische Reiz nicht auf dein stumpfes Gemüt?
Klage dich, Armer, nicht an! — So legt der Dichter ein Rätsel,

Künstlich mit Worten verschränkt, oft der Versammlung ins Ohr.
Jeden freut die seltne Verknüpfung der zierlichen Bilder,
Aber noch fehlet das Wort, das die Bedeutung verwahrt;
Ist es endlich gefunden, dann heitert sich jedes Gemüt auf
Und erblickt im Gedicht doppelt erfreulichen Sinn.
Ach, warum so spät, o Amor, nahmst du die Binde,
Die du ums Aug' mir geknüpft, warum zu spät mir hinweg?
Lange harrte das Schiff befrachtet auf günstige Lüfte;
Endlich strebte der Wind glücklich vom Ufer ins Meer.
Leere Zeiten der Jugend! und leere Träume der Zukunft!
Ihr verschwindet, es bleibt einzig die Stunde mir nur.
Ja, sie bleibt, es bleibt mir das Glück! ich halte dich, Dora!
Und die Hoffnung zeigt, Dora, dein Bild mir allein.
Öfter sah ich dich gehn zum Tempel, geschmückt und gesittet,
Und das Mütterchen ging feierlich neben dir her.
Eilig warst du und frisch, zu Markte die Früchte zu tragen,
Und vom Brunnen, wie kühn! wiegte dein Haupt das Gefäß.
Da erschien erst dein Hals, erschien dein Nacken vor allen,
Und vor allen erschien deiner Bewegungen Maß.
Oftmals hab' ich gesorgt, es möchte der Krug dir entstürzen,
Doch er hielte sich stet auf dem geringelten Tuch.
Schöne Nachbarin, so war ich gewohnt dich zu sehen,
Wie man die Sterne sieht, wie man den Mond sich beschaut,
Sich an ihnen erfreut, und in dem ruhigen Busen
Nicht der entfernteste Wunsch, sie zu besitzen, sich regt.
Jahre, so gingt ihr dahin! Nur zwanzig Schritte getrennet
Waren die Häuser, und nie hab' ich die Schwelle berührt.
Und nun trennt uns die gräßliche Woge! Du lügst nur den Himmel,
Welle! dein herrliches Blau ist mir die Farbe der Nacht.
Alles rührte sich schon; da kam ein Knabe gelaufen
An mein väterlich Haus, rief mich zum Strande hinab:
„Schon erhebt sich das Segel", so sprach er, „es flattert im Winde,

Und gelichtet, mit Kraft, trennt sich der Anker vom Sand;
Komm, Alexis, o komm!“ Da drückte der wackere Vater
Segnend die würdige Hand mir auf das lockige Haupt;
Sorglich reichte die Mutter ein nachbereitetes Bündel.
„Glücklich kehre zurück!“ riefen sie, „glücklich und reich!“
Und so sprang ich hinweg, das Bündelchen unter dem Arme,
An der Mauer hinab, fand an der Türe dich stehn
Deines Gartens. Du lächeltest mir und sagtest: „Alexis!
Sind die Lärmenden dort deine Gesellen der Fahrt?
Fremde Gegenden wirst du besuchen, und köstliche Waren
Wiederbringen, und Schmuck reichen Matronen der Stadt.
Aber bringe mir auch ein leichtes Kettchen; ich will es
Dankbar bezahlen, schon oft hab’ ich die Zierde gewünscht!“
Stehen war ich geblieben und fragte, nach Weise des Kaufmanns,
Erst nach Form und Gewicht deiner Bestellung genau.
Gar bescheiden erwogst du den Preis, da blickt’ ich indessen
Nach dem Halse, des Schmucks unserer Königin wert.
Immerfort tönte das Rufen der Schiffer; da sagtest du freundlich:
„Nimm aus dem Garten noch einige Früchte mit dir!
Nimm die reifsten Orangen, die weißen Feigen; das Meer bringt
Keine Früchte, sie bringt jegliches Land nicht hervor.“
Und so trat ich herein. Du brachst nun die Früchte geschäftig,
Und die goldene Last zog das geschürzte Gewand.
Öfters bat ich, es sei nun genug! und immer noch eine
Schönere Frucht fiel dir, leise berührt, in die Hand.
Endlich warst du zur Laube gekommen, da fandst du ein Körbchen,
Und die Myrte bog blühend darüber sich hin.
Schweigend begannest du nun geschickt die Früchte zu ordnen,
Erst die Orange, die schwer ruht, als ein goldener Ball,
Dann die weichliche Feige, die jeder Druck schon entstellet;

Und mit Myrte bedeckt ward und geziert das Geschenk.
Aber ich hob es nicht auf; ich ging nicht. Wir sahen einander
In die Augen, und mir ward vor dem Auge so trüb.
Deinen Busen fühlt' ich an meinem! Den herrlichen Nacken,
Ihn umschlang nun mein Arm, tausendmal küßt' ich den Hals.
Mir war dein Haupt auf die Schulter gesunken; nun knüpften auch deine
Lieblichen Arme das Band um den Beglückten herum.
Amors Hände fühlt' ich, er drückt' uns gewaltig zusammen,
Und aus heiterer Luft donnert' es dreimal. Da floß
Häufig die Träne vom Aug' mir herab, du weintest, ich weinte,
Und für Jammer und Glück schien uns die Welt zu vergehn.
Immer heftiger riefen die Schiffer; da wollten die Füße
Mich nicht tragen, ich rief: „Dora! und bist du nicht mein?"
„Ewig!" sagtest du leise. Da schienen unsere Tränen,
Wie durch göttliche Luft, leise vom Auge gehaucht.
Stärker rief's in dem Gäßchen: „Alexis!" Da sah mich der Knabe
Durch die Türe und kam. Wie er das Körbchen empfing!
Wie er mich trieb! Wie ich dir die Hand noch drückte! — Zu Schiffe
Wie ich gekommen? Ich weiß, daß ich ein Trunkener schien.
Und so hielten mich auch die Gesellen, sie schonten den Kranken;
Und schon deckte der Hauch trüber Entfernung die Stadt.
„Ewig!" lispeltest du, o Dora; mir schallt es im Ohre
Mit dem Donner des Zeus! Ja, sie stand neben dem Thron,
Seine Tochter, die Göttin der Liebe, die Grazien standen
Ihr zur Seiten! Er ist götterbekräftigt, der Bund!
O, so eile denn, Schiff, mit allen günstigen Winden!
Strebe, mächtiger Kiel, trenne die schäumende Flut!
Bringe dem fremden Hafen mich zu, damit mir der Goldschmied
Aus der Werkstatt sogleich reiche das himmlische Pfand.

Wahrlich, es soll zur Kette werden das Kettchen, o Dora!
Neunmal umgebe sie dir, locker gewunden, den Hals.
Außerdem schaff' ich noch Schmuck, den mannigfaltigsten: goldne
Spangen sollen dir reichlich verzieren die Hand.
Da wetteifre Rubin und Smaragd, der liebliche Saphir
Stelle dem Hyazinth sich gegenüber, und Gold
Halte die herrlichen Steine in schöner Verbindung zusammen.
O, wie den Bräutigam freut, einzig zu schmücken die Braut!
Seh' ich Perlen, so denk' ich an dich; bei jeglichem Ringe
Kommt mir der länglichen Hand schönes Gebild' in den Sinn.
Tauschen will ich und kaufen; du sollst das Schönste von allem
Wählen; ich widmete gern alle die Ladung nur dir.
Doch nicht Schmuck und Juwelen allein verschafft dein Geliebter:
Was ein häusliches Weib freuet, das bringt er dir auch.
Feine wollene Decken mit Purpursäumen, ein Lager
Zu bereiten, das uns traulich und weichlich empfängt;
Stücke köstlicher Leinwand. Du sitzest und nähest und kleidest
Mich und dich und auch wohl noch ein Drittes darein.
Bilder der Hoffnung, o täuschet mein Herz! O mäßiget, Götter,
Diesen gewaltigen Brand, der mir den Busen durchtobt!
Aber auch sie verlang' ich zurück, die schmerzliche Freude,
Wenn die Sorge sich kalt, gräßlich gelassen, mir naht.
Nicht der Erinnyen Fackel, das Bellen der höllischen Hunde
Schreckt den Verbrecher so in der Verzweiflung Gefild,
Als das gelaßne Gespenst mich, das mir die Schöne von ferne
Zeiget: die Türe steht wirklich des Gartens noch auf!
Und ein anderer kommt! Für ihn auch fallen die Früchte!
Und die Feige gewährt stärkenden Honig auch ihm!
Lockt sie auch ihn nach der Laube? und folgt er? O macht mich, ihr Götter,
Blind, verwischet das Bild jeder Erinnrung in mir!

Ja, ein Mädchen ist sie! und die sich geschwinde dem einen
Gibt, sie kehret sich auch schnell zu dem andern herum.
Lache nicht diesmal, o Zeus, der frech gebrochenen Schwüre!
Donnere schrecklicher! triff! — Halte die Blitze zurück!
Sende die schwankenden Wolken mir nach! im nächtlichen Dunkel
Treffe dein leuchtender Blitz diesen unglücklichen Mast!
Streue die Planken umher und gib der tobenden Welle
Diese Waren, und mich gib den Delphinen zum Raub! —
Nun, ihr Musen, genug! Vergebens strebt ihr zu schildern,
Wie sich Jammer und Glück wechseln in liebender Brust.
Heilen könnet ihr nicht die Wunden, die Amor geschlagen;
Aber Linderung kommt einzig, ihr Guten, von euch.

EUPHROSYNE

Auch von des höchsten Gebirgs beeisten zackigen Gipfeln
Schwindet Purpur und Glanz scheidender Sonne hinweg.
Lange verhüllt schon Nacht das Tal und die Pfade des Wandrers,
Der, am tosenden Strom, auf zu der Hütte sich sehnt,
Zu dem Ziele des Tags, der stillen hirtlichen Wohnung;
Und der göttliche Schlaf eilet gefällig voraus,
Dieser holde Geselle des Reisenden. Daß er auch heute
Segnend kränze das Haupt mir mit dem heiligen Mohn!
Aber was leuchtet mir dort vom Felsen glänzend herüber
Und erhellet den Duft schäumender Ströme so hold?
Strahlt die Sonne vielleicht durch heimliche Spalten und Klüfte?
Denn kein irdischer Glanz ist es, der wandelnde, dort.
Näher wälzt sich die Wolke, sie glüht. Ich staune dem Wunder!
Wird der rosige Strahl nicht ein bewegtes Gebild?
Welche Göttin nahet sich mir? und welche der Musen
Suchet den treuen Freund selbst in dem grausen Geklüft?
Schöne Göttin! enthülle dich mir und täusche, verschwindend,
Nicht den begeisterten Sinn, nicht das gerührte Gemüt!
Nenne, wenn du es darfst vor einem Sterblichen, deinen

Göttlichen Namen; wo nicht: rege bedeutend mich auf,
Daß ich fühle, welche du seist von den ewigen Töchtern
Zeus', und der Dichter sogleich preise dich würdig im Lied.
„Kennst du mich, Guter, nicht mehr? Und käme diese Gestalt dir,
Die du doch sonst geliebt, schon als ein fremdes Gebild?
Zwar der Erde gehör' ich nicht mehr, und trauernd entschwang sich
Schon der schaudernde Geist jugendlich frohem Genuß;
Aber ich hoffte mein Bild noch fest in des Freundes Erinnrung
Eingeschrieben und noch schön durch die Liebe verklärt.
Ja, schon sagt mir gerührt dein Blick, mir sagt es die Träne:
Euphrosyne, sie ist noch von dem Freunde gekannt.
Sieh, die Scheidende zieht durch Wald und grauses Gebirge,
Sucht den wandernden Mann, ach! in der Ferne noch auf,
Sucht den Lehrer, den Freund, den Vater, blicket noch einmal
Nach dem leichten Gerüst irdischer Freuden zurück.
Laß mich der Tage gedenken, da mich, das Kind, du dem Spiele,
Jener täuschenden Kunst reizender Musen geweiht.
Laß mich der Stunde gedenken und jedes kleineren Umstands.
Ach, wer ruft nicht so gern Unwiederbringliches an!
Jenes süße Gedränge der leichtesten irdischen Tage,
Ach, wer schätzt ihn genug, diesen vereilenden Wert!
Klein erscheinet es nun, doch ach! nicht kleinlich dem Herzen;
Macht die Liebe, die Kunst jegliches Kleine doch groß.
Denkst du der Stunde noch wohl, wie auf dem Brettergerüste
Du mich der höheren Kunst ernstere Stufen geführt?
Knabe schien ich, ein rührendes Kind, du nanntest mich Arthur,
Und belebtest in mir britisches Dichtergebild',
Drohtest mit grimmiger Glut den armen Augen und wandtest

Selbst den tränenden Blick, innig getäuschet, hinweg.
Ach! da warst du so hold und schütztest ein trauriges Leben,
Das die verwegene Flucht endlich dem Knaben entriß.
Freundlich faßtest du mich, den Zerschmetterten, trugst mich von dannen,
Und ich heuchelte lang', dir an dem Busen, den Tod.
Endlich schlug die Augen ich auf, und sah dich, in ernste,
Stille Betrachtung versenkt, über den Liebling geneigt.
Kindlich strebt' ich empor und küßte die Hände dir dankbar,
Reichte zum reinen Kuß dir den gefälligen Mund,
Fragte: Warum, mein Vater, so ernst? und hab' ich gefehlet,
O! so zeige mir an, wie mir das Beßre gelingt!
Keine Mühe verdrießt mich bei dir, und alles und jedes
Wiederhol' ich so gern, wenn du mich leitest und lehrst.
Aber du faßtest mich stark und drücktest mich fester im Arme,
Und es schauderte mir tief in dem Busen das Herz.
Nein, mein liebliches Kind! so riefst du, alles und jedes,
Wie du es heute gezeigt, zeig' es auch morgen der Stadt.
Rühre sie alle, wie mich du gerührt, und es fließen zum Beifall
Dir von dem trockensten Aug' herrliche Tränen herab.
Aber am tiefsten trafst du doch mich, den Freund, der im Arm dich
Hält, den selber der Schein früherer Leiche geschreckt.
Ach, Natur, wie sicher und groß in allem erscheinst du!
Himmel und Erde befolgt ewiges, festes Gesetz.
Jahre folgen auf Jahre, dem Frühlinge reichet der Sommer,
Und dem reichlichen Herbst traulich der Winter die Hand.
Felsen stehen gegründet, es stürzt sich das ewige Wasser
Aus der bewölkten Kluft schäumend und brausend hinab.
Fichten grünen so fort, und selbst die entlaubten Gebüsche
Hegen, im Winter schon, heimliche Knospen am Zweig.
Alles entsteht und vergeht nach Gesetz; doch über des Menschen
Leben, dem köstlichen Schatz, herrschet ein schwankendes Los.
Nicht dem blühenden nickt der willig scheidende Vater,

Seinem trefflichen Sohn, freundlich vom Rande der Gruft;
Nicht der Jüngere schließt dem Älteren immer das Auge,
Das sich willig gesenkt, kräftig dem Schwächeren zu.
Öfter, ach! verkehrt das Geschick die Ordnung der Tage;
Hilflos klaget ein Greis Kinder und Enkel umsonst,
Steht, ein beschädigter Stamm, dem rings zerschmetterte Zweige
Um die Seiten umher strömende Schloßen gestreckt.
Und so, liebliches Kind, durchdrang mich die tiefe Betrachtung,
Als du, zur Leiche verstellt, über die Arme mir hingst;
Aber freudig seh' ich dich mir in dem Glanze der Jugend,
Vielgeliebtes Geschöpf, wieder am Herzen belebt.
Springe fröhlich dahin, verstellter Knabe! das Mädchen
Wächst zur Freude der Welt, mir zum Entzücken heran.
Immer strebe so fort, und deine natürlichen Gaben
Bilde, bei jeglichem Schritt steigenden Lebens, die Kunst.
Sei mir lange zur Lust, und eh' mein Auge sich schließet,
Wünsch' ich dein schönes Talent glücklich vollendet zu sehn. —
Also sprachst du, und nie vergaß ich der wichtigen Stunde,
Deutend entwickelt' ich mich an dem erhabenen Wort.
O wie sprach ich so gerne zum Volk die rührenden Reden,
Die du, voller Gehalt, kindlichen Lippen vertraut!
O wie bildet' ich mich an deinen Augen, und suchte
Dich im tiefen Gedräng' staunender Hörer heraus!
Doch dort wirst du nun sein, und stehn, und nimmer bewegt sich
Euphrosyne hervor, dir zu erheitern den Blick.
Du vernimmst sie nicht mehr, die Töne des wachsenden Zöglings,
Die du zu liebendem Schmerz frühe, so frühe! gestimmt.
Andere kommen und gehn; es werden dir andre gefallen,
Selbst dem großen Talent drängt sich ein größeres nach.
Aber du, vergesse mich nicht! Wenn eine dir jemals
Sich im verworrnen Geschäft heiter entgegen bewegt,
Deinem Winke sich fügt, an deinem Lächeln sich freuet
Und am Platze sich nur, den du bestimmtest, gefällt,
Wenn sie Mühe nicht spart noch Fleiß, wenn tätig der Kräfte,

Selbst bis zur Pforte des Grabs, freudiges Opfer sie bringt —
Guter! dann gedenkest du mein, und rufest auch spät noch:
Euphrosyne, sie ist wieder erstanden vor mir!
Vieles sagt' ich noch gern; doch ach! die Scheidende weilt nicht,
Wie sie wollte: mich führt streng ein gebietender Gott.
Lebe wohl! schon zieht mich's dahin in schwankendem Eilen.
Einen Wunsch nur vernimm, freundlich gewähre mir ihn:
Laß nicht ungerühmt mich zu den Schatten hinabgehn!
Nur die Muse gewährt einiges Leben dem Tod.
Denn gestaltlos schweben umher in Persephoneias
Reiche, massenweis, Schatten vom Namen getrennt;
Wen der Dichter aber gerühmt, der wandelt, gestaltet,
Einzeln, gesellet dem Chor aller Heroen sich zu.
Freudig tret' ich einher, von deinem Liede verkündet,
Und der Göttin Blick weilet gefällig auf mir.
Mild empfängt sie mich dann, und nennt mich; es winken die hohen
Göttlichen Frauen mich an, immer die nächsten am Thron.
Penelopeia redet zu mir, die treuste der Weiber,
Auch Euadne, gelehnt auf den geliebten Gemahl.
Jüngere nahen sich dann, zu früh herunter gesandte,
Und beklagen mit mir unser gemeines Geschick.
Wenn Antigone kommt, die schwesterlichste der Seelen,
Und Polyxena, trüb noch von dem bräutlichen Tod,
Seh' ich als Schwestern sie an und trete würdig zu ihnen;
Denn der tragischen Kunst holde Geschöpfe sind sie.
Bildete doch ein Dichter auch mich! und seine Gesänge,
Ja, sie vollenden an mir, was mir das Leben versagt."
Also sprach sie, und noch bewegte der liebliche Mund sich,
Weiter zu reden; allein schwirrend versagte der Ton.
Denn aus dem Purpurgewölk, dem schwebenden, immer bewegten,
Trat der herrliche Gott Hermes gelassen hervor.
Mild erhob er den Stab und deutete; wallend verschlangen
Wachsende Wolken, im Zug, beide Gestalten vor mir.
Tiefer liegt die Nacht um mich her, die stürzenden Wasser

Brausen gewaltiger nun neben dem schlüpfrigen Pfad.
Unbezwingliche Trauer befällt mich, entkräftender Jammer,
Und ein moosiger Fels stützet den Sinkenden nur.
Wehmut reißt durch die Saiten der Brust; die nächtlichen Tränen
Fließen, und über dem Wald kündet der Morgen sich an.

DAS WIEDERSEHN

Er.

Süße Freundin, noch einen, nur einen Kuß noch gewähre
Diesen Lippen! Warum bist du mir heute so karg?
Gestern blühte der Baum wie heute; wir wechselten Küsse
Tausendfältig; dem Schwarm Bienen verglichst du sie ja,
Wie sie den Blüten sich nahn und saugen, schweben und wieder
Saugen, und lieblicher Ton süßen Genusses erschallt.
Alle noch üben das holde Geschäft. Und wäre der Frühling
Uns vorübergeflohn, eh' sich die Blüte zerstreut?

Sie.

Träume, lieblicher Freund, nur immer! rede von gestern!
Gerne hör' ich dich an, drücke dich redlich ans Herz.
Gestern, sagst du? — Es war, ich weiß, ein köstliches Gestern;
Worte verklangen im Wort, Küsse verdrängten den Kuß.
Schmerzlich war's am Abend zu scheiden, und traurig die lange
Nacht von gestern auf heut', die den Getrennten gebot.
Doch der Morgen ist wieder erschienen. Ach, daß mir indessen
Leider zehnmal der Baum Blüten und Früchte gebracht!

AMYNTAS

Nikias, trefflicher Mann, du Arzt des Leibs und der Seele!
Krank, ich bin es fürwahr; aber dein Mittel ist hart.
Ach! mir schwanden die Kräfte dahin, dem Rate zu folgen;
Ja, und es scheinet der Freund schon mir ein Gegner zu sein.
Widerlegen kann ich dich nicht; ich sage mir alles,
Sage das härtere Wort, das du verschweigest, mir auch.
Aber, ach! das Wasser entstürzt der Steile des Felsens
Rasch, und die Welle des Bachs halten Gesänge nicht auf.
Rast nicht unaufhaltsam der Sturm? und wälzet die Sonne
Sich, von dem Gipfel des Tags, nicht in die Wellen hinab?
Und so spricht mir rings die Natur: Auch du bist, Amyntas,
Unter das strenge Gesetz ehrner Gewalten gebeugt.
Runzle die Stirne nicht tiefer, mein Freund, und höre gefällig,
Was mich gestern ein Baum, dort an dem Bache, gelehrt.
Wenig Äpfel trägt er mir nur, der sonst so beladne;
Sieh, der Efeu ist schuld, der ihn gewaltig umgibt.
Und ich faßte das Messer, das krummgebogene, scharfe,
Trennte schneidend, und riß Ranke nach Ranken herab;
Aber ich schauderte gleich, als tief erseufzend und kläglich
Aus den Wipfeln zu mir lispelnde Klage sich goß:
O verletze mich nicht! den treuen Gartengenossen,
Dem du als Knabe, so früh, manche Genüsse verdankt.
O verletze mich nicht! du reißest mit diesem Geflechte,
Das du gewaltig zerstörst, grausam das Leben mir aus.
Hab' ich nicht selbst sie genährt, und sanft sie herauf mir erzogen?
Ist wie mein eigenes Laub nicht mir das ihre verwandt?
Soll ich nicht lieben die Pflanze, die, meiner einzig bedürftig,
Still, mit begieriger Kraft, mir um die Seite sich schlingt?
Tausend Ranken wurzelten an, mit tausend und tausend
Fasern senket sie fest mir in das Leben sich ein.
Nahrung nimmt sie von mir; was ich bedürfte, genießt sie,

Und so saugt sie das Mark, sauget die Seele mir aus.
Nur vergebens nähr' ich mich noch; die gewaltige Wurzel
Sendet lebendigen Safts, ach! nur die Hälfte hinauf.
Denn der gefährliche Gast, der geliebteste, maßet behende
Unterweges die Kraft herbstlicher Früchte sich an.
Nichts gelangt zur Krone hinauf, die äußersten Wipfel
Dorren, es dorret der Ast über dem Bache schon hin.
Ja, die Verräterin ist's! sie schmeichelt mir Leben und Güter,
Schmeichelt die strebende Kraft, schmeichelt die Hoffnung mir ab.
Sie nur fühl' ich, nur sie, die umschlingende, freue der Fesseln,
Freue des tötenden Schmucks fremder Umlaubung mich nur. —
Halte das Messer zurück, o Nikias, schone den Armen,
Der sich in liebender Lust, willig gezwungen, verzehrt!
Süß ist jede Verschwendung; o laß mich der schönsten genießen!
Wer sich der Liebe vertraut, hält er sein Leben zu Rat?

HERMANN UND DOROTHEA

Also das wäre Verbrechen, daß einst Properz mich begeistert,
Daß Martial sich zu mir auch, der Verwegne, gesellt?
Daß ich die Alten nicht hinter mir ließ, die Schule zu hüten,
Daß sie nach Latium gern mir in das Leben gefolgt?
Daß ich Natur und Kunst zu schaun mich treulich bestrebe,
Daß kein Name mich täuscht, daß mich kein Dogma beschränkt?
Daß nicht des Lebens bedingender Drang mich, den Menschen, verändert,
Daß ich der Heuchelei dürftige Maske verschmäht?
Solcher Fehler, die du, o Muse, so emsig gepfleget,
Zeihet der Pöbel mich; Pöbel nur sieht er in mir.
Ja, sogar der Bessere selbst, gutmütig und bieder,
Will mich anders; doch du, Muse, befiehlst mir allein.
Denn du bist es allein, die noch mir die innere Jugend
Frisch erneuest, und sie mir bis zu Ende versprichst.

Aber verdopple nunmehr, o Göttin, die heilige Sorgfalt!
Ach, die Scheitel umwallt reichlich die Locke nicht mehr:
Da bedarf man der Kränze, sich selbst und andre zu täuschen;
Kränzte doch Cäsar selbst nur aus Bedürfnis das Haupt.
Hast du ein Lorbeerreis mir bestimmt, so laß es am Zweige
Weiter grünen, und gib einst es dem Würdigern hin!
Aber Rosen winde genug zum häuslichen Kranze;
Bald als Lilie schlingt silberne Locke sich durch.
Schüre die Gattin das Feuer, auf reinlichem Herde zu kochen!
Werfe der Knabe das Reis, spielend, geschäftig dazu!
Laß im Becher nicht fehlen den Wein! Gesprächige Freunde,
Gleichgesinnte, herein! Kränze, sie warten auf euch.
Erst die Gesundheit des Mannes, der, endlich vom Namen Homeros
Kühn uns befreiend, uns auch ruft in die vollere Bahn.
Denn wer wagte mit Göttern den Kampf? und wer mit dem Einen?
Doch Homeride zu sein, auch nur als letzter, ist schön.
Darum höret das neuste Gedicht! Noch einmal getrunken!
Euch besteche der Wein, Freundschaft und Liebe das Ohr.
Deutschen selber führ' ich euch zu, in die stillere Wohnung,
Wo sich, nah der Natur, menschlich der Mensch noch erzieht.
Uns begleite des Dichters Geist, der seine Luise
Rasch dem würdigen Freund, uns zu entzücken, verband.
Auch die traurigen Bilder der Zeit, sie führ' ich vorüber,
Aber es siege der Mut in dem gesunden Geschlecht.
Hab' ich euch Tränen ins Auge gelockt, und Lust in die Seele
Singend geflößt, so kommt, drücket mich herzlich ans Herz!
Weise denn sei das Gespräch! Uns lehret Weisheit am Ende
Das Jahrhundert; wen hat das Geschick nicht geprüft?
Blicket heiterer nun auf jene Schmerzen zurücke,
Wenn euch ein fröhlicher Sinn manches entbehrlich erklärt.
Menschen lernten wir kennen und Nationen; so laßt uns,
Unser eigenes Herz kennend, uns dessen erfreun.

DIE METAMORPHOSE DER PFLANZEN

Dich verwirret, Geliebte, die tausendfältige Mischung
Dieses Blumengewühls über dem Garten umher;
Viele Namen hörest du an, und immer verdränget
Mit barbarischem Klang einer den andern im Ohr.
Alle Gestalten sind ähnlich, und keine gleichet der andern;
Und so deutet das Chor auf ein geheimes Gesetz,
Auf ein heiliges Rätsel. O könnt' ich dir, liebliche Freundin,
Überliefern sogleich glücklich das lösende Wort!
Werdend betrachte sie nun, wie nach und nach sich die Pflanze,
Stufenweise geführt, bildet zu Blüten und Frucht.
Aus dem Samen entwickelt sie sich, sobald ihn der Erde
Stille befruchtender Schoß hold in das Leben entläßt,
Und dem Reize des Lichts, des heiligen, ewig bewegten,
Gleich den zärtesten Bau keimender Blätter empfiehlt.
Einfach schlief in dem Samen die Kraft; ein beginnendes Vorbild
Lag, verschlossen in sich, unter die Hülle gebeugt,
Blatt und Wurzel und Keim, nur halb geformet und farblos;
Trocken erhält so der Kern ruhiges Leben bewahrt,
Quillet strebend empor, sich milder Feuchte vertrauend,
Und erhebt sich sogleich aus der umgebenden Nacht.
Aber einfach bleibt die Gestalt der ersten Erscheinung;
Und so bezeichnet sich auch unter den Pflanzen das Kind.
Gleich darauf ein folgender Trieb, sich erhebend, erneuet,
Knoten auf Knoten getürmt, immer das erste Gebild.
Zwar nicht immer das gleiche; denn mannigfaltig erzeugt sich,
Ausgebildet, du siehst's, immer das folgende Blatt,
Ausgedehnter, gekerbter, getrennter in Spitzen und Teile,
Die verwachsen vorher ruhten im untern Organ.
Und so erreicht es zuerst die höchst bestimmte Vollendung,
Die bei manchem Geschlecht dich zum Erstaunen bewegt.
Viel gerippt und gezackt, auf mastig strotzender Fläche,
Scheinet die Fülle des Triebs frei und unendlich zu sein.

Doch hier hält die Natur, mit mächtigen Händen, die Bildung
An und lenket sie sanft in das Vollkommnere hin.
Mäßiger leitet sie nun den Saft, verengt die Gefäße,
Und gleich zeigt die Gestalt zärtere Wirkungen an.
Stille zieht sich der Trieb der strebenden Ränder zurücke,
Und die Rippe des Stiels bildet sich völliger aus.
Blattlos aber und schnell erhebt sich der zärtere Stengel,
Und ein Wundergebild zieht den Betrachtenden an.
Rings im Kreise stellet sich nun, gezählet und ohne
Zahl, das kleinere Blatt neben dem ähnlichen hin.
Um die Achse gedrängt, entscheidet der bergende Kelch sich,
Der zur höchsten Gestalt farbige Kronen entläßt.
Also prangt die Natur in hoher, voller Erscheinung,
Und sie zeiget, gereiht, Glieder an Glieder gestuft.
Immer staunst du aufs neue, sobald sich am Stengel die Blume
Über dem schlanken Gerüst wechselnder Blätter bewegt.
Aber die Herrlichkeit wird des neuen Schaffens Verkündung;
Ja, das farbige Blatt fühlet die göttliche Hand,
Und zusammen zieht es sich schnell; die zärtesten Formen,
Zwiefach streben sie vor, sich zu vereinen bestimmt.
Traulich stehen sie nun, die holden Paare, beisammen,
Zahlreich ordnen sie sich um den geweihten Altar.
Hymen schwebet herbei, und herrliche Düfte, gewaltig,
Strömen süßen Geruch, alles belebend, umher.
Nun vereinzelt schwellen sogleich unzählige Keime,
Hold in den Mutterschoß schwellender Früchte gehüllt.
Und hier schließt die Natur den Ring der ewigen Kräfte;
Doch ein neuer sogleich fasset den vorigen an,
Daß die Kette sich fort durch alle Zeiten verlänge
Und das Ganze belebt, so wie das Einzelne, sei.
Wende nun, o Geliebte, den Blick zum bunten Gewimmel,
Das verwirrend nicht mehr sich vor dem Geiste bewegt.
Jede Pflanze verkündet dir nun die ew'gen Gesetze,
Jede Blume, sie spricht lauter und lauter mit dir.
Aber entzifferst du hier der Göttin heilige Lettern,
Überall siehst du sie dann, auch in verändertem Zug.

Kriechend zaudre die Raupe, der Schmetterling eile geschäftig,
Bildsam ändre der Mensch selbst die bestimmte Gestalt.
O, gedenke denn auch, wie aus dem Keim der Bekanntschaft
Nach und nach in uns holde Gewohnheit entsproß,
Freundschaft sich mit Macht aus unserm Innern enthüllte,
Und wie Amor zuletzt Blüten und Früchte gezeugt.
Denke, wie mannigfach bald die, bald jene Gestalten,
Still entfaltend, Natur unsern Gefühlen geliehn!
Freue dich auch des heutigen Tags! Die heilige Liebe
Strebt zu der höchsten Frucht gleicher Gesinnungen auf,
Gleicher Ansicht der Dinge, damit in harmonischem Anschaun
Sich verbinde das Paar, finde die höhere Welt.

METAMORPHOSE DER TIERE

Wagt ihr, also bereitet, die letzte Stufe zu steigen
Dieses Gipfels, so reicht mir die Hand und öffnet den freien
Blick ins weite Feld der Natur. Sie spendet die reichen
Lebensgaben umher, die Göttin; aber empfindet
Keine Sorge wie sterbliche Fraun um ihrer Gebornen
Sichere Nahrung; ihr ziemet es nicht: denn zwiefach bestimmte
Sie das höchste Gesetz, beschränkte jegliches Leben,
Gab ihm gemeßnes Bedürfnis, und ungemessene Gaben,
Leicht zu finden, streute sie aus, und ruhig begünstigt
Sie das muntre Bemühn der vielfach bedürftigen Kinder;
Unerzogen schwärmen sie fort nach ihrer Bestimmung.

Zweck sein selbst ist jegliches Tier, vollkommen entspringt es
Aus dem Schoß der Natur und zeugt vollkommene Kinder.
Alle Glieder bilden sich aus nach ew'gen Gesetzen,
Und die seltenste Form bewahrt im geheimen das Urbild.
So ist jeglicher Mund geschickt, die Speise zu fassen,

Welche dem Körper gebührt; es sei nun schwächlich und zahnlos
Oder mächtig der Kiefer gezahnt, in jeglichem Falle
Fördert ein schicklich Organ den übrigen Gliedern die Nahrung.
Auch bewegt sich jeglicher Fuß, der lange, der kurze,
Ganz harmonisch zum Sinne des Tiers und seinem Bedürfnis.
So ist jedem der Kinder die volle reine Gesundheit
Von der Mutter bestimmt: denn alle lebendigen Glieder
Widersprechen sich nie und wirken alle zum Leben.
Also bestimmt die Gestalt die Lebensweise des Tieres,
Und die Weise, zu leben, sie wirkt auf alle Gestalten
Mächtig zurück. So zeiget sich fest die geordnete Bildung,
Welche zum Wechsel sich neigt durch äußerlich wirkende Wesen.
Doch im Innern befindet die Kraft der edlern Geschöpfe
Sich im heiligen Kreise lebendiger Bildung beschlossen.
Diese Grenzen erweitert kein Gott, es ehrt die Natur sie:
Denn nur also beschränkt war je das Vollkommene möglich.

Doch im Inneren scheint ein Geist gewaltig zu ringen,
Wie er durchbräche den Kreis, Willkür zu schaffen den Formen
Wie dem Wollen; doch was er beginnt, beginnt er vergebens.
Denn zwar drängt er sich vor zu diesen Gliedern, zu jenen,
Stattet mächtig sie aus, jedoch schon darben dagegen
Andere Glieder, die Last des Übergewichtes vernichtet
Alle Schöne der Form und alle reine Bewegung.
Siehst du also dem einen Geschöpf besonderen Vorzug
Irgend gegönnt, so frage nur gleich: wo leidet es etwa
Mangel anderswo? und suche mit forschendem Geiste;
Finden wirst du sogleich zu aller Bildung den Schlüssel.
Denn so hat kein Tier, dem sämtliche Zähne den obern
Kiefer umzäunen, ein Horn auf seiner Stirne getragen,
Und daher ist den Löwen gehörnt der ewigen Mutter
Ganz unmöglich zu bilden, und böte sie alle Gewalt auf;
Denn sie hat nicht Masse genug, die Reihen der Zähne
Völlig zu pflanzen und auch Geweih und Hörner zu treiben.

Dieser schöne Begriff von Macht und Schranken, von Willkür
Und Gesetz, von Freiheit und Maß, von beweglicher Ordnung,
Vorzug und Mangel erfreue dich hoch! Die heilige Muse
Bringt harmonisch ihn dir, mit sanftem Zwange belehrend.
Keinen höhern Begriff erringt der sittliche Denker,
Keinen der tätige Mann, der dichtende Künstler; der Herrscher,
Der verdient, es zu sein, erfreut nur durch ihn sich der Krone.
Freue dich, höchstes Geschöpf, der Natur! Du fühlest dich fähig,
Ihr den höchsten Gedanken, zu dem sie schaffend sich aufschwang,
Nachzudenken. Hier stehe nun still und wende die Blicke
Rückwärts, prüfe, vergleiche und nimm vom Munde der Muse,
Daß du schauest, nicht schwärmst, die liebliche volle Gewißheit.

Vermischte Epigramme

EINSAMKEIT

Die ihr Felsen und Bäume bewohnt, o heilsame Nymphen,
Gebet jeglichem gern, was er im stillen begehrt!
Schaffet dem Traurigen Trost, dem Zweifelhaften Belehrung,
Und dem Liebenden gönnt, daß ihm begegne sein Glück!
Denn euch gaben die Götter, was sie den Menschen versagten:
Jeglichem, der euch vertraut, hülfreich und tröstlich zu sein.

ERWÄHLTER FELS

Hier im stillen gedachte der Liebende seiner Geliebten;
Heiter sprach er zu mir: Werde mir Zeuge, du Stein!
Doch erhebe dich nicht, du hast noch viele Gesellen;
Jedem Felsen der Flur, die mich, den Glücklichen, nährt,
Jedem Baume des Walds, um den ich wandernd mich schlinge:
Denkmal bleibe des Glücks! ruf' ich ihm weihend und froh.
Doch die Stimme verleih' ich nur dir, wie unter der Menge
Einen die Muse sich wählt, freundlich die Lippen ihm küßt.

DEM ACKERMANN

Flach bedecket und leicht den goldenen Samen die Furche,
Guter! die tiefere deckt endlich dein ruhend Gebein.
Fröhlich gepflügt und gesät! Hier keimet lebendige Nahrung,
Und die Hoffnung entfernt selbst von dem Grabe sich nicht.

ANAKREONS GRAB

Wo die Rose hier blüht, wo Reben um Lorbeer sich schlingen,
Wo das Turtelchen lockt, wo sich das Grillchen ergetzt,
Welch ein Grab ist hier, das alle Götter mit Leben
Schön bepflanzt und geziert? Es ist Anakreons Ruh.
Frühling, Sommer und Herbst genoß der glückliche Dichter;
Vor dem Winter hat ihn endlich der Hügel geschützt.

ZEITMASS

Eros, wie seh' ich dich hier! In jeglichem Händchen die Sanduhr!
Wie? Leichtsinniger Gott, missest du doppelt die Zeit?
„Langsam rinnen aus einer die Stunden entfernter Geliebten;
Gegenwärtigen fließt eilig die zweite herab."

WARNUNG

Wecke den Amor nicht auf! Noch schläft der liebliche Knabe;
Geh, vollbring' dein Geschäft, wie es der Tag dir gebeut!
So der Zeit bedienet sich klug die sorgliche Mutter,
Wenn ihr Knäbchen entschläft, denn es erwacht nur zu bald.

DIE LEHRER

Als Diogenes still in seiner Tonne sich sonnte,
Und Calanus mit Lust stieg in das flammende Grab,
Welche herrliche Lehre dem raschen Sohn des Philippus,
Wäre der Herrscher der Welt nicht auch der Lehre zu groß!

Jugendlich kommt sie vom Himmel, tritt vor den Priester und Weisen
Unbekleidet, die Göttin; still blickt sein Auge zur Erde.
Dann ergreift er das Rauchfaß und hüllt demütig verehrend
Sie in durchsichtigen Schleier, daß wir sie zu schauen ertragen.

*

Will ich die Blumen des frühen, die Früchte des späteren Jahres,
Will ich, was reizt und entzückt, will ich, was sättigt und nährt,
Will ich den Himmel, die Erde mit *einem* Namen begreifen,
Nenn' ich, Sakontala, dich, und so ist alles gesagt.

In das Stammbuch des Schauspielers Friedrich Ludwig Schröder

Viele sahn dich mit Wonne, dich wünschen so viele zu sehen;
Reise glücklich! Du bringst überall Freude mit hin.

DER CHINESE IN ROM

Einen Chinesen sah ich in Rom; die gesamten Gebäude
Alter und neuerer Zeit schienen ihm lästig und schwer.
„Ach!" so seufzt' er, „die Armen! ich hoffe, sie sollen begreifen,
Wie erst Säulchen von Holz tragen des Daches Gezelt,
Daß an Latten und Pappen, Geschnitz und bunter Vergoldung
Sich des gebildeten Augs feinerer Sinn nur erfreut."
Siehe, da glaubt' ich im Bilde so manchen Schwärmer zu schauen,
Der sein luftig Gespinst mit der soliden Natur
Ewigem Teppich vergleicht, den echten reinen Gesunden
Krank nennt, daß ja nur Er heiße, der Kranke, gesund.

SCHWEIZERALPE

War doch gestern dein Haupt noch so braun wie die Locke der Lieben,
Deren holdes Gebild still aus der Ferne mir winkt;
Silbergrau bezeichnet dir früh der Schnee nun die Gipfel,
Der sich in stürmender Nacht dir um den Scheitel ergoß.
Jugend, ach! ist dem Alter so nah, durchs Leben verbunden,
Wie ein beweglicher Traum Gestern und Heute verband.

In ein Stammbuch

Weise die Rose nicht ab von deinem Busen, sie blühet
Noch auf der Wange dir, noch in dem Herzen dir auf.

Zwei Distichen für das Stammbuch des Sohnes

Selbst erfinden ist schön; doch glücklich von andern Gefundnes
Fröhlich erkannt und geschätzt, nennst du das weniger dein?

Halte das Bild der Würdigen fest! Wie leuchtende Sterne
Teilte sie aus die Natur durch den unendlichen Raum.

*

Wer ist der glücklichste Mensch? Der fremdes Verdienst zu empfinden
Weiß und am fremden Genuß sich wie am eignen zu freun.

Xenien

I. Von Schiller zusammengestellte Xenien des Musenalmanachs 1797

Der ästhetische Torschreiber

1 Halt, Passagiere! Wer seid ihr? Wes Standes und Charakteres?
Niemand passieret hier durch, bis er den Paß mir gezeigt.

Xenien

2 Distichen sind wir. Wir geben uns nicht für mehr noch für minder.
Sperre du immer, wir ziehn über den Schlagbaum hinweg.

Visitator

3 Öffnet die Koffers. Ihr habt doch nicht Kontrebandes geladen?
Gegen die Kirche? Den Staat? Nichts von französischem Gut?

Xenien

4 Koffers führen wir nicht. Wir führen nicht mehr, als zwei Taschen
Tragen, und die, wie bekannt, sind bei Poeten nicht schwer.

Das Verbindungsmittel

5 Wie verfährt die Natur, um Hohes und Niedres im Menschen
Zu verbinden? Sie stellt Eitelkeit zwischen hinein.

Für Töchter edler Herkunft

Töchtern edler Geburt ist dieses Werk zu empfehlen, 6
Um zu Töchtern der Lust schnell sich befördert zu sehn.

Der Prophet

Schade, daß die Natur nur einen Menschen aus dir schuf, 7
Denn zum würdigen Mann war und zum Schelmen der Stoff.

Der Zeitpunkt

Eine große Epoche hat das Jahrhundert geboren, 8
Aber der große Moment findet ein kleines Geschlecht.

Goldenes Zeitalter

Ob die Menschen im ganzen sich bessern? Ich glaub' es, denn einzeln, 9
Suche man, wie man auch will, sieht man doch gar nichts davon.

Manso von den Grazien

Hexen lassen sich wohl durch schlechte Sprüche zitieren, 10
Aber die Grazie kommt nur auf der Grazie Ruf.

Tassos „Jerusalem" von demselben

Ein asphaltischer Sumpf bezeichnet hier noch die Stätte, 11
Wo Jerusalem stand, das uns Torquato besang.

Der Schulmeister zu Breslau

In langweiligen Versen und abgeschmackten Gedanken 12
Lehrt ein Präzeptor uns hier, wie man gefällt und verführt.

Amor als Schulkollege

13 Was das entsetzlichste sei von allen entsetzlichen Dingen?
Ein Pedant, den es jückt, locker und lose zu sein.

Prosaische Reimer

14 Wieland, wie reich ist dein Geist! Das kann man nun erst empfinden,
Sieht man, wie fad und wie leer dein Caput mortuum ist.

Jean Paul Richter

15 Hieltest du deinen Reichtum nur halb so zu Rate wie jener
Seine Armut, du wärst unsrer Bewunderung wert.

Guerre ouverte

16 Lange neckt ihr uns schon, doch immer heimlich und tückisch;
Krieg verlangtet ihr ja, führt ihn nun offen, den Krieg!

Kant und seine Ausleger

17 Wie doch ein einziger Reicher so viele Bettler in Nahrung
Setzt! Wenn die Könige baun, haben die Kärrner zu tun.

J-b

18 Steil wohl ist er, der Weg zur Wahrheit, und schlüpfrig zu steigen,
Aber wir legen ihn doch nicht gern auf Eseln zurück.

Analytiker

19 Ist denn die Wahrheit ein Zwiebel, von dem man die Häute nur abschält?
Was ihr hinein nicht gelegt, ziehet ihr nimmer heraus.

Wissenschaftliches Genie

Wird der Poet nur geboren? Der Philosoph wird's nicht 20
minder;
Alle Wahrheit zuletzt wird nur gebildet, geschaut.

Wissenschaft

Einem ist sie die hohe, die himmlische Göttin, dem andern 21
Eine tüchtige Kuh, die ihn mit Butter versorgt.

Zeichen des Krebses

Geht mir dem Krebs in B..... aus dem Weg! Manch ly- 22
risches Blümchen,
Schwellend in üppigem Wuchs, kneipte die Schere zu Tod.

Zeichen der Jungfrau

Bücket euch, wie sich's geziemt, vor der zierlichen Jungfrau 23
zu Weimar,
Schmollt sie auch oft — wer verzeiht Launen der Grazie
nicht?

Zeichen des Steinbocks

Im Vorbeigehn stutzt mir den alten Berlinischen Steinbock! 24
Das verdrießt ihn, so gibt's etwas zu lachen fürs Volk.

Eridanus

An des Eridanus Ufer umgeht mir die furchtbare Wasch- 25
frau,
Welche die Sprache des Teut säubert mit Lauge und
Sand!

Revolutionen

Was das Luthertum war, ist jetzt das Franztum in diesen 26
Letzten Tagen, es drängt ruhige Bildung zurück.

Deutscher Nationalcharakter

27 Zur Nation euch zu bilden, ihr hoffet es, Deutsche, vergebens;
Bildet, ihr könnt es, dafür freier zu Menschen euch aus!

Ilm

28 Meine Ufer sind arm, doch höret die leisere Welle,
Führt der Strom sie vorbei, manches unsterbliche Lied.

An den Leser

29 Lies uns nach Laune, nach Lust, in trüben, in fröhlichen Stunden,
Wie uns der gute Geist, wie uns der böse gezeugt.

Gewissen Lesern

30 Viele Bücher genießt ihr, die ungesalzen; verzeihet,
Daß dies Büchelchen uns überzusalzen beliebt.

Aufmunterung

31 Deutschland fragt nach Gedichten nicht viel; ihr kleinen Gesellen,
Lärmt, bis jeglicher sich wundernd ans Fenster begibt!

Das Brüderpaar

32 Als Kentauren gingen sie einst durch poetische Wälder,
Aber das wilde Geschlecht hat sich geschwinde bekehrt.

K...

33 Höre den Tadler! Du kannst, was er noch vermißt, dir erwerben;
Jenes, was nie sich erwirbt, — freue dich! — gab dir Natur.

„Luise“ von Voß

Wahrlich, es füllt mit Wonne das Herz, dem Gesange zu horchen, 34
Ahmt ein Sänger wie der Töne des Altertums nach.

Jupiters Kette

Hängen auch alle Schmierer und Reimer sich an dich, sie ziehen 35
Dich nicht hinunter, doch du ziehst sie auch schwerlich hinauf.

Das Märchen

Mehr als zwanzig Personen sind in dem Märchen geschäftig. 36
„Nun, und was machen sie denn alle?“ Das Märchen, mein Freund.

Der Sprachforscher

Anatomieren magst du die Sprache, doch nur ihr Kadaver; 37
Geist und Leben entschlüpft flüchtig dem groben Skalpell.

Literaturbriefe

Auch Nicolai schrieb an dem trefflichen Werk? Ich will's glauben; 38
Mancher Gemeinplatz auch steht in dem trefflichen Werk.

Der Purist

Sinnreich bist du, die Sprache von fremden Wörtern zu säubern; 39
Nun, so sage doch, Freund, wie man Pedant uns verdeutscht.

Vernünftige Betrachtung

Warum plagen wir einer den andern? Das Leben zerrinnet, 40
Und es versammelt uns nur einmal wie heute die Zeit.

An . . .

41 Nein, du erbittest mich nicht! Du hörtest dich gerne verspottet,
Hörtest du dich nur genannt. Darum verschon' ich dich, Freund.

Garve

42 Hör' ich über Geduld dich, edler Leidender, reden,
O wie wird mir das Volk frömmelnder Schwätzer verhaßt.

Die Möglichkeit

43 Liegt der Irrtum nur erst, wie ein Grundstein, unten im Boden,
Immer baut man darauf, nimmermehr kommt er an Tag.

Wiederholung

44 Hundertmal werd' ich's euch sagen und tausendmal: Irrtum ist Irrtum!
Ob ihn der größte Mann, ob ihn der kleinste beging.

Wer glaubt's?

45 „Newton hat sich geirrt?" Ja, doppelt und dreifach! „Und wie denn?"
Lange steht es gedruckt, aber es liest es kein Mensch.

Hoffnung

46 Allen habt ihr die Ehre genommen, die gegen euch zeugten;
Aber dem Märtyrer kehrt späte sie doppelt zurück.

Neueste Farbentheorie von Wünsch

47 Gelbrot und Grün macht das Gelbe, Grün und Violblau das Blaue!
So wird aus Gurkensalat wirklich der Essig erzeugt!

Naturforscher und Transzendentalphilosophen

Feindschaft sei zwischen euch, noch kommt das Bündnis zu frühe; 48
Wenn ihr im Suchen euch trennt, wird erst die Wahrheit erkannt.

An die voreiligen Verbindungsstifter

Jeder wandle für sich und wisse nichts von dem andern, 49
Wandeln nur beide gerad', finden sich beide gewiß.

Der treue Spiegel

Reiner Bach, du entstellst nicht den Kiesel, du bringst ihn dem Auge 50
Näher; so seh' ich die Welt, . . ., wenn du sie beschreibst.

Nicolai

Nicolai reiset noch immer, noch lang' wird er reisen, 51
Aber ins Land der Vernunft findet er nimmer den Weg.

Der Wichtige

Seine Meinung sagt er von seinem Jahrhundert, er sagt sie, 52
Nochmals sagt er sie laut, hat sie gesagt und geht ab.

Philosophische Querköpfe

Querkopf! schreiet ergrimmt in unsere Wälder Herr Nickel, 53
Leerkopf! schallt es darauf lustig zum Walde heraus.

Modephilosophie

Lächerlichster, du nennst das Mode, wenn immer von neuem 54
Sich der menschliche Geist ernstlich nach Bildung bestrebt.

Die Weidtasche

55 Reget sich was, gleich schießt der Jäger, ihm scheinet die Schöpfung,
Wie lebendig sie ist, nur für den Schnappsack gemacht.

Verschiedene Dressuren

56 Aristokratische Hunde, sie knurren auf Bettler, ein echter
Demokratischer Spitz kläfft nach dem seidenen Strumpf.

Kunstgriff

57 Schreib die Journale nur anonym, so kannst du mit vollen
Backen deine Musik loben, es merkt es kein Mensch.

Der Patriot

58 Daß Verfassung sich überall bilde, wie sehr ist's zu wünschen!
Aber ihr Schwätzer verhelft uns zu Verfassungen nicht!

Die Hauptsache

59 Jedem Besitzer das Seine, und jedem Regierer den Rechtsinn!
Das ist zu wünschen, doch ihr — beides verschafft ihr uns nicht.

Der Almanach als Bienenkorb

60 Lieblichen Honig geb' er dem Freund, doch nahet sich täppisch
Der Philister, ums Ohr saus' ihm der stechende Schwarm!

Schillers Almanach von 1796

61 Du erhebest uns erst zu Idealen und stürzest
Gleich zur Natur uns zurück; glaubst du, wir danken dir das?

Horen, erster Jahrgang

Einige wandeln zu ernst, die andern schreiten verwegen, 62
Wenige gehen den Schritt, wie ihn das Publikum hält.

Pantheon der Deutschen, 1. Band

Deutschlands größte Männer und kleinste sind hier versammelt. 63
Jene geben den Stoff, diese die Worte des Buchs.

Reineke Fuchs

Vor Jahrhunderten hätte ein Dichter dieses gesungen? 64
Wie ist das möglich? Der Stoff ist ja von gestern und heut.

Menschenhaß und Reue

Menschenhaß? Nein, davon verspürt' ich beim heutigen Stücke 65
Keine Regung, jedoch Reue, die hab' ich gefühlt.

Schinks „Faust"

Faust hat sich leider schon oft in Deutschland dem Teufel ergeben, 66
Doch so prosaisch noch nie schloß er den schrecklichen Bund.

Göschen an die deutschen Dichter

Ist nur erst Wieland heraus, so kommt's an euch übrigen alle 67
Und nach der Lokation! Habt nur einstweilen Geduld!

Sachen, so gestohlen worden
(Immanuel Kant spricht:)

Zwanzig Begriffe wurden mir neulich diebisch entwendet, 68
Leicht sind sie kenntlich, es steht sauber mein I. K. darauf.

Schillers „Würde der Frauen“

69 Vorn herein liest sich das Lied nicht zum besten, ich les’ es von hinten,
Strophe für Strophe, und so nimmt es ganz artig sich aus.

Das ungleiche Verhältnis

70 Unsre Poeten sind seicht, doch das Unglück ließ’ sich vertuschen,
Hätten die Kritiker nicht, ach, so entsetzlich viel Geist.

Geschwindschreiber

71 Was sie gestern gelernt, das wollen sie heute schon lehren—
Ach, was haben die Herrn doch für ein kurzes Gedärm!

Die Sonntagskinder

72 Jahrelang bildet der Meister und kann sich nimmer genugtun;
Dem genialen Geschlecht wird es im Traume beschert.

Achilles

73 Vormals im Leben ehrten wir dich wie einen der Götter,
Nun du tot bist, so herrscht über die Geister dein Geist.

Martial

74 Xenien nennet ihr euch? Ihr gebt euch für Küchenpräsente?
Ißt man denn, mit Vergunst, spanischen Pfeffer bei euch?

Xenien

75 Nicht doch! Aber es schwächten die vielen wäßrigten Speisen
So den Magen, daß jetzt Pfeffer und Wermut nur hilft.

Philosophen

Gut, daß ich euch, ihr Herren, in pleno beisammen hier finde, 76
Denn das eine, was not, treibt mich herunter zu euch.

Aristoteles

Gleich zur Sache, mein Freund! Wir halten die Jenaer Zeitung 77
Hier in der Hölle und sind längst schon von allem belehrt.

Dringend

Desto besser! So gebt mir — ich geh' euch nicht eher vom Leibe — 78
Einen allgültigen Satz, und der auch allgemein gilt.

Einer aus dem Haufen

Cogito ergo sum. Ich denke und mithin so bin ich; 79
Ist das eine nur wahr, ist es das andre gewiß.

Ich

Denk' ich, so bin ich. Wohl! Doch wer wird immer auch denken? 80
Oft schon war ich und hab' wirklich an gar nichts gedacht.

Ein Zweiter

Weil es Dinge doch gibt, so gibt es ein Ding aller Dinge, 81
In dem Ding aller Ding' schwimmen wir, wie wir so sind.

Ein Dritter

Just das Gegenteil sprech' ich. Es gibt kein Ding als mich selber! 82
Alles andre, in mir steigt es als Blase nur auf.

Ein Vierter

83 Zweierlei Dinge lass' ich passieren, die Welt und die Seele,
Keins weiß vom andern, und doch deuten sie beide auf Eins.

Ein Fünfter

84 Von dem Ding weiß ich nichts und weiß auch nichts von der Seele,
Beide erscheinen mir nur, aber sie sind doch kein Schein.

Ein Sechster

85 Ich bin ich und setze mich selbst; und setz' ich mich selber
Als nicht gesetzt, nun gut! setz' ich ein Nicht-Ich dazu.

Ein Siebenter

86 Vorstellung wenigstens ist; ein Vorgestelltes ist also,
Ein Vorstellendes auch; macht, mit der Vorstellung, drei.

Ich

87 Damit lock' ich, ihr Herrn, noch keinen Hund aus dem Ofen,
Einen erklecklichen Satz will ich, und der auch was setzt.

Ein Achter

88 Auf theoretischem Feld ist weiter nichts mehr zu finden,
Aber der praktische Satz gilt doch: Du kannst, denn du sollst!

Ich

89 Dacht' ich's doch! Wissen sie nichts Vernünftiges mehr zu erwidern,
Schieben sie's einem geschwind in das Gewissen hinein.

David Hume

Rede nicht mit dem Volk; der Kant hat sie alle verwirret; 90
Mich frag', ich bin mir selbst auch in der Hölle noch gleich.

Rechtsfrage

Jahre lang schon bedien' ich mich meiner Nase zum Riechen, 91
Hab' ich denn wirklich an sie auch ein erweisliches Recht?

Pufendorf

Ein bedenklicher Fall! Doch die erste Possession scheint 92
Für dich zu sprechen, und so brauche sie immerhin fort.

Gewissensskrupel

Gerne dien' ich den Freunden, doch tu' ich es leider mit Neigung, 93
Und so wurmt es mir oft, daß ich nicht tugendhaft bin.

Decisum

Da ist kein anderer Rat, du mußt suchen, sie zu verachten, 94
Und mit Abscheu alsdann tun, wie die Pflicht dir gebeut.

Muse zu den Xenien

Aber jetzt rat' ich euch, geht, sonst kommt noch gar der Gorgona 95
Fratze oder ein Band Oden von Haschka hervor.

An die Freier

Alles war nur ein Spiel! Ihr Freier lebt ja noch alle, 96
Hier ist der Bogen, und hier ist zu den Ringen der Platz.

II. Im Zusammenhang der Xenien entstandene, aber außerhalb des Xenien-Zyklus veröffentlichte Distichen

Der moralische und der schöne Charakter

97 Repräsentant ist jener der ganzen Geistergemeine,
Aber das schöne Gemüt zählt schon allein für sich selbst.

Der schöne Geist und der Schöngeist

98 Nur das Leichtere trägt auf leichten Schultern der Schöngeist,
Aber der schöne Geist trägt das Gewichtige leicht.

Zucht

99 Wahrheit ist niemals schädlich, sie straft — und die Strafe der Mutter
Bildet das schwankende Kind, wehret der schmeichelnden Magd.

Die Quellen

100 Treffliche Künste dankt man der Not und dankt man dem Zufall,
Nur zur Wissenschaft hat keines von beiden geführt.

Empiriker

101 Daß ihr den sichersten Pfad gewählt, wer möchte das leugnen?
Aber ihr tappet nur blind auf dem gebahntesten Pfad.

Letzte Zuflucht

102 Vornehm schaut ihr im Glück auf den blinden Empiriker nieder,
Aber seid ihr in Not, ist er der delphische Gott.

Der Strengling und der Frömmling

Jener fordert durchaus, daß dir das Gute mißfalle, 103-104
Dieser will gar, daß du liebst, was dir von Herzen mißfällt.
Muß ich wählen, so sei's in Gottes Namen die Tugend,
Denn ich kann einmal nicht lieben, was abgeschmackt ist.

Moral der Pflicht und der Liebe

Jede, wohin sie gehört! Erhabene Seelen nur kleidet 105-107
Jene, die andere steht schönen Gemütern nur an.
Aber Widrigers kenn' ich auch nichts, als wenn sich durch Bande
Zarter geistiger Lieb' Grobes mit Grobem vermählt;
Und verächtlicher nichts als die Moral der Dämonen
In dem Munde des Volks, dem noch die Menschlichkeit fehlt.

Das Göttliche

Wäre sie unverwelklich, die Schönheit, ihr könnte nichts gleichen, 108-109
Nichts, wo die Göttliche blüht, weiß ich der Göttlichen gleich.
Ein Unendliches ahndet, ein Höchstes erschafft die Vernunft sich;
In der schönen Gestalt lebt es dem Herzen, dem Blick.

Lehre an den Kunstjünger

Daß du der Fehler schlimmsten, die Mittelmäßigkeit, meidest, 110
Jüngling, so meide doch ja keinen der andern zu früh!

Die Sicherheit

Nur das feurige Roß, das mutige, stürzt auf der Rennbahn, 111
Mit bedächtigem Paß schreitet der Esel daher.

Die Unberufenen

112 Tadeln ist leicht, Erschaffen so schwer; ihr Tadler des Schwachen,
Habt ihr das Treffliche denn auch zu belohnen ein Herz?

Die Belohnung

113 Was belohnet den Meister? Der zart antwortende Nachklang
Und der reine Reflex aus der begegnenden Brust.

Das gewöhnliche Schicksal

114 Hast du an liebender Brust das Kind der Empfindung gepfleget,
Einen Wechselbalg nur gibt dir der Leser zurück.

Tote Sprachen

115 Tote Sprachen nennt ihr die Sprache des Flaccus und Pindar,
Und von beiden nur kommt, was in der unsrigen lebt.

Klatschrose

116 Fern erblick' ich den Mohn; er glüht. Doch komm' ich dir näher,
Ach, so seh' ich zu bald, daß du die Rose nur lügst.

Ranunkeln

117 Keine lockt mich, Ranunkeln, von euch, und keine begehr' ich;
Aber im Beete vermischt sieht euch das Auge mit Lust.

—

Immer war mir das Feld und der Wald und der Fels und die Gärten 118
Nur ein Raum, und du machst sie, Geliebte, zum Ort.

—

Neigung besiegen ist schwer; gesellet sich aber Gewohnheit, 119
Wurzelnd, allmählich zu ihr, unüberwindlich ist sie.

—

Das ist die wahre Liebe, die immer und immer sich gleich bleibt, 120
Wenn man ihr alles gewährt, wenn man ihr alles versagt.

—

Kränken ein liebendes Herz und schweigen müssen — geschärfter 121
Können die Qualen nicht sein, die Rhadamanth sich ersinnt.

—

„Warum bin ich vergänglich, o Zeus?“ so fragte die Schönheit. 122
„Macht’ ich doch“, sagte der Gott, „nur das Vergängliche schön.“

—

Leben muß man und lieben; es endet Leben und Liebe. 123
Schnittest du, Parze, doch nur beiden die Fäden zugleich!

—

Früchte bringet das Leben dem Mann; doch hangen sie selten 124
Rot und lustig am Zweig, wie uns ein Apfel begrüßt.

Guter Rat

125 Freunde, treibet nur alles mit Ernst und Liebe; die beiden
Stehen dem Deutschen so schön, den, ach, so vieles entstellt.

Wechselwirkung

126 Kinder werfen den Ball an die Wand und fangen ihn wieder;
Aber ich lobe das Spiel, wirft mir der Freund ihn zurück.

Pflicht für jeden

127 Immer strebe zum Ganzen, und kannst du selber kein Ganzes
Werden, als dienendes Glied schließ an ein Ganzes dich an.

Natur und Vernunft

128 Wärt ihr, Schwärmer, imstande, die Ideale zu fassen,
O, so verehrtet ihr auch, wie sich's gebührt, die Natur.

Was nützt

129 Schädliche Wahrheit, ich ziehe sie vor dem nützlichen Irrtum;
Wahrheit heilet den Schmerz, den sie vielleicht uns erregt.

Trost

130 Irrtum verläßt uns nie; doch ziehet ein höher Bedürfnis
Immer den strebenden Geist leise zur Wahrheit hinan.

Aufgabe

131 Gleich sei keiner dem andern; doch gleich sei jeder dem Höchsten.
Wie das zu machen? Es sei jeder vollendet in sich.

Die schwere Verbindung

Warum will sich Geschmack und Genie so selten vereinen? 132
Jener fürchtet die Kraft, dieses verachtet den Zaum.

Der berufene Leser

Welchen Leser ich wünsche? den unbefangensten, der mich, 133
Sich und die Welt vergißt und in dem Buche nur lebt.

—

„Jene machen Partei; welch unerlaubtes Beginnen! 134
Aber unsre Partei, freilich, versteht sich von selbst."

Würde des Kleinen

Wißt ihr, wie auch der Kleine was ist? Er mache das Kleine 135
Recht; der Große begehrt just so das Große zu tun.

Das Heiligste

Was ist das Heiligste? Das, was heut und ewig die Geister, 136
Tief und tiefer gefühlt, immer nur einiger macht.

Der Würdigste

Wer ist das würdigste Glied des Staats? Ein wackerer Bürger; 137
Unter jeglicher Form bleibt er der edelste Stoff.

Der Erste

Wer ist denn wirklich ein Fürst? Ich hab' es immer gesehen, 138
Der nur ist wirklich Fürst, der es vermochte zu sein.

Ultima ratio

Fehlet die Einsicht oben, der gute Wille von unten, 139
Führt sogleich die Gewalt oder sie endet den Streit.

Wer will die Stelle?

140 Republiken hab' ich gesehen, und das ist die beste,
Die dem regierenden Teil Lasten, nicht Vorteil gewährt.

Zum ewigen Frieden

141 Bald, es kenne nur jeder den eigenen, gönne dem andern
Seinen Vorteil, so ist ewiger Friede gemacht.

Zum ewigen Krieg

142 Keiner bescheidet sich gern mit dem Teile, der ihm gebühret,
Und so habt ihr den Stoff immer und ewig zum Krieg.

An den Selbstherrscher

143 Du bist König und Ritter und kannst befehden und streiten;
Aber zu jedem Vertrag rufe den Kanzler herbei.

Der Ratsherr

144 Ob du der Klügste seist, daran ist wenig gelegen,
Aber der Biederste sei so wie bei Rate zu Haus.

III. Xenien aus dem Nachlaß

Die Idealwelt

145 Alle sind sie entwichen, des Lebens Schatten, verschwunden
Sind mir die Menschen, und klar stehet der Mensch nur vor mir.

—

146 Geistige Liebe, sie ist der Seelen seligste Kette,
Wenn sie, merket das wohl, Schönes mit Schönem vereint.

An die Jünglinge

Fallen verzeih' ich dir gern, nur strebe immer nach oben! 147
Bist du zum Fluge, du bist nimmer zum Streben zu schwer.

Qui pro quo

Menschlichkeit kennest du nicht, nur Menschlichkeiten; der Dämon 148
Wechselt bei dir mit dem Schwein ab, und das nennest du Mensch.

—

„Falschheit nur und Verstellung ist in dem Umgang der Menschen, 149
Keiner erscheint, wie er ist!" — Danke dem Himmel, mein Freund!

Die Unberufenen

Wissen wollt ihr und handeln, und keiner fragt sich: Was bin ich 150
Für ein Gefäß zum Gehalt? Was für ein Werkzeug zur Tat?

Doppelter Irrtum

Nimmst du die Menschen für schlecht, du kannst dich verrechnen, o Weltmann! 151
Schwärmer, wie bist du getäuscht, nimmst du die Menschen für gut!

Verkehrter Beruf

Forsche der Philosoph, der Weltmann handle! Doch weh uns, 152
Handelt der Forscher und gibt, der es vollzieht, das Gesetz!

—

153 Einen Tyrannen zu hassen vermögen auch knechtische Seelen,
Nur wer die Tyrannei hasset, ist edel und groß.

Freiheit

154 Freiheit ist ein herrlicher Schmuck, der schönste von allen,
Und doch steht er, wir sehn's, wahrlich nicht jeglichem an.

—

155 Was ist das Schwerste von allem? Was dir das Leichteste dünket:
Mit den Augen zu sehen, was vor den Augen dir liegt.

Sokrates

156 Dich erklärte der Pythia Mund für den weisesten Griechen.
Wohl! Der Weiseste mag oft der Beschwerlichste sein.

—

157 Zwei Jahrzehende kostest du mir: Zehn Jahre verlor ich,
Dich zu begreifen, und zehn, mich zu befreien von dir.

Fichtes Wissenschaftslehre

158 Was nicht Ich ist, sagst du, ist nur ein Nicht-Ich. Getroffen,
Freund! So dachte die Welt längst und so handelte sie.

Spittler

159 Für die historische Kunst hast du reichlich gesäet, nun sei auch
Künstler in deiner Kunst, ernte, du Trefflicher, selbst!

Der Wolfische Homer

160 Mit hartherz'ger Kritik hast du den Dichter entleibet,
Aber unsterblich durch dich lebt das verjüngte Gedicht.

Literarische Zuverlässigkeit

Allegiere der erste nur falsch, da schreiben ihm zwanzig 161
Immer den Irrtum nach, ohne den Text zu besehn.

Ärzte

Wissen möchtet ihr gern die geheime Struktur des Gebäudes, 162
Und ihr wählt den Moment, wenn es in Flammen gerät.

Verfehlter Beruf

Konnte denn die Nadel dich nicht, nicht der Hobel ernähren, 163
Daß du mit Metaphysik stiehlst ein abscheuliches Brot?

—

Saget, wann nützt mein Gedicht, o Musen? — Wenn es den Edlen 164
Weckt in dem Augenblick, wenn er sich selber vergißt.

—

Eines verzeih' ich mir nicht, ich verzeihe mir nicht, daß ich etwas 165
Höheres über euch, göttliche Musen, gesucht.

Poetische Erdichtung und Wahrheit

Wozu nützt die ganze Erdichtung? — Ich will es dir sagen, 166
Leser, sagst du mir, wozu die Wirklichkeit nützt.

—

Sorgend bewacht der Verstand des Wissens dürftigen Vorrat, 167
Nur zu erhalten ist er, nicht zu erobern geschickt.

—

168 Darum haßt er dich ewig, Genie! An die neue Erwerbung
Wagst du den alten, du wagst kühnlich den ganzen Besitz.

Böser Kampf

169 Mittelmäßigkeit ist von allen Gegnern der schlimmste,
Deine Verirrung, Genie, schreibt sie als Tugend sich an.

—

170 Welches Genie das größte wohl sei? Das größte ist dieses,
Welches, umstrickt von der Kunst, bleibt auf der Spur der Natur.

Der Künstler

171 Buonarotti fing an, den Block zur Büste zu bilden,
Sah, es wurde nichts draus, Freunde, da ließ er ihn stehn.

Grenzscheide

172 Heilig waren vordem die Tore, sie stehen bedeutend
Zwischen der wilden Natur, zwischen dem engen Vertrag.

Arabesken

173 In der Schönheit Gebiet sind wir die freiesten Bürger,
Doch da wir sonst nichts sind, sehet, so sind wir nicht viel.

—

174 Alle die andern, sie haben zu tragen, zu tun, zu bedeuten;
Wir, das glückliche Volk, brauchen sonst nichts als zu sein.

Architektur

175 Unter dem leichten Geschlecht erscheinst du schwer und bedächtig,
Aber zu Regeln und Zucht winkst du die Schwestern zurück.

—

Hüpfe nur, leichtes Geschlecht, ich Gefesselte kann dir nicht folgen, 176
Aber ich weiß zu ruhn und auf mir selber zu stehn.

Gewölb

Sicher ruhst du auf uns, und warum? Weil wir alle zum Zentrum 177
Gleich uns neigen und gleich unter uns teilen die Last.

Tempel

Fröhlich dienen wir eines dem andern, mich halten die schlanken 178
Säulen oben, und leicht über uns schwebet das Dach.

Die Basreliefs

Seht, was versucht nicht der Mensch, mit dem Tod zu versöhnen das Leben! 179
Nimmer gelingt's — ach sie sind schrecklich und ewig getrennt.

W... und J...

Deine Größe, Berlin, pflegt jeder Fremde zu rühmen; 180
Führt der Weg ihn zu uns, stutzt er, so klein uns zu sehn.

—

Überall bist du Poet, im Gespräch, in Geschäften, am Spieltisch, 181
Nur in der Poesie bist du nicht immer Poet.

Richter

Richter in London — was wär' er geworden! Doch Richter in Hof ist 182
Halb nur gebildet, ein Mann, dessen Talent euch ergötzt.

Der Heinsische Ariost

183 Wohl, Ariosto, bist du ein wahrhaft unsterblicher Dichter,
Denn da du hier nicht starbst, stirbst du, du Göttlicher, nie.

Nicolai auf Reisen

184 Schreiben wollt' er, und leer war der Kopf, da besah er sich Deutschland;
Leer kam der Kopf zurück, aber das Buch war gefüllt.

Gewisse Romane

185 Das verkauft er für Humanität? Zusammen addieren
Kannst du den Engel, das Vieh, aber vereinigen nicht.

An meine Freunde

186 Heilig wäre mir nichts? Ihr habt mein Leben begleitet,
Freunde, und wißt es, was mir ewig das Heiligste bleibt.

An...

187 Ja, ich liebte dich einst, dich, wie ich keine noch liebte,
Aber wir fanden uns nicht, finden uns ewig nicht mehr.

Charlotte

188 Hunderte denken an sich bei diesem Namen, er gilt nur
Einer, auf diesem Papier findet sie, sucht sie ihn nicht.

—

189 Manch verwandtes Gemüt treibt mit mir im Strom des Jahrhunderts,
Aber der Strom zerrinnt, und wir erkannten uns nicht.

—

190 Lebet, ist Leben in euch, und erzählt noch dem kommenden Alter,
Distichen, was wir geehrt, was wir gehaßt und geliebt!

Lyrisches

AMOR ALS LANDSCHAFTSMALER

Saß ich früh auf einer Felsenspitze,
Sah mit starren Augen in den Nebel;
Wie ein grau grundiertes Tuch gespannet,
Deckt' er alles in die Breit' und Höhe.

Stellt' ein Knabe sich mir an die Seite,
Sagte: „Lieber Freund, wie magst du starrend
Auf das leere Tuch gelassen schauen?
Hast du denn zum Malen und zum Bilden
Alle Lust auf ewig wohl verloren?"

Sah ich an das Kind und dachte heimlich:
Will das Bübchen doch den Meister machen!

„Willst du immer trüb' und müßig bleiben",
Sprach der Knabe, „kann nichts Kluges werden:
Sieh, ich will dir gleich ein Bildchen malen,
Dich ein hübsches Bildchen malen lehren."

Und er richtete den Zeigefinger,
Der so rötlich war wie eine Rose,
Nach dem weiten, ausgespannten Teppich,
Fing mit seinem Finger an zu zeichnen:

Oben malt' er eine schöne Sonne,
Die mir in die Augen mächtig glänzte,
Und den Saum der Wolken macht' er golden,
Ließ die Strahlen durch die Wolken dringen;
Malte dann die zarten, leichten Wipfel
Frisch erquickter Bäume, zog die Hügel,
Einen nach dem andern, frei dahinter;
Unten ließ er's nicht an Wasser fehlen,

Zeichnete den Fluß so ganz natürlich,
Daß er schien im Sonnenstrahl zu glitzern,
Daß er schien am hohen Rand zu rauschen.

Ach, da standen Blumen an dem Flusse,
Und da waren Farben auf der Wiese,
Gold und Schmelz und Purpur und ein Grünes,
Alles wie Smaragd und wie Karfunkel!
Hell und rein lasiert' er drauf den Himmel
Und die blauen Berge fern und ferner,
Daß ich ganz entzückt und neu geboren
Bald den Maler, bald das Bild beschaute.

„Hab' ich doch", so sagt' er, „dir bewiesen,
Daß ich dieses Handwerk gut verstehe;
Doch es ist das Schwerste noch zurücke."

Zeichnete darnach mit spitzem Finger
Und mit großer Sorgfalt an dem Wäldchen,
Grad' ans Ende, wo die Sonne kräftig
Von dem hellen Boden widerglänzte,
Zeichnete das allerliebste Mädchen,
Wohlgebildet, zierlich angekleidet,
Frische Wangen unter braunen Haaren,
Und die Wangen waren von der Farbe
Wie das Fingerchen, das sie gebildet.

O du Knabe! rief ich, welch ein Meister
Hat in seine Schule dich genommen,
Daß du so geschwind und so natürlich
Alles klug beginnst und gut vollendest?

Da ich noch so rede, sieh, da rühret
Sich ein Windchen und bewegt die Gipfel,
Kräuselt alle Wellen auf dem Flusse,
Füllt den Schleier des vollkommnen Mädchens,
Und, was mich Erstaunten mehr erstaunte,
Fängt das Mädchen an den Fuß zu rühren,
Geht zu kommen, nähert sich dem Orte,
Wo ich mit dem losen Lehrer sitze.

Da nun alles, alles sich bewegte,
Bäume, Fluß und Blumen und der Schleier
Und der zarte Fuß der Allerschönsten;
Glaubt ihr wohl, ich sei auf meinem Felsen
Wie ein Felsen still und fest geblieben?

*

Cupido, loser, eigensinniger Knabe!
Du batst mich um Quartier auf einige Stunden.
Wie viele Tag' und Nächte bist du geblieben!
Und bist nun herrisch und Meister im Hause geworden!

Von meinem breiten Lager bin ich vertrieben;
Nun sitz' ich an der Erde, Nächte gequälet;
Dein Mutwill' schüret Flamm' auf Flamme des Herdes,
Verbrennet den Vorrat des Winters und senget mich Armen.

Du hast mir mein Gerät verstellt und verschoben;
Ich such' und bin wie blind und irre geworden.
Du lärmst so ungeschickt, ich fürchte, das Seelchen
Entflieht, um dir zu entfliehn, und räumet die Hütte.

DER BESUCH

Meine Liebste wollt' ich heut beschleichen,
Aber ihre Türe war verschlossen.
Hab' ich doch den Schlüssel in der Tasche!
Öffn' ich leise die geliebte Türe!

Auf dem Saale fand ich nicht das Mädchen,
Fand das Mädchen nicht in ihrer Stube,
Endlich, da ich leis' die Kammer öffne,
Find' ich sie gar zierlich eingeschlafen,
Angekleidet auf dem Sofa liegen.

Bei der Arbeit war sie eingeschlafen;
Das Gestrickte mit den Nadeln ruhte
Zwischen den gefaltnen zarten Händen;
Und ich setzte mich an ihre Seite,
Ging bei mir zu Rat', ob ich sie weckte.

Da betrachtet' ich den schönen Frieden,
Der auf ihren Augenlidern ruhte:
Auf den Lippen war die stille Treue,
Auf den Wangen Lieblichkeit zu Hause,
Und die Unschuld eines guten Herzens
Regte sich im Busen hin und wieder.
Jedes ihrer Glieder lag gefällig
Aufgelöst vom süßen Götterbalsam.

Freudig saß ich da, und die Betrachtung
Hielte die Begierde, sie zu wecken,
Mit geheimen Banden fest und fester.

O, du Liebe, dacht' ich, kann der Schlummer,
Der Verräter jedes falschen Zuges,
Kann er dir nicht schaden, nichts entdecken,
Was des Freundes zarte Meinung störte?

Deine holden Augen sind geschlossen,
Die mich offen schon allein bezaubern;
Es bewegen deine süßen Lippen
Weder sich zur Rede noch zum Kusse;
Aufgelöst sind diese Zauberbande
Deiner Arme, die mich sonst umschlingen,
Und die Hand, die reizende Gefährtin
Süßer Schmeicheleien, unbeweglich.
Wär's ein Irrtum, wie ich von dir denke,
Wär' es Selbstbetrug, wie ich dich liebe,
Müßt' ich's jetzt entdecken, da sich Amor
Ohne Binde neben mich gestellet.

Lange saß ich so und freute herzlich
Ihres Wertes mich und meiner Liebe;

Schlafend hatte sie mir so gefallen,
Daß ich mich nicht traute, sie zu wecken.

Leise leg' ich ihr zwei Pomeranzen
Und zwei Rosen auf das Tischchen nieder;
Sachte, sachte schleich' ich meiner Wege.

Öffnet sie die Augen, meine Gute,
Gleich erblickt sie diese bunte Gabe,
Staunt, wie immer bei verschloßnen Türen
Dieses freundliche Geschenk sich finde.

Seh' ich diese Nacht den Engel wieder,
O, wie freut sie sich, vergilt mir doppelt
Dieses Opfer meiner zarten Liebe.

MORGENKLAGEN

O du loses, leidigliebes Mädchen,
Sag' mir an, womit hab' ich's verschuldet,
Daß du mich auf diese Folter spannest,
Daß du dein gegeben Wort gebrochen?

Drucktest doch so freundlich gestern abend
Mir die Hände, lispeltest so lieblich:
„Ja, ich komme, komme gegen Morgen
Ganz gewiß, mein Freund, auf deine Stube."

Angelehnet ließ ich meine Türe,
Hatte wohl die Angeln erst geprüfet
Und mich recht gefreut, daß sie nicht knarrten.

Welche Nacht des Wartens ist vergangen!
Wacht' ich doch und zählte jedes Viertel:
Schlief ich ein auf wenig Augenblicke,
War mein Herz beständig wach geblieben,
Weckte mich von meinem leisen Schlummer.

Ja, da segnet' ich die Finsternisse,
Die so ruhig alles überdeckten,
Freute mich der allgemeinen Stille,
Horchte lauschend immer in die Stille,
Ob sich nicht ein Laut bewegen möchte.

„Hätte sie Gedanken, wie ich denke,
Hätte sie Gefühl, wie ich empfinde,
Würde sie den Morgen nicht erwarten,
Würde schon in dieser Stunde kommen."

Hüpft' ein Kätzchen oben übern Boden,
Knisterte das Mäuschen in der Ecke,
Regte sich, ich weiß nicht was, im Hause,
Immer hofft' ich, deinen Schritt zu hören,
Immer glaubt' ich, deinen Tritt zu hören.

Und so lag ich lang und immer länger,
Und es fing der Tag schon an zu grauen,
Und es rauschte hier und rauschte dorten.

„Ist es ihre Türe? Wär's die meine!"
Saß ich aufgestemmt in meinem Bette,
Schaute nach der halb erhellten Türe,
Ob sie nicht sich wohl bewegen möchte.
Angelehnet blieben beide Flügel
Auf den leisen Angeln ruhig hangen.

Und der Tag ward immer hell- und heller;
Hört' ich schon des Nachbars Türe gehen,
Der das Taglohn zu gewinnen eilet,
Hört' ich bald darauf die Wagen rasseln,
War das Tor der Stadt nun auch eröffnet,
Und es regte sich der ganze Plunder
Des bewegten Marktes durcheinander.

Ward nun in dem Haus ein Gehn und Kommen
Auf und ab die Stiegen, hin und wieder
Knarrten Türen, klapperten die Tritte;

Und ich konnte, wie vom schönen Leben,
Mich noch nicht von meiner Hoffnung scheiden.

Endlich, als die ganz verhaßte Sonne
Meine Fenster traf und meine Wände,
Sprang ich auf und eilte nach dem Garten,
Meinen heißen, sehnsuchtsvollen Atem
Mit der kühlen Morgenluft zu mischen,
Dir vielleicht im Garten zu begegnen;
Und nun bist du weder in der Laube
Noch im hohen Lindengang zu finden.

FRECH UND FROH

Liebesqual verschmäht mein Herz,
Sanften Jammer, süßen Schmerz;
Nur vom Tücht'gen will ich wissen,
Heißem Äuglen, derben Küssen.
Sei ein armer Hund erfrischt
Von der Lust, mit Pein gemischt!
Mädchen, gib der frischen Brust
Nichts von Pein, und alle Lust.

KOPHTISCHES LIED

Geh! gehorche meinen Winken,
Nutze deine jungen Tage,
Lerne zeitig klüger sein:
Auf des Glückes großer Waage
Steht die Zunge selten ein;
Du mußt steigen oder sinken,
Du mußt herrschen und gewinnen,
Oder dienen und verlieren,
Leiden oder triumphieren,
Amboß oder Hammer sein.

MEERESSTILLE

Tiefe Stille herrscht im Wasser,
Ohne Regung ruht das Meer,
Und bekümmert sieht der Schiffer
Glatte Fläche rings umher.
Keine Luft von keiner Seite!
Todesstille fürchterlich!
In der ungeheuern Weite
Reget keine Welle sich.

GLÜCKLICHE FAHRT

Die Nebel zerreißen,
Der Himmel ist helle,
Und Äolus löset
Das ängstliche Band.
Es säuseln die Winde,
Es rührt sich der Schiffer.
Geschwinde! Geschwinde!
Es teilt sich die Welle,
Es naht sich die Ferne;
Schon seh' ich das Land!

NÄHE DES GELIEBTEN

Ich denke dein, wenn mir der Sonne Schimmer
Vom Meere strahlt;
Ich denke dein, wenn sich des Mondes Flimmer
In Quellen malt.

Ich sehe dich, wenn auf dem fernen Wege
Der Staub sich hebt;
In tiefer Nacht, wenn auf dem schmalen Stege
Der Wandrer bebt.

Ich höre dich, wenn dort mit dumpfem Rauschen
Die Welle steigt.
Im stillen Haine geh' ich oft zu lauschen,
Wenn alles schweigt.

Ich bin bei dir, du seist auch noch so ferne,
Du bist mir nah!
Die Sonne sinkt, bald leuchten mir die Sterne.
O wärst du da!

DER MUSENSOHN

Durch Feld und Wald zu schweifen,
Mein Liedchen wegzupfeifen,
So geht's von Ort zu Ort!
Und nach dem Takte reget,
Und nach dem Maß beweget
Sich alles an mir fort.

Ich kann sie kaum erwarten,
Die erste Blum' im Garten,
Die erste Blüt' am Baum.
Sie grüßen meine Lieder,
Und kommt der Winter wieder,
Sing' ich noch jenen Traum.

Ich sing' ihn in der Weite,
Auf Eises Läng' und Breite,
Da blüht der Winter schön!
Auch diese Blüte schwindet,
Und neue Freude findet
Sich auf bebauten Höhn.

Denn wie ich bei der Linde
Das junge Völkchen finde,
Sogleich erreg' ich sie.

Der stumpfe Bursche bläht sich,
Das steife Mädchen dreht sich
Nach meiner Melodie.

Ihr gebt den Sohlen Flügel
Und treibt, durch Tal und Hügel,
Den Liebling weit von Haus.
Ihr lieben holden Musen,
Wann ruh' ich ihr am Busen
Auch endlich wieder aus?

AN DIE GÜNSTIGEN

Dichter lieben nicht zu schweigen,
Wollen sich der Menge zeigen.
Lob und Tadel muß ja sein!
Niemand beichtet gern in Prosa;
Doch vertraun wir oft sub rosa
In der Musen stillem Hain.

Was ich irrte, was ich strebte,
Was ich litt und was ich lebte,
Sind hier Blumen nur im Strauß;
Und das Alter wie die Jugend,
Und der Fehler wie die Tugend
Nimmt sich gut in Liedern aus.

*

In goldnen Frühlingssonnenstunden
Lag ich gebunden
An dies Gesicht.
In holder Dunkelheit der Sinnen
Konnt' ich wohl diesen Traum beginnen,
Vollenden nicht.

DAS SONETT

Sich in erneutem Kunstgebrauch zu üben,
Ist heil'ge Pflicht, die wir dir auferlegen:
Du kannst dich auch, wie wir, bestimmt bewegen
Nach Tritt und Schritt, wie es dir vorgeschrieben.

Denn eben die Beschränkung läßt sich lieben,
Wenn sich die Geister gar gewaltig regen;
Und wie sie sich denn auch gebärden mögen,
Das Werk zuletzt ist doch vollendet blieben.

So möcht' ich selbst in künstlichen Sonetten,
In sprachgewandter Maße kühnem Stolze,
Das Beste, was Gefühl mir gäbe, reimen;

Nur weiß ich hier mich nicht bequem zu betten,
Ich schneide sonst so gern aus ganzem Holze,
Und müßte nun doch auch mitunter leimen.

*

Natur und Kunst, sie scheinen sich zu fliehen
Und haben sich, eh' man es denkt, gefunden;
Der Widerwille ist auch mir verschwunden,
Und beide scheinen gleich mich anzuziehen.

Es gilt wohl nur ein redliches Bemühen!
Und wenn wir erst in abgemeßnen Stunden
Mit Geist und Fleiß uns an die Kunst gebunden,
Mag frei Natur im Herzen wieder glühen.

So ist's mit aller Bildung auch beschaffen:
Vergebens werden ungebundne Geister
Nach der Vollendung reiner Höhe streben.

Wer Großes will, muß sich zusammenraffen;
In der Beschränkung zeigt sich erst der Meister,
Und das Gesetz nur kann uns Freiheit geben.

FRÜHZEITIGER FRÜHLING

Tage der Wonne,
Kommt ihr so bald?
Schenkt mir die Sonne,
Hügel und Wald?

Reichlicher fließen
Bächlein zumal.
Sind es die Wiesen,
Ist es das Tal?

Blauliche Frische!
Himmel und Höh'!
Goldene Fische
Wimmeln im See.

Buntes Gefieder
Rauschet im Hain;
Himmlische Lieder
Schallen darein.

Unter des Grünen
Blühender Kraft
Naschen die Bienen
Summend am Saft.

Leise Bewegung
Bebt in der Luft,
Reizende Regung,
Schläfernder Duft.

Mächtiger rühret
Bald sich ein Hauch,
Doch er verlieret
Gleich sich im Strauch.

Aber zum Busen
Kehrt er zurück.
Helfet, ihr Musen,
Tragen das Glück!

Saget, seit gestern
Wie mir geschah?
Liebliche Schwestern,
Liebchen ist da!

DAUER IM WECHSEL

Hielte diesen frühen Segen,
Ach, nur eine Stunde fest!
Aber vollen Blütenregen
Schüttelt schon der laue West.
Soll ich mich des Grünen freuen,
Dem ich Schatten erst verdankt?
Bald wird Sturm auch das zerstreuen,
Wenn es falb im Herbst geschwankt.

Willst du nach den Früchten greifen,
Eilig nimm dein Teil davon!
Diese fangen an zu reifen,
Und die andern keimen schon;
Gleich mit jedem Regengusse
Ändert sich dein holdes Tal,
Ach, und in demselben Flusse
Schwimmst du nicht zum zweitenmal.

Du nun selbst! Was felsenfeste
Sich vor dir hervorgetan,
Mauern siehst du, siehst Paläste
Stets mit andern Augen an.
Weggeschwunden ist die Lippe,
Die im Kusse sonst genas,
Jener Fuß, der an der Klippe
Sich mit Gemsenfreche maß.

Jene Hand, die gern und milde
Sich bewegte wohlzutun,
Das gegliederte Gebilde,
Alles ist ein andres nun.
Und was sich an jener Stelle
Nun mit deinem Namen nennt,
Kam herbei wie eine Welle,
Und so eilt's zum Element.

Laß den Anfang mit dem Ende
Sich in eins zusammenziehn!
Schneller als die Gegenstände
Selber dich vorüberfliehn.
Danke, daß die Gunst der Musen
Unvergängliches verheißt,
Den Gehalt in deinem Busen
Und die Form in deinem Geist.

WELTSEELE

Verteilet euch nach allen Regionen
Von diesem heil'gen Schmaus!
Begeistert reißt euch durch die nächsten Zonen
Ins All und füllt es aus!

Schon schwebet ihr in ungemeßnen Fernen
Den sel'gen Göttertraum,
Und leuchtet neu, gesellig, unter Sternen
Im lichtbesäten Raum.

Dann treibt ihr euch, gewaltige Kometen,
Ins Weit' und Weitr' hinan.
Das Labyrinth der Sonnen und Planeten
Durchschneidet eure Bahn.

Ihr greifet rasch nach ungeformten Erden
Und wirket schöpf'risch jung,
Daß sie belebt und stets belebter werden
Im abgemeßnen Schwung.

Und kreisend führt ihr in bewegten Lüften
Den wandelbaren Flor,
Und schreibt dem Stein in allen seinen Grüften
Die festen Formen vor.

Nun alles sich mit göttlichem Erkühnen
Zu übertreffen strebt;
Das Wasser will, das unfruchtbare, grünen,
Und jedes Stäubchen lebt.

Und so verdrängt mit liebevollem Streiten
Der feuchten Qualme Nacht;
Nun glühen schon des Paradieses Weiten
In überbunter Pracht.

Wie regt sich bald, ein holdes Licht zu schauen,
Gestaltenreiche Schar,
Und ihr erstaunt auf den beglückten Auen
Nun als das erste Paar.

Und bald verlischt ein unbegrenztes Streben
Im sel'gen Wechselblick.
Und so empfangt mit Dank das schönste Leben
Vom All ins All zurück.

DIE GLÜCKLICHEN GATTEN

Nach diesem Frühlingsregen,
Den wir so warm erfleht,
Weibchen, o sieh den Segen,
Der unsre Flur durchweht.
Nur in der blauen Trübe
Verliert sich fern der Blick;
Hier wandelt noch die Liebe,
Hier hauset noch das Glück.

Das Pärchen weißer Tauben,
Du siehst, es fliegt dorthin,
Wo um besonnte Lauben
Gefüllte Veilchen blühn.
Dort banden wir zusammen
Den allerersten Strauß,
Dort schlugen unsre Flammen
Zuerst gewaltig aus.

Doch als uns vom Altare,
Nach dem beliebten Ja,
Mit manchem jungen Paare
Der Pfarrer eilen sah;
Da gingen andre Sonnen
Und andre Monden auf,
Da war die Welt gewonnen
Für unsern Lebenslauf.

Und hunderttausend Siegel
Bekräftigten den Bund,
Im Wäldchen auf dem Hügel,
Im Busch am Wiesengrund,
In Höhlen, im Gemäuer,
Auf des Geklüftes Höh',
Und Amor trug das Feuer
Selbst in das Rohr am See.

Wir wandelten zufrieden,
Wir glaubten uns zu zwei;
Doch anders war's beschieden,
Und sieh! wir waren drei,
Und vier und fünf und sechse,
Sie saßen um den Topf,
Und nun sind die Gewächse
Fast all' uns übern Kopf.

Und dort in schöner Fläche
Das neugebaute Haus
Umschlingen Pappelbäche,
So freundlich sieht's heraus.

Wer schaffte wohl da drüben
Sich diesen frohen Sitz?
Ist es mit seiner Lieben
Nicht unser braver Fritz?

Und wo im Felsengrunde
Der eingeklemmte Fluß
Sich schäumend aus dem Schlunde
Auf Räder stürzen muß:
Man spricht von Müllerinnen
Und wie so schön sie sind;
Doch immer wird gewinnen
Dort hinten unser Kind.

Doch wo das Grün so dichte
Um Kirch' und Rasen steht,
Da, wo die alte Fichte
Allein zum Himmel weht;
Da ruhet unsrer Toten
Frühzeitiges Geschick,
Und leitet von dem Boden
Zum Himmel unsern Blick.

Es blitzen Waffenwogen
Den Hügel schwankend ab.
Das Heer, es kommt gezogen,
Das uns den Frieden gab.
Wer mit der Ehrenbinde
Bewegt sich stolz voraus?
Er gleichet unserm Kinde!
So kommt der Karl nach Haus.

Den liebsten aller Gäste
Bewirtet nun die Braut;
Sie wird am Friedensfeste
Dem Treuen angetraut.
Und zu den Feiertänzen
Drängt jeder sich herbei;
Da schmückest du mit Kränzen
Der jüngsten Kinder drei.

Bei Flöten und Schalmeien
Erneuert sich die Zeit,
Da wir uns einst im Reihen
Als junges Paar gefreut;
Und in des Jahres Laufe,
Die Wonne fühl' ich schon!
Begleiten wir zur Taufe
Den Enkel und den Sohn.

MAILIED

Zwischen Weizen und Korn,
Zwischen Hecken und Dorn,
Zwischen Bäumen und Gras,
Wo geht's Liebchen?
Sag' mir das!

Fand mein Holdchen
Nicht daheim;
Muß das Goldchen
Draußen sein.
Grünt und blühet
Schön der Mai;
Liebchen ziehet
Froh und frei.

An den Felsen beim Fluß,
Wo sie reichte den Kuß,
Jenen ersten im Gras,
Seh' ich etwas!
Ist sie das?

BLUMENGRUSS

Der Strauß, den ich gepflücket,
Grüße dich viel tausendmal!
Ich habe mich oft gebücket,
Ach wohl ein tausendmal,
Und ihn ans Herz gedrücket
Wie hunderttausendmal!

SCHWEIZERLIED

Uf'm Bergli
Bin i gesässe,
Ha de Vögle
Zugeschaut;
Hänt gesunge,
Hänt gesprunge,
Hänt's Nästli
Gebaut.

In ä Garte
Bin i gestande,
Ha de Imbli
Zugeschaut;
Hänt gebrummet,
Hänt gesummet,
Hänt Zelli
Gebaut.

Uf d' Wiese
Bin i gange,
Lugt' i Summer-
Vögle a;
Hänt gesoge,
Hänt gefloge,
Gar z' schön hänt s'
Getan.

Und da kummt nu
Der Hansel,
Und da zeig' i
Em froh,
Wie sie's mache,
Und mer lache
Und mache's
Au so.

GEGENWART

Alles kündet dich an!
Erscheinet die herrliche Sonne,
Folgst du, so hoff' ich es, bald.

Trittst du im Garten hervor,
So bist du die Rose der Rosen,
Lilie der Lilien zugleich.

Wenn du im Tanze dich regst,
So regen sich alle Gestirne
Mit dir und um dich umher.

Nacht! und so wär' es denn Nacht!
Nun überscheinst du des Mondes
Lieblichen, ladenden Glanz.

Ladend und lieblich bist du,
Und Blumen, Mond und Gestirne
Huldigen, Sonne, nur dir.

Sonne! so sei du auch mir
Die Schöpferin herrlicher Tage;
Leben und Ewigkeit ist's.

GEFUNDEN

Ich ging im Walde
So für mich hin,
Und nichts zu suchen,
Das war mein Sinn.

Im Schatten sah ich
Ein Blümchen stehn,
Wie Sterne leuchtend,
Wie Äuglein schön.

Ich wollt es brechen,
Da sagt' es fein:
Soll ich zum Welken
Gebrochen sein?

Ich grub's mit allen
Den Würzlein aus,
Zum Garten trug ich's
Am hübschen Haus.

Und pflanzt' es wieder
Am stillen Ort;
Nun zweigt es immer
Und blüht so fort.

GLEICH UND GLEICH

Ein Blumenglöckchen
Vom Boden hervor
War früh gesprosset
In lieblichem Flor;
Da kam ein Bienchen
Und naschte fein —
Die müssen wohl beide
Für einander sein.

Gedichte auf Personen und Ereignisse

EPILOG ZU SCHILLERS „GLOCKE“

Wiederholt und erneut bei der Vorstellung am 10. Mai 1815

Freude dieser Stadt bedeute,
Friede sei ihr erst Geläute!

Und so geschah's! Dem friedenreichen Klange
Bewegte sich das Land, und segenbar
Ein frisches Glück erschien; im Hochgesange
Begrüßten wir das junge Fürstenpaar;
Im Vollgewühl, in lebensregem Drange
Vermischte sich die tät'ge Völkerschar,
Und festlich ward an die geschmückten Stufen
Die „Huldigung der Künste“ vorgerufen.

Da hör' ich schreckhaft mitternächt'ges Läuten,
Das dumpf und schwer die Trauertöne schwellt.
Ist's möglich? Soll es unsern Freund bedeuten,
An den sich jeder Wunsch geklammert hält?
Den Lebenswürd'gen soll der Tod erbeuten?
Ach! wie verwirrt solch ein Verlust die Welt!
Ach! was zerstört ein solcher Riß den Seinen!
Nun weint die Welt, und sollten wir nicht weinen?

Denn er war unser! Wie bequem, gesellig
Den hohen Mann der gute Tag gezeigt,
Wie bald sein Ernst, anschließend, wohlgefällig,
Zur Wechselrede heiter sich geneigt,
Bald raschgewandt, geistreich und sicherstellig
Der Lebensplane tiefen Sinn erzeugt,
Und fruchtbar sich in Rat und Tat ergossen;
Das haben wir erfahren und genossen.

Denn er war unser! Mag das stolze Wort
Den lauten Schmerz gewaltig übertönen!
Er mochte sich bei uns, im sichern Port,
Nach wildem Sturm zum Dauernden gewöhnen.
Indessen schritt sein Geist gewaltig fort
Ins Ewige des Wahren, Guten, Schönen,
Und hinter ihm, in wesenlosem Scheine,
Lag, was uns alle bändigt, das Gemeine.

Nun schmückt' er sich die schöne Gartenzinne,
Von wannen er der Sterne Wort vernahm,
Das dem gleich ew'gen, gleich lebend'gen Sinne
Geheimnisvoll und klar entgegenkam.
Dort, sich und uns zu köstlichem Gewinne,
Verwechselt' er die Zeiten wundersam,
Begegnet' so, im Würdigsten beschäftigt,
Der Dämmerung, der Nacht, die uns entkräftigt.

Ihm schwollen der Geschichte Flut auf Fluten,
Verspülend, was getadelt, was gelobt,
Der Erdbeherrscher wilde Heeresgluten,
Die in der Welt sich grimmig ausgetobt,
Im niedrig Schrecklichsten, im höchsten Guten
Nach ihrem Wesen deutlich durchgeprobt. —
Nun sank der Mond und, zu erneuter Wonne,
Vom klaren Berg herüber stieg die Sonne.

Nun glühte seine Wange rot und röter
Von jener Jugend, die uns nie entfliegt,
Von jenem Mut, der früher oder später
Den Widerstand der stumpfen Welt besiegt,
Von jenem Glauben, der sich stets erhöhter
Bald kühn hervordrängt, bald geduldig schmiegt,
Damit das Gute wirke, wachse, fromme,
Damit der Tag dem Edlen endlich komme.

Doch hat er, so geübt, so vollgehaltig,
Dies bretterne Gerüste nicht verschmäht;
Hier schildert' er das Schicksal, das gewaltig
Von Tag zu Nacht die Erdenachse dreht,

Und manches tiefe Werk hat, reichgestaltig,
Den Wert der Kunst, des Künstlers Wert erhöht.
Er wendete die Blüte höchsten Strebens,
Das Leben selbst, an dieses Bild des Lebens.

Ihr kanntet ihn, wie er mit Riesenschritte
Den Kreis des Wollens, des Vollbringens maß,
Durch Zeit und Land, der Völker Sinn und Sitte,
Das dunkle Buch mit heiterm Blicke las;
Doch wie er atemlos in unsrer Mitte
In Leiden bangte, kümmerlich genas,
Das haben wir in traurig schönen Jahren,
Denn er war unser, leidend miterfahren.

Ihn, wenn er vom zerrüttenden Gewühle
Des bittern Schmerzes wieder aufgeblickt,
Ihn haben wir dem lästigen Gefühle
Der Gegenwart, der stockenden, entrückt,
Mit guter Kunst und ausgesuchtem Spiele
Den neubelebten edlen Sinn erquickt,
Und noch am Abend vor den letzten Sonnen
Ein holdes Lächeln glücklich abgewonnen.

Er hatte früh das strenge Wort gelesen,
Dem Leiden war er, war dem Tod vertraut.
So schied er nun, wie er so oft genesen;
Nun schreckt uns das, wofür uns längst gegraut.
Doch schon erblicket sein verklärtes Wesen
Sich hier verklärt, wenn es herniederschaut.
Was Mitwelt sonst an ihm beklagt, getadelt,
Es hat's der Tod, es hat's die Zeit geadelt.

Auch manche Geister, die mit ihm gerungen,
Sein groß Verdienst unwillig anerkannt,
Sie fühlen sich von seiner Kraft durchdrungen,
In seinem Kreise willig festgebannt:
Zum Höchsten hat er sich emporgeschwungen,
Mit allem, was wir schätzen, eng verwandt.
So feiert ihn! Denn was dem Mann das Leben
Nur halb erteilt, soll ganz die Nachwelt geben.

So bleibt er uns, der vor so manchen Jahren —
Schon zehne sind's! — von uns sich weggekehrt!
Wir haben alle segenreich erfahren,
Die Welt verdank' ihm, was er sie gelehrt;
Schon längst verbreitet sich's in ganze Scharen,
Das Eigenste, was ihm allein gehört.
Er glänzt uns vor, wie ein Komet entschwindend,
Unendlich Licht mit seinem Licht verbindend.

An den Fürsten Karl von Ligne

In früher Zeit, noch froh und frei,
Spielt' ich und sang zu meinen Spielen;
Dann fing's im Herzen an zu wühlen,
Ich fragte nicht, ob ich ein Dichter sei;
Doch daß ich liebte, konnt' ich fühlen.

So bleibt es noch. Ich weiß nicht viel
Von eignen dichterischen Taten.
Man sagt, mir sei als Ernst und Spiel
Nicht übel dies und jen's geraten.
Gern hör' ich Gutes von der Kunst,
Der ich mein Leben treu geblieben;
Doch mich in meinen Freunden lieben,
Dies, edler Mann, dies ist die schönste Gunst.

In ein Stammbuch

In unsres Lebens oft getrübten Tagen
Gab uns ein Gott Ersatz für alle Plagen,
Daß unser Blick sich himmelwärts gewöhne:
Den Sonnenschein, die Tugend und das Schöne.

An Prinzessin Caroline von Weimar
mit dem „Reise-, Zerstreuungs- und Trost-Büchlein"

Dieses Stammbuch, wie man's auch nimmt,
War eigentlich für 'nen Studenten bestimmt,
Der es auf akademischen Pfaden

Sich wählen sollt' aus Hertels Laden;
Wie ich's denn auch — nicht guter Ding' —
Aus der hübschen Frau Hertel Hand empfing.

Denn guter Dinge konnt' ich nicht sein.
Wir waren schon in den Oktober hinein,
Und preußische Scharen allzumal
Zertrappelten uns Berg und Tal,
Und damals war noch nichts verloren.

Ich kraute mir aber hinter den Ohren
Und setzte mich, wie vor alter Zeit,
Wieder an des Tales Wirklichkeit
Und wollte kühnlich mich erdreisten,
An der Saale das auch zu leisten,
Was an der Tepel ich trieb im Spiel;
Das war nun freilich gar nicht viel.

Kaum hatt' ich aber ein paar Pappeln zeichnet
Und ein paar Berge mir angeeignet,
Da brach die Sündflut auf einmal herein:
Es hätte nicht können schlimmer sein.

Wie aber nach dem jüngsten Gericht
Was vorgeschah auch wieder geschicht
Und über Wolken und unter Flammen
Freunde und Feinde kommen zusammen,
Und überall im höchsten Chor
Jeder Heilige nach wie vor
Hebt und trägt sein Marterinstrument,
Woran man ihn allein erkennt:
So werd' ich auch wohl in Abrahams Schoß
Bleistift und Pinsel nicht werden los;
Bei vieler Lust und wenig Gaben
Werd' ich doch nur gekritzelt haben.

Doch sei dem allen, wie es sei,
Kein Blatt im Buch ist überlei,
Auf beiden Seiten manche beschrieben
Und so nichts weiter übrig blieben,
Als daß du glaubst, das viele Papier,

Was auch drauf stehe, gehöre dir.
Und dazu hast du Fug und Macht,
Immer war dein dabei gedacht.
So steht dein Bild auch klar und glatt
In unserm Herzen auf jedem Blatt.
Und Liebe bleibt zu unserm Gewinn
Ein beßrer Zeichner, als ich bin.

IM NAMEN DER BÜRGERSCHAFT VON KARLSBAD

Ihro der Kaiserin von Frankreich Majestät

Sieht man den schönsten Stern die Nacht erhellen,
So wird das Auge wie das Herz erquickt;
Doch wenn in seltnen langersehnten Fällen
Ein herrliches Gestirn zum andern rückt,
Die nahverwandten Strahlen sich gesellen,
Dann weilt ein jeder schauend, hochentzückt;
So unser Blick, wie er hinauf sich wendet,
Wird vom Verein der Majestät geblendet.

Wir denken noch, wie sie hinweggezogen,
Der Eltern Lust, die holde Friedensbraut;
Schon beugten sich des Rheines edle Wogen.
Die beiden Ufer lächelten vertraut;
So freut die Erde sich am Himmelsbogen,
Von farbigen Juwelen aufgebaut,
Der, wenn er schon vor unsern Augen schwindet,
Den Frieden sichert, den er angekündet.

Im neuen Reich empfängt sie das Behagen
Von Millionen, die aus düstrer Nacht
Aufschauen wieder zu gesunden Tagen,
Zum festen Leben abermals erwacht.
Ein jeder fühlt sein Herz gesichert schlagen
Und staunet nun, denn alles ist vollbracht,
Die holde Braut in lebensreichem Scheine —
Was Tausende verwirrten, löst der Eine.

Worüber trüb Jahrhunderte gesonnen,
Er übersieht's in hellstem Geisteslicht,
Das Kleinliche ist alles weggeronnen,
Nur Meer und Erde haben hier Gewicht;
Ist jenem erst das Ufer abgewonnen,
Daß sich daran die stolze Woge bricht,
So tritt durch weisen Schluß, durch Machtgefechte
Das feste Land in alle seine Rechte.

Und wenn dem Helden alles zwar gelungen,
Den das Geschick zum Günstling auserwählt,
Und ihm vor allen alles aufgedrungen,
Was die Geschichte jemals aufgezählt;
Ja reichlicher als Dichter je gesungen! —
Ihm hat bis jetzt das Höchste noch gefehlt;
Nun steht das Reich gesichert wie geründet,
Nun fühlt er froh im Sohne sich gegründet.

Und daß auch diesem eigne Hoheit g'nüge,
Ist Roma selbst zur Wächterin bestellt.
Die Göttin, hehr an ihres Königs Wiege,
Denkt abermal das Schicksal einer Welt.
Was sind hier die Trophäen aller Siege,
Wo sich der Vater in dem Sohn gefällt?
Zusammen werden sie des Glücks genießen,
Mit milder Hand den Janustempel schließen.

Sie, die zum Vorzug einst als Braut gelanget,
Vermittlerin nach Götterart zu sein,
Als Mutter, die, den Sohn im Arme, pranget,
Befördre neuen, dauernden Verein;
Sie kläre, wenn die Welt im Düstern banget,
Den Himmel auf zu ew'gem Sonnenschein!
Uns sei durch sie dies letzte Glück beschieden —
Der alles wollen kann, will auch den Frieden.

ERGO BIBAMUS!

Hier sind wir versammelt zu löblichem Tun;
  Drum, Brüderchen! Ergo bibamus!
Die Gläser, sie klingen, Gespräche, sie ruhn,
  Beherziget Ergo bibamus!
Das heißt noch ein altes, ein tüchtiges Wort:
Es passet zum Ersten und passet so fort,
Und schallet ein Echo vom festlichen Ort,
  Ein herrliches Ergo bibamus!

Ich hatte mein freundliches Liebchen gesehn,
  Da dacht' ich mir: Ergo bibamus!
Und nahte mich freundlich; da ließ sie mich stehn.
  Ich half mir und dachte: Bibamus!
Und wenn sie versöhnet euch herzet und küßt,
Und wenn ihr das Herzen und Küssen vermißt;
So bleibet nur, bis ihr was Besseres wißt,
  Beim tröstlichen Ergo bibamus!

Mich ruft mein Geschick von den Freunden hinweg;
  Ihr Redlichen! Ergo bibamus!
Ich scheide von hinnen mit leichtem Gepäck;
  Drum doppeltes Ergo bibamus!
Und was auch der Filz von dem Leibe sich schmorgt,
So bleibt für den Heitern doch immer gesorgt,
Weil immer dem Frohen der Fröhliche borgt;
  Drum, Brüderchen: Ergo bibamus!

Was sollen wir sagen zum heutigen Tag?
  Ich dächte nur: Ergo bibamus!
Er ist nun einmal von besonderem Schlag;
  Drum immer aufs neue: Bibamus!
Er führet die Freude durchs offene Tor,
Es glänzen die Wolken, es teilt sich der Flor,
Da scheint uns ein Bildchen, ein göttliches, vor;
  Wir klingen und singen: Bibamus!

DIE LUSTIGEN VON WEIMAR

Donnerstag nach Belvedere,
Freitag geht's nach Jena fort;
Denn das ist, bei meiner Ehre,
Doch ein allerliebster Ort!
Samstag ist's, worauf wir zielen,
Sonntag rutscht man auf das Land;
Zwäzen, Burgau, Schneidemühlen
Sind uns alle wohlbekannt.

Montag reizet uns die Bühne;
Dienstag schleicht dann auch herbei,
Doch er bringt zu stiller Sühne
Ein Rapuschchen frank und frei.
Mittwoch fehlt es nicht an Rührung:
Denn es gibt ein gutes Stück.
Donnerstag lenkt die Verführung
Uns nach Belveder' zurück.

Und es schlingt ununterbrochen
Immer sich der Freudenkreis
Durch die zweiundfunfzig Wochen,
Wenn man's recht zu führen weiß.
Spiel und Tanz, Gespräch, Theater,
Sie erfrischen unser Blut;
Laßt den Wienern ihren Prater:
Weimar, Jena, da ist's gut!

Balladen

DER SCHATZGRÄBER

Arm am Beutel, krank am Herzen,
Schleppt' ich meine langen Tage.
Armut ist die größte Plage,
Reichtum ist das höchste Gut!
Und zu enden meine Schmerzen,
Ging ich, einen Schatz zu graben.
„Meine Seele sollst du haben!"
Schrieb ich hin mit eignem Blut.

Und so zog ich Kreis' um Kreise,
Stellte wunderbare Flammen,
Kraut und Knochenwerk zusammen:
Die Beschwörung war vollbracht.
Und auf die gelernte Weise
Grub ich nach dem alten Schatze
Auf dem angezeigten Platze.
Schwarz und stürmisch war die Nacht.

Und ich sah ein Licht von weiten,
Und es kam gleich einem Sterne
Hinten aus der fernsten Ferne,
Eben als es zwölfe schlug.
Und da galt kein Vorbereiten.
Heller ward's mit einem Male
Von dem Glanz der vollen Schale,
Die ein schöner Knabe trug.

Holde Augen sah ich blinken
Unter dichtem Blumenkranze;
In des Trankes Himmelsglanze
Trat er in den Kreis herein.
Und er hieß mich freundlich trinken;
Und ich dacht': es kann der Knabe
Mit der schönen lichten Gabe
Wahrlich nicht der Böse sein.

„Trinke Mut des reinen Lebens!
Dann verstehst du die Belehrung,
Kommst mit ängstlicher Beschwörung
Nicht zurück an diesen Ort.
Grabe hier nicht mehr vergebens!
Tages Arbeit, abends Gäste!
Saure Wochen, frohe Feste!
Sei dein künftig Zauberwort."

LEGENDE

Als noch, verkannt und sehr gering,
Unser Herr auf der Erde ging,
Und viele Jünger sich zu ihm fanden,
Die sehr selten sein Wort verstanden,
Liebt' er sich gar über die Maßen,
Seinen Hof zu halten auf der Straßen,
Weil unter des Himmels Angesicht
Man immer besser und freier spricht.
Er ließ sie da die höchsten Lehren
Aus seinem heiligen Munde hören;
Besonders durch Gleichnis und Exempel
Macht' er einen jeden Markt zum Tempel.

So schlendert' er in Geistes Ruh'
Mit ihnen einst einem Städtchen zu,
Sah etwas blinken auf der Straß',
Das ein zerbrochen Hufeisen was.
Er sagte zu Sankt Peter drauf:
„Heb doch einmal das Eisen auf!"
Sankt Peter war nicht aufgeräumt,
Er hatte soeben im Gehen geträumt,
So was vom Regiment der Welt,
Was einem jeden wohlgefällt:
Denn im Kopf hat das keine Schranken;
Das waren so seine liebsten Gedanken.
Nun war der Fund ihm viel zu klein,
Hätte müssen Kron' und Zepter sein;
Aber wie sollt' er seinen Rücken

Nach einem halben Hufeisen bücken?
Er also sich zur Seite kehrt
Und tut, als hätt' er's nicht gehört.

Der Herr nach seiner Langmut drauf
Hebt selber das Hufeisen auf
Und tut auch weiter nicht dergleichen.
Als sie nun bald die Stadt erreichen,
Geht er vor eines Schmiedes Tür,
Nimmt von dem Mann drei Pfennig dafür.
Und als sie über den Markt nun gehen,
Sieht er daselbst schöne Kirschen stehen,
Kauft ihrer, so wenig oder so viel,
Als man für einen Dreier geben will,
Die er sodann nach seiner Art
Ruhig im Ärmel aufbewahrt.

Nun ging's zum andern Tor hinaus,
Durch Wies' und Felder ohne Haus;
Auch war der Weg von Bäumen bloß,
Die Sonne schien, die Hitz' war groß,
So daß man viel an solcher Stätt'
Für einen Trunk Wasser gegeben hätt'.
Der Herr geht immer voraus vor allen,
Läßt unversehens eine Kirsche fallen.
Sankt Peter war gleich dahinter her,
Als wenn es ein goldner Apfel wär';
Das Beerlein schmeckte seinem Gaum'.
Der Herr nach einem kleinen Raum
Ein ander Kirschlein zur Erde schickt,
Wornach Sankt Peter schnell sich bückt.
So läßt der Herr ihn seinen Rücken
Gar vielmal nach den Kirschen bücken.
Das dauert eine ganze Zeit.
Dann sprach der Herr mit Heiterkeit:
„Tätst du zur rechten Zeit dich regen,
Hättst du's bequemer haben mögen.
Wer geringe Ding' wenig acht't,
Sich um geringere Mühe macht."

DIE BRAUT VON KORINTH

Nach Korinthus von Athen gezogen
Kam ein Jüngling, dort noch unbekannt.
Einen Bürger hofft' er sich gewogen;
Beide Väter waren gastverwandt,
Hatten frühe schon
Töchterchen und Sohn
Braut und Bräutigam voraus genannt.

Aber wird er auch willkommen scheinen,
Wenn er teuer nicht die Gunst erkauft?
Er ist noch ein Heide mit den Seinen,
Und sie sind schon Christen und getauft.
Keimt ein Glaube neu,
Wird oft Lieb' und Treu'
Wie ein böses Unkraut ausgerauft.

Und schon lag das ganze Haus im Stillen,
Vater, Töchter, nur die Mutter wacht;
Sie empfängt den Gast mit bestem Willen,
Gleich ins Prunkgemach wird er gebracht.
Wein und Essen prangt,
Eh' er es verlangt:
So versorgend wünscht sie gute Nacht.

Aber bei dem wohlbestellten Essen
Wird die Lust der Speise nicht erregt;
Müdigkeit läßt Speis' und Trank vergessen,
Daß er angekleidet sich aufs Bette legt;
Und er schlummert fast,
Als ein seltner Gast
Sich zur offnen Tür herein bewegt.

Denn er sieht, bei seiner Lampe Schimmer
Tritt, mit weißem Schleier und Gewand,
Sittsam still ein Mädchen in das Zimmer,
Um die Stirn ein schwarz- und goldnes Band.
Wie sie ihn erblickt,
Hebt sie, die erschrickt,
Mit Erstaunen eine weiße Hand.

„Bin ich“, rief sie aus, „so fremd im Hause,
Daß ich von dem Gaste nichts vernahm?
Ach, so hält man mich in meiner Klause!
Und nun überfällt mich hier die Scham.
Ruhe nur so fort
Auf dem Lager dort,
Und ich gehe schnell, so wie ich kam.“

„Bleibe, schönes Mädchen!“ ruft der Knabe,
Rafft von seinem Lager sich geschwind:
„Hier ist Ceres’, hier ist Bacchus’ Gabe;
Und du bringst den Amor, liebes Kind!
Bist vor Schrecken blaß!
Liebe, komm und laß,
Laß uns sehn, wie froh die Götter sind.“

„Ferne bleib’, o Jüngling, bleibe stehen!
Ich gehöre nicht den Freuden an.
Schon der letzte Schritt ist, ach! geschehen
Durch der guten Mutter kranken Wahn,
Die genesend schwur:
Jugend und Natur
Sei dem Himmel künftig untertan.

Und der alten Götter bunt Gewimmel
Hat sogleich das stille Haus geleert.
Unsichtbar wird Einer nur im Himmel,
Und ein Heiland wird am Kreuz verehrt;
Opfer fallen hier,
Weder Lamm noch Stier,
Aber Menschenopfer unerhört.“

Und er fragt und wäget alle Worte,
Deren keines seinem Geist entgeht.
Ist es möglich, daß am stillen Orte
Die geliebte Braut hier vor mir steht?
„Sei die Meine nur!
Unsrer Väter Schwur
Hat vom Himmel Segen uns erfleht.“

„Mich erhältst du nicht, du gute Seele!
Meiner zweiten Schwester gönnt man dich.
Wenn ich mich in stiller Klause quäle,
Ach! in ihren Armen denk' an mich,
Die an dich nur denkt,
Die sich liebend kränkt;
In die Erde bald verbirgt sie sich."

„Nein! bei dieser Flamme sei's geschworen,
Gütig zeigt sie Hymen uns voraus;
Bist der Freude nicht und mir verloren,
Kommst mit mir in meines Vaters Haus.
Liebchen, bleibe hier!
Feire gleich mit mir
Unerwartet unsern Hochzeitschmaus."

Und schon wechseln sie der Treue Zeichen:
Golden reicht sie ihm die Kette dar,
Und er will ihr eine Schale reichen,
Silbern, künstlich, wie nicht eine war.
„Die ist nicht für mich;
Doch, ich bitte dich,
Eine Locke gib von deinem Haar."

Eben schlug die dumpfe Geisterstunde,
Und nun schien es ihr erst wohl zu sein.
Gierig schlürfte sie mit blassem Munde
Nun den dunkel blutgefärbten Wein.
Doch vom Weizenbrot,
Das er freundlich bot,
Nahm sie nicht den kleinsten Bissen ein.

Und dem Jüngling reichte sie die Schale,
Der, wie sie, nun hastig lüstern trank.
Liebe fordert er beim stillen Mahle;
Ach, sein armes Herz war liebekrank.
Doch sie widersteht,
Wie er immer fleht,
Bis er weinend auf das Bette sank.

Und sie kommt und wirft sich zu ihm nieder:
„Ach, wie ungern seh' ich dich gequält!
Aber, ach! berührst du meine Glieder,
Fühlst du schaudernd, was ich dir verhehlt.
Wie der Schnee so weiß,
Aber kalt wie Eis
Ist das Liebchen, das du dir erwählt."

Heftig faßt er sie mit starken Armen,
Von der Liebe Jugendkraft durchmannt:
„Hoffe doch bei mir noch zu erwarmen,
Wärst du selbst mir aus dem Grab gesandt!"
Wechselhauch und Kuß!
Liebesüberfluß!
„Brennst du nicht und fühlest mich entbrannt?"

Liebe schließet fester sie zusammen,
Tränen mischen sich in ihre Lust;
Gierig saugt sie seines Mundes Flammen,
Eins ist nur im andern sich bewußt.
Seine Liebeswut
Wärmt ihr starres Blut,
Doch es schlägt kein Herz in ihrer Brust.

Unterdessen schleichet auf dem Gange
Häuslich spät die Mutter noch vorbei,
Horchet an der Tür und horchet lange,
Welch ein sonderbarer Ton es sei.
Klag- und Wonnelaut
Bräutigams und Braut
Und des Liebestammelns Raserei.

Unbeweglich bleibt sie an der Türe,
Weil sie erst sich überzeugen muß,
Und sie hört die höchsten Liebesschwüre,
Lieb- und Schmeichelworte mit Verdruß:
„Still! der Hahn erwacht!" —
„Aber morgen nacht
Bist du wieder da?" — und Kuß auf Kuß.

Länger hält die Mutter nicht das Zürnen,
Öffnet das bekannte Schloß geschwind:
„Gibt es hier im Hause solche Dirnen,
Die dem Fremden gleich zu Willen sind?“
So zur Tür hinein.
Bei der Lampe Schein
Sieht sie — Gott! sie sieht ihr eigen Kind.

Und der Jüngling will im ersten Schrecken
Mit des Mädchens eignem Schleierflor,
Mit dem Teppich die Geliebte decken;
Doch sie windet gleich sich selbst hervor.
Wie mit Geists Gewalt
Hebet die Gestalt
Lang und langsam sich im Bett empor.

„Mutter! Mutter!“ spricht sie hohle Worte,
„So mißgönnt Ihr mir die schöne Nacht!
Ihr vertreibt mich von dem warmen Orte.
Bin ich zur Verzweiflung nur erwacht?
Ist's Euch nicht genug,
Daß ins Leichentuch,
Daß Ihr früh mich in das Grab gebracht?

Aber aus der schwerbedeckten Enge
Treibet mich ein eigenes Gericht.
Eurer Priester summende Gesänge
Und ihr Segen haben kein Gewicht;
Salz und Wasser kühlt
Nicht, wo Jugend fühlt;
Ach, die Erde kühlt die Liebe nicht!

Dieser Jüngling war mir erst versprochen,
Als noch Venus' heitrer Tempel stand.
Mutter, habt Ihr doch das Wort gebrochen,
Weil ein fremd, ein falsch Gelübd' Euch band!
Doch kein Gott erhört,
Wenn die Mutter schwört,
Zu versagen ihrer Tochter Hand.

Aus dem Grabe werd' ich ausgetrieben,
Noch zu suchen das vermißte Gut,
Noch den schon verlornen Mann zu lieben
Und zu saugen seines Herzens Blut.
Ist's um den geschehn,
Muß nach andern gehn,
Und das junge Volk erliegt der Wut.

Schöner Jüngling! kannst nicht länger leben;
Du versiechest nun an diesem Ort.
Meine Kette hab' ich dir gegeben;
Deine Locke nehm' ich mit mir fort.
Sieh sie an genau!
Morgen bist du grau,
Und nur braun erscheinst du wieder dort.

Höre, Mutter, nun die letzte Bitte:
Einen Scheiterhaufen schichte du;
Öffne meine bange, kleine Hütte,
Bring' in Flammen Liebende zur Ruh'!
Wenn der Funke sprüht,
Wenn die Asche glüht,
Eilen wir den alten Göttern zu."

DER GOTT UND DIE BAJADERE

INDISCHE LEGENDE

Mahadöh, der Herr der Erde,
Kommt herab zum sechsten Mal,
Daß er unsersgleichen werde,
Mit zu fühlen Freud' und Qual.
Er bequemt sich, hier zu wohnen,
Läßt sich alles selbst geschehn.
Soll er strafen oder schonen,
Muß er Menschen menschlich sehn.
Und hat er die Stadt sich als Wandrer betrachtet,
Die Großen belauert, auf Kleine geachtet,
Verläßt er sie abends, um weiter zu gehn.

Als er nun hinausgegangen,
Wo die letzten Häuser sind,
Sieht er mit gemalten Wangen
Ein verlornes schönes Kind.
„Grüß' dich, Jungfrau!“ — „Dank der Ehre!
Wart', ich komme gleich hinaus.“ —
„Und wer bist du?“ — „Bajadere,
Und dies ist der Liebe Haus.“
Sie rührt sich, die Cymbeln zum Tanze zu schlagen;
Sie weiß sich so lieblich im Kreise zu tragen,
Sie neigt sich und biegt sich und reicht ihm den Strauß.

Schmeichelnd zieht sie ihn zur Schwelle,
Lebhaft ihn ins Haus hinein.
„Schöner Fremdling, lampenhelle
Soll sogleich die Hütte sein.
Bist du müd', ich will dich laben,
Lindern deiner Füße Schmerz.
Was du willst, das sollst du haben,
Ruhe, Freuden oder Scherz.“
Sie lindert geschäftig geheuchelte Leiden.
Der Göttliche lächelt; er siehet mit Freuden
Durch tiefes Verderben ein menschliches Herz.

Und er fordert Sklavendienste;
Immer heitrer wird sie nur,
Und des Mädchens frühe Künste
Werden nach und nach Natur.
Und so stellet auf die Blüte
Bald und bald die Frucht sich ein;
Ist Gehorsam im Gemüte,
Wird nicht fern die Liebe sein.
Aber sie schärfer und schärfer zu prüfen,
Wählet der Kenner der Höhen und Tiefen
Lust und Entsetzen und grimmige Pein.

Und er küßt die bunten Wangen,
Und sie fühlt der Liebe Qual,
Und das Mädchen steht gefangen,

Und sie weint zum ersten Mal;
Sinkt zu seinen Füßen nieder,
Nicht um Wollust noch Gewinst,
Ach, und die gelenken Glieder,
Sie versagen allen Dienst.
Und so zu des Lagers vergnüglicher Feier
Bereiten den dunklen behaglichen Schleier
Die nächtlichen Stunden das schöne Gespinst.

Spät entschlummert unter Scherzen,
Früh erwacht nach kurzer Rast,
Findet sie an ihrem Herzen
Tot den vielgeliebten Gast.
Schreiend stürzt sie auf ihn nieder;
Aber nicht erweckt sie ihn,
Und man trägt die starren Glieder
Bald zur Flammengrube hin.
Sie höret die Priester, die Totengesänge,
Sie raset und rennet und teilet die Menge.
„Wer bist du? was drängt zu der Grube dich hin?“

Bei der Bahre stürzt sie nieder,
Ihr Geschrei durchdringt die Luft:
„Meinen Gatten will ich wieder!
Und ich such' ihn in der Gruft.
Soll zu Asche mir zerfallen
Dieser Glieder Götterpracht?
Mein! er war es, mein vor allen!
Ach, nur Eine süße Nacht!“
Es singen die Priester: „Wir tragen die Alten,
Nach langem Ermatten und spätem Erkalten,
Wir tragen die Jugend, noch eh' sie's gedacht.

Höre deiner Priester Lehre:
Dieser war dein Gatte nicht.
Lebst du doch als Bajadere,
Und so hast du keine Pflicht.
Nur dem Körper folgt der Schatten
In das stille Totenreich;

Nur die Gattin folgt dem Gatten:
Das ist Pflicht und Ruhm zugleich.
Ertöne, Drommete, zu heiliger Klage!
O nehmet, ihr Götter! die Zierde der Tage,
O nehmet den Jüngling in Flammen zu euch!"

So das Chor, das ohn' Erbarmen
Mehret ihres Herzens Not;
Und mit ausgestreckten Armen
Springt sie in den heißen Tod.
Doch der Götterjüngling hebet
Aus der Flamme sich empor,
Und in seinen Armen schwebet
Die Geliebte mit hervor.
Es freut sich die Gottheit der reuigen Sünder;
Unsterbliche heben verlorene Kinder
Mit feurigen Armen zum Himmel empor.

DER ZAUBERLEHRLING

Hat der alte Hexenmeister
Sich doch einmal wegbegeben!
Und nun sollen seine Geister
Auch nach meinem Willen leben.
Seine Wort' und Werke
Merkt' ich und den Brauch,
Und mit Geistesstärke
Tu' ich Wunder auch.

Walle! walle
Manche Strecke,
Daß zum Zwecke
Wasser fließe,
Und mit reichem, vollem Schwalle
Zu dem Bade sich ergieße!

Und nun komm, du alter Besen!
Nimm die schlechten Lumpenhüllen!
Bist schon lange Knecht gewesen;
Nun erfülle meinen Willen!
Auf zwei Beinen stehe,
Oben sei ein Kopf,
Eile nun und gehe
Mit dem Wassertopf!

Walle! walle
Manche Strecke,
Daß zum Zwecke
Wasser fließe,
Und mit reichem, vollem Schwalle
Zu dem Bade sich ergieße!

Seht, er läuft zum Ufer nieder;
Wahrlich! ist schon an dem Flusse,
Und mit Blitzesschnelle wieder
Ist er hier mit raschem Gusse.
Schon zum zweiten Male!
Wie das Becken schwillt!
Wie sich jede Schale
Voll mit Wasser füllt!

Stehe! stehe!
Denn wir haben
Deiner Gaben
Vollgemessen! —
Ach, ich merk' es! Wehe! wehe!
Hab' ich doch das Wort vergessen!

Ach, das Wort, worauf am Ende
Er das wird, was er gewesen.
Ach, er läuft und bringt behende!
Wärst du doch der alte Besen!
Immer neue Güsse
Bringt er schnell herein,
Ach! und hundert Flüsse
Stürzen auf mich ein.

Nein, nicht länger
Kann ich's lassen;
Will ihn fassen.
Das ist Tücke!
Ach! nun wird mir immer bänger!
Welche Miene! welche Blicke!

O, du Ausgeburt der Hölle!
Soll das ganze Haus ersaufen?
Seh' ich über jede Schwelle
Doch schon Wasserströme laufen.
Ein verruchter Besen,
Der nicht hören will!
Stock, der du gewesen,
Steh doch wieder still!

Willst's am Ende
Gar nicht lassen?
Will dich fassen,
Will dich halten,
Und das alte Holz behende
Mit dem scharfen Beile spalten.

Seht, da kommt er schleppend wieder!
Wie ich mich nun auf dich werfe,
Gleich, o Kobold, liegst du nieder;
Krachend trifft die glatte Schärfe!
Wahrlich, brav getroffen!
Seht, er ist entzwei!
Und nun kann ich hoffen,
Und ich atme frei!

Wehe! wehe!
Beide Teile
Stehn in Eile
Schon als Knechte
Völlig fertig in die Höhe!
Helft mir, ach! ihr hohen Mächte!

Und sie laufen! Naß und nässer
Wird's im Saal und auf den Stufen.
Welch entsetzliches Gewässer!
Herr und Meister! hör' mich rufen! —
Ach, da kommt der Meister!
Herr, die Not ist groß!
Die ich rief, die Geister,
Werd' ich nun nicht los.

„In die Ecke,
Besen! Besen!
Seid's gewesen!
Denn als Geister
Ruft euch nur zu seinem Zwecke
Erst hervor der alte Meister."

RITTER KURTS BRAUTFAHRT

Mit des Bräutigams Behagen
Schwingt sich Ritter Kurt auf's Roß;
Zu der Trauung soll's ihn tragen,
Auf der edlen Liebsten Schloß,
Als am öden Felsenorte
Drohend sich ein Gegner naht;
Ohne Zögern, ohne Worte
Schreiten sie zu rascher Tat.

Lange schwankt des Kampfes Welle,
Bis sich Kurt im Siege freut;
Er entfernt sich von der Stelle,
Überwinder und gebläut.
Aber was er bald gewahret
In des Busches Zitterschein!
Mit dem Säugling still gepaaret
Schleicht ein Liebchen durch den Hain.

Und sie winkt ihm auf das Plätzchen:
„Lieber Herr, nicht so geschwind!
Habt Ihr nichts an Euer Schätzchen,
Habt Ihr nichts für Euer Kind?“
Ihn durchglühet süße Flamme,
Daß er nicht vorbei begehrt,
Und er findet nun die Amme,
Wie die Jungfrau, liebenswert.

Doch er hört die Diener blasen,
Denket nun der hohen Braut,
Und nun wird auf seinen Straßen
Jahresfest und Markt so laut,
Und er wählet in den Buden
Manches Pfand zu Lieb' und Huld;
Aber ach! da kommen Juden
Mit dem Schein vertagter Schuld.

Und nun halten die Gerichte
Den behenden Ritter auf.
O verteufelte Geschichte!
Heldenhafter Lebenslauf!
Soll ich heute mich gedulden?
Die Verlegenheit ist groß.
Widersacher, Weiber, Schulden,
Ach! kein Ritter wird sie los.

HOCHZEITLIED

Wir singen und sagen vom Grafen so gern,
Der hier in dem Schlosse gehauset,
Da, wo ihr den Enkel des seligen Herrn,
Den heute vermählten, beschmauset.
Nun hatte sich jener im heiligen Krieg
Zu Ehren gestritten durch mannigen Sieg,
Und als er zu Hause vom Rösselein stieg,
Da fand er sein Schlösselein oben;
Doch Diener und Habe zerstoben.

Da bist du nun, Gräflein, da bist du zu Haus,
Das Heimische findest du schlimmer!
Zum Fenster, da ziehen die Winde hinaus,
Sie kommen durch alle die Zimmer.
Was wäre zu tun in der herbstlichen Nacht?
So hab ich doch manche noch schlimmer vollbracht,
Der Morgen hat alles wohl besser gemacht.
Drum rasch bei der mondlichen Helle
Ins Bett, in das Stroh, ins Gestelle.

Und als er im willigen Schlummer so lag,
Bewegt es sich unter dem Bette.
Die Ratte, die raschle, so lange sie mag!
Ja, wenn sie ein Bröselein hätte!
Doch siehe! da stehet ein winziger Wicht,
Ein Zwerglein so zierlich mit Ampelenlicht,
Mit Rednergebärden und Sprechergewicht,
Zum Fuß des ermüdeten Grafen,
Der, schläft er nicht, möcht' er doch schlafen.

„Wir haben uns Feste hier oben erlaubt,
Seitdem du die Zimmer verlassen,
Und weil wir dich weit in der Ferne geglaubt,
So dachten wir eben zu prassen.
Und wenn du vergönnest, und wenn dir nicht graut,
So schmausen die Zwerge, behaglich und laut,
Zu Ehren der reichen, der niedlichen Braut."
Der Graf im Behagen des Traumes:
„Bedienet euch immer des Raumes!"

Da kommen drei Reiter, sie reiten hervor,
Die unter dem Bette gehalten;
Dann folget ein singendes, klingendes Chor
Possierlicher, kleiner Gestalten;
Und Wagen auf Wagen mit allem Gerät,
Daß einem so Hören und Sehen vergeht,
Wie's nur in den Schlössern der Könige steht;
Zuletzt auf vergoldetem Wagen
Die Braut und die Gäste getragen.

So rennet nun alles in vollem Galopp
Und kürt sich im Saale sein Plätzchen;
Zum Drehen und Walzen und lustigen Hopp
Erkieset sich jeder ein Schätzchen.
Da pfeift es und geigt es und klinget und klirrt,
Da ringelt's und schleift es und rauschet und wirrt,
Da pispert's und knistert's und flüstert's und schwirrt;
Das Gräflein, es blicket hinüber,
Es dünkt ihn, als läg' er im Fieber.

Nun dappelt's und rappelt's und klappert's im Saal
Von Bänken und Stühlen und Tischen,
Da will nun ein jeder am festlichen Mahl
Sich neben dem Liebchen erfrischen;
Sie tragen die Würste, die Schinken so klein
Und Braten und Fisch und Geflügel herein;
Es kreiset beständig der köstliche Wein.
Das toset und koset so lange,
Verschwindet zuletzt mit Gesange. —

Und sollen wir singen, was weiter geschehn,
So schweige das Toben und Tosen!
Denn was er, so artig, im kleinen gesehn,
Erfuhr er, genoß er im großen.
Trompeten und klingender, singender Schall,
Und Wagen und Reiter und bräutlicher Schwall,
Sie kommen und zeigen und neigen sich all',
Unzählige, selige Leute.
So ging es und geht es noch heute.

WIRKUNG IN DIE FERNE

Die Königin steht im hohen Saal,
Da brennen der Kerzen so viele;
Sie spricht zum Pagen: „Du läufst einmal
Und holst mir den Beutel zum Spiele.
Er liegt zur Hand
Auf meines Tisches Rand."
Der Knabe, der eilt so behende,
War bald an Schlosses Ende.

Und neben der Königin schlürft zur Stund'
Sorbet die schönste der Frauen.
Da brach ihr die Tasse so hart an dem Mund,
Es war ein Greuel zu schauen.
Verlegenheit! Scham!
Ums Prachtkleid ist's getan!
Sie eilt und fliegt so behende
Entgegen des Schlosses Ende.

Der Knabe zurück zu laufen kam
Entgegen der Schönen in Schmerzen,
Es wußt' es niemand, doch beide zusamm',
Sie hegten einander im Herzen;
Und o des Glücks,
Des günst'gen Geschicks!
Sie warfen mit Brust sich zu Brüsten
Und herzten und küßten nach Lüsten.

Doch endlich beide sich reißen los;
Sie eilt in ihre Gemächer;
Der Page drängt sich zur Königin groß
Durch alle die Degen und Fächer.
Die Fürstin entdeckt
Das Westchen befleckt:
Für sie war nichts unerreichbar,
Der Königin von Saba vergleichbar.

Und sie die Hofmeisterin rufen läßt:
„Wir kamen doch neulich zu Streite,
Und Ihr behauptetet steif und fest,
Nicht reiche der Geist in die Weite;
Die Gegenwart nur,
Die lasse wohl Spur;
Doch niemand wirk' in die Ferne,
Sogar nicht die himmlischen Sterne.

Nun seht! Soeben ward mir zur Seit'
Der geistige Süßtrank verschüttet,
Und gleich darauf hat er dort hinten so weit

Dem Knaben die Weste zerrüttet. —
Besorg' dir sie neu!
Und weil ich mich freu',
Daß sie mir zum Beweise gegolten,
Ich zahl' sie! sonst wirst du gescholten."

JOHANNA SEBUS

Zum Andenken der siebzehnjährigen Schönen Guten aus dem Dorfe Brienen, die am 13. Januar 1809 bei dem Eisgange des Rheins und dem großen Bruche des Dammes von Kleverham Hilfe reichend unterging.

Der Damm zerreißt, das Feld erbraust,
Die Fluten spülen, die Fläche saust.
„Ich trage dich, Mutter, durch die Flut,
Noch reicht sie nicht hoch, ich wate gut." —
„Auch uns bedenke, bedrängt, wie wir sind,
Die Hausgenossin, drei arme Kind!
Die schwache Frau! ... Du gehst davon!" —
Sie trägt die Mutter durchs Wasser schon.
„Zum Bühle, da rettet euch! harret derweil;
Gleich kehr ich zurück, uns allen ist Heil.
Zum Bühl ist's noch trocken und wenige Schritt';
Doch nehmt auch mir meine Ziege mit!"

Der Damm zerschmilzt, das Feld erbraust,
Die Fluten wühlen, die Fläche saust.
Sie setzt die Mutter auf sichres Land,
Schön Suschen, gleich wieder zur Flut gewandt.
„Wohin? Wohin? Die Breite schwoll;
Des Wassers ist hüben und drüben voll.
Verwegen ins Tiefe willst du hinein!" —
„Sie sollen und müssen gerettet sein!"

Der Damm verschwindet, die Welle braust,
Eine Meereswoge, sie schwankt und saust.
Schön Suschen schreitet gewohnten Steg,

Umströmt auch gleitet sie nicht vom Weg,
Erreicht den Bühl und die Nachbarin;
Doch der und den Kindern kein Gewinn!

Der Damm verschwand, ein Meer erbraust's,
Den kleinen Hügel im Kreis umsaust's.
Da gähnet und wirbelt der schäumende Schlund
Und ziehet die Frau mit den Kindern zu Grund;
Das Horn der Ziege faßt das ein',
So sollten sie alle verloren sein!
Schön Suschen steht noch strack und gut:
Wer rettet das junge, das edelste Blut!
Schön Suschen steht noch wie ein Stern;
Doch alle Werber sind alle fern.
Rings um sie her ist Wasserbahn,
Kein Schifflein schwimmet zu ihr heran.
Noch einmal blickt sie zum Himmel hinauf,
Da nehmen die schmeichelnden Fluten sie auf.

Kein Damm, kein Feld! Nur hier und dort
Bezeichnet ein Baum, ein Turn den Ort.
Bedeckt ist alles mit Wasserschwall;
Doch Suschens Bild schwebt überall. —
Das Wasser sinkt, das Land erscheint,
Und überall wird schön Suschen beweint. —
Und dem sei, wer's nicht singt und sagt,
Im Leben und Tod nicht nachgefragt!

GROSS IST DIE DIANA DER EPHESER

Apostelgeschichte 19, 39

Zu Ephesus ein Goldschmied saß
In seiner Werkstatt, pochte
So gut er konnt', ohn' Unterlaß,
So zierlich er's vermochte.
Als Knab' und Jüngling kniet' er schon
Im Tempel vor der Göttin Thron

Und hatte den Gürtel unter den Brüsten,
Worin so manche Tiere nisten,
Zu Hause treulich nachgefeilt,
Wie's ihm der Vater zugeteilt;
Und leitete sein kunstreich Streben
In frommer Wirkung durch das Leben.

Da hört er denn auf einmal laut
Eines Gassenvolkes Windesbraut,
Als gäb's einen Gott so im Gehirn
Da! hinter des Menschen alberner Stirn,
Der sei viel herrlicher als das Wesen,
An dem wir die Breite der Gottheit lesen.

Der alte Künstler horcht nur auf,
Läßt seinen Knaben auf den Markt den Lauf,
Feilt immer fort an Hirschen und Tieren,
Die seiner Gottheit Kniee zieren;
Und hofft, es könnte das Glück ihm walten,
Ihr Angesicht würdig zu gestalten.

Will's aber einer anders halten,
So mag er nach Belieben schalten;
Nur soll er nicht das Handwerk schänden;
Sonst wird er schlecht und schmählich enden.

DER GETREUE ECKART

„O wären wir weiter, o wär' ich zu Haus!
Sie kommen; da kommt schon der nächtliche Graus:
Sie sind's, die unholdigen Schwestern.
Sie streifen heran, und sie finden uns hier,
Sie trinken das mühsam geholte, das Bier,
Und lassen nur leer uns die Krüge."

So sprechen die Kinder und drücken sich schnell;
Da zeigt sich vor ihnen ein alter Gesell:
„Nur stille, Kind! Kinderlein, stille!

Die Hulden, sie kommen von durstiger Jagd,
Und laßt ihr sie trinken, wie's jeder behagt,
Dann sind sie euch hold, die Unholden."

Gesagt, so geschehn! und da naht sich der Graus
Und siehet so grau und so schattenhaft aus,
Doch schlürft es und schlampft es aufs beste.
Das Bier ist verschwunden, die Krüge sind leer;
Nun saust es und braust es, das wütige Heer,
Ins weite Getal und Gebirge.

Die Kinderlein ängstlich gen Hause so schnell,
Gesellt sich zu ihnen der fromme Gesell:
„Ihr Püppchen, nur seid mir nicht traurig." —
„Wir kriegen nun Schelten und Streich' bis aufs Blut." —
„Nein, keineswegs, alles geht herrlich und gut,
Nur schweiget und horchet wie Mäuslein.

Und der es euch anrät, und der es befiehlt,
Er ist es, der gern mit den Kindelein spielt,
Der alte Getreue, der Eckart.
Vom Wundermann hat man euch immer erzählt,
Nur hat die Bestätigung jedem gefehlt;
Die habt ihr nun köstlich in Händen."

Sie kommen nach Hause, sie setzen den Krug
Ein jedes den Eltern bescheiden genug
Und harren der Schläg' und der Schelten.
Doch siehe, man kostet: ein herrliches Bier!
Man trinkt in die Runde schon dreimal und vier,
Und noch nimmt der Krug nicht ein Ende.

Das Wunder, es dauert zum morgenden Tag.
Doch fraget, wer immer zu fragen vermag:
„Wie ist's mit den Krügen ergangen?"
Die Mäuslein, sie lächeln, im stillen ergetzt;
Sie stammeln und stottern und schwatzen zuletzt,
Und gleich sind vertrocknet die Krüge.

Und wenn euch, ihr Kinder, mit treuem Gesicht
Ein Vater, ein Lehrer, ein Aldermann spricht,
So horchet und folget ihm pünktlich!
Und liegt auch das Zünglein in peinlicher Hut,
Verplaudern ist schädlich, verschweigen ist gut;
Dann füllt sich das Bier in den Krügen.

DER TOTENTANZ

Der Türmer, der schaut zu Mitten der Nacht
Hinab auf die Gräber in Lage;
Der Mond, der hat alles ins Helle gebracht;
Der Kirchhof, er liegt wie am Tage.
Da regt sich ein Grab und ein anderes dann:
Sie kommen hervor, ein Weib da, ein Mann,
In weißen und schleppenden Hemden.

Das reckt nun, es will sich ergetzen sogleich,
Die Knöchel zur Runde, zum Kranze,
So arm und so jung, und so alt und so reich;
Doch hindern die Schleppen am Tanze.
Und weil hier die Scham nun nicht weiter gebeut,
Sie schütteln sich alle, da liegen zerstreut
Die Hemdelein über den Hügeln.

Nun hebt sich der Schenkel, nun wackelt das Bein,
Gebärden da gibt es vertrackte;
Dann klippert's und klappert's mitunter hinein,
Als schlüg' man die Hölzlein zum Takte.
Das kommt nun dem Türmer so lächerlich vor;
Da raunt ihm der Schalk, der Versucher, ins Ohr:
Geh! hole dir einen der Laken.

Getan wie gedacht! und er flüchtet sich schnell
Nun hinter geheiligte Türen.
Der Mond, und noch immer er scheinet so hell
Zum Tanz, den sie schauderlich führen.

Doch endlich verlieret sich dieser und der,
Schleicht eins nach dem andern gekleidet einher,
Und, husch, ist es unter dem Rasen.

Nur einer, der trippelt und stolpert zuletzt
Und tappet und grapst an den Grüften;
Doch hat kein Geselle so schwer ihn verletzt,
Er wittert das Tuch in den Lüften.
Er rüttelt die Turmtür, sie schlägt ihn zurück,
Geziert und gesegnet, dem Türmer zum Glück,
Sie blinkt von metallenen Kreuzen.

Das Hemd muß er haben, da rastet er nicht,
Da gilt auch kein langes Besinnen,
Den gotischen Zierat ergreift nun der Wicht
Und klettert von Zinne zu Zinnen.
Nun ist's um den armen, den Türmer getan!
Es ruckt sich von Schnörkel zu Schnörkel hinan,
Langbeinigen Spinnen vergleichbar.

Der Türmer erbleichet, der Türmer erbebt,
Gern gäb er ihn wieder, den Laken.
Da häkelt — jetzt hat er am längsten gelebt —
Den Zipfel ein eiserner Zacken.
Schon trübet der Mond sich verschwindenden Scheins,
Die Glocke, sie donnert ein mächtiges Eins,
Und unten zerschellt das Gerippe.

DIE WANDELNDE GLOCKE

Es war ein Kind, das wollte nie
Zur Kirche sich bequemen,
Und Sonntags fand es stets ein Wie,
Den Weg ins Feld zu nehmen.

Die Mutter sprach: „Die Glocke tönt,
Und so ist dir's befohlen,
Und hast du dich nicht hingewöhnt,
Sie kommt und wird dich holen."

Das Kind, es denkt: die Glocke hängt
Da droben auf dem Stuhle.
Schon hat's den Weg ins Feld gelenkt,
Als lief' es aus der Schule.

Die Glocke, Glocke tönt nicht mehr,
Die Mutter hat gefackelt.
Doch welch ein Schrecken! Hinterher
Die Glocke kommt gewackelt.

Sie wackelt schnell, man glaubt es kaum;
Das arme Kind im Schrecken,
Es läuft, es kommt als wie im Traum;
Die Glocke wird es decken.

Doch nimmt es richtig seinen Husch,
Und mit gewandter Schnelle
Eilt es durch Anger, Feld und Busch
Zur Kirche, zur Kapelle.

Und jeden Sonn- und Feiertag
Gedenkt es an den Schaden,
Läßt durch den ersten Glockenschlag
Nicht in Person sich laden.

BALLADE

„Herein, o du Guter! du Alter, herein!
Hier unten im Saale, da sind wir allein,
Wir wollen die Pforte verschließen.
Die Mutter, sie betet, der Vater im Hain
Ist gangen, die Wölfe zu schießen.
O sing uns ein Märchen, o sing es uns oft,
Daß ich und der Bruder es lerne,
Wir haben schon längst einen Sänger gehofft,
Die Kinder, sie hören es gerne."

„Im nächtlichen Schrecken, im feindlichen Graus
Verläßt er das hohe, das herrliche Haus.
Die Schätze, die hat er vergraben.
Der Graf nun so eilig zum Pförtchen hinaus,
Was mag er im Arme denn haben?
Was birget er unter dem Mantel geschwind?
Was trägt er so rasch in die Ferne?
Ein Töchterlein ist es, da schläft nun das Kind." —
Die Kinder, sie hören es gerne.

„Nun hellt sich der Morgen, die Welt ist so weit,
In Tälern und Wäldern die Wohnung bereit,
In Dörfern erquickt man den Sänger,
So schreitet und heischt er undenkliche Zeit,
Der Bart wächst ihm länger und länger;
Doch wächst in dem Arme das liebliche Kind,
Wie unter dem glücklichsten Sterne,
Geschützt in dem Mantel vor Regen und Wind." —
Die Kinder, sie hören es gerne.

„Und immer sind weiter die Jahre gerückt,
Der Mantel entfärbt sich, der Mantel zerstückt,
Er könnte sie länger nicht fassen.
Der Vater, er schaut sie, wie ist er beglückt!
Er kann sich für Freude nicht lassen;
So schön und so edel erscheint sie zugleich,
Entsprossen aus tüchtigem Kerne,
Wie macht sie den Vater, den teuren, so reich!" —
Die Kinder, sie hören es gerne.

„Da reitet ein fürstlicher Ritter heran,
Sie recket die Hand aus, der Gabe zu nahn,
Almosen will er nicht geben.
Er fasset das Händchen so kräftiglich an:
‚Die will ich', so ruft er, ‚aufs Leben!'
‚Erkennst du', erwidert der Alte, ‚den Schatz,
Erhebst du zur Fürstin sie gerne;
Sie sei dir verlobet auf grünendem Platz.'" —
Die Kinder, sie hören es gerne.

„Sie segnet der Priester am heiligen Ort,
Mit Lust und mit Unlust nun ziehet sie fort,
Sie möchte vom Vater nicht scheiden.
Der Alte, er wandelt nun hier und bald dort,
Er träget in Freuden sein Leiden.
So hab' ich mir Jahre die Tochter gedacht,
Die Enkelein wohl in der Ferne;
Sie segn' ich bei Tage, sie segn' ich bei Nacht." —
Die Kinder, sie hören es gerne.

Er segnet die Kinder; da poltert's am Tor,
Der Vater, da ist er! Sie springen hervor,
Sie können den Alten nicht bergen —
„Was lockst du die Kinder! du Bettler! du Tor!
Ergreift ihn, ihr eisernen Schergen!
Zum tiefsten Verlies den Verwegenen fort!"
Die Mutter vernimmt's in der Ferne,
Sie eilet, sie bittet mit schmeichelndem Wort —
Die Kinder, sie hören es gerne.

Die Schergen, sie lassen den Würdigen stehn,
Und Mutter und Kinder, sie bitten so schön;
Der fürstliche Stolze verbeißet
Die grimmige Wut, ihn entrüstet das Flehn,
Bis endlich sein Schweigen zerreißet:
„Du niedrige Brut! du vom Bettlergeschlecht!
Verfinsterung fürstlicher Sterne!
Ihr bringt mir Verderben! Geschieht mir doch recht..."—
Die Kinder, sie hören's nicht gerne.

Noch stehet der Alte mit herrlichem Blick,
Die eisernen Schergen, sie treten zurück,
Es wächst nur das Toben und Wüten:
„Schon lange verflucht' ich mein eh'liches Glück,
Das sind nun die Früchte der Blüten!
Man leugnete stets, und man leugnet mit Recht,
Daß je sich der Adel erlerne,
Die Bettlerin zeugte mir Bettlergeschlecht." —
Die Kinder, sie hören's nicht gerne.

„Und wenn euch der Gatte, der Vater verstößt,
Die heiligsten Bande verwegentlich löst,
So kommt zu dem Vater, dem Ahnen!
Der Bettler vermag, so ergraut und entblößt,
Euch herrliche Wege zu bahnen.
Die Burg, die ist meine! Du hast sie geraubt,
Mich trieb dein Geschlecht in die Ferne;
Wohl bin ich mit köstlichen Siegeln beglaubt!" –
Die Kinder, sie hören es gerne.

„Rechtmäßiger König, er kehret zurück,
Den Treuen verleiht er entwendetes Glück,
Ich löse die Siegel der Schätze."
So rufet der Alte mit freundlichem Blick:
„Euch künd' ich die milden Gesetze.
Erhole dich, Sohn! Es entwickelt sich gut,
Heut einen sich selige Sterne,
Die Fürstin, sie zeugte dir fürstliches Blut." –
Die Kinder, sie hören es gerne.

Sonette

I
MÄCHTIGES ÜBERRASCHEN

Ein Strom entrauscht umwölktem Felsensaale,
Dem Ozean sich eilig zu verbinden;
Was auch sich spiegeln mag von Grund zu Gründen,
Er wandelt unaufhaltsam fort zu Tale.

Dämonisch aber stürzt mit einem Male —
Ihr folgen Berg und Wald in Wirbelwinden —
Sich Oreas, Behagen dort zu finden,
Und hemmt den Lauf, begrenzt die weite Schale.

Die Welle sprüht und staunt zurück und weichet
Und schwillt bergan, sich immer selbst zu trinken;
Gehemmt ist nun zum Vater hin das Streben.

Sie schwankt und ruht, zum See zurückgedeichet;
Gestirne, spiegelnd sich, beschaun das Blinken
Des Wellenschlags am Fels, ein neues Leben.

II
FREUNDLICHES BEGEGNEN

Im weiten Mantel bis ans Kinn verhüllet,
Ging ich den Felsenweg, den schroffen, grauen,
Hernieder dann zu winterhaften Auen,
Unruh'gen Sinns, zur nahen Flucht gewillet.

Auf einmal schien der neue Tag enthüllet:
Ein Mädchen kam, ein Himmel anzuschauen,
So musterhaft wie jene lieben Frauen
Der Dichterwelt. Mein Sehnen war gestillet.

Doch wandt' ich mich hinweg und ließ sie gehen
Und wickelte mich enger in die Falten,
Als wollt' ich trutzend in mir selbst erwarmen;

Und folgt' ihr doch. Sie stand. Da war's geschehen!
In meiner Hülle konnt' ich mich nicht halten,
Die warf ich weg, sie lag in meinen Armen.

III
KURZ UND GUT

Sollt' ich mich denn so ganz an sie gewöhnen?
Das wäre mir zuletzt doch reine Plage.
Darum versuch' ich's gleich am heut'gen Tage
Und nahe nicht dem vielgewohnten Schönen.

Wie aber mag ich dich, mein Herz, versöhnen,
Daß ich im wicht'gen Fall dich nicht befrage?
Wohlan! Komm her! Wir äußern unsre Klage
In liebevollen, traurig heitern Tönen.

Siehst du, es geht! Des Dichters Wink gewärtig
Melodisch klingt die durchgespielte Leier,
Ein Liebesopfer traulich darzubringen.

Du denkst es kaum, und sieh: das Lied ist fertig;
Allein was nun? — Ich dächt', im ersten Feuer
Wir eilten hin, es vor ihr selbst zu singen.

IV
DAS MÄDCHEN SPRICHT

Du siehst so ernst, Geliebter! Deinem Bilde
Von Marmor hier möcht' ich dich wohl vergleichen;
Wie dieses gibst du mir kein Lebenszeichen;
Mit dir verglichen zeigt der Stein sich milde.

Der Feind verbirgt sich hinter seinem Schilde,
Der Freund soll offen seine Stirn uns reichen.
Ich suche dich, du suchst mir zu entweichen;
Doch halte stand wie dieses Kunstgebilde.

An wen von beiden soll ich nun mich wenden?
Sollt' ich von beiden Kälte leiden müssen,
Da dieses tot und du lebendig heißest?

Kurz, um der Worte mehr nicht zu verschwenden,
So will ich diesen Stein so lange küssen,
Bis eifersüchtig du mich ihm entreißest.

V
WACHSTUM

Als kleines, art'ges Kind nach Feld und Auen
Sprangst du mit mir so manchen Frühlingsmorgen.
„Für solch ein Töchterchen mit holden Sorgen
Möcht' ich als Vater segnend Häuser bauen!"

Und als du anfingst in die Welt zu schauen,
War deine Freude häusliches Besorgen.
„Solch eine Schwester! und ich wär' geborgen:
Wie könnt' ich ihr, ach! wie sie mir vertrauen!"

Nun kann den schönen Wachstum nichts beschränken;
Ich fühl' im Herzen heißes Liebetoben.
Umfass' ich sie, die Schmerzen zu beschwicht'gen?

Doch ach! nun muß ich dich als Fürstin denken:
Du stehst so schroff vor mir emporgehoben;
Ich beuge mich vor deinem Blick, dem flücht'gen.

VI
REISEZEHRUNG

Entwöhnen sollt' ich mich vom Glanz der Blicke,
Mein Leben sollten sie nicht mehr verschönen.
Was man Geschick nennt, läßt sich nicht versöhnen;
Ich weiß es wohl und trat bestürzt zurücke.

Nun wußt' ich auch von keinem weitern Glücke;
Gleich fing ich an von diesen und von jenen
Notwend'gen Dingen sonst mich zu entwöhnen:
Notwendig schien mir nichts als ihre Blicke.

Des Weines Glut, den Vielgenuß der Speisen,
Bequemlichkeit und Schlaf und sonst'ge Gaben,
Gesellschaft wies ich weg, daß wenig bliebe.

So kann ich ruhig durch die Welt nun reisen:
Was ich bedarf, ist überall zu haben,
Und Unentbehrlich's bring' ich mit — die Liebe.

VII
ABSCHIED

War unersättlich nach viel tausend Küssen,
Und mußt' mit Einem Kuß am Ende scheiden.
Nach herber Trennung tiefempfundnem Leiden
War mir das Ufer, dem ich mich entrissen,

Mit Wohnungen, mit Bergen, Hügeln, Flüssen,
Solang ich's deutlich sah, ein Schatz der Freuden;
Zuletzt im Blauen blieb ein Augenweiden
An fernentwichnen lichten Finsternissen.

Und endlich, als das Meer den Blick umgrenzte,
Fiel mir zurück ins Herz mein heiß Verlangen;
Ich suchte mein Verlornes gar verdrossen.

Da war es gleich, als ob der Himmel glänzte;
Mir schien, als wäre nichts mir, nichts entgangen,
Als hätt' ich alles, was ich je genossen.

VIII
DIE LIEBENDE SCHREIBT

Ein Blick von deinen Augen in die meinen,
Ein Kuß von deinem Mund auf meinem Munde,
Wer davon hat, wie ich, gewisse Kunde,
Mag dem was andres wohl erfreulich scheinen?

Entfernt von dir, entfremdet von den Meinen,
Führ' ich stets die Gedanken in die Runde,
Und immer treffen sie auf jene Stunde,
Die einzige; da fang' ich an zu weinen.

Die Träne trocknet wieder unversehens;
Er liebt ja, denk' ich, her in diese Stille,
Und solltest du nicht in die Ferne reichen?

Vernimm das Lispeln dieses Liebewehens!
Mein einzig Glück auf Erden ist dein Wille,
Dein freundlicher zu mir; gib mir ein Zeichen!

IX
DIE LIEBENDE ABERMALS

Warum ich wieder zum Papier mich wende?
Das mußt du, Liebster, so bestimmt nicht fragen:
Denn eigentlich hab' ich dir nichts zu sagen;
Doch kommt's zuletzt in deine lieben Hände.

Weil ich nicht kommen kann, soll, was ich sende,
Mein ungeteiltes Herz hinübertragen
Mit Wonnen, Hoffnungen, Entzücken, Plagen:
Das alles hat nicht Anfang, hat nicht Ende.

Ich mag vom heut'gen Tag dir nichts vertrauen,
Wie sich im Sinnen, Wünschen, Wähnen, Wollen
Mein treues Herz zu dir hinüberwendet:

So stand ich einst vor dir, dich anzuschauen,
Und sagte nichts. Was hätt' ich sagen sollen?
Mein ganzes Wesen war in sich vollendet.

X
SIE KANN NICHT ENDEN

Wenn ich nun gleich das weiße Blatt dir schickte,
Anstatt daß ich's mit Lettern erst beschreibe,
Ausfülltest du's vielleicht zum Zeitvertreibe
Und sendetest's an mich, die Hochbeglückte.

Wenn ich den blauen Umschlag dann erblickte;
Neugierig schnell, wie es geziemt dem Weibe,
Riss' ich ihn auf, daß nichts verborgen bleibe;
Da läs' ich, was mich mündlich sonst entzückte:

„Lieb Kind! Mein artig Herz! Mein einzig Wesen!"
Wie du so freundlich meine Sehnsucht stilltest
Mit süßem Wort und mich so ganz verwöhntest.

Sogar dein Lispeln glaubt' ich auch zu lesen,
Womit du liebend meine Seele fülltest
Und mich auf ewig vor mir selbst verschöntest.

XI
NEMESIS

Wenn durch das Volk die grimme Seuche wütet,
Soll man vorsichtig die Gesellschaft lassen.
Auch hab' ich oft mit Zaudern und Verpassen
Vor manchen Influenzen mich gehütet.

Und obgleich Amor öfters mich begütet,
Mocht' ich zuletzt mich nicht mit ihm befassen.
So ging mir's auch mit jenen Lacrimassen,
Als vier- und dreifach reimend sie gebrütet.

Nun aber folgt die Strafe dem Verächter,
Als wenn die Schlangenfackel der Erinnen
Von Berg zu Tal, von Land zu Meer ihn triebe.

Ich höre wohl der Genien Gelächter;
Doch trennet mich von jeglichem Besinnen
Sonettenwut und Raserei der Liebe.

XII
CHRISTGESCHENK

Mein süßes Liebchen! Hier in Schachtelwänden
Gar mannigfalt geformte Süßigkeiten.
Die Früchte sind es heil'ger Weihnachtszeiten,
Gebackne nur, den Kindern auszuspenden!

Dir möcht' ich dann mit süßem Redewenden
Poetisch Zuckerbrot zum Fest bereiten;
Allein was soll's mit solchen Eitelkeiten?
Weg den Versuch, mit Schmeichelei zu blenden!

Doch gibt es noch ein Süßes, das vom Innern
Zum Innern spricht, genießbar in der Ferne,
Das kann nur bis zu dir hinüberwehen.

Und fühlst du dann ein freundliches Erinnern,
Als blinkten froh dir wohlbekannte Sterne,
Wirst du die kleinste Gabe nicht verschmähen.

XIII

WARNUNG

Am Jüngsten Tag, wenn die Posaunen schallen,
Und alles aus ist mit dem Erdeleben,
Sind wir verpflichtet, Rechenschaft zu geben
Von jedem Wort, das unnütz uns entfallen.

Wie wird's nun werden mit den Worten allen,
In welchen ich so liebevoll mein Streben
Um deine Gunst dir an den Tag gegeben,
Wenn diese bloß an deinem Ohr verhallen?

Darum bedenk', o Liebchen, dein Gewissen,
Bedenk' im Ernst, wie lange du gezaudert,
Daß nicht der Welt solch Leiden widerfahre.

Werd' ich berechnen und entschuld'gen müssen,
Was alles unnütz ich vor dir geplaudert,
So wird der Jüngste Tag zum vollen Jahre.

XIV

Die Zweifelnden:

Ihr liebt, und schreibt Sonette! Weh der Grille!
Die Kraft des Herzens, sich zu offenbaren,
Soll Reime suchen, sie zusammenpaaren;
Ihr Kinder, glaubt: ohnmächtig bleibt der Wille.

Ganz ungebunden spricht des Herzens Fülle
Sich kaum noch aus: sie mag sich gern bewahren;
Dann Stürmen gleich durch alle Saiten fahren;
Dann wieder senken sich zu Nacht und Stille.

Was quält ihr euch und uns, auf jähem Stege
Nur Schritt vor Schritt den läst'gen Stein zu wälzen,
Der rückwärts lastet, immer neu zu mühen?

Die Liebenden:

Im Gegenteil, wir sind auf rechtem Wege!
Das Allerstarrste freudig aufzuschmelzen,
Muß Liebesfeuer allgewaltig glühen.

XV

Mädchen:

Ich zweifle doch am Ernst verschränkter Zeilen!
Zwar lausch' ich gern bei deinen Silbespielen;
Allein mir scheint, was Herzen redlich fühlen,
Mein süßer Freund, das soll man nicht befeilen.

Der Dichter pflegt, um nicht zu langeweilen,
Sein Innerstes von Grund aus umzuwühlen;
Doch seine Wunden weiß er auszukühlen,
Mit Zauberwort die tiefsten auszuheilen.

Dichter:

Schau, Liebchen, hin: Wie geht's dem Feuerwerker?
Drauf ausgelernt, wie man nach Maßen wettert,
Irrgänglich-klug miniert er seine Grüfte;

Allein die Macht des Elements ist stärker,
Und eh' er sich's versieht, geht er zerschmettert
Mit allen seinen Künsten in die Lüfte.

XVI

EPOCHE

Mit Flammenschrift war innigst eingeschrieben
Petrarcas Brust vor allen andern Tagen
Karfreitag. Eben so, ich darf's wohl sagen,
Ist mir Advent von Achtzehnhundertsieben.

Ich fing nicht an, ich fuhr nur fort zu lieben
Sie, die ich früh im Herzen schon getragen,
Dann wieder weislich aus dem Sinn geschlagen,
Der ich nun wieder bin ans Herz getrieben.

Petrarcas Liebe, die unendlich hohe,
War leider unbelohnt und gar zu traurig,
Ein Herzensweh, ein ewiger Karfreitag;

Doch stets erscheine, fort und fort, die frohe,
Süß, unter Palmenjubel, wonneschaurig,
Der Herrin Ankunft mir, ein ew'ger Maitag.

XVII

SCHARADE

Zwei Worte sind es, kurz, bequem zu sagen,
Die wir so oft mit holder Freude nennen,
Doch keineswegs die Dinge deutlich kennen,
Wovon sie eigentlich den Stempel tragen.

Es tut gar wohl in jung- und alten Tagen,
Eins an dem andern kecklich zu verbrennen;
Und kann man sie vereint zusammen nennen,
So drückt man aus ein seliges Behagen.

Nun aber such' ich ihnen zu gefallen
Und bitte, mit sich selbst mich zu beglücken;
Ich hoffe still, doch hoff' ich's zu erlangen:

Als Namen der Geliebten sie zu lallen,
In Einem Bild sie beide zu erblicken,
In Einem Wesen beide zu umfangen.

ALTERSWERKE

Sprüche

I.

1 In wenig Stunden
Hat Gott das Rechte gefunden.

—

2 Ich wandle auf weiter bunter Flur
Ursprünglicher Natur,
Ein holder Born, in welchem ich bade,
Ist Überlieferung, ist Gnade.

—

3 Wie? Wann? und Wo? — Die Götter bleiben stumm!
Du halte dich ans Weil und frage nicht Warum?

—

4 Willst du ins Unendliche schreiten,
Geh nur im Endlichen nach allen Seiten.

—

5 Willst du dich am Ganzen erquicken,
So mußt du das Ganze im Kleinsten erblicken.

—

6 Aus tiefem Gemüt, aus der Mutter Schoß
Will manches dem Tage entgegen;
Doch soll das Kleine je werden groß,
So muß es sich rühren und regen.

—

7 Da, wo das Wasser sich entzweit,
Wird zuerst Lebendig's befreit.

—

Und wird das Wasser sich entfalten, 8
Sogleich wird sich's lebendig gestalten;
Da wälzen sich Tiere, sie trocknen zum Flor,
Und Pflanzengezweige sie dringen hervor.

—

Durchsichtig erscheint die Luft so rein 9
Und trägt im Busen Stahl und Stein.
Entzündet werden sie sich begegnen;
Da wird's Metall und Steine regnen.

—

Denn was das Feuer lebendig erfaßt, 10
Bleibt nicht mehr Unform und Erdenlast.
Verflüchtigt wird es und unsichtbar,
Eilt hinauf, wo erst sein Anfang war.

—

Und so kommt wieder zur Erde herab, 11
Dem die Erde den Ursprung gab.
Gleicherweise sind wir auch gezüchtigt,
Einmal gefestet, einmal verflüchtigt.

—

Und wer durch alle die Elemente 12
Feuer, Luft, Wasser und Erde rennte,
Der wird zuletzt sich überzeugen,
Er sei kein Wesen ihresgleichen.

—

„Was will die Nadel, nach Norden gekehrt?" 13
Sich selbst zu finden, es ist ihr verwehrt.

—

Die endliche Ruhe wird nur verspürt, 14
Sobald der Pol den Pol berührt.

—

15 Drum danket Gott, ihr Söhne der Zeit,
Daß er die Pole für ewig entzweit.

—

16 „Magnetes Geheimnis, erkläre mir das!“
Kein größer Geheimnis als Lieb' und Haß.

—

17 „Wir kennen dich, du Schalk!
Du machst nur Possen;
Vor unsrer Nase doch
Ist viel verschlossen.“

Ihr folget falscher Spur,
Denkt nicht, wir scherzen!
Ist nicht der Kern der Natur
Menschen im Herzen?

Ultimatum

18 Und so sag' ich zum letzten Male:
Natur hat weder Kern noch Schale;
Du prüfe dich nur allermeist,
Ob du Kern oder Schale seist!

II.

19 Wer Gott vertraut,
Ist schon auferbaut.

—

20 Wer Gott ahnet, ist hoch zu halten,
Denn er wird nie im Schlechten walten.

—

Warum uns Gott so wohl gefällt? 21
Weil er sich uns nie in den Weg stellt.

—

Gott hat die Gradheit selbst ans Herz genommen, 22
Auf gradem Weg ist niemand umgekommen.

—

Der Mensch erfährt, er sei auch, wer er mag, 23
Ein letztes Glück und einen letzten Tag.

—

Nichts vom Vergänglichen, 24
Wie's auch geschah!
Uns zu verewigen
Sind wir ja da.

—

Halte dich nur im stillen rein 25
Und laß es um dich wettern;
Je mehr du fühlst ein Mensch zu sein,
Desto ähnlicher bist du den Göttern.

—

Ja, das ist das rechte Gleis, 26
Daß man nicht weiß,
Was man denkt,
Wenn man denkt;
Alles ist als wie geschenkt.

Eigentum

Ich weiß, daß mir nichts angehört 27
Als der Gedanke, der ungestört
Aus meiner Seele will fließen,
Und jeder günstige Augenblick,
Den mich ein liebendes Geschick
Von Grund aus läßt genießen.

—

28 Erkenne dich! — Was soll das heißen?
Es heißt: sei nur! und sei auch nicht!
Es ist eben ein Spruch der lieben Weisen,
Der sich in Kürze widerspricht.

—

29 Niemand wird sich selber kennen,
Sich von seinem Selbst-Ich trennen;
Doch probier' er jeden Tag,
Was nach außen endlich klar,
Was er ist und was er war,
Was er kann und was er mag.

—

30 Liegt dir Gestern klar und offen,
Wirkst du heute kräftig frei,
Kannst auch auf ein Morgen hoffen,
Das nicht minder glücklich sei.

—

31 Nachts, wann gute Geister schweifen,
Schlaf dir von der Stirne streifen,
Mondenlicht und Sternenflimmern
Dich mit ewigem All umschimmern,
Scheinst du dir entkörpert schon,
Wagest dich an Gottes Thron.

32 Aber wenn der Tag die Welt
Wieder auf die Füße stellt,
Schwerlich möcht' er dir's erfüllen
Mit der Frühe bestem Willen;
Zu Mittag schon wandelt sich
Morgentraum gar wunderlich.

—

33 „Hat man das Gute dir erwidert?"
Mein Pfeil flog ab, sehr schön befiedert,
Der ganze Himmel stand ihm offen,
Er hat wohl irgendwo getroffen.

—

Ihr sucht die Menschen zu benennen 34
Und glaubt am Namen sie zu kennen.
Wer tiefer sieht, gesteht sich frei:
Es ist was Anonymes dabei.

Gleichgewinn

Geht einer mit dem andern hin 35
Und auch wohl vor dem andern;
Drum laßt uns, treu und brav und kühn,
Die Lebenspfade wandern.
Es fällt ein jüngerer Soldat
Wohl in den ersten Schlachten;
Der andre muß ins Alter spat
Im Biwak übernachten.
Doch weiß er eifrig seinen Ruhm
Und seines Herrn zu mehren,
So bleibt sein letztes Eigentum
Gewiß das Bett der Ehren.

Das Alter

Das Alter ist ein höflich Mann: 36
Einmal übers andre klopft er an,
Aber nun sagt niemand: Herein!
Und vor der Türe will er nicht sein.
Da klinkt er auf, tritt ein so schnell,
Und nun heißt's, er sei ein grober Gesell.

Die Jahre

Die Jahre sind allerliebste Leut': 37
Sie brachten gestern, sie bringen heut,
Und so verbringen wir Jüngern eben
Das allerliebste Schlaraffenleben.
Und dann fällt's den Jahren auf einmal ein,
Nicht mehr wie sonst bequem zu sein;
Wollen nicht mehr schenken, wollen nicht mehr borgen,
Sie nehmen heute, sie nehmen morgen.

—

38 Laßt mir die jungen Leute nur
Und ergetzt euch an ihren Gaben!
Es will doch Großmama Natur
Manchmal einen närrischen Einfall haben.

—

39 Wo Anmaßung mir wohlgefällt?
An Kindern: denen gehört die Welt.

—

40 Wenn Kindesblick begierig schaut,
Er findet des Vaters Haus gebaut;
Und wenn das Ohr sich erst vertraut,
Ihm tönt der Muttersprache Laut;
Gewahrt es dies und jenes nah,
Man fabelt ihm, was fern geschah,
Umsittigt ihn, wächst er heran;
Er findet eben alles getan,
Man rühmt ihm dies, man preist ihm das:
Er wäre gar gern auch etwas;
Wie er soll wirken, schaffen, lieben,
Das steht ja alles schon geschrieben,
Und, was noch schlimmer ist, gedruckt;
Da steht der junge Mensch verduckt,
Und endlich wird ihm offenbar:
Er sei nur was ein andrer war.

—

41 Gern wär' ich Überliefrung los
Und ganz original;
Doch ist das Unternehmen groß
Und führt in manche Qual.
Als Autochthone rechnet' ich
Es mir zur höchsten Ehre,
Wenn ich nicht gar zu wunderlich
Selbst Überliefrung wäre.

—

Mir gäb' es keine größre Pein, 42
Wär' ich im Paradies allein.

—

Ich träumt' und liebte sonnenklar; 43
Daß ich lebte, ward ich gewahr.

—

Wer recht will tun, immer und mit Lust, 44
Der hege wahre Lieb' in Sinn und Brust.

—

Wann magst du dich am liebsten bücken? 45
Dem Liebchen Frühlingsblume zu pflücken.

Doch das ist gar kein groß Verdienst, 46
Denn Liebe bleibt der höchste Gewinst.

Aug' um Ohr

Was dem Auge dar sich stellet, 47
Sicher glauben wir's zu schaun,
Was dem Ohr sich zugesellet,
Gibt uns nicht ein gleich Vertraun;
Darum deine lieben Worte
Haben oft mir wohlgetan,
Doch ein Blick am rechten Orte
Übrig läßt er keinen Wahn.

Soldatentrost

Nein! Hier hat es keine Not: 48
Schwarze Mädchen, weißes Brot!
Morgen in ein ander Städtchen!
Schwarzes Brot und weiße Mädchen.

Gesellschaft

49 Aus einer großen Gesellschaft heraus
Ging einst ein stiller Gelehrter zu Haus.
Man fragte: „Wie seid ihr zufrieden gewesen?“
„Wären's Bücher“, sagt er, „ich würd' sie nicht lesen.“

—

50 Wer ist denn der souveräne Mann?
Das ist bald gesagt:
Der, den man nicht hindern kann,
Ob er nach Gutem oder Bösem jagt.

—

51 Und wärst du auch zum fernsten Ort,
Zur kleinsten Hütte durchgedrungen,
Was hilft es dir, du findest dort
Tabak und böse Zungen.

—

52 Mit dieser Welt ist's keinerwege richtig;
Vergebens bist du brav, vergebens tüchtig,
Sie will uns zahm, sie will sogar uns nichtig!

—

53 Im Dorfe war ein groß Gelag,
Man sagt', es sei ein Hochzeitstag,
Ich zwängte mich in den Schenkensaal,
Da drehten die Pärchen allzumal,
Ein jedes Mädchen mit seinem Wicht,
Da gab es manch verliebt Gesicht.
Nun fragt' ich endlich nach der Braut —
Mich einer starr ins Angesicht schaut:
„Das mögt Ihr von einem andern hören!
Wir aber tanzen ihr zu Ehren,
Wir tanzen schon drei Tag und Nacht,
Und hat noch niemand an sie gedacht.“

Will einer im Leben um sich schauen,
Dergleichen wird man ihm viel vertrauen.

—

Es ließe sich alles trefflich schlichten, 54
Könnte man die Sachen zweimal verrichten.

Ein Aber dabei

Es wäre schön, was Guts zu kauen, 55
Müßte man nur nicht auch verdauen;
Es wäre herrlich, genug zu trinken,
Tät' einem nur nicht Kopf und Kniee sinken;
Hinüber zu schießen, das wären Possen,
Würde nur nicht wieder herübergeschossen;
Und jedes Mädchen wär' gern bequem,
Wenn nur eine andre ins Kindbett käm'.

III.

Memento

Mußt nicht widerstehn dem Schicksal, 56
Aber mußt es auch nicht fliehen!
Wirst du ihm entgegengehen,
Wird's dich freundlich nach sich ziehen.

—

Du sehnst dich, weit hinaus zu wandern, 57
Bereitest dich zu raschem Flug;
Dir selbst sei treu und treu den andern,
Dann ist die Enge weit genug.

—

Wer mit dem Leben spielt, 58
Kommt nie zurecht;
Wer sich nicht selbst befiehlt,
Bleibt immer ein Knecht.

—

Jedem redlichen Bemühn 59
Sei Beharrlichkeit verliehn!

—

60 Jeder Weg zum rechten Zwecke
Ist auch recht in jeder Strecke.

—

61 Tu nur das Rechte in deinen Sachen;
Das andre wird sich von selber machen.

—

62 Hast du es so lange wie ich getrieben,
Versuche wie ich das Leben zu lieben.

—

63 Von heiligen Männern und von weisen
Ließ' ich mich recht gern unterweisen,
Aber es müßte kurz geschehn,
Langes Reden will mir nicht anstehn.
Wornach soll man am Ende trachten?
Die Welt zu kennen und sie nicht verachten.

—

64 Verweile nicht und sei dir selbst ein Traum,
Und wie du reisest, danke jedem Raum,
Bequeme dich dem Heißen wie dem Kalten;
Dir wird die Welt, du wirst ihr nie veralten.

—

65 Wenn du hast, das ist wohl schön,
Doch du mußt es auch verstehn.
Können, das ist große Sache,
Damit das Wollen etwas mache.

—

66 Zwischen heut und morgen
Liegt eine lange Frist;
Lerne schnell besorgen,
Da du noch munter bist.

—

Nichts taugt Ungeduld, 67
Noch weniger Reue;
Jene vermehrt die Schuld,
Diese schafft neue.

—

Das Rechte, das ich viel getan, 68
Das ficht mich nun nicht weiter an,
Aber das Falsche, das mir entschlüpft,
Wie ein Gespenst mir vor Augen hüpft.

—

„Wie mag ich gern und lange leben?“ 69
Mußt immer nach dem Trefflichsten streben:
Des unerkannt Trefflichen wirket so viel,
Und Zeit und Ewigkeit legt ihm kein Ziel.

Das Beste

Wenn dir's in Kopf und Herzen schwirrt, 70
Was willst du Beßres haben!
Wer nicht mehr liebt und nicht mehr irrt,
Der lasse sich begraben.

—

Daß von diesem wilden Sehnen, 71
Dieser reichen Saat von Tränen
Götterlust zu hoffen sei,
Mache deine Seele frei!

—

Nur wenn das Herz erschlossen, 72
Dann ist die Erde schön.
Du standest so verdrossen
Und wußtest nicht zu sehn.

—

73 Ein Mann, der Tränen streng entwöhnt,
Mag sich ein Held erscheinen;
Doch wenn's im Innern sehnt und dröhnt,
Geb' ihm ein Gott — zu weinen.

—

74 Bist undankbar, so hast nicht recht,
Bist du dankbar, so geht dir's schlecht:
Den rechten Weg wirst nie vermissen,
Handle nur nach Gefühl und Gewissen.

—

75 Wen die Dankbarkeit geniert,
Der ist übel dran;
Denke, wer dich erst geführt,
Wer für dich getan!

—

76 Wer lebenslang dir wohlgetan,
Verletzung rechne dem nicht an.

—

77 Wie fruchtbar ist der kleinste Kreis,
Wenn man ihn wohl zu pflegen weiß.

—

78 Lieb' und Leidenschaft können verfliegen,
Wohlwollen aber wird ewig siegen.

—

79 Glaube nur, du hast viel getan,
Wenn dir Geduld gewöhnest an.

—

80 Nicht größern Vorteil wüßt' ich zu nennen,
Als des Feindes Verdienst erkennen.

—

Oft, wenn dir jeder Trost entflieht, 81
Mußt du im stillen dich bequemen.
Nur dann, wenn dir Gewalt geschieht,
Wird die Menge an dir Anteil nehmen;
Ums Unrecht, das dir widerfährt,
Kein Mensch den Blick zur Seite kehrt.

Keins von allen

Wenn du dich selber machst zum Knecht, 82
Bedauert dich niemand, geht's dir schlecht;
Machst du dich aber selbst zum Herrn,
Die Leute sehn es auch nicht gern;
Und bleibst du endlich, wie du bist,
So sagen sie, daß nichts an dir ist.

—

Die Welt ist nicht aus Brei und Mus geschaffen, 83
Deswegen haltet euch nicht wie Schlaraffen;
Harte Bissen gibt es zu kauen:
Wir müssen erwürgen oder sie verdauen.

—

Alles in der Welt läßt sich ertragen, 84
Nur nicht eine Reihe von schönen Tagen.

—

Du trägst sehr leicht, wenn du nichts hast; 85
Aber Reichtum ist eine leichtere Last.

—

Soll dich das Alter nicht verneinen, 86
So mußt du es gut mit andern meinen;
Mußt viele fördern, manchem nützen,
Das wird dich vor Vernichtung beschützen.

—

Ich wünsche mir eine hübsche Frau, 87
Die nicht alles nähme gar zu genau,
Doch aber zugleich am besten verstände,
Wie ich mich selbst am besten befände.

Lebensart

88 Über Wetter- und Herrenlaunen
Runzle niemals die Augenbraunen;
Und bei den Grillen der hübschen Frauen
Mußt du immer vergnüglich schauen.

—

89 Ohne Umschweife
Begreife,
Was dich mit der Welt entzweit;
Nicht will sie Gemüt, will Höflichkeit.

Meine Wahl

90 Ich liebe mir den heitern Mann
Am meisten unter meinen Gästen:
Wer sich nicht selbst zum besten haben kann,
Der ist gewiß nicht von den Besten.

Den Originalen

91 Ein Quidam sagt: „Ich bin von keiner Schule!
Kein Meister lebt, mit dem ich buhle;
Auch bin ich weit davon entfernt,
Daß ich von Toten was gelernt.“ —
Das heißt, wenn ich ihn recht verstand:
Ich bin ein Narr auf eigne Hand.

—

92 „Ich hielt mich stets von Meistern entfernt;
Nachtreten wäre mir Schmach!
Hab’ alles von mir selbst gelernt.“
Es ist auch darnach!

Vergebliche Müh’

93 Willst du der getreue Eckart sein
Und jedermann vor Schaden warnen,
’s ist auch eine Rolle, sie trägt nichts ein:
Sie laufen dennoch nach den Garnen.

—

„Ich zieh' ins Feld! 94
Wie macht's der Held?"
Vor der Schlacht hochherzig,
Ist sie gewonnen, barmherzig,
Mit schönen Kindern liebherzig;
Wär' ich Soldat,
Das wär' mein Rat.

„Gib eine Norm zur Bürgerführung!" 95
Hienieden,
Im Frieden,
Kehre jeder vor seiner Türe;
Bekriegt,
Besiegt,
Vertrage man sich mit der Einquartierung.

—

Sie schelten einander Egoisten; 96
Will jeder doch nur sein Leben fristen.
Wenn der und der ein Egoist,
So denke, daß du es selber bist.
Du willst nach deiner Art bestehn,
Mußt selbst auf deinen Nutzen sehn!
Dann werdet ihr das Geheimnis besitzen,
Euch sämtlich untereinander zu nützen;
Doch den laßt nicht zu euch herein,
Der andern schadet, um etwas zu sein.

—

Sie glauben miteinander zu streiten 97
Und fühlen das Unrecht von beiden Seiten.

Lebensregel

Willst du dir ein hübsch Leben zimmern, 98
Mußt dich ums Vergangne nicht bekümmern;
Das wenigste muß dich verdrießen;
Mußt stets die Gegenwart genießen,
Besonders keinen Menschen hassen
Und die Zukunft Gott überlassen.

IV.

99 Vom Vater hab' ich die Statur,
Des Lebens ernstes Führen,
Von Mütterchen die Frohnatur
Und Lust zu fabulieren.
Urahnherr war der Schönsten hold,
Das spukt so hin und wieder,
Urahnfrau liebte Schmuck und Gold,
Das zuckt wohl durch die Glieder.
Sind nun die Elemente nicht
Aus dem Komplex zu trennen,
Was ist denn an dem ganzen Wicht
Original zu nennen?

—

100 Hätte Gott mich anders gewollt,
So hätt' er mich anders gebaut;
Da er mir aber Talent gezollt,
Hat er mir viel vertraut.
Ich brauch' es zur Rechten und Linken,
Weiß nicht, was daraus kommt;
Wenn's nicht mehr frommt,
Wird er schon winken.

—

101 Teilen kann ich nicht das Leben,
Nicht das Innen noch das Außen,
Allen muß das Ganze geben,
Um mit euch und mir zu hausen.
Immer hab' ich nur geschrieben,
Wie ich fühle, wie ich's meine,
Und so spalt' ich mich, ihr Lieben,
Und bin immerfort der Eine.

—

102 Ein reiner Reim wird wohl begehrt,
Doch den Gedanken rein zu haben,
Die edelste von allen Gaben,
Das ist mir alle Reime wert.

—

Wäre Gott und eine, 103
So wäre mein Lied nicht kleine.

Gott hab' ich und die Kleine 104
Im Lied erhalten reine.

So laßt mir das Gedächtnis 105
Als fröhliches Vermächtnis.

Den 18. Januar 1832

Der Zaubrer fordert leidenschaftlich wild 106
Von Höll' und Himmel sich Helenens Bild;
Trät' er zu mir in heitern Morgenstunden,
Das Liebenswürdigste wär' friedlich ihm gefunden.

—

Gutes zu empfangen, zu erweisen, 107
Alter, geh auf Reisen. —
Meine Freunde
Sind aus einer Mittelzeit,
Eine schöne Gemeinde,
Weit und breit,
Auch entfernt
Haben sie von mir gelernt,
In Gesinnung treu;
Haben nicht an mir gelitten,
Ich hab' ihnen nichts abzubitten;
Als Person komm' ich neu.
Wir haben kein Konto miteinander,
Sind wie im Paradies selbander.

—

Wie ihr denkt oder denken sollt, 108
Geht mich nichts an;
Was ihr Guten, ihr Besten wollt,
Hab' ich zum Teil getan.
Viel übrig bleibt zu tun,
Möge nur keiner lässig ruhn! —

Was ich sag', ist Bekenntnis,
Zu meinem und eurem Verständnis.
Die Welt wird täglich breiter und größer,
So macht's denn auch vollkommner und besser!
Besser sollt' es heißen und vollkommner;
So sei denn jeder ein Willkommner.

—

109 Nehmt nur mein Leben hin in Bausch
Und Bogen, wie ich's führe;
Andre verschlafen ihren Rausch,
Meiner steht auf dem Papiere.

—

110 Lasset walten, lasset gelten,
Was ich wunderlich verkündigt!
Dürftet ihr den Guten schelten,
Der mit seiner Zeit gesündigt?

—

111 Gott grüß' euch, Brüder,
Sämtliche Oner und Aner!
Ich bin Weltbewohner,
Bin Weimaraner,
Ich habe diesem edlen Kreis
Durch Bildung mich empfohlen,
Und wer es etwa besser weiß,
Der mag's wo anders holen.

—

112 Ihr könnt mir immer ungescheut
Wie Blüchern Denkmal setzen;
Von Franzen hat er euch befreit,
Ich von Philisternetzen.

—

113 „Du kommst nicht ins Ideenland!"
So bin ich doch am Ufer bekannt.
Wer die Insel nicht zu erobern glaubt,
Dem ist Ankerwerfen doch wohl erlaubt.

—

Den Dichter könnt ihr mir nicht nehmen, 114
Den Menschen geb' ich euch preis;
Auch der darf sich nicht schämen,
Greift doch an euren Steiß.

—

Sibyllinisch mit meinem Gesicht 115
Soll ich im Alter prahlen!
Je mehr es ihm an Fülle gebricht,
Desto öfter wollen sie's malen!

—

Warum ich Royaliste bin, 116
Das ist sehr simpel:
Als Poet fand ich Ruhms Gewinn,
Frei Segel, freie Wimpel;
Mußt' aber alles selber tun,
Konnt' niemand fragen:
Der alte Fritz wußt' auch zu tun,
Durft' ihm niemand was sagen.

Demut

Seh' ich die Werke der Meister an, 117
So seh' ich das, was sie getan;
Betracht' ich meine Siebensachen,
Seh' ich, was ich hätt' sollen machen.

—

Wie mancher Mißwillige schnuffelt und wittert 118
Um das von der Muse verliehne Gedicht;
Sie haben Lessing das Ende verbittert —
Mir sollen sie's nicht!

—

„Die Feinde, sie bedrohen dich, 119
Das mehrt von Tag zu Tage sich;
Wie dir doch gar nicht graut!"
Das seh' ich alles unbewegt,

Sie zerren an der Schlangenhaut,
Die jüngst ich abgelegt.
Und ist die nächste reif genung,
Abstreif' ich die sogleich,
Und wandle neu belebt und jung
Im frischen Götterreich.

—

120 „Sag' nur, wie trägst du so behäglich
Der tollen Jugend anmaßliches Wesen?"
Fürwahr, sie wären unerträglich,
Wär' ich nicht auch unerträglich gewesen.

—

121 „Ist denn das klug und wohlgetan?
Was willst du Freund' und Feinde kränken!"
Erwachsne gehn mich nichts mehr an,
Ich muß nun an die Enkel denken.

—

122 „Sage, warum dich die Menschen verlassen?"
Glaubet nicht, daß sie mich deshalb hassen;
Auch bei mir will sich die Lust verlieren,
Mit irgend jemand zu konversieren.

—

123 „Wie doch, betrügerischer Wicht,
Verträgst du dich mit allen?"
Ich leugne die Talente nicht,
Wenn sie mir auch mißfallen.

—

124 „So widerstrebe! Das wird dich adeln;
Willst vor der Feierstunde schon ruhn?"
Ich bin zu alt, um etwas zu tadeln,
Doch immer jung genug, etwas zu tun.

—

„Warum magst du gewisse Schriften nicht lesen?“ 125
Das ist auch sonst meine Speise gewesen;
Eilt aber die Raupe, sich einzuspinnen,
Nicht kann sie mehr Blättern Geschmack abgewinnen.

V.

Bilde, Künstler! Rede nicht! 126
Nur ein Hauch sei dein Gedicht.

—

Bei Tag der Wolken formumformend Weben! 127
Bei Nacht des Sternenheeres glühend Leben!
Mit reinen Saiten wag' emporzudringen,
Du wirst der Sphären ewige Lieder singen.

—

All unser redlichstes Bemühn 128
Glückt nur im unbewußten Momente.
Wie möchte denn die Rose blühn,
Wenn sie der Sonne Herrlichkeit erkennte!

—

Durch Vernünfteln wird Poesie vertrieben, 129
Aber sie mag das Vernünftige lieben.

—

Im Vaterlande 130
Schreibe, was dir gefällt.
Da sind Liebesbande,
Da ist deine Welt.

Draußen zuwenig oder zuviel, 131
Zu Hause nur ist Maß und Ziel.

—

132 Gedichte sind gemalte Fensterscheiben!
Sieht man vom Markt in die Kirche hinein,
Da ist alles dunkel und düster;
Und so sieht's auch der Herr Philister:
Der mag denn wohl verdrießlich sein
Und lebenslang verdrießlich bleiben.

Kommt aber nur einmal herein!
Begrüßt die heilige Kapelle;
Da ist's auf einmal farbig helle,
Geschicht' und Zierat glänzt in Schnelle,
Bedeutend wirkt ein edler Schein;
Dies wird euch Kindern Gottes taugen,
Erbaut euch und ergetzt die Augen!

Antike

133 Homer ist lange mit Ehren genannt,
Jetzt ward euch Phidias bekannt;
Nun hält nichts gegen beide Stich,
Darob ereifre niemand sich.

Seid willkommen, edle Gäste,
Jedem echten deutschen Sinn;
Denn das Herrlichste, das Beste
Bringt allein dem Geist Gewinn.

Modernes

134 „Wie aber kann sich Hans van Eyck
Mit Phidias nur messen?"
Ihr müßt, so lehr' ich, alsogleich
Einen um den andern vergessen.

Denn wärt ihr stets bei einer geblieben,
Wie könntet ihr noch immer lieben?
Das ist die Kunst, das ist die Welt,
Daß eins ums andere gefällt.

—

Was im Leben uns verdrießt, 135
Man im Bilde gern genießt.

—

Künstler, zeiget nur den Augen 136
Farben-Fülle, reines Rund,
Was den Seelen möge taugen!
Seid gesund und wirkt gesund!

—

Mir will das kranke Zeug nicht munden, 137
Autoren sollten erst gesunden.

—

Erlauchte Bettler hab' ich gekannt, 138
Künstler und Philosophen genannt;
Doch wüßt' ich niemand, ungeprahlt,
Der seine Zeche besser bezahlt.

—

Jüngling, merke dir, in Zeiten 139
Wo sich Geist und Sinn erhöht:
Daß die Muse zu begleiten,
Doch zu leiten nicht versteht.

VI.

Weite Welt und breites Leben, 140
Langer Jahre redlich Streben,
Stets geforscht und stets gegründet,
Nie geschlossen, oft geründet,
Ältestes bewahrt mit Treue,
Freundlich aufgefaßtes Neue,
Heitern Sinn und reine Zwecke:
Nun! man kommt wohl eine Strecke.

—

141 Das Tüchtige, und wenn auch falsch,
Wirkt Tag für Tag, von Haus zu Haus;
Das Tüchtige, wenn's wahrhaft ist,
Wirkt über alle Zeiten hinaus.

—

142 Mich freuen die vielen Guten und Tücht'gen,
Obgleich so viele dazwischen belfen.
Die Deutschen wissen zu bericht'gen,
Aber sie verstehen nicht nachzuhelfen.

—

143 Ihrer viele wissen viel,
Von der Weisheit sind sie weit entfernt.
Andre Leute sind euch ein Spiel;
Sich selbst hat niemand ausgelernt.

—

144 Wie sind die Vielen doch beflissen!
Und es verwirrt sie nur der Fleiß.
Sie möchten's gerne anders wissen
Als einer, der das Rechte weiß.

Spruch, Widerspruch

145 Ihr müßt mich nicht durch Widerspruch verwirren!
Sobald man spricht, beginnt man schon zu irren.

—

146 Für mich hab' ich genug erworben,
Soviel auch Widerspruch sich regt;
Sie haben meine Gedanken verdorben
Und sagen, sie hätten mich widerlegt.

—

147 Ruhig soll ich hier verpassen
Meine Müh' und Fleiß;
Alles soll ich gelten lassen,
Was ich besser weiß.

—

„Wie hast du's denn so weit gebracht? 148
Sie sagen, du habest es gut vollbracht!" —
Mein Kind! ich hab' es klug gemacht,
Ich habe nie über das Denken gedacht.

—

Der Philosoph, dem ich so gern vertraue, 149
Lehrt, wo nicht gegen alle, doch die meisten,
Daß unbewußt wir stets das Beste leisten:
Das glaubt man gern und lebt nun frisch ins Blaue.

—

Was wir Dichter ins Enge bringen, 150
Wird von ihnen ins Weite geklaubt.
Das Wahre klären sie an den Dingen,
Bis niemand mehr dran glaubt.

—

Was in der Zeiten Bildersaal 151
Jemals ist trefflich gewesen,
Das wird immer einer einmal
Wieder auffrischen und lesen.

—

Im Auslegen seid frisch und munter! 152
Legt ihr's nicht aus, so legt was unter.

—

„Anders lesen Knaben den Terenz, 153
Anders Grotius."
Mich Knaben ärgerte die Sentenz,
Die ich nun gelten lassen muß.

—

Das mußt du als ein Knabe leiden, 154
Daß dich die Schule tüchtig reckt.
Die alten Sprachen sind die Scheiden,
Darin das Messer des Geistes steckt.

VII.

155 Entzwei' und gebiete! Tüchtig Wort;
Verein' und leite! Beßrer Hort.

—

156 Manches Herrliche der Welt
Ist in Krieg und Streit zerronnen.
Wer beschützet und erhält,
Hat das schönste Los gewonnen.

—

157 Mit einem Herren steht es gut,
Der, was er befohlen, selber tut.

—

158 Ich kann mich nicht betören lassen,
Macht euern Gegner nur nicht klein;
Ein Kerl, den alle Menschen hassen,
Der muß was sein.

—

159 Wenn auch der Held sich selbst genug ist,
Verbunden geht es doch geschwinder;
Und wenn der Überwundne klug ist,
Gesellt er sich zum Überwinder.

—

160 Sie werden so lange votieren und schnacken,
Wir sehen endlich wieder Kosaken,
Die haben uns vom Tyrannen befreit,
Sie befrein uns auch wohl von der Freiheit.

—

161 Mir ist das Volk zur Last,
Meint es doch dies und das:
Weil es die Fürsten haßt,
Denkt es, es wäre was.

Lug oder Trug?

Darf man das Volk betrügen? 162
Ich sage: nein!
Doch willst du sie belügen,
So mach' es nur nicht fein.

Egalité

Das Größte will man nicht erreichen, 163
Man beneidet nur seinesgleichen;
Der schlimmste Neidhart ist in der Welt,
Der jeden für seinesgleichen hält.

—

Ich habe gar nichts gegen die Menge; 164
Doch kommt sie einmal ins Gedränge,
So ruft sie, um den Teufel zu bannen,
Gewiß die Schelme, die Tyrannen.

—

Und wenn man auch den Tyrannen ersticht, 165
Ist immer noch viel zu verlieren.
Sie gönnten Cäsarn das Reich nicht
Und wußten's nicht zu regieren.

—

Die Deutschen sind recht gute Leut', 166
Sind sie einzeln, sie bringen's weit;
Nun sind ihnen auch die größten Taten
Zum erstenmal im ganzen geraten.
Ein jeder spreche Amen darein,
Daß es nicht möge das letztemal sein.

Den 1. Januar 1814

Daß du die gute Sache liebst, 167
Das ist nicht zu vermeiden,
Doch von der schlimmsten ist sie nicht
Bis jetzt zu unterscheiden.

—

168 Die gute Sache kommt mir vor
Als wie Saturn, der Sünder:
Kaum sind sie an das Licht gebracht,
So frißt er seine Kinder.

—

169 Die Engel stritten für uns Gerechte,
Zogen den kürzern in jedem Gefechte;
Da stürzte denn alles drüber und drunter,
Dem Teufel gehörte der ganze Plunder.
Nun ging es an ein Beten und Flehen!
Gott ward bewegt, herein zu sehen.
Spricht Logos, dem die Sache klar
Von Ewigkeit her gewesen war:
Sie sollten sich keineswegs genieren,
Sich auch einmal als Teufel gerieren,
Auf jede Weise den Sieg erringen
Und hierauf das Tedeum singen.
Das ließen sie sich nicht zweimal sagen,
Und siehe, die Teufel waren geschlagen.
Natürlich fanden sie hinterdrein,
Es sei recht hübsch, ein Teufel zu sein.

—

170 Das Zeitungsgeschwister,
Wie mag sich's gestalten,
Als um die Philister
Zum Narren zu halten?

—

171 Was euch die heilige Preßfreiheit
Für Frommen, Vorteil und Früchte beut?
Davon habt ihr gewisse Erscheinung:
Tiefe Verachtung öffentlicher Meinung.

Zeit und Zeitung

A.

172 Sag' mir, warum dich keine Zeitung freut?

B.

Ich liebe sie nicht, sie dienen der Zeit.

Den Vereinigten Staaten

Amerika, du hast es besser 173
Als unser Kontinent, das alte,
Hast keine verfallene Schlösser
Und keine Basalte.
Dich stört nicht im Innern
Zu lebendiger Zeit
Unnützes Erinnern
Und vergeblicher Streit.

Benutzt die Gegenwart mit Glück!
Und wenn nun eure Kinder dichten,
Bewahre sie ein gut Geschick
Vor Ritter-, Räuber- und Gespenstergeschichten.

Bürgerpflicht

Den 6. März 1832

Ein jeder kehre vor seiner Tür, 174
Und rein ist jedes Stadtquartier.
Ein jeder übe sein' Lektion,
So wird es gut im Rate stohn.

VIII.

Wer in der Weltgeschichte lebt, 175
Dem Augenblick sollt' er sich richten?
Wer in die Zeiten schaut und strebt,
Nur der ist wert, zu sprechen und zu dichten.

—

„Sag', was enthält die Kirchengeschichte? 176
Sie wird mir in Gedanken zunichte;
Es gibt unendlich viel zu lesen,
Was ist denn aber das alles gewesen?"

Zwei Gegner sind es, die sich boxen,
Die Arianer und die Orthodoxen;
Durch viele Säkla dasselbe geschicht,
Es dauert bis an das Jüngste Gericht.

—

177 Mit Kirchengeschichte was hab' ich zu schaffen?
Ich sehe weiter nichts als Pfaffen;
Wie's um die Christen steht, die Gemeinen,
Davon will mir gar nichts erscheinen.

—

178 Glaubt nicht, daß ich fasele, daß ich dichte,
Seht hin und findet mir andre Gestalt!
Es ist die ganze Kirchengeschichte
Mischmasch von Irrtum und von Gewalt.

—

179 Ihr Gläubigen, rühmt nur nicht euren Glauben
Als einzigen! Wir glauben auch wie ihr;
Der Forscher läßt sich keineswegs berauben
Des Erbteils, aller Welt gegönnt — und mir.

—

180 „Ein Sadduzäer will ich bleiben!
Das könnte mich zur Verzweiflung treiben,
Wenn von dem Volk, das hier mich bedrängt,
Auch würde die Ewigkeit eingeengt;
Das wäre doch nur der alte Patsch,
Droben gäb's nur verklärten Klatsch."
Sei nicht so heftig, sei nicht so dumm!
Da drüben bildet sich alles um.

—

181 Ich habe nichts gegen die Frömmigkeit,
Sie ist zugleich Bequemlichkeit;
Wer ohne Frömmigkeit will leben,
Muß großer Mühe sich ergeben:

Auf seine eigne Hand zu wandern,
Sich selbst genügen und den andern
Und freilich auch dabei vertraun,
Gott werde wohl auf ihn niederschaun.

—

Niemand soll ins Kloster gehn, 182
Als er sei denn wohl versehn
Mit gehörigem Sündenvorrat,
Damit es ihm so früh als spat
Nicht mög' am Vergnügen fehlen,
Sich mit Reue durchzuquälen.

—

Den deutschen Mannen gereicht's zum Ruhm, 183
Daß sie gehaßt das Christentum,
Bis Herrn Carolus' leidigem Degen
Die edlen Sachsen unterlegen.
Doch haben sie lange genug gerungen,
Bis endlich die Pfaffen sie bezwungen
Und sie sich unters Joch geduckt;
Doch haben sie immer einmal gemuckt.
Sie lagen nur im halben Schlaf,
Als Luther die Bibel verdeutscht so brav.
Sankt Paulus, wie ein Ritter derb,
Erschien den Rittern minder herb.
Freiheit erwacht in jeder Brust,
Wir protestieren all' mit Lust.

—

Ich bin euch sämtlichen zur Last, 184
Einigen auch sogar verhaßt;
Das hat aber gar nichts zu sagen:
Denn mir behagt's in alten Tagen,
So wie es mir in jungen behagte,
Daß ich nach alt und jung nicht fragte.

Ins Einzelne

185 Seit vielen Jahren hab' ich still
Zu eurem Tun geschwiegen,
Das sich am Tag und Tages-Will
Gefällig mag vergnügen.

Ihr denkt, woher der Wind auch weht,
Zu Schaden und Gewinne,
Wenn es nach eurem Sinne geht,
Es ging' nach einem Sinne.

Du segelst her, der andre hin,
Die Woge zu erproben,
Und was erst eine Flotte schien,
Ist ganz und gar zerstoben.

—

186 Ein großer Teich war zugefroren,
Die Fröschlein, in der Tiefe verloren,
Durften nicht ferner quaken noch springen,
Versprachen sich aber, im halben Traum,
Fänden sie nur da oben Raum,
Wie Nachtigallen wollten sie singen.
Der Tauwind kam, das Eis zerschmolz,
Nun ruderten sie und landeten stolz,
Und saßen am Ufer weit und breit
Und quakten wie vor alter Zeit.

—

187 Sonst: wie die Alten sungen,
So zwitscherten die Jungen;
Jetzt: wie die Jungen singen,
Soll's bei den Alten klingen.
Bei solchem Lied und Reigen
Das Beste — ruhn und schweigen.

—

Die holden jungen Geister 188
Sind alle von einem Schlag,
Sie nennen mich ihren Meister
Und gehn der Nase nach.

—

Mit seltsamen Gebärden 189
Gibt man sich viele Pein,
Kein Mensch will etwas werden,
Ein jeder will schon was sein.

Kläffer

Wir reiten in die Kreuz und Quer' 190
Nach Freuden und Geschäften;
Doch immer kläfft es hinterher
Und billt aus allen Kräften.
So will der Spitz aus unserm Stall
Uns immerfort begleiten,
Und seines Bellens lauter Schall
Beweist nur, daß wir reiten.

Gedichte an Personen

RHEIN UND MAIN

1.

Zu des Rheins gestreckten Hügeln,
Hochgesegneten Gebreiten,
Auen, die den Fluß bespiegeln,
Weingeschmückten Landesweiten
Möget mit Gedankenflügeln
Ihr den treuen Freund begleiten.

2.

Erst Empfindung, dann Gedanken,
Erst ins Weite, dann zu Schranken,
Aus dem Wilden hold und mild
Zeigt sich dir das wahre Bild.

3.

Nicht ist alles Gold, was gleißt,
Glück nicht alles, was so heißt,
Nicht alles Freude, was so scheint.
Damit hab' ich gar manches gemeint.

4.

Wohlerleuchtet, glühend-milde
Zog der Fluß im Abendschein,
Über Brück' und Stadtgebilde
Finsternisse sanken ein.

WEIHNACHTEN

Bäume leuchtend, Bäume blendend,
Überall das Süße spendend,
In dem Glanze sich bewegend,
Alt- und junges Herz erregend —
Solch ein Fest ist uns bescheret,
Mancher Gaben Schmuck verehret;
Staunend schaun wir auf und nieder,
Hin und her und immer wieder.

Aber, Fürst, wenn dir's begegnet,
Und ein Abend so dich segnet,
Daß als Lichter, daß als Flammen
Vor dir glänzten allzusammen
Alles, was du ausgerichtet,
Alle, die sich dir verpflichtet:
Mit erhöhten Geistesblicken
Fühltest herrliches Entzücken.

Dem Großherzog Carl August zu Neujahr 1828

Fehlt der Gabe gleich das Neue,
Sei das Alte nicht veraltet,
Wie Verehrung, Lieb' und Treue
Immer frisch im Busen waltet.

Sei auch noch so viel bezeichnet,
Was man fürchtet, was begehrt,
Nur weil es dem Dank sich eignet,
Ist das Leben schätzenswert.

IHRO HOHEIT DER PRINZESSIN MARIA VON SACHSEN-WEIMAR UND -EISENACH MIT RAFFAELS „GÄRTNERIN“

zum 3. Februar 1820

Sanftes Bild dem sanften Bilde
Unsrer Fürstin widmet sich;
Solche Ruhe, solche Milde
Immerfort umschwebe dich!

Denn ein äußerlich Zerstreuen,
Das sich in sich selbst zerschellt,
Fordert inneres Erneuen,
Das den Sinn zusammenhält.

Aus dem bunten Weltbeginnen
Wende deinen holden Blick
So vertrauenvoll nach innen,
Wie aufs heilige Bild zurück.

SYMBOLUM

Des Maurers Wandeln
Es gleicht dem Leben,
Und sein Bestreben
Es gleicht dem Handeln
Der Menschen auf Erden.

Die Zukunft decket
Schmerzen und Glücke.
Schrittweis dem Blicke,
Doch ungeschrecket
Dringen wir vorwärts.

Und schwer und schwerer
Hängt eine Hülle
Mit Ehrfurcht. Stille
Ruhn oben die Sterne
Und unten die Gräber.

Betracht' sie genauer
Und siehe, so melden
Im Busen der Helden
Sich wandelnde Schauer
Und ernste Gefühle.

Doch rufen von drüben
Die Stimmen der Geister,
Die Stimmen der Meister:
„Versäumt nicht zu üben
Die Kräfte des Guten.

Hier winden sich Kronen
In ewiger Stille,
Die sollen mit Fülle
Die Tätigen lohnen!
Wir heißen euch hoffen.“

ZUR LOGENFEIER DES DRITTEN SEPTEMBERS 1825

Einleitung

Einmal nur in unserm Leben,
Was auch sonst begegnen mag,
Ist das höchste Glück gegeben,
Einmal feiert solchen Tag!

Einen Tag, der froh erglänzend
Bunten Schmucks der Nacht entsteigt,
Sich gesellig nun bekränzend
Segensvoll zum Berge neigt.

Darum öffnet eure Pforten,
Laßt Vertrauteste herein;
Heute soll an allen Orten
Liebe nah' der Liebe sein!

Zwischengesang

Laßt fahren hin das allzu Flüchtige!
Ihr sucht bei ihm vergebens Rat;
In dem Vergangnen lebt das Tüchtige,
Verewigt sich in schöner Tat.

Und so gewinnt sich das Lebendige
Durch Folg' aus Folge neue Kraft,
Denn die Gesinnung, die beständige,
Sie macht allein den Menschen dauerhaft.

So löst sich jene große Frage
Nach unserm zweiten Vaterland;
Denn das Beständige der ird'schen Tage
Verbürgt uns ewigen Bestand.

Schlußgesang

Nun auf und laßt verlauten,
Ihr brüderlich Vertrauten,
Wie ihr geheim verehret,
Nach außen sei's gekehret!
Nicht mehr in Sälen
Verhalle der Sang.

Und jubelnd übermaßen
Durchziehet neue Straßen!
Wo wir ins Leere schauten,
Erscheinen edle Bauten
Und Kranz an Kränzen
Die Reihen entlang.

So äußeres Gebäude
Verkündet innre Freude;
Der Schule Raum erheitert,
Zu lichtem Saal erweitert;
Die Kinder scheuen
Nicht Moder noch Zwang.

Nun in die luft'gen Räume!
Wer pflanzte diese Bäume,
Ihr kinderfrohen Gatten?
Er pflegte diese Schatten,
Und Wälder umgrünen
Die Hügel entlang.

Die Plage zu vergessen,
Das Gute zu ermessen,
So aufgeregt als treulich,
So treusam wie erfreulich
Stimmet zusammen
In herzlichem Sang!

Wie viel er ausgespendet,
Auch weit und breit vollendet,
Die Unzahl sich verbündet,
Unsäglich Glück gegründet,
Das wiederholet
Das Leben entlang.

DEM WÜRDIGEN BRUDERFESTE
Johanni 1830

Funfzig Jahre sind vorüber,
Wie gemischte Tage flohn;
Funfzig Jahre sind hinüber
In das ernst Vergangne schon.

Doch lebendig stets aufs neue
Tut sich edles Wirken kund,
Freundesliebe, Männertreue
Und ein ewig sichrer Bund.

Ausgesät in weiter Ferne,
Nah, getrennt, ein ernstes Reich,
Schimmern sie, bescheidner Sterne
Leis wohltät'gem Lichte gleich.

So, die Menschheit fort zu ehren,
Lasset, freudig überein,
Als wenn wir beisammen wären,
Kräftig uns zusammen sein!

DEM 31. OKTOBER 1817

Dreihundert Jahre hat sich schon
Der Protestant erwiesen,
Daß ihn von Papst- und Türkenthron
Befehle baß verdrießen.

Was auch der Pfaffe sinnt und schleicht,
Der Prediger steht zur Wache,
Und daß der Erbfeind nichts erreicht,
Ist aller Deutschen Sache.

Auch ich soll gottgegebne Kraft
Nicht ungenützt verlieren,
Und will in Kunst und Wissenschaft
Wie immer protestieren.

HERRN STAATSMINISTER VON VOIGT

Zur Feier des 27. Septembers 1816

Von Berges Luft, dem Äther gleich zu achten,
Umweht, auf Gipfelfels hochwaldiger Schlünde,
Im engsten Stollen, wie in tiefsten Schachten
Ein Licht zu suchen, das den Geist entzünde,
War ein gemeinsam köstliches Betrachten,
Ob nicht Natur zuletzt sich doch ergründe?
Und manches Jahr des stillsten Erdelebens
Ward so zum Zeugen edelsten Bestrebens.

Im Garten auch, wo Dichterblumen sprossen,
Den äußern Sinn, den innern Sinn erquicken,
Gefahrlos nicht vor luftigen Geschossen,
Wie sie Eroten hin und wieder schicken,
Da haben wir der Stunden viel genossen
An frisch belebter Vorwelt heitern Blicken,
Gesellend uns den ewig teuren Geistern,
Den stets beredten, unerreichten Meistern.

Dahin bewegten wir von dornigen Pfaden
Verwornnen Lebens gern die müden Schritte,
Dort fanden sich, zu gleicher Lust geladen,
Der Männer Tiefsinn, Frauengeist und -sitte,
Und Wissenschaft und Kunst und alle Gnaden
Des Musengottes, reich, in unsrer Mitte;
Bis endlich, längst umwölkt, der Himmel wettert,
Das Paradies und seinen Hain zerschmettert.

Nun aber Friede tröstend wiederkehret,
Kehrt unser Sinn sich treulich nach dem Alten,
Zu bauen auf, was Kampf und Zug zerstöret,
Zu sichern, wie's ein guter Geist erhalten. —
Verwirrend ist's, wenn man die Menge höret:
Denn jeder will nach eignem Willen schalten;
Beharren wir zusamt in gleichem Sinne,
Das rechn' ich uns zum köstlichsten Gewinne.

DEM FÜRSTEN BLÜCHER VON WAHLSTADT DIE SEINEN

In Harren und Krieg,
In Sturz und Sieg
Bewußt und groß!
So riß er uns
Von Feinden los.

GRAFEN KARL HARRACH

Karlsbad, den 25. September 1819

Die sich herzlich oft begrüßten,
Die das Leben sich versüßten,
Führt ein guter Geist zur Stelle
Wieder an dieselbe Quelle!
Treues Wirken, reines Lieben
Ist das Beste stets geblieben.

An den Grafen Kaspar Sternberg

Weimar, den 12. Juni 1827

Wenn mit jugendlichen Scharen
Wir beblümte Wege gehn,
Ist die Welt doch gar zu schön.
Aber wenn bei hohen Jahren
Sich ein Edler uns gesellt,
O, wie herrlich ist die Welt!

DEN 6. JUNI 1816

Du versuchst, o Sonne, vergebens,
Durch die düstren Wolken zu scheinen!
Der ganze Gewinn meines Lebens
Ist, ihren Verlust zu beweinen.

DER GRÄFIN TITINNE ODONELL,

die eine meiner Schreibfedern verlangte

Als der Knabe nach der Schule
Das Pennal in Händen ging,
Und mit stumpfer Federspule
Lettern an zu kritzeln fing,
Hofft' er endlich schön zu schreiben
Als den herrlichsten Gewinn;
Doch daß das Geschriebne bleiben
Sollte, sich durch Länder treiben,
Gar ein Wert der Federspule,
Kam ihm, in der engen Schule,
Auf dem niedern Schemelstuhle,
Wahrlich niemals in den Sinn.

An Frau v. Stein

zu ihrem Geburtstag am 25. Dezember 1815

Daß du zugleich mit dem heil'gen Christ
An diesem Tage geboren bist,
Und August auch, der werte, schlanke,
Dafür ich Gott im Herzen danke.
Dies gibt in tiefer Winterszeit
Erwünschteste Gelegenheit,
Mit einigem Zucker dich zu grüßen,
Abwesenheit mir zu versüßen,
Der ich, wie sonst, in Sonnenferne
Im stillen liebe, leide, lerne.

AN FANNY CASPERS

Jena, den 21. November 1815

In einer Stadt einmal
Auf dem Stadthaus
Ein großer Saal,
Darin ein lustig Mahl.

Unter den Gästen
Eine artige Maus,
Wie's bei solchen Festen
Geht, im Champagnersaus.
Sie hatte nicht so viel getrunken
Als Schiller, ich und alle,
Sie war mir aber um den Hals gesunken.
In keiner Falle
Fing man so lieblich Mäuschen;
Niedlich war sie, niedlicher im Räuschchen.
Ich hielt sie feste, feste,
Wir küßten, und aufs beste;
Doch wickelt' sie sich heraus —
Fort war die Maus!
Die treibt sich in Osten und Süden;
Gott schenk' ihr Lieb' und Frieden!

JULIEN GRÄFIN EGLOFFSTEIN

Freundlich werden neue Stunden
Zu vergangnen sich gesellen,
Blüten, Blumen, wohl empfunden,
Bleiben ewig Immortellen.

REISESEGEN

Sei die Zierde des Geschlechts! —
Blicke weder links noch rechts;
Schaue von den Gegenständen
In dein Innerstes zurück;
Sicher traue deinen Händen,
Eignes fördre, Freundes Glück.

AN FRÄULEIN VON SCHILLER
Den 10. August 1819

Weil so viel zu sagen war,
Wußt' ich nichts zu sagen,
Ob die Blätter gleich ein Jahr
Mir vorm Auge lagen.

Jetzo, da du sie entführt,
Mag die Feder walten:
Denn es bleibt, wie sich's gebührt,
Immerfort beim alten.

Milde zum Verständlichen
Wird die Mutter mahnen,
Deutend zum Unendlichen
Auf des Vaters Bahnen.

An Marianne v. Willemer

Weimar, den 3. März 1831

Vor die Augen meiner Lieben,
Zu den Fingern, die's geschrieben, —
Einst, mit heißestem Verlangen
So erwartet, wie empfangen —
Zu der Brust, der sie entquollen,
Diese Blätter wandern sollen;
Immer liebevoll bereit,
Zeugen allerschönster Zeit.

AN LORD BYRON

Ein freundlich Wort kommt eines nach dem andern
Von Süden her und bringt uns frohe Stunden;
Es ruft uns auf, zum Edelsten zu wandern,
Nicht ist der Geist, doch ist der Fuß gebunden.

Wie soll ich dem, den ich so lang begleitet,
Nun etwas Traulich's in die Ferne sagen?
Ihm, der sich selbst im Innersten bestreitet,
Stark angewohnt, das tiefste Weh zu tragen.

Wohl sei ihm doch, wenn er sich selbst empfindet!
Er wage selbst sich hochbeglückt zu nennen,
Wenn Musenkraft die Schmerzen überwindet;
Und wie ich ihn erkannt, mög' er sich kennen.

*

Stark von Faust, gewandt im Rat,
Liebt er die Hellenen;
Edles Wort und schöne Tat
Füllt sein Aug' mit Tränen.

Liebt den Säbel, liebt das Schwert,
Freut sich der Gewehre;
Säh' er, wie sein Herz begehrt,
Sich vor mut'gem Heere!

Laßt ihn der Historia,
Bändigt euer Sehnen;
Ewig bleibt ihm Gloria,
Bleiben uns die Tränen.

DEN FUNFZEHN ENGLISCHEN FREUNDEN

Weimar, 28. August 1831

Worte, die der Dichter spricht,
Treu, in heimischen Bezirken,
Wirken gleich, doch weiß er nicht,
Ob sie in die Ferne wirken.

Briten! habt sie aufgefaßt:
„Tätigen Sinn, das Tun gezügelt;
Stetig Streben, ohne Hast."
Und so wollt ihr's denn besiegelt.

Trilogie zu Howards Wolkenlehre

Atmosphäre

„Die Welt, sie ist so groß und breit,
Der Himmel auch so hehr und weit,
Ich muß das alles mit Augen fassen,
Will sich aber nicht recht denken lassen."

Dich im Unendlichen zu finden,
Mußt unterscheiden und dann verbinden;
Drum danket mein beflügelt Lied
Dem Manne, der Wolken unterschied.

Howards Ehrengedächtnis

Wenn Gottheit Camarupa, hoch und hehr,
Durch Lüfte schwankend wandelt leicht und schwer,
Des Schleiers Falten sammelt, sie zerstreut,
Am Wechsel der Gestalten sich erfreut,
Jetzt starr sich hält, dann schwindet wie ein Traum,
Da staunen wir und traun dem Auge kaum;

Nun regt sich kühn des eignen Bildens Kraft,
Die Unbestimmtes zu Bestimmtem schafft;
Da droht ein Leu, dort wogt ein Elefant,
Kameles Hals, zum Drachen umgewandt,
Ein Heer zieht an, doch triumphiert es nicht,
Da es die Macht am steilen Felsen bricht;
Der treuste Wolkenbote selbst zerstiebt,
Eh' er die Fern' erreicht, wohin man liebt.

Er aber, Howard, gibt mit reinem Sinn
Uns neuer Lehre herrlichsten Gewinn.
Was sich nicht halten, nicht erreichen läßt,
Er faßt es an, er hält zuerst es fest;
Bestimmt das Unbestimmte, schränkt es ein,
Benennt es treffend! — Sei die Ehre dein! —
Wie Streife steigt, sich ballt, zerflattert, fällt,
Erinnre dankbar deiner sich die Welt.

Stratus

Wenn von dem stillen Wasserspiegelplan
Ein Nebel hebt den flachen Teppich an,
Der Mond, dem Wallen des Erscheins vereint,
Als ein Gespenst Gespenster bildend scheint,
Dann sind wir alle, das gestehn wir nur,
Erquickt', erfreute Kinder, o Natur!

Dann hebt sich's wohl am Berge, sammelnd breit
An Streife Streifen, so umdüstert's weit
Die Mittelhöhe, beidem gleich geneigt,
Ob's fallend wässert oder luftig steigt.

Kumulus

Und wenn darauf zu höhrer Atmosphäre
Der tüchtige Gehalt berufen wäre,
Steht Wolke hoch, zum Herrlichsten geballt,
Verkündet, festgebildet, Machtgewalt,
Und, was ihr fürchtet und auch wohl erlebt,
Wie's oben drohet, so es unten bebt.

Cirrus

Doch immer höher steigt der edle Drang!
Erlösung ist ein himmlisch leichter Zwang.
Ein Aufgehäuftes, flockig löst sich's auf,
Wie Schäflein tripplend, leicht gekämmt zu Hauf.
So fließt zuletzt, was unten leicht entstand,
Dem Vater oben still in Schoß und Hand.

Nimbus

Nun laßt auch niederwärts, durch Erdgewalt
Herabgezogen, was sich hoch geballt,
In Donnerwettern wütend sich ergehn,
Heerscharen gleich entrollen und verwehn! —
Der Erde tätig-leidendes Geschick!
Doch mit dem Bilde hebet euren Blick:
Die Rede geht herab, denn sie beschreibt,
Der Geist will aufwärts, wo er ewig bleibt.

Wohl zu merken

Und wenn wir unterschieden haben,
Dann müssen wir lebendige Gaben
Dem Abgesonderten wieder verleihn
Und uns eines Folgelebens erfreun.

So, wenn der Maler, der Poet,
Mit Howards Sondrung wohl vertraut,
Des Morgens früh, am Abend spät
Die Atmosphäre prüfend schaut,

Da läßt er den Charakter gelten,
Doch ihm erteilen luftige Welten
Das Übergängliche, das Milde,
Daß er es fasse, fühle, bilde.

AN ZWEI GEBRÜDER, EIFRIGE JUNGE NATURFREUNDE

Marienbad, 1822

Am feuchten Fels, den dichtes Moos versteckt,
Erblühen Blumen, flattert manch Insekt;
Scheint es auch dürr den kahlen Berg hinan,
So nährt es doch, das Schaf bewollt sich dran.
Die Wiese grünt, gehörnte Herde braunt,
Da wandeln Menschen gut und bös gelaunt,
Genießen reichlich, spärlich, früh und spat,
Den Wunderwuchs der folgereichen Saat.
Und wenn der Kranke fast am Ziel erliegt,
So steigt die Quelle rasch, die Hoffnung siegt.
Ihr! vom Gestein hinauf zur Atmosphäre
Gedenket mein! — Dem Höchsten Preis und Ehre!

An Johann Daniel Wagener

Weimar, den 7. September 1827

Span'sches hast du mir gesandt,
Deutsches folgt hieneben;
Beides ist gar wohl gekannt,
Soll auch beides leben!

Ziehn wir nun die achtzig Jahr'
Durch des Lebens Mühen,
Müssen noch im Silberhaar
Unsre Pflüge ziehen.

Führt doch durch des Lebens Tor,
Traun, so manche Gleise;
Ziehn wir einst im Engelchor,
Geht's nach einer Weise.

Dem Schauspieler Krüger mit einem Exemplar der „Iphigenie“

Weimar, 31. März 1827

Was der Dichter diesem Bande
Glaubend, hoffend anvertraut,
Werd' im Kreise deutscher Lande
Durch des Künstlers Wirken laut.
So im Handeln, so im Sprechen
Liebevoll verkünd' es weit:
Alle menschliche Gebrechen
Sühnet reine Menschlichkeit.

In das Stammbuch des Enkels Walter v. Goethe April 1825

Unter die Worte Jean Pauls: „Der Mensch hat hier dritthalb Minuten: eine zu lächeln, eine zu seufzen und eine halbe zu lieben; denn mitten in dieser Minute stirbt er.“

Ihrer sechzig hat die Stunde,
Über tausend hat der Tag.
Söhnchen, werde dir die Kunde,
Was man alles leisten mag!

Zu einem Kupferstich, Goethes Gartenhaus im Weimarer Park darstellend

Übermütig sieht's nicht aus,
Hohes Dach und niedres Haus;
Allen, die daselbst verkehrt,
Ward ein guter Mut beschert.
Schlanker Bäume grüner Flor,
Selbstgepflanzter, wuchs empor.
Geistig ging zugleich alldort
Schaffen, Hegen, Wachsen fort.

PARABEL

In einer Stadt, wo Parität
Noch in der alten Ordnung steht,
Da, wo sich nämlich Katholiken
Und Protestanten in einander schicken,
Und, wie's von Vätern war erprobt,
Jeder Gott auf seine Weise lobt;
Da lebten wir Kinder Lutheraner
Von etwas Predigt und Gesang,
Waren aber dem Kling und Klang
Der Katholiken nur zugetaner:
Denn alles war doch gar zu schön,
Bunter und lustiger anzusehn.

Dieweil nun Affe, Mensch und Kind
Zur Nachahmung geboren sind,
Erfanden wir, die Zeit zu kürzen,
Ein auserlesnes Pfaffenspiel:
Zum Chorrock, der uns wohlgefiel,
Gaben die Schwestern ihre Schürzen;
Handtücher, mit Wirkwerk schön verziert,
Wurden zur Stola travestiert;
Die Mütze mußte den Bischof zieren
Von Goldpapier mit vielen Tieren.

So zogen wir nun im Ornat
Durch Haus und Garten, früh und spat,
Und wiederholten ohne Schonen
Die sämtlichen heiligen Funktionen;
Doch fehlte noch das beste Stück.
Wir wußten wohl, ein prächtig Läuten
Habe hier am meisten zu bedeuten;
Und nun begünstigt' uns das Glück:
Denn auf dem Boden hing ein Strick.
Wir sind entzückt, und wie wir diesen
Zum Glockenstrang sogleich erkiesen,

Ruht er nicht einen Augenblick:
Denn wechselnd eilten wir Geschwister,
Einer ward um den andern Küster,
Ein jedes drängte sich hinzu.
Das ging nun allerliebst vonstatten,
Und weil wir keine Glocken hatten,
So sangen wir Bum Baum dazu.

Vergessen, wie die ältste Sage,
War der unschuld'ge Kinderscherz;
Doch grade diese letzten Tage
Fiel er mit einmal mir aufs Herz:
Da sind sie ja, nach allen Stücken,
Die neupoetischen Katholiken!

AN KOTZEBUE

Februar 1816

Natur gab dir so schöne Gaben,
Als tausend andre Menschen nicht haben;
Sie versagte dir aber den schönsten Gewinst,
Zu schätzen mit Freude fremdes Verdienst.

Könntest du dich deiner Nachbarn freuen,
Du stelltest dich ehrenvoll mit in den Reihen;
Nun aber hat dich das Rechte verdrossen,
Und hast dich selber ausgeschlossen.

Und wenn nach hundert Jahren ein Meiner
Deiner Werke gedenkt und deiner,
So darf er es nicht anders sagen;
Du kannst ihn beim Jüngsten Gericht verklagen.

*

„Warum bekämpfst du nicht den Kotzebue,
Der scharfe Pfeile, dir zu schaden, richtet?"
Ich sehe schadenfroh im stillen zu,
Wie dieser Feind sich selbst vernichtet.

*

Ein strenger Mann, von Stirne kraus,
Herr Doktor Müllner heißt er,
Wirft alles gleich zum Fenster hinaus,
Sogar den „Wilhelm Meister".
Er ganz allein versteht es recht,
Daran ist gar kein Zweifel:
Denn geht es seinen Helden schlecht,
Ergibt er sie dem Teufel.

*

Erwiderung

Wenn schönes Mädchen sorgen will
Für meine Seligkeit,
So ist ihr zartes Herzchen still
Der Liebe schon geweiht;
Doch Pfarrers Wittib mahnt mich an
Aus ihrem Ofenwinkel!
Fürwahr, ich sehe nichts daran
Als Eitelkeit und Dünkel. —
Beim Heiland möcht' ich euch nicht gern
Für die Empfehlung danken,
Gesunde kennen unsern Herrn
Weit besser als ihr Kranken.

*

Verwandte sind sie von Natur,
Der Frischling und das Ferkel;
So ist Herr Menzel endlich nur
Ein potenzierter Merkel.

DEZEMBER

M	D	M	D	F	S	S
			1	2	3	4
5	6	7	8	9	10	11
2	13	14	15	16	17	18
9	20	21	22	23	24	25
6	27	28	29	30	31	

42-24
9. Woche

MITTWOCH

7

DEZEMBER

1989 JANUAR

M	D	M	D	F	S	S
						1
2	3	4	5	6	7	8
9	10	11	12	13	14	15
16	17	18	19	20	21	22
23	24	25	26	27	28	29
30	31					

Ambrosius

8
½
9
½
10
½
11
½
12
½
13
½
14
½
15
½
16
½
17
½
18
½
19
½
20

Die weltanschaulichen Gedichte

PROOEMION

Im Namen dessen, der Sich selbst erschuf!
Von Ewigkeit in schaffendem Beruf;
In Seinem Namen, der den Glauben schafft,
Vertrauen, Liebe, Tätigkeit und Kraft;
In Jenes Namen, der, so oft genannt,
Dem Wesen nach blieb immer unbekannt:

So weit das Ohr, so weit das Auge reicht,
Du findest nur Bekanntes, das Ihm gleicht,
Und deines Geistes höchster Feuerflug
Hat schon am Gleichnis, hat am Bild genug;
Es zieht dich an, es reißt dich heiter fort,
Und wo du wandelst, schmückt sich Weg und Ort;
Du zählst nicht mehr, berechnest keine Zeit,
Und jeder Schritt ist Unermeßlichkeit.

—

Was wär' ein Gott, der nur von außen stieße,
Im Kreis das All am Finger laufen ließe!
Ihm ziemt's, die Welt im Innern zu bewegen,
Natur in Sich, Sich in Natur zu hegen,
So daß, was in Ihm lebt und webt und ist,
Nie Seine Kraft, nie Seinen Geist vermißt.

Im Innern ist ein Universum auch;
Daher der Völker löblicher Gebrauch,
Daß jeglicher das Beste, was er kennt,
Er Gott, ja seinen Gott benennt,
Ihm Himmel und Erden übergibt,
Ihn fürchtet und wo möglich liebt.

PARABASE

Freudig war, vor vielen Jahren,
Eifrig so der Geist bestrebt,
Zu erforschen, zu erfahren,
Wie Natur im Schaffen lebt.
Und es ist das ewig Eine,
Das sich vielfach offenbart;
Klein das Große, groß das Kleine,
Alles nach der eignen Art.
Immer wechselnd, fest sich haltend;
Nah und fern und fern und nah;
So gestaltend, umgestaltend –
Zum Erstaunen bin ich da.

EPIRRHEMA

Müsset im Naturbetrachten
Immer eins wie alles achten;
Nichts ist drinnen, nichts ist draußen:
Denn was innen, das ist außen.
So ergreifet ohne Säumnis
Heilig öffentlich Geheimnis.

Freuet euch des wahren Scheins,
Euch des ernsten Spieles:
Kein Lebendiges ist ein Eins,
Immer ist's ein Vieles.

ANTEPIRRHEMA

So schauet mit bescheidnem Blick
Der ewigen Weberin Meisterstück,
Wie Ein Tritt tausend Fäden regt,
Die Schifflein hinüber, herüber schießen,
Die Fäden sich begegnend fließen,
Ein Schlag tausend Verbindungen schlägt,
Das hat sie nicht zusammengebettelt,
Sie hat's von Ewigkeit angezettelt;
Damit der ewige Meistermann
Getrost den Einschlag werfen kann.

ALLERDINGS

Dem Physiker

„Ins Innre der Natur —“
O du Philister! —
„Dringt kein erschaffner Geist.“
Mich und Geschwister
Mögt ihr an solches Wort
Nur nicht erinnern:
Wir denken: Ort für Ort
Sind wir im Innern.
„Glückselig! wem sie nur
Die äußre Schale weist!“
Das hör’ ich sechzig Jahre wiederholen,
Ich fluche drauf, aber verstohlen;
Sage mir tausend tausendmale:
Alles gibt sie reichlich und gern;
Natur hat weder Kern
Noch Schale,
Alles ist sie mit einem Male;
Dich prüfe du nur allermeist,
Ob du Kern oder Schale seist.

URWORTE. ORPHISCH

ΔΑΙΜΩΝ, Dämon

Wie an dem Tag, der dich der Welt verliehen,
Die Sonne stand zum Gruße der Planeten,
Bist alsobald und fort und fort gediehen
Nach dem Gesetz, wonach du angetreten.
So mußt du sein, dir kannst du nicht entfliehen,
So sagten schon Sibyllen, so Propheten;
Und keine Zeit und keine Macht zerstückelt
Geprägte Form, die lebend sich entwickelt.

ΤΥΧΗ, Das Zufällige

Die strenge Grenze doch umgeht gefällig
Ein Wandelndes, das mit und um uns wandelt;
Nicht einsam bleibst du, bildest dich gesellig

Und handelst wohl so, wie ein andrer handelt:
Im Leben ist's bald hin-, bald widerfällig,
Es ist ein Tand und wird so durchgetandelt.
Schon hat sich still der Jahre Kreis geründet,
Die Lampe harrt der Flamme, die entzündet.

ΕΡΩΣ, Liebe

Die bleibt nicht aus! — Er stürzt vom Himmel nieder,
Wohin er sich aus alter Öde schwang,
Er schwebt heran auf luftigem Gefieder
Um Stirn und Brust den Frühlingstag entlang,
Scheint jetzt zu fliehn, vom Fliehen kehrt er wieder,
Da wird ein Wohl im Weh, so süß und bang.
Gar manches Herz verschwebt im Allgemeinen,
Doch widmet sich das edelste dem Einen.

ΑΝΑΓΚΗ, Nötigung

Da ist's denn wieder, wie die Sterne wollten:
Bedingung und Gesetz; und aller Wille
Ist nur ein Wollen, weil wir eben sollten,
Und vor dem Willen schweigt die Willkür stille;
Das Liebste wird vom Herzen weggescholten,
Dem harten Muß bequemt sich Will' und Grille.
So sind wir scheinfrei denn nach manchen Jahren
Nur enger dran, als wir am Anfang waren.

ΕΛΠΙΣ, Hoffnung

Doch solcher Grenze, solcher eh'rnen Mauer
Höchst widerwärt'ge Pforte wird entriegelt,
Sie stehe nur mit alter Felsendauer!
Ein Wesen regt sich leicht und ungezügelt:
Aus Wolkendecke, Nebel, Regenschauer
Erhebt sie uns, mit ihr, durch sie beflügelt;
Ihr kennt sie wohl, sie schwärmt durch alle Zonen;
Ein Flügelschlag — und hinter uns Äonen.

PARIA

Des Paria Gebet

Großer Brahma, Herr der Mächte,
Alles ist von deinem Samen,
Und so bist du der Gerechte!
Hast du denn allein die Brahmen,
Nur die Rajahs und die Reichen,
Hast du sie allein geschaffen?
Oder bist auch du's, der Affen
Werden ließ und unseresgleichen?

Edel sind wir nicht zu nennen:
Denn das Schlechte, das gehört uns,
Und was andre tödlich kennen,
Das alleine, das vermehrt uns.
Mag dies für die Menschen gelten,
Mögen sie uns doch verachten;
Aber du, du sollst uns achten,
Denn du könntest alle schelten.

Also, Herr, nach diesem Flehen,
Segne mich zu deinem Kinde;
Oder Eines laß entstehen,
Das auch mich mit dir verbinde!
Denn du hast den Bajaderen
Eine Göttin selbst erhoben;
Auch wir andern, dich zu loben,
Wollen solch ein Wunder hören.

Legende

Wasser holen geht die reine
Schöne Frau des hohen Brahmen,
Des verehrten, fehlerlosen,
Ernstester Gerechtigkeit.
Täglich von dem heiligen Flusse
Holt sie köstlichstes Erquicken; —

Aber wo ist Krug und Eimer?
Sie bedarf derselben nicht.
Seligem Herzen, frommen Händen
Ballt sich die bewegte Welle
Herrlich zu kristallner Kugel;
Diese trägt sie, frohen Busens,
Reiner Sitte, holden Wandelns,
Vor den Gatten in das Haus.

Heute kommt die morgendliche
Im Gebet zu Ganges' Fluten,
Beugt sich zu der klaren Fläche —
Plötzlich überraschend spiegelt
Aus des höchsten Himmels Breiten
Über ihr vorübereilend
Allerlieblichste Gestalt
Hehren Jünglings, den des Gottes
Uranfänglich-schönes Denken
Aus dem ew'gen Busen schuf;
Solchen schauend fühlt ergriffen
Von verwirrenden Gefühlen
Sie das innere tiefste Leben,
Will verharren in dem Anschaun,
Weist es weg, da kehrt es wieder,
Und verworren strebt sie flutwärts,
Mit unsichrer Hand zu schöpfen;
Aber ach! sie schöpft nicht mehr!
Denn des Wassers heilige Welle
Scheint zu fliehn, sich zu entfernen,
Sie erblickt nur hohler Wirbel
Grause Tiefen unter sich.

Arme sinken, Tritte straucheln,
Ist's denn auch der Pfad nach Hause?
Soll sie zaudern? soll sie fliehen?
Will sie denken, wo Gedanke,
Rat und Hülfe gleich versagt? —
Und so tritt sie vor den Gatten;
Er erblickt sie, Blick ist Urteil,

Hohen Sinns ergreift das Schwert er,
Schleppt sie zu dem Totenhügel,
Wo Verbrecher büßend bluten.
Wüßte sie zu widerstreben?
Wüßte sie sich zu entschuld'gen,
Schuldig, keiner Schuld bewußt?

Und er kehrt mit blutigem Schwerte
Sinnend zu der stillen Wohnung;
Da entgegnet ihm der Sohn:
„Wessen Blut ist's? Vater! Vater!" —
„Der Verbrecherin!" — „Mit nichten!
Denn es starret nicht am Schwerte
Wie verbrecherische Tropfen,
Fließt wie aus der Wunde frisch.
Mutter, Mutter! tritt heraus her!
Ungerecht war nie der Vater,
Sage, was er jetzt verübt." —
„Schweige! Schweige! 's ist das ihre!" —
„Wessen ist es?" — „Schweige! Schweige!" —
„Wäre meiner Mutter Blut!
Was geschehen? was verschuldet?
Her das Schwert! ergriffen hab' ich's;
Deine Gattin magst du töten,
Aber meine Mutter nicht!
In die Flammen folgt die Gattin
Ihrem einzig Angetrauten,
Seiner einzig teuren Mutter
In das Schwert der treue Sohn."

„Halt', o halte!" rief der Vater,
„Noch ist Raum, enteil', enteile!
Füge Haupt dem Rumpfe wieder,
Du berührest mit dem Schwerte,
Und lebendig folgt sie dir."

Eilend, atemlos erblickt er
Staunend zweier Frauen Körper
Überkreuzt und so die Häupter;

Welch Entsetzen! welche Wahl!
Dann der Mutter Haupt erfaßt er,
Küßt es nicht, das tot erblaßte,
Auf des nächsten Rumpfes Lücke
Setzt er's eilig, mit dem Schwerte
Segnet er das fromme Werk.

Aufersteht ein Riesenbildnis. —
Von der Mutter teuren Lippen,
Göttlich-unverändert-süßen,
Tönt das grausenvolle Wort:
„Sohn, o Sohn! welch Übereilen!
Deiner Mutter Leichnam dorten,
Neben ihm das freche Haupt
Der Verbrecherin, des Opfers
Waltender Gerechtigkeit!
Mich nun hast du ihrem Körper
Eingeimpft auf ewige Tage;
Weisen Wollens, wilden Handelns
Werd' ich unter Göttern sein.
Ja des Himmelsknaben Bildnis
Webt so schön vor Stirn und Auge;
Senkt sich's in das Herz herunter,
Regt es tolle Wutbegier.

Immer wird es wiederkehren,
Immer steigen, immer sinken,
Sich verdüstern, sich verklären,
So hat Brahma dies gewollt.
Er gebot ja buntem Fittich,
Klarem Antlitz, schlanken Gliedern,
Göttlich-einzigem Erscheinen,
Mich zu prüfen, zu verführen;
Denn von oben kommt Verführung,
Wenn's den Göttern so beliebt.
Und so soll ich, die Brahmane,
Mit dem Haupt im Himmel weilend,
Fühlen, Paria, dieser Erde
Niederziehende Gewalt.

Sohn, ich sende dich dem Vater!
Tröste! — Nicht ein traurig Büßen,
Stumpfes Harren, stolz Verdienen
Halt' euch in der Wildnis fest;
Wandert aus durch alle Welten,
Wandelt hin durch alle Zeiten
Und verkündet auch Geringstem:
Daß ihn Brahma droben hört!

Ihm ist keiner der Geringste.
Wer sich mit gelähmten Gliedern,
Sich mit wild zerstörtem Geiste,
Düster ohne Hülf' und Rettung,
Sei er Brahma, sei er Paria,
Mit dem Blick nach oben kehrt,
Wird's empfinden, wird's erfahren:
Dort erglühen tausend Augen,
Ruhend lauschen tausend Ohren,
Denen nichts verborgen bleibt.

Heb' ich mich zu seinem Throne,
Schaut er mich, die Grausenhafte,
Die er gräßlich umgeschaffen,
Muß er ewig mich bejammern,
Euch zugute komme das.
Und ich werd' ihn freundlich mahnen,
Und ich werd' ihm wütend sagen,
Wie es mir der Sinn gebietet,
Wie es mir im Busen schwellet.
Was ich denke, was ich fühle —
Ein Geheimnis bleibe das."

Dank des Paria

Großer Brahma! nun erkenn' ich,
Daß du Schöpfer bist der Welten!
Dich als meinen Herrscher nenn' ich,
Denn du lässest alle gelten.

Und verschließest auch dem Letzten
Keines von den tausend Ohren;
Uns, die tief Herabgesetzten,
Alle hast du neu geboren.

Wendet euch zu dieser Frauen,
Die der Schmerz zur Göttin wandelt;
Nun beharr' ich anzuschauen
Den, der einzig wirkt und handelt.

*

Im ernsten Beinhaus war's, wo ich beschaute,
Wie Schädel Schädeln angeordnet paßten;
Die alte Zeit gedacht ich, die ergraute.
Sie stehn in Reih' geklemmt, die sonst sich haßten,
Und derbe Knochen, die sich tödlich schlugen,
Sie liegen kreuzweis zahm allhier zu rasten.
Entrenkte Schulterblätter! was sie trugen,
Fragt niemand mehr, und zierlich-tät'ge Glieder,
Die Hand, der Fuß, zerstreut aus Lebensfugen.
Ihr Müden also lagt vergebens nieder,
Nicht Ruh' im Grabe ließ man euch, vertrieben
Seid ihr herauf zum lichten Tage wieder,
Und niemand kann die dürre Schale lieben,
Welch herrlich edlen Kern sie auch bewahrte.
Doch mir Adepten war die Schrift geschrieben,
Die heil'gen Sinn nicht jedem offenbarte,
Als ich inmitten solcher starren Menge
Unschätzbar herrlich ein Gebild gewahrte,
Daß in des Raumes Moderkält' und Enge
Ich frei und wärmefühlend mich erquickte,
Als ob ein Lebensquell dem Tod entspränge.
Wie mich geheimnisvoll die Form entzückte!
Die gottgedachte Spur, die sich erhalten!
Ein Blick, der mich an jenes Meer entrückte,
Das flutend strömt gesteigerte Gestalten.
Geheim Gefäß! Orakelsprüche spendend,
Wie bin ich wert, dich in der Hand zu halten,

Dich höchsten Schatz aus Moder fromm entwendend
Und in die freie Luft zu freiem Sinnen,
Zum Sonnenlicht andächtig hin mich wendend.
Was kann der Mensch im Leben mehr gewinnen,
Als daß sich Gott-Natur ihm offenbare?
Wie sie das Feste läßt zu Geist verrinnen,
Wie sie das Geisterzeugte fest bewahre.

*

Wer Wissenschaft und Kunst besitzt,
Hat auch Religion;
Wer jene beiden nicht besitzt,
Der habe Religion.

*

Wär nicht das Auge sonnenhaft,
Die Sonne könnt' es nie erblicken;
Läg' nicht in uns des Gottes eigne Kraft,
Wie könnt' uns Göttliches entzücken?

*

Was auch als Wahrheit oder Fabel
In tausend Büchern dir erscheint,
Das alles ist ein Turm zu Babel,
Wenn es die Liebe nicht vereint.

*

Wenn im Unendlichen dasselbe
Sich wiederholend ewig fließt,
Das tausendfältige Gewölbe
Sich kräftig ineinander schließt,
Strömt Lebenslust aus allen Dingen,
Dem kleinsten wie dem größten Stern,
Und alles Drängen, alles Ringen
Ist ewige Ruh in Gott dem Herrn.

SCHWEBENDER GENIUS ÜBER DER ERDKUGEL

Mit der einen Hand nach unten, mit der andern nach oben deutend.

Zwischen Oben, zwischen Unten
Schweb' ich hin zu muntrer Schau,
Ich ergötze mich am Bunten,
Ich erquicke mich im Blau.

Und wenn mich am Tag die Ferne
Luftiger Berge sehnlich zieht,
Nachts das Übermaß der Sterne
Prächtig mir zu Häupten glüht,

Alle Tag' und alle Nächte
Rühm' ich so des Menschen Los;
Denkt er ewig sich ins Rechte,
Ist er ewig schön und groß.

*

Wenn am Tag Zenit und Ferne
Blau ins Ungemeßne fließt,
Nachts die Überwucht der Sterne
Himmlische Gewölbe schließt,
So am Grünen, so am Bunten
Kräftigt sich ein reiner Sinn,
Und das Oben wie das Unten
Bringt dem edlen Geist Gewinn.

EINS UND ALLES

Im Grenzenlosen sich zu finden,
Wird gern der Einzelne verschwinden,
Da löst sich aller Überdruß;
Statt heißem Wünschen, wildem Wollen,
Statt läst'gem Fordern, strengem Sollen,
Sich aufzugeben ist Genuß.

Weltseele, komm, uns zu durchdringen!
Dann mit dem Weltgeist selbst zu ringen
Wird unsrer Kräfte Hochberuf.
Teilnehmend führen gute Geister,
Gelinde leitend, höchste Meister,
Zu dem, der alles schafft und schuf.

Und umzuschaffen das Geschaffne,
Damit sich's nicht zum Starren waffne,
Wirkt ewiges lebendiges Tun.
Und was nicht war, nun will es werden,
Zu reinen Sonnen, farbigen Erden,
In keinem Falle darf es ruhn.

Es soll sich regen, schaffend handeln,
Erst sich gestalten, dann verwandeln;
Nur scheinbar steht's Momente still.
Das Ewige regt sich fort in allen,
Denn alles muß in Nichts zerfallen,
Wenn es im Sein beharren will.

VERMÄCHTNIS

Kein Wesen kann zu Nichts zerfallen!
Das Ew'ge regt sich fort in allen,
Am Sein erhalte dich beglückt!
Das Sein ist ewig; denn Gesetze
Bewahren die lebend'gen Schätze,
Aus welchen sich das All geschmückt.

Das Wahre war schon längst gefunden,
Hat edle Geisterschaft verbunden,
Das alte Wahre, faß es an!
Verdank es, Erdensohn, dem Weisen,
Der ihr die Sonne zu umkreisen
Und dem Geschwister wies die Bahn.

Sofort nun wende dich nach innen,
Das Zentrum findest du da drinnen,
Woran kein Edler zweifeln mag.
Wirst keine Regel da vermissen,
Denn das selbständige Gewissen
Ist Sonne deinem Sittentag.

Den Sinnen hast du dann zu trauen,
Kein Falsches lassen sie dich schauen,
Wenn dein Verstand dich wach erhält.
Mit frischem Blick bemerke freudig,
Und wandle sicher wie geschmeidig
Durch Auen reichbegabter Welt.

Genieße mäßig Füll' und Segen,
Vernunft sei überall zugegen,
Wo Leben sich des Lebens freut.
Dann ist Vergangenheit beständig,
Das Künftige voraus lebendig,
Der Augenblick ist Ewigkeit.

Und war es endlich dir gelungen,
Und bist du vom Gefühl durchdrungen:
Was fruchtbar ist, allein ist wahr,
Du prüfst das allgemeine Walten,
Es wird nach seiner Weise schalten,
Geselle dich zur kleinsten Schar.

Und wie von alters her im stillen
Ein Liebewerk nach eignem Willen
Der Philosoph, der Dichter schuf,
So wirst du schönste Gunst erzielen:
Denn edlen Seelen vorzufühlen
Ist wünschenswertester Beruf.

Die späte Lyrik

FRÜHLING ÜBERS JAHR

Das Beet schon lockert
Sich's in die Höh',
Da wanken Glöckchen
So weiß wie Schnee;
Safran entfaltet
Gewalt'ge Glut,
Smaragden keimt es
Und keimt wie Blut.
Primeln stolzieren
So naseweis,
Schalkhafte Veilchen
Versteckt mit Fleiß;
Was auch noch alles
Da regt und webt,
Genug, der Frühling
Er wirkt und lebt.

Doch was im Garten
Am reichsten blüht,
Das ist des Liebchens
Lieblich Gemüt.
Da glühen Blicke
Mir immerfort,
Erregend Liedchen,
Erheiternd Wort.
Ein immer offen,
Ein Blütenherz,
Im Ernste freundlich
Und rein im Scherz.
Wenn Ros' und Lilie
Der Sommer bringt,
Er doch vergebens
Mit Liebchen ringt.

MÄRZ

Es ist ein Schnee gefallen,
Denn es ist noch nicht Zeit,
Daß von den Blümlein allen,
Daß von den Blümlein allen
Wir werden hoch erfreut.

Der Sonnenblick betrüget
Mit mildem, falschem Schein,
Die Schwalbe selber lüget,
Die Schwalbe selber lüget,
Warum? Sie kommt allein!

Sollt' ich mich einzeln freuen,
Wenn auch der Frühling nah?
Doch kommen wir zu zweien,
Doch kommen wir zu zweien,
Gleich ist der Sommer da.

BLICK UM BLICK

Wenn du dich im Spiegel besiehst,
Denke, daß ich diese Augen küßte,
Und mich mit mir selbst entzweien müßte,
Sobalde du mich fliehst:
Denn da ich nur in diesen Augen lebe,
Du mir gibst, was ich gebe,
So wär' ich ganz verloren;
Jetzt bin ich immer wie neu geboren.

UM MITTERNACHT

Um Mitternacht ging ich, nicht eben gerne,
Klein, kleiner Knabe, jenen Kirchhof hin
Zu Vaters Haus, des Pfarrers; Stern am Sterne
Sie leuchteten doch alle gar zu schön;
Um Mitternacht.

Wenn ich dann ferner in des Lebens Weite
Zur Liebsten mußte, mußte, weil sie zog,
Gestirn und Nordschein über mir im Streite,
Ich gehend, kommend Seligkeiten sog;
Um Mitternacht.

Bis dann zuletzt des vollen Mondes Helle
So klar und deutlich mir ins Finstere drang,
Auch der Gedanke willig, sinnig, schnelle
Sich ums Vergangne wie ums Künftige schlang;
Um Mitternacht.

ZWISCHEN BEIDEN WELTEN

Einer Einzigen angehören,
Einen Einzigen verehren,
Wie vereint es Herz und Sinn!
Lida, Glück der nächsten Nähe,
William, Stern der schönsten Höhe,
Euch verdank' ich, was ich bin.
Tag' und Jahre sind verschwunden,
Und doch ruht auf jenen Stunden
Meines Wertes Vollgewinn.

IMMER UND ÜBERALL

Dringe tief zu Bergesgrüften,
Wolken folge hoch zu Lüften;
Muse ruft zu Bach und Tale
Tausend, abertausend Male.

Sobald ein frisches Kelchlein blüht,
Es fordert neue Lieder;
Und wenn die Zeit verrauschend flieht,
Jahrszeiten kommen wieder.

ST. NEPOMUKS VORABEND

Karlsbad, den 15. Mai 1820

Lichtlein schwimmen auf dem Strome,
Kinder singen auf der Brücken,
Glocke, Glöckchen fügt vom Dome
Sich der Andacht, dem Entzücken.

Lichtlein schwinden, Sterne schwinden;
Also löste sich die Seele
Unsres Heil'gen, nicht verkünden
Durft' er anvertraute Fehle.

Lichtlein, schwimmet! Spielt, ihr Kinder!
Kinder-Chor, o singe, singe!
Und verkündiget nicht minder,
Was den Stern zu Sternen bringe.

WANDERSEGEN

Die Wanderjahre sind nun angetreten,
Und jeder Schritt des Wandrers ist bedenklich.
Zwar pflegt er nicht zu singen und zu beten;
Doch wendet er, sobald der Pfad verfänglich,
Den ernsten Blick, wo Nebel ihn umtrüben,
Ins eigne Herz und in das Herz der Lieben.

WILHELM TISCHBEINS IDYLLEN

1.

Würdige Prachtgebäude stürzen,
Mauer fällt, Gewölbe bleiben,
Daß nach tausendjähr'gem Treiben
Tor und Pfeiler sich verkürzen.
Dann beginnt das Leben wieder,
Boden mischt sich neuen Saaten,
Rank' auf Ranke senkt sich nieder;
Der Natur ist's wohl geraten.

2.

Schön und menschlich ist der Geist,
Der uns in das Freie weist,
Wo in Wäldern, auf der Flur,
Wie im steilen Berggehänge,
Sonnenauf- und -untergänge
Preisen Gott und die Natur.

3.

Wenn in Wäldern Baum an Bäumen,
Bruder sich mit Bruder nähret,
Sei das Wandern, sei das Träumen
Unverwehrt und ungestöret;
Doch, wo einzelne Gesellen
Zierlich miteinander streben,
Sich zum schönen Ganzen stellen,
Das ist Freude, das ist Leben.

4.

Mitten in dem Wasserspiegel
Hob die Eiche sich empor,
Majestätisch Fürstensiegel
Solchem grünen Waldesflor;
Sieht sich selbst zu ihren Füßen,
Schaut den Himmel in der Flut:
So des Lebens zu genießen
Einsamkeit ist höchstes Gut.

5.

Edel-ernst, ein Halbtier, liegend,
Im Beschauen, im Besinnen,
Hin und her im Geiste wiegend,
Denkt er Großes zu gewinnen.
Ach, er möchte gern entfliehen
Solchem Auftrag, solcher Würde;
Einen Helden zu erziehen
Wird Centauren selbst zur Bürde.

6.

Was wir froh und dankbar fühlen,
Wenn es auch am Ende quält,
Was wir lechzen zu erzielen,
Wo es Herz und Sinnen fehlt:
Heitre Gegend, groß gebildet,
Jugendschritt an Freundesbrust,
Wechselseitig abgemildet,
Holder Liebe Schmerzenslust;
Alles habt ihr nun empfangen,
Irdisch war's und in der Näh';
Sehnsucht aber und Verlangen
Hebt vom Boden in die Höh'.
An der Quelle sind's Najaden,
Sind Sylphiden in der Luft,
Leichter fühlt ihr euch im Baden,
Leichter noch in Himmelsduft;
Und das Plätschern und das Wallen
Ein und andres zieht euch an;
Lasset Lied und Bild verhallen,
Doch im Innern ist's getan.

7.

Ruhig Wasser, grause Höhle,
Bergeshöh' und ernstes Licht,
Seltsam, wie es unsrer Seele
Schauderhafte Laute spricht.
So erweist sich wohl Natur,
Künstlerblick vernimmt es nur.

ÄOLSHARFEN

Gespräch

Er

Ich dacht', ich habe keinen Schmerz,
Und doch war mir so bang ums Herz,
Mir war's gebunden vor der Stirn
Und hohl im innersten Gehirn —

Bis endlich Trän' auf Träne fließt,
Verhaltnes Lebewohl ergießt. —
Ihr Lebewohl war heitre Ruh',
Sie weint wohl jetzund auch wie du.

Sie

Ja er ist fort, das muß nun sein!
Ihr Lieben, laßt mich nur allein,
Sollt' ich euch seltsam scheinen,
Es wird nicht ewig währen!
Jetzt kann ich ihn nicht entbehren.
Und da muß ich weinen.

Er

Zur Trauer bin ich nicht gestimmt,
Und Freude kann ich auch nicht haben:
Was sollen mir die reifen Gaben,
Die man von jedem Baume nimmt!
Der Tag ist mir zum Überdruß,
Langweilig ist's, wenn Nächte sich befeuern;
Mir bleibt der einzige Genuß,
Dein holdes Bild mir ewig zu erneuern,
Und fühltest du den Wunsch nach diesem Segen,
Du kämest mir auf halbem Weg entgegen.

Sie

Du trauerst, daß ich nicht erscheine,
Vielleicht entfernt so treu nicht meine,
Sonst wär' mein Geist im Bilde da.
Schmückt Iris wohl des Himmels Bläue?
Laß regnen, gleich erscheint die Neue.
Du weinst! Schon bin ich wieder da.

Er

Ja, du bist wohl an Iris zu vergleichen!
Ein liebenswürdig Wunderzeichen.
So schmiegsam herrlich, bunt in Harmonie
Und immer neu und immer gleich wie sie.

*

Könnt' ich vor mir selber fliehn!
Das Maß ist voll.
Ach! Warum streb' ich immer dahin,
Wohin ich nicht soll.

*

Ach! wer doch wieder gesundete!
Welch unerträgliche Schmerzen!
Wie die Schlange, die verwundete,
Krümmt sich's im eignen Herzen.

*

Denn freilich sind's dergleichen Kiel' und Pfeile,
Die, hin und wider fliegend, würkend zischen,
Gehetzt in Eile, bogenhaft in Weile
In tausendfält'gem Wollen sich vermischen.
Man weiß nicht, soll man? Oder soll's verschieben? —
Nur wer sich kennt, der hat das Recht zu lieben.

An Ulrike v. Levetzow

I.

Du hattest längst mir's angetan,
Doch jetzt gewahr' ich neues Leben;
Ein süßer Mund blickt uns gar freundlich an,
Wenn er uns einen Kuß gegeben.

II.

Tadelt man, daß wir uns lieben,
Dürfen wir uns nicht betrüben,
Tadel ist von keiner Kraft.
Andern Dingen mag das gelten,
Kein Mißbilligen, kein Schelten
Macht die Liebe tadelhaft.

III.

Du Schüler Howards, wunderlich
Siehst morgens um und über dich,
Ob Nebel fallen, ob sie steigen,
Und was sich für Gewölke zeigen.

Auf Berges Ferne ballt sich auf
Ein Alpenheer, beeist zu Hauf,
Und oben drüber flüchtig schweifen
Gefiedert weiße luftige Streifen;
Doch unten senkt sich grau und grauer
Aus Wolkenschicht ein Regenschauer.

Und wenn bei stillem Dämmerlicht
Ein allerliebstes Treugesicht
Auf holder Schwelle dir begegnet,
Weißt du, ob's heitert? ob es regnet?

IV.

Wenn sich lebendig Silber neigt,
So gibt es Schnee und Regen,
Und wie es wieder aufwärts steigt,
Ist blaues Zelt zugegen.
Auch sinke viel, es steige kaum
Der Freude Wink, des Schmerzens,
Man fühlt ihn gleich im engen Raum
Des lieb-lebend'gen Herzens.

V.

Du gingst vorüber? Wie! ich sah dich nicht;
Du kamst zurück, dich hab' ich nicht gesehen —
Verlorner, unglücksel'ger Augenblick!
Bin ich denn blind? Wie soll mir das geschehen?

Doch tröst' ich mich, und du verzeihst mir gern,
Entschuldigung wirst du mit Freude finden;
Ich sehe dich, bist du auch noch so fern!
Und in der Nähe kannst du mir verschwinden.

VI.

Am heißen Quell verbringst du deine Tage,
Das regt mich auf zu innerm Zwist;
Denn wie ich dich so ganz im Herzen trage,
Begreif' ich nicht, wie du wo anders bist.

TRILOGIE DER LEIDENSCHAFT

An Werther

Noch einmal wagst du, vielbeweinter Schatten,
Hervor dich an das Tageslicht,
Begegnest mir auf neu beblümten Matten,
Und meinen Anblick scheust du nicht.
Es ist, als ob du lebtest in der Frühe,
Wo uns der Tau auf Einem Feld erquickt,
Und nach des Tages unwillkommner Mühe
Der Scheidesonne letzter Strahl entzückt;
Zum Bleiben ich, zum Scheiden du erkoren,
Gingst du voran — und hast nicht viel verloren.

Des Menschen Leben scheint ein herrlich Los:
Der Tag wie lieblich, so die Nacht wie groß!
Und wir, gepflanzt in Paradieses Wonne,
Genießen kaum der hocherlauchten Sonne,
Da kämpft sogleich verworrene Bestrebung
Bald mit uns selbst und bald mit der Umgebung;
Keins wird vom andern wünschenswert ergänzt,
Von außen düstert's, wenn es innen glänzt,
Ein glänzend Äußres deckt mein trüber Blick,
Da steht es nah — und man verkennt das Glück.

Nun glauben wir's zu kennen! Mit Gewalt
Ergreift uns Liebreiz weiblicher Gestalt:
Der Jüngling, froh wie in der Kindheit Flor,
Im Frühling tritt als Frühling selbst hervor,
Entzückt, erstaunt, wer dies ihm angetan?
Er schaut umher, die Welt gehört ihm an.

Ins Weite zieht ihn unbefangne Hast,
Nichts engt ihn ein, nicht Mauer, nicht Palast;
Wie Vögelschar an Wäldergipfeln streift,
So schwebt auch er, der um die Liebste schweift,
Er sucht vom Äther, den er gern verläßt,
Den treuen Blick, und dieser hält ihn fest.

Doch erst zu früh und dann zu spät gewarnt,
Fühlt er den Flug gehemmt, fühlt sich umgarnt,
Das Wiedersehn ist froh, das Scheiden schwer,
Das Wieder-Wiedersehn beglückt noch mehr,
Und Jahre sind im Augenblick ersetzt;
Doch tückisch harrt das Lebewohl zuletzt.

Du lächelst, Freund, gefühlvoll, wie sich ziemt:
Ein gräßlich Scheiden machte dich berühmt;
Wir feierten dein kläglich Mißgeschick,
Du ließest uns zu Wohl und Weh zurück;
Dann zog uns wieder ungewisse Bahn
Der Leidenschaften labyrinthisch an;
Und wir, verschlungen wiederholter Not,
Dem Scheiden endlich — Scheiden ist der Tod!
Wie klingt es rührend, wenn der Dichter singt,
Den Tod zu meiden, den das Scheiden bringt!
Verstrickt in solche Qualen, halbverschuldet,
Geb' ihm ein Gott zu sagen, was er duldet.

Elegie

Und wenn der Mensch in seiner Qual verstummt
Gab mir ein Gott zu sagen, was ich leide.

Was soll ich nun vom Wiedersehen hoffen,
Von dieses Tages noch geschloßner Blüte?
Das Paradies, die Hölle steht dir offen;
Wie wankelsinnig regt sich's im Gemüte! —
Kein Zweifeln mehr! Sie tritt ans Himmelstor,
Zu ihren Armen hebt sie dich empor.

So warst du denn im Paradies empfangen,
Als wärst du wert des ewig schönen Lebens;
Dir blieb kein Wunsch, kein Hoffen, kein Verlangen,
Hier war das Ziel des innigsten Bestrebens,
Und in dem Anschaun dieses einzig Schönen
Versiegte gleich der Quell sehnsüchtiger Tränen.

Wie regte nicht der Tag die raschen Flügel,
Schien die Minuten vor sich her zu treiben!
Der Abendkuß, ein treu verbindlich Siegel:
So wird es auch der nächsten Sonne bleiben.
Die Stunden glichen sich in zartem Wandern
Wie Schwestern zwar, doch keine ganz den andern.

Der Kuß, der letzte, grausam süß, zerschneidend
Ein herrliches Geflecht verschlungner Minnen.
Nun eilt, nun stockt der Fuß, die Schwelle meidend,
Als trieb' ein Cherub flammend ihn von hinnen;
Das Auge starrt auf düstrem Pfad verdrossen,
Es blickt zurück, die Pforte steht verschlossen.

Und nun verschlossen in sich selbst, als hätte
Dies Herz sich nie geöffnet, selige Stunden
Mit jedem Stern des Himmels um die Wette
An ihrer Seite leuchtend nicht empfunden;
Und Mißmut, Reue, Vorwurf, Sorgenschwere
Belasten's nun in schwüler Atmosphäre.

Ist denn die Welt nicht übrig? Felsenwände,
Sind sie nicht mehr gekrönt von heiligen Schatten?
Die Ernte, reift sie nicht? Ein grün Gelände,
Zieht sich's nicht hin am Fluß durch Busch und Matten?
Und wölbt sich nicht das überweltlich Große,
Gestaltenreiche, bald Gestaltenlose?

Wie leicht und zierlich, klar und zart gewoben
Schwebt, seraphgleich, aus ernster Wolken Chor,
Als glich' es ihr, am blauen Äther droben,
Ein schlank Gebild aus lichtem Duft empor;
So sahst du sie in frohem Tanze walten,
Die lieblichste der lieblichsten Gestalten.

Doch nur Momente darfst dich unterwinden,
Ein Luftgebild statt ihrer festzuhalten;
Ins Herz zurück, dort wirst du's besser finden,
Dort regt sie sich in wechselnden Gestalten;
Zu vielen bildet Eine sich hinüber,
So tausendfach und immer, immer lieber.

Wie zum Empfang sie an den Pforten weilte
Und mich von dannauf stufenweis beglückte;
Selbst nach dem letzten Kuß mich noch ereilte,
Den letztesten mir auf die Lippen drückte:
So klar beweglich bleibt das Bild der Lieben,
Mit Flammenschrift ins treue Herz geschrieben.

Ins Herz, das fest wie zinnenhohe Mauer
Sich ihr bewahrt und sie in sich bewahret,
Für sie sich freut an seiner eignen Dauer,
Nur weiß von sich, wenn sie sich offenbaret,
Sich freier fühlt in so geliebten Schranken
Und nur noch schlägt, für alles ihr zu danken.

War Fähigkeit zu lieben, war Bedürfen
Von Gegenliebe weggelöscht, verschwunden;
Ist Hoffnungslust zu freudigen Entwürfen,
Entschlüssen, rascher Tat sogleich gefunden!
Wenn Liebe je den Liebenden begeistet,
Ward es an mir aufs lieblichste geleistet;

Und zwar durch sie! — Wie lag ein innres Bangen
Auf Geist und Körper, unwillkommner Schwere:
Von Schauerbildern rings der Blick umfangen
Im wüsten Raum beklommner Herzensleere;
Nun dämmert Hoffnung von bekannter Schwelle,
Sie selbst erscheint in milder Sonnenhelle.

Dem Frieden Gottes, welcher euch hienieden
Mehr als Vernunft beseliget — wir lesen's —,
Vergleich' ich wohl der Liebe heitern Frieden
In Gegenwart des allgeliebten Wesens;
Da ruht das Herz, und nichts vermag zu stören
Den tiefsten Sinn, den Sinn, ihr zu gehören.

In unsers Busens Reine wogt ein Streben,
Sich einem Höhern, Reinern, Unbekannten
Aus Dankbarkeit freiwillig hinzugeben,
Enträtselnd sich den ewig Ungenannten;
Wir heißen's: fromm sein! — Solcher seligen Höhe
Fühl' ich mich teilhaft, wenn ich vor ihr stehe.

Vor ihrem Blick, wie vor der Sonne Walten,
Vor ihrem Atem, wie vor Frühlingslüften,
Zerschmilzt, so längst sich eisig starr gehalten,
Der Selbstsinn tief in winterlichen Grüften;
Kein Eigennutz, kein Eigenwille dauert,
Vor ihrem Kommen sind sie weggeschauert.

Es ist, als wenn sie sagte: „Stund' um Stunde
Wird uns das Leben freundlich dargeboten,
Das Gestrige ließ uns geringe Kunde,
Das Morgende, zu wissen ist's verboten;
Und wenn ich je mich vor dem Abend scheute,
Die Sonne sank und sah noch, was mich freute.

Drum tu wie ich und schaue, froh-verständig,
Dem Augenblick ins Auge! Kein Verschieben!
Begegn' ihm schnell, wohlwollend wie lebendig,
Im Handeln sei's, zur Freude, sei's dem Lieben;
Nur wo du bist, sei alles, immer kindlich,
So bist du alles, bist unüberwindlich."

Du hast gut reden, dacht' ich, zum Geleite
Gab dir ein Gott die Gunst des Augenblickes,
Und jeder fühlt an deiner holden Seite
Sich augenblicks den Günstling des Geschickes;
Mich schreckt der Wink, von dir mich zu entfernen,
Was hilft es mir, so hohe Weisheit lernen!

Nun bin ich fern! Der jetzigen Minute,
Was ziemt denn der? Ich wüßt' es nicht zu sagen;
Sie bietet mir zum Schönen manches Gute,
Das lastet nur, ich muß mich ihm entschlagen;
Mich treibt umher ein unbezwinglich Sehnen,
Da bleibt kein Rat als grenzenlose Tränen.

So quellt denn fort und fließet unaufhaltsam!
Doch nie geläng's, die innre Glut zu dämpfen!
Schon rast's und reißt in meiner Brust gewaltsam,
Wo Tod und Leben grausend sich bekämpfen.
Wohl Kräuter gäb's, des Körpers Qual zu stillen;
Allein dem Geist fehlt's am Entschluß und Willen,

Fehlt's am Begriff: wie sollt' er sie vermissen?
Er wiederholt ihr Bild zu tausendmalen.
Das zaudert bald, bald wird es weggerissen,
Undeutlich jetzt und jetzt im reinsten Strahlen;
Wie könnte dies geringstem Troste frommen,
Die Ebb' und Flut, das Gehen wie das Kommen?

Verlaßt mich hier, getreue Weggenossen!
Laßt mich allein am Fels, in Moor und Moos;
Nur immer zu! euch ist die Welt erschlossen,
Die Erde weit, der Himmel hehr und groß;
Betrachtet, forscht, die Einzelheiten sammelt,
Naturgeheimnis werde nachgestammelt.

Mir ist das All, ich bin mir selbst verloren,
Der ich noch erst den Göttern Liebling war;
Sie prüften mich, verliehen mir Pandoren,
So reich an Gütern, reicher an Gefahr;
Sie drängten mich zum gabeseligen Munde,
Sie trennen mich, und richten mich zu Grunde.

Aussöhnung

Die Leidenschaft bringt Leiden! — Wer beschwichtigt
Beklommnes Herz, das allzuviel verloren?
Wo sind die Stunden, überschnell verflüchtigt?
Vergebens war das Schönste dir erkoren!
Trüb' ist der Geist, verworren das Beginnen;
Die hehre Welt, wie schwindet sie den Sinnen!

Da schwebt hervor Musik mit Engelschwingen,
Verflicht zu Millionen Tön' um Töne,
Des Menschen Wesen durch und durch zu dringen,
Zu überfüllen ihn mit ew'ger Schöne:
Das Auge netzt sich, fühlt im höhern Sehnen
Den Götterwert der Töne wie der Tränen.

Und so das Herz erleichtert merkt behende,
Daß es noch lebt und schlägt und möchte schlagen,
Zum reinsten Dank der überreichen Spende
Sich selbst erwidernd willig darzutragen.
Da fühlte sich — o daß es ewig bliebe! —
Das Doppelglück der Töne wie der Liebe.

DER BRÄUTIGAM

Um Mitternacht, ich schlief, im Busen wachte
Das liebevolle Herz, als wär' es Tag;
Der Tag erschien, mir war, als ob es nachte,
Was ist es mir, so viel er bringen mag.

Sie fehlte ja, mein emsig Tun und Streben
Für sie allein ertrug ich's durch die Glut
Der heißen Stunde, welch erquicktes Leben
Am kühlen Abend! lohnend war's und gut.

Die Sonne sank, und Hand in Hand verpflichtet
Begrüßten wir den letzten Segensblick,
Und Auge sprach, ins Auge klar gerichtet:
Von Osten, hoffe nur, sie kommt zurück.

Um Mitternacht! der Sterne Glanz geleitet
In holdem Traum zur Schwelle, wo sie ruht.
O sei auch mir dort auszuruhn bereitet,
Wie es auch sei das Leben es ist gut.

LÄNDLICH

Die Nachtigall, sie war entfernt,
Der Frühling lockt sie wieder;
Was Neues hat sie nicht gelernt,
Singt alte liebe Lieder.

CHINESISCH-DEUTSCHE JAHRES- UND TAGESZEITEN

I.

Sag', was könnt' uns Mandarinen,
Satt zu herrschen, müd zu dienen,
Sag', was könnt' uns übrigbleiben,
Als in solchen Frühlingstagen
Uns des Nordens zu entschlagen
Und am Wasser und im Grünen
Fröhlich trinken, geistig schreiben,
Schal' auf Schale, Zug in Zügen?

II.

Weiß wie Lilien, reine Kerzen,
Sternen gleich, bescheidner Beugung,
Leuchtet aus dem Mittelherzen,
Rot gesäumt, die Glut der Neigung.

So frühzeitige Narzissen
Blühen reihenweis im Garten.
Mögen wohl die guten wissen,
Wen sie so spaliert erwarten.

III.

Ziehn die Schafe von der Wiese,
Liegt sie da, ein reines Grün;
Aber bald zum Paradiese
Wird sie bunt geblümt erblühn.

Hoffnung breitet lichte Schleier
Nebelhaft vor unsern Blick:
Wunscherfüllung, Sonnenfeier,
Wolkenteilung bring' uns Glück!

IV.

Der Pfau schreit häßlich, aber sein Geschrei
Erinnert mich ans himmlische Gefieder,
So ist mir auch sein Schreien nicht zuwider.
Mit indischen Gänsen ist's nicht gleicherlei,
Sie zu erdulden, ist unmöglich:
Die häßlichen, sie schreien unerträglich.

V.

Entwickle deiner Lüste Glanz
Der Abendsonne goldnen Strahlen,
Laß deines Schweifes Rad und Kranz
Kühn-äugelnd ihr entgegen prahlen.
Sie forscht, wo es im Grünen blüht,
Im Garten, überwölbt vom Blauen;
Ein Liebespaar, wo sie's ersieht,
Glaubt sie das Herrlichste zu schauen.

VI.

Der Guckuck wie die Nachtigall,
Sie möchten den Frühling fesseln,
Doch drängt der Sommer schon überall
Mit Disteln und mit Nesseln.
Auch mir hat er das leichte Laub
An jenem Baum verdichtet,
Durch das ich sonst zu schönstem Raub
Den Liebesblick gerichtet;
Verdeckt ist mir das bunte Dach,
Die Gitter und die Pfosten;
Wohin mein Auge spähend brach,
Dort ewig bleibt mein Osten.

VII.

War schöner als der schönste Tag,
Drum muß man mir verzeihen,
Daß ich sie nicht vergessen mag,
Am wenigsten im Freien.
Im Garten war's, sie kam heran,
Mir ihre Gunst zu zeigen;
Das fühl' ich noch und denke dran
Und bleib' ihr ganz zu eigen.

VIII.

Dämmrung senkte sich von oben,
Schon ist alle Nähe fern;
Doch zuerst emporgehoben
Holden Lichts der Abendstern!
Alles schwankt ins Ungewisse,
Nebel schleichen in die Höh';
Schwarzvertiefte Finsternisse
Widerspiegelnd ruht der See.

Nun im östlichen Bereiche
Ahn' ich Mondenglanz und -glut,
Schlanker Weiden Haargezweige
Scherzen auf der nächsten Flut.
Durch bewegter Schatten Spiele
Zittert Lunas Zauberschein,
Und durchs Auge schleicht die Kühle
Sänftigend ins Herz hinein.

IX.

Nun weiß man erst, was Rosenknospe sei,
Jetzt, da die Rosenzeit vorbei;
Ein Spätling noch am Stocke glänzt
Und ganz allein die Blumenwelt ergänzt.

X.

Als Allerschönste bist du anerkannt,
Bist Königin des Blumenreichs genannt;
Unwidersprechlich allgemeines Zeugnis,
Streitsucht verbannend, wundersam Ereignis!
Du bist es also, bist kein bloßer Schein,
In dir trifft Schaun und Glauben überein;
Doch Forschung strebt und ringt, ermüdend nie,
Nach dem Gesetz, dem Grund W a r u m und W i e.

XI.

„Mich ängstigt das Verfängliche
Im widrigen Geschwätz,
Wo nichts verharret, alles flieht,
Wo schon verschwunden, was man sieht;
Und mich umfängt das bängliche,
Das graugestrickte Netz.“ —
Getrost! Das Unvergängliche,
Es ist das ewige Gesetz,
Wonach die Ros’ und Lilie blüht.

XII.

„Hingesunken alten Träumen,
Buhlst mit Rosen, sprichst mit Bäumen
Statt der Mädchen, statt der Weisen;
Können das nicht löblich preisen,
Kommen deshalb die Gesellen,
Sich zur Seite dir zu stellen,
Finden, dir und uns zu dienen,
Pinsel, Farbe, Wein im Grünen.“

XIII.

Die stille Freude wollt ihr stören?
Laßt mich bei meinem Becher Wein;
Mit andern kann man sich belehren,
Begeistert wird man nur allein.

XIV.

„Nun denn! Eh’ wir von hinnen eilen,
Hast noch was Kluges mitzuteilen?“

Sehnsucht ins Ferne, Künftige zu beschwichtigen,
Beschäftige dich hier und heut im Tüchtigen.

*

Es spricht sich aus der stumme Schmerz,
Der Äther klärt sich blau und bläuer,
Da schwebt sie ja, die goldne Leier,
Komm, alte Freundin, komm ans Herz.

DEM AUFGEHENDEN VOLLMONDE

Dornburg, 25. August 1828

Willst du mich sogleich verlassen?
Warst im Augenblick so nah!
Dich umfinstern Wolkenmassen,
Und nun bist du gar nicht da.

Doch du fühlst, wie ich betrübt bin,
Blickt dein Rand herauf als Stern!
Zeugest mir, daß ich geliebt bin,
Sei das Liebchen noch so fern.

So hinan denn! hell und heller,
Reiner Bahn, in voller Pracht!
Schlägt mein Herz auch schmerzlich schneller,
Überselig ist die Nacht.

*

Dornburg, September 1828

Früh, wenn Tal, Gebirg und Garten
Nebelschleiern sich enthüllen,
Und dem sehnlichsten Erwarten
Blumenkelche bunt sich füllen,

Wenn der Äther, Wolken tragend,
Mit dem klaren Tage streitet,
Und ein Ostwind, sie verjagend,
Blaue Sonnenbahn bereitet,

Dankst du dann, am Blick dich weidend,
Reiner Brust der Großen, Holden,
Wird die Sonne, rötlich scheidend,
Rings den Horizont vergolden.

Goethes Erläuterungen eigener Gedichte

Rezension zu: Über Goethes Harzreise im Winter. Einladungsschrift von Dr. Kannegießer, Rektor des Gymnasiums zu Prenzlau. Dezember 1820.

Dieses kleine Heft, vom Verfasser freundlich zugesandt, gab mir die angenehme Veranlassung, die sonderbaren Bilder früherer Jahre aus den letheischen Fluten wieder hervorzurufen; wobei ich zu bewundern hatte, daß mein sinniger Ausleger, dem die wunderlichen Besonderheiten jenes Winterzuges keineswegs bekannt sein konnten, dennoch, durch wenige Andeutungen geleitet, die Eigenheiten des Verhältnisses, die Wesenheit des Zustandes und den Sinn des obwaltenden Gefühls durchdringlich erkannt und ausgesprochen.

Nachdem ich mir nun jene für mich sehr bedeutenden Tage wieder zurückgerufen, so kann ich nicht unterlassen, einiges zu erwidern und, wie es bei mir aufgeregt worden, niederzuschreiben.

Schon früher hatte ich die Ehre erlebt, daß geistreich nachspürende Männer meine Gedichte zu entwickeln sich bestrebten; ich nenne Moritz und Delbrück, welche beide in das Angedeutete, Verschwiegene, Geheimnisvolle dergestalt eindrangen, daß sie mich selbst in Verwunderung setzten; wie ich denn von Letztgenanntem nur anführen will, daß er in den Gedichten an Lida größere Zartheit als in allen übrigen ausgespürt.

Gleiches Wohlwollen erzeigt mir nun Herr Dr. Kannegießer, wofür ich ihm einen öffentlich ausgesprochenen Dank vertraulich erwidere und nach seinem Wunsch über das genannte Gedicht auch meinerseits einige Aufklärung versuche.

Was von meinen Arbeiten durchaus und so auch von den kleineren Gedichten gilt, ist, daß sie alle, durch mehr oder minder bedeutende Gelegenheit aufgeregt, im unmittelbaren Anschauen irgendeines Gegenstandes verfaßt worden, deshalb sie sich nicht gleichen, darin jedoch übereinkommen, daß bei besondern äußern, oft gewöhnlichen Umständen ein Allgemeines, Inneres, Höheres dem Dichter vorschwebte.

Weil nun aber demjenigen, der eine Erklärung meiner Gedichte unternimmt, jene eigentlichen, im Gedicht nur angedeuteten Anlässe nicht bekannt sein können, so wird er den innern, höhern, faßlichern Sinn vorwalten lassen; ich habe auch hiezu, um die Poesie nicht zur Prose herabzuziehen, wenn mir dergleichen zur Kenntnis gekommen, gewöhnlich geschwiegen.

Das Gedicht aber, welches der gegenwärtige Erklärer gewählt, die Harzreise, ist sehr schwer zu entwickeln, weil es sich auf die allerbesondersten Umstände bezieht; und doch hat er sehr viel geleistet, indem er das Angedeutete genugsam herausahnete, wodurch ich mich stellenweise in Verwunderung gesetzt und bewogen fühle, folgendes zu näherer Aufklärung zu eröffnen.

In meinen biographischen Versuchen würde jene Epoche eine bedeutende Stelle einnehmen. Die Reise ward Ende Novembers 1776 gewagt. Ganz allein, zu Pferde, im drohenden Schnee, unternahm der Dichter ein Abenteuer, das man bizarr nennen könnte, von welchem jedoch die Motive im Gedicht selbst leise angedeutet sind.

Dem Geier gleich,
Der auf schweren Morgenwolken
Mit sanftem Fittich ruhend
Nach Beute schaut,
Schwebe mein Lied.

Der Reisende verläßt am frühsten Wintermorgen seinen im Augenblick behaglich-gastfreundlichen thüringischen Wohnsitz, wo ihn später eine zweite Vaterstadt beglückte, er reitet nordwärts bergauf; ein schwerer, schneedrohender Himmel wälzt sich ihm entgegen.

Denn ein Gott hat
Jedem seine Bahn
Vorgezeichnet,
Die der Glückliche
Rasch zum freudigen
Ziele rennt.

Begonnene Ausführung eines bedenklichen und beschwerlichen Unternehmens stählt den Mut und erheitert den Geist. Der Dichter gedenkt seines bisherigen Lebensganges, den er glücklich nennen, dem er den schönsten Er folg versprechen darf.

Wem aber Unglück
Das Herz zusammenzog,
Er sträubt vergebens
Sich gegen die Schranken
Des ehernen Fadens,
Den die doch bittre Schere
Nur einmal löst.

Aber sogleich gedenkt er eines Unglücklichen, Mißmutigen, um dessentwillen er eigentlich die Fahrt unternommen.

Als der Dichter den Werther geschrieben, um sich wenigstens persönlich von der damals herrschenden Empfindsamkeits-Krankheit zu befreien, mußte er die große Unbequemlichkeit erleben, daß man ihn gerade diesen Gesinnungen günstig hielt. Er mußte manchen schriftlichen Andrang erdulden, worunter ihm besonders ein junger Mann auffiel, welcher schreibselig-beredt und dabei so ernstlich durchdrungen von Mißbehagen und selbstischer Qual sich zeigte, daß es unmöglich war, nur irgendeine Persönlichkeit zu denken, wozu diese Seel-Enthüllungen passen möchten. Alle seine wiederholten zudringlichen Äußerungen waren anziehend und abstoßend zugleich, daß endlich, bei einer immer aufgeforderten und wieder gedämpften Teilnahme, die Neugier rege ward, welchen Körper sich ein so wunderlicher Geist gebildet habe. Ich wollte den Jüngling sehen, aber unerkannt, und deshalb hatte ich mich eigentlich auf den Weg begeben.

In Dickichtschauer
Drängt sich das rauhe Wild.

Der Reisende gelangt auf die nächsten Bergeshöhen; immer winterhafter zeigt sich die Landschaft, einsam und öde starrt alles umher, nur flüchtiges Wild deutet auf kümmerlichen Zustand. Nun blickt er über gefrorne Teiche, Seen, auch eine Stadt kommt ihm zu Gesicht.

Und mit den Sperlingen
Haben längst die Reichen
In ihre Sümpfe sich gesenkt.

Wer seine Bequemlichkeiten aufopfert, verachtet gern diejenigen, die sich darin behagen. Jäger, Soldaten, mühsam Reisende bedürfen gutes Mutes, der sich leicht zu Übermut steigert. Unser Reisender hat alle Bequemlichkeiten zurückgelassen und verachtet die Städter, deren Zustand er gleichnisweise schmählich herabsetzt.

Wahrscheinlich ist ein wundersamer Druckfehler daher entstanden, daß Setzer oder Korrektor die R e i c h e n, die ihm keinen Sinn zu geben schienen, in R e i h e r verwandelte, welche doch auf einiges Verhältnis zu den Rohrsperlingen hindeuten möchten. In der vorletzten Ausgabe stehen jene, diese in der letzten.

Leicht ist's folgen dem Wagen,
Den Fortuna führt,
Wie der gemächliche Troß
Auf gebesserten Wegen
Hinter des Fürsten Einzug.

Der Dichter kehrt wieder zu seiner eigenen günstigen Lebensepoche zurück, ohne sich irgendein Verdienst anzumaßen, ja er spricht von den augenblicklichen Glücksvorteilen beinahe mit Geringschätzung.

Aber abseits, wer ist's?
Ins Gebüsch verliert sich sein Pfad,
Hinter ihm schlagen

Die Sträuche zusammen,
Das Gras steht wieder auf,
Die Öde verschlingt ihn.

Das Bild des einsamen, menschen- und lebensfeindlichen Jünglings kommt ihm wieder in den Sinn, er malt sich's aus.

Ach, wer heilet die Schmerzen
Des, dem Balsam zu Gift ward,
Der sich Menschenhaß
Aus der Fülle der Liebe trank?
Erst verachtet, nun ein Verächter,
Zehrt er heimlich auf
Seinen eignen Wert
In ung'nügender Selbstsucht.

Er fährt fort, ihn zu beklagen.

Ist auf deinem Psalter,
Vater der Liebe, ein Ton
Seinem Ohr vernehmlich,
So erquicke sein Herz!
Öffne den umwölkten Blick
Über die tausend Quellen
Neben dem Durstenden
In der Wüste.

Seine herzliche Teilnahme ergießt sich im Gebet. Die Auslegung dieser Strophen ist meinem freundlichen Kommentator besonders gelungen; er hat das Herzliche derselben innigst gefühlt und entwickelt.

Der du der Freuden viel schaffst,
Jedem ein überfließend Maß,
Segne die Brüder der Jagd
Auf der Fährte des Wilds
Mit jugendlichem Übermut
Fröhlicher Mordsucht,
Späte Rächer des Unbills,
Dem schon Jahre vergeblich
Wehrt mit Knütteln der Bauer.

Der Dichter wendet seine Gedanken zu Leben und Tat hin, erinnert sich seiner engverbundenen Freunde, welche gerade in dieser Jahrszeit und Witterung eine bedeutende Jagd unternehmen, um das in gewisser Gegend sich mehrende Schwarzwildbret zu bekämpfen. Eben diese Lustpartie war es, welche jene vertraute Gesellschaft aus der Stadt zog, dem Dichter Raum und Gelegenheit zu seiner Wanderung darbietend. Er trennte sich mit dem Versprechen, bald wieder unter ihnen zu sein.

Aber den Einsamen hüll'
In deine Goldwolken,
Umgib mit Wintergrün,
Bis die Rose wieder heranreift,
Die feuchten Haare,
O Liebe, deines Dichters!

Nun aber kehrt er zu sich selbst zurück, betrachtet seinen bedenklichen Zustand und ruft der Liebe, ihm zur Seite zu bleiben.

Hier ist der Ort, zu bemerken, daß man sich bei Auslegung von Dichtern immer zwischen dem Wirklichen und Ideellen zu halten habe. In der siebenten Strophe heißt Liebe das unbefriedigte, dem Menschen zwar innewohnende, aber von außen zurückgewiesene Bedürfnis; in der achten Strophe ist unter Vater der Liebe das Wesen gemeint, welchem alle übrigen die wechselseitige Neigung zu danken haben; hier in der zehnten ist unter Liebe das edelste Bedürfnis geistiger, vielleicht auch körperlicher Vereinigung gedacht, welches die Einzelnen in Bewegung setzt und auf die schönste Weise in Freundschaft, Gattentreue, Kinderpietät und außerdem noch auf hundert zarte Weisen befriedigt und lebendig erhält.

Mit der dämmernden Fackel
Leuchtest du ihm
Durch die Furten bei Nacht,
Über grundlose Wege
Auf öden Gefilden;
Mit dem tausendfarbigen Morgen

Lachst du ins Herz ihm;
Mit dem beizenden Sturm
Trägst du ihn hoch empor;
Winterströme stürzen vom Felsen
In seine Psalmen.

Er schildert einzelne Beschwerlichkeiten des Augenblicks, die ihn peinlich anfechten, aber in Gedanken an die entfernten Geliebten frohmütig überstanden werden.

Und Altar des lieblichsten Danks
Wird ihm des gefürchteten Gipfels
Schneebehangner Scheitel,
Den mit Geisterreigen
Kränzten ahnende Völker.

Ein wichtiger, völlig ideell, ja phantastisch erscheinender Punkt, über dessen Realität der Dichter schon manchen Zweifel erleben mußte, wovon aber ein sehr erfreuliches Dokument noch in seinen Händen ist.

Ich stand wirklich am siebenten Dezember in der Mittagsstunde, grenzenlosen Schnee überschauend, auf dem Gipfel des Brockens, zwischen jenen ahnungsvollen Granitklippen, über mir den vollkommen klarsten Himmel, von welchem herab die Sonne gewaltsam brannte, so daß in der Wolle des Überrocks der bekannte branstige Geruch erregt ward. Unter mir sah ich ein unbewegliches Wogenmeer nach allen Seiten die Gegend überdecken und nur durch höhere und tiefere Lage der Wolkenschichten die darunter befindlichen Berge und Täler andeuten.

Die herrliche Erscheinung farbiger Schatten, bei untergehender Sonne, ist in meinem Entwurf der Farbenlehre im 75. Paragraphen umständlich beschrieben.

Du stehst mit unerforschtem Busen
Geheimnisvoll offenbar
Über der erstaunten Welt
Und schaust aus Wolken
Auf ihre Reiche und Herrlichkeit,
Die du aus den Adern deiner Brüder
Neben dir wässerst.

Hier ist leise auf den Bergbau gedeutet. Der unerforschte Busen des Hauptgipfels wird den Adern seiner Brüder entgegengesetzt. Die Metalladern sind gemeint, aus welchen die Reiche der Welt und ihre Herrlichkeit gewässert werden. Eine vorläufige Anschauung dieser wichtigen Geschäfts-Tätigkeit sich zu verschaffen, welches ihm auch gelang, veranlaßte zum Teil das seltsame Unternehmen, wovon das gegenwärtige Gedicht allerdings mysteriose, schwer zu deutende Spuren enthält.

Das Thema desselben wäre also wohl folgendermaßen auszusprechen: der Dichter, in doppelter Absicht, ein unmittelbares Anschauen des Bergbaues zu gewinnen und einen jungen, äußerst hypochondrischen Selbstquäler zu besuchen und aufzurichten, bedient sich der Gelegenheit, daß engverbundene Freunde zur Winterjagdlust ausziehn, um sich von ihnen auf kurze Zeit zu trennen.

So wie sie die rauhe Witterung nicht achten, unternimmt er nach seiner Seite hin jenen einsamen, wunderlichen Ritt. Es glückt ihm nicht nur, seine Wünsche erfüllt zu sehen, sondern auch durch eine ganz eigene Reihe von Anlässen, Wanderungen und Zufälligkeiten auf den beschneiten Brockengipfel zu gelangen. Von dem, was ihm während dieser Zeit durch den Sinn gezogen, schreibt er zuletzt kurz, fragmentarisch, geheimnisvoll, im Sinn und Ton des ganzen Unternehmens, kaum geregelte rhythmische Zeilen.

Durch einen ziemlichen Umweg schließt er sich wieder an die Brüder der Jagd, teilt ihre tagtäglichen heroischen Freuden, um nachts in Gegenwart einer prasselnden Kaminflamme sie durch Erzählung seiner wunderlichen Abenteuer zu ergetzen und zu rühren.

Mein werter Kommentator wird hieraus mit eignem Vergnügen ersehen, wie er so vollkommen zum Verständnis des Gedichtes gelangt sei, als es ohne die Kenntnis der besonders vorwaltenden Umstände möglich gewesen; er findet mich an keiner Stelle mit ihm in Widerstreit, und wenn das Reelle hie und da das Ideelle einigermaßen zu beschränken scheint, so wird doch dieses wieder erfreulich gehoben und ins rechte Licht gestellt, weil es auf einer wirklichen, doch würdigen Base emporgehoben worden. Gibt man nun aber dem Erklärer zu, daß er nicht gerade beschränkt sein soll, alles, was er vorträgt, aus dem Gedicht zu entwickeln, sondern, daß er uns Freude macht, wenn er manches verwandte Gute und Schöne an dem Gedicht entwickelt, so darf man diese kleine gehaltreiche Arbeit durchaus billigen und mit Dank erkennen.

BALLADE, BETRACHTUNG UND AUSLEGUNG

Die Ballade hat etwas Mysterioses, ohne mystisch zu sein; diese letzte Eigenschaft eines Gedichts liegt im Stoff, jene in der Behandlung. Das Geheimnisvolle der Ballade entspringt aus der Vortragsweise. Der Sänger nämlich hat seinen prägnanten Gegenstand, seine Figuren, deren Taten und Bewegung so tief im Sinne, daß er nicht weiß, wie er ihn ans Tageslicht fördern will. Er bedient sich daher aller drei Grundarten der Poesie, um zunächst auszudrücken, was die Einbildungskraft erregen, den Geist beschäftigen soll; er kann lyrisch, episch, dramatisch beginnen und, nach Belieben die Formen wechselnd, fortfahren, zum Ende hineilen oder es weit hinausschieben. Der Refrain, das Wiederkehren ebendesselben Schlußklanges, gibt dieser Dichtart den entschiedenen lyrischen Charakter.

Hat man sich mit ihr vollkommen befreundet, wie es bei uns Deutschen wohl der Fall ist, so sind die Balladen aller Völker verständlich, weil die Geister in gewissen Zeitaltern, entweder kontemporan oder sukzessiv, bei gleichem Geschäft immer gleichartig verfahren. Übrigens ließe sich an einer Auswahl solcher Gedichte die ganze Poetik gar wohl vortragen, weil hier die Elemente noch nicht getrennt, sondern wie in einem lebendigen Ur-Ei zusammen sind, das nur bebrütet werden darf, um als herrlichstes Phänomen auf Goldflügeln in die Lüfte zu steigen.

Zu solchen Betrachtungen gab mir die Ballade des vorigen Heftes Gelegenheit; sie ist zwar keineswegs mysterios, allein ich konnte doch beim Vortrag öfters bemerken, daß selbst geistreich-gewandte Personen nicht gleich zum erstenmal ganz zur Anschauung der dargestellten Handlung gelangten. Da ich nun aber nichts daran ändern kann, um ihr mehr Klarheit zu geben, so gedenk' ich ihr durch prosaische Darstellung zu Hilfe zu kommen.

V. 1. Zwei Knaben in einem alten, waldumgebenen Ritterschloß ergreifen die Gelegenheit, da der Vater auf der Wolfsjagd, die Mutter im Gebet begriffen ist, einen Sänger in die einsame Halle hereinzulassen.

V. 2. Der alte Barde beginnt unmittelbar seinen geschichtlichen Gesang. Ein Graf, im Augenblick, da Feinde sein Schloß einnehmen, entflieht, nachdem er seine Schätze vergraben, ein Töchterchen in den Mantel gewickelt mit forttragend.

V. 3. Er geht in die Welt unter der Form eines hilfsbedürftigen Sängers. Das Kind, eine schätzbare Bürde, wächst heran.

V. 4. Das Hinschwinden der Jahre wird durch Entfärben und Zerstieben des Mantels angedeutet; auch ist die Tochter schön und groß geworden; eines solchen Schirmes bedürfte sie nicht mehr.

V. 5. Ein fürstlicher Ritter kommt vorbei, anstatt der edelschönen Hand ein Almosen zu reichen, ergreift er sie werbend; der Vater gesteht die Tochter zu.

V. 6. Getraut, scheidet sie ungern vom Vater: er zieht einsam umher. Nun aber fällt der Sänger aus seiner Rolle, er ist es selbst; er spricht in der ersten Person, wie er in Gedanken Tochter und Enkel segne.

V. 7. Er segnet die Kinder, und wir argwöhnen, er sei nicht allein der Graf, dessen der Gesang erwähnte, sondern dies seien seine Enkel, die Fürstin seine Tochter, der fürstliche Jäger sein Schwiegersohn. Wir hoffen das Beste; aber bald werden wir in Schrecken gesetzt. Der stolze, hochfahrende, heftige Vater kommt zurück; entrüstet, daß ein Bettler sich ins Haus geschlichen, gebietet er, denselben ins Verlies zu werfen. Die Kinder sind verschüchtert, die herbeieilende Mutter legt ein freundliches Vorwort ein.

V. 8. Die Knechte getrauen sich nicht, den würdigen Greis anzurühren; Mutter und Kinder bitten; der Fürst verbeißt nur augenblicklich seinen Zorn. (Dies würde auf dem Theater ein glückliches Bild machen.) Aber ein längst verhaltener Grimm bricht los; im Gefühl seiner alten, ritterlichen Herkunft hat es den Stolzen heimlich gereut, die Tochter eines Bettlers geehlicht zu haben.

V. 9. Schmählich verachtende Vorwürfe gegen Frau und Kinder brechen los.

V. 10. Der Greis, der in seiner Würde unangetastet stehen geblieben, eröffnet den Mund und erklärt sich als Vater und Großvater, auch als ehemaliger Herr der Burg; das Geschlecht des gegenwärtigen Besitzers hat ihn vertrieben.

V. 11. Die nähern Umstände klären sich auf: eine gewaltsame Regierungsveränderung hatte den rechtmäßigen König, dem der Graf anhing, vertrieben und so auch seine Getreuen, die nun bei wiederhergestellter Dynastie zurückkehrten. Der Alte legitimiert sich dadurch als Hausbesitzer, daß er die Stelle der vergrabenen Schätze anzudeuten weiß, verkündigt übrigens eine allgemeine Amnestie, sowohl im Reiche als im Hause, und alles nimmt ein erfreuliches Ende.

Ich wünsche den Lesern und Sängern das Gedicht durch diese Erklärung genießbarer gemacht zu haben und bemerke noch, daß eine vor vielen Jahren mich anmutende altenglische Ballade, die ein Kundiger jener Literatur vielleicht bald nachweist, diese Darstellung veranlaßt habe. Der Gegenstand war mir sehr lieb geworden, auf den Grad, daß ich ihn auch zur Oper ausarbeitete, welche, wenn schon der entworfene Plan teilweise ausgeführt war, doch, wie so manches andere, hinter mir liegen blieb. Vielleicht ergreift ein Jüngerer diesen Gegenstand, hebt die lyrischen und dramatischen Punkte hervor und drängt die epischen in den Hintergrund. Bei lebhafter, geistreicher Ausführung von seiten des Dichters und Komponisten dürfte sich ein solches Theaterstück wohl gute Aufnahme versprechen.

URWORTE. ORPHISCH

Nachstehende fünf Stanzen sind schon im zweiten Heft der „Morphologie“ abgedruckt, allein sie verdienen wohl einem größeren Publikum bekannt zu werden; auch haben Freunde gewünscht, daß zum Verständnis derselben einiges geschähe, damit dasjenige, was sich hier fast nur ahnen läßt, auch einem klaren Sinne gemäß und einer reinen Erkenntnis übergeben sei.

Was nun von älteren und neueren orphischen Lehren überliefert worden, hat man hier zusammenzudrängen, poetisch, kompendios, lakonisch vorzutragen gesucht. Diese wenigen Strophen enthalten viel Bedeutendes in einer Folge, die, wenn man sie erst kennt, dem Geiste die wichtigsten Betrachtungen erleichtert.

Δαιμων, Dämon

Wie an dem Tag, der dich der Welt verliehen,
Die Sonne stand zum Gruße der Planeten,
Bist alsobald und fort und fort gediehen
Nach dem Gesetz, wonach du angetreten.
So mußt du sein, dir kannst du nicht entfliehen,
So sagten schon Sibyllen, so Propheten,
Und keine Zeit und keine Macht zerstückelt
Geprägte Form, die lebend sich entwickelt.

Der Bezug der Überschrift auf die Strophe selbst bedarf einer Erläuterung. Der Dämon bedeutet hier die notwendige, bei der Geburt unmittelbar ausgesprochene, begrenzte Individualität der Person, das Charakteristische, wodurch sich der einzelne von jedem andern bei noch so großer Ähnlichkeit unterscheidet. Diese Bestimmung schrieb man dem einwirkenden Gestirn zu, und es ließen sich die unendlich mannigfaltigen Bewegungen und Beziehungen der Himmelskörper, unter sich selbst und zu der Erde, gar schicklich mit den mannigfaltigen Abwechselungen der Geburten in Bezug stellen. Hiervon sollte nun auch das künftige Schicksal des Menschen ausgehen, und man möchte, jenes Erste zugebend, gar wohl gestehen, daß angeborne Kraft und

Eigenheit mehr als alles übrige des Menschen Schicksal bestimme.

Deshalb spricht diese Strophe die Unveränderlichkeit des Individuums mit wiederholter Beteuerung aus. Das noch so entschieden Einzelne kann, als ein Endliches, gar wohl zerstört, aber, solange sein Kern zusammenhält, nicht zersplittert noch zerstückelt werden, sogar durch Generationen hindurch.

Dieses feste, zähe, dieses nur aus sich selbst zu entwickelnde Wesen kommt freilich in mancherlei Beziehungen, wodurch sein erster und ursprünglicher Charakter in seinen Wirkungen gehemmt, in seinen Neigungen gehindert wird, und was hier nun eintritt, nennt unsere Philosophie:

Τυχη, das Zufällige

Die strenge Grenze doch umgeht gefällig
Ein Wandelndes, das mit und um uns wandelt;
Nicht einsam bleibst du, bildest dich gesellig
Und handelst wohl so, wie ein andrer handelt:
Im Leben ist's bald hin- bald widerfällig,
Es ist ein Tand und wird so durchgetandelt.
Schon hat sich still der Jahre Kreis geründet,
Die Lampe harrt der Flamme, die entzündet.

Zufällig ist es jedoch nicht, daß einer aus dieser oder jener Nation, Stamm oder Familie sein Herkommen ableite; denn die auf der Erde verbreiteten Nationen sind, so wie ihre mannigfaltigen Verzweigungen, als Individuen anzusehen, und die Tyche kann nur bei Vermischung und Durchkreuzung eingreifen. Wir sehen das wichtige Beispiel von hartnäckiger Persönlichkeit solcher Stämme an der Judenschaft; europäische Nationen, in andere Weltteile versetzt, legen ihren Charakter nicht ab, und nach mehreren hundert Jahren wird in Nordamerika der Engländer, der Franzose, der Deutsche gar wohl zu erkennen sein; zugleich aber auch werden sich bei Durchkreuzungen die Wirkungen der Tyche bemerklich machen, wie der Mestize an einer klärern Hautfarbe zu erkennen ist. Bei der Erziehung, wenn sie nicht öffentlich und nationell ist, behauptet

Tyche ihre wandelbaren Rechte. Säugamme und Wärterin, Vater oder Vormund, Lehrer oder Aufseher sowie alle die ersten Umgebungen, an Gespielen, ländlicher oder städtischer Lokalität, alles bedingt die Eigentümlichkeit, durch frühere Entwicklung, durch Zurückdrängen oder Beschleunigen; der Dämon freilich hält sich durch alles durch, und dieses ist denn die eigentliche Natur, der alte Adam, und wie man es nennen mag, der, so oft auch ausgetrieben, immer wieder unbezwinglicher zurückkehrt.

In diesem Sinne einer notwendig aufgestellten Individualität hat man einem jeden Menschen seinen Dämon zugeschrieben, der ihm gelegentlich ins Ohr raunt, was denn eigentlich zu tun sei, und so wählte Sokrates den Giftbecher, weil ihm ziemte zu sterben.

Allein Tyche läßt nicht nach und wirkt besonders auf die Jugend immerfort, die sich mit ihren Neigungen, Spielen, Geselligkeiten und flüchtigem Wesen bald da-, bald dorthin wirft und nirgends Halt noch Befriedigung findet. Da entsteht denn mit dem wachsenden Tage eine ernstere Unruhe, eine gründlichere Sehnsucht; die Ankunft eines neuen Göttlichen wird erwartet.

Ερως, Liebe

Die bleibt nicht aus! — Er stürzt vom Himmel nieder,
Wohin er sich aus alter Öde schwang,
Er schwebt heran auf luftigem Gefieder
Um Stirn und Brust den Frühlingstag entlang,
Scheint jetzt zu fliehn, vom Fliehen kehrt er wieder,
Da wird ein Wohl im Weh, so süß und bang.
Gar manches Herz verschwebt im Allgemeinen,
Doch widmet sich das edelste dem Einen.

Hierunter ist alles begriffen, was man von der leisesten Neigung bis zur leidenschaftlichsten Raserei nur denken möchte; hier verbinden sich der individuelle Dämon und die verführende Tyche miteinander; der Mensch scheint nur sich zu gehorchen, sein eigenes Wollen walten zu lassen, seinem Triebe zu frönen, und doch sind es Zufälligkeiten, die sich unterschieben, Fremdartiges, was ihn von seinem

Wege ablenkt; er glaubt zu erhaschen und wird gefangen; er glaubt gewonnen zu haben und ist schon verloren. Auch hier treibt Tyche wieder ihr Spiel, sie lockt den Verirrten zu neuen Labyrinthen, hier ist keine Grenze des Irrens: denn der Weg ist ein Irrtum. Nun kommen wir in Gefahr, uns in der Betrachtung zu verlieren, daß das, was auf das Besonderste angelegt schien, ins Allgemeine verschwebt und zerfließt. Daher will das rasche Eintreten der zwei letzten Zeilen uns einen entscheidenden Wink geben, wie man allein diesem Irrsal entkommen und davor lebenslängliche Sicherheit gewinnen möge.

Denn nun zeigt sich erst, wessen der Dämon fähig sei; er, der selbständige, selbstsüchtige, der mit unbedingtem Wollen in die Welt griff und nur mit Verdruß empfand, wenn Tyche, da oder dort, in den Weg trat, er fühlt nun, daß er nicht allein durch Natur bestimmt und gestempelt sei; jetzt wird er in seinem Innern gewahr, daß er sich selbst bestimmen könne, daß er den durchs Geschick ihm zugeführten Gegenstand nicht nur gewaltsam ergreifen, sondern auch sich aneignen und, was noch mehr ist, ein zweites Wesen eben wie sich selbst mit ewiger, unzerstörlicher Neigung umfassen könne.

Kaum war dieser Schritt getan, so ist durch freien Entschluß die Freiheit aufgegeben; zwei Seelen sollen sich in einen Leib, zwei Leiber in eine Seele schicken, und indem eine solche Übereinkunft sich einleitet, so tritt, zu wechselseitiger liebevoller Nötigung, noch eine dritte hinzu; Eltern und Kinder müssen sich abermals zu einem Ganzen bilden, groß ist die gemeinsame Zufriedenheit, aber größer das Bedürfnis. Der aus so viel Gliedern bestehende Körper krankt, gemäß dem irdischen Geschick, an irgendeinem Teile, und anstatt daß er sich im Ganzen freuen sollte, leidet er am Einzelnen, und dem ohngeachtet wird ein solches Verhältnis so wünschenswert als notwendig gefunden. Der Vorteil zieht einen jeden an, und man läßt sich gefallen, die Nachteile zu übernehmen. Familie reiht sich an Familie, Stamm an Stamm; eine Völkerschaft hat sich zusammengefunden und wird gewahr, daß auch dem Ganzen fromme, was der Einzelne beschloß, sie macht den Beschluß unwiderruflich durchs Gesetz; alles, was liebevolle Neigung freiwillig gewährte, wird nun Pflicht, welche tausend Pflichten entwickelt, und damit alles ja für Zeit und Ewigkeit abgeschlossen sei, läßt weder Staat noch Kirche noch Herkommen es an Zeremonien fehlen. Alle Teile sehen sich durch die bündigsten Kontrakte, durch die möglichsten Öffentlichkeiten vor, daß ja das Ganze in keinem kleinsten Teil durch Wankelmut und Willkür gefährdet werde.

Αναγκη, Nötigung

Da ist's denn wieder, wie die Sterne wollten:
Bedingung und Gesetz, und aller Wille
Ist nur ein Wollen, weil wir eben sollten,
Und vor dem Willen schweigt die Willkür stille;
Das Liebste wird vom Herzen weggescholten,
Dem harten Muß bequemt sich Will' und Grille.
So sind wir scheinfrei denn nach manchen Jahren
Nur enger dran, als wir am Anfang waren.

Keiner Anmerkungen bedarf wohl diese Strophe weiter; niemand ist, dem nicht Erfahrung genugsame Noten zu einem solchen Text darreichte, niemand, der sich nicht peinlich gezwängt fühlte, wenn er nur erinnerungsweise sich solche Zustände hervorruft, gar mancher, der verzweifeln möchte, wenn ihn die Gegenwart also gefangen hält. Wie froh eilen wir daher zu den letzten Zeilen, zu denen jedes feine Gemüt sich gern den Kommentar sittlich und religios zu bilden übernehmen wird.

Ελπις, Hoffnung

Doch solcher Grenze, solcher ehrnen Mauer
Höchst widerwärt'ge Pforte wird entriegelt,
Sie stehe nur mit alter Felsendauer!
Ein Wesen regt sich leicht und ungezügelt:
Aus Wolkendecke, Nebel, Regenschauer
Erhebt sie uns, mit ihr, durch sie beflügelt;
Ihr kennt sie wohl, sie schwärmt nach allen Zonen —
Ein Flügelschlag — und hinter uns Äonen.

HOWARDS EHRENGEDÄCHTNIS

In der ersten Strophe wird die indische Gottheit camarupa (wearer of shapes at will) als das geistige Wesen dargestellt, welches nach eigener Lust, die Gestalten beliebig zu verwandeln, auch hier sich wirksam erweist, die Wolken bildet und umbildet.

In der zweiten Strophe wird sodann die Funktion der menschlichen Einbildungskraft vorgetragen, welche nach eingeborenem Trieb allem ungebildeten Zufälligen jederzeit irgendeine notwendige Bildung zu geben trachtet, welches wir denn auch daran erkennen, daß sie sich die Wolken gern als Tiere, streitende Heere, Festungen und dergleichen denkt, wie solches Shakespeare einigemal glücklich benutzt hat. Die gleiche Operation nehmen wir an fleckigen Mauern und Wänden öfters vor und glauben da und dort wo nicht regelmäßige Gestalten doch Zerrbilder zu erblicken. Zugleich wird auf Megha Dhuta, den Wolkenboten, angespielt, indem dieses herrliche Gedicht in allen seinen Teilen hierher gehört.

Und so wird denn in der dritten Strophe, damit nichts vermißt werde, Howards Name ausgesprochen, und sein Verdienst anerkannt, daß er eine Terminologie festgestellt, an die wir uns beim Einteilen und Beschreiben atmosphärischer Phänomene durchaus halten können.

Diese Benennungsweise nun ist angekündigt und ausgesprochen in der vorletzten Zeile, wie folgt:

Wie Streife steigt	Sich ballt	Zerflattert	Fällt
Stratus	Cumulus	Cirrus	Nimbus.

INSCHRIFTEN, DENK- UND SENDEBLÄTTER, AUFKLÄRENDE BEMERKUNGEN

Festliche Lebens-Epochen und Lichtblicke traulicher Verhältnisse, vom Dichter gefeiert

Rhein und Main. Bei meinem Aufenthalt in jenen Gegenden wurden eine Menge kleinere Gedichte teils in manches Album, meist unter landschaftliche Zeichnungen, ja manchmal als Besuchs- und Abschiedskarten verteilt; von denen sich vorstehende, vielleicht hie und da rätselhafte, erhalten haben. Freunde werden sich deren gern erinnern, und so mögen sie denn auch hier eingeschlossen stehen.

Weihnachten. Als der Fürst bei der Christbescherung seiner teuren Enkel gegenwärtig war, überreichten sie ihm ihrerseits mit obigen zwei Strophen eine Sammlung Gedichte auf die Gründung der neuen Bürgerschule, im Namen sämtlicher Jugend.

Herrn Staatsminister von Voigt zur Feier des 27. Septembers 1816. Herrn Staatsminister von Voigt zu seiner Jubelfeier: ein Denkmal vieljährigen und mannigfaltigen Zusammenwirkens. Die erste Strophe bezieht sich auf den Ilmenauer Bergbau, dem wir mit Fleiß und Studium mehrere Jahre vorstanden. Die zweite und dritte deutet auf die in Gesellschaft höchst gebildeter Frauen und Männer gefundene Erheiterung von oftmals lästigen und gefährlichen Geschäften; der Schluß auf die Schrecken der feindlichen Überschwemmung, auf den Drang der wechselvollen Kriegsjahre, auf das Glück endlicher Befreiung und zugleich auf die Notwendigkeit des Zusammenhaltens geprüfter Freunde in einer Zeit, wo eine Verwirrung aller Begriffe die hohe Kultur des Vaterlandes zu vernichten drohe.

Grafen Karl Harrach. Graf Karl Harrach, mit dem ich vor vielen Jahren zu Karlsbad, in Gesellschaft der Seinigen, glückliche Tage verlebte, hatte sich der Heilkunde gewidmet und darin durch eifriges Studium und getreuliche Ausübung bedeutend hervorgetan. Er begegnete mir wieder an derselbigen Stelle, das alte Vertrauen trat sogleich wieder ein, und es eröffnete sich von dem bisherigen Leben und Treiben die erfreulich wirksamste Unterhaltung.

Den 6. Juni 1816. Grabschrift, der Gatte der Gattin.

Der Gräfin Titinne Odonell. Gräfin Titinne Odonell, geborene Gräfin Clary, hatte in jugendlicher Heiterkeit und freundlicher Laune eine meiner Schreibfedern verlangt, die ich ihr mit solchen Zeilen zuschickte.

Julien Gräfin Egloffstein. An Julie Gräfin Egloffstein, die ein seltenes Talent zur bildenden Kunst mit manchem andern und überdies mit persönlichen Eigenschaften verbindet, welche allein hinreichend wären, sie als höchst vorzüglich in der Welt auftreten zu lassen. Dieses Gedicht ward veranlaßt durch unverwelkliche Blumen von ausgezeichneter Schönheit.

Reisesegen. Derselben auf die Reise mitgegeben, die sie in einigem Zwiespalt zwischen sich und eifrig beratenden Freunden antrat, welche besonders wegen Anwendung ihres schönen Talents nicht einig werden konnten.

An Lord Byron. Dieser merkwürdige Mann hatte manches Freundliche schriftlich und mündlich durch Reisende begrüßend nach Weimar gelangen lassen, welches ich durch jene Strophen zu erwidern für Pflicht hielt. Sie trafen ihn noch glücklicherweise in Livorno, eben als er für Griechenland sich einzuschiffen im Begriff war, und veranlaßten ihn noch zu einer schriftlichen Erwiderung vom 24. Juli 1823, die mir unschätzbar bleibt; wie denn das Nähere dieser Verhältnisse in den Beilagen zu Capitän Medwins Unterhaltungen, dem ich auf Anfrage das Allgemeinste mitteilte, zu finden ist. Das Umständlichere, zugleich mit Abschriften der Originale, wird früher oder später bekannt werden.

An zwei Gebrüder, eifrige junge Naturfreunde. An zwei hoffnungsvolle Knaben, welche, entzündet durch eifrige Geologen, sich leidenschaftlich ihnen zugesellten und im Aufspüren von merkwürdigen Gebirg- und Gangarten sich besonders tätig erwiesen.

KOMMENTARTEIL

NACHWORT

GOETHES ENTWICKLUNG ALS LYRIKER

Goethe ist von seiner Jugend bis ins höchste Alter Lyriker gewesen; sein Leben war lang und entwicklungsreich, und seine Lyrik weist nicht nur viele einzelne bedeutende Gedichte auf, sondern zeigt als Ganzes eine außergewöhnliche Entwicklung und ein organisches Gefüge von Themen und Formen. Dieses lyrische Werk steht neben den Dramen, Romanen, den umfangreichen autobiographischen Schriften und den zahlreichen naturwissenschaftlichen Arbeiten. Jede Form hat ihr eigenes Gesetz, jede vermag etwas, was nur ihr allein möglich ist. Das Gedicht bringt innere Zusammenhänge zu knappstem Sprachgefüge geordnet; etwa ein Naturbild und eine Stimmung (*Über allen Gipfeln*), die Symbolik des Ganzen im Einzelnen (*Früh wenn Tal ...*), die Zusammenschau von Grunderscheinungen des Lebens (*Vermächtnis*). Unterscheidend von Epik und Drama ist die Gestaltung in kurzer Form, wobei der Klang ein wesentliches Element ist. Doch wirkt das Lyrische auch in andere Gattungen hinein, z. B. in den Schluß des *Faust* und den der *Novelle*.

Charakteristisch für Goethes lyrisches Werk ist die innere Weite. Es enthält Themen des Naturerlebens, der Liebe, der Gesellschaft, des Religiösen. Es kann schlicht-volksliedhaft sein, aber auch ironisch-bewußt, weltverbunden und jenseitsstrebend, heiter und tragisch, lässig und streng, gesellschaftlich und einsam. Es kann Anregungen von Properz oder von Hafis aufnehmen. Dennoch hat jedes Gedicht Goethes Art, die Welt zu sehn, und den Klang seiner Sprache.

Er geht vom Augenfälligen, Einfachen aus, doch er bleibt nicht dabei. Dem verweilend-ruhigen Blick auf die Dinge der Welt entspricht die Entspanntheit der Sprache in Vers und Klang; darin unterscheidet sie sich von dem lyrischen Stil Klopstocks, Schillers und Hölderlins. Das Besondere wird deutlicher, je weiter man den Abstand nimmt. Blickt man von den großen europäischen Dichtern des Mittelalters oder des Barock auf Goethe, so wird offenbar, wie sehr er seine persönliche Innerlichkeit und Lebenswelt im Gedicht gestaltete. Blickt man von denen des 20. Jahrhunderts auf ihn, so bemerkt man, wie sehr ein Glaube an Sinn und Ordnung des Daseins in allen seinen Gedichten lebt und eine Leichtigkeit und Anmut der Form ermöglicht, die Späteren kaum mehr möglich war.

Im Mittelalter und noch im Barock gab es zwei große Gebiete der Lyrik, die geistliche und die weltliche. Zu jener gehörten die Gesänge des Kirchenjahrs, Gedichte auf Christus und die Heiligen, auf Sünde und Gnade; diese sprach von Liebe, Natur, Wein, gelegentlich vom Zeitgeschehen. Es gab für diese Themen überlieferte Formen, die sich nur langsam wandelten und die man in den Grundzügen als etwas Gegebenes und Festes ansah. Der einzelne Dichter mußte sie erlernen und sich in sie einfügen, um seine Fähigkeiten dann am rechten Platze fruchtbar zu machen. Diese Auffassung der Dichtung reichte bis in Goethes Jugend. Seine *Poetischen Gedanken über die Höllenfahrt Jesu Christi* (S. 9ff.) sind bezeichnenderweise *auf Verlangen entworfen* und behandeln ein festes Thema aus der Heilsgeschichte. Seine anakreontischen Jugendgedichte setzen in ähnlicher Weise die Tradition der weltlichen Dichtung fort. Dann aber kommt der große Wandel, und man muß sich historisch Goethes Ausgangspunkt deutlich machen, um manches, was uns heute selbstverständlich erscheint, in seiner Besonderheit zu verstehen. Der Dichter spricht fortan nicht eine schon gedeutete Welt auf seine Weise aus, sondern wird selbst zum Deuter der Welt. Er dichtete keine „geistlichen" Gedichte alten Stils mehr; in seine „weltliche" Lyrik ist überall das Religiöse hineingewoben. Er mußte die Ordnung der Welt mit Hilfe seines Innern finden. Daß er sie fand, unterscheidet ihn wohl von manchen, die nach ihm kamen. Seine Welt ist ein Kosmos, sowohl die Natur wie die menschliche sittliche Innerlichkeit, weil beide *Abglanz* einer höheren Welt sind. Darum vermag er das Schöne auszusagen, begeistert und begeisternd, wenn auch in seiner milden und gedämpften Art. Er lebt in einem ursprünglichen Wissen, als begrenzter Mensch am Weltganzen Anteil zu haben, wie das *sonnenhafte Auge* die *Sonne erblickt* (S. 367). Seine Äußerungen darüber sind zwar zurückhaltend, aber niemals unklar.

Vom Persönlichen her wird das Allgemeine erschlossen, wenn Kraft und Demut zusammenkommen. Da Goethe dies bewußt war, haben in seinen Äußerungen über Dichtung die Wörter *Erleben* und *Gelegenheit* eine bedeutsame Stellung, während sie in der Poetik vor seiner Zeit gar nicht oder nur beiläufig vorkamen. In seinen Erläuterungen zur *Harzreise* hat er 1820 auseinandergesetzt, daß seine Gedichte durch eine *Gelegenheit* angeregt wurden, daß sie *im unmittelbaren Anschauen irgendeines Gegenstandes verfaßt worden*, daß aber *ein Allgemeines, Inneres, Höheres dem Dichter vorschwebte* (S. 393, 1–8). Ähnliche Äußerungen gibt es mehrfach. (Eckermann 18. Sept. 1823 u. ö.) An Iken äußerte er am 27. September 1827: *Da alles, was von mir mitgeteilt worden, auf Lebenserfahrung beruht, so darf ich wohl andeuten und hoffen, daß man meine Dichtungen auch wieder erleben wolle und werde.*

Goethes lyrisches Gesamtwerk ist das Dokument eines großen inneren Weges. Auch die Dramen von der *Laune des Verliebten* bis zu *Faust II* und die Romane von *Werther* bis zu den *Wanderjahren* offenbaren diesen Weg. Die Lyrik aber tut es reicher, lückenloser und unmittelbarer. Goethes Entwicklung läßt sich an ihr bis in die Einzelzüge erkennen. Das ist möglich, weil die meisten Gedichte datierbar sind. Wir wissen über Goethes Leben so viel wie über das keines anderen Menschen, infolge seines Lebensdranges, sich in Dichtung, Brief, Tagebuch, Gespräch und Bild mitzuteilen, und infolge des Reflexes seiner Umwelt, die in Briefen und Aufzeichnungen festhielt, was er getan und gesagt hatte.

Goethes Lyrik beginnt im traditionellen Stil des 18. Jahrhunderts. In Dingen der Sprache, des Verses, des Gedichtaufbaus war damals noch vieles lehrbar und lernbar, und so nahm der Jüngling es auf und wandte es an. Mit seinem Innern hatte das wenig zu tun. Erst seit der Straßburger Zeit finden das innere Erlebnis und die äußere Form zueinander, sei es in volksliedhaften Strophen, sei es in Freien Rhythmen. Die Meisterschaft dieser mit genialer Leichtigkeit hingeworfenen Verse war wohl weder dem Verfasser noch den Zeitgenossen bewußt. Rückschauendem Blick heben sich Gruppen heraus: die Lieder um das Friederiken-Erlebnis; sodann die in kühner Fügung innere Schau gestaltenden großen Hymnen; die Künstlergedichte; die Lili-Lyrik. Besondere Gruppen bilden die anspruchslosen, aber für Goethe kennzeichnenden Gedichte an seine Freunde sowie die bildkräftig-tiefsinnigen Balladen. Alle sind sie aus dem Augenblick geboren, genial-sicher und jugendlich-leicht, oft wie ein Wirbel oder ein Tanz.

In den ersten elf Weimarer Jahren wird der Klang ruhiger, maßvoller. Es entsteht eine Anzahl weltanschaulicher Gedichte aus der Sicht dessen, der sich selbst dazu erzieht, den Blick still auf den Gegenständen ruhen zu lassen, es entstehen die kleinen Briefgedichte an Frau v. Stein, hauchzart und sehnsuchtsvoll, die nie als „Gedichte" gedacht waren. Neue Balladen, im Zusammenhange des Naturerlebens, reihen sich an. Eine große literarische Tradition weiterführend beginnt Goethe, Hexameter und Distichen zu schreiben, und nach der Italien-Reise treten diese antiken Formen eine zeitlang in den Vordergrund. Ihnen gesellt sich – zum erstenmal – das Thema des glücklichen Augenblicks, der Liebeserfüllung. Jetzt erst entschließt er sich, Gedichte, die nach Form, Geist und Entstehung zusammengehören, als Zyklen zusammenzufassen, die *Römischen Elegien*, die *Venetianischen Epigramme*, die mit Schiller gemeinsam geschriebenen *Xenien*. Die Elegie entwickelt sich bis zur breit ausmalenden Idylle (*Alexis und Dora*) und zum naturanschauenden Lehrgedicht (*Metamorphose der Pflanzen*). Sie sucht das Typische und Gesetzmäßige. Die Balladen dagegen, mit sicherer Hand gestaltet, bringen Situationen am Rande des Wunderbaren, die Hintergründigkeit menschlichen Daseins andeutend. Man spürt in den Gedichten dieser Zeit bei aller Beschwingtheit ein Wägen des Klanges, ein männliches Schreiten.

Andere Töne bringen die Sonette des Achtundfünfzigjährigen. Die Liebe ist entsagend, die Betrachtung ein geistiges Ordnen, die Form ein selbstgewählter Zwang. Solche Distanz, die bis zur Ironie werden kann, lebt dann gesteigert im *Westöstlichen Divan*, verbunden mit einer neuen welterfassenden Vitalität, welcher der Geist spielend und leitend die Waage hält. Diese Gedichte hat Goethe sogleich selbst zum Zyklus geordnet: Liebeslyrik, Naturbilder, Spruchhaftes, Religiöses in mannigfachen Verbindungen.

Was danach folgt, ist die Alterslyrik, welche Goethe selbst nicht mehr als Ganzes in eine Ordnung gebracht hat. Die Urphänomene, an deren Betrachtung er sich gewöhnt hatte, werden nun oft nur noch formelhaft angedeutet. Das Gegenständliche erhält eigenartige Durchsichtigkeit, um Ewiges ahnen zu lassen. Die Sprache schiebt Geschautes, Gewußtes und Gehofftes, Weltgesetz und Augenblick dicht ineinander, bald lässig, bald mit still-feierlicher Ergriffenheit. In einer Reihe betrachtender, fast lehrhafter Gedichte wird die Welt als *heilig öffentlich Geheimnis* (S. 358) gedeutet. Mehr noch als diese weltanschaulichen Gedichte ist die reine Lyrik das Wunder dieser Spätzeit. Sie reicht bis in die letzten Jahre, mitunter als zartes Kurzgedicht, mitunter als mehrstrophige Verknüpfung symbolischer Bilder. Diese Gedichte haben etwas seltsam Schwebendes, ihr Klang ist leicht, doch es ist eine andere Leichtigkeit als die der Jugend, eine geistgewordene stille Betrachtung.

Goethes lyrische Sprache war mit ihm jung und wurde mit ihm alt. Die Deutschen wissen erst durch ihn, daß Jugend eine eigene Sprache hat, und durch ihn, was Altersstil ist; und beim Betrachten seines Werks überwältigt nicht nur das einzelne gelungene Gedicht, sondern auch die innere Folgerichtigkeit, die darin liegt, wie auf den Sturm und Drang die voritalienischen Klänge der Stille und Sehnsucht folgen, dann die mit sicherer Hand gefügten Werke der Klassik, danach Fülle und Leid der *Divan*-Gedichte und schließlich das geheimnisvolle Alterswerk. Entwicklung gab es auch bei Dichtern früherer Zeiten, doch man schenkte ihr wenig Beachtung. Noch das Barock dachte an eine objektive Ordnung der Welt und des Wortes, und von da aus ergab sich nicht die Frage nach der Entwicklung eines Dichters, sondern nur die nach dem Verhältnis von Dichtung und Dichtungstheorie. Erst die Zeit seit Herder fragte danach, und Goethe selbst war es, der dieses Denkbild reich anwendbar ausbildete. Das Werk Walthers von der Vogelweide oder das des Andreas Gryphius ordnet man am besten als Themenkreis: Gott und Christus, Sünde und Gnade, Vergänglichkeit und Natur, Staat,

Sitte, Kunst, Liebe, Haus, Scherz usw. Man kann zwar auch eine Gruppierung nach der Entwicklung versuchen, doch die Rechnung geht niemals recht auf, nicht wegen mangelnder Datierungen, sondern aus dem Charakter des Werks. Doch nicht nur wegen des umgebenden Kulturgefüges, sondern auch aus persönlicher Art heraus bleibt mancher Dichter sich sein Leben lang weitgehend gleich. Klopstock und Eichendorff haben, verglichen mit Goethe, wenig Wandlung durchgemacht. Hölderlin ist ein Sonderfall, denn die beispiellose Entwicklung von seinen Reimstrophen über die Oden-Epoche bis zu seinen Freien Rhythmen drängt sich auf weniger als 10 Jahre zusammen, und wenn wir von dem „späten" Hölderlin sprechen, meinen wir das Werk des Dreißig- bis Dreiunddreißigjährigen. Demgegenüber zeigt Goethes Lyrik ein langsames Wachstum, sie gehört der Jugend, den Mannesjahren und dem Greisenalter an und zeigt jeweils Züge dieser Stufen.

In allen Epochen aber behält sie ihren gleichen persönlichen Stil. Sie geht vom Anschaulichen aus, doch sie führt darüber hinaus. Sie formuliert klar, bringt aber selten scharfe Pointen. Satz und Vers entsprechen einander, Reime symbolisieren Harmonie. Auch wenn gelegentlich weise Lehre aufklingt oder Ärger durchbricht, alles bleibt voll milder Wärme; keine Prophetie und kein karikierender Nihilismus.

ENTSTEHUNG UND VERÖFFENTLICHUNG DER GEDICHTE

Durch Äußerungen Goethes und durch überlieferte Handschriften wissen wir manches davon, wie die Gedichte entstanden. Boisserée, dessen Tagebuchnotizen zuverlässiger sind als die der vielen anderen, welche Gespräche mit Goethe aufgezeichnet haben, schreibt am 8. August 1815: „Confession, daß ihm die Gedichte auf einmal und ganz in den Sinn kämen, wenn sie recht wären; dann müsse er sie aber gleich aufschreiben, sonst fände er sie nie wieder; darum hüte er sich, auf den Spaziergängen etwas auszudenken. Es sei ein Unglück, wenn er es nicht ganz im Gedächtnis behalte; sobald er sich besinnen müßte, würde es nicht wieder gut. Auch ändere er selten etwas. Ebenso ein Unglück, wenn er Gedichte träume, das sei meist ein Verlorenes ..." Das ist wohl vor allem im Gedanken an die *Divan*-Gedichte gesagt, gilt aber auch allgemein. Über das plötzliche Entstehen mancher Jugendgedichte hat Goethe in *Dichtung und Wahrheit* berichtet, *unwillkürlich, ja wider Willen* oder *beim nächtlichen Erwachen* sei ein Gedicht plötzlich in seinem Geiste dagewesen, so daß er manches in der Eile diagonal über ein Blatt schrieb und lieber zum Bleistift griff als zur Feder. (Bd. 10, S. 80,26–81,9.) Bei dem Gedicht *Um Mitternacht* berichtet er von seiner *mitternächtigen unvorhergesehenen Entstehung.* (Vgl. die Anmkg. zu S. 372) Die Briefgedichte an Frau v. Stein sind Erzeugnisse des Augenblicks und wurden sogleich im Brief niedergeschrieben. Von dem Gedicht *Holde Lili, warst so lang* ... schreibt er an den Herzog, er habe es abends bei einsamem Ritt vor sich hergesungen. (23. 12. 1775.) Die Verse *Über allen Gipfeln* schrieb er auf dem Kickelhahn an die Wand der kleinen Bretterhütte, da er kein Blatt zur Hand hatte. Bei den *Divan*-Gedichten wissen wir aus den datierten Handschriften und aus dem Tagebuch, daß sie zum Teil sehr rasch entstanden, mehrere an einem Tage (am 25. und 26. Juli 1814 je 6 Gedichte). Andere aber trug Goethe lange im Geiste mit sich herum, bevor er an die Gestaltung ging. Er äußert sich darüber in dem Aufsatz *Bedeutende Fördernis durch ein einziges geistreiches Wort* (Bd. 13, S. 38, 30–39,4), ähnlich im Gespräch (Soret 8. 3. 30; Eckermann 14. 3. 30.). Die Werke, die er hier nennt, sind sämtlich Balladen. Was er jahrelang vor sich sah, waren wohl bildhafte Situationen, auch das Geschehen als Ganzes, doch betraf es noch nicht die sprachliche Gestaltung. Manche Lieder schrieb Goethe, weil Melodien ihn dazu anregten, so *Ich denke dein* (S. 242) und *Alles kündet dich an* (S. 254); an Schiller schreibt er am 19. 2. 1802: *Ich habe wieder ein paar Lieder auf bekannte Melodien zustande gebracht.*

Wenn Goethe später Änderungen vornahm, betrafen diese fast immer nur Einzelheiten. Eingriffe, welche das ganze Gedicht umwandelten – wie in dem Lied *An den Mond* (Bd. 1, S. 128ff.) und *An den Geist des Johannes Secundus* (S. 140ff.) – sind selten. Wir wissen darüber viel aus den Handschriften. Während zahlreiche Gedichte – die im engeren Sinne lyrischen – plötzlich und als Ganzes in Goethes Phantasie auftauchten, wurden andere – die repräsentativen, gesellschaftlichen – „gearbeitet"; man spürt aus den Versen zum 50jährigen Dienstjubiläum des Ministers v. Voigt (S. 344), daß hier ein beabsichtigtes Thema in einer bewußt kunstvoll-festlichen Form durchgeführt ist. Mit den Stanzen auf die Kaiserin von Frankreich (S. 261f.) beschäftigte Goethe sich laut Tagebuch 2 Tage lang (8.–9. Juni 1812).

Unter den Handschriften gibt es erste Entwürfe, denen man ansieht, daß sie mit fliegender Hand hingeworfen sind. Dahin gehören die *Venetianischen Epigramme*, die Goethe auf Vorsatzblätter und Deckel seines Martial-Exemplars notiert hat (Ruppert Nr. 1409), ferner die (in Weimar befindlichen) Entwürfe zu *Nun auf und laßt verlauten* (S. 342), *Frühling übers Jahr* (S. 371) und *Entwickle deiner Lüste Glanz* (S. 388), auch die Entwürfe zur *Metamorphose der Tiere* (die in der Weim. Ausg. Bd. 53, S. 549ff. gedruckt sind). Die nächste Stufe waren vollständige Niederschriften, in denen noch Korrekturen angebracht wurden. (Ein Beispiel ist die *Elegie*-Handschrift, die teils in Weimar, teils im Stadt-Archiv in Hannover ist.) Dann folgte eine Reinschrift, die Goethe gern mit handwerklicher Freude selbst anfertigte. (Beispiele: die Reinschrift der *Divan*-Gedichte und die der Marienbader *Elegie,* Facsimiles davon Schr. G. Ges. 15 und 26.) Manche Gedichte wurden überhaupt nur als erster Entwurf niedergeschrieben, danach ließ Goethe das Manuskript liegen und kümmerte sich nicht darum; dazu gehören *In goldnen Frühlingssonnenstunden* (S. 244), und *Es spricht sich aus der stumme Schmerz* (S. 390). Die Art der Entstehung war also verschieden. Mit dem künstlerischen Wert der Gedichte hat sie nichts zu tun, wohl aber mit Goethes eigener Einstellung zu ihnen.

Goethe hatte zu seinen Gedichten eine innere Beziehung, von der er nur selten gesprochen hat. In *Dichtung und Wahrheit* berichtet er über Gedichte, die ungeahnt in ihm entstanden, wobei er auf der Hut sein mußte, daß nichts ihn *aus seinem nachtwandlerischen Dichten aufweckte.* Er fährt fort: *Für solche Poesien hatte ich eine besondere Ehrfurcht.* Das Wort *Ehrfurcht* steht an der Grenze des religiösen Bereichs. Goethe berichtet weiter, daß es ihm *abscheulich schien,* diese Gedichte *gegen Geld umzutauschen.* (Bd. 10, S. 80,16–81,9.) In der Tat hat er von der Jugendlyrik sehr vieles für sich behalten, und wenn er etwas zum Druck gab, so geschah es nur, um Freunden wie Jacobi und Wieland, die Zeitschriften herausgaben, einen Gefallen zu tun. Von seinen *neusten und liebsten Balladen* des Jahres 1774 erzählt er, daß sie ihm *noch ans Herz geknüpft waren und nur selten über die Lippen kamen.* (Bd. 10, S. 34, 9–21.) Je mehr ihm ein Gedicht *ans Herz geknüpft* war, desto weniger gab er es anderen preis. Er berichtet das in *Dichtung und Wahrheit* von seiner Jugend, und man spürt dabei, daß er im Alter noch ebenso empfindet. Von dem Altersgedicht *Um Mitternacht* sagt er, daß es ihm *desto lieber und werter ist, da ich nicht sagen könnte, woher es kam und wohin es wollte.* (Bd. 10, S. 521,37ff.) Auch hier wird das, was unbewußt kam, mit besonderer Ehrfurcht betrachtet. Eckermann notiert am 14. Januar 1827 die Worte: *Das Lied „Um Mitternacht" hat sein Verhältnis zu mir nicht verloren.* Dieses *Verhältnis* war eine innere Bindung. Sie wandelte sich mit der Zeit, bei dem einen Gedicht langsam, bei dem anderen schnell. Zunächst waren die Gedichte ein Stück von ihm, das nach außen drängte, später waren sie Gegenstände, zwar von ihm stammend, aber selbständig: *Schlangenhäute* (an Charlotte v. Stein 14. 5. 1779; zu Eckermann 14. 1. 1827). In diesem Zusammenhang ist es aufschlußreich, die Zeitspanne zwischen Entstehung und Veröffentlichung zu betrachten.

Es gibt eine Gruppe von Gedichten, die bald nach der Entstehung gedruckt wurden. Dahin gehören: *Erklärung eines alten Holzschnitts* (entst. 1776, gedr. 1776); *Der Fischer* (entst. 1778, gedr. 1779); *Erlkönig* (entst. 1782, gedr. 1782); *Ich denke dein* (entst. 1795, gedr. 1795); *Alexis und Dora* (entst. 1796, gedr. 1796); *Der Zauberlehrling* (entst. 1797, gedr. 1797); *Euphrosyne* (entst. 1797/98, gedr. 1798); *Die Metamorphose der Pflanzen* (entst. 1798, gedr. 1798); *Die glücklichen Gatten* (entst. 1802, gedr. 1803); *Dauer im Wechsel* (entst. 1803, gedr. 1803); *Epilog zu Schillers „Glocke“* (entst. 1805, gedr. 1805); *Ergo bibamus* (entst. 1810, gedr. 1811); *Sieht man den schönsten Stern* (entst. 1812, gedr. 1812); *Von Berges Luft ...* (entst. 1816, gedr. 1816); *Prooemion* (entst. 1816, gedr. 1817); *An Lord Byron* (entst. 1823, gedr. 1824); *Paria* (entst. 1823, gedr. 1824); *Vermächtnis* (entst. 1829, gedr. 1829). Dies sind entweder Gedichte, die Goethe für einen geselligen Kreis machte, oder solche, die einen objektiven Stoff gestalten. Von den im engeren Sinne lyrischen und stark persönlichen Gedichten ist in dieser Gruppe keins enthalten.

Sodann gibt es eine Gruppe von Gedichten, die mehrere Jahre oder gar Jahrzehnte nach ihrer Entstehung veröffentlicht wurden. Beispiele sind: *Wandrers Sturmlied* (entst. 1772, gedr. 1815); *Ganymed* (entst. 1774, gedr. 1789); *An Schwager Kronos* (entst. 1774, gedr. 1789); *Hoch auf dem alten Turne* (entst. 1774, gedr. 1789); *Eislebenslied* (entst. 1775 oder 1776, gedr. 1789); *Vor Gericht* (entst. etwa 1776, gedr. 1815); *Gib, das Tagwerk* (entst. 1776, gedr. 1789); *Der du von dem Himmel bist* (entst. 1776, gedr. 1789); *Königlich Gebet* (entst. vor 1777, gedr. 1815); *Menschengefühl* (entst. vor 1777, gedr. 1815); *Gesang der Geister* (entst. 1779, gedr. 1789); *Über allen Gipfeln* (entst. 1780, gedr. 1815); *Ilmenau* (entst. 1783, gedr. 1815); *Sonette* (entst. 1807/08, gedr. 1815); *St. Nepomuks Vorabend* (entst. 1820, gedr. 1827); *Trilogie der Leidenschaft* (entst. 1823, gedr. 1827). Hierher gehören viele Gedichte aus der Zeit des Sturm und Drang und der ersten Weimarer Jahre; manche nahm Goethe – überarbeitet – 1789 auf, als er seine Gedichte zum erstenmal gesammelt druckte; andere erst 1815. In den späteren Jahren wurde der Abstand zwischen der Entstehung und der Veröffentlichung kürzer, denn seit der schweren Gehirnhautentzündung von 1801 stand ihm die Möglichkeit eines baldigen Todes und seit den Kriegsereignissen von 1806 die Möglichkeit der Vernichtung der Manuskripte vor Augen. Der Grund, warum er das *Sturmlied* lange Zeit nicht druckte, ist leicht zu finden: es war ihm zu subjektiv, zu eigenwillig. Hätten andere nicht es 1810 veröffentlicht, hätte er selbst es wohl auch 1815 nicht aufgenommen. Doch in dieser Zeit sah er sich schon *historisch* (Bd. 8, S. 465, Nr. 35 u. Anmk.), und da er in *Dichtung und Wahrheit* seine Jugend darstellte, faßte er die Veröffentlichung mehr als Dokumentierung einer vergangen Epoche auf. Warum aber hat er ein so makelloses Werk wie *Über allen Gipfeln* jahrzehntelang nicht veröffentlicht? 1789 nahm er es nicht auf, auch 1800 nicht. Als er 1806 die Gedichte neu zusammenstellte, ließ er es fort. Erst 1815, als er 65 Jahre alt war, nahm er diese Verse auf, die er mit 30 Jahren geschrieben hatte. Für uns sind sie ein vollendet gestaltetes sprachliches Gebilde, das ein Naturbild und einen Seelenzustand in stiller Symbolik ausspricht. Für ihn waren sie – vermutlich – ein Stück seiner selbst, ein Augenblick seines Lebens der ersten Weimarer Jahre, der in ihm noch weiterwirkte, eine Aufzeichnung, die ganz nahe bei seinen Tagebüchern aus jener Zeit stand und bei den Briefen an Frau v. Stein, die zum privatesten, streng gehüteten Bereich gehörten. Die erst nach Jahrzehnten veröffentlichten Gedichte und die, welche nur durch Indiskretionen von Freunden gedruckt wurden, stehen also nahe bei einer letzten zu nennenden Gruppe.

Diese dritte Gruppe sind Gedichte, die Goethe selbst nie veröffentlicht hat. Die meisten hat er mit Absicht zurückgehalten. Einige andere, z. B. Briefgedichte aus seiner Jugend, hatte er wohl nicht mehr zur Hand und hatte sie vielleicht selbst vergessen. Zu dieser Gruppe gehören: *Ein zärtlich-jugendlicher Kummer* (vermutlich 1772); *Pilgers Morgenlied* (1772); *Bleibe, bleibe bei mir* ... (1774 oder 1775); *Dies wird die letzte Trän' nicht sein* (vielleicht 1775); *Durchlauchtigster, es nahet sich* (1776); die Briefgedichte für Frau v. Stein (1776–1784); *Woher sind wir geboren* (1786); *Alles gaben Götter* (1777); *In goldnen Frühlingssonnenstunden* (um 1800); *Dieses Stammbuch, wie man's auch nimmt* (1807); *Daß du zugleich mit dem* ... (1815); *In einer Stadt einmal* ... (1815); die *Divan*-Nachlaßgedichte (1815 und später); *Ein strenger Mann* ... (1818); *Könnt' ich vor mir selber fliehn* ... (1823); *Es spricht sich aus* ... (zwanziger Jahre); *Was der Dichter diesem Bande* (1827); *Willst du mich* ... (1828); *Früh, wenn Tal, Gebirg und Garten* (1828). Dieser Gruppe ist auch das Gedicht *Der Bräutigam* (vermutlich 1824) zuzurechnen, da der anonyme Druck in Ottiliens Privat-Zeitschrift „Chaos", 1829, nicht öffentlich war. Die Zahl der unveröffentlichten Gedichte ist groß, es ist etwa ein Drittel von Goethes Lyrik. Und diese Gedichte sind zugleich diejenigen, zu denen Goethe am wenigsten gesagt hat. Über viele von ihnen gibt es von ihm kein Wort, keine Erwähnung, auch nicht in einer Liste der Gedichte. Zu dieser Gruppe gehören polemische Gedichte wie das gegen Müllner (S. 356). Wichtiger und schöner sind die persönlichen Widmungsgedichte wie das an Carl August (S. 106 f.) und das an Prinzessin Caroline (S. 259 ff.). Ihnen reihen sich die Briefgedichte an, unter denen es Verse von höchstem Range gibt wie die an Frau v. Stein (S. 122–128). Trotz dieses Ranges dachte Goethe nicht daran, sie zu veröffentlichen. Am bedeutsamsten sind die rein lyrischen, höchst persönlichen Gedichte wie *Bleibe, bleibe bei mir* (S. 97), *Dies wird die letzte Trän' nicht sein* (S. 97 f.), *Könnt' ich vor mir selber fliehn* (S. 378) usw. Goethe sah ein Gedicht einerseits als ein von höchster Hand dem Ich gespendetes Geschenk, sah es anderseits aber auch im gesellschaftlichen Raum. Bei manchen Gedichten hätte er deswegen nie den Druck gestattet, dazu war er zu sehr ein Mensch des guten Tons, des Takts in privaten Dingen, des Verpflichtungsgefühls gegenüber der Öffentlichkeit. Anderseits konnte er sich nicht entschließen, das, was unveröffentlicht bleiben sollte, zu vernichten; daran hinderte ihn die Ehrfurcht vor dem Geheimnis der Entstehung.

Viele Gedichte also, und zwar schöne, durchseelte, wurden den Zeitgenossen nicht bekannt; andere erschienen erst lange nach ihrem Entstehen. Schiller hat *Über allen Gipfeln* und anderes von der voritalienischen Lyrik nie gelesen. Infolge von Goethes Schaffenskraft und des Reichtums seiner Möglichkeiten entstanden aber immer auch Gedichte, die leicht eingängig und im Hinblick auf die Leser seiner Zeit geschrieben waren. Diese wurden bekannt, nach ihnen wurde er beurteilt. Während man ihn im Drama wegen *Götz* und im Roman wegen *Werther* und *Wahlverwandtschaften* als kühnen Neuerer empfand, löste die Lyrik weniger Erstaunen aus. (Sie hätte es ausgelöst, wenn er seine Sturm-und-Drang-Gedichte in den Frühformen bald nach ihrem Entstehen gedruckt hätte.) Nur die *Römischen Elegien* haben Entsetzen verursacht durch ihre Offenheit in Dingen der Liebe. Daß Goethe in seiner Lyrik auch formal ein Neuerer war – zumal in seiner Sprache –, das sahen nur die wenigsten.

Gelegentlich hat er sich selbst über seine Gedichte geäußert, in den autobiographischen Schriften, in Briefen und Aufsätzen. Doch über so tief mit seinem Wesen verbundene Verse wie *Warum gabst du uns die tiefen Blicke* (S. 122), *Prooemion* (S. 357), *Selige Sehnsucht* (Bd. 2, S. 18f.), *Offenbar Geheimnis* (Bd. 2, S. 24), *Nachklang* (Bd. 2, S. 81f.), *Der Bräutigam* (S. 386) hat er nie ein Wort gesagt; denn er war nicht nur ein großer Bekenner, sondern auch ein großer Schweiger. Wenn er sich über Gedichte äußerte, hatte das oft äußerliche Ursachen, war Antwort auf mündliche oder schriftliche Fragen, wobei er lieber über das Handwerkliche der Gedichte und biographische Zusammenhänge sprach als über deren Wert und Wesen. Wir wissen also bei den meisten Gedichten nicht, wie er sie beurteilte. Wie mag er das Gedicht *Über allen Gipfeln* bewertet haben? Die späten kurzen Äußerungen (Tagebuch 27. 8. 31; an Zelter 4. 9. 31) sagen nur, daß er es als ein Stück seines Lebens empfand. *Alexis und Dora* (S. 185ff.) fand er gut. (An Humboldt 27. 5. 1796; an Marianne Meyer, August 1796; u.a.m.) Auch *Die glücklichen Gatten* (S. 249ff.) fand er gelungen (Eckermann 16. 12. 1828).

Weil das Gedicht für Goethe eng mit dem Leben verbunden war, bedeutete es für ihn oft Klärung und Überwindung einer Lebenssituation. Er bemerkte das selbst, und im Alter sprach er es mit der ihm eigenen Klarheit aus, als er in *Dichtung und Wahrheit* über seine dichterischen Anfänge berichtete: *Und so begann diejenige Richtung, von der ich mein ganzes Leben über nicht abweichen konnte, nämlich dasjenige, was mich erfreute oder quälte, oder sonst beschäftigte, in ein Bild, ein Gedicht zu verwandeln und darüber mit mir selbst abzuschließen, um sowohl meine Begriffe von den äußeren Dingen zu berichtigen, als mich im Innern deshalb zu beruhigen. Die Gabe hierzu war wohl niemand nötiger als mir, den seine Natur immerfort aus einem Extreme in das andere warf.* (Bd. 9, S. 283,9–17.) Das Dichten erscheint hier als eine Form der Lebensbewältigung: das Bild der Dinge wird *berichtigt,* das Innere *beruhigt.* Deswegen kann umgekehrt ausnahmsweise der Dichter sich das Dichten fernhalten, um das Erlebnis selbst länger auszukosten. Bei dem Abschied von Rom kam Goethe die Idee einer Elegie, gleichsam als Gegengabe zu der Abschieds-Elegie des Ovid (Tristia I, 3). Doch dann schrieb er sie nicht. (Etwas von diesen Stimmungen ist vielleicht in das Drama *Tasso* eingegangen.) Das Schema zur *Italienischen Reise* sagt dazu: *Abreise von Rom Schmerzen eigener Art ... Ovids Elegie ... Meinen Leiden angebildet Furcht sie zu schreiben Damit der zarte Duft der Schmerzen nicht verschwinde ...* (Weim. Ausg. 32, S. 469). Damit ist doch wohl gesagt, daß da, wo die Konzentration auf das Werk eintritt, von dem Leben selbst abgelenkt wird – eine Tatsache, die mit aller Vorsicht bei manchen Bezügen von Leben und Dichtung (etwa auch der *Divan*-Lyrik) zu bedenken bleibt.

BEREICH DER THEMEN

Der Themenkreis von Goethes Lyrik ist weit infolge der Weite seiner Persönlichkeit. Die Gedichte zeigen das menschliche Leben in vielen Formen, zeigen es meist im Zusammenhang mit der Natur und deuten eine dahinterstehende große Ordnung an. Man darf vielleicht sagen, daß Goethes Anschauung, daß alles Irdische ein *heilig öffentlich Geheimnis* sei (S. 358), die Grundlage seiner Lyrik bildet. Er blickt genau auf die Erscheinungen, doch nicht um dabei zu bleiben, sondern weil er nur auf diese Weise darüber hinaus gelangen kann.

Die Natur, in deren Zusammenhang die Gedichte den Menschen zeigen, erscheint meist als heimische deutsche Landschaft, seltener *(Alexis und Dora; Römische Elegien)* als Land am Mittelmeer. In seiner Jugend bringt Goethe nur einige Naturmotive in das Gedicht, um eine Atmosphäre zu bezeichnen – die Blütenpracht im *Mailied* (S. 30f.), das Bild des Bergs in der *Harzreise* (S. 50ff.). Je älter er wird, desto genauer wird er; die Landschaften werden individuell: die Wartburg-Gegend *(Ros' und Lilie morgentaulich* ... Bd. 2, S. 15), die Umgebung von Karlsbad (*Am feuchten Fels* S. 352); einzelne Naturerscheinungen wie die Wolken werden deutlich gekennzeichnet, ohne daß der lyrische Klang dadurch geringer würde (*Howards Ehrengedächtnis* S. 350f.). Die *Chinesisch-deutschen Jahreszeiten* (S. 387ff.) und die Dornburger Gedichte (S. 391) geben Bilder, in denen die Exaktheit der Beobachtung und Wiedergabe sich mit Souveränität der Formgebung mischt – wie bei chinesischen Tuschzeichnungen.

Die Art der Naturdarstellung ist verschieden; mitunter ein ausführliches Bild (*Amor als Landschaftsmaler* S. 235ff; *Frühzeitiger Frühling* S. 246f.), mitunter ein einziges Motiv wie das der reifenden Trauben (S. 103f.) oder das der fallenden Kastanien (Bd. 2, S. 77). Nicht immer sind die Naturmotive etwas unmittelbar Gesehenes, sinnenhaft Wahrgenommenes (*Dämmrung senkte sich von oben* ... S. 389), sondern oft etwas in der Erinnerung Hervorgerufenes. Viele Motive des *Divan* sind die einer Reise im Geiste. Die Art, wie der Lyriker Motive, die ihm innerlich gegenwärtig sind, komponiert, zeigen Gedichte wie *Ich denke dein* (S. 242f.) und *In tausend Formen* (Bd. 2, S. 88).

Es gibt kein Gedicht, das nur bei der Natur bleibt. Die Wendung zum Menschen ist oft knapp (*Über allen Gipfeln* ... S. 142; *Dämmrung senkte sich von oben* ... S. 389) und bleibt auch gelegentlich zwischen den Zeilen (*Weiß wie Lilien* S. 386), doch sie fehlt nie. Meist ist das Auge das verbindende Organ. In den frühen Gedichten ist das Ich gefühlsmäßig mit der Natur verbunden; im *Maifest* (S. 30f.) schwingt es in gleichem Rhythmus wie sie; in *Über allen Gipfeln* (S. 142) geht die Stille der Natur in das Herz des Menschen ein. Doch die Verbindung ist darüber hinaus noch anderer Art. Schon das frühe Gedicht *Der Wandrer* gelangt zu den Worten *O leite meinen Gang, Natur* (S. 42): die Natur wird als eine Ordnung erkannt, der auch der Mensch sich einfügen muß, um sich zu erfüllen. Diese Erkenntnis einer Gesetzlichkeit entfaltet sich in den Gedichten der Klassik. Die Metamorphose-Gedichte (S. 199–203) gehen von Beobachtung aus und kommen zu allgemeinen Gesetzen. Die Natur erscheint hier als Kosmos, d.h. Ordnung und Schönheit, ebenso ist es in den weltanschaulichen Gedichten des Alters (S. 357ff.) und in den Sprüchen (S. 304–306). Die Erkenntnis ihrer Gesetzlichkeit führt zu deren Anwendung auf den Menschen. Die *Metamorphose der Tiere* gipfelt in dem Bilde von *Freiheit und Maß, beweglicher Ordnung* bei allen Lebewesen, das sinngemäß auch auf das *höchste Geschöpf* angewandt werden muß (S. 203). Die *Urworte, orphisch* (S. 359f.) sprechen verallgemeinernd Bedingnisse des Menschenlebens aus und enden mit der *Hoffnung,* die in religiöse Bereiche führt. So erscheint der Mensch den Gesetzen der Natur unterworfen und doch auch über sie erhoben durch seine sittliche und religiöse Einsicht. Es gibt Naturformen des Lebens; wenn der Mensch sich ihnen einfügt, dann erfüllt er das, was innerhalb seiner Grenzen möglich ist. Die Dichtung deutet solche Formen durch Bilder an, die mehr oder minder als Leitbilder oder Symbole gelten können. Als der Wandrer die Frau mit dem Säugling auf dem Arm sieht, wird ihm klar, was ein Dasein in erlebten und erfüllten Naturformen des Lebens bedeutet (S. 36–42);

das, was er sieht, wird ihm zum Sinnbild. Die Seefahrt des Mannes, der fest das Steuerruder hält, wird zum Sinnbild des Aufbruchs in neue Lebensbereiche (S. 49f.); die Verlobung zweier junger Menschen, die einander die Hand reichen, wird zum Sinnbild des Eintritts in Glück und Pflicht eines neuen Natur und Sitte vereinigenden Daseins (S. 185ff., 390); der Aufblick zum Mond oder zur Sonne wird zum Sinnbild der Gewißheit, von dem Lichte einer höheren Welt nicht getrennt zu sein (S. 391).

Aus dem Themenkreis des menschlichen Lebens zwischen Geburt und Tod stellt die Lyrik – im Vergleich zum Drama und der Erzählung – vor allem innere Situationen dar. Sie kann diese mit einem erzählten Geschehen verbinden, kann aber auch ganz bei dem inneren Vorgang bleiben. Goethes Kenntnis des Herzens ist groß. Er kennt die Beschwingtheit der Liebe, den Schmerz innerer Zerrissenheit, die Not der Einsamkeit, das Glück des erfüllten Augenblicks. Die Haltung des lyrischen Ich ist sehr vielfältig, sie ist freudiger Aufbruch, stilles Empfinden, erschrecktes Betroffensein, verantwortungsvolles Ergreifen, vergeistigte Betrachtung. Dabei ist es jedesmal eine einzige Empfindung, ein besonderes Erlebnis, das den Grundakkord gibt. Oft ist es Schmerz, Sehnsucht, Wehmut oder Verzweiflung (S. 97, 104, 380, 385 u. ö.; Bd. 2, S. 30, 81f. usw.); man denke nur an die Lieder Mignons und des Harfners (Bd. 7, S. 136, 137, 240, 356, 515): die düsteren Klänge, die in *Werther* und den *Wahlverwandtschaften* vorkommen, fehlen auch in der Lyrik nicht. (*An Werther* S. 380f.; *Schlechter Trost* Bd. 2, S. 30.) Aufs Ganze gesehen überwiegt aber wohl das Glück des Anteilhabens an der Fülle und Schönheit der Welt. Noch in der Verzweiflung der Marienbader *Elegie* wird anerkannt, daß die Natur dem Menschen gottgewollte Schönheit offenbare: *Ist denn die Welt nicht übrig? Felsenwände Sind sie nicht mehr gekrönt von heiligen Schatten?* (S. 382.)

Die Betroffenheit des Herzens, der Drang, sie auszusprechen, brachte eine Fülle von Liebeslyrik hervor. Die Gedichtgruppen von den Sesenheimer Liedern bis zur Marienbader *Elegie* bringen jedesmal einen anderen Ton, jauchzend und verzweifelt, genießend und entsagend, gegenständlich und symbolisch. Oft entfaltet sich das Thema der Liebe auf dem Hintergrund eines Naturbildes. Nur historische Betrachtungsweise kann erkennen, was dabei neu war – es ist erstaunlich viel. Auch die Themen der Freundschaft, Kameradschaft, Geselligkeit sind ein wesentlicher Bestandteil dieser Lyrik. *Ilmenau* (S. 107ff.) ist das Bild einer Bindung durch Liebe und Pflicht, des Daseins für andere durch Sorge und Entsagung, auch wenn dies – in Weimarischer und Goethescher Art – in heiter-plauderndes Erzählen eingebettet ist. Hinter den offiziellen Glückwunsch-Strophen an Minister v. Voigt (S. 344) steht jahrzehntelange Verbundenheit gemeinsamer Arbeit im Staatsgefüge – ein großer

Bereich des Lebens. Daneben gibt es die Themen der Verbundenheit auch in leichterer Form – wie im *Bundeslied* (S. 94f.) –, sie gehören zu der Kultur der Zeit, die den einzelnen immer im Gefüge der bürgerlich-adeligen Geselligkeit sah, die in ihren Grundzügen aus dem ancien régime herstammte.

Da der Blick die Fülle der Erscheinungen als große Ordnung erkennt, umfaßt er nicht nur die zahlreichen Bilder des Lebens, sondern auch den Tod. Die Trauer um Verstorbene ist ein häufiges Gedicht-Motiv. *Auf Miedings Tod* (S. 114ff.) feiert den tüchtigen Handwerker; *Euphrosyne* (S. 190ff.) die junge Künsterlin, dem Tode sich beugend und zugleich die Schönheit und Erfülltheit dieses kurzen Lebens preisend; der *Epilog zu Schillers „Glocke“* (S. 256ff.) gibt – noch unter dem Eindruck des schmerzlichen Verlusts – ein skizziertes Gesamtbild des großen Dichters. Anders die Klage um Christiane (S. 345): im privatesten Bereich stockte auch dem Sprachgewaltigen das Wort, und er gibt nur ein karges Bruchstück eines Monologs.

Überall, wo das Leben im Wesentlichen gefaßt wird, weist es über sich hinaus. Wenn von der Natur die Rede ist, dann heißt es, sie sei ein *Gleichnis* des Göttlichen (*Prooemion* S. 357); wenn von der Liebe die Rede ist, dann wird sie – in höchster Form – eine Präfiguration göttlicher Liebe (zumal im *Divan).* Das Religiöse ist in Goethes Lyrik nicht ein Bereich für sich – wie in den Zeiten, als es „geistliche“ und „weltliche“ Dichtung gab –, sondern wenn er von den Erscheinungen der Welt spricht, dann ist es mit darin gemeint, es ist etwas immer Mitgedachtes, Ersehntes, Gehofftes, bald stürmisch, bald demütig Umworbenes (S. 97f.; 147ff.; 357ff.). Der Weg zum religiösen Bereich geht oft von der Naturbetrachtung aus; deswegen sind die Metamorphose-Gedichte durchzogen mit Worten wie *die göttliche Hand, die heilige Liebe, die heilige Muse* (S. 199–203). Ein anderer Weg zum religiösen Bereich geht durch das Sittliche: *Edel sei der Mensch ...* (S. 147ff.), *Denn das selbständige Gewissen Ist Sonne deinem Sittentag* (S. 370). Doch sind Gedichte dieser Art nicht häufig. Zahlreich dagegen sind die verstreuten kleinen adjektivischen Hinweise wie in den Metamorphose-Gedichten. Goethe nennt den religiösen Bereich selten unmittelbar, sondern lieber gleichsam beiläufig, so in der *Harzreise* (S. 50ff.), so in *Offenbar Geheimnis* (Bd. 2, S. 24). Im *Vermächtnis altpersischen Glaubens* (Bd. 2, S. 104ff.) wird von einer alten Sekte berichtet, in *Höheres und Höchstes* (Bd. 2, S. 116f.) durch 9 Strophen geistvoll gescherzt, bis dann die beiden Schlußstrophen vom *Worte Gottes* und dem *Anschauen ewiger Liebe* sprechen. Nur wenige Gedichte gehen geradeswegs auch in diesen Bereich hinein: *Selige Sehnsucht* (Bd. 2, S. 18f.), *Eins und alles* (S. 368f.) und einige Sprüche (S. 306f., 367). Das Jugendgedicht *Sehnsucht* (S. 97f.) kommt aus innerer Qual zu der gebethaften Aussage *Könnt' ich doch ausgefüllt einmal Von dir, o Ew'ger, werden!* In anderer Weise unmittelbar ist das späte Gedicht *Prooemion* (S. 357), in welchem der Dichter und Naturforscher *im Namen* Gottes spricht und die von diesem geschaffene Welt als *Gleichnis* deutet. Goethe hat diesen Gedanken auch sonst oft ausgesprochen, doch nicht in so feierlicher Weise wie hier; insofern hat das *Prooemion* eine Sonderstellung, es ist ein äußerster Punkt, bis zu dem er in anderen Gedichten nicht gegangen ist. Die Gedichte mit religiösen Themen sprechen einerseits von der Gleichnishaftigkeit des Vergänglichen, anderseits von der menschlichen Seele und der Haltung, die sie einnehmen muß, um die Gleichnishaftigkeit zu erkennen; der Mensch muß fähig sein zum *Erstaunen* (S. 358), er muß *dankend,* mit *reiner Brust* (S. 391) die Natur anschauen. Die Gedichte sind geradezu ein Einüben der Seele in derjenigen Haltung, welche diese Erkenntnisse reifen läßt, und eben dies ist ein Gegenstand der Lyrik; in ihr kann sich solche innere Haltung besser aussprechen als in Romanen und Dramen. Dagegen kann in der epischen Form der *Wanderjahre* die sittliche Entsagung und die Reinheit Makariens dargestellt werden, im dramatischen Gefüge des *Faust II* die Hybris des Menschen und die Gnade Gottes. In der Lyrik sind diese Themen nur angedeutet.

Verhältnismäßig selten ist in Goethes Gedichten das Thema des Staates; wo es vorkommt, ist es verbunden mit bestimmten Gestalten wie Carl August (S. 106–112; Bd. 2, S. 37), der Kaiserin von Frankreich (S. 261 f.) oder einem Beamten wie Kirms (Bd. 2, S. 37f.). Es zielt auf das Lob gerechter Ordnung. Nur ausnahmsweise – historisch abstandhaltend – gibt es als Gegenthema Kritik der Gewalt (*Der Winter und Timur* Bd. 2, S. 60f.). Anders ist es in den Sprüchen; da ist vielfach und auch vielseitig von Herrschaft und Staat die Rede (S. 319, 330ff.; Bd. 2, S. 40, 43, 44, 47, 49).

Überhaupt sind die Sprüche nicht nur formal, sondern auch thematisch eigener Art. Sie sind sachhaltig wie die *Maximen und Reflexionen* (Bd. 12), während die Lyrik symbolhaltig ist. Sie sprechen von Gott und Natur, Mensch und Umwelt, von Selbsterkenntnis, Alter, Gesellschaft, Lebensweisheit, Schuld, Dankbarkeit, Höflichkeit, Staatsformen, von Wissenschaft, Kirchengeschichte, Geologie, Zeitungswesen – ihr Bereich ist sehr weit, doch wiederum nicht so weit wie Goethes Denken im Ganzen, denn die Form des Spruchs ist als Aussage begrenzt; manches Thema paßt nur zur epischen oder dramatischen Darstellung. Die Haltung des Ich zur Welt ist in den Sprüchen oft anders als in der Lyrik: bewußter und gegensätzlicher; das Mephistophelische kommt in der Lyrik nicht vor, in den Sprüchen mehrfach, vor allem aber im Drama, da es immer nur als Kontrapunkt in einem umfassenden Gefüge möglich ist. Vergleicht man Goethes Themen mit denen anderer Lyriker seiner Zeit, so bemerkt man bei Klopstock und Novalis spezifisch christliche Themen, bei Hölderlin das Geschichtsmythische, bei Klopstock und Hölderlin die hohe Bedeutung des Vaterländischen und der Freundschaft. Dagegen hat Klopstock keine Balladen geschrieben, Schiller war kein Liebeslyriker, keiner hat eine Fülle von Spruchweisheit, und keiner hat so wie Goethe im *Divan* einen Zyklus gerundet, in welchem sich das lyrische Ich fühlend und denkend, anteilnehmend und ironisch der Welt gegenüberstellt.

Die Motive der Goetheschen Gedichte stehen zwischen Wirklichkeit und Symbolik und sind oft beides zugleich. Mitunter kommt es vor, daß ein Gedicht eine Verserzählung ist wie *Der Besuch* (S. 237ff.) und *Morgenklagen* (S. 239) oder einige der *Römischen Elegien.* Fast gegensätzlich ist ein anderer Typ, zu dem z. B. *Ich denke dein* (S. 242) gehört: 6 formal gleiche Strophenteile mit den Motiven Sonne, Mond, Weg, Brücke, Welle und Hain, dann eine Schlußstrophe. Ähnlich gebaut ist das Schlußgedicht des *Buchs Suleika* (Bd. 2, S. 88): 8 Motive, formal gleich, dann ein krönender Schluß; da erinnert nichts an dingnahe Darstellung wie in *Der Besuch;* alles wird aus dem Innern des Dichters geschöpft, dessen Bildwelt freilich aus langem Umgang mit der Natur erwachsen ist. Im Laufe seines Lebens wurden Goethe manche Motive zum Symbol. Schon in den Jugendgedichten erhalten die Frau mit dem Kind (S. 36ff.), die Seefahrt (S. 49f.), die *reifende Frucht* (S. 103) sinnbildliche Bedeutung. Im Alter werden manche Motive fast zur Chiffre: die Sonne, die Farbe, die Erde, das Wasser, der Nebel und die Wolke, der Regenbogen, die Rose. Die Symbolik schließt nicht aus, daß das Motiv genau beobachtet ist. Das Bild des Mondes in dem Dornburger Gedicht (S. 391) ist genau gesehen, das Nah-Scheinen beim Aufgang, die Wolken, die sich darüber schieben und dann ein kleines Stück freigeben und schließlich das unverhüllte Rund, als er höher steigt; doch nun kommt hinzu: das siegende Licht bewegt das empfängliche Herz.

Die lyrischen Gedichte sind verschieden lang und verschieden reich an Motiven. Einige haben ein erzählendes Element. *Es schlug mein Herz* (S. 27f.) bringt Aufbruch, Ritt, Zusammensein, Abschied in 4 Strophen. Das Weimarer Mondlied (S. 129f.) verbindet in 9 Liedstrophen den Anblick von Mond und Fluß mit wechselnden Empfindungen und Gedanken an Einst und Jetzt, Gemeinschaft und Einsamkeit. Die Marienbader *Elegie* (S. 381ff.) bringt schon in den ersten Strophen Erwartung, Zusammensein, Trennung, Einsamkeit und dann erst beginnt die Darstellung des seelischen Zustands, der eine Fülle von Bildern aus dem Innern heraufbeschwört; sie braucht dafür 23 Stanzen. Das Gegenteil sind Gedichte, die nur ein Mindestmaß an Umfang und nur ein oder zwei Motive haben. 4 Zeilen umfaßt das Gedicht *Hier bildend nach der reinen stillen ...* (S. 124); das eine Motiv ist hier die innere Zerrissenheit des Liebenden, das andere der Blick auf die *reine stille* Natur. Ähnlich knapp ist *Über allen Gipfeln* (S. 142): Eine einzige Strophe, ein Naturbild und ausklingend das, was die Natur der Seele gibt. Das späte Gedicht von der Rosenknospe (S. 389) hat als Motiv nur die eine Knospe und das Anschauen, das zum Wissen wird – 4 Zeilen. In diesen Kurzgedichten ist jede Nuance des Klanges symbolisch, und das Hauptmotiv erscheint zurückgeführt auf das letzte Wesentliche; sie sind ein Höhepunkt lyrischer Kunst. Zwischen ihnen und den motiv- und strophenreichen Gedichten vom Typ der *Zueignung* (S. 149ff.) und der *Elegie* (S. 381ff.) bewegt sich Goethes Lyrik.

BEREICH DER FORMEN

Goethes lyrisches Bild der Welt ist reich, nicht nur durch die Fülle der Motive, sondern auch durch die Verschiedenartigkeit der Haltung, aus der heraus er, der Wandlungsreiche, die Welt sah. Er konnte wie in der *Harzreise* (S. 50ff.) sich vom Gefühl tragen lassen, konnte wie in den Metamorphose-Gedichten (S. 199ff.) mit wachem Auge betrachten, konnte wie im *Divan* ironisch spielen, konnte wie im *Vermächtnis* (S. 369f.) ernst belehren. Der Klang der Sprache ist darum wechselreich, die Form verschiedenartig. Jeder Form, die er ergriff, entspricht eine Seite seines Wesens. Formen, zu denen er keine innere Beziehung hatte, nahm er nicht auf.

Die deutsche Dichtung war am Ende des 18. Jahrhunderts so entwikkelt, daß eine Fülle von Formen zur Verfügung stand, die der junge Lyriker mit rascher Auffassungskraft ergriff. Durch die Anakreontik lernte er das erzählende und scherzende Gedicht kennen, durch Herder das Volkslied, durch Klopstock Freie Rhythmen und antikisierende Hexameter, durch den Rückgriff auf Hans Sachs den Knittelvers. Aufs Große gesehen kann man sagen: Der ganze Formenschatz, der seit Hans Sachs und Martin Opitz zusammengekommen war, war ihm zugänglich, und sehr viel daraus hat er sich zu eigen gemacht.

Seit der Straßburger Zeit entstehen Lieder: *Maifest* (S. 30f.), *Bundeslied* (S. 93ff.), *Jägers Nachtlied* (S. 121), *Nähe des Geliebten* (S. 242f.), *Der Musensohn* (S. 243f.), *Kennst du das Land* (Bd. 7, S. 145), *Von dem Berge zu den Hügeln* (Bd. 8, S. 312ff.) usw. Viele davon wurden bald vertont, Goethe liebte es, wenn sie gesungen wurden. Jedes Lied ist auf einen einheitlichen seelischen Ton gestimmt, im Gegensatz zu Gedichten mit inneren Wandlungen und ironischen Brechungen. Die Strophen sind einfach, Satz und Vers entsprechen einander; wo die Stimme eine kleine Pause macht, endet der Vers, wo sie eine längere Pause macht, die Strophe. Die Ordnung des Klanges symbolisiert eine geordnete Welt.

Zu dieser gehören auch das Leid und der Schmerz, und im Lied weiß das Herz dies früher und tiefer als der Geist.

Ganz anderen Charakter haben die Freien Rhythmen. Goethe benutzte sie in seiner Jugend da, wo er nach höchsten Zielen griff (S. 33 ff., 57 f., 86 f.), behielt sie – in gemäßigter Form – in den ersten Weimarer Jahren bei (S. 127, 142–149) und kehrte später im *Divan* noch einmal zu ihnen zurück. (Bd. 2, S. 30 f., 70 f., 94, 111 f., 125.) In den Freien Rhythmen kann sich hinreißende Kraft äußern wie im *Mahomets-Gesang* (S. 42 ff.), doch sie können auch stockendes, resigniertes Sprechen sein wie im *Divan* (Bd. 2, S. 30 und 125). Sie sind bewußter, gedanklicher als das Lied. Sie wirken nur durch den Rhythmus und sind dadurch spröder, denn sie verzichten auf die Harmonie des Reims (mit wenigen Ausnahmen wie in Bd. 2, S. 111 f.). Sie können infolge ihrer Wandelbarkeit ein Innerliches jeweils durch Wechsel im Rhythmus aussprechen, von keinem Strophenschema gebunden. Sie sind also nicht symmetrisch, im Vers- wie im Strophenbau, im Gegensatz zu dem Gleichklang der strophischen Reimgedichte. Daß Goethe innerhalb der Freien Rhythmen stellenweise Symmetrien bildet (S. 143 ff.), ist sein persönlicher Stil.

Die Begeisterung für die Antike hatte dazu geführt, daß man ihre lyrischen Formen nachahmte. Klopstock hatte in deutscher Sprache Hexameter und Pentameter gebaut, und so war er dazu gelangt, die Form der Elegie in die deutsche Dichtung einzuführen. Wo immer Goethe die Elegie benutzt, vergißt er ihre Herkunft keinen Augenblick, er fühlt sich als Nachfolger von Properz und Ovid, auch von dem Neulateiner Johannes Secundus. Die Elegie ist lyrische Großform und hat im Deutschen immer den Charakter des Erlesenen, während das Lied zum Volkstümlichen hin offen ist. Der Hexameter spannt einen weiten Bogen, der Pentameter verlangsamt in der Zäsur und bringt Halt am Versende. Der Langvers erlaubt ausmalende Züge. In den *Römischen Elegien* (S. 157 ff.) wird die glückliche Gegenwart auf eine große Vergangenheit bezogen, in den anderen Elegien wird zusammenfassend ein Lebenszusammenhang (*Euphrosyne* S. 190 ff.) oder eine allgemeine Gesetzhaftigkeit (*Metamorphose der Pflanzen* S. 199 ff.) ausgesprochen.

Eine erlesene Form ist auch die Stanze, doch ganz anderer Art und Herkunft: eine Reimstrophe, die aus der italienischen Dichtung stammt. Goethe benutzt sie, um durch strenge Formgebung den Inhalt zu adeln. Die Stanzenstrophe besteht aus Fünftaktern; 6 Zeilen reimen im Kreuzreim; dieser doppelte Dreireim bringt etwas Glanzvolles und Steigerndes in den Klang, die Stimme steigt und kommt erst zur Ruhe, wenn die Strophe durch 2 abschließende Paarreime ihre Abrundung erhält. Mit dieser Form ehrte Goethe die Kaiserin von Frankreich (S. 261 f.), das Andenken Schillers (S. 256 ff.), den Minister v. Voigt

(S. 344), in ihr deutete er das Wesen der Kunst (S. 149ff.) und faßte Weisheitslehren zusammen (S. 359f.). Die Stanze kommt auch in verkürzter Form vor, mit 6 statt mit 8 Zeilen. In dieser Gestalt benutzte Goethe sie im Alter, um ein großes erschütterndes Ereignis in Abstand zu rücken. (S. 381ff., 385f.)

Auch das Sonett ist eine strenge Form. Als einziger Gedicht-Typ hat es eine feste Länge, 14 Zeilen, und ist in sich unsymmetrisch: Zunächst zwei Vierer-Strophen, die Raum geben zum Bericht, dann zwei untereinander verschränkte Dreizeiler, die auf einen Schluß hindrängen und dazu neigen, das in den Quartetten Gesagte zu erweitern, zu deuten, zu überwinden. Eine Form also für Erlebnis und Reflexion, für Leidenschaft und Bändigung, für Fülle und Maß. Goethe benutzte sie zunächst vereinzelt für die Themen *Natur* und *Kunst, Freiheit* und *Gesetz* (S. 245), dann für einen ganzen Zyklus mit den Themen Leben und Geist. In der Alterslyrik, die lockerer baut, kommt das Sonett nicht mehr vor.

Für erzählende Gedichte hatte Goethe in seiner Jugend den Knittelvers kennengelernt. Er benutzte ihn damals für einige der Künstlergedichte und für Briefgedichte an diejenigen Freunde, die Verständnis für diese unbefangene, holzschnittartig-derbe Form hatten. (S. 62, 63ff., 68ff., 87f., 88f., 92, 106f.) Auch in späteren Jahren war ihm dieser plaudernde, abstandlose und schlichte Vers gelegentlich willkommen, wenn er vertraulich erzählen wollte (S. 266f., 285f., 354f.; Bd. 2, S. 101f., 112ff.); so verwendet er ihn z.B. in dem Briefgedicht an Carl Augusts Tochter Caroline, als er ihr ein Heft mit Zeichnungen schenkte. (S. 259ff.)

Eine große Anzahl Gedichte ist aber mit den bisher genannten Formen noch nicht bezeichnet. Es sind Gedichte nicht-liedhafter Art, meist in Reimstrophen geschrieben. Ein großer Teil der *Divan*-Lyrik ist hier zu nennen. Goethe sah in seiner Jugend bei Hagedorn, Gellert und ihren Zeitgenossen Gedichte, die keine Lieder waren, entweder in Madrigalversen oder in regelmäßigen Reimstrophen; viele waren im Sinne der Anakreontik auf eine Pointe hin gebaut. Diese Form war unendlicher Auffächerung fähig. Goethe entwickelte sie weiter, und in der Zeit nach ihm nahm die Bedeutung dieser Form immer mehr zu, während Lied, Stanze, Ode usw. zurücktraten oder ganz aufhörten. Dieser sehr wandlungsreiche Formtyp, für den es keine bestimmte Bezeichnung gibt und der daher nur den allgemeinen Namen „Gedicht" führt, konnte zum erzählenden Gedicht werden wie *Lilis Park* (S. 98ff.) und zum breiten Lebensrückblick wie *Ilmenau* (S. 107ff.); es konnte daraus auch ein kurzes Augenblicksbild werden wie *Auf dem See* (S. 102) oder ein intimes Liebesgedicht wie *Warum gabst du uns die tiefen Blicke* (S. 122f.). In Goethes Alter tritt das Liedhafte zurück, das Wort hat in gesprochenem Klang seine Wirkung. Im *Westöstlichen Divan* herrschen kurze Reimstrophen vor, meist Viertakter. Die späte Lyrik bevorzugt schlichte Strophen- und Versformen, die in ihrer Leichtigkeit und Einfachheit eine Verbindung eingehen mit der Symbolik des wortgewaltigen Altersstils.

Es gibt also in Goethes Lyrik überlieferte feste Formen wie das Sonett und die Elegie, doch es gibt vor allem eine Fülle von Übergängen, einmaligen Abwandlungen und Weiterbildungen. So ist etwa das Gedicht *Über allen Gipfeln* keinem der überlieferten Formtypen einzuordnen. Seine Verse sind Freie Rhythmen, doch diese pflegten nicht mit Reim vorzukommen und nicht in so kleinen Gedichten. Dem Umfang nach erinnert es an madrigalische Gedichte des 18. Jahrhunderts, doch die waren niemals Natur- und Seelenlyrik solcher Art. Es ist eine Neuschöpfung, ein lyrisches Kurzgedicht, in welchem dank der Freiheit der Versgestaltung jede Nuance des Klanges symbolisch ist. In dieser Weise zeigen viele Gedichte Umbildungen und Verbindungen vorhandener Formen und Neubildungen aus ihnen, wodurch der Bereich der Formen unendlicher Abwandlungen fähig wird.

Die eine Form vermag, was die andere nicht vermag. Zu der Totenklage für *Euphrosyne* (S. 190ff.) paßten die antikisierenden feierlichen Distichen, zu der Verserzählung *Der Besuch* (S. 237ff.) die reimfreien fünftaktigen Trochäen in ihrer schlicht-berichtenden Art. Die Feier von Schillers Todestag (S. 256ff.) oder die Ankunft der Kaiserin (S. 261f.) erforderten gesellschaftlich-repräsentative, feierlich wirkende Verse; da war die glanzvolle klangschöne Stanze am Platze. Die heitere Erinnerung an ein Fest und eine kleine Liebelei wurde in die graziöse Form verschieden langer Reimverse gekleidet (S. 346). Oft macht eine äußerliche Kleinigkeit viel aus. Im *Divan* ist ein häufiges Versmaß der Viertakter ohne Auftakt: *Locken, haltet mich gefangen In dem Kreise des Gesichts!* (Bd. 2, S. 74), impulsiv, wie ein Zuruf, kraftgeladen und sehnsuchtsvoll. Und es gibt daneben den Viertakter mit Auftakt: *Die Sonne, Helios der Griechen, Fährt prächtig auf der Himmelsbahn* (Bd. 2, S. 81); durch die eine kleine Silbe wird der Klang gedämpfter, der Charakter des Gedichts abstandhaltend und betrachtend. Wie feinfühlig sind diese beiden Formen auf die Gedichte des *Buchs Suleika* verteilt!

Jede Form hat eine innere Begründung, denn es läßt sich leicht erkennen, daß die Haltung des Singenden (*Ergo bibamus* S. 263), des Plaudernden (*Schicke dir hier den alten „Götzen“* S. 88), des Erzählenden (*Der Besuch* S. 237ff.), des Reflektierenden (*Offenbar Geheimnis* Bd. 2, S. 24), des Belehrenden (*Vermächtnis* S. 369f.) usw. jeweils zu einer besonderen Form hinführt. Der innere Reichtum dessen, der manchen Zeitgenossen als ein Proteus erschien, bedurfte so vieler Formen. So hat er fast den gesamten lyrischen Formenschatz seiner Zeit benutzt, nur nicht die Ode – trotz seiner Liebe zum klassischen Altertum. Die deutsche Ode ist bei Klopstock und mehr noch bei Hölderlin ein Spannungsgefüge: der Satz steht oft in Spannung zum Vers und wird durch das Versende an unerwarteter Stelle pausiert. In Goethes Sprache aber fallen Satz- und Versschlüsse meist zusammen, seine Strophen wirken entspannt, seine Kraft äußert sich als Leichtigkeit. Bis ins Alter behielt er Beziehung zum Volkslied (die es in der Odendichtung nicht gibt). Seinem individuellen Sprachklang entsprach die Ode nicht; dies ist wohl der Grund, warum er diese von seiner Zeit so hoch geschätzte Form niemals versucht hat. Er hatte ein sicheres Gefühl, wonach er greifen mußte und durfte.

Er hat also nur diejenigen Formen ergriffen, die seinem persönlichen Stil entsprachen. Zu diesem gehört eine gewisse Harmonie, nicht selten ein Element von Anmut. Nur in besonderen Fällen wird die Sprache volltönend-feierlich: *Im Namen dessen, der sich selbst erschuf, Von Ewigkeit in schaffendem Beruf* ... (S. 357). Häufiger klingt sie leicht, fast plaudernd; ein Beginn wie *Müsset im Naturbetrachten Immer eins wie alles achten* (S. 358) erfordert, daß der Leser bei dem flüssigen Klang nicht über die Bedeutsamkeit des Inhalts hinwegliest; schon 2 Zeilen später folgt eine der tiefsinnigsten Aussagen. Auch das Bedeutende hat bei Goethe Züge von Leichtigkeit, Bescheidenheit und Harmonie. Er tastet sich nicht stockend vor. Er schreibt selten Fragmente. Er bleibt gern bei dem Reim. So verkörpert der Klang ein gewohntes Ordnungsgefüge, auch wo der Inhalt Tragik und Schmerz ist.

Innerhalb der Strophenform entfaltet sich die Weite der Phantasie und des Geistes dank des Reichtums der Sprache. So hat z. B. der *Divan* meist einfache Strophen- und Versformen, darin aber glitzert Weltfülle, Leidenschaft, Ironie, Kraft, Geist und Humor. Goethes Wortwahl ist präzis. Es gibt bei ihm eine Fülle von Bildern und Begriffen, die untereinander zu einem Gefüge verbunden sind. Die Sprache wird zum Bild der Welt. Auch als im Alter manche Wörter formelhaft werden, leidet der Zauber des Lyrischen nicht darunter. Es gibt keine Verse, die um des Klanges willen da wären; sie sind immer auch genaue inhaltliche Aussage.

GOETHES HANDSCHRIFTLICHE UND GEDRUCKTE SAMMLUNGEN SEINER GEDICHTE

Ich danke den Göttern, daß sie mir die Gabe gegeben, in nachklingende Lieder das eng zu fassen, was in meiner Seele immer vorgeht. (An Charlotte v. Stein, April 1781.) Diese Dankbarkeit hatte Goethe sein

Leben lang. Er dachte wenig nach über das Schöpferische – um es nicht zu stören. Er dachte an das Werk. Was zunächst entstand, waren erste Niederschriften, die meist bereits das ganze Gedicht umfassen. Manche Handschriften zeigen aber auch nur Bruchstücke. Dann kam die Zeit des Durchgehens und Ausfeilens. Meist schrieb Goethe dann das Gedicht selbst sorgfältig ab. Freunde bekamen es zu hören oder zu sehn, und oft drängten sie, es zu drucken. Das allgemeine literarische Interesse der Zeit war auch der Lyrik günstig. Befreundete Schriftsteller, Herausgeber und Verleger wußten Goethe seine Gedichte zu entlocken, und so erschienen sie in Jacobis ,,Iris", in Wielands ,,Teutschem Merkur", in Schillers Musenalmanachen und ,,Horen", in Cottas ,,Morgenblatt" usw. Doch dergleichen Veröffentlichungen waren nichts Bleibendes und zeigten die Gedichte nie im Zusammenhang.

Seit seinen ersten Weimarer Jahren hat Goethe von Zeit zu Zeit Sammelhandschriften seiner Gedichte hergestellt. Vermutlich im Jahre 1777 entstand eine Handschrift, die er für Frau v. Stein zusammenstellte. Sie sollte sehen, was er geschrieben hatte. Es ist ein schlichtes Schreibheft, in das er liebevoll mit schräger, schwungvoller, doch gut leserlicher Handschrift seine Gedichte eintrug, beginnend mit *Mahomets-Gesang, Wandrers Sturmlied, Künstlers Morgenlied, An Schwager Kronos, Prometheus, Ganymed,* dann folgen kleinere Gedichte, z. T. aus der ersten Weimarer Zeit, wie das *Eislebenslied,* den Schluß machen *Bundeslied, Jägers Nachtlied* und *Mit einem gemalten Band;* im ganzen 28 Gedichte. (Ein Facsimile dieser Handschrift: Schr. G. Ges., 23.)

Erst als er aus Italien kam, stellte Goethe wieder seine Gedichte zusammen. Diesesmal war es Vorbereitung für den Druck, denn nun wollte er sie erstmalig gesammelt herausgeben, in Band 8 der *Schriften* bei Göschen. Er trug die Gedichte eigenhändig in 2 Hefte ein, mit der handwerklichen Sorgfalt, die er bei solchen Arbeiten liebte. Ein Schreiber mußte dann alles abschreiben, und die Abschrift schickte er in die Druckerei. Die eigene Handschrift bewahrte er auf. Sie liegt heute im Weimarer Archiv. Ihre Anordnung ist bis auf einige Ausnahmen die gleiche wie in Band 8 der *Schriften,* 1789. (Von dieser Handschrift erschien 1984 ein Facsimile-Druck, hrsg. von Karl-Heinz Hahn, in Leipzig und in Frankfurt a. M.)

Auch in späteren Jahren stellte Goethe Sammel-Handschriften für sich selbst her. Die frühe Fassung der *Römischen Elegien* schrieb er in sorgfältiger lateinischer Schrift nieder – bisher hatte er die deutsche Schrift benutzt – mit der Überschrift *Erotica Romana.* (Ein Facsimile-Druck wurde 1920 im Insel-Verlag herausgegeben.)

Mit besonderer Freude fertigte er in den Jahren 1814–18 eine Reinschrift des *Westöstlichen Divans* an. Jedes Gedicht bekam ein eigenes Blatt im Folio-Format; auf diese Weise hatte er die Möglichkeit, die

Reihenfolge zu ändern. Unter die meisten Gedichte schrieb er Ort und Tag des Entstehens – was im Druck natürlich fortfiel. Die Reinschrift enthält auch einige Gedichte, die später im Druck fortgelassen wurden. Aus diesen Blättern hat Goethe Sulpiz Boisserée und anderen vorgelesen. Mit ihnen beschäftigte er sich in den Jahren 1814 bis 1819 (in diesem Jahre wurde der *Divan* gedruckt) immer wieder. Und er behielt sie natürlich für sich. In die Druckerei schickte er eine Abschrift, die einer seiner Schreiber hergestellt hatte und in welcher seine Mitarbeiter die Zeichensetzung besorgt hatten.

Die späte Lyrik hat er nicht mehr in solcher Weise zusammengestellt. Nur Einzelhandschriften sind vorhanden. Von der Marienbader *Elegie* stellte er mit Sorgfalt eine schöne Reinschrift her. Er legte sie (wie Eckermann, 27. Oktober 1823, berichtet) in einen Deckel von rotem Maroquin-Papier; später ließ er einen blauen Einband dafür herstellen, den diese Handschrift noch heute hat. Er machte, nachdem sie entstanden war, zunächst ein Geheimnis aus ihr; als er sie dann Eckermann mitteilte (27. Oktober 1823; 10. November 1823) und Zelter zu lesen gab (30. November 1823), geschah es in feierlicher Form.

Solange Gedichte Handschrift waren, waren sie noch ein Stück von ihm selbst. Wenn er solche Handschriften an Freunde gab, vergaß er wohl nie die Mahnung, sie geheim zu halten. Wenn er Gedichte vorlas, geschah es fast immer aus Handschriften. So las er in seiner Jugend den Freunden des Sturm und Drang, später den neuen Weimarer Freunden seine Gedichte vor, aus Handschriften las er Christiane und ihren Freundinnen die Balladen, las er Karlsbader Verehrern die Sonette, dem Ehepaar Willemer und dem Freunde Boisserée die *Divan*-Gedichte. Mit diesen Gedicht-Handschriften ging er oft jahrelang um. War ein Gedicht aber gedruckt, so pflegte er sich wenig mehr damit zu beschäftigen und es nicht mehr vorzulesen.

Wenn Goethe vorlas, geschah es in kleinem Kreis. Er wählte, was zum Vorlesen geeignet war; Dichtung war hier Element der Geselligkeit. Christine Reinhard berichtet aus Karlsbad (10. Juli 1807), er läse mit Vorliebe Balladen und Gedichte, die etwas Handlung enthielten; seine Stimme sei tief, kräftig und modulationsfähig, hinzu käme der Ausdruck seines Blicks und der Gesten. Kanzler v. Müller rühmt die „Wärme seines Vortrages“ (26. Sept. 1823); ähnlich Eckermann (30. März 1824). Das Vorlesen scheint mitunter sein Schaffen beeinflußt zu haben. Die Weimarer Mittwochs-Gesellschaft regte ihn an, Gedichte zu verfassen, die sich zum Vorlesen oder Singen in diesem Kreise eigneten. An der Balladendichtung dieser Zeit ließ er Christiane und ihre Freundinnen teilnehmen. Intime Verse dagegen versteckte er, so die kleinen Gedichte aus dem Karlsbader Sommer von 1823, *Könnt' ich vor mir selber fliehn* ... usw. (S. 378)

Waren die Gedichte zu einem Bande vereinigt im Druck erschienen, so waren sie von dem Dichter losgelöst. Die Drucke drangen in breite Kreise. Doch Goethe dachte bei ihnen vor allem an seinen persönlichen, sehr großen und verstreuten Bekanntenkreis, diesem wollte er sich mitteilen. Seine Gedichte bewegen sich zwischen Intimität und Gesellschaftlichkeit. Die gedruckten Sammlungen sind nie so persönlich wie die Sammelhandschriften, sie lassen im Vergleich mit jenen manches weg, sie tönen manches anders ab. Im Ganzen hat Goethe etwa zwei Drittel seiner Gedichte zum Druck gebracht. Der Rest war 1832 noch Handschrift.

Obgleich Goethe seit seinen Jünglingsjahren Gedichte schrieb und seinem Wesen nach Lyriker war, hat er erst im Alter von 40 Jahren seine Gedichte für den Druck zusammengestellt. Nachdrucker hatten bereits mehrfach ohne sein Wissen seine gesammelten Schriften herausgegeben, und der Raubdrucker Himburg hatte auch Gedichte von ihm – recht unzuverlässig – zusammengetragen. Am 12. Juli 1786 schreibt Goethe an Jacobi: *Jetzt plagt mich's ein wenig, daß ich meine Schriften herausgeben muß. Es ist mir von jeher eine unangenehme Empfindung gewesen, wenn Dinge, die ein einzelnes Gemüt unter besonderen Umständen beschäftigten, dem Publico hingegeben werden sollen.* Das gilt insbesondere für die Gedichte. Was er gedruckt hatte, *Götz, Clavigo, Werther, Erwin und Elmire, Stella, Die Fischerin,* waren Werke, die als Drama oder Roman einen gewissen Abstand wahrten und Gestalten verschiedener Art darstellten. Die Lyrik gab den Dichter in höherem Grade als Persönlichkeit preis, sie zeigte *ein einzelnes Gemüt unter besonderen Umständen.* Eben deswegen bemühte Goethe sich jetzt, den Gedichten das allzu Subjektive zu nehmen. Er machte diese Zusammenstellung während und unmittelbar nach der italienischen Reise. Er war damals zu einem Stilideal gekommen, das anders war als das des Sturm und Drang. Er gab deswegen von den Sturm-und-Drang-Gedichten nur eine Auswahl, und diese in überarbeiteter Form. Die Zeitgenossen haben also nie den jungen Goethe als Lyriker mit der Fülle seines Schaffens kennen gelernt, so wie sie ihn als Dramatiker durch *Götz, Clavigo, Stella,* als Romanschriftsteller durch *Werther* kennen lernten. Die Gedichtzusammenstellung von 1789 erschien nicht als Buch für sich, sondern als letzter, achter, Band von Goethes *Schriften* bei Göschen. Sie trägt den Titel *Vermischte Gedichte* und ist gegliedert in 2 Abteilungen. Die *Erste Sammlung* bringt liedhafte Liebeslyrik und einige Balladen, die *Zweite Sammlung* Gedichte in Freien Rhythmen, einige Epigramme und eine Auswahl aus den Künstlergedichten der Frankfurter Jahre; angehängt sind *Hans Sachsens poetische Sendung* und *Die Geheimnisse.*

Als Goethe dann im Verlag Unger seine *Neuen Schriften* herausgab, wurden die Gedichte wieder der letzte – der siebente – Band, 1800.

Diesmal gruppierte Goethe nach Gattungen: *Lieder* (die 1789–1800 entstandenen); *Balladen und Romanzen; Elegien I* (dies sind die *Römischen Elegien*); *Elegien II; Epigramme, Venedig 1790; Weissagungen des Bakis; Vier Jahreszeiten.*

Die nächste Gedichtausgabe war die von 1806. Wieder erschienen die Gedichte innerhalb der *Werke,* diesmal aber nicht als letzter, sondern als erster Band. Goethe mußte jetzt die Sammlungen von 1789 und 1800 vereinigen und das seit 1800 Entstandene hinzufügen. Er behielt die Gruppierung nach Gattungen aus der Ausgabe von 1800 bei, füllte sie durch Teile des alten Bestandes auf und fügte *Vermischte Gedichte* und *Episteln* hinzu. An Cotta schrieb er damals über seine *kleinen Gedichte*: *Ich habe freilich diese Dinge von jeher mit zu weniger Sorgfalt behandelt.* (25. Nov. 1805.)

Die Ausgabe von 1815 brachte nicht nur manches neu Entstandene, sondern auch manches bisher Unveröffentlichte aus der Jugend. Die Einteilung war jetzt: *Lieder; Gesellige Lieder; Balladen; Elegien; Episteln; Epigramme; Weissagungen des Bakis; Vier Jahreszeiten; Sonette; Kantaten; Vermischte Gedichte; Aus Wilhelm Meister; Antiker Form sich nähernd; An Personen; Kunst; Parabolisch; Gott, Gemüt und Welt; Sprichwörtlich; Epigrammatisch.* Dies war also bereits die vierte Anordnung, die Goethe seinen Gedichten gab (sofern man nur die Drucke in Betracht zieht). – Der *Westöstliche Divan,* 1819, war ein Band für sich; es ist der einzige Zyklus, den Goethe gesondert erscheinen ließ.

1827 kamen die Gedichte in die Bände 1–4 der *Ausgabe letzter Hand.* Goethe übernahm die Anordnung von 1815 in die Bände 1 und 2 und fügte in den Bänden 3 und 4 neue Gruppen hinzu; dabei benutzte er zum Teil die gleichen Titel, die schon in den Bänden 1 und 2 vorkamen. So kamen jetzt hinzu: *Lyrisches; Loge; Gott und Welt; Kunst; Epigrammatisch; Parabolisch; Aus fremden Sprachen; Zahme Xenien; Inschriften, Denk- und Sendeblätter.* Auf diese Weise bestanden nun 2 Gruppen *Kunst* und 2 Gruppen *Parabolisch;* die Gruppe *Gott und Welt* wurde von den Lesern später oft mit *Gott, Gemüt und Welt* verwechselt. Da Goethe die Gruppen aus dem Jahre 1815 nicht ändern wollte, stellte er die 1816 entstandene *Ballade* (S. 290–293) nicht zu der alten Gruppe *Balladen,* sondern in die neugebildete Gruppe *Lyrisches,* zu der sie ihrem Wesen nach nicht paßte. Als die Gedichtbände der Ausgabe fertig waren, die Ausgabe als Ganzes aber noch nicht vollendet war, entstand das große weltanschauliche Gedicht *Vermächtnis.* Um es in die Ausgabe noch hineinzunehmen, stellte Goethe es ans Ende des 2. Bandes der *Wanderjahre;* und ähnlich brachte er das Gedicht *Im ernsten Beinhaus war's* im 3. Band der *Wanderjahre* unter. Eckermann berichtet (15. Mai 1831), Goethe habe ihm – zurückblickend auf die Komposition der *Wanderjahre* – gesagt: *Es bleibt jetzt weiter nichts, als daß Sie bei*

Herausgabe meines Nachlasses diese einzelnen Sachen dahin stellen, wohin sie gehören ...

Nachdem Goethe mehrfach in seinem Leben die Gedichte umgruppiert hatte, empfand er wohl auch die Anordnung in der *Ausgabe letzter Hand* nicht als endgültig, denn er rechnete damit, daß aus dem Nachlaß manches hinzukommen werde. Er war bis zu seinem Tode als Lyriker produktiv. Diese Tatsache – dieses für einen alt werdenden Dichter so seltene Geschenk – ist wohl die eine Ursache, warum er nie seine gesamte Lyrik geordnet hat; denn als Ganzes kann man nur ordnen, was abgeschlossen ist, er aber war bis zum Schluß ein Schaffender und Sich-Wandelnder. Die andere Ursache ist: Er aber hatte viele von seinen Gedichten zurückgehalten, denn er fand sie zu seiner Zeit nicht für die Veröffentlichung geeignet. Der Gesamtüberblick über sein lyrisches Werk blieb eine Aufgabe für die Nachwelt.

ANORDNUNG UND TEXTGESTALT DER VORLIEGENDEN AUSGABE

In der Gedichtsammlung der *Ausg. l. Hd.* ist vieles Wesentliche nicht enthalten; zunächst natürlich alles, was seit 1827 entstand, so die *Chinesisch-deutschen Jahres- und Tageszeiten* (S. 387–390) und die Dornburger Gedichte (S. 391), doch auch andere späte Gedichte wie *Der Bräutigam* (S. 386). Von den Gedichten an Freunde und Bekannte nahm Goethe nur eine Auswahl auf. Die Jugendlyrik wurde wie in allen Ausgaben nur zum Teil und in überarbeiteter Form dargeboten. Goethe verhüllte gern manche Züge seines Innern. Bei den Gedichten auf Personen und Ereignisse nahm er bei der Veröffentlichung Rücksicht auf Lebende. Von den späten Sprüchen hielt er vieles zurück, denn er wollte intime Aussagen für sich behalten, wollte seinen Ärger, der sich gelegentlich Luft gemacht hatte, nicht zeigen und wollte nicht andere verletzen wie einst in den *Xenien*.

Bald nach seinem Tode begannen Veröffentlichungen aus nachgelassenen Handschriften. Eckermann und Riemer brachten 1833, 1836 und 1842 Nachlesen zu den Gedichten, ohne dabei viel Geschick der Anordnung zu beweisen. Im Laufe des 19. Jahrhunderts kamen dann viele Gelegenheitsgedichte aus privatem Besitz ans Licht, darunter die Briefgedichte an Frau v. Stein. Als 1885 das Weimarer Archiv sich öffnete, fanden die Gelehrten in Goethes Nachlaß eine Fülle von unbekannten Gedichten, die nun erstmalig in der „Weimarer Ausgabe" – 1887 bis 1914 – gedruckt wurden.

Da Goethe einen großen Teil seiner Lyrik nicht herausgegeben und in keinerlei Anordnung gebracht hat, mußten die Herausgeber nun sehen, in welcher Form sie es darboten. Meist schoben sie einige Gedichte in die bestehenden Gruppen ein, alles andere wurde ein umfangreicher „Anhang", doch blieb dann die Frage, wie dieser zu gruppieren sei. Mehrfach ordnete man ihn zeitlich, d. h. nach einem anderen Gesichtspunkt als dem, nach welchem die anderen Gedichte geordnet waren. Da man Goethes Leben und Schaffen aus vielen Zeugnissen gut überschaute, gingen seit 1887 manche Herausgeber dazu über, eine zeitliche Anordnung aller Gedichte durchzuführen, zunächst in Schulausgaben, dann in größeren wissenschaftlichen Ausgaben, unter denen die von Otto Harnack, 1901, die von Hans Gerhard Gräf, 1917, und die von Max Hecker, 1939, hervorzuheben sind. Goethes Lyrik lag nun vollständig vor; die neue Anordnung gab einen Überblick über ihre Entwicklung.

Man muß sich bei einer modernen Ausgabe immer deutlich machen, was sie von zeitgenössischen Ausgaben unterscheidet; diese Frage steht in dem größeren Zusammenhang des Sachverhalts, daß wir Goethe in Bereichen kennen, die kein Zeitgenosse sah, daß die Zeitgenossen ihn in Bereichen kannten, die uns unerreichbar sind. Eine heutige Ausgabe bringt, als sei es selbstverständlich, intimste Gedichte, die Goethe selbst nie veröffentlicht hat. Schiller und Eckermann kannten nicht *Dies wird die letzte Trän' nicht sein* (S. 97f.) und *Warum gabst du uns die tiefen Blicke* (S. 122f.); sie haben den „Urfaust" und die *Theatralische Sendung* nicht gelesen. Die zeitgenössischen Ausgaben stellten Gedichte in den Vordergrund, die wir heute als Nachklang der Anakreontik sehen und wenig bedeutend finden; viele Gedichte, die uns als künstlerische und weltanschauliche Aussage wichtig sind, sind dort fortgelassen oder unscheinbar eingeordnet. Niemand von Goethes Zeitgenossen außer seinen Schreibern hat Einblick in seine Tagebücher gehabt; uns liegen sie gedruckt vor. Der heutige Leser kennt Goethe in mancher Hinsicht genauer und intimer als Goethes nächste Bekannte, denn ihm sind die Gedichte, Tagebücher, Briefe zugänglich, die Goethe in seinem Privatarchiv verschlossen hielt. Er kennt ihn in anderer Hinsicht weniger als die Zeitgenossen, da er die Abtönungen der Sprache, die zeitlichen Bezüge, den Reiz des Neuen nicht mehr so empfinden kann wie diese. Der Wandel des Blickpunkts bringt notwendig einen Wandel des Bildes; das bedeutet nicht, daß das Bild mit der Zeit schwächer oder fehlerhafter wird; es kann sogar wesentlicher werden. Der Zusammenhang zwischen Goethes Leben und seinem Werk war den Zeitgenossen nur in groben Umrissen deutlich. Besucher und Freunde kannten Goethes Aussehen, Bewegung und Stimme, wußten, wie er auf Ereignisse reagierte und auf Menschen wirkte; doch eine zeitliche Zuordnung seiner

Gedichte – wie fast jede moderne Ausgabe sie bringt (z. B. als hinzugefügte Jahreszahlen im Register) – wäre ihnen unmöglich gewesen. Sie ahnten auch nicht, was Frau v. Stein mehr als ein Jahrzehnt hindurch für Goethe bedeutet hatte, und wußten nicht, daß er jahrelang einen unglücklichen Menschen mit Geld unterstützte. Als der *Divan* erschienen war, wußte niemand, daß Marianne v. Willemer daran Anteil hatte (außer Marianne selbst, Goethe und Boisserée, und die schwiegen). Eine moderne Zeittafel zu Goethes Leben und Werk (wie sie H. Nicolai in Bd. 14 der Hbg. Ausg. zusammengestellt hat) bringt viele Tatsachen, die den Zeitgenossen unbekannt waren, und viele, die Goethe selbst nicht mehr im Kopfe hatte. Wie mühsam hat er sich für *Dichtung und Wahrheit* Daten und Fakten besorgt! (Er wußte nicht mehr, wie der französische Königsleutnant im Elternhause hieß, wann Cornelia heiratete, wie alt sein Freund Salzmann war, wann er *Götz* und wann er *Werther* geschrieben hatte.) Die moderne Zeittafel, die auf Grund von Hunderten von Urkunden zusammengestellt ist, weiß in mancher Hinsicht mehr, als Goethe wußte. Aber vieles, was Goethe über sein Leben und Schaffen wußte, bleibt ihr unbekannt und unerreichbar. – Goethe hatte in seiner Jugend Gedichte in Handschriften an Freunde gegeben; er besaß von vielen dieser Gedichte keine Abschriften und hat sie vielleicht selbst später vergessen. Der moderne Herausgeber hat sie zur Hand und ordnet sie – z. B. *Ein zärtlich-jugendlicher Kummer* (S. 32), *Pilgers Morgenlied* (S. 86), die Briefgedichte an Kestner, Gotter und andere Freunde (S. 87ff.) – zwischen andere Jugendgedichte – eine Form der Edition, wie sie Goethe selbst nie gab und seine Zeitgenossen sie nie sahen, die aber nicht falsch ist, sondern geschichtlich zutrifft und Wesentliches ins Licht setzt.

Die vorliegende Ausgabe umfaßt nur eine Auswahl aus der großen Zahl der Goetheschen Gedichte. Es gehört zum Wesen von Goethes Schöpfertum, daß er zu gleicher Zeit Werke von höchstem Rang und solche von sehr viel geringerem hervorbrachte. Wenn jemand um eine seiner Schreibfedern bat (S. 346) oder ihm ein Petschaft schenkte (S. 349) und dabei ein paar Verse erhoffte, war er oft so freundlich, sie zu verfassen. Solche Verse waren nicht für die Nachwelt gedacht, und die vorliegende Ausgabe verzichtet – bis auf einige Beispiele – auf sie, um das Große desto mehr hervortreten zu lassen. Sie glaubt das zu dürfen, weil vollständige Ausgaben der Gedichte in Fülle vorhanden und überall leicht zu erhalten sind.

Auch die Anordnung der vorliegenden Ausgabe ist eigener Art: sie gruppiert im großen zeitlich, im einzelnen aber zyklisch. Sie geht von der Beobachtung aus, daß es bei Goethe Schaffens-Zusammenhänge gibt, die entstehen und verklingen. Manche so entstandenen Gedicht-Gruppen hat Goethe selbst bald nach ihrem Entstehen zusammengestellt: die *Römischen Elegien*, die *Sonette*, den *Divan*. Anderes aber stellte er nicht zusammen, etwa die Künstlergedichte des Sturm und Drang, denn als sie entstanden waren, gruppierte er seine Lyrik nicht, und als er sie später für den Druck zusammenstellte, wollte er gerade den Sturm-und-Drang-Charakter verwischen. Die Gedichte an Frau v. Stein hat er absichtlich verstreut, keiner der Zeitgenossen sollte die Beziehung und den Zusammenhang ahnen. Bei den Alterswerken war eine endgültige Gruppierung 1827 nicht möglich: sowohl die Gruppe der reinen Lyrik wie die der weltanschaulichen Gedichte war noch im Werden. Die vorliegende Ausgabe versucht in ihrer Anordnung eine einfache Übersichtlichkeit der zeitlichen Entwicklung zu erreichen und zugleich den Einblick in organisch gewachsene Verbindungen zu erleichtern. Liest man eine der Gedichtgruppen als Ganzes, so ergeben sich oft Zusammenhänge, die das einzelne deutlicher machen. Da wo Goethe selbst feste Zyklen geschaffen hat wie in den *Römischen Elegien*, den *Sonetten* und dem *Divan*, sind diese natürlich nicht verändert. Da die vorliegende Ausgabe anders gruppiert als Goethe selbst, ist sie nur bestimmt, neben einer der üblichen Ausgaben benutzt zu werden, die auf die *Ausg. l. Hd.* zurückgehen.

Mit der Frage der Anordnung hängt die der Textgestalt zusammen. Unsere Ausgabe ordnet im Großen zeitlich; sie stellt also z. B. die Gedichte des Sturm und Drang zusammen; deswegen erscheinen diese in der Fassung des Sturm und Drang, nicht in späterer klassizistischer Abmilderung, zumal da wir manche dieser Gedichte nur aus den frühen Handschriften kennen und es schlecht passen würde, zwischen diese Gedichte in ursprünglichen Fassungen andere Gedichte aus der gleichen Zeit, aber in späteren Umarbeitungen zu stellen. *An Schwager Kronos* ist darum in der wilden, übermütigen, lachenden, kraftbewußten frühen Form gedruckt, nicht in der gedämpften späteren. Etwas anderes ist es, wenn man die Goethesche Anordnung der *Ausg. l. Hd.* bestehen läßt; in diesem Falle müssen die Endfassungen abgedruckt werden.

Bei Goethes voritalienischen Gedichten liegen zwischen der ersten und der letzten Fassung oft viele Jahre, und diese brachten einen entscheidenden Stilwandel. Bei den nachitalienischen Gedichten liegt zwischen dem ersten Entwurf und der letzten Fassung meist nur eine kurze Frist. Zwar wird in dieser mitunter lebhaft gefeilt und gebessert, doch wird dadurch der Stil nicht geändert. Die Druckfassung ist dann fast immer auch die Endfassung. An den Gedichten, die 1800, 1806, 1815 erstmalig erschienen, hat die *Ausg. l. Hd.* kaum mehr geändert. Daraus ergibt sich für die vorliegende Ausgabe: Bis zum Ende des Abschnitts „Gedichte der ersten Mannesjahre" (S. 156) sind nach Möglichkeit frühe Fassungen abgedruckt auf Grund von Goetheschen Handschriften oder frühen Drucken. Von da ab jedoch (S. 157–391) folgen fast alle

Texte der *Ausg. l. Hd.* Damit der Leser die Jugendgedichte aber auch in den Endfassungen vergleichen kann, sind deren Abweichungen in den Anmerkungen verzeichnet. Und damit er einen kleinen Einblick erhält in die große Mühe, die Goethe auch späterhin sich mit seinen Gedichten gab, sind gelegentlich zu den späteren Gedichten Varianten in den Anmerkungen angeführt.

Wenn die vorliegende Ausgabe als ,,textkritisch durchgesehen" bezeichnet ist, bedeutet das: Der Herausgeber hat nicht den Text einer der bisherigen Ausgaben zur Druckerei gegeben, sondern er hat für jedes Gedicht entschieden, welche Fassung abgedruckt wird (Handschrift, Erstdruck, *Ausg. l. Hd.*), und jedes Wort überprüft. Die vorliegende Ausgabe ist aber nicht eine ,,historisch-kritische" Ausgabe, wie es die ,,Weimarer Ausgabe" von Goethes Werken ist oder die ,,Große Stuttgarter Ausgabe" von Hölderlins Werken oder die ,,National-Ausgabe" von Schillers Werken. Eine historisch-kritische Ausgabe bringt sämtliche Werke und bringt zu diesen sämtliche Lesarten aus Handschriften und zeitgenössischen Drucken, so daß die Geschichte des Textes vollständig dokumentiert ist. Dergleichen ist hier nicht beabsichtigt.

Die Rechtschreibung ist modernisiert, also nicht *seyn*, sondern ,,sein", nicht *sizzen*, sondern ,,sitzen" usw. Der Lautstand ist gewahrt, also *Gebürge*, nicht ,,Gebirge", *Turn*, nicht ,,Turm", *ergetzen*, nicht ,,ergötzen" usw. Dabei ist zu beachten, daß Goethe selbst in seiner Schreibweise nicht einheitlich ist; während er in Frankfurt in seiner Jugend *Turn* und *Gebürg* schrieb, glich er sich in Weimar bald an die neuere allgemeine Schreibweise an. – Die Zeichensetzung ist ein schwieriges Gebiet, weil Goethe selbst hier keine Richtlinie gab. In seinen Handschriften der Jugend setzt er sehr wenig Interpunktion; in denen des Alters etwas mehr und vorwiegend nach klanglichen Gesichtspunkten. Er wollte aber, daß seine Gedichte leicht lesbar seien, und überließ es anderen, die Zeichensetzung zu normalisieren. Die Gesichtspunkte für die Interpunktion waren schon im 18. Jahrhundert vielfach grammatisch, wenn auch noch nicht so ausschließlich wie heute. Als Goethe 1774 einige Gedichte an J. G. Jacobi gab – für dessen Zeitschrift ,,Iris" – schrieb er ihm: *Interpunktieren Sie doch die Liedchen, wie's dem Leser am vorteilhaftesten ist.* (1. Dez. 1774.) Als er 1787 zum ersten Mal seine Werke gesammelt druckte, schrieb er an Herder: *Habe die Güte, nun die letzte Hand an meine Werklein zu legen, auch die ,,Zueignung" zu korrigieren und zu interpunktieren, dann sie mit den Platten nach Leipzig zu schicken ...* (25. Jan. 1787), d.h. er überließ Herder die Interpunktion. Genau so ist es noch im Alter. An Riemer schreibt er am 13. August 1829: *Mögen Sie ... den beiliegenden kleinen Gedichten einige Aufmerksamkeit schenken ... Besonders empfehle ich die Interpunktion,* an Zelter am 18. Januar 1823: *Wenn ich denken müßte, daß ein Freund, an den ich einen Brief diktiere, über Wortgebrauch und Stellung, ja wohl gar über Interpunktion, die ich dem Schreibenden überlasse, sich formalisiere, so bin ich augenblicklich paralysiert und keine Freiheit kann stattfinden.* Die Zeichensetzung in den Drucken, die zu Goethes Lebzeiten hergestellt wurden, stammt zum großen Teil nicht von ihm, ist aber von ihm zugelassen. Sie ist in der vorliegenden Ausgabe im allgemeinen übernommen und gelegentlich heutigem Gebrauch schonend angeglichen. (Vgl. die grundlegenden Ausführungen von Lieselotte Blumenthal in Hbg. Ausg. Bd. 9.) Es bleibt eine Zukunftsaufgabe der Philologie, Goethes Gedichte, soweit wir sie in seinen eigenen Handschriften haben, buchstaben- und interpunktionsgetreu abzudrucken, sofern das noch nicht geschehen ist. Die vorliegende Ausgabe hat nicht dieses Ziel, hat aber vielfach Handschriften herangezogen.

Jedes Goethesche Wort im Text (S. 7–410) erscheint in geradestehender lateinischer Schrift (Antiqua), jedes Wort des Herausgebers, z. B. hinzugesetzte Titel wie auf S. 125, in Schrägschrift (Kursiv). Das gilt auch für die Titel der Gedichtgruppen. In den Anmerkungen (S. 411 ff.) ist es umgekehrt: Jedes Goethesche Wort ist in Kursiv gesetzt, alles andere in gerader Schrift. Ausnahmen machen nur die Überschriften am oberen Rand jeder Seite (Seitentitel), ebenso die Gedicht-Titel in den Anmerkungen: sie sind in allen Fällen in großen Buchstaben in Antiqua gesetzt, damit sie sich für den Blick bequem herausheben.

Die Anmerkungen des Herausgebers sind zum Nachschlagen da, nicht zum Lesen. Der Leser der Gedichte kommt mitunter an ein Wort, von dem er empfindet, daß es zu Goethes Zeit eine andere Bedeutung hatte als heute; oder er stößt auf einen unbekannten Namen; oder er will wissen, ob Goethe dieses Gedicht veröffentlicht hat oder nicht. Auf solche Fragen versuchen die Anmerkungen Antwort zu geben. Das zu Kommentierende eines Gedichts ist meist nicht das Wesentliche, oft sind es nur Kleinigkeiten. Wenn die Anmerkungen – zumal in den Zitaten – gelegentlich darüber hinausgehen, bringen sie nur Hinweise, niemals Interpretationen, nicht einmal Kurz-Interpretationen. Doch das Verstehen eines Gedichts hat sein Vorfeld. Man muß die Sprache des Dichters kennen – und Goethes Deutsch ist anders als das des 20. Jahrhunderts –, man begreift einzelne Motive mitunter besser, wenn man Parallelstellen kennt, man braucht für manche Gedichte den Hintergrund des Lebens und der Zeit. Die Aufgabe der Anmerkungen liegt nur in diesem Vorfeld. Darum ist zu den wesentlichsten künstlerischen Leistungen oft am wenigsten gesagt.

Die Literaturangaben sind eine Auswahl. Zahlreichere Angaben findet man in den Goethe-Bänden von Goedekes „Grundriß“ und in der „Goethe-Bibliographie“, begründet von H. Pyritz, fortgeführt von

H. Nicolai. Es gibt Werke, in denen man zu jedem oder fast jedem Gedicht Goethes etwas findet; zu ihnen gehören die kommentierten Ausgaben wie die Jubiläums-Ausgabe (1902–07) mit dem Kommentar von E. v. d. Hellen, die Festausgabe (1926) mit den Anmerkungen von Boucke und die dreibändige Gedicht-Ausgabe von Emil Staiger im Manesse-Verlag (1949) sodann die Gedicht-Bände der „Berliner Ausgabe" (1965–66); vor allem aber die reichhaltigen Bände der Goethe-Ausgabe des „Deutschen Klassiker-Verlags", Bd. 1 und 2, hrsg. von Karl Eibl, 1987 und 1988, sowie die ähnlich reichhaltige „Münchner Ausgabe" des Hanser Verlags, 1985 ff., in welcher die Gedichte auf mehrere Bände verteilt sind. Über Goethes Gedichte gibt es sodann Bücher von Kommerell, 1943 u. ö., Hefele, 1940, James Boyd, 1944–49, und anderen. Da diese Werke die gesamte Goethesche Lyrik behandeln, sind sie in dem vorliegenden Band nicht bei jedem Gedicht genannt, sondern nur in Sonderfällen. Doch sei hier ein für allemal auf sie verwiesen. (Eine Bibliographie befindet sich am Ende des Bandes.) – Die 4 Brief-Bände der HA und die 2 Bände „Briefe an Goethe", alle herausgegeben von Karl Robert Mandelkow unter Mitwirkung von Bodo Morawe, enthalten ausführliche Register, in denen man jedes einzelne Gedicht findet, das in den Briefen vorkommt. Deswegen empfiehlt es sich, diese Bände zur Ergänzung heranzuziehen.

ANMERKUNGEN

FRÜHE GEDICHTE

GEDICHTE DER KNABENJAHRE

Der früh sich zeigenden Begabung, die aus den Kindheitsgedichten spricht, merkt man Goethes spätere Laufbahn noch keineswegs an. Jeder Künstler, auch der genialste, beginnt in Formen, die er vorfindet; und so ist es natürlich, daß der Knabe Goethe sich anlehnte an die deutschen Dichter der Jahrhundertmitte, die er in der väterlichen Bibliothek vertreten fand. Dichten bedeutet für ihn noch, ein rhetorisches, d. h. nach festen Stilvorschriften angefertigtes Reimwerk über ein gegebenes Thema liefern. Dafür war freilich ein beachtliches Maß von sprachlicher Ausbildung und literarischer Gewandtheit nötig. Diese Knabengedichte sind nicht an sich, sondern nur entwicklungsgeschichtlich bemerkenswert. Sieht man, wie der Knabe im Stil der frühen Aufklärung – in manchen Zügen sogar in dem des Spätbarock – begann, so kann man erst ermessen, wie gewaltig der Schritt war, den er acht Jahre später in Straßburg vollzog.

Der junge Goethe: Hrsg. v. E. Wolff. Oldenburg und Lpz. 1908. – Morris Bd. 1 und 6. – Fischer-Lamberg Bd. 1. – Franz Götting, Die Bibliothek von Goethes Vater. Nassauische Annalen 64, 1953, S. 23–69. – Vgl. auch Bd. 9, S. 34ff.

S. 7. BEI DEM ERFREULICHEN ANBRUCHE DES 1757. JAHRES ... Die von dem siebenjährigen Knaben den Großeltern überreichte Handschrift befindet sich im Weimarer Archiv. Erster Druck: Frankfurter Zeitung 1894, dann Weim. Ausg. 37 (1896). – *Dichtung und Wahrheit* berichtet im Anfang des *3. Buches,* daß das Neujahr im großelterlichen Hause immer feierlich-eindrucksvoll begonnen wurde. Ob und wieweit vielleicht ein Erwachsener bei den Gratulationsversen geholfen hat, ist nicht mehr feststellbar, doch zeigen die erhaltenen Schulhefte usw. einen so wachen Geist, daß man dem Knaben auch diese Verse zutrauen kann. Die Versart ist der Alexandriner, der seit dem Beginn des Barock als allen „hohen" Gattungen angemessen galt und den der Knabe als gebräuchlichste Form überall sah. Er erlangte in ihm früh große Fertigkeit, wie die Dichtungen seiner Leipziger Zeit zeigen. – 10 *Möninens Ruder führen*: Frankfurt am Main regieren. 15 *anzubinden*: zu beschenken (nach der alten Sitte, jemandem das Geschenk an den Arm zu binden; Adelung; Dt. Wb.) wie Bd. 4, S. 217, 5f.

S. 8. BEI DIESEM NEUEN JAHRESWECHSEL ...1762. Handschrift im Weimarer Archiv. Erstdruck: Weim. Ausg. 37 (1896). Das Gedicht des 12jährigen klingt durchaus selbständig, zumal auch in den Unbeholfenheiten (wie V. 12). Die mythologischen Anspielungen sind bei dem in klassischem Bildungsstoff reichlich unterrichteten Knaben nicht verwunderlich. Der Schluß verspricht Gedichte in fremden Sprachen, wobei sich wohl Freude über das Können mit dem Gehorsam, das Gelernte zu zeigen, vermischt. Goethe lernte früh mit großer Sprachbegabung Lateinisch, Italienisch, Französisch und Englisch, und aus seiner ersten Leipziger Zeit haben wir von ihm französische und englische Briefgedichte, gelegentlich auch lateinische Hexameter.

S. 9. POETISCHE GEDANKEN ÜBER DIE HÖLLENFAHRT JESU CHRISTI. Entstanden wahrscheinlich 1765, vielleicht schon 1764. Als Goethe im Herbst 1765 nach Leipzig gegangen war, ohne seine Zustimmung gedruckt in der Frankfurter Zeitschrift „Die Sichtbaren", 1766 (Brief an Cornelia 12. Okt. 1767). Ein Exemplar davon besaß Goethes Diener Philipp Seidel, dessen Sohn zeigte es Eckermann, dieser brachte es Goethe, der es auf diese Weise 1826 wiedersah und fortan aufbewahrte. Dieses Exemplar ist das einzige erhaltene. Erster Neudruck: Quartausgabe 1836. Dazu: Eckermann 16. 2. 1826 und Soret 17. bzw. 19. 3. 30 sowie *D. u. W., 4. Buch.* (Bd. 9, S. 143.) Das Gedicht steht in der Vorstellungswelt des orthodoxen Protestantismus seiner Zeit. Das in dem Neuen Testament nur kurz angedeutete Motiv der Höllenfahrt Christi war schon im mittelalterlichen Drama und dann wieder in der Barockdichtung weit ausgebaut worden. In Strophenform, Wortwahl und Stilart schließt sich der 15jährige weitgehend an Johann Andreas Cramer und Adolf Schlegel an, die – noch von einem letzten Erbe spätbarocker Bildpracht berührt – große religiöse Gedichte halb beschreibender, halb betrachtender Art in rhetorisch geschmücktem Stil veröffentlicht hatten. Er hat ganz objektiv einen Stoff ergriffen und *auf Verlangen* dargestellt; also nicht nur der religiöse Inhalt und der sprachliche Stil, sondern auch die Auffassung, was Dichtung sei und wie sie entstehe, bleiben ganz in den konventionellen Bindungen. Christus erscheint als heroischer Gottessohn und zorniger Rächer, um die Hölle zu strafen; die Erlösung der Seelen war für diese jugendliche Schreibweise wohl ein weniger reizvolles Motiv. – Beispiele der Stilvorbilder: J. A. Schlegel, Der Gottesleugner. Bremer Beiträge 2, 1745, S. 47ff. – J. A. Cramer, Eine Ode auf das Leiden Christi. Nordischer Aufseher 1, 1758, Stück 15. Neugedruckt in: KDN., Bd. 44. Bremer Beiträger, hrsg. v. Muncker, 1. Teil, S. 87ff.

S. 13. AN MEINE MUTTER. Erster Druck: Jb. G. Ges. 7, 1886. Aus einem Brief an die Schwester vom Mai 1767, mit der Bitte, diese

Verse der Mutter vorzulesen. Obgleich Goethe bei der Abfassung bereits 1½ Jahre in Leipzig war, sind die Verse hier noch den Gedichten der Knabenjahre angereiht, denn ihr Wesentlichstes, die Bindung an das Elternhaus, schließt sie mit den vorigen zusammen und trennt sie von den anakreontisch-erotischen Gedichten, die gleichzeitig anfingen, aber eine neue, ganz andere Schicht des Schaffens sind. Die Versart ist der 5füßige Jambus ohne Reim, den Goethe bei Shakespeare sah und den er damals gern für Briefgedichte benutzte. Die echte Empfindung für die Mutter sucht sich möglichst erhaben auszusprechen und kommt zu Bildern, deren Breite noch mühsam und gesucht erscheint im Vergleich mit der unmittelbaren Bildsymbolik, zu der Goethe einige Jahre später gelangte.

ANAKREONTIK

Von Oktober 1765 bis August 1768 war Goethe in Leipzig. Aus dieser Zeit besitzen wir drei handschriftliche Sammlungen seiner Gedichte. 1. Eine von Goethes Freund Behrisch im August 1767 in Schönschrift geschriebene Handschrift von 19 Gedichten mit dem Titel *Annette*. 2. Eine Handschrift Goethes, *Oden an meinen Freund*, mit drei Gedichten an Behrisch, die er diesem bei seiner Abreise im Oktober 1767 schenkte. 3. *Lieder mit Melodien*, eine Handschrift von Schreiberhand, welche Goethe bei seinem Abschied aus Leipzig im August 1768 an Friederike Oeser schenkte, in deren Vaterhaus er viel verkehrt hatte; sie enthält 10 Gedichte, eins davon aus *Annette* übernommen. Neun von diesen Gedichten kamen dann mit 11 anderen, stilistisch verwandten, in Goethes erste gedruckte Lyriksammlung, die ohne seinen Namen erschien: *Neue Lieder, in Melodien gesetzt von Bernhard Theodor Breitkopf*. Vereinbart war das Unternehmen mit Breitkopf noch in Goethes Leipziger Zeit; fertig gemacht wurde die Sammlung erst in den darauf folgenden Monaten in Frankfurt; danach erforderte das Komponieren und Drucken nochmals einige Monate; das Heft erschien zur Herbstmesse 1769 mit der Jahreszahl 1770.

Der Frühstil jedes Künstlers zeigt, daß es mit der künstlerischen Sprache nicht anders ist als mit der Sprache überhaupt: Keiner hat sie aus sich selbst. Jeder lernt sie. Jeder findet eine bereits geformte Sprache mit einem begrenzten seelischen Reichtum vor und muß mit dem beginnen, was sich ihm darbietet. In der bildenden Kunst, wo es Lehrer und Werkstatt gibt, ist dies offensichtlich: Dürer malt in seiner Jugend wie Wolgemut, Rembrandt wie Lastman, Friedrich wie die Kopenhagener Akademiker. Und in der Dichtung ist es ähnlich: Schiller begann im Stil Klopstocks, Hölderlin im Stil Schillers, Hebbel im Stil der Romantiker. – Goethe begann im Stil der Anakreontik. Später hat er sich davon abgewandt, ja er ist geradezu der Befreier davon geworden. Aber zuerst mußte er ihn sich aneignen.

Es war eine dichterisch schwache Zeit. Vorüber waren die Ordnungen des Barock, die von Gott, von dem hierarchischen Aufbau der Welt, von dem Stufenbau sämtlicher Künste und Wissenschaften ausgingen und als Poetik und Rhetorik dem Kunstwerk durch Jahrhunderte tradierte objektive Gesetze gaben. Geblieben war davon nur, daß Dichten immer noch bedeutete, überlieferte Motive geschickt neu zu formen, geblieben war auch das Rationale und Artistische dieser Kunst. Noch nicht erschienen waren die Ordnungen der folgenden Jahrzehnte des Idealismus: der Glaube an das Genie, das aus innerem Müssen eine eigene Welt schöpferisch hinstellt im symbolkräftig-ausdruckhaften Werk, unmittelbar, aus der Tiefe des Herzens, in dem es mit dem Göttlichen zusammenhängt. So fehlte der Dichtung der objektiv-metaphysische Hintergrund des Barock und der subjektiv-metaphysische der Zeit des Idealismus. Sie blieb Literatur, Spiel des „Witzes", Ausformung galanter Motive, bezogen auf die Gesellschaft des Rokoko. Ihr fehlt die Tiefe, doch sie besitzt Formgewandtheit, Treffsicherheit und Leichtigkeit.

Goethes erste dichterische Versuche waren Ansätze zu Trauerspielen im Stil der französischen Klassik, in denen sich ein biblischer Stoff mit einer breiten Handlung zwischen Staaten, Fürsten und Liebespaaren verbindet (z. B. *Belsazar*), aber dafür reichten Spannkraft und Welterfahrung noch bei weitem nicht aus. Anders in der Lyrik. Hier, im kleinen Raum, ließ sich Fertiges schaffen. So sind seine ersten Werke Gedichte, und er blieb mit ihnen im Stil seiner Zeit.

Welche Lyrik fand Goethe vor? Zunächst als einzige unmittelbar aus dem 16. und 17. Jahrhundert überlieferte Gattung das Kirchenlied und dessen Nebenzweige wie die biblischen Gedichte eines Schlegel und Cramer. Diese Linie fortzusetzen fühlte er sich nicht berufen; seiner *Höllenfahrt Jesu Christi* (S. 9–13) folgte nichts Ähnliches mehr. Von Klopstock lag ein Teil des „Messias" vor, aber erst wenige seiner Gedichte, die in Zeitschriften verstreut erschienen waren; gesammelt traten sie erst 1771 hervor. Was Goethe vorfand, war die deutsche Aufklärungliteratur, deren nüchterne Weltbetrachtung kein guter Boden für Lyrik war. Eine Richtung in ihr – Brockes, Haller, mitunter auch Gellert – pries bewundernd die göttliche Wohlgeordnetheit der Natur und leitete moralisierend zu ihrer Beobachtung an. Eine andere – Uz, Götz, Gleim, der junge Lessing – stellte den Menschen in den Mittelpunkt, und zwar den gesellschaftlichen Menschen; man will zu weisem Genuß des Lebens führen und durch geistreiche Form ergötzen. In der Leichtfertigkeit des Gehalts lebt der Geist der Rokokogesellschaft; in der geistvollen Rationalität der Form spürt man die Nachbarschaft zum

Rationalismus. Es ist das Formprinzip des „Witzes", spielerisch, gewollt, klar, überraschend, pointiert, analysierbar, unpersönlich. Gleim schreibt 1744 in der Vorrede seiner „Scherzhaften Lieder": „Schließet niemals aus den Schriften der Dichter auf die Sitten derselben ... Denn sie schreiben nur, ihren Witz zu zeigen, und sollten sie auch dadurch ihre Tugend in Verdacht setzen. Sie charakterisieren sich nicht, wie sie sind, sondern wie die Art ihrer Gedichte erfordert ..." Dies war der Geist, den Goethe, der später Dichtung zur *Konfession* machte, vorfand. Alles bleibt in der Sphäre des Literarischen und wird in dieser geschaffen und aufgenommen. Man nennt diese Dichtung heute Anakreontik. Mit der Süße und Milde des antiken Anakreon hat sie wenig zu tun. Schon seine Nachfolger hatten die Idyllik kleiner Gedichte in ein geistvolles antikes Rokoko hinübergespielt, hier knüpfte die französische Dichtung des 17. Jahrhunderts an, und ihren Stil ahmte man wiederum in Deutschland nach.

Um diesen Stil zu kennzeichnen und nun zugleich zu zeigen, was in dieser Zeit Tradition bedeutet und wie sehr Goethe in ihr stand, seien zwei kleine Gedichte angeführt, welche das gleiche Motiv darstellen wie Goethes Gedicht *Das Schreien* (S. 18).

DAS MORDGESCHREI

Phloen sah ich heut
In der Einsamkeit
Grüner Büsche stehn.
„Mädchen," sagt' ich ihr,
„Nunmehr sollst du mir
Nicht so leicht entgehn."

Ich erhaschte sie
Und mit sanfter Müh
Raubt' ich manchen Kuß.
Phloe rief mir zu:
„Lasse mich in Ruh,
Eh ich schreien muß."

„Ei, wer ist der Mann,"
Fing ich lärmend an,
„Der mir dieses wehrt?"
„Rede nicht so laut,"
Sprach sie ganz vertraut,
„Daß es niemand hört!"

Mädchen, wenn euch oft,
Wie ihr täglich hofft,
Kühne Knaben dräun –
Folget meinem Rat:
Lernt, wie Phloe tat,
Auch – um Hilfe schrein.

Anonym. Scherze. Lpz. 1752.

DER KUSS

Ich war bei Chloen ganz allein
Und küssen wollt' ich sie.
Jedoch sie sprach, sie würde schrein,
Es sei vergebne Müh!

Ich wagt' es doch und küßte sie,
Trotz ihrer Gegenwehr.
Und schrie sie nicht? Ja wohl, sie schrie –
Doch lange hinterher.

Christian Felix Weiße, Scherzhafte Lieder. Lpz. 1758.

Beide Gedichte sind im Ton munter, plaudernd spielerisch, dabei in der Formung sehr bewußt und berechnet. Eine erotische Situation wird kurz ausgemalt und endet mit einer witzigen Wendung. Der Titel erweckt eine Spannung. Es kommt anders als erwartet. Alles zielt auf eine Schlußpointe hin. Es ist eine literarische Rokoko-Hirtenwelt, und ihre „Moral" ist reiner Lebensgenuß.

Diese Kunst war es, die Goethe vorfand. Für jemanden, der Witz, Formgefühl und Leichtigkeit besaß, war sie nicht schwer zu erlernen. Um zu sehen, wie rasch und vollkommen ihm dies gelang, genügen einige Beispiele (S. 14–20). Er nahm diesen Stil auf, um überhaupt dichten zu können, und als er dichtete, überwand er ihn. Nur gelegentlich hat er in späteren Zeiten, als er die Fülle seiner Töne beherrschte, für Zierlich-Geistreiches auch auf ihn zurückgegriffen.

Von einer Überwindung der Anakreontik spürt man im Buch *Annette* noch nichts. *Ziblis* (S. 14–16) ist erzählt, als ob ein kühler, das Leben kennender Routinier spräche. Aber wie wenig war der junge Goethe eben dies! Seine gleichzeitigen Briefe zeigen es. Anders die *Oden an meinen Freund.* Da ist keine fiktive Schäferwelt, sondern ein eigenes Erlebnis. Eine Persönlichkeit tritt in Konflikt mit der Gesellschaft. Das galante Leipzig erfährt Kritik und Ablehnung, wenn auch in einer etwas mühsamen Pathetik. Die für den Druck geschaffenen *Neuen Lieder* weisen dagegen wieder in Form und Inhalt auf die Gesellschaft mit Galanterie, Witz und literarischen Modeformen. Die Oden an Behrisch denken nur an das Du und das Ich. Die Überwindung der Kunst des Witzes begann im Bereich des Privaten und Subjektiven.

Das tritt besonders zutage in Goethes gleichzeitigen Briefen. Hier gibt es nicht Kühle, Witz und Sich-zur-Schau-Stellen, sondern Wärme, Stimmung und Innigkeit, also echtes Jungsein. Liebe ist hier nicht Spielerei, sondern Dämonie, und der Mensch steht am Rande der Vernichtung. Am 10. 11. 1767 schreibt der 18jährige an Behrisch: *Abends um 7 Uhr. Ha, Behrisch, da ist einer von den Augenblicken! Du bist weg, und das Papier ist nur eine kalte Zuflucht gegen deine Arme. O Gott, Gott. – Laß mich nur erst wieder zu mir kommen. Behrisch, verflucht sei die Liebe. O, sähst du mich, sähst den Elenden, wie er rast, der nicht weiß, gegen wen er rasen soll – du würdest jammern. Freund, Freund! Warum hab' ich nur einen? – Um 8 Uhr. Mein Blut läuft stiller, ich werde ruhiger mit dir reden können. Ob vernünftig, das weiß Gott. Nein, nicht vernünftig. Wie könnte ein Toller vernünftig reden? Das bin ich. Ketten an diese Hände, da wüßte ich doch, worein ich beißen sollte ... Ich habe mir eine Feder geschnitten, um mich zu erholen. Laß sehn, ob wir fortkommen. Meine Geliebte! Ah, sie wird's ewig sein. Sieh, Behrisch, in dem Augenblicke, da sie mich rasen macht, fühl ich's. Gott, Gott, warum muß ich so lieben ... Diesen Abend schicke ich hinunter, um mir etwas holen zu lassen. Meine Magd kommt und bringt mir die Nachricht, daß sie mit ihrer Mutter in der Komödie sei. Eben hatte das*

Fieber mich mit seinem Froste geschüttelt, und bei dieser Nachricht wird mein ganzes Blut zu Feuer! Ha, in der Komödie, zu der Zeit, da sie weiß, daß ihr Geliebter krank ist. Gott, das war arg. Aber ich verzieh's ihr ... Ich hab den ganzen Abend vergebens zu weinen gesucht, meine Zähne schlagen aneinander ... Ich glaube, ich tränke Gift von ihrer Hand. Verzeih mir, Freund! Ich schreibe wahrlich im Fieber ... (Briefe, HA., Bd. 1, S. 57ff.)

Briefe waren in dieser Zeit Mitteilungen von Tatsachen oder stilisierte Plauderei, bestenfalls pietistische Seelsorge. Goethes Briefprosa dagegen mit ihrer Stimmung und Atmosphäre weist voraus auf die wirklichkeitsnahe Bekenntniskunst, die leidenschaftliche Sprache des Sturm und Drang.

So tritt also in der subjektivsten Form, dem Brief, der zukunftweisende Stil zuerst auf; danach im Briefgedicht; und erst dann in der Lyrik. Die Briefe des Leipziger Goethe zeigen, daß die Kräfte in ihm waren, eine neue, charakteristische, innerliche Kunst zu schaffen. Sein eigener Weg war der gleiche, den sein Zeitalter ersehnte und suchte. Darum mußte er dessen Führer werden. Die *Neuen Lieder* sind von dieser Entwicklung noch wenig berührt; sie zeigen zwar im Vergleich zu dem Buch *Annette* schon stärkere Ansätze zum Erlebten und Echten, aber den Durchbruch dieses Stils brachte erst die nächste Schaffensperiode der Lyrik. Das war in Straßburg.

Goethe, Buch Annette. Facsimile-Ausgaben Lpz. 1923 und Lpz. 1965. – Neue Lieder, in Melodien gesetzt von B. Th. Breitkopf. 1770. Lithographische Nachbildung des Insel Verlags. Lpz. 1905. – E. Wolff, Der junge Goethe, Oldenburg u. Lpz. (1907). – Morris Bd. 1 und 6. – Fischer-Lamberg Bd. 1. – Der Rokoko-Goethe. Hrsg. v. H. Kindermann. Lpz. 1932. = Dt. Lit. in Entwicklungsreihen, Reihe Irrationalismus, Bd. 2. – Adolf Strack, Goethes Leipziger Liederbuch. Gießen 1893. – J. Minor u. A. Sauer, Studien zur Goethephilologie. Wien 1880. – E. Merker, Anakreontik. In: Reallexikon der dt. Literaturgesch. Bd. 1, Bln. 1925/26. S. 40–43. 2. Aufl. 1958. S. 61–63. – P. Böckmann, Das Formprinzip des Witzes in der Frühzeit der dt. Aufklärung. Jb. d. fr. dt. Hochstifts 1932/33, S. 52–130. – Hans Heckel, Zu Begriff und Wesen des literarischen Rokoko in Deutschland. Festschr. f. Th. Siebs, hrsg. v. W. Steller. Breslau 1933. – Helmut Paustian, Die Lyrik der Aufklärung. Bln. 1933. = Lit. u. Seele, 3. – Hefele S. 12–23. – Dichtung des Rokoko. Hrsg. von Alfred Anger. Tüb. 1958. – A. Anger, Literarisches Rokoko. Stuttg. 1962. (Sammlung Metzler). – Vor allem: Herbert Zeman, Die deutsche anakreontische Dichtung. Stuttg. 1972. Darin über Goethe insbesondere S. 266–314 und 364–370.

S. 14. AN ANNETTEN. Einleitungsgedicht des Buchs *Annette.* Die Angeredete ist Goethes Leipziger Geliebte Anna Katharina Schönkopf. Erster Druck: Weim. Ausg., Bd. 37 (1896).

S. 14. ZIBLIS. Anfangsgedicht des Buchs *Annette.* Erster Druck: Weim. Ausg. 37 (1896).

S. 17. AN DEN SCHLAF. Text nach Goethes Handschrift in einem Brief an seine Schwester vom Mai 1767. Die etwas spätere Handschrift *Annette* enthält das Gedicht mit einigen kleinen Änderungen. Typisch für die Anakreontik sind der straffe Aufbau auf die Schlußpointe hin und die Neigung zur Allegorie. – Erster Druck: GJb. 7, 1886, S. 62.

S. 17. ANNETTE AN IHREN GELIEBTEN. Aus *Annette.* Erster Druck: Magazin für die Lit. des In- u. Auslandes 52. 1883. – Das Gedicht hat wie auch *Die Freuden* (S. 19) den für die Anakreontik besonders typischen Madrigalvers, verschieden lange Zeilen mit wechselnd gebauter Reimstellung. Da man hier nie weiß, wann ein Vers enden wird und wann ein Reim aufgenommen wird, entspricht dieser Vers dem Stilwillen, gleichzeitig lässig und überraschend zu wirken. Goethe hat diese Versart sein Leben lang beihalten, aber später (z. B. in *Faust*) andere Wirkungen aus ihr herauszuholen gewußt.

Alfred Anger, Annette an ihren Geliebten. Dt. Vjs. 37, 1963, S. 439–462. Ebd. S. 442: „ein vollkommenes Beispiel der Rokokokunst in Deutschland".

S. 18. DAS SCHREIEN. Text nach *Annette.* Mit kleinen Änderungen aufgenommen in die *Neuen Lieder,* danach von Eckermann und Riemer in Bd. 7 (47) der Nachgelassenen Werke. Das Motiv war in der anakreontischen Literatur schon öfters behandelt. Goethes Fassung ist besonders knapp und pointiert: nur zwei vierzeilige Strophen, an deren Enden die zwei direkten Reden des Mädchens stehen, deren Diskrepanz den Witz des Ganzen ausmacht. Das Handlungsmotiv ganz eng gefaßt, die Naturstaffage bleibt belanglos. – H. Osthoff, Adam Krieger. Lpz. 1929. S. 72f. (Beispiel für das Motiv im 17. Jahrh.) – Martin Sommerfeld, Goethe in Umwelt u. Folgezeit. Leiden 1935. S. 161–165.

S. 18. DIE NACHT. Entstanden 1768. Text nach der Handschrift für Friederike Oeser. Leicht verändert in *Neue Lieder.* 1789 in die *Schriften* aufgenommen in folgender Form:

Die schöne Nacht

Nun verlass' ich diese Hütte,
Meiner Liebsten Aufenthalt,
Wandle mit verhülltem Schritte
Durch den öden, finstern Wald.
Luna bricht durch Busch und
Eichen,
Zephyr meldet ihren Lauf,
Und die Birken streun mit Neigen
Ihr den süßten Weihrauch auf.

Wie ergetz' ich mich im Kühlen
Dieser schönen Sommernacht!
O wie still ist hier zu fühlen,
Was die Seele glücklich macht!
Läßt sich kaum die Wonne fassen;
Und doch wollt' ich, Himmel, dir
Tausend solcher Nächte lassen,
Gäb' mein Mädchen Eine mir.

Die Schlußpointe bleibt also auch in der Umarbeitung bestehen, sie hebt die Stimmungsschilderung zum Teil wieder auf. Die Nachtschilderung erinnert an Ähnliches in der Dichtung der Zeit (Young, Zachariae usw.); traditionell auch 5 *Luna bricht die Nacht der Eichen*, d.h. der Mond scheint durch das Eichenlaub, das so dicht ist, daß ohne ihn völlige Finsternis wäre. 9 *Schauer*: Dunst, Atmosphäre, Wolke wie *Faust* 473 (bzw. Urfaust 120) und 4724 oder in der Zusammensetzung *Silberschauer* (S. 20); das Wort kommt auch in der subjektiven Bedeutung „Nerven und Seele berührende Empfindung" bei Goethe vor (*Faust* 2757); dazu Adelung und Dt. Wb. 8, 1893, Sp. 2321–2328. – Der Vergleich dieses ersten Nachtliedes mit späteren (S. 27, 142, 372, 389) zeigt den großen Weg der Entwicklung von Goethes Lyrik.

S. 18. WUNSCH EINES KLEINEN MÄDCHEN. Text nach: Lieder für Friederike Oeser 1768. Dann in: *Neue Lieder* 1770; Änderungen: Titel *Wunsch eines jungen Mädchens* 1 *O fände* 9/10 *Man wählt sich die Kleider, Nach Gusto den Schneider.* Danach im Nachlaßbd. 47 der *Ausg. l. Hd.* – Stil der leichten Lieder aus Singspielen, wie man sie damals in Leipzig viel von der Bühne hörte und dann überall sang.

S. 19. DIE FREUDEN. Text nach: Lieder für Friederike Oeser. 1770 in *Neue Lieder;* 1789 in die *Schriften* aufgenommen mit folgenden Änderungen: 3 *Mich freut sie lange schon* 6 *Bald rot, bald blau,* danach neuer Vers: *Bald blau, bald grün,* 8 *ihre Farben* 9 *Sie schwirrt und schwebet, rastet nie,* 10 *Doch still, sie setzt sich an die Weiden.* 11 *Da hab ich sie, da hab ich sie!* 12 *sie.*

S. 19. UNBESTÄNDIGKEIT. Text nach dem Liederbuch für Friederike Oeser. 1770 in *Neue Lieder,* 1789 in den *Schriften* mit folgenden Änderungen: Titel *Wechsel* 5 *Es naht sich die zweite, sie streichelt mich wieder,* 6 *So fühl' ich* 7 *Und doch und so traurig verschleifst du vergebens* 8 *Die köstlichen Stunden des eilenden Lebens,* 9 *Weil dich das geliebteste Mädchen vergißt.* 10 *O ruf'* 11 *die Lippe* 12 *die Lippe.* – Die beiden kleinen leichtfertigen Strophen mit ihrer Mahnung zu Lebensgenuß und Leichtigkeit des Wechsels sind im Inhalt ebenso typisch anakreontisch wie in ihrer munteren flüssigen Form. – Martin Sommerfeld, Goethe in Umwelt und Folgezeit. Leiden 1935. S. 166–170.

S. 20. AN DEN MOND. Text nach *Neue Lieder* 1770. Entstanden wohl bald nach der Rückkehr nach Frankfurt. Aufgenommen in die *Werke 1815.* Der Titel lautet jetzt *An Luna,* einerseits wohl, um die Überschrift *An den Mond* dem Lied *Füllest wieder Busch und Tal* zu lassen, anderseits, um die Erwähnung Endymions am Ende des Gedichts vorzubereiten. Strophe 1 und 2 blieben unverändert, Strophe 3 wurde völlig neu gedichtet:

Des Beschauens holdes Glück
Mildert solcher Ferne Qualen,
Und ich sammle deine Strahlen,
Und ich schärfe meinen Blick.

Hell und heller wird es schon
Um die unverhüllten Glieder,
Und nun zieht sie mich her-
nieder,
Wie dich einst Endymion.

So sehr dieses erste Mondlied noch gegen die späteren (S. 27, 128, 389) absticht, es ist doch bereits ein erster Schritt über die Anakreontik hinaus. Die Natur ist hier – wie auch an einigen anderen Stellen der *Neuen Lieder* – nicht mehr nur Staffage, sondern wird gefühlt und gestaltet. Der Anfang ist noch barocke Umschreibung, der Mond ist „la sœur du soleil", wie französische Anakreontiker schrieben. Dann aber folgt Naturdarstellung bis in den Beginn der 2. Strophe. Jetzt beginnt ein neues Motiv: Die schlafende Geliebte. Das Motiv stammt wohl aus echter Sehnsucht; durchgeführt ist es aber rational-witzig im Zeitstil. Deswegen mußte Goethe später, sofern er dieses Gedicht drucken wollte, die 3. Strophe verändern. Ihre Neufassung zeigt den Unterschied zwischen der Anakreontik und dem Seelenlied der Weimarer Zeit. Das Stimmungshafte bleibt nun auch in der 3. Strophe bestehen und das erotische Motiv wird mit dem Naturmotiv verbunden. – 1 *ersten Licht*: Sonne. – 7 *Traurig abgeschiedne Seelen*: ein Motiv aus Ossian, den Goethe, als er dies Gedicht schrieb, soeben kennengelernt hatte. – Eugen Wolff, Der junge Goethe. 1907. S. 369–374.

S. 21. ODEN AN MEINEN FREUND. 1767. Text nach der Handschrift. Erster Druck: Quartausgabe 1836, mit dem von Eckermann formulierten Titel: Drei Oden an meinen Freund Behrisch. – Ernst Wolfgang Behrisch, 1738–1809, Goethes Vertrauter und Berater in den Leipziger Jahren, war Hofmeister bei dem Sohn des Grafen Lindenau. Dem Grafen war Schlechtes über Behrisch und seinen Kreis, zu dem Goethe gehörte, auf Grund von Leipziger Klatschgeschichten berichtet worden, Behrisch gab die Stellung auf und ging nach Dessau in den Dienst des Fürsten von Anhalt. Leidenschaftlich für den Freund Partei nehmend kritisiert Goethe erstmalig Leipzig, die Großstadt, die Gesellschaft: Rousseausche Klänge tauchen auf. Auch die Form ist neu für Goethe: freie Rhythmen. Sie waren angeregt durch Klopstock, der seit 1758 im „Nordischen Aufseher" freie Rhythmen veröffentlicht hatte, vielleicht auch durch Ramler und Willamov, die 1763 folgten. Jedoch verhält sich Goethe dabei bemerkenswert selbständig, indem er nie mehr als 4 Takte in einen Vers setzt. Außerdem faßt er immer 4 Verse zu einer Strophe zusammen. Es beginnt hier die großartige Reihe seiner freien Rhythmen (S. 33–52, 86, 103/04), die immer ein kraftvolles Sich-Ausströmen sind, das nur in dieser Form sich ganz entfalten konnte. Die anakreontischen Gedichte blieben meist Neuformung älterer Motive, hier dagegen stehen bereits Erlebnis und Dichtung zusammen. Kein Formprinzip des „Witzes", keine Schlußpointe. Die *1. Ode* bringt durchgehend nur das Bild des Baums, nicht als schmückende Metapher, sondern um den Menschen als naturhaftes Wesen darzustellen. Das weist schon voraus auf den *Mahometsgesang* (S. 42). Die *2. Ode* steigert die reale Oktoberlandschaft zur visionären Symbollandschaft – ein Ansatz also zu dem Wege, den Goethe später weiterging, in der Ausführung freilich noch unsicher und übertreibend. In der *3. Ode* taucht ein Ahnen auf, daß erhöhtes Gefühl auch gesteigertes Leiden sei, darum die Mahnung zu stoischer Unerschütterlichkeit (1–12), der dann aber der gefühlsbetonte Schluß, die Freude über das schöne Erlebte, die *Blumenfesseln* der Freundschaft (29–40), widerspricht. – Hefele S. 18f.: „Was die Oden an Behrisch von aller anderen Lyrik Goethes aus jener Zeit unterscheidet, das ist zunächst die Wahrheit ihres Anlasses ... Darum erzielt hier auch Goethe zum erstenmal Herzenstöne, Urlaute der sprechenden Natur ... Für Goethes Dichtung bedeutete freilich diese Bewegtheit des gewonnenen Ausdrucks nur einen Zufall, noch keinen wesenhaften Fortschritt ..."

STURM UND DRANG

Aus Goethes Archiv. Die erste Weimarer Gedichtsammlung in Facsimile-Wiedergabe. Hrsg. v. B. Suphan u. J. Wahle. Weimar 1908. = Schr. G. Ges. 23. – Goethes erste Weimarer Gedichtsammlung. Mit Varianten hrsg. v. A. Leitzmann. Bonn 1910. – Der junge Goethe, hrsg. v. E. Wolff. Oldenburg 1907. – Morris Bd. 2–6. – Fischer-Lamberg Bd. 2. – K. Viëtor, Der junge Goethe. Lpz. 1930 u. ö. – R. Weißenfels, Goethe im Sturm u. Drang. I. Bd. Halle 1894. – Konrad Burdach, Die Sprache des jungen Goethe. In: K. Burdach, Vorspiel. Bd. 2. Halle 1926. S. 38–60. – K. Burdach, Aus der Sprachwerkstatt des jungen Goethe. Zeitwende 2, 1926, S. 123–146, 253–273. – Hellmuth Sudheimer, Der Geniebegriff des jungen Goethe. Bln., Ebering, 1935. = Germanische Studien, 167. – Max v. Waldberg, Goethe u. das Volkslied. Bln. 1889. – Herder, Sämtliche Werke. Hrsg. v. B. Suphan. 32 Bde. Bln. 1877–1909. – Von deutscher Art und Kunst. Hamburg 1773. Facsimiledruck, hrsg. v. H. Kindermann, Wien 1923. – H. A. Korff, Geist der Goethezeit. Bd. I. Lpz. 1923. – Von deutscher Art und Kunst. Ed. by Edna Purdie. Oxford 1924. – Heinrich Henel, Der junge Goethe. Monatshefte (Madison, Wisc., U.S.A.) 41, 1949, S. 129–169. – Emil Staiger, Goethe. Bd. I. Zürich 1952. – Karl Otto Conrady, Zur Bedeutung von Goethes Lyrik im Sturm und Drang. In: Sturm und Drang. Hrsg. von W. Hinck. Kronberg (Taunus) 1978. S. 97–116. – K. O. Conrady, Über Sturm und Drang-Gedichte Goethes. In: Conrady, Literatur und Germanistik als Herausforderung. Frankf. 1974. S. 125–153. – Jochen Schmidt, Die Geschichte des Genie-Gedankens. Bd. 1. Darmstadt 1985.

SESENHEIMER LIEDER

Ende März 1770 kam Goethe nach Straßburg. In seiner sehnsuchtsvoll-unruhigen Seele lagen die Elemente bereit zu neuem Aufbruch. Er war schon einmal in den Leipziger Behrisch-Oden dazu gekommen, unmittelbar zu sprechen von dem, was er empfand. Doch er hatte damals nicht gewußt, was ihm gelang, und er war in den *Neuen Liedern* zurückgegangen ins Anakreontische. In Straßburg trieb neues Erleben ihn, wieder unmittelbar zu sprechen; die künstlerische Kraft war inzwischen gewachsen, und dieses Mal blieb es nicht ein dumpfes Suchen – dank Herder. Im Oktober 1770 lernte Goethe Friederike Brion in Sesenheim kennen (Bd. 9, S. 426 ff. u. Anmkg.); seine Liebesfähigkeit – sie blieb ihm zeitlebens und hat ihn mitunter in schwere Krisen geführt – wurde tief angerührt. Es trieb ihn, sich auszusprechen, und er bedurfte einer Sprache, die anders war als die der gängigen Tradition. In dieser Zeit lernte er Herder kennen, der sich von September 1770 bis April 1771 in Straßburg als Patient eines Augenarztes aufhielt (Bd. 9, S. 402 ff. u. Anmkg.). Herders neue, auf breiter Grundlage erbaute Kunsttheorie durchdachte und forderte gerade das, was Goethe suchte: Natürlichkeit, Einfachheit, Gefühl, Ausdruckskraft, Symbol. Sie wies ihm Beispiele in dieser Richtung, Volkslieder, Ossian, Homer, Shakespeare, und betonte Züge, die Goethe an diesen Werken bisher nicht aufgegangen waren. Jetzt überwand er das letzte Stück, das ihn von einer neuen Stufe seiner Kunst noch getrennt hatte, im Sturm. Eine glückhafte Fügung verband hier die innere Bereitschaft, das seelische Erleben und die geistige Sicht, und sie fügte noch weitere Zusammenhänge hinzu: Die junge Generation in Deutschland, allgemein der alten Formen satt, brauchte nicht nur einen Theoretiker wie Herder, sondern einen Sänger, eine Jünglingsgestalt, die vorbildhaft formte, was man als Kunst ersehnte. In dieser Zeit schuf nun Goethe seine ersten großen Gedichte des neuen Stils. Sie wurden alsbald im Freundeskreise, 1775 durch den Abdruck in der „Iris" auch weiteren Kreisen bekannt. Seit dem Druck des *Götz von Berlichingen* 1773 erhielt Goethe, der bis dahin ein privates Studentendasein geführt hatte, in den führenden literarischen Kreisen Namen und Rang. Er gab dem deutschen Sturm und Drang von vornherein entscheidende Züge. Es war eine literarische Revolution. Durch seine Sesenheimer Lieder, mehr noch durch die bald darauf folgenden Hymnen, wurde er der bedeutendste Lyriker dieser Jugend und leitete in der Lyrik eine neue Epoche ein, ähnlich wie mit *Götz* und *Werther* im Drama und im Roman.

Aber Goethe in Straßburg wußte noch nicht, daß dem, was er schrieb, jemals geschichtliche Bedeutung zukommen werde. Er wußte nur, daß er Friederike liebte und daß es nicht wie in Leipzig eine quälende Liebe war, sondern eine strahlende und beglückte. Er wußte nur, daß ihm ein neuer Sinn für die Natur sich öffnete, hier am Oberrhein inmitten der Obstblüte, in der weiten fruchtbaren Landschaft zwischen Vogesen und Schwarzwald. Die Landschaft gehörte zu dieser Liebe und machte sie froh und frei, so wie anderseits in Leipzig die Atmosphäre von Wirtshaus und Theater gedrückt und beengt hatte. Er schrieb seine Lieder und Verse nicht für Mitwelt und Nachwelt, sondern nur für Friederike und sandte sie ihr von Straßburg nach Sesenheim. Einige Gedichte hob er sich auf. Gedruckt wurde zunächst nichts. Erst als Jacobi ihn 1775 für seine Zeitschrift „Iris" um Beiträge bat, gab er ihm einiges aus dieser Zeit zum Druck. Friederike Brion hat die Gedichte, die sie von Goethe erhielt, gesammelt und z. T. abgeschrieben. Ihr Nachlaß ist nicht erhalten. Aber als 1835 der Student Heinrich Kruse im Elsaß Goethes Spuren nachging, sah er bei Friederikens Schwester Sophie eine Handschrift von 10 Gedichten, die er sich abschrieb. Ein elftes sagte sie ihm aus der Erinnerung. Was Kruse sich aufschrieb, sind Gedichte von Goethe und solche von Lenz, der sich nach Goethes Abreise öfters in Sesenheim aufgehalten und ebenfalls Friederike besungen hat. Die Handschrift zeigt von einigen Gedichten frühere Fassungen als die, welche durch Goethe selbst überliefert und zum Druck gebracht sind; außerdem enthält sie einige Gedichte, die anderswo überhaupt nicht überliefert sind; da sie aber keine Dichternamen dazusetzt, kann man die jeweilige Verfasserschaft von Goethe oder Lenz nur nach Entsprechungen zu ihren sonstigen Werken zu erschließen versuchen.

Jeder Gedichtkreis Goethescher Liebeslyrik hat sein eigenes Gepräge. Die Friederiken-Lyrik besteht einerseits aus schlichten kleinen Briefgedichten, deren reiner, herzlicher, zuweilen fast kindlicher Ton auf Friederike und ihre jungen Schwestern und den Geist ihres ländlichen Lebenskreises abgestimmt ist, anderseits aus klingenden Liedern voll Schwung und Melodie, in denen die aufbrechende Kraft und der ganze Jugendmut des jungen Dichters lebendig wird. Jetzt findet Goethe die Töne, um das Jung-Sein zum Klang werden zu lassen. Da wir aber nur das eigentlich wissen, was wir ausdrücken können, ist den Deutschen in der Neuzeit erst durch diese Klänge ganz offenbar geworden, was Jung-Sein ist; durch die Sesenheimer Lieder, die darauf folgenden Hymnen und die gleichzeitigen Briefe, die in den Briefen an Behrisch schon einige Vorläufer hatten. Nie vorher war Jugend so gestaltet. Hält man daneben Goethes Leipziger Anakreontik mit den Ratschlägen *O Jüngling, sei weise* ... (S. 20), so merkt man erst, in welchem Maße unjugendlich, altklug, unecht dieser Stil ist. Das ganze Rokoko war höfisch-galante Spätzeit, geformt von Gesellschaftskreisen, in denen Menschen reiferen Alters den Ton angaben; ebenso wie die Kleidermode gemacht war, um Schwächen dieser Altersstufe zu verbergen, und auch Jugendliche in diese Formen zwang, war die Sprache der Rokoko-Dichtung nicht gewillt und nicht imstande, Jugend darzustellen. Man ahnte nicht, daß Jugend eine eigene Lebensform sei, mithin auch andere Ausdrucksformen habe und ein anderes Verhältnis zur Kunst. Im Gegensatz dazu war der Sturm und Drang eine Jugendbewegung, und darum mußte Goethe, der früher, kraftvoller und persönlicher als alle anderen die Sprache des Jungseins gefunden hatte, und der selbst eine Jünglingsgestalt war, wie die Jugend sie ersehnte, darin alsbald die führende Stelle erhalten.

Das Strömende, Jubelnde eines glücklichen Anfangs, der Schwung des Getragenseins durch ein tiefes Gefühl ergibt das Lied. Es fließt, ja es strömt dahin – ein völliger Gegensatz zu der gezierten Lässigkeit und durchdachten Pointierung der Leipziger Verse. Einzelheiten in Wortwahl und Motiven bleiben zunächst noch der Anakreontik verhaftet, *kleine Kränzchen* und *kleine Sträußchen* (25), *Zephir* und *gemaltes Band* (26), aber das Jugendliche, Reine, Klingende steht durchaus im Gegensatz zu diesem Stil, und in den großen Gedichten (S. 27/28, 30/31) ist nichts mehr von ihm vorhanden. Liebe ist nicht mehr Spiel der Begehrlichkeit, sondern Erfülltheit von Gefühl, innere Reinheit. Wo immer Friederike in Goethes Worten auftritt, in Gedichten dieser Zeit oder später in dem Brief an Frau v. Stein vom 28. 9. 1779 oder dann im

10. und *11. Buch* von *Dichtung und Wahrheit,* hat sie das Schlichte und Anmutige, das Volksliedhafte, das auch die Gretchengestalt hat. Das Volkslied hat für die Seelenlage dieser Dichtung manche Klänge vorbereitet. Goethe hat in seinem späteren Leben von Zeit zu Zeit immer wieder auf das Volkslied zurückgegriffen (S. 85, 112/113, 154/155, 243/244, 253). Der Übergang von der Anakreontik zum Volkslied war ein Wechsel von einem Extrem ins andere. Dort Aufbau auf eine Pointe hin, hier gefühlsmäßige Reihung; dort Bewußtheit und Literatur, hier Stimmung und Gesang; dort Galanterie und Begehrlichkeit, hier Liebe und Innigkeit; dort die Beziehung auf eine begrenzte Gesellschaftsschicht, hier auf breite Kreise, vor allem schlicht empfindender Menschen. Goethes innere Weite war imstande, beides zu erfassen. Er lernte im Volkslied ein Stilprinzip kennen, das irrational ist und anders baut als die Literatur, die bislang sein Vorbild war. Volkslieder kannte er natürlich seit seiner Kindheit, hatte sie aber nie beachtet und in Beziehung zum eigenen Schaffen gesehen. Jetzt ergab sich ihm aus diesem Quell ein neuer Bereich sprachlicher und seelischer Möglichkeiten. Seit dem Frühbarock war das Volkslied aus dem Gesichtskreis der deutschen Schriftsteller ausgeschieden, zum Nachteil der Lyrik, die nun einseitig gelehrt-literarischem Geiste ausgesetzt war. Die alte Verbindung wurde wiederhergestellt durch Herder als Theoretiker, durch Goethe als Dichter. Und seither blieb sie lebendig wie der Blutkreislauf zwischen Kopf und Herz. Hier konnte Brentano, hier Eichendorff fortfahren. So war auch in diesem Punkte das, was der Straßburger Goethe aus der Fülle des Herzens schuf, eine geschichtliche Tat.

E. Traumann, Goethe der Straßburger Student. 2. Aufl. Lpz. 1923. – Edward Schröder, Die Sesenheimer Gedichte von Goethe und Lenz. Nachr. d. kgl. Ges. d. Wiss. zu Göttingen, phil.-hist. Kl., 1905. S. 51–115. – Edward Schröder, Sesenheimer Studien. Jb. G. Ges. 6, 1919, S. 82–107. – Th. Maurer, Zum Problem der Friederikenlieder. L'arc. Anthologie 1924. Straßburg. S. 43–66.

S. 25. OB ICH DICH LIEBE ... Goethes Autorschaft des Gedichts ist nicht bezeugt. Es erschien im Juli 1775 ohne Namensnennung in der „Iris“, wo Goethe in dieser Zeit mehrfach Gedichte von sich ohne seinen Namen veröffentlicht hat. Vielleicht aus dem Herbst 1770. Wie anders als die Annettenlyrik ist dieses *Frei-Werden,* dieses Glücksgefühl im Anschauen eines reinen schönen Menschen!

S. 25. ICH KOMME BALD ... Briefgedicht an Friederike Brion, wohl aus dem Winter 1770/71. Text nach der Kruseschen Abschrift. Erster Druck: Morgenblatt für gebildete Stände 1840.

S. 25. JETZT FÜHLT DER ENGEL ... Nach der Abschrift aus Friederikens Nachlaß, entstanden wohl Ende 1770. Erster Druck: Deutscher Musenalmanach für 1838, hrsg. v. Chamisso u. Schwab.

S. 25–27. KLEINE BLUMEN, KLEINE BLÄTTER ... Nach der Abschrift aus Friederikens Nachlaß. Vermutlich Frühjahr 1771. Erster Druck: Iris 1775, mit einigen Änderungen; dann in Goethes handschriftlicher Gedichtsammlung für Frau v. Stein 1777; schließlich in den *Schriften 1789*, jedesmal mit kleinen Änderungen. Im Textteil die erste Fassung (1771) und die letzte (1789). Jene ohne Überschrift; in der „Iris“: *Lied, das ein selbst gemaltes Band begleitete.* Bemalte Bänder waren damals eben Mode geworden, Goethe stellte selbst einige her und sandte sie mit diesem Gedicht nach Sesenheim. Die duftige Leichtigkeit der grüßenden Verse birgt vier scharf gesehene, durch den stark verbalen Charakter der Sprache zum lebhaften Geschehen gemachte Bilder: Die *Frühlingsgötter* streuen wie in die ganze Natur so auch auf dieses Band junge Blüten und Blätter; *Zephir* nimmt es und trägt es zu der Geliebten: sie tritt damit vor den Spiegel; und nun tritt in seiner Phantasie der Dichter neben sie. Das graziöse Spiel mit den *Frühlingsgöttern* und *Zephir* ist noch rokokohaft, auch der musikalische Klang behält bis zum Schluß seine schwingende Leichtigkeit. Zu dem gemalten Band, dieser modischen Verbindlichkeit, paßt der leichte Stil; auch wählt man für ein Grußgedicht an ein ländliches junges Mädchen nicht einen Ton, der neu und befremdend wäre. Aber der inhaltliche Ernst (17–20) tritt in Gegensatz zur Leichtfertigkeit der Anakreontik. Nicht Galanterie, sondern Herzlichkeit, schlicht, volksmäßig (13/14, 17/18). Man kann das Gedicht als Höhepunkt und zugleich Überwindung der deutschen Anakreontik bezeichnen.

Herman Meyer, Goethes „Kleine Blumen, kleine Blätter“. Trivium 7, 1949, S. 169–186. Wiederabgedr. in: H. Meyer, Zarte Empirie. Stuttg. 1963. S. 160 bis 178. – Kurt May, Form und Bedeutung. Stuttg. 1957. S. 50–57. – Eric A. Blackall, The Emergence of German as a Literary Language 1700–1775. Cambridge 1959. S. 494f. Dt. Ausgabe: Stuttg. 1966. S. 374. – K. Meisen, Liebespfänder in mittelalterlicher u. neuerer Zeit. Rhein. Jahrb. f. Volkskunde 4, 1953, S. 142–204.

S. 27. ES SCHLUG MEIN HERZ ... Entstanden wohl Frühjahr 1771. Text der Verse 1–10 nach der – nur bis hierher reichenden – Abschrift aus Friederikens Nachlaß, das übrige nach dem 1. Druck in der „Iris“ 1775, der textgleich ist mit einer Handschrift von Johanna Fahlmer, die vielleicht auf Goethes Diktat zurückgeht (Jacobi-Nachlaß, Universitäts-Bibliothek Freiburg). Die 2. Fassung dann in den *Schriften* 1789, nur heißt es im Titel dort noch *Willkomm;* in den *Werken* 1810 dann *Willkommen.* Hiernach unser 2. Text. – Das Motiv des Gedichts kommt in der deutschen Lyrik früher nicht vor. Die Situationen – Ritt, Empfang, Abschied – ganz sprunghaft (der dazwischenliegende Aufenthalt fehlt), ihre Darstellung ganz verschieden lang, also nur das am stärksten Gefühlte, visionär Haftende. Beginn und Ende leidenschaftlicher Affekt, zu Beginn wild, dumpf, am Ende jubelnd, befreit. Die Natur – ganz anders als bisher – bewegte und bewegende Umwelt (darum die Fülle der Tätigkeitswörter). Und dann der Schluß (31/32): Wo sonst war das Urphänomen der Liebe derart einfach und derart mitreißend ausgesprochen? Ein Passiv, ein Aktiv, beidemal *Glück*, und dazwischen der Hinweis auf die Instanz, zu der jede große Liebe in tiefster Beziehung steht, *Götter;* und das alles in zwei klaren, zügigen, mitreißenden Jambenzeilen. – Das Verbindende des Ganzen ist Stimmung, nicht äußerer, sondern innerer Vorgang. In der 1. Fassung hat das Mädchen den Geliebten ein Stück begleitet, dann geht sie zurück; sein Blick zur Erde ist Besinnen, Schmerz (oder vielleicht ein Ahnen der Tragik?). In der Endfassung ist diese Bewegung auf das Mädchen übertragen; der dann folgende Einsatz *Und doch* ... bleibt unverändert.

W. Scherer, Gesch. d. dt. Lit., Bln. 1883 u. ö., Kap. 11, Abschn. 4. – Kommerell S. 93–95. – Ivar Ljungerud, Beiträge zur Goethephilologie. Moderna Sprak. Arg. 64, Malmö 1952. S. 179–210. – Kurt May, Form und Bedeutung. Stuttg. 1957. S. 57–65. – J. M. Ellis, Goethe's Revision of „Willkommen und Abschied". German Life and Letters 16, 1962, S. 14–22.

S. 29. ERWACHE, FRIEDERIKE ... Vermutlich aus dem Frühling oder Sommer 1771. Text nach der Abschrift von H. Kruse. Manche Philologen schreiben nur die Strophen 1, 3 und 6 Goethe zu, die anderen Lenz (Fischer-Lamberg 2, 291). Erster Druck: Dt. Musenalmanach 1838. – 7 *mein geliebt Geschwister* die beiden von mir geliebten Schwestern, d. h. Friederike und ihre Schwester, die nebeneinander schlafen (21). 9: sie hatte versprochen, vor dem allgemeinen Aufstehen mit dem Geliebten einen Morgenspaziergang zu machen, aber – sie schläft noch; und er, ruhelos (10), füllt die Wartezeit mit dem Abfassen dieser Verse (44 f.), welche die verspätet Kommende dann begrüßen sollen. 18 *blöd* = schwach, zaghaft (wie *Röm. Eleg. IV,* 21). Das Ganze ein liebenswürdiges Bild einer Situation im Sesenheimer Pfarrhaus, gegenständlich und beseelt, naturnah und bürgerlich wie spätere Bilder im *Werther.* Vor Goethe hatte nur Johann Christian Günther in ähnlicher Weise unmittelbares Leben im Gedicht einzufangen gewußt, aber ohne diese stimmungsvolle Zartheit und Heiterkeit.

H. Spieß, Erwache Friederike. Ztschr. f. dt. Philologie 56, 1931, S. 195–206. – Max Friedländer, Das dt. Lied im 18. Jh. Bd. 2, Stuttg. u. Bln. 1902, S. 27ff. weist darauf hin, daß das Gedicht zu einer Singweise geschrieben ist, die als Strophenform schon bei Hagedorn vorkommt. – William A. Nitze, Goethe and Ronsard. PMLA 59, 1944, S. 486–490. – GWb 2, Sp. 792.

S. 30. MAIFEST. Entstanden vermutlich Mai 1771. Text nach der frühesten erhaltenen Fassung, dem Druck in Jacobis „Iris" 1775. Dann in den *Schriften 1789,* mit wenigen Veränderungen: Titel *Mailied* 23 *blickt* (in der Bedeutung „blitzt, leuchtet“ wie S. 42 *Sternenblick* und *Iphigenie* 240) 30 *warmem.* – Der Höhepunkt der Sesenheimer Lyrik. Keine konkreten Situationen wie *Es schlug mein Herz ...*, keine dinglich-volksliedhaften Einzelheiten wie in den Briefgedichten. Das Fest der Natur und der Seele wird Klang, jubelnd, leicht, tanzend und zugleich feierlich: Kurzverse mit zwei Haupthebungen, je zwei Verse treten klanglich zusammen wie Halbverse von Langzeilen. Für den Satzbau charakteristisch: Ausrufe, die das Gedicht von Anfang bis Ende beherrschen; Ausruf drückt Jubel am unmittelbarsten aus. Völliges Einssein von Natur und Mensch in der Sprache: In Vers 5 beginnt ein langer Satz mit dem Wort *Es dringen.* Kein anderes Zeitwort könnte kürzer, kräftiger das allgemeine Werden verdeutlichen; zu diesem einen Verb *es dringen* gehören *Blüten aus jedem Zweig* (Pflanzenwelt), *Stimmen aus dem Gesträuch* (Tierreich), *Und Freud' und Wonne aus jeder Brust* (Menschenseele); ebenso nennen die Ausrufe 11/12 *O Erd', o Sonne, o Glück, o Lust* in einem Atem Natur und Seele, desgleichen fassen die Folgezeilen *Liebe* und *Morgenwolken* gemeinsam als Schönes, Göttliches. Vollends ziehen die Zeilen 25–30 *Lerche, Morgenblumen* und *Ich* zusammen in einer einzigen großen Bewegung. Je mehr uns das Lied in diesen festlichen Wirbel hineinzieht, desto mehr wird das Kosmische der Liebe deutlich. Das liebende Mädchen, das liebende Ich sind Natur und sind darum eins mit dieser festlichen Landschaft. – Frühlingsgedichte gab es in Menge, aber immer, bei Brockes, Haller, Gleim, auch Klopstock, waren sie in zwei Schichten geteilt, die der Natur und die des Menschen. Goethes Sprache ist Einheit. Dieser beschwingte Ausruf malt nicht Gegenstände, sondern zieht nur ein paaar sinnbildliche Motive in das Ich hinein. Dieser Stil hatte die Zukunft. Das *Maifest* ist Goethes erstes ganz großes Gedicht, eben darum auch ein Markstein in den Linien der geschichtlichen Entwicklung.

V. Hehn, Über Goethes Gedichte. 1911. S. 92f. – Eugen Wolff, Der junge Goethe. 1907. – A. Heusler in Dt. Vjs. 3, 1925, S. 90f. (Rhythmik) – Hefele S. 32–35. – Kommerell S. 105f. – P. Altenberg, Goethe. Bln. 1949. S. 31. – E. Staiger in Hambg. Akad. Rundschau 3, 1948/49. S. 601–607. – E. Staiger, Goethe 1, 1952, S. 54–61. – W. Kayser, Das sprachl. Kunstwerk. 2. Aufl. 1951. S. 162f. – G. Storz in: Wege zum Gedicht. Hrsg. von R. Hirschenauer. 1956. S. 120–122. K. May, Form und Bedeutung. 1957. S. 66–72. – Joh. Klein, Gesch. d. dt. Lyrik. 1957 u. ö. – H. A. Korff, Goethe im Bildwandel seiner Lyrik. Lpz. 1958. – Horst Joachim Frank, Handbuch der dt. Strophenformen. München 1980. S. 82f.

S. 31. ACH, WIE SEHN' ICH MICH NACH DIR ... Ohne Verfassernamen erhalten in einer Abschrift Johanna Fahlmers, zusammen mit 2 anderen Abschriften Goethescher Gedichte. Erster Druck anonym in Jacobis „Iris“, in der auch andere Gedichte Goethes ohne seinen Namen erschienen. Von Goethe in keine seiner Gedichtsammlungen aufgenommen. Zum ersten mal unter Goethes Autor-Namen gedruckt von Theodor Bergk, Acht Lieder von Goethe. Wetzlar 1857.

S. 32. EIN ZÄRTLICH-JUGENDLICHER KUMMER ... Nur in einer Handschrift erhalten aus dem Nachlaß der Frau v. Stein, die mancherlei vorweimarische Dichtungen Goethes besaß, die er ihr am 1. Juni 1777 sandte, noch bevor er für sie das Heft mit der „Ersten Weimarer Gedichtsammlung" zusammenschrieb. Facsimile: Günther Schulz, Goethe u. die bäuerliche Welt. Goslar 1940. S. 96/97. Erster Druck: Schöll, Briefe und Aufsätze von Goethe. Weimar 1846. Gehalt und Stil lassen das Gedicht als einen Nachklang der Friederikenlyrik erscheinen, wohl aus dem Frankfurter Vorfrühling 1772. – 9–12: Das Sternbild der Zwillinge, in das die Sonne während des Frühlings eintritt, in antikmythischer Weise personifiziert. Daß Goethe die astrologische Deutung der Sternbilder des Tierkreises kannte, zeigt auch sein Brief vom 13. 2. 1769. Briefe HA., Bd. 1, S. 85, 11 f. – Zu diesem Gedicht schreibt Kommerell S. 106/7: „Ist die Schwermut des Vorfrühlings vor diesem Gedicht je geschildert, ja auch nur begriffen worden? Sie wird verstanden dadurch, daß das junge Herz sich selber mißversteht: es fühlt sich nämlich arm aus dem kommenden Reichtum! Als verbinde das Gedicht verschiedene Jahrhunderte, geht dieser ganz persönlich einweihende Anfang über in die siderische Symbolik des Mittelalters, die wohl über die Hirten- und Schäferdichtung auf den jungen Goethe gekommen ist: die Spiele der Zwillinge mit dem Sonnengott, die – und dies ist ganz groß und unkonventionell gesehen – von den Spielen der Menschen nachgeahmt werden. Vom eigenen Herzen ist dann nicht mehr die Rede; an seiner Statt erscheinen die beiden so einfachen, so unsäglichen Vorbilder: das Mädchen, das Veilchen pflückend den eigenen Busen enfalteter sieht; der Mann, der nicht auf dem Acker, sondern im Garten *Die Seele voll von Ernteträumen* Pflanzen sät. Aber indem alle drei Absätze mit Hoffen abschließen: der erste, indem er dem Herzen die Hoffnung abspricht; der zweite mit dem Mädchen, das *fühlt und hofft;* der dritte mit dem Manne, der *sät und hofft,* ist das Herz, das scheinbar über den beiden Menschenbildern aufgegeben war, doch in ihnen heimlich und besser als im Anfang erkannt, und zwar als eines, das hoffen darf und das auch Frucht tragen wird." – Ferner: H. A. Korff, Jb. d. fr. dt. Hochstifts 1927, S. 9–11. – St. Atkins in: Goethe und die Tradition. Hrsg. von Hans Reiss, Frankf. 1972, S. 125 f.

DIE GROSSEN HYMNEN

Das Lebensgefühl Goethes hatte seit seiner Leipziger Zeit eine steile Entwicklung durchgemacht. Der 16jährige verzweifelte daran, die Leipziger Dichter vom Schlage eines Clodius oder Zachariae zu erreichen, und kannte Dichten nur im Rahmen von Regel und Tradition. Der 18jährige erlebte erstmalig die Dämonie der Liebe und die Unendlichkeit des eigenen Innern. Der 22jährige erfuhr die Sehnsucht des Weltumfassens in allen Künsten, allen Wissenschaften, und die innere Lösung im Gedicht, das sein Erleben aussprach. Seine schöpferische Kraft, beglückend und quälend zugleich, brachte fortan ein Werk nach dem andern hervor.

Diese Entwicklung vom bürgerlich-regeltreuen Studenten zum schöpferischen, innerlich getriebenen Künstler traf zusammen mit dem Wandel der Kunstauffassung, den diese Zeit unter Führung von Hamann, Lessing, Herder vollzog. Es formte sich der Geniebegriff. Er hat sich zwischen 1750 und 1772 mehr gewandelt als zwischen 1772 und unserer Gegenwart. Wir benutzen ihn heute im wesentlichen so, wie Goethe ihn prägte. Er ist eins der Denkbilder, bei denen wir die Welt mit seinen Augen sehn, auch wenn wir uns dessen nicht bewußt sind. Vor dem Sturm und Drang sagte man, „jemand hat Genie", und meinte damit, daß er Klugheit, Einfälle und Geschick habe, um ein Werk nach dem Stilprinzip des „Witzes" hervorzubringen. Seit dem Sturm und Drang sagt man, „jemand ist ein Genie", und meint damit, daß er aus sich heraus ein Weltbild formt, bleibend, groß, vorbildhaft, und daß ihm dabei der Sinn für die Gesetzlichkeit der Lebensvorgänge eingeboren sei, so daß sein Werk die innere Notwendigkeit der Natur in sich trägt. Der Geniebegriff ist einer der Leitgedanken der neuzeitlichen weltlichen Kultur, ähnlich wie in früheren Kulturen die Begriffe des Propheten, des Heroen oder des Sängers an hoher Stelle standen.

Seit dem Beginn des 18. Jahrhunderts setzten die englischen Kunstphilosophen Shaftesbury, Addison und Young gegen die alten Forderungen der Naturnachahmung und Gelehrtheit des Dichters das neue Bild des impulsiven, irrationalen, originellen Schöpfers. Die Deutschen führten es fort. Lessing (Hamburgische Dramaturgie, 34. u. 79. Stück) betont, daß das Werk des Genies innere Notwendigkeit habe. Unbewußt schaffe das Genie Vollkommenes. Während aber Lessings Denken noch die Beziehung des Werks zur Vollkommenheitsregel untersuchte, fragten die folgenden Denker nach der Beziehung des Werks zur Seele des Schöpfers. Diese Fragestellung wies auf psychologische Echtheit, auf Erlebniskunst. Die Welt muß erst ganz durch die Individualität des Schöpfers hindurch, um im Werk zur zweiten Schöpfung zu werden. Hamann zeigt die Welt als Symbol des Göttlichen, den Künstler als besten Erfasser dieser Symbolsprache und als Schöpfer neuer Symbole. Jedes ursprüngliche Sich-Mitteilen sei nicht rational sondern expressiv, daher „Poesie die Muttersprache des menschlichen Geschlechts" (Kreuzzüge des Philologen, Aesthetica in nuce, 1762). Diese Ausdrucks-Theorie fortführend, untersuchte Herder das Expressive bis in die Einzelheiten von Wortstellung, Satzmelodie und Wortform hinein und fand es am vollkommensten im Volkstümlich-Unreflektierten und im Dämonisch-Genialen. Genie sei Schaffen-Müssen. Das Genie hänge auf geheimnisvolle Art mit Gott und der Natur zusammen. Als Prototyp des Genies verehrt Herder Shakespeare, den „Vertrauten der Götter", den „dramatischen Gott". Sein Aufsatz über ihn steht 1773 in dem Buch „Von deutscher Art und Kunst", an dem Goethe so bedeutsamen Anteil hat.

Die Verkünder des Geniegedankens, Shaftesbury, Hamann, Herder, Sulzer, Lavater usw., sprachen als Theoretiker. Für Goethe, den schöpferischen Künstler, verschmolz die Genielehre mit der Ich-Erfahrung. Er, als erster, stellt dar, wie einem Genie zumute ist. Während jene das Wesen des Genies beschreibend faßten, faßte er es dichtend. Das geschah in den großen Hymnen. Herder hatte viel über das Genie gesagt: die Einheit Genie-Natur, die überströmende Kraft, das Neue, Einmalige, Eigenartige seines Werks, die innere Notwendigkeit jeder Schöpfung. Was hier Theorie war, wurde in diesen Hymnen nun Leben, Gestalt. Sie waren selbst überströmend kraftvoll, waren neu, einmalig, eigenartig, innerlich notwendig. In ihnen gipfelt die Geniebewegung des 18. Jahrhunderts.

Es hatte Lyrik dieser Art bisher nicht gegeben. Klopstocks freie Rhythmen waren entstanden aus dem „Entzücken" der pietistisch verinnerlichten Seele, die sich zur Betrachtung des jenseitigen Gottes stimmt. Klopstock hat, auch wenn seine Oden von der Natur ausgehen, einen christlich-trinitarischen Gottesbegriff. Die Religiosität der großen Goetheschen Hymnen hat ihre Quellen im Erleben der Welt. Sie macht das Diesseits durchschimmernd und symbolhaft für eine höhere Sphäre. Diese Gedichte sprechen darum von der Natur in ihrer Schönheit und Allgewalt, von der Liebe in ihrer inneren Unendlichkeit, von der menschlichen genialen Schöpferkraft in ihrer Unergründlichkeit. Seither neigen in Deutschland die Freien Rhythmen dazu, Weltanschauungsdichtung zu werden: Novalis' Hymnen an die Nacht und Hölderlins späte Hymnen ebenso wie Rilkes Duineser Elegien.

Goethes Jugendhymnen waren demgemäß nur möglich, weil nun seine Weltanschauung sich ausbildete. Er spricht sie seiner Art nach nicht systematisch aus, aber sie lebt in einheitlichem Sinne in allen Werken dieser Zeit, dem Urfaust, dem Prometheus-Drama und den kleinen Schriften zur Kunst wie in den Gedichten. Als Goethe später in *Dichtung und Wahrheit* seine Jugend beschrieb, empfand er es als nötig, auch diese Weltanschauung darzustellen. Er tat es am Ende des *8. Buches.* Es ist – wie der Vergleich mit den Jugendwerken zeigt – eine treffende Nachzeichnung jugendlicher Gedanken, wenn auch im einzelnen geordnet durch den Geist des Alters. Alles, was sich später in ihm entwickelte, war hier bereits in den Grundzügen angelegt, der Emanationsgedanke, die symbolische Weltauffassung usw. Das Ich entfaltet sich in Wechselwirkung mit der Welt, wobei Denken, Fühlen, Ahnen, Schauen und alle anderen Kräfte zusammenwirken. Die dingliche Welt um uns ist Geheimnis, Symbol, Offenbarung. Was von dem Schöpfer ausgeströmt ist, will letztlich wieder zu ihm zurück. Die Trennung vom Göttlichen bezeichnet Goethe (an dieser Stelle von *Dichtung und Wahrheit*) als *Verselbstung*. Dichterisch dargestellt ist dieser Zustand in der Hymne *Prometheus*. Die Wiedervereinigung mit dem Göttlichen nennt er *Entselbstigung*. Für sie ist Beispiel die Hymne *Ganymed*. Das Gott-Näherkommen gibt es nur stufenförmig, als Annäherung, als Weg, dessen letztes Ziel die Menschen nie erkennen können. Doch es ist ein Glück, daß der Weg ihnen gegeben ist! Er erfordert nicht einen Sprung in etwas ganz anderes, denn Gott und Natur sind nicht zu trennen. In sein Tagebuch notierte Goethe sich – man weiß nicht, ob als eigene Worte, Zitat oder Weiterführung gelesener Sätze –, man könne nicht getrennt über Gott und über die Natur der Dinge handeln; wie man die Seele erkenne durch Ausdrucksformen von körperlich-sinnlicher Art, so erkenne man das Göttliche aus dem Natürlichen, und alles in der Welt Seiende gehöre mit zu Gottes Wesen. (Weim. Ausg. 37, S. 90–91; Fischer-Lamberg 1,431; dazu: Dilthey, Schriften Bd. 2, S. 395.) Das Unendliche lebt also im Endlichen. Das All, die Natur, das Leben erscheinen als wertvoll, sinnvoll, offenbarungsreich. Dies ist das Thema der Hymnen. In ihnen ist die religiöse Weltansicht der Zeit um 1800 zum ersten Male künstlerisch ausgesprochen. Für den, der mit der Fähigkeit des Erstaunens, des Erschauerns die Welt sieht, wird das Endliche symbolisch, durchscheinend für ein Unendliches. Dieses erscheint als Natur, als Liebe, als Schöpferkraft. Den Weg der Seele im Naturerleben vom einfachen Sehen bis zur geheimnisvollen Vereinigung spricht die Hymne *Ganymed* aus, den Weg der Liebe die *Harzreise*. Das unmittelbare Erfülltsein von Göttlichem im Genie, im prophetischen oder künstlerischen Schöpfer zeigen das *Sturmlied*, der *Mahometsgesang* und *Seefahrt*. Die Hymnen sehen immer das Leben als Ganzes, Großes, von hohem Gesichtspunkt aus, *ewigen Lebens ahndevoll*: Dämonie des Schöpfers *(Sturmlied)*, Lebenslinie des Genies *(Mahometsgesang, Seefahrt)*, Urformen des Lebens *(Der Wandrer)*, Natur *(Ganymed)*, Liebe *(Harzreise)*, Zeit und Tod *(Schwager Kronos)*. Aus ihnen spricht ein stürmischer Lebensrhythmus, eine starke Erlebnisfähigkeit, die einerseits zu Vereinsamung und Leiden, anderseits zum beglückenden Gefühl der Verbundenheit mit der gottgeordneten Welt werden kann. Bis ins Göttliche hinein führen am Ende *Ganymed* und der *Mahometsgesang*. Einige dieser Gedichte zeigen den Weg des Genies ganz objektiv: der *Mahometsgesang* und *Prometheus*. Zwei andere ganz subjektiv, das Ich des jungen Goethe mit allen Besonderheiten des Augenblicks: *Sturmlied* und *Harzreise*. Das Verbindende ist bei allen die Höhenlage: *weit, hoch, herrlich der Blick* ... Es wird nicht nur vom Genie gesprochen, es spricht selbst; alles erscheint kraftvoll und mühelos zugleich. – Die Hymnen wurden, ungewollt, zum Gedichtkreis. Was sie von anderen vergleichbaren Zyklen von Novalis bis Rilke unterscheidet, ist ihre heitere Kraft, ist das Strahlende, Frische und Jugendliche.

In diesen Hymnen stehen alle Elemente des Stils in einem Strukturzusammenhang. Das erste Merkmal ist der Freie Rhythmus. Die Verse sind verschieden lang, sie haben verschieden viele Hebungen, und zwischen den Hebungen können eine, zwei oder drei Senkungen oder auch gar keine stehen. Damit verbindet sich eine freie Strophik. Es gibt wohl strophische Abschnitte, wie es auch Versabschnitte gibt, aber diese Gliederung ist nicht gleichmäßig. Dadurch schmiegt sie sich unmittelbar dem seelischen Erleben an. Goethe kannte seit seiner Kindheit die lutherischen Psalmen, rhythmische Prosa, die – zumal wenn sie versartig gegliedert gedruckt ist – wie Freie Rhythmen wirkt. Aber diesen Versen fehlt noch völlig das Subjektive, das Goethes Freie Rhythmen haben. Dann hatte Klopstock als erster neuerer Dichter Freie Rhythmen geschrieben, „Dem Allgegenwärtigen" 1758, „Die Frühlingsfeier" 1759 u. a. m. Sie waren in Zeitschriften zerstreut erschienen. Liebhaber legten sich handschriftliche Sammlungen von Klopstocks Oden an, so die Landgräfin von Hessen-Darmstadt. 1771 ließ sie diese Sammlung in kleiner Auflage drucken, und Goethe erhielt sie, als er Anfang 1772 in den Darmstädter Kreis eintrat, falls er sie nicht schon vorher zu Gesicht bekam. 1771 veröffentlichte Klopstock dann auch selbst eine Sammlung seiner Oden. Gelegentlich, vor und während seiner Wetzlarer Zeit, las Goethe auch altgriechische Lyrik, zumal Pindar. Da damals (vor Boeckhs Ausgabe von 1811) die Philologen Pindars gleichmäßige Strophik noch nicht erkannt und also auch im Druckbild nicht herausgearbeitet hatten, hielt Goethe wie auch andere zu seiner Zeit Pindars Verse für Freie Rhythmen. Sie schienen ihm hier die Form des dithyrambischen Dichters zu sein, der ενϑεος, von Gott im Innersten hingerissen ist. Er trug den Geniegedanken seiner Zeit in Pindar hinein, und die Freien Rhythmen, die er bei diesem zu sehen glaubte, schienen ihm die gemäße Form der Geniesprache. Er schrieb seit 1772 Freie Rhythmen, ganz sich seinem Klangempfinden überlassend. Mitunter sind sie getragen-feierlich: *Wéit, hóch, hérrlich der Blìck;* ein andermal weichschmelzend: *Líebend nach mìr aus dem Nébeltàl.* In den ganz subjektiven Gedichten wie dem *Sturmlied* und *An Schwager Kronos* sind sie am wechselreichsten, bald mit, bald ohne Auftakt, bald mit einer, bald mit zwei Senkungen, bald mit langen, dann wieder kurzen Versen. Im *Ma-*

hometsgesang sind die Rhythmen nur zu Beginn spielend„ unregelmäßig, danach tritt immer reiner der Trochäus, der schon von Anbeginn als Grundschema durchklingt, hervor, vorwärtsschreitend, mitreißend, je mehr aus dem Knaben ein Mann und Führer wird. Wo männliche Tat und kraftvoller Wille das ganze Gedicht bestimmen wie in *Seefahrt*, herrscht der regelmäßig-trochäische Klang durch das ganze Gedicht.

Während der Rhythmus in seinen wechselnden Klängen alle Nuancen der Stimmungen ausdrückt, bringt der Satzbau durch die Möglichkeiten seiner Wortstellung die Folge der Vorstellungen, wie sie im Geiste auftauchen, unmittelbar zum Ausdruck. Nicht so, wie eine logisch-rationale Grammatik ordnet, stehen die Wörter nacheinander, sondern so, wie sie im künstlerischen Empfinden aufsteigen. Am auffallendsten wirbelt das *Sturmlied* die Satzglieder durcheinander in einer im Deutschen damals unerhörten Weise. Was zuerst, was am stärksten vor das innere Auge tritt, wird zuerst gesagt, dann folgen die anderen Satzteile (76–110). So auch *An Schwager Kronos*:

Frisch den holpernden
Stock Wurzeln Steine den Trott
Rasch ins Leben hinein! (S. 47.)

Die Wörter *Frisch, den holpernden … Trott* sind auseinandergerissen und *Stock, Wurzeln, Steine* eingeschoben. Es ist die psychische Folge: Erst Wahrnehmung: *Holpern*; dann Einfall der Ursache: *Stock, Wurzeln, Steine.* Ein grammatischer Satz „Frisch, den infolge von Stock, Wurzeln, Steinen holpernden Trott …“ setzt die Wahrnehmung ans Ende, die Begründung an den Anfang, ordnet also gedanklich, nicht sinnlich. Der Satzbau der Hymnen aber ist sinnlich, anschaulich, assoziativ. In *Ganymed* löst sich am Ende der Satzbau fast völlig auf. Alles ist nur noch jubelnder Ausruf. Ausruf ist der sprachliche Ausdruck von Ekstase. Aber es ist nicht verwirrtes Stammeln, sondern höchste Präzision der Anschauung und Sprache. *Die Wolken – neigen sich – mir, mir – in eurem Schoße – aufwärts – umfangend umfangen – aufwärts …* Diese Reihung der Wörter ist in besonderer Weise reine Ausdruckskunst. Auch hierin ist Goethe Neuschöpfer. Wenn Pindar den Satzbau frei handhabte, so war das ein im Griechischen allgemein übliches Verfahren, das dem rhythmischen Klang des kultischen Chorliedes diente. Bei Goethe war es ein im Deutschen neuartiger Klang, durch den persönliche Bekenntnisdichtung ihre Ausdruckskraft und Echtheit erhielt. Die einzige unmittelbare Anregung, die Goethe in dieser Richtung aufnahm, kam nicht von einem Dichter, sondern von dem Theoretiker, Herder. Er hatte – gegen die rational-grammatische Gottsched-Schule gerichtet, Anregungen Hamanns fortführend – dargestellt, daß Sprache nicht Bezeichung wie eine mathematische Formel sei, sondern Sinnbild; Klang, Tempo, Bildfolge seien nicht weniger wesentlich als Logik und

Grammatik. Der Anfang alles sprachlichen Sich-Äußerns seien Ausrufe, lautsymbolische Klänge. Gerade die künstlerische Sprache sei sinnliche Sprache. Es komme nicht auf eine grammatische Normal-Folge der Satzglieder, sondern auf eine Ausdrucks-Folge an: Was den Geist am stärksten bewegt, wird herausgerissen durch den Ausdruck. Er sagt: „Je mehr sich die Aufmerksamkeit, die Empfindung, der Affekt auf einen Augenpunkt heftet, je mehr will er dem andern auch eben diese Seite zeigen, am ersten zeigen, im hellsten Lichte zeigen – und dies ist der Ursprung der Inversion." (Fragmente über die neuere dt. Lit. 1767, 1. Sammlung, 12. Abhandlung.) Durch die Inversion, d.h. die Umkehr der normalen Satzfolge, leidet die Verständlichkeit nicht, denn „Gebärden und Akzent kommt zu Hilfe, um dies Chaos von Worten verständlich zu machen". (Ebd.) Hierzu schreibt Goethe an Herder Mitte Juli 1772: *Seit 14 Tagen les' ich Eure „Fragmente" ... aber doch ist nichts wie eine Göttererscheinung über mich herabgestiegen, hat mein Herz und Sinn mit warmer heiliger Gegenwart durch und durch belebt als das, wie Gedank' und Empfindung den Ausdruck bildet.* Werther schreibt einmal (*24. 12. 71*), daß er gern in Inversionen spreche, während der Präsident ein Todfeind davon sei. So bezeichnet auch hier der Satzbau den leidenschaftlichen Gefühlsmenschen der Empfindsamkeit und den nüchternen Regelmenschen der Aufklärung. Die freie Wortstellung dient also der Geniesprache ähnlich wie der freie Rhythmus. Ihr Ziel ist unmittelbares Anschmiegen des Worts an die Assoziationsfolge der Vorstellungen; Herausreißen des Wesentlichen; sinnliche Wirkung.

Was im Erleben eins ist, wird auch sprachlich zusammengezogen. Das gilt zunächst für das ganze Gedicht. Etwa: Schaffensdämonie – Sturmwetter – Pindar *(Sturmlied).* Und das gilt ebenso für den Satz. Es ist allgemein in der Sprache so, daß das Wirkende Subjekt wird, das Tun selbst Prädikat, das Bewirkte Objekt. Nun kann aber nicht jedes deutsche Verb ein Objekt bei sich haben, z.B. das Wort ,,zögern" kann es nicht. Dergleichen kümmert die Hymnensprache nicht. Wenn das Zögern etwas bewirkt, wird dieses Bewirkte zum Objekt gemacht: *Ekles Schwindeln* (Akkusativ-Objekt) *zögert mir vor die Stirne dein Haudern (An Schwager Kronos).* Das ist funktionell so einfach und richtig wie nur möglich; aber es verstößt gegen die Regel (das intransitive Verb ist transitiv gesetzt). Im *Mahometsgesang* sagen die kleinen Flüsse: *Ein Hügel hemmet uns zum Teiche.* Gewöhnliche Prosa wäre: ,,hemmt uns und macht uns zum Teiche". Aber es ist doch nur eine einzige Tätigkeit da, und deswegen wären zwei Tätigkeitswörter sprachsymbolisch falsch; das eine Wort muß zugleich alles bringen, also nur das Verb *hemmen;* das nächste ist die Vorstellung ,,Teich", als Folge. Das einfachste Wort, um eine Entwicklung, eine Bewegung von etwas zu etwas hin auszudrücken, ist das Wort „zu"; daher zwischen *hemmen* und *Teich* nur das Wort *zum.* Ein Maximum an Knappheit und sinnlicher Intensität. Aber: das Wort *hemmen* wird mit einer Präposition verbunden, die es grammatisch-korrekt nicht haben kann. Allgemein also werden Assoziationszusammenhänge auch zu Sprachzusammenhängen. Und da das Erleben einmalig ist, treten die Wörter oft nur hier, jeweilig an einer einzigen Stelle in solcher Weise zusammen.

Noch enger wird die sprachliche Verbindung der in der Phantasie verbundenen Dinge, wenn sie diese in ein einziges Wort zusammenzieht, d.h. Komposita schafft: *entgegenglühen* (*Sturmlied 62*), *entgegenreifen* (*Wandrer 104*) usw. Noch wirkungsvoller, prächtiger, wenn Substantiv und Adjektiv zusammentreten oder zwei Substantive: *Felsenquell, freudehell, Sternenblick, jünglingfrisch, Marmorfelsen, Gipfelgänge, Führertritt, Bruderquellen, Schattental, Liebesaugen, schlangewandelnd, silberprangend, Flammengipfel, freudebrausend* ... Auch diese Komposita sind für diese besonderen Zusammenhänge geschaffen und zum Teil nur hier möglich. Manche (wie man aus Grimms „Deutschem Wörterbuch" feststellen kann) sind einmalig, d.h. kommen nur an dieser einen Stelle und sonst nirgendwo in der deutschen Literatur vor. Andere, gleichfalls von Goethe neugebildet und bei ihm einmalig, wurden später auch von anderen Dichtern benutzt. Außerdem gibt es in den Hymnen natürlich auch ältere Komposita, die schon vor Goethe da waren, wie *Ulmbaum, Felsenwand* usw. Im *Wandrer* spricht nur der empfindsame Reisende in solchen Wortzusammensetzungen: *Götterselbstgefühl, Fremdlingsreisetritt, lieblichdämmernd;* die schlichte Frau kennt sie nicht. Das Kühnste in dieser Art enthält *Prometheus: Knabenmorgenblütenträume;* später strich Goethe die erste Worthälfte; aber in seiner Jugend wollte er all das hineinbringen, was sich ihm hier zusammenballte. Die Komposita, Ausdruck von Phantasiezusammenhängen, bestimmen zugleich die Höhenlage der Sprache, das Feierliche, Reiche, Hymnische. Gegen sie könnten die anderen Wörter nun recht unbedeutend klingen; da greift ein anderes Stilmittel ein, um Wörter frisch, blank, lebendig zu machen: da, wo man gewöhnliche Komposita erwartet, stehen unzusammengesetzte Wörter; so in *Schwager Kronos*: *Der Frischung verheißende Blick* statt „Erfrischung"; im *Sturmlied*: *kehren* statt „zurückkehren"; im *Wandrer*: die *Bürde werfen* statt „hinwerfen" usw. Auch fehlen mitunter die Pronomina: *Wirst ihn heben übern Schlammpfad* ... Häufig werden Partizipien substantivisch benutzt, so in *Schwager Kronos*: *Trunknen ... mich, ... mich Geblendeten, Taumelnden* ... Und im *Mahometsgesang*: *Die sich, ach, vergebens öffnen, Seine Sehnenden zu fassen.* Das wäre grammatisch-normal nur sehr viel umständlicher sagbar: „Die sich öffnen, um die, welche sich nach ihm sehnen, zu fassen." Der durchreißende Rhythmus, das Unmittelbare,

Knappe wäre dann verloren. – So ist die besondere Wortwahl eins der bedeutendsten Stilelemente dieser Hymnensprache. Sie arbeitet besonders stark das Festliche, Hohe heraus; der Satzbau das Sinnliche, Erlebnishafte; der Rhythmus die tragende Stimmung. Alle diese Elemente bestärken einander wechselseitig und ergeben einen besonderen Stil, der auch für Goethe selbst einmalig blieb. Die Hymnen sind der Gipfel des deutschen Sturm und Drang in der Lyrik.

Die Komposition der Hymnen besteht darin, daß eine Anzahl symbolischer Motive in farbkräftigen Bildern aneinandergereiht ist; im *Sturmlied:* Regen – Schlamm – der Bauer – die Hütte; in der *Harzreise:* Der Geier – das Wild im Dickicht – der Einsame im Gebüsch verschwindend – der Berg. Einige wenige Erlebnisse, zu Symbolen geworden, treten dichterisch zusammen; nichts vom Reisebericht, nur Symbolfolge; ihr Zusammenhang bestimmt das Gedicht.

In den Jahren seiner Klassik fand Goethe vieles in der Sprache seiner Jugendhymnen zu kühn, zu eigenwillig. Er änderte vielerorts in den Einzelheiten und hat dabei manchen Gedichten ein wenig von ihrer Kraft genommen. Auch hat er diese Hymnen des Sturm und Drang nie als Zyklus zusammengestellt, obgleich so vieles sie miteinander verband. Als er sie 1789 zum Druck gab, stellte er sie an den Anfang der *Vermischten Gedichte, 2. Sammlung,* untermengt mit den 1779–82 entstandenen Freien Rhythmen (S. 143–149). Obgleich diese thematisch objektiver und sprachlich maßvoller sind, gab es einen guten Zusammenklang. Doch davor und danach setzte er ganz andersartige Gedichte, und das fiel bei den Umstellungen, die 1806 und 1815 erfolgten, noch mehr ins Gewicht. Da stehen die Hymnen zwischen *Asan Aga, Lilis Park, Morgenklagen* usw. Die vorliegende Ausgabe macht den Versuch, sie als Gruppe zusammenzustellen und in frühen Fassungen wiederzugeben; nicht in den frühesten. Auch Goethes Sturm und Drang entwikkelte sich. 1771 war es noch tastender Sturm und Drang, 1777 reifer Sturm und Drang. 1777 stellte Goethe alle seine Jugendhymnen – mit Ausnahme der *Harzreise,* die im Dezember 1777 dazukam – zusammen in der handschriftlichen Sammlung, die er eigenhändig mit Sorgfalt für Frau v. Stein herstellte. Die Intentionen der frühesten Fassungen sind hier voll ausgereift, der Stil des Sturm und Drang erscheint in vollkommenster Form. Wir haben die frühesten Fassungen zum Teil nur in Abschriften anderer, die nicht völlig zuverlässig sind. Aus diesen Gründen ist hier die Handschrift von 1777 zugrunde gelegt. Alle Abweichungen der endgültigen Form, d. h. der *Ausgabe letzter Hand,* sind in den Anmerkungen vermerkt.

Goethe hat für diese Gedichte gelegentlich selbst das Wort *Hymnen* benutzt (Bd. 9, S. 521,17), außerdem auch das Wort *Dithyramben* (Bd. 9, S. 521,17f.; Bd. 13, S. 274, 11f.). In seiner Jugend hatte er Herders Gedanken über den Dithyrambus kennengelernt. Diese, die sich so gut in die Geistesbewegung einfügen, welche wir heute ,,Sturm und Drang" nennen, gehen ihrerseits wieder auf ältere Theorien zurück. Schon Zedlers Universal-Lexicon, Bd. 7, 1734, Sp. 1080 sagt, daß der Dithyrambus viele Wörter in eins zusammenzieht, harte und weit hergeholte Metaphern gebraucht, die übliche Wortstellung aufgibt (Hyperbaton), kein bestimmtes Silbenmaß einhält usw. Was hier theoretische Feststellung über Fernes und Fremdes ist, wurde bei Herder zur Entdeckung von etwas Geistesverwandten, Nachvollziehbaren, wie geschaffen für die Kunst, welche er ersehnte; und Goethe verwirklichte dann diese Ideen. Wie fremdartig Herder und Goethe damit in ihrer Zeit waren, geht daraus hervor, daß gleichzeitig Johann Georg Sulzers ,,Allgemeine Theorie der Schönen Künste", Bd. 1, Lpz. 1773, im Artikel ,,Dithyramben" sagt: ,,Überhaupt scheinet der gegenwärtige Gebrauch ... die Dithyramben von unsern Dichtungsarten auszuschließen." Sulzer sieht die Dithyramben nur historisch als eine Form in der Antike, die ,,kühn oder verwegen" war, ,,neue Wörter" und ,,kein Metrum" hatte; doch lasse sich aus den Quellen ,,die eigentliche Beschaffenheit dieser Lieder nicht genau erkennen". Die Quelle für Sulzer ist vor allem das, was Horaz, Oden IV,2 in kürzester Form über Pindars Dithyramben sagt.

Außer der bereits zu dem Abschnitt ,,Sturm und Drang" genannten Literatur seien noch angeführt: J. Volkelt, Lebens- und Weltgefühle in der Lyrik des jungen Goethe. In: J. Volkelt, Zwischen Dichtung und Philosophie. München 1907. S. 1–27. – G. Fittbogen, Die sprachliche und metrische Form der Hymnen Goethes. Halle 1909. – A. Heusler, Dt. Versgeschichte. Bd. 3. Bln. u. Lpz. 1929. S. 280–317. – W. Rehder, Das Symbol der Hütte bei Goethe. Dt. Vjs. 15, 1937, S. 403–423. – August Closs, Die freien Rhythmen in der dt. Lyrik. Bern 1947.

S. 33. WANDRERS STURMLIED. Text nach der Gedichtsammlung für Frau v. Stein 1777. Entstanden vermutlich im Jahre 1772; nur wenigen Freunden gezeigt: Jacobi, Herder, Frau v. Stein erhielten Abschriften. Die am 31. 8. 1774 an Jacobi gesandte Handschrift (heute in Frankfurt) zeigt die früheste Fassung (Abdruck: Morris Bd. 2; Fischer-Lamberg Bd. 2). Goethe schrieb, als er diese Fassung an Jacobi sandte: *Hier eine Ode, zu der Melodie und Kommentar nur der Wandrer in der Not erfindet.* (HA Briefe 1, S. 170) In seine handschriftliche Gedichtsammlung für Frau v. Stein, 1777, nahm er das Gedicht hinein; in den Drukken 1789 usw. ließ er es weg. Dann wurde das Gedicht ohne Goethes Wissen 1810 in der Zeitschrift ,,Nordische Miszellen" gedruckt, vermutlich auf Grund einer Abschrift nach der Handschrift in Jacobis Besitz. Danach erwähnte Goethe das Gedicht in *Dichtung und Wahrheit* (Bd. 9, S. 521), nennt es aber *Halbunsinn.* Er stellt es hier in eine Epoche innerer Unruhe und Glücklosigkeit; innere Schwierigkeiten verbinden sich damit, daß er sich zu keiner menschlichen Bindung entschließen kann (Friedrike) und nicht weiß, was er beruflich anfangen soll, in Frankfurt sich unglücklich fühlt und nach Homburg und Darmstadt wandert, ohne aber zu finden, was er ersehnt. Nachdem das Gedicht in der Autobiographie erwähnt und in historischen Abstand gerückt war, nahm Goethe es dann 1815 in seine *Werke* auf. Es seinem späteren Stil anzunähern, wie er es 1789 mit den anderen Hymnen getan hatte, war bei diesem extrem kühnen Werk nicht möglich und war jetzt im Alter, da er seine Jugendwerke selbst bereits historisch sah, auch nicht mehr sein Wunsch. Abweichungen des Drucks von 1815 gegenüber der Handschrift von 1777: 5 *dem Regengewölk* 18 *den du nicht* 46 *alle* 58 *Phöbus Apoll* 94 *Gebirgs* 97 *blumensingenden* 107 *Gebirg.* – Das *Sturmlied* ist der Versuch, Anregungen von Herder und besonders Hamann aufnehmend, möglichst unmittelbar auszusprechen, was im Innern des Dichters in einem begeisterten Augenblick vereinigt ist. Die Motive stammen aus einer Wanderung im Sturm, aus antiken Dichtungen, aus der antiken Mythologie, aus der Bibel, aus der Barock-Tradition und aus der empfindsamen Sprache des 18. Jahrhunderts. Die künstlerische Kraft des Gedichts liegt großenteils in seinem Rhythmus, dem die Sätze sich stärker als sonst in Goethes Dichtung unterordnen. Die Strophen sind rhythmisch in sich verhältnismäßig einheitlich, untereinander sehr verschieden. Das Intervall der Stimme zwischen hohen und tiefen Lagen ist so groß wie bei Goethe sonst fast nirgendwo. Als Gedicht in Freien Rhythmen knüpft es an die Freien Rhythmen Klopstocks an, diese aber stehen wiederum in der Nachfolge von Luthers Psalmenübersetzung, welche Goethe geläufig war. Daß die einzelnen Verse kurz sind, geht auf die zeitgenössische Auffassung der Verse Pindars zurück. – Sprachlich-syntaktisch nimmt das Gedicht eine besondere Stelle in der Lyrik des Sturm und Drang ein; so weit wie hier hat sich Goethe sonst nicht von der gewöhnlichen Sprache entfernt; es blieb ein Grenzfall. – So sprunghaft-assoziativ das *Sturmlied* ist, es hat doch seine klare Gliederung und Folge. Der Dichter ist auf einer Wanderung, allein, im Sturm. Wieweit die Schwierigkeit der Situation symbolisch ist, bleibt unausgesprochen. Ebenso bleibt ungesagt, wieweit dieser Weg eine Art Flucht ist, ein Nicht-Wissen, wohin. Nur der Schluß deutet es an; ihm schwebt als Ziel vor: eine *Hütte,* ein sinnerfülltes, ihm gemäßes Dasein. In diesem Zustand – *Der Wandrer in der Not* (an Jacobi 31. Aug. 1774) – ist nur eins sicher: der *Genius,* die eigene innere Begabung, die über alle Nöte hinweghilft (1–38). Ein begegnender Bauer wird zur Symbolgestalt; mit dem zwar Amusischen, aber Wettertüchtigen muß er sich in dieser Lage selbstkritisch vergleichen (39–51). An die Vergegenwärtigung des Genius schließt sich paßrecht ein Anruf an Dionysos (52–58). Aber mit Dionysos allein kann der Mensch und auch der Dichter nicht leben, er braucht auch den Gott der Sonne, der Wärme und des Gesanges, Apollo (59–70). Es wäre falsch, nur diejenigen Götter anzurufen, die im Augenblick nicht gegenwärtig sind, man muß auch den Gott des Unwetters anrufen, Jupiter (71–83). Aus seinem Sturm strömen wilde Lieder, andere als die des milden

Anakreon (84–91), andere als die des sanften Theokrit (92–100); ein Dichter, der zu solchem Sturm paßt, ist Pindar, denn bei ihm gibt es Gefahr und Mut (101–110). Pindar machte Mut zu gefährlichen Wettkämpfen; der Dichter braucht Mut, sich aus der Einsamkeit des Genius-Besessenen in die *Hütte* eines gesunden Daseins mit anderen zu retten; doch da eben das nicht einfach ist, folgt der plötzliche Schluß, der nur ein Leitbild, keine erreichte Rettung bezeichnet. (111–116). – 1 *Wen du nicht* ... Anklang an Horaz, Quem tu Melpomene ... (Carm. IV, 3). Auch Klopstocks Ode „Der Lehrling der Griechen", die 1771 in der Sammlung der Oden erschienen war, beginnt mit Nennung des Genius in einer „Wen"-Konstruktion: „Wen des Genius Blick, als er geboren ward, / Mit einweihendem Lächeln sah, / Wen, als Knaben ..." usw. – 6 *Schloßensturm*: Hagel – 8 *Wie die Lerche*: Es gehört zum Stil des Gedichts, daß die Konstruktion hier sprunghaft ist, erst der Aussagesatz *Wie die Lerche,* dann die Anrede *Du da droben.* Lerchen singen nicht im Regen und Sturm; aber sie singen noch, während schon drohende Regenwolken nahen. Erst wenn die ersten Tropfen fallen, gehen sie im Sturzflug zur Erde an eine geschützte Stelle. Ich nehme an, daß das *Entgegen singen* so gemeint ist: der Wandrer sieht hier die *Regenwolke* vor sich, die dann später über ihn zieht, er singt ihr also hier *entgegen,* wie die Lerche, die noch singt. In *Dichtung und Wahrheit* sagt er, daß er einem *schrecklichen Wetter ... entgegen gehen mußte* (Bd. 9, S. 521,20f.). 14 *Blumenfüßen*: Füßen, die über Blumen schreiten – 15 *Deukalions Flutschlamm*: Nachdem aus dem Gefäß der Pandora sich Unglück über die Menschen verbreitet hatte, sandte Zeus eine Wasserflut, welche die noch übrigen Menschen vertilgte bis auf Deukalion und Pyrrha, die in einem Kasten oder Schiff gerettet wurden, bis das Wasser zurückging und aus dem zurückbleibenden Schlamm neues Leben sproßte. – 16 *Python*: der Drache, welchen Apollo tötete; der Ort, wo dies geschah, wurde die Stätte seiner Orakel; Apollo heißt seither der Pythische. – 19 *wollnen Flügel*: Flügel, die wärmen wie eine wollene Decke. Dazu E. Staiger (Manesse-Ausg. 2, 347): „Der Geist des Gedichts ist in dieser Prägung besonders gut spürbar. Das körperliche und das seelische Erwärmen wird nicht unterschieden." – 27 *Charitinnen*: Grazien – 31 *der Sohn des Wassers und der Erde*: der Schlamm. In der pansophischen Literatur, welche Goethe in seiner Jugend las, spielt der „Schlamm" als Verbindung von Wasser und Erde, aus der Leben quillt, eine besondere Rolle (von Böhme bis Welling). – 33 *göttergleich.* Ähnlich *Von deutscher Baukunst* Bd. 12, S. 13, 21; S. 13, 38 u. ö. – 42 *Vater Bromius*: Dionysos, Bacchus; seine Gaben sind für den Bauern der Wein, für den Dichter die schöpferische Begeisterung. – 44 *kehren* = heimkehren. – 54 *Jahrhunderts Genius.* Der Aufsatz *Von deutscher Baukunst* sagt: *Und unser aevum? hat auf seinen Genius verziehen* (=

verzichtet), d. h. das 18. Jahrhundert hat in Deutschland darauf verzichtet, etwas kraftvolles Eigenes hervorzubringen. Der Aufsatz spricht die Hoffnung aus, solches möge entstehen in Form von *charakteristischer Kunst.* Dafür ist im Sinne Hamanns und Herders ein neuer Genius notwendig. (Bd. 12, S. 13–15) – 67 *Neidgetroffen* ... Diese durch überkühnen Satzbau unklare Stelle ist in der Literatur über das *Sturmlied* (Wilkinson-Willoughby, Staiger, Henkel, Weigand, Gerhard Kaiser usw.) verschieden gedeutet, meist so, daß Phöbus Apollo den Dichter beneide. Ich deute sie so, daß der Dichter den Gott beneidet. Diese Auffassung vertritt auch Rolf Chr. Zimmermann, Das Weltbild des jungen Goethe, Bd. 2, 1979, wo sie S. 106–115 und 294–303 ausführlich begründet ist. – 68 *Zeder*: Daß die *Zeder,* das biblische Bild stolzer Größe (Psalm 92,13; Jesaia 2,13; Jesus Sirach 24,17 und 50,13) hier mit antiken Bildern verbunden wird, ist aus der literarischen Tradition, zumal in der Nähe Hamanns und Herders, zu verstehn. Die *Zeder* ist das ganze Jahr hindurch grün, braucht also nicht erst den höher steigenden Sonnengott. – 75 *Jupiter Pluvius*: Jupiter als Regengott. Indem das lyrische Ich sich an diesen wendet, ist der höchste der Götter erreicht. – 77 *Castalischer Quell*: Quell am Fuß des Parnassus, Ort der Musen und also der Dichtung. Da des Dichters Lied in diesem Falle aber aus dem gewaltigen Wasserstrom des Jupiter Pluvius quillt, nennt er scherzhaft den Castalischen Quell einen *Nebenbach.* – 84ff. *Nicht am Ulmenbaum* ... Im folgenden sind wieder die Satzteile durcheinander gewirbelt, um das im Geist Auftauchende sofort zu sagen, und auch um des Rhythmus willen. „Du, sturmatmende Gottheit, hast ... nicht Anakreon an seinem Ulmenbaum besucht ... und du ergriffst auch nicht Theokrit in seinem Pappelwald ... dagegen bist du in den Gesängen des Pindar." Anakreon und Theokrit sind Dichter des Idylls, oft – aber schwächlich – nachgeahmt im 18. Jahrhundert. Die Abwendung von ihnen ist zugleich Neuorientierung für die eigene Dichtung. – 101ff. Pindar besang in seinen Oden oft die Sieger von Wagenrennen. In der Zeile *Rad an Rad, rasch ums Ziel weg* ist mit äußerster Knappheit sprachlich gestaltet, wie die Wagen nebeneinander in rasender Hast die Kurve um die Zielsäule (lat. „meta") machen; eine für die sprachlich-rhythmische Kraft des Gedichts sehr bezeichnende Stelle. – 108 *Kieselwetter*: Hagel. – 109 *Gefahren* ist Dativ, *Mut* Akkusativ: Pindar flößte glutvoll den Wettkämpfern in den Gefahren Mut ein. Die Sprache ist aufs äußerste verkürzt: *deine Seel'* statt: die Dichtung deiner Seele; *Gefahren* statt: den in Gefahren befindlichen Jünglingen usw. Noch im Alter hat Goethe bei verknappter Sprache ähnlich formuliert: *Dank des Paria* Vers 10 *Schmerz* statt: schmerzliches Geschehen. – 115 *Hütte*: symbolisches Motiv für naturnahes Leben, gesundes schlichtes Dasein, Geborgenheit. Auch der Wandrer in dem folgenden Gedicht huldigt dem *Genius* (57) und ersehnt zum Schluß eine *Hütte* (165), denn nur von ihr aus kann er so leben, daß *Natur* seinen *Gang leitet* (154f.). – Motivische Beziehungen, welche zur Deutung des *Sturmlieds* fruchtbar sein können, zeigen die Gedichte *An Schwager Kronos, Künstlers Morgenlied, Pilgers Morgenlied* (insbesondere dessen Schluß) und das Prosawerk *Von deutscher Baukunst* (Bd. 12). Man kann zur Deutung aber auch ein viel späteres Dokument heranziehen. In der *Italienischen Reise* steht unter dem Datum 14. März 1788: *In Rom hab' ich mich zuerst gefunden, ich bin zuerst übereinstimmend mit mir selbst, glücklich und vernünftig geworden.* (Bd. 11, S. 530) Das Wort *zuerst* bedeutet: zum ersten Mal. Welches Licht wirft dieser Satz auf die frühere Zeit! In der Jugend war der Autor nicht übereinstimmend mit sich selbst, nicht glücklich, nicht vernünftig. Es gab Augenblicke, in denen das besonders deutlich war. Ein solcher ist der, aus welchem heraus das *Sturmlied* entstand. Das, was in solchen Zeiten ihn am Leben hielt, war immer sein Talent, sein Glaube an eine schöpferische Aufgabe, sein *Genius*. Deswegen der *Genius* im Sturmlied als Gegensatz zu allem Sturm – und der äußere Sturm ist ein Symbol des innerlichen. Als Sehnsucht schwebt dem Dichter vor: *übereinstimmend mit sich selbst, glücklich und vernünftig*. Dafür steht hier das symbolische Motiv der *Hütte*. Er sucht sie, er ahnt sie, aber er findet sie noch nicht. Auch Weimar war jahrelang nicht diese *Hütte*, sondern ein Ort, den er von Zeit zu Zeit floh, deswegen die *Harzreise im Winter*. Weimar wurde erst nach der Italienreise der Ort, wo er seine Sicherheit in sich und zwischen anderen hatte. Rückschauend sagt er von seiner Jugend: *Indem ich mich also nach Bestätigung der Selbständigkeit umsah, fand ich als die sicherste Base derselben mein produktives Talent.* (Bd. 10, S. 47,34ff.) Und noch im Alter schreibt er: *Beseh' ich es recht genau, so ist es ganz allein das Talent, das in mir steckt, was mir durch alle die Zustände durchhilft, die mir nicht gemäß sind und in die ich mich durch falsche Richtung, Zufall und Verschränkung verwickelt sehe.* (an Zelter 26. März 1816; HA Briefe 3, S. 347) Sucht man nun dieses *produktive Talent* im *Sturmlied*, so leuchtet es aus allen Zeilen hervor. Allein schon die Charakteristiken von Anakreon, Theokrit und Pindar in wenigen sinnkräftigen Bildern und hinreißenden Rhythmen sind genial, dergleichen konnte kein anderer zu dieser Zeit, und das fühlte der Dichter auch selbst. Sein *Genius* hielt ihn. – Daß die Intuition des Augenblicks in so kühner Form festgehalten wird, dazu war der Verfasser ermutigt durch die Lehre vom Dithyrambus, die er zu dieser Zeit neu in sich aufgenommen hatte. Der Text sagt selbst, daß er von Pindar begeistert ist. Auf Pindar war Goethe hingewiesen durch Herder, der seine Auffassung von Pindar und vom Dithyrambus in der 2. Sammlung seiner „Fragmente", 1767, dargelegt hatte. Goethe las die „Fragmente" im Juni und Juli 1772, wie er im Brief an Herder vom

10. Juli 1772 schreibt. Da sagt er auch: *Ich wohne jetzt in Pindar*. Ich vermute, daß das *Sturmlied* durch die Lektüre der Herderschen „Fragmente" angeregt ist. Falls es schon früher entstanden ist, bildet den Hintergrund das, was Herder 1771 mündlich an Goethe vermittelt hatte. – Herder schreibt über den Dithyrambus: „Können wir Dithyramben machen, Griechische Dithyramben im Deutschen machen? Originaldithyramben machen?" (Werke hrsg. von Suphan, Bd. 1, S. 309) „Voll kühner Bilder und großer Anspielungen folgte er (der Dithyrambus) keinem weitern Plan, als den innerlich die Einbildungskraft malte, äußerlich zum Teil das Auge sahe ... wo nüchterne Seelen wenig Verbindung, viel Übertriebenes und alles ungeheuer finden mußten ... Und eben diesem (d. h. dem frühen griechischen) Zeitalter ist auch die dithyrambische Sprache gemäß, die in Worten neu, kühn und unförmlich, in Konstruktionen verflochten und unregelmäßig war ... So auch das Silbenmaß: gesetzlos wie ihr Tanz und die Töne der Sprache; aber notwendig desto polymetrischer, tönender und abwechselnder ..." (S. 312) „Dithyramben, nach dem griechischen Geschmack nachgeahmt, bleiben für uns fremde. Das trunkne Sinnliche, was bei ihnen entzückte, wäre vielleicht für unsre feine und artige Welt ein Ärgernis; das Rasende in ihnen wäre uns allerdings dunkel, verworren und oft unsinnig ... Ihre Ungebundenheit würde für unsere grammatische und ästhetische Gesetzgeber Verbrechen wider die Regel scheinen ..." (S. 315) „Pindars Gang ist der Schritt der begeisterten Einbildungskraft, die, was sie siehet, und wie sie es sieht, singt; aber die Ordnung der philosophischen Methode oder der Vernunft ist der entgegengesetzte Weg." (S. 325) Herder hatte also theoretisch auseinandergesetzt, wie ein Dithyrambus gewesen sei (oder gewesen sein könne) – Goethe machte selbst einen; ähnlich wie Herder theoretisch beschrieben hatte, was ein Genie sei, während Goethe dichterisch das Wesen des Genies gestaltete, im *Mahomets-Gesang* und anderen Gedichten. Daß sowohl Herder wie Goethe Pindar mißverstanden, ist gerade das Produktive dabei. Sie deuten in ihn das Expressive hinein, das für sie und ihre Zeit die ersehnte Befreiung war. Wohin Herder mit seiner Dithyrambus-Idee und Goethe mit dem zu seiner Zeit nicht gewürdigten *Sturmlied* zielten, kann man eigentlich erst seit dem Expressionismus richtig ermessen. Das *Sturmlied* ist die stärkste Ausprägung des Strebens, möglichst echt aufzuzeichnen, was sich auf die Lippe drängt; eine Einheit nicht thematisch, sondern im Erleben. Ein Stück aus der Kette innerer Vorstellungen, irgendwo beginnend, irgendwo endend; die offene Form des Sturm und Drang; dennoch eine Rundung: Sturmwanderung, Genieerlebnis und Pindar-Welt sind vereinigt im Zeichen des Jupiter Pluvius, der *sturmatmenden Gottheit*. Ähnlich wie in der *Harzreise* mischen sich in den Strom innerer Vorstellungen äußere Wahrnehmungen, die als Symbole einge-

schmolzen werden. Die knappen Ausblicke auf Anakreon und Theokrit sind fast kleine Gedichtchen im Gedicht, durch die allein schon das *Sturmlied* eine Kostbarkeit ist. Die Einzelmotive in ihrer Folge sind die psychische Assoziationsreihe; an der Wildheit des sich ergebenden Gefüges ist absichtlich nichts geändert. Das Sprunghafte der Motiv-Folge gibt es auch bei Pindar, sonst aber ist dort alles anders; dort Chorgesang, öffentlich-kultisch, hier ein subjektives Gedicht; dort die Götter- und Heldenmythen als allgemeines Geistesgut, hier als Bildungsgut; dort archaisch-dekorativ, hier modern-ausdruckshaft; dort ein objektives Thema, der Wettkampfsieger, und Einfügung lehrhafter Sätze, hier das Ich mit seinem Bewußtseinsstrom; die freie Wortstellung im Griechischen nichts Besonderes (da die Wortendungen die Funktion anzeigen), im Deutschen ungewöhnlich; dort streng strophisch, hier unregelmäßige freie Rhythmen. – Dazu: Goethes Brief an Herder vom 10. Juli 1772. Goethes Briefe, HA., Bd. 1, S. 131ff. und der Kommentar dazu und zu den Briefen an Herder überhaupt. Wichtig auch die Stelle in *Dichtung und Wahrheit* (Bd. 9, S. 521). Goethe fällt dort ein strenges Urteil über dieses Gedicht. Vermutlich hatte er den Eindruck, es sei nur gesprochen von jemandem aus, aber nicht zu jemandem hin, wie er es in der *Zueignung* (S. 151, Vers. 69–72) von sich fordert.

Eugen Wolff, Der junge Goethe. Oldenburg 1907. – J. Wahle in Schr.G.Ges. 23, 1908, S. 13–15. – A. Heusler, Dt. Versgesch. 3, 1929, S. 301f. – Kommerell, Gedanken über Gedichte, S. 440f. – H. Trevelyan, Goethe and the Greeks. Cambridge 1941 u. ö. S. 53f. Dasselbe deutsch: Goethe und die Griechen. 1949. S. 66ff. – L. A. Willoughby, The Image of Horse and Charioteer in Goethe's Poetry. Publ. of the Engl. Goethe Society 15, 1946, S. 47–70. – Adolf Beck, Griechisch-dt. Begegnung. Stuttg. 1947. – Goethes Gedichte. Hrsg. von E. Staiger. Zürich, Manesse, 1949, Bd. 2, S. 347–351. – Fischer-Lamberg 2, S. 344f. – E. M. Wilkinson and L. A. Willoughby, Wandrers Sturmlied. German Life and Letters. 1948. S. 102–116. Wiederabgedruckt in: Wilkinson-Willoughby, Goethe poet and thinker. London 1962. S. 35–54. Dasselbe deutsch in: Wilkinson-Willoughby, Goethe, Dichter und Denker. Frankfurt 1974. S. 34–60. – Arthur Henkel, Versuch über „Wandrers Sturmlied". In: Die Gegenwart der Griechen im neueren Denken. Festschr. f. Gadamer. Tüb. 1960. S. 59–76. Auch als Einzeldruck, Inselverlag, Wiesbaden 1962. – Leo Spitzer, Zur Interpretation von „Wandrers Sturmlied". Germanic Review 20, 1945, S. 161–165. – Hermann J. Weigand, Fährten und Funde. Bern 1967. S. 51–57. – Gerhard Kaiser, Das Genie und seine Götter. Euphorion 58, 1964, S. 41–58. – Heinrich Henel, Der Wandrer in der Not. Dt. Vjs. 47, 1973, S. 69–94. Wieder abgedruckt in: Henel, Goethezeit. Ausgewählte Aufsätze. Frankfurt 1980. S. 76–101. – L. A. Willoughby in: Publications of the English Goethe Society NS 47, 1977, S. 100–111. – Rolf Christian Zimmermann, Das Weltbild des jungen Goethe. Bd. 2. München 1979. S. 77–118. – Katharina Mommsen, Wandrers Sturmlied. Jahrbuch des Wiener Goethe-Vereins 81/83, 1979, S. 215–236. – Jochen Schmidt, Die Geschichte des Genie-Gedankens. Bd. 1. Darmstadt 1988. S. 199–254.

S. 36. DER WANDRER. Text nach Goethes Gedichtsammlung für Frau v. Stein. Entstanden wohl Anfang 1772.

Die früheste Fassung: eine Abschrift Caroline Herders aus dem Mai 1772, bei der sich nicht entscheiden läßt, ob alles in ihr Goethesches Eigentum oder einzelnes daran Herders oder der Abschreiberin Zutat sei. Herder empfahl damals in den „Briefen über Ossian" die Apostrophierung der Artikel, sie sollten nur als „Vorschlag" leicht mitklingen; Carolines Abschrift hat dementsprechend 13 *D' lächelst* 31 *'nauf* 42 *D' staunest* usw. – Erster Druck: Göttinger Musenalmanach für 1774, dann in den *Schriften 1789;* hier viele kleine Änderungen, Lieblingsausdrücke des Sturm und Drang wie *dämmern* werden ersetzt, antikisierende Partizipien aufgelöst, Rhythmen geglättet, Apostrophierungen getilgt. 10 *staubigen* 15 f. *Keine Waren bring ich aus der Stadt* 17 *Kühl wird nun der Abend.* Der gedrungene Vers wird also durch einen leichteren ersetzt, aber die Motivierung für die Bitte um Wasser und Ruhe im Schatten fällt damit fort.

37–41 *Nicht zu lesen!*
Weggewandelt seid ihr,
Tiefgegrabne Worte,
Die ihr eures Meisters Andacht
Tausend Enkeln zeigen solltet.

Die ältere Fassung ist anschaulicher, denn der Wandrer entziffert verharrend die Inschrift der Venus, und dadurch erst wird der Frau klar, daß er die *Steine anstaunt,* was sie bei der Mauer (27) und dem Architrav (32) noch nicht bemerkt hatte. Die Inschrift ist jetzt Treppenstufe (36), daher die Buchstaben durch das stete Treten *weggewandelt* (passivisch). 52 *Trümmer* 55 *Den ich trinke.* 86 *Lieber in dem Freien bleiben?* 88 *Daß ich Wasser schöpfen gehe.*

100–101 *Des glänzenden Frühlings*
Herrlicher Schmuck,
Und leuchte vor deinen Gesellen!

104 *reife* 114 *Vom Feld. O bleibe, bleibe, Mann!* 133 *Hoch baut die Schwalb' an das Gesims,* 141 *Hütte* 148 *der Pfad.*

Das Gedicht ist fest geformt und gerundet: Mit dem Eintreffen des Wanderers beginnt es, mit seinem Abschied endet es; ein Problem wird aufgeworfen, entwickelt und zu einem Abschluß gebracht. Es ist Idylle, Idylle ist Bild, und als Bild trotz aller Leichtigkeit festes Formgefüge. Antiken Idyllen folgend ist es Wechselrede, in ihr wird zugleich die Landschaft und die jeweilige Bewegung und Stellung der Figuren in scharfer Zeichnung deutlich: Felswand und Ulmbaum (4–5), dann aufwärtsführend Felsenpfad und Gebüsch (21–23), Mauerreste (27–29), ein Architrav (32), eine Inschrift (36–41), schließlich – das Gebüsch öffnet sich – eine Tempelruine (52), bestehend aus Säulen, zwei davon nebeneinander stehend (63–67), eine andre abseits stehend (68), andre zertrümmert am Boden liegend (72–74). Dabei treten Farben zurück, es herrscht ein wenig Kupferstichstimmung. In dieser bildhaften Klarheit vollzieht sich einfache Handlung: Begrüßung, Weg, Wasserschöpfen, Trunk, Abschied – also natürliche, zeitlose, gleichsam homerische Motive; zugleich aber ist es ein im höchsten Grade moderner Stoff dadurch, daß der Wanderer ein empfindsam-reflektierender Mensch ist und in ihm eine seelische Entwicklung sich vollzieht, die in dieser Weise nur dem modernen Menschen möglich ist. Ihn beseelt die Kunstfrömmigkeit seiner Zeit. Darum wandert er. Ist der Dialog mit der Bäuerin das Zeitlose, Homerische, so sind die Monologe des Wanderers das Moderne. Der erste Monolog, angesichts des verfallenen Tempels (63–82): Vorwürfe gegen die Natur, sie zerstört ihres *Meisterstücks Meisterstück*. Der zweite Monolog vor dem Kinde der Bäuerin (90–104): Ein kraftvoll-gesundes, in seiner Form sich erfüllendes Leben sei *Götterselbstgefühl*, sei Griechentum in der Gegenwart. Der dritte Monolog (127–142) angesichts der Mutter mit dem Kinde, nachdem sie ihm ihre Lebensgeschichte – Urformen des Lebens – berichtet hat: die Naturformen des Lebens söhnen aus mit jener Zerstörung, Natur und Kunst sind wieder vereint. Der vierte Monolog (154–168) nach dem Abschied: Nicht nur anschauend, sondern lebend will der Wanderer sich hineinstellen in diese Urformen des Lebens und in seiner Sphäre sie verwirklichen. – Es ist ein Gedanke der Klassik, daß die Antike und die Natur das gleiche sagen, und zwar als Typik, als Urform, und daß der moderne Erkennende daraufhin das eigene Leben wandelt und selbst sich hineinstellt in diese großen ewigen Formen. Die Frau spricht nur dann, wenn sie den Wanderer oder das Kind anredet. Er monologisiert, eine völlig andere Sprache als die ihre, empfindsam, voll starkem Gefühl, das sich ausspricht durch prächtige Komposita (*Götterselbstgefühl, Fremdlingsreisetritt, lieblich-dämmernd* usw.) und leuchtende Metaphorik (99–104). Hier ist das Verbindende mit den anderen Hymnen, Geist der Höhe, innere Glut, freirhythmische Sprache mit überquellend-schöpferischer Kraft. So sind zur Harmonie gebracht das Antike, Idyllische, Statische, die Plastik der Gruppe, und das Moderne, Problematische, Dynamische, die Entwicklung des Seelischen; inhaltlich dadurch, daß der Wanderer die Sprache der Natur und der Antike versteht und sich zu eigen macht, formal dadurch, daß die Schönheit und Klarheit der Szene die glühende Sprache des Sturm und Drang in sich aufnimmt. Den anderen großen Jugendhymnen ist das Gedicht verbunden durch die Themen Natur, Kunst und Genie; anderseits ist es zwischen jenen Tönen der Leidenschaft ein Werk voll Maß. Darin zeigt sich, wie groß Goethes innere Weite von vornherein war; und es wird offenbar, wie sehr sein zukünftiger Weg zur Klassik in ihm selbst angelegt war. *Der Wandrer* ist die erste Goethesche Darstellung von Grundformen des Lebens – zumal des Familienlebens –, moderne Motive ins Allgemeine erhöhend, wie später *Die glücklichen Gatten* (S. 249), *Hermann und Dorothea* und

Sankt Joseph der Zweite (Wanderjahre). Auch dort stark bildliche Szenen, symbolhaft, Wilhelm Meister verhält sich zu der Josephsfamilie – anschauend und sich wandelnd – ähnlich wie der Wanderer zu der Frau mit dem Kinde. – Ort der Szene ist Süditalien. *Cuma* war als Ruinengegend im 18. Jahrhundert berühmt. – 101 *scheinend* = leuchtend, hervorstrahlend; wie Bd. 7, S. 217,7; 291,2; 435,3; 454,35. – Goethe setzte das Gedicht in seiner Gedichtsammlung in die Gruppe *Kunst* hinter das Gedicht *Die Nektartropfen* (S. 140), das ebenfalls Kunst und Natur in ihrer Einigkeit feiert, und vor *Künstlers Morgenlied* (S. 54), das Lied der Kunstfrömmigkeit und des Homerkultus.

L. A. Willoughby, The image of the „Wanderer" and the „Hut" in Goethe's poetry. Etudes Germaniques 6, 1951, S. 207–219. – Edith Baron, Das Symbol des Wandrers in Goethes Jugend. In: Dt. Beiträge zur geistigen Überlieferung. Bd. 5. Hrsg. von H. St. Schultz. Bern u. München 1965. S. 73–107. – Werner Weber, Der Wanderer. In: Weber, Forderungen. Zürich u. Stuttg. 1970, S. 104–109. – Anneliese Domnick, Studien zum Kreis einfacher Seinsformen in Goethes jugendlicher Bildungswelt. Diss. Kiel 1964. Insbes. S. 233–241.

S. 42. MAHOMETS-GESANG. Text nach Goethes Handschrift für Frau v. Stein 1777. Entstanden Winter 1772/3. Erster Druck: Göttinger Musenalmanach für 1774. Dort auf zwei Sprecher aufgeteilt, Fatema, Mahomets Tochter, und Ali, seinen Schwiegersohn und leidenschaftlichen Anhänger. Das Gedicht zeigt in dieser Fassung also noch den Zusammenhang seiner Entstehung als Teil des Bruchstück gebliebenen Dramas *Mahomet,* das Wesen und Entwicklung des Propheten darstellen sollte. Das Gedicht – die Quintessenz des Dramas vorwegnehmend – ist ein in sich geschlossenes Werk und wurde deswegen aus dem Bruchstück herausgelöst.

Im Göttinger Musenalmanach lautet die Überschrift *Gesang.* Ali singt Vers 1–3, 8–12, 15–17, 22–27, 32–33, 43–50, 53–59, 64–69; beide zusammen singen 35–36 *Bruder, Bruder, nimm die Brüder mit,* ferner 52 und 71/72; das übrige singt Fatema. Weitere Abweichungen: 15 *Und mit festem Führertritt* 29 *Sich gesellschaftlich an ihn* 30 *Und nun tritt er* 34 *Bächlein*

53–63 *Ali: Kommt ihr alle!*
Und nun schwillt er herrlicher;
(Ein ganz Geschlechte
Trägt den Fürsten hoch empor;)
Triumphiert durch Königreiche;
Gibt Provinzen seinen Namen;
Städte werden unter seinem Fuß!
Fatema: Doch ihn halten keine Städte,
Nicht der Türme Flammengipfel,
Marmorhäuser, Monumente
Seiner Güte, seiner Macht.

Für die *Schriften 1789* erfuhr das Gedicht einzelne glättende Änderungen im Sinne der Klassik. Mehrfach wurden 2 Verse zu einem zusammengezogen, so 29/30, 44/45, 46/47, 48/49. Vers 27 *Schlangenwandelnd* 39 *ausgespannten* 40 *Unser* 51 *von den Bergen*

67–68 *Tausend Flaggen durch die Lüfte*
Zeugen seiner Herrlichkeit.

Hier ist die Fassung von 1777 rein dynamisch, weil das Bewirkte unmittelbar abhängig ist von dem Bewirkenden; dagegen ist 1789 die Apposition *Zeugen* grammatisch korrekt, aber ohne kraftvolle Bewegung.

Goethe schrieb in seinen Handschriften Komposita oft in 2 Wörtern (im Folgenden sind die entsprechenden Stellen aus der Hbg. Ausg. in Klammern dahintergesetzt), so *Zum Schäkespears Tag* (Bd. 12, S. 224); *Tobacksrauchs Betrachtungen* (an Kestner 10. 10. 72); in der Gedichthandschrift für Frau v. Stein 1777 steht u. a.: *Eislebens Lied* (S. 131), *Rettungs Danck* (S. 45); in der eigenhändigen Sammelhandschrift der Gedichte von 1789 (Goethe-Archiv): *Dickichts Schauer* (S. 50), *Gesundheits Blick* (S. 48), *Bundes Lied* (S. 94), *Geistes Gruß* (neuer Titel zu *Hoch auf dem* ... S. 81), *Kornähr Kranz* (S. 135). Das bleibt auch in späteren Jahren so. Im *Faust*-Schema (um 1797): *Welt und Taten Genius* (Bd. 3, S. 427). Im Alter: *Natur ereignis* (W. A. 26, S. 349); in der *Divan*-Reinschrift: *Sieben Schläfer* (Bd. 2, S. 117), der gleiche Gedichttitel aber in dem eigenhändigen Wiesbadener Register *Siebenschläfer*. Da Goethe den Druck seiner Werke von anderen besorgen ließ, machten diese daraus, was sie für richtig hielten. Die *Ausg. l. Hd.* hat die Formen: *Bundeslied*, im Register *Geistes Gruß*, im Text *Geistes-Gruß*, ferner *Dickichts-Schauer*, *Gesundheitsblick* und *Siebenschläfer*. Die Form *Mahomets Gesang* in 2 Wörtern blieb stehen (ähnlich wie *Faust* 408 *Urväter Hausrat*), vielleicht weil die „Faktoren" der Druckereien das Gedicht für einen Gesang des Mahomet hielten. Max Hecker (1870–1948), Archivar am Goethe-Schiller-Archiv, führte auf Grund jahrzehntelanger Erfahrungen mit Goethes Handschriften und ihrer Übertragung in moderne Schreibweise in seiner Ausgabe der Gedichte, 1939 u. ö., die Form *Mahometsgesang* ein. Ich habe mich ihm angeschlossen, weil sie innerhalb der heutigen Schreibweise am ehesten dem entspricht, was Goethe meinte. – Sprachlich ist *Mahometsgesang* ähnlich gebildet wie *Bundeslied* (ein Lied auf den Bund, S. 93), *Rettungsdank* (S. 45) und *Eislebenslied* (S. 131).

Die Sprachform *Mahomet* für Mohammed war zu Goethes Zeit allgemein gebräuchlich. Sie blieb in allen Fassungen des Gedichts. – Die Gedichtüberschrift ist wesentlich: Ein Gesang auf Mohammed. Das Gedicht selbst handelt nur von dem Strom. Das Wesen des religiösen Genius ist also dadurch gedeutet, daß seine Laufbahn – nicht seine Lehre – beschrieben ist. Das Ganze steht im Rahmen der religiösen Emanationsvorstellung, die Goethe von seiner Jugend bis ins Alter wesenseigen war. Der Prophet ist der Strom; und der Strom ist das Wesen, das tanzt, jauchzt, führt, mitreißt, d. h. vermenschlicht ist. Während das *Sturmlied* Genie subjektiv und augenblickshaft erlebte, ist Genie hier objektiv und im Überblick gesehn, daher das Zügig-Straffe, das Organisch-Notwendige des Ganzen. Überall höchste Kraft, mühelose Größe. Die Abschnitte des Gedichts entsprechen genau den Abschnitten im

Leben des Stroms. Die Dynamik kommt zum Ausdruck durch die starke Bewegtheit der Tätigkeitswörter (9, 14, 16, 26, 28, 30 usw.) und den durchreißenden Rhythmus. Dieser würde allzusehr nur den Vorwärtsdrang erklingen machen, wenn nicht prachtgeschmückte Komposita Schönheit und Reichtum der einzelnen Stationen eindrucksvoll heraushöben; zu Beginn sind sie leicht, froh (*freudehell, jünglingfrisch* usw.), am Ende breit, majestätisch (*Flammengipfel, Riesenschultern* usw.). Auch der Rhythmus ist zu Beginn leicht, tanzend; wird dann aber immer mehr ein fester trochäischer Schritt, Kennzeichen männlicher Reife (31 ff.), und am Ende ist der Trochäus völlig gleichmäßig, alleinherrschend, unwiderstehlich. – 3 *Sternenblick* Goethesche Neubildung parallel älteren Wörtern wie „Goldblick" oder „Silberblick"; „Blick" in der älteren Sprache = Schimmer, heller Schein, Strahl. 8 die Form *Jünglingfrisch* (ohne s) entspricht dem Sprachgebrauch des jungen Goethe und wurde vom Erstdruck bis zur *Ausg. l. Hd.* beibehalten. 60 *über* = vorüber, verkürzte Form, wie die Sprache des Sturm und Drang sie liebt, hier wohl um des Rhythmus willen; vermutlich Parallelbildung zu dem Wort „übergehen", das statt „vorübergehen" bei Luther (2. Mos. 12, 13) und laut Adelung noch am Ende des 18. Jahrhunderts „im gemeinen Leben" häufig gebraucht wurde. 61 *Flammengipfel*: von der Abendsonne glühende Türme. 64 *Zedernhäuser*: Schiffe; der Strom als *Atlas*, der Riese, der die Welt trägt, Vergleich ohne „wie", einfach Setzung des einen fürs andere. 66–68 *Segel – wehen – seine Macht und Herrlichkeit – zum Himmel*, eine Bewegung von Segel bis Himmel, ein Verb, ein Satz. Zwar das Intransitive wird transitiv, und das Abstraktum wird konkret – aber eben dadurch unmittelbarste Bewegung. Dies alles einbezogen in den stampfenden, reißenden Trochäus, der schließlich mit dem jubelnden Fortissimo der Heimkehr ins Göttliche ausklingt, einem Bild von michelangelesker Größe. Dieser Schluß ist vorbereitet durch den Anfang, Kindheit im Schoße des Göttlichen (4–7) und Jugend, die vorwärts gewandt doch noch dem Ursprung verbunden bleibt (8–12); beides als Emanatio und Regressus. – Aus sehr viel späterer Zeit, aus Goethes Alter, überliefert Riemer den Ausspruch, außerordentliche Menschen wirkten wie physische Ursachen, wie Feuer und Wasser. (Riemer, Mitteil. über Goethe, hrsg. v. A. Pollmer. Lpz. 1921. S. 268.) – Franz Saran, Goethes Mahomet und Prometheus. Halle 1914. – Jochen Schmidt, Gesch. d. Genie-Gedankens, Bd. 1, S. 269–277.

S. 44. PROMETHEUS. Text nach Goethes Handschrift für Frau v. Stein 1777. Entstanden wohl Herbst 1773. Der erste Druck erfolgte ohne Goethes Wissen – und es war ihm sehr unlieb – in: Fr. Jacobi, Über die Lehren des Spinoza, 1785; danach nahm Goethe das Gedicht 1789 in seine *Schriften* auf. Hier folgende Änderungen: 3 *dem Knaben gleich* 8/9 zu einem Verse zusammengezogen, ebenso 10/11. 23 *Nicht wußte wo aus noch ein,* 24 *Kehrt' ich mein verirrtes Auge* 33 *Hast du nicht* 47–48 hatte die Handschrift zunächst *Wähntest etwa Ich sollt' das;* so auch eine Einzelhandschrift aus Mercks Nachlaß und der erste Druck. Dann verbessert zu *Wähntest du etwa, Ich sollte das;* so dann auch die Handschrift für den Druck 1789 und alle Drucke von da an. 50/51 *Weil nicht alle Blütenträume reiften?* 55/56 *Zu leiden, zu weinen, Zu genießen und zu freuen sich.* – Ähnlich wie der *Mahometsgesang* entstand das Gedicht im Zusammenhang eines Dramas, das den ins Mythische gesteigerten Schöpfer darstellen wollte in der Gestalt des Prometheus. Dieser Dramenentwurf, ein großes Bruchstück, ist uns erhalten (Bd. 4), ein gewaltiger Wurf nach höchstem Ziel. Parallel dem Drama entstand das Gedicht, manche Zeilen desselben in sich aufnehmend, aber als ein in sich geschlossenes Werk. Doch es bleibt Monolog des Prometheus, also Rollenlyrik. Nicht der Dichter spricht (wie in *Ganymed*), sondern Prometheus, nach der griechischen Sage – die Goethe hauptsächlich aus neueren Werken (Barock-Humanistisches in der Bücherei des Vaters) bekannt war – ein Titanensohn und Halbgott, der Menschen aus Ton bildete und sie beseelte oder – anderer Überlieferung zufolge – sie durch Athene beseelen ließ. Er holte das von Zeus ihnen noch vorenthaltene Feuer für sie vom Olymp und wurde zur Strafe auf Zeus' Befehl an den Kaukasus geschmiedet. Später mit Zeus' Willen von Herakles befreit, kam er in den Olymp als Berater der Götter. Goethes Gedicht stellt ihn im Zeitpunkt des größten Gegensatzes zu Zeus dar. Er befindet sich gleichfalls im Gegensatz zu den Titanen (30), steht also völlig für sich. In dieser Einsamkeit wird seine Kraft offenbar: Er schafft Menschen (und anscheinend erhalten sie sogleich auch das Leben durch ihn, nicht wie im Drama durch Athene). Er ist gehorsam höchsten uralten Göttern, die noch über den Olympiern stehn, dem *ewigen Schicksal* (Moira) und der *allmächtigen Zeit* (Chronos). Ebenso wie der *Mahometsgesang* hat dieses Gedicht Monumentalität; nur eine einzige Gestalt, kraftgeschwellt, zorndrohend ausblickend, das erste Wort: ein Imperativ an Zeus! Das letzte Wort: *ich!* Ist Prometheus in diesen Zügen der antike Halbgott, so ist er anderseits doch auch mythische Übersteigerung des Genies: Sein Mittelpunkt ist das Schöpferische. *Dichtung und Wahrheit* sagt: *Das alte Titanengewand schnitt ich mir nach meinem Wuchse zu ...* (Bd. 10, S. 48) Dementsprechend die sehnsuchtsvoll-gefühlsgeschwellten Klänge der Sprache (39–42, 50/51) zwischen den Grundklängen von Kraft, Selbstgefühl und Trotz. Dadurch ein Unterschied zu antiken Prometheusdichtungen, nicht geringer als der von Michelangelo zu antiken Statuen. Die Skizze der religiösen Jugendanschauungen im Ende des *8. Buches* von *Dichtung und Wahrheit* sagt, daß *die ganze Schöpfung nichts ist und nichts war als ein Abfallen und*

Zurückkehren zum Ursprünglichen (Bd. 9, S. 353), und *daß wir, indem wir von einer Seite uns zu verselbsten genötigt sind, von der andern in regelmäßigen Pulsen uns zu entselbstigen nicht versäumen.* (Ebd.) In späteren Jahren sagte Goethe: *Systole* und *Diastole.* Das Drama *Prometheus* meisterte die große Aufgabe, beide Wege zu gestalten, in den Prometheus-Szenen die höchste Verselbstung, in den Pandora-Szenen die reine Entselbstigung. Das Gedicht *Prometheus* stellt nur die eine dieser Haltungen dar; es fand daher in der Hymnenreihe eine Ergänzung in dem Gedicht *Ganymed,* das die andere verkörpert. Goethe hat schon 1789 und seither immer wieder beide nebeneinander gestellt. Die Zeitgenossen aber erkannten die dadurch angedeutete Beziehung nicht, sondern sahen nur des Prometheus Ablehnung einer Zeus verehrenden Gotteskindschaft. Jacobi zeigte das von Goethe absichtlich nicht veröffentlichte Gedicht 1780 Lessing; bald danach starb dieser. Jacobi wollte nun gegen Mendelssohn polemisierend nachweisen, Lessing sei Spinozist gewesen. Er berichtete aus der Erinnerung über dieses Gespräch, druckte hier – unbefugt – Goethes Gedicht und stellte es damit in den Zusammenhang des Kampfes gegen die Orthodoxie, aus welchem es die Zeitgenossen dann allzu einseitig deuteten. Näher an den Geist des Gedichts als die Geschichte seiner Veröffentlichung führt die Geschichte seines Stoffes. Die Prometheusgestalt wurde beliebt mit der Entstehung des Geniegedankens im 18. Jahrhundert. Schon Shaftesbury schreibt, der Dichter sei „ein zweiter Schöpfer, ein wahrer Prometheus", Herder nahm den Gedanken auf, und Goethe schrieb 1771 in der Rede *Zum Shakespeares-Tag* über den als Prototyp des Genies angebeteten Dichter: *Er wetteiferte mit dem Prometheus, bildete ihm Zug vor Zug seine Menschen nach ... und dann belebte er sie alle mit dem Hauch seines Geistes ...* (Bd. 12, S. 227).

Franz Saran, Goethes Mahomet und Prometheus. Halle 1914. – K. J. Obenauer, Goethe in seinem Verhältnis zur Religion. Jena 1921. S. 81–91. – H. A. Korff, Geist der Goethezeit. Bd. I. Lpz. 1923. S. 281–287. – Oskar Walzel, Das Prometheussymbol von Shaftesbury zu Goethe. 2. Aufl. München 1932. – Julius Richter, Die Hütte des Prometheus. German.-Roman. Monatsschrift 21, 1933, S. 415–419. – Boyd I, S. 73–78. – Zur Rhythmik: Ulrich Pretzel, Dt. Verskunst. S. 2437f. In: Deutsche Philologie im Aufriß. Bln., Bielefeld, München. 1957. – K. O. Conrady in: Die deutsche Lyrik. Bd. I. 1956. S. 214–226. – Edith Braemer, Goethes Prometheus. Weimar 1959. – Walter F. Otto, Mythos und Welt. Hrsg. von K. v. Fritz. Stuttg. 1962. S. 83–95. – Hans Blumenberg, Arbeit am Mythos. Frankfurt a. M. 1979. – Jochen Schmidt, Gesch. des Genie-Gedankens. Bd. 1, S. 254–269.

S. 46. GANYMED. Entstanden wahrscheinlich Frühjahr 1774. Text nach der Handschrift für Frau v. Stein 1777. Eine – wohl frühere – Goethesche Einzelhandschrift im Weimarer Archiv hat: 6 *Wonne* 27 *In deinem Schoße* 32 *Allfreundlicher.* Ferner sind die Zeilen stellenweise anders abgeteilt. Abdruck: Morris 4, 40; E. Wolff S. 161. – Erster Druck: *Schriften 1789*. Dort nur wenige Änderungen: 1 *Morgenglanze* 20 *Ich komm', ich komme!* 30/31 zu einem Verse zusammengezogen: *Aufwärts an deinen Busen.* – Wolfdietrich Rasch, Ganymed. Über das mythische Symbol in der Goethezeit. In: Wirkendes Wort, 2. Sonderheft, 1954, S. 34–44: „In reimlosen, freien Versen ... spricht das Ich den hymnischen Anruf an den Frühling, in dessen andringender Schönheit und aufbrechender Gewalt es Gott erfährt. Und dieser Gott ruft seinerseits das Ich an, neigt sich zu ihm aus der Höhe, hüllt es in seine Wolke und zieht es zu sich empor. Ausgesprochen wird hier also ... die innere Erfahrung einer Vereinigung des Ich mit der Gottheit, seine Rückkehr aus der Vereinzelung in die allumfassende göttliche Einheit ... Es ist eine doppelte Bewegung, vom Ich zur Gott-Natur und von dieser zu jenem ...; der vom angerufenen Du ausgehende Impuls hat ein leises Übergewicht ... Beide Bewegungen aber – und damit ist die Grundstruktur des Gedichts bezeichnet – gipfeln, sich verbindend, in der drittletzten Verszeile: *Umfangend umfangen!* Das *Fassen* und *Kommen* der vorhergehenden Verse mündet in das *Umfangend;* das *Anglühen, Drängen, Rufen* Gottes kommt zur Ruhe in der zweiten Hälfte des Verses, dem *Umfangen,* das freilich in seiner passivischen Form nicht mehr die handelnde Bewegung ausdrückt, sondern ihr Ziel, ihren Ertrag; den Zustand des Ich, das von der nahenden Gottheit sich nun umschlossen und getragen fühlt. Der endgültige Zustand, auf den das ganze Gedicht sich hinbewegt, die wahre Nähe zum Göttlichen, ist vom Menschen her ausgesprochen in einer Verknüpfung der aktivischen mit der passivischen Verbform. Der außerordentliche Vers faßt die ganze Hymne in dichtester Verkürzung in sich. Ein Ausgleich findet statt in der sprachlichen Form dieses Verses, ein Gleichgewicht wird gestiftet. Denn die zweite Hälfte des Verses ist die identische Wiederholung der Klangfolge, des Rhythmus der ersten Hälfte. Identisch bis auf das auslautende *d,* das die erste Vershälfte fest abschließt, während die zweite mit *umfangen* weich ausklingt. Der minimale klangliche Unterschied jedoch bewirkt eine entscheidende Sinndifferenz, den Umschlag des aktivischen in den passivischen Sinn des Wortes. Beide Bedeutungen gehören aber wiederum eng zusammen, und die sprachliche Formung bringt zum Ausdruck, daß sie nur zwei Seiten des gleichen Zustandes bezeichnet: das Verbundensein des Ich mit dem göttlichen Du im Bilde einer sich verschränkenden Umarmung ... Was sich hier ausspricht, ist viel bleibender wirksam, viel mehr ein beständiges Element des Goetheschen Weltverhaltens als jenes trotzige Aufbegehren eines übersteigerten Selbstgefühls, das die *Prometheus*-Ode ausspricht, so gewiß das *Verselbsten* die notwendige Gegenbewegung zur *Entselbstigung* des Ganymed bedeutet. Die umschließende göttliche Kraft, die das Selbst hält und trägt, ist für Goethe doch immer das Letzte, Überlegene, Unantastbare ... Man erwartet vergebens die spezifischen Motive des Mythos von Ganymed, der erzählt, wie der schöne Jüngling durch den Adler des Zeus geraubt und zum Olymp entführt wird, um dann als Mundschenk den seligen Göttern zu dienen. Von der sehnenden Liebe des Jünglings zum Gott, von dessen Selbstoffenbarung in der frühlinghaften Natur ist nichts überliefert, auch nichts von der einhüllenden Wolke. Die Goethesche Umdeutung des Mythos geht also sehr weit ... Hier spricht nicht unmittelbar das dichterische Ich, wie etwa im *Mailied,* sondern die mythische Gestalt. Die Goethesche Erfahrung des Angerufenwerdens von Gott durch die ‚Stimme' der Natur, das Erlebnis ekstatischer Vereinigung mit der Gottheit mischt sich untrennbar mit dem Gefühl, ein anderer Ganymed zu sein. Im geistigen Erlebnisbereich Goethes wohnt dieser Mythos als das Urbild solchen Geschehens ... Was Goethes Ich als Drang und ekstatische Imagination erlebt, das Emporgehobenwerden zu Gott, das widerfuhr Ganymed leibhaft, und im mythischen Bilde läßt es sich anschaubar und eindringlich sagen ..."

C. Lugowski, Goethes Gedicht Ganymed. In: Gedicht und Gedanke. Hrsg. v. H. O. Burger. Halle 1942. S. 102–118. Wiederabgedruckt in: Interpretationen I. Dt. Lyrik. Hrsg. von Jost Schillemeit. Fischer Bücherei, Bd. 695, 1965 u.ö. S. 47–64. – A. Heusler, Dt. Versgeschichte. Bd. 3, 1929, S. 392. – Staiger Bd. 1, 1952, S. 64ff. – K. O. Conrady in: Die dt. Lyrik. Bd. 1. 1956. S. 227–234. – G. Storz in: Wege zum Gedicht. Hrsg. von Hirschenauer. 1956. S. 123–125.

S. 47. AN SCHWAGER KRONOS. Text nach Goethes Handschrift für Frau v. Stein 1777. Erster Druck: *Schriften 1789,* den Sturm-und-Drang-Charakter mildernd durch mancherlei Änderungen.

Die Datierung unter der Überschrift wird gestrichen. In Vers 5 das altertümliche Dialektwort *Haudern* ersetzt durch *Zaudern.*

6/7
Frisch, holpert es gleich,
Über Stock und Steine den Trott
13
Strebend und hoffend hinan.
17
Schwebet der ewige Geist,
21
Und ein Frischung verheißender Blick
26–41
Ab denn, rascher hinab!
Sieh, die Sonne sinkt!
Eh' sie sinkt, eh' mich Greisen
Ergreift im Moore Nebelduft,
Entzahnte Kiefer schnattern
Und das schlotternde Gebein –

Trunknen vom letzten Strahl
Reiß mich, ein Feuermeer
Mir im schäumenden Aug',
Mich geblendeten Taumelnden
In der Hölle nächtliches Tor!

Töne, Schwager, ins Horn,
Raßle den schallenden Trab,
Daß der Orkus vernehme: wir kommen,
Daß gleich an der Türe
Der Wirt uns freundlich empfange.

Das Gedicht entstand, wie Goethes eigener Zusatz zur Überschrift sagt, im Postwagen am 10. Oktober 1774. Zwei Wochen davor hatte Goethe Besuch erhalten von Klopstock, dem unbestrittenen Fürsten der deutschen literarischen Welt, er hatte ihm bei seiner Abreise nach Karlsruhe fast für den ganzen Weg das Geleit gegeben und kehrte jetzt im Postwagen zurück. Diese Begegnung und danach das Alleinsein mit sich auf der Reise hatten ihn in die Stimmung versetzt, Überschau zu halten über das eigene Leben, das eben in dieser Zeit ins Große und Breite zu führen begann. *Götz,* 1773, war ein großer Erfolg geworden, *Werther,* soeben erschienen, versprach ein noch größerer zu werden. Der noch vor zwei Jahren unbekannte junge Jurist war plötzlich ein berühmter Dichter. Besonders sich selbst hatte er bewiesen, was an ihm sei. War es nicht eine kraftvolle Fahrt ins Leben geworden? Mit seinen besten Schöpfungen erlebte er Stunden, in denen alles Leben Klarheit hatte und Weite. Aber das Leben des jungen Frankfurter Anwalts war auch Alltag und Schwierigkeit vielerlei Art – wie der holpernde Weg. Ihm verschmelzen die Postfahrt und die Fahrt ins Leben; und der Kutscher auf dem Bock – *Schwager* titulierte man ihn damals allgemein – wird zum Zeitgott Chronos, den Goethe mit dem Göttervater Kronos in eins setzt und daher mit *K* schreibt. Kraftbewußtsein, Genieton, ja Übermut prägt sich aus in der Sprache: stellenweise Hoheit und Ernst (für die Gipfelsituationen 14–18, 32–35), anderseits viel Naturalistisches und Burleskes (1–8, 29–31); Ausdrücke, die ins Mundartliche greifen oder in Art des Sturm und Drang kühn verkürzen: 5 *Haudern* mundartlich = eine Mietkutsche fahren, „Reisende um Lohn fahren" (Adelung); die Wagen und Pferde der „Hauderer" ließen mitunter zu wünschen übrig. 13 *an* = hinan. 17 *Über* = darüber. 26 *Ab* = hinab. 31 *schlockern* mundartlich = schlottern. Der Rhythmus gibt 6–8 deutlich das Holpernde wieder; ganz anders die Sprache auf dem Gipfel, getragen, langsam, ebenmäßig, sie setzt mit drei Hebungen hintereinander ein (14). Das war schon im altdeutschen Vers das Mittel, Höhepunkt, Majestät auszudrücken. Der jugendlich schäumende Lebensrhythmus verschmäht kraftloses Verlöschen im Alter, will in der Fülle der Kraft enden und findet dafür das Bild der dionysischen Fahrt in die Unterwelt, wo die Größten, die dort sind, sich erheben, den Ankömmling zu begrüßen, weil er einer ihresgleichen ist. Dem starken Selbstgefühl wird taktvoll die Waage gehalten durch den humoristischen Ton. Im *Mahometsgesang* ist es der Prophet, hier das Ich, daher der Ton dort feierlich, hier heiter und derb bei aller Großartigkeit und Tiefe. Die spätere Umarbeitung hat diesen Gedichtschluß stark verändert. – A. Heusler, Versgeschichte 3, 1929, S. 391–392. – Konrad Burdach, Goethe und sein Zeitalter. (= Vorspiel II) Halle 1926. S. 324–327. – Boyd, James: Notes to Goethe's Poems. Vol. I. 1948. S. 68–73.

S. 49. SEEFAHRT. Das Entstehungsdatum hat Goethe selbst der Handschrift beigefügt. Text nach der Handschrift für Frau v. Stein 1777. In dieser Handschrift hat eine fremde Hand hineinkorrigiert „Tag lang, Nächte lang", sicherlich nicht mit Goethes Willen; denn auch eine Abschrift, die er an Lavater sandte, hat die klanglich schöne, dem Trochäus entsprechende Fassung *Taglang nachtlang*, die dem Stil der Hymnen entspricht. Erster Druck: Deutsches Museum 1777. Hier steht über dem Gedicht keine Überschrift, sondern *G. den 11ten Sept. 1776.* Dann: *Schriften 1789.* Hier ohne Datum. Ferner: 1 *Lange Tag' und Nächte* 5 *Und sie waren doppelt ungeduldig* 30 *Herz darnieder* 32 *Streckt der Schiffer klug.* Während das Gedicht in Sprache und Inhalt inmitten der anderen großen Sturm-und-Drang-Hymnen steht, zeigt sein Klangbild im Gegensatz zu diesen nicht Freie Rhythmen, sondern Trochäen, meist fünftaktig, mitunter am Ende der Strophen zweitaktig. Solche Trochäen haben im Deutschen etwas eigentümlich Festes, energisch und stetig Fortschreitendes. Goethe hatte sie schon einmal benutzt, im *Klaggesang von der edlen Frauen des Asan Aga* (S. 82). Dort dient dieser Klang dem zügigen Handlungsverlauf des balladesk-epischen Gedichts. Hier in *Seefahrt* hat er andre Funktion: Dieses Stetig-Schreitende ist in dem Ich selbst, von dem das Gedicht spricht. Wie in seinem Rhythmus so fügt es auch in seinem Gehalt der Hymnenreihe ein bedeutendes Motiv bei, das die anderen nicht oder nur im Ansatz enthalten: den männlichen Willen, der sich ein festes Ziel setzt und den Kampf mit dem Schicksal bewußt aufnimmt. Es ist der Goethe der ersten Weimarer Jahre. Gewichen ist das Burschikos-Übermütige des Gedichts *An Schwager Kronos.* Die Bildfolge in ihrer Anschaulichkeit ist keineswegs realistisch, sondern eher visionär. Der Held ist anfangs Kaufmann, später ist er – symbolisch-monumental – Steuermann; er ist im Sturm auf hoher See, die Seinen aber sehen ihn vom Ufer. Eben hierin besteht das Verdichtende, eine Verbindung nur weniger symbolischer Motive, ähnlich wie in der *Harzreise.* Die Beziehung zum Biographischen liegt auf der Hand. Noch einmal, bevor er vergeht, leuchtet hier der Stil des Sturm und Drang in der Fülle seiner Farben und seiner Bewegtheit; noch einmal hören wir die kühnen Sprachzusammenziehungen, die den Wirkungszusammenhängen der Welt unmittelbarsten Ausdruck geben; es heißt nicht „Durch das Jauchzen der Matrosen wurden wir dem Schlaf entrissen", sondern *dem Schlaf entjauchzt' uns der Matrose.* Am Schluß der bewegten Bilderfolge steht die ruhig-feste Gestalt des Steuermanns; hier kann man ahnen, daß aus diesem kraftfreudigen, schäumenden Sturm und Drang einmal die Klassik werden mußte. – Motivverwandtschaft mit einem Brief an Lavater vom 6. 3. 1776: *Ich bin nun ganz eingeschifft auf der Woge der Welt – voll entschlossen: zu entdecken, gewinnen, streiten, scheitern oder mich mit aller*

Ladung in die Luft zu sprengen ... Am gleichen Tage im Brief an Johanna Fahlmer: *Sorgt nicht für mich ... beruhigt Euch ein vor allemal ... Soviel ist's: ich bleibe hier ...* (HA Briefe Bd. 1, S. 209f.) – Gode-von Aesch, A., Goethe's „Seefahrt". Monatshefte (Madison, U.S.A.) 41, 1949, S. 65–70.

S. 50. HARZREISE IM WINTER. Text nach der Handschrift, die Goethe für den Druck der *Schriften 1789* eigenhändig zusammenstellte. Die Reise fand vom 29. November bis 15. Dezember 1777 statt. Die Anfangsworte des Gedichts tauchen in Goethes Tagebuch schon am 2. Dezember auf. In der *Campagne in Frankreich* sagt er, daß er die ersten Strophen in Ilfeld geschrieben habe (Bd. 10, S. 327, 27ff.). Das Ganze ist also auf der Reise begonnen und noch während der Reise oder bald danach fertig geworden. Zu dem Anfangsmotiv sagt das Wörterbuch von Goethes Zeitgenossen Adelung (1774–1786): „Geier: Benennung verschiedener großer Raubvögel"; und das Dt. Wb. 4, 1,2 (1897): „Geier: volksmäßig von jedem großen Raubvogel, er mag zum Falken- oder Habichtgeschlecht gehören". Das Gedicht beginnt mit dem Bild des Vogels, der nach unten blickend viel überschaut. Ähnlich äußerte sich Goethe bald darauf bei seiner Reise an den Oberrhein 1779, auf der er mehrere Menschen sah, die ihm wichtig waren. Er schreibt da: *Ungetrübt von einer beschränkten Leidenschaft treten nun in meine Seele die Verhältnisse zu den Menschen, die bleibend sind, meine entfernten Freunde und ihr Schicksal liegen nun vor mir wie ein Land, in dessen Gegenden man von einem hohen Berge oder im Vogelflug sieht.* Das steht in einem Brief an Frau v. Stein (28. Sept. 79; HA Briefe 1, S. 274), und an diese dachte Goethe auch, als er die *Harzreise im Winter* schrieb. Das Bild der *Vogelperspektive* benutzt er in *Dichtung und Wahrheit* für die Dichtung allgemein (Bd. 9, S. 580), ähnlich in den *Lehrjahren* (Bd. 7, S. 83, 20f.). In dem Gedicht sieht er Gestalten und Erlebnisse also aus solcher *Vogelperspektive*, die einzelnen Motive ins Auge fassend und nach einer inneren Melodie reihend. Das Biographische ist gut bekannt: Goethes Harzreise, auf der er mehrere Bergwerke besichtigte, viele Menschen, Orte, Herbergen sah, den Brocken bestieg und immer wieder an Charlotte v. Stein dachte. Vergleicht man Tagebuch und Briefe mit dem Gedicht, so wird deutlich, wie sehr das Gedicht auswählt und sich nur in Symbolen bewegt. Goethe hat sich über dieses Gedicht mehrfach geäußert (während er über manche anderen Gedichte vollkommen geschwiegen hat), zunächst in den Erläuterungen, die er 1821 niederschrieb, um Kannegießers Auslegung zu ergänzen (in dem vorliegenden Bande S. 392–400). Sodann in seiner *Campagne in Frankreich*, weil er dort auf Plessing zu sprechen kommt, den er auf der Harzreise in Wernigerode besucht hatte (Bd. 10, S. 325–328). Während er hier nur das Motiv der menschlichen Begegnung aufnimmt, hat er in der *Farbenlehre* das Naturmotiv des Schlusses aufgegriffen. Der winterliche Sonnenschein auf dem verschneiten Brocken mit dem rötlichen Licht bei niedrig stehender Sonne und den entsprechend grünen Schatten hatte ihn so beeindruckt, daß es ihm immer im Gedächtnis blieb, und er spricht deswegen darüber in seiner *Farbenlehre § 75* (Bd. 10, S. 348). Goethe hat seiner Art nach in diesen Äußerungen sachlich und biographisch Erläuterndes zu dem Gedicht gebracht, aber über den künstlerischen Charakter des Werks geschwiegen. Von den vielen visuellen Impressionen der Reise sind nur wenige ausgewählt: der schwebende Raubvogel (1), das Dickicht (19), die abseits verschwindende Gestalt (29 ff.), die einsamen Wege bei Dunkelheit (68 ff.), der Berg im Schnee (78 ff.); hiermit verbindet sich die Betrachtung über den Liebenden, Glücklichen (9–11, 60–81), den Unglücklichen (12–16, 29–50) und die Freunde (51–59), die in ihrer Schar einen Gegensatz bilden zu dem Einsamen aber Liebenden (19–28, 51–65). Bei dem Melancholiker denkt Goethe an Plessing, der ihm geschrieben hatte. Er hat über seinen Besuch bei ihm selbst berichtet. Die Beziehung zu dem Herzog und seinem Jagdgefolge (51 ff.) hat er nur angedeutet, die zu Frau v. Stein hat er in dem, was er zu dem Gedicht gesagt hat, verschwiegen. – Das Gedicht spricht in Freien Rhythmen mit zwei bis vier Hebungen, ohne Reim, in Strophen gegliedert, die sich dem Inhalt anpassen und deswegen unregelmäßig sind. Die Themen werden variiert. Das Bild des Glücklichen, das zu Beginn kurz auftaucht (9 f.), wird später (60 ff.) verändert aufgenommen; das Bild des Unglücklichen (12 f.) ebenfalls (29 ff.). Gegen die *Reichen* in der Stadt (22–28) wird der *Einsame* (60) gesetzt, er aber wiederum als der Glückliche abgehoben von dem anderen Einsamen, dem Unglücklichen. Der Grund, warum der einsame Dichter glücklich ist, wird deutlich gesagt im Bilde der *Goldwolken* der *Liebe* (60–65). Aber schon vorher ist von der Liebe die Rede (43 ff.) und vom dem *Vater der Liebe*. Ein religiöser Klang geht durch das ganze Gedicht und steigert sich zum Schluß, sodaß der Berg *Altar des lieblichsten Danks* wird. Vergleicht man Goethes Tagebuch, so sieht man auch dort religiöse Motive, er zitiert am 10. Dezember Psalm 8,5 „Was ist der Mensch, daß Du sein gedenkest" und schreibt am 4. Dezember an Frau v. Stein: *Die Götter wissen allein, was sie wollen und was sie mit uns wollen, ihr Wille geschehe.* (Briefe 1, S. 242) Das Motiv des Einsamen aber Glücklichen (60) ist vorbereitet durch die Sätze über den *Vater der Liebe* (44). Die Liebe ist irdisch und himmlisch zugleich. Das Göttliche hat sich offenbart in der Liebe und in der Natur. So kann der Dichter abschließend angesichts eines großen Naturanblicks seinen Dank sagen. – Die *Harzreise* ist das letzte der großen Jugendgedichte in Freien Rhythmen. Sie berührt sich mit dem ersten, dem *Sturmlied*, und auch mit *An*

Schwager Kronos: Jedesmal Wanderung, Beobachtung, Empfindung – Innen und Außen zugleich. Dieses Subjektive verbindet die *Harzreise* mit den früheren Gedichten und hebt sie ab von den weltanschaulichen Gedichten wie *Grenzen der Menschheit,* die einige Jahre später folgten (S. 143–149). Der Sturm und Drang reicht als Lebensgefühl und als dichterische Form noch in die ersten Weimarer Jahre hinein. – Zu den Einzelheiten: 12–18 *wem aber Unglück*: der Unglückliche sträubt sich gegen die ihm auferlegte Bedingtheit des Lebensfadens (dieser etwa im Sinne des *Daimon* der *Urworte, orphisch* S. 403 f.), doch von diesem ihm *vorgezeichneten* (8) Lebensweg kann er nicht gelöst werden, *nur einmal* durch den Tod, und dieser, obwohl er ein unglückliches Leben endet, ist dann *doch bitter.* – 19 *Dickichtsschauer*: Das Wort „Schauer" wird von Goethes Zeitgenossen Adelung in seinem „Wörterbuch" erläutert: „ein Ort, wo man vor der rauhen Witterung bedeckt ist, Schutz". Goethe benutzt es in der Bedeutung „geschützte Stelle" in der *Campagne* Bd. 10, S. 231, 38 und in der *Italienischen Reise* Bd. 11, S. 295, 20. – 20 *das rauhe Wild*: das Wild mit dem Winterfell. Dt. Wb. 8, Sp. 264. – 21 *Sperlingen*: nicht Haussperlinge, sondern Rohrsperlinge, von denen man – immer noch Aristoteles folgend – annahm, daß sie in Sümpfen überwintern. Das hat schon Kannegießer vermerkt und Goethe (S. 395, 2) bestätigt. – 22 *die Reichen*: sie gehen von ihren Landsitzen im Winter in die Stadt. Die Bezeichnung der Winterquartiere als *Sümpfe* ist kritisch herabsetzend. – 53 *die Brüder der Jagd*: gedacht ist hier an die Jagdgesellschaft des damals zwanzigjährigen Herzogs Carl August, die zu dieser Zeit in der Gegend von Eisenach war. – 57 *Rächer des Unbills*: die Wildschweine hatten viel Unheil auf den Feldern angerichtet, doch nach den damaligen Gesetzen durften die Bauern nichts gegen sie tun außer sie mit Stöcken vertreiben. Der Herzog liebte die Wildschweinjagd, Goethe war ganz gegen die Duldung der Wildschweine. Er hat das in einem Brief an Carl August eindeutig ausgesprochen (Briefe HA Bd. 1, S. 466 f.) und auch im Gedicht *Ilmenau* erwähnt (S. 107, Zeile 16). – 68 *Furten*: Adelung erläutert: „ein seichter Ort im Wasser, wo man durch dasselbe fahren, reiten oder gehen kann" (Bd. 2, 1808, Sp. 371). Man muß an den Zustand der damaligen Straßen bei Schneeschmelze im Gebirge denken; Goethe erwähnt sie in seinen Briefen an Frau v. Stein (Briefe HA 1, S. 241, 15 ff.). – 68 *bei Nacht*: abends nach dem Dunkelwerden. Bei Goethe häufig in dieser Bedeutung, nach süddeutschem Sprachgebrauch. An Frau v. Stein 9. Dez. 77 aus Altenau: *Um halb viere fängts schon hier an Nacht zu sein.* – 78. *des gefürchteten Gipfels*: es galt im 18. Jahrhundert als äußerst gefährlich, im Winter den Brocken zu besteigen. – 80 *mit Geisterreihen*: der Brocken war seit alter Zeit ein Ort, an den sich viele Sagen knüpften; dort, am „Blocksberg", versammelten sich angeblich allerlei Geister und Gespenster zu Tänzen. Deswegen später in *Faust*: *Die Hexen zu dem Brocken ziehn* (3956). – 82. *mit unerforschtem Busen*: der Brocken war noch nicht durch Stollen erforscht, ob er abbauwürdige Metalle barg. – 87 *aus den Adern deiner Brüder*: aus den Metall-Adern der kleineren Harzberge wurden Silber und andere Metalle gewonnen, sodaß man sagen konnte, daß die *Reiche und Herrlichkeit* der Menschen von dort versorgt würden.

Ergänzend vor allem Goethes Äußerungen S. 392–400 und die Anm. dazu S. 779. – Rilkes Sätze über die *Harzreise* stehen in einem Brief vom 8. Februar 1912 (Rilke, Briefe aus den Jahren 1907–1914. Lpz. 1939. S. 201 f.). – Über das Überwintern einiger Vogelarten (Schwalben, Rohrsperlinge) in Sümpfen schrieb Aristoteles in seiner „Geschichte der Tiere". Im 18. Jahrhundert vertrat noch der Naturwissenschaftler Jacob Theodor Klein diese Meinung (Historie der Vögel, Danzig 1760). Auch Kant übernahm sie (Physische Geographie. Akad.-Ausg. Bd. 9, 1923, S. 355 f.). Erst seit etwa 1800 wurde diese Theorie bestritten, z.B. von Friedrich Tiedemann, Anatomie und Naturgeschichte der Vögel. Bd. 2, Heidelberg 1814, S. 580–603.

Goethe über Kannegießers Interpretation: S. 392–400. – Facsimile von Goethes Handschrift: (Jb.) Goethe 3, 1938, S. 94/95. Auch in: Goethe, Vermischte Gedichte. Handschrift-Facsimile. Hrsg. von K.-H. Hahn. Lpz. 1984. – Neudruck des Kommentars von Kannegießer durch A. Herwig in (Jb.) Goethe 24, 1962, S. 224–236. Dort auch Näheres über die noch im 18. Jahrhundert aufrecht erhaltene Theorie des Überwinterns einiger Vogelarten in Sümpfen. – A. Heusler, Dt. Versgeschichte 3, 1929, S. 304–306. – A. Pfennings, Goethes Harzreise im Winter. Münster 1904. – Paul Alverdes, Gespräch über Goethes Harzreise im Winter. (Jb.) Goethe 3, 1938, S. 85–94. – Harry Mielert, Das innere Gesetz der Harzreise im Winter. (Jb.) Goethe 6, 1941, S. 168–181. – Tecchi S. 9–71. – M. Scherer in: Wege zum Gedicht, hrsg. v. Hirschenauer, 1956, S. 130–135. – Heinrich Henel, Der Wandrer in der Not. Dt. Vjs. 47, 1973, S. 69–94. – Albrecht Schöne, Auguralsymbolik. GJb. 96, 1979, S. 22–53. Wiederholt in: Schöne, Götterzeichen, Liebeszauber, Satanskult. München 1982. – Jochen Schmidt, Harzreise im Winter. Dt. Vjs. 57, 1983, S. 613–635. – Jochen Schmidt, Die Geschichte des Genie-Gedankens. Bd. 1. 2. Aufl. Darmstadt 1988. S. 282–303. – Wolf v. Engelhardt in: GJb. 104, 1987, S. 192–211. – Helmut G. Hermann, Goethe-Bibliographie. 1991.

DIE KÜNSTLERGEDICHTE

Es kommt öfters vor bei großen Künstlern, daß zugleich mit einem überragenden Werk ein zweites entsteht, etwas abgewandelt im Ton, vielleicht etwas anspruchsloser, doch in der Tiefe mit jenem verbunden. So steht neben Goethes großen Jugendhymnen ein zweiter Gedichtkreis der gleichen Zeit, die Künstlergedichte. Sie knüpfen an das Geniethema der Hymnen an und führen es fort in die Welt des Künstlers im einzelnen, seine Seele, seine Werkstattarbeit, seinen Alltag. Und zwar ist es fast immer der bildende Künstler, der Maler. Das ist wohl durch zweierlei begründet. Es ist für Dichter, wenn sie das Künstler-Sein darstellen wollen, leichter, die Objektivität zu finden, indem sie den Künstler des anderen Fachs, den Maler oder Musiker darstellen. Sodann lebt hier Goethes nie ganz zum Zuge kommendes Malertum sich aus.

Daß Goethe in dieser Zeit zum Dichter des Künstlertums wurde, ist begründet in der neuzeitlichen Auffassung des Künstlers, die damals begann. Bald darauf wurde Hölderlin zum Dichter der Dichtung und wurden die Romantiker – Wackenroder, Hoffmann u. a. – zu Dichtern des Musikertums. Der Künstler kann durch seine Erkenntnis der Natur *dieses enge Dasein hier zur Ewigkeit erweitern,* wie es das *Lied des physiognomischen Zeichners* (S. 53) ausspricht. Im Einmaligen erkennt er das Allgemeine, im unmittelbar Gegebenen das Ewige.

Dieses Bild der Kunst und des Künstlers war etwas Neues und war selbst eine künstlerische Konzeption. Die Dichtung war darum ein Mittel, dies darzustellen; das geschah in den Künstlergedichten der Jahre 1773–74. Ein anderes Mittel, das neue Bild der Kunst und des Künstlers auszusprechen, war die Theorie. Auch von diesem Wege hat Goethe damals Gebrauch gemacht. Gedichte und Abhandlungen sprechen die gleichen Vorstellungen aus und ergänzen sich gegenseitig. Das Sendschreiben *Zum Shakespeares-Tag* vom Herbst 1771 sagt, daß aus dem großen Künstler *die Natur weissagt* (Bd. 12, S. 227, 4f.). Der Aufsatz *Von deutscher Baukunst,* 1772, legt dar, daß ein Kunstwerk nicht auf Grund von Regeln entstehe, sondern aus dem Innern des Genies als harmonisches Ganzes. (Bd. 12, S. 11ff.) 1775 regte Goethe seinen Jugendfreund H. L. Wagner an, ein Werk von Sebastian Mercier zu übersetzen, da dessen Gedanken über charakteristische Kunst sich z. T. mit denen des deutschen Sturm und Drang berührten. Dem Druck, 1776, fügte er zwei eigene Aufsätze bei (Bd. 12, S. 23ff. und 28ff.) und eine Einleitung, in welcher das für die Kunstanschauung der Folgezeit entscheidende Wort von der *inneren Form* fällt. (Bd. 12, S. 22, 16) Diesem Buch gab er ferner 5 seiner Künstlergedichte bei. (Vgl. die Anmkg. zu Bd. 12, S. 23ff.) Hier also, neben theoretischen Schriften, sind sie zum ersten Mal gedruckt.

Die Kunstschriften dieser Epoche sprechen ahnend aus, daß ein großes Kunstwerk etwas Organisches sei. Die *innere Form, die alle Formen in sich begreift,* (Bd. 12, S. 22, 16f.) sei der gestaltende Kern. Im Kunstwerk sei alles *wie in Werken der ewigen Natur ... alles Gestalt, und alles zweckend zum Ganzen.* (Bd. 12, S. 12, 8–10) Hier ist der noch unentfaltete Keim des in späteren Jahren zur Klarheit kommenden Gedankens, daß der Künstler durch *Antizipation* Gesetze der Natur in sich trage, bevor er sie durch Beobachtung gelernt habe. (Bd. 8, S. 126, 7–11; Bd. 10, S. 431, 1–4) Von Hamann und Herder angeregt spricht der junge Goethe davon, daß da, wo ein Kunstwerk ursprungsnah sei (er denkt, Herder folgend, an Volkskunst und primitive Kunst, Bd. 12, S. 13, 16–27), es ein *charakteristisches Ganzes* ausmache, und: *Diese charakteristische Kunst ist nun die einzige wahre.* (Bd. 12, S. 13, 28) Daraus ergibt sich die Frage, wie auch in der Gegenwart, die durch soviel Theorie und Tradition belastet ist, eine ursprungsnahe, charakteristische Kunst möglich sei. Darum einerseits der Hinweis auf genaues Betrachten der Wirklichkeit – *Ehr' jede krüpplige Kartoffel, Erkenne jedes Dings Gestalt* (S. 92) – und anderseits auf tiefes Hineinhorchen in das Ich, da nur auf diese Weise etwas der Volksdichtung und der antiken Dichtung Kongeniales geschaffen werden könne.

Aus der neuen und hohen Auffassung der Kunst heraus erscheint der Künstler als der höchste Mensch. Überschwenglich wird er – mit einer Übertragung christlich-religiöser Begriffe – bezeichnet als *Gesalbter Gottes* (Bd. 12, S. 14, 5). Diese Generation prägte den Gedanken, daß Künstler-Sein eine besondere Lebensform sei, und nirgendwo ist das damals so deutlich ausgesprochen und so lebendig gestaltet wie in dieser Gedichtgruppe (die ich als die „Künstlergedichte" bezeichne). Diese Gedichte sprechen davon, daß Kunst das ganze Dasein des Künstlers formt und daß er nur schaffen kann, weil er von vornherein dafür geschaffen ist. Sie zeigen, wie der Künstler empfindet, ringt, leidet, schafft und genießt. Das ist seither oft dargestellt worden. Als Goethe diese Gedichte schrieb, war es neu.

Diese Auffassung von Kunst und Künstler, mit mancherlei Übertreibungen vorgetragen, stand natürlich im Gegensatz zu allem, was sonst galt, zumal in den Kreisen des Rationalismus. Der Maler und Baumeister war bisher eine Art höherer Handwerker gewesen, der Schriftsteller ein Gelehrter, der in „Nebenstunden" dichtete. Amusische Geister konnten die Konzeption des Sturm und Drang nicht erfassen, zumal sie sich in Symbolen bewegte, die sich rationalem Zugriff entzogen. Goethe konnte diese Gegensätze nicht in seinen Hymnen zur Sprache bringen, doch die Künstlergedichte waren der rechte Ort dafür. *Es hatt' ein Knab eine Taube zart* (S. 59) und *Ich führt' einen Freund zum Maidel jung* (S. 60) sprechen den Gegensatz zwischen Schöpfertum und zerstörerischer Kritik aus. *Der Adler und die Taube* (S. 57) und *Ein Gleichnis* (S. 59) setzen den Künstler ab gegen den Philister. Dem Kreise dieser Kunst-Dialoge steht das Gespräch zwischen Faust und Wagner nahe, in der Fassung des „Urfaust" mit dem Gegensatz der alten barocken und der neuen vom Genie-Gedanken bestimmten Kunsttheorie. Wagner glaubt an die objektiv richtige Form, den *Vortrag*, nach Regeln gebaut, dadurch will er sittlich wirken, *durch Überredung* den Hörer *zu guten*

Dingen hinführen. Faust setzt dagegen das innere Erlebnis: *Kraft* sei allein maßgebend, dann ergebe sich *von selber* die äußere Form (Bd. 3, *Faust* Vers 530ff. und Urfaust Vers 177ff.).

Die Künstlergedichte sind thematisch und stilistisch eine Einheit. Liest man sie alle hintereinander, so erläutern sie sich wechselseitig. Sie entstanden innerhalb einer ziemlich kurzen Zeitspanne in den Jahren 1773 und 1774. Nur die *Apotheose* folgte als Nachzügler erst 1788. Ihre Sprache hat nicht die Pracht und Feierlichkeit der Hymnen, die wäre hier auch nicht am Platze; aber sie hat verwandte psychologische Unmittelbarkeit, zumal da, wo der künstlerische Schaffensakt dargestellt ist wie in *Künstlers Morgenlied.* Um die Gegensätze der Kunstanschauungen und Lebensformen herauszuarbeiten, ist das Wechselgespräch die einfachste und treffendste Form. Die Gedichte sind stark dialogisch und führen bis zum Dramatischen in *Künstlers Apotheose.*

Fünf der Künstlergedichte erschienen in dem Druck von Mercier-Wagner, die übrigen verstreut in Zeitschriften und Musenalmanachen. Goethe hat sie später für seine Gedichtsammlungen mildernd überarbeitet. Doch zum Wesen dieser Künstlergedichte gehört das Frische, Kühne, Stürmische. Sie sind deswegen hier nach den frühen Fassungen abgedruckt. (Abweichungen der Endfassungen in den Anmerkungen.)

Vgl. Bd. 10, S. 50, 6–20. – Bd. 12, S. 7–28; 224–227 u. Anmerkungen. – Das Werk von Mercier-Wagner, „Neuer Versuch über die Schauspielkunst. Mit einem Anhang aus Goethes Brieftasche", Lpz. 1776, ist 1967 in einem fotomechanischen Neudruck erschienen, hrsg. von Peter Pfaff.

Dem Kreis der Künstlergedichte nahestehend ist das Gedicht *Freuden des jungen Werthers;* es hat anderseits aber auch Beziehung zu den Gelegenheitsgedichten, da es eine Polemik aus einem einmaligen Anlaß ist. Entstanden ist es wahrscheinlich zu Beginn des Jahres 1775. Damals war soeben Friedrich Nicolais Werk „Freuden des jungen Werthers" erschienen. (Vgl. Bd. 6, Quellen und Daten zur Geschichte des *Werther*-Romans.) Darin wird dargestellt, daß Albert von seinen Ansprüchen an Lotte zurücktritt; Lotte heiratet Werther, bekommt nach 10 Monaten ein Kind und Werther wird glücklich. Das Gedicht ist im folgenden nach Goethes eigenhändiger Handschrift in der Gedichtsammlung für Frau v. Stein gebracht. (Über die Handschriften und Einzeldrucke: WA 5, 2 S. 277–280 und Eugen Wolff, Der junge Goethe S. 188f. und 633–635.) Im Weimarer Kreise hat man den schlagkräftigen Witz und die glänzende Formulierung (mit ihrer Ausnutzung der verschiedenen Reimstellungen für die Pointen) wohl zu würdigen gewußt, denn es gibt Abschriften von Herder, Frau v. Stein und Fräulein v. Göchhausen, die der Drastik des Gedichts gegenüber also nicht zimperlich waren.

Freuden des jungen Werthers.

Ein junger Mensch, ich weiß nicht wie,
Starb einst an der Hypochondrie
Und ward denn auch begraben.
Da kam ein Schöner Geist herbei,

Der hatte seinen Stuhlgang frei,
Wie's denn so Leute haben.
Der setzt notdürftig sich auf's Grab
Und legte da sein Häuflein ab,
Beschaute freundlich seinen Dreck,
Ging wohleratmet wieder weg
Und sprach zu sich bedächtiglich:
Der gute Mensch, wie hat er sich verdorben!
Hätt er geschissen so wie ich,
Er wäre nicht gestorben!

S. 53. AN KENNER UND LIEBHABER. Text nach der Gedichtsammlung für Frau v. Stein 1777. Entstanden vermutlich 1774. Erster Druck: Der teutsche Merkur 1776. Dann: *Schriften 1789.* Überschrift *Monolog des Liebhabers.* 1 *nutzt* 2 *Vor deinen Augen* 3 *nutzt dir* 5 *Schöpfungskraft.* Daß Schöpferkraft das Höchste im Menschen sei, sagen ganz kurz, fast nur als Gedankensplitter, aber stark stimmungserregt Verse, deren reimfreie Form der Überzeugung, daß Kunst etwas Naturhaft-Quellendes sei, recht eigentlich entspricht. Die Änderung des Titels ist einschneidend: In der Frühform spricht der Künstler, aus Schaffensrausch und Schaffensglück heraus, in der Spätform der Liebhaber in schmerzlichem Verzicht.

S. 53. LIED DES PHYSIOGNOMISCHEN ZEICHNERS. Entstanden 1774. Text nach Goethes Handschrift des Gedichts in einem Brief an Lavater vom Dezember 1774. Erster Druck: Lavater, Physiognomische Fragmente, Bd. 1, 1775. Titel *Lied eines physiognomischen Zeichners.* Dann: *Schriften 1789.* Überschrift *Künstlers Abendlied.* Das ganze Gedicht ist hier in 4zeilige Strophen aufgeteilt. 1 *Ach, daß* 6 *Und kann* 9 *Bedenk' ich dann* 13 *Wie sehn' ich mich* 14 *Dich treu und lieb* 17 *alle meine Kräfte.* Am 5. Dezember 1774 schrieb Goethe an Merck einen Brief in Versen, beginnend *Mein altes Evangelium Bring' ich dir hier schon wieder* ... Vers 13–32 dieses Briefgedichts sind identisch mit dem *Lied des physiognomischen Zeichners.* Aber in der viertletzten Zeile heißt es *Wirst alle meine Kräfte,* ebenso im späteren Druck. Der Sinn in der 1. Fassung ist: In meinem Geiste werden mir deine Kräfte immer klarer, immer durchsichtiger (heiterer) werden, und dadurch wird dieses mein Dasein . . . usw. In der 2. Fassung: Der Umgang mit dir, Natur, wird meine gesamten Kräfte geistvoller machen, steigern usw. Das Wort *heiter* hat bei Goethe immer die Bedeutung klar, rein, geistig, vom Materiellen ins Geistige sich steigernd. – J. C. Lavater, dem Züricher Theologen, der damals noch ein freies, mehr in Gesinnung und Tat als in dogmatischer Sicherheit beruhendes Christentum vertrat, war Goethe seit der gemeinsamen Rheinreise 1774 sehr nahe gekommen. (Bd. 10, S. 15ff., 135ff., 154ff. u. Anmkg.) Lavater bereitete in dieser

Zeit seine ,,Physiognomischen Fragmente" vor. Die Körperformen, vor allem aber die Köpfe von Menschen – und mitunter auch von Tieren – werden betrachtet, um daraus auf ihr Wesen zu schließen. Das Ganze besteht aus vielen bunt gereihten Einzelkapiteln, ,,Fragmenten". Es ist durchaus unwissenschaftlich, hat aber feinnervige künstlerische Einfühlung, die mitunter zu treffenden Wahrnehmungen und Formulierungen führt. Lavater sucht das Göttliche im Menschen, und da Gott den Menschen ,,sich zum Bilde" schuf, glaubt er, daß Physiognomik zur Menschenkenntnis und damit Menschenliebe führe und alle empfindsamen Gefühle der Sympathie befördern müsse. Er selbst nennt sein Ziel ,,Gefühl der Menschenwürde; Freude an der Menschheit; Anschaubarkeit Gottes im Menschen ..." (Einleitung zu Buch II). Das Organ dazu ist das Auge. Alles in der Natur spricht Geist aus. Das ist eine symbolische Weltschau, die der des jungen Goethe nahesteht, für den die Natur *der Gottheit lebendiges Kleid* (Urfaust 156) ist. Die ,,Physiognomischen Fragmente" enthalten zahlreiche Kupferstiche. Goethe selbst übte sich damals im Bildniszeichnen, um das physiognomisch Individuelle zu erfassen und im optischen Eindruck ein tieferes Innerliches sichtbar zu machen. Aus diesem Zusammenhang ist die Überschrift zu verstehen, die Goethe später änderte. – E. v. d. Hellen, Goethes Anteil an Lavaters Physiognomischen Fragmenten. Frankf. a. M. 1888. – Goethe u. Lavater. Hrsg. v. Heinrich Funck. Weimar 1902. = Schr. G. Ges., 16.

S. 54. KÜNSTLERS MORGENLIED. 1773 oder 1774. Erster Druck: Mercier-Wagner 1776. Hiernach der Text. Andere Fassungen, jedesmal mit neuen Änderungen, in der Gedichtsammlung für Frau v. Stein 1777, in den *Schriften 1789* und in den *Werken 1806.* Unterschiede der Endfassung: 1 *Der Tempel ist euch aufgebaut* 8 *Im heil'gen* 13 *Altar hin* 17 *Und wenn er* 23 *Feinde wälzen* 27 *Bis dann* 28 *Götterhand* 29 *Ab auf den Rogus niederstürzt* 33/34 *Da greif' ich mutig auf, es wird Die Kohle zum Gewehr* 38 *Feindeswut* 44 *Tränenwut* 46 *tragt ihn fort* 54 *Und schmachtetest mich an* 56 *Zum Griffel* 71/72 *O fliehe nicht die rauhe Brust, Mein aufgerecktes Ohr!* 80 *Am Bettfuß.* Schwerer als die antithetischen Themen, welche *innre Schöpfungskraft* gegen Regelkunst, Schöpfertum gegen Kennertum, Künstler gegen Philister setzen, war das Thema dieses Gedichts darstellbar: der Schöpfungsakt selbst. Aus der neuen Kunstauffassung ergab sich diese Aufgabe, darzustellen, wie die *innre Schöpfungskraft* zum Werk wird, was dabei im Künstler vorgeht. Das hatte noch niemand gestaltet. Das Barock konnte es nicht tun aus seiner völlig entgegengesetzten, nur vom Werk ausgehenden Fragestellung. Klopstock war nicht in dieses Gebiet vorgedrungen. Goethes Hymnen waren dafür nicht der rechte Ort. Doch dieses Gedicht wagt das neue Thema, und darin liegt seine Besonderheit und seine Bedeutung. Keins der Künstlergedichte steht den Hymnen so nahe, denn hier braucht die Sprache äußerste psychologische Echtheit für den jubelnden Schaffensrausch. Daher die kühnen Zusammenziehungen, Satzverwirrungen, Bildüberschneidungen. Der Ton ist, wie bei Goethe oft, einen Grad leichter als das Gewicht des Themas erwarten ließe. Große Kunst wird von dem Maler wie eine religiöse Offenbarung verehrt, so die antiken Statuen in seiner Werkstatt (7), so Homer (16); bei dessen Lesen entsteht ein bewegtes Bild vor seinem inneren Auge (17–32), er liest weiter, und ein neues in ihm entstehendes Bild beginnt er zu zeichnen (33–48). Der Zustand der Begeisterung äußert sich mittelbar in der bewegten Sprache. Der Schaffensrausch klingt ab, der Blick fällt auf das Bildnis der Geliebten (49). Auch hier faßt das Gedicht nur den Zusammenhang, wie das innerliche Liebeserleben zum Schaffen wurde (56). Das Bild der Geliebten verschmilzt dem Maler mit Bildmotiven seiner geistigen Welt; sie ist Madonna (67), Nymphe (69) und Venus (74). Das homerische Motiv des liebenden Paares (73–80) ist für das frische, männliche, künstlerhaft-freie Gedicht der rechte Schluß: bildhaft, unpathetisch, glückstrahlend, übermütig. Diese offene Form, diese Bildfülle, dieses Unbefangen-Hingeworfene ist Atelierwelt: Skizzenhaft, unmittelbar, noch mit dem Duft der Farbe; hier sind die Werke noch nicht vom Schöpfer losgelöst. Im Schaffensakt verschmelzen Ich und Gegenstand: Der Künstler ist mit im Getümmel (17/18), er schreit mit auf (37), er drängt sich hindurch (41). Er ist der Betende (65–68), ist der Faun (69–72), ist Mars. Die sprachliche Formulierung bringt – vorwärtstastend ehe der Schaffensrausch vergeht – stellenweise Aneinanderreihung nur mit *und* (17–26), und faßt das ganze erste Bild (17–32) in einen einzigen Satz: das *Und wenn* (17) wird erst im *Da* (33) aufgenommen. – 17–32 eine Kampfszene wie Ilias Buch XVI und XVII. – 24 *Er* Patroklos. 27–30: Apollo trifft Patroklos, dieser sinkt auf die Leichen der von ihm getöteten Feinde, die nun sein eigener Scheiterhaufe *(rogus)* sind. 29 *'rab* = herab. 36–46: Kampf um die Leiche des Patroklos. 47/48: Der Tote wird mit Öl balsamiert; das Beweinen ehrt sein Gedenken. 73 ff.: Anspielung auf die in der Odyssee VIII, 339 ff. erzählte Geschichte, wie Mars bei Aphrodite schlief. Während dort Hephaistos ein Netz um die Liebenden zieht, will hier der Künstler selbst dies voll Übermut tun und glückstrahlend die Götter fragen, wer von ihnen wohl kommen wolle, um ihn zu beneiden. Und sollte die Eifersucht kommen, so würde er sie an den Bettfuß anbinden. – Die späteren Einzelkorrekturen glätten zwar sprachlich, zerstören aber dabei oft Feinheiten im Zusammenhang der einzelnen Bilder. – Facsimile: Katalog der Sammlung Kippenberg. l. Ausg., Bd. 1, 1928, S. 16f. Vgl. dazu auch S. 3. – Ausführlichere Nachweise der Homer-Beziehungen: Fischer-Lamberg 3, 1965, S. 436f.

S. 56. DER NEUE AMADIS. Text nach: Sammlung für Frau v. Stein 1777. Entstanden vermutlich 1774. Erster Druck: Iris 1775. In den *Schriften 1789* wenig verändert: 21 *Götterbrot* 28 *zu schnelles* Hier setzt die *Ausg. l. Hd.*: *Sie zurück vom schnellen Fliehn?* – Das Gedicht gehört nicht unmittelbar zu den Künstlergedichten, läßt sich hier aber am besten einfügen, da es die Phantasie besingt, die wichtigste Gabe des Künstlers, die Goethe auch später noch feierte (S. 144–146). *Amadis* war Held eines Ritterromans des 16. Jahrhunderts, der von Spanien aus über ganz Europa sich verbreitete und als Typ phantasievoller Geschichten bis ins 18. Jahrhundert bekannt blieb. Vergleichbarer Titel: *Die neue Melusine* (Bd. 8, S. 354ff.). *9 Pipi*: In den Feenmärchen von Marie Catherine d'Aulnoy, die im 18. Jahrhundert sehr bekannt waren, gibt es einen Helden „Byby" in dem Märchen vom Delphin. Goethe hat die Geschichte vermutlich als Kind durch Erzählen oder Vorlesen kennengelernt, da wurde „Byby" zu Frankfurtisch *Pipi.* In diesem Märchen kommt auch ein *kristallen Schloß* vor. 18 *obligeant* = verbindlich, freundlich. – Goethe an Frau v. Stein 9. 12. 1777: *Wenn ich so allein bin, erkenn' ich mich recht wieder, wie ich in meiner ersten Jugend war, da ich so ganz allein unter der Welt umhertrieb* ... – In Zeile 5 heißt es bei Goethe *in,* nicht „im". – Otto Glaser, Goethe und die Volksmärchen. (Jb.) Goethe 6, 1941, S. 70–90.

S. 57. DER ADLER UND DIE TAUBE. Text nach dem ersten Druck: Göttinger Musenalmanach 1774. Entstanden wohl nicht lange davor. – Freie Rhythmen zur Darstellung des Genies, dessen Wesen beleuchtet wird durch zwei Gegensätze, den äußeren zum Bürgeridyll und den inneren zu einem Schicksal, das ihm die seelische Schwingkraft nimmt. Wo Größe ist, ist auch größeres Leid, und wer jene bejaht, muß auch zu diesem bereit sein. 4 *Sennkraft* von *Senne* = Sehne. 27 *ruckt* (lautmalend): gurrt 48 *trüb erst* bedeutet „nun erst recht trüb" und wurde, weil ungewöhnlich, später geändert.

In den *Schriften 1789* folgende Änderungen: Titel *Adler und Taube.* 1 *Adlersjüngling* 17 *Unwürd'gem* 18 *tieftrauernd* 20 *er blickt* 22 *Aug'* 23 *kommt* 24 *Dahergerauscht* 34 *guten Mutes* 48 *tief ernst.* – Der Abdruck in den *Schriften* 1789 entspricht ziemlich genau der Handschrift, die Goethe für diese Gedichtsammlung hergestellt hatte. Im Druck beginnt mit Vers 23 eine zweite Strophe; in der Handschrift steht Vers 23 oben auf einer neuen Seite, ist aber etwas eingerückt; im „Musenalmanach" keine solche Gliederung. Vers 43 der „Musenalmanach"-Fassung ist in der Handschrift und dem Druck von 1789 in 2 Verse verteilt, Zeilenende nach *Überfluß.* – A. H. Krappe, Über die Quelle von Goethes „Adler und Taube". Archiv für das Studium der neueren Sprachen. Bd. 174, 1938, S. 24–27.

S. 59. EIN GLEICHNIS. Text nach: Sammlung für Frau v. Stein 1777. Entstanden 1773 oder 1774. Erster Druck: Wandsbeker Bote

1774. In die *Werke* erst 1815 aufgenommen. Überschrift *Autoren. 4 vor.* – 16 *Pränumerieren* = subscribieren (Grimms Wörterbuch 7, 1889, 2069). Zu den Anschauungen des Sturm und Drang gehört durchaus, daß ein Dichter wachsen läßt, was in ihm entsteht, und diese *Naturgabe als ein Heiliges uneigennützig auszuspenden* verpflichtet sei. (Bd. 10, S. 82, 19f.) Daher die scharfe Wendung gegen die rein geschäftliche Schriftstellerei.

S. 59. ES HATT' EIN KNAB'... Text nach dem ersten Druck: Der Wandsbeker Bote 1773. Überschrift dort *Ein Gleichnis.* Entstanden wohl nicht lange vorher. Das Gedicht steht auch in der handschriftlichen Sammlung für Frau v. Stein 1777. In die *Werke* erst 1815 aufgenommen. Titel *Dilettant und Kritiker.* 5 *Täubchen* 10 *Wundern* 13 *mein Täubchen so schön* 14 *Täubchen* 15 *Geht wohl an* 17 *Die Federn, zum Exempel, sind zu kurz geraten* 20 *schwinget nicht.* Das Wort *Dilettant* in der späteren Überschrift bedeutet den Kunstliebhaber im guten Sinne. 12 *strecken*: sich lagern, der Länge nach daliegen (Fischer, Goethe-Wortschatz). – *Faust I*, 590–593, *Wanderjahre II*, 9 (Bd. 8, S. 263, 1ff. u. Anmkg.) und viele andere Stellen von der Jugend bis ins Alter warnen, das Innerste, Geliebte preiszugeben.

S. 60. ANEKDOTE UNSRER TAGE. Text nach der Gedichtsammlung für Frau v. Stein 1777. 1789 in die *Schriften* aufgenommen: Überschrift *Kenner und Enthusiast.* 9 *Nase* 10 *herüber, hinüber* 17 *von meinem Kind* 25 *rief* 38 *Die Eingeweide brannten.* – 2 *genießen* in dem Sinne: eine Freude für sein Auge geben. 5 *Wir fanden sie* ... Die Szenerie absichtlich kleinbürgerlich (wie in Gretchens Zimmer), weil der Sturm und Drang darauf hinweist, daß natürliche Schönheit gerade in den einfachen Volksschichten zu finden sei. 9 *sturt* = starrt 13 *für allen Dank:* anstatt allen Danks. – Das Gedicht stimmt z. T. wörtlich überein mit einem Brief an Jacobi vom 21. August 1774 (HA Briefe 1, S. 166). Dieser Brief beleuchtet den geistigen Zusammenhang, aus welchem das Gedicht entstanden ist, und er gibt wohl auch die Datierung für dessen Entstehen.

In der Handschrift für Frau v. Stein 1777 ist nach Vers 4 der Zeilenabstand etwas größer als normal, deswegen in unserem Abdruck Strophentrennung. In Goethes Gedichthandschrift 1788 geht die Strophe nach Vers 4 weiter, entsprechend in dem Druck von 1789. – V. Hehn, Goethes Gedichte, 1911, S. 210.

S. 61. KENNER UND KÜNSTLER. Text nach der Gedichtsammlung für Frau v. Stein 1777. Erster Druck: Mercier-Wagner 1776. 1789 in die *Schriften* aufgenommen. Nach Vers 3 zwei neue Verse: *Hier scheint es mir zu lang, Und hier zu breit;* 7 *So tot noch alles!* – Die dialogische Form und die Situation – der Künstler vor seinem Werk, neben ihm der Kenner – leitet über zu *Künstlers Erdewallen* (S. 63).

S. 62. DA HATT' ICH EINEN KERL ZU GAST ... Erster Druck: Wandsbeker Bote 1774. Hiernach der Text. Entstanden wohl 1773. In die *Werke* erst 1815 aufgenommen mit der Überschrift *Rezensent.* 10 *firner*: älter.

S. 62. DENK- UND TROSTSPRÜCHLEIN. Handschrift auf der Innenseite einer Zeichenmappe aus Mercks Nachlaß (heute im Hessischen Landesmuseum in Darmstadt), danach gedruckt bei Morris Bd. 4 (1910), S. 161 und bei Fischer-Lamberg 4, 1968, S. 266. Hiernach der Text. Entstanden wohl 1773/74. Erster Druck: Mercier-Wagner 1776. Dann in den *Schriften 1789.* Titel *Guter Rat.* 1 *Geschieht wohl, daß man einen Tag* 2 *Weder sich noch andre leiden mag,* 3 *Will nichts dir nach dem Herzen ein;* 5 *hetze* 7 *bösen Stund'.* Die Umarbeitung bringt also tiefe Eingriffe. Die Frühfassung sagt, daß die schöpferische Stimmung dann da ist, wenn der Künstler Gott und Menschen liebt, so sehr liebt, daß alles ihm *nach dem Herzen dringt,* doch das könne nicht allzeit gleich stark sein, daher solle er geduldig die Stunde der Kraft abwarten. Die Spätfassung mit den Änderungen in Vers 2 und 7 schwächt ab. Das stille Wachsen-Lassen ist durchaus Goethes eigene Haltung in bezug auf seine Werke gewesen.

S. 63. SPRACHE. Text nach dem ersten Druck: Göttinger Musenalmanach 1774. Entstanden wohl 1773. In die *Werke* erst 1815 aufgenommen, unverändert. – Reimfreie Verse, trotz der epigrammatischen Kürze fast hymnisch-begeistert, viertaktig; Vers 5 und 7 am Ende pausiert, also dreitaktig. – Die Sprache an sich ist weder reich noch arm, weder stark noch schwach, darüber soll man nicht viel theoretisieren, denn alles kommt darauf an, wie sie lebt, wie sie benutzt wird. Eine Sprache an sich (etwa im Wörterbuch) ist wie eine vergrabene Urne voll Gold oder ein Schwert im Zeughaus; sie ist nicht Reichtum, nicht Kraft. In Vers 4 hat das Wort *milde* noch die alte Bedeutung „freigebig"; also: greife hinein und spende daraus, soviel du kannst; dann fließt Glück von dir aus, denn dann bist du Schöpfer, bist gleichsam Gottheit. Zu *von dir* ist *Gottheit* als Vergleich, als Apposition, hinzugesetzt; der Vers richtet sich also an das Genie. Herder hatte dieses in seinem Shakespeare-Aufsatz als einen „Sterblichen mit Götterkraft" bezeichnet; und Goethe schreibt in *Nach Falconet und über Falconet: Die Welt liegt vor ihm ... wie vor ihrem Schöpfer* (Bd. 12, S. 24, 34f.), und in *Von deutscher Baukunst: ... in dem Menschen ist eine bildende Natur ... Sobald er nichts zu sorgen und zu fürchten hat, greift der Halbgott ... umher nach Stoff, ihm seinen Geist einzuhauchen.* (Bd. 12, S. 13, 20f.) Die Parallelen zum Gedicht sind deutlich, dort *Gottheit,* hier *Halbgott,* und auch im Aufsatz ohne „wie" eingefügt. Grammatisch ähnlich ist im *Mahometsgesang* Vers 64f. *Zedernhäuser trägt der Atlas Auf den Rie-*

senschultern; oder in *Künstlers Morgenlied* Vers 69 *Und haschen will ich Nymphe dich.* Der Schöpfer also, in dem göttliche Kraft ist, er ist's, in dessen Hand die Sprache stark und groß wird. Der Schöpfer ist *Macht,* und er soll seine Sprachschöpfung für andere gebrauchen. Sprache ist Volkssprache, naturhaft begrenzt auf ihren Menschenkreis, daher hat sie andere Sprachen neben sich. Mit schöpferischer Kraft ergriffen, wird und kann die deutsche Sprache ruhmvoll neben den anderen Sprachen bestehen, die mit dem, was in ihnen ausgedrückt wurde, so großartig Geschichte gemacht haben. – Das Gedicht entstand in einer Zeit, als die Sprache der Wissenschaft noch vielfach das Latein war, und die Sprache der Gesellschaft das Französische, in welchem z. B. Friedrich d. Gr. alle seine Werke schrieb. Die alte deutsche Dichtung war vergessen, und in der neueren war von bedeutenden Werken einzig das Klopstocks vorhanden. – Das Gedicht fängt an, als stünde der Sprecher mitten im Gespräch mit anderen, die über Reichtum und Armut der Sprache hin und her geredet, und nun will er mit seinem Einwurf, mit seinen Fragen (2/3) jenen Dingen auf den Grund gehen. Und es ist in der Tat so: Goethe knüpft an Äußerungen Hamanns, Klopstocks und Herders an, sie hatten über die alte Bezeichnung der Sprache als Geld oder Scheidemünze oder Schatzhaus gesprochen und den Reichtum der deutschen Sprache auf Grund ihres Wort- und Formbestandes erörtert. 1772 schrieb Goethe an Herder: *Dreingreifen, packen ist das Wesen jeder Meisterschaft.* Das kurze Gedicht ist ausgesprochen gedrängt, verdichtend, stellenweise fast dunkel, ist selbst quellende, reiche, kraftvolle Sprache, jedoch ist es sehr scharf gegliedert: erster Halbvers *reich,* zweiter Halbvers *stark,* dazu jedes Mal das Gegenteil; Vers 2 nimmt *reich* auf, Vers 3 *stark;* damit endet der erste, das Problem fassende Teil; der zweite bringt die Lösung, den Hinweis zum Handeln: 4/5 nimmt das *reich* auf, 6/7 das *stark.* Die Parallelismen gehen bis ins einzelne, und darin zeigt sich das Durchdachte, Klare des Ganzen.

Konrad Burdach, Aus der Sprachwerkstatt des jungen Goethe. Zeitwende 2, 1926, S. 123–146; 253–273. Dasselbe abgedruckt in: K. Burdach, Die Wissenschaft von deutscher Sprache. Bln. u. Lpz. 1934. S. 26–69. – Gustav Roethe hat das Gedicht interpretiert in seinem Buch „Die Reimvorreden des Sachsenspiegels" Bln. 1899 (Abhandl. d. kgl. Ges. d. Wiss. zu Göttingen, phil.-hist. Kl., N. F. II, 8), S. 104–107, da er Einfluß Eike von Repkows auf Goethes Gedicht annimmt. – J. Petersen, Goethe und die deutsche Sprache. Jb. d. G. Ges. 17, 1931. S. 1–26. Wiederholt in: J. Petersen, Aus der Goethezeit, Lpz. 1932, S. 69–94. – Ivar Ljungerud, Beitr. zur Goethephilologie. Moderna Språk. Arg. 64, Malmö 1952. S. 179–210.

S. 63. DES KÜNSTLERS ERDEWALLEN. Entstanden 1773 oder 1774. Goethe schrieb 1774 auf seiner Rheinreise das kleine Werk dem Maler Schmoll ins Stammbuch, die beiden Blätter befinden sich jetzt im

Goethearchiv. Hiernach der Text. Erster Druck: Neueröffnetes moralisch-politisches Puppenspiel. Lpz. u. Frankfurt. 1774. In den *Schriften 1789* kam es zwischen die Gedichte in Bd. 8, in der *Ausg. l. Hd.* in den Bd. 13, in welchem Goethe größere Gedichte wie *Auf Miedings Tod, Hans Sachsens Poetische Sendung* usw. unterbrachte, die nicht in den Gedichtbänden 1–4 stehen. Die späteren Änderungen sind nicht wesentlich. Die Handschrift und die späteren Drucke haben nach dem Titel die Bezeichnung *Drama.* Gemeint ist damit nur die Form. Es ist kein Theaterstück, sondern ein Gedicht in dramatischer Gestalt, nur 70 Verse lang, also viel kürzer als etwa *Der Wandrer.* Schon mehrere der Künstlergedichte drängten aufs Dialogisch-Dramatische hin und brachten verwandte Motive. In scharfer Antithetik sind es dort Künstler und Kritiker oder Künstler und Spießbürger, hier Kunstwelt und Alltagswelt. Erst eine Geistigkeit, welche die Künstlerwelt so tief in ihrer seelischen Besonderheit empfand wie die Goethezeit, konnte diesen Gegensatz als so quälend empfinden und entsprechend gestalten, und die Romantik hat hier unmittelbar weitergeführt, zumal Wackenroder (Die Vergötterung des Künstlers) und Hoffmann (Die Not des Künstlers im Alltag). Die Folgezeit war geneigt, in dem Bilde, wie es Goethe entworfen, geradezu eine Typik zu sehen, sehr im Gegensatz zu früheren Jahrhunderten, die überhaupt nicht von „Künstlerschicksal" sprachen, auch einen Dürer als Handwerker sahen, den Aufstieg zum Gesellen und Meister als selbstverständlich nahmen und ein posthumes „Entdecken" nicht kannten.

8 *Venus Urania*: In Platons „Symposion" wird die Göttin der himmlischen (geistigen) Liebe unterschieden von der der sinnlichen Liebe. Jene ist Aphrodite Urania, die mutterlose Tochter des Himmels (Uranos); diese Aphrodite Pandemos, Tochter des Zeus und der Dione. („Symposion" 181 A und 189 D; nach anderer Zählung Kap. VIII, IX und XII; in den Reden des Pausanias und des Eryximachos.) Diese Unterscheidung wurde in neuplatonischen Kreisen weitergeführt. Im 18. Jahrhundert wurde *Venus Urania* die Sinngestalt der Freundschaft und geistigen Liebe, z. B. bei Hemsterhuis. (P. Kluckhohn, Die Auffassung der Liebe in der Literatur des 18. Jahrhunderts. Tüb. 1922. 3. Aufl. 1966. S. 230, 244, 314 u. ö.) – 21 *Kontribution*: Unkosten. – 38 *Das tut's ihm*: das macht etwas aus (Dt. Wb. 11,1,1 Sp. 448). – A. Heusler, Dt. Versgeschichte Bd. 3, S. 341–346.

S. 67. DES KÜNSTLERS VERGÖTTERUNG. Entstanden 1774 auf der Rheinreise. Das Thema lag Goethe im Kopf, und als er um eine Stammbuch-Eintragung gebeten wurde, schrieb er die Szene hinein, obgleich ein gewöhnliches Gedicht geeigneter gewesen wäre. Als Stammbuchblatt machte er die Szene möglichst kurz, nur 25 Zeilen lang, setzte aber dennoch darüber die Bezeichnung *Drama.* Die Blätter sind jetzt im Goethe-Archiv. Danach der Text. Von Goethe selbst nie veröffentlicht. Erster Druck: Briefe Goethes an Sophie La Roche und

Bettina Brentano, hrsg. v. G. v. Loeper, 1879. – 6 *vor 'ner Last* hat v. Loeper eingesetzt, da die Handschrift hier eine Lücke hat; spätere Ausgaben sind ihm darin gefolgt, obgleich es fraglich ist, ob er das Rechte traf.

S. 68. KÜNSTLERS APOTHEOSE. Erster Druck: *Schriften Bd. 8, 1789.* Hiernach der Text. Unter dem Titel der Zusatz *Drama.* Später fast unverändert. Obgleich 1788 entstanden, ist das kleine Werk hier angefügt, da es zu den beiden anderen früheren und zu der ganzen Gruppe gehört. Die *Vergötterung* hatte Goethe nur gelegentlich in einem Augenblick in ein Stammbuch geschrieben; dergleichen galt ihm nicht voll als dichterisches Werk, war auch gar nicht richtig zu Ende geführt, und er besaß wohl auch nie eine Abschrift davon. Aber das Motiv trug er weiter mit sich herum, und es ging ihm damit wie mit allen halbfertigen Werken; er wartete auf die gute Stunde, die ihm die Vollendung schenken sollte. Denn das *Erdewallen* verlangte nach der Ergänzung; *Erdewallen* und *Apotheose* gehören zusammen. *Vergötterung* ist nur ungedruckt gebliebene erste Skizze zur *Apotheose.* Darum gehört die *Apotheose* mit in diese Gruppe, obgleich bei ihrer Vollendung 1788 schon die Italienreise hinter Goethe lag. Weniger die Stimmung des Augenblicks als vielmehr der im ersten Teil bereits festgelegte und seit der früheren Konzeption auch für den zweiten Teil geltende Stil gab die Form, ähnlich wie in der Hexenküchen-Szene des *Faust,* die in Rom entstand. Die Sprache klingt oft noch derb und frisch (1–26), wird aber an anderen Stellen bereits strenger (121–136), und im Gehalt zeigt sich eine in der Jugend noch nicht so ausgeprägte Spannung zwischen Wirklichkeit und Kunst (62–71) und eine Betonung des *Durchdenkens* (93–100). Insofern ist dieses Gedicht Übergang von den Künstlergedichten des Sturm und Drang zur Klassik. Anderseits aber ist es Abschluß für das *Erdewallen* und zugleich für die ganze Gruppe, indem es eine Fülle von Motiven, die in den anderen Künstlergedichten verstreut vorkommen, in sich versammelt. – Die Form ist der Faustvers, anknüpfend an die Jugendwerke, aber oft schärfer aphoristisch formuliert. – 5 *durchs Quadrat*: man teilt beim Kopieren das Original und die eigene Leinwand in Quadrate, um mit Sicherheit jede Linie an ihrem rechten Ort zu haben. – 10 *genestelt* = impotent. Nestelknüpfen verursacht dies nach altem Volksaberglauben; Dt. Wb. VII, 1889, S. 627, 629. – 71 *abbreviert*: abgekürzt, knapp. – 130 *Wenn* = wenn auch. – 168 *Eingeweide* = das Herz, das Innere wie in Mignons Lied *Nur wer die Sehnsucht kennt* Bd. 7, S. 240,7 u. Anm. – 212 *kränkt*: betrübt. – 224 *Rahm*: Rahmen. – 226 *War ich* = wäre ich gewesen. Wie Bd. 7, S. 381,25.

BALLADEN

Goethes Dichtung des Sturm und Drang in Straßburg und Frankfurt brachte nicht nur die großen Hymnen hervor, die etwas völlig Neues waren, und die Lieder, welche die Entwicklung des deutschen Liedes in neue Bahnen lenkten, sondern auch eine Reihe von Balladen. Auch mit ihnen schlug Goethe neue Wege ein.

Es gab bis zum Beginn der 70er Jahre in Deutschland nur die Romanze in der Art der weinerlich-rührenden Versgeschichten von Gleim. Dann aber kam mit dem Sinn für gefühlsstarke und volkstümliche Kunst die Stunde der Ballade. 1765 war in Schottland eine Sammlung alter Volksballaden erschienen „Reliques of ancient English Poetry", zusammengestellt von Thomas Percy, die in Deutschland rasch bekannt wurde. Herder, damals gerade im Zuge, seine neuen Gedanken über diejenigen Dichtungen, für welche er das Wort „Volkslieder" prägte, mitzuteilen, beschäftigte sich mit dieser Sammlung, als er in Straßburg war. Ihm war sogleich klar, daß es in Deutschland ähnliche alte Volksdichtung gebe. Mit dem Spürsinn für Bücher, der ihm immer eigen war, zog er alte Drucke ans Licht. So die 1602 erschienene Sammlung des Paul von der Aelst, die auch damals schon selten war.

Percys Sammlung wurde etwa zur gleichen Zeit auch in Göttingen gelesen von den jungen Dichtern, die zu dem „Hain"-Bunde gehörten. Das Streben des Sturm und Drang nach Kraft, Bewegung, Dämonie, Handlung und Volkstümlichkeit mußte zur Ballade führen. Verschiedene Dichter fanden in der Zeit um 1774 den Weg zu ihr: Hölty und Bürger zur schauererweckenden Geisterballade, Stolberg zur mittelalterlichen Ritterballade. Goethe konnte von diesen Bestrebungen noch nicht wissen, als er mit seinen Balladen begann. Die ersten derselben sind früher als die der Göttinger. Er betrat Neuland. Denn mit den Romanzen in Gleims Art hat er nichts zu tun.

Nur einen Anknüpfungspunkt haben Goethes Balladen: die Volksballade. Die Ballade ist eine alte deutsche Gattung. Balladeske Lieder kannte schon die älteste deutsche Dichtung. Ins Große umgeformt wurden sie zu Heldenepen, ins Enge gezogen zu Volksballaden. Die große Zeit der deutschen Volksballaden war das 15. und 16. Jahrhundert. Die alten Stoffe wurden neu geformt, neue Stoffe kamen hinzu. Sie wurden strophisch gesungen. Manches blieb mündliche Überlieferung. Anderes wurde nun – im Gegensatz zu früheren Zeiten – auch aufgezeichnet und gedruckt. Das Barock schätzte alles Volkstümliche nicht; die alte deutsche Ballade war vergessen. Auch die Aufklärung erinnerte sich ihrer nicht. Was dann Gleim fortführte, waren Romanzen der romanischen Kunstdichtung. Erst Percy und Herder lenkten den Blick wieder zur Volksdichtung. Herder begann damals, für seine „Volkslieder" zu sammeln, die er dann 1778/79 herausgab. Aber er sammelte nur aus alten und neuen Drucken.

Goethe hörte in Straßburg Herders Gedanken, er sah bei ihm Percy und wohl auch von der Aelst. Sofort ging ihm auf, daß hier eine Goldader erschlossen sei, und sogleich bildete er Herders Erkenntnisse weiter. Was Schottland besaß, das hatte Deutschland ebenfalls. Man mußte es nur erst suchen. Während Herder aus alten Drucken sammelte, ritt Goethe durchs Elsaß und sammelte Lieder, die er dort hörte. In seinem Brief an Herder vom September 1771 schreibt er: *Ich habe noch aus Elsaß 12 Lieder mitgebracht, die ich auf meinen Streifereien aus denen Kehlen der ältesten Mütterchens aufgehascht habe* ... Herders Volkslied-Begriff war recht verschwommen; er versteht alle volkstümliche Dichtung darunter, auch Gedichte von Claudius, Goethe usw. Goethe dagegen sammelte nur, was wirklich im Volke gesungen wurde. Er schrieb auf, wie er es hörte, und nicht mehr, als er hörte. Er hat nicht wie Herder und noch Brentano und Arnim umgedichtet und Lücken ausgefüllt. Und er erkannte sogleich, daß Wort und Weise untrennbar sind. Herders „Volkslieder" und noch das „Wunderhorn" erschienen ohne Noten. Goethe sammelte mit Hilfe von Freunden auch die Singweisen, wie sein Brief an Herder vom September 1771 mitteilt. So wurde er der erste deutsche Volksliedsammler. Aber das ging bei ihm ganz nebenher, und er ahnte nicht, wie sehr sein Vorgehen dabei methodisch grundlegend war.

Was Goethe im Elsaß sammelte, ist erhalten; eine Handschrift von 12 Liedern, im September 1771 an Herder gesandt, jetzt im Weimarer Archiv. Es sind fast durchweg Balladen: das Lied vom Herrn von Falckenstein, das Lied vom Pfalzgrafen, das Lied vom eifersüchtigen Knaben usw. (Neugedruckt: Weim. Ausg.; Morris; Fischer-Lamberg.) Drei dieser Texte hat Herder in seine „Volkslieder" aufgenommen. Daß Goethe besonders Balladen sammelte, war nicht nur begründet durch Percys Vorbild. Es hat anscheinend damals seiner eigenen Neigung in besonderem Maß entsprochen: Handlung, Liebe, Schuld, Reue, Tod, das große Schicksal, das der Mensch nicht ändern kann, demgegenüber er aber seine Haltung rein bewahren kann – diese Welt der Ballade hatte ihn gepackt. Die Balladen, die er aufzeichnete, gehen auf das 16. Jahrhundert und z. T. auf noch ältere Stoffe und Darstellungen zurück. Es ist eine Gattung, die so alt ist wie die deutsche Dichtung überhaupt, und vielleicht die einzige, die im Lauf der Jahrhunderte nichts von außen aufzunehmen brauchte.

Von der Volksballade ging Goethes eigenes Balladenschaffen aus. Es sind bei ihm wie dort sangliche Balladen. Erst in der Zeit seiner Klassik schrieb er Balladen, die nicht nach Musik verlangen. Volksmäßig ist bei Goethe manches in der Sprache, so der schlichte Beginn *Es war ein*

König ... und die einfachen kurzen Hauptsätze der weiteren Erzählung, volkstümlich auch das Motiv der Liebe über die Grenzen des Standes hinweg. Der Volksballade nahe steht das Dämonische und das Magische seiner Balladen. Aber anderseits ist auch der Unterschied recht groß, zumal in der Diktion: dort eine lockere Reihung von Motiven; bei Goethe dagegen alles schlüssig, notwendig und aufs knappste zusammengezogen. Meist ist nur eine einzige symbolische Situation herausgehoben. Goethes Balladen sind kurz, während die Volksballaden meist breit und mit Abschweifungen erzählen. Wörter und Wendungen heben sich heraus, die in der Volksdichtung unmöglich wären: *morgenschön, Lebensglut.* Sie sind Zeichen, daß die Akzente hier anders gesetzt sind als dort. Es ist nicht einfach Geschehen und mit ihm Freude oder Leid, sondern es ist etwas von dem, was die Hymnen bringen: der erlebte Augenblick und der weite Ausblick. Aber man fühlt hier nicht, wie in den Hymnen, die Individualität des Dichters. Herder zitierte das *Heidenröslein,* als sei es ein Volkslied, und Gretchen singt den *König in Thule* wie ein altes Lied aus der Spinnstube. Und mit Recht. Es ist, als sei der Dichter hier nur ein Organ gewesen. Es ist Dichtung des Volkes, hindurchgegangen durch sein Ich, das in besonderen Augenblicken so gestimmt war, daß es diese Klänge hervorbringen konnte.

Volkslieder, von Goethe im Elsaß gesammelt. Hrsg. von Herm. Strobach. Weimar 1982. Schr. G. Ges., 62. Ferner: WA. 38, 1897, S. 235–254; Morris Bd. 2, 1910, S. 62–83; Fischer-Lamberg Bde. 2, S. 34–53 und 298–312. – Goethe, Ephemerides und Volkslieder. Heilbronn 1883. = Dt. Literaturdenkmäler des 18. u. 19. Jahrhunderts, 14. – Volkslieder von Goethe im Elsaß gesammelt. Hrsg. v. Louis Pinck. Saarbrücken 1935. – Wolfgang Kayser, Geschichte der dt. Ballade. Bln. 1936. – M. Kommerell S. 310–429. – Ignace Feuerlicht, Goethes früheste Balladen. JEGPh. 48, 1949, S. 469–482. – M. Kommerell, Drei Balladen des jungen Goethe. In: Interpretationen I. Dt. Lyrik. Hrsg. von J. Schillemeit. Fischer Bücherei 695. 1965 u. ö. S. 40–46. – Walter Hinck, Die dt. Ballade von Bürger bis Brecht. Göttingen 1968. – Dt. Wb. Bd. 12,2 Sp. 489f. Art. „Volkslied".

S. 78. HEIDENRÖSLEIN. Entstanden in Straßburg, vermutlich Sommer 1771. Text nach dem Druck in den *Schriften 1789,* da die beiden früheren Drucke nicht von Goethe selbst veranlaßt sind. 18 *ihr* in den Drucken von 1789 bis 1815; in der *Ausg. l. Hd.* dagegen *ihm* (nicht von Goethe, sondern versehentlich von der Druckerei eingesetzt). – Einzelzüge erinnern an volkstümliche Dichtung aus älterer Zeit. In dem Liederbuch des Paul von der Aelst von 1602 steht ein langes Gedicht, in welchem einige Strophen parallele Motive zeigen:

Sie gleicht wohl einem Rosenstock,
Drum geliebt sie mir im Herzen,
Sie trägt auch einen roten Rock,
Kann züchtig, freundlich scherzen,

Sie blühet wie ein Röselein,
Die Bäcklein wie das Mündelein;
Liebst du mich, so lieb ich dich,
Röslein auf der Heiden!

Der die Röslein wird brechen ab,
Röslein auf der Heiden,
Das wird wohl tun ein junger Knab
Züchtig, fein bescheiden,

So stehn die Steglein auch allein,
Der lieb' Gott weiß wohl, wen ich mein,
Sie ist so gerecht, von gutem Geschlecht,
Von Ehren hochgeboren.

Beut mir her deinen roten Mund,
Röslein auf der Heiden.
Ein Kuß gib mir aus Herzensgrund,
So steht mein Herz in Freuden.
Behüt dich Gott zu jeder Zeit,
All Stund und wie es sich begeit.
Küß du mich, so küß ich dich,
Röslein auf der Heiden.

Die Parallelen sind beschränkt auf den Kehrreim und einzelne Wendungen. Vielleicht sah Goethe die Sammlung des von der Aelst bei Herder. Vielleicht auch hat er mündlich ein Volkslied ähnlicher Art gehört, das sich nicht mehr in spätere Zeit hinein erhalten hat. – 1773 in dem Buch „Von deutscher Art und Kunst" veröffentlichte Herder seinen „Briefwechsel über Ossian und die Lieder der alten Völker". Er spricht dort von den altschottischen Volksliedern, versichert fortfahrend, im Deutschen werde man einen gleichen Schatz von Volksliedern finden, wenn man nur suche, und fügt dann hinzu: „Zu unseren Zeiten wird so viel von Liedern für Kinder gesprochen. Wollen Sie ein älteres deutsches hören? Es enthält zwar keine transzendente Weisheit und Moral, mit der die Kinder zeitig genug überhäuft werden – es ist nichts als ein kindisches

Fabelliedchen.

Es sah' ein Knab' ein Röslein stehn,
Ein Röslein auf der Heiden.
Er sah, es war so frisch und schön,
Und blieb stehn, es anzusehn,
Und stand in süßen Freuden.

Ich suppliere diese Reihe nur aus dem Gedächtnis, und nun folgt das kindische Ritornell bei jeder Strophe:

Röslein, Röslein, Röslein rot,
Röslein auf der Heiden!
Der Knabe sprach: ich breche dich,
Röslein etc.
Das Röslein sprach: ich steche dich,
Daß du ewig denkst an mich,
Daß ichs nicht will leiden.
Röslein etc.
Jedoch der wilde Knabe brach
Das Röslein etc.

Das Röslein wehrte sich und stach.
Aber er vergaß darnach
Beim Genuß das Leiden.
Röslein etc.

Ist das nicht Kinderton? Und noch muß ich Ihnen eine Änderung des lebendigen Gesanges melden. Der Vorschlag tut bei den Liedern des Volks eine so große und gute Wirkung, daß ich aus deutschen und englischen alten Stücken sehe, wieviel die Minstrels darauf gehalten: und der ist nun noch im Deutschen wie im Englischen in den Volksliedern meistens der dunkle Laut von the in beidem Geschlecht (de Knabe), 's statt das ('s Röslein), und statt ein ein dunkles a, und was man noch immer in Liedern der Art mit 'ausdrücken könnte. Das Hauptwort bekommt auf solche Weise immer weit mehr poetische Substantialität und Persönlichkeit

' Knabe sprach
' Röslein sprach, usw.

in den Liedern mit mehr Akzent . . ." – Sechs Jahre später, 1779, druckte Herder im zweiten Teil seiner „Volkslieder" das Gedicht nochmals ab. Das Inhaltsverzeichnis macht den Zusatz „Aus der mündlichen Sage". Dann erschien 1789 das *Heidenröslein* – in der letzten Strophe wesentlich anders als in Herders Drucken – in Goethes *Schriften.* Wie war Herder dazu gekommen, es als Volkslied mitzuteilen? Herders Volksliedbegriff war nicht der heutige. Er meint mit diesem Wort volkstümliche Lieder, und ein solches ist das *Heidenröslein.* Herder nahm in seine Volkslieder auch Lieder von Opitz, Dach, Fleming und Claudius auf, außerdem Goethes Ballade *Der Fischer.* Ähnlich wie mit dem *Heidenröslein* ist es mit dem *Klaggesang von der edlen Frauen des Asan Aga.* Erst stand er 1778 in Herders „Volksliedern", ohne Vermerk, daß es eine Goethesche Bearbeitung sei; dann 1789 in Goethes *Schriften.* Man nahm dergleichen damals nicht so genau wie in späterer Zeit. Es ist möglich, daß Herder das *Heidenröslein* zunächst wirklich nur mündlich von Goethe kannte. Goethe trug damals den Freunden öfters seine Gedichte mündlich vor. Herder wußte, daß es auf Volksliedanregungen zurückging. Vielleicht hat er, und vielleicht hat auch Goethe selbst die eigene Leistung bei diesem Gedicht gering angeschlagen. Wir wissen es nicht. Goethe hat das Gedicht niemals erwähnt. Für die Zeit der 70er Jahre des 18. Jahrhunderts war der Ton dieses Gedichts überraschend. Die Ohren, die an Gleim, Gellert, Klopstock, Ramler gewöhnt waren und denen Macphersons pathetischer „Ossian" schon als volkstümliche Naturdichtung erschien, wie mußte sie in diesem Liedchen das Volkstümliche, Schlichte begeistern! Daher Herders Entzücken und sein Wort „Kinderton". Spätere Zeiten, an das „Wunderhorn", an Eichendorff gewöhnt, können dieses Erstaunen nicht mehr nachempfinden.

Darum aber sah man damals auch nicht, wie viel diese drei Strophen von einem Volkslied trennt und wie sehr es eine eigene Goethesche Leistung ist. Volkslieder bringen öfters Parallelen zwischen der Geliebten und einer Blume, aber sie sagen das deutlich aus: „Sie gleicht wohl einem Rosenstock ..." Dagegen hier nur der Knabe und die Blume. Taktvoll, herb fällt alles andre fort. Volkslieder reihen in lockerem Aneinander die Motive in meist zahlreichen Strophen. Dagegen hier: zügig, knapp eine Handlung in drei kurzen Strophen, kein Wort, das fehlen könnte, keine Wiederholung. Eine ganz schlichte Sprache, aber zugleich muß man zwischen den Zeilen lesen. Ein erstes leises Aufklingen des Themas der schicksalhaften Schuld, das bald darauf in Goethes Dichtung so wesentlich wurde.

E. Joseph. Das Heidenröslein. Bln. 1897. – E.F. Koßmann, GJb. 29, 1908, S. 174–177. – E. Wolff, Der jg. Goethe, S. 430–442. – Morris 6, 1912, S. 166–172. – H. Abert, Goethe und die Musik, Stuttg. 1922. S. 113–116. – Goethe, Werke, Festausgabe Bd. I, 1925, S. 353–354. – Kommerell S. 327–330, 359–360. – Textkritisches: W. Hagen in Beitr. z. Goetheforschung hrsg. von E. Grumach. Bln., Akad.-Verlag, 1959. S. 56–58.

S. 78. EIN VEILCHEN AUF DER WIESE STAND ... Entstanden 1773/74. Text nach der frühesten Fassung, einer Abschrift, die Lotte Jacobi am 25. 1. 1774 von einer Handschrift Goethes machte. Erster Druck: Iris 1775. Erst 1800 in die *Neuen Schriften* aufgenommen mit dem Titel *Das Veilchen.* In Vers 17 *Er trat das* 18 *Es sank.* Schon zu Goethes Zeiten vielfach komponiert, von Kayser, Seckendorff, Mozart u. a.

S. 79. DER KÖNIG VON THULE. Entstanden 1774. Text nach: Volks- und andere Lieder ... in Musik gesetzt von S. v. Seckendorff. 3. Sammlung, 1782. Außerdem erhalten in einer Einzelabschrift des Fräuleins v. Göchhausen. Überschrift *Romanze.* 13 *Beim hohen* 21 *Er sah ihn sinken, trinken* 24 *Trank nie keinen Tropfen mehr.* Ferner im „Urfaust", der Göchhausenschen Abschrift des *Faust* in ältester Gestalt. 1800 unter die Gedichte in den *Neuen Schriften* aufgenommen, textgleich die *Ausg. l. Hd.;* nach dieser unser 2. Text S. 80/81. – 7 *gingen über* = flossen über (von Tränen); in der Lutherbibel, aus der Goethes Sprache viel übernommen hat, ist Joh. 11, 35 „Jesus weinte" übersetzt: „Und Jesu gingen die Augen über". Ähnlich *Clavigo, 2. Akt*: *Mein Herz geht mir über.* Der Name *Thule* bekannt durch Vergil und Seneca als fernstes nördliches Reich, eine Insel, daher so passend der König am Meer. Interesse für das Nordische wohl durch Herder. In Goethes Straßburger Notizheft *Ephemerides* steht der Vermerk: *Bücher zur Skaldischen Literatur ... Olai Wormii litt. Runica ... Edda. Saxon. Gramm. hist. Danica* usw. – Herman Hefele, Geschichte und Gestalt,

Lpz. 1940, S. 40: „Es ist eines der größten und tiefsten Gedichte der Menschheit, und in der Reihe der Goetheschen Schöpfungen zugleich ein Muster für die vollendete Reife künstlerischer Absicht und dichterischer Technik, zu der der damals erst Vierundzwanzigjährige sich aufgeschwungen hatte. Wie ist hier das Goethesche Urerlebnis der Treue, besser gesagt der Dauer, erlebt im Symbol von Weib und Wein, den beiden Steigerungsmöglichkeiten individualen Lebens, verschmolzen mit der untragischen, antik-klassischen Tiefe des Todesgedankens, Bild geworden in dieser schlichten Zeichnung voll konkreter Anschaulichkeit! Wie ist diese bildhafte Zeichnung wiederum reiner Gesang, Melodie geworden in den langsam schreitenden Vierzeilern mit ihren spondeisch empfundenen Jamben. Ohne jede Problematik des Inhalts oder der Form steht das Gedicht da in vollendeter Einfachheit, aber auch in vollendeter Tiefe, ein Lied bloß, das vielen Millionen vertraut und lieb geworden ist, die seine Tiefen nicht ahnten und nicht zu ahnen brauchten, die aber, wenn sie es sangen, teilgenommen haben an der Unendlichkeit eines großen Lebensgefühls.“

H. Meyer-Benfey, Der König in Thule. Zeitschr. f. dt. Bildung 2, 1926, S. 479 bis 483. – Willy Krogmann in: Archiv für das Studium der neueren Sprachen, Jg. 87, Bd. 161, 1932, S. 161–166. – Boyd I, S. 56–59. – Hehn S. 306. – Kommerell S. 330f. und 359f. – Steffen Steffensen in: Orbis Litterarum 1961, S. 36–43.

S. 81. HOCH AUF DEM ALTEN TURNE ... Text nach Lavaters Tagebuch der Rheinreise vom 18. Juli 1774. Angesichts des Schlosses Lahneck diktierte Goethe die Verse improvisierend. 1789 nahm er sie in seine *Schriften* auf, gab ihnen den Titel *Geistesgruß* und änderte die altertümliche Form *Turne* zu *Turme.* In Vers 5 fortan *Senne.*

S. 81. ES WAR EIN BUHLE ... Entstanden 1774. Eingearbeitet in das Singspiel *Claudine von Villa Bella.* Nach dessen 1. Druck, 1776, unser Text. Seit 1800 in den Gedichten. Die kleinen wechselnden Änderungen der zahlreichen späteren Drucke übergehend seien hier nur die Abweichungen der *Ausg. l. Hd.* notiert. Titel *Der untreue Knabe.* Vers 1 *Es war ein Knabe* 3 *hatt' ein armes Mädel* 8 *Das braune Mädel* 17 *Herüber, hinüber* 22 *reit't.* In Vers 31 steht *krapelt* in einer Handschrift, dem Druck *Claudine, 1776,* und den *Schriften, Bd. 5, 1788; krabbelt* in allen späteren Drucken. – Im Singspiel trägt der Räuber Crugantino die Ballade singend vor. Er wird unterbrochen, und das Gedicht wird nicht zu Ende geführt. Auch in den Gedichten steht die Ballade als Fragment. Dem Gehalt nach ist das Wichtigste gesagt: die Totenwelt hat nach dem Schuldigen gegriffen, sein Inneres ist erschüttert. – Walter Hinck, Goethes Ballade Der untreue Knabe, Euphorion 56, 1962, S. 25–47, sagt u. a.: „Nie zuvor sind die in der ‚Lutherstrophe‘ (Aus tiefer Not ...) verdichteten Formtendenzen und Ausdrucksmöglichkeiten des Siebenzeilers mit solchem verskünstlerischen Feingefühl ergriffen worden ..." (S. 45) – Bd. 4, S. 240f.

S. 82. KLAGGESANG VON DER EDLEN FRAUEN DES ASAN AGA. Enstanden zwischen Herbst 1774 und Herbst 1775. Text nach einer Abschrift Caroline Herders. Erster Druck: Volkslieder, hrsg. v. Herder, Teil 1, 1778, ohne Goethes Namen. Dann in den *Schriften 1789*. Die Abweichungen der *Ausg. l. Hd.* von unserem Text sind: Zusatz zum Titel *Aus dem Morlackischen.* 3 *er wäre* 18 *Turme* 21 *Asan* 27 *der Bruder, ziehet* 43 *Unsre Frau* 44 *Unsre Frau* 47 *Ich beschwöre dich bei deinem Leben.* 53 *Doch die Gute* 61 *erblicke.* 71 *Iß das Abendbrot mit deinen Kindern!* 81 *Wiege.* Das Gedicht ist Bearbeitung einer serbokroatischen Volksballade. Bei den Südslawen hat sich die Dichtung des berufsmäßigen Sängers, der zum Saiteninstrument (Gusla) seine epischen Lieder vorträgt, bis ins 20. Jahrhundert hinein gehalten. Bei diesen Gesängen bleibt das Gerüst der Handlung immer das gleiche, die einzelnen Worte aber formuliert der Sänger jedesmal beim Singen neu. Neben den Guslarensängen gibt es verwandte Volksballaden, die im Volke, zumal auch unter Frauen, ohne Instrument gesungen werden. Durch einen ähnlichen Zustand ist wohl die Epik aller großen Literaturen hindurchgegangen; aber was in Deutschland vor etwa 1000 Jahren lebte, als das Hildebrandslied aufgezeichnet wurde, war bei den Südslawen noch in der Neuzeit lebendig. Aufgezeichnet wurden solche Gesänge niemals von den Sängern selbst, sondern nur gelegentlich von Reisenden oder Gelehrten. Für Österreicher und Italiener lag die Beziehung zum Balkan nahe. Der italienische Abbate Alberto Fortis, ein verdienstvoller Naturforscher und Geograph, veröffentlichte 1774 in Venedig sein Werk „Viaggio in Dalmazia", darin ein Kapitel „De' costumi de' Morlacchi", über die Sitten der Morlacken, und in dieses ist die Asan-Aga-Ballade eingeschaltet. Der deutsche Schriftsteller Clemens Werthes übersetzte dieses Kapitel und später das ganze Buch. Im Oktober 1774 machte Werthes einen Besuch bei Goethe in Frankfurt. 1775 erschien seine Übersetzung unter dem Titel „Über die Sitten der Morlacken". Nun lagen im Gesichtskreis des Mitteldeutschen Goethe keineswegs die Serben und im Bereich dessen, der mit Homer, Horaz, Shakespeare, Corneille, Klopstock und Lessing lebte, keineswegs diese Volksepik. Aber durch Herder war der Blick allgemein auf Volksdichtung gelenkt, und der sichere Instinkt, mit dem Goethe fremdesten Stoff auffaßte, hielt ihn hier fest. Hier war die Art Dichtung, welche er im Alter als das *Ur-Ei* bezeichnete (S. 400), aus welchem Epik, Lyrik und Drama sich entwickeln können. Hier war eine fremde bunte Welt; reine Tragik; eine tiefe seelische Handlung, die aber ganz verdeckt ist – wie in Goethes eigenen Balladen auch – und aus der lebhaften äußeren Handlung erschlossen werden muß. Werthes hatte nebeneinander das serbokroatische Original und seine rhythmisch-jambische Übersetzung abgedruckt. Goethe fühlte den Rhythmus der Verse, die fünffüßigen Trochäen, richtig heraus. Die Ballade spielt im südlichen Dalmatien unter einer Bauernaristokratie, die jahrhundertelang unter türkischer Herrschaft gelebt hat, seit langem mohammedanisch ist und z. T. türkisches Adelsblut aufgenommen hat. Türkische Gebräuche wie das Vermummen der Frauen haben sich dort lange Zeit erhalten. Slawische und mohammedanische Sitten vereint haben der Frau eine untergeordnete, eng begrenzte Stellung gegeben. Ein Gast bekommt die Frau des Hauses meist gar nicht zu sehn, darf auch nicht nach ihr fragen. Dem Manne gegenüber gibt es für die Frau nur Gehorsam. Sie darf sich ihm nie nähern, ohne dazu aufgefordert zu sein. Alles andere würde als begehrlich, als schamlos gelten. Diese Sittenanschauungen sind die Voraussetzungen dieser Ballade. Die Gattin des Asan Aga würde eine Ausnahme von der Sitte machen, wenn sie zu dem Gatten ginge, ohne gerufen zu sein. Für so eine individuelle Entscheidung ist sie nicht geschaffen; sie hat Scheu davor; sie bleibt, wie sie es gelernt hat, daß es höchstes Frauentum sei, innerhalb der Sitte, gehorsam, demütig, leidend. Ihr Gatte, verwundet, läßt sie nicht kommen. Also kommt sie nicht. Er aber hat für sich gewünscht, sie solle dennoch kommen, von sich aus. Als sie nicht kommt, wütet er gegen sie, sogleich zum Äußersten gehend. Er trennt sich von ihr. Tragisch ist, daß sie gern gekommen wäre und nur, um ihm zu gehorchen, nicht kam. Scheidungen sind in diesem sozialen Gefüge verhältnismäßig leicht. Aga teilt seinen Entschluß der Gattin und zugleich deren Sippe mit. Der Vater scheint gestorben zu sein, denn Haupt der Großfamilie ist der Bruder. Dieser erscheint sogleich, um die Verstoßene zu holen. Sie erhält ihren gesamten Brautschatz zurück, d. h. der Gatte erkennt an, daß sie selbst schuldlos sei. Dennoch ist die Sache für die Sippe eine Schande, die nur durch eine neue ehrenvolle Ehe ausgelöscht werden kann. Es gibt für diese Menschen nur einen festen Halt im Leben: den Sippenverband; ihm verdankt man alles, aber ihm schuldet man auch alles. Nach der Scheidung handelt es sich also nur darum, was für die bäuerliche Großfamilie das Ehrenvollste sei. Auf die Gefühle der Frau kann ihr Bruder unter solchen Umständen keine Rücksicht nehmen. Die Frau, der Gehorsam Gewohnheit und Ideal ist, findet sich nun plötzlich durch Gehorsam, durch Erfüllung der Sitte, wiederum gerade dem Ideal und der Sitte in einem anderen Punkt, nämlich ihrer Mutterpflicht, entgegengesetzt. Hierhin zieht sie ihr Herz – eine so entsetzliche Lage, daß sie glaubt, nicht mehr leben zu können. Dieses zerschneidende Innewerden, nicht mehr leben zu können, steigert sich leitmotivisch bis zum tragischen Schluß. Das erste Mal ist es nach der Nachricht der Trennung: Sie hört Pferde. Sie vermutet den

Aga. Ihr Innerstes sagt ihr, sie sei nicht imstande, ihn wiederzusehn. Daher ihr Selbstmordversuch. Aber die Töchter rufen, es seien die Pferde des Bruders. (Wie lebendig, daß man erst die Pferde, dann den Menschen wahrnimmt!) Das zweite Mal ist es, als der Bruder sie zur Ehe drängt. Um der Kinder willen, fleht sie, davon abzustehen, denn eine neue Ehe würde sie endgültig von den Kindern trennen, das würde ihr *das Herz brechen* (50). Aber die Sippe befiehlt, und sie muß, um des Ideals willen, folgen, dem Bruder und den *Suaten,* d. h. den Mitgliedern der Sippe. Aus Rache gegen Asan Aga leitet der Bruder den Zug, der zu der ehrenvollen neuen Heirat führt, an dessen Hause vorüber. Die Frau wollte das vermeiden: sie hat sich verschleiert. Aber ihre Kinder sehen sie. Bei vornehmen Hochzeiten führt man Geschenke mit, um sie auszuteilen. So kommt es zu der Geschenk-Szene vor dem Haus des Aga. Das Wiedersehen mit den Kindern bringt furchtbaren Schmerz, aber nun folgt noch eine letzte Steigerung. Sie wiederholt das tragische Mißverstehen des Anfangs, aber erhöht ins Unerträgliche, denn diesmal betrifft es ihre Mutterliebe, ihren Lebensmittelpunkt. Asan Aga, gekränkt durch die rasche vornehme Neuvermählung und den haltenden Hochzeitszug, möchte sich rächen. Er fordert Mutterliebe, und seine Gattin hat die Mutterliebe; aber er sieht nicht, will nicht sehen, daß sie sie hat; und sie sieht nicht, kann nicht sehen, daß er sie will. Die Frau ging äußerlich den Weg des Gehorsams gegen Gatten, Sippe und Sitte, innerlich hat sie nur den einen Wunsch: zurück zu den Kindern. Und eben als sie ganz davon erfüllt ist, trifft sie Asan Agas Wort, sie habe kein Herz. Sie hatte den Bruder gebeten: *Dich beschwör ich, Gib mich keinem andern mehr zur Frauen, Daß das Wiedersehen meiner lieben Armen Kinder mir das Herz nicht breche!* Das war keine leere Drohung. Aber alles, was sie vermeiden wollte, ist nun dennoch geschehen. Sie wiederholt den Selbstmordversuch nicht, das Zerreißende ist so tief verinnerlicht, daß nun die Natur alles vollzieht. – Während die Übersetzung von Werthes sentimentale Züge des Zeitgeschmacks aufweist, trifft die Goethes den Volkston besser. Zusammenhang mit dem Zeitgeschmack hat auch sie, in der Wortwahl (zumal der Beiwörter wie *liebe* Frau, *arme* Kinder) wie auch in der Stoffwahl überhaupt: denn der Sturm und Drang liebte es, die sozial eingeengte, gefühlvolle, mißverstandene und leidende Frau in Schutz zu nehmen. – Goethes Bearbeitung machte das Werk weithin bekannt, gab Anlaß zu zahllosen Übersetzungen, zur Erforschung der südslawischen Volksepik und ihrer Einreihung in die große volksepische Weltdichtung. Diese Bedeutung für die Weltliteratur, die Schönheit der Ballade selbst und der Rang der Goetheschen Bearbeitung waren Ursache, das Gedicht in die vorliegende Ausgabe aufzunehmen, obgleich diese im allgemeinen keine Übersetzungen bringt.

In Vers 75 und 77 hat die Abschrift Caroline Herders (die genau abzuschreiben pflegte) *vor der lieben Türe*, Goethes damaligem Sprachgebrauch entsprechend. So lautet die Stelle auch in Herders „Volksliedern", Bd. 1, Lpz. 1778. (Wiederabgedruckt in Herders Werken, hrsg. von Suphan, Bd. 25, 1885, S. 298.) Goethes Gedicht-Sammelhandschrift von 1789, in der dieses Gedicht von dem Schreiber Chr. G. K. Vogel geschrieben ist, hat: *vor der Lieben Türe*. Da an diese Handschrift der Druck von 1790 anschloß, steht diese Fassung in diesem und in den späteren Drucken. – (Alberto Fortis,) Die Sitten der Morlacken. (Übers. v. C. Werthes.) Bern 1775. S. 91–99. Neudruck: Die Quellen von Schillers u. Goethes Balladen. Zusammengestellt v. A. Leitzmann. Bonn 1911. = Kl. Texte f. Vorlesungen u. Übungen, 73. S. 30–32. – Milan Čurčin, Das serbische Volkslied in der dt. Literatur. Lpz. 1905. – Camilla Lucerna, Die südslavische Ballade von Asan Agas Gattin und ihre Fortbildung durch Goethe. Bln. 1905. = Forschungen zur neueren Literaturgesch., 28. – Und dazu die Rezension von M. Murko: Archiv f. slav. Philol. 28, 1906, S. 351–385. – G. Gesemann, Die Asanaginica im Kreise ihrer Varianten. Archiv f. slav. Philol. 38, 1923, S. 1–44. – G. Gesemann, Der Klaggesang der edlen Frauen des Asanaga. Slavische Rundschau 1932. S. 97ff. – G. Gesemann, Die serbokroatische Literatur. Potsdam 1930. = Handb. d. Literaturwiss. S. 5–10, 31. – G. Gesemann, Kultur der Südslaven. Potsdam 1936. = Handb. d. Kulturgesch., Kultur der slavischen Völker. S. 21–29. – Mathias Murko, Das Original von Goethes Klaggesang von der edlen Frauen des Asan Aga in der Literatur und im Volksmunde durch 150 Jahre. Germanoslavica 3, 1935, S. 354–377, Bd. 4, 1936, S. 94–115 u. 285–309. – Jevto M. Milovic, Goethe, seine Zeitgenossen und die serbokroatische Volkspoesie. Phil. Diss. Berlin 1941. Auch als Buch: Lpz. 1941. = Veröff. d. Slav. Inst. an der Friedrich-Wilhelms-Univ. Berlin, 30. – Heinrich Jilek, Goethe und der slavische Südosten. Zeitschrift für Deutsche Geisteswissenschaft 3, 1940/41, S. 161–177. – Vgl. Bd. 12, S. 327–338, insbes. S. 335, 20–25.

S. 85. VOR GERICHT. Text nach der handschriftlichen Gedichtsammlung für Frau v. Stein 1777. Entstanden etwa ein Jahr früher. Erster Druck: *Werke 1815*. Folgende Änderungen: 1 *ich es* 7 *goldene* 14 *ich bitte*, 15 *es bleibt*. 7/8: ob er nun vornehmen oder geringen Standes ist. – Das Thema der Mutterschaft ohne Ehe, von der Dichtung der Zeit als etwas ganz Neues ergriffen, wurde entweder moralisch-aburteilend oder sentimental-bedauernd dargestellt (H. L. Wagner, Schubart, Bürger, Sprickmann u. a. m.). Ganz anders hier Goethe. Die aufrechte, klare, sichere Haltung erinnert an Klärchen in *Egmont* – ein Frauentyp, den Goethe liebte und den vor ihm noch niemand dichterisch geformt hatte.

GELEGENHEITSGEDICHTE

Die Gelegenheitsgedichte aus der Zeit des Sturm und Drang sind Verse für den Hausgebrauch; sie wollen nicht Dichtung sein. Sie richten sich an Freunde in Darmstadt, an Kestner und Lotte, an den Kreis um

Lili und andere Bekannte. Mitunter sind es Briefe in Gedichtform, dann ist der Knittelvers willkommen als farbiger, leichter, lustiger Klang. In anderen Fällen sind es Lieder, deren Form an das Gesellschaftslied der Zeit anknüpft. Es gehörte zum Stil der Zeit, Gelegenheitsgedichte zu machen. In Goethes Hand wurde diese Form zu einem Mittel, auch dem Alltäglichen und Scherzhaften etwas von dem Hauch des Künstlertums mitzugeben. Goethe hat vieles von diesen Versen nicht aufgehoben, manches Aufgehobene nicht veröffentlicht. Von den 11 Gedichten unserer Gruppe brachte er 6 zum Druck. – J. Bab, Goethes Briefgedichte. Goethe-Kalender 1930, S. 90–137.

S. 86. PILGERS MORGENLIED. Entstanden 1772. Erhalten nur in einer Abschrift Mercks, Abdruck bei Morris, Bd. 2, S. 301, und Fischer-Lamberg, Bd. 2, S. 261. Hiernach der Text. Erster Druck: Nachgelassene Werke 1842. – Goethe wanderte im März und April 1772 dreimal nach Darmstadt, wo nicht nur sein scharfsinniger Freund Merck lebte, sondern auch ein diesem nahestehender Freundeskreis empfindsamer junger Damen, in dem Goethe begeisterte Aufnahme fand und sich wohlfühlte. Die seelische Kultur der Zeit verband hier bürgerliche Kreise mit ihrer prägenden geistigen Kraft und Adlige mit ihrer ererbten beherrschten Form. Goethe schickte, nachdem er im Mai nach Wetzlar gegangen war, Gedichte an die drei Darmstädter Freundinnen: Caroline Flachsland, Herders Verlobte, genannt Psyche; Henriette v. Roussillon, genannt Urania, eine junge Hofdame in Darmstadt; und Luise v. Ziegler, genannt Lila, eine junge Hofdame in Homburg. Der Geist dieses Kreises tritt uns besonders deutlich in den Briefen Caroline Flachslands an Herder entgegen. Man macht gemeinsame Spaziergänge und liebt schwärmerisch die Natur, jeder hat einen eigenen Felsen, den man ihm feierlich zueignet, man ist begeistert für Freundschaft und Liebe, für Klopstock und Rousseau. Wir kennen den gleichen Stil auch aus zahlreichen anderen Kreisen; 18 Jahre später lebten die junge Caroline v. Beulwitz und der junge Wilhelm v. Humboldt ähnlich gestimmt in ihrem „Tugendbund". Es sind oft gerade die besten Gestalten der Zeit, die durch die empfindsame Lebensform hindurchgingen, weil sie die Seelen erlebnisfähig machte. Freilich war sie nicht ausreichend als allgemeine Grundlage des Lebens, aber wichtig als Durchgangsstufe. Sowohl die einzelnen als das ganze Zeitalter haben hier ihre zarte seelische Kultur empfangen, sie dann aber in ein tätig-geformtes, von philosophischen Idealen geklärtes Leben hineingestellt. Die Kritik der einseitigen Empfindsamkeit waren *Werthers Leiden* 1774. Für ein so liebefähiges und liebebedürftiges Leben wie das Goethes war es in jener Zeit fast selbstverständlich, daß es eine Zeitlang in empfindsamem Kreise sich entfaltete, und für ein so reiches und wachsendes dann ebenso selbstverständlich, daß es darüber hinausführte. – Von den drei Freundinnen stand Lila Goethe wohl am nächsten. Er bezeichnete sich damals oft als *Pilger*, als *Wanderer* – Ausdruck eines unsteten, Heilung und Ziel suchenden Lebens. Die Abschiedsstimmung am Anfang bezieht sich auf den Aufbruch aus Homburg, und der *Turn* ist der Turm des dortigen Schlosses, in dem Luise lebte. Wie in *Wanderers Sturmlied,* dem das freirhythmische Gedicht auch formal nahesteht, setzt der wandernde Dichter sich in Gegensatz zu Sturm und Wetter (18–25). Ohne Liebe würde das Herz *früh welken* (31); sie aber ist ihm *allgegenwärtig,* das heißt, daß sie immer und überall ihn begleitet (wie später in der *Harzreise),* und es klingt auch mit, daß sie im ganzen Kosmos lebt. Von ihr erfüllt, fühlt er Lebensfreude, Kraft und Mut – auch das eine Parallele zum *Sturmlied.* Aber dort gibt der *Genius* die Kraft, hier die *Liebe* – doch letztlich verschmilzt beides als das Göttliche im eigenen Innern.

3f. *Soll ich ihn* ... Möge ich ihn nicht zum letzten Mal sehen! – 28 *Beutst* ...: Du bietest ... die Brust den Gefahren, d.h. trotzt ihnen. – Den biographischen Hintergrund gibt Goethes Schilderung in *Dichtung und Wahrheit* Bd. 9, S. 521, 8 u. Anm. – Valerian Tornius, Die Empfindsamen in Darmstadt. Lpz. 1910; 2. Aufl. unter dem Titel: Schöne Seelen. Lpz. 1920. – L. Rahn-Bechmann, Der Darmstädter Freundeskreis. Erlangen 1934. – Heinrich Jacobi, Goethes Lila, ihre Freunde ... und der Homburger Landgrafenhof. Mitteil. des Vereins f. Gesch. u. Landeskunde zu Bad Homburg. 1957. Heft 25. S. 6–211.

S. 87. AUS EINEM BRIEFE AN J. CHR. KESTNER. Januar 1773. Handschrift im Goethe-Archiv. Erster Druck: Goethe und Werther. Briefe Goethes, hrsg. von A. Kestner, 1854. Nach der Rückkehr aus Wetzlar im September 1772 blieb Goethe in lebhaftem Briefwechsel mit Kestner, Lotte Buff und ihren Geschwistern. In einen Brief sind diese Knittelverse eingestreut. Der *Papa* ist Vater Buff, der *Doktor Hofrat* ist der Gerichtsprokurator Dietz, scherzhaft „Hofrat" genannt, verlobt mit Lottens älterer Schwester Caroline, die er mitunter durch Launen oder seltsame Einfälle quält, welche er aber als Liebe erklärt. *Lotte* Buff leitet den Haushalt und hat viel zu tun. *Lenchen* ist ihre jüngere Schwester. Es folgt die Schilderung der noch jüngeren Buben (7–10) und Kestners (11–15). Vers 16–18 spielen an auf die erste Teilung Polens 1772; *Belial* (hebr.) = der Böse, der Teufel. Das *Teutsche Haus* ist das Haus des Deutschen Ordens, in dem der Amtmann Buff als dessen Verwalter seine Wohnung hatte. *Jakobs Leiter*: 1. Mos. 28, 12.

S. 88. AN LOTTEN. Nach einer Handschrift Goethes, die er mit seiner Silhouette am 31. 8. 1774 nach Wetzlar schickte. Handschrift im Goethe-Archiv, Weimar. Schon vorher hatte er am 15. 9. 73 an Kestner das gleiche Gedicht geschickt, ohne Überschrift und mit kleinen Abweichungen. 1815 nahm er es in seine *Werke* auf mit dem Titel *Das garstige Gesicht* und folgenden Änderungen: 1 *würdigen* 2 *Pastorn* 5 *mit Kopf* 6 *ehrwürdig* 12 *mein Bildnis* 13 *die ernste Stirne* 14 *Der Augen Glut, der Locken Wehen.*

2 *lobesan*: alte formelhaft gebräuchliche Nebenform von „lobesam", d.h. „löblich", immer als nachgestelltes Beiwort. (Dt. Wb. 6, Sp. 1083f.) – 3 *Wittib*: Witwe. – 15 *garstge*: häßliche. – Briefe HA., Bd. 1 S. 153 mit Abdruck der an Kestner gesandten Fassung vom 15. 9. 73.

S. 88. AN FRIEDRICH WILHELM GOTTER. Ein Briefgedicht Goethes, von dem er keine Abschrift behielt. Das Original scheint aus Gotters Besitz in den von Abraham Voß übergegangen zu sein und ist verschollen. J. D. Gries hat es abgeschrieben, von diesem schrieb es wieder K. Th. Gaederz ab, danach wurde es gedruckt bei Morris, Bd. 3, 1910, S. 48. Hiernach unser Text. Eine zweite Überlieferung ist noch schlechter: Theodor Creizenach hat Goethes Verse mehrmals vorlesen gehört, aus dem Gedächtnis niedergeschrieben und 1837 in der „Zeitung für die elegante Welt" gedruckt. – Gotter war Goethe in Wetzlar nahegekommen (Bd. 9, S. 533, 36ff.; 539, 28) und 1772 wieder nach Gotha zurückgekehrt, wo er Geheimer Sekretär und Theaterleiter war.

2 *Heilgen*: die Bücher, die er besonders liebt. – 8 *ein großes Heer*: eine hohe Auflage. – 27 *Spada*: Degen. – 29 *Und sei ... Laß dich*: Ob hier die Überlieferung richtig ist, ist fraglich, da die Formulierung in der 2. Person nicht ganz gerechtfertigt ist. – R. Schlösser, F. W. Gotter. Hamburg 1894.

S. 89. MIT EINER ZEICHNUNG. Entstanden 1774. Text nach einer Abschrift Herders aus dessen Nachlaß, abgedruckt bei Morris Bd. 4, 1910, S. 38. Kopie der Herderschen Abschrift im Weimarer Archiv. Erster Druck: *Dichtung und Wahrheit, 1814* (Bd. 10, S. 41f.), mit folgenden Änderungen: Überschrift fehlt. 5 *Schaue, wie sie sich hinüber* 9 *Weben* 10 *Dieser Himmelsluft.* Die Zeichnung, um die es sich handelt, stellte die Herrnhuterin Susanne Katharina v. Klettenberg dar, die später für Goethe die Anregung zur Romangestalt der *Schönen Seele* in *Wilhelm Meisters Lehrjahre* wurde. Goethe war 1774 viel bei ihr, tief beeindruckt von ihrem innig-religiösen, vergeistigt-heiteren Gemüt. Sie war damals bereits schwer leidend und starb am Ende des Jahres. In *Dichtung und Wahrheit* heißt es: *Eines Abends kam bei untergehender Sonne sie und ihre Umgebung mir wie verklärt vor, und ich konnte mich nicht enthalten, ihre Person und die Gegenstände des Zimmers in ein Bild zu bringen. Ich sendete es an eine auswärtige Freundin und legte als Kommentar und Supplement ein Lied hinzu.* Die Zeichnung stellte also die Gestalt der verehrten weisen Freundin dar, dazu das Zimmer mit dem Bildnis (oder Silhouette) der Adressatin an der Wand (7) und einem Kruzifix (8). Zu der leisen Distanzierung in den Versen 3 und 8 sagt *Dichtung und Wahrheit: Wenn ich mich in diesen Strophen, wie auch sonst wohl manchmal geschah, als einen Auswärtigen, Fremden, sogar als einen Heiden gab, war ihr dieses nicht zuwider* ... Zugleich aber tiefe gefühlsmäßige Anerkennung und Verehrung, die dem Ganzen den Zauber der Stimmung gibt. Jede ernste, tiefe und veredelnd wirkende Religiosität war Goethe verehrenswert, und immer hat er die christliche Welt als Tradition bejaht und geachtet. Die Verse gehen also weit über den Bildinhalt hinaus, sie geben die geistige Gestalt der Verehrten (5/6) und die Ergriffenheit des Dichters (9–12), verbunden durch die lebendige Atmosphäre des Raums, also wahrhaft ein *Supplement* der Zeichnung, die für uns verschollen ist. – Eckermann gab dem Gedicht in den „Nachgelassenen Werken" die Überschrift „An eine auswärtige Freundin mit einem Bilde des Fräuleins v. Klettenberg". – Die schöne Seele. Hrsg. v. H. Funck. 2. Aufl. Lpz. 1912.

S. 90. ZWISCHEN LAVATER UND BASEDOW ... Entstanden 1774. Text nach einer im Weimarer Archiv befindlichen Abschrift, die Fräulein v. Göchhausen wahrscheinlich in Goethes ersten Weimarer Jahren gemacht hat, mit der Unterschrift: *Bad Ems, halb Juli, 1774.* (Fischer-Lamberg 4, 1968, S. 224.) 28–31 fehlen in der Göchhausenschen Handschrift und sind nach *Dichtung und Wahrheit* (Bd. 10, S. 30) eingesetzt. Erster Druck: *Werke 1815* mit dem Titel *Diné zu Koblenz.* 8 *versiegeln tät* 9 *Eröffnet* 12 *und das Perlentor* 16 neue Strophe 25 *Daß es in* 27 *Hätt'* 28 ff. Abdruck der 4 Zusatz-Verse, doch mit der Variante *Geist- und Feuerschritten.* – Das Gedicht hält Bilder der Rheinreise Goethes vom Juli 1774 fest. Goethe reiste mit Lavater, dem berühmten Züricher Geistlichen, dem Vertreter des Sturm und Drang in der Theologie, der alles Religiöse ins persönliche Verhältnis zu Christus legte, und mit Basedow, dem damals ebenso bekannten Dessauer Pädagogen, dem ideenreichen Stimmführer einer „naturgemäßen" Erziehung, von Frankfurt aus nach Ems und – nach einem dortigen Aufenthalt – auf einem Schiff die Lahn und den Rhein hinab bis Neuwied; zweimal stieg man dabei aus, um an Land zu Mittag zu essen, einmal an der Lahn und einmal in Ehrenbreitstein; auf der Rückreise in Koblenz. Wir sind über diese Reise genau unterrichtet durch Lavaters Tagebuch, das in der unmittelbaren, die Augenblickseindrücke einfangenden Art des Sturm und Drang höchst lebendig die Tage, ja die Stunden festhält. Was Goethes Gedicht wiedergibt, sind – wie auch die Unterschrift unter der Göchhausenschen Abschrift sagt – wohl mehr Eindrücke aus dem Zusammensein in Ems, weniger solche aus Koblenz, wie Goethe 40 Jahre später in der Gedichtüberschrift und auch in *Dichtung und Wahrheit* sagt. Aber dergleichen äußerliche Kleinigkeiten sind im Grunde unwesentlich. Die gesamte Atmosphäre der Rheinreise mit den beiden *Propheten,* die in den frischen Knittelversen lebt, ist in *Dichtung und*

Wahrheit unübertrefflich geschildert. – 3 *Herr Helfer*: Lavater als zweiter Geistlicher an der Waisenhauskirche in Zürich. – 4–12 Anspielungen auf die Offenbarung Johannis 6,5; 5, 1f.; 21, 10–21. – 6 *streichen auf*: sich auf etwas hin bewegen; dazu Fischer, Goethe-Wortschatz S. 607 „sich daran machen, darauflosgehen". – 10 *Theriak*: Heilmittel, das in amtlich versiegelten Büchsen verkauft wurde. – 18–21: Basedow verlangte die Taufe Erwachsener, da in dem Neuen Testament nichts von der Kindertaufe steht. Der Tanzmeister ist also wörtlich im Unrecht. – 28 *Emmaus*: Anspielung auf Lukas 24, 13ff. und Johannes 20, 4. – Goethes Rheinreise. Hrsg. von A. Bach. Zürich 1923.

S. 90. AUF CHRISTIANEN R. Entstanden 1773 oder 1774. Text nach Goethes Handschrift aus Boies Nachlaß, facsimiliert in: Literarische Mitteilungen. Festschr. zum 10jährigen Bestehen der Literaturarchiv-Gesellschaft zu Berlin. 1901. Fast identisch damit der Text in der handschriftlichen Gedichtsammlung für Frau v. Stein 1777. Erster Druck: Teutscher Merkur 1776. In die *Werke* 1815 aufgenommen. Notiert seien nur die Abweichungen der Endfassung in der *Ausg. l. Hd.* Überschrift *Christel.* 1 *dumpfen* 10 *die schwarze Braue* 13 *Ist eine, die so lieben Mund* 17 *denn* 18 *luft'gen* 19 *Das geht herum, das geht so scharf* 21 *taumlig* 24 *'s ist* 26 *rund* 37 *ich halte sie.* Eine eventuelle biographische Beziehung ist unbekannt und im Grunde auch unwichtig, wesentlicher ist, daß in Goethes Liebeslyrik neben der vergeistigten und verinnerlichten Art (*Pilgers Morgenlied,* Lili-Lieder) schon jetzt auch dieser vitalere Typ auftritt, der später, durch die Lida-Lyrik zurückgedrängt, dann wieder in der Lyrik um Christiane Vulpius (S. 157–184, 235–241) auflebt. – 18 *deutschen Tanz*: die „Allemande", beliebter Tanz im 18. Jahrhundert, an den „Ländler" anknüpfend (Die Musik in Gesch. u. Gegenwart 1, Sp. 350–354).

S. 92. AN MERCK MIT EINER ZEICHENMAPPE. Handschrift auf der Innenseite einer Zeichenmappe, die Goethe an Merck schenkte. Photographie davon im Weimarer Archiv. Daselbst auch das *Denk- und Trostsprüchlein* (S. 62). Erster Druck: Main-Zeitung, 1871. – 10 *verschwirbelt* von *schwirbeln* = drehen, wirbeln (Dt. Wb. 9, Sp. 2714f.); die von Goethe geschaffene Zusammensetzung mit *ver-* ist also gebildet wie „verdreht" von „drehen".

S. 92. MOTTO-VERSE ZUR 2. AUSGABE DES „WERTHER". 1775. Erster Druck: *Die Leiden des jungen Werthers. Zweite echte Ausgabe, Leipzig, bei Weygand, 1775.* In allen späteren Ausgaben von Goethe wieder fortgelassen. Von den Nachlaßherausgebern in die Quartausgabe 1836/37 aufgenommen. – Der Werther-Roman entfesselte einen Taumel der Begeisterung und Schwärmerei. Goethe wollte zwar das harte dogmatische Verurteilen des Selbstmörders überwinden und ihn verstehen lehren, aber er wollte die Empfindsamkeit nicht steigern, sondern sie in ihrem Wesen und ihren Gefahren deutlich machen. Er gab deshalb 1775 dem Werk diese zwei Vierzeiler bei, ließ sie aber später, als das „Werther-Fieber" sich gelegt hatte, wieder weg, da er immer bestrebt war, Kunstwerke für sich selbst sprechen zu lassen. – *Höhle* für Grab kommt in jener Zeit öfters vor: Trübners Dt. Wörterbuch 3, 1939, S. 465. – Bd. 6, „Quellen und Daten zur Geschichte des *Werther*-Romans" und die Bibliographie dazu.

S. 93. IN DAS STAMMBUCH VON J. M. R. LENZ. Nach dem Handschriften-Abdruck bei Morris 5, 1911, S. 264. Erster Druck: Aus Lenz' Stammbuch. Zum 28. August 1870. (Hrsg. von Loeper.) – Lenz war neben Goethe der begabteste Dichter des Sturm und Drang. Beide waren seit der Straßburger Zeit 1771 befreundet, ein Wiedersehen auf Goethes Schweizerreise 1775 brachte stimmungsreiche und inhaltsvolle gemeinsame Tage, und Goethe schrieb beim Abschied diese Stammbucheintragung.

Lenz (Bd. 9, S. 494ff. u. Anm.) kam aus Livland, von dort kam auch Pegelow (Bd. 9, S. 404, 407, 409), ebenfalls Herder, der in Riga gelebt hatte. Östlich der Weichsel bestand eine Neigung der Sprache zu Diminuitiv-Formen, auch bei Namen (zumal einsilbigen Namen). Es war also typisch für Königsberg und Riga, daß man einen Freund namens Lenz dort *Lenzchen* nannte. Diese Form gebrauchten Herder und andere auch in Straßburg, und Goethe hat sie hier übernommen.

S. 93. BUNDESLIED. Der Text bringt zwei Fassungen, die erste nach: Teutscher Merkur 1776, und die letzte nach der *Ausg. l. Hd.* Die Zwischenfassungen sind fortgelassen. – Gedichtet 1775 zur Hochzeit des Pfarrers J. L. Ewald in Offenbach mit Rachel Gertrud du Fay aus Frankfurt im Namen von Goethe und Lili und dem Komponisten André und dessen Frau; für einen geselligen Kreis also, der nicht dem Sturm und Drang zugehörte, Sinn für feinere Herzens- und Geistesbildung besaß, aber für die Höhen der Goetheschen Kunst nicht das volle Organ hatte. Goethe greift zur Form des älteren Gesellschaftsliedes, wie es vom Barock her über Hagedorn und andere überliefert war, bringt aber Neues hinzu durch die besondere Kennzeichnung des Kreises, der nicht konventionell gebunden bleibt (25–32), sondern innerlich frei in gewissen Grenzen den damaligen Kult der Sympathie mitmacht (19–22), und durch den Schluß-Hinweis auf sein eigenes baldiges Ausscheiden aus diesem Kreise (39–48). Der Unterschied zu Gedichten wie etwa *Pilgers Morgenlied* zeigt, daß Goethe sich an weniger kunstsinnige Gemüter wandte, aber gerade in solchem Kreise gesunder lebenstüchtiger Menschen fühlte er sich zeitweilig wohl; und wie in seine Liebeslyrik der vitale Ton des Gedichts *Auf Christianen R.* gehört, so in seine

Lieddichtung das gesellige Lied vom Schlage des *Bundesliedes*. Er, der von innerer Unruhe Umhergetriebene, will einmal zwischen den anderen einer von ihnen sein, will ihre Sprache sprechen und von ihnen wohlgelitten, ja geschätzt werden, weil er für sie das Wort findet, das sie selbst nicht schaffen können. – 1 *Den künft'gen* ...: den Tagen der Ehe 5 *ein Gott*: der Gott der Liebe. 6 *uns*: André und seine Frau, Goethe und Lili. – Bald nach der ersten Veröffentlichung begann er das Lied umzudichten: er nahm das Besondere der Gelegenheit heraus und machte es zum allgemeinen Gesellschaftslied, das eine Gemeinschaft feiert. Der Hinweis auf einen Gott (5, 25) weist nur ganz entfernt auf den religiösen Sinn, den diese Zeit in zwischenmenschlichen Beziehungen sah. Der ganze Klang bleibt gemäßigt, die Sprache so nah dem Rhetorischen wie sonst niemals bei Goethe. – E. Beutler, Essays um Goethe. 5. Aufl. Bremen 1957. S. 312–314.

LILI

Im Anfang des Jahres 1775 begann für Goethes Lyrik eine neue Gruppe des Schaffens. Zwar entwickelten sich auch weiterhin die gesellige Gelegenheitsdichtung und ebenso auch die großen Hymnen des Geniegedankens – denn Goethe lebte schon damals mehrschichtig –, daneben aber hob sich nun eine neue Gruppe heraus, Liebeslyrik um Lili Schönemann. Es ist für einen so leidenschaftlich vom Eros bewegten Menschen wie Goethe nur natürlich, daß die großen Erlebnisgefüge oft den Namen von Frauen tragen. Die Lili-Lyrik hat nicht das Strahlende, Jauchzende der Friederiken-Gedichte. Sie hat nicht die stille Seligkeit enger Seelengemeinschaft wie die Lida-Lyrik, sie ist monologisch. Aber sie gibt unvergleichlich den Zauber einer schönen weiblichen Gestalt und gibt in einer nur mit Mozart vergleichbaren Mischung von weher Tiefe und süßem Schmelz die Seele des Liebenden. Sie hebt mit Verwirrung an und endet mit Schmerz, aber immer ist sie leicht, duftig und formvollendet, als dürfe um diese Gestalt kein anderer Ton erklingen. In ihr spricht nicht mehr ein jubelnder ganz junger Mensch, sondern jemand, der bereits von Liebe und ihrer Tragik weiß. Und seinem Ich öffnet sich die innere Unendlichkeit der Welt nicht mehr einzig und allein in der Liebe: er ist seiner selbst gewiß geworden im Schaffensrausch, den ihm der Genius gab. So besteht eine Spannung zwischen ihrer Welt und seiner Welt von Anbeginn, die am Ende zur Trennung führt. Äußerlich war diese mit Goethes Abschied von Frankfurt im Herbst 1775 vollzogen, innerlich tönte das Erlebte noch weiter, und der Anfang des Jahres 1776 in Weimar brachte einen vollen lyrischen Ausklang. Für die Form und Art der Lili-Lyrik sind bezeichnend die kleinen zarten Gedichte wie *Bleibe, bleibe bei mir* ..., *Wenn ich*, *liebe Lili, dich nicht liebte* ... oder *Fetter grüne, du Laub* ..., die in ganz wenigen Zügen eine Stimmung, eine Situation, eine innere Haltung aussprechen. Es ist dies eine ganz eigene Goethesche Form, die es vor ihm nicht gab und die nach ihm niemandem in solcher Selbstverständlichkeit und Vollendung gelang. Alles Lebensgeschichtliche dazu, soweit es dem Verständnis der dichterischen Existenz dienen kann, hat Goethe selbst in *Dichtung und Wahrheit, Buch 16–20,* dargestellt. Hinzu kommen als bedeutendste Quelle die Briefe aus dieser Zeit von Februar bis Dezember 1775, vor allem die an Auguste Gräfin zu Stolberg.

Goethe über Lili Schönemann. Goethe-Kalender, 1930, S. 35–89. – A. Bielschowsky, Friederike und Lili, München 1906. – Goethes Schweizerreise von 1775. Zeichnungen u. Niederschriften, hrsg. v. Koetschau u. Morris, Weimar 1907. = Schr. G. Ges., 22. – Die Briefe der Elise v. Türckheim geb. Schönemann (Goethes Lili). Hrsg. v. John Ries. Frankfurt a. M., 1924. – Goethes Freundinnen. Briefe zu ihrer Charakteristik. Ausgew. u. eingel. v. Gertrud Bäumer. Lpz. u. Bln., Teubner, o. J. – Ernst Beutler, Lili. Wiederholte Spiegelungen. In: Beutler, Essays um Goethe, II. Wiesbaden 1947 u. ö. S. 1–160.

S. 96. NEUE LIEBE, NEUES LEBEN. Handschriftlich von Goethe an Merck geschickt im Februar 1775, kurz vorher entstanden. Handschrift in Privatbesitz, Photographie davon im Weimarer Archiv. Die Überschrift, die dieser Handschrift fehlt, trat erst in den Drucken hinzu. Vers 14 lautete anfangs *Sie mit festem Vorsatz fliehen,* diese Worte hat Goethe dann gestrichen und die anderen darüber geschrieben. Diese Handschrift abgedruckt bei Morris 5, 1911, S. 33. Erster Druck: Iris 1775. Danach der Text. 1789 in die *Schriften* aufgenommen. Dort Vers 6 *warum.*

S. 96. AN BELINDEN. Entstanden Anfang 1775. Erster Druck: Iris 1775. Danach der Text. Vermutlich bald darauf eine Abschrift für Merck, facsimiliert in: Goethe und seine Welt, 1932, S. 47, und: Festausgabe Bd. 1, 1926, S. 36/37 nach der Handschrift in der Univ.-Bibliothek Leipzig. 1789 in die *Schriften* aufgenommen. Die *Ausg. l. Hd.* hat wie schon die Abschrift für Merck in Vers 11 *Hatte schon dein liebes Bild empfunden.* – Zahlreiche Parallelen zu dem Gedicht enthält Goethes Brief vom 13. 2. 1775 an Auguste Gräfin zu Stolberg, der er damals viel von seinen innersten Gedanken anvertraute. 14 *Spieltisch* für l'Hombre und andere Kartenspiele, unentbehrlich im Bild der Geselligkeit des Rokoko. Goethe lehnte für sich das Kartenspiel fast immer ab. Seit Jahren innerlich getragen von einer im Titanismus seiner großen Hymnen ausgreifenden All-Sehnsucht, durch Rousseau und den Sturm und Drang mit stürmisch-jugendlicher Einseitigkeit auf das „Natürliche" gerichtet, auch das Wachsen der Kunst im eigenen Innern als Natur hinnehmend, tritt er – in diesem Gedicht noch stärker als im vorigen (21–24) – in Gegensatz zu der konventionellen Welt um Lili. Aber dieser Gegensatz wird nochmals umgekehrt: Ihre Jugend, Schönheit und Güte ist wiederum *Natur.* Doch ist diese ihre Natur lösbar von jenem, was ihre Umwelt oder gar ihre Welt ist?

S. 97. BLEIBE, BLEIBE BEI MIR ... Goethesche Handschrift auf einem kleinen Blatt im Nachlaß von Charlotte v. Stein, sonst nicht überliefert. Erster Druck: Schöll, Briefe und Aufsätze von Goethe. 2. Aufl. Weimar 1857. – Da alle äußeren Hilfsmittel zur Datierung fehlen, gibt es nur innere, und diese haben wegen der Kürze des Gedichts nicht viele Ansatzpunkte. Vieles in der Lili-Lyrik ist stimmungsmäßig verwandt, stilistisch besonders *Wonne der Wehmut.* Ein einstrophiges rein lyrisches Kurzgedicht, wie sie in dieser Zeit besonders schön erblühten. Die Gedichte an Friederike sind strahlender und noch nicht frei-rhythmisch; die an Frau v. Stein stärker an das Du gebunden. Auch Max Hecker, Goethes Gedichte, 1939 u. ö., datiert das Gedicht 1774/75. Daß es im Nachlaß Charlottes v. Stein überliefert ist, spricht nicht dagegen, da sie auch vorweimarische Dichtungen Goethes besaß.

S. 97. SEHNSUCHT. Erster Druck: Urania, Hannover 1793. Die Zeitschrift wurde herausgegeben von J. L. Ewald, zu dessen Hochzeit Goethe 1775 das *Bundeslied* dichtete (S. 93). Dieser wird wohl von 1775 her eine Handschrift des Gedichts besessen haben oder eine solche von Lavater oder Stolberg empfangen haben, mit denen er in Verbindung stand. Dieser Druck blieb zu Goethes Lebzeiten den meisten literarisch Interessierten unbekannt, vermutlich auch Goethe selbst. Er hat nach dem Titel den Vermerk *Melodie: O Vater der Barmherzigkeit ...*, der vermutlich ein Zusatz Ewalds ist. Die Fürstin Gallitzin spielt in einem Brief an Goethe vom 28. 8. 1793 auf dieses Gedicht an. Sie wird es wahrscheinlich kurz davor in Eutin bei den Stolbergs gesehen haben, entweder in Ewalds Druck oder in einer Handschrift aus Stolbergschem Besitz aus der Zeit, als Goethe mit den Brüdern Stolberg nach der Schweiz reiste. Die Fürstin hatte ein feines Gefühl dafür, daß dieser bei Goethe seltene Ton zu seinem innersten Wesen gehörte. Ein Gedicht der religiösen Sehnsucht. 4 *sich schmerzvermehrend stillet* etwa: sich beruhigt und dabei den Schmerz nur vermehrt. 5 *hier und dort:* im Diesseits und nach dem Tode. 7 *der Schmerz.* Das Motiv, daß die Liebe zu Gott *Schmerz* bereitet – eine innere Erfahrung, die selten zum Wort wurde – kehrt sehr viel später wieder, da wo ebenfalls von religiöser Sehnsucht gesprochen wird: *Siedender Schmerz der Brust, Schäumende Gotteslust ... Scharfangeschloßnem Kettenschmerz. O Gott! beschwichtige die Gedanken, Erleuchte mein bedürftig Herz! (Faust* 11856f., 11887ff.) In der Schlußszene des *Faust* wird zugleich gesagt, daß irdische Liebe Präfiguration einer höheren Liebe sein könne. In diesem frühen Gedicht ist Ähnliches wohl nur geahnt und bleibt zwischen den Zeilen. – Parallelen in den Briefen an Auguste zu Stolberg 1775; hieraus und aus der Beziehung zu Ewald, die nur 1775 bestand – Goethe schenkte ihm damals auch eine Abschrift von *Lilis Park* –, ergibt sich die Datierung. Von Goethe nie veröffentlicht. Nicht unter seinen Handschriften in Weimar. Vermutlich 1775 aus Frankfurt nicht mitgenommen. Ob der Titel *Sehnsucht* von Goethe stammt, ist mir fraglich.

Kommerell, Gedanken über Gedichte S. 80–81. – Kommerell, Dichterische Welterfahrung S. 31f. – Götz Eberhard Hübner, Kirchenliedrezeption und Rezeptionswegforschung. Tüb. 1969. S. 57–77. – Goethe und der Kreis von Münster. Hrsg. von Loos und Trunz. Münster 1971, S. XXXI, 88, 327f.

S. 98. LILIS PARK. Entstanden 1775. Erster Druck: *Schriften Bd. 8, 1789*. Eine frühe Handschrift ist nicht erhalten. Varianten in der eigenhändigen Sammelhandschrift für den Druck von 1789 und in der *Ausg. l. Hd.* ganz unbedeutend. Nach letzterer unser Text. – Das schon im Gedicht *An Belinden* (13–16) angedeutete Motiv wird hier mit Selbstironie und trotz alles Quälenden ohne Bitterkeit ins Scherzhafte gewandt und breit durchgeführt. In dieser Form konnte der junge Dichter Lili und ihrem Freundeskreise sein eigenes Leid darstellen, denn es war in rokokohaft leichtes, gesellschaftsfähiges Spiel verwandelt. Weichere innerliche Töne klingen nur ganz gelegentlich auf (85–90, 124–127), und nur der Schluß (130–135) kommt dem Ernst so nahe, daß er fast die Stilgrenze sprengt. Den biographischen Hintergrund schildert *Dichtung und Wahrheit, Buch 19*. – *Park* = Tierpark. – 48 *Filet* damals beliebte Handarbeit, netzartig, meist Seidenfäden, *Schurz* = Schürze, Umhang, Schal (Dt. Wb. 9, 1899, S. 2057). 65 *wildzt*: die wilde Natur bricht durch (Dt. Wb. 14, 2 Sp. 234). – 71 *Boulingreen* (bowling green) = Rasenplatz zu Spielen englischer Art. – 78 *bleit* = zieht schwer wie Blei, Goethesche Neubildung. Auch in dieses heiter-gesellschaftliche Gedicht mischen sich also kleine sprachliche Kühnheiten in der Art des Sturm und Drang. – 79 *häkelt* = hält mich wie mit einem Haken fest. – 84 *Oreaden* = Nymphen. – 110–112: Für die ganze Atmosphäre waren bereits zahlreiche Fremdwörter bezeichnend, jetzt tritt das französische Sprechen hinzu: „Hallo, ganz lieb sein! Gib Pfötchen! Und mach einen Diener, wie ein feiner Herr!“ – Stil der Gellertschen Verserzählungen, die damals sehr beliebt waren.

Als *Bären* bezeichnet Goethe sich auch in den Briefen an Johanna Fahlmer vom 24. Mai und 5. Juni 1775 (HA Briefe 1 S. 183f.). – Die Verse 15/16 sind in den alten Drucken ein Vers. Die WA machte 2 Verse daraus wegen des Reims *Büsche – Fische*. Ihr folgten die Jubil.-Ausg., die Festausgabe, Heckers Ausgabe(1939) u. a. m. – 88 hat Goethe eigenhändig in seiner Sammelhandschrift der Gedichte von 1788 geschrieben *hör*. Eine fremde Hand hat daraus *höre* gemacht, und diese Form ist in alle Drucke eingegangen, obgleich sie rhythmisch nicht paßt. Das Metrum des alternierenden Madrigalverses fordert *hör'*. – Boyd 1, S. 93–98.

S. 102. AUS DEM TAGEBUCH DER REISE IN DIE SCHWEIZ und AUF DEM SEE. Im Mai 1775 trat Goethe zusammen mit den beiden Grafen Stolberg und mit dem Grafen Haugwitz eine Reise in die Schweiz an, hauptsächlich, um sich für einige Zeit der Nähe Lilis zu entziehen. Am 15. Juni machte man eine längere schöne Fahrt auf dem Züricher See, über die ein Brief Fr. Leop. Stolbergs an seine Schwester Henriette genau Nachricht gibt (abgedruckt bei Morris Bd. 5, 1911, S. 270–271). Goethe hat vom 15.–21. Juni ein Reisetagebuch geführt, es sind sehr flüchtige Aufzeichnungen (facsimiliert: Goethes Schweizer Reise 1775. Hrsg. v. K. Koetschau u. M. Morris. Weimar 1907. = Schr. G. Ges., 22). Fast am Beginn dieses Tagebuchs stehen die Verse *Ich saug' an meiner Nabelschnur* ..., nach Zeile 8 steht ein Strich. Danach folgen die Verse 9–20, dann wieder ein Strich. Danach: *Vom Berge in die See. Vid. das Privat Archiv des Dichters. Lit. L.* (*Vid.* = Vide, Siehe. Scherzhaft im Gegensatz zum Geschäfts-Archiv des Rechtsanwalts das *Privat-Archiv des Dichters,* und Buchstabe [*Lit.*] *L.* bedeutet natürlich: Lili.) Es folgen die Verse *Wenn ich, liebe Lili* ... Dann wieder ein Strich und danach Prosanotizen über Reise-Einzelheiten vom 16. Juni bis zum 21. Juni, keine Verse mehr. Das Tagebuch enthält offensichtlich die erste, ganz intuitive, am Tage der Wasserfahrt geschriebene Niederschrift der Gedichtzeilen. *Auf dem See* erstmalig 1789 in den *Schriften,* unverändert in der *Ausg. l. Hd.* Auch die Endfassung behielt das Augenblickhafte: Das frische Gefühl des Lebens aus der Natur (1–8), das in Zeile 1 der 1. Fassung besonders drastisch sich äußerte, dann den unvermittelten Übergang in die Erinnerung an erlebte Liebe (9–12) – auch ohne Kenntnis des Biographischen verständlich (12) – und schließlich die Rückkehr in Gegenwart und Natur (13–20), die diesmal mehr als Bild dargestellt ist, nicht in unmittelbarer Wirkung auf das Ich (wie in 1 und 4); jedoch auch diese Landschaft ist Landschaft der Seele: die *reifende Frucht* ist nicht nur Eindrucksbild – als solches wäre es ein offener, mehr zufälliger Gedichtschluß –, sondern ist zugleich symbolisch und insofern ein wirkliches Schlußbild. Bezeichnend für Goethe ist, daß diese innerlich-künstlerische Notwendigkeit schon der ersten flüchtig-tagebuchartigen Niederschrift die Form gab. Das kurze Gedicht birgt eine Fülle von Motiven und Gegensätzen: Außen und Innen, Gegenwart und Erinnerung, Hingegebensein (1–4) und Wille (11), Heiterkeit und Schwermut; und doch ist alles locker, luftig und leicht, und dem Zauber der wechselnden Stimmungen und Bilder passen sich die Rhythmen in ihrem starken Wandel (1–8, 9–12, 13–20) jeweilig an.

H. A. Korff, Jb. d. fr. dt. Hochstifts 1927, S. 9–11. – Kommerell S. 89–91. – O. Walzel, Gehalt u. Gestalt im Kunstwerk des Dichters. Bln.-Neubabelsberg 1923. S. 238–373. – Walter Silz, Goethe's „Auf dem See". Studies in Honor of John

Albrecht Walz. Lancaster, Pa. 1941. S. 41–48. – Michael Scherer, Goethe „Auf dem See". Wirkendes Wort 4, 1953/54, S. 349–354. – Johannes Pfeiffer, Wege zur Dichtung. Hamburg 1952. S. 56–58. – G. Storz in: Wege zum Gedicht. 1956. S. 127–129. – Sigurd Burckhardt, The Metaphorical Structure of Goethe's „Auf dem See". The Germanic Review 31, 1956, S. 35–48. – Joachim Dyck, Goethes Gedicht „Auf dem See". Euphorion 67, 1973, S. 74–84.

S. 103. VOM BERGE IN DIE SEE und VOM BERGE. Überlieferung wie beim vorigen Gedicht. 1. Fassung im Tagebuch der Schweizerreise, 2. Fassung *Schriften 1789*. So wie beide Gedichte im Reisetagebuch unmittelbar hintereinander standen, nahm Goethe sie hintereinander in alle Gedichtbände hinein.

Die 1. Fassung ist unverändert von Goethe eigenhändig in seine Sammelhandschrift 1788 eingetragen. In den Druck 1790 kam dann aber die 2. Fassung. Man muß also schließen, daß diese erst entstand, als Goethe die Abschrift seiner Handschrift durchsah, bevor sie an Göschen geschickt wurde.

S. 103. IM HERBST 1775. Nach der Handschrift, facsimiliert bei Morris Bd. 5, 1911, Tafel 9. Druck: Iris 1775. Dann in den *Schriften 1789*. Dort Titel: *Herbstgefühl. 2 Am Rebengeländer 4 quellet 11 Mondes 16 vollschwellende.* Einstrophig, ein Naturbild und eine Seelenstimmung, darin vergleichbar *Wandrers Nachtlied.*

8 *Scheideblick* ähnlich wie S. 380 *An Werther* 8 *Scheidesonne. Blick* = Strahlen, Leuchten, wie S. 109, Vers 82 und S. 42 *Sternenblick.* Vgl. auch Bd. 6, S. 123, 32 u. Bd. 7, S. 510, 12. – A. Heusler, Dt. Versgeschichte, 3, 1929, S. 304. – Kommerell S. 87–88. – W. Killy, Wandlungen des lyrischen Bildes, 3. Aufl. 1961, S. 23f. – E. Trunz, Ein Tag aus Goethes Leben. 1990 u. ö. S. 105.

S. 104. WONNE DER WEHMUT. Nach einer Abschrift Herders im Weimarer Archiv, welche die schöne älteste Fassung enthält. Gedruckt bei Morris, 6, 1912, S. 516. Entstanden vermutlich 1775. Gedruckt in: *Schriften 1789*, stark verändert:

Trocknet nicht, trocknet nicht,
Tränen der ewigen Liebe!
Ach, nur dem halbgetrockneten Auge
Wie öde, wie tot die Welt ihm erscheint!
Trocknet nicht, trocknet nicht,
Tränen unglücklicher Liebe!

Ein ganz kurzes Lyricon, eine einzige Stimmung. Die Liebe ist *heilig*, denn dem in ihr Lebenden öffnet sich das Tiefste, das Göttliche der Welt; aber schon das nur noch halb in dieser Erschütterung lebende Gemüt faßt dieses nicht mehr in voller Kraft; darum wird sie ganz, auch ihre Wehmut, bejaht. Der Schluß wiederholt und variiert: *ewige* Liebe. Beziehung zu: *Dies wird die letzte Trän' nicht sein …* (S. 97f.) – Kommerell S. 79–80.

S. 104. HOLDE LILI, WARST SO LANG ... Aus einem Brief an Herzog Carl August aus Waldeck vom 23. 12. 1775. (HA Briefe 1, S. 201). Vorher gehen die Worte ... *wie ich so in der Nacht gegen das Fichtengebürg ritt, kam das Gefühl der Vergangenheit, meines Schicksals und meiner Liebe über mich, und sang so bei mir selber* ... – Goethe hat anscheinend von den Versen keine Niederschrift für sich behalten und sie bald vergessen. Erster Druck: Morgenblatt 1846.

S. 104. AN EIN GOLDENES HERZ ... Erster Druck: *Schriften 1789*, hiernach der Text. Von Goethe eigenhändig in seine Sammel-Handschrift der Gedichte 1788/89 eingetragen. In *Dichtung und Wahrheit, Buch 19*, spricht Goethe von dem Scheideblick auf Italien vom Gotthard aus und erzählt dabei von einem Halskettchen, das ihm Lili geschenkt hatte, fortfahrend: *Mag ein dadurch veranlaßtes Gedicht auch hier eingeschaltet sein.* Das Gedicht ist also durch die Kette angeregt worden, doch sagt Goethe nicht, es sei auf der Schweizerreise entstanden, es paßt ihm hier nur, es einzufügen. Da es die endgültige Trennung von Lili voraussetzt und Vers 7 mehr den Ritten durch Thüringen als der Schweizerreise entspricht, datiert man es allgemein auf den Winter 1775/76 wie das vorige und das folgende Gedicht, denen es auch inhaltlich und stilistisch nahesteht. – Vers 5: Auch wenn ich fliehe, muß ich noch ... usw.

S. 105. AN LILI. Handschriftlich von Goethe auf das Vorsatzblatt eines Exemplars der Erstausgabe seiner *Stella*, 1776, geschrieben, im Weimarer Archiv. Erster Druck: Reinhold Köhler, Ein bisher noch nicht gedrucktes Gedicht Goethes an Lili. Weimar 1868. – Facsimile: Goethe-Kalender 1930, S. 88.

GEDICHTE DER ERSTEN MANNESJAHRE

Als Goethe im Herbst 1775 26jährig nach Weimar kam, stand er noch mitten im Sturm und Drang. Die Briefe und Dichtungen behielten diesen Stil auch noch während der beiden nächsten Jahre, dann aber klang er ab und wich einer mehr betrachtenden, stärker objektivierenden Schreibweise, ähnlich wie Goethe auch seinem Leben jetzt festere sachliche Aufgaben setzte. Teilt man seine Dichtung rein biographisch auf, so ist der eine Trennungsschnitt die Ankunft in Weimar im November 1775, der zweite die Abreise nach Italien im September 1786. Sucht man dagegen das geistig Zusammengehörige zu vereinen, so gehört manches aus der ersten Weimarer Zeit zu dem, was davor entstand, und manches aus der letzten Weimarer Zeit weist voraus zur Klassik. Aus diesem Grunde setzt die vorliegende Ausgabe die frühweimarischen Nachklänge der Lili-Lyrik zu der Gruppe „Lili" in die Abteilung „Sturm und Drang" und die spätere Epigrammatik in antiken Versen zur Abteilung „Klassik". Die Hauptmasse dessen aber, was in diesen 11 Jahren entstand, ist von so eigener Art, daß man es weder jener noch dieser Epoche zurechnen möchte. Die großen weltanschaulichen Gedichte wie *Grenzen der Menschheit, Gesang der Geister über den Wassern, Das Göttliche* heben sich von dem ich-haften Ton und dem kühn-übersteigernden Stil der Sturm-und-Drang-Hymnen ebenso ab wie von den Gedichten der klassischen Zeit; die Lida-Lyrik unterscheidet sich grundlegend von der Lili-Lyrik wie von den späteren Christiane-Gedichten. Und ebenso sind die Balladen dieser Epoche eine Gruppe für sich. In der Frankfurter Lyrik herrschte der Augenblick; jetzt finden wir oft Überschau und Zusammenfassung des Vergangenen und Gegenwärtigen; *Ilmenau,* die *Zueignung,* ja sogar *An den Mond* sind Beispiele dafür. Zwar ist alles ruhiger, mehr auf ein objektives Gesetz, auf das Typische gerichtet als im Sturm und Drang, aber wir haben anderseits noch nicht Gedichte, die so wie in der Klassik mit sachgerechter Sicherheit fruchtbare Motive ergreifen und durchführen, bewußt dabei sich begrenzend und den Zusammenhang mit der Theorie beobachtend. Das Rätsel des eigenen Schicksals steht hinter allen, und sie sehen es im Zusammenhang des größeren Rätsels, was der Mensch sei. – Neben den großen Gedichten des Überblicks stehen ganz kleine Augenblicksgedichte, die eine Gattung fortsetzen, die in Straßburg begonnen hatte: das Kurzgedicht, einstrophig, ein lyrischer Seufzer, gleichsam nur hingehaucht, und doch jedesmal das Große im Kleinen spiegelnd. Mit den kleinen Versen an Friederike hatte dieser Typ begonnen (S. 25), die Lili-Lyrik hatte ihn zur Vollendung gesteigert (S. 97, 103–105). Jetzt lebt er in den kleinen Gedichten an Frau v. Stein (S. 124–127), die wie einzelne schöne Blüten sind, die er ihr bringt, und lebt in den kleinen Strophen über Hoffnung, Sorge, Glück und Frieden (S. 131, 133, 134, 142), in denen das Lebensgefühl dieser Jahre seinen Ausdruck findet. Es ist eine Form, die in der Klassik seltener wurde, aber nicht aufhörte, und im Alter dann noch einmal, spröder, durchsichtiger, geheimnisvoller sich vollendete.

Die Lyrik der ersten 11 Weimarer Jahre steht zwischen Geniezeit und Klassik ungefähr so, wie später zwischen der Klassik und den Altersgedichten die Sonette und die *Divan*-Lyrik stehen. Es gehört zu Goethes Wesen und Weite, daß er verschiedenartige Formen durchlief, daß sie als Entwicklungsstufen einander folgten und daß zugleich jede in sich vollendet war. Am Ende dieser Schaffensperiode gab Goethe die erste von ihm selbst zusammengestellte Sammlung seiner *Schriften* heraus, 1787–1790. Darin stehen die Gedichte in *Band 8, 1789*. Hier sahen die Zeitgenossen die Lyrik der ersten 11 Weimarer Jahre, soweit Goethe diese mitteilen wollte. Sie ist untermischt mit Gedichten aus seiner Jugend; aber er hatte alles Ältere für diesen Zweck sorgfältig überarbeitet und dem maßvollen Stil angenähert, der ihm in diesen Jahren erwachsen war. Vieles Lyrische aus den ersten 11 Weimarer Jahren hatte er sich aber nicht aufbewahrt oder er wollte es zurückhalten. Es ist erst im Laufe des 19. Jahrhunderts ans Licht gekommen, und so sieht das Bild, das eine heutige Ausgabe von dieser Zeit bietet, anders aus als das, welches Goethes Gedichtband 1789 vor Augen stellte.

Goethe hielt die Auswahl seiner Gedichte, die er 1789 zum Druck brachte, so knapp, daß sie nicht einmal einen Band füllen. In Band 8 steht außer den Gedichten noch *Das Jahrmarktsfest zu Plundersweilern* und anderes. – Aus Goethes Archiv. Die erste Weimarer Gedichtsammlung. Hrsg. v. B. Suphan u. J. Wahle. Weimar 1908. = Schr. G. Ges., 23. – Goethes lyrische Dichtungen der ersten Weimarischen Jahre. In ursprüngl. Fassung hrsg. v. Rud. Koegel. Basel 1896. – Arthur Kutscher, Das Naturgefühl in Goethes Lyrik. Lpz. 1906. – Thassilo v. Scheffer, Die Umarbeitung der Goethischen Gedichte für die erste Gesamtausgabe. Darmstadt 1901. – Hans Keipert, Die Wandlung Goethescher Gedichte zum klassischen Stil. Jena 1933. – Hans Jürgen Geerdts, Goethes erste Weimarer Jahre im Spiegel seiner Lyrik. GJb. 93, 1976, S. 51–59. – Goethe, Vermischte Gedichte. 1788. Hrsg. von K.-H. Hahn. Lpz. 1984. Lizenzausgabe Frankfurt 1984.

GELEGENHEITSGEDICHTE AUS DEM WEIMARER KREISE

Gelegenheitsdichtung, durch das Leben mit Freunden und Bekannten angeregt und für sie geschrieben, war Goethe schon in Frankfurt reichlich in die Feder geflossen (S. 86–95). Der gesellige Weimarer Kreis, allem Dichterischen in besonderem Maße offen, war ebenfalls ein anregender und dankbarer Boden dafür. Goethe selbst aber wurde allmählich strenger und zurückhaltender. Immer noch entstanden Gelegenheitsverse, aber seltener als bisher, und manches wuchs zu großer Dichtung empor wie *Ilmenau* und *Auf Miedings Tod.* Doch bleiben auch diese Gedichte in ihrem stofflichen Inhalt so sehr dem Weimarer Leben verwachsen, daß man mancherlei Tatsachen aus diesem wissen muß, um sie voll zu verstehen. Das darf nicht zu der Annahme verleiten, man müsse jedes Goethesche Gedicht biographisch kommentieren. Im Gegenteil: Die historisch-biographischen Züge sind das Charakteristische eben dieser besonderen Gruppe, welche hier als Gelegenheitsgedichte zusammengefaßt sind.

S. 106. AUS EINEM BRIEF AN DEN HERZOG. Aus Waldeck 23. 12. 1775. Carl August war zu Besuch am Hof in Gotha. Der gleiche Brief enthält die Verse *Holde Lili, warst so lang* ... (S. 104). Text nach: Briefwechsel des Herzogs Carl August mit Goethe. Hrsg. v. Hans Wahl. Bd. 1. Bln. 1915. S. 3. Dazu Wahls Anmerkung S. 355. Erster Druck: Morgenblatt 1846. – Briefe HA., Bd. 1, S. 201.

S. 106. BEGRÜSSUNG DES HERZOGS. Erster Druck in der von Eckermann und Riemer herausgegebenen Quartausgabe 1836 mit der von den Herausgebern gegebenen Überschrift „Dem Herzog Carl August bei dessen Besuch auf dem v. Steinischen Rittergute Kochberg überreicht von Goethe in der Verkleidung eines Landmannes (Etwa um 1778)". Dieser Text hat einige Fehler, das zeigte sich bei der Wiederauffindung der Goetheschen Handschrift in Bertuchs Nachlaß durch Hans Wahl, veröffentlicht in: Briefwechsel des Herzogs Carl August mit Goethe, Bd. 1, 1915, S. 6–7 u. 357; Facsimile: (Jb.) Goethe 11, 1949, nach S. 64. – 18 *Park* = Wildgehege, 19 *im fremden Land*: also nicht in Sachsen-Weimar; Wahl vermutet: Sachsen-Gotha, wo Carl August gelegentlich zur Jagd war. 23 *eine gute Fee*: Wahl vermutet: Frau v. Keller auf Schloß Stedten. – Am Ende ist die Handschrift unterschrieben: *Seb. Simpel.* Das Wort *simpel* bedeutete „einfach, treu, bescheiden". – Vielleicht hat Goethe das Gedicht nicht nur überreicht, sondern auch persönlich vorgetragen; Wahl vermutet: bei einer gemeinsamen weimarisch-erfurtischen Hasenjagd, die zwischen Schwansee und Schloß Stedten (westlich Erfurt) am 16.–19. Januar 1776 stattfand. – Der Herzog gab das Blatt wahrscheinlich seinem damaligen Sekretär Bertuch, der mit auf der Jagd war, und so kam es später in dessen Nachlaß. – Bezeichnend für Goethes Auffassung des Bauerntums, sozial, voll Achtung, patriarchalisch. Der Knittelvers, den er von Hans Sachs her liebte, paßt hier vortrefflich. – Hans Wahl, Sebastian Simpel. (Jb.) Goethe 11, 1949, S. 62–77.

S. 107. ILMENAU. Entstanden 1783, aber erst 1815 in den *Werken* veröffentlicht. Text nach der *Ausg. l. Hd.* Eine frühe Handschrift hat in Vers 156 *Und o wie dank ich euch,* dazu eine Randnotiz Herders: „Wem?". Herder übersah, daß das *euch* sich vorausbezieht auf 161 *ihr Götter.* Goethe änderte auf Herders Vermerk hin den Vers. – Einzelnes deutet das Gespräch mit Eckermann vom 23. 10. 28. – Das in der Überschrift genannte Datum ist der 26. Geburtstag Carl Augusts, für welchen das Gedicht bestimmt war. Ilmenau war der Ort wildgenialischer Jugendstreiche gewesen, war dann aber auch der Ort ernstester Bemühung um die Wohlfahrt des Landes. Goethe sah dort die Not der Menschen (15–18). Der angeredete Berg (8) ist der Kickelhahn. Das Wiedersehen der Landschaft erinnert den Dichter und herzoglichen Verwaltungsbeamten an frühere dortige Erlebnisse, und während in der letzten Zeit die Dichtung, zumal Gelegenheitsdichtung, zurückgetreten war, regt Ilmenau ihn nun wieder an, wie damals in der ersten Weimarer Zeit, Erlebtes in Verse zu fassen (22). Zurückdenkend sieht er vor sich ein Nachtlager nach einer Hofjagd, das er scherzend mit einem Zigeunerlager (51) oder dem flüchtigen Herzog in den Ardennen in Shakespeares „Wie es euch gefällt" (52) vergleicht. Der Lebensstil des Sturm und Drang, der dem Wesen des damals erst 20 Jahre alten Herzogs entsprach, gab diesem Leben den jugendlichfreien Charakter. Es folgen Charakteristiken einzelner Gestalten, K. L. v. Knebel (59–68) und K. S. v. Seckendorff (69–76). Dann gleitet der Blick zu dem schlafenden Herzog (79–83). Vor seiner Hütte sitzt Goethe (86). Der Jetzige fragt den Damaligen. Diesen bewegt die Grundfrage nach der Berechtigung dessen, was er tat. Jeder Handelnde wird irgendwie schuldhaft, denn er kennt nur seine Motive, nicht die Folgen des Handelns. Aber was er brachte – war es nicht nur der Stil der Generation? Und der kann und muß überwunden werden. Das Schönste an diesem Selbstbildnis ist die zarte Liebe zu dem jungen Herzog, von dessen Wesen eine ebenso tiefe wie erstaunlich offene Charakteristik folgt. Das Erinnerungsbild bricht ab (156). Ilmenau mit Landwirtschaft (168–69), Hausindustrie (170–71) und besonders Bergbau (172–73) ist ein Beispiel dafür, wie der Herzog und Goethe sich mit voller Kraft den Regierungsgeschäften gewidmet haben. So ergeben sich Vergleiche – Ilmenau damals und jetzt, der Herzog damals und jetzt, Goethe damals und jetzt –, und sie fallen günstig aus. Das ist die Freude, ist das Geburtstagsgeschenk in dem Gedicht. Aber nicht nur Vergangenheit und Gegenwart sind aufeinander bezogen, sondern auch die beiden Lebensläufe sind es in ihrer tiefen freundschaftlichen Verbundenheit und im Erziehertum des Älteren. Das Schema des Gedichts mit dem Weg durch den Wald und der Vision ist alt und konventionell; was daraus wurde, ist modern: eine Selbstschau von großer Klarheit, literarische Porträts von unerhörter Schärfe, und Entwicklungsgedanken, die durch die dauernde wechselseitige Spiegelung besonders deutlich werden. Am Ende fallen die Worte, die fortan nicht mehr aus Goethes Welt wegzudenken sind, *Pflichten, Einschränken, Entbehren* (178–183); damit ist der Sturm und Drang, zu dessen Kritik das Gedicht schon vorher ansetzte, überwunden. Die seinerzeit gestellte Frage nach Sinn und Wert des eigenen Tuns (102–03) kann jetzt, 7 Jahre später, Antwort erhalten. So wird durch die Zweischichtigkeit des Gedichts auch die Polarität von Tun und Denken, die sich aneinander messen und aufeinander wirken, herausgearbeitet – eine typisch Goethesche Sehweise, die in dieser Zeit noch unbewußt sich äußerte und im Alter dann auch theoretisch von ihm formuliert wurde (Bd. 8, S. 263). Daß die große Offenheit, die das Bildnis des Herzogs zeigt (138–151), in diesem Huldigungs-Geschenk an den 26jährigen möglich war und daß es 1815 unverändert veröffentlicht werden konnte, ist beides ein Zeichen für des Herzogs Großzügigkeit, freundschaftliche Gesinnung und innere Freiheit, welche die Größe des Dichters erkannte.

40 *roh*: primitiv, einfach. – 174 *Es wird der Trug entdeckt*: die Betrügereien des Steuersekretärs Gruner. (Goethe, Amtliche Schriften. Bd. 1, 1950. Nr. 93 und 95.) – In einer Goetheschen eigenhändigen Einzelhandschrift des Gedichts hat Herder am Ende von Vers 22 Goethes Komma in einen Punkt geändert. 119 steht in den Drucken 1815 und 1827 *Unschuldig und gestraft, unschuldig und beglückt.* Die WA stellte die handschriftliche Fassung *und schuldig* wieder her. Ihr schlossen sich alle neuen Ausgaben an. – B. Suphan, Ilmenau. Dt. Rundschau 1893/94, S. 218ff. – Kommerell S. 166–171. – J. Boyd, Notes to Goethe's poems. I. Oxford 1944. S. 193–203. – Willy Andreas, Carl August. Bd. 1. Stuttg. 1953. S. 561–570, 603–604. – Joach. Müller. Jahrb. d. Wiener Goethe-Vereins 68, 1964, S. 77–101. – H. Tümmler, Goethe der Kollege. Köln 1970. S. 24. – Hans Tümmler, Carl August. Stuttg. 1978. S. 24f., 45.

S. 112. EPIPHANIAS. Erster Druck: Gesänge der Liedertafel 1811. Text nach der *Ausg. l. Hd.;* in deren Duodez-Ausgabe heißt die Überschrift *Epiphanias,* in der Oktav-Ausgabe *Epiphaniasfest.* – Im Anschluß an ein mit den gleichen Worten beginnendes Volkslied, mit welchem Knaben am 6. Januar singend und gabenheischend herumzogen (Weim. Ausg., Abt. 1, Bd. 42, 2. Abt., S. 458, 460), von Goethe für ein Weimarer Fest am 6. 1. 1781 gedichtet, wobei Corona Schröter den ersten König spielte (so daß Vers 12 noch eine speziell scherzhafte Note erhielt).

S. 113. CHRISTOPH KAUFMANN. Entstanden 1779. Erster Druck: K. A. Varnhagen v. Ense, Galerie von Bildnissen. Lpz. 1836. – Kaufmann (1753–1795), begabt aber labil, war von Lavater und seinem Kreise jung als Genie verherrlicht. Er suchte Tendenzen Rousseaus und des Sturm und Drang mit Lavaters Gefühlschristentum zu verbinden und eine Art Urchristentum herzustellen. Maler Müller nannte ihn (bewundernd, nicht ironisch) „Gottes Spürhund". Sein Ernstmachen mit der Forderung naturnahen Lebens – er aß vegetarisch und trank keinen Alkohol – erregte großes Staunen. 1776 und 1777 besuchte er Weimar, und Goethe verkehrte freundlich mit ihm. Als Kaufmann in der Folgezeit nur herumreiste, viel versprach, aber nichts leistete, rückte Goethe von ihm ab. – Werner Milch, Chr. Kaufmann. Frauenfeld u. Lpz. 1932. = Die Schweiz im dt. Geistesleben, 77/78. (192 S.) – Walter Imhoof, Chr. Kaufmann. Zürcher Taschenbuch auf das Jahr 1940. Zürich 1939. – W. Andreas, Carl August. Bd. 1. Stuttg. 1953. S. 331–336, 462–464, 591.

S. 114. AUF MIEDINGS TOD. Entstanden Februar/März 1782, und Ende März im „Tiefurter Journal", der in elf Exemplaren handschriftlich hergestellten Privat-Zeitschrift des Weimarer Kreises, mitgeteilt. Diese Fassung ist neugedruckt in: Das Journal von Tiefurt. Mit einer Einleitung von B. Suphan hrsg. von E. v. d. Hellen. Weimar 1892. = Schr. G. Ges., 7. Danach der Text. Seit 1789 auch in den *Schriften.* Hauptänderungen: 13 *Der tätige Jude* 55 *Rat* 71 *wenn* 83 *Von Zindel* 118 *was der Tag* 147 *Erscheint* 166 *ihr.* – Als Goethe 1775 nach Weimar kam, besaß der Hof keine eigene Schauspielertruppe. Das literarisch-gesellschaftliche Leben, durch ihn lebhaft angeregt, führte zur Gründung eines Liebhabertheaters, das in den Folgejahren recht bedeutende Aufführungen erlebte, z. B. 1779 Goethes *Iphigenie* in der ersten Prosafassung, wobei Goethe selbst den Orest, Corona Schröter die Iphigenie spielte. Der Theatermeister dieser kleinen Bühne war der Hoftischler Johann Martin Mieding, dessen handwerkliche Tüchtigkeit und biedere Charakterfestigkeit Goethe liebte. Goethe hatte ein Organ für Menschen dieser Art. In seiner Dichtung tritt das besonders in *Hermann und Dorothea* hervor. Bei der Hofgesellschaft war Mieding allgemein beliebt – dergleichen paßte zum Weimarer Geist –, deshalb fand nach seinem Tode auch Goethes Gedicht wärmsten Beifall. Goethe schreibt am 17. 4. 82 an Knebel: *Ich bin mir noch keiner so schönen Sensation bewußt, als dieses Gedicht in unserm Kreise gemacht hat.* 1–14: Vorbereitungen für eine Aufführung zum Geburtstag der Herzogin Luise am 30. 1. 1782. 7: Schneider. 9: Theatermaler. 11: Hofschneider. 13: Hofbankier. 32: Das unmittelbare Bevorstehen der Festaufführung. 42 *Albernheit*: es gingen übertriebene Gerüchte um über das Geniewesen der ersten Weimarer Zeit Goethes, die zugleich die erste Regierungszeit des Herzogs war; so hatte z. B. Klopstock jedem Gerede geglaubt und in Briefen ernsthafte Ermahnungen nach Weimar geschickt. 53 *kriegrisch oder fein*: militärisch oder durch Staatskunst. 74: dreimaliges Aufstoßen des Marschallstabs als Zeichen des Beginns; die Ouvertüre fängt an. 78: ein Fehler. 83 *Zindel*: Taft; wie Bd. 7, S. 57,31. 93 *widerwärtig* bei Goethe fast immer = widerstrebend. 97 die Stellung des Wortes *nur* ist im 18. Jahrhundert sehr frei; hier gehört es zu *ihm*. 137 die Theateraufführungen hatten in dem 1774 abgebrannten Schloß stattgefunden. 151: Fastnachtsspiele u. dgl. 153/54: Schattenspiele. 157/58: Übersetzungen aus Molière, Destouches, Gozzi usw. 161: Maskenzüge, für die z. T. Goethe Texte dichtete. 163/64: Vgl. S. 112/13. 166: Iphigenie, am 6. 4. 79 uraufgeführt. 170: Corona Schröter, die edle junge Hofsängerin. Indem ihr, der die Iphigenien-Rolle so sehr entsprochen hatte, die Schlußworte gegeben werden, huldigt die hohe Kunst dem unentbehrlichen Handwerker und gewinnt die humorvoll-anschauliche Darstellung am Ende Würde und Feierlichkeit. – Goethe stellte 1789 seine Gedichte handschriftlich für den Druck zusammen. In dieser Handschrift (im Weimarer Archiv, Nr. H 4), die er anscheinend auch später noch benutzte, hat das Gedicht einige erläuternde Anmerkungen, wohl von der Hand der Hofdame Luise v. Göchhausen, und zwar: 7 *Hauenschild* „der Schneider der Theatergarderobe“ 9 *Schumann* „Theatermaler“ 11 *Thielen* „ein Frauenzimmer-Schneider“ 98 *Direktor der Natur* „So nannte man ihn zum Scherz beim Theater“ 180 *Corona* „Mademoiselle Corona Schröter, eine vortreffliche Actrice dieses Gesellschafts-Theaters“. – Der Vergleich von *Weimar* mit *Bethlehem in Juda* (Vers 40) schon bei Wieland in einem Brief vom 5. 10. 1776. (Goethe in vertraulichen Briefen seiner Zeitgenossen. Hrsg. v. W. Bode. 1. Bln. 1918. S. 211). – Goethe, Vermischte Gedichte. Hrsg. von K.-H. Hahn. 1984.

Die zahlreichen Äußerungen aus dem Weimarer Kreise über dieses Gedicht findet man bei Gräf. – H. Düntzer, Goethes Gedichte „Auf Miedings Tod“ und „Ilmenau“. Ztschr. f. dt. Philol. 27, 1895, S. 64–109. – W. Andreas, Carl August. Bd. 1. 1953. S. 346–348. – Boyd I, S. 177–184. – Kommerell S. 177–180.

S. 120. AN HERZOG CARL AUGUST. Erster Druck: Krieg, Literatur und Theater, hrsg. v. W. Dorow. Lpz. 1845. Mit Hinzufügung des Datums: *Rom, den 28. August 1787*. Danach alle späteren Drucke und auch unser Text, denn der Verbleib der Handschrift ist unbekannt. Goethe hat, wie das Datum zeigt, diese Verse an seinem 38. Geburtstage aus Rom an den Herzog geschrieben.

VERSE AN LIDA

Goethe schrieb in seinem Alter, am 2. 4. 1818, an C. E. Schubarth: *Ich will gern bekennen, daß ich von Personen, denen es gefiel, freundlich über mich zu reflektieren, manches gelernt und sie deshalb verehrt und bewundert habe. So hat mich Delbrück aufmerksam gemacht, daß meine kleinen wenigen Gedichte an Lida die zartesten unter allen seien. Das hatte ich nie gedacht, noch weniger gewußt. Und es ist wahr! Es macht mir jetzt Vergnügen, es zu denken und anzuerkennen.* Es waren damals nur drei Gedichte veröffentlicht, in denen dieser Name auftaucht: *An Lida, Der Becher, Ferne;* 1820 kam *Zwischen beiden Welten* dazu. Als 1848 Victor Hehn seine Vorlesungen über Goethes Gedichte aufzeichnete, die E. v. d. Hellen 1911 zum Druck brachte, schrieb er: „Wer jene Lida eigentlich gewesen, läßt sich noch nicht sagen. Sie gehörte der höchsten Region an, soviel ist gewiß. Goethe selbst hat den Schleier, der auf dieser Liebe ruhte, nicht zu lüften gewagt ... Die Atmosphäre dieser Gedichte ist diejenige, die über Tasso ausgebreitet liegt: dieselbe Feinheit der Empfindungen und Wendungen, dieselbe Delikatesse der Form, derselbe gedämpfte Widerschein eines innerlich glühenden Feuers ... Lida half der inneren Läuterung des Dichters ... Ihr Einfluß, ihre Liebe trug dazu bei, den Künstler in ihm hervorzubilden, ihn weise und glücklich zu machen und die schöne menschliche Sittlichkeit in seinem ganzen Wesen und Charakter zu befestigen." Hier sind die wesentlichen Züge dieser Lyrik erkannt, und es zeigt sich, daß es dazu keines biographischen Wissens bedurfte. In dem Zeitpunkt, als Hehn dieses schrieb, wurde eben der erste Band desjenigen Werkes fertig, das nun enthüllte, wer Lida war: Schöll veröffentlichte 1848–51 Goethes Briefe an Charlotte v. Stein aus dem Steinschen Familienbesitz. In ihnen wurde der Öffentlichkeit nicht nur ein großes menschliches Dokument einer Liebe geschenkt, nicht nur tiefgründiges Material zur seelischen Biographie des Dichters, sondern auch eine Fülle kleiner Gedichte, die Goethe in Briefen an Charlotte geschrieben hatte. Goethe selbst hatte diese Verse wohl nie als vollwertige Dichtung betrachtet, hatte sie sich nicht abgeschrieben und sie bald vergessen. Doch sie bereicherten nun den Schatz der Goetheschen Lyrik sehr wesentlich. Die Verse *Warum gabst du uns die tiefen Blicke* waren bald bekannter als die schon früher von Goethe selbst zum Druck gebrachten Gedichte an Lida. Im Bewußtsein der Leser sind seither beide Gruppen vereinigt. Von den 17 Gedichten, die der vorliegende Band auswählt, hat Goethe selbst nur 5 veröffentlicht, 12 traten erst später (1848–1893) hinzu. Ihre Vereinigung ist weniger begründet im Biographischen, dem einheitlichen Erlebnis- und Schaffenskomplex, als in der einheitlichen geistigen Welt, die sie als Dichtung formen. Sie heben sich ab von den Gedichtkreisen um Friederike und um Lili und von der späteren Christianen-Lyrik durch das Wissende und Vergeistigte. Sie sind gestimmt auf das Du, während die Lili-Lyrik monologisch war. Sie leben aus dem Bewußtsein gegenseitigen Verstehens. Sie haben ihren eigenen Stil, nicht nur der Sprache, sondern auch der Liebe, bestimmt durch die Gedanken der Entsagung und der Reinheit. So bilden sie ihre eigene geistige Welt, neu und von besonderer Art in der Literatur der Zeit. Der Mann, jung, geistig, mit sich und der Welt noch nicht im klaren, wird durch die Harmonie, die Vollendung und das Verstehen der Frau in seine eigene höchste Möglichkeit geführt; der Gefährdete, sich schuldhaft Fühlende wird geheilt und entsühnt, wie Orest im Drama. Goethe hoffte, daß Liebe solcher Art auch anderen zuteil werde, und wünschte dem Herzog, daß er durch die Gräfin Werthern eine ähnliche Entwicklung erlebe. Diese Auffassung der Liebe war einerseits aus der Situation, in welcher Frau v. Stein und Goethe sich befanden, entstanden, anderseits aus dem Stil, welchen Frau v. Stein ihrer Beziehung gab, abstandhaltend, innig, aber vergeistigt; denn sie war die Maßvolle, welche die Pflichten gegen Kinder, Gatten und Welt keinen Augenblick vergaß, die gesundheitlich Leidende, im Geistigen Lebende. Zugleich stand sie damit in einer Tradition, die sie gesucht und sich anverwandelt hatte. Man sprach damals viel über die „geistige", „platonische" Seelenfreundschaft und sah sie als hohe Form einer Bindung getrennt von der Ehe. Rousseaus „Nouvelle Héloïse" stellte die Erziehung eines Mannes zur wahren, d. h. geistigen Liebe dar. Als 1785 Hemsterhuis zusammen mit der Fürstin Gallitzin, mit welcher ihn eine geistige Freundschaft verband, wie er sie als Ideal in seinen Schriften aussprach, nach Weimar kam, schrieb Goethe an Frau v. Stein: *Hemsterhuis besonders wäre für Dich gewesen, und man liest seine Schriften gewiß mit mehr Interesse, wenn man ihn kennt.* (25. 9. 85) Das Denkbild der „Seelenliebe" geht geschichtlich zurück auf das Barock und von da auf die Minne des Mittelalters, diese im Idealen bleibende Liebe eines verheirateten Mannes zu einer verheirateten Frau, wie sie Dante und Beatrice, Petrarca und Laura verkörpern. Goethe entsprach diese Haltung auf die Dauer nicht. Seine Liebesauffassung ist im Grunde die der psychophysischen Einheit und Ganzheit der Liebe, wie sie später *Hermann und Dorothea,* die Novellen der *Wanderjahre,* der *Divan* und andere Werke darstellten. Jedoch bedurfte Goethe auf einer gewissen Stufe seiner Entwicklung, in den ersten Weimarer Jahren, dieser Formung durch die geliebte, verehrte Herrin. Er bedurfte ihrer weniger in der Zeit davor und nicht in der Zeit danach. So mußte menschlich diese Beziehung, sofern sie jede andere ausschloß, ein Ende finden, und das bedeutete für die Frau eine Tragik. Die uns erhaltenen Briefe enthüllen diesen Verlauf und dann den stillen versöhnlichen Nachklang im Alter. Die Lyrik dagegen gestaltet nur jene hohe Form seelischen Miteinander-Seins. Sie ist als Dichtung losgelöst vom Schöpfer. Sie steht nahe bei *Iphigenie* und *Tasso,* wie schon Hehn feinfühlig erkannte.

Es gibt in der Lida-Lyrik einige verbindende Themen. Das Motiv aus *Jägers Abendlied – Mir ist es, denk ich nur an dich, Als säh den Mond ich an* – kommt noch einmal vor in *Füllest wieder Busch und Tal.* In beiden

Gedichten ist auch das Motiv, das an anderer Stelle in den Worten zusammengefaßt ist: *Tropftest Mäßigung dem heißen Blute* (S. 123). Schicksalhaftes Festgebanntsein (*Gewiß, ich wäre ...; Füllest wieder ...*) und die innere Klarheit der Liebe (*Warum gabst ...; Ach, wie bist ...; Und ich geh ...*) sind für die Situation bezeichnend; vor allem aber der Widerstreit zwischen Liebe und Nicht-Lieben-Sollen (*Ach, wie bist ...; Was mir im Kopf und Herzen stritt ...*). Diese innere Qual wird gegenübergestellt der *reinen stillen* Natur (*Hier bildend ...; Ach, wie drückt ...; Füllest wieder ...*). Es ist viel innerer Zwist in diesen Gedichten; doch in dem Dichter lebt so viel Liebe und Ritterlichkeit, daß er sogar aus der Qual noch eine Huldigung macht (*Ach, wie drückt ...*). Die Zerrissenheit des Herzens, die Kraft der Idealisierung und die Leichtigkeit der Form geben einen einzigartigen Zusammenklang.

Die zarteste Form ist die der kleinen Briefgedichte, oft nur vier Zeilen lang, Ausdruck einer Situation und Stimmung, Worte des Augenblicks an das vertraute, verstehende Du. Das Gefühl als tragende Kraft des ganzen Lebens wird zum Lied (*Jägers Nachtlied, Rastlose Liebe, An den Mond*). Das geistige Sich-klar-Werden über Tragik und Seligkeit der einzigartigen Nähe wird zum (nicht-liedhaften) Gedicht (*An Lida, Für ewig, Warum gabst du uns ...*). – Thematisch gehören in den Zusammenhang der Lida-Gedichte auch *Harzreise im Winter* (S. 50–52), *Der du von dem Himmel bist* (S. 142) und das Epigramm *Erwählter Fels* (S. 204).

Aus der Sicht des Alters deutet den Geist der Lida-Liebe viele Jahre später das Gedicht *Zwischen beiden Welten* (S. 373), das Goethe 1820 veröffentlichte. Sein schwungvoll-begeisterter Beginn erinnert im Klang an die Gedichte vor der italienischen Reise, und vielleicht sind diese ersten Zeilen schon damals entstanden. Shakespeare half dem Dichter, die Welt erkennen und gestalten, Lida steigerte den Menschen zu seiner höchsten Form. Steigerung ist, wie Goethe im Alter wußte, Vergeistigung. Rückschauend stellt er das Liebes-Erlebnis neben das höchste Kunst-Erlebnis – bei keiner anderen Liebe wäre das in dieser Art möglich gewesen.

Goethe, Briefe. Hbg. Ausg., Bd. 1, 1962, insbes. S. 640–643. – Gedichte Goethes an Frau v. Stein. In Facsimilenachbildung hrsg. v. J. Wahle, Weimar 1924. = Schr. G. Ges., 37. – Goethes Briefe an Frau v. Stein. Hrsg. v. A. Schöll. 3 Bde., Weimar 1848–1851. – Goethes Briefe an Charlotte v. Stein. Neue, vollständige Ausgabe auf Grund der Handschriften im Goethe- und Schiller-Archiv. Hrsg. v. J. Petersen. 2 Bd. in 4 Teilen. Lpz. 1923. Die Einleitung neugedruckt in: J. Petersen, Aus der Goethezeit. Lpz. 1932. S. 19–48. – W. Bode, Charlotte v. Stein. Bln. 1910. – Alphons Nobel, Frau v. Stein. Frankf. a. M. 1939. – Hanna Fischer-Lamberg, Charlotte v. Stein, ein Bildungserlebnis Goethes. Dt. Vjs. 15, 1937, S. 385–402. – Paul Kluckhohn, Die Auffassung der Liebe in der Lit. des 18. Jahrhunderts und in der dt. Romantik. Halle 1922. 3. Aufl. 1966. – Fr. R. Schröder, Der Minnesang. German.-Roman. Monatsschrift 21, 1933, S. 161–187, 257–290. – A. Henkel, Entsagung. Tüb. 1954. S. 125–141.

S. 121. JÄGERS ABENDLIED. Erster Druck: Teutscher Merkur 1776. Entstanden Winter 1775/76. – Text der frühen Fassung nach Goethes Weimarer Gedichtsammlung für Frau v. Stein. Für die *Schriften 1789* umgearbeitet; hiernach der 2. Text. – Man hat das Gedicht oft den Lili-Gedichten zugeschrieben, neuerdings aber auch mehrfach zu den Lida-Gedichten gestellt. Mit diesen verbindet es das Motiv der heilenden Wirkung der Geliebten (13–16) auf den Menschen der Unrast: Züge, die der Lili-Lyrik fehlen und für die Lida-Lyrik geradezu Mittelpunkt sind. Außerdem erscheint Lili in Goethes Lyrik nie in der Natur, während hier *Feld und liebes Tal* (5/6) zu Charlottens Weimarer oder Kochberger Umwelt sich fügen. Auch 7/8 passen weniger auf Lili als vielmehr auf Frau v. Stein: sie stand damals Goethe noch nicht nahe, aber er hoffte, daß sie an ihn denke, und sie mußte annehmen, daß er bald wieder abreisen werde, weil seine Fahrt nach Weimar zunächst nur als Besuch gedacht war. Doch wie auch die biographische Beziehung sei – das dichterische Bild ist das einer Frau mit Iphigenien-Charakter, ein Bild, das Goethe damals aus seinem Innern zu schaffen begann und in der Lida-Lyrik künstlerisch ausformte.

Die 2. Fassung hat in der Gedicht-Sammelhandschrift von 1788 (von Goethe eigenhändig) und in dem daran anknüpfenden Druck von 1789 in Vers 6 *Durchs Feld und liebe Tal.* Der Druck von 1806 kehrt an dieser Stelle zu der ursprünglichen Fassung *Durch Feld und liebes Tal* zurück, die dann auch in der *Ausg. l. Hd.* steht.

S. 122. WARUM GABST DU UNS ... Am 14. 4. 76 an Frau v. Stein gesandt; zwischen den Briefen überliefert; nur diese eine Handschrift. Erster Druck: Schöll 1848. Facsimile: Wahle, Schr. G. Ges. 37, danach der Text. – 31 *einem* im Original groß geschrieben. – Goethe hat sich das Gedicht nicht abgeschrieben und aufgehoben, sondern es lediglich als Brief an Frau v. Stein gesandt. Thematisch verwandt das Fragment eines Briefs von Goethe an Wieland aus der gleichen Zeit: *Ich kann mir die Bedeutsamkeit, die Macht, die diese Frau über mich hat, anders nicht erklären als durch die Seelenwanderung. Ja, wir waren einst Mann und Weib! Nun wissen wir von uns, verhüllt, in Geisterduft. Ich habe keine Namen für uns: die Vergangenheit – die Zukunft – das All.* (Briefe, HA, Bd. 1, Nr. 144 S. 212.) Der Gedanke der Seelenwanderung wurde in jener Zeit viel besprochen. (Darüber: Rudolf Unger, Gesammelte Studien, Bd. 2, Bln. 1929, S. 1–16. Über das Motiv der Seelenwanderung bei Goethe: K. J. Obenauer, Goethe in seinem Verhältnis zur Religion. Jena 1921. S. 100–107.) – Andere Motive des Gedichts haben Parallelen in den Briefen an Frau v. Stein aus dieser Zeit, zumal in einem, der – ohne Datum überliefert – wohl zeitlich sehr nahe steht: *Wir können einander nichts sein und sind einander zu viel ... eben weil ich die Sachen nur seh', wie sie sind – das macht mich rasend ...* (Ebd. S. 213.) – Ähnlich wie *Ilmenau* oder *Euphrosyne* bewegt sich das Gedicht in verschiedenen Schichten: Vers 29–44 Vergangenheit, alles andere Gegenwart; in Vers 2 und 25 Ausblick auf die Zukunft. Mit einer Wendung an das *Schicksal* beginnt und endet das Gedicht, anfangs mehr hadernd, am Ende mehr glücklich preisend. – 4 *wähnend* = im Wahn; entsprechend den Versen 9–14; gegensätzlich zu *schaun.* – 11 *zwecklos* = ziellos. 12 *unversehn* = unvorausgesehen. 22 *eitel* = irreal, „ungegründet" (Adelung). – 26 *rein genau.* Das Wort *rein* kann als Adverb die Bedeutung „völlig, ganz" annehmen (Dt. Wb. 8, 1893, Sp. 698) wie *Faust* 1416 und Bd. 9, S. 581, 31; *genau:* eng, fest, ganz nahe. (Dt. Wb. 4, 2. 1897. Sp. 3355; ferner Adelung.) – 27 *in abgelebten Zeiten* = in zu Ende gelebten, früher gelebten Zeiten. Als Gegensatz dazu 48 *der neue Zustand.* – Die beiden Gegensätze sind also 1) das erkennende *Schauen* des Ich – das trügerische Wähnen der Menge; 2) die Seligkeit in der früheren Inkarnation (27–44) – die Bedingtheit der Gegenwart. Der Klang hebt diese Antithesen nicht heraus, er schmilzt sie vielmehr ein in die Melodie des Ganzen, die glatt, fließend, in einem einzigen leidenschaftlichen Schwunge dahinströmt; im Klang also die einheitliche tragende Stimmung, im Wort das Bild des spannungsreichen Daseins. – 30 *Nerve* = Nerv, ursprünglich Band, Sehne, dann auch Saite, wie schon griech. „neuron" und lat. nervus („nervus sonat"), so bei Klopstock „... oder ich nehm' dir deine Laute, zerreiße ihre Nerven ..." und bei Knigge „jene seligen Tage, wo ... bei Musik und Tanz jede Nerve in uns wiederhallte" (Dt. Wb. 7, 1889, Sp. 611). Die Vorstellung „du kanntest den reinsten Klang meines Innern" erhält durch die Doppelbedeutung „Nervenstrang" und „Saite" ihre dichterische Kraft. – 46 *Nur* ist in der Stellung im Satz bei Goethe immer sehr frei; „... schwebt nur noch ein Erinnern ..." – Kommerell S. 146–148: „Die Freundin durchdringt ihn, er durchdringt ihr Leben miteinander. Und ungesucht kommen die leisen, äußersten Worte auf die Lippen, mit denen der Mensch des Ostens ein besonderes Einverständnis zu erklären pflegt – Worte über das in einer früheren Verkörperung geteilte Leben! ... *Und vergaukeltest ihm manchen Tag.* Wie leicht klingt dies, wie selig, wie schicksallos! Etwas im dichterisch Liebenden neigt dazu, die Gewohnheit eines zarten Umgangs in einen absoluten Raum zu versetzen; zumal wenn dieser Umgang unter erschwerenden Zeichen steht ... Nachdem in seliger Reminiszenz das durchgegangen ist, was dem Liebenden in jenem mystisch erratenen Verhältnis geschah, so ist alles genannt, was ihm auch jetzt geschieht, aber verwirrt, verschleiert und beschwert durch den

Einspruch des Schicksals. Das Gewesene ist nichts anderes als der reine Zustand – er, auf den auch das gegenwärtige Verhältnis angelegt ist. Ihn zu wissen, ist Seligkeit und Schwermut. Und so kehrt man willig in eine Liebesgegenwart zurück, in der das höchste Wünschbare mit dem kaum zu Tragenden vereint ist ... Der Dichter sagt uns in so einfachen Worten, was noch niemand gesagt hat: daß der Liebe dann das Schwerste aufgegeben ist, wenn die Liebenden sich ganz erkennen ..."

Gundolf, 1916, S. 282–283. – Obenauer, Goethe in seinem Verhältnis zur Religion, 1921, S. 104. – Hefele, 1940, S. 53–54. – Hugo Kuhn, in: Dichtg. u. Volkstum (Euphorion) 41, 1941, S. 406–424. – Boyd I, S. 113–117. – E. Staiger, Goethes Gedichte. Manesse-Verlag 1949. Bd. 3, S. 423–425. – E. Staiger, Goethe. Bd. 1. 1952, S. 311–316. – Kommerell, Dichterische Welterfahrung. 1952. S. 34–40. – Wolfg. Pehnt, Zeiterlebnis u. Zeitdeutung in Goethes Lyrik. Tüb. 1957. S. 110–125. – Arthur Henkel, Entsagung. Tübingen 1954. S. 133–137. – Ilse Graham, Transmigrations: some thoughts on Goethe's „Warum gabst du uns die tiefen Blicke". German Life and Letters 24, 1970/71, S. 42–53. Wiederabgedruckt in: Ilse Graham, Goethe. Portrait of the Artist. Bln. 1977. S. 171–181.

S. 124. RASTLOSE LIEBE. Entstanden Mai 1776, Ilmenau. Erster Druck: *Schriften 1789*, ebenso *Ausg. l. Hd.* Danach der Text. Abschriften Herders und des Fräuleins v. Göchhausen nach der Urschrift zeigen folgende Varianten: 4 *Durch Wolkennebeldüfte* 9 *Als alle die Freuden* 10 *zu tragen* 18 *Leitstern des Lebens,* 15 interpungiert die *Ausg. l. Hd.: Wie soll ich fliehen?* Herders Abschrift: *Wie? soll ich fliehen?* – Boyd I, 117–119.

S. 124–125. AUS DEN BRIEFEN AN FRAU VON STEIN. *Hier bildend* ... 29. 6. 1776. *Als ich für dich zeichnete an der Ilm.* Erster Druck: Schöll 1848. – *Zwischen Felsen* ... Ilmenau, 21. 7. 76. Das Tagebuch notiert an diesem Tage: *Früh gezeichnet an der Aussicht nach der Frohn.* Erster Druck: Weim. Ausg. 4, 1891. – *Ach, so drückt mein Schicksal* ... Auf der Rückseite einer Zeichnung, die die Höhle am Hermannstein bei Ilmenau darstellt. Da das Tagebuch vom 22. 7. 76 verzeichnet, Goethe habe auf dem Hermannstein gezeichnet und Frau v. Stein geschrieben, werden die Verse wohl an diesem Tage entstanden sein. Erster Druck: GJb. 14, 1893, und Weim. Ausg. Bd. 5, 1. Abt., 1893. – *Ach, wie bist du mir* ... 8. 8. 76 aus Ilmenau. Erster Druck: Schöll 1848. – Briefe HA., Bd. 1, S. 224.

S. 125. AN FRAU VON STEIN MIT „WERTHERS LEIDEN". Unter den Briefen an Frau v. Stein. Von Petersen im April 1777 eingereiht. Erster Druck: Schöll 1848.

S. 125–126. AUS DEN BRIEFEN AN FRAU VON STEIN. *Und ich geh'* ... Vorher gehen einige Verse des Herzogs, in denen dieser sein augenblickliches Leben darstellt, daher die Anknüpfung *Und ich* ... Sommer 1777, an Charlotte in Pyrmont. Facsimile: Wahle, Schr. G. Ges., 37. – *Deine Grüße* ... 19. 4. 79. – *Zum Tanze* ... 9. 12. 80. – *Sag' ich's euch* ... 16. 12. 80. Facsimile: Wahle, Schr. G. Ges., 37. – Alle vier erstmalig gedruckt: Schöll 1848.

S. 126. DEINE GRÜSSE ... Das Gedicht enthält ein Wort-Akrostichon: Man lese aus jeder Zeile nur das erste Wort und sehe, was diese Zusammenstellung ergibt.

S. 127. AN LIDA. Erster Druck: *Schriften 1789*, danach der Text. Am 9. 10. 81 aus Gotha an Frau v. Stein als Briefgedicht gesandt, dort lautet Vers 1 *Den Einzigen, Lotte* ... Facsimile: Wahle, Schr. G. Ges., 37. – Briefe HA., Bd. 1, S. 370.

S. 127. GEWISS, ICH WÄRE SCHON ... 24. 8. 84 aus Braunschweig, am Ende eines französisch geschriebenen Briefes. Facsimile: Wahle, Schr. G. Ges. 37 – Erster Druck: Schöll 1848. – Goethe schreibt in dem Brief, er wolle diese Strophe in das Gedicht setzen, das ihm besonders lieb sei, weil er darin von ihr und seiner Liebe sprechen könne in tausend Gestalten, ohne daß jemand außer ihr es verstünde. Er meint hier das religiöse Epos *Die Geheimnisse* (Bd. 2, S. 271 ff.), an dem er damals arbeitete. Es sollte darstellen, wie der strebende Mensch durch den Weg innerer Läuterung und Vergeistigung das Göttliche in der Welt und in sich selbst finden lernt. Goethes Auffassung der Liebe stand immer im Zusammenhang seiner religiösen Anschauungen und Ahnungen; darum hat diese Strophe Liebeslyrik durchaus ihre inhaltliche Beziehung zu jenem Epos, ebenso wie in der Form, der gehobenen klangvoll-harmonischen Stanze. Der (an Faust erinnernde) Drang in die *Welt* findet nur die immer größer sich breitende Welt, nicht Erfüllung der Sehnsucht. Da greift *übermächtige* Gewalt ein, zieht zusammen auf einen Punkt. So *bezwungen* findet das Ich die Unendlichkeit und sich selbst. Indem es liebend sich verliert, gewinnt es sich neu – ein Motiv, das später der *Divan* in anderer Weise brachte. – Briefe HA., Bd. 1, S. 451.

S. 127. FÜR EWIG. Wie das vorige 1784 entstanden und ursprünglich im Zusammenhang mit dem Epos *Die Geheimnisse*, deswegen die Stanzenform. Erster Druck: Kunst und Altertum 1820. Danach der Text. In der *Ausg. l. Hd.* stellte Goethe die Strophe in der Gruppe *Lyrisches* neben die gleichfalls an Frau v. Stein gerichteten Verse *Zwischen beiden Welten* (S. 373). – Briefe HA., Bd. 1, S. 447f.

S. 128. WOHER SIND WIR GEBOREN ... Aus einem Brief an Frau v. Stein, etwa vom 28. 6. 1786. Erster Druck: Tagebücher u. Briefe

Goethes aus Italien, hrsg. v. E. Schmidt. Weimar 1886. Schr. G. Ges., 2. – Der Brief berichtet über Lektüre der Rosenkreuzerschrift „Chymische Hochzeit“ von Johann Valentin Andreae, die Goethe für den Motivkreis des Epos *Die Geheimnisse* las, und fährt fort: *Liebe mich, denn es steht geschrieben: Woher sind wir geboren* ... Goethe bezeichnet die Verse also als Zitat. Und in der Tat sind sie z. T. in Andreaes Buche enthalten, jedoch von Goethe so feinsinnig verändert – durch Streichungen einerseits und Hinzufügungen anderseits –, daß ein ganz neues Gedicht daraus wurde, das die neueren Goethe-Ausgaben mit Recht als sein Eigentum bringen. Abdruck der Verse Andreaes: Tagebücher und Briefe Goethes aus Italien an Frau v. Stein. Hrsg. von Erich Schmidt. Schr. G. Ges. 2, S. 365–67.

S. 128. AN DEN MOND. Die 1. Fassung ist überliefert zwischen Goethes Briefen an Frau v. Stein, ohne Datum. Facsimile: Wahle, Schr. G. Ges. 37, 1924. Und: Goethe und seine Welt, S. 72. Danach der Text. Sie entstand zwischen 1776 und 1778. Der Handschrift sind Noten zum Singen beigefügt. Es ist eine Melodie, welche der Goethe befreundete Züricher Komponist Kayser für ein Lied von H. L. Wagner geschaffen hatte. Es handelt sich um eine einfache und häufige Strophenform. Für Goethe hat sich wahrscheinlich – wie auch sonst oft, z. B. bei *Ich denke dein* (S. 242) oder *Alles kündet dich an* (S. 254) – zu der Singweise, die er im Kopf hatte, der eigene dichterische Text eingestellt. Vielleicht aber auch umgekehrt: er hat das Gedicht gemacht, und dann hat er oder ein anderer gefunden, daß die Kaysersche Melodie dazu passe. – Die 2. Fassung steht in den *Schriften 1789* und ging unverändert in die weiteren Ausgaben der Werke über. Text nach der *Ausg. l. Hd.* Wann sie geschrieben wurde, ist unbekannt; vielleicht am Ende der ersten Weimarer Zeit, wahrscheinlich aber nach der Italienreise bei der Fertigstellung der Gedichte für den Druck. Das Liedhafte, Klingende haben beide Fassungen. – Die 1. Fassung: Durch die Überschrift weiß man sogleich, wer angeredet ist. Zu Beginn ein Landschaftsbild (1/2) und die Wirkung auf das Ich (3/4), das diese Landschaft als „seine“ Natur empfindet: *'s liebe Tal, mein Gefild.* 7/8 *Wie der Liebsten Auge mild* ... Metapher für den Mond, der den Menschen und seine Umwelt sieht, zugleich Charakteristik der Geliebten, die das *Geschick* des Geliebten als Ganzes und mit Liebe sieht (ein Motiv der gesamten Lida-Lyrik). 9 *du* sowohl auf den Mond wie die Geliebte bezogen, die im Folgenden sogleich als *ihr* zusammengefaßt werden. 11 *ein Gespenst* hat nach dem Volksglauben seinen festen Ort und zwar durch zauberische Kräfte; ähnlich spricht das Gedicht *Dem Schicksal* von dem *Zauberband* des Festgehaltenseins (S. 132). Diese Bindung dauert im Winter (Eis oder Hochwasser) wie im Frühling (13–16). Zu der Bindung an die Landschaft fügt die nächste Strophe die an deren Menschen. Diese Bindung wird zur Befreiung von dem Umgetriebensein (9/10). Darum die Glücklichpreisung dessen, der dieser Bindungen teilhaft ist; nicht die große Welt – vor deren seelenlosem Getriebe *verschließt* man sich besser –, sondern eine private persönliche Bindung im Sinne des Freundschaftskults des 18. Jahrhunderts. Ein Gegenbeispiel bringt die ungefähr gleichzeitige *Harzreise im Winter,* Vers 29–50, einen Menschen, der sich vor der Welt mit Haß verschließt und keine persönlich-freundschaftlichen Bindungen findet. Die Schlußstrophe bringt noch einmal den geheimnisvollen Zusammenhang von Landschaft und Mensch: ihre Kraft, die in ihn hineinwirkt, seine Innerlichkeit, mit der er sie belebt. – Während die 1. Fassung das Lied eines Ruhelosen ist, der zum ersten Male sich an einen Ort gebunden fühlt, ist die 2. Fassung das Lied eines Erlebnisreichen, durch Schicksal, nicht durch Natur Einsamen, der auf entschwundenes Glück zurückschaut und Heilung erhofft. Das Bild in Vers 7 ist gewandelt in *des Freundes Auge,* den Schluß (31ff.) leise vorbereitend. Mit Strophe 3 setzt Neues ein. Aus der Gegenwart wird Rückschau; die Gegenwart ist *Nachklang.* Der Sprecher ist einsam (12). Unwiederbringlich Vergangenes, Glückliches und Schmerzliches, taucht auf (9–20) und löst sich ihm in Dichtung (21–24). (Zu diesem typisch Goetheschen Motiv vgl. *Tasso* 3426–3434; *DuW.,* Bd. 9, S. 282f., 519ff.) Infolge der *Einsamkeit* (12) bezeichnet das Motiv der Freundschaft (31) Möglichkeit und Hoffnung, nicht Gegenwart und Besitz. Und zum Schluß wieder die Offenheit für das Geheimnis der Nacht wie zu Beginn. – Die 2. Fassung ist im Gehalt ein anderes Gedicht als die erste, voller in der Thematik der Melodie und der Untertöne, gegensatzreicher, aber nicht weniger eine Einheit. – In den Papieren von Charlotte v. Stein fand man folgende von ihr geschriebene Fassung (facsimiliert: Katalog der Sammlung Kippenberg. Lpz. 1913. Tafel 9):

An den Mond. Nach meiner Manier.

Füllest wieder Busch und Tal
Still mit Nebelglanz,
Lösest endlich auch einmal
Meine Seele ganz.

Breitest über mein Gefild
Lindernd deinen Blick,
Da des Freundes Auge mild
Nie mehr kehrt zurück.

Lösch das Bild aus meinem Herz
Vom geschied'nen Freund,
Dem unausgesprochner Schmerz
Stille Träne weint.

Mischet euch in diesen Fluß!
Nimmer werd' ich froh,
So verrauschte Scherz und Kuß
Und die Treue so.

Jeden Nachklang in der Brust
Froh- und trüber Zeit
Wandle ich nun unbewußt
In der Einsamkeit.

Selig, wer sich vor der Welt
Ohne Haß verschließt,
Seine Seele rein erhält,
Ahndungsvoll genießt,

Was den Menschen unbekannt
Oder wohl veracht
In dem himmlischen Gewand
Glänzet bei der Nacht.

Bezeichnend für Charlotte v. Stein ist außer dem Motiv der Einsamkeit und Trauer das der Reinheit in Strophe 6 und im unmittelbaren Zusammenhang damit das verstehende Anschauen dessen, was ,,in dem himmlischen Gewand glänzet", also wohl der Sterne als Zeichen einer höheren, einer rein geistigen Welt, die vielen Menschen ,,unbekannt oder wohl veracht" ist. – In der zahlreichen Literatur über das Mondlied sind die einen Autoren der Meinung, Charlotte v. Steins Text sei nach der 1. Fassung entstanden und habe wesentliche Motive und Formulierungen der 2. Fassung angeregt; andere meinen, ihre Niederschrift sei erst auf Grund von Goethes 2. Fassung entstanden.

Julius Petersen, Goethes Mondlied. In: J. Petersen, Aus der Goethezeit. Lpz. 1932. S. 49–68. – Spiridon Wukadinowic, Goetheprobleme. Halle 1926. S. 9–34. – M. Thalmann, Goethes ,,An den Mond". Zeitschr. f. Deutschkunde 1927, S. 497–501. – Oskar Walzel, Goethes Mondlied. Zeitschr. f. dt. Altertum 64, 1927, S. 191–210. – Fr. Blume, Goethes Mondlied in Fr. Schuberts Kompositionen. Der Bär, 1928, S. 31–58. – R. Petsch, Goethes Mondlyrik. Ztschr. f. dt. Bildung 4, 1928, S. 297–308. – G. Mayer, Die innere Entwicklung in Goethes Lied ,,An den Mond". Neue Jahrbücher f. Wiss. u. Jugendbildung 4, 1928, S. 721–723. – Spieß, Nochmals Goethes Mondlied. Ztschr. f. dt. Philol. 53, 1928, S. 74–88. – Josef Körner, Goethes Mondlied. Bln. 1936. = Preuß. Jahrbücher, Schriftenreihe, Bd. 25. – Kommerell S. 95–101. – Boyd I, S. 126–134. – Staiger, Bd. 1, 1952, S. 332ff. – Hans Elema, Imaginäres Zentrum. Assen (Niederlande) 1968. S. 124–145: Zur Interpretation von Goethes ,,An den Mond". – Horst Joachim Frank, Handbuch der dt. Strophenformen, München 1980, S. 131f.

NATUR- UND WELTANSCHAUUNGS-LYRIK

Die ersten 11 Weimarer Jahre brachten im Gebiet des Dramas und der Epik zwar viele Entwürfe, aber kein bedeutendes Werk, das fertig wurde. Dagegen entstanden in erfüllten Stunden einige vollendete Gedichte. Der Stil des Sturm und Drang klingt in ihnen sehr bald ab. Aus der neuen Lebenslage des Dichters, der bewußt und verantwortungsvoll nun die *Pyramide seines Daseins* (Brief an Lavater vom 20. 9. 1780) aufbauen will, der aber zugleich behutsam wachsen lassen, nichts erzwingen will, entstehen Gedichte, die Fragen an das Schicksal sind (S. 131–134). Sie stehen neben denen, in welchen das Ich seinen Spiegel im Du findet, d.h. neben der Lida-Lyrik (S. 121–130). – Das Verwurzeln in der neuen Landschaft geschieht durch Bindungen der Freundschaft und Liebe (S. 132, 133, 128/9). – Es zieht sich durch diese Weimarer Jahre in Tagebüchern und Briefen immer wieder das Motiv der Reinheit: Rein-Sein vor einem sittlichen Anspruch so wie Rein-Sein vor der Natur, deren Wesen still ins Innere der Seele wirken muß. Ihr sich aussetzend und anvertrauend wird der Mensch so, wie er sein soll. Im Umgang mit der Natur kommt die Sehnsucht, die über die Grenzen der menschlichen Ichheit hinaus will, zur Beruhigung. So in *Wandrers Nachtlied* (*Über allen Gipfeln ...*). *Ganymed* war noch Leidenschaft, hier ist Stille.

Rein sein, sich selbst formen – dazu bedarf es über die Natur hinaus des sittlichen Gesetzes. In den Jahren 1779–1782 entsteht nochmals eine Reihe großer Hymnen (S. 143–149). Sie sind nicht so zahlreich wie die des Sturm und Drang (S. 33–52). Und ihre Themen sind andere. War es dort das Ich des Dichters, so ist es hier der Mensch schlechthin. Stand dort das Künstlerisch-Geniale im Mittelpunkt, so hier das Sittlich-Humane. Die Jugendhymnen waren ein entzücktes Wahrnehmen der inneren Unendlichkeit des Schöpfertums; diese sind ein männliches Überschauen der Grenzen des Menschenwesens. Die Parallelen zu der Lehre des Maßhaltens in *Ilmenau* (S. 112), zu der Gestaltung edler Menschen in *Iphigenie* und zu der religiösen Humanität der *Geheimnisse* sind überall zahlreich. Man spürt, daß Goethe damals in engem Zusammenhang stand mit Charlotte v. Steins Forderung der Formung des Lebens vom Geiste der Reinheit aus und mit Herders Ideen über Humanität.

Die vier Hymnen sind nicht als Zyklus geschrieben, stehen aber in innerem Zusammenhang, ebenso wie sie formal miteinander verwandt sind. *Grenzen der Menschheit* beginnt mit dem großartigen Bilde des Gottvaters. Der Mensch ist geschränkt in seine Zeitlichkeit (29–42); überall findet er sich Grenzen gesetzt – Grenzen des Menschseins. Aber er vermag dem *uralten heiligen Vater* den *letzten Saum seines Kleides* zu küssen, wenn er die Natur anschaut. Von anderen Wegen aus dieser Begrenztheit künden die anderen Hymnen. Der *Gesang der Geister über den Wassern* bringt die neuplatonische, von Goethe weitergebildete Vorstellung der Menschenseele als Emanation aus der Weltseele, in welche sie wieder zurückkehrt. Damit ist im Bilde eine Hoffnung ausgesprochen. Nicht der Mensch, sondern singende Naturgeister verkünden diese Ahnung eines höheren Ursprungs. Ihre Bestätigung ist die menschliche Sittlichkeit: das Gedicht *Das Göttliche* geht vom Menschen aus, von seinem Innern; daß er sich selbst bestimmen kann von der sittlichen Idee her, daß er die Freiheit hat zum sittlichen Handeln, das ist etwas, was ihn von allen anderen Naturwesen abhebt und hinausweist in einen höheren Bereich. Neben der Fähigkeit, sittlich zu entscheiden, nennt das Gedicht auch die, künstlerisch zu bilden (41/42). Dieses Motiv wird zum Hauptthema der vierten Hymne, *Meine Göttin*. Schöpferkraft unterscheidet den Menschen von den anderen Lebewesen

(48–62) und setzt ihn in Freiheit ähnlich wie – im vorigen Gedicht – die sittliche Entscheidung. Darum ist sie verwandt mit der Hoffnung, Hoffnung im religiösen Sinne, wie es schon der *Gesang der Geister* andeutete: die Seele des Menschen darf hoffen, zu dem Ursprung, aus dem sie stammt, auch wieder zurückzukehren. – So schließen sich die vier Hymnen zu einem Bilde des Menschen zusammen.

Diese objektive Hymnik, zugleich sanfter und männlich-fester als die des Sturm und Drang, benutzt nicht mehr deren überkühnen Sprachstil. Der Satzbau wird regelmäßiger. Die auffallenden Prachtkomposita fehlen. Der Wortschatz ist verengert, wie überall, wo allgemeingültige strenge Form erstrebt ist. Auch der Rhythmus dieser freien Verse ist weniger wechselreich als in den Hymnen der Geniezeit. Der ernste gedankliche Gehalt erfordert langsames Sprechen. Jedes Wort hat Gewicht.

Édel sei der Ménsch, Hílfreich und gùt!
Denn dás alléin Unterschéidet ìhn
Von állen Wésen, Dìe wir kénnen.

Diese langsame betonte Sprache mit zwei Hebungen in einer Klang-Phrase, denen dann zwei andere antworten, hat eine gewisse Ähnlichkeit mit althochdeutschen Stabreimversen. Ich setze drei Langzeilen aus dem Hildebrandslied daneben:

Er furláet in lànte lúttila sìtten
prút in bùre bárn unwàhsan,
árbeo láosa: her raet óstar hìna.

Es wäre verfehlt, hier mehr als einen entfernten Anklang zu sehen. Doch es scheint, als ob die germanischen Sprachen bei feierlich-langsamem Sprechen zu diesem Rhythmus aus dem ihnen innewohnenden Satzakzent heraus hinführten. Eine direkte Beeinflussung Goethes ist nicht anzunehmen. Althochdeutsche Verse kannte er nicht, doch hatte Herder in ähnlichem Rhythmus einiges aus der „Edda“ übersetzt („Briefwechsel über Ossian“, 1773): „Umher wirds dunkel / Von Pfeilgewölken! / Sie breiten umher sich / Wetterverkündend ...“ Goethe selbst war zu ähnlichen Rhythmen schon in seiner Jugend in den Oden an Behrisch gekommen (S. 21–24), auch dort hatte er Ernst und Würde erstrebt – wie weit war er nun darüber hinausgewachsen, nicht nur im Gehalt, sondern auch im Klang! Bei Versen wie *Seele des Menschen, Wie gleichst du dem Wasser!* muß man es vermeiden, in einen allzu gleichmäßigen Daktylus zu verfallen. Er würde dem Gewicht der Wörter nicht genug Nachdruck geben. So glatt, so flüssig sind diese freien Rhythmen nicht. Zwischen so wesentlichen Wörtern stehen Pausen. Daß die rhythmische Grundstruktur dieses Gesangs nicht der Dreivierteltakt ist, zeigen schon die ersten Zeilen: *Des Ménschen Séele Gléicht dem Wásser.* Der grammatische Satz freilich fließt leicht durch die zwei

Kurzverse (auch in den oben angeführten Zeilen 32/33), aber der rhythmische Klang ist nicht ebenso flüssig: er macht Pausen oft mitten im Vers, er läßt jedes Wort nachdenklich ausklingen. Diese Freien Rhythmen sind herber, langsamer als andere Goethesche Verse. Anderseits: Die Ähnlichkeit mit jenen ist unverkennbar. Ob man nun die Zeilen nimmt *Des Menschen Seele Gleicht dem Wasser* oder *Edel sei der Mensch, Hilfreich und gut* oder andere aus diesen Hymnen, immer bemerkt man, daß jeder Kurzvers eine gedankliche und klangliche Phrase ist. Die Versenden liegen da, wo Satzklang oder Sinngliederung auch von sich aus gliedern würden. Das ist Goethes Art ganz allgemein, bei allen seinen Reimversen ist es so. Ganz anders als Goethes Freie Rhythmen sind die Hölderlins:

Was ist es, das
An die alten seligen Küsten
Mich fesselt, daß ich mehr noch
Sie liebe, als mein Vaterland?
Denn wie in himmlische
Gefangenschaft verkauft
Dort bin ich, wo Apollo ging
In Königsgestalt . . . (Der Einzige)

Hier schneiden die Versenden oft mitten in den Satz, kommen unerwartet, heben das einzelne aber desto wirksamer heraus – ein spröder Klang, der einer anderen, tragischeren seelischen Struktur entspricht.

Frei gebaute Verse gibt es nicht nur in den großen weltanschaulichen Gedichten (S. 143–149), sondern auch im lyrischen Kurzgedicht; das edelste Beispiel ist *Über allen Gipfeln* ... (S. 142). Der Vers ist ein feinfühliges Mittel, jede Nuance der Stimmung auszudrücken; Freiheit vom Gleichmaß ist Freiheit zum Symbol. Im Gegensatz zu den großen freirhythmischen Gedichten haben diese Verse den Reim; das verbindet sie mit der alten Form der Madrigalverse, doch sie vermeiden deren regelmäßigen Tonfall.

Daneben gibt es Liedstrophen vieler Art, und es gibt strenge Formen wie die achtzeilige Stanze der *Zueignung*. Zwei Reime je dreimal, einer klingend, einer stumpf, dann ein Reimpaar – fast immer klingend – als Strophenschluß. Auch derart gebundene Formen beherrschte Goethe jederzeit; man sieht der vollendeten Gestalt nicht mehr an, daß er darum gerungen hat. Er liebte diese anspruchsvolle Form, wo es galt, Meisterschaft zu zeigen.

In der gleichen Zeit entstanden schon Goethes erste Hexameter. (S. 204/5.) Sein Formenreichtum war groß. Er bildet das äußere Kennzeichen innerer Weite; jeder Klang symbolisiert eine innere Möglichkeit; denn der *innern Form,* wie er sie einst genannt hatte (Bd. 12, S. 22), blieb er jederzeit treu.

G. Fittbogen, Die sprachliche u. metrische Form der Hymnen Goethes. Halle a. S. 1909. – H. A. Korff, Geist der Goethezeit. Bd. 2. Lpz. 1930. – A. Heusler, Dt. Versgeschichte. Bd. 3. Bln. u. Lpz. 1929. – Adolf Beck, Der „Geist der Reinheit" und die „Idee des Reinen". (Jb.) Goethe 7, 1942, S. 160–169; 8, 1943, S. 19–57. Wieder abgedruckt in: Beck, Forschung und Deutung. Frankf. 1966. S. 69–118.

S. 131. HOFFNUNG. Entstanden 1776. Die erste Niederschrift – facsimiliert Schr. G. Ges. 22, 1907 – lautete:

Gib, das Tagwerk meiner Hände,
Gutes Glück, daß ich's vollende,
Sei ein Bild der Garten hier:
Pflanzt' ich ahndungsvolle Träume,
Jetzt noch Stangen, diese Bäume
Geben einst noch Schatten mir.

In den *Schriften 1789* dann die endgültige Fassung.

S. 131. SORGE. Um 1776. Erster Druck: *Schriften 1789.* Unverändert *Ausg. l. Hd.*

S. 131. EIS-LEBENS-LIED. Dieses Lied vom Leben auf dem Eise – Goethe liebte den Schlittschuhlauf sehr und pries ihn noch im Alter (Bd. 8, S. 211 ff.) – entstand im Winter 1775/76 und kam in die handschriftliche Gedichtsammlung für Frau v. Stein. Facsimiliert: Schr. G. Ges., 23. Danach der Text. Erster Druck: Teutscher Merkur 1776. Dann 1789 in den *Schriften* unter dem Titel *Mut.* Ganz beim Bilde des Eis-Lebens bleibend, ist es zugleich symbolisch, verbindend ist ein beseligt-schwingendes starkes Körpergefühl, das in dem kraftvoll-eigenartigen Rhythmus zum Ausdruck kommt. – In einem Brief an Johanna Fahlmer von Ende Januar 1774 heißt es: *Heut war Eishochzeittag! Es mußte gehn, es krachte und bog sich und quoll und finaliter brach's, und der Herr Ritter pattelten sich heraus wie eine Sau ...*

S. 132. DEM SCHICKSAL und EINSCHRÄNKUNG. Die 1. Fassung handschriftlich mit Datum 3. 8. 1776 einem Brief an Lavater vom 25. 8. 76 beigelegt (Weim. Ausg. 1, 394). Die spätere Fassung erstmalig in den *Schriften 1789.* Die 1. Fassung deutlicher auf Weimar (1) und Carl August (4) bezogen und auf das Lebensgefühl des Sturm und Drang, für den *Dumpfheit* (13) ein Lieblingswort ist, um im Gegensatz zum Rationalismus die Unendlichkeit der inneren und äußeren verborgenen nur ahnbaren Welt anzudeuten. Wichtig dabei das Adjektiv: Die Dumpfheit ist *rein,* nicht trüb. – Briefe HA., Bd. 1, S. 226.

S. 133. HYPOCHONDER. 1777 in die Gedichtsammlung für Frau v. Stein eingetragen. Facsimile: Schr. G. Ges., 23. Danach der Text. Wohl im Anfang der Weimarer Zeit entstanden. Erster Druck: *Werke 1815,* unverändert.

S. 133. BEHERZIGUNG. Etwa 1777. Erster Druck: *Schriften 1789*. Blieb unverändert.

S. 133. ERINNERUNG. Ungefähr 1777/8. Erster Druck: *Schriften 1789*. Blieb unverändert. – Sowohl im Inhalt wie in der spruchhaften Formulierung auf spätere Sprüche vorausweisend (S. 314f. Nr. 66, 69 u. a.). *Erinnerung* im Sinne von Ermahnung, Einprägung ins Gedächtnis, Beherzigung.

S. 134. KÖNIGLICH GEBET. In der handschriftlichen Gedichtsammlung für Frau v. Stein. Facsimile: Schr. G. Ges., 23. Danach der Text. Entstanden in den Jahren davor, etwa 1775/6. Erster Druck: *Werke 1815*. Vers 1 *der Herr* 6 *Liebe*.

S. 134. FEIGER GEDANKEN ... Aus Goethes 1777 gedichtetem Singspiel *Lila*, 2. Aufzug. Erster – nicht von Goethe veranlaßter – Druck: Theater-Kalender auf das Jahr 1778. Unser Text nach der *Ausg. l. Hd.* – Weim. Ausg. 12, S. 355. – Ed. Scheidemantel, Antikes bei Goethe. In: Vimarensia für M. Hecker zum 60. Geburtstag. Weimar 1930. – Josef Morr, Sallust u. Goethe, Philol. Wochenschrift 53, 1933, S. 622f. Handschr.-Facsimile: (Jb.) Goethe 4, 1939, S. 209. – Vilma Mönckeberg, Der Klangleib der Dichtung. Hamburg 1946. S. 52–56.

S. 134. MENSCHENGEFÜHL. In der handschriftlichen Gedichtsammlung für Frau v. Stein. Facsimile: Schr. G. Ges., 23. Entstanden etwa 1776. Erster Druck: *Werke 1815*, unverändert.

S. 135. ERKLÄRUNG EINES ALTEN HOLZSCHNITTES ... Entstanden 1776. Erster Druck: Der Teutsche Merkur 1776. Danach der Text. Dann in den *Schriften 1789* mit glättenden Änderungen. In dieser Fassung auch in den späteren Ausgaben. Die Änderungen (ganz Geringfügiges ist fortgelassen) sind: 4 *saubern* 28 *Oder mit den Augen herumzuscharlenzen.* 30 *gülden* 32 *Auge* 38 *er hätt' sie lang gesehn.* 39 *habe* 50 *Das Böse* 51 und 52 in umgekehrter Reihenfolge. 55 *Männlichkeit* 56 *Ihre innre Kraft und Ständigkeit* 59 *alles Leben* 66 *Als tät'st in einen Zauberkasten sehn.* 68 *Ob's ihm möcht' eine Witzung werden.* 72 *seinen* 74 *wunniglich* 79/80 fallen fort. 81 *mit keichend-wankenden* 82 *Eine* 83 *Darauf* 85 *Paradies* 88 *einem* 100 *es dient sehr* 106 *Auge* 110 *Affensprüng'* 114 *groß- und kleinen* 118 *wie ein'n* 122 *doch nicht wollen wen'ger* 125 *Wie er wollt'* 128 *So fort zu singen* 131 *anzuschauen* 132 *Wie ein Bild unsrer lieben Frauen.* 134 *wirkender* 147 *umzäunten* 153 *in ihren* 154 *sehr geschickt* 158 *Hoffnungsfülle* 166 *Die dir in Einem ist bereit,* 168 *Auge* 172 *Mühe findet* 173 *liebe Ärmlein* 174 *Lebenstag'* 175 *neues* 177 *Schelmereien* 178 *erfreuen* 183 *Eichkranz.* – Während seines Sturm und Drang, nach einer frischen, unmittelbaren Ausdrucksweise suchend, sah Goethe die Werke des Hans Sachs. Für seine kleinen Schwänke wie *Pater Brey* oder *Satyros* fand er hier eine burleske und treuherzige Sprache und eine schlichte Szenenform, die wie ein verkleinernder bunter *Zauberkasten* (V. 66), d.h. Guckkasten, wirkte; und der Knittelvers war in seiner farbig-volkstümlichen Frische willkommen für vieles, vom Briefgedicht (S. 87–89) bis zum *Faust.* Freilich sah Goethe vieles in Hans Sachs hinein, was nicht in ihm war, und sein Übernehmen war ein produktives Weiterbilden; während z.B. der Sachsische Knittelvers einfach nur die Silben zählt, ist Goethes Knittelvers ein Vierheber mit freier Füllung; dort also ein starres äußerliches, hier ein bewegliches innerliches Prinzip. Goethe hat die deutsche Literatur des 16. Jahrhunderts gut gekannt: Luther beeinflußte seine Sprache, Paracelsus seinen *Faust,* Berlichingens Selbstbiographie führte zum *Götz*-Drama, die Volksbücher zum *Reineke Fuchs,* die Sprichwörtersammlungen bereicherten seine Spruchdichtung usw. Vom Schrifttum des deutschen Mittelalters hat Goethe wenig gewußt; doch die Nibelungen hat er in späteren Jahren gelesen. Deutsches Mittelalter – das war für ihn das 16. Jahrhundert mit seiner Kraft, Urwüchsigkeit, handwerklichen Tüchtigkeit und Festigkeit. Diese lebenslang weiterwirkende Liebe, in die auch Dürer einbezogen war, begann in den Frankfurter Jahren. Für den Weimarer Kreis war Hans Sachs neu. Wieland fing nun an, sich lebhaft für ihn zu interessieren, und 1776 erschienen im „Teutschen Merkur" ein Aufsatz über Hans Sachs von Wieland, Goethes großes Gedicht und im Neudruck des Hans Sachs Gedichte „Der Liebe Zank" und „Sankt Peter mit der Geiß". Die sprachliche Einfühlung in Hans Sachs ist, auch wenn Goethe als Süddeutscher des 18. Jahrhunderts ihm weniger fern stand als heutige Leser, schlechthin erstaunlich, ohne daß Goethe die eigene Sprache aufgibt. Die drei Gestalten *Ehrbarkeit, Historia* und der *Narr* sind in der Tat für des Dichters Wesen besonders bezeichnend. Die Vers 83–97 genannten Themen hat Hans Sachs sämtlich bearbeitet. Daß das Gedicht zu einem *Holzschnitt* geschrieben sei, ist fingiert. *Sendung* = Aufgabe, Beruf, missio. – 5 *Kneipe*: Schustermesser (Dt. Wb. 5, Sp. 1403) – 6 *Ahl'*: Ahle, mit der man Löcher in das Leder bohrt. – 28 *scharlenzen*: wandern; mundartliche Form, bei Hans Sachs in der Form „schalatzen". – 45 *bärmlich*: erbärmlich. – 48 *schlecht*: gerade, einfach. – 49 *Frumheit*: Tüchtigkeit, Rechtlichkeit. – 68 *Witzung*: Belehrung. – 79 *rumpfet*: gerunzelt. – 87f. Anspielung auf des Hans Sachs Dichtung „Ehrenspiegel der zwölf durchlauchtigen Frauen des alten Testaments" von 1530. – 104 *gesyn*: gewesen. – 110 *hofieren*: hier in der Bedeutung „tanzen" (Dt. Wb. 4, 2 Sp. 1684). – 117 *Farrenschwanz*: Ochsenschwanz. – 119 *Fürm*: Pluralbildung von „Form". – 181 *Weil* = weilen, dieweil, während. – Während hier die *Muse* mit *Ehrbarkeit, Historia* und *Narren* dem Dichter erscheint und ihn *weiht*

(135), erscheinen bei Hans Sachs alle neun Musen, die ihn zum Dichter machen: „Ein Gespräch, Die neun Gab-Musä oder Kunstgöttinnen betreffend". (Neudruck: Hans Sachs, Gedichte. Hrsg. v. P. Merker u. R. Buchwald. Lpz., Inselverlag, 1920. S. 296–303.) – Kommerell S. 184–185 u. a.: „Die totale Weltansicht in genialer Verkürzung, das freie Aneinanderreihen in sich bestehender szenischer Bilder, die humoristisch verkleinernde Perspektive, kurz dies so mittelalterlich-barock anmutende und noch heute so verheißungsvolle Welttheater des jungen Goethe ist ihm der Form nach durch Hans Sachs inspiriert worden ... Von Hans Sachs kommt Goethe unmerklich auf sich; denn mehr sein als Hans Sachsens ist die Vielseitigkeit des dichterischen Sehens, die den Dichter verwirren könnte, wenn ihm seine Liebeskraft nicht die Einfalt zurückgäbe."

Boyd I, S. 101–113. – B. Suphan, Hans Sachs in Weimar. Weimar 1894. – Max Hermann, Das Jahrmarktsfest von Plundersweilern. Bln. 1900. – Hehn S. 219–225. – GWb.

S. 140. DIE NEKTARTROPFEN. Entstanden etwa 1781. Erster Druck: *Schriften 1789*. Keine Varianten.

S. 140. AN DEN GEIST DES JOHANNES SECUNDUS. Nur in einer einzigen Handschrift Goethes, unterschrieben *2. Nov. 76*, unter den Briefen an Frau v. Stein erhalten. Facsimile: Schr. G. Ges., 37. Danach der Text. Erster Druck: Schöll 1848. Vers 5 schreibt Goethe *Küssen*. – 2. Fassung unter dem Titel LIEBEBEDÜRFNIS: *Schriften 1789*. – Das Tagebuch vom 1. 11. 76 verzeichnet: *Johannes Secundus*. Dieser niederländische Neulateiner (1511–1536) hat einen Gedichtzyklus „Basia", d. h. „Die Küsse", geschrieben, der ihn in ganz Europa bekannt machte, sowie einige Elegien. Er ist eine echte Renaissancegestalt, wie sie nördlich der Alpen sonst kaum vorkommt: Leidenschaftlich, liebeglühend, schönheitstrunken, ein Sinnenmensch durch und durch, dazu ein Virtuos der Form, erfüllt von Begeisterung für körperliche Schönheit, die er genießt und auskostet, in ihr das Göttliche erlebend mit wahrhaft antiker Daseinsfreude. Goethe erhielt durch die Lektüre seiner Werke einen lebenslang haftenden Eindruck. 1788/89 klang er nach in den *Römischen Elegien*, und noch im Alter notierte Goethe sich: *Vis superba formae. Ein schönes Wort von Johannes Secundus.* (*Maximen und Reflexionen.*) Diese Welt steht nun im Gegensatz zu dem aus christlicher Sphäre heraus entwickelten Stil der geistigen Liebe, wie Frau v. Stein sie lebte. Später bei Gelegenheit der *Römischen Elegien* sprach sie ihre Abneigung gegen diese Seite Goethes offen aus. Das Gedicht *An den Geist des Johannes Secundus* erscheint motivisch wie ein Vorklang zu den *Elegien*. Es beweist für die Zeit, in der es entstand, die innere Spannweite Goethes. Er hat es Frau v. Stein gezeigt, wie er ihr in dieser Zeit alles zeigte, was er schrieb. Aber in die Gruppe der Lida-Lyrik gehört es nicht, obgleich es zwischen den Briefen an Charlotte v. Stein erhalten ist. Die Umarbeitung – wir wissen nicht, ob sie bald nach 1776 oder kurz vor 1789 stattfand – dämpfte die vibrierende Sinnlichkeit des Gehalts und machte aus den charaktervoll-unregelmäßigen Versen regelmäßige fünftaktige Zeilen. – In Johannes Secundus und Hans Sachs, die ihn fast gleichzeitig beschäftigen, hatte Goethe die beiden Pole des deutschen Schrifttums im 16. Jahrhundert erfaßt, den lateinischen und den deutschen, den eleganten und den derben, den Künstler und den Moralisten, den Ästheten und den Kleinbürger. Daß er beide liebte, von beiden etwas aufnahm und beiden dankte, ist mehr als Zufall. Goethe – und niemand vor ihm – war es, der diese zwei Schichten, in die das deutsche Schrifttum im 16. Jahrhundert zerfallen war und die im großen und ganzen noch bis ins 18. Jahrhundert getrennt geblieben waren, in sich versöhnte und beiden in gleichem Maße angehörte, indem er über beiden stand. – G. Ellinger, Goethe u. Johannes Secundus. G. Jb. 13, 1892, S. 199–210.

S. 142. ALLES GABEN GÖTTER ... Aus einem Brief vom 17. 7. 1777 an Auguste Gräfin Stolberg, die Goethe persönlich nie gesehen hat und die dennoch in den Jahren 1775–77 seine Vertraute war, der er Persönlichstes mitteilte. Wie auch in den Briefen an Charlotte v. Stein (S. 124–128) und an den Herzog (S. 104, 106, 120) streute Goethe in denen an *Gustgen* zwischen die Prosa kleine Verse, die er selbst sich nicht weiter notierte und wohl kaum als Gedicht hätte gelten lassen, die aber in ihrer stimmungsgeladenen Knappheit und Tiefe uns heute zu den unmißbaren Klängen deutscher Lyrik gehören. – Erstmalig gedruckt in einem Aufsatz von Friedrich Leopold Stolberg ,,Über die Ruhe nach dem Genuß und über den Zustand des Dichters in dieser Ruhe" im ,,Deutschen Museum" 1780. Vermutlich kannte Stolberg die Zeilen aus dem Brief an seine Schwester. Dann in: Goethes Briefe an Auguste zu Stolberg. Lpz. 1839. Diese beiden Drucke haben: *Alles geben die Götter* ... In dieser Fassung wurde das Gedicht dann weiterhin gedruckt. Die Handschrift kam nach Amerika (Yale University), und erst neuere Überprüfung hat ergeben, daß der Text lautet: *Alles gaben Götter* ... – W. Vulpius in: (Jb.) Goethe 29, 1967, S. 280f. – Detlev Lüders in: German.-Roman. Monatsschr. 18, 1968, S. 314–316. – Goethe, Briefe an Auguste zu Stolberg. Hrsg. von Jürgen Behrens. 1968. S. 47 u. 73. – Handschrift-Facsimile: Goethe's Works ... A Catalogue ... ed. by Carl Frederick Schreiber. Yale Univ. Press 1940. – Vgl. auch: Briefe, HA., Bd. 1, S. 234, 614ff. u. 659.

S. 142. WANDRERS NACHTLIED. Handschriftlich zwischen den Briefen an Frau v. Stein mit der Unterschrift *Am Hang des Ettersberg*, *d. 12. Febr. 76.* Facsimile: Wahle, Schr. G. Ges., 37. Und: Goethe u. seine Welt, S. 60. Vers 2 lautet hier *Alle Freud und Schmerzen stillest* und Vers 6 *Was soll all die Qual und Lust.* Erster Druck: Christliches Magazin, hrsg. v. Pfenninger, 1780. Dann in den *Schriften 1789.* Danach der Text. – Der *Wandrer* hieß Goethe schon in Frankfurt (Bd. 9, S. 521), er machte Wanderungen nach Darmstadt, an den Rhein, durch Thüringen, so daß das Wort buchstäblich gilt und zugleich ganz symbolisch ist. Die Dynamik des Innern wird Klang als ein einziger langer Satz; erst in der durch ihre Kürze besonders eindringlichen Zeile 7 wird gesagt, wer angerufen ist. – *Nacht* bei Goethe oft: Abend nach dem Dunkelwerden. – E. M. Wilkinson, Goethe's poetry. German Life and Letters. N. S. 2, 1949. (Goethe number.) S. 323–325. Wiederabgedruckt in: Wilkinson-Willoughby, Goethe, poet and thinker. London 1962. S. 28ff. Dasselbe dt.: Frankfurt 1974. S. 25–27. – Tecchi S. 109–123. – Sprachliche Analyse: Hans Glinz in: Der Deutschunterricht, Heft 2, 1954, S. 56–67.

S. 142. EIN GLEICHES. Der Titel besagt: Noch ein Nachtlied des Wandrers. Er bezieht sich auf das Gedicht davor. Goethe hat öfters dergleichen Bezeichnungen benutzt, z. B. *Kophtisches Lied* und *Ein anderes,* oder *Rätsel* und *Desgleichen.* Druckt man das Gedicht für sich, so muß es den Titel *Wandrers Nachtlied* erhalten. Goethe veröffentlichte es erstmalig in seinen *Werken 1815.* Hier erhielt jedes Gedicht eine neue Seite. Nur gelegentlich wurden zwei kleine, eng zusammengehörende Gedichte auf einer Seite zusammengestellt. So *Wandrers Nachtlied* und *Ein Gleiches.* Beide blieben auch in der *Ausg. l. Hd.* zusammen. Drückt jenes Sehnsucht aus, so dieses Erfüllung. Unser Text folgt der Ausgabe von 1815, die unverändert in die *Ausg. l. Hd.* überging. Das Gedicht entstand (wahrscheinlich) am Abend des 6. September 1780 auf dem Kickelhahn bei Ilmenau, wo Goethe in jenen Jahren öfters in einer einfachen Holzhütte übernachtete. Er schrieb das Gedicht damals an die Bretterwand. Über den Aufenthalt dort berichtet ein Brief an Frau v. Stein vom 6. Sept. 1780. (HA Briefe 1, S. 314f.) Zwei frühe Abschriften, von Herder und von Luise v. Göchhausen, haben in Vers 1: *Über allen Gefilden* und in Vers 6: *Die Vögel.* – Dazu Goethes Brief an Zelter vom 4. 9. 1831 (HA Briefe Bd. 4, S. 442). – Elizabeth M. Wilkinson: „... There is in it not a simile, not a metaphor, not a symbol. Three brief, simple statements of fact are followed by a plain assertion for the future ... We point to the immediacy with which language here conveys the hush of evening: *Über allen Gipfeln / Ist Ruh.* In the long *u* of *Ruh* and in the ensuing pause we detect the perfect stillness that descends upon nature with the coming of twilight. *In allen Wipfeln / Spürest du / Kaum einen Hauch.* The gentle expiration of breath in *Hauch,* and in the echoing *auch* of the last line, has often been compared to that last sighing of the wind as it dies away in the trees. While the indispensable syllable *e* in *Vögelein* and *Walde* makes the sixth line a lilting lullaby ... *Warte nur, balde /Ruhest du auch.* Here the verse does not describe the sillness of evening, it has become the stillness of evening; the language is evening stillness itself ... It is absolutely essential, it is indeed the heart of the poem's meaning and the feature which stamps it as peculiarly and specifically Goethean, that *Gipfel* should precede *Wipfel.* For the order of the natural objects mentioned here is not arbitrary. It is not dictated purely by the mood of his wanderer as he stands, a human being over against nature, and lets his eye range across the evening landscape, seeing in its stillness an analogy of the peace which will one day tranquillize his own troubled breast – nature here plays no mere analogical role, is no mere background for human needs and desires, something outside and around man, other than himself and ever to be sought in nostalgic longing. Nor is the order of the objects determined purely by the requirements of aesthetic composition, an order of the outward appearances of nature as perceived by the senses. It is an order of the inner process of nature as known by the mind, an organic order of the evolutionary progression in nature, from the inanimate to the animate, from the mineral, through the vegetable, to the animal kingdom, from the hill-tops, to the tree-tops, to the birds, and so inevitably to man. The poet-wanderer here ist not embracing Nature in the Romantic way. He is, of necessity, by the very order of the poem, embraced within it, as the last link in the organic scale of being ... Here, in this lyrical poem, his (Goethe's) experience of natural process has been so completely assimilated into the forms of language, that it is communicated to us directly by the order of the words, or by such a fine nuance as the modulation from *Gipfeln* to *Wipfeln.* For this is not just a pleasant musical assonance – though it is that too ... The change of a single letter in a word ... reflects those imperceptible changes which mark the slow evolution of one form of nature out of another ... A natural process ... has become language, has been wrought in another substance, the poet's own material ... It would be difficult to find in literature a lyric of such brevity containing so much profundity of objective thought. What is so amazing about it, is that subjective and objective experience are here completely fused ... A fine stylistic point is of importance here ... In the line *Ruhest du auch* it is impossible to emphasize *du* except by a violation of metrical stress, and it is to do violence to the meaning and quality of the whole poem to force it out of its naturally unstressed position ..." (Wilkinson, Goethe's poetry. In: German Life and Letters. N. S. 2. 1949. S. 316–329. Dasselbe in: E. M. Wilkinson and L. A. Willoughby, Goethe, poet and thinker. London 1962. S. 21–25. Und dasselbe deutsch in: Wilkinson-Willoughby, Goethe, Dichter und Denker. Frankfurt 1974. S. 16–21.)

Fr. Strich, Der Dichter und die Zeit. Bern 1947, S. 60f. – Rhythmik: A. Heusler, Dt. Vjs. 3, 1925, S. 93. Wiederholt in: Heusler, Kleine Schriften. Bln. 1943. S. 462ff. Außerdem: Heusler, Versgeschichte Bd. 3, 1929, S. 388f. – Wolfgang Mohr, Zu Goethes Verskunst. Wirkendes Wort 1953/54, S. 151–163. – G. Storz in: Wege zum Gedicht. 1956. S. 125–127. – Tecchi S. 125–138. – E. Trunz, Ein Tag aus Goethes Leben. München 1990 u.ö. S. 109. – Wulf Segebrecht, Goethes Gedicht „Über allen Gipfeln" und seine Folgen. München 1978.

S. 143. GESANG DER GEISTER. Niedergeschrieben auf der Schweizerreise 1779 am 9.–11. Oktober in Lauterbrunnen, wo Goethe den Wasserfall des Staubbachs vor sich sah. Wohl auf eine ältere Konzeption zurückgehend. Er sandte das Gedicht am 14. 10. an Frau v. Stein. Diese Handschrift zeigt folgende Abweichungen: Titel *Gesang der lieblichen Geister in der Wüste.* 11 *Dann* fehlt. 15 *schleiernd* 31 *Alle die Wogen.* Das Ganze dialogisch aufgeteilt, *Erster Geist* 1–4, 8–17, 23–24, 28–29, 32–33; *Zweiter Geist* alle übrigen Verse. – Erster Druck: *Schriften 1789.* Danach der Text. Eine Handschrift dieser Fassung facsimiliert: Goethe und seine Welt S. 88/89. Das Gedicht blieb in den folgenden Ausgaben unverändert. – Die Seele des Menschen als Bürgerin zweier Reiche hat Goethe mehrfach in ähnlicher Weise dargestellt im Zusammenhange seiner Vorstellung der Emanation Gottes. So: *Grenzen der Menschheit* 14–28. – Zu diesem Gedicht schrieb Victor Hehn im Jahre 1848: „Wie das Wasser in ewigem Steigen und Niederfallen zwischen Himmel und Erde hin- und herschwebt, so die Menschenseele zwischen Realem und Idealem, zwischen Notdurft und Begeisterung, zwischen Gemeinem und Ewigem, oder wie man die Gegensätze sonst fassen will. Und wie das fließende Element, von Klippen im Sturz aufgehalten, unmutig zischt und schäumt, dann im Wiesentale ruhig sich ausbreitend den Mond und die Gestirne spiegelt, so regen heftige Leidenschaften die Seele in trüber Verworrenheit auf, oder mit klarer Harmonie nimmt sie die Bilder der Welt und die ewigen himmlischen Ideen in sich auf. Jene Klippen sind dann die Hindernisse, an denen der begehrende Wille zersplittert. Oft ist es dem Menschen gegeben, in seiner raschen Entfaltung dem eigenen Zuge seiner Bestimmung folgen zu können, gleichwie der Wasserstrahl lieblich die glatte Felswand hinabrauscht, in einem Dunstschleier über der Tiefe schwebt und sich leisrauschend in diese verliert. Und endlich – wie die Welle ein Spiel des Windes ist und oft vom Sturm bis zum Grunde aufgewühlt wird, so ist die weiche, flüssige Menschenseele ein Spiel des Schicksals, das sie oft leise bewegt, oft bis in die Tiefen erschüttert. Diese Analogien sind von dem Dichter auch in diesem hellen Gedichte nicht auf Kosten des sinnlichen Bildes geltend gemacht, sondern auch hier hat dieses, d.h. die ganze Natureigenheit des Wasserelementes von der Phantasie eine volle Wirklichkeit erlangt, und während wir gedankenvoll den Schicksalen des menschlichen Innern nachsinnen, vollziehen sich vor unsrer Anschauung, vor unserm inneren Auge und Ohr die Metamorphosen des feuchten Elementes. Jene Durchdringung des Ethisch-Metaphysischen mit der Anschauung der sinnlichen Natur wird durch die Überschrift *Gesang der Geister über den Wassern* dann noch in die Dämmerung des Erhabenen erhoben, in ein religiöses Gebiet geisterhafter Naturmystik, in ein Gebiet, wo geistige und sinnliche Welt, die das verständige Bewußtsein getrennt hält, in eine totale Einheit zusammenfließen." (in dem Druck von 1911 S. 183f.) – K. Burdach, Vorspiel. Bd. 3. Goethe u. sein Zeitalter. Halle 1926. S. 82–90: Goethes Gesang der Geister. – Bonaventura Tecchi, Sulle immagini del „Gesang der Geister über den Wassern". Trivium 7, 1949, S. 233–240. – Tecchi S. 92–108.

S. 144. MEINE GÖTTIN. Erster Druck: *Schriften 1789*. Danach der Text. In den weiteren Ausgaben unverändert. Am 15. 9. 1780 legte Goethe das soeben entstandene Gedicht einem Briefe an Frau v. Stein bei. Facsimile: Wahle, Schr. G. Ges., 37. Diese Fassung zeigt in Einzelheiten Unterschiede, aber nicht wesentliche. 20 *Sommervögel*: Schmetterlinge; wie Briefe Bd. 1, S. 111,20; *Faust* 3203. – 32 *Blick* wie im *Mahometsgesang*: Blitz, Strahl. – 66 *Der Frauen* ist natürlich Genitiv Singularis. – 74ff.: O, daß sie nicht früher als dann, wenn ich sterbe, sich von mir wende ... – 78 Goethes Gedichthandschrift von 1788 hat in der letzten Zeile kein Komma, der Druck 1790 hat es. – Ein Hymnus des Künstlers, des Phantasiemenschen auf die Phantasie. Wohl am Gegensatz war Goethe deren Wesen besonders deutlich geworden; er schrieb die Hymne in der Zeit seiner angestrengtesten Beamtentätigkeit. Die Phantasie eröffnet immer neue Möglichkeiten, äußerlich und innerlich. Sie bringt nicht nur Wandlung, sondern auch Steigerung. Darum ist die *Hoffnung* (71–78) mit ihr nahe verwandt. Goethe hat die *Hoffnung* späterhin noch oft behandelt (*Pandora, Epimenides;* Brief an Reinhard vom 28. 9. 07) und hat die *Urworte* (S. 360) ebenfalls mit ihr geendet. – Ed. Spranger, Goethe über die Phantasie. Goethe 9, 1944, S. 5–23. – A. Heusler, Dt. Versgeschichte 3, 1929, S. 389–391. – Tecchi S. 151–177. – Sachregister in Bd. 14 und Briefe Bd. 4 „Phantasie", „Hoffnung".

S. 146. GRENZEN DER MENSCHHEIT. Entstanden 1781 oder in den letzten Jahren davor. Erhalten in einer Handschrift Goethes und einer Abschrift Herders, die untereinander übereinstimmen. Danach unser Text. In Goethes Handschrift 32 *wandlen*. Erster Druck: *Schriften 1789*. Dieser Druck und alle folgenden setzen in Zeile 40 *sich* an die Stelle von *sie*. Der Sinn wird dadurch verschieden. In der handschriftlichen Fassung: *sie,* d. h. die in Vers 30ff. genannten *Götter,* reihen unausgesetzt viele einzelne Menschengeschlechter an ihr Dasein, das im Vergleich zu jenen eine unendliche Kette ist. Die Druckfassung ist oft folgendermaßen gedeutet worden: Jedes Menschenleben ist wie ein *kleiner Ring* (37), diese zusammen aber ergeben eine *Kette* (42) der Geschlechter (39), diese ist darum fortdauernd (40). E. Staigers Auffassung, Manesse-Ausg. 2, S. 355, „Auf jeden Fall dürfte ... *ihres* auf die Menschen zu beziehen sein" teile ich nicht, da das ganze Gedicht zweipolig ist, auch im Klang den Gegensatz *Menschen – Götter* herausarbeitet, so auch *unser Leben* und *ihr* (der Götter) *Dasein.* K. Ph. Moritz zitiert in seiner „Götterlehre", 1791, das Gedicht und bezieht das Wort *Kette* auf das mythologische Motiv der goldenen Kette, an welcher Jupiter die ganze Welt hält. (Vgl. S. 213, Nr. 35 u. Anmkg.) – *Menschheit* wie oft bei Goethe = Menschsein; menschliches Wesen. – Kommerell S. 446–447: „*Grenzen der Menschheit* ist vielleicht die Äußerung Goethes, die griechischer Frömmigkeit, und zumal der eines sophokleischen Chores, am nächsten kommt. Nicht nur in dem sichern Sinn für die Grenze, die fest gezogen ist, aber dem Menschen keinen Wert abspricht, sondern auch in der einzigen Dauer, die ihm zuerkannt wird: in der Dauer durch Geschlechterfolge, durch den Zusammenhang von Blut und Sitte. Die Götter bekunden sich durch Macht und Dauer; die Eigenschaften und Rangstufen des Menschen, denen sich der Dichter sonst widmet, besagen nichts vor dieser Grenze, und der *Schauer,* das Gefühl des Menschen, der unter einer göttlichen Wirkung steht, erkennt von sich aus die Grenze an, ehe die Macht den Übertretenden zurückweist."

In Goethes Sammelhandschrift von 1788 ist dieses Gedicht eigenhändig von ihm besonders klar, ruhig und schön geschrieben, und er hat diese Handschrift sorgfältig durchgesehen, bevor sie für den Druck abgeschrieben wurde. Deswegen darf man meines Erachtens 40 *Reihen sie dauernd* nicht als Versehen betrachten. Die Fassung *reihen sich* in dem Druck kann aber von Goethe stammen oder von ihm autorisiert sein. – Hehn S. 184–185. – O. R. Meyer, Goethes Ode *Grenzen der Menschheit.* Euphorion 26, 1925, S. 592–602. – Staiger Bd. 1, 1952, S. 345–349. – A. Weber in: Wege zum Gedicht. 1956. S. 136–138. – Tecchi S. 73–89. – Karl Otto Conrady, Literatur u. Germanistik als Herausforderung. Frankfurt 1974. S. 158–174.

S. 147. DAS GÖTTLICHE. Entstanden wohl 1783. Eine Goethesche Handschrift des Gedichts im Düsseldorfer Goethe-Museum. Facsimile: Katalog der Sammlung Kippenberg, Bd. 2, Lpz. 1928, Taf. 72 (S. 312/13), dazu Bd. 1, S. 3, Nr. 9. – Im „Tiefurter Journal" im November 1783 dem Weimarer Kreise mitgeteilt. – Erster Druck: F. H. Jacobi, Über die Lehren des Spinoza. 1785. – Dann in den *Schriften 1789.* – Die verschiedenen Fassungen zeigen nur geringfügige Abweichungen, mit einer Ausnahme: Vers 10 steht in Goethes Einzelhandschrift (Düsseldorf), im Tiefurter Journal, bei Jacobi und in Abschriften Herders und des Fräuleins v. Göchhausen. Der Vers fehlt in der Goetheschen 1788 angelegten Sammelhandschrift von Gedichten, die 1789 dem Druck zugrunde gelegt wurde, und fehlt von da an in allen Drucken. Er ist anscheinend aus Versehen ausgelassen. Goethe hat sich bei der Eintragung dieses Gedichts in die Sammelhandschrift auch an anderen Stellen verschrieben. Ohne Vers 10 würde das Possessivpronomen *Sein* in Vers 11 beziehungslos sein. Die neueren Ausgaben setzen den Vers meist wieder ein, ebenso unser Text. 60 in Goethes Handschrift *geahndeten.* – Friedrich Meinecke (1862–1954), Lebenströster. (Jb.) Goethe 16, 1954, S. 198–212: „Die besondere Schönheit der Ode beruht darin, daß sie einen hellen Tagesglanz mit dem Blick auf den unendlichen Sternenhimmel vereinigt. Bezwingend klar und schier alltäglich schlicht und einfach ist ihr ethischer Inhalt, die am Beginn verkündete und am Schlusse wiederholte Mahnung zu hilfsbereitem, gütigem, gemeinnützigem Wirken – unausmeßbar aber und geheimnisvoll zugleich ist der Aufblick auf eine höhere, göttliche Welt über uns! ... Ethischer Gehalt aber und göttliche Welt sind nun auf eine wunderbare Weise miteinander verbunden. Das Beispiel des edlen, hilfreichen und guten Menschen soll uns nämlich lehren, an die Existenz einer uns überlegenen göttlichen Welt zu glauben ... *Denn unfühlend ist die Natur* – niemals wieder hat Goethe ... die Sonderstellung des Menschen innerhalb des Naturzusammenhanges und gegenüber der unbeseelten Natur auf Grund seiner Gottverwandtschaft so scharf herausgearbeitet ... Die beiden großen Gesamtsphären, die göttlich-menschliche und die der Natur, sind nun auch keineswegs völlig voneinander geschieden ... Der Mensch steht gleichzeitig unter der unausweichlichen, ehernen Gesetzlichkeit der Natur ... und in der gottverwandten Sphäre der Freiheit ... Etwas ganz Wunderbares ergibt sich nun. Die Kausalitäten der Natur beherrschen zwar ausnahmslos auch das menschliche Leben, und dennoch wird das scheinbar Unmögliche möglich. Durch die dem Menschen allein eigene Fähigkeit des Unterscheidens, des Wählens und Richtens, und durch die damit zusammenhängende Fähigkeit, über den Augenblick hinaus zu denken und zu schaffen, steigt eine Welt der Werte in ihm auf ... Wieder blickt der Dichter dann vom sittlich handelnden Menschen empor zur reinen, göttlichen Sphäre. Mit feinster sprachlicher Wendung wird der Gedanke rege, daß wir nur durch irgend eine Art von Anthropomorphie der an sich unerkennbaren Sphäre näher kommen und nur durch bildliche Anschauung sie uns verständlich machen können (49–51) ... Während der moderne Mensch dabei in das Zwielicht des Zweifels und der Illusion gerät, läßt Goethes gesunde und tiefe Glaubenskraft einen Zweifel gar nicht aufkommen ... Die

Ode scheint nur vom Guten, nicht auch vom Wahren und Schönen als Wegen zur Gottheit zu handeln. Und doch weiß man, daß Goethe auch diese Wege genau so intensiv gekannt hat ... Die Ausschließlichkeit, mit der Goethe die gottverwandte Sphäre im Menschen hier allein mit dem Ideale des Guten ausfüllt, führt zu der Vermutung, daß es allerdings auch für Goethe eine Rangordnung der idealen Werte gegeben hat. Menschlicher Adel beruht nach ihm vor allem doch wohl auf einer sittlichen Leistung ..." – 59 *Vorbild* hier im Sinne von „Präfiguration", Gestalt, die auf eine andere, höhere (oder spätere) hinweist; so auch *Vorbild* auf S. 199, Vers 15, ferner Bd. 4, S. 438, 27 und Bd. 7, S. 56, 3. In diesem Sinne kommt das Wort gelegentlich auch bei Hagedorn, Fichte u. a. vor. (Dt. Wb. 12, 2. 1951. Sp. 911f.)

Goethe erwähnt in einem Brief an Charlotte v. Stein vom 19. Nov. 1783, daß das Gedicht in das – handschriftliche – „Tiefurter Journal" kommen solle. Die Veröffentlichung im Anfang von Jacobis Schrift „Über die Lehren des Spinoza", 1785, erfolgte ohne Goethes Wissen. Jacobi veröffentlichte in dem gleichen Band auch das Gedicht *Prometheus,* dieses ohne Namensnennung, *Das Göttliche* mit Goethes Namen. Goethe schrieb ihm daraufhin am 11. Sept. 1785: *Ob Du aber wohl getan hast, mein Gedicht mit meinem Namen vorauf zu setzen, damit man ja bei dem noch ärgerlicheren „Prometheus" mit Fingern auf mich deute, das mache mit dem Geiste aus, der Dich es geheißen hat.* Durch die Veröffentlichung an dieser Stelle wurde das Gedicht in die Auseinandersetzung um Lessings und Spinozas Weltanschauung hineingezogen, mit der es an sich nichts zu tun hatte. Goethe hatte es zurückgehalten und nur dem engeren Weimarer Kreise mitgeteilt. Sein Brief zeigt, daß er es damals noch für breitere Leserkreise *ärgerlich* fand (freilich nicht in dem Maße wie *Prometheus).* Grund zum Anstoß konnte es vielleicht geben durch seine Abweichungen von der überkommenen Gottesvorstellung: Die *höheren Wesen* sind *unbekannt,* wir *ahnen* sie nur. Sie werden vom Menschen aus erschlossen. Nicht Gottes Lenkung bestimmt das Dasein der Menschen, sondern die *ewigen ehrnen großen Gesetze* der Natur. Mit Nachdruck wird die sittliche Selbstbestimmung des Menschen bejaht und das Ethische als das bestimmende Merkmal seines Wesens hervorgehoben. Dadurch hat das Gedicht eine Sonderstellung in Goethes weltanschaulicher Dichtung, die sonst meist die geheimnisvolle Verwobenheit von Gott und Natur, Freiheit und Notwendigkeit, Leben und Schuldig-Werden ausspricht. Als Goethe im Jahre 1789 das Gedicht, das nun bereits bekannt war, selbst veröffentlichte, war kurz davor Kants „Kritik der praktischen Vernunft", 1788, erschienen. Herder hatte 1787 den 3. Teil der „Ideen" herausgegeben und arbeitete an deren 4. Teil. In diesen Zusammenhang paßt das Gedicht besser als in den, welchen Jacobi ihm gab. In der Handschrift von 1788 und in den Drucken 1790 und 1806 in Vers 9 *ahnden* und 60 *geahndeten,* erst seit 1815 *ahnen* und *geahneten.* 56 *hülfreich* Handschrift und Drucke. – Hehn S. 186. – Boucke in der Fest-Ausgabe Bd. 1, S. 378/9. – A. Heusler, Versgeschichte. Bd. 3, S. 393–394. – Korff, Bd. 2, 1930, S. 199f. – Kommerell S. 447. – Adolf Beck in: (Jb.) Goethe 8, 1943, S. 48f. Wieder abgedruckt in: Beck, Forschung und Deutung. 1966. S. 109f. – Staiger Bd. 1, 1952, S. 378ff. – W. Grenzmann in: Wege zum Gedicht. 1956. S. 139–143. – K. O. Conrady, Literatur und Germanistik als Herausforderung. Frankfurt 1974. S. 175–185.

S. 149. ZUEIGNUNG. Entstanden im August 1784 als Einleitung zu dem Epos *Die Geheimnisse,* an dem Goethe August–September 1784 und März–April 1785 arbeitete und das dann als Fragment liegenblieb. Als er 1787 seine *Schriften* herauszugeben begann, stellte er die *Zueignung* als Vorspruch des Gesamtwerks an den Beginn des 1. Bandes, der *Werthers Leiden* enthält. Das Gedicht blieb fortan textlich unverändert. Unser Druck nach der *Ausg. l. Hd.* Eine frühe Stufe des Gedichts zeigt eine Abschrift Herders, die im Klang und Satzbau noch Härten aufweist, aber keinen grundsätzlich anderen Stilcharakter hat. Ihre Lesarten: Weim. Ausg. 1, S. 369–370. In den *Werken 1806–10* setzte Goethe das Gedicht zu den *Geheimnissen.* Aber in den *Werken 1815–19* setzte er es wieder an den Anfang von Band 1 als Einleitung des Gesamtwerks. In dieser Ausgabe standen in den ersten Bänden die Gedichte. Am gleichen Orte blieb es in der *Ausg. l. Hd.* – Zur Datierung: Brief an Herder 8. 8. 84; zeitgenöss. Beurteilung: Wieland an Reinhold 13. 11. 92; thematische Parallelen: S. 206 *Jugendlich kommt sie* ..., S. 357 *Prooemion*; Bd. 3, *Faust* 4695–4727; *Witterungslehre* Bd. 13, S. 305, 26–31. – 14 *Flor*: durchsichtiges feines Gewebe, Nebelschleier. Vgl. S. 127 *An Lida*; S. 263, Vers 30; *Faust* 3921, 6449 u. ö. (Dt. Wb. 3, 1892, Sp. 1816f.) – 45 *Gefieder*: Flügel, Schwinge. (Dt. Wb. 4, 1. 1. Abt. 1878. Sp. 2138.) – 61 *Übermensch.* Das Wort stammt aus theologischer Prosa des 16. und 17. Jahrhunderts, wurde von Herder aufgenommen, und von ihm übernahm es Goethe in der Bedeutung „außergewöhnlicher Mensch". (Dt. Wb. 11, 2. 1936. Sp. 417f.) Häufiger ist das Adjektiv „übermenschlich", das auch bei Adelung vorkommt in der Bedeutung „was aus den bekannten menschlichen Kräften nicht erklärt werden kann, dieselben übersteiget". – 83 *Duft* = Dunst, so auch Vers 95, ähnlich S. 28 *Willkommen und Abschied* Vers 10, S. 190 *Euphrosyne* Vers 10. – 102 *Wolkenbett*: dazu Dt. Wb. 14, 2 Sp. 1295 „weiches, von Erdenschwere freies Lager". *Gruft* als Bezeichnung des Erd-Bereichs im Gegensatz zum Luft-Bereich, wie *Faust* 8485. – Fr. Meinecke, Lebenströster. (Jb.) Goethe 16, 1954, S. 198–212: „Konzentriert sich in der Ode *Das Göttliche* alles höhere Leben im Menschen auf den Urwert des Guten, so sieht man in der *Zueignung* alle Strahlen dieses Lebens gesammelt in der Erscheinung der *Wahrheit.* Denn so nennt sich selbst das göttliche Weib, das ihm erscheint und ihm den Schleier der Dichtung überreicht ... Aber dabei bleibt ... der Abstand zwischen Mensch und Gottheit voll gewahrt ... In wunderbarem Glanze leuchtet jeder Vers des Gedichtes ... Zwar tief bewegt, aber sanft fließt alles dahin ... Ob es der Leser wohl immer bemerkt, daß das vom Dichter in der Natur hier Erlebte ein Symbol dessen wird, was er im eigenen Herzen von früh auf erfahren hat in Sehnsucht nach dem göttlichen Weibe, das ihm hier nun vor Augen tritt? ... Nur in einer Hülle ist die Wahrheit für den Menschen wohltätig ... Wir sehen in die von Goethe gewiß tief empfundene Zwiespältigkeit hinein, daß die Wege der Wahrheit ... Heil und Unheil zugleich bringen können, ihn zwar vor dem *gröbsten Trug* (59) bewahren, aber ihn auch zum asozialen Egoisten ... machen können. So wird das Problem der Wahrheitserkenntnis für den Menschen überhaupt zu einem ethischen Problem ... Das volle Wesen der Wahrheit, die sich hier dem Dichter offenbart, enthält auch den vollen Wert des Guten ... In der Vereinigung und Verschmelzung aller höchsten Lebenswerte, als welche sich uns der Goethesche Genius der Wahrheit darstellt, darf auch der Wert des Schönen nicht fehlen. Ja, das Gedicht gipfelt sogar darin, tief vorbereitend mit seiner Führung durch das Leben des Dichters, ... mit seinen beiden Polen von Einsamkeit und Gemeinsamkeit ... Goethe selbst hat ein Unaussprechliches empfunden, wenn er die Göttin anfangs mit Namen zu nennen sich scheut ... Das Allerhöchste ... ist eben unaussprechlich. Nur daß es eine völlige Einheit alles dessen sein muß, was der menschliche Geist als Vielfalt von Ausstrahlungen eines Göttlichen wahrnehmen muß und im einzelnen unterscheidet, wagt man zu vermuten. Und wagt man weiter, wie Goethe es doch schließlich auch tut, diese Einheit alles Göttlichen als *Wahrheit* zu verehren, so ist dieses Wort dann eben nur ein Symbol für etwas noch Höherliegendes ..." – E. Staiger, Bd. 1, 1952, S. 485f.: „Die Stanze ... nötigt den Dichter, den Vorgang in Stücke von je acht Versen aufzuteilen und jeden Teil in den beiden dicht aufeinander folgenden Reimen am Schluß der Strophen gehörig abzuschließen ... Der Reim, zumal in der reichen und klangvollen Ordnung, wie sie die Stanze bildet, zieht einen musikalischen Schleier über den Gegenstand der Rede und schmeichelt mit einer Harmonie, die nicht in der Sache, sondern allein in der Seele des Dichters begründet ist ... Die Wahrheit hüllt sich in den Schleier, der sie verbirgt und offenbart." – F. Saran, Melodie und Rhythmus der *Zueignung*. Halle 1903. – O. Walzel, *Der Dichtung Schleier* ... Euphorion 33, 1932, S. 83–105. – Boyd I, S. 212–222.

BALLADEN

Die Balladen des Sturm und Drang waren fast sämtlich Liebesballaden; in den Weimarer Jahren treten ihnen naturmagische Balladen zur Seite. Sie sind Goethes eigene schöpferische Leistung. Die Dichtung des 18. Jahrhunderts hatte zwar im empfindsamen Geiste ein Naturgefühl entwickelt, jedoch nur in Richtung auf das Ästhetische und in gewissem Grade auch auf das Religiöse hin. In diesen Balladen aber tritt die Natur in ganz anderer Art zu dem Menschen in Beziehung, lockend, bezaubernd, beglückend und tötend. Das menschliche Unbewußte und die Gefühlstiefen der Seele, welche die Aufklärung nicht beachtet hatte, erhielten in diesen Gedichten Sprache und wurden damit geistig neu erschlossen. Die seelischen Bereiche, welche diese Balladen berühren, erwähnt Goethes Brief an Frau v. Stein vom 19. 1. 78. Zwei Tage vorher war Christiane v. Laßberg von Goethes Dienern in der Ilm aufgefunden und ihre Leiche geborgen. Goethe schreibt: *Gute Nacht, Engel, schonen Sie sich und gehn nicht herunter. Diese einladende Trauer hat was gefährlich Anziehendes wie das Wasser selbst; und der Abglanz der Sterne des Himmels, der aus beiden leuchtet, lockt uns. Gute Nacht! Ich kann's meinen Jungen nicht verdenken, die nun nachts nur zu dreien einen Gang hinüber wagen; ebendie Saiten der Menschheit werden an ihnen gerührt, nur geben sie einen roheren Klang.* Es ist bezeichnend, daß Goethe hier sagt, in den jungen Männern, die bei ihm im Haus und Garten arbeiteten, würden die gleichen Saiten des Menschseins gerührt wie in ihm selber und Frau v. Stein. Den Sinn für die magischen Kräfte der Welt haben der Künstler, die feinfühlige Frau, der unreflektierte Mensch (die Diener; im Gedicht: der Fischer) und vor allem auch das Kind (im *Erlkönig*). Ihnen gegenüber steht der verstandeskühle, dem Tag angehörende Mensch des Lebens (der Vater im *Erlkönig*), historisch gesprochen: der Aufklärer. Das Kind sieht den Erlkönig, der nach ihm greift; der Vater sieht ihn nicht, aber es *graust* ihm. Diese verschiedenen Kräfte und Haltungen stellt die Ballade als Gestalten gegeneinander; zunächst Natur und Mensch, die Natur als das Greifende (Nixe, Erlkönig); sodann den für solche Magie empfindlichen und den dafür unempfindlichen Menschen (Kind und Vater im *Erlkönig*). Es sind die gleichen Gegensätze, die später die Romantik, zumal Novalis, weiterentwickelte. Die dichterischen Gattungen, in welchen das Magische in der Neuzeit vor allem möglich ist, sind das Märchen – das die Romantik dafür belebte – und die Ballade. Beide sind sowohl Gattungen der Volksdichtung als auch der Kunstdichtung, gleichwie ihre Haltung der schlichtesten und der verfeinertsten Seele in gleicher Weise entspricht. Goethe konnte darum an alte Volksballaden anknüpfen. Der Schauer vor dem Elementaren findet (besser als im Drama und im Roman) seine Form in der Ballade. Indem Goethe, sensibel für die Tiefen des Unbewußten, zugleich volkstümlich und verfeinert, diese Balladen schuf, fand er die gemäße Form für eine tiefgegründete Weltbeziehung der Seele. Er sprach sie aus durch einfache sinnbildliche Gestalten: die Nixe, die Elfen, den Erlkönig. Diese Balladen waren zu ihrer Zeit etwas Neues, und wie so oft bei Goethe war das Neue sogleich auch das Vollkommene. Die anderen Balladendichter der Zeit, Hölty, Bürger, Stolberg, Schiller haben Balladen geschrieben, die handlungsreich, lebensvoll, von Ethos getragen sind, sie haben aber nicht den Bereich des Unbewußten und Naturmagischen berührt. Die geistigen Beziehungen führen von Goethes Balladen dieser Zeit zu der in die Bereiche des Traums und des

Unbewußten vortastenden Märchendichtung und Psychologie der Romantik und allem, was dann daran angeschlossen hat.

Wolfgang Kayser, Geschichte der dt. Ballade. Bln. 1936. S. 116–120. – Gundolf, Kap. ,,Die großen Balladen". – Paul Ludwig Kämpchen, Die numinose Ballade. Bonn 1930. = Mnemosyne, 4. – Maria Ennemoser, Goethes magische Balladen. Diss. Münster 1939. – Erich Schmidt, Goethes Balladen. In: E. Schmidt, Charakteristiken. Bd. 2. Bln. 1902. – Kommerell S. 350–355, 360–361, 376–377. – Ingrid Dzialas, Auffassung und Darstellung der Elemente bei Goethe. Bln. 1939. = German. Stud., 216. – R. Alewyn in: Aspekte der Angst. Hrsg. v. H. v. Ditfurth. Stuttg. 1965. S. 24–37. Wieder abgedruckt in: Alewyn, Probleme und Gestalten. Frankfurt 1974. S. 307ff., insbes. S. 318f.

S. 153. DER FISCHER. Entstanden 1778. Erster Druck: Volks- und andere Lieder, in Musik gesetzt von S. v. Seckendorff. Weimar 1779. Und: Herder, Volkslieder, Lpz. 1779. Beide haben folgende Abweichungen: 9 *und sprach* 15 *Du kämst* 23 *Lockt nicht* 24 *Dich her* 27 *sehnensvoll.* Dann in den *Schriften 1789.* Danach unser Text. – In Vers 3 *Angel* ist bei Goethe noch Maskulinum (GWb 1, Sp. 550). – Brief an Frau v. Stein vom 19. 1. 78 (HA Briefe Bd. 1, S. 248). – Eckermann 3. 11. 1823. – R. Küster, Goethes Fischer. Breslau 1918. – Boyd I, S. 148–151.

S. 154. GESANG DER ELFEN. Am 15. 10. 1780 schreibt Goethe an Frau v. Stein: *Der Mond ist unendlich schön. Ich bin durch die neuen Wege gelaufen, da sieht die Nacht himmlisch drein. Die Elfen sangen: Um Mitternacht* ... usw. Auch diese Strophen hat Goethe wie fast alle Verse in den Briefen an Frau v. Stein nicht als eigentliches Gedicht aufgefaßt, sie sind darum nur einzig hier überliefert. – *erst schlafen*: eine Weile schlafen, noch im ersten Schlafe sind. – Die Zusammenstellung von *Elfen, Schlaf* und *Traum* auch in der Anfangsszene des *Faust II.* – Erster Druck: Schöll 1848. Facsimile: Wahle, Schr. G. Ges., 37. Danach der Text.

S. 154. ERLKÖNIG. Entstanden 1782. In Goethes Singspiel *Die Fischerin* eingefügt und in diesem zum erstenmal gedruckt, Weimar 1782. Dann unverändert in den *Schriften 1789* und den weiteren Ausgaben. – Stoffliche Anregungen gab Herders Übersetzung einer dänischen Volksballade ,,Erlkönigs Tochter". Aus dem dänischen ,,ellerkonge" = Elfenkönig war durch Kombination mit dem Wort Eller = Erle fälschlich ein ,,Erlkönig" geworden, was aber Goethes Phantasie nun gerade anregte zur Gestaltung der an Bäume gebundenen Elementargeister. Auch in dem Elfenlied *Um Mitternacht* ... (S. 154) tanzen die Elfen *auf Wiesen an den Erlen.* – In dem Druck von 1789 sind die direkten Reden des Vaters und des Sohnes – nach dem Gebrauch der Zeit – zwischen Gedankenstriche gesetzt. Die Reden des Erlkönigs sind durch Anführungsstriche abgehoben. Diese Interpunktion blieb bis zur *Ausg. l. Hd.* – Staiger Bd. 1, 1952, S. 343–345. – Boyd I, S. 170–177.

S. 155. DER SÄNGER. Entstanden 1783. Zunächst in *Wilhelm Meisters theatralische Sendung, 4. Buch, 12. Kap.*; da dieses Buch 1783 geschrieben ist, darf man ungefähr gleichzeitige Entstehung annehmen. Dort folgende Abweichungen:

2–4: *Was schallet auf der Brücken?*
Es dringet bis zu meinem Ohr
Die Stimme voll Entzücken.

7 *Laßt ihn herein* 8 *ihr hohe Herrn* 19 *Der Fürst, dem es so wohl gefiel,* 20 *Ließ, ihn zu lohnen für das Spiel,* 21 *Ein'* 38 *Er rief: O hochbeglücktes Haus.* Erster Druck: *Wilhelm Meisters Lehrjahre, 2. Buch, 11. Kap., Berlin 1795*, mit Änderungen gegenüber der 1. Fassung. Danach nochmals kleine Änderungen. Unser Text nach dem Druck von 1815. – Die Fassung aus den *Lehrjahren* ist abgedruckt in Bd. 7, S. 129f. (mit Kommentar). – 15 *drückt die Augen ein*: schließt die Augen (Dt. Wb. 3, Sp. 164). – Der Sänger vor der Gesellschaft, anerkannt von ihr, doch innerlich einsam; dieses Motiv in mittelalterlicher Welt, zu welcher die Sinnbildlichkeit der großen Geste am Schluß paßt. Balladenstil mit direkter Rede und knappem Bericht, gegliedert in Strophen des alten Typs von „Aus tiefer Not schrei ich zu dir", d. h. Kreuzreime, Paarreime und am Ende ein reimloser Vers („Waise").

Die *Ausg. l. Hd.* hat in Vers 21 *reichen*, die früheren Drucke haben *holen*, sowohl in den *Lehrjahren* wie in den *Gedichten*. Die WA hat *holen* in den Text eingesetzt, ihr sind gefolgt Jubil.-Ausg., Fest-Ausg. usw. – Kommerell, Gedanken über Gedichte. S. 376f. – Kommerell, Essays. 1969. S. 153–157. – Emmy Kerkhoff, Goethes „Sänger". In: Verzamelde Opstellen, geschreven door oudleerlingen van Prof. J. H. Scholte. Amsterdam 1947. S. 207–232. – J. Boyd, Notes to Goethe's Poems. I. 1944. S. 185–190. – Sprache: Emmy Kerkhoff, Kleine dt. Stilistik. Bern 1962. S. 68–72. – Strophenform: Walter Hinck in: Euphorion 56, 1962, S. 25–47. – Und: Horst Joachim Frank, Handbuch der dt. Strophenformen, 1980, S. 543–547.

DIE ZEIT DER KLASSIK

Von der italienischen Reise bis zum Beginn des Jahrhunderts treten in Goethes Lyrik die antiken Versformen in den Vordergrund. Die Freien Rhythmen hören in dieser Zeit auf, die Liedform beschränkt sich im allgemeinen auf den Typ, welchen Goethe *Gesellige Lieder* nannte. Das Lebensgefühl des Naturforschers, der in seinem wohleingerichteten Weimarer Hause lebte und in seinen Studien das Gesetzliche und Allgemeine suchte, ließ sich gut vereinigen mit der Form der Elegie. Sie ist im Vergleich mit dem Lied und den Freien Rhythmen mehr betrachtend, Situationen ausmalend. Sie steht in der Tradition der Antike; seit dem Humanismus des 16. Jahrhunderts war sie bei den europäischen Neulateinern beliebt, seit Klopstock war sie in deutscher Sprache gebräuchlich. Goethe war in dieser Zeit bemüht, sich die Werke der Antike anzueignen und aus ihnen für sein eigenes Schaffen zu lernen. Deswegen knüpfte er an die Tradition der Elegie an. Außerdem schrieb er Epigramme, geistvoll und bewußt; hier wirkte Schiller anregend. Und durch diesen wurde auch die Balladendichtung belebt, die nun zu einigen großen Leistungen führte.

Die antiken Langverse fehlen in der Jugendlyrik und in dem Alterswerk. In der mittleren Zeit aber sind sie häufig (S. 157–234). Fast immer sind es Distichen, nur ausnahmsweise reine Hexameter (S. 201–203, und hier nur, weil es ein Epenfragment ist). Damit traten in den reichen Formenschatz, den die Goethesche Lyrik schon besaß, neue und andersartige Formen. Alle Lieder und Spruchgedichte hatte Goethe geschrieben, wie es ihm der Klang der Intuition, seine innere Musikalität eingab. Er hatte sich an ältere Liedformen angeschlossen und sie selbständig weitergebildet, ohne darüber nachzudenken. Bei den antiken Maßen war es anders. Hier gab es feste Regeln. Und das war Goethe zunächst nicht unlieb, denn er suchte in dieser Zeit in aller Kunst das Gesetz, und er fand es in den Werken der Antike am besten verwirklicht.

Die antikisierenden Formen unterscheiden sich in vielem von den Reimstrophen, die Goethe bis dahin benutzt hatte. In diesen liegt die Zahl der Silben durch das Versschema fest. Die Versschlüsse bilden Einschnitte. Die Hexameter dagegen zeigen eine wechselnde Silbenzahl und sind nicht nur durch den Versschluß, sondern auch durch Zäsuren innerhalb des Langverses gegliedert. Diese Zäsuren stehen an verschiedenen Stellen. Es gibt dafür Regeln. Ein Takt kann in einem Verse drei Silben haben, im nächsten nur zwei. Die Taktzahl steht fest, doch die Silbenzahl ist verschieden. Die Anfangsverse der *Metamorphose der*

Tiere stellen sich, wenn man Taktgrenzen und Zäsuren bezeichnet, folgendermaßen dar:

Wagt ihr, | also be | reitet, || die | letzte | Stufe zu | steigen
Dieses | Gipfels, || so | reicht mir die | Hand || und | öffnet den | freien
Blick ins | weite | Feld der Na | tur. || Sie | spendet die | reichen

Jeder Vers hat 6 Takte. Die erste Silbe jedes Takts ist betont. Es folgen ein oder zwei unbetonte Silben. Der letzte Takt ist immer zweisilbig. An einer, seltener an zwei Stellen des Verses befindet sich eine Zäsur. Diese Zäsuren stehen an verschiedenen Stellen: Vers 1 hat sie im 3. Takt; Vers 2 im 2. und 4. Takt; Vers 3 im 4. Takt. Außerdem ist die Taktfüllung verschieden: der 2. Takt hat im 1. und 2. Vers 3 Silben, im 3. Vers nur 2. Deswegen ist auch die Silbenzahl der Verse verschieden: in Vers 1 und 2 sind es 15 Silben, in Vers 3 sind es 14. Die Einheit des Grundmaßes bleibt immer gewahrt (6 Takte, nie mehr als 3 und nie weniger als 2 Silben), doch die Variation der Zäsuren und vor allem das Wechselspiel der Taktfüllung bringen ein dauerndes Leben. Es ist wie die Wellenbewegung des Meeres. Darum ist der Hexameter ein epischer Vers. Soll er standfest werden, einen Abschluß erhalten, so tritt der Pentameter hinzu:

Fromm sind wir | Liebende, | still || ver | ehren wir | alle Dä | monen,
Wünschen uns | jeglichen | Gott, || jegliche | Göttin ge | neigt.
(Römische Elegien, IV.)

Diese Verse ruhen rhythmisch in sich durch die Kadenzen in der Mitte und am Ende des Pentameters. Sie können inhaltlich fortgeführt werden zu einer Perlenkette solcher Distichen; das ergibt die Elegie. Oder sie bleiben für sich als Zweizeiler, die innere Möglichkeit der beiden Verse ausnutzend, indem der zweite den ersten beantwortet, widerlegt, fortführt, beendet; dann sind sie ein Epigramm.

Als Goethe Hexameter zu schreiben begann, ging er aus von dem Klang, der ihm geläufig war. Wie wurden antike Hexameter damals gesprochen? Goethe kannte sie vor allem aus dem Lateinischen. Er hatte früh und gründlich Latein gelernt. Vergil und Ovid waren ihm geläufig, bevor er zum Studium nach Leipzig ging. Seit der Begegnung mit Herder hatte er sich auch um die Kenntnis griechischer Dichtung bemüht. Doch während er Latein fließend las und es sogar in der Unterhaltung benutzen konnte (wenn er mit Riemer nach Böhmen fuhr und das Gespräch auf Dinge kam, die der Kutscher nicht hören sollte, sprachen sie lateinisch), hat er es im Griechischen nicht weit gebracht, meist legte er eine der damals gebräuchlichen lateinischen Übersetzungen daneben (oder ließ sich durch Riemer helfen). Die lateinischen Hexameter wurden damals in Deutschland ähnlich wie heute gesprochen, iktierend, d. h. mit Hebung und Senkung. Die Verstheorie redete aber nicht von Hebung und Senkung, sondern von Länge und Kürze. (Die Frage, was die heutige Wissenschaft über die Sprechweise griechischer und lateinischer Verse im Altertum sagt, kann hier außer acht bleiben.) Klopstock hatte seit 1748 deutsche Hexameter gemacht, die rasch bekannt wurden. Goethe rezitierte sie schon als Knabe, wie er später in *Dichtung und Wahrheit* (Bd. 9, S. 80ff.) erzählt. Erst in den Weimarer Jahren begann auch Goethe, Hexameter zu schreiben, zunächst nur vereinzelt als Inschriften für den Park. Im Gegensatz zu Klopstock hat er aber niemals versucht, auch antike Odenmaße nachzubilden, während Voß, Stolberg, Hölderlin und viele andere diese Formen gern benutzten. Klopstocks „Oden", 1771, die auch 4 Elegien enthalten, gehören zu den stärksten literarischen Eindrücken des jungen Goethe. Hier und bei jedem weiteren Druck hat Klopstock vor fast jedes Gedicht in antikisierender Form ein metrisches Schema gesetzt. Er wollte den Lesern damit eine Hilfe geben, das Metrum richtig zu verstehen. Klopstock benutzte dafür Striche und Häkchen, wie es in der Verstheorie (schon bei Schottelius 1663) üblich war. Er bezeichnete mit dem Strich eine Hebung, mit dem Häkchen eine Senkung, obgleich in den antiken Versen ursprünglich damit Längen und Kürzen bezeichnet waren. Doch diese Übertragung antiker Bezeichnungen auf das Deutsche war damals schon seit Opitz geläufig, der im 7. Kapitel seiner „Poeterei" geschrieben hatte: „Ein Jambus ist: Erhalt uns, Herr, bei deinem Wort; der folgende ein Trochäus: Mitten wir im Leben sind." Durch Klopstock waren Dichter und Leser daran gewöhnt, bei deutschen Gedichten in antiken Versmaßen ein „Schema" zu benutzen. Noch am 29. 4. 1808 schreibt Goethe an Riemer während der Arbeit an *Pandora: so ersuche ich Sie, mir das Schema zu sechsfüßigen Trochäen, wie sie die Alten gebraucht, durch die Boten zu senden. Ich habe das Unglück, dergleichen immer zu vergessen.* (Briefe, Hbg. Ausg., Bd. 3, S. 68,35–69,2.)

Der Hexameter hat folgendes Schema:

– ◡ ◡ | – ◡ ◡ | – ◡ ◡ | – ◡ ◡ | – ◡ ◡ | – $\bar{\smile}$

Der Hexameter hat sechs „Versfüße", die hier durch Taktstriche getrennt sind. Der Strich bedeutet eine Länge, das Häkchen eine Kürze. Die letzte Silbe kann lang oder kurz sein. In griechischen und lateinischen Hexametern kann nun jeder Daktylus – ◡ ◡ ersetzt werden durch einen Spondeus ––. Doch wird das im 5. Versfuß möglichst vermieden. In den Distichen schließt sich an den Hexameter der Pentameter:

– ◡ ◡ | – ◡ ◡ | – || – ◡ ◡ | – ◡ ◡ | $\underline{\smile}$

Hier ist der Spondeus statt des Daktylus nur in den 2 ersten Versfüßen gestattet.

Klopstock legte seinen Hexametern zwar das antike Schema zugrunde, ging aber frei damit um. Er sah, daß man im Deutschen zwar gut Daktylen (– ◡ ◡) bilden könne, schwer aber Spondeen (––), und er setzte an deren Stelle oft eine Taktfüllung aus einer betonten und einer unbetonten Silbe, die man als Trochäus (– ◡) bezeichnen kann. Darin folgten ihm Ramler, Stolberg und andere. Dann aber begann Johann Heinrich Voß, sich gründlicher mit dem Problem der Nachbildung antiker Hexameter zu beschäftigen.

1781 veröffentlichte Voß seine Übersetzung der ,,Odyssee", deren Verse besser gebaut waren als die, welche man von Klopstock kannte. Voß war ein dichtender Philologe. Er arbeitete sich immer mehr in die antiken Verse ein, lernte ihren Bau kennen und sah auch den Unterschied zwischen griechischem und lateinischem Versbau. Voß erkannte, daß es bei Versen auf mehreres zugleich ankäme: Hebung und Senkung (Akzent, Dynamik), die Länge der Silben (Zeit, Dauer) und auf die Tonhöhe (Sprachmelodie). Er war der Meinung, es gebe im Deutschen Silben, die nicht einfach als Hebung oder Senkung auszusprechen seien. In dem Wort ,,Vaterland" ist die 3. Silbe nicht so unbetont wie die zweite; sie hat einen Nebenton, das Wort ist also für ihn im Daktylus unbrauchbar. Auch die Sprechdauer der Silben und die Satzmelodie wurden von ihm im Hexameter berücksichtigt. 1789 fügte Voß seiner Übersetzung der Vergilschen ,,Georgica" eine Einleitung bei, in der er kurz darstellte, daß Klopstock seine Hexameter sehr frei gebaut habe, nicht nach antiken Gesetzen; und die Klopstock-Nachfolger hätten dann oft ganz schlechte Hexameter geschrieben. Er führt ein Beispiel von Ramler an und gibt ein Gegenbeispiel, wie man diese Verse regelrechter und zugleich klangvoller gestalten könne. Er hält es für nötig, im Deutschen viel strenger als bisher die antiken Versgesetze zu befolgen. Über seine Grundsätze beim Schreiben von Hexametern äußert sich Voß hier nur kurz. Er führt dabei Begriffe wie ,,Mittelzeit" und ,,Wortfüße" ein, ohne sie hinreichend zu erklären. Goethe kaufte sich dieses Buch im Februar 1793. (Es steht noch heute unter seinen Büchern.) Rückblickend sagte er, es seien für ihn *sibyllinische Blätter* gewesen. (Bd. 10, S. 360,28.) Das ist verständlich, denn Voß gab eine nähere Erläuterung erst 1802 in seiner ,,Zeitmessung der deutschen Sprache". Zu dieser Zeit hatte Goethe aber bereits aufgehört, Hexameter zu schreiben. 1793 erschien Vossens ,,Ilias"-Übersetzung und seine neu überarbeitete ,,Odyssee". Im Sommer 1794 war Voß zum Besuch in Weimar und las daraus vor. Soweit wir es aus Berichten erschließen können, hat er dank seiner Musikalität und seiner Kunst des Sprechens die Verse vorzüglich vorgetragen (auch die schwierigen Stellen). Goethe hörte und lobte sie, doch es war ihm klar, daß es schwer war, sie nachzuahmen, ja geradezu unmöglich, denn Voß beachtete vielerlei zugleich, was noch nirgendwo mitgeteilt war, so daß Goethe sagt, er *wäre, in jüngeren Tagen oder andern Verhältnissen, wohl einmal nach Eutin gereist, um das Geheimnis zu erfahren.* (Bd. 10, S. 360, 20–22.) Er las im

Winter 1794/95 einem Kreise, der bei ihm zusammenkam, die Vossische Ilias-Übersetzung vor. Böttiger berichtet über seine „treffliche Deklamation". (Grumach S. 136ff.) Er lernte also die Vossischen Hexameter vorlesend kennen, nicht aber die Regeln, nach denen sie gemacht waren.

Goethe hatte bis zu dieser Zeit Hexameter so geschrieben, wie er sie vom Sprechen lateinischer Verse und von Klopstock her im Ohr hatte, dreisilbige und zweisilbige Takte wechselnd, wobei jedesmal die erste Taktsilbe den Ton hatte. Jetzt sah er, daß die Sache von den Fachleuten gründlicher behandelt wurde. Er vertraute immer gern denen, die ein Spezialgebiet genau beherrschten. (Vgl. Bd. 2, S. 39f.) Nun kam im Jahre 1796 ein Hexameterspezialist nach Jena, der ebenso wie Voß die antiken Regeln im Deutschen genau befolgt wissen wollte: August Wilhelm Schlegel. Goethe wurde bald mit ihm bekannt und gab ihm seine Hexameter zur Korrektur. Schlegel fand von seinen Grundsätzen aus vieles in Goethes Versen fehlerhaft. Goethe hat später auch noch Wilhelm v. Humboldt und den jüngeren Heinrich Voß bei seinen Hexametern befragt. Er verfuhr hier also anders als mit seinen übrigen Gedichten; die nämlich gab er vor ihrer Vollendung nicht aus der Hand, um sich auf seinem Wege nicht beirren zu lassen.

Ein Manuskript mit Schlegels Korrekturen zu Goethes Elegien und Epigrammen ist im Goethe- und Schiller-Archiv erhalten. (Vgl. Weim. Ausg. 1, S. 424–477). Goethe hatte 1795 in den „Horen" die *Römischen Elegien* veröffentlicht, 1796 im Vossischen Musenalmanach *Das Wiedersehn* und im Schillerschen Musenalmanach *Alexis und Dora*. Jetzt wollte er für die Ausgabe seiner Gedichte in Bd. 7 der *Neuen Schriften* die Langzeilen nach den besten metrischen Regeln umarbeiten. Er ging mit Schlegel die *Venetianischen Epigramme* und die einzeln erschienenen großen Elegien durch. Infolge der vielen Schlegelschen Beanstandungen hatte er viel mit dem Korrigieren zu tun. So geriet die Arbeit ins Stocken. Die *Römischen Elegien* blieben unverändert.

Die Griechen mieden eine Zäsur nach der 1. Senkungssilbe des 4. Taktes; also forderte Schlegel das auch im Deutschen. Nun hatte Goethe (*Venet. Epigr.* Nr. 6 unserer Zählung, S. 176) geschrieben:

Diese Gondel vergleich ich der Wiege, sie schaukelt gefällig,

Nach der Theorie war der Vers fehlerhaft, denn die 2. Zäsur liegt im 4. Takt nach der 1. Senkung, hinter *Wiege*. Sodann: in jedem „Versfuß" hört nach der 2. Silbe ein Wort auf. Goethe änderte auf Schlegels Rat hin:

Diese Gondel vergleich ich der sanft einschaukelnden Wiege,

Und Schlegel schrieb dazu: „Die metrischen Mängel in diesem Epigramm scheinen mir durchaus glücklich verbessert." Die größte Schwierigkeit beim Bau deutscher Hexameter blieb die Nachbildung der antiken Spondeen. Voß und Schlegel waren der Meinung, daß Klopstock es sich hier viel zu leicht gemacht habe. Sie hielten es für möglich, die antiken Verse sehr viel besser nachzuahmen. Eine besondere Art, wie Voß und Schlegel Spondeen schrieben, war folgende: Die erste Silbe des Spondeus wird beim Sprechen vom Metrum her betont; die zweite Silbe wird nun so gefügt, daß sie vom natürlichen Wortakzent her betont wird und vielleicht noch durch den Sinn herausgehoben wird, etwa: „Denn man saget, er hat drei Menschenalter beherrschet." (Voß, Odyssee, 1781, Vers III, 245.) Hier ist „hat" betont durch die Stellung im Vers, „drei" als Zahlwort herausgehoben vom Sinn her; die folgende Silbe hat wieder eine Hebung. Wenn man es beim mündlichen Vortrag versteht, das Zusammenspiel von Metrum (d. h. dem gleichmäßigen Schema) und Rhythmus (d. h. der individuellen Betonung der Stelle) herauszuarbeiten, können solche Verse ausdrucksvoll klingen, doch es besteht auch die Gefahr, daß sie mühsam und wulstig wirken. Den Anregungen Schlegels folgend, hat auch Goethe solche Spondeen geschrieben. In dem soeben zitierten Epigramm ist der Takt *sanft ein-* in dieser Weise gebaut. In *Alexis und Dora* lautete ursprünglich Vers 8:

Nur ein Trauriger steht rückwärts gewendet am Mast,

Nach den Regeln war der Daktylus *rückwärts ge-* schlecht, weil die Silbe *-wärts* nicht für eine Senkung geeignet ist. Goethe änderte in:

Einer nur steht rückwärts traurig gewendet am Mast,

Der Takt *steht rück-* ist ein Spondeus Vossischer Art. Im gleichen Gedicht lautete Vers 27:

Jeden freut die seltne Verknüpfung der zierlichen Bilder,

Goethe veränderte in:

Jeden freuet die seltne, der zierlichen Bilder Verknüpfung,

Schlegel fand dies eine Besserung und schrieb: „Gegen diese Versetzung ist nichts Erhebliches einzuwenden."

Die Umarbeitungen sind großenteils Korrekturen nach den Vorschlägen der Metriker, doch sie sind es nicht nur. Sie haben zum Teil auch andere Ursachen. Eins der *Venetianischen Epigramme* (Nr. 10 unserer Zählung, S. 176) lautet in der 1. Fassung:

Herrscher möge der sein, der seinen Vorteil verstehet;
Doch wir wählten uns den, der sich auf unsern versteht.

Daraus wurde in der 2. Fassung:

Mache zum Herrscher sich der, der seinen Vorteil verstehet!
Doch wir wählten uns den, der sich auf unsern versteht.

Erst dadurch, daß das betonte *der* in die Hebung vor der Mittelzäsur gerückt ist – parallel dem Wort *den* im Pentameter –, hat das Distichon seine logische Pointe auch klanglich herausgearbeitet.

In vielen Fällen wurden die Verse durch die Umarbeitungen gedrungener, langsamer, kunstvoller. In dieser Richtung entwickelten sich Goethes antikisierende Verse auch ohne Schlegels Einfluß. Die Verse der *Achilleis*, 1799, sind herber, weniger flüssig, anspruchsvoller als die der früheren Epen (1793, 1797). Die Verse der *Pandora*, 1810, setzen diese Linie fort. Hier hat Goethe sich nur noch locker an die antiken Versmaße angeschlossen. Er befragte zwar gelegentlich Riemer, zog aber nicht mehr Männer wie Voß oder Schlegel heran. Hier im Drama gab es keine Hexameter und also keine Spondeen. Auch die Verse im Helena-Akt des *Faust II*, 1827, sind antikisierend, doch zugleich Goethes Altersstil.

Goethe liebte die Antike, doch er war kein Philologe. In der Plastik und Architektur schien die antike Form vollkommen, das Maß vorbildlich, vieles übertragbar oder assimilierbar. Der Gedanke, auch für andere Kunstgattungen die rechten Gesetze bei den Alten zu finden, lag nahe und war außerdem seit Opitz oft ausgesprochen; doch es blieb fraglich, ob die einfache Übernahme einzelner Regeln für Werke einer ganz anderen Sprache möglich und sinnvoll sei. Es geht bei den aus der Antike stammenden Maßen nicht ohne Verstheorie. Voß, Schlegel und der klassische Philologe Hermann haben diese damals sorgfältig erarbeitet. Doch konnte und mußte man diese Regeln auch im Deutschen einhalten? Je strenger Voß und Schlegel die griechischen Versgesetze im Deutschen durchführen wollten, desto fraglicher wurde Goethe diese Forderung. Das hat dazu geführt oder zumindest dazu beigetragen, daß er den Hexameter wieder aufgab. (Bd. 10, S. 469,28ff.) Geschätzt hat er ihn auch weiterhin; noch in den *Annalen* (1822–25) nennt er ihn eine *herrliche Versart* (im Abschnitt *1806*). Doch benutzt hat er ihn seit 1800 so gut wie gar nicht mehr. Und die Metriker waren ihm leid geworden. Schon am 13. 2. 1797 berichtet Wilhelm v. Humboldt: „Mit Goethen hatte ich gestern ein langes Gespräch über Metra, wo er allen Vossischen Regeln gräßlich das Urteil sprach.“ (Briefe an K. G. v. Brinkmann. Lpz. 1939. S. 86.) In einem Brief an Knebel vom 14. 3. 1807 äußert er sich ärgerlich über *die moderne Rhythmik ohne Poesie* und den *Dünkel, womit die Rhythmiker von der strengen Observanz sich jetzt vernehmen lassen.* So auch an Zelter am 22. 6. 1808 über den *Pedantismus* des metrischen Lehrmeisters Voß: *Für lauter Prosodie ist ihm die Poesie ganz entschwunden* (HA Briefe Bd. 3, S. 75); und ähnlich öfters, z. B. am 19. März 1818: *Gott behüte mich vor deutscher Rhythmik* (HA Briefe Bd. 3, S. 422). Die lyrischen Verse seines Alters waren wieder deutsche Reimstrophen, deren klangliche Möglichkeiten alles ausdrücken konnten, was ihn bewegte, und bei denen er nie auf den Gedanken gekommen wäre, sie jemandem zur metrischen Korrektur zu geben. So hatte er sich also von den Metrikern getrennt und schalt gelegentlich auf sie. Und die Metriker hatten sich von ihm getrennt und schalten gelegentlich auf ihn. Voß kritisierte Goethes Hexameter, und dieses Urteil ärgerte Humboldt und Schiller (an Goethe 23. 2. 1798). Als

August Wilhelm Schlegel in Berlin seine großen literaturwissenschaftlichen Vorlesungen hielt, sagte er in dem Zyklus über die klassische Literatur (1802/03): „Goethe hat ... vom Distichon einen vortrefflichen Gebrauch zu Epigrammen und kleinen Idyllen, dann auch zu größeren idyllischen Darstellungen gemacht; doch bleiben nach ihm noch manche Kränze in dieser Gattung zu erwerben übrig. Unstreitig hat er in Ansehung des Pentameters zuerst den rechten Weg eingeschlagen, doch hat er darin oft eine unangenehme Häufung der einsilbigen Wörter. Überhaupt wären ihm, nach allem, was er für die Verbesserung in der neuen Auflage getan, reichere und gewähltere Rhythmen zu wünschen. Man täusche sich nicht über den Grad, worin diese Nachbildung des Antikischen bisher gelungen: Nach meiner Meinung müßte hier noch ein weit größerer Rigorismus stattfinden und der Trochäe statt des Spondeen besonders aus dem Pentameter ganz verbannt werden." (Vorlesungen über Schöne Lit. u. Kunst. 2. Teil. Heilbronn 1884. S. 290.) Mit der „Verbesserung in der neuen Auflage" meint Schlegel die Änderungen, zu denen er selbst Goethe veranlaßt hatte.

Der Umstand, daß viele der Distichen durch Schlegel, Humboldt und Voß d.J. korrigiert sind, legt den Gedanken nahe, sie in den Urfassungen zu bringen, sofern wir solche besitzen. Das ist in den Ausgaben von Goethes Gedichten bisher nicht geschehen, während man die Jugend-Gedichte bereits mehrfach in den Frühfassungen gedruckt hat. Im Text des vorliegenden Bandes sind deswegen *Alexis und Dora* und *Das Wiedersehn* in den Musenalmanach-Fassungen wiedergegeben. In den Anmerkungen findet man sämtliche Abweichungen der späteren Umarbeitung. Alle anderen Langzeilen sind in den Endfassungen abgedruckt, d.h. so, wie man sie zu lesen gewohnt ist; doch sind in den Anmerkungen einige der frühen Fassungen zum Vergleich bereitgestellt.

Goethe hat in der Zeit von der Italien-Reise bis zu den Napoleonischen Kriegen aber keineswegs immer nur antikisierende Verse geschrieben. Zu den Balladen paßten nur neuzeitliche Reimstrophen, auch vielerlei anderes Lyrische blieb bei diesen Formen. Feierliche Gedichte für öffentliche Zwecke wie der *Epilog zu Schillers Glocke* (S. 256ff.) und das Gedicht auf die Kaiserin von Frankreich (S. 261f.) wurden in Stanzen geschrieben. Und dazu kommt dann noch die für Goethe neue Form des Sonetts. Es ist also ein reicher Formenschatz, den er benutzt, vom schlichten Lied bis zum Hexameter, und die künstlerische Leistung bestand darin, für den jeweiligen Gehalt die rechte Form zu finden. In diese Zeit fallen auch viele der Lieder aus *Wilhelm Meisters Lehrjahren.* Sie sind in Bd. 7 abgedruckt und deswegen hier in Bd. 1 nicht wiederholt.

Hehn, Victor: Gedanken über Goethe. Bln. 1887 u. ö. Darin besonders: Einiges über Goethes Vers; und: Naturformen des Menschenlebens. – Beutler, Ernst:

Vom griechischen Epigramm im 18. Jahrhundert. Lpz. 1909. = Probefahrten, 15. – Maaß, Ernst: Goethe und die Antike. Bln., Stuttg., Lpz. 1912. – Heusler, Andreas: Deutscher und antiker Vers. Straßburg 1917. = Quellen u. Forschungen zur Sprach- u. Culturgesch. d. germ. Völker, 123. – Heusler, A.: Dt. Versgeschichte, Bd. 3. 1929. Insbes. S. 252–273. – Korff, H. A.: Geist der Goethezeit. Bd. 2. Lpz. 1930. – Hübner, Arthur: Goethe und die dt. Sprache. (Jb.) Goethe 2, 1937, S. 109–124. – Metelmann, Ernst: Joh. Heinr. Voß und Goethe. Ztschr. f. dt. Philol. 62, 1937, S. 145–163. – Zinn, Ernst: Der Wortakzent in den lyr. Versen des Horaz. München 1940. – Hefele, Herman: Geschichte und Gestalt. Lpz. 1940. S. 61–77. – Beißner, Friedrich: Gesch. der dt. Elegie. Bln. 1941. = Grundriß d. germ. Philol., 14. – Trevelyan, Humphry: Goethe and the Greeks. Cambridge 1941. Darin S. 295–300: Goethe's theory and practice in writing Hexameters. Dasselbe in der dt. Ausgabe: Goethe u. die Griechen. Hamburg 1949. S. 365 bis 369. – Grumach, Ernst: Goethe und die Antike. 2 Bde. Potsdam 1949. (XVI, 1092 S.) – Georgiades, Thrasybulos: Der griechische Rhythmus. Hamburg 1949. (164 S.) – Kelletat, Alfred: Joh. Heinr. Voß und die Nachbildung antiker Metren in der dt. Dichtung. Diss. (Masch.) Tübingen 1949 – Staiger, Emil: Goethes antike Versmaße. In: Staiger, Die Kunst der Interpretation. Zürich 1955. S. 115–131. – Ruppert, Hans: Goethes Bibliothek. Katalog. Weimar 1958. Insbes. S. 166–211. – Blumenthal, Lieselotte: Schillers und Goethes Anteil an Knebels Properz-Übertragung. Jahrbuch der dt. Schillerges. 3, 1959, S. 71–93. – Kabell, Aage: Metrische Studien 2: Antiker Form sich nähernd. Uppsala 1960. – Benett, W.: German verse in classical metres. The Hague 1963. = Anglia Germanica, 6. (315 S.) Und dazu die Rez. von D. Wuttke in: Gnomon 38, 1966, S. 720–723. – Albertsen, L. L.: Weshalb schrieben die Klassizisten tonbeugende Hexameter? German.-Roman. Monatsschr. 14, 1964, S. 360–370. – Kelletat, Alfred: Zum Problem der antiken Metren im Deutschen. Der Deutschunterricht 16, 1964, S. 50–85. – Albertsen, L. L.: Das Lehrgedicht. Aarhus 1967. (410 S.) – Paul, Otto, und Glier, Ingeborg: Deutsche Metrik. 7. Aufl. München 1968. – E. Trunz, Weimarer Goethe-Studien. Weimar 1980. (Schr. G. Ges., 61.) S. 110–155.

RÖMISCHE ELEGIEN

Die *Römischen Elegien* entstanden in der Zeit vom Herbst 1788 bis zum Frühling 1790. Im Juni 1788 war Goethe aus Italien zurückgekehrt. Im Juli hatte er Christiane gefunden. Das Weimarer Archiv besitzt eine Handschrift der Elegien. Es ist wohl die, deren Fertigstellung Goethe am 1. 1. 1791 an Knebel mitteilt. Sie ist in schöner klarer lateinischer Schrift geschrieben, die zu dem klassischen Formcharakter der Gedichte paßt. In früheren Jahren hatte Goethe fast immer die deutsche Schrift benutzt. Die Handschrift wurde später für den Druck überarbeitet und zeigt uns also neben der neueren Fassung auch die ältere. Auf dem Titelblatt steht: *Erotica Romana*. Später wandelte Goethe den Titel in: *Elegien, Rom 1788*. In den Inhaltsverzeichnissen seiner Ausgaben aber steht seit 1806: *Römische Elegien*. Diese Bezeichnung, die sich eingebürgert hat, ist also von Goethe selbst geprägt. Seit 1815 haben die

Elegien den Vorspruch: *Wie wir einst so glücklich waren, müssen's jetzt durch euch erfahren.*

Goethe suchte seit 1786 für sich eine neue Lebensform, Gesundheit, Natürlichkeit, Harmonie. Ihre Verwirklichung gelang in Rom und gelang in Weimar. Ihre dichterische Gestaltung sind die *Elegien.* Die Dichtung formte dabei wie immer ihre eigene Welt und wich von dem Leben ab. Schon die *I.* Elegie ist fiktiv, denn Goethe fühlte den Genius Roms schon vom ersten Augenblick an zu sich sprechen; die Elegie sagt es anders. Seine Bindung an eine Frau in Rom war kurz (Januar bis April 1788); die Elegien sprechen, als gäbe es keinen Abschied. Der Name der Geliebten wird nur ein einziges Mal genannt: *Faustine* (*XVIII, 9*); er ist erdichtet.

Die *Römischen Elegien* sind in Goethes Lyrik das erste Werk, mit dem er bewußt und deutlich sich in eine Tradition stellt (ähnlich wie später *Sonette* und *Divan*). Seine Lieder, seine Hymnen hatten sich nicht bewußt auf eine Überlieferung bezogen. Hier stellt er sich in die Tradition der Elegie, einer antiken Gattung. Schon im Altertum kommt das Wort „Elegie" in zwei Bedeutungen vor, erstens als Klagegedicht und sodann als Gedicht in Distichen; mehrfach war sie beides zugleich. Am meisten Wirkung in der Weltliteratur hatte die augusteische erotische Elegie. Auch bei Goethe kommen beide Bedeutungen vor: So nennt er einerseits der Form wegen die erotische Idylle *Alexis und Dora* eine Elegie, anderseits des Inhalts wegen das große Marienbader Klagegedicht in Stanzen (S. 381). Tibull, Properz und Ovid (Goethe seit seiner Jugend bekannt) hatten die Elegie zur Blüte geführt. Die Neulateiner des 16. und 17. Jahrhunderts hatten diese Tradition mit viel Geschick aufgegriffen. Der bedeutendste von ihnen, Johannes Secundus, war Goethe bekannt und lieb. Deutsche Elegien hatten Klopstock, Voß und einige kleinere Dichter versucht, sie bürgerten sich in den Musenalmanachen ein. Goethe erzählt am Ende der *Italienischen Reise,* wie der Schmerz des Abschieds von Rom in ihm die Erinnerung an die elegischen Verse Ovids wachrief. Im Herbst 1788 kamen weitere Anregungen hinzu: Knebel übersetzte damals Properz, gab Goethe Einblick in seine Arbeiten und sandte ihm einen Druck von Catull, Properz und Tibull. Goethe vertiefte sich mit Genuß in diese Lektüre und erneuerte dabei alte Bekanntschaft. Seine eigenen Elegien, die nun zu entstehen beginnen, zeigen in vielen Motiven diese Verbundenheit. Schon bei Properz sind die Motivkreise Rom und Liebe miteinander verbunden, und das Leben wird gespiegelt in der Welt der Mythen und Sagen. Da ist der Knabe Amor, der Kreis der Götter und Heroen, das Motiv der Verschwiegenheit, der Eifersucht, der mühsam bewerkstelligten Zusammenkünfte usw.; es gibt Parallelen bis in viele einzelne Wörter und Wendungen hinein, und die Philologen haben sie sorgfältig aufgespürt.

So wie die antiken Dichter schreibt Goethe im Ich-Ton und besingt die Geliebte unter erdichtetem Namen. Anderseits ist der Unterschied überall groß. Ein modernes Motiv, das Rom-Erlebnis des deutschen Künstlers im 18. Jahrhundert, steht so stark im Vordergrund, daß es von vornherein dem Zyklus einen eigenen Charakter gibt. Während die alten Dichter gern Zeitpolitisches einmischen, scheidet Goethe es aus. Bei den römischen Elegikern wird die Geliebte oft untreu, aber wehe, wenn der Mann es wird: sie kann schelten und kratzen; Cynthia bei Properz ist eine wilde aber kluge Hetäre. Ganz anders bei Goethe die junge Witwe, sie ist häuslich, sanft und treu. Das Gefühl gesicherten Besitzes fehlt den antiken Elegien durchaus. Sie handeln vorwiegend von Leidenschaft, Unruhe und Schmerz, von unerfüllter Liebe. (Properz III, 8, 23: „in amore dolere volo": „in der Liebe will ich Schmerz".) Nur so wurde die reiche Scala der Schilderungen des Seelenlebens in der römischen Elegie möglich. Bei Goethe gibt es das Thema des Liebesschmerzes gerade in den *Römischen Elegien* nicht, während es anderswo bei ihm häufig (doch ganz anders als bei den römischen Elegikern) vorkommt.

Die *Römischen Elegien* sind Goethes erster Gedichtzyklus. Ein Zyklus pflegt mehrere zusammenhängende Hauptthemen zu verbinden. Hier ist das erste Thema die Liebe; das zweite ist die Stadt Rom als Gegenwart und weltgeschichtlicher Hintergrund. Das dritte ist die mythologische Welt antiker Götter und Helden. Die besondere Kunst besteht darin, wie diese Bereiche aufeinander bezogen sind. Das Liebesmotiv gelangt rascher zum Höhepunkt als das Rom-Motiv; von der Liebe her wird Rom erst ganz erschlossen; anderseits gibt Rom der Liebe ihren Stil. Die Welt der Heroen bringt Leitbilder als überhöhende Spiegelung.

Die Liebe der *Römischen Elegien* ist Genuß und Erfüllung, nicht Sehnsucht und Leidenschaft. Ganz nebenher wird einmal der Gegensatz erwähnt: *Pfeile*, die *ritzen*, *Und vom schleichenden Gift kranket auf Jahre das Herz*. (*III*, 3f.) Aber hier soll nicht Gelittenes angeklagt, sondern Beglückendes gefeiert werden. Und so schweigen die Elegien weiterhin von diesem Thema. – Sie stehen abseits von jener Auffassung der Liebe, die im 18. Jahrhundert von Richardson, Gellert, Rousseau, Hemsterhuis und anderen geprägt die Umformung des Sinnenhaften ins Geistige pries. Aber auch mit Wielands rokokohafter Sinnlichkeit haben sie nichts zu tun. (Über die Auffassung der Liebe im 18. Jahrhundert belehrt ausführlich das Buch von Paul Kluckhohn.) Goethe knüpft an die Antike an. Antike ist für ihn damals Rom. Daher der Name *Römische Elegien*; man könnte ihn übersetzen: Liebesgedichte in antikem Stil. So sagt es auch der erste Titel: *Erotica Romana*. Mit dem Rom des Mittelalters und der Renaissance haben sie nichts zu tun. Das hat schon

A. W. Schlegel gefühlt, als er schrieb, die Liebe in ihnen sei nicht „sentimental", denn „sentimental" meint in diesem Falle Mittelalter und Neuzeit. Für das 18. Jahrhundert waren diese Gedichte neuartig und revolutionär. Man spürt das, wenn man sieht, wie sogar Schiller sich Mühe geben muß, um sie in seiner Abhandlung „Über naive und sentimentalische Dichtung" zu entschuldigen. Es gab zwar mancherlei moderne Erotica, aber als belangloses Spiel des Witzes. Hier dagegen schrieb ein Dichter, von dem man wußte, daß sein Werk mit seiner Existenz zusammenhing. Eben darum betont Goethe stark die Tradition der dichterischen Form, den Geist der Elegie, das Antike. Wie er in den *Xenien* mit Martial wetteifert, so hier mit Tibull, Properz und Ovid. Diese Beziehung ist ein Element, das zum Wesen dieser Gedichte gehört. – Auch in den antiken Elegien gibt die Liebe dem Leben Glanz, sie will Dauer, aber spricht nicht von bürgerlicher Ehe; sie verehrt die Götter und stellt sich unter ihren Schutz. Sie ist eine bestimmende Macht für das Leben eines Menschentyps, der zugleich allem Künstlerischen aufgeschlossen ist. Die Liebeselegien dieser antiken Dichter sind zusammengestellt zu Zyklen, diese Anordnung verrät Überschau und Kunstverstand. Ähnlich bei Goethe.

Dieses Bezogensein auf das Altertum führt von selbst zu dem zweiten Motivkreis: Rom. Es ist der große geschichtliche Hintergrund für das Persönliche und Idyllische. Im ganzen erscheint das Römische mehr durch den Stil der Liebe und der Gesinnung als durch die Schilderung der Umwelt. Doch mit wenigen Strichen angedeutet treten, über die Elegien verstreut, immer wieder bildhafte Eindrücke hervor: Kirchen, Paläste, der Obelisk, der *Flaminische Weg*, eine Schenke, ein Weinberg, Prälaten und Schnitter. Zwei Elegien vor allem sind es, die Rom zum Gegenstande haben. Die *XV.* verbindet den Blick über Rom bei untergehender Sonne mit einem geschichtlichen Überblick über die Entwicklung der Weltstadt. Und die *VII.*, das Thema ganz subjektiv fassend, steigert sich ins Hymnische: dem hingerissenen Dichter wird der Kapitolinische Berg zum Olymp; er fühlt sich vor dem Throne Jupiters.

So lenkt dieser Motivkreis wiederum weiter zu dem dritten, den Mythen des Altertums. Dadurch, daß alles Persönlich-Einmalige sich spiegelt im Göttlich-Mythischen, gewinnt es Weite, Helle und Glanz, wird es das Gesetzliche, das Allgemeine, das Typische. In einer bemerkenswert großen Zahl von Gedichten wird das Mythische zum Hauptthema: *III, IV, VII, X, XI, XII, XIII.* Dabei kommt manches zur Reife, was Goethe schon seit seiner Jugend in sich herumtrug. Wie viele Züge der Elegien leben allein schon in *Künstlers Morgenlied* (S. 54): Gipsabgüsse antiker Götterbilder im Atelier, Homer-Motive wie die Geschichte von Venus und Mars, der Künstler, der sich identifiziert mit Mars oder dem Satyr, die Mythenwelt in Beziehung zum Ich. Wie auf den Fresken Raffaels von Amor und Psyche in der Villa Farnesina umgibt diese Götterwelt den Menschen heiter und nur ästhetisch verpflichtend. Wieviel lebendiger sind Phöbus und Luna in den *Elegien* als einst in der Anakreontik! Wenn hier Phöbus über Rom leuchtet, Kirchen und Paläste in seinem Lichte glänzen, wirkt das unmittelbar sinnenfällig. Einen Höhepunkt bildet die Elegie *VII:* Hier bleibt die Götterwelt nicht mythische Parallele, sondern der Dichter erscheint selbst vor Jupiter.

Die *Römischen Elegien* bilden keinen epischen Handlungsverlauf, sondern geben nur eine Reihe von bildhaften Einzelszenen; die anfangs angeschlagenen Motive erweitern sich allmählich (wie schon bei den antiken Elegikern). Elegie *I* bringt wie ein Vorspiel das Thema der Stadt. *II* zeigt den Dichter bereits in glücklichstem Genuß der Liebe, froh, geistlosen Gesellschaftszirkeln und politischem Gerede entronnen zu sein. Man erkennt in Grundzügen Umwelt und Wesen der Geliebten. Dafür, daß man sie nicht falsch beurteilt, sorgt sogleich Elegie *III.* Zugleich zieht sie energisch und eng die Parallele zu der Mythenwelt und leitet dadurch die Gedichte dieser Art ein. Der Schluß lenkt zum Thema Rom zurück. *IV* setzt die Motive von *III* fort, sowohl das Mythische als auch das Motiv der raschen und erfüllten Liebe. Mit *V*, der berühmtesten der Elegien, setzt eine neue Gruppe ein, intimer, leidenschaftlicher, tiefer. Deutlicher als bisher kommt zum Ausdruck, daß es ein Dichter ist, der hier spricht. Sein Lieben selbst ist ein Kunstwerk, und dem Liebenden öffnet sich desto besser die Kunst. *VI* ist ebenfalls eine intime Szene. Der Dichter hat die Geliebte eifersüchtig beargwöhnt. Sie antwortet so zart und so klar, daß aus der kleinen Trübung nun desto festere Eintracht wird. Feinfühlig vermeidet der Dichter am Beginn die männliche Anklage und ebenso am Ende die Worte der Versöhnung. Wir hören nur die Rede der Frau und sehen ihre Geste, wie sie das Kind küßt. Es folgen noch 14 weitere Elegien, aber nie mehr ein ähnliches Motiv; das heißt: das einmalige, kurze Mißverstehen hat die Süße der bleibenden Nähe nur noch deutlicher gemacht. Darum kann als nächste Elegie die der höchsten Seligkeit folgen, die *VII.* Ihr Motiv einer dichterischen Vision führt über den bisherigen Motivkreis hinaus. Der nordische Dichter glaubt, auf dem Olymp Jupiters Gast zu sein. Nach diesem ersten Höhepunkt des Zyklus folgen zwei kleine Einzelbilder der Liebesfreude, *VIII* und *IX*, und ein fast epigrammatisch kurzes „Carpe diem", *X.* Mit der *XI.* Elegie setzen wieder große Gedichte ein. Die Götterstatuen, die der Dichter in seiner römischen Wohnung um sich hat, werden für ihn zu lebendigen Göttern, denen er seine Blätter auf den Altar legt. Der Schluß, die Liebesgötter nennend, lenkt über zu Elegie *XII.* Sie bringt in wenigen Worten die Atmosphäre der antiken Liebes- und Fruchtbarkeitskulte und bringt das Motiv aus Elegie *IV Fromm sind wir Liebende* zu voller Entfaltung. Wieder stehen Götterwelt und eigenes Leben in engem Zusammenhang. Die *XIII.* Elegie variiert zwei Bildmotive von Elegie *V* und verbindet sie mit dem Gedanken, griechisches Leben sei auch in der Gegenwart möglich (Vers 17–18, 21–22). *XIV* und *XVI* sind als kleine Augenblicksbilder vor und hinter die *XV.* Elegie gestellt, die wieder zu den großen und tiefen gehört; welche Fülle der Motive: der Gegensatz Nord-Süd (eins der Leitmotive, die sich durch den ganzen Zyklus ziehen), die anschauliche Szene in der Schenke, der großartige Blick auf Rom in der Abendsonne, der Überblick über die Geschichte der Stadt und schließlich die Rückwendung zur Gegenwart der Liebe; Anschauliches, Betrachtendes, Lyrisch-Gefühltes vermischt, die Themen Liebe und Rom beide gleich stark, eng verschlungen; das Rom-Motiv erinnernd an Elegie *I*, das Motiv des Wartens an *XIV*, *XVI* und *XVII*. Nach den vielen kleinen Einzelbildern wendet *XVIII* das Thema der Liebe ins Wesentliche: Erfüllung, sicherer Besitz, Treue. *XIX* setzt Motive von *VI* fort, transponiert sie aber ins Mythische: Die Liebe steht immer im Streit mit dem Gerede, dem Ruf, dem Klatsch. *XX* bringt das Gegenthema: die Liebe steht im Bunde mit der Verschwiegenheit. Wie aber, wenn der Liebende ein Dichter ist? Dann wird seine Liebe zum Hexameter, zum Pentameter, d.h. zur künstlerischen Form. Und so, geformt, mag sie das Geheime aussprechen, emporgehoben in die Region reiner Kunst. Die Grazie und Leichtigkeit des ganzen Zyklus bewährt sich auch besonders in diesem Schlusse. Er ist Dichtung von der Dichtung selbst und deutet leise auf das Geheimnis der Form.

Die Form ist ein wesentlicher Bestandteil dieser Gedichte. Eckermann notiert unter dem 25. 2. 1824 folgende Goethesche Worte: ... *es liegen in den verschiedenen poetischen Formen geheimnisvolle große Wirkungen. Wenn man den Inhalt meiner „Römischen Elegien" in den Ton und in die Versart von Byrons „Don Juan" übertragen wollte, so müßte sich das Gesagte ganz verrucht ausnehmen.* Die Elegien-Form als solche wirkt antik. Die Antike formte das Natürliche und das Nackte in einer Unbefangenheit, die späteren Zeiten verlorenging. Indem der neuzeitliche Dichter an die antike Form anknüpft, findet er für seine Motive eine reine und gegenständliche Sprache. Und die Form der Elegie eignete sich ebenfalls, um von Rom und antiken Göttern zu sprechen. Für das Thema der Liebe hat Goethe damals gelegentlich auch eine andere Form benutzt: reimfreie Trochäen (S. 237–241); aber die antike Götterwelt hätte er in dieser Form schwerlich besingen können.

Wie Properz und die übrigen antiken Elegiker hat Goethe seine Elegien im Ich-Ton geschrieben. Zwar vermeidet er dabei nach Möglichkeit individuelle Züge (darum die Änderung der *II.* Elegie) und läßt schlechthin einen Künstler, einen Dichter sprechen. Aber trotz aller

Stilisierung war doch die Veröffentlichung ein Wagnis, denn die Zeitgenossen deuteten vom Werk aufs Private zurück. An Knebel schrieb Goethe am 1. 1. 91, Herder habe ihm abgeraten, die Elegien zu veröffentlichen, und er sei ihm blindlings gefolgt. Auch der Herzog meinte, man behielte dergleichen lieber für sich. Als dann aber Schiller für seine Zeitschrift „Die Horen" Beiträge brauchte und Goethe bat, aus den Schätzen des Ungedruckten ihm zu spenden, gab dieser ihm die Elegien trotz jener früheren Abmahnungen, freilich nach einigen Kürzungen, die er um der Schicklichkeit willen vornahm. Schiller war sehr erfreut und schrieb am 28. 10. 94: „Für die Elegien danken wir alle sehr. Es herrscht in ihnen eine Wärme, eine Zartheit und ein echter körniger Dichtergeist, der einem herrlich wohltut unter den Geburten der jetzigen Dichterwelt." Sie erschienen 1795 in den „Horen". Es wurde mancherlei Ablehnung laut. Frau v. Stein schrieb an Charlotte Schiller am 27. 7. 95: „Ich habe für diese Art Gedichte keinen Sinn." Baggesen, Alxinger, Bötticher („Die Horen müßten jetzt mit u gedruckt werden") verurteilten die Elegien mit Schärfe wegen ihrer Sittenlosigkeit. (Abdruck dieser Beurteilungen bei Gräf, Leitzmann, Beißner u. a.) Schiller als Herausgeber der „Horen" mußte die Aufnahme rechtfertigen und der Mißdeutung begegnen. An den Herzog von Augustenburg schrieb er am 5. 7. 95: „Die Elegien ... sind vielleicht in einem zu freien Tone geschrieben, und vielleicht hätte der Gegenstand, den sie behandeln, sie von den ‚Horen' ausschließen sollen. Aber die hohe poetische Schönheit, mit der sie geschrieben sind, riß mich hin, und dann gestehe ich, daß ich zwar eine konventionelle, aber nicht die wahre und natürliche Dezenz dadurch verletzt glaube." Diese Gedanken führte er dann fort in seiner Abhandlung „Über naive und sentimentalische Dichtung". Sodann hat sich besonders A. W. Schlegel zu den *Römischen Elegien* geäußert. An Schiller schrieb er im Oktober 1795: „In Goethes Elegien herrscht römischer Geist. Man glaubt italienische Luft zu atmen, wenn man sie liest. Jede neue Form, in der Goethe auftritt, ist ein Beweis seiner Selbständigkeit." Schlegel lieferte dann eine Kritik der „Horen" in der Jenaischen „Allgemeinen Literatur-Zeitung" 1796. (Neugedruckt: A. W. Schlegel, Werke. Bd. 10. Lpz. 1846. S. 59–90). Schließlich hat A. W. Schlegel noch in seinen „Vorlesungen über Schöne Literatur und Kunst", die er 1801–04 in Berlin hielt, im Anschluß an seine Darstellung der antiken Elegiker die *Römischen Elegien* Goethes behandelt. (Vorlesungen über Schöne Lit. u. Kunst. 2. Teil. Heilbronn 1884. = Dt. Literaturdenkmale des 18. u. 19. Jhs., 18. S. 289–290.) Er sagt u. a.: „Goethe ist der Hersteller der echten Elegie unter uns; wir verdanken ihm dies wie so vieles andre. Die seinigen sind auf klassischem Boden entstanden; die Herrlichkeit des alten Rom und die Poesie seiner elegischen Triumvirn spiegelt sich in seinem milderen Geiste. Die

Szene gibt dem weisen Gebrauche alter Mythologie eine mehr unmittelbare Belebung, und dem antiken Kostüm eine doppelte Wahrheit. Es sind keine Ergießungen des Gefühls ins Blaue hinein, sondern individuelle Veranlassungen sind auf das Geistreichste gewandt. Auch daß der Geist der dargestellten Liebe nicht sentimental ist, harmoniert mit dem übrigen; doch wird die schöne gebildete Sinnlichkeit durch edle Gesinnungen gehoben. Der Ton ist meistens muntrer als man ihn selbst bei den alten Elegikern gewohnt ist; das wahre zur Elegie gehörige Verhältnis zwischen Bewegung und Ruhe, musikalischer Stimmung und Kontemplation findet sich demungeachtet. Mit keinem der alten Elegiker läßt sich Goethe ganz vergleichen; am ersten mit dem Properz wegen der energischen Männlichkeit, keineswegs aber in dem gelehrten Stil, in dessen kunstloser Leichtigkeit und natürlicher Grazie Goethe sich vielmehr dem Tibull nähert. Die feine Schalkheit hat er nur mit dem Catull und Hermesianax gemein. Vom Ovid findet man bei ihm etwa nur einige epigrammatische Wendungen und symmetrische Spiele mit dem Pentameter." Speziell gegen den Zeitgeschmack von 1803 gerichtet ist Schlegels Hinweis, daß die Liebe hier „nicht sentimental", aber von „edlen Gesinnungen" belebt sei. Seine Sicherheit des Urteils und der Formulierung zeigen auch Wendungen wie „energische Männlichkeit", „natürliche Grazie" und „feine Schalkheit."

Im 19. Jahrhundert stand man den *Römischen Elegien* meist etwas fern. (Urteile aus dieser Zeit findet man bei Mandelkow, Goethe im Urteil seiner Kritiker, Bd. 2 und 3.). Im 20. Jahrhundert, auf dem Hintergrund gewandelter psychologischer Einsichten, sittlicher Normen und bürgerlicher Lebensformen ergab sich ein neuer Zugang zu diesem Zyklus, der in den Schriften zahlreicher Goethe-Interpreten ausgesprochen ist.

Gundolf, 1916 u. ö., S. 426–444: „Der Gegenstand der *Römischen Elegien* ist eine sinnlich-glückliche Liebe auf dem klassischen Boden: ein idyllisch begrenzter Zustand in einer heroisch begrenzten Welt ... der Genuß der Liebe – nicht, wie Goethes frühere Liebesdichtungen, ihre Leidenschaft. Sie geben nicht Stimmung und Sehnsucht ... in der Anschauung der Situation, in der faßlichen Schilderung eines sichtbaren Vorgangs ... liegt der Gehalt dieser Gedichte ... Diese Liebesgedichte machen den beschränkten Moment auf eine bei Goethe neue Weise bedeutend dadurch, daß sie ihm ein großes mythisches Gegenbild mitgeben, die klassische Götterwelt oder die antike Geschichte, oder durch den klassischen Raum worauf sich die idyllische Handlung abspielt ... Während Goethe früher den momentanen Anlaß durch Gefühl erweitert hatte, erweiterte er ihn jetzt durch mythische Anschauung. Daß dieser Mythus nicht gewaltsam hereingezogen scheint, sondern natürlich sich ergibt, ist das Verdienst des klassischen Schauplatzes Rom:

denn an keinem andern Ort der Welt ist die sichtbare Gegenwart zugleich schon so mythisch, so gesteigertes, ewiges Bild der täglichen Wirklichkeit ... In jeder Elegie waltet der allerdings mannigfaltig ausgeprägte Grundtypus: gegenwärtige Situation erweitert und umlagert, distanziert oder verlebhaftigt durch Ausblick auf eine Zukunft, eine Vergangenheit oder eine, meist mythische, Ewigkeit ... Goethe hat einmal Lord Byrons Dichtungen verhaltene Parlamentsreden genannt – in ähnlichem Sinne kann man einen Teil seiner Elegien verhaltene Gemälde nennen ...: nackte oder mythisch gewandete Körper in Ruhe, Bewegung und Gruppierung waren für ihn der Gipfel und das Ziel der Bildnerkunst ..."

Kommerell, 1943 u. ö., S. 228–246: „Ein Glanz muß auf alles Leibliche fallen, damit die Menschengestalt in der bildenden Kunst aufgehe; diesen Glanz entdeckte zu allen Zeiten der Liebende, sehend, was schön ist, es als Hingerissener sehend; so entdeckt ihn auch der Liebende jetzt und versteht, was an der alten Kunst Leben ist: ihre Geburt aus Liebe. Freilich mußte Goethe nach Rom gehen, um dort diesen Amor zu finden ... Die Frage nach Amor ... ist zugleich die Frage nach den Göttern überhaupt. Goethe konnte seine eigene Art, zu den antiken Göttern zu stehen, in den lateinischen Elegien wiederfinden. Ihm waren diese Götter Ideen, und zwar künstlerisch aufgefaßte. Sie bedeuteten die Natur außerhalb und innerhalb des menschlichen Kreises, wie sie aus sich selber in reiner Deutung hervorgeht; und wenn in ihnen das Wesen des Lebens oder einzelner Lebenssphären erscheint, so sind sie damit nicht erschöpft: alles, wodurch eine Begebenheit oder ein Lebewesen über sich hinausreicht und an Höheres grenzt, heißt gleichfalls Gott, so daß die Götter nicht nur das Wesen des Lebens aussprechen, sondern es steigern ... Damit hat der Elegiker einen besonderen Gott und ein besonderes Verhältnis zu ihm ... Amor kann in anmutiger Fabel personifiziert, er kann in einem Kult- und Dienstverhältnis des Dichters zu ihm deifiziert, er kann im Schauder vor seiner Macht, ja in Furcht und Flucht, dämonisiert sein ... Eines, was Amor für den neuen Elegiker ist, konnte er dem alten nicht sein: der antike, als antik begriffene Amor! ... Indem Goethe also die Möglichkeit, daß Amor eine Liebesart bezeichnen kann, benutzt, meint er mit seinem Amor, dem „nacketen Amor", die Liebesart, zu der er sich hier auf dem alten Boden entschließt, und die er ausdrücklich der modernen, sonst auch von ihm gepflogenen Liebesart, der labyrinthischen Seelenliebe entgegensetzt ... Man muß zum Verständnis hinzunehmen, welch manchen inneren Tod Goethe als Märtyrer der Seelenliebe vorher starb ... Dem Stil nach sind diese Elegien so beweglich wie die alten ... Der darstellende Ton wiegt vor und neigt zur Idyllik, so daß das Ausmalen kleiner Situationsbilder immer möglich bleibt ... Die Verherrlichung des Orts mit geschichtlichen

Rückblicken, an die Vorbilder angelehnt, ist einer der Anlässe zu erhöhtem Ton. Ebenso erlaubt der Stil die Ausweichung ins Gedankliche oder Lehrhafte, das aber vorsichtig zurückgedrängt wird ... in dem Augenblick, wo man die Stimmung gefährdet glaubt, stellt Goethe sie überraschend wieder her. Diese Stärke und Schnelligkeit der Übergänge ist wohl einzig ... Die empfänglichen Zeitgenossen mußte überwältigen, was hier der deutschen Sprache gelungen war ... Es ist etwas wie Glanz und Schimmer in diesen Versen, etwas wie reine Formen in scharfem Licht. Zum erstenmal darf ein Gedicht, so schien es, sich neben ein antikes Kunstgebilde stellen ..."

Friedrich Klingner, Liebeselegien. Goethes römische Vorbilder. In: Klingner, Römische Geisteswelt. 1943. 4. Aufl. München 1961. S. 419–429: „Die *Elegien* sind das Sinnbild eines neuen Daseins. Der neue Liebesstil vertritt den neuen Lebensstil ... Beschränkung auf tüchtig erfaßte, sinnlich faßliche Gegenwart ... zeichnet das neue Leben seiner *Römischen Elegien* aus. Da gibt es kein Hangen und Bangen um das Ferne, Unerreichbare, Unfaßbare, nur Verheißene, Vertröstende, Ersehnte ... So einfach, leib- und sinnenfreudig, gesund und ausgeglichen ist freilich das antike Leben und zumal das römische in Wahrheit nicht gewesen, wie man es sich damals gern vorgestellt hat ... Im *18.* Stück der Sammlung heißt es: ... *ich liebe, mich des gesicherten Guts lange bequem zu erfreun* ... Der Dichter ruht in der Gewißheit, nach schmerzhaftem Entbehren endlich den verläßlichen Grund unverdorbener menschlicher Natur erreicht zu haben. Gerade das fehlt nun aber in den Elegien der alten Römer. Wie wenig ist darin von Genuß und Befriedigung die Rede! Sie leben nicht vom Gewinn, sondern vom Verlust von Gegenwart, Glück und Sicherheit. Sie leben von der Unruhe, von der wesenhaft unerfüllbaren Liebe. Unerfüllbare, gefährliche Liebe ohne Maß und Ziel weckt die Seele zu Bewegungen, deren sie sonst nicht fähig wäre, sie erschließt verborgene Bereiche seelischer Abenteuer ... Das Neue, worauf es (bei den römischen Elegikern) ankommt, sind die geformten Abläufe der seelischen Bewegungen, die schönen Gebilde, zu denen sie sich gestalten wie die Bewegungen von Schlittschuhläufern."

Goethe hat, als er die *Elegien* verfaßte, noch vier weitere Elegien geschrieben, die er aber nicht zum Druck gab, da sie für die zeitgenössischen Leser zu kühn waren. Sie sind gedruckt WA 53, S. 3–7 und öfter, z. B. in Dominik Jost, Dt. Klassik, München 1978. Da der vorliegende Band ohnehin nur eine Auswahl von Goethes Gedichten bringt, sind die von Goethe nicht veröffentlichten Elegien weggelassen.

Die *Römischen Elegien* erscheinen erstmalig in Schillers „Horen", 1. Jahrgang, 6. Stück, 1795, S. 1–44. Dort haben sie nur die Überschrift *Elegien*, ein Verfasser ist nicht genannt. Dann kamen sie 1800 in den 7. Teil von Goethes „Neuen Schriften", dann in die erste Cottasche Ausgabe, 1806. Überschrift: *Elegien*, im Register: *Elegien, römische.*

Unser Druck folgt der *Ausg. l. Hd.* Sie hat die *Römischen Elegien* unverändert aus den früheren Ausgaben übernommen. Der 1. Druck in den „Horen" war nur in Kleinigkeiten anders. Größere Unterschiede zeigt dagegen das Manuskript mit der Überschrift *Erotica Romana.* Die am stärksten abweichenden Partien, Elegie *II* und der Anfang von Elegie *VII*, seien daher im folgenden mitgeteilt:

II.

Fraget nun, wen ihr auch wollt, mich werdet ihr nimmer erreichen,
Schöne Damen, und ihr, Herren der feineren Welt!
Ob denn auch Werther gelebt? Ob denn auch alles fein wahr sei?
Welche Stadt sich mit Recht Lottens, der einzigen, rühmt?
Ach, wie hab' ich so oft die törichten Blätter verwünschet,
Die mein jugendlich Leid unter die Menschen gebracht!
Wäre Werther mein Bruder gewesen, ich hätt' ihn erschlagen,
Kaum verfolgte mich so rächend sein trauriger Geist.
So verfolgte das Liedchen „Malbrough" den reisenden Briten
Erst von Paris nach Livorn, dann von Livorno nach Rom,
Weiter nach Napel hinunter, und wär' er nach Madras gesegelt,
„Malbrough" empfing ihn auch dort, „Malbrough" im Hafen das Lied.
Glücklich bin ich entflohn! Sie kennet Werthern und Lotten,
Kennet den Namen des Manns, der sie sich eignete, kaum.
Sie erkennet in ihm den freien, rüstigen Fremden,
Der in Bergen und Schnee hölzerne Häuser bewohnt.

VII.

O, wie machst du mich, Römerin, glücklich, gedenk' ich der Zeiten,
Da mich ein graulicher Tag hinten im Norden umfing,
Trübe der Himmel und schwer auf meinen Scheitel sich neigte,
Farb- und gestaltlos die Welt um den Ermatteten lag.
Da ein trauriges Bette dem darbenden Armen vergebens
Lohn der einsamen Nacht, ruhige Stunden, verhieß,
Und ich über mein Ich ...

Die zeitgenössische Wirkung der *Römischen Elegien* sieht man in Quellen, welche zusammengestellt sind von Bode, Goethe in vertraulichen Briefen seiner Zeitgenossen, Bd. 2, 1921 u. ö. – Julius W. Braun, Goethe im Urteil seiner Zeitgenossen. 3 Bde. 1883–1885. – K. R. Mandelkow, Goethe im Urteil seiner Kritiker. Bd. 1. 1975. – Oscar Fambach, Goethe und seine Kritiker. Bln. 1955. – Gräf, Goethe über seine Dichtungen. 3. Teil: Die lyrischen Dichtungen. 3 Bde. 1912–1914.

Goethes *Römische Elegien* sind zu ihrer Zeit nicht nur verlästert und bewundert, sondern auch nachgeahmt worden. Das zeigen die vier Elegien von Heinrich Keller in Schillers „Musenalmanach auf das Jahr 1798", S. 204–215.

Zu Goethes Quellen. In der Bibliothek von Goethes Vater befand sich: Ovidii Operum tom. 1–3. Ed. P. Burmannus. Amstelodami, apud Westonios, 1713. 3 Bde. Diese Bände ließ Goethe sich später nach Weimar kommen. Knebel schenkte ihm im Oktober 1788: Catullus, Tibullus, Propertius. Gottingae 1762. (300 S.)

Dieser Band und die vorgenannten stehen noch heute unter Goethes Büchern in Weimar. (Ruppert, Goethes Bibliothek, Nr. 1410 und 1366.)

Goethe, Römische Elegien. Facsimile nach der Handschrift im Goethe-Schiller-Archiv. Mit Geleitwort von M. Hecker. Lpz., Inselverlag, 1921. – Goethes Römische Elegien, nach der ältesten Reinschrift hrsg. v. A. Leitzmann. Bonn 1912. = Kl. Texte, 106. – Fr. Beißner, Gesch. d. dt. Elegie. Bln. 1941. = Grundriß d. germ. Philol., 14. – Walther Rehm, Europäische Romdichtung. München 1939. – H. A. Korff, Geist der Goethezeit, Bd. 2, Lpz. 1930, S. 326–333. – Gundolf S. 426–451. – Kommerell S. 224–249. – Elisabeth Eggerking, Goethes Römische Elegien. Diss. Bonn 1913. – Ernst Maaß, Goethes Elegien. Ilbergs Neue Jahrbücher f. d. klass. Altertum, Gesch. u. dt. Lit. 23, 1920, S. 270–287. – Robert Petsch, Goethes Römische Elegien. Jb. d. fr. dt. Hochstifts 1931, S. 167–207. – H. J. Heller, Die antiken Quellen von Goethes elegischen Dichtungen. Neue Jahrbücher für Philologie und Pädagogik 88, 1863, S. 300ff. Dazu die Rezension von H. Düntzer, ebd. 90, 1864, S. 180–201; und die Erwiderung von Heller Bd. 92, 1865, S. 397ff. – F. Bronner, Goethes römische Elegien und ihre Quellen. Neue Jahrbücher f. Philol. u. Päd., 148, 1893. – G. Ellinger, Goethe u. Johannes Secundus. GJb. 13, 1892, S. 199–210. – Hans v. Arnim, Entstehung u. Anordnung d. Röm. Elegien Goethes. Dt. Revue 47, 1922, S. 121–136. – Paul Kluckhohn, Die Auffassung der Liebe in der Literatur des 18. Jahrhunderts und in der dt. Romantik. 2. Aufl. Halle 1931. – D. J. Enright, Goethe's Roman Elegies. In: Scrutiny. A Quaterly Review. 15. Cambridge 1947/48, S. 174–182. – Erich Burck, Römische Wesenszüge der Augusteischen Liebeselegie. Hermes 80, 1952, S. 163–200. – H. Trevelyan, Goethe and the Greeks. Cambridge 1941. Reprint 1942. S. 182ff. Dt. Ausg.: Goethe u. die Griechen. Hbg. 1949. S. 203ff. – Emil Staiger in: Goethe, Gedenkausgabe, Bd. 1, Zürich 1950, S. 736ff. – Goethe, Gedichte. Mit Erläuterungen von E. Staiger. Bd. 1, Zürich, Manesse, 1949. S. 480–492. – Friedrich Klingner, Liebeselegien. Goethes römische Vorbilder. In: Klingner, Römische Geisteswelt. 1943. 4. Aufl. 1961. – Walter Wimmel, Rom in Goethes Röm. Elegien und im letzten Buch des Properz. In: Antike und Abendland 7, 1958, S. 121–138. – Paul Requadt, Die Bildersprache der dt. Italiendichtung. Bern u. München 1962. S. 39–52. – Staiger, Goethe. Bd. 2. 1956. S. 59–84. – Walter Killy, Mythologie und Lakonismus in der 1., 3. und 4. Röm. Elegie. Gymnasium 71, 1964, S. 134–150. – Gerhard Kaiser, Wandrer und Idylle. Archiv f. d. Stud. d. Neueren Sprachen 202, Jahrg. 117, S. 1–27. – Georg Luck, Goethes „Römische Elegien" und die augusteische Liebeselegie. Arcadia 2, 1967, S. 173–195. – Klaus Weissenberger, Formen der Elegie von Goethe bis Celan. Bern 1969. (161 S.) – Dominik Jost, Deutsche Klassik. Goethes „Römische Elegien". München 1974. 2. Aufl. 1978. – Meredith Lee, Studies in Goethe's Lyric Cycles. Chapel Hill 1978. S. 6–44. – Herbert Zeman, Goethes Elegiendichtung in der Tradition der Liebeslyrik des 18. Jahrhunderts. GJb. 95, 1978, S. 163–173. – Horst Rüdiger, Goethes „Römische Elegien" und die antike Tradition. GJb. 95, 1978, S. 174–198. – Ferner die zu Goethes Klassik im Allgemeinen angeführte Literatur.

I. 2 *Genius* = genius loci, der Genius des Ortes.

II. Kommerell S. 241: „Diese Elegie ist eins der verblüffendsten Beispiele der Kraft zur Selbstschau. Mit welchem Behagen entwirft Goethe das Bild seiner Erscheinung, wie sie sich in Menschen spiegelt, die nicht nordisch, nicht problematisch sind, die ihn nicht als Dichter nehmen ... Er vereinfacht sich selbst in dem Blick der Einfachen auf ihn; er genießt sich selbst in dem Staunen der andern über den Fremdling, und vor allem: er spricht das tiefe Anderssein aus, das erst seine Annäherung an die altrömische Welt so innig macht." – 4 *gebundne Gespräch*: eingeengtes, unfreies Gespräch (Dt. Wb. 2, Sp. 33), wie es in vornehmen Kreisen üblich war, bis man an den Spieltisch ging, wo dann das im Sinne des Künstlers nur *traurige Spiel* folgte. – 9: das damals als ein Schlager durch ganz Europa bekannte Lied „Malbrouk s'en va-t-en guerre". Abgedruckt: Das Journal von Tiefurt. Hrsg. v. E. v. d. Hellen, Weimar 1892. Schr. G. Ges., 7. S. 317–319. Goethe erwähnt das Lied auch in der *Italienischen Reise* Bd. 11, S. 50, 18. – 11: *Napel* (= Neapel) entsprechend dem italienischen Napoli. So auch *Tasso* 3137. – 18 Anspielung darauf, daß man in Deutschland vielfach mit Angst von der französischen Revolution sprach.

III, 9: Aphrodite trat *Anchises* auf dem Ida als Hirtin entgegen. – 11 *schönen Schläfer*: Endymion. – 15: *Tiber* bei Goethe immer als Femininum. – 15–18: Das letzte Beispiel, *Mars* und *Rhea Silvia*, leitet unmittelbar auf das Thema Rom zurück, da Rhea Silvias Söhne Romulus und Remus Rom gründeten.

IV, 15: Zeus verurteilte Ixion, auf ein *rollendes Rad* gebunden zu werden, und Prometheus, *am Felsen* festgeschmiedet zu stehen. – 17 *Gelegenheit:* es gab bei den Römern die Personifikation der günstigen Gelegenheit, „Occasio", etwa entsprechend dem griechischen „kairos", die mitunter auch bildlich dargestellt wurde; sie kommt auch in der Dichtung vor, z. B. bei Ausonius in einem Epigramm („Cuius opus ...") und bei Phaedrus in einer Fabel (V, 8). – Horst Rüdiger, Göttin Gelegenheit. In: Arcadia Bd. 1, 1966, S. 121–166. – „Der kleine Pauly", 1975 u. ö., Art. „Occasio". – 19 *Proteus* der Halbgott, der sich dauernd wandelt; auch *Thetis* wandelte sich mehrfach in verschiedene Gestalten.

V. Handschr.-Facsimile: Kat. d. Sammlg. Kippenberg 2. Ausg., Bd. 1, 1928, S. 24/25. Vgl. ebd. S. 3. – Gundolf S. 431 f.: „Die *V. Elegie* verkörpert – sie ist darum eine der sinnbildlichsten und mit Recht berühmtesten des ganzen Zyklus – den Bildungsgehalt der römisch sinnlichen Liebe, sie zieht seine Liebschaft herein in den Gesamtkreis seiner Römischen Bildung, vertieft und verklärt sie zum Sinnbild seines römischen Bildungswillens." – 20 die *Triumvirn*, d. h. die „drei Männer", sind hier Catull, Tibull und Properz, die römischen Liebeslyriker, deren Gedichte man häufig in einem Band vereinigt druckte; einen solchen Band erhielt Goethe 1788 von Knebel.

VI, 8: *Surtout* = Überrock. – 14/15 *Falconieri ... Albani*: Namen bekannter, wohlhabender, weitverzweigter Familien. – 16 *Ostia*: die

Hafenstadt an der Tibermündung; *vier Brunnen*: quattro fontane am Quirinal. – 18: Kardinäle und Prälaten.

VII. Kommerell S. 242: „Ein unbegreifliches Gedicht, in dem die Fülle der mythologischen Reminiszenzen aufs schönste belebt, der Wechsel der Töne auf engem Raum hinreißend wird. Am Anfang die ganze innere Geschichte, dann die Vision selbst, ein dichterisches Herkommen, aber hier doch Vorrecht eines so einzigen Gefühls; dann die Ernüchterung und endlich der stillende Abschluß durch den vorausgenommenen Tod, der an diesem Ort ein Geschenk wäre. Welcher Dank, welche Demut, welches Erkennen der Führung! Und wenn gerade Hebe versehentlich den Menschen zu den Göttern geleitet, so ist schon der Sinn dieser Gedichtreihe: Verjüngung." – 3. Goethes ursprüngliche Handschrift hat hier: *auf meinen Scheitel sich neigte,* – 8. Daß *Phöbus,* der Sonnengott, *Formen und Farben* hervorruft, ist ein häufiges Motiv in Goethes Briefen aus Italien, das dann mit diesen Briefen in die *Italienische Reise* einging. – 14 *Xenius*: der gastliche, der Beschützer der Fremden, wie Vers 21. – 16 *Hebe,* die Göttin der Jugend, empfängt auf dem Olymp Gäste und kredenzt ihnen den Nektar. – 19 *Fortuna*: das Glück, die Göttin des Glücks, die in Rom mehrere Heiligtümer besaß und deren Kult in Rom sehr verbreitet war (Pauly-Wissowa). – 24 *der Kapitolinische Berg* in Rom, wo einst Jupiter besonders geehrt wurde. – 25 *Hermes* geleitet die Seelen in die Unterwelt; ähnlich S. 194 *Euphrosyne,* Vers 144. – 26: die Pyramide des Cestius. In ihrer Nähe lag der protestantische Friedhof von Rom. Am 16. 2. 1788 schrieb Goethe aus Rom an Fritz v. Stein: *Vor einigen Abenden, da ich traurige Gedanken hatte, zeichnete ich mein Grab bei der Pyramide des Cestius.* 1830 wurde hier Goethes Sohn beerdigt.

X, 1: Heinrich IV. von Frankreich. – 6 *Lethe,* der Fluß der Unterwelt. Das Motiv, daß der fliehende, d. h. dem Leben enteilende Fuß dort benetzt wird, bei Catull 65, 5.

XI, 1 *Grazien.* Karl Philipp Moritz, mit dem Goethe in Rom viel zusammen war und der dann vom 4. Dezember 1788 bis 31. Januar 1789 Goethes Gast in Weimar war, schreibt in seiner „Götterlehre der Alten", Bln. 1791: „Die hohen blendenden Reize der mächtigen Liebesgöttin vervielfältigen sich in den Grazien oder Charitinnen und wurden wohltätig, sanft und milde. Vom Himmel senkten die drei Huldgöttinnen zu den Sterblichen sich hernieder, um die schönen Empfindungen der Dankbarkeit und des wechselseitigen Wohlwollens in jeden Busen einzuflößen. Auch waren sie es, welche vor allen andern Göttern den Menschen die süße Gabe zu gefallen erteilten ... Den Grazien waren allenthalben Tempel und Altäre errichtet; um ihre Gunst flehte jedes Alter und jeder Stand; ihnen huldigten Künste und Wissenschaften; auf ihren Altären zündete man täglich Weihrauch an; bei jedem frohen

Gastmahle waren sie die Losung, und man nannte mit Ehrfurcht ihre Namen." – 4 *Pantheon*: Das Wort ist hier in seiner ursprünglichen Bedeutung benutzt (von griechisch „pan" = all und „theos" = Gott): ein Heiligtum aller Götter. Der Dichter hat einen Kreis mehrerer Götter in Statuen (Gipsabgüssen) um sich in seiner Wohnung. Dieses Motiv stammt aus Goethes römischem Leben. Gipsabgüsse waren damals die große Mode. In Rom konnte man sie verhältnismäßig billig erwerben; und wenn Goethe sie auch nicht nach Weimar mitnehmen konnte, weil sie zu groß und zu schwer waren und beim Transport leicht beschädigt werden konnten, kaufte er doch einige. Er hat das in der *Italienischen Reise* verhältnismäßig ausführlich dargestellt (Bd. 11, S. 545,9–547,30). Eine Zeichnung Tischbeins, welche Goethe in seinem Arbeitszimmer in Rom darstellt, zeigt drei Gipsabgüsse, einer davon ist die Juno Ludovisi (Schr. G. Ges. 25, 1910, Abb. 8). – 5 ff. Die Statuen werden nun einzeln genannt, und die Kunst besteht darin, jede in Haltung und Ausdruck mit ganz kurzen Worten zu charakterisieren. *Jupiter*: Zeus von Oricoli. Goethe besaß in Rom einen Abguß (Bd. 11, S. 151,28f.), den er aber dort ließ. In Weimar (Gelber Saal) hatte er später einen anderen. *Juno*: Juno Ludovisi. Goethe sagt selbst, daß er in Rom einen Abguß besaß (Bd. 11, S. 546,6), auch die Zeichnung Tischbeins zeigt ihn. – 6 *Phöbus*: Apoll von Belvedere. Einen Abguß des Kopfes besaß Goethe in Weimar schon seit 1782 als Geschenk des Herzogs von Gotha, er steht heute im Treppenhaus des Hauses am Frauenplan. Aus Rom schreibt er am 20. Dez. 1786 an Frau v. Stein: *Der Apoll von Belvedere übersteigt alles Denkbare.* (HA Briefe 2, S. 32,34f.) – 7 *Minerva*: Goethe liebte in Rom besonders die Minerva Giustiniani (Bd. 11, S. 158,28–159,18), in Weimar besaß er später einen Abguß der Minerva Velletri, der heute im Kleinen Eßzimmer steht. *Hermes*: Goethe benutzt an dieser Stelle den griechischen Namen, während er sonst hier immer die lateinischen Namen verwendet. Hermes ist Merkur. In der *Italienischen Reise* sagt er, er habe unter seinen Gipsabgüssen in Rom auch einen *allerliebsten Merkur* gehabt (Bd. 11, S. 546,20f.). – 9 *Bacchus*: In der *Italienischen Reise* sind zwei Bacchus-Statuen erwähnt (Bd. 11, S. 440,11f.). – *Cythere* = Venus. *Die Mediceische Venus übertrifft alle Erwartung und übersteigt allen Glauben* (an Carl August 6. 5. 1788). Die *Ital. Reise* erwähnt die Capitolinische Venus und eine bekleidete Venus-Statue. (Bd. 11, S. 440, 23ff.) – 12: Als Sohn des Dionysos und der Aphrodite wird meist Priapus genannt, einer der vielen Fruchtbarkeitsgötter des Altertums.

Die Auswahl der Statuen ist natürlich so getroffen, wie Goethe sie für die Elegie literarisch am besten fand. Er besaß in Rom noch andere Gipsabgüsse (die *Medusa Rondanini*, einen *Herkules* usw. Bd. 11, S. 546), und er nennt im Gedicht vermutlich den einen oder anderen Abguß, den er in Rom nicht gekauft hatte. Die Welt des Gedichts ist eine andre als die der Realität, aber aus jener erwachsen. Zur Identifizierung der Gipsabgüsse: *Ital. Reise* in Bd. 11; Goethes Briefe aus Italien; Grumach, Goethe und die Antike, 1949; Max Wegner, Goethes Anschauung antiker Kunst, Bln. 1944.

XII, 1: die alte via Flaminia, die von der Porta del Popolo in die Campagna führte. – 4 *Ceres,* in Vers 23 mit ihrem griechischen Namen *Demeter* genannt, Göttin der Fruchtbarkeit und des Getreidebaus. – 9ff.: Goethe hat hier Motive der Eleusinischen Mysterien, der Demeterfeste und der Jasion-Sage (Odyssee V, 125ff.; Vergil, Aeneis III, 168; Ovid, Amores III, 10, 25ff.) zusammengezogen, das Wesentliche der Kulte dabei erfassend. – 33 *Myrte*: als immergrüner Strauch in Italien verbreitet, in der Antike oft für Kränze benutzt, die bei Festen getragen wurden, insbesondere beim Kult der Venus, denn die Myrte galt als Sinnbild der Liebe und war der Venus heilig.

XIII, 29 *gemütliche Worte*: aus dem Gemüt kommende, herzliche, gefühlvolle Worte. – 50 *Ariadne* war mit Theseus aus Kreta geflohen; auf Naxos, während sie schlief, verließ er sie. – 52 *ewig*: unaufhörlich, zeitlos.

XV, 1–2. Die Hadrian-Biographie des Aelius Spartianus erzählt die Anekdote, der Dichter Florus habe einen Vers gemacht, er möchte nicht Cäsar sein, bis Britannien marschieren und skythischen Reif ertragen müssen; darauf habe ihm Hadrian einen Vers gesandt, er möchte nicht Florus sein, in Weinkneipen herumziehen, in Gasthäusern sitzen und von Flöhen gebissen werden. Goethe nimmt aus Spartianus nicht nur die Anekdote auf, sondern auch das Wort popina = Speisehaus, Gasthaus. – 6 *schicklich*: weil *Osteria* abgeleitet ist von oste, dem lateinischen hospes, Gastfreund. – 22 *Vier*: im 18. Jahrhundert die italienische Bezeichnung für diejenige Stunde, die man heute mit 23 bezeichnet, d. h. eine Stunde vor Mitternacht. Das ist erläutert in Goethes *Vergleichskreis der italienischen und deutschen Uhr* Bd. 11, S. 48 und 49. – 28: Horaz, Carmen saeculare, Vers 9ff.: Alme Sol ... possis nihil urbe Roma visere maius. – 40 *Volk glücklicher Räuber*: Anspielung auf den Raub der Sabinerinnen.

XVI, 1 *Vigne = Weinberg.*

XVIII, 6 *Schlangen*: Das hier aufklingende Motiv hängt mit den Grundmotiven der *Elegien* zusammen. Der Dichter will so lieben, wie der antike Mensch liebte; die Antike aber kannte keine Geschlechtskrankheiten. Goethe sah in ihnen einen wesentlichen, das Lebensgefühl tief beeinflussenden Unterschied der Epochen und eine der furchtbarsten Geißeln der neuzeitlichen Menschheit. – 19 *Quiriten*: römische Bürger, Römer.

XIX, 1. *Fama*, der Ruf, das Gerücht, der Leumund, schon bei den Römern (berühmt: Vergil, Aeneis IV, 173ff.) und erst recht bei den Humanisten seit dem 16. Jahrhundert allegorisiert zur Göttin. – 11–42: Nachdem Herakles, seinen Ruhm mehrend, gewaltige Taten verrichtet hatte, wurde er auf Grund eines Orakelspruches Knecht der lydischen Königin Omphale und setzte sich dort sogar an den Spinnrocken. – 41 *Tragöden* = Schauspieler. – 43–51: die Erzählung, wie Venus, die Gattin des Hephaistos, Mars liebte und Hephaistos beide auf dem Bette fesselte, hat Goethe geliebt. Er hat sie aus der Odyssee VIII, 266ff. übersetzt (Weim. Ausg. 5, II, S. 385–387) und hat das Motiv schon am Ende von *Künstlers Morgenlied* (S. 56) benutzt. – 70: Anspielung auf Horaz, Episteln I, 2 Vers 14: Quidquid delirant reges, plectuntur Achivi, „Was auch die Könige Verrücktes tun, die Griechen müssen es büßen".

XX, 7–14: König Midas hatte dem Liede Pans zur Hirtenflöte den Vorzug gegeben vor Apollons Spiel der Kithara. Apollon ließ ihm dafür Eselsohren wachsen. Der König versuchte sie unter einer Phrygischen Mütze zu verbergen. Aber sein Haarschneider (*der nächste Diener*, Vers 9) entdeckte das Geheimnis. Er verriet es zwar keinem Menschen, hielt es aber nicht aus, es unausgesprochen zu lassen, und flüsterte es in der freien Natur in einer Erdgrube aus. Dort wuchs alsbald Schilfrohr hervor, und dieses teilte dann flüsternd das Geheimnis auch anderen mit. Nach einer anderen Fassung der Sage brachte der Haarschneider das Geheimnis in einen Vers und vergrub diesen in der Erde. (Ovid, Metamorphosen 11, 174ff.; Persius I, 119–121.) So „vergräbt" der Dichter sein Erlebnis im Gedicht, und dieses macht es der Welt bekannt. Ähnlich sagt es später der *Westöstliche Divan*: *Dichter ist umsonst verschwiegen, / Dichten selbst ist schon Verrat.* (Bd. 2, S. 97) – 31 *Quiriten*: Römer; *wie jene Rohre geschwätzig*: das Verglichene ist das Ausplaudern, doch dort handelt es sich um die Eselsohren des Königs, hier um ein *glückliches Paar* – und mit diesem Motiv klingen die Elegien aus.

Die *Ausg. l. Hd.* interpungiert wie die früheren Drucke in Vers 3 *Städtebezwingerin, du Verschwiegenheit.* Die Jubil.-Ausg. hat textkritisch bedachtsam das Komma hinter *du* gesetzt. Für das Sprechen kommt es darauf an, einerseits das Gewicht der Wörter, anderseits den Hexameterklang mit der Zäsur im dritten Versfuß ins rechte Verhältnis zu bringen.

VENETIANISCHE EPIGRAMME

Am 13. März 1790 reiste Goethe aus Jena ab nach Venedig, um die Herzogin Anna Amalia von Italien abzuholen. Die Rückkehr der Herzogin aus Süditalien verzögerte sich. Goethe war in einer unangenehmen Lage: Seine naturwissenschaftlichen und dichterischen Arbeiten, die er in Weimar liegen hatte, konnte er in Venedig kaum weiterführen. Venedig bot als Stadt nicht so viel wie Rom, zumal wenig Antikes. Auch war er dort ganz einsam. In Weimar aber wartete Christiane mit dem im Dezember geborenen Sohn August. Die Stimmung, in der er sich befand, konnte keine Lieder hervorbringen, auch nicht Elegien. Jedoch gedieh das Epigramm, kurz und scharf, Beobachtungen und kritische Gedanken über die Welt. Ende Mai reiste er mit der Herzogin aus Venedig ab, Ende Juni kam er in Weimar an. Am 1. Juli 1790 meldete er an Carl August: *An meinem Büchlein Epigrammen schreibe ich ab.* Und am 9. Juli an Knebel: *Mein Libellus Epigrammatum ist zusammengeschrieben.* Der Herzog war in Schlesien beim preußischen Heere, man glaubte, ein Krieg stünde bevor. Er wollte dort ein kleines, aber jeden anderen Fürsten überragendes Gefolge bei sich haben und berief Goethe zu sich. So war dieser von Juli bis Oktober wieder von Weimar abwesend. In dieser Zeit entstanden nach und nach noch einige weitere Epigramme, die sich den Venetianischen anreihten. Dann blieb die Handschrift liegen. Wie die *Römischen Elegien* so kamen auch die *Venetianischen Epigramme* durch Schiller zum Druck. Am 20. Oktober 1794 bat er Goethe um Beiträge zu seinem Musenalmanach. Goethe antwortete am 26. Oktober: *Wegen des Almanachs werde ich Ihnen den Vorschlag tun, ein Büchlein Epigramme ein- oder anzurücken. Getrennt bedeuten sie nichts; wir würden aber wohl aus einigen Hunderten, die mitunter nicht produzibel sind, doch eine Anzahl auswählen können, die sich aufeinander beziehen und ein Ganzes bilden. Das nächste Mal, daß wir zusammenkommen, sollen Sie die leichtfertige Brut im Nest beisammen sehen.* Die Epigramme erschienen dann im ,,Musenalmanach für das Jahr 1796", und zwar am Ende des Bandes, ohne Namen des Verfassers.

Die *Venetianischen Epigramme* sind nicht so einheitlich wie die *Römischen Elegien.* Sie mischen Themen verschiedener Art, Gedanken an die Geliebte (3, 13, 36–42) und Gedanken über die eigene Dichtung (1, 2, 14, 15, 18, 30), dazwischen Kritisches zur Politik, insbesondere zu den neuesten Ereignissen in Frankreich (10, 20, 21, 22, 24, 25, 26). Die Verbindung des Persönlichen und des Politischen ist das Lobgedicht auf Carl August (17). Die meisten Epigramme sind knapp, d. h. sie haben 2 oder 4 Langzeilen und sprechen einen Gedanken kühl, kritisch und scharf aus. Einige aber haben sich fast zu kurzen Elegien ausgewachsen, und zwar die, welche aus der Haltung der Liebe heraus geschrieben sind: Gedichte auf Christiane (3, 41, 42) und auf Carl August (17).

Als Goethe die *Epigramme* verfaßte, dachte er an das große Vorbild aller Epigramm-Dichtung, an Martial, ähnlich wie er bei den *Elegien* an Properz und Ovid dachte und bei seinem *Divan* an Hafis. Dadurch erklärt sich die Schärfe mancher Formulierung, das Bissige, auch das

Erotische – es gehört zur Gattung. In einem für französische Leser hergestellten Verzeichnis seiner Werke nennt Goethe sie: *Epigrammes Vénétiens d'après le sens de Martial.* (WA. 53, S. 209.) Und es ist bezeichnend, daß die ersten handschriftlichen Entwürfe zu zahlreichen Epigrammen auf dem inneren Deckel und Vorsatzpapier eines Martial-Exemplars stehen, das Goethe besaß.

Eine kleine Auswahl der Epigramme erschien 1791 in der „Deutschen Monatsschrift". Der ganze Zyklus dann – mit Ausnahme des Gedichts auf Carl August – in Schillers „Musenalmanach für das Jahr 1796". Aber auch dieser Zyklus ist nur eine Auswahl aus dem, was handschriftlich vorlag und was zum großen Teil nur ganz als Nebenwerk, ja fast als spielerische Arabeske entstanden war. Die Epigramme waren weitgehend ein Werk des Unmuts, und Goethe wußte, daß man beim Auswählen von dergleichen Erzeugnissen kritisch sein muß. Die vorliegende Ausgabe bringt 43 von seinen 104 Epigrammen. Da sie neu durchnumeriert sind, sei eine vergleichende Übersicht der Nummern hier eingefügt:

1 = *1*	9 = *15*	17 = *34*[b]	25 = *56*	33 = *86*	41 = *101*
2 = *2*	10 = *16*	18 = *35*	26 = *58*	34 = *88*	42 = *102*
3 = *3*	11 = *21*	19 = *48*	27 = *59*	35 = *90*	43 = *103*
4 = *4*	12 = *22*	20 = *50*	28 = *72*	36 = *91*	
5 = *6*	13 = *28*	21 = *52*	29 = *74*	37 = *92*	
6 = *8*	14 = *29*	22 = *53*	30 = *76*	38 = *96*	
7 = *9*	15 = *33*	23 = *54*	31 = *77*	39 = *98*	
8 = *10*	16 = *34*[a]	24 = *55*	32 = *85*	40 = *99*	

Die Musenalmanach-Fassung der Epigramme legte Goethe August Wilhelm Schlegel zur metrischen Durchsicht vor. Er arbeitete dann für den Druck in seinen *Neuen Schriften, Bd. 7, 1800,* mancherlei um, teils Schlegels Forderungen nachgebend, teils aus eigenem Antrieb. Die Musenalmanach-Fassung ist metrisch unbefangener, graziöser. Die Fassung von 1800 vielfach präziser, treffender, epigrammatischer, mitunter auch klanglich besser. Im ganzen also ist sie wohl vorzuziehen. Sie blieb im wesentlichen unverändert bis in die *Ausg. l. Hd.* Dieser folgt unser Text. Um aber Einblick zu geben in Goethes Arbeit, sind im folgenden von einigen stark veränderten Epigrammen die Musenalmanach-Fassungen mitgeteilt. Völlig verzichtet ist darauf, Lesarten aus den Handschriften abzudrucken. Die Fassungen würden dann ins Vielfache wachsen.

Fassungen aus Schillers „Musenalmanach für das Jahr 1796":

1. (*1.*)

Sarkophagen und Urnen verzierte der Heide mit Leben,
Faunen tanzen umher, mit der Bacchantinnen Chor

Machen sie bunte Reihe, wir sehen lebendig den Marmor;
Flatternde Vögel, wie schmeckt herrlich dem Schnabel die Frucht!
Und so ziere denn auch den Sarkophagen des Dichters
Diese Rolle, die er reichlich mit Leben geschmückt.

6. (*8.*)

Diese Gondel vergleich' ich der Wiege, sie schaukelt gefällig,
Und das Kästchen darauf scheint ein geräumiger Sarg.
Recht so! Zwischen Sarg und Wiege wir schwanken und schweben,
Auf dem großen Kanal, sorglos durchs Leben dahin.

9. (*15.*)

Warum macht der Schwärmer sich Schüler und rühret die Menge,
Wenn der vernünftige Mann einzelne Liebende zählt?
Wundertätige Bilder sind meist nur schlechte Gemälde,
Werke des Geists und der Kunst sind für den Pöbel nicht da.

10. (*16.*)

Herrscher möge der sein, der seinen Vorteil verstehet;
Doch wir wählten uns den, der sich auf unsern versteht.

19. (*48.*)

Geht zu meiner Linken, ihr Böcke! wird künftig der Richter
Sagen, und Schäfchen, seid mir ruhig zur Rechten gestellt.
Wohl! Doch eines ist noch von ihm zu hoffen, dann sagt er:
Kommt, Vernünftige, mir grad gegenüber zu stehn.

21. (*52.*)

Kreuzigen sollte man jeglichen Schwärmer im dreißigsten Jahre,
Kennt er nur einmal die Welt, wird der Betrogne der Schelm.

22. (*53.*)

Frankreich hat uns ein Beispiel gegeben, nicht daß wir es wünschten
Nachzuahmen, allein merkt und beherzigt es wohl.

24. (*55.*)

„Sage, tun wir nicht recht? Wir müssen den Pöbel betrügen,
Sieh, wie ungeschickt wild, sieh nur, wie dumm er sich zeigt!"
Ungeschickt scheint er und dumm, weil ihr ihn eben betrüget,
Seid nur redlich, und er – glaubt mir – ist menschlich und klug.

25. (*56.*)

Fürsten prägen so oft auf kaum versilbertes Kupfer
Ihr bedeutendes Bild, lange betrügt sich das Volk.
Schwärmer prägen den Stempel des Geistes auf Unsinn und Lügen,
Wer den Probierstein nicht hat, hält sie für redliches Gold.

Ernst Maaß, Die Venetianischen Epigramme. Jb. G. Ges. 12, 1926, S. 68–92. – Johanna Jarislowski, Der Aufbau in Goethes Venetianischen Epigrammen. Jb. G. Ges. 13, 1927, S. 87–95. – Max Nußberger, Goethes Venetianische Epigramme und ihr Erlebnis. Ztschr. f. dt. Philologie 55, 1930, S. 379–389. – Wilhelm Bode u. Valerian Tornius, Goethes Leben. Bd. 8. Vereinsamung. 1790–1794. Bln. 1926. –

J. Vogel, Goethe in Venedig. Lpz. 1914. – E. Beutler, Vom griechischen Epigramm im 18. Jahrhundert. Lpz. 1909 = Probefahrten, 15. – Wolfgang Preisendanz, Die Spruchform in der Lyrik des alten Goethe. Heidelberg 1952. S. 70–83. – Staiger, Goethe. Bd. 2. S. 86–88. – Hans Ruppert, Goethes Bibliothek. Weimar 1958. Nr. 1407–1409 verzeichnet die 3 Martial-Ausgaben, die Goethe besaß (Amsterdam 1628; Amsterdam 1639; Mannheim 1782), und seine Randnotizen. In dem Exemplar der Mannheimer Ausgabe stehen Entwürfe zu *Venetianischen Epigrammen.*

1. Den Reliefs auf antiken Grabmälern gehörte Goethes besondere Liebe, weil ihre Darstellungen, die nicht den Tod, sondern das Leben vergegenwärtigen, seinem Lebensgefühl und Schönheitssinn verwandt waren. Ähnlich *Xenien* Nr. 179 unserer Ausgabe (S. 233) und *Italienische Reise, 16. 9. 1786: Der Wind, der von den Gräbern der Alten herweht, kommt mit Wohlgerüchen wie über einen Rosenhügel. Die Grabmäler sind herzlich und rührend und stellen immer das Leben her ... Der Künstler hat nur die einfache Gegenwart der Menschen hingestellt, ihre Existenz dadurch fortgesetzt und bleibend gemacht. Sie falten nicht die Hände, schauen nicht in den Himmel ... Sie stehen beisammen, nehmen Anteil an einander, lieben sich ...* (Bd. 11, S. 42, 21 ff.) Ähnlich Goethes Beschreibung des altrömischen Monuments von Igel Bd. 10, S. 192, 16 ff. u. insbes. 284, 34 ff.: *Soll man den allgemeinsten Eindruck aussprechen, so ist hier Leben dem Tod, Gegenwart der Zukunft entgegengestellt, und beide unter einander im ästhetischen Sinne aufgehoben.* – In Vers 12 *Rolle* antikisierend für: Buch.

2. *Wiege Virgils*: Andes bei Mantua.

3. Vetturino: Lohnkutscher; cammeriere: Kellner; servitore di piazza: Dienstmann; maestro di posta: Postmeister; dogana: Zollamt. – *Rinaldo* in Armidas Zaubergarten in Tassos ,,Gerusalemme liberata".

4. *Faustinen*: Wie *Röm. Eleg. XVIII*, 9.

6. Die Kästen der Gondeln waren mit schwarzem Tuche beschlagen. – Der *große Kanal*, canale grande, die Hauptwasserstraße von Venedig.

7. Am Karfreitag fand eine Prozession nach der Markuskirche statt, ein hölzernes Bildwerk wurde als Leib des Gekreuzigten begraben, und der Doge versiegelte die Stelle, die das Grab darstellte. – Nuntius apostolicus, der ständige diplomatische Vertreter des Papstes bei einer Staatsregierung.

9. *Wenn* = während (zur Bezeichnung des gegensätzlichen Nebeneinander zweier Vorgänge) wie *Röm. Eleg. VIII*, 5; *Faust* 248; *Iphigenie* 1107; *Tasso* 1027 u. ö.

12. *Jupiter Pluvius*: Jupiter als Regengott wie S. 35 *Wandrers Sturmlied* 75.

14. Ähnlich Epigramm Nr. 30. – Bei dem *schlechtesten Stoff* ist zu bedenken, daß die damalige Metrik vielfach die deutsche Sprache als

ungeeignetsten Werkstoff des Dichters darstellte, weil sie nicht solche Verse ergeben könne wie die Sprachen des klassischen Altertums. So Karl Philipp Moritz in seinem „Versuch einer deutschen Prosodie" 1786: „Die Alten zählten wirklich dem Ohre ihre einzelnen Laute, eben so wie die Silben, zu ... Bei uns ist es gerade umgekehrt wie bei den Griechen und Römern. Die Bedeutung greift bei uns allenthalben ein und zerstört Verhältnis, Harmonie und Wohlklang." (S. 11f.). Für Moritz ist „die französische Sprache sanfter und wohlklingender", „selbst die englische Sprache zuweilen sanfter und wohlklingender" (S. 14.). Das deutsche Akzentprinzip „verdirbt alles, sobald es auf Harmonie und Wohlklang ankommt". „Alle unsre Längen haben den Fehler, daß sie zu lang, und unsre Kürzen, daß sie zu kurz sind." (S. 19 und 21). Die *Venetianischen Epigramme* entstanden in der Zeit vom März bis zum Juni 1790. Am 14. März notiert Goethe im Tagebuch: *Moritz, Prosodie.* Man darf also annehmen, daß er unter dem Eindruck der Moritz'schen Lehre und aus der Einsicht heraus, daß es im Deutschen unmöglich sei, echt antike Hexameter zu machen, dieses Epigramm geschrieben hat. Klopstock machte, als er es gelesen hatte, ein Gegen-Epigramm. Als Goethe dieses kennen lernte, war er keineswegs böse, im Gegenteil (Gespräche, hrsg. von Herwig, Bd. 1, S. 657f.). Vermutlich ist die Formulierung *schlechtester Stoff* eine Art Zitat oder Anspielung, und es ist Ironie dabei; denn Goethe wußte, daß mit diesem Material doch mancherlei geleistet werden könne. Der Zyklus zeigt, daß die kleinen Epigramme gern bestimmte Gesichtspunkte überspitzt formulieren; sie sind nicht da, um abzuwägen, sondern um zu provozieren – sonst wären sie nicht Epigramme in der Nachfolge Martials. Die Aussage ist nicht einfach biographisch, sondern stilisiert. Goethe hat zwar *gezeichnet* und hat in seiner Jugend ausnahmsweise einmal *in Kupfer gestochen*, er hat aber niemals ein Werk in *Öl gemalt* und niemals Skulpturen geschaffen. Die Aufzählung dient der Schlußpointe. (Die Versuche im Modellieren, über welche er im August 1787 an Frau v. Stein berichtet, wurden sehr bald aufgegeben; er hat nichts davon aufgehoben. HA Briefe 2, S. 65,26ff.)

Arthur Hübner, Goethe und die dt. Sprache. In: (Jb.) Goethe 2, 1937, S. 117f. – Julius Petersen, Goethe und die dt. Sprache. In: Petersen, Aus der Goethezeit. Lpz. 1932. S. 69–94. – K. Ph. Moritz, Versuch einer dt. Prosodie, Bln. 1786, ist 1973 in einem fotomechanischen Neudruck in Darmstadt erschienen. Die zitierten Sätze findet man auch in K. Ph. Moritz, Schriften zur Ästhetik und Poetik. Hrsg. von H. J. Schrimpf. Tübingen 1962. S. 177f., 178f., 181f.

17. Goethe schrieb am 10. 5. 1789 an Herzog Carl August, der bei seinem Regiment in Aschersleben oder Magdeburg war: *Leben Sie recht wohl und gedenken mein unter den Waffen. Dafür bereite ich Ihnen*

auch ein Lobgedicht an einem Platze, wo Sie es am wenigsten vermuten ... – In Zeile 14 Anspielung auf *Werther*. – 1789 geschrieben, erst 1800 in den Zyklus eingereiht.

23. Kritik an der eigenen Jugend gab schon das Gedicht *Ilmenau* (S. 107).

26. Epigrammatisch-wortspielend bedeutet *der Franzen Sprache* zunächst den französischen Kultureinfluß in Sprache, Benehmen, Literatur bei den höheren Ständen, dann den politischen Einfluß in Ideen und Schlagworten der Revolution bei den niederen Schichten.

30. Vgl. Nr. 14 u. Anmkg.

35. Gemeint ist ein Kinderspielzeug, das Goethe in Italien sah und das als Modespielzeug von Zeit zu Zeit immer wieder auftaucht – zum letzten Male etwa um 1930 unter dem Namen Jo-Jo – und dann wieder in Vergessenheit zu geraten pflegt. – R. J. Browne and M. C. Davis, Goethe and the YO-YO. Modern Language Quarterly 14, 1953, S. 98–101.

42. *Horen*: Göttinnen der Jahreszeiten. Im Griechischen bedeutet „hora" die Zeit, die etwas reifen läßt.

ELEGIEN UND LEHRGEDICHTE

Nachdem die *Römischen Elegien* entstanden waren, behielt Goethe den antiken Langvers für größere Gedichte bei, sofern diese dem Gattungscharakter der Elegie entsprachen. In den Jahren 1793–1799 entstanden eine Anzahl von Gedichten solcher Art, einzelne Elegien, nicht zyklisch vereinigt. Sie enthalten viele epische Motive – Geschehen und Ausmalung –, ohne aber episch zu erzählen. *Alexis und Dora* ist Monolog, von Augenblicksstimmungen bewegt; dieser innere Zustand führt die Einzelbilder als Erinnerung herauf. Deswegen macht auch nicht eins der idyllischen Bilder den Schluß, sondern der innere Zustand in Eifersucht und Hoffnung; es spricht ein Jüngling, der zum ersten Mal ganz sich selbst überlassen ist. (Das Selbstgespräch aus erregter Seele nach einem Abschied ist ein elegisches Grundmotiv.) Auch *Euphrosyne* ist Rückblick. Das Leben der Verstorbenen wird nicht reihend erzählt, sondern sie zieht selbst die Summe, symbolische Bilder erneuernd. Indem sie spricht, zitiert sie in 34 Versen Goethes einstige Worte. Der Goethe im Gedicht hört diese, und der das Gedicht schreibende Goethe hält sie fest – 3 Zeitstufen in wechselseitiger Spiegelung. Dabei nimmt das Bühnenmotiv des gestorbenen Kindes die spätere Situation des frühen Todes vorweg, und die Worte des Goethe von damals über die Tragik so frühen Abscheidens erhalten nun eine vertiefte Bedeutung. In dieses beziehungsreiche Geflecht ist die Aussage über die nuancenreiche wechselseitige Neigung hineingewoben. Weil aber dies alles von der Verstorbenen gesprochen wird in den wenigen Minuten, für welche Hermes der Seelengeleiter sie freigibt, erhält alles eine seltsam objektive, monumentalisierte Gestalt. Auch *Das Wiedersehn* – ein Wiedersehen nach langer Zeit – spiegelt verschiedene Zeitstufen ineinander und zeigt dabei, daß Zeit verschieden erlebt wird, leise verrätselnd, leicht pointierend. Die Beziehung zweier Zustände bringt auch *Amyntas.* Der größte Teil des Gedichts (15–42) ist ein Bild, in welchem die Aussage sich spiegelt. In diesem Bild ist wieder der größte Teil direkte Rede (21–42), die durch die verhaltene innere Beteiligung des Zitierenden ihr Pathos erhält, und der Schluß faßt epigrammatisch eine Existenz zusammen. Alle Elegien gelangen am Ende zu gewichtigen neuen Motiven. Alle sind höchst kunstvoll komponiert, doch ohne daß die Technik des Bildes im Bilde je überladen oder gewollt wirkte. Davor bewahrt die Klarheit der Anschauung, die Sicherheit der Übergänge. Was auf den Leser am nachhaltigsten wirkt, ist nicht der am Mastbaum klagende Alexis, sondern die (erinnerte) Szene in der Laube, nicht die im Gebirg erscheinende Schattengestalt, sondern das den Toten darstellende Knabenmädchen in den Armen Goethes, nicht der zum Arzt sprechende Amyntas, sondern das Bild von Apfelbaum und Efeu. Doch diese Kern-Motive gewinnen erst durch den Gesamtzusammenhang der Elegien ihre volle Bedeutung. Der Klang der Sprache gehört dem Augenblick, leidenschaftlich bei Alexis, weltüberhoben bei Euphrosyne, resignierend bei Amyntas, doch in diese Sprache sind nun die hundertfachen kleinen gegenständlichen Züge eingefügt, die in farbiger Bildlichkeit die erinnerten Situationen vergegenwärtigen. Die Elegien stellen zugleich Lebensfülle und Lebensminderung dar, sie sind Abschiedsklage, Totenklage, Leidensklage, aber auch Preis des glücklichen Augenblicks der Verlobung, Preis des jungen Lebens, das in künstlerisch-menschlichem Geben und Nehmen sich erfüllt, Preis der Liebe. Diese Verbindung ist für die Elegien bezeichnend.

Anderer Art ist das Gedicht *Hermann und Dorothea.* Es ist eine Abrechnung des Dichters mit seinen Zeitgenossen, und insofern ist es stärker subjektiv als die eigentlichen Elegien. Es entstand als Einleitung zu dem kleinen Epos, wurde dann aber – glücklicherweise – selbständig gemacht, denn jenes epische Bild einer geordneten Welt wirkt am besten für sich (ohne Polemik), und dieses Gedicht wirkt ebenfalls am besten für sich, als Äußerung in einem besonderen Augenblick, unter einmaligen Umständen.

Eine Sonderstellung in Goethes Hexameter-Dichtungen haben die beiden Metamorphose-Gedichte, weil sie Lehrdichtung sind und weil Goethe dieser Gattung hier einen einmaligen Charakter gibt. Infolge von Goethes Vielseitigkeit, in der sich Naturwissenschaft und Dichtung vereinen, entstand hier eine Form, die anderswo in der Neuzeit keine innere Begründung mehr hatte. Im Altertum war das Lehrgedicht eine fraglose Gattung, weil die geistigen Bereiche noch in einer ursprünglichen Verbundenheit standen. Die philosophischen und naturbetrachtenden Werke des Hesiod, Lucretius, Vergil fanden dann in der lehrhaften und rationalen Dichtung des Barock und der Aufklärung Nachfolge, bei Boileau und Racine, bei Dryden und Pope, bei Haller und Uz und anderen. Tiedges „Urania", 1801, war das letzte Lehrgedicht, das größeren Erfolg errang. Die Gattung schien dem neuzeitlichen Kulturgefüge nicht mehr zu entsprechen, Dichtung war Bekenntnis geworden und gab Welt durch das Medium der Individualität in symbolischer Form; Wissenschaft suchte Objektivität und gab Welt in beschreibender Darstellung. Doch Goethe, Novalis, Schelling und andere meinten, daß darüber hinaus eine Einheit möglich sei. In Goethes naturwissenschaftlichen Schriften gibt es Sätze, die über das streng Wissenschaftliche hinausgehen, z.B.: *Das Wahre, mit dem Göttlichen identisch, läßt sich niemals von uns direkt erkennen, wir schauen es nur im Abglanz, im Beispiel, Symbol, in einzelnen und verwandten Erscheinungen; wir werden es gewahr als unbegreifliches Leben und können dem Wunsch nicht entsagen, es dennoch zu begreifen. Dieses gilt von allen Phänomenen der faßlichen Welt ...* (Bd. 13, S. 305.) Oder: *Man bedenkt niemals genug, daß eine Sprache eigentlich nur symbolisch, nur bildlich sei und die Gegenstände niemals unmittelbar, sondern nur im Widerscheine ausdrücke ... Man sucht daher alle Arten von Formeln auf, um ihnen wenigstens gleichnisweise beizukommen.* (Bd. 13, S. 491f., *Farbenlehre* § *751.*) Mit dem Gedanken des symbolischen Ausdrucks nähert sich die Naturdarstellung der Kunst. Goethes Vereinigung von Kunst und Naturwissenschaft sind die beiden Metamorphose-Gedichte. Daß gerade diese Themen zum Gedicht wurden, lag daran, daß Goethe sich viel mit ihnen beschäftigt hatte und die Grundergebnisse ihm klar und leicht zusammenfaßbar vor Augen standen. Doch die Idee, welche ihm vorschwebte, als er diese Gedichte schrieb, ging viel weiter: er dachte an ein großes Gedicht, das Hauptbereiche der Natur behandeln und ihren Zusammenhang deuten sollte.

Am 7. Dezember 1781 schreibt er an Frau v. Stein: *Meinen neuen Roman über das Weltall hab' ich ... durchgedacht.* Im Januar 1784 schreibt er die Prosa *Über den Granit* (Bd. 13, S. 253–258), halb Abhandlung, halb Dichtung, da er von seiner inneren Beziehung zum Gestein spricht. Die folgenden Jahre sind angefüllt mit Studien zur Geologie und Morphologie, dann tritt mehr und mehr die Farbenlehre hinzu. Im Hintergrund bleibt der Gedanke einer großen Einheit aller Bereiche. Herder hatte in seinen „Ideen", 1784–91, begonnen mit dem Weltall, den Sternen, der Entstehung der Erde, dem Zustand der Erde, war dann zu den Pflanzen und Tieren gekommen und von da zum Menschen; was er von naturwissenschaftlichen Kenntnissen brauchte, entnahm er aus Büchern. Frau v. Stein scheibt am 1. 5. 1784 an Knebel, daß Goethe über diese Darstellung Herders „gar denkreich grübelt". Er stand der Natur näher, hatte selbst naturwissenschaftlich gearbeitet und war dabei, den bearbeiteten Bereichen Grunderkenntnisse zu entlocken. Doch er ließ sich Zeit. Indessen kamen neue Anregungen hinzu. Am 2. März 1792 las Goethe aus K. E. v. d. Lühes Lehrgedicht „Hymnus an Flora" vor, einem Hexameterwerk über das Pflanzenreich; er hatte es als Manuskript aus Wien erhalten. (Gespräche, hrsg. v. W. Herwig, Bd. 1, 1965, S. 508.) Erst 1797 erschien es im Druck. Er erwähnt dieses Werk auch in einem Brief an Batsch (9. 3. 92). Herder nahm Auszüge daraus in seine „Briefe zur Beförderung der Humanität" auf (Br. 43 u. 44), 1794. In diesem Werk waren in glücklicher Weise das Naturwissenschaftliche und das Dichterische verbunden. Es zeigte sich also, daß die Lehrdichtung in solchen besonderen Fällen immer noch ihren Sinn hatte. Der „Hymnus an Flora" von Carl Emil von der Lühe ist – entwicklungsgeschichtlich gesehen – das Verbindungsglied zwischen der Lehrdichtung alter Art und den Lehrgedichten Goethes. – Am 17. Juni 1798 verzeichnet dann das Tagebuch: *Die Metamorphose der Pflanzen*, und am folgenden Tage: *Abends zu Schiller, über die Möglichkeit einer Darstellung der Naturlehre durch einen Poeten.* Ende Juni sendet er die *Metamorphose der Pflanzen* an Knebel, der damals das Werk des Lukrez übersetzte: *Beiliegend erhältst du einen Versuch, das Anschauen der Natur wo nicht poetisch doch wenigstens rhythmisch darzustellen. Wer kann mehr Anteil daran nehmen als du, indem du es mit der Lucretischen Art vergleichst. Sage mir doch ja bald deine Gedanken darüber ...* Die nächsten Wochen sind mit Studien über Magnetismus und Elektrizität ausgefüllt, dann meldet ein Brief an Knebel Mitte Juli: *Ich denke vielleicht ehestens ein Gedicht über die magnetischen Kräfte auf ebendie Weise aufzustellen. Man muß einzeln versuchen, was im Ganzen unmöglich werden möchte.* Knebel antwortete am 18. Juli: „Dein Gedicht macht einen seltsamen gefälligen Eindruck auf mich. So führst Du also die Poesie auf die simplen belehrenden Formen wieder zurück, die sie zum Teil bei den Griechen und Römern hatte. So haben Empedokles, Lucrez, Vergil und so viele andere die Naturkenntnisse, die sie hatten, in Verse gebracht ... Doch wünschte ich beinahe, Du hättest den ganzen Hexameter vorgezogen, obgleich der weichere Vortrag an eine Freundin den elegischen Vers entschuldigen mag." Knebel lobt also das Gedicht, doch er wünscht – auch wohl im Hinblick darauf, daß Goethe in dieser Art noch fortfahren wollte – reine Hexameter, nicht Distichen. Goethes nächster Versuch, die *Metamorphose der Tiere*, hat diesem Wunsche entsprochen. Aus dem Jahre 1799 hören wir:

18. Januar, Tagebuch: *Knebels Lucrez, 1. Buch ... Abends mit Schiller. Ideen zu einem Natur-Gedichte.* 22. Januar, an Knebel: *Das 1. Buch Deines Lucrez habe ich erhalten ... Indem ich es durchlas, hat sich manches bei mir geregt, denn seit dem vorigen Sommer habe ich oft über die Möglichkeit eines Naturgedichts in unseren Tagen gedacht ...* 22. März, an Knebel: *Jenes große Naturwerk habe ich auch noch nicht aufgegeben. Mir deucht, ich könnte den Aufwand von Zeit und Kräften, die ich an jene Studien gewendet, nicht besser nutzen, als wenn ich meinen Vorrat zu einem Gedicht verarbeitete ... Freilich ist es im Ganzen ein fürchterlicher Anblick, doch muß man denken, daß man nach und nach durch anhaltenden Fleiß vieles zu Stande bringt.* 8. Mai, Tagebuch: *Abends mit Hofrat Schiller gegen Lobeda spazierengefahren. Die Idee von dem Naturgedichte durchgesprochen.* 4. Oktober, Tagebuch: *Abends zu Schiller, über Naturphilosophie. Poetischen Vortrag derselben.* Von da an melden die Briefe und Tagebücher aber nichts mehr über den Plan. Im Jahre 1800 schreibt Caroline Schlegel an Schelling – Goethe stand ihm damals nahe und schätzte ihn hoch –: „Goethe tritt Dir nun auch das Gedicht ab, er überliefert Dir seine ‚Natur'. Da er Dich nicht zum Erben einsetzen kann, macht er Dir eine Schenkung unter Lebenden." Fünfzehn Jahre später notiert Boisserée Goethes Äußerung, er habe den Plan eines Naturgedichts aufgegeben. (3. Okt. 1815.)

Aus der Zeit, als die Idee des großen Naturgedichts in ihm lebte, stammen die beiden Metamorphose-Gedichte. Goethe hat also – wie so oft bei seinen Arbeiten – als erstes nicht den Anfang vorgenommen, sondern Stücke, die ihm besonders deutlich und reizvoll vor Augen standen. Beide Gedichte stellen nicht Einzelheiten dar, sondern Allgemeines, den Haushalt der Natur, die Notwendigkeit und Art des Wandels. Die *Metamorphose der Pflanzen* ist ein erster kühner Vorstoß, noch ohne Plan des Ganzen, unbefangen im Stil der Elegien bleibend. Die *Metamorphose der Tiere* dagegen ist wohl ein Bruchstück des großen geplanten Gedichts. Sie benutzt den epischen Hexameter, der nun dafür gedacht war. Wenn man versucht, sich ähnliche Gedichte oder Kapitel des großen Lehrgedichts für andere Gebiete zu denken, die Goethe damals bearbeitete, dann kann man die Größe der Idee ahnen. Die Entstehung der Erde (Motive daraus schon im *Granit*-Aufsatz, Bd. 13, S. 256, und vielleicht auch im Gedicht *Weltseele* S. 248), Grundzüge der Farbenlehre, die Elektrizität (Ideen dazu in dem Brief an Schiller vom 14. 7. 1798), Abgrenzung des Menschen vom Tier (dazu schon Motive in *Das Göttliche*, S. 147ff.) usw. Der Anfang der *Metamorphose der Tiere* läßt vermuten, daß vorher über andere Bereiche der Natur gehandelt werden sollte. Goethes Vorträge von 1796 vergleichen im 3. Teil das organische Reich und das Mineralreich. (Schriften zur Naturwissenschaft, Leopoldina-Ausgabe, Bd. 9, 1954, S. 202ff.) Ähnliches war wohl für das Naturgedicht gedacht. Wie Herders „Ideen" wäre es weltumspannend geworden, nur setzte Goethe sich das Ziel noch höher als Herder. Die *Metamorphose der Tiere* endet mit *Willkür und Gesetz, Freiheit und Maß* und blickt von da auf den Menschen. Das sittliche Gesetz überwölbt die morphologischen Gesetze – ein großer Kreis schließt sich.

Das große Lehrgedicht über die Natur sollte sich nicht in die Vielheit der Erscheinungen erstrecken wie ein naturwissenschaftliches Prosawerk, sondern das Allgemeine und Wesenhafte fassen; es sollte versuchen, über die einzelnen Bereiche hinaus Verbindendes anzudeuten, wie es die *Metamorphose der Tiere* tut. Wenn Goethe auch den großen Plan aufgab, die dahinterstehende Erkenntnis-Idee gab er nicht auf; sie war tief in seinem Wesen verwurzelt. Sie wirkt in der *Farbenlehre* nach, wenn er Verbindungen zu anderen Bereichen herstellt (§ 735–757). Am 19. 7. 1810 schreibt er an Sartorius: *Zelter ist gegenwärtig hier, und wahrscheinlich komm' ich durch seine Gegenwart weiter in meinem alten Wunsch, der Tonlehre auch von meiner Seite etwas abzugewinnen, um sie unmittelbar mit dem übrigen Physischen und auch mit der Farbenlehre zusammenzuknüpfen. Wenn ein paar große Formeln glücken, so muß das alles eines werden, alles aus einem entspringen und zu einem zurückkehren* ... Das ist in der Form der Aussage nüchterne Prosa, doch lebt darin die Erkenntnissehnsucht, die Goethe empfand, seit er in seiner Jugend hörte, daß er *die Geheimnisse der Natur im Zusammenhang kennen müsse, weil es nichts Einzelnes, sondern etwas Universelles sei* (Bd. 9, S. 241, 23ff.), und Bücher studierte, welche *die Natur ... in einer schönen Verknüpfung* darstellten (Bd. 9, S. 342, 21f.). Er hatte seinerzeit aus innerer Verwandtschaft Gedanken der barocken Pansophie aufgegriffen, hinter denen neuplatonistische Emanationsvorstellungen standen. (Bd. 9, S. 341–353 u. Anmerkungen.) Sein Erkenntnisweg als Naturforscher wurde dann die genaue Erforschung der einzelnen Erscheinung, doch das letzte Ziel war höher, wie der Brief an Sartorius zeigt. Scharfsichtig hat Schiller das empfunden, noch bevor er Goethes Arbeitsweise näher kennen lernte: „Sie suchen das Notwendige der Natur, aber Sie suchen es auf dem schwersten Wege ... Sie nehmen die ganze Natur zusammen, um über das Einzelne Licht zu bekommen ... Von der einfachen Organisation steigen Sie Schritt vor Schritt zu der mehr verwickelten hinauf ... Eine große und wahrhaft heldenmäßige Idee ... Sie können niemals gehofft haben, daß Ihr Leben zu einem solchen Ziele zureichen werde, aber einen solchen Weg auch nur einzuschlagen, ist mehr wert, als jeden andern zu endigen." (23. 8. 1794.) Hiermit ist auch der eine Grund ausgesprochen, warum das große Natur-Gedicht nie vollendet wurde: die Beherrschung der Einzelheiten in vielen Gebieten und zugleich das Finden der *großen Formeln* war ein zu hohes Ziel.

Die Einsichten, welche Goethe in dem großen Naturgedicht darstellen wollte, waren für ihn Einsichten in die göttliche Weltordnung. Darum sind die Metamorphose-Gedichte durchzogen von Wendungen wie *heiliges Rätsel, göttliche Hand, heilige Muse.* Die Haltung des Menschen vor dieser göttlichen Ordnung ist bezeichnet durch die Worte *staunen* und *sich freuen.* Diese Gedichte sprechen von einer inneren Haltung, die der Dichter hat und die er anderen mitgeben will. Und hier liegt der Grund, warum er von der naturwissenschaftlichen Prosa zur Dichtung überging: Sie ist das Mittel, diese Haltung zu gestalten.

Goethes naturwissenschaftliche Prosa-Aufsätze kommen von Zeit zu Zeit an eine Grenze, wo die einfache Beschreibung aufhört und er nach der inneren Form fragt, nach dem *Geist* eines Tieres. An einer solchen Stelle sagt er: *Man erlaube uns einigen poetischen Ausdruck, da überhaupt Prose wohl nicht hinreichen möchte. (Zur Morphologie, 1. Bd., 4. Heft, Die Faultiere.)* In der *Farbenlehre* sagt er: *Man müßte keine der menschlichen Kräfte bei wissenschaftlicher Tätigkeit ausschließen. Die Abgründe der Ahnung, ein sicheres Anschauen der Gegenwart, mathematische Tiefe, physische Genauigkeit, Höhe der Vernunft, Schärfe des Verstandes, bewegliche sehnsuchtsvolle Phantasie, liebevolle Freude am Sinnlichen, nichts kann entbehrt werden.* (Bd. 14, S. 41.) Und im Alter schreibt er an Chr. D. v. Buttel: *Schauen, Wissen, Ahnen, Glauben und wie die Fühlhörner alle heißen, mit denen der Mensch ins Universum tastet, müssen denn doch eigentlich zusammenwirken.* (3. 5. 1827.) Darum brauchte Goethe die Sprache der Kunst. Sie übertrifft die der Wissenschaft, weil sie nicht nur Mitteilung durch Beschreibung, sondern zugleich auch durch das Symbol ist.

Indem er über die Prosa – die noch der *Granit*-Aufsatz trotz seines dichterischen Charakters beibehält – hinausgeht und zur Gedichtform greift, spricht die Ergriffenheit, die Freude, das Hochgefühl der Seele sich aus. Und es gelingt allein schon durch die Form, die große Ordnung, die Gesetzlichkeit im Mannigfaltigen anzudeuten. Den Satz

Alle Gestalten sind ähnlich, und keine gleichet der andern,
Und so deutet das Chor auf ein geheimes Gesetz

könnte man wörtlich auch auf die Gestalt der Metamorphose-Gedichte, die Hexameter und die Distichen, anwenden. Der Hexameter hat wie das hier beschriebene Reich der Natur Gesetz und Freiheit. Innerhalb seiner Grenzen sind unendliche Variationen möglich. Seine Verse erinnern an die Wellen des Meeres, gleichmäßig, nie gleichförmig. Sie sind geeignet, das Meer der Erscheinungen und das in diesem waltende Gesetz darzustellen. Die Mannigfaltigkeit der Natur vermochte nur ein breiter, reicher Vers zu fassen: der Hexameter zeigte das Leben als Fülle und Gegenständlichkeit und zugleich als Urbild und Gesetz. Kein anderer Vers hätte diesem Geiste so entsprochen. Doch der Hexameter wurde Goethe um 1800 durch die Kritik der Metriker verleidet. Er hätte für das große Naturgedicht die Pflanzenmetamorphose neu in reinen Hexametern darstellen müssen. Erdgeschichte und physikalische Zusammenhänge standen ihm nicht so überschaubar vor Augen wie die Morphologie. So trat der große Plan zurück, und es steht wohl im Zusammenhang, daß er diesen Plan zu gleicher Zeit aufgab wie das Dichten in Hexametern. Nur die beiden Metamorphose-Gedichte waren fertig geworden, Werke moderner Lehrdichtung, tief in Goethes Wesensart wurzelnd, ähnlich wie Schillers philosophische Gedichte in dessen andersgeartetem Denken. Hier haben sich Naturschau und Dichtung Goethes aufs engste verbunden.

Fr. Beißner, Gesch. d. dt. Elegie. Bln. 1941. 2. Aufl. 1961. – Reallexikon der dt. Literaturgesch., Bd. 1, 2. Aufl. 1958. S. 332–334: „Elegie". – H. G. Gräf, Goethe über seine Dichtungen. Die epischen Dichtungen, Bd. 1, 1901, S. 285–295 „Roman über das Weltall". – Margarethe Plath, Der Goethe-Schellingsche Plan eines philosophischen Lehrgedichts. Preuß. Jahrbücher 106, 1901, S. 44–74. – Gertrud Overbeck, Goethes Lehre von der Metamorphose der Pflanzen und ihre Widerspiegelung in seiner Dichtung. Publ. of the Engl. Goethe Society, N. S. 31, 1961, S. 38–59. – Karl Bapp, Goethe und Lukrez. Jb. G. Ges. 12, 1926, S. 47–67. – Wolfgang Schmid, Lukrez und der Wandel seines Bildes. In: Antike und Abendland, Bd. 2, 1946, S. 193–219. – Über Lehrdichtung in der Goethezeit: K. Goedeke, Grundriß zur Gesch. d. dt. Dichtung 5, 2. Dresden 1893. S. 454–459. – L. L. Albertsen, Das Lehrgedicht. Aarhus 1967. – Ferner Bd. 13 und die dort in den Bibliographien genannte Literatur.

S. 185. ALEXIS UND DORA. Entstanden im Mai 1796 in Jena. Erster Druck: Schillers „Musenalmanach für das Jahr 1797", als Einleitungsgedicht. Danach unser Text. Für den Druck in *Goethes Neue Schriften, Bd. 7, Bln. 1800,* umgearbeitet, dann unverändert geblieben bis in die *Ausg. l. Hd.* Nach dieser sind im folgenden alle Abweichungen vom Musenalmanach-Text aufgeführt, und zwar immer – auch wo nur einzelne Wörter verändert sind – der ganze Vers, damit man den rhythmischen Zusammenhang sogleich erfassen kann.

3 *Langhin furcht sich die Gleise des Kiels, worin die Delphine*
Springend folgen, als flöh' ihnen die Beute davon.
Alles deutet auf glückliche Fahrt: der ruhige Bootsmann
Ruckt am Segel gelind, das sich für alle bemüht;
Vorwärts dringt der Schiffenden Geist, wie Flaggen und Wimpel,
Einer nur steht rückwärts traurig gewendet am Mast,
12 *Dir, o Dora, den Freund, ach! dir den Bräutigam raubt.*

15 *Einziger Augenblick, in welchem ich lebte! du wiegest*
Alle Tage, die sonst kalt mir verschwindenden, auf.
Ach! nur im Augenblick, im letzten, stieg mir ein Leben
20 *Dein all-leuchtender Tag, Phöbus, mir ist er verhaßt.*

23 *War es möglich, der Schönheit zu sehn und nicht zu empfinden?*

27 *Jeden freuet die seltne, der zierlichen Bilder Verknüpfung,*

29 *Ist es endlich entdeckt, dann heitert sich jedes Gemüt auf*

32 *Die du ums Aug' mir geknüpft, nahmst sie zu spät mir hinweg!*
Lange schon harrte befrachtet das Schiff auf günstige Lüfte,

39 *Öfter sah ich zum Tempel dich gehn, geschmückt und gesittet,*

43 *Da erschien dein Hals, erschien dein Nacken vor allen,*

46 *Doch er hielt sich stet auf dem geringelten Tuch.*
Schöne Nachbarin, ja, so war ich gewohnt dich zu sehen,

49 *Sich an ihnen erfreut, und innen im ruhigen Busen*

53 *Und nun trennt uns die gräßliche Flut! Du lügst nur den Himmel,*

57 *„Schon erhebt sich das Segel, es flattert im Winde", so sprach er,*

60 *Würdig die segnende Hand mir auf das lockige Haupt;*

67 *Fremde Küsten besuchest du nun, und köstliche Waren*
Handelst du ein, und Schmuck reichen Matronen der Stadt.
Aber bringe mir auch ein leichtes Kettchen; ich will es
Dankbar zahlen: so oft hab' ich die Zierde gewünscht!"

75 *Heftiger tönte vom Schiff das Geschrei; da sagtest du freundlich:*

83 *Endlich kamst du zur Laube hinan; da fand sich ein Körbchen,*
Und die Myrte bog blühend sich über uns hin.

89 *Aber ich hob es nicht auf; ich stand. Wir sahen einander*

93 *Mir sank über die Schulter dein Haupt; nun knüpften auch deine*

98 *Und vor Jammer und Glück schien uns die Welt zu vergehn.*
Immer heftiger rief es am Strand; da wollten die Füße

103 *Näher rief es: „Alexis!" Da blickte der suchende Knabe*
Durch die Türe herein. Wie er das Körbchen empfing!

107 *Und so hielten mich auch die Gesellen, schonten den Kranken;*
Und schon deckte der Hauch trüber Entfernung die Stadt.
„Ewig!" Dora, lispeltest du; mir schallt es im Ohre
Mit dem Donner des Zeus! Stand sie doch neben dem Thron,

116 *In der Werkstatt gleich ordne das himmlische Pfand.*
Wahrlich, zur Kette soll das Kettchen werden, o Dora!
Neunmal umgebe sie dir, locker gewunden, den Hals!
Ferner schaff' ich noch Schmuck, den mannigfaltigsten: goldne
Spangen sollen dir auch reichlich verzieren die Hand.
Da wetteifre Rubin und Smaragd, der liebliche Saphir
Stelle dem Hyazinth sich gegenüber, und Gold
Halte das Edelgestein in schöner Verbindung zusammen.

133 *Köstlicher Leinwand Stücke. Du sitzest und nähest und kleidest*
Mich und dich und auch wohl noch ein Drittes darein.
Bilder der Hoffnung, täuschet mein Herz! O mäßiget, Götter,

141 *Als das gelaßne Gespenst mich schreckt, das die Schöne von fern mir*

149 *Lache nicht diesmal, Zeus, der frech gebrochenen Schwüre!*

157 *Heilen könnet die Wunden ihr nicht, die Amor geschlagen;*

Schiller schrieb über das Gedicht an Goethe am 18. 6. 1796: „Die Idylle hat mich beim zweiten Lesen so innig, ja noch inniger als beim ersten bewegt. Gewiß gehört sie unter das Schönste, was Sie gemacht haben, so voll Einfalt ist sie, bei einer unergründlichen Tiefe der Empfindung. Durch die Eilfertigkeit, welche das wartende Schiffsvolk in die Handlung bringt, wird der Schauplatz für die zwei Liebenden so enge, so drangvoll und so bedeutend der Zustand, daß dieser Moment wirklich den Gehalt eines ganzen Lebens bekommt. Es würde schwer sein, einen zweiten Fall zu erdenken, wo die Blume des Dichterischen von einem Gegenstande so rein und so glücklich abgebrochen wird. Daß Sie die Eifersucht so dicht daneben stellen und das Glück so schnell durch die Furcht wieder verschlingen lassen, weiß ich vor meinem Gefühl noch nicht ganz zu rechtfertigen, obgleich ich nichts Befriedigendes dagegen einwenden kann. Dieses fühle ich nur, daß ich die glückliche Trunkenheit, mit der Alexis das Mädchen verläßt und sich einschifft, gerne immer festhalten möchte." Goethe antwortete am 22. 6. 1796: *Daß die Idylle bei näherer Betrachtung Stand und Stich hält, freut mich sehr. Für die Eifersucht am Ende habe ich zwei Gründe; einen aus der Natur: weil wirklich jedes unerwartete und unverdiente Liebesglück die Furcht des Verlustes unmittelbar auf der Ferse nach sich führt; und einen aus der Kunst: weil die Idylle durchaus einen pathetischen Gang hat und also das Leidenschaftliche bis gegen das Ende gesteigert werden mußte, da sie denn durch die Abschiedsverbeugung des Dichters wieder ins Leidliche und Heitere zurückgeführt wird. So viel zur Rechtfertigung des unerklärlichen Instinkts, durch welchen solche Dinge hervorgebracht werden.* Ferner Schiller an Goethe am 3. 7. 1796 und Goethe an

Schiller am 7. 7. 96, Humboldt an Goethe am 25. 6. 96 und Eckermann unter dem 25. 12. 1825. Goethe hatte für das Gedicht eine besondere Vorliebe, wie seine Briefe an Humboldt vom 27. 5. 96 und an Marianne Meyer vom August 1796 zeigen. – Die Elegie entstand im selben Jahre wie *Hermann und Dorothea,* auch dort die Geschichte einer Verlobung, die Schönheit des Gesunden, Normalen, der sich erfüllenden Liebe; doch dort objektiver Bericht, hier – als Elegie – Monolog, Erinnerung und Stimmung, erst trunken-glücklich, dann sorgenvoll-erregt. Der Gedankenstrich nach Vers 154 bezeichnet das Ende der direkten Rede. Erst die Schlußverse des Dichters, 155–158, bringen die Beruhigung. – 25 f. *Rätsel, künstlich mit Worten verschränkt*: vermutlich Gleichnisse, Parabeln, Rätseldichtungen, wie es sie in der Antike und im Orient gab. 55 *Knabe*: junger Mann (wie *Faust* 79, 832, 3019 u.ö.) 61 *nachbereitet*: nachträglich bereitet, als das übrige Gepäck schon fertig war. 96 *donnert es dreimal*: der dreimalige Donner des Zeus in der antiken Literatur seit Homer (Ilias VIII, 170) ein geläufiges Motiv. 110 *Zeus ... Tochter*: Aphrodite wird oft als die Tochter des Zeus bezeichnet, z.B. Odyssee VIII, 308, einer Stelle, die Goethe selbst übersetzt hat (W.A. 5, 2. S. 385 f.), nach anderer Überlieferung ist sie aus dem Schaum des Meeres entstanden. Die Grazien sind ihre Gefährtinnen. 139 *Erinnyen:* Furien, Rachegöttinnen. *höllische Hunde* : nach antikem Glauben wird die Unterwelt durch den vielköpfigen Hund Cerberus bewacht. 141 *gelassen*: in der Goethezeit nicht nur ,,ruhig", sondern auch ,,herzlos, ohne innere Anteilnahme" (Dt. Wb. 4, 1. 2. Teil. 1897. Sp. 2868). *Gespenst*: Trugbild, subjektives Bild (so auch Bd. 13, S. 333, 28), Schreckbild (Dt. Wb. 4, 1. 2. Teil. Sp. 4146).

Hehn S. 281–288. – Gundolf S. 444/5. – Korff Bd. 2, S. 332–333. – J. Kassewitz, Goethes Elegie „Alexis und Dora". Lpz. 1893. – Werner Richter, Alexis und Dora, Phyllis und Demophron. Jb. G. Ges. 5, 1918, S. 99–107. – Fritz Schallehn, Ursprung und Entstehung der Elegie „Alexis und Dora". Jb. G. Ges. 16, 1930, S. 166–182. – E. Maß in: Neue Jahrbücher f. d. klass. Altert. 23, 1920, S. 270–287. – E. Staiger, Goethe. Bd. 2, S. 220–231. – Albrecht Schöne, Götterzeichen, Liebeszauber, Satanskult. München 1982. S. 53–106. – Dieter Borchmeyer in: Goethes Erzählwerk. Interpretationen. (Reclam 8081) Stuttg. 1985. S. 192–215.

S. 190. EUPHROSYNE. Entstanden 1797/98. Erster Druck: Schillers Musenalmanach für das Jahr 1799. Text nach der *Ausg. l. Hd.* Im Musenalmanach folgende Abweichungen: 3 *Lange decket Nacht schon das Tal* 13 *sie glühet* 31 *durch Wälder und grause Gebirge,* 33 *und blicket noch einmal* 35 *da du das Kind mich dem Spiele* 51 *Freundlich faßtest du mich, den Gestürzten, und trugst mich von dannen* 53 *Endlich schlug ich das Aug' auf und sah dich, Geliebter, in ernste* 55 *und küßte dir dankbar die Hände,* 57 *Fragte: Warum so ernst, mein Vater?* 61 *Aber du faßtest mich ernst* 65 *Rühre sie alle, wie du mich rührst,* 67 *trafst du mich doch,* 71 *dem Frühling* 73 *es stürzt das ewige Wasser* 74 *Sich aus bewölkter Kluft* 75 *Grünet die Fichte doch fort* 76 *heimlich die Knospen am Zweig.* 77 *vergeht gesetzlich,* 78 *den köstlichen Schatz,* 89 *seh' ich dich nun,* 99 *zum Volke* 103 *Doch dort wirst du nun sein und sitzen* 113 *Wenn sie Fleiß nicht spart noch Mühe, wenn sie die Kräfte,* 114 *freudiges Opfer dir bringt* 115 *Dann gedenkest du mein, du Guter, und rufest.* – Das Gedicht ist eine Totenehrung für Christiane Becker, geb. Neumann, eine junge begabte Schauspielerin der Weimarer Bühne. Goethe erwähnte sie später mehrfach in den *Annalen.* Er schreibt in dem Abschnitt *1791: Es starb ein sehr schätzbarer Schauspieler, Neumann; er hinterließ uns eine vierzehnjährige Tochter, das liebenswürdigste natürlichste Talent, das mich um Ausbildung anflehte ... „König Johann" von Shakespeare war unser größter Gewinn. Christiane Neumann als Arthur, von mir unterrichtet, tat wundervolle Wirkung; alle die übrigen mit ihr in Harmonie zu bringen, mußte meine Sorge sein.* Am 25. 10. 1797 schrieb Goethe aus Zürich an Böttiger: *Es kann größere Talente geben, aber für mich kein anmutigeres. Die Nachricht von ihrem Tode hatte ich lange erwartet, sie überraschte mich in den formlosen Gebirgen. Liebende haben Tränen und Dichter Rhythmen zur Ehre der Toten. Ich wünschte, daß mir etwas zu ihrem Andenken gelänge.* – Christiane Neumann, Tochter eines Schauspielerpaars und Schülerin von Corona Schröter, hatte schon als Kind auf der Weimarer Bühne mitgewirkt. Sie heiratete mit 15 Jahren den Schauspieler Becker. Sie begann große Rollen zu spielen als jugendliche Tragödin und entwickelte sich zu dem strengen und edlen Stil Corona Schröters. Als Goethes gelehrige Schülerin wuchs sie in die Darstellungsweise, welche er als Spielleiter schuf, hinein. Doch früh überfiel sie ein schweres Lungenleiden. Eine ihrer letzten Rollen war die der Euphrosyne in Weigls Zauberoper „Das Petermännchen". Goethe war von August bis November 1797 auf einer Reise in der Schweiz. Dort erreichte ihn die Todesnachricht. (Dazu Goethes Brief an Max Jacobi 16. 8. 99. Briefe HA, Bd. 2, S. 389, 13 ff., wo er u. a. sagt: *Ich bin diesem kleinen Gedicht sehr mit Freundschaft zugetan.) – Euphrosyne,* griechisch, heißt ursprünglich „Frohsinn"; es war der Name einer der drei Charitinnen (Grazien). – 20 *rege bedeutend mich auf* würde in heutiger Prosa etwa zu formulieren sein: gib mir durch deine deutenden Worte eine Anregung. – 45: Shakespeares „König Johann". Goethe spielte bei der Probe selbst den Kämmerer Hubert, der den Knaben Arthur blenden soll, aber, durch dessen Bitten gerührt, davon abläßt. – 50: Arthur stirbt durch einen Sprung aus dem Fenster. – 68: *früherer Leiche:* „Hinweis auf den *früheren* Zeitpunkt während der Theaterprobe, zu dem der Dichter Euphrosyne für tot hielt." (R. Haas in Jb. d. Fr. dt. Hochst. 1994, S. 40) – 79 f. Der sterbende Vater kann nicht einem blühenden, trefflichen Sohn zunicken, da dieser vor ihm gestorben ist. – 99/100: Epiloge, die Goethe zu Weimarer Aufführungen dichtete. – 118: Hermes als Seelengeleiter (Psychopompos). – 123 u. 128; *Persephoneia,* Göttin der Unterwelt. – 131: Gattin des Odysseus. – 132: Euadne stürzte sich nach dem Tode ihres Gatten Kapaneus in die Flammen seines Scheiterhaufens. – 134: *gemein* = gemeinsam. – 135: Antigone bestattete gegen den Befehl König Kreons ihren Bruder und nahm dann den Tod auf sich. – 136: Polyxena, die Braut des Achilleus, wurde auf seinem Grabe geopfert. Alle die in den Versen 131–136 genannten Gestalten sind in der griechischen tragischen Dichtung dargestellt. – 142: *schwirrend*: J. H. Voß übersetzte Odyssee XXIV, 1 ff. (Ausg. von 1781):

> Aber Hermes, der Gott von Kyllene, nahte sich jetzo,
> Rief den Seelen der Freier und hielt in der Rechten den schönen
> Goldenen Herrscherstab, womit er die Augen der Menschen
> Zuschließt, welcher er will, und wieder vom Schlummer erwecket;
> Hiermit scheucht' er sie fort, und schwirrend folgten die Seelen.

Vers 1–22 und 141–152 Bericht, Vers 23–140 direkte Rede Euphrosynes, in die aber wieder direkte Rede des Dichters als Zitat, 63–96, eingeschoben ist. Vielleicht deutet schon diese äußerliche Verflechtung das Geistige an, das in den Worten Euphrosynes als Wirkung und Gegenwirkung ausgesprochen ist. – Hehn (geschrieben 1848, veröffentlicht 1911) S. 291–294: „Bekannt ist, wie Goethe sich gegen den Tod verhielt ... Vivere memento war sein Spruch, nicht memento mori. Komme der Tod einst, wenn es sein muß, ruft er; daran vorzudenken, ist schrecklich ... Hatte der Tod irgend einen Freund oder eine geliebte Person von seiner Seite gerissen, so heilte er sich durch verdoppelte Tätigkeit, durch festen Anschluß an das Wirkliche und Lebende ... Bei dieser Gesinnung mußte er mit den Griechen zusammentreffen ... Wenn Goethe also gern sich griechischer Mythen und Vorstellungen bedient, so hatte er dazu bei einer Totenelegie doppelte Veranlassung ... Und die später vorkommende Klage, daß in der Natur alles nach festem Gesetz unwandelbar sich abrollt und nur über dem Menschenleben der Zufall waltet, daß im Menschenschicksal die Ordnung sich oft umkehrt und der Vater verlorene Söhne und Enkel beklagt, auch dies ist im Sinne griechischer Tragik ... Ganz in der schönen geistigen Sitte der Griechen aber befinden wir uns da, wo Euphrosyne den Dichter bittet: *Laß nicht ungerühmt mich zu den Schatten hinabgehn! Nur die Muse gewährt einiges Leben dem Tod ...*" Gundolf (1916) S. 446–447: „Die Elegie ist auf der dritten Schweizerreise in den Bergen entstanden und trägt die Spuren eines doppelten Ursprungs, ähnlich wie die Römischen zugleich Denkmal einer persönlichen Beziehung und eines lokalen Eindrucks sind. Die abendliche Bergwanderung und der Tod der jungen Freundin sind zusammengeflossen in seiner Vorstellung und zu einer landschaftlich seelischen Vision vereinigt ... Es ist hier nicht im einzelnen zu entwikkeln, was dieser Rahmen an menschlicher Rührung und Weisheit umspannt: insbesondere auf die große Antithese zwischen der ewig gesetzlichen Ordnung der Natur und dem willkürlichen Schicksal, welche hier dichterisch entwickelt ist aus dem Gedanken an das Sterben der jungen Hoffnungsvollen vor den Alten, und dem gleichzeitigen Anblick der festgegründeten Berge. Ungern erkennt Goethe unter einem erschütternden Eindruck Natur und Schicksal als verschiedenen Gesetzen unterstehend an." Boucke (1925) in der Festausgabe Bd. 1, S. 367: „Der vollendetste Totengesang in der deutschen Dichtung, was die künstlerische Form anbelangt ... ein pathetischer Moment wird gewählt, um die Situationen und Begebenheiten in ruhiger epischer Darstellung vorbeiziehen zu lassen. Der Gegensatz zwischen den ewigen festen Gesetzen des Naturgeschehens und dem schwankenden Menschenlos ist von vorn herein durch den Anblick der majestätischen Alpenwelt gegeben, in deren Mitte Goethe die Nachricht ereilte ..." Kommerell (1943) S. 173–177: „Die beiden großen Gedichte, in denen Goethe das Ganze eines fremden Lebenslaufes gestaltet, *Euphrosyne* und *Auf Miedings Tod* finden im Tod sowohl ihren Anlaß als auch den zur Überschau notwendigen Moment des Entwurfs. Noch mehr als bei den Selbstdarstellungen fällt hier auf, daß das Individuum nicht an und für sich, sondern in seiner Atmosphäre lebend, in Umwelt und Betätigung gedacht ist ... Der Seelengeleiter Hermes, die Vorstellung, daß Götter, an sich unerkennbar, aus Wolken hervor oder in solche zurücktreten; der schwirrend versagende Ton der redenwollenden Schatten, der Hades überhaupt und der Wunsch der Toten nach Rühmung, das alles ist antikes Zubehör. Eine Reminiszenz ist vielleicht auch die Annahme des Gedichts, daß ein Verstorbenes, ehe es in die Unterwelt eingeht, einem Lebenden erscheint, zu dem es in naher Beziehung stand. Wie modern ist dennoch das Ganze, zunächst einmal darin, daß die ‚Erscheinung', die ganz gut eine dichterische Usance sein könnte, durch Einzelheiten überhaupt zur gefühltesten Wirklichkeit wird. Der Dichter trauert nicht nur um die Gestorbene, er erfährt ihren Tod in diesem Augenblick, kurz nachdem er erfolgte, und zwar verkündet ihn der Schatten der Gestorbenen selbst. Mag man es als eine Umschreibung auffassen: irgendwie erfuhr der Dichter von diesem Tod. Vielleicht ist es dennoch näher, gilt wörtlicher! Er erfuhr nicht von ihm, er erfuhr ihn! Die Wanderung durch das Hochgebirge, das am Anfang vom Abend so friedlich verschönt ist, dann der nächtliche Hintergrund der Erscheinung, und am Ende, vom Morgenrot gezeichnet, die Szenerie entfesselter Trauer – die hat, so wirksam es als Erfindung wäre, seinen Grund in der Wahrheit. Es soll Ort und Stunde bedeuten, da den Trauernden dies traf, und so geht er, in seiner damaligen Verfassung, durch das Gedicht.

Es ist fast ganz angefüllt mit der Rede der Freundin, die sich zu erkennen gibt, sich über die Beziehung ergeht, in der sie zu dem Dichter stand; der Beruf der Schauspielerin, ihre Lebenssphäre, und Goethe inmitten derselben, tritt im Relief hervor. Schließlich tut sie ihre Bitte; sie möchte durch eine dichterische Verewigung vor dem Entschwinden ins Gestaltlose gerettet werden. Die gestaltende Trauer des Dichters ist die Erfüllung der Bitte. Das alles ist weniger nach Themen getrennt als innig verwoben, und der besondere Stil des Gedichts entsteht daraus, daß durchaus ein biographischer Zug das Konkrete hervortreten läßt, aber die Genauigkeit der Umrisse gemildert wird durch die klassische Neigung, sich im Übergeschichtlichen und Allgemeinen zu bewegen; dabei sind die Schilderungen in jeder Einzelheit so herzbewegend und geht der Atem der Trauer so groß durch das ganze Gedicht, daß es vielleicht das stimmungsgewaltigste in Goethes ganzer Lyrik ist... Ohne Mühe errät man alle Details aus dem Gedicht selber ... In bewußter Komposition deutet dieser gespielte Tod auf den wirklichen, sehr frühen Tod der Künstlerin voraus, und dieser Bezug wird verstärkt durch eine hier eingeschaltete Betrachtung, daß die Regel der Natur, das Alte sterben zu lassen, im menschlichen Kreis so viele Ausnahmen leide ... Zwar besaß die Künstlerin selbst die Kraft, sich berühmt zu machen, aber durch das frühe Abreißen ihres Lebens bedarf sie der Ergänzung durch den Dichter. Er hat an ihr zu vollenden, was ihr *das Leben versagt.* Damit beschließt sie die Worte, in denen ein neuer, ein Goethescher Hades erscheint: ein Hades, in dem sich das Namenlose von der verewigten Gestalt unterscheidet, und in dem sich Euphrosyne durch ihren Beruf zur Familie der tragischen Heldinnen und Helden zählen darf. Und welche Selbstschau Goethes! Wie fruchtbar wird hier seine geschulte Fähigkeit, sich selbst am andern gewahr zu werden! Nirgends sonst besitzen wir eine Selbstdarstellung Goethes gerade in dieser Umwelt und Verrichtung: Goethe einem genialen Wesen gegenüber, das kaum eben Weib, zu ihm wie zu einem Meister oder einem Halbgott aufblickt, und er, wie er halb Lehrer, halb Liebender, diese Spannung löst im begeisterten Bilden des Talents und im innigen Verehren hoher menschlicher Grazie; zugleich Goethe als Theaterleiter, als Dichter und als Deuter Shakespeares ... Und kann sich Antikes und Modernes glücklicher begegnen als da, wo das Verhältnis so geordnet ist, daß das seelische Leben modern, die plastische Verbildlichung dieses Lebens aber antik ist? Die Gebärde des Lebenden gegen die Psyche ist so einfach und innig wie auf einer Lekythos."

Das Motiv, daß die Verstorbene erscheint und spricht, auch bei Properz IV, 7. – W. v. Humboldt an Goethe 18. 3. 1799. HA Briefe an Goethe, Bd. 1, S. 330, 15ff. – Otto Klein, Goethes Euphrosyne, Christiane Neumann-Becker. Lpz. 1909. – E. Maß in: Neue Jahrbücher f. d. klass. Altert. 27, 1920, S. 270–287. – H. Carossa in (Jb.) „Goethe" 3, 1938, S. 115f. – Rudolf Bach, Begegnung im Zwischenreich. In: (Jb.) Goethe 11, 1949, S. 134–154. – Th. Ziolkowski, The Classical German Elegy. Princeton 1980. – Rosemarie Haas, Goethes Elegie „Euphrosyne". Jb. d. fr. dt. Hochstifts 1994, S. 1–43.

S. 195. DAS WIEDERSEHN. Entstanden 1793. Erster Druck: Vossens Musenalmanach für 1796. Danach der Text. Für die *Neuen Schriften. Bd. 7, 1800*, verändert: Vers 3 *Gestern blühte wie heute der Baum* 13 *Schmerzlich war's zu scheiden am Abende, traurig die lange* 15 *Doch der Morgen kehret zurück. Ach, daß mir indessen* 16 *Zehnmal, leider! der Baum.* So auch in den späteren Ausgaben. – Eine Handschrift des Gedichts fand sich im Nachlaß von Jacobi, und höchstwahrscheinlich beziehen sich darauf zwei Stellen in Briefen Goethes an diesen: *Ich lege ein Gedicht bei, das ich zarten Herzen empfehle* ... (19. 7. 93.) Jacobi antwortete am 16. 8. 1793: „Das Gedicht ist schön, und es hat uns große Lust durch Auslegen und Streiten gemacht. Mama Lene hat es gleich beim ersten Lesen besser als ich gefaßt." (Jb. Goethe 7, 1942, S. 55.) Daraufhin Goethe: *Daß mein rätselhaft Gedicht seinen Effekt nicht verfehlt und von einem Frauenzimmer zuerst verstanden worden, ist mir sehr lieb.* (19. 8. 93.) – Zu 14 *gebot* sagt das Dt. Wb. 4, 1 (1878), Sp. 1758: „ihnen den Zwang der Trennung auferlegte"; *gebieten* mit bloßem Dativ (ohne Akkusativ-Objekt) öfters bei Goethe (in der Bedeutung: herrschen über). – Kommerell S. 92: „In seiner zweiten Lebenshälfte liebt es Goethe, das dichterische Bild einer Beziehung dadurch ganz zu machen, daß auch die Geliebte im Gedicht zu Wort kommt – ein Fortschritt über jenes Begreifen hinaus, das, wenn auch noch so genau, nur die eigene Erfahrung benutzt. Vielsagend und wortkarg messen sich männliches und weibliches Wesen in dem Gedicht *Das Wiedersehn*, das einige Zeit nach der Italienreise gemacht sein muß. Der Mann ist der Verzauberte, die Frau die Sehende; so verschieden erfahren sie die Zeit; ihren Ablauf leugnet der Verzauberte, die Sehende erkennt ihn als unwiderruflich an. Er hält alles für wiederholbar, sie, obwohl sich zur Neigung bekennend, liest aus ihrer Geschichte Entsagung." – Bd. 6, S. 246, 18f. – Düntzer in KDN, Goethe Bd. 1, S. 227. – E. v. d. Hellen in der Jubiläums-Ausgabe Bd. 1, S. 355.

S. 196. AMYNTAS. Entstanden September 1797. Erster Druck: Schillers Musenalmanach für das Jahr 1799. Dort folgende Abweichungen: 3 *Ach! Die Kraft schon schwand mir dahin* 7 *des Felsen* 26 *mir nicht das ihre* 34 *Sendet lebendigen Saft, ach, nur zur Hälfte hinauf.* 35 *der geliebte.* In Goethes Papieren mit der Aufschrift *Reise in die Schweiz im Jahre 1797* (Goethe-Archiv, Weimar) – das Gedicht entstand auf dieser Reise – findet sich für die beiden Schlußzeilen folgende Fassung:

Süß ist jede Verschwendung! Es ist die schönste von allen,
Wenn uns das Mädchen gewährt, alles zu opfern für sie.

Umgearbeitet für die *Neuen Schriften, Bd. 7, 1800.* Danach unser Text. In den folgenden Ausgaben unverändert. – In Goethes Reisetagebuch steht am 19. 9. 97: *Der Baum und der Efeu Anlaß zur Elegie.* Der Bereich des Bildes, nicht der des Gemeinten, löste also das Gedicht aus. Der Name Amyntas kommt mehrfach in den Eklogen Vergils vor; die Anrede an den Arzt Nikias stammt aus der 11. Idylle des Theokrit. Das Bildmotiv selbst findet sich in der griechischen Anthologie, aus der es Herder in seinen ,,Blumen, aus der griechischen Anthologie gesammelt" übersetzt hatte: ,,Der erstorbene Ulmbaum". Motivisch ähnlich S. 225, Nr. 119. Das mit dem Bild Gemeinte ist ein immer wiederkehrendes Goethesches Thema: *Man kann die Ware und das Geld nicht zugleich haben.* (Bd. 7, S. 406, 24f.) *Freiwillige Abhängigkeit ist der schönste Zustand, und wie wäre der möglich ohne Liebe!* (Bd. 12, S. 520, Nr. 1120.) Oder: *Der Mensch ... glaubt zu erhaschen und wird gefangen ... Kaum war dieser Schritt getan, so ist durch freien Entschluß die Freiheit aufgegeben; zwei Seelen sollen sich in einen Leib, zwei Leiber in eine Seele schicken ... Der Vorteil zieht einen jeden an, und man läßt sich gefallen, die Nachteile zu übernehmen.* (S. 405/6.) Was diese Sätze gedanklich aussprechen, stellen *Lehrjahre, Wahlverwandtschaften* und *Wanderjahre* in Beispielen dar, sie zeigen, wie jede menschliche Bindung den Menschen bedingt; sinnfällig z. B. in dem Märchen *Die neue Melusine,* dessen Motiv Goethe jahrzehntelang mit sich herumtrug. (Bd. 8, S. 354–376.) – Schillers Urteil: Brief an Goethe vom 28. 11. 97. Humboldts Urteil: Brief an Goethe vom Frühjahr 1798 aus Paris. (HA Briefe an Goethe 1, S. 305, 17ff.) Körner besprach das Gedicht in einer Beurteilung des Musenalmanachs, die er einem Brief an Schiller vom 27. Dez. 1798 beifügte. Er sagt u. a.: ,,Es existiert vielleicht nichts in der ästhetischen Welt, wo Sinnlichkeit und Seele inniger in einander verwebt sind." (Schiller-National-Ausgabe Bd. 38, 1. Weimar 1975. S. 24.)

S. 197. HERMANN UND DOROTHEA. Entstanden Anfang Dezember 1796. Erster Druck: *Neue Schriften, Bd. 7, 1800.* Dort in Zeile 23 *Schüret.* Diese Lesart ist vielleicht vorzuziehen. Unser Text nach der *Ausg. l. Hd.* Das Gedicht war, wie Goethes Brief an Körner vom 8. 12. 96 mitteilt, als Einleitung des Epos *Hermann und Dorothea* gedacht, wurde dann aber 1800 in die *Elegien II* eingereiht und blieb dort. Nur in einer Sonderausgabe des Epos, die 1820 bei Vieweg erschien, ist es als Einleitung beigegeben. Doch der polemische Ton und die zeitgebundenen Anspielungen paßten zu dem epischen Werk so wenig, daß Goethe es von diesem trennte. Das Gedicht entstand bald nach der *Xenien*-Zeit. Eine Reihe von Schriften hatten auf die *Xenien* geantwortet, Goethes Person und Werke in den Schmutz gezogen und seine Verbindung mit Christiane Vulpius verhöhnt. Er arbeitete jetzt an *Hermann und Dorothea,* einem Werk, von dem er wußte, daß es eine große Gabe an seine

Zeitgenossen war, die ihn seit *Iphigenie* meist kühl und seit den Elegien und Epigrammen geradezu feindlich behandelten. Vers 1 bezieht sich darauf, daß man seine *Römischen Elegien* als sittenverderbend verabscheute, Vers 2 darauf, daß man seine *Venetianischen Epigramme* und *Xenien* ablehnte, Vers 3/4 darauf, daß man das „Römische" seines Lebens angriff. 5/6 ist Gegenstoß gegen die Ablehnung seiner naturwissenschaftlichen Arbeiten, in denen er das *Dogma* Newtons anzutasten wagte. Vers 7 lautete in einer Handschrift: *Daß nicht Stand und Rang und Geschäft mich, den Menschen, verändert,* d. h. er blieb unverbogen, gerade, blieb er selbst auch als Hofmann und Beamter. Vers 18 spielt darauf an, daß Caesar den Lorbeerkranz schätzte, um nicht ganz kahl zu erscheinen. Aber der Dichter bittet nicht um Lorbeer, sondern um Rosen zum *häuslichen Kranze.* Ähnlich wie in einem der *Venetianischen Epigramme* (Nr. 16 S. 178) wünscht er sich häusliches Glück und Freunde zum Gespräch. Das Freundesgespräch beginnt mit dem neuesten Ereignis der wissenschaftlichen Welt: Friedrich August Wolf (Vers 27; über ihn auch *Xenien* Nr. 160 S. 230) hat in seinem Buch „Prolegomena ad Homerum", 1795, dargestellt, daß die Homerischen Gedichte nicht einen einzelnen Dichter zum Verfasser hätten, sondern mehrere, die „Homeriden". Angesichts des einen Homer hatte sich der moderne Dichter bedrückend gering gefühlt. Doch einer von den vielen, moderner *Homeride,* wagt er zu sein (30). Er hat als solcher ein Epos verfaßt, *Hermann und Dorothea* (31). Eigentlich müßte der törichte Vorwurf, er sei nur Nachahmer der Alten geworden (3/4), durch diese Leistung widerlegt sein; denn es formt eine heimisch-deutsche Welt, zugleich aber das Naturhafte, Typische, Humane (33f.). Anregung gab ihm außer den antiken Epen auch Voß' „Luise"; die Verse 35/36 spielen darauf an, daß in „Luise" die Trauung nicht – wie geplant – am Morgen stattfindet, sondern schon am Abend vorher. Die weiteren Zeilen gelten dem Epos *Hermann und Dorothea* in seiner Beziehung zur Zeit. Es zeigt die *traurigen Bilder* der Revolutionskriege, doch es endet hoffnungsvoll (37f.). Die letzten Jahre haben für jeden Menschen Prüfungen gebracht (42), nun möge aus diesen Erlebnissen *Weisheit* erwachsen (41) und im Freundesgespräch lebendig werden. Die abschließende Wendung zur Innerlichkeit erinnert an Xenion 27 S. 212. – Von diesem Gedicht ist in dem Briefwechsel zwischen Goethe und Schiller viel die Rede vom 7. 12. 96 bis zum 7. 2. 97. Als es drei Jahre später zum Druck kam, erwähnte Schiller es noch einmal in einem Brief vom 24. 3. 1800 als „die Elegie, welche so viel persönliche Beziehung auf Sie selbst hat". – HA Briefe Bd. 2, S. 252, 22ff. Brief an F. A. Wolf vom 26. Dez. 1796.

S. 199. DIE METAMORPHOSE DER PFLANZEN. Entstanden Juni 1798. Erster Druck: Schillers Musenalmanach für das Jahr 1799.

Dort folgende Abweichungen: 10 *bilde* 12 *befeuchtender* 43 *Um die Achse bildet sich so der bergende Kelch aus,* 52 *Wickeln sich zwiefach hervor,* 54 *Zahlreich reihen sie sich* 63 *Nun, Geliebte, wende den Blick* 65 *Jede Pflanze winket dir nun* 72 *ersproß* 75 *bald diese.* Danach in *Neue Schriften, Bd. 7, 1800,* zwischen *Amyntas* und der Elegie *Hermann und Dorothea,* also zwischen den übrigen Elegien. Später wurde das Gedicht aus diesem Zusammenhang gelöst und kam 1827 in die Gruppe *Gott und Welt.* Der Druck von 1800 hat die umgearbeitete Fassung, die dann nicht mehr verändert wurde. Unser Text nach der *Ausg. l. Hd.* – Seit seinen ersten Jahren in Weimar befaßte Goethe sich mit Botanik. Er hat die Geschichte dieser Studien später selbst beschrieben (Bd. 13, S. 148–168). Nach jahrelangen Vorarbeiten erschien 1790 seine Abhandlung *Versuch die Metamorphose der Pflanzen zu erklären.* Das Gedicht entstand 8 Jahre später. Die Notiz im Tagebuch, 17. und 18. Juni 1798, *Metamorphose der Pflanzen,* bezeichnet seine Entstehung, bald darauf im Juli sandte Goethe es an Knebel. Die Einzelheiten des Gedichts haben ihre genaue Entsprechung in der Abhandlung (Bd. 13, S. 64–101), so daß diese die beste Erläuterung ergibt, und zwar zu Vers 11–20: § *10–18;* zu 21–32: § *19–28;* zu 33–44: § *29–38;* zu 45–48: § *39–45;* zu 49–56: § *46–73;* zu 57–58: § *74–83.* Die Elegie läßt anschaulich vor dem Leser eine Pflanze sich entfalten, und zwar ist es ein Idealtyp. Auf diese Weise teilt Goethe Grundergebnisse mit, zu denen er gelangt war: Alle Seitenorgane des Stengels sind ihrem Wesen nach das gleiche, d. h. Blätter, und sie entwickeln sich zu Keimblättern, Laubblättern, Kelchblättern, Blütenblättern, Staubblättern, Fruchtknoten und Frucht. Der Samen bedeutet für die Pflanze die engste Zusammenziehung, der Zustand mit Blättern und Blüte die größte Ausdehnung; in diesem Wechsel besteht das Leben. Die Elegie beginnt mit einer individuellen Anrede und hält sie durch Wiederholung lebendig (7, 26, 47, 63 ff.) – die Anrede in dem folgenden Gedicht ist von anderer, allgemeinerer Art –, das Lyrische mit dem Lehrhaften verknüpfend. Der Beginn erweckt Spannung, dann wird geschildert, zwar wissenschaftlich genau, doch anders als in der Abhandlung, z. B. reicher an Metaphern und durchzogen mit Wendungen wie *Göttin, heiliges Rätsel, göttliche Hand, heilige Liebe,* um das Dargestellte als göttliches Gesetz zu bezeichnen, sodann mit Hinweisen auf die würdige Haltung des Menschen: *Staune, denke, freue dich.* Der Schluß deutet an, daß die allgemeine Gesetzlichkeit der Metamorphose und der Steigerung auch für das Tier und für den Menschen gelte, freilich *in verändertem Zug* (68). – 1817 druckte Goethe seine Abhandlung noch einmal, in seinen Heften *Zur Morphologie.* Er gab ihr jetzt autobiographische Erläuterungen bei (Bd. 13, S. 102–117); in diese fügte er auch den Text der Elegie ein, und er setzte rückblickend hinzu: *Nirgends wollte man zu-*

geben, daß Wissenschaft und Poesie vereinbar seien. Man vergaß, daß Wissenschaft sich aus Poesie entwickelt habe, man bedachte nicht, daß nach einem Umschwung von Zeiten beide sich wieder freundlich zu beiderseitigem Vorteil auf höherer Stelle gar wohl wieder begegnen könnten. Freundinnen, welche mich schon früher den einsamen Gebirgen, der Betrachtung starrer Felsen gern entzogen hätten, waren auch mit meiner abstrakten Gärtnerei (d. h. den Ideen der Urpflanze und Metamorphose) *keineswegs zufrieden..Pflanzen und Blumen sollten sich durch Gestalt, Farbe, Geruch auszeichnen, nun verschwanden sie aber zu einem gespensterhaften Schemen. Da versuchte ich diese wohlwollenden Gemüter zur Teilnahme durch eine Elegie zu locken, der ein Platz hier gegönnt sein möge, wo sie im Zusammenhang wissenschaftlicher Darstellung verständlicher werden dürfte als eingeschaltet in eine Folge zärtlicher und leidenschaftlicher Poesien.* An dieser Stelle fügt Goethe nun das Gedicht ein und fährt dann fort: *Höchst willkommen war dieses Gedicht der eigentlich Geliebten, welche das Recht hatte, die lieblichen Bilder auf sich zu beziehen; und auch ich fühlte mich sehr glücklich, als das lebendige Gleichnis unsere schöne vollkommene Neigung steigerte und vollendete; von der übrigen liebenswürdigen Gesellschaft aber hatte ich viel zu erdulden* ... (Bd. 13, S. 107 ff.) Christiane war, von Anbeginn bis zu ihrem Tode, Goethes tüchtige Gartengefährtin, die seinen botanischen Liebhabereien zu Hilfe kam, die Pflanzen pflegte und sich von Herzen freuen konnte über Schönheit und Reichtum der Gartenwelt. Goethe hat öfters ihr Bild zum Sinnbild des Naturhaft-Gesunden gesteigert, und so steht es aus mehr als einem Grunde hier am Anfang und Ende des Gedichts. Gerade durch diese Motive hat es durchaus Aufbau und Charakter einer Elegie, den ihm auch die Distichenform verleiht. Es konnte daher zuerst zwischen anderen Elegien stehn, bis es 1827 in die Gruppe *Gott und Welt* kam, die in einigen Zügen ein Ersatz für das aufgegebene große Naturgedicht war. – 28 *verwachsen*: zusammengewachsen. Dt. Wb. 12, 1 Sp. 2069.

Goethes morphol. Schriften. Hrsg. von W. Troll. Jena (1926). – K. L. Wolf und W. Troll, Goethes morphol. Auftrag. Lpz. 1940. 3. Aufl. Tübingen 1950. – Günther Müller in: Dt. Vjs. 21, 1943, S. 67–98. Wiederabgedruckt in: Die dt. Lyrik. Hrsg. von B. v. Wiese. Bd. 1, Düsseldorf 1956 u. ö., S. 251–271. – Clemens Heselhaus in: Euphorion 47, 1953, S. 121–146. – Gertrud Overbeck, Goethes Lehre von der Metamorphose der Pflanzen und ihre Widerspiegelung in der Dichtung. Publ. of the English Goethe Society 31, 1961, S. 38–59. – Goethe, Die Schr. zur Naturwiss. Leopoldina-Ausg. 2. Abt., Bd. 9 B. 1986, S. 476–480. – HA Briefe Bd. 2, S. 359, 11 ff. – Ferner die zu der Gruppe „Elegien und Lehrgedichte" angegebene Literatur und Bd. 13, S. 53–168 und die Anmerkungen dazu.

S. 201. METAMORPHOSE DER TIERE. Erster Druck: *Zur Morphologie, Bd. 1, 1820,* dann in der *Ausg. l. Hd.* in der Abteilung *Gott und Welt;* außerdem eine Handschrift von Goethes Schreiber John mit Überschrift von Goethe selbst. Unser Text nach der *Ausg. l. Hd.* Keine Varianten, mit einer Ausnahme: Vers 57 interpungiert die Handschrift *Freue dich, höchstes Geschöpf der Natur!* Dieser Vers schließt inhaltlich an Vers 52 an. – Die beiden Metamorphose-Gedichte, durch ihren Inhalt und die fast parallelen Überschriften als Gegenstücke nebeneinander gestellt, sind formal bemerkenswert verschieden. *Die Metamorphose der Pflanzen* in sich geschlossen, elegienartig, in Distichen, Persönliches einschaltend; die *Metamorphose der Tiere* in reinen Hexametern, episch, alles Persönliche meidend, am Anfang und Ende auf Weiteres weisend, also ein Bruchstück. Hätte Goethe es nicht 1827 selbst zwischen seine Gedichte gestellt, so könnte man es bei den Epen als Fragment einordnen. Für die Datierung fehlen Anhaltspunkte. Das Tagebuch notiert am 10. 11. 1806: *Hexameter zur Morphologie.* Daraus haben Düntzer, Pniower, Hecker, Staiger u. a. gefolgert, an diesem Tage sei die *Metamorphose der Tiere* entstanden. Ich bin der Meinung, die schon Boucke (Fest-Ausg. 2, 440) äußerte, daß das Gedicht früher geschrieben ist. Die Eintragung im Tagebuch am 10. November 1806 erfolgte 3 Wochen nach der Schlacht bei Jena. Damals war Goethe beschäftigt, Vorhandenes abzuschließen, damit die Kriegswirren es nicht vernichten könnten. Am 24. Oktober verzeichnet das Tagebuch *Fischerin,* am 25. Oktober *Elpenor;* das heißt, daß diese für den Neudruck bzw. Erstdruck *(Elpenor)* in den *Werken* bei Cotta fertig gemacht wurden. Am 8. November verzeichnet das Tagebuch *Morphologie;* jetzt versuchte Goethe, seine Aufsätze dieses Themas (Bd. 13, S. 53ff.) abzuschließen; wenn er am 10. November schreibt *Hexameter zur Morphologie,* so bedeutet das vermutlich, daß er die Einschaltung des Gedichts *Die Metamorphose der Pflanzen* (Bd. 13, S. 107ff.) in die Prosa-Abhandlung vornahm. (Diese Meinung schon bei Gräf 1, S. 425f. und Boucke 2, 440.) Es ist unwahrscheinlich, daß in den wirren Wochen nach der Schlacht bei Jena dieses Epen-Fragment entstanden ist. Außerdem schrieb Goethe zu dieser Zeit überhaupt keine Hexameter mehr, da sie ihm durch die Metriker verleidet waren. Möglich ist, daß das Gedicht zu diesem Zeitpunkt auf Grund einer älteren Handschrift überarbeitet wurde. Wenn Goethe in diesen Jahren ein großes Gedicht neu schrieb, nennt das Tagebuch es meist 2–3 Tage hintereinander; das ist hier nicht der Fall. Die *Metamorphose der Tiere* ist ein Bruchstück des großen Natur-Gedichts, mit dem Goethe sich 1798/99 beschäftigte. Sowohl der Anfang als auch das Ende weisen auf Zusammenhänge eines größeren Werkes. 1806 hatte Goethe diesen Plan wohl schon aufgegeben. (Vgl. die allgemeinen Anmerkungen zu dem Abschnitt ,,Elegien und Lehrgedichte" und Gräf, Epische Dichtungen 1, S. 285–295.) Auch hat er nach 1800 fast nie mehr Hexameter benutzt, weil es ohne Metrik schlecht ging, und mit ihr noch schlechter. Im Juni 1798 war *Die Metamorphose der Pflanzen* entstanden und im Juli an Knebel geschickt, den Lukrez-Spezialisten, den Goethe als Fachmann für naturwissenschaftliche Lehrdichtung nahm. Knebels Antwort vom 18. 7. 98 enthält u. a. die Sätze: „Doch wünschte ich beinahe, Du hättest den ganzen Hexameter vorgezogen, obgleich der weichere Vortrag an eine Freundin den elegischen Vers entschuldigen mag." Im Januar 1799 erhielt Goethe Knebels Lukrez-Übersetzung. Das Tagebuch notiert: *Ideen zu einem Naturgedicht.* (18. 1. 99.) An Knebel schreibt er: *Indem ich es durchlas, hat sich manches bei mir geregt.* (22. 1. 99.) Wahrscheinlich ist um diese Zeit die *Metamorphose der Tiere* skizziert worden. Die Handschrift des Entwurfs (W. A. 53, S. 549ff.) legt diese Annahme nahe. Was die Form betrifft, haben Knebels Brief und das Vorbild des Lukrez gewirkt: Es sind epische Hexameter, nicht mehr Distichen. Zum Einzelgedicht umgearbeitet ist das Bruckstück nie, denn dann hätte zumindest der Anfang geändert werden müssen. In dem 2. Heft *Zur Morphologie*, wo es 1820 erstmalig gedruckt wurde, konnte es bleiben, wie es war, weil es hier zwischen tiermorphologische Arbeiten gestellt wurde. In der Gruppe *Gott und Welt* der Gedichte, 1827, konnte es ebenfalls seine Gestalt behalten, denn hier stand es zwischen anderen naturbetrachtenden Gedichten, insbesondere *Eins und Alles, Die Metamorphose der Pflanzen* und *Urworte, orphisch.* – Goethe hatte in den Weimarer Jahren vor der Italienischen Reise bereits eifrig Knochenlehre und Anatomie getrieben mit Hilfe der Jenaer Professoren und der dortigen Universitäts-Institute. 1784 entstand die Schrift über den Zwischenkieferknochen (Bd. 13, S. 184–196), 1795 ein *Erster Entwurf einer allgemeinen Einleitung in die vergleichende Anatomie* (Bd. 13, S. 170–184), 1796 Vorträge über Anatomie und Osteologie. In diese Periode fällt auch ein *Versuch einer allgemeinen Vergleichungslehre.* Alle diese Schriften, besonders aber der *Erste Entwurf,* 1795, haben nahe Parallelen zu dem Gedicht: *Die Teile des Tieres, ihre Gestalt untereinander, ihr Verhältnis, ihre besondern Eigenschaften bestimmen die Lebensbedürfnisse des Geschöpfs. Daher die entschiedene, aber eingeschränkte Lebensweise der Tiergattungen und Arten ... Wenn wir die Teile genau kennen und betrachten, so werden wir finden, daß die Mannigfaltigkeit der Gestalt daher entspringt, daß diesem oder jenem Teil ein Übergewicht über die andern zugestanden ist. So sind zum Beispiel Hals und Extremitäten auf Kosten des Körpers bei der Giraffe begünstigt, dahingegen beim Maulwurf das Umgekehrte stattfindet. Bei dieser Betrachtung tritt uns nun gleich das Gesetz entgegen: daß keinem Teil etwas zugelegt werden könne, ohne daß einem andern dagegen etwas abgezogen werde, und umgekehrt. Hier sind die Schranken der tierischen Natur, in welchen sich die bildende Kraft auf die wunderbarste und beinahe auf die will-*

kürlichste Weise zu bewegen scheint, ohne daß sie im mindesten fähig wäre, den Kreis zu durchbrechen oder ihn zu überspringen. Der Bildungstrieb ist hier in einem zwar beschränkten, aber doch wohleingerichteten Reiche zum Beherrscher gesetzt. Die Rubriken seines Etats, in welche sein Aufwand zu verteilen ist, sind ihm vorgeschrieben, was er auf jedes wenden will, steht ihm bis auf einen gewissen Grad frei. Will er der einen mehr zuwenden, so ist er nicht ganz gehindert, allein er ist genötigt, an einer andern sogleich etwas fehlen zu lassen; und so kann die Natur sich niemals verschulden oder wohl gar bankrutt werden ... Wir denken uns also das abgeschlossene Tier als eine kleine Welt, die um ihrer selbst willen und durch sich selbst da ist. So ist auch jedes Geschöpf Zweck seiner selbst, und weil alle seine Teile in der unmittelbarsten Wechselwirkung stehen, ein Verhältnis gegeneinander haben und dadurch den Kreis des Lebens immer erneuern, so ist auch jedes Tier als physiologisch vollkommen anzusehen. Kein Teil desselben ist, von innen betrachtet, unnütz oder, wie man sich manchmal vorstellt, durch den Bildungstrieb gleichsam willkürlich hervorgebracht ... Man wird also künftig von solchen Gliedern wie z.B. von den Eckzähnen des Sus babirussa nicht fragen: wozu dienen sie? sondern: woher entspringen sie? Man wird nicht behaupten, einem Stier seien die Hörner gegeben, daß er stoße, sondern man wird untersuchen, wie er Hörner haben könne, um zu stoßen ... Fragt man aber nach den Anlässen, wodurch eine so mannigfaltige Bestimmbarkeit zum Vorschein komme, so antworten wir vorerst: das Tier wird durch Umstände zu Umständen gebildet; daher seine innere Vollkommenheit und seine Zweckmäßigkeit nach außen. Um nun jene Idee eines haushälterischen Gebens und Nehmens anschaulich zu machen, führen wir einige Beispiele an ... (Bd. 13, S. 175ff.) Der gemeinsame Grundgedanke in diesem Aufsatz und in dem Gedicht ist *jene Idee eines haushälterischen Gebens und Nehmens,* die innere Organisation jedes Tieres. Goethe hat diesen Gedanken sein Leben lang weiterverfolgt. Während das Pflanzengedicht die Wandelbarkeit der einzelnen Organe im Zusammenhang des Jahreswachstums darstellt, faßt das Tiergedicht sie von der Gesetzlichkeit der inneren Organisation her. Hiermit erreicht es einen Gesichtspunkt, der am Ende über das Tierreich hinausblicken läßt. Der Gedanke von *Macht und Schranken* gilt auch für den Menschen, freilich in abgewandelter Form. Das hat später das Gedicht *Urworte, orphisch* (S. 359f.) ausgesprochen, das Goethe in der *Ausg. l. Hd.* der *Metamorphose der Tiere* angereiht hat.

Bd. 13, S. 170–250 u. Anm. – HA Briefe Bd. 2, S. 365, 24ff.; 372, 20ff. – Goethes morph. Schr., hrsg. von W. Troll. Jena (1926). Insbes. S. 60–72, 306–387. – Goethe, Schr. zur Naturwiss. Leopoldina-Ausg. 2. Abt., Bd. 9 B, 1986, S. 481–487. – Vgl. Kommentar zu „Die Zeit der Klassik".

VERMISCHTE EPIGRAMME

Am 17. 4. 1782 schrieb Goethe aus Ilmenau an Knebel: *Ich bin nun auch in den Geschmack der Inschriften – Epigramms – gekommen, und es werden bald die Steine zu reden anfangen.* In die Briefe an Frau v. Stein streute er in dieser Zeit (12. 4. 82; 26. 5. 82) gelegentlich Epigramme ein, und zwei Jahre später, am 17. 12. 84, heißt es dann schon: *Schicke mir die Epigramme, daß ich sie abschreiben lasse.* Es waren also bereits eine ganze Anzahl vorhanden. Goethe behielt die Epigrammdichtung in den folgenden Jahren bei. Das meiste, was entstand, kam in die beiden großen Sammlungen, die *Venetianischen Epigramme* und die *Xenien.* Doch um 1800 hörte bei ihm diese Form wieder auf. In der Folgezeit traten dann die alte deutsche Form des Reimspruchs und der Prosa-Aphorismus immer mehr hervor.

Das antike Epigramm war Goethe seit seiner Jugend bekannt. Lessings Abhandlung „Zerstreute Anmerkungen über das Epigramm", 1771, hatte erneut darauf hingewiesen. Das Epigramm als Gattung, witzig, pointiert, rational, knapp, entsprach dem Geiste des 18. Jahrhunderts. Die Aufklärungsdichtung von Wernicke bis Lessing hatte viele Epigramme hervorgebracht; sie waren durchweg in madrigalischen Reimen geschrieben, die diesem Formprinzip des „Witzes" sehr entgegenkamen. Nachdem Klopstock als erster Dichter antike Maße für Epos und Ode im Deutschen angewandt hatte, war es nun eine fällige Aufgabe, auch deutsche Epigramme in antiken Maßen zu schaffen. Klopstock selbst begann damit sehr zögernd seit 1774, blieb als Spruchdichter aber meist bei den alten Reimversen. Den entscheidenden Schritt tat Herder, der seit 1780 formgetreu „Blumen aus der griechischen Anthologie" übersetzte und 1785 veröffentlichte. Die damalige enge Geistesgemeinschaft mit Goethe ließ diesen an den Herderschen Arbeiten teilnehmen und regte ihn zu eigenem Schaffen an. Während Herder nur übersetzte und bearbeitete, dichtete Goethe eigene Epigramme in antiken Maßen. Und er unterscheidet sich von der deutschen Epigrammatik vor ihm nicht nur in der Form: Seine Epigramme haben selten das Scharfe, Berechnende, Witzige der Aufklärungsepigrammatik, sondern etwas Stilles, Denkmalhaftes, Nachdenkliches oder Stimmungsvolles. Sie sind ursprünglich wirkliche „Inschriften", und zwar für Steine im Park von Weimar. Als Friedrich Leopold Stolberg 1784 in Weimar war, schrieb er an Voß: „Hie und da stehen Inschriften von ihm im Wäldchen, ich wollte sie für den Musenalmanach haben, aber das will er nicht. Sie sollen noch nicht ins Publikum kommen, um an ihrer Stelle mehr zu wirken." (Gespräche, hrsg. von Herwig, Bd. 1, S. 349.) Erst 1789 kamen sie in die Gedichtsammlung. Er hat sie für die Drucke mehrfach umgearbeitet, da er bestrebt war, den Klang gefälliger und vor allem auch regelgetreuer zu gestalten. Denn die Epigramme der voritalienischen Zeit waren seine ersten Versuche in antikisierenden Langzeilen. Vor ihm hatte Klopstock solche versucht. 1781 erschien die Odyssee-Übersetzung von J. H. Voß. Goethe schrieb zunächst ganz aus seinem eigenen rhythmischen Empfinden heraus. Später paßte er seine Verse den Regeln der Metriker an, gewonnen haben sie dabei nicht immer. Unser Text folgt der *Ausg. l. Hd.* Für einige Stellen bringen die Anmerkungen Beispiele der frühen Fassungen.

Reallexikon der dt. Literaturgesch., Bd. 1, 2. Aufl. 1958. Art. „Epigramm". – E. Beutler, Vom griechischen Epigramm im 18. Jahrhundert. Lpz. 1909. = Probefahrten, 15. – Wolfgang Preisendanz, Die Spruchform in der Lyrik des alten Goethe. Heidelberg 1952. S. 64–70. – C. C. L. Hirschfeld, Theorie der Gartenkunst. Bd. 3, Lpz. 1780, S. 126–170 „Von Statuen, Monumenten und Inschriften", gibt Beispiele für Inschriften auf Steinen in Parkanlagen; als Hintergrund zur Beurteilung von Goethes Inschriften aufschlußreich, denn Goethe machte aus der Modeform etwas ganz Eigenes. – Gräf Bd. 1, S. 85 ff.

S. 204. EINSAMKEIT. Entstanden im Frühjahr 1782, wie aus einem Brief an Knebel vom 5. Mai 82 zu erschließen ist.

Inschrift für einen Stein im Weimarer Park, den man noch jetzt unterhalb des „Römischen Hauses" sieht. In Vers 6 *hülfreich und tröstlich* Inschrift auf dem Stein, ebenso in Goethes Sammelhandschrift der Gedichte von 1788 und in dem Druck bei Göschen Bd. 8, 1790, S. 223. Dagegen *tröstlich und hülflich* in den Cottaschen Drucken 1806, 1815 und 1827. – Nach Voß-Schlegel ist *hülfreich und* – – ⏑, also falsch, *tröstlich und* – ⏑ ⏑, also richtig.

S. 204. ERWÄHLTER FELS. 1782. Erster Druck: *Schriften 1789.* Eine frühe handschriftliche Fassung lautet in Vers 6/7 *Ruf' ich weihend und froh: bleibe mir Denkmal des Glücks! Dir allein verleih' ich die Stimme ...* Goethe brachte an einer Steinbank in seinem Garten nahe dem Gartenhaus diese Verse an, man findet sie hier noch heute, und hier, wo sie entstanden sind, tun sie ihre Wirkung mehr als im Buch, weil zur Inschrift die unmittelbare Atmosphäre des Ortes gehört; der Besucher wird an dem gleichen Platze, wo einst der Dichter stand, von ihm angesprochen. Dazu der Brief an Frau v. Stein vom 3. 8. 82: *Die Bank will ich besorgen und den Stein benennen ...* – W. Huschke u. W. Vulpius, Park um Weimar. Weimar 1956. S. 31 f. und Abb. 32.

S. 204. DEM ACKERMANN. Um 1785. Erster Druck: *Schriften 1789.* Frühe handschriftliche Fassung:

Eine flache Furche bedecket den goldenen Samen,
Eine tiefere deckt endlich dein ruhend Gebein;
Pflüge fröhlich und säe, hier keimet Nahrung dem Leben,
Aus dem Grabe entspringt schöneres Leben dir einst!

S. 205. ANAKREONS GRAB. Um 1785. Erster Druck: *Schriften 1789*. Wie schon in *Wandrers Sturmlied* (S. 35) ist hier die Anmut des geliebten antiken Dichters beschworen, dem Goethes Neigung zum Idyll entgegenkam, die ebenso in ihm war wie anderseits die Fähigkeit zum Tragischen. – Fritz Rahn in: Mein Gedicht. Hrsg. von D. E. Zimmer. Wiesbaden 1961. S. 64–66. – H. Zeman, Die dt. anakreontische Dichtung. 1972. S. 305.

S. 205. ZEITMASS. Um 1784. Erster Druck: *Schriften 1789*.

S. 205. WARNUNG. Erster Druck: *Schriften 1789*. Eine Anspielung auf dieses Epigramm im Brief an Frau v. Stein vom 22. 11. 84. Entstanden wohl nicht lange davor.

S. 205. DIE LEHRER. Um 1785. Erster Druck: *Schriften 1789*. – *Calanus*: indischer Philosoph, begleitete Alexander d. Gr. auf dessen Indienzug und gab sich selbst den Tod durch Verbrennen, um nicht krank und weichlich fortzuvegetieren. – Richard Fick, Der indische Weise Kalanos und sein Flammentod. = Nachr. v. d. Akad. d. Wiss. in Göttingen. Phil.-Hist. Kl. Neue Folge. Fachgruppe III. 2. Bd. 1938–42. Göttingen 1942. S. 1–32.

S. 206. JUGENDLICH KOMMT SIE ... Wohl 1786. Erster Druck: Aus Herders Nachlaß, hrsg. v. Düntzer u. F. G. v. Herder, 1856. Von Goethe an Herder gesandt, wohl als Dank bei der Rückgabe der Abhandlung „Nemesis“, die dann 1786 in Herders „Zerstreuten Blättern“ erschien. Jedoch ist das Epigramm so allgemein gehalten, daß es nicht nur auf die Göttin Nemesis, sondern auch auf andere Göttergestalten und auf das Göttliche schlechthin zutrifft. – Nicht in Distichen-Form, sondern nur Hexameter.

S. 206. WILL ICH DIE BLUMEN ... Einem Brief an F. H. Jacobi vom 1. 6. 91 beigefügt. Im Mai 1791 sandte G. Forster an Goethe seine soeben erschienene Übersetzung des Dramas „Sakontala“ – die heutige Wissenschaft schreibt: Sakuntala – von dem altindischen Dichter Kalidasa, im August dankte Goethe ihm dafür. „Sakuntala“ wurde ihm ein außergewöhnlich starker künstlerischer Eindruck und ein Tor zum Verständnis des Ostens. Immer wieder hat er fortan dieses anmutige, glühende, pflanzenhaft-zarte und zugleich tiefe Werk gepriesen, bis in sein höchstes Alter gibt es zahlreiche darauf bezügliche Stellen in seinen Schriften. – Erster Druck: Deutsche Monatsschrift 1791, in etwas anderer, vielleicht nicht authentischer Fassung. – Erich Jenisch, Goethe und das ferne Asien. Dt. Vjs. 1, 1923, S. 309–338. – Namen-Register in Bd. 14 und Briefe Bd. 4, „Kalidasa“.

S. 206. IN DAS STAMMBUCH DES SCHAUSPIELERS SCHRÖDER. 1791. Erster Druck: Jahrbuch f. Theater u. Theaterfreunde. Hamburg 1841. Der bedeutende Hamburger Schauspieler und Theaterleiter war Goethe seit 1780 bekannt, er konnte ihm 1791 bei einem Besuch wertvollste Anregungen für seine Arbeit als Weimarer Theaterleiter geben. Bei dieser Gelegenheit schrieb ihm Goethe die Verse ins Stammbuch.

S. 206. DER CHINESE IN ROM. Entstanden August 1796, also am Ende der *Xenien*-Zeit. Erster Druck: Schillers Musenalmanach für 1797. Gegen Jean Paul gerichtet. Dazu: Brief an Schiller vom 10. 8. 96. – J. Petersen, Jean Paul und die Weimarer Klassiker. In: Petersen, Aus der Goethezeit. Lpz. 1932. S. 201–222. – Max Kommerell, Jean Paul in Weimar. In: Kommerell, Dichterische Welterfahrung. Frankfurt 1952. S. 52–82.

S. 207. SCHWEIZERALPE. Entstanden 1. 10. 97 auf der Schweizerreise. Erster Druck: Schillers Musenalmanach für 1799.

S. 207. IN EIN STAMMBUCH. Die Goethesche Eintragung mit dem Datum *Pyrmont, 15. Juli 1801,* auf einem mit Vignette umrandeten typischen Albumblatt der Zeit ist facsimiliert in: Goethe und seine Welt S. 165. Erster Druck: Neuestes Verzeichnis einer Goethe-Bibliothek. Lpz. 1874.

S. 207. ZWEI DISTICHEN FÜR DAS STAMMBUCH DES SOHNES. *Halte das Bild ...* datiert *Halle, 12. Juli 1805;* das andere, *Selbst erfinden ...*, ist undatiert, aber wohl etwa gleichzeitig, da beide auch in einem Notizbuch Goethes von 1805 stehen. Erster Druck: Chaos (von Ottilie v. Goethe herausgegebene Privatzeitschrift) 1830.

S. 207. WER IST DER GLÜCKLICHSTE ... Entstanden wohl 1805. Erster Druck: Chaos 1830.

XENIEN

Die *Xenien* sind ein gemeinsames Werk von Goethe und Schiller. Es kommt fast niemals vor, daß zwei Dichter gemeinsam ein Werk verfassen. Die Konzeption einer Dichtung, der Stil der Durchführung sind durchaus Sache des Individuums, jedenfalls in der Neuzeit, welche nicht mehr objektive Stoffe, objektive Regeln und feste Schulüberlieferungen kennt wie das mittelalterliche Schrifttum. Goethe und Schiller als ausgesprochene Individualitäten konnten kein Drama, keinen Roman, kein lyrisches Gedicht gemeinsam verfassen, und Goethes späterer Versuch, den „Demetrius" zu vollenden, ist nicht gelungen. Was aber als gemeinsames Werk entstehen konnte, war eine Sammlung von Epigrammen, ein großes Mosaik, dessen Steinchen beide liefern konnten und dessen Komposition, in großen Zügen von beiden besprochen, dann letztlich doch wieder nur einem von beiden, nämlich Schiller, zufiel. Das Epigramm ist eine dichterische Form, die witzig, kühl, klar und geschliffen ist. Darum ist es hier verhältnismäßig leicht möglich, daß ein Dichter die Worte des anderen aufnimmt, weiterführt, ergänzt und bessert. Es ist eine Gattung, in der die so verschiedenen Naturen Goethes und Schillers sich trafen. So wenig Schiller in ein Goethesches Lied Verse hätte einsetzen können, so wenig Goethe zur Schillerschen Gedankenlyrik etwas beisteuern konnte, so sehr war es anderseits möglich, daß im epigrammatischen Distichon der eine den Hexameter entwarf und dem anderen dazu der Pentameter einfiel oder der eine das Thema gab und der andre die Form fand oder der eine ein Distichon schrieb und der andere es verbesserte. Auch an Idee und Plan des Ganzen haben beide Anteil.

Goethe hat die Idee der *Xenien* zuerst geäußert. Sein Verhältnis zum Publikum und zu den schreibenden Zeitgenossen war in den 90er Jahren kritisch geworden. Als *Götz,* als *Werther* erschien, hatten breite Leserkreise ihm zugejubelt, und die schriftstellernde Jugend hatte begeistert ihn als ihren Führer gepriesen. Jetzt, da er sich weit reifer fühlte als damals und seit 1790 seine Werke in 8 Bänden den Deutschen vorgelegt hatte, darunter *Iphigenie* und *Tasso,* hatte er Kühle und Gleichgültigkeit, ja Abneigung erfahren. Seit Beginn des Jahres 1795 unterstützte er Schiller bei dem Bemühen, in den „Horen" den deutschen Lesern eine auf hohem Niveau stehende Zeitschrift mit Aufsätzen und dichterischen Beiträgen zu bieten. Aber der Erfolg war ausgeblieben. Statt Anerkennung war fast überall nur Mißverständnis, scharfe Kritik und Spott zu bemerken, zumal in den Rezensionen derjenigen Blätter, welche dem bürgerlichen Geschmack entsprachen. So griffen Jacob in Halle, Manso in Breslau, Nicolai in Berlin und manche andere die „Horen" derb an. Am 28. Oktober 1795 schlug Goethe Schiller ein Strafgericht über die Horen-Kritiker vor. Schillers Antwort vom 1. November mustert die Hauptgegner. Die Neigung zur Kritik an den Zeitgenossen hatte sich schon in Goethes Aufsatz *Literarischer Sansculottismus* (Bd. 12, S. 239–244) gezeigt und in manchen Teilen von Schillers Abhandlung „Über naive und sentimentalische Dichtung". Beide Dichter glaubten, zwischen ihren anderen großen Arbeiten einmal auch Satire bringen zu dürfen. Zu ihrer beider Natur gehörte auch Witz, gelegentliche Schärfe und ein Schuß Kampfesfreude in geistigen Dingen. Als dichterischen Ausdruck solchen Geistes gab es eine alte dichterische Gattung, das Epigramm. Man muß sich vor Augen halten, in welch hohem Grade jene Zeit in der Literatur des Altertums, zumal der lateinischen, lebte. Sowohl Goethe als auch Schiller war natürlich Martial geläufig, der eine Sammlung von Epigrammen verfaßt hatte, deren eines Buch er „Xenia" nannte. „Xenia" ist das griechische Wort für kleine Geschenke, die ein Gastgeber nach der Mahlzeit an seine Gäste verteilt. Das Wort wird also sowohl von Martial wie auch von Schiller und Goethe ironisch benutzt. Lessings „Zerstreute Anmerkungen über das Epigramm", 1771, hatten ausführlich Martial behandelt.

In dem Augenblick, als in Goethe der Gedanke auftauchte, der Polemik die Form von Epigrammen zu geben, war der Plan der *Xenien* geboren. Am 23. Dezember 1795 schrieb er Schiller den Vorschlag, *auf alle Zeitschriften Epigramme, jedes in einem einzigen Disticho, zu machen, wie die Xenien des Martials.* Am 26. Dezember sendet er ihm 12 Distichen als Probe und nennt sie bereits *Xenien.* Schiller fing sogleich Feuer und erweiterte den Plan dahin, nicht nur die Zeitschriften, sondern überhaupt alle Gegner und alle literarische Mittelmäßigkeit und Hohlheit aufs Korn zu nehmen. Beide steigerten sich gegenseitig in das *Xenien*-Schreiben hinein. Schon Ende Januar 1796 waren etwa 200 Epigramme beisammen. Nun kann Epigramm-Schreiben bei Dichtern ihres Wesens immer nur Nebenwerk sein. Goethe beschäftigte sich damals mit Vorarbeiten zu einem großen Werk über Italien, aus dem später die *Italienische Reise* wurde, mit der Cellini-Übersetzung und mit Studien zur Farbenlehre sowie zur Metamorphose der Insekten. Schiller, durch Krankheit und Familiensorgen belastet, arbeitete als Schriftleiter der „Horen" und des „Musenalmanachs", begann wieder Gedichte zu schreiben und schematisierte den „Wallenstein". Es war ganz selbstverständlich, daß nun die epigrammatische Form sich auch assoziierte mit den Inhalten ihrer übrigen Arbeiten. So kam es, daß vielerlei Epigramme entstanden, die mit Polemik und Zeitkritik nichts zu tun haben, über Kunst, Wissenschaft, Leben und Politik. Eine Zeitlang spielten beide mit der Idee, ein gemeinsames großes Buch Epigramme zu verfassen, das in seiner Vielfalt einen Kosmos des Geistes darstellen sollte. Aber wären dann nicht ihre anderen Arbeiten darüber zu kurz gekommen? War das Epigramm überhaupt die rechte Form für das, was sie zu sagen hatten? Beide waren sie ihrem Wesen nach nicht eigentlich Epigrammatiker. Im Mai 1796 gaben sie den Plan des großen Epigramm-Buchs wieder auf. Die *Xenien* sollten ein Teil des nächsten Schillerschen Musenalmanachs werden, und zwar sollten auf die polemischen die friedlichen folgen. Schiller stellte im Juni alles Entstandene zusammen und sandte am 27. Juni das Manuskript an Goethe, der es abschreiben ließ. Diese Abschrift mit 676 Xenien ist uns erhalten. Schiller erhielt das Manuskript zurück mit Goethes Korrekturen und Ergänzungen, und nun gefiel Schiller bei nochmaliger Durchsicht das Ganze gar nicht. Für ein literarisches Strafgericht war viel zu viel Friedliches hineingekommen. Anderseits war es auch nicht ein Kosmos des Geistes. Unbarmherzig strich er die meisten der freundlichen Xenien weg und stellte die übrigen zu der großen Satire zusammen, freilich mit mancherlei ernsten, tiefsinnigen und liebenswürdigen Distichen durchsetzt, die dem Ganzen Tiefe und Hintergrund geben. Goethe war zunächst frappiert durch Schillers gewaltsame Redaktion, ging dann aber auf Schillers Vorschlag ein. Schiller benutzt das Bild einer Reise: Die Xenien kommen zur Leipziger Buchhändlermesse, begegnen verschiedenen Autoren und Zeitschriften, kommen an die deutschen Flüsse und schließlich in die Hölle. Aber dieser Zusammenhang ist nur sehr locker gehandhabt. Das Ganze schließt mit zwei Unterweltsgesprächen, dem einen mit den verschiedenen Philosophen, und dem anderen mit Herkules-Shakespeare über die Flachheit der zeitgenössischen Dramatik. Dieses Finale, das mit lauten Trompetenstößen auch einen Leser, der nach so vielen Distichen ermüdet und leicht verwirrt ist, noch einmal emporreißt, stammt von Schiller allein. Vermutlich ist auch der Anfang des Ganzen von ihm. In den mittleren Partien scheint stellenweise Goethesches Gut zu überwiegen. Aber das Salz dazwischen und der Aufbau des Ganzen ist von Schiller. So sehr die einzelnen Distichen auf Dinge der Zeit anspielen, auf Zeitschriftenaufsätze, Bücher, Theaterstücke usw., so sehr wird doch in der Hand der großen Dichter vieles ins Allgemeine gehoben. Der platt-nüchterne Kunstbeurteiler, der geschäftige Literat, der unfähige Philosoph, der spießbürgerliche Dramatiker und viele andere Gestalten sind Typen, die weit über ihre Zeit hinaus Geltung haben. Oft nennt nur der Titel das Spezielle, d.h. einen Namen, der Text aber bringt dann das Allgemeine (z.B. Nr. 17). Und auch da, wo auf Tagesdinge angespielt wird, ist die witzige, pointierte Form das Entscheidende; denn im Epigramm herrscht nicht die Gegenständlichkeit des Stoffs, sondern der Geist des Betrachters.

Nachdem die *Xenien* als Zyklus zusammengestellt waren, wählte Schiller aus dem übrigbleibenden Rest eine reiche Anzahl und verteilte sie auf verschiedene Stellen in seinem Almanach, die meisten davon, 103, als eine Gruppe unter dem Titel *Tabulae votivae.* „Votivtafeln" waren bei den Römern Tafeln mit Inschriften, die auf Grund eines Gelübdes in einem Tempel aufgehängt wurden, um einer Gottheit zu danken, die sich hilfreich erzeigt hatte.

Die Wirkung der *Xenien* war groß. Man rätselte über Anspielungen und über den Anteil der Verfasser. Es gab Gelächter, aber auch viel Ärger, mehr als die Verfasser erwartet hatten. Als ein literarisches Spiel zu zweit hatten sie die Epigramme geschrieben und ihre Freude gehabt an der geschliffenen Form. Vielleicht hätten sie besser getan, vieles für sich zu behalten, wie Goethe es im Alter mit seinen polemischen Sprüchen tat. Manchen unter den Angegriffenen geschah in den *Xenien*

Unrecht, z. B. Friedrich Leopold Stolberg. Meist hatte Schiller, der stärker literarisch Partei war als Goethe, den Freund mitgerissen. Die Leser sahen selten die Form und die von Martial herkommende Tradition, sondern vor allem den Inhalt. Manche Getroffene schwiegen. Andere schlugen zurück, plumper und heftiger. Viele Zeitschriften brachten scharfe Kritiken. Eine Anzahl von Autoren, die sich fast alle nicht nannten, verfaßten Gegen-Xenien, die oft ins Persönlich-Gehässige und Klatschhafte abglitten und z. B. über Goethe und Christiane Vulpius in übelster Weise witzelten. Bekannt geblieben ist nur ein einziges Epigramm, das in witziger Form einen Punkt angreift, der in der Tat angreifbar war, die mitunter nachlässig gehandhabte metrische Form:

In Weimar und in Jena macht man Hexameter wie der;
Aber die Pentameter sind doch noch exzellenter.

Es steht als Nr. 91 in den ,,Trogalien (d. h. Nachspeise) zur Verdauung der Xenien" von Fürchtegott Christian Fulda.

Zahlreiche Berichte sind überliefert, wie lebhaft man überall in Deutschland sich mit den *Xenien* beschäftigte. In kurzer Zeit brachte es der *Xenien*-Almanach zu drei Auflagen. Dieser Erfolg sowie der ganze *Xenien*-Kampf sind bezeichnend für die literarischen Zustände der Zeit. In früheren oder späteren Zeiten hätte ein solches nur aus literarischen Anspielungen bestehendes Werk nicht so breites Interesse gefunden wie in dieser Epoche, deren größtes Interesse eben die Literatur war. Sie sind darum auch etwas Einzigartiges geblieben. – Beide Dichter vermieden es, auf die zahlreichen Anwürfe zu antworten. Es war nun genug der Polemik. Die folgenden Werke sollten wieder aufbauende Arbeit an großen Aufgaben sein. Nach diesem Werk, von dem sie wußten, daß es das zeitgebundenste sei von allem, was sie geschaffen hatten, sollte wieder Zeitüberdauerndes folgen. Der nächste Musenalmanach, 1798, war der Balladenalmanach. Schiller schrieb damals viele seiner bedeutendsten Gedichte und arbeitete am ,,Wallenstein". Goethe vollendete bald nach den *Xenien* sein Epos *Hermann und Dorothea* und schrieb dem Freunde am 15. November 1796: *Nach dem tollen Wagestück mit den Xenien müssen wir uns bloß großer und würdiger Kunstwerke befleißigen und unsere proteische Natur, zu Beschämung aller Gegner, in die Gestalten des Edlen und Guten umwandeln.*

Als später jeder der beiden Dichter den Druck seiner Gedichte vorbereitete, ergab sich die Frage, was mit den Distichen zu tun sei. Schiller nahm einige Gruppen und auch Einzeldistichen heraus und reihte sie unter neuen Titeln (,,Die Philosophen", ,,Shakespeares Schatten", ,,Die Flüsse", ,,Kant und seine Ausleger" usw.) seinen Gedichten ein. Goethe hatte aus den nicht in die *Xenien* aufgenommenen Distichen einst für den Almanach die 3 Gruppen *Vielen*, *Einer* und *Die Eisbahn* gebildet. Später taufte er diese um in *Frühling*, *Sommer* und *Winter* und stellte einige Distichen aus der Gruppe *Tabulae votivae* zu einer neuen Gruppe *Herbst* zusammen; so entstand der Zyklus *Vier Jahreszeiten*. Aber auch jetzt waren noch viele Xenien übrig. Sie blieben ungenutzt, und erst die philologische Forschung des 19. Jahrhunderts hat sie ans Licht gehoben. 1893 konnten Erich Schmidt und Bernhard Suphan noch 178 bisher unbekannte Xenien aus den Handschriften veröffentlichen und erstmalig sämtliche Xenien, im ganzen 926, zusammenstellen.

Keiner der Dichter wollte die *Xenien* als Ganzes in seine Werke aufnehmen; denn sie sind ein besonders zeitgebundenes Werk. Die vorliegende Ausgabe bringt deswegen nur eine Auswahl dessen, was durch Witz, Form, allgemeine Bedeutung oder die Person der Angegriffenen von besonderem Interesse ist. Sie behält aber den Aufbau des Ganzen bei.

Die Weimarer Ausgabe bringt alle *Xenien*. Die „Fest-Ausgabe" läßt sie ganz weg. Die „Jubiläums-Ausgabe" und die Heinemannsche Ausgabe streichen diejenigen *Xenien*, die mit Gewißheit von Schiller sind, lassen aber alle übrigen unberührt. Nun umfaßt Schillers Anteil ungefähr die Hälfte. Mit Sicherheit als sein Eigentum erkennbar ist aber höchstens ein Viertel. Die vorliegende Ausgabe versucht, das Gesamtkunstwerk von Goethe und Schiller zu erhalten mit allen seinen wesentlichen Klängen. Aber sie kürzt. Man könnte dieses Verfahren vergleichen mit einer Reproduktion, die ein Bild zwar verkleinert, aber als Ganzes zeigt, während andere Ausgaben nur einen Teil des Bildes, diesen aber in Originalgröße wiedergeben. An die Auswahl der *Xenien* schließt sich eine der anderen Distichen an, die im Zusammenhang mit den *Xenien* entstanden. Die Epigramme sind jeweilig in der letzten Fassung gedruckt, nach dem Text des „Musenalmanachs für 1797" oder nach dem der *Vier Jahreszeiten*, die Nachlaß-Xenien nach der Ausgabe von Erich Schmidt und Bernhard Suphan. In dieser und in der Weimarer Ausgabe findet man auch alle Lesarten.

Wir können das Entstehen des *Xenien*-Werks verhältnismäßig genau verfolgen, weil mehrere Handschriften erhalten sind, die gut ediert und z. T. facsimiliert vorliegen. Aus dem handschriftlichen Befund kann oft auch erschlossen werden, worauf ein Distichon zielt, weil in der Frühfassung Distichen auf die gleiche Person meist beieinander standen, die dann später getrennt wurden; oder in der Handschrift nennt die Überschrift noch den Namen, den der Druck dann verschweigt. Den besten Kommentar zu den *Xenien* bildet der Goethe-Schiller-Briefwechsel. Von Goethes Brief vom 28. Oktober 95 bis zu seinem Brief vom 17. August 96 spiegelt er die Phasen der Entstehung. Später kommen noch zahlreiche Briefe über die Aufnahme der *Xenien* beim Publikum hinzu. Und die Briefe zeigen nicht nur das Entstehen der *Xenien*, sondern auch die geistige Welt, aus der sie erwuchsen, die literarischen Gegensätze und die philosophischen, naturwissenschaftlichen und künstlerischen Gedanken der beiden Dichter in dieser Zeit. Quellenmaterial sind ferner die übrigen Briefe Schillers, die an Humboldt (vor allem die vom 4. 1. 96 und 1. 2. 96), an Körner (vor allem die vom 1. 2. 96 und 23. 7. 96), an Cotta usw., sodann Goethes Briefe, zumal die an Meyer, seine *Annalen* in dem Abschnitt *1796* und einige Äußerungen an Eckermann (am 18. 1. 1825 und besonders am 16. 12. 28); ferner die Briefe des Ehepaars Humboldt an K. G. v. Brinkmann; da Humboldt und seine Gattin in dieser Zeit in Jena lebten und mit Schiller und Lotte eng befreundet waren, wußten sie über die *Xenien* so gut Bescheid wie niemand außer den Verfassern selbst.

Musen-Almanach für das Jahr 1797. Hrsg. von Schiller. Tübingen, Cotta (1796). – Facsimiledruck des Musenalmanachs: Inselverlag, Lpz. 1907. Mit Begleitwort von H. Holzschuher. – Xenien 1796. Nach den Handschriften hrsg. v. Erich Schmidt und Bernhard Suphan. Weimar 1893 = Schr. G. Ges., 8. – Ur-Xenien. Nach der Handschrift des Goethe-Schiller-Archivs in Facsimile-Nachbildung hrsg. v. H. Wahl. Weimar 1934 = Schr. G. Ges., 47. – Goethes Werke, Weimarer Ausgabe, Bd. 5, 1. Abt. Weimar 1893. Und: Bd. 5, 2. Abt. Weimar 1910. – Goethes Werke. Jubiläums-Ausgabe. Bd. 4. Hrsg. v. E. v. d. Hellen. Stuttg. u. Bln., o. J. (1907). – Schillers Werke. Säkular-Ausgabe. Bd. 2. Hrsg. v. E. v. d. Hellen u. R. Weißenfels. Stuttg. u. Bln., o. J. (1904). – Schillers Werke. Nationalausgabe. Bd. 1. Hrsg. v. J. Petersen u. F. Beißner. Weimar 1943. – Eduard Boas, Schiller und Goethe im Xenienkampf. 2 Bde. Stuttg. 1851. Dazu die Rezension von Fr. Hebbel in: Wiener Wanderer 1851. Neugedruckt: Hebbel, Sämtl. Werke. Hrsg. v. H. Krumm. Bd. 14, S. 52–58. – Schillers und Goethes Xenien-Manuskript. Zum erstenmal bekannt gemacht durch Ed. Boas, hrsg. v. Wendelin v. Maltzahn. Bln. 1856. – Albert Leitzmann, Authentische Schillerdeutungen. Euphorion 2, 1895, S. 637–639. – Antixenien, 1. Heft: F. Chr. Fulda, Trogalien (1797), hrsg. v. Ludwig Grimm, Bln. 1913. = Dt. Literaturdenkmäler des 18. u. 19. Jhs., 125. – Anti-Xenien, in Auswahl hrsg. v. W. Stammler. Bonn 1911 = Kleine Texte, hrsg. v. Litzmann, 81. – Anton Kippenberg, Zu den Antixenien. Jahrbuch der Sammlung Kippenberg 6, 1926, S. 279–294. – Material über die in den *Xenien* Angegriffenen findet man bei K. Goedeke, Grundriß zur Gesch. d. dt. Dichtung, und: Allgemeine Deutsche Biographie. – H. Henkel, Zur Lösung der Frage nach der Autorschaft der Xenien. Ztschr. f. dt. Unterricht 17, 1902, S. 228–233. – Friedrich Meyer, Xenien 1796. 2 Bde. Lpz. 1939. – Friedr. Meyer, Friedrich Nicolai. Ein Bericht über die Goethe-Schillerschen Xenien. Lpz. 1938. (80 S.) – Schiller und Goethe im Urteil ihrer Zeitgenossen. Hrsg. v. Julius W. Braun. 1. Abt. Schiller. Bd. 2. Lpz. 1882. – W. v. Humboldt, Briefe an K. G. v. Brinkmann. Lpz. 1939. = Bibl. d. Lit. Ver. Stuttgart, 288. S. 86. – Richard Samuel, Der kulturelle Hintergrund des Xenienkampfs. Publications of the English Goethe Society, N. S. 12, 1937. – Schiller und die Romantiker. Hrsg. von Hans Heinrich Borcherdt. Stuttg. 1948. – Wolfgang Preisendanz, Die Spruchform in der Lyrik des alten Goethe. Heidelberg 1952. S. 83–100. – Staiger, Goethe. Bd. 2, S. 212–219. – Richard Benz, Die Zeit der deutschen Klassik. Stuttg. 1953. S. 522–525.

Vergleichendes Verzeichnis der Numerierung der *Xenien*.

Die erste Zahl ist die der vorliegenden Ausgabe, die zweite die der Weimarer Ausgabe. Die *Tabulae votivae* sind nach der Schiller-National-Ausgabe beziffert, da sie in der Weim. Ausg. unvollständig enthalten sind.
T. V. = *Tabulae votivae*. F. = *Frühling*. S. = *Sommer*. H. = *Herbst*. N. = Nachlaß-Xenien.

I.

1 = 1	15 = 41	29 = 114	43 = 165	57 = 222	71 = 330	85 = 380
2 = 2	16 = 49	30 = 115	44 = 166	58 = 232	72 = 331	86 = 381
3 = 3	17 = 53	31 = 124	45 = 167	59 = 234	73 = 338	87 = 382
4 = 4	18 = 54	32 = 125	46 = 169	60 = 237	74 = 364	88 = 383
5 = 12	19 = 56	33 = 126	47 = 175	61 = 249	75 = 365	89 = 384
6 = 13	20 = 58	34 = 129	48 = 181	62 = 260	76 = 371	90 = 385
7 = 20	21 = 62	35 = 130	49 = 182	63 = 267	77 = 372	91 = 386
8 = 31	22 = 74	36 = 137	50 = 183	64 = 270	78 = 373	92 = 387
9 = 32	23 = 76	37 = 141	51 = 184	65 = 271	79 = 374	93 = 388
10 = 33	24 = 84	38 = 144	52 = 185	66 = 272	80 = 375	94 = 389
11 = 34	25 = 87	39 = 152	53 = 189	67 = 284	81 = 376	95 = 413
12 = 36	26 = 93	40 = 153	54 = 200	68 = 296	82 = 377	96 = 414
13 = 37	27 = 96	41 = 155	55 = 203	69 = 305	83 = 378	
14 = 40	28 = 103	42 = 156	56 = 211	70 = 307	84 = 379	

II.

97 = T. V. 7	108 } = T. V. 63	119 = S. 25	130 = H. 52	141 = H. 74
98 = T. V. 19	109 }	120 = S. 32	131 = H. 53	142 = H. 75
99 = T. V. 28	110 = T. V. 75	121 = S. 34	132 = H. 54	143 = H. 78
100 = T. V. 34	111 = T. V. 78	122 = S. 35	133 = H. 56	144 = H. 81
101 = T. V. 35	112 = T. V. 92	123 = S. 37	134 = H. 64	
102 = T. V. 37	113 = T. V. 93	124 = S. 38	135 = H. 67	
103 } = T. V. 44	114 = T. V. 94	125 = H. 43	136 = H. 69	
104 }	115 = T. V. 101	126 = H. 44	137 = H. 70	
105 }	116 = F. 10	127 = H. 45	138 = H. 71	
106 } = T. V. 47	117 = F. 14	128 = H. 46	139 = H. 72	
107 }	118 = S. 22	129 = H. 49	140 = H. 73	

III.

145 = N. 139	155 = N. 45	164 = N. 215	173 = N. 126	182 = N. 87
146 = N. 145	156 = N. 222	165 = N. 143	174 = N. 127	183 = N. 177
147 = N. 69	157 = N. 94	166 = N. 220	175 = N. 128	184 = N. 167
148 = N. 66	158 = N. 153	167 = N. 49	176 = N. 129	185 = N. 65
149 = N. 147	159 = N. 97	168 = N. 50	177 = N. 133	186 = N. 175
150 = N. 31	160 = N. 85	169 = N. 51	178 = N. 132	187 = N. 174
151 = N. 32	161 = N. 203	170 = N. 48	179 = N. 135	188 = N. 173
152 = N. 30	162 = N. 44	171 = N. 212	180 = N. 156	189 = N. 144
153 = N. 211	163 = N. 77	172 = N. 134	181 = N. 80	190 = N. 149
154 = N. 183				

I. Der *Xenien*-Zyklus.

1. Die *Xenien* kommen zur Leipziger Buchhändlermesse, um da die übrige deutsche Literatur zu treffen.

3. Der Zensor prüft und sieht besonders auf Schriften im Geiste der französischen Revolution.

5. Typisch für die Art, Allgemeines zu sagen auf Grund spezieller Polemik. Gemeint ist Lavater. In der ersten großen Xenien-Handschrift standen die verschiedenen Epigramme gegen ihn beisammen. Über Goethes damalige Stellung zu ihm: Brief an Schiller vom 15. 10. 96. Das Distichon scheint dem handschriftlichen Befunde nach von Schiller zu stammen, aber Goethe nahm es in seinen Zyklus *Herbst* auf. Auch das ist typisch, es ist Gemeinbesitz, nicht mehr zu trennen.

6. Gegen J. T. Hermes, Für Töchter edler Herkunft. Roman, 1787. – Von Schiller, wie die Handschrift ausweist.

7. Lavater.

10–14. Gegen J. K. F. Manso, Gymnasialdirektor in Breslau. Er gehörte zum Kreise der Leipziger ,,Neuen Bibliothek", welche die ,,Horen" scharf kritisiert hatte. Von ihm waren erschienen die Abhandlung ,,Über die Horen und Grazien" 1787, die Dichtung ,,Über den Einfluß der Grazien" 1795, eine Übersetzung von Tassos ,,Befreitem Jerusalem", Gesang 1–5, 1791, und ein Lehrgedicht ,,Die Kunst zu lieben" 1794. Das Xenion 11 ist von Schiller, wie der handschriftliche Befund erweist. Das Xenion 14 hat in Schillers erster großer Sammelhandschrift die Überschrift ,,Mansoische Reimerei". Manso war Wieland-Nachahmer. *caput mortuum* = chemisches Überbleibsel in der Retorte.

15. In ähnlichem Sinne mehrfach briefliche Äußerungen Goethes über Jean Paul. Aus der gleichen Zeit auch *Der Chinese in Rom* (S. 206). Dazu: J. Petersen, Aus der Goethezeit. Lpz. 1932. S. 201–222: Jean Paul und die Weimarer Klassiker. – Max Kommerell, Jean Paul in Weimar. In: Kommerell, Dichterische Welterfahrung. Frankfurt 1952. S. 53–82.

16. *Guerre ouverte* = Offener Krieg. Da in den vorhergehenden Distichen die Leipziger ,,Bibliothek der schönen Wissenschaften" angegriffen ist, bezieht sich wohl auch dieses Xenion auf dieselbe.

17. Von Schiller in seine Gedichte aufgenommen. Eins der schönsten Xenien.

18. Gegen L. H. Jakob, Professor in Halle, Vielschreiber, Popularisator Kants. Seine Zeitschrift ,,Annalen der Philosophie" hatte die ,,Horen" ungünstig kritisiert. Auf ihn auch Nr. 68 und 163.

19. Nicolai in seiner „Beschreibung einer Reise durch Deutschland" hatte weitschweifig darüber gewitzelt, daß Schelling und sein Vater „jeder Art der Philosophie alles Material wie Häute von einer Zwiebel abziehen". Vgl. Nr. 51–55 und 184.
20. Aus dem Zusammenhange des Zyklus ergibt sich, daß das allgemein gehaltene Distichon im positiven Sinne auf Kant zielt, im negativen auf Nicolai und Jakob.
22. *Krebs in Berlin* ist sehr treffend Ramler genannt. Seine Spezialität bestand darin, Werke anderer Dichter vorzunehmen und umzuschreiben im Sinne eines kalten Formalismus. So hat er Dichtungen von Logau, Ewald v. Kleist, Lichtwer, Geßner u. a. „gebessert".
23. Schiller an Goethe am 31. 7. 96: „Wieland soll mit der *zierlichen Jungfrau in Weimar* wegkommen, worüber er sich nicht beklagen kann."
24. Nicolai.
25. Der antik-sagenhafte *Eridanus,* der Bernsteinfluß, ist hier die bräunlich-gelbe Oker, an deren Ufer in Braunschweig J. H. Campe saß, der als Sprachreiniger rührige Tätigkeit entfaltete und in seiner Zeitschrift versprach, dem sprachlichen Kleid schöner Dichtungen „hier ein wenig Staub abzublasen, etwa dort ein Schmutzfleckchen auszutilgen" – daher also *Waschfrau.* Seine mitunter etwas gewaltsame und pedantische Art der Sprachreinigung behagte Goethe gar nicht. Obgleich Goethe selbst in seiner Dichtung unnötige Fremdwörter mied – z. B. kommt in *Iphigenie* nur ein einziges Fremdwort vor (*Port*) –, hat er in der Prosa, zumal in der wissenschaftlichen, oft solche benutzt, ja sogar neue gebildet. – A. Hübner, Goethe u. die dt. Sprache. In: (Jb.) Goethe 2, 1937, S. 109–124. Auch in: A. Hübner, Kleine Schriften. Bln. 1940.
26. Goethe sah Luther und die Reformation keineswegs ablehnend, aber kritisch, insbesondere im Hinblick auf den gleichzeitigen Humanismus. Ähnlich ambivalent der Blick auf die französische Revolution.
27. Eins der berühmtesten Xenien, das klassische Bekenntnis des humanitären Weltbürgertums der Goethezeit. – Fr. Meinecke, Weltbürgertum u. Nationalstaat. 1908. 7. Aufl. 1928.
28. Von Schiller, der 17 solche Fluß-Distichen einander folgen ließ.
32. Christian und Friedrich Leopold Stolberg. Ihre „Gedichte", Lpz. 1779, zeigen auf dem Titelblatt zwei umschlungen trabende junge Kentauren. Friedrich Leopold war in der Zeit, da er die pantheistische Rhaposdie „Von der Fülle des Herzens" schrieb, 1777, in der Tat wild und naturhaft gewesen, hatte später dann aber betont, daß er zu dem christlich-norddeutschen Kreise um Klopstock gehöre. Er hatte in Schillers Gedicht „Die Götter Griechenlands" mit Recht

die einseitige Darstellung des Christentums und seiner Kulturbedeutung kritisiert. Schiller behandelte ihn daraufhin als literarischen Gegner und bestärkte Goethe in der Kritik an dem einstigen Jugendfreund. Goethe las im Winter 1795/96 Stolbergs Platon-Übersetzung und ärgerte sich über den in der Vorrede gemachten Versuch, *Plato als Mitgenosse einer christlichen Offenbarung* zu sehn. (Bd. 12, S. 244–249 und die Anmkg. dazu.) Stolberg ist einer von denen, welchen durch die *Xenien* Unrecht geschah. Er hat vornehm geschwiegen und hat später Goethe nichts nachgetragen. – Das Xenion ist von Goethe, der es am 27. Januar 96 an Schiller schickte, wie die Handschrift ausweist. Da der vorliegende Band nur eine Auswahl bringt, enthält er nicht die weiteren (sehr scharfen) Xenien gegen Stolberg, die bei Schmidt-Suphan (Schr.G.Ges., 8) als Nr. 286–294, 429, 723f., 774, 791, 820f. abgedruckt sind.

33. Man vermutet, *K.* sei Kosegarten und der *Tadler* sei Tieck, doch das ist unsicher, und wieder ist alles zugleich ins Allgemeine erhoben.

34. „Luise" war 1795 erschienen, von Schiller in der Abhandlung „Über naive und sentimentalische Dichtung" und später von Goethe in der Elegie *Hermann und Dorothea* (S. 197) warm begrüßt.

35. Vossens Musenalmanach. *Jupiters Kette*: Ilias VIII, 19ff. sagt Zeus zu den anderen Göttern, er könne ihnen seine Kraft beweisen; wenn sie sich alle an eine goldene Kette hängten, die er hielte, so würden sie ihn doch nicht vom Olymp herabziehn. Goethe und Schiller war dieses Motiv eben damals von ihren Homerstudien her geläufig, auch kannten sie es wohl schon seit ihrer Jugend, denn das Bild der „aurea catena Homeri" war im Barockhumanismus sehr bekannt. Es gerade auf den Homerübersetzer anzuwenden, gab dem an sich schon scherzhaft-treffenden Bilde noch eine besondere Finesse.

36. Goethes *Märchen* in den *Unterhaltungen deutscher Ausgewanderten* war im Oktober 1795 in den „Horen" erschienen und gab Ursache zu vielen Fragen der Leser.

37. Allgemein gehalten und zwischen andersartige Xenien gesetzt. In der ersten großen Handschrift stand es zwischen anderen die rationale Denkart kritisierenden Xenien auf Gelehrte, hinter einem über Wolf, den kritischen Philologen, und vor einem über Campe, den pedantischen Sprachreiniger, und dort ist es überschrieben *A.* Es bezieht sich also auf J. Chr. Adelung, dessen Sprachbetrachtung in der Tat „anatomisch" war, wurde sie doch erst bei den Romantikern, zumal Jakob Grimm, organisch-lebendig. Sinnverwandt schon Goethes Jugendgedicht *Sprache* (S. 63).

38. Die Zeitschrift „Briefe, die neueste Literatur betreffend", 1759–1765, war zu ihrer Zeit eine bedeutende Leistung, ihre Mitarbeiter waren Lessing, Mendelssohn und Nicolai.

39. Campe wie in Nr. 25.

42. Der Breslauer Popularphilosoph litt an einem bösartigen Tumor im Gesicht und ertrug dieses Leiden mit der Ruhe eines Weisen. Er hatte 1792 in „Versuche über verschiedene Gegenstände aus der Moral“ auch über die *Geduld* geschrieben. Auch das Wort *frömmelnde Schwätzer* hat wohl aktuellen Bezug auf Bücher, die über das Leiden salbaderten, Schmidt und Suphan vermuten Heydenreichs „Originalideen“ 1796. Schiller schätzte seit früher Jugend Garves Übersetzungen und Schriften sehr hoch.

43–47. Xenien Goethes aus seiner Beschäftigung mit der Farbenlehre. Er bekämpfte heftig die allgemein anerkannte Farbentheorie Newtons (43, 44), gegen welche er schon 1791/92 seine *Beiträge zur Optik* gesetzt hatte, die zu seinem Ärger entweder ganz unbeachtet blieben oder höfliche Ablehnung erfahren hatten (45), so daß er begann, in diesem Forschungsgebiet, das jahrelang seine Hauptarbeit darstellte, sich als *Märtyrer* zu fühlen, überzeugt, daß die Nachwelt ihn als den großen Entdecker anerkennen werde (46). Während nach Newton die Farbstrahlen zusammen das weiße Licht ergeben, entstehen nach Goethe die Farben aus dem Licht durch ein trübendes Mittel. An Stelle von Newtons 7 Grundfarben nahm Wünsch nur drei an (47). Wie sehr Goethe seelisch unter seiner Einsamkeit in diesem von ihm leidenschaftlich geliebten Forschungsgebiet litt, zeigen zumal spätere Gespräche (Eckermann 20. 12. 26; 27. 12. 26; insbesondere 19. 2. 29; Grüner 8. 8. 22). – Vgl. Bd. 13, S. 314–536 und die Anmerkungen dazu.

48/49. Von Schiller. Aus dem Gedankenkreis, den sein Brief an Goethe vom 23. 8. 94 über den „spekulativen“ und „intuitiven“ Geist und Goethes Brief an ihn vom 30. 6. 98 über Naturphilosophen und Naturforscher berührt. Die Frage nach Idee und Erfahrung, ein Grundthema der ganzen Goethezeit und ihrer idealistischen Philosophie, wurde zwischen Goethe und Schiller oft besprochen und lag gerade 1796 in der Luft, als Schelling und andere jüngere Geister in ihrer Naturphilosophie kühn den Sprung von der Idee in die naturwissenschaftlichen und medizinischen Einzelheiten hinein versuchten. (HA Briefe Bd. 2, S. 353 f.; Briefe an Goethe Bd. 1, S. 166.)

50. Caroline v. Humboldt an K. G. v. Brinckmann am 3. 12. 96: „*Der treue Spiegel* ist von Goethe.“ Das Distichon bezieht sich auf Heinrich Meyer, den Goethe oft als einen Menschen und Künstler von *reinem, unbestechlichem Blick* (an Schiller 26. 10. 94, ähnlich 14. 9. 95) rühmte. Eben damals reiste Meyer in Goethes Auftrag in Italien, Materialien für das geplante Italien-Werk sammelnd, und sandte an Goethe ausführliche Beschreibungen, deren Sachlichkeit und milde Wärme ihm wohltat.

51–55. Eine ganze Salve grobes Geschütz gegen den Berliner Schriftsteller und Buchhändler Nicolai, dessen Zeitschrift „Allgemeine deutsche Bibliothek" länger und hartnäckiger als alle anderen einen aufklärerischen Standpunkt festhielt, der jetzt veraltet war. Seit 1783 erschien sein Werk „Beschreibung einer Reise durch Deutschland und die Schweiz", 1796 war gerade der 11. Band erschienen (51), in dem auf Seite 206 ein Abschnitt „Philosophische Querköpfe" mit den Worten beginnt: „Noch nie hat eine Nation eine solche Sammlung von philosophischen Querköpfen gehabt als seit ein paar Jahren die Deutschen." Diese Beurteilung des deutschen Idealismus, der damals mit Kant, Schiller, Fichte, Schelling gerade zu seiner Blüte sich entwickelte und dem Schiller leidenschaftlich zugehörte, konnte er nicht unbeantwortet lassen, den Unsinn verspottend (53), den Sinn klarstellend (54). Das folgende Distichon (55) hat eine Parallele in Goethes in der *Xenien*-Zeit geschriebenem Brief an C. G. Voigt vom 3. 3. 96. Er unterscheidet darin diejenigen Menschen, die *ihrer edlen Neigung gemäß das, was einmal lebt und webt ... schätzen, befördern und erhalten,* von denen, die *etwas, das sich regt, nur mit dem Auge des Jägers ansehen, der sogleich dahinter her ist, um es zu zerstören.*

56/57. Gegen J. F. Reichardt, den Musiker und Journalisten, der anonym die beiden Zeitschriften „Deutschland" und „Frankreich" herausgab und durch sein redseliges Lob der französischen Revolution sowie durch böse Kritiken Goethes und Schillers Sympathien verscherzt hatte. Er hatte seinerzeit erfolgreich Goethesche Lieder vertont, und in späteren Jahren näherten Goethe und er sich einander wieder. – 56 *kläfft* nach der Handschrift; der Druck im Musenalmanach hat *klafft.*

58/59. wohl von Goethe, allgemein gehaltene politische Sprüche; im gleichen Sinne politische Äußerungen aus diesen Jahren in: *Venetianische Epigramme, Der Bürgergeneral, Die Aufgeregten, Unterhaltungen deutscher Ausgewanderten, Hermann und Dorothea* usw.

61. Schillers „Musenalmanach für das Jahr 1796" begann mit Schillers Gedicht „Die Macht des Gesanges" und enthielt weiterhin andere Gedichte des reinsten Schillerschen Idealismus wie „Die Ideale", „Würde der Frauen" u. a., am Ende aber Goethes *Venetianische Epigramme.* Das Xenion ist von Goethe und steht unter 18 Distichen, die, teils von ihm selbst, teils von seinem Schreiber Geist geschrieben, Ende Januar 1796 an Schiller gesandt wurden.

62. Eins der ersten *Xenien,* die Goethe schrieb und am 26. 12. 95 an Schiller sandte. Der 1. Jahrgang der „Horen" brachte ästhetische Aufsätze von Schiller und die *Römischen Elegien* von Goethe.

63. Pantheon der Deutschen, Bd. 1, Chemnitz 1794, enthält die Biographien Luthers und Friedrichs II. von E. K. Wieland in Leipzig und H. Würzer in Altona. – Von Schiller, wie die Handschrift erkennen läßt. Hier spricht er als Historiker.
64. 1794 war Goethes *Reineke Fuchs* erschienen, eine Umarbeitung des niederdeutschen Reinke de Vos von 1498.
65. ,,Menschenhaß und Reue" heißt ein Drama von Kotzebue, das in den 90er Jahren einen großen Bühnenerfolg hatte.
66. J. F. Schink veröffentlichte 1796 im ,,Archiv der Zeit" ein Drama ,,Fausts Bund mit der Hölle".
67. Göschen gab seit 1794 eine Prachtausgabe von Wielands Werken heraus. *Lokation* = Rangordnung, wie die Schüler in der Klasse sitzen, gestaffelt nach der Leistung.
68. Gegen L. H. Jakob, Philosophische Sittenlehre, Halle 1795. Vgl. Nr. 18.
69. Schillers Gedicht ,,Würde der Frauen", auf das A. W. Schlegel später eine witzige Parodie machte (Romantik, hrsg. v. Kluckhohn, 9, 129), erschien dem jungen Romantikerkreise lächerlich in der Verbindung von hohem Pathos des Tons und bürgerlicher Enge des Ideals, ihr Ideal war eine freiere, das öffentliche Leben und auch Berühmtheit nicht scheuende Frau, ,,selbständige Weiblichkeit". Friedrich Schlegel schrieb 1796 in der Zeitschrift ,,Deutschland" über diese Schillersche Dichtung: ,,Doch gewinnt sie, wenn man das Ganze strophenweise rückwärts liest". Goethe schrieb am 30. 12. 95 an Schiller – nicht in bezug auf die Schlegels, sondern allgemein über ihre Gegner –: *Über uns selbst dürfen wir nur das, was die albernen Bursche sagen, in Verse bringen, und so verstecken wir uns noch gar hinter die Form der Ironie.* Im heutigen Deutsch würde man in diesem Satz statt *dürfen* das Wort ,,brauchen" setzen (nicht: Erlaubnis haben, sondern: Ursache haben).
70–72. Ebenfalls gegen Friedrich Schlegel, der 24jährig schon mit selbstbewußten größeren Schriften hervortrat, und gegen seinen Bruder August Wilhelm. Von Schiller.
73. Lessing.
74. Schon bei Martial bezeichnen sich einige Distichen als Geschenke für die Küche, eins z. B. als Pfeffer.
76–94. Ein Gespräch in der Unterwelt, das Schiller später in seine Gedichte aufnahm unter dem Titel ,,Die Philosophen". Hinter dem epigrammatisch knappen und witzigen Gespräch steht im Grunde die Hauptfrage der neueren Philosophie, die nach einem festen Ausgangspunkt des Denkens. Die jeweilige Charakteristik eines ganzen Systems in einem einzigen Distichon ist eine Glanzleistung der Schillerschen Epigrammatik.

77. *Jenaer Zeitung*: Die in Jena erscheinende „Allgemeine Literaturzeitung", die über wissenschaftliche Erscheinungen aller Art berichtete und große Verbreitung hatte.

79–88: einzelne Philosophen. 79: Descartes. 81: Spinoza. 82: Berkeley. 83: Leibniz. 84: Kant. 85: Fichte. Vgl. Nr. 158.

86. K. L. Reinhold, 1787–1794 Professor der Philosophie in Jena, danach in Kiel, Schwiegersohn Wielands, glühender Verehrer Kants, hatte Schiller 1787 angeregt, sich näher mit Kant zu beschäftigen. Er hatte veröffentlicht „Versuch einer neuen Theorie des menschlichen Vorstellungsvermögens", 1789, 2. Aufl. 1795.

88. K. Chr. E. Schmid, Theologe und Philosoph in Jena, Schiller gut bekannt, veröffentlichte den „Versuch einer Moralphilosophie", Jena 1790, 3. Aufl. Jena 1795.

92. Samuel *Pufendorf*, 1632–1694, der berühmte Rechtsgelehrte, bedeutendster deutscher Vertreter der Naturrechtslehre des 17. Jahrhunderts. *Die erste Possession* (juristischer Fachausdruck der Zeit): der ursprüngliche Besitzstand. Großes Universal-Lexicon, hrsg. von Zedler, Bd. 28/29, Lpz. 1741, Sp. 1751.

93/94. Bei aller Verehrung für Kant übte doch Schiller auch an seinen Werken Kritik. In seiner Schrift „Über Anmut und Würde" schreibt er: „In der Kantischen Moralphilosophie ist die Idee der Pflicht mit einer Härte vorgetragen, die alle Grazien davon zurückschreckt und einen schwachen Verstand leicht versuchen könnte, auf dem Wege einer finstern und mönchischen Ascetik die moralische Vollkommenheit zu suchen." Während bei Kant immer der Wille zur Pflicht die Neigung besiegen muß, prägt Schiller den Begriff der „Schönen Seele", in welcher Pflicht und Neigung zusammenfallen. *Decisum* = richterliche Entscheidung.

95. Als furchtbarsten aller Schrecken nennt die Odyssee XI, 634 (und übrigens auch Dante, Hölle IX, 56) die der antiken Mythologie angehörende Gestalt der Gorgo. Hier wird dieser Schrecken noch überboten durch die Oden von L. L. Haschka, einem Wiener Schriftsteller der Zeit.

96. Anspielung auf die Odyssee. Die Freier sind nicht wie dort am Ende umgebracht, sondern leben noch und können nun im Wettkampf ihre Kraft zeigen. Im Hofe des Odysseus waren 12 Ringe hintereinander aufgestellt, durch die der Pfeil fliegen mußte.

II. Außerhalb des *Xenien*-Zyklus veröffentlichte Distichen.

Die in dieser Gruppe zusammengestellten Distichen erschienen erstmalig in Schillers „Musenalmanach für 1797", also in dem gleichen Band, der am Ende die *Xenien* enthielt, und zwar in den Gruppen *Tabulae votivae*, *Vielen* und *Einer*, die sämtlich unterzeichnet waren G.

und S. Doch ist der beiderseitige Anteil hier nicht so gemischt wie in den *Xenien.* Im wesentlichen Goethes Werk sind die Gruppen *Vielen* und *Einer,* die er später umgearbeitet als *Frühling* und *Sommer* in seine Schriften einreihte; auch der Klang dieser Epigramme sowie der handschriftliche Befund weisen auf ihn als Verfasser. Dagegen sind die philosophischen Distichen der *Tabulae votivae* meist Schillers Werk, freilich mit einigen Goetheschen Versen durchsetzt. Sie zeigen in ihrer allgemeinen Fragestellung wie auch in Einzelheiten Parallelen zu Schillers ästhetischen Schriften, so daß diese und der Briefwechsel mit Goethe den besten Schlüssel zu ihrem Verständnis bilden. Gehaltlich schließen diese Distichen unmittelbar an die *Xenien* an. Wieder setzen die Dichter sich ab gegen den Kantischen Rigorismus (Nr. 103/104 wie schon 93/94) und gegen die französische Revolution (107). Kurz wird die religiöse Haltung der Weimarer Klassik zusammengefaßt in dem Bekenntnis, das Absolute im Vernunftsgesetz und in der Schönheit zu fassen (109); Gedanken über das Streben nach Wahrheit schließen sich an (129/130). Als Sinnerfüllung des Bürgerlebens wird die Gemeinschaft bezeichnet (127) und in einigen Distichen das Ideal eines gesunden Staatslebens angedeutet (137–144), wobei an Kants Schrift „Zum ewigen Frieden“, die 1795 erschienen war, angeknüpft wird. Die freundlichen Distichen über das Thema der Liebe sind Goethes alleiniges Eigentum (118–123), und ein Epigramm auf die Wechselwirkung geistiger Freundschaft gibt in verhaltener Art ein Bild des Erlebens, das in dieser Zeit die beiden Dichter selbst beglückte (126).

103. schreibt der Musenalmanach *fodert.*

115. *Flaccus* = Horaz.

121. Rhadamanthus, der Bruder des Minos, einer der drei Totenrichter in der Unterwelt, der die Strafen verhängt.

139. *Ultima ratio* = Das letzte Mittel. In Frankreich hatten seit 1650, in Preußen seit 1742 alle Kanonen die Inschrift „Ultima ratio regum“: das letzte Mittel der Könige.

III. *Xenien* aus dem Nachlaß.

Die Distichen dieser Gruppe sind von Goethe und Schiller nicht veröffentlicht. Sie wurden nach und nach ans Licht gehoben, die ersten wenigen durch Riemer in der Quartausgabe 1836, weitere durch Boas und Maltzahn 1856, der größte Teil aber erst durch Erich Schmidt und Bernhard Suphan 1893, nachdem ihnen die gesamten Handschriften des Goetheschen Nachlasses zugänglich geworden waren. Aus den 225 Nachlaß-Xenien, welche die Weimarer Ausgabe bringt, sind hier 46 ausgewählt, welche zeigen können, wie weit die beiden Dichter den Rahmen spannten und wie streng Schiller dann auswählte. Sie sind so angeordnet, daß am Beginn allgemeine Epigramme über Wesen und

Wert des Menschen stehen (145–154), dann solche über Wissenschaft (155–163), über die Kunst und den Künstler (164–171), einzelne Kunstgattungen (172–179), zeitgenössische Kunst (180–185) und schließlich Persönliches (186–190).

148. *Qui pro quo* = einer für einen anderen, Verwechslung.

157. Wird von der Forschung meist auf Kant bezogen. Schiller hatte fast 10 Jahre sich mit Kantischer Philosophie befaßt, bevor er eben jetzt wieder zur Dichtung zurückkehrte. Aber auch Goethe hat sich ernsthaft mit Kants Idealismus beschäftigt und dann seinen eigenen Standpunkt desto klarer zu erkennen versucht. – Fr. Überweg, Schiller als Historiker u. Philosoph. Lpz. 1884. – K. Vorländer, Kant, Schiller, Goethe. Lpz. 1907. – Fr. Koch, Goethe und der dt. Idealismus. Euphorion 33, 1932, S. 153–201.

158. Vgl. Nr. 85. – Eins der ersten Xenien, die Goethe schrieb und am 26. 12. 95 an Schiller sandte. Goethes leicht spöttische Skepsis gegen Fichtes Ich und Nicht-Ich auch in einem Brief an Voigt vom 10. 4. 1795.

159. L. T. Spittler, Historiker in Göttingen.

160. F. A. Wolf, der berühmte Hallenser Philologe, hatte 1795 seine „Prolegomena ad Homerum" erscheinen lassen, worin er darlegte, daß die Ilias und Odyssee nicht das Werk eines einzigen Dichters sondern mehrerer Rhapsoden seien; jedoch bedeutete das keine Herabsetzung dieser Werke, für die Wolf die echte Begeisterung des klassischen Philologen empfand. Goethe äußerte sich über Wolf auch in der Elegie *Hermann und Dorothea,* Vers 27ff. (S. 198). – Goethes Briefe an F. A. Wolf. Hrsg. v. M. Bernays. Bln. 1868. – Wolfs Briefe an Goethe. Hrsg. v. S. Reiter. 1906. – Fr. A. Wolf, Ein Leben in Briefen. Hrsg. v. S. Reiter. 3 Bde. Stuttg. 1935. – Karl Bapp, Aus Goethes griechischer Gedankenwelt. Lpz. 1921. S. 88–99. – Grumach, Goethe und die Antike. 1949. S. 117ff., 940ff.

161. *Allegieren* = Zitieren. Von Goethe, wie der erhalten gebliebene erste handschriftliche Entwurf zeigt.

179. Vgl. die Anmerkung zu *Venetianische Epigramme,* 1.

181. Wieland?

182. Jean Paul hatte bekanntlich fern von allen literarischen Mittelpunkten Deutschlands sich in dem kleinen Orte Hof autodidaktisch entwickelt. Goethe an Schiller am 18. 6. 1795: *Es ist wirklich schade für den Menschen; er scheint sehr isoliert zu leben und kann deswegen bei manchen guten Partien seiner Individualität nicht zu Reinigung seines Geschmacks kommen.* Schiller an Goethe am 17. 8. 97: „Ich möchte wissen, ob diese Schmidt, diese Richter, diese Hölderlin ... unter allen Umständen so subjektivisch, so überspannt, so einseitig geblieben wären, ... oder ob nur der Mangel einer ästhetischen Nahrung und Einwirkung von außen ... diese unglückliche Wirkung hervorgebracht hat. Ich bin sehr geneigt, das letztere zu glauben ..." Vgl. Nr. 15.

183. W. Heinse gab eine Prosaübersetzung des Ariost, „Roland der Wütende", heraus, Hannover 1782–83. (4 Bde.)

184. Vgl. Nr. 19 und 51–55.

185. Vgl. Nr. 148.

186. Vgl. Nr. 108/109 und *Venet. Epigr.* Nr. 29 (S. 181).

187/188. Charlotte v. Stein?

LYRISCHES

Elegien und Epigramme, so sehr sie eine Zeitlang wesentliche Gehalte der Goetheschen Lyrik faßten, konnten doch niemals diejenigen Formen verdrängen, die seinem Wesen in besonderem Maße angemessen waren, das Lied und das diesem nahestehende strophische Gedicht in Reimen. Goethe benutzt diese Formen von der Straßburger Zeit bis in sein Alter. Dasjenige Lied, das selbst die Haltung des Lied-Sängers ausspricht, *Der Musensohn* (S. 243), entstand um 1799, aber frühere Forscher glaubten es um 1774 ansetzen zu müssen, so jugendlich, leicht, beschwingt klingt es. Die Frühlingslieder des mehr als 50jährigen, *Tage der Wonne* ... (S. 246), *Zwischen Weizen und Korn* ... (S. 252), haben Anmut und Frische. Bezeichnend für die Klassik ist, daß sich diese Gedichte auf ihre idyllischen Motive beschränken. Meist spricht ein allgemein gehaltenes Ich. *Nähe des Geliebten* (S. 242), *Frühzeitiger Frühling* (S. 246), *Mailied* (S. 252) bleiben weit stärker im Objektiven als thematisch Verwandtes in der frühen und der späten Lyrik; so individuell und so ergriffen wie die Lili-Lyrik (S. 96–105) oder die Ulriken-Lyrik (S. 376–386) spricht hier kein einziges Gedicht. Eine Gruppe frisch-froher Liebesgedichte aus der ersten nachitalienischen Zeit hebt sich heraus (S. 235–241) durch ihre gegenständliche Erzählweise. Weltanschauliche Gedichte, in der Jugend (33–52) und im Alter (357–370) zahlreich, sind in diesen Jahren wenig vertreten. Außer den beiden Metamorphose-Gedichten (S. 199–203) gehören hierher nur *Dauer im Wechsel* (S. 247) und *Weltseele* (S. 248). Sie stehen alle im Motivkreis des groß geplanten aber nie zustande gekommenen Naturgedichts, aus dem sie einige wesentliche Züge zur Darstellung bringen. – Einige Gedichte sind Kontrafakturen: sie sind durch fremde Gedichte angeregt und versuchen bewußt, das, was in diesen angelegt ist, umzuformen, zu steigern und zu vollenden. (S. 242 *Nähe des Geliebten,* S. 254 *Gegenwart.*) – Martin Sommerfeld, Vor- und Nachklänge Goethescher Lyrik. In: Sommerfeld, Goethe in Umwelt und Folgezeit. Leiden 1935. – Herbert Zeman, Goethes anakreontische Lyrik der Weimarer Zeit. Ztschr. f. dt. Philologie 94, 1975, S. 203–235.

S. 235. AMOR ALS LANDSCHAFTSMALER. Entstanden Herbst 1787 oder Winter 1787/88. – Vgl. Bd. 11, S. 519,13. – Erster Druck: *Schriften 1789.*

S. 237. CUPIDO, LOSER, EIGENSINNIGER KNABE ... Winter 1787/88, Rom. Eingefügt in die 2. Fassung des Singspiels *Claudine von Villa Bella* (*Schriften,* Bd. 5, 1788). In die Gedichte nie aufgenommen, doch in die *Italienische Reise* eingefügt (Bd. 11, S. 478). In den Gesprächen mit Eckermann ist ausführlich von diesem Gedicht die Rede (5., 6.

und 8. April 1829). Eckermann schreibt (5. April) unter anderem: „Goethe sagte: *Ich dächte, es wäre gut! Es drückt den Zustand artig aus und bleibt hübsch im Gleichnis* ... Goethe hatte das Gedicht sehr schön gelesen; ich brachte es nicht wieder aus dem Sinne ... Die letzten Verse *Du lärmst so ungeschickt* ... sprach er noch mitunter wie im Traume vor sich hin." Am nächsten Tage notiert Eckermann, er habe gesagt „Wie Sie aber zu dem Gefühl eines solchen Zustandes gekommen sind, begreife ich kaum; das Gedicht ist wie aus einer anderen Zeit und einer anderen Welt. *Ich werde es auch nicht zum zweiten Male machen,* sagte Goethe, *und wüßte auch nicht zu sagen, wie ich dazu gekommen bin; wie uns denn dieses sehr oft geschieht.*" – Jeder Vers hat 5 betonte Silben, ist aber frei in der Zahl der unbetonten Silben; insbesondere tritt nach der 4. Hebung die doppelte Senkung auf und bewirkt einen stokkenden, nachdenklichen Klang, passend zu dem Inhalt. Das Motiv *mein Gerät verstellt,* auf Störung der Arbeit deutend, hätte in die *Römischen Elegien* nicht gepaßt, und daß es ihnen ferngehalten ist, zeigt, wie sehr sie eine eigene dichterische Wirklichkeit haben. – P. Requadt, Die Bildersprache der dt. Italiendichtung. Bern u. München 1962. S. 74. – H. Zeman in Ztschr. f. dt. Philol. 94, 1975, S. 230.

S. 237. DER BESUCH. Entstanden 1788, Weimar, in der ersten Zeit der Liebe zu Christiane. In die Gedichtsammlung 1789 absichtlich nicht aufgenommen (Brief an Göschen 6. 11. 1788). Erster Druck: Schillers Musenalmanach für 1796. Text nach der *Ausg. l. Hd.*, nur in Vers 48 ist nach dem ersten Druck *schleich'* statt *schlich* eingesetzt. – 40/41 Anspielung auf das alte dichterische Bild, daß Gott Amor eine Binde um die Augen hat, d. h. blind ist. – Das gleiche Motiv – die eingeschlafene Geliebte – gibt es auf einer aus der gleichen Zeit stammenden Zeichnung Goethes, die, seitdem man sie unter seinen Papieren entdeckt hat, oft abgebildet ist (Corpus der Goethe-Zeichnungen Bd. IV B Nr. 65). Motivische Verwandtschaft besteht aber auch mit einer Elegie von Properz (I, 3). Vergleich: Erich Reitzenstein, Wirklichkeitsbild und Gefühlsentwicklung bei Properz. Lpz. 1936. (= Philologus, Suppl.-Bd. 29, H. 2) S. 43f. – Gertrud Herwig-Hager, Goethes Properz-Begegnung. Synusia, Festgabe f. Schadewaldt. Pfullingen 1965. S. 429–453. – M. Morris, Goethe-Studien, Bd. 2, 1898, S. 70ff.

S. 239. MORGENKLAGEN. Entstehungszeit und Anlaß wie beim vorigen Gedicht. Erster Druck: *Schriften 1789.* – G. Ellinger, Goethe und Johannes Secundus. G. Jb. 13, 1892, S. 199–210.

S. 241. FRECH UND FROH. Entstanden vermutlich um 1788. Erster Druck: *Werke 1815,* bis dahin absichtlich zurückgehalten. Im Ausgleich zu der Haltung der Lida-Lyrik ist hier etwa das weiteste Ausschwingen des Pendels nach der anderen Seite erreicht.

S. 241. KOPHTISCHES LIED. Goethe arbeitete 1787 an dem gereimten Text für ein Singspiel *Die Mystifizierten* (abgedruckt: WA 17, 1894, S. 374–394), das aber fragmentarisch blieb. Eine Arie aus dem 4. Akt ist: *Ja, gehorche meinen Winken.* Vers 5 hat hier *niemals* statt *selten.* 1791 arbeitete er den Entwurf um zu dem Prosa-Lustspiel *Der Großkophta,* das 1792 im Druck erschien. Den Stoff bilden die berüchtigte Halsband-Geschichte am französischen Hofe und der Abenteurer Cagliostro, der als angeblicher Leiter einer geheimen Loge, eben als *Großkophta,* auftritt. Aus dem ersten Vers-Entwurf nahm Goethe 1795 die Arie heraus und gab sie Schiller für seinen „Musenalmanach für 1796" zum Druck, und weil sie ursprünglich ein Lied des Großkophta war und 1792 dieses Drama erschienen war, erhielt sie den ohne Kenntnis dieses Zusammenhangs unverständlichen Titel. – *Steht die Zunge selten ein* : steht die Zunge der Waage selten in der Mitte, d. h. neigt sich weder zur einen noch zur anderen Seite. (Dt. Wb. 3, Sp. 309. – GWb.)

S. 242. MEERESSTILLE und GLÜCKLICHE FAHRT. Entstanden wahrscheinlich 1795, vielleicht auch schon früher. Erster Druck: Schillers Musenalmanach für 1796. In allen Ausgaben sind beide Gedichte auf einer Seite zusammengestellt als eng verbundene Gegenstücke im Inhalt, Rhythmus und in der Klangsymbolik. Goethe schrieb: *Meeres Stille* und in Vers 7: *ungeheuern,* nicht „ungeheuren". – Vilma Mönckeberg, Der Klangleib der Dichtung. Hamburg 1946. S. 62–65.

S. 242. NÄHE DES GELIEBTEN. Erster Druck: Schillers Musenalmanach für 1796. Goethe hörte im April 1795 ein Lied der damals beliebten Dichterin Friederike Brun „Ich denke dein" in Zelters Vertonung, welch letztere ihm tiefen Eindruck machte. Ihm schienen der Einsatz „Ich denke dein", das Thema und der Wechsel langer und kurzer Verse voll reicher Möglichkeiten, diese aber von der sentimentalschwächlichen Dichterin nicht ausgenutzt. Diese Anregung wurde in ihm produktiv und ergab sein eigenes Lied zu Zelters Singweise (Goethe an Helene Friederike Unger 13. Juni 1796. HA Briefe 2, S. 223, 19 ff.). 1799 von Beethoven vertont; eins der am meisten komponierten Gedichte Goethes. Das Gedicht von Friederike Brun, im Vossischen Musenalmanach für 1795, lautet:

Ich denke dein

Ich denke dein, wenn sich im Blütenregen
Der Frühling malt
Und wenn des Sommers mildgereifter Segen
In Ähren strahlt.

Ich denke dein, wenn sich das Weltmeer tönend
Gen Himmel hebt
Und vor der Wogen Wut das Ufer stöhnend
Zurücke bebt.

Ich denke dein, wenn sich der Abend rötend
Im Hain verliert
Und Philomelens Klage leise flötend
Die Seele rührt.

Beim trüben Lampenschein in bittren Leiden
Gedacht' ich dein;
Die bange Seele flehte nah am Scheiden:
Gedenke mein!

Ich denke dein, bis wehende Zypressen
Mein Grab umziehn;
Und auch in Tempes Hain soll unvergessen
Dein Name blühn.

KDN., Bd. 135, 2. Abt., S. 154f. – Martin Sommerfeld, Goethe in Umwelt und Folgezeit. Leiden 1935. S. 175–179. – Herman Meyer, Vom Leben der Strophe in dt. Lyrik. Dt. Vjs. 25, 1951, S. 450–473. Wiederabgedruckt in: H. Meyer, Zarte Empirie. Stuttg. 1963. S. 113–159. – H. J. Frank, Handbuch der dt. Strophenformen, 1980, S. 250f.

S. 243. DER MUSENSOHN. Erster Druck: *Neue Schriften, Bd. 7, Bln. 1800.* Das Manuskript der *Lieder* ging im November 1799 an den Verleger ab. Vermutlich ist *Der Musensohn* nicht sehr viel früher entstanden. Goethe zitierte später drei Zeilen daraus in *Dichtung und Wahrheit, Buch 16* (Bd. 10, S. 80), um seine innere Haltung in einem gewissen Zeitpunkt seiner Jugendjahre knapp zu bezeichnen, nicht aber um zu sagen, er habe das Gedicht damals gemacht. Wenn er in der Jugend das Erlebnis der Produktivität darstellte, geschah es stürmisch wie in *Wandrers Sturmlied* (S. 33) und *Künstlers Morgenlied* (S. 54). Dieses Gedicht dagegen ist trotz des Ich-Tons mit Abstand geschrieben, ein Rollenlied. Es spricht *der Musensohn* in Gestalt eines Musikers, was bei Goethe nicht oft vorkommt; in den Künstlergedichten der Jugendjahre waren es immer Maler. Kunstschaffen erscheint hier – im Gegensatz zu den Jugendwerken – ohne dämonische Tiefe und ohne innere Gefahr; dazu passen die idyllisch-bildhaften Motive des Inhalts. Auch Wortwahl und Satzbau unterscheiden das Lied von den Jugenddichtungen. Das Leichte, Beschwingte, dem Augenblick Hingegebene in Gehalt und Rhythmus verbindet es mit den Frühlingsgedichten dieser Zeit (S. 246, 252) und dem Lied *Der Schäfer putzte sich zum Tanz* (Bd. 3, S. 36f.), ebenso die Begrenzung auf einige idyllische Motive.

S. 244. AN DIE GÜNSTIGEN. Erster Druck: *Neue Schriften, Bd. 7, 1800,* als Einleitung der Gruppe *Lieder.* Wahrscheinlich für diesen Zweck gedichtet, also wohl 1799. Das Gedicht blieb in allen späteren Ausgaben am Anfang der *Lieder,* doch wurde 1815 noch die *Vorklage* davorgesetzt. – 5 *sub rosa* = unter der Rose. Die Rose galt als Symbol des Schweigens und Geheimnisses, als solche war sie an Beichtstühlen abgebildet oder in Ratssälen. Dt. Wb. 8, 1893, Sp. 1179f. – Thematisch vergleichbar das Gedicht *Geständnis* im *Divan* (Bd. 2, S. 11).

S. 244. IN GOLDNEN FRÜHLINGSSONNENSTUNDEN ... Flüchtig von Goethe niedergeschriebenes Fragment auf einem Blatt, das Notizen zu *Faust* enthält, etwa aus der Zeit um 1800. Vielleicht beziehen sich auch diese Verse auf *Faust,* und zwar als Abschied des Dichters von dem Werk, das er damals nicht vollenden zu können glaubte. Eine zarte tiefe Vergegenwärtigung der einstigen schöpferischen Stimmung und ihrer Grenzen. Goethe scheint die rasch hingeworfenen Zeilen später nicht mehr beachtet zu haben. – *Gesicht*: Vision, wie S. 111 *Ilmenau* Vers 164 und Bd. 8, S. 450, 2. – Erster Druck: Weim. Ausg. 14, 1887.

S. 245. DAS SONETT. Entstanden zu Beginn des Jahrhunderts. Erster Druck: Morgenblatt 1807. Goethe war infolge seiner genauen Kenntnis der italienischen Literatur mit der Sonettform vertraut. Doch als er selbst in den siebziger Jahren zum Dichter wurde, geschah das im Zusammenhang einer deutschen Ausdruckskunst, die als Freier Rhythmus, Madrigalvers oder Lied wandelbar-frei sich dem Gehalt anschmiegte. Die Jahre der Klassik brachten das Problem von Freiheit und Beschränkung und damit den Sinn für strengere Formen wie Distichen und Stanzen, doch griff Goethe damals nicht zum Sonett. Damit begannen die Romantiker, zumal August Wilhelm Schlegel (der schon in seinen Anfängen durch Bürger auf die Sonettform hingewiesen war). Am 23. März 1800 sandte A. W. Schlegel Goethe seine soeben erschienenen „Gedichte"; unter den 91 Gedichten dieses Bandes befinden sich Liedstrophen, Stanzen, Elegien und andere Formen, d.h. der ganze Formenschatz, den auch Goethe benutzte, außerdem aber 62 Sonette; diese Form trat hier also stark hervor, und der Band wirkte dadurch wie eine Ermunterung an andere, ihren Formenschatz ebenfalls in dieser Richtung zu erweitern. Wenige Tage später besuchte Schlegel von Jena aus Goethe in Weimar. Das Gespräch scheint – wie die anschließenden Briefe zeigen – die Sonettform berührt zu haben. Goethe sandte daraufhin an Schlegel 2 Sonette von Aretino, die dieser am 11. Juli zurückschickte. (Goethe und die Romantik, Schr.G.Ges. 13, S. 71–91.) Die Neubelebung des Sonetts durch die Romantiker war für Goethe gleichsam eine Aufforderung; darum läßt er in diesem Gedicht in Vers 1–8 die anderen zu sich sprechen und antwortet selbst in 9–14. Die hier geäußerten Bedenken hat er dann bald aufgegeben. Vgl. das folgende Gedicht, den Zyklus *Sonette* (S. 294–303) und den Brief an Zelter vom 22. 6. 1808, HA Briefe Bd. 3, S. 75, 19–27. – 1 *erneutem Kunstgebrauch*: die Erneuerung der Petrarkischen Sonettform. – 3 *bestimmt*: nach genauen Regeln, Bestimmungen. – 7 *Und wie sie sich denn auch gebärden mögen*: „Ein ironischer Hinweis auf den Gegensatz zwischen dem ungebundenen Gebaren der romantischen Gesellschaft und der strengen Gebundenheit ihrer Poesie." (Staiger in der Manesse-Ausg. von Goethes Gedichten, Bd. 1, S. 540.) – Walther Mönch, Das Sonett. Heidelberg 1955. – Heinrich Welti, Gesch. des Sonettes in der dt. Dichtung. Lpz. 1884. – H. J. Schlütter, Goethes Sonette. 1969. S. 67–70.

S. 245. NATUR UND KUNST ... Entstanden etwa 1800, eingefügt in das Vorspiel *Was wir bringen*, das Goethe 1802 sehr rasch für die Eröffnung des Schauspielhauses in Bad Lauchstädt schrieb und noch im gleichen Jahre in Druck gab. Von Goethe nicht in seine Gedichtsammlung aufgenommen. – Das Problem der Harmonie von Natur und Kunst, schon in der Jugend empfunden und im *Wandrer* (S. 36–42) zur Darstellung gebracht, taucht in der Zeit der Klassik neu auf und verknüpft sich mit dem von Freiheit und Gesetz: *Der Mensch ist nicht eher glücklich, als bis sein unbedingtes Streben sich selbst seine Begrenzung bestimmt* (*Lehrjahre*, Bd. 7, S. 553, 14–16). Schillers philosophische Aufsätze sahen Sinnlichkeit und Vernunft, Freiheit und Gesetz zur Harmonie gebracht im Schönen, so daß durch das Ästhetische der Mensch zur wahren Humanität gelangt. Die Schlußzeilen des Sonetts sind durchaus Goetheschen Geistes, aber sie hätten wohl ohne die Gespräche mit Schiller nicht diese philosophisch-strenge und zugleich rhetorisch-glanzvolle Formulierung erhalten. Begrenzung und Bindung gehören zum Wesen alles Gebildeten, sei es Naturgebilde, Kunstwerk oder der Mensch. Auch die Metamorphosegedichte sprachen davon und führten von der Natur ins Gebiet des Sittlichen hinüber (zumal die *Metamorphose der Tiere*, S. 203, Vers 50–59). Die Kunst scheint zunächst unter strenger Bindung zu leiden, aber dem tiefer Blickenden zeigt sich, daß sie eben durch diese frei ist und dadurch wiederum Natur. Dieser Gedanke wird nun nicht nur ausgesprochen, sondern er symbolisiert sich als Form, denn das Sonett ist strengste Beschränkung; scheinbar eine Fessel, macht es in Wirklichkeit die Sätze zum schönen und klaren Klang-Gefüge, das zu einem Höhepunkt am Ende hinstrebt, wobei der Schlußreim auf das Vorhergehende zurückgreift, gleichwie der Schlußgedanke Zusammenfassung und Lösung des Vorhergehenden ist. – Vers 3 *Widerwille* = Gegensätzlichkeit. – Korff, Geist der Goethezeit. Bd. 2, S. 436ff. – H. J. Schlütter, Goethes Sonette. 1969. S. 70–75.

S. 246. FRÜHZEITIGER FRÜHLING. Entstanden Frühling 1801. Erster Druck: Taschenbuch auf das Jahr 1804, hrsg. v. Wieland u. Goethe.

S. 247. DAUER IM WECHSEL. Entstanden 1803. Erster Druck: Taschenbuch auf das Jahr 1804. In der *Ausg. l. Hd.* 1827 in die Gruppe *Gott und Welt* eingereiht, also im Zusammenhang von Gedanken, die erst das Alterswerk voll enthüllte; hier ist die Folge: *Weltseele* (das stets sich wandelnde Leben im Werden der Welt), *Dauer im Wechsel, Eins und Alles* (das einzelne vergeht, aber das Gesamt bleibt erhalten), *Vermächtnis* (im Wandelbar-Vergänglichen lebt unwandelbare Weltvernunft als Naturgesetz und Sittengesetz). Die eindrucksvoll-reiche Reihe von Bildern der Vergänglichkeit zeigt den *Wechsel* als das *Dauernde*, die Schlußstrophe aber enthüllt in dem Wechselnden noch ein anderes Dauerndes: *Gehalt* ist Gesinnung und Liebe, *Form* das gestaltende Prinzip der Vernunft im Kantisch-Schillerschen Sinne; man könnte beide mit den Worten des *Divans* nennen: *Idee und Liebe* (Bd. 2, S. 39), die zugleich dem Absoluten und dem Menschengeist zugehören und insofern diesem bestätigen, daß er noch ein *zweites Vaterland* habe, wie es der *Zwischengesang* nennt (S. 341), mit dem überhaupt dieses Gedicht manches Gemeinsame hat. Der rasche, behende Rhythmus fließt unaufhaltsam, in ihm zieht die Fülle der kleinen Einzelmotive an uns vorüber, keins ganz haftend; das versinnbildlicht den Gedanken des steten Wechsels. Er ist tief in Goethes Gedankenwelt verwurzelt, denn er ist das Gegenthema zu seinem Urstreben, dem Augenblick Dauer zu geben und das Leben da, wo es erfüllt ist, herauszuheben ins Reich des Bleibenden durch die Kunst. Da der erste große abendländische Denker des Themas von Dauer und Wechsel Heraklit war, flicht Goethe in Vers 15/16 dessen Satz ein, man steige nicht zweimal in denselben Fluß. – Victor Hehn schrieb über das Gedicht im Jahre 1848: „Die Klage über die Vergänglichkeit ... und der didaktische moralische Gedanke ... auf die reinste Dichterweise zur Empfindung umgeprägt ..., lyrisch-melodisch ... Es kann nirgends die Betrachtung, die Erfahrung, die Lehre dichterischer in ein Lied umgesetzt worden sein als bei diesem Gedicht." (S. 199.) – Emil Staiger hat in der Manesse-Ausgabe von Goethes Gedichten, Bd. 2, 1949, S. 463–465, nachgewiesen, daß Goethe durch Joh. Chr. Reil, „Rhapsodien über die Anwendung der psychischen Kurmethode auf Geisteszerrüttungen", 1803, zu dem Gedicht angeregt sei; er schreibt am 15. 8. 1803 an Reil: *Erlauben Sie, daß ich einen Versuch beilege, wie ich das, was Sie p. 58ff. so schön vortragen, poetisch auszusprechen gewagt habe.* – 21 *die Lippe*: es ist hier von dem lyrischen Ich die Rede. – *genas*: sich erfreute, gesund wurde von Leiden. – 27 *Das gegliederte Gebilde*: die Hand. – 30 *Nun mit deinem*

Namen nennt: das Ich in einem anderen Zeitpunkt. – 33f. *Anfang mit dem Ende/Sich in eins zusammenziehn.* Dazu *Max. u. Refl.*: *Der ist der glücklichste Mensch, der das Ende seines Lebens mit dem Anfang in Verbindung setzen kann.* (Bd. 12, S. 515 Nr. 1064.) An Trebra 5. Jan. 1814: *Was kann der Mensch mehr wünschen, als daß ihm erlaubt sei, das Ende an den Anfang anzuschließen, und wodurch kann dies geschehen als durch die Dauer der Zuneigung, des Vertrauens, der Liebe, der Freundschaft.* (HA Briefe Bd. 3, S. 252, 23–29.) An Nikolaus Meyer 30. Juni 1826: *Auch bei mir wird es eine teure Angelegenheit, das Ende gegen den Anfang hinzubiegen.* – Emil Staiger, Die Zeit als Einbildungskraft des Dichters. Zürich u. Lpz. 1939. S. 101–144.

S. 248. WELTSEELE. Erster Druck im Herbst 1803 im *Taschenbuch auf das Jahr 1804, herausgegeben von Wieland und Goethe*, unter dem Titel *Weltschöpfung.* Entstanden vermutlich im Frühjahr 1802 (oder in den Jahren davor, frühestens 1798). Im *Taschenbuch* veröffentlichte Goethe eine Anzahl Gedichte – meist aus den Jahren 1802/03 –, die später in den *Werken* als *Gesellige Lieder* vereint blieben. Die meisten dieser Lieder wurden alsbald von Zelter und von Reichardt komponiert, darunter auch dieses. In der *Ausg. l. Hd.* kam das Gedicht außerdem in die Abteilung *Gott und Welt;* die Reihenfolge ist hier:

Prooemion (in unserer Ausgabe S. 357)
Wiederfinden (Bd. 2, S. 83)
Weltseele
Dauer im Wechsel (S. 247)
Eins und Alles (S. 368)

Es folgen die Metamorphose-Gedichte (S. 199–203). Zelter schreibt am 4. Mai 1826: „Habe ich Dir wohl jemals die beigehende Komposition gesandt? Sie ist schon vor 20 Jahren am Tage nach meiner Hochzeit unter dem Namen ‚Weltschöpfung' gemacht. Nun kommt mir das Stück zufällig wieder unter die Hände, und indem ich über Dich und mich erstaune, wünschte ich wohl zu wissen, unter welchen Umständen das Gedicht gemacht ist." Goethe antwortet am 20. Mai 1826: *Zuvörderst also schönsten Dank für die Partitur des wahrhaft enthusiastischen Liedes. Es ist seine guten dreißig Jahr alt und schreibt sich aus der Zeit her, wo ein reicher jugendlicher Mut sich noch mit dem Universum identifizierte, es auszufüllen, ja es in seinen Teilen wieder hervorzubringen glaubte. Jener kühne Drang hat uns denn doch eine reine dauernde Einwirkung auf's Leben nachgelassen; und wie weit wir auch im philosophischen Erkennen, dichterischen Behandeln vorgedrungen sein mögen, so war es doch in der Zeit von Bedeutung und, wie ich tagtäglich sehen kann, anregend und anleitend für manchen* (HA Briefe Bd. 4,

S. 190). Er datiert hier das Gedicht etwa 30 Jahre zurück, also in die Zeit um 1800; Goethe war damals ein Mann von etwa 50 Jahren; das Wort *ein reicher jugendlicher Mut* bezieht sich auf den Kreis junger Männer, mit dem er damals zusammen war. Es ist der Jenaer Kreis um Schelling und Steffens, mit dem er verbunden war in wechselseitiger Anregung in bezug auf Naturforschung. Schelling war damals Professor in Jena geworden. Goethe las sämtliche naturphilosophische Schriften, die Schelling in diesen Jahren veröffentlichte und ging sie z. T. in Gesprächen mit ihm durch. (Tagebuch Nov. 1798; Sept.-Okt. 1799 u. ö.) Schelling schreibt: „Die Natur soll der sichtbare Geist, der Geist die unsichtbare Natur sein. Hier also, in der absoluten Identität des Geistes in uns und der Natur außer uns, muß sich das Problem, wie eine Natur außer uns möglich sei, auflösen." (Ideen zu einer Philos. der Natur. 1797. Von Goethe 1798 gelesen. Schelling, Werke. Hrsg. von Manfred Schröter. Bd. 1, 1927, S. 706.) Hiermit verbindet sich der Gedanke der Entwicklung; die Natur erscheint als ein Werdendes, und ihr Gang muß von dem Naturphilosophen nachvollzogen werden: „Wir betrachten das System unserer Vorstellungen nicht in seinem Sein, sondern in seinem Werden. Die Philosophie wird genetisch, d. h. sie läßt die ganze notwendige Reihe unserer Vorstellungen vor unseren Augen gleichsam entstehen ... Das System der Natur ist zugleich das System unseres Geistes." (Ebd. S. 689.) „Über die Natur philosophieren heißt die Natur schaffen." (Ebd. Bd. 2, S. 13. Aus: Erster Entwurf eines Systems der Naturphilosophie, 1799.) *Weltschöpfung* war der ursprüngliche Titel des Gedichts. Goethe bezeichnet noch 1826 sehr genau den Kreis um Schelling, wenn er von dem Geiste spricht, der *sich mit dem Universum identifizierte, es auszufüllen, ja es in seinen Teilen wieder hervorzubringen glaubte.* Das Wort *Identifizieren* bedeutet: Sich gleichstellen, Gleiches finden. Es ist also außer dem Ich ein anderes da, und es gibt eine Berührung Punkt für Punkt. Wenn das Gedicht dieses *Identifizieren* ausspricht, muß es zwei Bereiche darstellen, sie aber als Einheit behandeln. Es wird nur ein Sprecher genannt, der sagt *Verteilet euch ...*, und nur eine Gruppe von Angesprochenen, die er *Ihr* nennt. Gemeint sind aber zwei. Einerseits spricht der Weltschöpfer zu den Monaden. Anderseits spricht der Dichter zu den jungen Naturforschern, von denen es in dem Brief heißt, daß sie *das Universum ... in seinen Teilen wieder hervorzubringen glauben.* Diese *Teile* werden in den Strophen genannt: Sterne, Gesteine, Tiere und Pflanzen. Am Schluß (33–36) steht der Mensch der Natur nicht als betrachtendes Wesen gegenüber, sondern gehört ihr als naturhaftes Wesen selbst an. (Vgl. dazu Bd. 12, S. 98, 24–35.) Auch in dem Gedicht *Prooemion* hat Goethe es gewagt, *Im Namen dessen, der sich selbst erschuf,* zu sprechen (S. 357). Ähnlich hier. Die Zweischichtigkeit und das *Identifizieren* gehen durch das ganze Gedicht. Ähnlich heißt es in der *Metamorphose der Tiere: Du fühlest dich fähig,/Ihr den höchsten Gedanken, zu dem sie schaffend sich aufschwang,/Nachzudenken.* (S. 203.) Noch in späteren Jahren bringen naturwissenschaftliche Aufsätze ähnliche Gedanken (Bd. 13, S. 30–32), was Goethe mit den Worten *dauernde Einwirkung* andeutet. Als Goethe dieses Gedicht schrieb, blickte er zurück auf seine vielfältigen Bemühungen in Geologie, Morphologie der Pflanzen und Tiere, Farbenlehre. Er hatte, um möglichst umfassend zu sein, auch astronomische Beobachtungen gemacht und sich für Chemie interessiert. In den *Annalen* sagt er dazu: *Bei allem diesem lag ein großes Naturgedicht, das mir vor der Seele schwebte, durchaus im Hintergrund* (Bd. 10, S. 450. Ausführlich über die Vorarbeiten zu diesem geplanten Natur-Lehrgedicht: Kommentar zu „Elegien und Lehrgedichte"). Es wurden aber nur die beiden Metamorphose-Gedichte fertig (S. 199–203), dann gab Goethe den großen Plan auf. Er ermutigte nun aber die Jüngeren zur Forschung. Er wußte, daß sie gleich ihm der Meinung waren, daß alles von einem Weltschöpfer ausgeht (Vers 1–2). Diese Zeit weitester Annäherung an die frühromantische Naturphilosophie ist zugleich eine *lustige und gesellige Epoche* (an Schiller 9. 3. 1802). Goethe war in Jena viel im Kreise der jungen Männer um Schelling, die gelegentlich auch in Weimar in dem sogenannten „Mittwochskränzchen" verkehrten. Es entstanden damals die meisten der *Geselligen Lieder.* Jetzt verbindet sich das Motiv des Geistes, der *sich mit dem Universum identifiziert,* mit der Atmosphäre des geistreich-geselligen Kreises. – Das Wort *Weltseele* war seit Schellings Buch „Von der Weltseele", 1798, geläufig geworden, jedenfalls in dem Jenaer und Weimarer Kreise.

Das Gedicht hat im Gehalt zwei Schichten, die sich ständig berühren, und in der Form zwei Versarten, die ständig wechseln: den ausgreifenden Fünfheber (klingend) und den ruhigeren Dreiheber (stumpf), beide jambisch und beide durch Kreuzreim verbunden.

HA Briefe, insbes. Bd. 2 S. 408f. Brief an Schelling 27. 9. 1800 und Bd. 4 Register „Schelling". – H. Berendt, Goethe und Schelling. Festschr. f. B. Litzmann. Bln. 1921. S. 77–104. – Fr. Koch, Goethe und der dt. Idealismus. Euphorion 33, 1932, S. 153–201. – Margarethe Plath, Der Goethe-Schellingsche Plan eines philosophischen Lehrgedichts. Preußische Jahrbücher 106, 1901, S. 44–74. – Erwin Jäckle, Goethes Morphologie und Schellings Weltseele. Dt. Vjs. 15, 1937, S. 295–330. – Ed. Spranger, Goethes Weltanschauung. In: Spranger, Goethe. Tübingen 1967. S. 275–317. – Kommerell S. 198. – Goethe und die Romantik. Hrsg. v. Schüddekopf u. Walzel. 1898 u. 1899. = Schr. G. Ges., 13–14. – J. Boyd, Notes to Goethe's poems. 2, 1949, S. 137–143. – Dorothea Hölscher-Lohmeyer, Goethes „Weltseele". In: Weimar am Pazifik. Festschr. Vordtriede. Tübingen 1985. S. 1–13. – Horst Frank, Handbuch der dt. Strophenformen. München 1980. S. 252f. – Herm. Glockner, Gesammelte Schr. Bd. 4, Bonn 1968, S. 590–592.

S. 249. DIE GLÜCKLICHEN GATTEN: Entstanden 1802. Erster Druck: Taschenbuch auf das Jahr 1804. Seit den *Werken 1806* in der Gruppe *Gesellige Lieder*, außerdem aber in der *Ausg. l. Hd.* noch in der Gruppe *Lyrisches* wiederholt unter dem Titel *Für's Leben*. Eckermann teilt mit, Goethe habe gesagt, er habe das Gedicht *immer liebgehabt* (16. 12. 1828); auch Hehn, 1849, fand es besonders schätzenswert. – Kommerell S. 110: „Goethe konnte auch anders dichten, er hat also diese Tonart gesucht. Wo uns Goethes Gedichte befremden, kann man am meisten über ihn lernen." – 18 *beliebt* = freudig, gern gegeben (Fischer, Goethe-Wortschatz S. 98). 66 *ab* = hinab (GWb 1, Sp. 3) 69 *Ehrenbinde* = Ehrenband, militärisches Ehrenzeichen.

S. 252. MAILIED. Entstanden etwa 1810. Erster Druck: *Werke 1815*. Das Thema – die Geliebte in der Frühlingslandschaft – nicht als Zustand, sondern als Nachbild des jüngst Erlebten und erfüllungsnahe Sehnsucht, rhythmisch dreiteilig wechselreich, ähnlich wie *Auf dem See* (S. 102f.). Häufig vertont, von Zelter, Hugo Wolf u. a.

S. 252. BLUMENGRUSS. Entstanden etwa 1810. Erster Druck: *Werke 1815*.

S. 253. SCHWEIZERLIED. Erster Druck: *Werke 1815*. Am 28. Februar 1811 an Zelter gesandt. Gräf (Lyr. Dichtungen 1 S. 512) bemerkt dazu: ,,eine vielleicht erst vor kurzem, vielleicht aber auch schon 1775 oder 1779 entstandene Bearbeitung eines Schweizer Volksliedes." Bohnenblust dagegen: ,,Es ist sicher nicht schon 1775 oder 1779 in der Schweiz entstanden ... Goethe hatte in ,Des Knaben Wunderhorn' die Strophe gefunden:

Auf'm Bergle bin ich gsessen,
Hab dem Vögele zugeschaut,
Ist ein Federle abe geflogen,
Hab'n Häusle draus baut.

Goethe versprach sich laut seiner Anzeige des 1. Bandes eine Belebung des deutschen Liedes von ,Des Knaben Wunderhorn'; Arnim und Brentano selber hatten an alte Strophen gleichermaßen angeknüpft. In Goethes Hause war zu jener Zeit wiederholt Lautenmusik erklungen; auch die neue Ausgabe von Hebels ,Alemannischen Gedichten' beschäftigte ihn wiederum und gab ihm *den angenehmen Eindruck, den wir bei Annäherung von Stammverwandten immer empfinden.* (Bd. 10, S. 511, 21f.) So schließt Goethe an jene schwäbische ,Wunderhorn'-Strophe ein Lied an, das weder in der Sprache noch sonstwie schweizerisch ist. Die Mundart kannte Goethe trotz Lavater und Meyer nicht. Er hilft sich wie in der Sesenheimer Idylle: *Guet, sagte ich, indem ich, wo nicht elsassisch, doch fremd zu reden suchte.* (Bd. 9, S. 440.) *Zugeschaut* (4, 12), *getan* (24): diese Formen und vor allem das verräterische Präteritum *luegt'i* (19), dessen Indikativ im Schweizerdeutschen überhaupt verschwunden ist, beweisen die äußerliche Anlehnung an die Mundart."

Eine abweichende Fassung, aufgeschrieben durch Goethes Verwandten Friedrich Schlosser, teilte G. v. Loeper mit: GJb. 11, 1890, S. 171f. – Bd. 12, S. 261–266 u. 270–284 u. Anmkg. – Düntzer in KDN Bd. 82, S. 106. – Gräf, Lyr. Dichtungen, Bd. 1, S. 512; Bd. 2, S. 668. – M. v. Waldberg, Goethe und das Volkslied. Bln. 1889. – Gottfried Bohnenblust, Goethe und die Schweiz. Frauenfeld u. Lpz. 1932. = Die Schweiz im dt. Geistesleben, 72–73. S. 77f. – Katalog der Sammlung Kippenberg. 2. Ausgabe, Bd. 2. Lpz. 1928. S. 19–20.

S. 254. GEGENWART. Entstanden 1812. Erster Druck: *Werke 1815*. Caroline Ulrich, die Gesellschafterin Christianes, die dann 1814 Riemer heiratete und die Goethe aus nächster Nähe kannte, berichtet: „Bei Gelegenheit einer bei Goethe stattfindenden Familientafel wurde von Mamsell Engels Gitarre gespielt, wobei zwar die Melodie, aber nicht der Text Goethes Beifall fand, in Folge dessen Goethe von einem auf dem Tische befindlichen an ihn gerichteten Brief eine Hälfte abriß und zum Aufschreiben des umstehenden Gedichts sofort verwandte." (WA 53 S. 541.) Ähnlich Kanzler v. Müller in seinen Aufzeichnungen vom 16. Dez. 1812. – Das Gedicht, zu welchem dieses die Kontrafaktur bildet, ist das in Wesen und Sprache durchaus anders geartete „Namen nennen dich nicht..." von H.W.F. Ültzen aus dem Göttinger Musenalmanach 1786, wieder gedruckt in: Kürschners Deutsche National-Literatur, Bd. 135, 1. Abt., S. 213f. – Thematisch vergleichbar: *Nähe des Geliebten* (S. 242) und *In tausend Formen ...* (Bd. 2, S. 88). – Kontrafakturen sind auch *Woher sind wir geboren ...* (S. 128), *Nähe des Geliebten* (S. 242) u.a. – 13 *ladend* = einladend, wie *Faust* 8503.

S. 254. GEFUNDEN. Entstanden 1813. Erster Druck: *Werke 1815*. Das schlichte herzliche Lied bringt das *Heidenröslein*-Motiv im umgekehrten Sinne und bleibt dabei mehr noch als jenes in seinem Bild-Bereich (Mensch und Blume); dennoch klingt leise ein gemeintes Anderes mit, unschwer zu deuten. Wer biographischen Aufschluß will, findet ihn in Goethes Briefen an Christiane. Er schickte ihr dieses Gedicht – er pflegte ihr selten Gedichte zu senden – am 26. August 1813 aus Stadt-Ilm; für sie und ihn war das eine Erinnerung an die Zeit vor 25 Jahren. – Zu dem Wort *Äuglein* sagt das Goethe-Wörterbuch 1, Sp. 1067f. „meist in erotischem Zusammenhang, besonders die Augen des Mädchens, der Geliebten", zeigt dieses Metaphorik an zahlreichen Beispielen und nennt Literatur dazu. – In der Handschrift für Christiane folgende Abweichungen von dem Druck: 2 *vor* 7 *blinkend* 14ff. *Mit allen Wur-*

zeln Hob ich es aus Und trug's zum Garten 18 *kühlen* 19f. *Nun zweigt und blüht es Mir immer fort.* – Goethes Briefwechsel mit seiner Frau. Hrsg. von H. G. Gräf. Frankf. 1916. Insbes. Bd. 2, S. 300f., 439. – M. Sommerfeld, Goethe in Umwelt und Folgezeit. Leiden 1935. S. 170–174.

S. 255. GLEICH UND GLEICH. Am 22. 4. 1814 an Zelter gesandt, wohl nicht lange davor entstanden. Erster Druck: *Werke 1815*.

GEDICHTE AUF PERSONEN UND EREIGNISSE

Während seines ganzen Lebens verband sich für Goethe die Dichtung mit dem geselligen Leben, der gesellschaftlichen Bildung, mit bürgerlicher und höfischer Repräsentation. In den Jahren nach Schillers Tode schrieb er gelegentlich Gedichte, die für einen bestimmten Menschenkreis ein Ereignis feierlich aussprechen, so für die Weimarer Schauspieler den *Epilog zu Schillers „Glocke"* und für die Bürger von Karlsbad die Gedichte an die Mitglieder des Österreichischen Kaiserhauses. Falsch wäre die Annahme, er habe einerseits persönliche Lyrik geschrieben, die ihm aus dem Herzen kam, und anderseits öffentliche, die nur eine Art Auftragsarbeit war. Bei dem *Epilog zu Schillers „Glocke"* war er durchaus mit dem Herzen beteiligt, aber der Zweck war ein öffentlicher und also wurde der Stil dementsprechend gewählt. Ähnlich in anderen Fällen; das blieb auch im Alter so (S. 338–356). Er bevorzugte dafür die kostbare Form der Stanze, gelegentlich wählte er auch das Sonett *(Der Kaiserin Becher* W.A. 16, S. 314). Die Gedichte für einen vertrauten Freundes- und Familienkreis, die in der Jugend häufig waren (86–95, 106–120), werden seltener, hören aber nicht auf; wenn sie vorkommen, stellen sich auch die plaudernden Knittelverse wieder ein (S. 259ff.), ebenso die Formen des geselligen Liedes (S. 263). Verhältnismäßig selten sind die kleinen Stammbuchverse – ein Beispiel S. 259 –, die dann im Alter häufig werden (S. 338–356) und so gut mit der Knappheit des Altersstils zusammenpassen. In *Faust II* bringt Goethe da, wo er Kunst in gesellschaftlichem Rahmen zeigt, auch den Gegenpol: *Zur Einsamkeit – da schaffe deine Welt.* (Bd. 3, S. 177.) Er kannte Kunst als Werk der Einsamkeit und als Werk für einen Menschenkreis, und es gehört zu seinem Wesen, daß er wie so viele Gegensätze auch diesen ins Gleichgewicht brachte. – Wulf Segebrecht, Das Gelegenheitsgedicht. Stuttg. 1977. – Hans Tümmler, Und der Gelegenheit schaff' ein Gedicht. Bad Neustadt 1984.

S. 256. EPILOG ZU SCHILLERS „GLOCKE". Für Goethe bedeutete der Tod Schillers den unersetzlichen Verlust des einzigen bedeutenden Dichters, der ihm nahestand. Er versuchte, des Freundes „Demetrius"-Fragment zu vollenden, sah aber, daß ihm dies unmöglich sei. Noch in den *Annalen* klingt der Schmerz darüber nach (Bd. 10, S. 471, 20–473,6). Dann entwarf er ein großes chorisches Spiel *Schillers Totenfeier*, das aber nicht über Schemata hinaus gedieh (WA 16, S. 561–569). Das Weimarer Hoftheater spielte in den Sommermonaten in Bad Lauchstädt. Goethe befand sich im Juli 1805 ebenfalls dort. Das Theater bereitete eine chorisch-dramatische Aufführung von Schillers „Lied von der Glocke" vor. Hierzu schrieb Goethe nun einen *Epilog*. Die Aufführung am 10. August war ein Erfolg, sein *Epilog* erntete Anerkennung, er erschien gedruckt im „Taschenbuch für Damen auf das Jahr 1806" und in den *Werken Bd. 8, 1808* (1. Fassung). Am 9. Mai 1810, zu Schillers 5. Todestage, wurde die Vorstellung wiederholt, Goethe ergänzte den *Epilog* und brachte ihn in dieser Fassung zum Druck im „Morgenblatt" 1810 und in der neuen Ausgabe seiner *Werke, Bd. 9, 1817* (2.Fassung). Am 9. Mai 1815 wurde wieder die „Glocke" chorisch-dramatisch dargestellt mit Goethes *Epilog*, der hierbei nochmals erweitert wurde; diese Fassung erschien im „Morgenblatt" 1816 und der *Ausg. l. Hd., Bd. 13, 1828* (3. Fassung). Hiernach unser Text. Dazu Goethes Aufsatz *Zu Schillers und Ifflands Andenken* (WA 40, S. 119–121). – In der 1. Fassung fehlten die Verse 39–46 und 89–104. Es schloß also Vers 47 unmittelbar an Vers 38 an, ein Zusammenhang, der später auseinandergerissen ist durch die an sich so schöne dazwischengeschobene Strophe. Die Verse 85–88, die in der 1. Fassung die Schlußverse waren, lauteten dort:

Doch jetzt empfindet sein verklärtes Wesen
Nur Einen Wunsch, wenn es hernieder schaut.
O möge doch den heil'gen letzten Willen
Das Vaterland vernehmen und erfüllen.

Die 2. Fassung fügte Vers 89–96 hinzu und änderte 85–88. – Die 3. Fassung fügte Vers 39–46 ein und hängte 97–104 an. – Im übrigen zeigen nun innerhalb der einzelnen Fassungen die Handschriften, die Drucke in den Zeitschriften und in den *Werken* wieder kleine Unterschiede, von deren Mitteilung hier abgesehen sei. – Das Gedicht beginnt anknüpfend an die letzten Worte des „Lieds von der Glocke"; die Zeit seit dessen Entstehen – 1799 – war für Weimar eine friedliche gewesen, und Goethe erhoffte, nachdem der Friede von Lunéville 1801 die französischen Revolutionskriege abgeschlossen hatte, auch weiterhin eine ruhige Zeit (1/2). In diese Epoche fiel für Weimar die Vermählung des Erbprinzen Karl Friedrich mit Maria Paulowna, der Schwester des russischen Kaisers Alexander I.; am 9. Nov. 1804 zogen beide in Weimar ein (3/4), am 12. Nov. 1804 wurde ihnen zu Ehren das von Schiller für dieses Fest geschriebene Spiel „Die Huldigung der Künste" aufgeführt (7/8). – 1f. *Dem friedenreichen Klange* ...: die Bevölkerung bewegte sich gemäß der Atmosphäre des Friedens, den der Glockenklang verhieß. – 2 *segenbar*: segenbringend (gebildet wie „dankbar"), diese Stelle im Dt.Wb. 10,1 (1905), Sp. 109 als einziger Beleg, also wohl Neubildung. – 9 *mitternächt'ges Läuten*: Schillers Begräbnis in der Nacht des 12. Mai 1805. Es war damals an vielen Orten Deutschlands und auch in Weimar Sitte, Tote bei Nacht zu beerdigen. Näheres hierüber: Max Hecker, Schillers Tod und Bestattung. Lpz. 1935. – 21 *sicherstellig*: Goethesche Neubildung, Charakteristik von Schillers Kunst des Gesprächs, die klar, sicher und scharfsinnig Probleme und Ergebnisse entwickelte. – 28: Anspielung auf Schillers stürmische leidvolle Jugendzeit. Im Gegensatz dazu dann Schillers Leben in Jena, aus dem auf zwei Einzelheiten angespielt wird, sein Gartenhaus, das so oft im Goethe-Schiller-Briefwechsel vorkommt (33), und seine Neigung, nachts zu arbeiten (37–40). Das Biographische wird so gebracht, daß zugleich Schillers Geistesart dabei deutlich wird (29–32). – 32: *das Gemeine.* Wie dieses Wort hier gemeint ist, wird deutlicher, wenn man den Gebrauch des Worts an anderen Stellen zum Vergleich heranzieht. In den *Lehrjahren* (Bd. 7, S. 608, 4–6) sagt Lothario: *Lassen Sie uns ... nicht ein gemeines Leben führen; lassen Sie uns zusammen auf eine würdige Weise tätig sein!* In den *Maximen und Reflexionen* heißt es: *Das Zufällig-Wirkliche, an dem wir weder ein Gesetz der Natur noch der Freiheit für den Augenblick entdecken, nennen wir das Gemeine.* (Bd. 12, S. 512, Nr. 1041.) *Das Wirkliche ohne sittlichen Bezug nennen wir gemein.* (Ebd., Nr. 1042. Vgl. auch Nr. 1043.) *Es ist ... keine Kleinigkeit, aus dem Gemeinen das Edle, aus der Unform das Schöne zu entwickeln.* (Ebd., Nr. 886.) – Im Folgenden wird auf Einzelheiten aus Schillers Leben in Jena und Weimar angespielt, und immer so, daß das Reale (wie z. B. der Blick zu den Sternen) symbolisch wird. – 33 *die schöne Gartenzinne.* Schiller kaufte 1797 ein Gartengrundstück in Jena, das Haus dort wurde ausgebaut und um ein Stockwerk erhöht. (G. v. Wilpert, Schiller-Chronik, 1958, unter: 16. 3. 97 – 20. 7. 98 u. ö.; W. Vulpius, Schiller-Bibliographie, 1959, S. 188f.) Goethe hat es später gezeichnet (oft reproduziert, z. B. Corpus der Goethe-Zeichnungen Bd. IVa Nr. 284). Von Schillers Mansardenzimmer hatte man eine weite Aussicht. Eckermann schreibt später: „Der Aufgang und Untergang der Planeten war von hier aus herrlich zu beobachten, und man mußte sich sagen, daß dieses Lokal durchaus günstig sei, um das Astronomische und Astrologische im „Wallenstein" zu dichten." (8. Okt. 1827). – 41 *Ihm schwollen ...* Eine Strophe gilt dem Historiker (41–48), eine dem Philosophen (49–56), die folgende dem Dichter, insbesondere Bühnendichter (57–64). – 42 *verspülend.* Dazu Dt.Wb. 12, 1 Sp. 1506 „fortspülend" (auf *Fluten* bezogen); Fischer, Goethe-Wortschatz S. 696 „gleichmäßig vorüber rauschen lassend" (auf *ihm* bezogen); das Bild bleibt das gleiche. – 68 *Das dunkle Buch:* das Buch der Geschichte ist ernst und nicht leicht zu durchschauen; der Blick des Historikers und Philosophen ist klärend, durchdringend, Lehren ziehend, das Tatsächliche zu Geist machend; in diesem Sinne pflegte Goethe das Wort *heiter* zu benutzen (Bd. 14, Sachregister). – 75 *wir*: die Schauspieler. Das Gedicht behält in allen Strophen durchaus den Charakter des Theater-Epilogs. Die Schauspieler, die Schiller noch persönlich unter sich gesehen haben, sprechen von ihm als ihrem Theaterdichter. Die Worte *Denn er war unser* (17, 25, 72) sind von diesen Schauspielern gesprochen, gelten aber darüber hinaus für alle Weimarer, die sich dem Verstorbenen auf eine besondere Weise verbunden fühlten im Vergleich mit der übrigen *Welt* (16). – 79/80: Schiller ging noch eine Woche vor seinem Tode ins Theater und hatte Freude an einem Lustspiel, das am 1. Mai gegeben wurde. Bei einem dieser Wege zum Theater traf ihn Goethe; es war, wie die *Annalen* berichten, das letzte Mal, daß er ihn sah, da Goethe danach selbst erkrankte (Bd. 10, S. 471,10–19). – 94 *verwandt* = verbunden, zugehörig. – Das Bild beginnt mit menschlichen Zügen – der Gesellige (17–24) –, es geht über zum Historiker, Philosophen, Dichter und endet wieder mit dem Menschlichen, aber nun dem Leidenden, Einsamen (69–88). Hinter den etwas rhetorisch klingenden Worten lebt eine sehr tiefe Kenntnis des Freundes. *Dem Leiden, dem Tod vertraut* war Schiller von früh an, das Todesproblem zog sich durch seinen Jugendpessimismus und auch, als er diesen überwand, durch seine idealistische Philosophie („Über das Erhabene" 1801). – Schiller war seit dem Jahre 1791 dauernd leidend, zeitweilig schwer krank. Das Gedicht ist nicht wie *Euphrosyne* Goethes persönliche Totenklage, sondern ist Theaterrede der Schauspieler; es feiert nicht wie jenes eine wenig bekannte Gestalt, sondern eine allgemein bekannte, allgemein betrauerte; es gilt also nicht, Leben festzuhalten, das sonst vergessen wäre, sondern vielmehr die Trauernden von der Trauer wieder ins Leben hinein zu führen, gestärkt durch das Hochbild des Geschiedenen. An Cotta schrieb Goethe am 1. 6. 1805 in bezug auf eine Gedenkdichtung für Schiller: *Nach meiner Überzeugung soll die Kunst, wenn sie sich mit dem Schmerz verbindet, denselben nur aufregen, um ihn zu mildern und in höhere tröstliche Gefühle aufzulösen; und ich werde in diesem Sinne weniger das, was wir verloren haben, als das, was uns übrig bleibt, darzustellen suchen.* – Die Gestalt des Gedichts ist die achtzeilige Stanze. Sie wirkt überall, wo sie bei Goethe auftritt, besonders formvollendet, feierlich und würdig. (S. 127, 149–152, 261–262, 344, 359–360.) Als Dichtung für das Theater hat das Werk mehr Ähnlichkeit mit *Epimenides* als mit Goethes nur zum Lesen geschriebenen Gedichten. – Schr. G. Ges. 20, Weimar 1905. B. Suphan, Zum 9. Mai 1905. Mit einem Facsimile der 1. Fassung des Gedichts in Goethes Handschrift. – W. Kayser, Goethes Dichtungen in

Stanzen. In: W. Kayser, Kunst und Spiel. 1961. S. 86–99. – Bd. 14, Bibliographie, Lit. über die Beziehung zu Schiller.

S. 259. AN DEN FÜRSTEN KARL VON LIGNE. Entstanden 1804. Erster Druck: Nachgelassene Werke Bd. 47, 1833. Charles Joseph Fürst v. Ligne (1735–1814), aus Belgien stammend, hoher Offizier in der Österreichischen Armee, Verehrer Goethes, hatte diesen in seiner französischen Muttersprache angedichtet. Goethes Gedicht ist Antwort darauf.

Die Überschrift stammt wohl von Eckermann oder Riemer. Eine eigenhändige Handschrift Goethes hat die Überschrift: *a. d. P. v. L.*, d. h.: an den Prinzen von Ligne. – Goethe und Österreich. Hrsg. von A. Sauer. Bd. 1. Weimar 1902. = Schr. G. Ges., 17. S. 115–121, 333–335 mit Abdruck von Lignes Gedichten auf Goethe. – Literat und Feldmarschall. Briefe u. Erinnerungen des Fürsten Charles Joseph de Ligne. Hrsg. von Günther Elbin. Stuttg. 1979. – Helene Wahlbröhl, Der Fürst von Ligne. Genève, Paris 1965. = Kölner Romanist. Arbeiten, N.F. 28.

S. 259. IN EIN STAMMBUCH. Adressat unbekannt. Entstanden wohl 1806. Erstmalig veröffentlicht in einem Einzeldruck, hrsg. v. G. v. Loeper 1858. Der Anfang lautet dort: *Zu unsres Lebens* ..., in dem handschriftlichen Entwurf – einem Karlsbader Notizbuch im Goethe-Archiv – steht: *In unsres Lebens* ...

S. 259. AN PRINZESSIN CAROLINE VON WEIMAR. Entstanden 1807. Erster Druck: Nachgelassene Werke Bd. 47, 1833. Für die Prinzessin Caroline (1786–1816), Tochter Carl Augusts, füllte Goethe im Laufe der Jahre 1806/07 ein Zeichenheft mit Landschaftszeichnungen, teils Ideallandschaften, teils Motiven aus Thüringen oder Karlsbad, und schenkte es ihr unter dem Namen *Reise-, Zerstreuungs- und Trost-Büchlein*. Das Werk war lange verschollen, bis Hans Wahl es wieder entdeckte und veröffentlichte. Goethe fügte dem Geschenk diese Verse bei. Sie sind laut Tagebuch am 17. Januar 1807 entstanden. Die Form ist der Knittelvers wie in Goethes Jugend. Dieser ist mit seiner abstandlosen, keine Umstände machenden Sprache hier möglich, weil Goethe die Prinzessin von Kindheit an kannte und ihr gegenüber sich keinerlei höfische Reserviertheit auferlegte. – 4: *Hertel*, Buch- und Papierhändler in Jena. – 5–11: Situation vor der Schlacht von Jena und Auerstädt. – 19: *zeichnet* statt „gezeichnet"; mit dem Knittelvers stellt sich auch die alte süddeutsche Hans-Sachsische Sprachform ein. – 21–22: Einfall des feindlichen Heeres. – Reise-, Zerstreuungs- und Trost-Büchlein vom September 1806 bis dahin 1807. Facsimile-Neudruck. Begleitwort von H. Wahl. Lpz. 1927. – H. Wahl, das wiedergefundene Trostbüchlein Goethes. Goethe-Kalender 1929, S. 90–100. – Corpus der Goethezeichnungen. Bd. IVa. Nachitalienische Landschaften. Hrsg. von G. Femmel. Lpz. 1966. – Reise-, Zerstreuungs- und Trostbüchlein. Hrsg. von Gerhard Femmel. Leipzig 1985. Facsimile-Druck mit 57 S. Kommentar.

S. 261. IM NAMEN DER BÜRGERSCHAFT VON KARLSBAD ... Bei seinen Kuraufenthalten in Karlsbad kam Goethe mit führenden Menschen aus Deutschland, aus Österreich, ja aus ganz Europa zusammen. Im Jahre 1810 kam die österreichische Kaiserin Maria Ludovica (1787–1816) dorthin, die von Goethe sehr verehrt wurde. Er schrieb im Namen der Bürgerschaft ein Gedicht *Der Kaiserin Ankunft* und *Der Kaiserin Becher*. 1812, als Goethe wieder in Karlsbad war, wurde gemeldet, Maria Ludovica würde wieder kommen, außerdem ihr Gatte, Kaiser Franz I., und seine Tochter aus erster Ehe, Marie Luise, die 1810 an Napoleon verheiratet war. Goethe machte an alle drei Gedichte. Doch kamen dann nur der Kaiser und seine Tochter. Die Gedichte an sie wurden als Sonderveröffentlichung 1812 in Karlsbad gedruckt. In Band 8 seiner *Werke, 1816*, faßte dann Goethe alle Karlsbader Huldigungsgedichte der Jahre 1810 und 1812 zusammen unter dem Titel *Im Namen der Bürgerschaft von Karlsbad*, im ganzen 7 Gedichte. Es störte ihn nicht im geringsten, jetzt, gerade nach den Befreiungskriegen, nachdem er *Des Epimenides Erwachen* geschrieben, seine damaligen Verse über Napoleon zu wiederholen. Unsere Ausgabe bringt als Probe dieser höfischen Dichtung nur ein Gedicht, das an die Kaiserin von Frankreich. Es sind Stanzen, ausgesprochen hoher Stil, denn es entsprechen einander: Majestät – Entscheidung im Großen (hohe Politik) – hohes Menschentum (Held, Herrin, Sänger) – hoher Stil. Daher ist es stark rhetorisch, d. h. thematisch Objektives glanzvoll formuliert, nichts Subjektiv-Ausdruckhaftes; innerhalb dieser Stilform einige überragend schöne Formulierungen, das Sternbild-Gleichnis (1–8), das Bild des Einen, der die Ordnung für Millionen herstellt (24), die Friedenshoffnung (56). 2–8: die Konjunktion, d. h. das Zusammentreffen zweier Planeten (z. B. Jupiter und Mars oder Merkur und Venus) ist etwas Seltenes und galt in der Astrologie und Astronomie seit jeher als besonderes Ereignis. Hier wird die traditionelle Metapher (Fürst – Stern) erweitert zu der des Sternbilds von glücklicher Konstellation (Zusammentreffen dreier Majestäten). – 9–10: Am 2. April 1810 wurde Marie Luise in Paris getraut. – 18: Revolutionszeit. – 24: Napoleon. – 25–32: Kontinentalsperre. – 40: Am 20. März 1811 wurde Napoleons Sohn Franz Joseph Carl Napoleon geboren. – 41/42: Dieser erhielt schon bei seiner Geburt den Titel des Königs von Rom. – 48: der Janustempel in Rom wurde nur in Friedenszeiten geschlossen. – 56: Das Motiv des *Friedens* schon in den Versen 10, 16, 48. – Andreas Fischer, Goethe und Napoleon. 2. Aufl. Frauenfeld u. Lpz. 1900. – Kommerell S. 191. – Arnold Bergsträsser, Der Friede in Goethes Dichtung. In: Dt. Beiträge zur geistigen Überlieferung. Hrsg. v. A. Bergsträsser. Chicago, University Press, 1947. S. 134–153. Wieder abgedruckt in: Bergsträsser, Staat und Dichtung, Freiburg 1967. S. 99–116. – Wulf Segebrecht, Das Gelegenheitsgedicht. Stuttg. 1977. Insbes. S. 287–328.

S. 263. ERGO BIBAMUS. Entstanden 1810. Erster Druck: Gesänge der Liedertafel. Bln. 1811. – Text nach der *Ausg. l. Hd.* Da diese auf ältere, wahrscheinlich fehlerhafte Drucke zurückgeht, seien die Abweichungen der Handschrift notiert: 11 *Und nahte mich traulich,* 17 *Mich ruft das Geschick* 24 *Nun, Brüderchen,* 31 *Da leuchtet ein Bildchen.* – Anknüpfend an den Stil des Studentenliedes; daher auch der lateinische Kehrreim (Also, trinken wir!). 21 *Filz* = Geizhals (Dt. Wb. 3, 1862, Sp. 1633.) *schmorchen,* sprachl. verwandt mit „schmoren" = braten, schrumpfen, dürr werden, ängstlich und übermäßig sparen; letztere Bedeutung insbesondere in Thüringischer Mundart. (Dt.Wb. 9, 1899, Sp. 1109 und 1111; auch Adelung.) – In seiner *Farbenlehre, Polemischer Teil,* § *391,* greift Goethe Newtons Schlüsse mit „ergo" an und erzählt bei dieser Gelegenheit die Anekdote, daß Basedow bei jeder Gelegenheit, bei schönem Wetter ebenso wie bei schlechtem, die Folgerung zu ziehen pflegte: Ergo bibamus. Riemer, dem Goethe dies diktierte, sagte, das sei ein trefflicher Refrain für ein Trinklied. Goethe ermunterte ihn, ein solches zu machen, und er tat es. Einige Zeit später schrieb dann Goethe selbst, die Strophenform des Riemerschen Liedes benutzend – also als produktive Kritik, wie so oft, als Kontrafaktur –, sein eigenes Lied. Hält man es gegen das vorige Gedicht, so wird die große Spannweite Goethes deutlich: dort höfischer Glanz, hier lockerer Studententon; aber in einem sind beide sich gleich, in dem Unpersönlichen, Thematisch-Objektiven. Erst wenn man gegen beide eins der zeitlich nicht fernen *Divan*-Gedichte hält, wird der lyrische Bereich in seiner ganzen Weite deutlich. – F. W. Riemer, Mitteilungen über Goethe. Hrsg. v. A. Pollmer. Lpz. 1921. S. 363–364.

S. 264. DIE LUSTIGEN VON WEIMAR. Entstanden im Januar 1813. Erster Druck: *Werke 1815.* – *Belvedere*: Rokokoschloß südlich Weimar. (Goethe-Handbuch 1, 1961, S. 1010–1014.) – *Zwätzen*: Dorf bei Jena. Christiane an Goethe 6. Dez. 1812: „Heute haben Sturms, Döbereiners, Gruners und mehrere eine Partie nach Zwätzen arrangiert, wo wir auch wieder bis jetzt getanzt haben." – *Burgau*: Dorf bei Jena, heute eingemeindet. (Goethe-Handbuch 1, Sp. 1505.) Christiane an Goethe 19. Aug. 1803: „Alsdann wollen wir wieder nach Burgau und Lobeda fahren und da Fische essen." – *Schneidemühlen*: Bei der Schneidemühle an der Saale bei Jena war ein Wirtshaus. – *Rapuschchen*: Rapuse, ein Kartenspiel, ähnlich Whist. Goethes Tagebuch 8. Dez. 1812: *Abends Rabusche gespielt mit den Frauenzimmern.* – 5 *Samstag,* 9 *Mon-*

tag, 13 *Mittwoch*: die Abende, an denen Theater gespielt wurde, und zwar am Mittwoch ein ernstes Stück. – Goethes Tagebuch, 15. Januar 1813: ... *Mittag für uns* (d. h. Goethe, Christiane, August und vermutlich Christianes Gesellschafterin Caroline Ulrich). *Lied „Die Wochenlust". Nach Tische Demoiselle Engels, die dasselbe sang.* Nach dem Essen kam also Christianens Freundin, die Schauspielerin Ernestine Engels, und sang das von Goethe neu gedichtete Lied nach einer Melodie, zu der es paßte. 18 Jahre später, 1831, schrieb Goethe dieser Schauspielerin, Frau Durand-Engels, in ihr Stammbuch:

„Donnerstag nach Belvedere!"
Und so ging's die Woche fort;
Denn das war der Frauen Lehre:
Lustige Leute, lustiger Ort.

Üben wir auf unsern Zügen
Auch nicht mehr dergleichen Schwung,
Stiftet inniges Vergnügen
Heitern Glücks Erinnerung.

Goethes Briefwechsel mit seiner Frau. 2 Bde. Hrsg. von H. G. Gräf. Frankfurt 1916.

BALLADEN

Schillers „Musenalmanach für das Jahr 1797" hatte sein Gepräge erhalten durch die *Xenien*. Der für das Jahr 1798 erhielt es durch eine Reihe von Balladen. Man hat ihn den Balladen-Almanach genannt. In ihm erschienen *Der Schatzgräber, Legende, Die Braut von Korinth, Der Gott und die Bajadere* und *Der Zauberlehrling*, dazu von Schiller „Der Ring des Polykrates", „Der Handschuh", „Ritter Toggenburg", „Der Taucher", „Die Kraniche des Ibykus" und „Der Gang nach dem Eisenhammer". Alle diese Gedichte waren seit dem Frühjahr 1797 entstanden und sind in dem Briefwechsel zwischen Goethe und Schiller mehrfach besprochen. Beide hatten sich gegenseitig in die Balladendichtung hineingesteigert, aber dennoch ging jeder dabei eigene Wege. Im Mittelpunkt der Schillerschen Balladen steht meist eine freie sittliche Entscheidung: der Mensch handelt von sich aus; im Mittelpunkt der Goetheschen eine geheimnisvolle Beziehung: höhere Mächte wirken auf den Menschen ein. Goethe war von Mitte Mai bis Mitte Juni 1797 in Jena. Der Ansporn durch den Freund, verbunden mit der ruhigen Jenaer Arbeitsatmosphäre, ließ in ihm überraschend eine Reihe von Balladen zur Vollendung kommen. Ihre Stoffe trug er schon lange mit sich herum. Nur so ist es zu erklären, daß sie so rasch hintereinander entstanden, am 21.–22. Mai *Der Schatzgräber*, Ende Mai – Anfang Juni die

Legende, am 4.–6. Juni *Die Braut von Korinth,* am 6.–9. Juni *Der Gott und die Bajadere,* Anfang Juli *Der Zauberlehrling.* Später, in seinem Aufsatz *Bedeutende Fördernis durch ein einziges geistreiches Wort* (Bd. 13, S. 37–41), in welchem er dem Anthropologen Heinroth dankt, der sein Denken als „gegenständlich" bezeichnet hatte, schreibt er: *Was nun von meinem gegenständlichen Denken gesagt ist, mag ich wohl auch ebenmäßig auf eine gegenständliche Dichtung beziehen. Mir drückten sich gewisse große Motive, Legenden, uraltgeschichtlich Überliefertes so tief in den Sinn, daß ich sie vierzig bis funfzig Jahre lebendig und wirksam im Innern erhielt; mir schien der schönste Besitz, solche werte Bilder oft in der Einbildungskraft erneut zu sehen, da sie sich denn zwar immer umgestalteten, doch ohne sich zu verändern einer reineren Form, einer entschiednern Darstellung entgegenreiften. Ich will hievon nur die Braut von Korinth, den Gott und die Bajadere, den Grafen und die Zwerge, den Sänger und die Kinder, und zuletzt noch den baldigst mitzuteilenden Paria nennen.*

Goethe hatte diese Stoffe also schon lange als dichterische Pläne im Kopf. Die Gespräche mit Schiller über den Charakter der Ballade mögen die Darstellung gefördert haben. Neue Anregungen kamen hinzu, zum Teil durch Bücher, zum Teil auf anderen Wegen: die Geschichte vom Getreuen Eckart hörte er 1813 auf der Reise durch seinen Schreiber John. Sagen und Märchen wurden zu Goethes Zeit noch vielfach im Volke erzählt. Manches kannte er seit seiner Jugend aus mündlicher Überlieferung, sie war ein Hintergrund seiner Balladen wie seines *Faust.* In seiner Jugend erfand er Balladenmotive ganz neu *(Hoch auf dem alten Turne* ... S. 81) oder nahm allgemeine thematische Anregungen auf – etwa, daß die Nixe den Fischer ins Wasser zieht –, die er selbständig weiterbildete. In späteren Jahren benutzte er Geschichten, die er las oder hörte, brachte aber oft Motive hinzu, die den Gehalt völlig umänderten *(Die Braut von Korinth).* Vergleicht man diese „Quellen" mit den Dichtungen, so ist man erstaunt, wie wenig sie boten, wie dürftig ihre Motive sind und welch reiches und innerlich erfülltes Geschehen Goethe daraus machte. Die Balladen seit 1797 sind im Vergleich mit denen der Jugend reicher an Stoff und Geschehen. Goethe wählte jetzt bewußt Themen, welche dieser Gattung entsprachen.

Die ersten großen Balladen der Klassik, *Die Braut von Korinth* und *Der Gott und die Bajadere,* knüpfen in einigen Zügen noch an die frühweimarischen Balladen (S. 153–156) an: Der Mensch steht in Beziehung zu höheren Mächten und sein Gefühl verbindet ihn mit diesen. So welthaltig, so tiefgreifend sind die folgenden Balladen nicht. Vom *Zauberlehrling* bis zur *Wandelnden Glocke,* ja bis zur Ballade vom vertriebenen und zurückkehrenden Grafen sind es flott durcherzählte, handlungsreiche, zuweilen humorvoll ausgemalte Geschehnisse. Einige wie

Hochzeitlied, Wirkung in die Ferne und *Totentanz* grenzen ans Virtuose in Versgestalt, Klangmalerei und Erzählweise. Aber die Ballade verträgt das Virtuose. Der Blickkreis ist hier begrenzt gehalten; zum Teil sind es einfache Ortssagen, die mit balladesker Kunst vorgetragen werden. Erst in dem Alterswerk *Paria* (S. 361) erreicht die Ballade noch einmal höchsten Rang, doch führt dieses Gedicht bereits über die Grenzen der Gattung hinaus.

Mit dem wechselnden Stilcharakter hängt zusammen, daß die Balladen sich an verschiedene Leserkreise wenden. Bei den Gedichten *Die Braut von Korinth* und *Der Gott und die Bajadere* dachte Goethe wohl an Schiller und an Leser, die seine tiefsten künstlerischen Absichten verstehen könnten. Es sind anspruchsvolle Kunstballaden. Anders die folgenden Gedichte. Ihr Publikum darf man sich etwa denken in der von Goethe 1801 gegründeten „Mittwochsgesellschaft", wo er in geselligem und meist heiterem Kreise gern etwas vorlas. Hierher paßten *Ritter Kurts Brautfahrt* und *Hochzeitlied,* Balladen, die dann 1804 in das „Taschenbuch" kamen, in eine Gruppe, welche er selbst als *Der Geselligkeit gewidmete Lieder* bezeichnete, d. h. Gedichte zum Vorlesen oder Singen in heiterem Kreise. Über die Balladen *Der getreue Eckart* und *Der Totentanz* berichtete er an Christiane und seinen Sohn August. (17. 4.; 25. 4.; 22. 5.; 24. 5.; 26. 6. 1813.) Ihnen und Christianens Freundinnen hat er gelegentlich leichtere Dichtungen vorgelesen. Balladen sind überhaupt Gedichte zum Vortrag. Bewußt oder unbewußt hat das wohl beim Abfassen eingewirkt, anders als bei den rein lyrischen Formen. Aus Goethes Tagebüchern und aus Aufzeichnungen seiner Gesprächspartner wissen wir, wem er vorlas und was er dabei auswählte. In den böhmischen Bädern, vor der Kaiserin von Österreich, dem Fürsten Ligne und ihrem Kreise las er Balladen wie *Wirkung in die Ferne.* Dort wären Gedichte wie *Die Braut von Korinth* durchaus fehl am Platze gewesen.

Weil Goethe, an breitere Leserkreise denkend, bei aller Gewähltheit und Bewußtheit der Fügung volksmäßig blieb – und er hat das zu allen Zeiten gekonnt –, wurden seine Balladen bald weithin beliebt. Die farbige, flüssige Erzählung schildert ein Geschehen. Der Dichter setzt dabei bewußt seine sprachlichen Kunstmittel ein und behält Abstand zum Werk. *Der Zauberlehrling* ist nur direkte Rede (1–92 des Schülers, 93–98 des Meisters), und man spürt dahinter – wie im Baccalaureus-Monolog des *Faust II* – die Ironie. *Wirkung in die Ferne* bringt eine nicht eben bedeutende Anekdote in so glanzvoller Darstellung, daß diese den Leser oder Hörer völlig gefangen nimmt. Die Balladen nutzen die wechselnden Reime, die Klangmalerei und Klangsymbolik, das Aufsparen der Pointe bis zum Schluß, deren Herausarbeitung durch Klang und Satzbau so kunstvoll, daß alle ihre Geschichten Glanz, Farbe und

Schlagkraft erhalten. Ob der Dichter von der Zwergenhochzeit oder vom Totentanz berichtet, er kostet die sprachlichen Mittel bis ins Letzte aus und bleibt zugleich seltsam objektiv; *Die wandelnde Glocke* ist weder eine kirchliche Mahnung noch Ironie. Als Goethe in seiner Jugend Balladen schrieb, stand er dem Gegenstand näher. Die Kunst der späteren Balladen ist anderer Art; die alte Freude am Volkstümlichen vermischt sich hier mit der sprachlichen Meisterschaft und dem inneren Abstand der späteren Jahre, ähnlich wie im Osterspaziergang des *Faust*.

Eine Textgeschichte der Balladen gibt es kaum. Die Unterschiede zwischen den Erstdrucken in den Musenalmanachen usw. und den späteren Drucken in den *Werken* sind sehr geringfügig. Unser Text folgt daher immer der *Ausg. l. Hd.*

Kommerell S. 310–429. – Gundolf S. 504–513. – Wolfgang Kayser, Gesch. d. dt. Ballade. Bln. 1936. – Albert Leitzmann, Die Quellen von Schillers u. Goethes Balladen. Bonn 1911 = Kl. Texte f. Vorlesungen u. Übungen, 73. – Erich Schmidt, Goethes Balladen. In: E. Schmidt, Charakteristiken. Bd. 2. Bln. 1901. S. 190–202. – Albert Köster, Goethe und sein Publikum. GJb. 29, 1908, S. 3–20 des Anhangs. – Paul Ludwig Kämpchen, Die numinose Ballade. Bonn 1930. = Mnemosyne, 4. – Boucke in der Festausgabe, Bd. 1, 1926, Einleitung. – Staiger, Goethe. Bd. 2. S. 301–315. – Walter Hinck, Die dt. Ballade von Bürger bis Brecht. Gött. 1968. Insbes. S. 19–24.

S. 265. DER SCHATZGRÄBER. Entstanden in Jena im Mai 1797. Erster Druck: Schillers Musenalmanach für 1798. – Goethe nähert sich mit dem Gedicht wieder der Ballade. Es ist eher eine Parabel, eine lehrhafte Geschichte. Der Anfang in Art früherer Balladen, der Schluß klassizistisch durch die Gestalt des Genius. – Kommerell S. 374f. – Willy Krogmann, Goethes Gewinn in einer Hamburger Lotterie. (Zur Entstehung des „Schatzgräbers".) (Jb.) Goethe 13, 1951, S. 230–242. – Sagen von Schatzgräbern sind häufig. (Leo Winter, Die dt. Schatzsage. Diss. Köln 1925.) – Wendelin Schmidt-Dengler, Genius. München 1978. S. 211f.

S. 266. LEGENDE. Entstanden in Jena, Ende Mai bis Mitte Juni 1797. Die Form ist der Vierheber mit freier Taktfüllung, eine schlicht und zugleich nachdrücklich erzählende Form, die an das bürgerliche Spät-Mittelalter anklingt. Wie in mittelalterlichen Legendendichtungen, so ist auch hier das Gemüthaft-Humorvolle mit dem Heiligen vereinbar. – Erster Druck: Schillers Musenalmanach auf das Jahr 1798. – Joh. Bolte, Zu Goethes Legende vom Hufeisen. Zeitschr. f. Volkskunde 35/36, 1925/26, S. 180ff.

S. 268. DIE BRAUT VON KORINTH. Goethes Tagebuch, Jena 4. Juni 1797: *Anfang des Vampyrischen Gedichtes ... Abends zu Schiller, über den neuen Almanach, besonders die Romanzen.* Und am 5. Juni: *Das Ende des vampyrischen Gedichts.* Erster Druck: Schillers Musenalmanach für 1798. Das Gedicht erregte bei seiner Veröffentlichung Aufsehen. Humboldt war entzückt; Herder lehnte es von seinem christlich-spiritualistischen Standpunkt ab. (Abdruck der Urteile bei Gräf.) – Der Stoff ist eine ursprünglich antike Geschichte, die zur Zeit Hadrians in des Phlegon von Tralles „Buch der Wunder" aufgezeichnet wurde und dann 1666 in des Johannes Praetorius „Anthropodemus Plutonicus" kam. Neudruck: Leitzmann S. 34–37. Es ist dort eine ganz gewöhnliche Gespenstergeschichte. Der Jüngling Machates kommt in die syrische Stadt Tralles zu Gastfreunden seiner Eltern. Diesen ist vor 6 Monaten die Tochter gestorben, er weiß das aber nicht. Nachts kommt sie zu ihm, gesteht ihm ihre Liebe, und sie verbringen die Nacht zusammen. Am Tage verschwindet sie. Aber Dienstboten haben sie bemerkt und melden dies den Eltern. Als sie in der nächsten Nacht wieder bei Machates ist, kommen die Eltern und sind entzückt, die Tochter zu sehn. Sie aber sinkt tot um. Man wirft den Leichnam außerhalb der Stadt wilden Tieren vor, reinigt die Tempel und opfert den Göttern. Machates stirbt bald danach. – Diesen Stoff hat Goethe verbunden mit dem Sagenmotiv vom Vampyr, d. h. dem wiederkehrenden Toten, der Lebenden das Blut aussaugt. (Vers 176–182.) Er kannte dieses Motiv vielleicht seit seiner Jugend, denn es kommt in dem Werk des Abbate Fortis vor, dem er den *Klaggesang der edlen Frauen des Asan Aga* (S. 82ff. u. Anmkg.) entnahm. Daß er sich über dieses Motiv klar war, geht aus der Tagebuchnotiz *Vampyrisches Gedicht* hervor. – Emil Staiger in der Gedenk-Ausgabe Bd. 1, S. 741: „Die meisten *Geselligen Lieder* und ein so reizvolles Stück wie *Frühzeitiger Frühling* sind in diesen Jahren entstanden. In dieselbe Zeit gehören aber ... die beiden Balladen *Der Gott und die Bajadere* und *Die Braut von Korinth,* unheimliche fremde Gäste in der sonst so lichten, lebenswilligen Welt ... Wie fremd bleibt in dieser Umgebung der innige Bund von Liebe und Tod, wie fremd zumal die Vampyrsage mit ihrer verführerisch grausigen Stimmung! Gleich einem ungeheuren Traum, zu dem der Erwachte sich kaum zu bekennen wagt, muß das Gedicht sich von der Seele Goethes losgelöst haben. Wir hören denn auch, daß es als Geheimnis jahrzehntelang in ihm verborgen lag, bevor es in solcher Vollendung, in solcher dämonischen Stille, in diesen Strophen von evokativer Kraft als Kunstwerk gestaltet werden konnte. Einige Freunde, darunter bedeutende Kenner des Dichters, waren bestürzt." – Kommerell S. 361–364: „Wie der reich gegliederte Strophenbau beweist, entfaltet sich dabei eine hohe Kunst, sogar Künstlichkeit der Sprache, die den Volkston ausschließt. Die Strophe selbst hat etwas Neutrales, sie ist eine Möglichkeit und vermag je nach Inhalt und Verwendung das Verschiedenste: drei Strophen trockenen Berichtes, dann erregender Fortschritt der Handlung, dann eine heftige, schwül gespannte Liebesstimmung, die ins Gespenstische umschlägt, schließlich die feierlich beschwörende Verrufung ... aus dem Munde der Wiedergängerin ... Die letzten Strophen rechnen unter die größten sprachlichen Taten dieses Dichters. Altertümlich ist also nur das Motiv, das weniger antik als slavisch ist, ein echtes Balladenmotiv, nur daß es hier eine weltgeschichtliche Tragweite bekommt ... Dennoch ist es nicht erlaubt, das Gedicht als antichristliches Manifest aufzufassen. Es ist Ballade ... Es gibt in Goethes Werk mehrere Ordnungen und mehrere Gerichtsbarkeiten. Und nur alle zusammen sind Goethe selbst." – 9 *Wenn er teuer nicht die Gunst erkauft*: durch Übertritt zum Christentum. – 30 *mit weißem Schleier* ... Die Gewänder, wie später die wechselseitigen Gaben – *Kette, Locke* usw. –, haben symbolische Bedeutung. – 45 *Ceres' ... Bacchus' Gabe*: Brot, Wein. – 43 *Knabe*: junger Mann. – 78 die *Flamme* als Hinweis auf die Hochzeitsfackel. – 79 *Hymen*: Gott der Hochzeit. – 87 *eine Schale*: der Jüngling hat diese als Brautgeschenk mitgebracht. – 91 *Eine Locke gib* ... „Hier erwacht in dem Mädchen das Bewußtsein des Todes. Der Todesgott weiht die dem Tode Bestimmten durch Abschneiden einer Locke der Unterwelt. So versucht die Tote, den Jüngling durch die Locke an sich und an das Totenreich zu binden." (Staiger in der Manesse-Ausgabe Bd. 1, S. 472.) – 126 *Doch es schlägt kein Herz in ihrer Brust.* „Das soll hier nicht heißen ‚sie fühlt nichts', sondern nur ‚sie ist tot'." (Staiger in der Manesse-Ausgabe Bd. 1, S. 472.) – 150 *Teppich*: Decke. – 184 *versiechest*: siechst dahin. – 189 *dort*: in der Unterwelt. – Der Text folgt der *Ausg. l. Hd.* Goethe setzt nirgendwo Anführungszeichen. Sie sind moderner Schreibweise entsprechend hinzugefügt, nach bestem Ermessen. Die Fest-Ausg. faßt 66/67 und 117/118 als direkte Rede.

Kommerell S. 361–364. – L. Heilbrunn, Die Braut von Korinth. Frankf. a. M. 1926. – St. Hock, Die Vampyrsagen. Bln. 1900. S. 66ff. – J. Boyd, Notes to Goethe's Poems. Bd. 2, 1949, S. 82–93. – E. Staiger, Goethe. Bd. 2. 1956. S. 307–314. – Über das Vampyr-Motiv: HwbA., Art. „Nachzehrer", Bd. 6, 1934/35, Sp. 812–823.

S. 273. DER GOTT UND DIE BAJADERE. Tagebuch, 6. Juni 1797: *Morgens ... Ram und die Bajadere.* Tagebuch, 7. Juni 1797: *Ram und die Bajadere. Abends Vorlesung bei Schiller.* Tagebuch, 9. Juni 1797: *Indische Romanze, Schluß.* Erster Druck: Schillers Musenalmanach für 1798. – Der Stoff stammt aus: Sonnerat, Reise nach Ostindien und China. Zürich 1783. Neudruck: Leitzmann S. 37–38. – Karl Viëtor, Goethe. Bern 1949. S. 158: „Die indische Legende hatte Goethes Phantasie lange beschäftigt. Er gibt ihr eine Gestalt, die sie zum herrlichen Beispiel des Glaubens an das dem Menschen eingeborene Verlangen zum Guten und Echten macht. Die Vereinigung mit dem Gott weckt in der Verlorenen den verborgenen Funken, die Fähigkeit zu wahrer Liebe; hell und stark brennt das Licht in der Geschändeten. Wie sie die Treue der Gattin im freiwilligen Opfertod bewährt, hebt der Gott die Geläuterte zu sich empor ... Schöner hat Goethe kaum je in Versen erzählt. Was soll man mehr bewundern: die poetische Meisterschaft oder die Höhe der Anschauung? Die Liebesvereinigung von Gott und Geschöpf, von Ich und All ist hier verherrlicht als das Mysterium, das den Kern aller großen Erlösungs-Religionen bildet." – Die britische Germanistin E. M. Butler hat auf Grund von wissenschaftlichen Reisen durch Indien und Gesprächen mit indischen Gelehrten darauf hingewiesen, wie sehr das Gedicht von Indien aus gesehen als ein Werk aus christlichem und abendländischem Geiste erscheint. – Stilistisch bedeutsam ist das seltsame, erregende Versmaß. Acht Trochäen, die recht wohl für sich eine Strophe sein könnten; aber es folgt noch ein weiterer Strophenteil; und er ist ganz anders: Daktylen mit Auftakt. Ihre Viertaktigkeit und der übergreifende Endreim sind das Verbindende; sonst aber gibt es keinen größeren Gegensatz als den fest schreitenden Trochäus und den tanzenden Daktylus. Es ist ein Umschlagen in das ganz andere. Es wäre wohl zu einfach gefragt, wenn man betrachtete, was jedesmal im Trochäus, was im Daktylus steht. Das ist vorgezeichnet durch den Gang des Geschehens. Der Wechsel des Rhythmus bringt vielmehr eine ganz allgemeine Spannung und Bewegung in das Gedicht. Seit dem ersten Erklingen dieses Wandels ist man gewärtig, daß immer wieder dieser Wechsel, dieses Überraschende kommt. Und es kommt – nicht nur im Rhythmus, sondern auch im Gehalt. – 1 *Mahadöh*: wörtlich „Der große Gott", Beiname Siva's, eines der drei höchsten indischen Götter, 2 *zum sechsten Mal*: von dem Gott Wischnu nahm man 10 menschliche Inkarnationen an; hier von Siva gesagt; es kommt Goethe nicht auf Richtigkeit in der indischen Mythologie an; wesentlich ist nur, daß ein Gott menschliche Inkarnation annimmt. 22 *und reicht ihm den Strauß*: „Gebärde als Abschluß des Bajaderentanzes" (Staiger, Manesse-Ausgabe S. 473). 82 *Nur dem Körper ...* Die Verse „sprechen bildlich den Grund aus, weshalb die Gattin sich mit der Leiche des Gatten verbrennen lassen muß. Wie Seele und Körper zusammen gehören, so auch Gattin und Gatte." (Düntzer KDN 82, S. 170.) – 86 *Drommete*: Trompete. – 89 *das Chor*: wie S. 199, Vers 6 als Neutrum.

Börries Freiherr v. Münchhausen, Meister-Balladen. Stuttg., Bln., Lpz. 1925. S. 72–86. – Elise Richter, Eine neue Quelle zu Goethes „Der Gott und die Bajadere". Archiv f. d. Studium d. neueren Sprachen. 87. Jahrg., 161. Bd. 1932. S. 166–172. – Kommerell S. 364–371. – E. M. Butler, Pandits and Pariahs. In: German Studies, presented to L. A. Willoughby. Oxford 1952. S. 26–51. –

J. Boyd, Notes to Goethe's Poems. Bd. 2. 1949. S. 93–98. – Th. C. van Stockum, Goethes indische Legenden. Neophilologus 28, 1943, S. 268–281.

S. 276. DER ZAUBERLEHRLING. Entstanden im Juni oder Juli des Jahres 1797 in Weimar. Erster Druck: Schillers Musenalmanach für 1798. Die antike Quelle für den Stoff: Lucian von Samosata, Sämtliche Werke, übers. v. C. M. Wieland. Bd. 1. Lpz. 1788. Darin S. 191–194: Der Lügenfreund oder der Ungläubige. – Neudruck davon: Leitzmann S. 32–34. – Die weitreichende Anwendbarkeit der Verse 91/92 beleuchtet den Sinn der Ballade, die an sich in keinem Wort über ihr Geschehen hinausführt. Das Ganze als Monolog des Schülers, die Pointierung seiner Sprache durchaus sarkastisch, der Gegensatz von Schüler und Meister sprachlich durch Wortschwall und Kürze bezeichnet. – Das Motiv kommt auch in der *Theatral. Sendung* V, 8 vor und entsprechend in den *Lehrjahren* Bd. 7, S. 185,30ff., und dort zeigt sich, in wie ernstem Zusammenhang es ursprünglich auftaucht. – In Vers 72 steht *nun* in dem Erstdruck in Schillers Musenalmanach für das Jahr 1798; *nur* in Goethes Neue Schriften, 7. Teil, Bln. 1800, und in den folgenden Drucken. – Lilo Brugger, Der Zauberlehrling und seine griechische Quelle. (Jb.) Goethe 13, 1951, S. 243–258. – Boyd, Bd. 2, S. 98–103.

S. 279. RITTER KURTS BRAUTFAHRT. Entstanden wohl um 1802. Erster Druck: Taschenbuch auf das Jahr 1804, hrsg. v. Wieland und Goethe. – Motivische Anregungen: Mémoires du maréchal de Bassompierre. Cologne 1666. S. 339–340. Neugedruckt: Leitzmann S. 41. Goethe hatte das Werk von Bassompierre aus der Weimarer Bibliothek entliehen und es für die *Unterhaltungen deutscher Ausgewanderten* benutzt. (Bd. 6, S. 161, 37ff.; 165, 15ff. u. Anmkg.) – Vers 23 *Amme* = die stillende Mutter. – Moritz v. Schwind schuf auf Grund von Goethes Ballade ein Gemälde. – Kommerell S. 379/80.

S. 280. HOCHZEITLIED. Entstanden 1802. Erster Druck: Taschenbuch auf das Jahr 1804, wie das vorige Gedicht. – Lied eines Sängers. Zu einer adligen Hochzeitsfeier schickt sich festliche, virtuose Erzählung; und da zu Adel Tradition gehört, eignet sich ein Rückblick; hierbei dreifache Spiegelung: die Hochzeit *heute* (4, 72), die einstige Hochzeit des Ahnherrn (66–69) und die Zwergenhochzeit (37–63); Übergänge (3–4, 68–72) betonen das Verbindende: das Zeitlos-Typische. Zum Festlichen aller drei Geschehnisse paßt die glanzvolle Sprache und kunstvolle Strophe mit dem Dreireim in der Mitte und mit höchster Freude an Rhythmenspiel, Klangmalerei und Wortzierlichkeit. Wechsel von Bericht, direkter Rede, Gedankenreferat, Betrachtung.

25 *Sprechergewicht*: deutsche Entsprechung des Ausdrucks „gravitas oratoris" oder „gravitas orationis", den Goethe wohl aus der antiken und neulateinischen

Rhetorik kannte. – Vers 42 *so Hören als Sehen* Erstdruck von 1802, die Ausgabe von 1806 (A) und die Jubiläums-Ausg.; *so Hören und Sehen* Ausg. von 1815 (B) und *Ausg. l. Hd.* (C, C[1]). – Der Stoff eine Volkssage; unter dem Titel „des kleinen Volkes Hochzeitsfest“ in: Dt. Sagen, hrsg. von den Brüdern Grimm. In der Erstausgabe, Bln. 1816, S. 39–40. Wiederabdruck bei Leitzmann S. 41–42. – Eine andere Fassung der Sage: Volkssage, hrsg. von Fr. Ranke. Lpz. 1934. S. 72f. – HwbA., Art. „Zwerge“, Bd. 9, 1938–41, insbes. Sp. 1038, 1045f., 1048f.

S. 282. WIRKUNG IN DIE FERNE. Erster Druck: *Werke, Bd. 1, 1815.* Vorlesungen des Gedichts nennt Goethes Tagebuch am 3. August 1808, am 26. August 1810 und 1. August 1812, alle Mal in den Böhmischen Badeorten vor dem Kreis, der dort versammelt war; hier war das Gedicht besonders am Platze. Riemers Tagebuch erwähnt das Gedicht schon am 6. 1. 1808. (Gespräche hrsg. von Herwig Bd. 2, S. 285) – Goethes Tagebuch 3. 8. 1808: *Actio in distans.* Dies ist ein Terminus aus der Naturwissenschaft und Naturphilosophie des 17. und 18. Jahrhunderts, angewandt bei Gravitation, Elektrizität usw.; die Lehre von der actio in distans war umstritten. Schelling schreibt: „Der Begriff einer Wirkung in die Ferne z. B., an welcher noch viele sich stoßen, beruht ganz auf der idealistischen Vorstellung des Raumes: denn nach dieser können zween Körper in der größten Entfernung von einander als sich berührend, und umgekehrt, Körper die sich (nach der gemeinen Vorstellung) wirklich berühren, als aus der Entfernung auf einander wirkend vorgestellt werden. Es ist sehr wahr, daß ein Körper nur da wirkt, wo er ist, aber es ist ebenso wahr, daß er nur da ist, wo er wirkt ...“ (Schelling, Von der Weltseele. Hbg. 1798. S. XIIIf.) In Goethes Kreise wurde das Wort *Wirkung in die Ferne* gelegentlich scherzhaft verwandt.

Die actio in distans erhielt erhöhte Bedeutung in der romantischen Naturwissenschaft. (Carl A. K. Kluge, Versuch einer Darstellung des animalischen Magnetismus. 2 Bde. Wien 1815. Sachregister.) Goethe benutzte das Wort *Wirkung in die Ferne* auch gern in Briefen, z. B. an Boisserée 16. Juni 1820 (HA Briefe 3, S. 483, 36); an Sartorius 26. Sept. 1822; an Sternberg 14. Dez. 1824; auch im Gespräch (Kanzler v. Müller 25. Sept. 1823).

S. 284. JOHANNA SEBUS. Entstanden 1809 und sogleich nach der Fertigstellung in einem Einzeldruck (ohne Orts- und Jahresangabe, Jena Mai 1809) verbreitet, dann in den *Werken, Bd. 2, 1815.* – In der Nacht vom 12. zum 13. Januar 1809 verursachte das Hochwasser des Rheins einen Deichbruch in der Nähe von Cleve. Die siebzehnjährige Bauerntochter Johanna Sebus versuchte eine im Hause ihrer Mutter wohnende Familie zu retten und kam dabei ums Leben. Über diese Ereignisse schrieb der Baron v. Keverberg, der als Beamter in diesem Distrikt tätig war, einen Bericht und sandte ihn an Christiane v. Vernijoul. Diese schickte ihn weiter an Goethe und fügte einen eigenen Brief hinzu, in dem sie u. a. schreibt: „Möchten Sie die rührende Tat wert finden, von dem ersten Dichter der lebenden Welt in einer Ballade verewigt zu werden, so wäre diesem edlen Mädchen ein Denkmal errichtet, welches in jedes fühlenden Menschen Brust Bewunderung für die Heldin und heißen Dank für den großmütigen Dichter erwecken würde." Und Goethe schrieb die Ballade. Er hielt sich dabei recht genau an seine Quelle. Er sandte sie dann an Baron Keverberg, und sie wurde bei einer Gedächtnisfeier in Cleve mit großem Erfolg gesprochen. Damit begann die Volkstümlichkeit, die dieses Gedicht sich dann bald erwarb. Wie verschieden ist dieses schlichte, kraftvolle, volksnahe Gedächtnisgedicht auf das hilfreiche Bauernmädchen von *Euphrosyne* (S. 190), dem eigenartig-anspruchsvollen, kunstsinnig-verfeinerten Gedächtnisgedicht auf die junge Schauspielerin. – In Goethes Briefwechsel oft erwähnt. Alle diesbezüglichen Stellen bei Gräf. Abdruck der Quelle: Leitzmann S. 42–44. – 9 *Bühl*: Geländeerhebung. 42 *Turn* altertümlich für Turm.

S. 285. GROSS IST DIE DIANA DER EPHESER. Entstanden 1812. Wilhelm v. Humboldt in einem Brief an Goethe vom 7. 9. 1812: „Die Ephesische Diana hat uns sehr viel Vergnügen gemacht." Erster Druck: *Werke 1815*. – Keine eigentliche Ballade, mehr eine Parabel. Den Anlaß gab Goethes Gegensatz zu F. H. Jacobi und dessen Schrift „Von den göttlichen Dingen und ihrer Offenbarung", 1811. Goethe schrieb am 30. 1. 1812 über ihn an Schlichtegroll: *Nach seiner Natur und dem Wege, den er von jeher genommen, muß sein Gott sich immer mehr von der Welt absondern, da der meinige sich immer mehr in sie verschlingt.* Und am 10. 5. 1812 schrieb er an Jacobi selbst: *Ich bin nun einmal einer der ephesischen Goldschmiede, der sein ganzes Leben im Anschauen und Anstaunen und Verehrung des wunderwürdigen Tempels der Göttin und in Nachbildung ihrer geheimnisvollen Gestalten zugebracht hat, und dem es unmöglich eine angenehme Empfindung erregen kann, wenn irgend ein Apostel seinen Mitbürgern einen anderen und noch dazu formlosen Gott aufdringen will.* (HA Briefe Bd. 3, S. 191) – Goethe erhielt am 31. Mai 1809 von dem Archäologen A. L. Hirt sein Buch „Der Tempel der Diana zu Ephesus. Berlin 1809." Das Tagebuch notiert am nächsten Tage Beschäftigung damit. Auf das berühmte Kultbild der Diana bezieht sich Goethes Gedicht, insbesondere die Beschreibung in Vers 6ff. Dieses Kultbild kommt nun auch in der Apostelgeschichte vor. Goethe verweist darauf im Untertitel des Gedichts, freilich nur auf 19, 39, man muß aber den ganzen Abschnitt 19, 23–41 heranziehen. – Zwischen den Zeilen 24 und 25 ist in den alten Drucken ein kleiner Strich. – Ausführliche Darlegung des geistigen Hintergrundes des Gedichts: Heinz Nicolai, Goethe und Jacobi. Stuttgart 1965. S. 250–262. – Max Hecker, Goethe und Fritz Jacobi. (Jb.) Goethe 7, 1942, S. 287ff. – Vgl. Nachtrag S. 777.

S. 286. DER GETREUE ECKART. Erster Druck: *Werke 1815*. – Tagebuch vom 17. April 1813 auf der Reise nach Teplitz: *... in Eckartsberge. Gedicht gemacht: Der getreue Eckart.* Am selben Tag ein Brief an Christiane: *Mein Begleiter* (der Sekretär John) *erzählte mir eine alte Geisterlegende, die ich sogleich, als wir in Eckartsberge still hielten, rhythmisch ausbildete.* In einem Brief an seinen Sohn vom 26. 6. 1813 nennt Goethe den Stoff ein *Thüringerwaldmärchen.* Die alte, besonders in Thüringen verbreitete Sage steht schon bei Johannes Praetorius, Saturnalia. Lpz. 1663. S. 403–405. Neugedruckt bei Leitzmann S. 44/45. – Eckart, der Warner, und Frau Hulda mit dem wütenden Heer sind alte Sagenmotive. Vers 44 *Aldermann*: aus dem Englischen stammendes, in den deutschen Hansestädten übernommenes und durch Klopstocks „Deutsche Gelehrtenrepublik" allgemein bekannt gewordenes Wort für einen gereiften, führenden oder durch ein Amt hervorgehobenen Mann. – Kommerell S. 355–357. – HwbA., Art. „Eckart", Bd. 2, Sp. 541–544.

S. 288. DER TOTENTANZ. Entstanden April 1813. Erster Druck: *Werke 1815*. Das Motiv des Totentanzes ist alt, ebenso das Motiv, daß einem nachts umgehenden Toten sein Sterbehemd entwendet wird. Die Ausgestaltung im einzelnen, vielleicht auch die Verbindung beider Motive ist Goethesch. – 2 *in Lage*: in geordneter Lage, in richtiger Ordnung. Vgl. Bd. 6, S. 74, Zeile 24. – 45: das vom Türmer herabgeworfene Sterbehemd bleibt an einem Haken hängen, und er muß fürchten, das Gerippe werde nun zu ihm kommen und ihn holen. – Henri Stegemeier, Goethe and the Totentanz. JEGPh. 48, 1949, S. 582–587. – HwbA., Art. „Totentanz" und „Totengewand", Bd. 8, 1936/37, Sp. 1098–1100 und 1066f.

S. 289. DIE WANDELNDE GLOCKE. Entstanden 1813. Erster Druck: *Werke 1815*. Text nach der *Ausg. l. Hd.*, aber mit einer Ausnahme: Vers 15/16 ist dort interpungiert:

Doch welch ein Schrecken hinterher!
Die Glocke kommt gewackelt.

Unsere Zeichensetzung folgt hier den Handschriften; so auch schon die „Weltausgabe" Bd. 1, S. 136. – 14 *fackeln* = unsicher hin und her reden, etwas sagen, was ungenau ist, was nicht stimmt. Ähnlich Bd. 9, S. 251, 36f.: *Sprüchwörter ..., die doch statt vieles Hin- und Herfakkelns den Nagel gleich auf den Kopf treffen.* – Über die stoffliche Anregung: Riemer, Mitteilungen über Goethe. Hrsg. von Pollmer. 1921. S. 229. Dasselbe bei Gräf I, S. 589: „... beruht auf einem Scherz und

Spaß, den sein Sohn und ich gemeinsam mit einem kleinen Knaben zu treiben liebten, der des Sonntags vor der Kirchzeit uns besuchend, bei beginnendem Geläute, besonders der durchschlagenden großen Glocke, sich einigermaßen zu fürchten schien. Nun machten wir ihm weis, die Glocke steige auch wohl von ihrem Stuhle herab ... und könne sich leicht über ihn herstülpen." Schon die Anregung war also psychologisch, nicht moralisch. – Kommerell S. 355–358.

S. 290. BALLADE. Strophe 1–9 entstanden im Oktober 1813, die beiden Schlußstrophen kamen im Dezember 1816 hinzu. Erster Druck: *Über Kunst und Altertum, Bd. 2, 1820.* Goethe plante den gleichen Stoff zu einem Operntext zu verarbeiten, *Der Löwenstuhl,* doch gedieh dieser nicht über Fragmente hinaus. Der Stoff vermischt Motive der Novelle vom Grafen von Angers aus Boccaccios „Decamerone" mit Motiven aus der altschottischen Ballade „The beggar's daughter of Bednall Green" aus Percys „Reliques of Ancient English Poetry". In seinem Aufsatz *Bedeutende Fördernis durch ein einziges geistreiches Wort* nennt Goethe das Gedicht *Der Sänger und die Kinder* und berichtet, daß er den Stoff jahrzehntelang mit sich herumgetragen habe. (Bd. 13, S. 39,2f.) Ähnlich zu Eckermann am 16. 12. 1828. – Dazu Goethes eigene Auslegung S. 400–402 des vorliegenden Bandes. – Da Goethe keinen Titel fand, der ihm ganz zusagte, nannte er das Gedicht einfach *Ballade*; so wie er auch eine seiner Erzählungen im Alter einfach *Novelle* genannt hat. Den Titel „Ballade vom vertriebenen und zurückkehrenden Grafen" gaben Eckermann und Riemer dem Gedicht in der Quartausgabe 1836.

Kommerell, Gedanken über Gedichte. S. 398–417. – Kommerell, Goethes Ballade vom vertriebenen und zurückkehrenden Grafen. Die Neue Rundschau 1936, S. 1212ff. – St. Waetzold, Die Jugendsprache Goethes; Goethe und die Romantik; Goethes Ballade vom vertriebenen und zurückkehrenden Grafen. 3 Vorträge. 2. Aufl. Lpz. 1903. – Quellenmotive: Leitzmann S. 45–46.

SONETTE

Die *Sonette* sind ein Zyklus wie die *Römischen Elegien* und wie der *Divan* und sind von vornherein als ein solcher entstanden. Ein Zyklus von Liebeslyrik, geschrieben 1807/08, also durch 20 Jahre getrennt von dem letzten davor liegenden Kreise von Liebesgedichten, den Elegien (S. 157–173) und den reimfreien Trochäen (S. 235–241). Und sehr verschieden von allen anderen Goetheschen Gedichtkreisen, schon äußerlich durch die Sonettform, sodann innerlich durch Bewußtheit und Abstand. Goethe kommt uns in ihnen anders entgegen als bisher. In seine Spätzeit eintretend, bricht er auf in neue Bereiche, hier, im *Divan* und in der späten Lyrik (S. 371–391).

Das Ich der *Sonette* ist das Ich des Alternden und des Berühmten. Ein Ich, das nicht mehr sich selbst gehört, sondern auch der Welt. Die Liebe erwächst nicht neben und trotz dieser Stellung, sondern mit ihr: die Geliebte küßt sein Marmorbildnis *(IV)*, d. h. ihn als Mythos gewordene Gestalt. Durch solche Existenz fühlt er sich verpflichtet; die Sonette sind voll von Bewußtheit und wacher Selbstkritik. Und diese setzt der Leidenschaft Grenzen. Der Dichter will die Geliebte sehen, wie man eine *Fürstin sieht (V*, 12–14), d. h. als unerreichbar. So klingt von Anbeginn ebensostark wie das Thema der Leidenschaft das der Mäßigung. Was für ein seltsames Abschiedsgedicht ist Sonett *VII:* alles Entbehrte wird im Herzen wiedergefunden, wird völlig zu Innerlichkeit, zu Geist, so sehr, daß die Entsagung in der Wirklichkeit zum Schluß fast wesenlos wird. Die Geliebte, anfangs aus Abstand verehrt, wird in den folgenden Gedichten selbst zur Liebenden. Aber es gibt hier kaum glückliche Gegenwart, sondern Sehnsucht und Gedanke über Trennendes hinweg. Das Einleitungssonett hebt den ganzen Zyklus auf eine Ebene höchster Übersicht über das Leben als Ganzes. Auch die anderen Sonette sehen das Ich in scharfer Klarheit, sind gespannt in die Polarität von Leidenschaft und Geist und haben dadurch eine innere Bewegung. Äußerliche Situationsmalerei gibt es kaum. Ein paar bildhafte Situationen sind angedeutet, aber sie sind mehr symbolisch, das Zusammentreffen *(II)*, die Situation vor dem Marmorbild *(IV)*, die Meerfahrt nach dem Abschied *(VII)*. Sie zeigen fast keine Umwelt, sondern nur zwei Gestalten in bedeutenden Bewegungen und Haltungen. Auch ist keine eigentliche Handlung in den Sonetten. Der Dichter hat das Mädchen schon als Kind gekannt *(V)*, jetzt sieht er sie mit neuen Augen *(II)*, doch zugleich setzt er sich Grenzen (*V*, 12–14); zwei Sonette sprechen von Abschied *(VI, VII)*, die weiteren sind als Briefwechsel der Getrennten gedacht. Hier wie schon vorher *(IV)* spricht das Mädchen selbst, ihre Stimme wechselt mit der des Dichters. Solchen Dialog liebt Goethe in seinem Alterswerk, vor allem im *Buch Suleika* des *Divan* und in *Äolsharfen* (S. 376). Er will Liebe nicht immer nur vom Manne aus gestalten, sondern dieser Doppelheit Stimme geben, in welcher sich ihm die Ganzheit der Welt verkörpert.

Die Sonettform entspricht diesem Gehalt; sein Wesentliches ist die Zucht des Geistes, und das Sonett ist eine zuchtvolle, strenge Form. Und es ist eine eminent geistige Form – das paßt zu der Reflexion, dem Geiste des Alternden. Die Polarität von Leidenschaft und Entsagung lebt in der Spannung von glühender Liebessprache und strengster Gedichtform. Hierdurch sind diese Verse auch mit der klassischen Form des Sonetts, der Petrarkischen, verbunden. Auch dort die Antithese von Leidenschaft und Entsagung, auch dort die Vergeistigung der Liebe. Die Sonettform scheint ihrem Wesen nach hierfür geschaffen, zwingt sie doch hier wie dort Gegensätzliches kurz zusammen und erhält dadurch ihre innere Bewegung und ihre Steigerung auf den Schluß hin. Seltsam, wie dabei Goethe wieder zu Motiven der Lida-Lyrik kommt, zu Mäßigung und Spiritualisierung, und nun auch zu dem mittelalterlichen Vorbild – Petrarca lebte 1304–1374 –, an dem er in früheren Zeiten vorbeigesehen hatte. Jetzt aber kam ihm diese Form eben recht, wie ihm später die vorgeformte Welt des Ostens für den *Divan* recht kam. Zu der wachen Selbstkritik des ganzen Zyklus gehört, daß der Dichter auch über seine neue Form sich klar ist; er spricht ihre Rechtfertigung selber aus im Sonett *XIV:* Gerade die starre Sonettform, ganz durchglüht, zeigt die Kraft der Leidenschaft, so wie auch seine eigene starre Haltung ganz von ihr durchglüht ist. Damit ist die innerste Möglichkeit dieser Form, die Antithese von Chaos und Kosmos – kraft welcher seinerzeit auch Gryphius Großes in ihr gelungen war –, erfaßt und ausgefüllt. Hinzu kam dann eine ganz einfache Freude am handwerklichen Können im Wetteifer mit den anderen Sonettisten.

Das Sonett ist die einzige lyrische Form der Goethezeit, deren Länge von vornherein feststeht. So ist nicht nur der Vers und die Strophe, sondern das ganze Gedicht begrenzt, randfest. Und innerhalb dieser Grenze gibt es feste Einschnitte; zunächst da, wo auf die Quartette die Terzette folgen; hier erfolgt oft eine Wendung im Gedankengang; sodann zwischen den beiden Terzetten; hier, 3 Zeilen vor dem Schluß, beginnt oft eine Pointe, eine Schlußwendung, die dem Ganzen neuen Sinn gibt. Das Sonett enthält meist eine innere Bewegung, die zu einem neuen Standpunkt führt. Es spricht aus der Haltung des Reflektierenden, ist ein geistiges Ordnen, und das Symbol dieser Ordnung ist die strenge Form.

Goethe kannte Sonette natürlich von Jugend an. Dem Gestaltungsprinzip des Sturm und Drang war diese strenge Form ganz entgegengesetzt gewesen. Noch im Jahre 1800 stand er dem Sonett zunächst zweifelnd gegenüber *(Sich in erneutem Kunstgebrauch zu üben* ... S. 245), benutzte es dann aber selbst, eben um das Zugleich von *Gesetz und Freiheit* symbolisch auszudrücken *(Natur und Kunst, sie scheinen sich zu fliehen* ... S. 245). Zu diesem neuen Gedichtkreis mit der Hintergrundspannung von Dämonie und sittlichem Willen paßte die Sonettgestalt nun in hohem Grade. Und zu der Bewußtheit dieser Liebe, dieser geistigen Situation, paßte es, daß es eine Form ist, die erarbeitet sein will, die sich nicht von selber macht. Das Anfangssonett – Goethe gibt nur selten so anspruchsvolle Anfänge – hat einen ernsten Klang. Andere Sonette, zumal *XIV* und *XV*, sprechen aber so leicht, so elegant und ironisch, daß ihr Klang fast hinwegtäuscht über Tiefsinn und Leidenschaft – eine Goethesche Eigenart, die oft auch in seinen Liedern und Stanzen zutage tritt.

Seit dem 11. November 1807 war Goethe in Jena (vgl. Bd. 14, Zeittafel), dort war er viel zusammen mit dem romantischen Dichter Zacharias Werner, der ebenso wie Goethes Mitarbeiter Riemer Sonette dichtete, in denen gelegentlich Minchen Herzlieb besungen wurde, die Pflegetochter des Buchdruckers Frommann, in dessen Hause Goethe damals häufig zu Gast war. Goethes Tagebuch vermerkt am 3. 12. 1807: *Werner las Sonette vor.* Riemers Aufzeichnungen sagen ergänzend, man habe auch Sonette von Schlegel und anderen Dichtern gelesen. Dadurch wurde Goethe zu eigener Produktion angeregt. Das Tagebuch meldet am 10. 12. 1807: *Sonette;* am 15. 12.: *Einiges Sonettische.* An Zelter schreibt er am 16. 12.: *Ich bin in's Sonette-Machen hineingekommen.* Von dem Sonett *IV Du siehst so ernst, Geliebter* ... gibt es eine Handschrift mit Datum: *Den 6. Dezember 1807;* von dem Sonett *V Als kleines, art'ges Kind* ... eine Handschrift mit Datum *Jena, 13. Dezember 1807,* die (laut W. A. 1, S. 301) aus dem Besitz von Wilhelmine Herzlieb stammt. Man kann annehmen, daß zu dieser Zeit auch die Sonette *XVI* und *XVII* entstanden sind. Jedoch scheinen nicht alle mit der Neigung zu Minchen Herzlieb zusammenzuhängen. Stellenweise sind Motive aus Briefen Bettine Brentanos verwertet, und darauf beziehen sich wohl Goethes Brief-Worte an Bettine vom 9. 1. 1808: *Schreiben Sie bald, daß ich wieder was zu übersetzen habe.* Am 25. Mai 1808 reiste Goethe nach Karlsbad, wo er viel mit der Familie Ziegesar zusammen war und mit Silvie lange Spaziergänge machte (die er im Tagebuch verzeichnet). Von dort sandte er am 22. 6. an Zelter einen kleinen Zyklus Sonette; sie trugen andere Überschriften als später und waren anders geordnet: *Mächtiges Überraschen (I), Freundliches Begegnen (II), Wachsende Neigung (V), Gewöhnung (III), Jähe Trennung (VII), Entsagen (VI).* Am 2. Juli und am 8. September 1808 las er aus den Sonetten vor. Sie beschäftigten ihn anscheinend auch den Sommer hindurch, und es ist gut möglich, daß Caroline v. Sartorius recht hat, wenn sie die Sonette in Zusammenhang bringt mit Silvie v. Ziegesar, die Goethe seit ihrer Kindheit kannte und die er 1807 und 1808 oft in Jena, Drakendorf und Weimar sah, bevor der gemeinsame Aufenthalt in Karlsbad kam. Frau v. Sartorius schreibt an ihren Bruder im Oktober 1808, nachdem sie wochenlang in Weimar und Jena in Goethes Kreise zu Besuch gewesen war: „... So hat er diesen Sommer im Karlsbad ein Liebchen gehabt, dem er seine süßesten Lieder gesungen, und diese Sonette, die noch sämtlich ungedruckt sind, teilte er uns mit. Schön waren sie alle; am schönsten aber die, in welchen er sie sprechen ließ, und mit deren Zartheit ich nichts zu vergleichen wüßte, wie es denn wohl noch nie einen Dichter gegeben hat, der in das weibliche Gemüt so tiefe Blicke getan, und es ist, als habe das ganze Geschlecht von der Edelsten bis zur Niedrigsten ihm Beichte gesessen. In denjenigen Liedern worin er sprach, herrschte schon mehr das gemäßigte Feuer der reiferen Jahre ..." (Goethes Briefwechsel mit G. und C. Sartorius. Hrsg. von E. v. Monroy. Weimar 1931. S. 83f.) – Die Situation, daß der berühmte Dichter und immer noch höchst anziehende Mann Liebe empfand und erweckte, daß er aber zugleich die Weisheit, die man ihm beimaß, nun auch verwirklichen mußte, war mehrfach gegeben, und so mögen verschiedene Anlässe zusammengekommen sein, um den Zyklus zu ergeben.

Die Sonette erschienen erstmalig in den *Werken 1815*, und zwar Sonett *I–XV*. Zwei weitere, als Abschluß des Zyklus bestimmt, hielt Goethe aus persönlichen Rücksichten zurück und fügte sie erst 1827 in der *Ausg. l. Hd.* hinzu. Durch ihre Thematik und Haltung sind die *Sonette* verbunden mit anderen Werken der gleichen Lebensepoche. Die Themen Jugendschönheit, Leidenschaft, Dämonie und Entsagung bilden den Gehalt von *Pandora* und von Novellen der *Wanderjahre*, die damals zu entstehen begannen und deren bedeutendste, *Die Wahlverwandtschaften*, sich dann rasch zum eigenen Werk entwickelte, jenen dämonischen Abgrund enthüllend, den kein Briefwort dieser Jahre ausspricht und den selbst die *Sonette* nur verhalten andeuten. – Die *Sonette* sind im vorliegenden Bande ans Ende der Klassik gesetzt; man könnte sie auch an den Beginn der Alterswerke setzen. Aber noch fehlt das Gelöste, Durchsichtige, alles Irdische mystisch Auflösende des Altersstils. Der feste Formwille, die Erfüllung und Durchdringung des Gestaltschemas, steht noch im Gefolge der Klassik. Zusammen mit den *Wahlverwandtschaften* kann man den *Sonetten* eine Zwischenstellung zwischen beiden Epochen geben, ähnlich wie zwischen Sturm und Drang und Klassik die Dichtung der ersten Weimarer Jahre steht. – Seit den *Werken 1815* hat der Zyklus *Sonette* das Motto:

Liebe will ich liebend loben,
Jede Form sie kommt von oben.

Goethe hat sich über seine *Sonette* fast nirgendwo geäußert. Es gibt gelegentlich Briefstellen über ihre Einordnung in die *Werke* und über Vorlesen des einen oder anderen, aber nichts, was den Gehalt betrifft. Auch die *Annalen* schweigen. Nur eine einzige Äußerung gibt es, die ins Wesentliche führt. Und die bekam niemand zu lesen. Es ist eine Partie des Manuskripts zu den *Annalen*, Abschnitt *1807*, die – man weiß nicht, aus welchen Gründen – im Druck fortblieb und erst in der Weimarer Ausgabe, Bd. 36, 1893, ans Licht trat. Und auch hier waltet Goethes verhaltene, andeutende, ja bewußt verhüllende Art. Der Abschnitt lautet: *Anfang Dezember kam Werner nach Jena, und man kann nicht leugnen, daß er Epoche in unserm Kreise gemacht ... Mit großer Wahrheit und Kraft las er vor, wodurch denn seine trefflichen Sonette noch höhern Wert erhielten und besonders die rein menschlich leidenschaftlichen großen Beifall gewannen. Es war das erste Mal seit Schillers Tode, daß ich ruhig gesellige Freuden in Jena genoß; die Freundlichkeit der Gegenwärtigen erregte die Sehnsucht nach dem Abgeschiedenen, und der aufs neue empfundene Verlust forderte Ersatz. Gewohnheit, Neigung, Freundschaft steigerten sich zu Liebe und Leidenschaft, die, wie alles Absolute, was in die bedingte Welt tritt, vielen verderblich zu werden drohte. In solchen Epochen jedoch erscheint die Dichtkunst erhöhend und mildernd, die Forderung des Herzens erhöhend, gewaltsame Befriedung mildernd. Und so war diesmal die von Schlegel früher meisterhaft geübte, von Werner ins Tragische gesteigerte Sonettenform höchst willkommen. Besonders auch sagte sie Riemers geistreich poetischem Talente zu, und ich ließ mich gleichfalls hinreißen, welches auch jetzt noch nicht reuen darf; denn die kleine Sammlung Sonette, deren Gefühl ich immer gern wieder bei mir erneuere und an denen auch andere gern Teil genommen, schreibt sich aus jener Zeit her. Noch einige sind im Hinterhalte; sie bleiben zurück, weil sie die nächsten Zustände nur allzudeutlich bezeichneten.*

Paul Hankamer, Spiel der Mächte. Tüb. u. Stuttg. 1947. S. 9–90. – Gundolf, Goethe. Kapitel „Sonette". – Kommerell S. 308–309. – E. Reitmeyer, Studien zum Problem der Gedichtsammlung. Bern, Lpz., 1935. = Sprache u. Dichtung, 57. S. 86–91. – A. Welti, Geschichte des Sonetts in der dt. Dichtung. Lpz. 1884. – Bettinas Briefwechsel mit Goethe. Hrsg. v. R. Steig. Mit einem Nachwort von F. Bergemann. Lpz. 1922. Insbesondere S. 415–417. – Freundliches Begegnen. Goethe, Minchen Herzlieb und das Frommannsche Haus. Auf Grund von: Fr. Frommann, Das Frommannsche Haus und seine Freunde, neu hrsg. v. Günther H. Wahnes. Stuttg. u. Jena 1927. – Hans M. Wolff, Goethe in der Periode der Wahlverwandtschaften. München 1952. Dazu die Rezension von H. J. Schrimpf Dt. Vjs. 29, 1955, S. 523–527. – Herbert Koch, Goethe und Silvia v. Ziegesar. (Jb.) Goethe 16, 1954, S. 225–234. – Walter Mönch, Das Sonett. Heidelberg 1955. – Hans-Jürgen Schlütter, Goethes Sonette. Bad Homburg 1969. = Goethezeit, 1. (143 S.). – Walter Müller-Seidel, Goethes Verhältnis zu Johann Heinrich Voß. In: Goethe und Heidelberg. 1949. S. 240–266. – Goethe und Sylvie. Briefe, Gedichte, Zeugnisse. Hrsg. von Paul Raabe. Stuttg. 1961. – Staiger, Goethe. Bd. 2. 1956. S. 444–448. – Ilse Graham, Goethe. Portrait of the Artist. Berlin and New York 1977. S. 34–60. – Meredith Lee, Studies in Goethe's Lyric Cycles. Chapel Hill 1978. S. 45–76. – Gerhard Kaiser, Goethes Sonettenzyklus. Jb. fr. dt. Hochstift 1982, S. 57–81. – Dorothea Hölscher-Lohmeyer in: Goethe, Münchner Ausgabe. Bd. 9, 1987 S. 1068–1086.

I. Das Gedicht bleibt – wie der *Mahometsgesang* (S. 42) – ganz im Bildbereich. Dadurch daß es Einleitung des Zyklus ist, weist es über sich hinaus. – W. v. Humboldt 1830: „Das künstlerische und poetische Wirken ist ein unendlicher Trieb nach außen, der, wie durch einen Zauberschlag, durch das plötzlich überraschende Gefühl, daß dieser

Trieb doch nur im Innern Befriedigung finden kann, zurückgedrängt wird und nun in sich zu Fülle und Ruhe anschwillt. Dies ist gewiß jedem Leser Goethes bei dem schönen Sonett *Ein Strom entrauscht* ... oft wieder klar geworden, obgleich das Bild dort in allgemeinerem Sinn steht." („Über Goethes zweiten Röm. Aufenthalt"; Neudruck: W. v. Humboldt über Schiller u. Goethe. Hrsg. von E. Haufe. Weimar 1963. S. 329.) – Ingrid Dzialas, Auffassung und Darstellung der Elemente bei Goethe. Bln. 1939. (German. Stud., 216.) S. 30f.: „Der Mensch hat ein unbedingtes Streben zur Vollendung, zum immer-weiter Vordringen; das Leben, die eigene Unvollkommenheit treten ihm entgegen, setzen ihm Grenzen, er muß sich beschränken. Und er tut es willig und freudig und erkennt, daß in dieser Begrenzung ein großes Glück liegen kann, ein neues Leben. Auch hier bleibt dem Menschen, wie im *Gesang der Geister* (S. 143), der Abglanz des Göttlichen – symbolisiert in den Gestirnen, die im See sich spiegeln ... Wesentlich ist die Erkenntnis der Tatsache, daß eine solche innere Haltung symbolisch im Element dargestellt wird, nicht als willkürlicher Vergleich, sondern als elementares Erleben. Das Elementargefühl ist die Grundlage." – E. Staiger, Goethe. Bd. 2, 1956, S. 447: „Das Streben zum Vater hin wird gehemmt, das Forschen und Wirken, das durch die Endlichkeit zum Unendlichen drängt, unterbrochen ... Der Fels, der unüberwindliche Widerstand, erscheint als Oreas, als Nymphe; Liebe hemmt den Lauf. Die Liebe aber, die den Strom auf seinem Weg zum Vater aufhält, enthebt ihn überhaupt der Not, das Ziel auf einem Weg zu suchen. Es gibt nun keinen Anfang, keine Mitte und kein Ende mehr. Das Ewige ist allgegenwärtig in der Spiegelung der Gestirne. Das in der Liebe gestillte Gemüt erfreut sich einer Offenbarung, die dem tätigen, immer vorwärts drängenden Geist verschlossen bleibt." – 1. Strophe: Ein Element – das Wasser – in naturhafter Bewegung. 2. Strophe: Ein anderes Element – der Berg, personifiziert durch die Bergnymphe – zwingt jenem eine andere Form auf; ein Ereignis. 3. Strophe: Der neue Zustand wird beschrieben. 4. Strophe: Der neue Zustand wird gedeutet. Jede Strophe hat also ihr Thema. Nach den 2 Quartetten eine Wendung; von da an der neue Zustand. Was über ihn gesagt ist, wird nochmals unterteilt: die Sinndeutung erfolgt erst im letzten Terzett. Am Anfang erscheint alles sinnvoll durch das *Streben zum Vater;* in der Mitte scheint alles fraglich; am Ende ist es neu sinnvoll durch die Spiegelung des Gestirns (ein Motiv, dessen Bedeutung in der 3. Zeile erst durch die Schlußverse deutlich wird). Ein Kreis rundet sich, und zugleich ist am Ende eine neue Stufe erreicht. – *Überraschen* ist transitiv; *mächtig* = mit Macht; also: die Oreas (Bergnymphe) überrascht den Strom unter Anwendung von Gewalt. Zu 5 *dämonisch* vgl. Bd. 10, S. 176, 34 u. Anmkg. In Vers 9 steht *staunt,* nicht etwa „staut". – Bd. 1, S. 143, 25–27; Bd. 8, S. 397,

20ff. – Hankamer, Spiel der Mächte, S. 53–64. – W. Killy, Wandlungen des lyrischen Bildes. Göttingen 1956. 3. Aufl. 1961. S. 17–20.

V. 9 Wachstum bei Goethe gelegentlich Maskulinum wie auch bei anderen Schriftstellern des 18. Jahrhunderts (so auch Bd. 9, S. 39,11). 12 *als Fürstin denken*: die Fürstin ist für den bürgerlichen Liebenden unerreichbar, der Versuch einer Annäherung würde tragisch enden und ihn (und vielleicht sie) ins Unglück stürzen; von vornherein sind Abstand und Entsagung eine Pflicht.

VII. 3 *tiefempfundnem* in einer Handschrift und dem Druck von 1815, *tiefempfundnen* in der *Ausg. l. Hd.*

VIII. Goethes Reinschrift dieses Sonetts ist facsimiliert in: „Zum 28. August 1899. Von Rudolf Brockhaus." (Lpz. 1899.)

XI. Nemesis: antike Göttergestalt, die bei Herder, Goethe, Schiller u. a. wieder viel genannt wurde. Karl Philipp Moritz, Götterlehre, 1791, sagt von ihr: „Sie hemmt Stolz und Übermut, straft und belohnt nach gerechtem Maß und ahndet verborgenen Frevel." – *Influenzen*: Ansteckungen. – „*Lacrimas*", ein Schauspiel von Wilhelm v. Schütz (1776–1847), hrsg. von A. W. Schlegel, Bln. 1803, schwelgt in Sonetten, Terzinen, Canzonen und anderen romantischen Verskünsten. Goethe war gegen dergleichen kalt geblieben. Mit Selbstironie stellt das Gedicht fest, daß er nun selbst von der *Sonettenwut* ergriffen sei. *Erinnen* (auch: Erinnyen), die Rachegöttinnen, lat. Furien. (Auch Bd. 1, S. 159 u. S. 189 und Bd. 3, S. 167 genannt; vgl. auch das Register Bd. 14.)

XII, 11. *nur* wird von Goethe in freier Wortstellung verwendet. Vgl. A. Köster, „Nur". In: Jahrb. d. Sammlung Kippenberg 4, 1924, S. 7–19. Auch in: Navigare necesse est. Festgabe f. A. Kippenberg. Lpz. 1924. S. 116–126. – Hier wohl: „Das kann bis zu dir nur hinüberwehen".

XIV, 5/6: Sogar wenn keine strenge äußere Bindung Schranken setzt, ist es kaum möglich, für des Herzens Fülle Gestalt zu finden – wieviel weniger kann es in so strenger Form der Fall sein!

XV. Feuerwerker: Sprengmeister, Artillerist (aus der Militärsprache). *Drauf ausgelernt*: darin ausgebildet. *wettert*: blitzt und donnert (hier: richtig bemessene Sprengungen macht). *Irrgänglich* von „Irrgang" = gewundener Gang, in dem man sich leicht verirren kann (hier: die Gänge für Sprengungen, Bohrlöcher). *miniert* von „Mine" = unterirdisches Loch für eine Sprengladung, dann auch die Sprengladung selbst. Adelung erläutert noch 1808: „Ein unter der Erde gegrabener Keller mit den dazu gehörigen Gängen, die darüber liegende Last vermittels des Pulvers in die Luft zu sprengen". *Gruft*: in die Erde gegrabene Öffnung, Erdhöhle. – Die Wendung *mit Irrgängen unterminiert* metaphorisch Bd. 9, S. 285,13f.; das Bild der explodierenden *Mine* Bd. 5, S. 130 (V. 2125); Bd. 9, S. 589,38.

XVI. Hier wird Petrarca genannt, der erste große abendländische

Meister des Sonetts, bei dem bereits innere Glut und formale Kunst, Seligkeit und Verzweiflung der Liebe den Sonetten die innere Bewegung und Spannung gaben. In Renaissance und Barock vorbildlich, noch im 18. Jahrhundert viel genannt, war er eben wieder von den Romantikern viel beachtet und bildet für Goethe, der sich im Sonett jeden Augenblick der abendländischen Tradition bewußt war – zumal er einige Jahre vorher eingehende Renaissance-Studien anläßlich seines *Cellini* getrieben hatte –, den großen Maßstab, an dem er sich orientieren muß. – Der *Karfreitag* spielt für Petrarca eine besondere Rolle, da er an diesem Tage Laura sah und in Liebe zu ihr entbrannte. Das Sonett „Eva il giorno ch'al sol si scoloraro" (Canzoniere I, 3) tadelt Amor, daß er ihn am Karfreitag verwundet habe, einem Tag, da er arglos und wehrlos gewesen sei.

XVII. Ebenso wie das vorige Sonett erst 1827 veröffentlicht. Die Auflösung der *Scharade*, d. h. des Silbenrätsels, ist der Name Herzlieb.

ALTERSWERKE

Goethes Jugendlyrik steht im Zusammenhang mit der Lyrik seiner Zeitgenossen, sei es aufnehmend, sei es führend; auch seine Klassik steht in literarischen Zusammenhängen, und zwar mit den großen geschichtlichen Vorbildern des Altertums. Seine Altersdichtung aber entwickelte er nur noch aus sich selbst heraus. Verbindung zur Zeitdichtung hat sie kaum, und auch die geschichtlichen Vorbilder sind höchstens Anreiz und Auslösung, nicht von tieferer Wirkung. Die letzte große produktive Begegnung ist die mit Hafis in der *Divan*-Zeit.

Goethes Alter ist die Epoche, in der er sich selbst geschichtlich wird; das begann, als er seine Autobiographie zu schreiben unternahm, nach 1809. Er hat seine Altersstimmung einmal in einem Brief an W. v. Humboldt vom 1. Dez. 1831 folgendermaßen ausgesprochen: *... so gesteh' ich gern, daß in meinen hohen Jahren mir alles mehr und mehr historisch wird. Ob etwas in der vergangenen Zeit, in fernen Reichen oder mir ganz nah-räumlich im Augenblicke vorgeht, ist ganz eins; ja ich erscheine mir selbst immer mehr und mehr geschichtlich.* Die Weltanschauung des Alters, welche die Dinge aus Abstand sieht und im Einzelnen stets das Allgemeine erkennt, spricht sich ähnlich aus in einem Satz aus den *Maximen und Reflexionen*: *Jedem Alter des Menschen antwortet eine gewisse Philosophie. Das Kind erscheint als Realist; denn es findet sich so überzeugt von dem Dasein der Birnen und Äpfel als von dem seinigen. Der Jüngling, von innern Leidenschaften bestürmt, muß auf sich selbst merken, sich vorfühlen: er wird zum Idealisten umgewandelt. Dagegen ein Skeptiker zu werden hat der Mann alle Ursache; er tut wohl, zu zweifeln, ob das Mittel, das er zum Zwecke gewählt hat, auch das rechte sei. Vor dem Handeln, im Handeln hat er alle Ursache, den Verstand beweglich zu erhalten, damit er nicht nachher sich über eine falsche Wahl zu betrüben habe. Der Greis jedoch wird sich immer zum Mystizismus bekennen. Er sieht, daß so vieles vom Zufall abzuhängen scheint: das Unvernünftige gelingt, das Vernünftige schlägt fehl, Glück und Unglück stellen sich unerwartet ins gleiche; so ist es, so war es, und das hohe Alter beruhigt sich in dem, der da ist, der da war und der da sein wird.* (Bd. 12, S. 540f.) Was Goethe hier den *Mystizismus* des Alters nennt, hat er einmal in einem Brief an Zelter vom 11. Mai 1820 ausgeführt. Er spricht dort darüber, warum ihn die altpersische geistige Welt so anziehe, und sagt: *Unbedingtes Ergeben in den unergründlichen Willen Gottes, heiterer Überblick des beweglichen, immer kreis- und spiralartig wiederkehrenden Erde-Treibens, Liebe, Neigung zwischen zwei Welten schwebend, alles Reale geläutert, sich symbolisch auflösend. Was will der Großpapa weiter?* Dieser Satz faßt formelartig die wesentlichsten Züge der Weltanschauung des Alters zusammen. Das Erdetreiben wiederholt das immer Gleiche, Typische, Gesetzliche; es ist aber nicht nur kreisartig, sondern auch spiralartig, d.h. Steigerung, Aufwärts-Entwicklung. Das, was alles vereint, ist Liebe (wie in den Versen S. 367 *Was auch als Wahrheit ...*), irdisch und überirdisch zugleich. Wer im *Überblick* und liebend sieht, sieht *heiter,* d.h. geistig, klar, ohne Verwirrung und Trübung. Das *Reale* wird dann *symbolisch;* und: *Das ist die wahre Symbolik, wo das Besondere das Allgemeinere repräsentiert, nicht als Traum und Schatten, sondern als lebendig-augenblickliche Offenbarung des Unerforschlichen.* (Bd. 12, S. 471.) Die Mitteilung an Zelter springt dann von den tiefsinnigen Gedanken über Symbolik zu dem Satz *Was will der Großpapa weiter?* – sehr typisch für den Altersstil.

Mit den Worten *alles Reale geläutert, sich symbolisch auflösend* ist eine Weltanschauung nicht nur als Inhalt bezeichnet, sondern auch als Form, als Stil. Dem Altersweltbild entspricht ein Altersstil. Auch das hat Goethe in der Hellsichtigkeit seines Alters gewußt, hat es aber selten ausgesprochen, da er an die Geheimnisse des eigenen Schaffens nicht gern rührte und lieber nur über das Handwerkliche sprach. Riemer notiert am 4. April 1814 (man merkt, wie fremdartig ihm der Inhalt war und daß er gar nichts Eigenes hinzutat): „Merkwürdige Äußerung Goethes über sich selbst ..., daß nur die Jugend die Varietät und Spezifikation, das Alter aber die Genera, ja die Familias habe. An sich und Tizian gezeigt, der zuletzt den Samt nur symbolisch malte ..." (Mitteilungen über Goethe. Hrsg. v. Pollmer. Lpz. 1921. S. 350.) Indem Goethe hier Tizian nennt, weist er auf denjenigen Meister, an dem – wie wir heute meinen – in der bildenden Kunst das Phänomen des Altersstils besonders deutlich zu beobachten ist. Außer Goethe hat das zu seiner Zeit wohl noch niemand gesehen. Und wieder nennt er als Kennzeichen des Altersstils das Symbolische, ähnlich wie der Spruch aus den *Maximen und Reflexionen* die Weltanschauung des Alters als *Mystizismus* bezeichnet. Jedes Symbol weist ins Unendliche. In den *Maximen und Reflexionen* heißt es: *Die Symbolik verwandelt die Erscheinung in Idee, die Idee in ein Bild, und so, daß die Idee im Bild immer unendlich wirksam und unerreichbar bleibt und, selbst in allen Sprachen ausgesprochen, doch unaussprechlich bliebe.* (Bd. 12, S. 470.) In diesem Sinne sind auch die Bilder der Alterslyrik nie einfach Impressionen, sondern immer Symbole. In dem Gedicht *Der Bräutigam* (S. 386) blicken die Liebenden nach der untergehenden Sonne, und der Mann spricht: *Von Osten, hoffe nur, sie kommt zurück!* Würde es sich nur um das Naturphänomen handeln, so könnte er die Wiederkehr als Gewißheit bezeichnen; aber es liegt mehr darin: die wiederkehrende Sonne ist Sinnbild des sich erneuernden gottgewollten Lebens, und an diesem weiterhin Anteil zu haben, das ist nicht Wissen, sondern Hoffnung. – Das

Gedicht *Früh, wenn Tal, Gebirg und Garten* ... gibt eine deutliche Beziehung von *Wenn*-Satz und *Dann* – Satz; es spricht auf den ersten Blick vom Wetter; man kann aber von der Witterung nie mit solcher Sicherheit sagen: wenn sie bei Sonnenaufgang so ist, dann wird sie bei Sonnenuntergang so sein; doch man kann von der menschlichen Seele sagen: Wenn sie früh sich dem Göttlichen geöffnet hat und immer auf diesem Wege fortgeschritten ist, dann wird sie auch am Ende es in voller Kraft empfinden und willig ihm zustreben. Der Wortinhalt spricht von der Natur und nebenher vom Menschengeist. Der Sprachzusammenhang erweist das Geistige, Symbolische als das eigentlich Verknüpfende. Die Natur ist Symbol (nicht Allegorie) und *die Idee im Bild immer unendlich wirksam und unerreichbar.* Es gab für Goethe Symbole, die ihm in Jahrzehnten so selbstverständlich geworden waren, daß er ihren Symbolcharakter oft gar nicht mehr aussprach, obgleich dieser für andere keineswegs immer selbstverständlich ist. Solche Symbole sind das Licht, die Farbe, die Wolke, der Stein. In einem Wort ist hier ein ganzer Vorstellungszusammenhang bezeichnet. Das ist das Formelhafte, Abkürzungsmäßige dieses Stils, das die Beziehung zur chinesischen Kunst ergab. Es waltet im Anschaulichen wie im Begrifflichen; das *Starre,* die *Steigerung,* die *Hoffnung,* das *Fruchtbare* sind solche Kernwörter, die man nur dann richtig versteht, wenn man weiß, was alles Goethe mit ihnen verband. Auch sonst neigt diese Sprache zum Knappen, Bedeutenden: die *folgereiche Saat* heißt es; oder ein neues Verb wird gebildet: *gehörnte Herde braunt.* Das Gedicht, in dem diese Wendungen stehen, *An zwei Gebrüder* ... (S. 352), ist überhaupt bezeichnend für den Altersstil. Überreich, verschwenderisch ist die enge Form gefüllt; in ein paar nebenher gemachte Stammbuchverse für zwei unbedeutende junge Leute ist eine ganze Weltschau, eine Fülle symbolischer Bilder zusammengedrängt; höchste Meisterschaft da, wo man sie am wenigsten erwartet. Die mit leichter Hand gegebene Reihung kurzer symbolischer Bilder ist bezeichnend für die Diktion. Das zeigt auch in typischer Weise das Gedicht *Was wir froh und dankbar fühlen* ... aus dem Zyklus *Tischbeins Idyllen* (S. 376). Die Tischbeinschen Einzelmotive werden durch eigene Leitvorstellungen zu Verbindungen verschmolzen, die eine völlig eigene magische Welt ergeben. – Was die Sprache betrifft, so schöpft sie im Gegensatz zu der gewählten Ausdrucksweise der Klassik jetzt im Alter aus allen Bereichen, und neben dem Höchsten steht mitunter das Alltäglichste, Einfachste. In dem majestätisch-kraftvollen späten Mondgedicht mit dem hinreißenden Schlusse *So hinan denn! hell und heller* ... steht die prosaische Zeile *Und nun bist du gar nicht da.* Aber bei einer nüchternen Naturfeststellung wird ein neues Wort gebildet: *das Schaf bewollt sich* (S. 352). Die späte Lyrik hat einen Eigenstil, so ausgeprägt, so unvergleichlich, wie ihn nur die großen Jugendhymnen hatten, anders, aber nicht geringer; im Einzelnen oft ganz unmittelbar, nüchtern, einfach, im Ganzen hintergründig, symbolisch, unerschöpflich.

Goethe hat das Alter nicht als Abstieg, sondern als Steigerung empfunden. In diesem Sinne läßt das Gedicht *Um Mitternacht* (S. 372) die drei Lebensstufen einander folgen. Und er nennt die Naturschau seines Alters einen *Superlativ* gegenüber dem *Komparativ* der Mannesjahre (in den aus dem Nachlaß veröffentlichten Erläuterungen zu dem Aufsatz „Die Natur"; Bd. 13, S. 48f.). Sein Altersstil mit seiner Überschau des *immer kreis- und spiralartig wiederkehrenden Erde-Treibens* und der symbolischen Transparenz jedes Einzelmotivs entfaltet sich in dem großen Altersroman *Wilhelm Meisters Wanderjahre* und im Altersdrama *Faust II;* auch dort lockere Reihung, symbolische Bilder, maskenzugartig, Nüchtern-Reales und Hochsymbolisches sprunghaft vermischt. Der Altersstil lebt in den naturwissenschaftlichen Schriften, in den Sprüchen in Prosa und in den autobiographischen Werken. Und er besteht auch in der Lyrik. – Die zahlreichen Gedichte der Spätzeit lassen sich zwanglos in vier Gruppen teilen: die große Masse der Sprüche, die nicht minder umfangreiche Gruppe der Gedichte an Personen und – geringer an Zahl, doch bedeutender an Gewicht – die weltanschaulichen Gedichte und die reine Lyrik. Zeitlich gehen die vier Gruppen nebeneinander her. Die letzte große Lyrik sind die Dornburger Gedichte von 1828. Die weltanschaulichen Gedichte erstrecken sich zeitlich noch weiter: 1829 entsteht das große und abschließende Gedicht *Vermächtnis.* Und die kurze spruchhafte Lyrik führt noch darüber hinaus. Am 18. Januar 1832 formt Goethe ein lyrisches Selbstbildnis in vier Zeilen, das nur die Geistigkeit des Alters heraushebt. (S. 321.) Und ein kleines Spruchgedicht, *Bürgerpflicht* (S. 333), schreibt er noch am 6. März, 16 Tage vor seinem Tode. Er hatte als Lyriker begonnen, und er ist Lyriker geblieben bis an sein Ende.

Paul Knauth, Goethes Sprache u. Stil im Alter. Lpz. 1898. (XII, 156 S.) Und dazu die Rez. von K. Burdach: Literar. Zentralblatt 1898, Sp. 1517–1524; wiederabgedr.: Burdach, Vorspiel, Bd. 2, 1926, S. 61–72. – Otto Harnack, Goethe in der Epoche seiner Vollendung. 3. Aufl. Lpz. 1905. – Gundolf, 1916, S. 525ff. – Paul Fischer, Goethes Altersweisheit. Tüb. 1921. (XII, 248 S.) – Eduard Spranger, Goethe als Greis. Jb. G. Ges. 18, 1932, S. 183–207. Vereinigt mit anderen Aufsätzen, die z.T. über Goethes Spätzeit handeln, in: Spranger, Goethe. Tübingen 1967. – Karl Viëtor, Goethes Alters-Gedichte. Euphorion 33, 1932, S. 105–152. In überarbeiteter Form wiederabgedruckt in: Viëtor, Geist und Form. Bern 1952. S. 144–193, 325–328. Und in: Interpretationen I. Hrsg. von J. Schillemeit. Fischer Bücherei Bd. 695, 1965 u. ö. S. 65–98. – Arthur Hübner, Goethe und die dt. Sprache. Langensalza 1933. Wiederabgedr.: Goethe 2, 1937, S. 109–124. Auch in: Hübner, Kleine Schriften, 1940, S. 254–267. – Wilhelm Flitner, Goethe im Spätwerk. Hamburg 1947. Neue Aufl. 1957. – Gisela Schulze-Marmeling, Die Erschließung der Goetheschen Alterswerke 1819–1952. Diss. Münster 1953. – E. Trunz, Altersstil. In: Goethe-Handbuch, 2. Aufl., Bd. 1 (1955–61), Sp. 178–188. Dasselbe in verkürzter Form in: E. Trunz, Ein Tag aus Goethes Leben. München 1990. S. 139–146. – Albert Fuchs, Goethes Spätzeit. In: Spätzeit und Spätzeitlichkeit. Bern u. München 1962. S. 118–132. – Vgl. auch die Literaturangaben zu den folgenden einzelnen Gedichtgruppen.

SPRÜCHE

Einen großen Teil der Goetheschen Altersdichtung machen die Sprüche aus. Sie hängen zusammen mit seiner Neigung im Alter, lehrhaft zu sprechen, dabei ins Allgemeine zu gehn und typische Grundformen von Erscheinungen des Lebens zu suchen. Dazu kommt die Neigung zur knappen Form. Sie prägt einen einzelnen Gedanken und weist weiter. Darin sind die Sprüche in Versen ein Gegenstück zu den Sprüchen in Prosa, den *Maximen und Reflexionen* (Bd. 12). Diese sind das tiefsinnigere, kühnere, problematischere Werk; sie setzen die Entwicklung der größten europäischen Aphorismensammlungen fort. Die Sprüche in Versen knüpfen dagegen an altdeutsche volkstümliche Sprichwortsammlungen an. Sie sind einfacher, schlichter. Aber sie haben eins, worin sie den *Maximen und Reflexionen* überlegen sind: Sie gehen über in die Dichtung, in die Lyrik. Sie sind geformter Ausdruck des Augenblicks. Es gibt in ihnen eine Reihe kleiner Selbstporträts von einer Linienführung ohnegleichen.

Entstanden sind die Sprüche in Versen als kleine Gelegenheitsdichtungen, angeregt durch Betrachtungen, Gespräche, Lektüre. Oft schrieb Goethe sie in seine Kalender und befreite sich auf diese Weise von Ärger oder Bedrückung des Tages. Deshalb sagt er:

Es schnurrt mein Tagebuch
Am Bratenwender,
Nichts schreibt sich leichter voll
Als ein Kalender.

Und er hat diese Sprüche keineswegs alle aus sich selbst. Vieles ist Umarbeitung. Er sagt es selbst:

Diese Worte sind nicht alle in Sachsen
Noch auf meinem eignen Mist gewachsen,
Doch was für Samen die Fremde bringt,
Erzog ich im Lande gut gedüngt.

Er hat mit Freude in alten deutschen Sprichwörter-Sammlungen gelesen. Sie hatten für ihn einen Reiz ähnlich wie die Lebensbeschreibung des Gottfried von Berlichingen, der alte „Reinke de vos" und die Lieder aus „Des Knaben Wunderhorn": Hier war Klugheit, Redlichkeit und Witz der Altvorderen, denen sich anzuschließen ihm Freude machte.

Goethe besaß unter seinen eigenen Büchern: Desiderius Erasmus Roterodamus, Adagia. Basel 1520. (Ruppert Nr. 1470.) Aus der Weimarer Bibliothek entlieh er: Johannes Agricola, Siebenhundertundfunfzig teutscher Sprichwörter. Hagenau 1537. Janus Gruter, Florilegium ethico-politicum. Francof. 1610. Julius Wilhelm Zinkgref, Der Teutschen scharfsinnige Apophthegmata. Straßburg 1628–1631. (Oder die Ausgabe von 1653.) Johannes Lassenius, Sinnlicher Zeitvertreiber. Jena 1650. Andreas Schellhorn, Teutsche Sprichwörter. Nürnberg 1797. u.a.m. (Keudell Nr. 488, 548, 595, 616, 784–788, 959.) Aus dieser Zusammenstellung geht hervor, daß neben den volkstümlichen „Sprichwörtern" die im 16. und 17. Jahrhundert beliebten „Apophthegmata" standen, d.h. geistvolle, witzige, knappe Aussprüche, die oft mit einer kleinen Anekdote verknüpft waren.

Goethe hat in *Dichtung und Wahrheit* erzählt, wie gern er von Jugend an Sprichwörter hörte und benutzte (Bd. 9, S. 251, 36 u. Anmkg.; Bd. 10, S. 54, 10 u. Anmkg.). Sein Verhältnis zum Volksspruch ist ähnlich wie das zum Volkslied: er läßt sich anregen zu eigenem Schaffen, er übernimmt Elemente daraus in sein eigenes Werk. Die Volkssprüche waren ihm Ausdruck der bäuerlichen und handwerkerlichen Volksschichten, deren Tüchtigkeit im Leben und Gegenständlichkeit im Sprechen er liebte; und sie waren ihm Erbteil jener Zeit, in welcher diese Kreise sich literarisch besonders glücklich aussprachen, der Zeit von Luther, Paracelsus, Hans Sachs, dem Faust-Buch, dem Volksbuch von den Haimonskindern usw.

Die Form der Sprüche ist die Reimstrophe, die meist viertaktig ist, d.h. eine Form, die ihre Vorstufen in der volkstümlichen Dichtung des 16. Jahrhunderts besitzt. Dieser freie Viertakter, der Goethesche Knittelvers, ist farbig, leicht und unbekümmert, er klingt einprägsam und freundlich, kann aber auch Gegensätze scharf formulieren. Goethe hat seit der Jahrhundertwende keine Epigramme in antikisierenden Distichen mehr geschrieben. Er kehrte zu den schlichten Vierhebern zurück, die er schon in der Zeit seines Sturm und Drang geliebt hatte. Die meisten stammen wohl aus seinen Altersjahren.

Wegen der Kürze der Sprüche wird Wesentliches oft nur in einem Wort gesagt, da ohnehin der Altersstil gern Weites in einen einzigen Ausdruck zusammenzieht. Um die Bedeutung jedes Wortes auszuschöpfen, erweisen sich Parallelen aus anderen Spätwerken als fruchtbar. In unscheinbarer Form werden mitunter tiefste Dinge gesagt, etwa über menschliche Reinheit (25, 102, 127) oder über Aufgabe, Last und Glück des Alters (37, 86, 106, 125); das Religiöse erscheint in größter Schlichtheit (1, 2, 19–22, 103f.).

Die Sprüche in Versen formulieren kluge kleine Einzelwahrheiten, wie die Volkssprüche, doch im Gegensatz zu diesen sind sie Ausdruck einer einmaligen Persönlichkeit. Sie bringen Bemerkungen zum Weltlauf, so weit, so reich, wie es für Goethe bezeichnend ist. Bunt wechseln Wissenschaftliches, Politisches, Kirchliches usw. Von Weltweite und Weisheit geht es bis zu vergnügten Arabesken und liebenswürdigen Alltäglichkeiten. Manchesmal stoßen Umwelt und Ich zusammen; meist hält der Dichter von den anderen nicht viel, doch er läßt sie zu Wort kommen, man soll hören, wie sie ihn zurechtweisen. Der Spruch wird zum Dialog. (119–125.) Er antwortet scharf, doch nicht bitter. Gerade solche Gegensätze zeigen, wie sicher er in sich selbst ruht. Mitunter wird die Sprache mephistophelisch, doch sogleich biegt sie wieder ab ins Versöhnliche, lächelnd Überlegene. Die Grundhaltung ist, *Die Welt zu kennen und sie nicht verachten.* (63.)

Die kleinen Spruchgedichte sind Werke des Augenblicks. Goethes Äußerung des Augenblicks, des Ich im erlebten Moment, war die Lyrik. Es konnte also nicht ausbleiben, daß Spruch und Lyrik sich berührten, die sachgebundene und die ichgebundene Form, die gedachte und die gefühlte. Auch diese Sprüche sind ein Stück seines inneren Lebens, und die alten Spruchsammlungen, in denen er so gern herumstöberte, haben demgegenüber nicht viel zu bedeuten. Manche Verse sind der reinen Lyrik nahe (Nr. 31–32, 42–46, 71–73, 103–105), sie sind zart, empfunden, klangvoll, aber es bleibt ein Rest von spruchhafter Nüchternheit oder lehrhafter Wendung oder polemischer Haltung, der sie dann doch den Sprüchen zuweist. Eine ganze Gruppe, und vielleicht die schönste, sind Selbstbildnisse (99–125). Sie sind wie kleine Bleistiftskizzen, die ein Maler von sich selbst macht, immer nur ein paar Striche, aber charakteristisch in jeder Linie, Augenblicke und Stimmungen festhaltend, die man sonst nicht malt, jedenfalls nicht in großen Bildern. Welche Sicherheit und Freiheit des Urteils, welche Fähigkeit, sich selbst objektiv zu sehn! (109, 114, 118.) Selbstbewußtsein und Bescheidenheit in einer Ausgeglichenheit, wie sie nur allerhöchstem Range möglich ist. Leise Ironie gegen andere und auch gegen sich selbst; der Reiz der Persönlichkeit spürbar bis ins Kleinste. Manchmal schreibt er sich mit einem Spruch seinen Ärger vom Leibe. Und indem er die andern zurückweist, wird sein Eigenes deutlich. So sind auch diese kleinen Sprüche Selbstbefreiungen, sind es im Kleinen, wie es andere Dichtungen im Großen sind.

Wie alle Goetheschen Werke, so hatten auch die Sprüche ihre Zeiten, die ihnen besonders günstig waren. Die erste war 1812–1814. Goethe kommt damals in das Sprüche-Dichten immer mehr hinein, er liest altdeutsche Spruchsammlungen dazu. Was entsteht, wird abgeteilt in die Gruppen *Sprichwörtlich*; *Gott, Gemüt und Welt* und *Epigramma-*

tisch und kommt so in die *Werke 1815*. In den Jahren danach geht die Spruchdichtung weiter, diesmal wirken orientalische Sammlungen ein. 1819 kommt vieles davon in den *Divan*, ähnlich wie später zwei Gruppen Prosa-Sprüche in die *Wanderjahre*, 1829, eingehen. Seit 1821 ist die Spruchdichtung wieder besonders rege. Für die Gedichtbände der *Ausgabe letzter Hand, 1827*, faßt Goethe eine Reihe von Sprüchen zusammen, zum Teil unter Mitarbeit Riemers und Eckermanns (Tagebuch vom 11. 2. 1825 und vom 13. und 15. 5. 1825), teilt sie in 6 Gruppen und nennt sie *Zahme Xenien*. Der Name *Xenien* hatte sich ihm mit Spruchgedichten, aber polemischen, verbunden; deshalb nennt er diese Sprüche *zahm*, doch sind sie es keineswegs alle. Die schärfsten freilich hielt er zurück. Sie kamen erst aus dem Nachlaß ans Licht. (Nachgelass. Schr., Bd. 7, 1833; Bd. 16, 1842; Quartausgabe 1836. Vollzählig: Weim. Ausg., Bd. 5, 1893.) Im ganzen hat Goethe etwa 900 Sprüche in Versen geschrieben (ohne diejenigen im *Divan*). Davon bringt die vorliegende Ausgabe nur einen Teil. Dabei sind die überlieferten Gruppen – die 1815 veröffentlichten Sprüche, die 1827 veröffentlichten und die aus dem Nachlaß – vereinigt und nach Themen neu geordnet in 8 Gruppen:

1. Gott-Natur.
2. Bild des Menschen.
3. Praktische Lebensweisheit.
4. Selbstbildnis.
5. Kunst.
6. Wissenschaft.
7. Politik.
8. Invektiven.

Gräf Bd. 1; Bd. 2, 1; Bd. 2, 2. Insbes. Register unter *Sprichwörtlich; Gott, Gemüt und Welt; Zahme Xenien* usw. – Weim. Ausg., Tagebücher. Insbes. Register unter *Zahme Xenien, Sprichwörtlich*, Agricola, Zinkgref usw. – Goethes Gedichte. Mit Einleitung u. Anmerkungen von G. v. Loeper. Bd. 3. Bln. 1884. – E. v. d. Hellen in der Jubiläums-Ausgabe, Bd. 4, 1907, S. 255–312. – Gundolf S. 677f. – Kommerell S. 61–74. – Otto H. Smital, Goethes „Zahme Xenien". Diss. Wien 1951. – Wolfgang Preisendanz, Die Spruchform in der Lyrik des alten Goethe. Heidelberg 1952. (196 S.)

3. Gegen die teleologische Weltbetrachtung der Aufklärung und eines verflachten Christentums. Das ganze Problem kurz zusammengefaßt in den Worten zu Eckermann am 11. 4. 1827: *Die Ansicht, daß jedes Geschöpf um sein selbst willen existiert und nicht etwa der Korkbaum gewachsen ist, damit wir unsere Flaschen pfropfen können, dieses hatte Kant mit mir gemein.* Ausführlicher über das Thema das Gespräch mit Eckermann vom 20. 2. 1831. Das teleologische Problem kam aus Goethes naturwissenschaftlichen Forschungen her. Er hatte es schon in der Schrift *Erster Entwurf einer allgemeinen Einleitung in die vergleichende Anatomie*, 1795, dargestellt: *So ist auch jedes Geschöpf Zweck seiner selbst ... Man wird also künftig von solchen Gliedern wie z. B. von den Eckzähnen des Sus babirussa nicht fragen: wozu dienen sie? sondern:*

woher entspringen sie? Man wird nicht behaupten, einem Stier seien die Hörner gegeben, daß er stoße, sondern man wird untersuchen, wie er Hörner haben könne, um zu stoßen ... Von da übertragen auf den Menschen (Bd. 9, S. 478, 34ff.): *Das Was liegt in uns, das Wie hängt selten von uns ab, nach dem Warum dürfen wir nicht fragen, und deshalb verweist man uns mit Recht aufs Quia* (Weil). Schließlich auch angewandt auf sich selbst; zu Eckermann über seine Entwicklung und Wirkung als Persönlichkeit und Schriftsteller: *Aber dies war nicht Zweck, sondern ganz notwendige Folge, wie sie bei allen Wirkungen natürlicher Kräfte stattfindet* (20. 10. 30). – Bd. 13, S. 28, 11ff.; S. 176, 30ff. – Goethe, Die Schriften zur Naturwiss. (Leopoldina-Ausg.) Bd. 3, Weimar 1951. S. 421.

3–16 zusammengehörig, in dieser Reihenfolge schon 1815 in der Gruppe *Gott, Gemüt und Welt.* Vielleicht kann man auch aus dieser Gruppe wie aus *Weltseele* (S. 248) Rückschlüsse auf das nicht vollendete große Natur-Gedicht ziehen.

7. Das Werden des organischen Lebens aus dem Wasser auch im Gedicht *Weltseele* (S. 248 Vers 23f.) und *Faust II,* Ende der Klassischen Walpurgisnacht.

9. *Stahl und Stein* geben Feuer, die Luft ist Träger des Feuers durch Elektrizität und Gewittererscheinungen, für welche Goethe sein Leben lang großes Interesse hatte. Man glaubte damals, daß im Gewitter sich aus Dünsten Meteore bilden, die zur Erde fallen. Davon spricht Zeile 4. – Günther Schmid stellt im Jahrb. Goethe 13, 1951, S. 287f. dar: Die Meteore, für welche Goethe großes Interesse besaß, galten der Volksmeinung nach seit je als außerirdische Produkte. Die offizielle Wissenschaft im 18. Jahrhundert stritt das ab. Chladni erklärte 1794 aber wieder, sie kämen vom Himmel. Der italienische Forscher Soldani hielt Meteore für Verdichtungen, die sich während eines Gewitters aus aufgestiegenen Dünsten von der Erde gebildet hätten. Goethe kannte diese Theorie und nannte die Meteore daher *luftgeborene Wesen* (Bd. 9, S. 497, 16). Vgl. auch Max Semper, Die geologischen Studien Goethes. Lpz. 1914. S. 144: „Die Meteore galten nicht oder doch nur bei vereinzelten Forschern für selbständige Himmelskörper, sondern für terrestrische Produkte, entstanden in der Atmosphäre durch plötzliche Konsolidation gasförmiger Lösungen ... Goethe nahm im Einklang damit an (wie gleichzeitig in überraschender Übereinstimmung Gerhard), daß die ersten Gebirgsmassen der Erde in unmittelbarem Übergang von Gasförmigkeit zu Starrheit in einer Kometenatmosphäre kristallisiert seien.“ – K. A. v. Zittel, Gesch. d. Geologie. München u. Lpz. 1899. S. 239ff. – Günter Hoppe, Goethes Ansichten über Meteorite. GJb. 95, 1978, S. 227–240.

11. Im Leben der ganzen Natur und auch im Menschenleben Systole

und Diastole, Zusammenziehung und Ausdehnung; ein häufig ausgesprochener Gedanke in Goethes Alter. *Das Geeinte zu entzweien, das Entzweite zu einigen, ist das Leben der Natur; dies ist die ewige Systole und Diastole, die ewige Synkrisis und Diakrisis, das Ein- und Ausatmen der Welt, in der wir leben, weben und sind.* (*Farbenlehre § 739*, Bd. 13, S. 488, 9ff.) ... *hatte ich doch in meinem ganzen Leben, dichtend und beobachtend, synthetisch und dann wieder analytisch verfahren, die Systole und Diastole des menschlichen Geistes war mir, wie ein zweites Atemholen, niemals getrennt, immer pulsierend* ... (Bd. 13, S. 27, 8ff.) Dazu das Gedicht *Im Atemholen* ... (Bd. 2, S. 10.)

13–16. *Der Magnet ist ein Urphänomen, das man nur aussprechen darf, um es erklärt zu haben; dadurch wird es denn auch ein Symbol für alles übrige, wofür wir keine Worte noch Namen zu suchen brauchen.* (Bd. 12, S. 367.) 15: *Söhne der Zeit* = Wesen der Zeitlichkeit. – Parallelen in der *Farbenlehre, Didakt. Teil, § 741.* (Bd. 13, S. 488.)

18. Dieser Vierzeiler steht in der *Ausg. l. Hd.* hinter dem Gedicht *Allerdings,* das in unserer Ausgabe S. 359 steht. Er variiert dessen letzte Zeilen.

23. *Der Mensch erfährt* ... Ursprünglich innerhalb von *Epilog zum Trauerspiel „Essex"*, 1813. Dann als selbständiger Zweizeiler in der Gruppe *Sprichwörtlich,* die für Bd. 2 der *Werke,* 1815, zusammengestellt wurde.

25. Die Bedeutung von *rein, das Reine, Reinheit* zeigen auch S. 320, 325, 353, 361f., 368; Bd. 2, S. 7, 24, 105, 114, 471; Bd. 3, S. 121, 361; Bd. 5, S. 38, 40, 50, 53, 59, 61; Bd. 7, S. 518; Bd. 8, S. 429; Bd. 9, S. 399; Bd. 10, S. 517.

26. Vgl. Nr. 128 u. 149. – Dazu: Hans Gabriel Falk, Und sei dir selbst ein Traum. Stuttg. 1952. S. 14–23.

29. In Zeile 4 *endlich:* am Ende, letzten Endes. In dem Aufsatz *Bedeutende Fördernis durch ein einziges geistreiches Wort* schreibt Goethe: *Hiebei bekenn' ich, daß mir von jeher die große und so bedeutend klingende Aufgabe „Erkenne dich selbst" immer verdächtig vorkam, als eine List geheim verbündeter Priester, die den Menschen durch unerreichbare Forderungen verwirren und von der Tätigkeit gegen die Außenwelt zu einer innern falschen Beschaulichkeit verleiten wollten. Der Mensch kennt nur sich selbst, insofern er die Welt kennt, die er nur in sich und sich nur in ihr gewahr wird. Jeder neue Gegenstand, wohl beschaut, schließt ein neues Organ in uns auf.* (Bd. 13, S. 38, 3ff.) Und der Kanzler v. Müller notiert am 8. 3. 1824 folgende Gesprächsäußerung: *Ich behaupte, der Mensch kann sich nie selbst kennen lernen, sich nie rein als Objekt betrachten. Andre kennen mich besser als ich mich selbst. Nur meine Bezüge zur Außenwelt kann ich kennen und richtig würdigen lernen, darauf sollte man sich beschränken. Mit allem Streben

nach Selbstkenntnis, das die Priester, das die Moral uns predigen, kommen wir nicht weiter im Leben, gelangen weder zu Resultaten noch zu wahrer innerer Besserung. Doch will ich diese Ansicht nicht eben für ein Evangelium ausgeben ...

30. Handschrift-Facsimile in: Zum 28. August 1899. Von Rudolf Brockhaus. (Lpz. 1899.) Hier mit der Unterschrift *Weimar, 1. Jan. 1830. Goethe.* Und in Vers 2 *kräftig-treu.*

31. Die Strophe hat eine so rein lyrische Sprache, daß man zunächst geneigt ist, sie aus den Sprüchen – Goethe hat sie zwischen die *Zahmen Xenien* gestellt – herauszunehmen und zwischen die späte Lyrik einzureihen. Aber die folgende Strophe (32) gehört dazu. Und deren lehrhafter Schluß, schon im Klang ohne lyrischen Zauber, macht das Ganze doch wieder spruchhaft.

34. Sept. 1780 an Lavater: *Hab' ich dir das Wort „Individuum est ineffabile", woraus ich eine Welt ableite, schon geschrieben?* (Briefe, HA, Bd. 1, S. 325.)

41. *Autochthonen* (griech.): Eingeborene, die im Lande selbst groß geworden sind, Urbewohner, die von anderswoher nichts haben und alle ihre Eigenart an Ort und Stelle aus sich heraus entwickelten.

43–46 zusammengehörig; auch in den *Werken 1815* schon in dieser Folge.

50. Im Notizbuch der schlesischen Reise 1790: *Majestät ist das Vermögen, ohne Rücksicht auf Belohnung oder Bestrafung recht oder unrecht zu handeln* (Bd. 12, S. 378 Nr. 100).

61. *Dem tätigen Menschen kommt es darauf an, daß er das Rechte tue; ob das Rechte geschehe, soll ihn nicht kümmern* (Bd. 12, S. 517).

64. *Verweile nicht ...* Das kleine Gedicht ist Vers für Vers Gegensatz zu dem in Bd. 2, S. 41 mitgeteilten Spruch des Dschelal-eddin Rumi *Verweilst du in der Welt, sie flieht als Traum ...* Goethe war nicht der Meinung dieses persischen Dichters, von dem er sagt, er habe sich *ins Abstruse gewendet* (Bd. 2, S. 156). Er berichtet in den *Noten und Abhandlungen*, daß *geistreiche Männer* infolge widriger Umstände *über die traumartige Vergänglichkeit irdischer Dinge die traurigsten Betrachtungen anstellten* (Bd. 2, S. 150, 36f.). Der *Traum* als Beispiel von Vergänglichkeit war ein bekanntes Motiv der mittelalterlichen Dichtung in Persien und der Barockdichtung in Europa. Goethe war der Meinung, man solle das Leben anpacken, wo man stehe, und etwas leisten (Bd. 14, Sachregister: Tätigkeit), daher: *Nichts vom Vergänglichen, / Wie's auch geschah! / Uns zu verewigen / Sind wir ja da.* (S. 307 Nr. 24) In den *Maximen und Reflexionen* heißt es: *Es ist nicht wahr, daß das Leben ein Traum sei; nur dem scheint es so, der auf eine alberne Weise ruhet, auf die ungeschickteste Weise verletzt.* (Bd. 12, S. 519 Nr. 1106) Die erste Zeile bedeutet also: Verweile nicht so in der Welt, daß dir dein Leben

als Traum erscheint. Das *nicht* bezieht sich auf die ganze Zeile, das geht einerseits aus Goethes Weltanschauung hervor, anderseits daraus, daß die Zeile Gegensatz zu der persischen ist, die Goethe in der Übersetzung von Herbelot las: „Si vous y arrêtez (il parle du monde) vous connoîtrez que ce n'est que le phantôme d'un songe." – *Bequeme dich*: passe dich an, setze dich in Beziehung zu ..., mache etwas Positives aus der Situation. – *veralten*: das Motiv der Vergänglichkeit (Traum) wird noch einmal aufgenommen; der Gegensatz ist der erfüllte Augenblick. Auch im *Divan* ist dieser Gegensatz ausgesprochen, indem den Versen des Dschelal-eddin Rumi über die Vergänglichkeit der Vierzeiler Suleikas über den *Augenblick* folgt (Bd. 2, S. 41). – Der Text aus Herbelot ist abgedruckt in H. A. Maiers *Divan*-Ausgabe, 1965, Kommentar-Band S. 196.

66 ähnlich wie S. 353 der Stammbuchvers für den Enkel Walther.

71. Handschriftlich: *Daß an diesem* ...

91. *Quidam* (lateinisch) = ein gewisser, jemand.

99. In Zeile 1–4 väterliches und mütterliches Erbteil recht objektiv angedeutet. Dazu: Briefe aus dem Elternhaus. Hrsg. von Ernst Beutler. Zürich 1960. S. 11–185. Insbes. S. 185: „Was hat er dem Vater zu danken? *Des Lebens ernstes Führen.* Kann man über einen Mann – da nach dem Außerordentlichen hier nicht zu fragen ist – Rühmenswerteres sagen als eben dies?"

103–105 zusammengehörig, so schon im Druck von 1827.

106. *Der Zaubrer*: Faust. Es ist also ein Selbstbildnis mit Faust, ähnlich wie *An Werther* (S. 380) ein Selbstbildnis mit Werther ist. Der Dichter setzt sich scharf gegen Faust ab, Vers 3 und 4 sind die Antithese zu 1 und 2. *Das Liebenswürdigste,* das Bild der Helena, d. h. des Schönen, findet der 82jährige *in heitern Morgenstunden.* Die Morgenstunden waren für ihn die Zeiten der Arbeit; *heiter* bedeutet in der Alterssprache: zu Geist werdend, in klarer Schau. Die Verse haben eine gewisse Besonderheit durch die Datierung, sie werden dadurch zum Altersselbstbildnis. Sie stehen ohnehin auf der Grenze zur späten Lyrik, ein Kurzgedicht, das die Serenität des hohen Alters ausspricht und das in der Knappheit, Präzision und Leichtigkeit des Altersstils zu den bedeutendsten Gedichten der Spätzeit gehört. Eine andere, wohl frühere Fassung lautet:

Der Zaubrer quält sich um Helenens Bild,
Quält Höll' und Himmel leidenschaftlich wild;
Besucht' er mich in heitern Morgenstunden,
Das Liebenswürdigste wär' ihm gefunden.

L. Blumenthal hat im Jahrb. „Goethe" 16, 1954, S. 143–160, die Vermutung ausgesprochen, es handle sich um ein „umgeschriebenes" Faust-

Paralipomenon. Das bleibt unsicher. Das Wesentliche ist: Indem Goethe die Verse auf ein eigenes Blatt schrieb und datierte, zeigte er, daß sie ein selbständiges Gedicht sein sollen; und das sind sie, thematisch und formal in sich gerundet, bei aller Knappheit spannungsreich und ausgewogen. „Skizzenhaft gezeichnet, mit wenigen Strichen, sein Verhältnis zur Welt, neben der dunklen Gestalt des Maßlosen." (Jb. Goethe 26, 1964, S. 25.)

111. *Oner und Aner*: scherzhafte Wortbildung, so wie man heute etwa von einem „-Ismus" spricht. Sie bezeichnet also nichts Bestimmtes, sondern meint nur allgemein durch Ort, Geist, Tradition usw. fest begrenzte Menschen.

112. In einem Aufsatz, der 1833 unter dem Titel „Noch ein Wort für junge Dichter" aus dem Nachlaß veröffentlicht wurde, sagt Goethe: *Wenn ich aber aussprechen soll, was ich den Deutschen überhaupt, besonders den jungen Dichtern, geworden bin, so darf ich mich wohl ihren Befreier nennen; denn sie sind an mir gewahr worden, daß, wie der Mensch von innen heraus leben, der Künstler von innen heraus wirken müsse.* (Bd. 12, S. 360 u. Anmkg.) Die Dichtung des Barock, noch die der Aufklärung und des Rokoko war nicht Dichtung *von innen heraus* – noch Goethes Anakreontik war es nicht, sondern Durchführung von Themen nach gewohnten Mustern. Innere Unfreiheit bezeichnet Goethe hier als Eigenschaft des *Philisters.* (Vgl. die Bedeutung des Worts S. 216, Nr. 60; S. 326, Nr. 132; S. 332, Nr. 170; S. 359; Bd. 4, S. 188; Bd. 12, S. 274, 2.) *Philisternetze* also: Verstricktheit in Konvention und Enge. – In seiner Rede *Zu brüderlichem Andenken Wielands* sagte Goethe von diesem: *Er lehnt sich auf gegen alles, was wir unter dem Wort Philisterei zu begreifen gewohnt sind, gegen stockende Pedanterei, kleinstädtisches Wesen, kümmerliche äußere Sitte, beschränkte Kritik, falsche Sprödigkeit, platte Behaglichkeit, anmaßliche Würde und wie diese Ungeister, deren Name Legion ist, nur alle zu bezeichnen sein mögen.* (WA 36 S. 322.) – Zu Vers 2: *Dem Fürsten Blücher* S. 345 u. Anmkg. – Über die Möglichkeit einer griechischen Anregung: Fr. Zukker in Jb. G. Ges. 12, 1926, S. 307–310.

113. Goethes Stellung zur idealistischen Philosophie in einem kurzen, liebenswürdigen Bilde. Ausführlich darüber sein Aufsatz *Einwirkung der neueren Philosophie,* 1820. (Bd. 13, S. 25–29.) – Franz Koch, Goethe und der dt. Idealismus. Euphorion 33, 1932, S. 153–201.

115. Die berühmteste weissagende Frau des Altertums war die Sibylle von Cumä; die von ihr geschriebenen Bücher wurden desto kostbarer, je weniger ihrer wurden.

116. Parallelstelle bei Eckermann, 25. 2. 1824: *In dem was ich selber zu tun und zu treiben hatte, habe ich mich immer als Royalist behauptet. Die anderen habe ich schwatzen lassen, und ich habe getan, was ich*

für gut fand. Ich übersah meine Sache und wußte, wohin ich wollte. – Zeile 8 *Durft'* = brauchte.

119. Das *Schlangenhaut*-Motiv kommt bei Goethe häufig vor in bezug auf seine eigne Entwicklung, so schon am 14. 5. 1779 und 9. 10. 1781 in den Briefen an Frau v. Stein.

125. Das Motiv der Verpuppung der Raupe bei Goethe häufig als Sinnbild der Metamorphose, auch im religiösen Sinne der Hoffnung auf Wandlung der Entelechie im Unendlichen. (Vgl. Bd. 3, *Faust,* Vers 11981 ff.)

126. Seit 1815 Vorspruch zu der Gedichtgruppe *Kunst.*

127. Die schönen Verse wurden mehrfach als Stammbucheintragungen benutzt, so für Adele Schopenhauer, Friederike Brun und Julie v. Egloffstein, also besonders für Künstlerinnen. – Zu *Wolken* vgl. S. 349 ff. u. Anmkg.; zu *rein* S. 307, Nr. 25 u. Anmkg.

128. *All unser* ... Vgl. Nr. 26 u. 149.

133. Phidias, dem 18. Jahrhundert fast nur ein Name, wurde dem neuen Jahrhundert dadurch bekannt, daß Lord Elgin Parthenonskulpturen erwarb, diese nach London brachte und sie in Abbildungen veröffentlichte. Goethe sprach seine rege Anteilnahme an der Eroberung dieses schönsten kunstgeschichtlichen Neulands mehrfach aus. (Bd. 10, S. 521, 1 ff.; Bd. 12, S. 169 *Relief von Phigalia* u. Anmkg.)

137. Äußerungen gegen das Kranke in der Kunst kommen mehrfach vor. S. 206, *Der Chinese in Rom,* Vers 10; Bd. 12, S. 487, Nr. 863; zu Eckermann 2. 4. 1829 und 5. 4. 1829. – Gertrud Hager, „Gesund" bei Goethe. Bln. 1955. = Dt. Akad. d. Wiss., Veröff. d. Inst. f. dt. Spr. u. Lit., 5.

139. *Jüngling, merke dir* ... Der Vierzeiler steht in engem Zusammenhang mit dem Aufsatz *Für junge Dichter* (Bd. 12, S. 358 u. Anm.; der Titel stammt von Eckermann). – *sich erhöht*: reifer wird, sich auf Höheres richtet; gemeint ist ein Lebensalter, das der Jugend folgt. *Die Muse*: das eigene dichterische Schaffen, die musische Tätigkeit. Der Aufsatz führt aus, warum *die Muse das Leben zwar gern begleitet, aber es keineswegs zu leiten versteht.* Die Dichtung *(Muse)* kann nur aussprechen, was der Mensch an Lebenserfahrung gewonnen hat. Er muß jemand sein, der *jeder Jahreszeit etwas abzugewinnen weiß, der Eisbahn wie dem Rosengarten.* Im *Divan* heißt es: *Eh er singt und eh er aufhört, / Muß der Dichter leben.* (Bd. 2, S. 16) Und der Aufsatz *Noch ein Wort für junge Dichter* sagt: *Poetischer Gehalt aber ist Gehalt des eigenen Lebens.* (Bd. 12, S. 361, 1.) – M. Hecker, Goethes ästhetisches Testament. Jb. G. Ges. 19, 1933, S. 62–84. – Ed. Spranger, Goethe. Tübingen 1967. (In dem Aufsatz: Goethe über die Resultate des Lebens.)

140. *Weite Welt* ... Handschrift mit Datum *Jena, Mai 1817.* Erster Druck: *Zur Naturwissenschaft überhaupt, Heft 1, 1817,* Einleitungsge-

dicht. Dann 1827 in den Gedichten als Vorspruch der Gruppe *Gott und Welt.* Das Lebensgefühl des Naturforschers Goethe, in formelhaft-typischen Wendungen der Alterssprache (*Streben, rein* usw.); *heiter*: klar werdend, zu Geist werdend (wie Nr. 106). Die Verse gelten aber nicht nur für den Naturforscher, sondern auch für den Schriftsteller, dessen Bemühungen Goethe in einem Brief an Rochlitz vom 6. April 1830 mit ganz ähnlichen Worten kennzeichnet.

141. *Das Tüchtige* ... Vgl. S. 341 *Zwischengesang;* S. 370 Vers 33 *Was fruchtbar ist*...; S. 390 *Nun denn* ...; Bd. 12, S. 384, Nr. 146 und S. 516, Nr. 1073.

145. In *Wilhelm Meisters Wanderjahre* sagt Montan: *Ich habe mich durchaus überzeugt, das Liebste, und das sind doch unsre Überzeugungen, muß jeder im tiefsten Ernst bei sich selbst bewahren, jeder weiß nur für sich, was er weiß, und das muß er geheimhalten; wie er es ausspricht, sogleich ist der Widerspruch rege, und wie er sich in Streit einläßt, kommt er in sich selbst aus dem Gleichgewicht, und sein Bestes wird, wo nicht vernichtet, doch gestört.* (Bd. 8, S. 262–263.) – Bd. 6, S. 384, 21. – Bd. 8, S. 293, Nr. 64; S. 306, Nr. 155 und 156; S. 476, Nr. 104. – Bd. 12, S. 404, Nr. 280.

149. *Der Philosoph* ... Goethe war seiner Art nach geneigt, sich als Künstler der Natur zu überlassen und an das Geheimnis des Schöpferischen nicht zu rühren. Den Gedanken, daß Kunst aus unbewußten Tiefen komme, fand er bei Shaftesbury, Hamann, Herder. In *Dichtung und Wahrheit* sagt er, daß er in seiner Jugend dazu kam, das ihm *innewohnende dichterische Talent ganz als Natur zu betrachten,* und daß seine Produktivität *unwillkürlich, ja wider Willen* hervortrat, (Bd. 10, S. 80, 16–81, 9) und bringt diesen Gedanken in Verbindung mit Spinoza; vielleicht ist Spinoza auch hier in dem Vierzeiler gemeint. – Vgl. Nr. 26 u. 128.

150. *Was wir Dichter* ... Gegen Philosophen, Kritiker, Ausleger.

153. *Anders lesen* ... Von dem berühmten Barockgelehrten *Grotius* wurde die Anekdote überliefert, er habe, als man ihm vorwarf, daß er Freude habe an Terenz, der damals als Übungsbuch für Lateinschüler galt, die Antwort gegeben: „Alia legimus in his pueri, alia viri." Goethe konnte die Anekdote aus Morhof, Polyhistor, 1688 u. ö., kennen. Er erwähnt sie auch in *Dichtung und Wahrheit.* (Bd. 9, S. 239, 22f.) Am 9. Oktober 1830 notiert das Tagebuch: *Im Terenz fortgefahren zu lesen. Die allerzarteste theatralische Urbanität, womit halb unsittliche Gegenstände behandelt sind, höchlich bewundert; sowie auch den coupierten Dialog, der Größe des Theaters und der Entfernung der Zuschauer höchst angemessen. Überhaupt die höchste Keuschheit, Nettigkeit und Klarheit der Behandlung. Aliter pueri, aliter Grotius.* – Der Gedanke, daß ein geistig lebendiger Mensch bei wiederholter Lesung eines bedeu-

tenden Werks jedesmal Neues erkenne, auch im Brief an Zelter 8. August 1822: *Lese ich heute den Homer, so sieht er anders aus als vor zehn Jahren; würde man dreihundert Jahre alt, so würde er immer anders aussehen* ... – Goethe u. die Antike. Hrsg. von E. Grumach. 1949. S. 329–334.

154. *Das mußt du* ... In Luthers Schrift „An die Ratsherrn aller Städte deutsches Landes, daß sie christliche Schulen aufrichten und halten sollen", 1524, steht: „Und laßt uns das gesagt sein, daß wir das Evangelion nicht wohl werden erhalten ohn die Sprachen. Die Sprachen sind die Scheiden, darin dies Messer des Geists stickt." (W. A., Bd. 15, S. 38.) Das „Evangelion", die göttliche Botschaft, ist in der Heiligen Schrift mitgeteilt, der „Geist" ist der Heilige Geist, d. h. Gott. Die Scheiden für das „Messer des Geists" sind die hebräische und die griechische Sprache. Sie zusammen mit dem Latein, in welchem die Vulgata und die Kirchenväter überliefert sind, galten am Ausgang des Mittelalters als die drei „heiligen" Sprachen. – Das Barock wandelte diese Auffassung allmählich. Der große Sprachtheoretiker Justus Georg Schottel schreibt in seiner „Ausführlichen Arbeit von der Teutschen Hauptsprache", Braunschweig 1663, S. 74: „Alles Irdische gehet wie ein Gewitter dahin ... Aber in den Sprachen stecket ein weit anders und ein ganz Überirdisches verborgen, welches nicht unsern Leib, sondern die Seele einnimmt ... Also läßt auch Gott seinen Willen, die großen Geheimnissen aus der Ewigkeit wie auch das wundersamste Wesen der natürlichen Dinge ... uns Menschen so reichlich wissen und verstehen nur durch Hülfe und Handbietung der Sprachen. Die Sprachen sind die Scheiden, sagt Herr Lutherus, darin die Schwerter des Geistes verborgen stekken." Schottel spricht von den „Schwertern" (Plural); sie sind „die großen Geheimnissen aus der Ewigkeit" (die biblische Offenbarung) und „das wundersamste Wesen der natürlichen Dinge" (Weltall). Dahinter steht die altüberlieferte Lehre von den „zwei Lichten", die Gott dem Menschen gegeben, dem der Gnade und dem der Natur. Das barocke Denken versuchte beide zu vereinigen. Der Neuhumanismus der Goethezeit dachte bei den Sprachen, die den Geist bergen, vor allem an die antiken Sprachen, in denen die Dichtung und Philosophie der Griechen und Römer, der Beginn des abendländischen Geistes, überliefert ist. So auch Goethe hier, indem er von dem Sprachunterricht der Schule ausgeht. In der Geschichte des Satzes spiegelt sich also die reformatorische, die barock-pansophische und die neuhumanistische Sprachauffassung. In den *Maximen und Reflexionen* sagt Goethe: *Wenn nun unser Schulunterricht ... das Studium der griechischen und lateinischen Sprache fördert, so können wir uns Glück wünschen, daß diese zu einer höheren Kultur so nötigen Studien niemals rückgängig werden.* (Bd. 12, S. 413, Nr. 358.)

Die Handschrift des Spruchs im Goethe-Archiv sieht folgendermaßen aus: Caroline Ulrich hat die Überschrift „Luther" geschrieben und darunter: „Die alten Sprachen / sind die Scheiden, / darin das Messer des Geistes steckt." Über diese 3 Zeilen und deren Überschrift hat Goethe eigenhändig geschrieben *Das mußt du als ein Knabe leiden, / Daß dich die Schule tüchtig reckt.* Nachdem er diese 2 Zeilen hinzugefügt hatte, wurde die Überschrift „Luther" ausgestrichen. Aus der Handschrift läßt sich also die Entstehung erschließen.

158. Mit Bezug auf Napoleon, nach seinem Sturz. – Text nach Goethes eigenhändiger Niederschrift im Goethe-Archiv. Erster Druck in: Briefe von und an Goethe. Hrsg. von Riemer. Lpz. 1846. Dort: *nicht bereden lassen, / Macht mir den Teufel* ... Ob diese Fassung auf Goethe zurückgeht, ist nicht sicher. Riemer hat mitunter Goethesche Texte verändert. (Jb.) Goethe 25, 1963, S. 367.

160. Wohl anläßlich des Wiener Kongresses. *Tyrannen*: Napoleon. Vgl. Weim. Ausg. 4, 243 *Von allen Dingen, die geschehn* ...

163. *Egalité* = Gleichheit, eins der Schlagworte der französischen Revolution.

166. Mit Bezug auf die Situation bei Beendigung der Befreiungskriege.

167. Infolge des in der Handschrift hinzugefügten Datums wohl auf die Sache der verbündeten Russen, Preußen und Österreicher zu beziehen, unter denen es Intrigen, Zwist und Egoismus gab. – Fr. Schnabel, Dt. Gesch. im 19. Jh. Bd. 1. 4. Aufl. Freiburg 1948. S. 530. – Dazu Wilhelm Mommsen, Die politischen Anschauungen Goethes. Stuttg. 1948. S. 150ff.: „Goethe hat noch im Dezember 1813 in jenem Gespräch mit Luden bezweifelt, ob die Entscheidung gegen Napoleon endgültig gefallen sei ... Goethe selbst ist jedenfalls für einen Ausgleich mit Napoleon ... weil er im Grunde im Lager des Kaisers stand und von seiner Niederlage einen neuen Ausbruch der Gewalten der Tiefe und der Massenkräfte befürchtete ... Er sieht in manchem ja durchaus richtig. Die nationale Bewegung im Zeitalter der Freiheitskriege hatte ein doppelpoliges Gesicht. Ihre Vertreter ... glaubten für das gute gegen das böse Prinzip zu fechten ... Gerade in diesen Männern ... zeigte sich die Gefahr, der auch die Jakobiner in Frankreich verfallen waren, daß man die Grenze echten Nationalgefühls überschritt und in ausschließenden Nationalismus umschlug ... Goethe hat diese Gefahr, wie seine gesamte Haltung zeigt, empfunden. Er stand ja überhaupt darüber hinaus gegen die Massenkräfte ... Er sah, daß tatsächlich die „Revolution" jetzt im Lager der Verbündeten focht." – Dazu auch der Brief an Franz Bernhard v. Bucholtz vom 14. 2. 1814. (HA Briefe Bd. 3, S. 256–258.)

168. Wohl angeregt durch die Situation nach den Befreiungskriegen; aber verallgemeinernd: die Tragik des Politischen überhaupt.

169. Handschriftlich mit Datum 2. 3. 1815; die Beziehung auf den

Kampf zwischen Napoleon und den Verbündeten, die sich jetzt „heilige Allianz" (daher *Engel)* nannten, wäre auch ohne dies klar; aber auch hier verallgemeinert der Spruch, Gefahren der menschlichen Natur schlechthin beleuchtend.

173. Jahrzehntelang erlebte Goethe einen leidenschaftlichen Streit unter den Geologen zwischen Neptunisten und Vulkanisten. Dabei war das Gestein, um das der Kampf ging, immer der Basalt. Alle Forschung wurde dadurch ins Stocken gebracht; der Streit artete aus in unfruchtbare Formen heftiger persönlicher Kontroverse. So kam Goethe zu dem Stoßseufzer in diesen Versen. Der Basalt-Streit der Geologen erscheint ihm ebenso hindernd wie die falsche Romantik der nur rückwärts Schauenden. *Vergeblicher Streit* bezieht sich auf *Basalte*, wie *unnützes Erinnern* auf *verfallene Schlösser*, in klarem parallelen Bau. – Goethe notierte sich zu dem Werk von Heinrich v. Struve, Beiträge zur Mineralogie und Geologie des nördlichen Amerika's, Hamburg 1822, folgendes: *Merkwürdig ist die große Übereinstimmung jenes Weltteils mit dem unsrigen, wodurch sich die großen Reihen immer folgerechter Entwickelung der Natur dartun, ohne daß dadurch die Eigentümlichkeiten geleugnet und aufgehoben werden. Übrigens ist jener Weltteil glücklich zu preisen, daß er vulkanische Wirkungen entbehrt, wodurch denn die Geologie der neuen Welt einen weit festern Charakter zeigt als der alten, wo nichts mehr auf festem Fuße zu stehen scheint.* (W.A., Naturwiss., Bd. 10, S. 273.)

Tagebuch 16.–18. Juni 1818. – Über den Basalt-Streit spricht Goethe auch in seinem Aufsatz *Karl Wilhelm Nose* und an anderen Stellen. Goethe, Die Schriften zur Naturwissenschaft. Bd. 1 und 2. Schriften zur Geologie und Mineralogie. Hrsg. v. Günther Schmid. Weimar 1947 und 1949. – K. A. v. Zittel, Gesch. d. Geologie. München u. Lpz. 1899. = Gesch. d. Wiss. in Dtschld., 23. S. 91. – Max Semper, Die geologischen Studien Goethes. Lpz. 1914. S. 174. – Walter Wadepuhl, Amerika, du hast es besser. Germanic Review 7, 1932, S. 186–191. – Walter Wadepuhl, Goethe's Interest in the New World. Jena 1934. (85 S.) – Ernst Beutler, Von der Ilm zum Susquehanna. Goethe u. Amerika in ihren Wechselbeziehungen. Goethe-Kalender 28, 1935, S. 86–153. Neugedruckt in: E. Beutler, Essays um Goethe, Bd. 1. Wiesbaden 1946 u. ö. 4. Aufl. 1948. S. 462–520. – Harry W. Pfund, Amerika du hast es besser ... The Main Aspects of Goethe' s Interest in America. Year Book of the German Society of Pennsylvania. 1950. S. 33–43. – Das Amerika-Motiv spielt eine wichtige Rolle in den *Wanderjahren.* Vgl. Bd. 8, S. 81, 30ff.; S. 142, 22ff.; S. 242, 9ff.; S. 332, 12ff.; S. 439, 8ff. u. a. m. – Zum Vulkanismus auch: Bd. 3, *Faust,* Vers 7519ff., insbes. 7851–7876; Bd. 8, S. 261, 3–22; Bd. 13, S. 299, 20ff.

174. *Bürgerpflicht.* Handschrift-Facsimile: Festausgabe Bd. 2, S. 418/9. – Vgl. Bd. 9, S. 535, 31–34. – Riemer notiert 1803 Goethes Worte: *Ich sehe immer mehr, daß jeder nur sein Handwerk ernsthaft treiben und das übrige alles lustig nehmen soll. Ein paar Verse, die ich zu machen*

habe, interessieren mich mehr als viel wichtigere Dinge, auf die mir kein Einfluß gestattet ist, und wenn ein jeder das gleiche tut, so wird es in der Stadt und im Hause wohl stehen. (Mitteilungen, hrsg. von Pollmer, 1921, S. 246f.)

176. *Sag', was* ... Für *Kirchengeschichte* war Goethe seit seiner Jugend in hohem Maße interessiert, und die frühe Lektüre von G. Arnolds „Kirchen- und Ketzer-Historien" wirkte lange nach. Goethe notierte sich: *Arianer, die der menschlichen Natur zutrauen, göttlich sein zu können. Kirchliche (Orthodoxe), die ein für allemal einen Gott-Menschen, einen Mensch-Gott verlangten, um zu imponieren* (Weim. Ausg. 5, 2 S. 344). Der Spruch ist einer der ersten deutschen Belege für die Benutzung des Wortes *boxen* in dichterischer Sprache. In England war das Boxen im 18. Jahrhundert beliebt geworden. Durch Reiseberichte und Übersetzungen erfuhren die Deutschen davon. Zunächst schrieb man meist „baxen", in dieser Form findet sich das Wort einmal bei Bürger und einmal bei Schiller (Dt. Wb. 1, 1854, S. 1202). Die Form „boxen" scheint hier in Goethes Spruch zum erstenmal in der höheren Literatur aufzutauchen, bezeichnend dafür, wie sehr er auch im Alter noch bereit war, seinen Wortschatz von überallher zu bereichern (Trübners dt. Wörterbuch, hrsg. v. A. Götze, Bd. 1. Bln. 1939. S. 402).

180. *Sadduzäer*: eine Gruppe unter den vorchristlichen Juden. „Im Gegensatz zu den Pharisäern lehnten die aristokratischen und konservativen Sadduzäer jede Weiterbildung des Gesetzes durch die Tradition ab. Sie hielten sich allein an das geschriebene Gesetz, teilten aber nicht den Glauben an die Auferstehung der Toten (Markus 12, 18ff.) und wollten von Engeln und Dämonen nichts wissen (Apostelgesch. 23, 8)." (E. Lohse in: Evangel. Kirchenlex. 3, 1959, Sp. 743.) – Selbstgespräch, das zum Schluß zu einer Wendung kommt, oder Dialog. Auch sonst in den Sprüchen erst Einwand der anderen, dann Goethe selbst, so z. B. Nr. 16, 17, 33, 69, 92, 94, 95, 113, 119–125 und auch S. 390 *Chines.-dt. Jahreszeiten* Nr. *XI–XIV*. Des Dichters Endüberzeugung in den Versen 7–8. Inhaltlich Vergleichbares ist ausgesprochen: S. 341 *Zwischengesang* Vers 11f.; Bd. 2, S. 116f. *Höheres und Höchstes;* Bd. 3, letzte Szene des *Faust,* wo das Metamorphose-Gleichnis Vers 11981ff. und das Wort *Umarten* 12099 dem *Umbilden* hier entsprechen; Brief an Zelter 19. 3. 1827. – In Vers 3 *Wenn von* nach einer Handschrift; *Daß von* W. A. im Text (korrigiert im Anhang Bd. 5, 2 S. 276 und 331). – Paul Fischer, Goethes Altersweisheit. Tüb. 1921. S. 192–197.

185. *Seit vielen Jahren* ... Erster Druck: *Über Kunst und Altertum, 1820.* Gegen die zeitgenössischen jüngeren Dichter, zumal wohl die romantische Gruppe.

GEDICHTE AN PERSONEN

Der alte und berühmte Dichter wurde von allen Seiten von Bewunderern umdrängt, in Weimar wie auch in den böhmischen Bädern, in denen Europa sich traf. Da waren Fürsten, Adlige, Schriftsteller, Gelehrte. Besondere Rücksicht erforderte das Weimarer Fürstenhaus. Ihm war Goethe seit Jahrzehnten verbunden, Carl August hatte unendlich viel für ihn getan; er wiederum dankte ihm königlich, indem er seine Kunst in seinen Dienst stellte. Er sah Kinder und Kindeskinder des Herrschers heranwachsen und nahm teil an ihrem Geschick. Wie viele Gelegenheiten gab es da, bei denen man Verse von ihm erhoffte oder erwartete: Geburtstage, Besuche, Jubiläen. Nahe und ferne Bekannte kamen mit Stammbüchern und baten um Verse. Eine Gräfin wünschte eine seiner Schreibfedern; Verehrer aus England sandten ein Petschaft – mußte man da nicht mit Versen antworten? Goethe war zu konziliant, um abzulehnen. Er schenkte gern, und er wußte, daß er mit solchem Geschenk am meisten erfreute. Mitunter gab ihm der Augenblick der Aufforderung ein paar Verse ein, die er sofort aufschrieb. Ein anderes Mal blieb ein Stammbuch ein ganzes Jahr bei ihm liegen, und ihm fiel nichts dafür ein (S. 347/8). Bei besonderen Gelegenheiten wird ein Gelegenheitsgedicht dann auch regelrecht zur Arbeit, wird im einzelnen und im Ganzen sorgfältig durchgegangen, so die Logengedichte (S. 340–343) und das Festgedicht für Voigt (S. 344). Die Zahl der Gedichte an Personen ist in Goethes Alter groß, und es sind einzelne darunter, um deren Schönheit willen man immer wieder auch zu dieser Gruppe zurückkehrt. Unsere Ausgabe bringt nur eine Auswahl.

Goethe konnte diese Art Dichtung gut mit seinem Altersstil vereinigen, da dieser zum Allgemeinen, zum Formelhaften und zum Allegorischen neigte und er auf diese Weise jedem Ereignis Allgemeines abgewinnen oder hinzufügen konnte. Er benutzte dabei bewußt sein handwerkliches Können. Manche dieser Gedichte empfand er wohl als Pflicht; andere waren Freundlichkeit oder Herablassung; manche echte Freundschaft; einige leise Zärtlichkeit – doch dies alles gedämpft zu konventionellem Ton. Kühl und gewollt ist kein einziges. Ihre Herzlichkeit ist nicht von der Art wie einst in den Jugendepisteln an Kestner, Gotter und Merck (S. 87, 88, 92), sie bleibt im gesellschaftlichen Rahmen, und man muß das Ohr haben, die feinen Töne zu unterscheiden, in denen hier innerhalb des Konventionellen mehr oder weniger Herzliches durchklingt.

Goethe tritt uns in diesen Gedichten als Mensch der Gesellschaft entgegen. Auch das ist eine Seite von ihm, und keine ganz unwesentliche. Die Gesellschaft war ihm in einigen Zügen Erfüllung eigener Möglichkeiten, in anderen ein Hindernis, als Ganzes dankbar anerkannte notwendige Ordnung, in manchem ein erwünschter Schutz, um das Ich unverletzt zurückhalten zu können. Die Gesellschaft seiner Zeit hatte noch eine Abstufung, die aus alter Tradition stammte, und bot zugleich dem tüchtigen Bürger und großen Schriftsteller die Möglichkeit, in den höchsten Kreisen unbefangen zu verkehren. Der Adel, der sich in den böhmischen Bädern traf, dachte europäisch, und der gebildete Aristokrat hatte die Pflicht, sich für Wissenschaft und Kunst zu interessieren. Goethe hatte Sinn für diese gesellschaftliche Welt – die *Lehrjahre* und die *Wahlverwandtschaften* zeigen es –, wie anderseits diese Gesellschaft auch Sinn hatte für ihn. Als großer Dichter verkehrte er mit Königen und Fürsten, er repräsentierte in Weimar als europäische Gestalt von Rang, und wenn er an Lord Byron oder an Carlyle schrieb, wurde er von anderen als solche empfunden. Er will sich in diesen Gedichten nur soweit geben, wie es die Gesellschaft versteht und verlangt – aber plötzlich, in einem Wort, einem Satz, ist zugleich sein Eigenstes da, wie am Ende des Gedichts an die Brüder v. Fircks (S. 352). Er hat feinfühlig abgestuft, je nachdem, an wen er schrieb, an Damen, an Adlige, an Dichter, an Freunde. Wie prächtig faßt er in wenigen Worten Männergestalten wie Voigt (S. 344) oder Byron (S. 348/9)! Wie weise und gütig spricht er zu jungen Menschen wie Prinzessin Maria (S. 339), Julie v. Egloffstein (S. 347) oder Emilie v. Schiller (S. 347)! Wie charmant versteht der alte Dichter zu scherzen (S. 346f.)!

Manche dieser Gedichte sind repräsentativ gemeint und zu feierlichen Gelegenheiten gedruckt, so das Gedicht für Minister v. Voigt und das für Blüchers Denkmal, auch die Logen-Gedichte. Andere sind nur für die Adressaten bestimmt. Der Weihnachtsgruß an Frau v. Stein war ein kleiner Begleitbrief zu einer Sendung Süßigkeiten, gewiß nicht für den Druck gedacht. Stammbuchverse wie die für Fanny Caspers (S. 346) und für den Schauspieler Krüger (S. 353) hat Goethe als Autogramme verschenkt und nicht in die *Ausg. l. Hd.* aufgenommen. So ist auch in dieser Gruppe viel Intimes.

Eine Gruppe für sich bilden dann die polemischen Gedichte (S. 354–356), in welchen Ärger, Zorn oder Spott sich Luft machen. Es gab seit der Jahrhundertwende viel goethefeindliche Äußerungen; dadurch sind diese Verse hervorgerufen. Goethe zeigte sie nur den Allernächsten, und viele wohl auch diesen nicht. Eckermann und Riemer gaben einige von ihnen 1836 und 1842 heraus unter dem von Goethe gelegentlich dafür benutzten Namen *Invektiven*; er hat sich seither dafür eingebürgert. – Soret berichtet in seinen Erinnerungen (unter dem Datum 16. 5. 1828) von einer Spazierfahrt, bei welcher Goethe von seinem einstigen literarischen Streit mit Kotzebue heiter erzählte und einige Verse gegen diesen aus dem Gedächtnis mitteilte; er habe sie nur geschrieben, sagte er, um seinem Ärger Luft zu machen, man könne sie nicht veröffentlichen, sondern höchstens einmal einem guten Freunde zeigen. – In einer schriftlichen Anweisung, die vermutlich aus den zwanziger Jahren stammt, schreibt Goethe: *Unter den zurückgebliebenen oder vielmehr zurückgehaltenen Gedichten ist eine bedeutende Anzahl, welche vielleicht niemals öffentlich erscheinen zu lassen rätlich ist ... Ich habe ... bis auf den heutigen Tag bei allen Versuchen, meine Wirkung zu stören, zu schmälern, zu vernichten, die sich von Zeit zu Zeit bei der großen Masse mißwollender Menschen wiederholen mußten, mit dem besten Humor ein Schnippchen in der Tasche geschlagen und ganz im Stillen meinen Gegnern etwas angehängt und damit geistreiche wohlwollende Freunde oft unterhalten, ohne dadurch dem Öffentlichen beschwerlich zu sein oder zu irgend einer Erschütterung Anlaß zu geben ... Mögen meine Freunde künftighin darüber entscheiden, wie ihnen denn auch das Endurteil über jugendliche Versuche, die teils zu schwach, teils zu frech möchten gefunden werden, anheimgegeben bleibt.* (W.A. 42, 2 S. 54f.)

Goethe selbst empfand das Bedürfnis, seine Altersgedichte an Personen zusammenzustellen, und so bildete er für die *Ausg. l. Hd.*, 1827, eine Gruppe, die er *Inschriften, Denk- und Sendeblätter* nannte. In dieser Gruppe numerierte er die einzelnen, zum Teil spruchhaft kurzen Gedichte fortlaufend durch; es sind 98. Da sie alle persönliche Bezüge haben, hielt er es für gut, ihnen Erläuterungen beizugeben, und schrieb deshalb zu dieser Gruppe *Aufklärende Bemerkungen* (S. 409/410). Doch mit diesen 98 Gedichten war nur ein Teil seiner Gelegenheitsverse des Alters erfaßt. Der Sammelfleiß des 19. Jahrhunderts förderte nach und nach immer mehr von ihnen zutage, und die Cottasche Jubiläums-Ausgabe, die in Bd. 3, 1906, übersichtlich alle Gedichte an Personen zusammenstellte, brachte aus den Jahren 1814–1832 außer den 98 von Goethe veröffentlichten noch 125 weitere. Eine besondere Gruppe sind dann die *Invektiven*, die etwa 35 Gedichte umfassen. Sie haben mancherlei Verwandtes in dem polemischen Teil der Sprüche und im *Buch des Unmuts* im *Divan*. Die vorliegende Auswahl ordnet die Gedichte nicht zeitlich, sondern versucht, Gedichte an das Fürstenhaus, Logen-Gedichte, Verse an befreundete Naturforscher usw. zusammenzustellen. Die *Invektiven* stehen am Schluß. – Der Text folgt der *Ausg. l. Hd.*, soweit die Gedichte dort veröffentlicht sind. Die Nachlaßgedichte sind nach der Weim. Ausg. gedruckt, deren Bd. 4, 1893, den Text, und Bd. 5, 2. Teil, 1910, ausführliche Angaben über die Handschriften enthält. Einiges ist aber unmittelbar nach der Handschrift in Weimar gedruckt, z.B. das Gedicht für Fanny Caspers S. 346f. – Gräf II, 2 S. 745 und Register unter „Invectiven". – F. Soret, Zehn Jahre bei Goethe. Hrsg. von Houben. 1929. S. 227. – Gundolf S. 678f. – Kommerell S. 185–198.

S. 338. RHEIN UND MAIN. Von den 17 kleinen Gedichten, die Goethe unter diesem Titel zusammenstellte, sind hier 4 ausgewählt. Sie stammen von den Rheinreisen 1814 und 1815. Vgl. S. 409. Erster Druck: *Ausg. l. Hd., 1827*.

S. 339. WEIHNACHTEN. Entstanden 1822. Erster Druck: *Ausg. l. Hd., 1827.* Vgl. S. 409. – Carl August an Goethe 25. 12. 1822: „Den schönsten Dank für den lieben, reichen, wohllautenden Heiligen Christ, den mir mein Enkelchen gestern abend gab." – Briefwechsel des Herzogs Carl August mit Goethe. Hrsg. von H. Wahl. Bd. 3. Bln. 1918. S. 94 u. 345f.

S. 339. DEM GROSSHERZOG CARL AUGUST ZU NEUJAHR 1828. Erster Druck: Quartausgabe 1836. Die Überschrift in dem Erstdruck 1836 vermutlich von Eckermann und Riemer. – Goethe hatte dem Großherzog im Sommer die ersten 5 Bände seiner *Ausg. l. Hd.* geschenkt, jetzt zu Neujahr 1828 sandte er ihm Bd. 6–10. Da diese Bände schon früher Gedrucktes bringen (vgl. die Bibliographie in Bd. 14), sagt er: *Fehlt der Gabe gleich das Neue* ... Briefwechsel Carl Augusts mit Goethe. Hrsg. von H. Wahl. Bd. 3. 1918. – WA 5,2 S. 176. – Handschrift-Facsimile: Festgabe zur Enthüllung des Wiener Goethe-Denkmals, Wien 1900.

S. 339. IHRO HOHEIT DER PRINZESSIN MARIA. Erster Druck: *Ausg. l. Hd., 1827.* Goethe überreichte am 3. 2. 1820 der jungen Prinzessin Maria – sie war damals 12 Jahre alt – eine Reproduktion (vermutlich einen Stich oder eine Lithographie) von Raffaels Madonnen-Gemälde, das unter dem Namen „Die schöne Gärtnerin" (La belle jardinière, Louvre) bekannt ist. Der Stil des Gedichts hat selbst etwas Raffaelisches: mild, formvollendet, das Heilige in Form schönsten Menschentums darstellend. Goethes große Verehrung für Raffael ist bekannt, und den vielen Stellen seiner Schriften, in denen er sich über diesen äußert, kann man dieses Gedicht anreihen: weniger im Inhalt als im Klang und Stil sagt es etwas über seine Raffael-Auffassung aus. – Vgl. Bd. 11, Register unter „Raffael" und ebd. die Anmerkung zu S. 103, 11.

S. 340. SYMBOLUM. Entstanden 1815. Erster Druck: Gesänge für Freimaurer, Weimar 1816. Dort folgende Varianten: 1 *Des Maurers Handeln* 4 *Es gleicht dem Wandeln* 11 *schwer und ferne* entspricht dem Reimschema und wurde wohl um des Sinnes willen umgestoßen. 26 *Hier flechten sich Kronen.* – Goethes Handschrift im Weimarer Archiv und der 1. Druck *(Gesänge für Freimaurer)* hat am Ende von Zeile 7 hinter *Glücke* kein Interpunktionszeichen (weder Punkt noch Komma). Der Punkt an dieser Stelle kam in der *Ausg. l. Hd.* in den Text hinein. Das Komma am Ende der Zeile 8 hinter *Blicke* steht schon in der Handschrift und in dem 1. Druck. – Parallelen zwischen dem Entwicklungsgang eines Freimaurers und dem des Menschen schlechthin: Maurerische Symbole als Symbole des Menschenlebens überhaupt: die Grade *(schrittweis)*, der Teppich bzw. Vorhang *(Hülle)*, der *Stern* (Vers 14), der Zuruf des „Meisters vom Stuhl" (Vers 23); vielleicht sind auch die *Gräber* (15) in dieser Weise doppeldeutig-symbolisch gemeint. – Das Wort *Symbolum* bedeutete im antiken Latein ein Kennzeichen oder Sinnbild; im Neulatein der Humanisten und Barockgelehrten, das Goethe geläufig war, war es ein häufiges Wort für Wahlspruch, Losungswort und auch Wappenschild, Emblem. In der kirchlichen Sprache war „Symbolum" einfach „Bekenntnis", z.B. „Symbolum Apostolicum", „Symbolum Athanasianum". Zu Goethes Zeit nannte man die zusammenfassenden Darstellungen der kirchlichen Lehren „symbolische Bücher". (Bd. 7, S. 393,31.) Bei den Freimaurern spielten bildliche Symbole eine bedeutende Rolle. – Der Genitiv *Der Menschen* (5) gehört nicht nur zu *dem Handeln* (4), sondern auch zu *dem Leben* (2). – Am Schluß ähnlich wie am Ende von *Urworte, orphisch* (S. 360) das Motiv der Hoffnung (im religiösen Sinne).

Versuch eines alphabetischen Verzeichnisses der wichtigern Nachrichten zur Kenntnis und Geschichte der Freimaurerei. Jena 1817. (Anonym, verf. von C. J. R. Ridel.) – Allg. Handbuch der Freimaurerei. 3. Aufl. 2 Bde. Lpz. 1900–1901. Artikel „Sinnbilder", „Grade", „Geheimnis", „Teppich", „Stern", „Meister vom Stuhl" und „Goethe". – J. Pietsch, Goethe als Freimaurer. Lpz. 1880. – H. Wernekke, Goethe und die Königliche Kunst. Lpz. 1905. – Bibliographie der Freimaurerischen Literatur. Hrsg. v. August Wolfstieg. Register-Band. Burg b. M., 1913. S. 182. – Boyd II, S. 207–210. – Motivische Verwandtschaft mit den Gedichten S. 357–370.

S. 341. ZUR LOGENFEIER DES 3. SEPTEMBERS 1825. Unter diesem Titel als Sonderdruck (Weimar) 1825, danach in der *Ausg. l. Hd., 1827*. Gedichtet zu Carl Augusts 50. Regierungs-Jubiläum, das in Weimar als ein großes Volksfest gefeiert wurde und das auch die Loge auf ihre Weise feierte. Die Stadtverwaltung ließ viele Ladungen Eichen- und Tannenzweige anfahren, und jeder Hausbesitzer konnte davon holen, soviel er wollte. Daraus wurden Girlanden gewunden, mit denen man alle Häuser der Stadt schmückte. Darauf spielt Zeile 7 *bekränzend* an und im *Schlußgesang* 11f. *Kranz an Kränzen Die Reihen entlang.* Auch Goethes Haus war mit Kränzen und Girlanden versehen. Ausführliche Beschreibung: Weimars Jubelfest am 3ten September 1825. 2 Bde. Weimar 1825. Insbes. Bd. 1, S. 15–20. Mit Abbildung von Goethes Haus im Festschmuck. Reproduktion dieser Abbildung auch in: Wahl-Kippenberg, Goethe und seine Welt, 1932, S. 216. – Die *Ausg. l. Hd.* druckt in Vers 7 *begränzend*, was dem heutigen *begrenzend* entspricht. Da Goethes handschriftlicher Entwurf aber *bekränzend* hat, ist diese Form die richtige. Der Fehler ist wohl durch die Läßlichkeit der Schreiber mit g und k hineingekommen. – 8 *zum Berge.* Hierzu Düntzer KDN 84, 1 S. 9: „hinter den die Sonne bald verschwindet. Vgl. *Röm.*

Eleg. XIV, 3." Strophe 2 bezeichnet also in je 2 Versen Morgen und Abend des Tages. – *Zwischengesang* Vers 3 *das Tüchtige* – ein Lieblingswort Goethes im Alter (vgl. S. 328, Nr. 141 u. Anmkg.) – hat in der Vergangenheit sich in *Taten* kundgetan, die nun *Folge* haben, und insofern sich *verewigt*, indem es in die unendliche Kette der Wirkungen eingegangen ist. So soll auch die Gegenwart Taten tun, die *Folge* haben – auch dies ein Kernwort der Altersweisheit (Bd. 7, S. 406,22; Bd. 10, S. 22,6; 79,9; 144,15; 175,31; Bd. 12, S. 512, Nr. 1035; S. 528, Nr. 1204; Bd. 1, S. 352 *folgereich*; ähnlich in Briefen.) – und in ihnen soll sich die gleiche *Gesinnung* wie in den tüchtigen Leistungen der Vergangenheit zeigen. Die 3. Strophe schließt von diesem *Beständigen der ird'schen Tage*, d.h. dem Tüchtigen, Sittlichen, auf eine höhere Region (wie schon das Gedicht *Das Göttliche* S. 147ff.), verwandeltes Dasein in dieser andeutend. Insofern verwandt dem *Faust*-Schluß, dem Ende des Gedichts *Höheres und Höchstes* (Bd. 2, S. 116f.) und manchen Äußerungen in Briefen (an Zelter 19. 3. 27 u. ö.) und Gesprächen (Eckermann 1. 9. 29; 4. 2. 29). – *Schlußgesang*. Während der Regierungszeit Carl Augusts hatte Weimar sich durch Gebäude und durch den Park erweitert und verschönert, zu dem Jubiläum prangten sämtliche Bauten mit Girlanden geschmückt, und bei dieser Gelegenheit weihte man das Gebäude der neuen Bürgerschule – erbaut von Coudray – ein. (Beschreibung: Weimars Jubelfest S. 38–48.) Das Gedicht preist 9ff. die Bauten, 13ff. den Schulneubau, 19ff. den Park. – 17f. *Die Kinder scheuen nicht*: Die Kinder scheuen nun nicht mehr, brauchen nun nicht zu scheuen. So auch Fischer, Goethe-Wortschatz S. 530. – 18 *Zwang*: Einschränkung, Enge. – 27 *aufgeregt*: angeregt. – 33 *Die Unzahl*: unzählige. – 36 *entlang* hier zeitlich, also: „das Leben hindurch". Vgl. S. 360 *Urworte* Vers 20; Bd. 2, S. 207, 2.

Das von Goethe genannte *Gebäude* ist die ,,Bürgerschule" an der Ecke Schwanseestraße/Liebknechtstraße, gegenüber der Hauptpost. Bis dahin hatte das Weimarer Schulwesen sehr unter Raumnot gelitten. Wie sehr Goethe froh war, daß dieses Gebäude nun der Öffentlichkeit diente, zeigt sein Brief an Herzog Carl August vom 20. Juli 1826 (HA Briefe Bd. 4, S. 197, 4–11). – A. Jericke u. D. Dolgner, Der Klassizismus in der Baugesch. Weimars. Weimar 1975. S. 250–254 und Abb. 171.

S. 343. DEM WÜRDIGEN BRUDERFESTE. Erster Druck: Berliner Musenalmanach für 1831. – Handschrift-Facsimile: H. Wernekke, Goethe und die königliche Kunst. Lpz. 1905. S. 163. – Das Gedicht ist der Dank für ein Ehrendiplom, durch das die Weimarer Loge Goethe zum Ehrenmitglied machte anläßlich der Feier seiner 50jährigen Bruderschaft. Er war 1780 in die Loge eingetreten. – 13 *Menschheit* = Menschsein, Menschenwürde, Humanität.

S. 343. DEM 31. OKTOBER 1817. Erster Druck: *Über Kunst und Altertum, Bd. 1, 1817.* – Zur 300-Jahr-Feier der Reformation. In einem Briefentwurf Goethes an C. C. v. Leonhard vom 7. 11. 1816 heißt es in Bezug auf Goethes Stellung zur Naturwissenschaft seiner Zeit, insbesondere der Geologie: *Im nächsten Jahr feiert die protestantische Kirche ihr Jubiläum ... Und so will ich dieses Jahr von meiner Seite das Fest feiern, daß ich wie Luther kein Blatt vors Maul nehme* (WA Briefe Bd. 27, S. 421). In den *Maximen und Reflexionen* heißt es: *Genau besehen haben wir uns noch alle Tage zu reformieren und gegen andere zu protestieren, wenn auch nicht im religiösen Sinne.* (Bd. 12, S. 374.) Goethe polemisierte damals in der Wissenschaft gegen Vulkanisten und Newtonianer, in der Kunst gegen die „neudeutsch-religios-patriotische" Richtung. Eine begonnene Kantate zum Reformations-Jubiläum blieb unvollendet. – Erich Franz, Deutsche Klassik und Reformation. Halle 1937 = Dt. Vjs., Buchreihe Bd. 22.

S. 344. HERRN STAATSMINISTER VON VOIGT. Dazu Goethes eigene Erläuterungen S. 409, 17–30. Christian Gottlob v. Voigt, 1743–1819, war seit 1777 in Weimar als hoher Verwaltungsbeamter tätig. Goethe, der im Laufe der Jahre mehrere amtliche Tätigkeiten innehatte, hatte von 1784 bis zu Voigts Tode viel mit ihm zu tun, in gemeinsamen Bemühungen um den Ilmenauer Bergbau, die Universität Jena, das Weimarer Theater usw. Besonders eng war die Zusammenarbeit, als es galt, Weimar möglichst geschickt durch die Nöte der Napoleonischen Zeit hindurchzubringen. Voigt wurde von Goethe nicht nur als Beamter hoch geschätzt, sondern auch als Mensch. Sofern seine Amtsgeschäfte es erlaubten, war er mit Wissenschaft (Vers 1–8) und Kunst (9–16) beschäftigt, an allen Weimarer Kulturleistungen teilnehmend (17–22), bis der Krieg 1806 eine Notzeit brachte (23–24), die erst 1815 zu Ende ging (25–28). Wegen der langen und persönlichen Bindung wuchs das Gedicht über die üblichen Gelegenheitsverse hinaus; es erreicht in manchen bedeutenden Gedanken, gedrängten Bildern und satten Farben die Höhe der großen Alterslyrik. Das Gedicht ist zum 50jährigen Dienstjubiläum Voigts geschrieben. Goethe schickte es an Voigt in dessen Heimatort Allstedt, wo er diesen Tag verlebte. Voigt dankte brieflich am 7. Okt. 1816. Darauf Goethes kurzer herzlicher Brief vom 8. Okt. 1816.

Erster Druck: Jenaische Literatur-Zeitung 1816. – Kommerell S. 193/4. – Goethes Briefwechsel mit Chr. G. v. Voigt. Hrsg. von H. Tümmler. 4 Bde. Weimar 1949–1962. = Schr. G. Ges. Insbesondere Bd. 4, S. 254–256 und 527. – Hans Tümmler, Goethe, der Kollege. Sein Leben und Wirken mit Chr. G. v. Voigt. Köln 1970. – Hans Tümmler, Und der Gelegenheit schaff' ein Gedicht. Bad Neustadt 1984. S. 98–101.

S. 345. DEM FÜRSTEN BLÜCHER. Inschrift für das Rostocker Blücher-Denkmal, und zwar die Überschrift auf einer Seite, die Verse auf der anderen. Als Denkmal-Inschrift müssen sie in ganz knappen Worten möglichst viel sagen und dabei kräftig und einprägsam sein. – *Harren*: Zustand in Preußen und Österreich seit dem Beginn von Napoleons Übergriffen, 1805–1813; *Krieg*: 1813–14 und 1815; *Sturz*: Preußens Niederlage 1806/07, in die Blücher verwickelt war, insbes. auch Blüchers Niederlagen bei Bautzen 1813 und bei Ligny 1815; *Sieg*: Blüchers Siege 1813–15 von der Schlacht an der Katzbach bis zu der bei Waterloo.

Seit dem Mai 1815 wurde an dem Plan eines Blücher-Denkmals in Rostock gearbeitet, Goethe wurde als Gutachter eingesetzt, Schadow als Bildhauer beauftragt. Die Angelegenheit wurde äußerst gründlich betrieben, Schadow reiste im Januar 1816 deswegen nach Weimar. Seit dem 12. Nov. 1815 ist in Briefen davon die Rede, daß die Auftraggeber von Goethe Inschriften erhoffen. Goethe sagt am 12. Februar 1816 zögernd zu. Am 12. März 1817 schreibt er Schadow, daß nur *eine tüchtige Zeile, ein echter Kernspruch* zu dem Denkmal passe. Am 4. Juli 1817 zeigte er H. Meyer seine Inschrift, am 1. August 1817 sandte er sie an Schadow. – Für das Denkmal hatte Goethe eine symbolische Situation vorgeschlagen: Blücher, der in der Schlacht bei Ligny mit seinem von einer Kugel durchbohrten Pferde gestürzt war und sich im Kampfgetümmel wieder erhebt. In der Schlacht bei Ligny unterlagen seine Truppen, 3 Tage später siegten sie bei Waterloo, das Ganze nahmen Goethe und Schadow als sinnbildlich für die Ereignisse von der Schlacht bei Jena bis zum 2. Pariser Frieden 1815. – Erster Druck: *Über Kunst und Altertum, 1818.* – Goethe schrieb einen Aufsatz *Blüchers Denkmal* (W. A. 49,2 S. 76–82). – Alles Wichtige dazu (mit Abbildungen) in: Momme Mommsen, Die Entstehung von Goethes Werken. Bd. 1. 1958. S. 286–342, insbes. auch S. 321–324 die bemerkenswerte zeitgenössische Interpretation von A. C. v. Preen. – Heinrich Roloff, Goethe u. die Mecklenburger. Goethes Verse auf dem Rostocker Blücherdenkmal in der Sicht seiner Zeitgenossen. (Jb.) Goethe 24, 1962, S. 180–201. – Ferner auch: Herman Grimm, Goethe und Schadow. In: H. Grimm, Aus den letzten fünf Jahren. 15 Essays. 1890. S. 150–180. Wiederabgedruckt: H. Grimm, Dt. Künstler. 1942. S. 181–210. – Erich Weniger, Goethe und die Generale. Lpz. 1942. Erweiterte Aufl. Stuttg. 1959.

S. 345. GRAFEN KARL HARRACH. Karl Borromäus Graf v. Harrach, österreichischer Arzt und Naturforscher, 1761–1829. – Dazu Goethes Erläuterung S. 409.

Erster Druck: *Ausg. l. Hd., 1827.* – Goethe und Österreich. Hrsg. von A. Sauer. Bd. 2. Weimar 1904. = Schr. G. Ges., 18. S. 247–249 und 385–387. Ebd. ein Facsimile der Gedicht-Handschrift.

S. 345. AN DEN GRAFEN KASPAR STERNBERG. Erster Druck: Quartausgabe 1836. – Kaspar Maria Graf Sternberg, 1761–1838, böhmischer Naturforscher, vor allem Geologe. – Briefwechsel zwischen Goethe und Sternberg. Hrsg. von A. Sauer. Prag 1902. – Die Überschrift wohl von Eckermann oder Riemer.

S. 345. DEN 6. JUNI 1816. Der Todestag Christianes. – Erster Druck: *Ausg. l. Hd., 1827.* – Dazu Goethes Hinweis S. 410.

S. 346. DER GRÄFIN TITINNE ODONELL. Dazu Goethes Erläuterung S. 410. Christine (gen. Titinne) O'Donell geb. Prinzessin de Ligne, 1788–1867, Enkelin (oder natürliche Tochter) des Fürsten de Ligne, mit dem Goethe befreundet war (vgl. S. 259 u. Anmkg.), Schwiegertochter der Gräfin Josephine O'Donell, die Hofdame der Kaiserin Maria Ludovica war; verheiratet mit Moritz Graf O'Donell, dem Freunde Adam Müllers. – Handschrift: *Weimar, d. 9. Oktober 1816.* Vom 7.–12. Oktober 1816 waren Graf und Gräfin O'Donell in Weimar zu Besuch, Goethe kannte sie aus den böhmischen Bädern seit 1810. – *Pennal* = Federkasten. – *Federspule*: Federkiel, Schreibfeder. – Erster Druck: *Ausg. l. Hd., 1827.* – Goethe und Österreich. Hrsg. von A. Sauer. Bd. 1. Weimar 1902. S. 122–127 und 335–338.

S. 346. AN FRAU V. STEIN. Handschrift im Goethe-Archiv bei den Briefen an Frau v. Stein. Facsimile: Gedichte Goethes an Frau v. Stein, hrsg. v. J. Wahle. Weimar 1924. = Schr. G. Ges., 37. – Erster Druck: Nachgelassene Werke Bd. 7 (47), 1833, mit der von Eckermann als Herausgeber hinzugesetzten, nicht eben glücklichen Überschrift „An ein Weihnachtskind". – Sowohl Frau v. Stein war am 25. Dezember geboren als auch Goethes Sohn August; diesen hatte sie seit seiner Kindheit an sich herangezogen trotz der damaligen Feindschaft zu Goethe, ja teils gerade wegen ihr, um ihm eine gebildete mütterliche Führung zu geben, da ihr Christiane dazu nicht hinreichend schien. Seit 1801 hatte zwischen Goethe und Frau v. Stein wieder eine stille Annäherung stattgefunden. Da er 1815 durch Krankheit verhindert war, wie in anderen Jahren persönlich zu gratulieren, sandte er diese Verse.

Die Verse waren einer Sendung von Süßigkeiten beigefügt. Goethes Tagebuch notiert am 22. Dezember: *Kam das Zuckerwerk aus Frankfurt.* Das also ist gemeint in Vers 7. Von diesen spielerisch-freundlichen Worten wandelt sich der Ton dann zu dem in die Tiefe gehenden klangvollen Schluß.

S. 346. AN FANNY CASPERS. Schauspielerin in Weimar, 1800–1802, wo auch ihre Schwester Manon an der Bühne tätig war, Fanny meist in Kinderrollen, Manon als gefühlvolle Liebhaberin. Erwähnt im Briefwechsel mit Schiller, und noch am 8. 6. 21 im Gespräch mit Kanzler v. Müller genannt. Seit 1802 von Weimar abwesend, bat sie 1815 Goethe um ein Autogramm, und er schrieb für sie daraufhin diese Zeilen. – 14 *Räuschchen* vielleicht doppelsinnig, denn Fanny Caspers spielte sehr erfolgreich in Bretzners Lustspiel „Das Räuschchen".

Im Goethe-Archiv befindet sich ein Entwurf Goethes mit Korrekturen. Dort in Zeile 18 *Fort ist die Maus!* Datiert: *Jena, den 21. Nov. 1815.* Sodann im Goethe-Archiv das Foto der von Goethe eigenhändig geschriebenen und an Fanny Caspers gesandten Reinschrift auf einem Blatt mit gedruckter Umrahmung. Datiert *Weimar, den 1. Jan. 1816.* Beide eigenhändigen Handschriften haben in Vers 16 *küßten, und.* Das Gedicht wurde erstmals 1870 gedruckt in Bd. 3 der Hempelschen Ausgabe. Als Quelle ist dort Goethes Originalhandschrift aus dem Besitz der Tochter von Fanny Caspers angegeben. Doch ist ein Fehler hineingekommen; Vers 16 hat hier *küßten uns,* entsprechend dem Sprachgebrauch des 19. Jahrhunderts, in welchem das Verb ohne Objekt ungebräuchlich war. – Goethe-Handbuch, 2. Aufl., Bd. 1, Sp. 1577. – Leopold Göller, Die Schauspielerinnen Manon und Fanny Caspers. Mannheimer Geschichtsblätter 33, 1932, S. 223–238. – Elisabeth Frenzel, Manon und Fanny Caspers. Goethe 16, 1954, S. 218–224.

S. 347. JULIEN GRÄFIN EGLOFFSTEIN. Die junge Hofdame der Herzogin, 1792–1869, stand Goethe nahe, er schätzte sie als Persönlichkeit und als Malerin. Obgleich in der *Ausg. l. Hd.* über dem Gedicht der Name Julie v. Egloffstein steht und ebenfalls in Goethes angehängten *Aufklärenden Bemerkungen* (S. 410), hat Max Hecker in (Jb.) Goethe 8, 1943, S. 306–314 darlegen können, daß vermutlich nicht sie die ursprüngliche Adressatin ist, sondern Julie v. Mauchenheim gen. Bechtolsheim (1753–1847). Da Goethe mitunter einen Vers zweimal oder mehrmals benutzte, sind Zuschreibungen von Gelegenheitsversen an eine einzige Adressatin manchesmal nicht mit Sicherheit möglich. Diese Verse begleiteten wohl einen Kalender als Neujahrsgabe. Entstanden vermutlich 1818/19. Erster Druck: *Ausg. l. Hd., 1827.* – Über Gräfin Egloffstein: Goethe-Handbuch 1, 1961, Sp. 2074 f.

S. 347. REISESEGEN. Erster Druck: *Ausg. l. Hd., 1827,* hinter dem vorigen Gedicht, mit der Überschrift *Derselben. Reisesegen.* Handschriftliche Zeugnisse aus der Familie Egloffstein zeigen, daß diese Verse (im Gegensatz zum vorigen Gedicht) eindeutig für Julie Egloffstein geschrieben sind. Eine Handschrift ist datiert *Weimar, 4. Juni 1819.* Dazu die Notiz S. 410. – Formelhaft-kurz, Wesentliches aus der Altersweisheit, daher Beziehung zu den *Wanderjahren.*

S. 347. AN FRÄULEIN VON SCHILLER. Erster Druck: Chaos Bd. 1, 1830. – Schillers jüngste Tochter Emilie war, als Goethe ihr die zwei gefälligen Strophen mit der nachfolgenden tiefen Charakteristik der Eltern ins Stammbuch schrieb, 16 Jahre alt.

S. 348. AN MARIANNE V. WILLEMER. Goethe, der das Ende seines Lebens vor sich sah, wollte Marianne ihre Briefe zurücksenden; als Begleitbrief schrieb er diese Zeilen eigenhändig nieder und versah sie mit seinem Namen und dem Datum *Weimar, d. 3. März 1831.* Doch dann zögerte er, sich von den Briefen zu trennen. Am 10. 2. 32 schrieb er ihr: *Indem ich die mir gegönnte Zeit ernstlich anwende, die grenzenlosen Papiere, die sich um mich versammelt haben, zu sichten und darüber zu bestimmen, so leuchten mir besonders gewisse Blätter entgegen, die auf die schönsten Tage meines Lebens hindeuten ... Ein solches Paket liegt nun mit Ihrer Adresse vor mir ... Dergleichen Blätter geben uns das frohe Gefühl, daß wir gelebt haben; dies sind die schönsten Dokumente, auf denen man ruhen darf* ... Am 29. Februar 1832, ungefähr drei Wochen vor Goethes Tode, ging die Sendung ab.

Facsimile: Goethes Briefwechsel mit Marianne v. Willemer. Neu hrsg. von Max Hecker. Insel-Verlag o. J., 9.–11. Tausend (1936). S. 344/5. – Erster Druck: Nachgelassene Werke 7, 1833, unter der Überschrift „Vermächtnis". – H. Pyritz, Goethe und Marianne v. Willemer. Stuttg. 1941. 3. Aufl. 1948.

S. 348. AN LORD BYRON. Entstanden 1823. Erster Druck: *Über Kunst und Altertum, 1824.* Dazu Goethes Erläuterungen S. 410 unserer Ausgabe. Goethe verfolgte seit 1816 Byrons Laufbahn mit höchstem Interesse. Er pries ihn als großes Talent und unerschöpflichen Geist von stärkster dichterischer Phantasie. In den Schriften, Briefen und Gesprächen seit dieser Zeit wird Byron häufiger und ausführlicher besprochen als jeder andere moderne Dichter. Goethe sah in ihm eine dämonische Natur und nahm als deren Äußerung auch seine exzentrische Art hin. Er veröffentlichte eine Besprechung von Byrons „Manfred" in seiner Zeitschrift *Über Kunst und Altertum, 1820.* Byron war darüber hocherfreut, widmete Goethe eins seiner Werke und schickte ihm durch Ch. J. Sterling, der 1823 nach Weimar kam, einen Brief. Nun erfuhr Goethe, daß Byron im Begriff stand, nach Griechenland zu fahren, um dort für die Griechen im Kampfe gegen die Türken mitzuwirken. *Als nun das Gerücht verlautete, der Lord werde seinen großen Sinn, seine mannigfaltigen Kräfte an erhaben-gefährliche Taten über Meer verwenden, da war nicht länger zu zaudern und eilig nachstehendes Gedicht geschrieben: „Ein freundlich Wort ..."* (Bd. 12, S. 326, 21–25.) Das Gedicht erreichte Byron auf der Fahrt nach Griechenland in Livorno am 22. 7. 1823 und war ihm eine große Freude. Er starb bald darauf in Missolunghi am 19. 4. 1824. Im selben Jahre noch schrieb Goethe für den Engländer Medwin seinen Aufsatz *Zum Andenken Byrons* (Bd. 12, S. 324–327). Seine dichterische Totenklage ist das Gedicht *Stark von Faust ...*, 1825. (S. 349.) Ebenso ist der Trauergesang für Euphorion in *Faust II*, Vers 9902ff. (Bd. 3, S. 299 u. Anmkg.) eine Klage um den Verlust Byrons. Eckermann hat dann in seinem Werk die Gespräche über Byron sehr ausführlich wiedergegeben. – 1 *eines nach dem andern*: zunächst 1822 die handschriftliche Widmung von Byrons „Sardanapal" an Goethe, dann 1823 ein kurzer Brief Byrons durch Sterling. 2 *Von Süden*: Byron lebte damals in Italien.

Bd. 3, Vers 9902ff. u. Anmkg.; Bd. 10, S. 520; Bd. 12, S. 324ff. und 501. – Fritz Strich, Goethe und die Weltliteratur, Bern 1946, bespricht S. 297–312 ausführlich Goethes Verhältnis zu Byron und sagt u. a.: „Ein magischer, dämonischer Zauber war es, der Goethe zu Byron zog. Er ... nennt ihn den größten Genius des Jahrhunderts ... Wo immer er von Eigenschaften spricht, die ein wahrer Dichter besitzen muß, wie Dämonie und Antizipationskraft, dient Byron ihm als Beispiel ... Kein andrer seiner Zeitgenossen hat Goethe so dauernd und tief beschäftigt." (S. 300) „Byron stürmte ohne Maß, Gesetz und Bindung durch das Leben, brach mit allen Traditionen seines Volkes ... Goethe hatte seinen Frieden mit der Welt gemacht ... In Goethes Beziehung zu Byron schwingt ... ein anderer und tieferer Ton als Bildungstrieb und Genienverehrung mit ... Es ist die Liebe eines Vaters zu seinem Sohn, seinem geistigen Sohn ... Er erkannte in ihm den Sohn seines Faust, seines eigenen Fausttums überhaupt ... In Byron stieg dem alten Goethe noch einmal seine eigene Jugend auf, mit all ihrem Schmerz, doch auch mit all ihrem Glanz, mit all ihren Irrungen, aber auch mit all ihrer dämonischen Schönheit ... In diese väterliche Liebe ... mischte sich aber noch ein anderes Gefühl, nämlich das der Sorge, ja der Angst ... Er sah, wie hier ein hochgenialer, gewaltig produktiver Geist sich in der düstern Glut einer grenzenlosen Verzweiflung selbst verzehrte." (S. 303ff.) „Goethes Sorge galt nicht nur dem Menschen und dem Dichter Byron, sondern dem ganzen Europa, das sich von der Flamme dieses Genius ergreifen ließ, und er mußte dabei empfinden, daß er selbst an dieser allgemeinen Weltstimmung nicht schuldlos war ... Wichtig ist, daß die Wirkungen, die von Goethe ausgingen, von seinem Werther und Faust, ganz mit denen von Byron verschmolzen, so daß man den Wertherismus in den europäischen Literaturen ... ganz ebenso auch Byronismus zu nennen vermag ... Wieder einmal steht man vor jenem Phänomen, daß Goethes Wirkung ... so garnicht mehr der Stufe entsprach, auf der er damals bereits stand ... Er hatte opfernd und entsagend den faustischen Drang nach unermeßlicher und unbedingter Freiheit überwunden ... Sein Schmerz und seine Empörung war zur europäischen Krankheit geworden, aber seine Heilung und Gesundung wurde nicht zum europäischen Ereignis." – Goethe-Handbuch Bd. 1, 1961, Sp. 1514–1528. – A. Brandl, Goethes Verhältnis zu Byron. G. Jb. 20, 1899, S. 3–36. – Gundolf, 1916, S. 697–701. – J. G. Robertson, Goethe and Byron. London 1926. = Publ. of the Engl. Goethe Society, N. S. 2. – Kommerell S. 192. – W. F. Schirmer, Goethe u. Byron. In: Forschungsprobleme d. vergl. Literaturgesch., hrsg. von K. Wais. Tübingen 1951. S. 47–56. – Momme Mommsen, Die Entstehung von Goethes Werken. Bd. 1. 1958. S. 549–558.

S. 349. STARK VON FAUST ... Vgl. das zum vorigen Gedicht Gesagte. – Erster Druck: Chaos (Privatzeitschrift Ottilie v. Goethes für ihren Freundeskreis) 1829.

S. 349. DEN FUNFZEHN ENGLISCHEN FREUNDEN. Thomas Carlyle, der erste und im 19. Jahrhundert bedeutendste Interpret Goethes in der englischen Literatur, der im Gegensatz zu den meisten Zeitgenossen den sittlichen Charakter Goethes geistiger Welt erkannte und der die lehrhaft-weltanschaulichen Alterswerke als Reife, nicht Abstieg verstand, kam seit seiner Übertragung der *Lehrjahre*, 1824, in einen gehaltvollen Briefwechsel mit Goethe und sandte diesem 1831 zusammen mit 14 anderen britischen Goethe-Verehrern – darunter Walter Scott, William Fraser und William Wordsworth – zum Geburtstag ein Petschaft von edelster Goldschmiedearbeit: eine Schlange, deren Kopf den Schwanz berührt, Symbol des Kreislaufs des Lebens, umgeben von der Inschrift *Ohne Hast, aber ohne Rast.* (Sie stammt aus den *Zahmen Xenien II,* wo es heißt: *Wie das Gestirn, / Ohne Hast, / Aber ohne Rast, / Drehe sich jeder / Um die eigne Last.*) Goethe, freudig bewegt durch die Anerkennung eines so schätzenswerten Kreises, schrieb sogleich nach Empfang der Sendung an Carlyle und fügte dieses Gedicht hinzu, dessen zweite Strophe auf Petschaft (8) und Inschrift (7) anspielt, diese seinen Lebensgrundsätzen (6) verbindend, während die erste seinen Gedanken der Weltliteratur (vgl. Bd. 12, S. 361–364) andeutet.

Aus Carlyles Besitz gelangte die Handschrift später in die Speck Collection der Yale-University (USA). Facsimile: Goethe und seine Welt, 1932, S. 232. Und: Goetheana. A Centenary Portfolio of Facsimiles. William Speck Collection, Yale University Library. New Haven 1932. Blatt XV. Danach unser Text. – Erster Druck: Chaos 1831. – Goethes und Carlyles Briefwechsel. Hrsg. von H. Oldenberg. Bln. 1887. – A. Kippenberg, Carlyles Weg zu Goethe. Bremen 1946. – Goethe-Handbuch, Bd. 1, 1961, Sp. 1561–64 Art. „Carlyle" von W. Schmidt-Hidding. – Boyd II, S. 268f. – Schlangen-Symbol: Bd. 6, S. 228, 30ff.; Brief an Trebra 5. 1. 1814.

S. 349. TRILOGIE ZU HOWARDS WOLKENLEHRE. In Goethes Zeitschrift *Zur Naturwissenschaft überhaupt* erschienen 1820 unter dem Titel *Howards Ehrengedächtnis* nur die Verse 23–52 dieses Gedichts. Da aber hier der Zusammenhang von Titel und Inhalt nicht klar war, fügte Goethe dann die Verse 1–22 und die Gedichte *Atmosphäre* und *Wohl zu merken* hinzu und brachte alle zusammen in der gleichen Zeitschrift 1822 zum Druck. – Dazu Goethes eigene Erläuterungen S. 408 unserer Ausgabe. – Das Gedicht *Atmosphäre* beginnt – wie auch viele der Goetheschen Sprüche – mit der Frage eines anderen. Goethe antwortet mit einem seiner obersten Grundsätze. Fast wörtlich übereinstimmend die Erläuterung zu dem Aufsatz „Die Natur" vom 24. 5. 1828 an den Kanzler v. Müller, daß *derjenige nur allein zu denken vermag, der genugsam getrennt hat, um zu verbinden, genugsam verbunden hat, um wieder trennen zu mögen.* (Bd. 13, S. 48, 30ff.) Das war Goethe auf dem Gebiet der Geologie, der Farbenlehre und der Morphologie bereits seit Jahrzehnten gelungen. Die Witterungskunde jedoch war ihm fremder geblieben, denn ihre Gebilde schienen ihm schwer faßbar. Zu wissenschaftlichen Wolkenstudien erhielt Goethe die Anregung 1815 durch einen Aufsatz in Gilberts „Annalen der Physik", der ihn auf das Buch des englischen Naturwissenschaftlers Luke Howard, „Essay on modification of clouds", London 1803, aufmerksam machte, das er sich dann besorgte und eifrig durcharbeitete. Er machte sich Howards Unterscheidung und Terminologie mit Freude zu eigen, kam mit Howard in Briefwechsel, erwähnt ihn häufig in den *Annalen* und schrieb über ihn den Aufsatz *Wolkenbildung nach Howard,* der eine weitere Erläuterung zu dem Gedicht sein kann. Die Darstellung der vier Wolkenformen, so sehr sie einerseits bei den Erscheinungen bleibt, zeigt anderseits darüber hinaus ihre Symbolik, schon allein in der Wortwahl: *Der tüchtige Gehalt* (34), *der edle Drang* (39), *Erlösung* (40); und vollends wird dann in Vers 43/44 und 52 diese Symbolik deutlich. Das Emporsteigen und Sich-Auflösen der Wolken ist für Goethe ein Phänomen der *Steigerung,* worunter er das *immerstrebende Aufsteigen* versteht, *Materie, insofern wir sie geistig denken.* (Bd. 13, S. 48,23–27.) Zu der Zeit, als Goethe sich wissenschaftlich mit den Wolken beschäftigte, begegnete ihm auch in der Weltliteratur das Wolken-Motiv, und zwar in dem indischen Epos „Megha-Duta" (Der Wolkenbote) von Kalidasa. Auf diese Weise kam in das Gedicht zu Beginn die *Gottheit Camarupa,* welche Goethe dann für den deutschen Leser selbst erläutert hat. (S. 408.)

Zu dem Wort *Ehrengedächtnis* sagt Adelung Bd. 1, 1793: „ein großenteils veraltetes Wort, welches nur noch zuweilen von Lobschriften, Leichenpredigten und anderen Mitteln, das rühmliche Andenken eines Verstorbenen zu erhalten, gebraucht wird". – Wolkenmotive, Wolkensymbolik: S. 379 *Du Schüler Howards ...*; Bd. 3, *Faust* 10064; Bd. 13, S. 304–313. – Kalidasa: S. 206 *Will ich die Blumen ...* u. Anmkg.; Bd. 2, *Noten* zum *Divan,* S. 257, 27–38; Bd. 12, S. 302, 1ff.; 501, Nr. 960. – Zu Megha-Duta: Keudell Nr. 1126, 1130, 1400. – W. v. Wasiliewski, Goethes meteorologische Studien. Lpz. 1910. – V. Valentin, Wolken in Vision und Wissenschaft bei Goethe. Neue Jahrbücher f. d. klass. Altertum, Gesch. u. dt. Lit. 2, 1899, S. 385–401. – K. Lohmeyer, Das Meer u. die Wolken in den beiden letzten Akten des Faust. Jb. G. Ges. 13, 1927, S. 106–133. – Ewald E. Boucke, Goethes Weltanschauung. Stuttg. 1907. S. 294–306. – Kurt Badt, Goethes Wolkengedichte. Publ. of the English Goethe Society, N. S. XX, 1951, S. 21–52. – H. Schmitz, Goethes Altersdenken. 1959. S. 140ff. – Kurt Badt, Wolkenbilder und Wolkengedichte der Romantik. Bln. 1960. (109 S., 43 Abb.) – Werner Keller, Die antwortenden Gegenbilder. Jahrb. d. Fr. dt. Hochstifts 1968. S. 191–236. – Gertrud Liepe, Luke Howard. Jahrb. d. Fr. dt. Hochstifts 1972. S. 59–107. – Goethes Zeichnungen von Wolkenformen: Corpus der Goethe-Zeichnungen Bd. V B, 1967, Nr. 223–264.

S. 352. AN ZWEI GEBRÜDER ... Entstanden 1822 als Stammbuchgedicht. Dazu Goethes erläuternde Worte S. 410. Erster Druck: *Ausg. l. Hd., 1827.* – Goethe sammelte 1822 in Marienbad eifrig Gesteinsarten, ferner Pflanzen; dabei war sein Diener Stadelmann behilflich, der sich in seines Meisters Sammlungen eingearbeitet hatte. Goethe schreibt am 11. Juli an seinen Sohn: *Dabei kommen Stadelmanns Tu-*

genden zur Erscheinung, welcher auch schon ein Paar recht hübsche Knaben aus Livland, Söhne des Herrn v. Firks, zu Schülern gefunden hat. Die Eltern der beiden, der russische Kreismarschall Baron Ferdinand v. Firks und seine Frau, werden einmal in einem Brief an Carl August erwähnt (1. August 22) und einmal im Tagebuch (28. Juni 22). Einer der Söhne kommt einmal im Tagebuch vor (15. Juli 22), und dann meldet das Tagebuch am 21. Juli: *Gedicht für die kleinen F.* Wohl um die Eltern zu erfreuen, auch um den Sammeleifer der Jünglinge zu belohnen, schrieb Goethe die Zeilen, die wie manches Beiläufige ungewollt weit über den Charakter einer Stammbuchstrophe hinauswuchsen. Eine Reihung kleiner Bilder von satten Farben mit dem gemeinsamen Thema: Das Leben und Kraft-Schöpfen aus der Natur, seine Gesetzlichkeit und Wandelbarkeit. 3–4: Wenn auch am kahlen Berge wenig gedeiht, so genügt dieses wenige doch, daß das Schaf sich davon ernähren und seine Wolle hervorbringen kann. 8 *Wunderwuchs*: Jedes Wachsen ist ein *Wunder* im Sinne des *Erstaunens,* zu welchem der Mensch da ist (S. 358). *folgereich*: die *Saat* ist das Urbeispiel dessen was *Folge* hat; *Folge* ist ein Kernbegriff in Goethes Alter. (Vgl. Anmkg. zu S. 341.) 9–10: Anspielung auf die Heilquellen. 11–12: wieder liegt der Gedanke der Steigerung zugrunde, den das vorige Gedicht ausführlicher darstellte. – Der Zeichensetzung – es gibt nur eine Handschrift von Eckermann und den Druck von 1827 – sollte man nicht zu viel Bedeutung beimessen. Die letzten 2 Zeilen bestehen aus 4 Teilen, die teils durch Zeilenschluß, teils durch Interpunktion begrenzt sind. Jeder Teil bezieht sich in verschiedener Weise auf jeden anderen. Die Worte *vom Gestein hinauf zur Atmosphäre* gehören sowohl zu *Gedenket mein* als auch zu *Dem Höchsten Preis und Ehre.* – J. Urzidil, Goethe in Böhmen. Zürich 1962. S. 372f.

S. 352. AN JOHANN DANIEL WAGENER. Dieser einstige Leipziger Studiengenosse sandte im hohen Alter durch seinen Sohn als Gruß ein Exemplar seiner „Spanischen Sprachlehre". Goethe schickte ihm dafür ein Exemplar der Jubiläums-Ausgabe seiner *Iphigenie* (vgl. die Anmkg. zu dem folgenden Gedicht), in das er eigenhändig diese Verse eintrug. Wageners Sohn Friedrich brachte sie 1832 in der Zeitschrift „Originalien" zum Druck.

S. 353. DEM SCHAUSPIELER KRÜGER. Der Berliner Schauspieler Georg Wilhelm Krüger spielte 1827 in Weimar sehr gut den Orest. Goethe schickte ihm daraufhin ein Exemplar der schön gedruckten Sonderausgabe seiner *Iphigenie,* 1825, die er in diesen Jahren mehrfach verschenkte. Er legte einen Briefbogen mit den eigenhändig geschriebenen Versen bei. Er nahm sie nicht in die *Ausg. l. Hd.* auf – ein Zeichen, daß sie ihm nicht wichtig waren. Ihr Charakter als private kleine Gelegenheitsgabe muß deswegen erwähnt werden, weil sie später im Übermaß zitiert wurden und zwar so, als habe Goethe mit ihnen eine bedeutsame Aussage für die Öffentlichkeit machen wollen.

Die zu Goethes 50jährigem Amtsjubiläum gedruckte Ausgabe war: *Iphigenie von Goethe. Abdruck zur Feier des 7. Nov. 1825. Weimar.* (Am Schluß:) *Jena, gedruckt bei J. G. Schreiber.* Vers 8 *reine Menschlichkeit* etwa: menschliches Dasein, das rein ist; menschliche Reinheit. Das Wesentliche wie oft beim Spätstil im Adjektiv. Das Motiv der *Reinheit* verband sich seit je mit *Iphigenie.* Nach der ersten Aufführung 6. 4. 1779, Tagebuch: *Gar gute Wirkung davon, besonders auf reine Menschen.* – S. 307, Nr. 25 u. Anmkg.; Bd. 11, S. 107, 18–21. – Erster Druck 1827 in Saphirs „Berliner Courier", wohl ohne Goethes Zustimmung und ohne sein Wissen. Dann: Quartausgabe 1836. – Wolfdietrich Rasch, Goethes „Iphigenie auf Tauris" als Drama der Autonomie. München 1979. S. 17–20.

S. 353. IN DAS STAMMBUCH DES ENKELS. Dem siebenjährigen Knaben hatte die Gattin des Weimarer Hofmarschalls, Emilie v. Spiegel, den Neigungen der Zeit entsprechend den Satz aus Jean Paul (Hesperus, 4. Hundsposttag. Brief Emanuels) eingetragen, der Goethes auf das tätig-tüchtige Leben gerichteter Lebensanschauung widerstrebte. Über den Wert der Zeit: *Wanderjahre III, 11.* (Bd. 8, S. 405, 18ff.) Ähnlich schon im *Divan*: *Mein Erbteil wie herrlich* ... (Bd. 2, S. 52, Nr. 12) u. ö. – Erster Druck: Nachgel. Werke 7 (47), 1833.

S. 353. ZU EINEM KUPFERSTICH. Entstanden 1827. Goethe verschenkte in den Jahren 1827 und 1828 mehrfach Stiche mit Ansichten seines Stadthauses und seines Gartenhauses, unter die er Verse setzte. Mitunter lautet der Text etwas anders:

Übermütig siehts nicht aus — *Allen die sich drin genährt,*
Dieses kleine Gartenhaus, — *Ward ein guter Mut beschert.*

Erster Druck: Nachgelassene Werke 7 (47), 1833, mit der von den Herausgebern Eckermann und Riemer hinzugesetzten Überschrift „Gartenhaus am untern Park bei Weimar". – Reproduktionen von Stich und Unterschrift: Wilhelm Bode, Goethes Leben im Garten am Stern. Bln. 1920. Bei S. 348. Auch in: Franz Neubert, Goethe u. sein Kreis. Lpz. 1919. S. 173. Und in anderen Werken.

S. 354. PARABEL. Entstanden 1813. Erster Druck: *Werke 1815.* – Gegen die äußerliche Nachahmung des Katholizismus bei einigen Romantikern. – Vers 1 ff. Anspielung auf die Zustände in Frankfurt, wo die Lutheraner führend waren, der Dom aber katholisch war, weil dort die deutschen Kaiser gekrönt wurden. – Richard Benz, Goethe und die romantische Kunst. München 1941.

S. 355. AN KOTZEBUE. Undatiert. Erster Druck: Quartausgabe, 1836. – August v. Kotzebue, 1761–1819, hatte seit 1789 einen unerhörten Erfolg mit seinen Theaterstücken, die aber rasch und ohne tieferen

Ernst geschrieben waren. Er griff Goethe seit 1802 häufig literarisch an, so in der Schrift „Expectorationen", 1803, und in der Zeitschrift „Der Freimütige", 1803–07, wo u. a. 1805 der „Beweis, daß Herr v. Goethe kein Deutsch versteht", erschien. Kotzebue stammte aus Weimar, Goethe schätzte seine Mutter und seine Schwester unwandelbar, kannte ihn selbst seit seiner Jugend und brachte oft Stücke von ihm auf die Weimarer Bühne, so daß er sich desto mehr gekränkt fühlte, als dieser sich ohne ersichtlichen Grund so polemisch zeigte. – Vers 9 *Meiner* = Beurteiler; ähnlich im Brief an Zelter 14. Nov. 1816: *Die Leser und Meiner.* – Bd. 10, S. 461, 32 ff. u. Anmkg. – ADB. 16, 1882, S. 772–780. – Goedeke, Grundriß 5, 1893, S. 270–288. – W. v. Biedermann, Goethe-Forschungen. N. F. Lpz. 1886. S. 245–289. – G. Stenger, Goethe und A. v. Kotzebue. Breslau 1910. (VIII, 176 S.)

S. 355. WARUM BEKÄMPFST DU NICHT ... Entstanden 1817 oder 1818. Erster Druck: Quartausgabe 1836.

S. 356. EIN STRENGER MANN ... Entstanden 1818. Erster Druck: Briefwechsel zwischen Goethe und Zelter, 1833. – Der Dramatiker Adolf Müllner (1774–1829) hatte im März 1818 an Goethe sein Drama „König Yngurd" geschickt, das in übertragener Form Napoleon darstellt und diesen ein Bündnis mit dem Teufel eingehen läßt. Es war nicht eben geschickt, dem Napoleonverehrer Goethe dieses Werk zu senden, aber immerhin mußte dieser annehmen, es solle eine liebenswürdige Geste sein. Nun aber las er im Oktober im „Morgenblatt" Müllners Kritik einer Leipziger „Hamlet"-Aufführung, die diesen so begeistert hatte, daß er, wie er schreibt, in Stimmung war, alles je über Shakespeare Geschriebene „zum Fenster hinauszuwerfen, selbst *Wilhelm Meister*". – Bd. 7 S. 179, 35 ff. u. Anm. – Düntzer in KDN. 84, 2 S. 146. – L. Geiger, Müllner, Goethe u. Weimar, GJb. 26, 1905, S. 184–202.

S. 356. WENN SCHÖNES MÄDCHEN ... Entstanden 1830. In Goethes Handschrift im Weimarer Archiv auf einem Blatt, das auch Verse zu *Faust II* enthält, ohne Überschrift. Sodann in einer Abschrift von John mit der für die Quartausgabe von 1836 wohl von Eckermann formulierten Überschrift „An Frau K. in C." Sie bedeutet: An Frau K(rafft) in C(öln). – Die Witwe des Kölner Konsistorialrats J. G. Krafft hatte 1830 an Goethe eine im Druck erschienene Sammlung von Predigten ihres Mannes gesandt, um ihn zu bekehren. Es war nicht das einzige Mal, daß ihm dergleichen widerfuhr. Sein Ärger über dergleichen Versuche machte sich in den witzigen Versen Luft, während er in anderen Fällen, wo ihm die andere Seite Achtung einflößte, mit Vornehmheit und Takt antwortete, wie sein Brief an Auguste Gräfin Bernstorff-

Stolberg vom 17. April 1823 zeigt (HA Briefe Bd. 4, S. 63f.). – Zu Vers 11/12 der aus der gleichen Zeit stammende Ausspruch, den Kanzler v. Müller aufzeichnete: *Wer ist denn noch heutzutage ein Christ wie Christus ihn haben wollte? Ich allein vielleicht, ob ihr mich gleich für einen Heiden haltet.* (7. April 1830.)

S. 356. VERWANDTE SIND SIE ... Handschriftlich überliefert, wahrscheinlich aus dem Dezember 1829, denn zu dieser Zeit erfuhr Goethe von Menzels Angriffen, entwarf einen Vergleich zwischen Menzel und Merkel für einen Brief an Zelter (WA Briefe Bd. 46, S. 353), sandte im Brief vom 31. Dez. 1829 dann aber nur einen Teil davon ab (HA Briefe Bd. 4, S. 367). – Erster Druck: Weimarer Ausgabe Bd. 5, 1. Teil, 1893. – G. H. Merkel (1769–1850), Journalist, gab 1802 „Briefe an ein Frauenzimmer" heraus, die gegen Goethe polemisierten, und seit 1803 gemeinsam mit Kotzebue die Zeitschrift „Der Freimütige", die ebenfalls goethefeindlich war. Wolfgang Menzel (1798–1873) ging seit 1823, zumal 1827 in seiner vielbeachteten Schrift „Die deutsche Literatur" zum Großangriff vor gegen Goethe, den „weibischen" Vertreter „nationaler Entartung, politischer Schwäche und Schande, eines schadenfrohen Unglaubens, einer tiefen Demoralisation und ästhetischen Genußsucht ... und einer ängstlichen Pflege des Egoismus ..." „Ohne Goethe ... würde auch im Gebiet der Romane die Unzucht mehr eingeschränkt worden sein ..." (2. Aufl. 1836, S. 324 u. 351.) Wie Goethe sich gegenüber solchen Angriffen verhielt, zeigt sein Brief an Kanzler v. Müller vom 21. Mai 1830 (HA Briefe Bd. 4, S. 381, 1–28). – M. Holzmann, Aus dem Lager der Goethe-Gegner. Bln. 1904. = Dt. Literaturdenkmale des 18. u. 19. Jahrhunderts, 129.

DIE WELTANSCHAULICHEN GEDICHTE

Es gibt aus Goethes Alter eine Anzahl Gedichte, welche seine Weltanschauung dieser Spätzeit formelhaft-kurz und belehrend-einprägsam aussprechen. Sie benutzen dabei Bilder, die als ein Kreis symbolischer Motive auch in seinen übrigen Altersdichtungen wiederkehren. Ihm als Künstler, der die Welt vor allem durch das Auge wahrnahm, stellten sich die Phänomene des Lebens in solchen beispielhaften Bildern dar. Alles Irdische erscheint ihm als *Symbol*, als *Beispiel* einer höheren Welt (Bd. 13, S. 305, 26ff.); mehrfach benutzt er dafür das Wort *Gleichnis* (S. 357, *Prooemion*, Vers 10; ebenso am Ende des *Faust II: Alles Vergängliche ist nur ein Gleichnis*) oder auch *Abglanz* (Bd. 13, S. 305, 27f.; *Faust II*, 4727): Das Licht leuchtet auf die Erde, und so wird deren dunkle Materie farbig und hell (*Prooemion*, Vers 12). Unser Auge ist gemacht, um die Farbe zu sehn, nicht das Urlicht. Das Bild vom Licht, vom Abglanz und vom Auge ist Goethes Bild von Gott, von der Welt und vom Menschen. Unter den Dingen, die gleichnishaft über sich hinausweisen, nennt er besonders häufig die Natur; er bezeichnet sie als *heilig öffentlich Geheimnis* (*Epirrhema* 6): allen vor Augen, und doch geheimnisvoll, und das Geheimnis ist ihre Heiligkeit. Die Polarität von Materie und Geist wird zum Bild von Erde und Licht; von der Materie zum Geist gibt es ein Aufsteigen, *Steigerung* (Bd. 13, S. 48, 23). Symbol dieses Leichter-Werdens und Sich-Auflösens ist die Wolke (S. 351 *Howards Ehrengedächtnis* 43f.). Dem Menschen ziemt angesichts der Gleichnishaftigkeit der Welt die Haltung des Staunens, der Erschütterung: *Zum Erstaunen bin ich da* (*Parabase*, Vers 12). Aus dieser Haltung sprechen die Gedichte, und in dieser Haltung wollen sie den Leser üben oder bestärken. Durch diese innere Haltung und ihre bildhafte Anschauung unterscheiden sie sich von der Lehrdichtung alten Stils und von abstrakt-philosophischer Prosa. – Da Goethe in ihnen oft formelhaft wird, klärt sich das Verstehen, sobald man weiß, was er mit der knappen Formel bezeichnet; dazu helfen Parallelen und Paraphrasen in den übrigen Alterswerken, zumal in den *Maximen und Reflexionen* (Bd. 12), in den Naturwissenschaftlichen Schriften (Bd. 13), auch in den *Wanderjahren* (Bd. 8) und *Faust II* (Bd. 3).

Goethe hat einen Teil dieser Gedichte selbst zusammengestellt, als er im Alter für den *3. Band* der *Ausgabe letzter Hand*, der 1827 erschien, die Gruppe *Gott und Welt* schuf. Diese vereinigt die meisten weltanschaulichen Gedichte des Alters und einige naturwissenschaftliche Gedichte aus der Zeit um 1800. Die Gruppe beginnt mit *Prooemion* (S. 357) und *Was wär' ein Gott* ... (S. 357) und bringt dann weiterhin *Wiederfinden* (wiederholt aus dem *Divan*, Bd. 2, S. 83f.), *Weltseele* (S. 248), *Dauer im Wechsel* (S. 247), *Eins und Alles* (S. 368), *Parabase* (S. 358), *Die Metamorphose der Pflanzen* (S. 199), *Epirrhema* (S. 358), *Metamorphose der Tiere* (S. 201), *Antepirrhema* (S. 358), *Urworte, orphisch* (S. 359), die Howard-Trilogie (S. 349ff.), *Allerdings* (S. 359) und ein paar weniger bedeutende Gedichte, die anderswo nicht untergebracht werden konnten. Aber einige der wichtigsten weltanschaulichen Gedichte kamen nicht in diese Gruppe: *Paria* (S. 361), *Im ernsten Beinhaus war's* (S. 366) und *Vermächtnis* (S. 369). Die beiden letzten entstanden erst, als die Gedichtbände der Ausgabe schon fertig waren. So reicht die weltanschauliche Lyrik bis in Goethes späteste Zeit; *Vermächtnis* hat er in seinem 80. Lebensjahre geschrieben.

Max Kommerell sagt von diesen Gedichten: „Woher kommt die Stimme dieser Gedichte? Wir sind unwillkürlich erinnert an alte, halb dichterische Naturdeuter, Parmenides oder Laotse, Bürger derselben Zeit, wo die gestiftete mythische Antwort von der gefundenen Antwort einzelner abgelöst wurde. Altertümlich in der Tat ist dies einfache Hintreten vor das ganze Sein und dies Vertrauen auf die eigene Befugnis des

Deutens. Modern freilich ist die Stimmung ... Es ist in dieser Stimme nichts von Aufschwung, nicht die Ekstase Klopstocks, nicht die hohe Einfalt Hölderlins. In tiefster Einsicht kräftiges Behagen! Der Dichter mutet sich nichts zu, er überschreitet bei dieser Aussage nicht die ihm natürliche innere Fassung. Ein solcher Zustand kann nur aus einer langen und sorgfältigen Kultur hervorgehen ... Der Verkehr mit dem Nichtmenschlichen ist so zum Brauch geworden, daß das Ich sich vergesellschaftet mit den Seinsgewalten ..." (S. 204). Und: ,,Trotz aller Lehrhaftigkeit bleiben diese Gedichte Lyrik durch die Sprachform, in der sich ein Lebensgefühl ausprägt. Es ist persönlich und schwingt zugleich in großen Weltbewegungen mit. Und diese Weltbewegungen selbst! Nirgends erscheint uns die Natur so rastlos, so grenzenlos bewegt, nimmt uns so mit herein in beständige Umwälzung, wie in diesen Gedichten Goethes, besonders im *Vermächtnis, Wiederfinden, Weltseele;* sie ist darum Gott, weil sie das Tun ihres Selbst ist – ein modernes, ein – wie man heute sagt – dynamisches Weltbild, das wir übrigens schon in der Konzeption des Erdgeistes antreffen: das Weltbild eines selbst grenzenlos Tätigen." (S. 213). – Und Ronald Peacoc schreibt: ,,A number of poets from Hölderlin to Rilke have written ,,philosophical" poems in which they have probed thought possibly as deep as that of Goethe; but they have not always succeeded in evading the snares that await the enthusiastic or the solemn prophet. No one has combined piety with clarity, sanity with jubilation and music, as Goethe did so simply and naturally in his late philosophic lyrics. He is the great exemplar of a humanity that is possessed of all its faculties through the imagination and is content to be poised not higher, and not lower, than its own best effort." (Goethe as lyric poet. In: Essays on Goethe. Ed. by William Rose. London 1949. S. 44.)

Aus den Briefen, die viele Parallelen und Ergänzungen ergeben, ist besonders heranzuziehn der Entwurf vom 31. März 1818. Briefe HA 3, S. 425 Nr. 1106. – Otto Harnack, Goethe in der Epoche seiner Vollendung. 3. Aufl. Lpz. 1905. – K. J. Obenauer, Goethe in seinem Verhältnis zur Religion. Jena 1921. – Paul Fischer, Goethes Altersweisheit. Tübingen 1921. – A. v. Harnack, Die Religion Goethes in der Epoche seiner Vollendung. In: A. v. Harnack, Erforschtes und Erlebtes. Gießen 1923. – Paul Schaaf, Das philosophische Gedicht. Dt. Vjs. 6, 1928, S. 270–292. – H. A. Korff, Geist der Goethezeit. Bd. 2. Lpz. 1930. – Hans Leisegang, Goethes Denken. Lpz. 1932. – Ferdinand Weinhandl, Die Metaphysik Goethes. Bln. 1932. – Rudolf Unger, Zu Goethes Weltanschauung. Ein Literaturbericht. Kant-Studien 39, 1934, S. 27–54. – Eduard Spranger, Goethe. Seine geistige Welt. Tübingen 1967. – Wilhelm Flitner, Goethe im Spätwerk. Hamburg 1947. 2. Aufl. 1957. – Kommerell S. 198–215. – Eva Lüders, Goethe und das Gebet. Diss. (Masch.) Göttingen 1950. (464 S.) – E. Trunz, Ein Tag aus Goethes Leben. München 1990. S. 167–187. – Ferner die in Bd. 14, Bibliographie, zu Goethes Weltanschauung genannten Werke.

S. 357. PROOEMION. Erster Druck 1817 als Einleitungsgedicht des 1. Hefts der Goetheschen Zeitschrift *Zur Naturwissenschaft überhaupt,* dann 1827 in der *Ausg. l. Hd.* als Einleitungsgedicht der Gruppe *Gott und Welt.* Entstanden im März 1816. *Prooemion* heißt Einleitung, Vorspruch. Es spricht der Dichter und der Naturforscher. Obgleich Gott *Dem Wesen nach immer unbekannt,* kann jener doch *in seinem Namen* sprechen, weil es seines Amtes ist, die Welt zu interpretieren, und die Welt ist Gottes *Gleichnis.* So gesehen wird das uns gegebene Hier und Jetzt zur *Unermeßlichkeit.* Der Mensch will zwar mit *höchstem Feuerflug* das Unmittelbare, aber dieses bleibt *immer unbekannt.* Er findet sich zurückgeworfen auf sich selbst und auf seine Welt. Erfaßt er diese aber als Symbol, als Abglanz, so erfährt er das letzte Angestrebte mittelbar. Ähnlich *Faust II,* 4695–4727, wo Faust sich vom *Feuermeer* der Sonne abwenden muß und dann die sonnenbeglänzte Erde ansehend *am farbigen Abglanz* das ersehnte Urlicht wiederfindet in der mittelbaren, dem Menschen gemäßen Gestalt. – 1 *Im Namen*: biblische und liturgische Wendung. 11 *heiter* etwa in dem Sinne: steigernd, vom Materiellen ins Geistige emporführend. 12 *schmückt sich*: die Welt ist, recht erkannt, Kosmos, d.h. Schönheit und Ordnung (wie: *Vermächtnis* Vers 6). 13 *Du zählst nicht mehr ...*Das gleichnishafte Sehen, das die Welt als Abglanz göttlichen Lichts erkennt, ist nicht ein *Zählen* und *Berechnen,* sondern eine innere Erfahrung im Sinne des *Erstaunens,* von dem das Gedicht *Parabase* (S. 358) spricht. – Boyd II, S. 210–213. – Jb. d. fr. dt. Hochstifts 1992, S. 70–75.

S. 357. WAS WÄR' EIN GOTT ... Entstanden wohl 1812/13. Erster Druck: *Werke 1815* in der Gruppe *Gott, Gemüt und Welt.* In der *Ausg. l. Hd., 1827,* steht das Gedicht ebenfalls in dieser Gruppe und außerdem noch in der Gruppe *Gott und Welt* hinter *Prooemion,* gleichsam als ein zweiter Vorspruch. Verkündet der erste die Gleichnishaftigkeit der Welt allgemein, so führt dieser zweite näher aus, daß es zwei Gleichnisbereiche und also zwei Wege religiöser Erkenntnis gäbe, die Natur und das sittliche Gesetz. Es ist dies letztlich der Gedanke, den Kants berühmter Satz vom „bestirnten Himmel über mir und moralischen Gesetz in mir" (Kritik der praktischen Vernunft, 2. Teil, Beschluß) ausgesprochen hatte und den Goethe in den *Wanderjahren, 1. Buch, 10. Kap.,* näher ausführt, wo Wilhelm nachts auf der Sternwarte sich erschüttert fühlt von der Erhabenheit des Alls und ihm nur standhalten kann, indem er sich fragt, was seine, des begrenzten einmaligen Menschen sittlich-praktische Aufgabe sei. Goethe war zum Aussprechen seiner Anschauung, daß es Gottes Art sei, *Natur in sich, sich in Natur zu hegen,* wohl besonders angeregt durch den Gegensatz zu dem Gottesbegriff Jacobis, von dem er sagt: ... *sein Gott muß sich immer mehr von der Welt absondern, da der meinige sich immer mehr in sie verschlingt.* (An Schlichtegroll 31. 1. 1812.) Zu Vers 7–12 eine Parallele in *Vermächtnis*, Vers 13–18 (S. 370). – Zu Zeile 4 vgl. Bd. 13, S. 31, 8ff. – Großschreibung von *Sich, Ihm, Seine* nach den Drucken von 1816 und 1827.

S. 358. PARABASE, EPIRRHEMA, ANTEPIRRHEMA. *Müsset im Naturbetrachten* ... und *So schauet mit bescheidnem Blick* ... erschienen 1820 in Goethes Zeitschrift *Zur Morphologie, 1. Band, 2. Heft.* Das Gedicht *Freudig war* ... erschien ebenda als Einleitungsspruch des *3. Hefts des 1. Bandes*, 1820, alle ohne Überschriften. 1827 bildete Goethe für die *Ausg. 1. Hd.* die Gruppe *Gott und Welt*, in welcher er ältere und neuere weltanschauliche Gedichte vereinigte. In diese Gruppe schaltete er die drei kleinen Gedichte ein und gab ihnen die antikisierenden Überschriften. Die Reihenfolge ist jetzt: *Eins und alles – Parabase – Die Metamorphose der Pflanzen – Epirrhema – Metamorphose der Tiere – Antepirrhema – Urworte, orphisch.* – In der attischen Komödie, speziell bei Aristophanes, sprechen der Chor und der Chorführer einmal innerhalb des Dramas eine *Parabase* (wörtlich: Danebentreten), Worte an das Publikum, die nicht im Zusammenhang der Handlung stehen. Diese *Parabase* ist in sich wiederum gegliedert, meist zunächst einleitende Worte, dann eine Chorstrophe, dann ein gesprochener Teil, das *Epirrhema;* diesen beiden folgen als entsprechende Teile eine Anti-Strophe und ein *Ant-Epirrhema.* Dies alles enthält persönliche Worte des Dichters an die Hörer. Goethe hat diese Bezeichnungen übertragen vom Drama auf den Gedichtkreis. Das Vergleichbare ist erstens das Sprechen in eigener Sache in den kleinen Gedichten, zweitens der Gegensatz der kleinen Form hier zu der Großform des Benachbarten. Goethe konnte die antike Verwendung keinesfalls genau übernehmen, schon weil es sich dort um Komödie handelt, hier um den Zyklus der weltanschaulichen Gedichte. Das Subjektive der drei kleinen Gedichte erscheint schon in dem autobiographischen Beginn *Freudig war* ... und dann in der Anrede an die Leser *So schauet* ... – Goethe konnte Erläuterungen der drei griechischen Wörter finden in Ernestis „Lexicon technologiae Graecorum rhetoricae", 1795, das immer in seinem Arbeitszimmer stand, und in dem „Griechisch-deutschen Wörterbuch" seines Mitarbeiters Riemer, das er in zwei Auflagen besaß. – Die Überschriften zeigen ihren Sinn nur im Zusammenhang des Zyklus *Gott und Welt.* Dennoch sind sie in der vorliegenden Ausgabe beibehalten, da sie für die Gedichte eingebürgert sind und da die Anmerkungen den Zusammenhang mitteilen. – *Parabase* Vers 5–7: vgl. *Max. u. Refl.*, Bd. 12, S. 433, Nr. 489ff. – Vers 8: vgl. S. 359, *Urworte* Vers 4. – Vers 9: vgl. Bd. 13, S. 55, 10ff. – Vers 12: vgl. Bd. 12, S. 367, Nr. 16–17 und S. 407, Nr. 303 und *Faust II*, 6272. – *Epirrhema*, Vers 1ff.: Vgl. Bd. 13, S. 305,

26ff.; Bd. 12, S. 365, Nr. 2ff. – Die Zeilen 9–10 sind eine der knappen Formeln, die Ergebnisse der Goetheschen Naturschau zusammenfassen, und werden deutlicher, wenn man Parallelstellen hinzunimmt: *Die Pflanze erscheint fast nur einen Augenblick als Individuum und zwar da, wenn sie sich als Samenkorn von der Mutterpflanze loslöst. In dem Verfolg des Keimens erscheint sie schon als ein Vielfaches, an welchem nicht allein ein identischer Teil aus identischen Teilen entspringt, sondern auch diese Teile durch Sukzession verschieden ausgebildet werden, so daß ein mannigfaltiges, scheinbar verbundenes Ganze zuletzt vor unseren Augen dasteht. Allein daß dieses scheinbare Ganze aus sehr unabhängigen Teilen bestehe, gibt teils der Augenschein, teils die Erfahrung: denn Pflanzen, in viele Teile getrennt und zerrissen, werden wieder als ebenso viele scheinbare Ganze aus der Erde hervorsprossen.* (Aus: Vorträge über die drei ersten Kapitel des Entwurfs einer allgemeinen Einleitung in die vergleichende Anatomie, 1796. Leop.-Ausg. 9, S. 204f.) *Jedes Lebendige ist kein Einzelnes, sondern eine Mehrheit; selbst insofern es uns als Individuum erscheint, bleibt es doch eine Versammlung von lebendigen, selbständigen Wesen, die der Idee, der Anlage nach gleich sind, in der Erscheinung aber gleich oder ähnlich, ungleich oder unähnlich werden können. Diese Wesen sind teils ursprünglich schon verbunden, teils finden und vereinigen sie sich. Sie entzweien sich und suchen sich wieder und bewirken so eine unendliche Produktion auf alle Weise und nach allen Seiten.* (Bd. 13, S. 56, 15–24.) Als eine für diese Erscheinung in besonderer Weise beispielhafte Pflanze nannte Goethe oft das Sproßblatt, Bryophyllum calycinum, dessen ältere Blätter sich ablösen, Wurzeln bilden und zu jungen Pflanzen werden; er verschenkte solche Ableger als Symbol des ewig sich verjüngenden Lebens an Marianne v. Willemer, Sulpiz Boisserée u.a. – *Antepirrhema*: das bei Goethe häufige Bild der Längs- und Querfäden beim Weben, hier bezogen auf Gesetzlichkeit und zugleich Wandelbarkeit der Natur, Idee und Wirklichkeit, Genera und Spezifikation, jene *von Ewigkeit angezettelt*, diese der *Einschlag* des immer lebendig wirkenden Gottes. Dazu der Aufsatz *Bedenken und Ergebung* Bd. 13, S. 31f. und *Faust* 1923–1927.

Um die Stellung der drei kleinen Gedichte in der Erstveröffentlichung zwischen den naturwissenschaftlichen Aufsätzen zu erkennen, ist der Neudruck der Morphologischen Hefte von Dorothea Kuhn in der Leopoldina-Ausgabe von Goethes „Schriften zur Naturwissenschaft“, Bd. 9, Weimar 1954, sehr nützlich. Dort die Gedichte auf S. 88, 98 und 192. – *So schauet mit bescheidnem Blick* steht am Ende des Aufsatzes *Bedenken und Ergebung*. Deswegen auch in HA 13, S. 32. – Ob und wieweit Riemer bei der Wahl der antiken Bezeichnungen mitgewirkt hat, läßt sich nicht mehr erkennen. Goethe kannte Dramen des Aristhophanes, in denen eine Parabase erkennbar ist.

Facsimile der Handschrift von *Epirrhema:* Ausgabe Bong, Bd. 39. – Goethe, Die Schriften zur Naturwiss., Bd. 9. Morphologische Hefte, hrsg. v. Dorothea Kuhn, Weimar 1954. S. 204f. – Weinhandl, Die Metaphysik Goethes. 1932. S. 115 und 243f. – E. Staiger in Bd. 2 der Manesse-Ausgabe, 1949, S. 474f.; ferner Staigers Glosse in: Trivium 7, 1949, S. 251–252.

S. 359. ALLERDINGS. Erster Druck: *Zur Morphologie, 1820;* entstanden kurz vorher; dann 1827 in der Gruppe *Gott und Welt* der *Ausg. l. Hd.* – Schon die vorigen kurzen Gedichte stehen im Gegensatz zu andersartigen Meinungen, doch sprechen sie das nicht aus; dieses aber geht zum Angriff vor und sagt das schon in seinem Untertitel. Die zitierten Worte

> Ins Innre der Natur dringt kein erschaffner Geist,
> Zu glücklich, wann sie noch die äußre Schale weist.

sind Alexandrinerverse aus Albrecht v. Hallers Lehrgedicht „Die Falschheit menschlicher Tugenden", 1730, Vers 289f. (KDN 41, 2, S. 56), die im 18. Jahrhundert oft zitiert waren. „Erschaffner Geist": Geist, der nicht Gott ist, d. h. Mensch oder Engel. *Mich und Geschwister* = Mich und verwandte Geister. – Goethe kommt von der Metamorphosenlehre und der Anschauung der Farbphänomene her und sagt *dem Physiker*, daß in der Gestalt das Wesen sichtbar werde. (Vgl. Bd. 12, S. 422ff. Nr. 415, 444, 488, 664, 666 u. a.) Innen und Außen, *Schale* und *Kern* gehören zusammen. Der Schluß gibt – etwas ironisch – dem Bild eine andere Wendung: *Kern* und *Schale* als Wertvolles und Wertloses. – Zu Vers 7f.: *Epirrhema* 3f.; zu Vers 18f.: *Parabase* 11f.

S. 359. URWORTE. ORPHISCH. Tagebuch, 7. Oktober 1817: *Orphische Begriffe.* 8. Oktober: *Fünf Stanzen ins Reine geschrieben.* – Erster Druck: *Zur Morphologie, Bd. 1, Heft 2, 1820.* Goethe ließ noch im gleichen Jahre in *Über Kunst und Altertum, Bd. 2, Heft 3,* seinen Kommentar zu dem Gedicht folgen. (S. 403–407 unserer Ausgabe.) In einer Handschrift des Gedichts verdeutscht Goethe die griechischen Wörter folgendermaßen: *1. Individualität, Charakter. 2. Zufälliges. 3. Liebe, Leidenschaft. 4. Beschränkung, Pflicht. 5. Hoffnung.* – Im Anschluß an altgriechische Mythen, die Goethe nahegebracht wurden durch zwei Schriften, die er 1817 las: Gottfried Hermann und Friedrich Creuzer, Briefe über Homer und Hesiod. Heidelberg 1818. Und: Georg Zoëgas Abhandlungen, herausgegeben und mit Zusätzen begleitet von Fr. G. Welcker. Göttingen 1817. Zoëga führt aus dem spätantiken Schriftsteller Macrobius eine Zusammenstellung an, daß nach ägyptischem Glauben bei der Geburt eines Menschen die vier Götter Dämon, Tyche, Eros und Ananke bei ihm seien, und bringt mit diesen noch Elpis in Verbindung. Ähnliches gab es in der orphischen Literatur. Orpheus war für die Griechen ein sagenhafter Sänger und Mysterienstifter; seine Lehren waren nicht genau überliefert; in der an ihn sich knüpfenden Tradition waren Dichtung und religiöse Weltanschauung noch völlig verschmolzen; was der Dichter formt, sind ἱεροὶ λόγοι, d.h.: heilige Worte; Goethe bildet daraus seinen Ausdruck *Urworte*. Die Bezeichnungen, die Goethe aufnahm, waren nicht fest umgrenzt, waren halb begrifflich, halb allegorisch und gestatteten es, von ihm weitgehend mit eigenem Gehalt erfüllt zu werden. Die in Strophe 1 ausgesprochene Eigenart und Unwandelbarkeit der Individualität war ein in Natur und Geschichte ihm selbstverständlich gewordener Begriff. Er benutzt dafür das Bild des Sternenstandes (er war kein Astrologe), weil dieses so gut wie kein anderes andeutet, daß im Kosmos alles mit allem zusammenhängt und daß eine einmalige Konstellation von bedingenden Umständen jedes Individuum formt, so daß es von vornherein und bleibend ein bedingtes, begrenztes ist. Zu demselben Zwecke gebraucht er das gleiche Bild am Anfang von *Dichtung und Wahrheit*. Was er hier *Daimon* nennt, ist nicht genau das gleiche wie das im Alter mehrfach von ihm erwähnte Dämonische (z.B. in *Sonett I*). In der 3. Strophe wird *Eros* personifiziert, der in den orphischen Lehren an der Weltschöpfung beteiligt ist. Was Goethe dann in Strophe 4 *Anangke, Nötigung*, nennt, bezeichnet er sonst als Bedingung, Begrenzung, Beschränkung, es ist einer seiner Hauptbegriffe. *Niemand ist mehr Sklave, als der sich für frei hält, ohne es zu sein.* (*Maximen und Reflexionen.*) *Es darf sich einer nur für frei erklären, so fühlt er sich den Augenblick als bedingt. Wagt er es, sich für bedingt zu erklären, so fühlt er sich frei.* (Ebd.) *Es ist nichts trauriger anzusehn als das unvermittelte Streben ins Unbedingte in dieser durchaus bedingten Welt.* (Ebd.) Am wenigsten paraphrasiert hat Goethe (S. 407) den Schluß. Am Anfang wird die Geburt genannt und das Gesetz ausgesprochen, das bei ihr zugegen ist; am Ende wird der Tod nicht ausdrücklich erwähnt, aber das Thema klingt an, und die *Hoffnung* führt in höhere Regionen, welche durch die Wolken- und Flug-Symbolik bezeichnet sind. *Hoffnung* ist ein häufiges Motiv, so im Gedicht *Dem Ackermann* (Bd. 1, S. 204), in der *Achilleis* 236ff. (Bd. 2, S. 523); in *Pandora* tritt sie personifiziert auf als *Elpore* (Bd. 5, S. 342ff.), in *Epimenides* erscheint sie als Allegorie und deutet ihr Wesen selbst (Bd. 5, S. 387); auch in den Briefen spielt sie eine Rolle (an Reinhardt 28. 9. 1807). – Die Bildwahl der *Hoffnung*-Strophe ähnlich wie *Eins und Alles* 13–18 symbolisch aufsteigend vom Ehernen, Festen (das widerstrebend, kaum beweglich ist) ins Wolkige, aber noch Trübe, und weiter in reinsten, klarsten Äther. Dabei klingt die bei Goethe häufige Wolken-Symbolik an (die am deutlichsten in der Howard-Trilogie S. 349–352 ausgesprochen ist). Dem feierlichen Ernst des Gehalts entspricht die kunstvoll-strenge achtzeilige Stanze; in ihr ist jede Strophe gerundet in sich, strebt aber nach Zusammenreihung mit anderen. – 6 *Sibyllen*: weissagende Frauen des griechischen Altertums, vergleichbar den alttestamentlichen Propheten, neben denen man sie im Mittelalter oft nannte, da einige ihrer Prophezeiungen in dieser Zeit auf Christus bezogen wurden. 9 *Grenze*: des Individuums; *streng* = fest bindend, verbindlich, gesetzlich (vgl. *Faust* 11492 u. Anmkg.). 13 *bald hinbald widerfällig*. Die Wendung *hin und wider* für eine Bewegung, die bald in einer, bald in der anderen Richtung geht, häufig bei Goethe (z. B. Bd. 7, S. 544, 27; *Faust* 2598 u. ö.); hier in sonst nicht vorkommender Art (Dt. Wb. 4, 2. 1877. Sp. 1430): bald zu uns hin, bald wider uns strebend (merkwürdige Parallele zu dem niederländischen „medevallen" und „tegenvallen"). 15 *der Jahre Kreis geründet*: das Kind ist erwachsen geworden. 17 *Die* bezieht sich auf *Flamme* (16), *Er* auf *Eros*. 18 *aus alter Öde*: aus dem Chaos. In der orphischen Literatur und bei Hesiod entsteht Eros aus dem Chaos. (Lex. der griech. u. röm. Mythologie. Hrsg. v. W. H. Roscher. Bd. 1. 1884–90. Sp. 1344f.) 20 *entlang* zeitlich (wie S. 342, Vers 36), also: während des Frühlingstags, d. h. der Jugend. 34 *widerwärtig*: widerstrebend, Widerstand bietend. 38 *sie*: die Hoffnung. 40 *Äonen* (wie *Faust* 11584): weiteste Zeiträume, sinnbildlich für das Irdische überhaupt. – Es gibt zu diesem Gedicht eine Reihe von brieflichen Äußerungen. An Nees v. Esenbeck 21. Mai 1818: *Nehmen Sie beiliegenden Text zu gefälliger Betrachtung auf und lassen mich bei Rekapitulation dieser uralten konzentrierten Darstellung menschlichen Geschickes geistig in Ihrer Nähe sein.* An die Schwiegertochter Ottilie, 21. Juni 1818, nachdem ein Satz über Gedichte aus dem *Divan* vorausgegangen ist: *Ebenso darf ich dir die fünf Stanzen fernerhin empfehlen. Wie jene Gedichte das Gefühl, die Einbildungskraft erweitern, so eröffnen diese dem Nachdenken einen unendlichen Raum und lassen alles, was wir nur erfahren haben, wie in tausendfältigen Spiegeln wieder erblicken.* An Boisserée 16. Juli 1818: *Daß meine Orphica bei Ihnen gut aufgehoben seien, wußte ich voraus. Wenn man das diffuse Altertum wieder quintessenziiert, so gibt es alsobald einen herzerquickenden Becher, und wenn man die abgestorbenen Redensarten aus eigener Erfahrungs-Lebendigkeit wieder anfrischt, so geht es wie mit jenem getrockneten Fisch, den die jungen Leute in den Quell der Verjüngung tauchten und, als er aufquoll, zappelte und davonschwamm, sich höchlich erfreuten, das wahre Wasser gefunden zu haben.*

K. Borinski, Goethes Urworte, orphisch. Philologus 69, 1910, S. 1–9. – H. G. Gräf, Zu Goethes Gedicht Urworte, orphisch. Jb. G. Ges. 2. 1915, S. 241–243. – J. Hoffmeister, Goethes Urworte, orphisch. Logos 19, 1930, S. 173–212. – R. Petsch, Urworte, orphisch. Germanisch-Romanische Monatsschrift 21, 1933, S. 32–45. – Wilhelm Flitner, Elpis. (Jb.) Goethe 4, 1939, S. 128–146. – Gundolf S. 675–677. – Kommerell S. 200–203. – E. Grumach, Goethe und die Antike. Bd. 2, 1949,

S. 707ff. – Charles Du Bos, Approximations, Série V; La chambre la plus secrète: la poésie orphique. Deutsch in: Ch. Du Bos, Der Weg zu Goethe. Olten 1949. S. 32–50. – Joachim Müller, Bild und Sinnbild der Hoffnung in Goethes Werk. Wiss. Ztschr. d. Fr.-Schiller-Univ. Jena. 3, 1953/54, S. 109–114. – Boyd II, S. 215–221. – H. Pyritz, Goethe-Studien. 1962, S. 218f. – HA Briefe Bd. 3, S. 425, 2–13; 431, 19–28; 435, 33–436, 2.

S. 361. PARIA. Goethe sagt 1823 in *Bedeutende Fördernis durch ein einziges geistreiches Wort* (Bd. 13, S. 38f.), der Stoff des *Paria* sei einer von denen, die er 40 bis 50 Jahre mit sich getragen habe. Ähnlich die *Annalen* im Abschnitt *1821,* und zu Eckermann am 10. Nov. 1823. Am 1. Jan. 1817 schrieb er Zelter, der Paria-Stoff habe *noch nicht parieren wollen.* Die Trilogie entstand dann sehr langsam: die *Legende* im Dezember 1821 und April 1822; das *Gebet* im Juni, Oktober und Dezember 1822; im Jahre 1823 wurde die ganze Trilogie fertig und wurde Eckermann, Humboldt u. a. gezeigt. 1824 wird sie gedruckt in *Über Kunst und Altertum, Bd. 4.* Im Jahre darauf, 1825, erscheint dann in der gleichen Zeitschrift Goethes Aufsatz *Die drei Paria,* in welchem er das Trauerspiel „Der Paria“ von Michael Beer, die französische Tragödie „Paria“ von Casimir Delavigne und seine eigene Gedichttrilogie bespricht, von der er sagt: *Hier finden wir einen Paria, der seine Lage nicht für rettungslos hält, er wendet sich zum Gott der Götter und verlangt eine Vermittlung, die denn freilich auf eine seltsame Weise herbeigeführt wird. Nun aber besitzt die bisher von allem Heiligen, von jedem Tempelbezirk abgeschlossene Kaste eine selbsteigene Gottheit, in welcher das Höchste dem Niedrigsten eingeimpft, ein furchtbares Drittes darstellt, das jedoch zu Vermittlung und Ausgleichung beseligend einwirkt.* Eckermann berichtet am 10. Nov. 1823, Goethe habe die Trilogie *eine aus Stahldrähten geschmiedete Damaszenerklinge* genannt, und bei dieser so eigenartigen wie treffenden Formulierung darf man annehmen, daß Eckermanns Bericht dem gesprochenen Wort besonders nahe blieb. Den Stoff hatte Goethe aus dem Werk von P. Sonnerat, Reise nach Ostindien, Zürich 1783, Bd. 1, S. 205ff. Am 27. Febr. 1811 schreibt er an Uwarov, er kenne es seit vielen Jahren; es gehört zu den Büchern, die er von Zeit zu Zeit wieder entlieh, und so holte er es sich auch, als er an der *Legende* schrieb, von der Bibliothek, am 16. Dez. 1821. In der Darstellung der indischen Legende bei Sonnerat ist die Frau eine Göttin, die die Elemente beherrscht. Sie sieht im Wasser sich spiegelnd die Gestalten einiger Luftgötter, die ihr Liebe einflößen. Seitdem ballt sich das Wasser nicht mehr in ihrer Hand. Ihr Gatte, ein Büßer, befiehlt dem Sohn, die Mutter zu töten. Dieser befolgt den Befehl, ist danach aber so betrübt, daß der Vater befiehlt, Haupt und Rumpf wieder zusammenzufügen. Der Sohn tut es, setzt aber den Kopf der Mutter versehentlich auf den Rumpf einer Paria-Frau, die am selben Richtplatz soeben wegen ihrer Verbrechen hingerichtet ist. Die Auferstehende, Göttin und Übeltäterin zugleich, wird aus dem Hause verjagt. Sie erhält die Macht, die Kinderpocken zu heilen. Goethe hat also den Stoff sehr verfeinert und vergeistigt dadurch, daß die Frau nur eine einzige Göttergestalt sieht, daß nicht der Sohn, sondern der Mann sie tötet und der Sohn ihr in den Tod folgen will, daß das blutende Schwert ihre Unschuld zeigt, daß die Auferstandene eine Mittlergestalt ist, daß sie Gatten und Sohn aussendet, von ihr zu künden. Erst durch diese Änderungen erhielt die Trilogie die Tiefe des Gehalts. – Der in Vers 1 angerufene Gott *Brahma* ist der Weltschöpfer. Von ihm leiten sich die „reinen" Kasten ab, die Priester (Brahmanen), die Krieger (Kschatrigas), zu denen auch die *Rajas* zählen, und die Kaufleute (Vaishyas). Diese drei Kasten bezeichnen sich meist als Aryas gegenüber den Shudras (den „Dienenden"), die ihrerseits wieder hoch über den „kastenlosen" Parias stehen. Diese gelten als unrein und leben von Getränken und Speisen, die den hohen Kasten verboten sind (*Gebet* 11/12). Im Einleitungsgedicht bittet der Paria um eine Mittlergestalt (19/20) zum höchsten Gotte. In der *Legende* entsteht sie. Im Schlußgedicht dankt er dafür. Dies alles ist nicht oder nicht nur mythische Vorzeit, es spricht der heutige Paria wie der damalige; es ist zeitlos, und indem zwischen den beiden Gebeten sich das mythische Geschehen vollzieht, erinnert es an eine kultische Handlung, in welcher die Geschichte des Gottes symbolisch stets von neuem vollzogen wird. Die Legende geht aus von dem Erlebnis der Schönheit und Liebe, das die Reinheit stört. Nach dem strengen Gesetz der Brahmanen darf es nur Reinheit geben oder Tod, so daß der Gatte *hohen Sinns* das Urteil vollzieht. Zunächst scheint die Natur gegen die Brahmanin zu sprechen – das Wasser ballte sich nicht mehr –, doch dann spricht sie für sie: frisches Blut fließt vom Schwert. So war jenes also in höherem Sinne kein Verfehlen. Der Kopf der Brahmanin wird dem Körper der Pariafrau verbunden, dadurch erfährt sie alles das, was ihr bisher fremd gewesen oder in der Versuchung durch den Gott nur ganz leise aufgetaucht war. Durch das schmerzliche Geschehen wird sie zur Göttin (*Dank des Paria,* 10). Ohne Zwiespalt und Schmerz gab es zwar ein schönes Sein, aber keine Bewegung und Weite, kein heilendes und emporführendes Mittlertum. Wer Mittler ist, muß leiden, mehr als andere, muß in sich alles umfassen. Was das für sie selbst bedeutet, verhüllt sie. Der höchste Gott Brahma strömt nun sein Wesen aus bis in die untersten Stufen. Ähnlich haben das Ende des *Divan* und des *Faust II* und das Gedicht *Eins und Alles* ein Emporsteigen und ein Geführtwerden durch heilige Gestalten ausgesprochen. Auch in dem indischen Bilde mit Kastenstufung und Göttergestalten lebt also der durch alle religiösen Äußerungen Goethes sich ziehende Gedanke der Steigerung und der Emanation. Eine Verbindung von Gegensätzlichem ist wie der Gehalt auch die Form: der vierfüßige Trochäus (in den Rahmengedichten mit Reim, in der Legende ohne Reim) ist an sich ein einfacher, volkstümlich wirkender Vers, aber die Sprache ist von äußerster Knappheit und Strenge; *Des verehrten, fehlerlosen, Ernstester Gerechtigkeit* ... *Heute kommt die morgendliche* ... dergleichen ist äußerst gewählt und gehoben. Die Handlung steigert sich ins Balladeske (der Dialog erinnert fast an die „Edward"-Ballade), bleibt aber religiös-sinnbildlich. – *Gebet* 5 *die Rajas* gehören zu der hohen Kaste der Kschatrigas; *die Reichen*: die Angehörigen der Vaisha-Kaste. 11 *was andre tödlich kennen*: was für andre eine tödliche Verunreinigung wäre, z. B. Speise vom Fleisch getöteter Tiere usw. – *Legende* 4 *Ernstester Gerechtigkeit* gehört zu *Brahmen.* 52 *entgegnet*: tritt entgegen, begegnet. – *Dank* 10 *Die der Schmerz zur Göttin wandelt.* Vgl. *Legende* 135–138. Der Schmerz der Kreatur, der zum Schmerz Brahmas wurde, schuf in schmerzlichem Geschehen die Göttin.

Lieselotte Blumenthal schreibt in ihrem Aufsatz „Goethes Paria" im Jahrbuch des Wiener Goethe-Vereins 81–83, 1979, S. 185–200, auf S. 199f.: „In dem Schicksal der Brahmanin, das verhängt und erlitten wird, hat Goethe Tragödie auf seine Weise gestaltet. Niemals sonst, möchte ich meinen, hat er sich so weit in den gefürchteten Bezirk vorgewagt, und in keiner anderen Dichtung gibt es so viel Grauen und Hoffnungslosigkeit. Das Formlose, Zwiespältige, Widernatürliche, Dämonische ließ sich nicht durch klassische Schönheit gewältigen; das hatten ihm die indische Mythologie und Kunst gezeigt. Doch das letzte Wort des Dichters ist nicht das verzweifelte Verstummen der Paria-Göttin, sondern die Freude des Paria. In Goethes Sinn ist sie auch eine *wiederholte Spiegelung*, denn durch die Erlösung des Paria verliert das Leid der Göttin das nur Individuelle und wird in die Region des *Musterhaften* und *Höheren* erhoben."– In der *Legende* beginnt in der *Ausg. l. Hd.* mit 103 eine neue Strophe; im Erstdruck in *Über Kunst und Altertum* Bd. 4, 3. Heft, 1824, S. 8, laufen die Verse hier weiter, ohne Absatz. – In *Dank des Paria* enthält Vers 10 eine Metonymie (*Schmerz* für: schmerzliches Geschehen), wie Goethe sie aus der antiken Dichtung und Rhetorik kannte. – Tagebuch 7., 15., 17., 18. Dez. 1821; 3., 4. April, 22. Juni, 3.–5. Okt., 22. Dez. 1822; 8., 27., 28. März 1823. – Gräf II, 2 S. 1146f. – Neudruck des Abschnitts aus Sonnerat: A. Leitzmann, Die Quellen von Schillers u. Goethes Balladen. Bonn 1911. S. 47. – Th. Zachariae, Zu Goethes Parialegende. Ztschr. d. Ver. f. Volkskunde 11, 1901, S. 186–192. (Über Goethes Quellen.) – Th. Zachariae, Die Parialegende bei B. Ziegenbalg. Ztschr. d. Ver. f. Volkskunde 12, 1902, S. 449–456. – M. Kommerell, Goethes indische Balladen. Goethe-Kalender 30, 1937, S. 158–185. – Kommerell, Gedanken über Gedichte, 1943, S. 417–429. – H. H. Schaeder, Goethes Erlebnis des Ostens. Lpz. 1938. S. 139–155, 180–182. – P. Hankamer, Spiel der Mächte. Tüb. u. Stuttg. 1947. S. 297–301. – Boyd II, S. 226–236. – E. M. Butler, Pandits and Pariahs. In: German Studies, presented to L. A. Willoughby. Oxford 1952. S. 26–51. – E. Staiger, Goethe. Bd. 3. 1959. S. 214–220.

S. 366. IM ERNSTEN BEINHAUS WAR'S ... Entstanden im September 1826. Das Gedicht schildert in Ich-Form, daß jemand in ein

Beinhaus kommt, wie es sie damals noch gab. (Adelung schreibt: „Beinhaus: ein Haus auf den Kirchhöfen, in welchem die ausgegrabenen Gebeine verwahret werden".) Die *Schädel* sind nebeneinander aufgestellt (2). Seine Betrachtungen gelten zunächst der Gleichheit im Tode (3–9), dann der Tatsache, daß man die Gebeine nicht in der Erde ließ (10–12). Fast alle Menschen sehen in ihnen nichts anderes als Knochen schlechthin, doch dem Naturkundigen offenbart sich hier mehr (13–16). Er sieht einen Schädel von vollendeter Form (17–18), dessen Anblick ihn entzückt (19–22), denn er erkennt in ihm den Höhepunkt einer Fülle gottgewollter *Gestalten* vom primitivsten Lebewesen bis zum Menschen, eine sich *steigernde* Reihe, die so unendlich wie das *Meer* ist (23–25). Er ist überzeugt, daß diese Form dem, der sie andächtig betrachtet, *Orakelsprüche spendet,* wie sie dem Priester zuteil werden, der auf Gottes Stimme lauscht. Ehrfürchtig ergreift er den Schädel und nimmt ihn mit ans Sonnenlicht (26–30). Das Gedicht endet mit einer auf das Allgemeinste des Lebens zielenden Betrachtung, daß das *Geisterzeugte* Form wird als lebendige Gestalt, daß die Gestalt aber dem Tode anheimgegeben sei und nur der *Geist* bleibt; dies lehre die Anschauung der *Gott-Natur* (31–34). Hinter den Versen steht Goethes Überzeugung, daß *die Materie nie ohne Geist, der Geist nie ohne Materie existiert und wirksam sein kann* (Bd. 13, S. 48, 27f.). Steigerung (von der in Vers 25 die Rede ist) gehört zur Materie, *insofern wir sie geistig denken* (Bd. 13, S. 48, 24f.). Die *gottgedachte Spur* (23) ist also wohl die Spur des individuellen Geistes, der mit diesem Schädel eine leiblich-seelische Einheit bildete und darum dem osteologisch-physiognomischen Kenner erschließbar ist. In den *Maximen und Reflexionen* steht der Satz: *Höchst merkwürdig ist, daß von dem menschlichen Wesen das Entgegengesetzte übrigbleibt: Gehäus und Gerüst, worin und womit sich der Geist hienieden genügte, sodann aber die idealen Wirkungen, die in Wort und Tat von ihm ausgingen.* (Bd. 12, S. 514.) Die Darstellungs- und Handlungs-Elemente des Gedichts sind mit verhältnismäßig viel Betrachtung vermischt. Ein religiöser Grundzug, der in den Worten *Gott-Natur* (32), *heil'gen Sinn* (16), *gottgedachte Spur* (23), *Orakelsprüche* (26), an die Oberfläche tritt, geht durch das Ganze, ähnlich wie in den Metamorphose-Gedichten (S. 199–203 u. Anmkg.). – 15 *Adept*: „ein jeder, welcher in den Geheimnissen seiner Kunst oder Wissenschaft erfahren ist" (Adelung), wie *Faust* 1038. 25 *gesteigerte Gestalten*: formelhafte Zusammenfassung; zum Begriff der *Steigerung* Bd. 13, S. 48; *Gestalt*: Bd. 1, S. 202 (*Met. d. Tiere* 25f.). 32 *Gott-Natur.* In Prosa schreibt Goethe meist *Gott und seiner Natur* (an Boisserée 22. 10. 26) oder *Gott in der Natur, die Natur in Gott* (Bd. 13, S. 31, 11; 42, 11); vgl. auch S. 357 *Was wär' ein Gott . . .* Vers 4.

Eine Handschrift hat das Datum *25. Sept. 1826*, am gleichen Tage notiert das Tagebuch: *Nachts Terzinen*, und am 26. Sept.: *Früh die Terzinen weitergeführt ... Die Terzinen abgeschrieben.* – Am 8. Sept. 1826 hatte Goethe im Tagebuch vermerkt: *Kanzler v. Müller fragte an wegen der Schillerischen Überreste.* Ähnliche Notizen bis zum 29. Dezember. Schiller war 1805 beigesetzt worden in dem sogenannten „Kassengewölbe" des Weimarer Jacobi-Friedhofs, die Familie hatte nur einen billigen Tannensarg bestellt. Im Kassengewölbe standen eine ganze Anzahl Särge, der Platz wurde zu eng, die alten Särge zerfielen. Die Familie plante, für die Gebeine Schillers einen Platz auf dem neuen Friedhof zu finden. Der Weimarer Bürgermeister Karl Schwabe suchte Schillers Schädel und Gebeine heraus und ließ die Identität durch die Ärzte Dr. Schwabe und Dr. Huschke, durch den Totengräber u. a. bestätigen. Am 17. Sept. 1826 wurde – als vorläufige Maßnahme – Schillers Schädel in Gegenwart von Schillers Sohn Ernst, Kanzler v. Müller, Bürgermeister Schwabe und andren Männern in feierlicher Weise der Weimarer Bibliothek – die auch als Museum diente – übergeben und dort in dem Sockel von Danneckers Schiller-Büste deponiert. Goethe ließ sich bei diesem Akt durch seinen Sohn vertreten. Am 16. Dezember 1827 kam der Schädel zusammen mit den Gebeinen dann in die Fürstengruft als dauernde Ruhestätte. Nachdem der Schädel in die Bibliothek gebracht war, zeigte sich aber die Notwendigkeit, ihn sachgemäß zu reinigen. Das taten der Chirurg Chr. F. Schröter und der Bibliotheksschreiber J. M. Chr. Färber, und zwar in dem der Bibliothek nahe gelegenen Hause Goethes, das im Hinterhaus oder in einem der beiden Garten-Pavillons genug Platz für eine ungestörte Arbeit bot. So war der Schädel für einige Zeit in Goethes Haus. In dieser Zeit war Wilhelm v. Humboldt in Weimar, der in einem Brief an seine Frau vom 29. 12. 1826 bewegt schildert, daß er, Goethe und Riemer lange vor diesem Schädel gesessen hätten. In der Zeit, als der Schädel in Goethes Haus war, entstand das Gedicht. Es erschien erstmalig 1829 am Ende der *Wanderjahre (Ausg. l. Hd., Bd. 23)*, ohne Überschrift. Die Nachlaßherausgeber Riemer und Eckermann, denen die Entstehungszeit bekannt war, gaben dem Gedicht von sich aus später den Namen „Bei Betrachtung von Schillers Schädel" (Nachgelassene Werke, Bd. 7, 1833). Goethe selbst hatte für das Gedicht keinen Titel. Er spricht im Zusammenhang mit diesem Gedicht in dem Brief an Zelter vom 24. 10. 1827 von den *Reliquien Schillers* (ein Wort, das er auch sonst, ganz ohne Bezug auf das Gedicht, benutzte, z. B. im Brief an Boisserée, 10. 11. 1826). E. v. d. Hellen nahm das zum Anlaß, in der Jubiläums-Ausgabe, 1902, die Überschrift „Schillers Reliquien" zu bilden. Durch die Eckermann-Riemersche Überschrift war das Gedicht zu einem Gedicht auf Schillers Schädel geworden und die biographische Interpretation eingeleitet. Goethe selbst vermeidet im Gedicht jeden Hinweis auf Schiller, und er rückt das lyrische Ich des Gedichts von sich ab, wie er es im Alter mehrfach tat. (Das Gedicht *Um Mitternacht* beginnt *Um Mitternacht ging ich ... Zu Vaters Haus, des Pfarrers ...* Goethe war nicht Sohn eines Pfarrers.). Das lyrische Ich des Gedichts ist zwar jemand, der sich lange mit Knochenlehre beschäftigt hat, doch die Situation im Gedicht ist anders als die in der Wirklichkeit (Goethe war nicht im Kassengewölbe, die Schädel standen dort nicht nebeneinandergereiht usw.). Goethe hatte seit seinen ersten Schädelbeschreibungen für Lavaters „Physiognomische Fragmente", 1776, sich immer wieder bemüht, aus dem Knochenbau auf Lebensweise, Entwicklungsstufe, Charakter von Tieren und auch von Menschen zu schließen. (Bd. 13, S. 170–250 u. Anmkg.; Bd. 10, S. 474, 24ff.) Wenn Wilhelm

v. Humboldt (der kein Osteologe war) in dem Brief an Caroline vom 29. 12. 26 schreibt: „Man kann sich wirklich an der Form dieses Kopfes nicht satt sehen. Wir hatten einen Gipsabguß von Raffaels Schädel daneben", dann kann man darin vielleicht einen Nachklang von Goethes Äußerungen finden. – Während in der Barockdichtung, z. B. bei Gryphius, das Motiv des Schädels eine Mahnung an den Tod und die Vanitas des Irdischen ist, führt es hier den Gedanken zu der Fülle der Naturgebilde und der in ihr waltenden Steigerung, durchdrungen von der Religiosität, mit welcher Goethe die Natur sah. (Bd. 12, S. 365.) – Das Gedicht benutzt Terzinen, die Form von Dantes „Divina commedia", mit welcher Goethe sich 1826 befaßte (Bd. 12, S. 339–342 u. Anmkg.) und in der er gerade am 25. 9. 1826 las (Tagebuch); eine flüssige und zugleich strenge Strophengestalt, geeignet, das *Verrinnen* und das *Bewahren* auszusprechen. Goethe hat sie außerdem noch in *Faust II*, 4679ff. angewandt. Es gibt ferner einen unausgeführten ersten Entwurf (fragmentarisch) zu einem Terzinen-Gedicht (W. A. 5, 2. S. 408f.), das vielleicht eine Fortsetzung von *Im ernsten Beinhaus* werden sollte. Max Hecker (S. 160) faßt die Worte *Ist fortzusetzen* am Ende des Erstdrucks in diesem Sinne auf.

Günther Müller, Goethe, Schillers Reliquien. In: Gedicht und Gedanke. Hrsg. v. H. O. Burger. Halle 1942. S. 140–151. Wieder abgedruckt in: Die dt. Lyrik. Hrsg. v. B. v. Wiese. Bd. 1. Düsseldorf 1956. S. 279–289. – Kommerell S. 182–183. – K. Viëtor, Goethes Gedicht auf Schillers Schädel. PMLA 59, 1944, S. 142–183. Überarbeitet und erweitert in: K. Viëtor, Geist und Form. Bern 1952. S. 194–233, 328–346. – „Ist fortzusetzen": Zu Goethes Gedicht auf Schillers Schädel. By Franz H. Mautner, E. Feise, K. Viëtor. PMLA 59, 1944, S. 1156–1172. – Max Lederer, Noch einmal Schillers Reliquien. (Zur Frage einer Fortsetzung von Goethes Gedicht auf Schillers Schädel.) Modern Language Notes 62, 1947, S. 7–12. – Vgl. auch Bd. 8 der Hambg. Ausg., Bibliographie. – Boyd II, S. 257–259. – Joachim Müller in: Natur u. Idee. Festschr. f. Wachsmuth. Weimar 1966. S. 211–225. – Wolfgang Martens in: Jahrb. d. dt. Schillerges. 12, 1968, S. 275–295. – Zum Biographischen: Max Hecker, Schillers Tod und Bestattung. Lpz. 1935. (368 S.)

S. 367. WER WISSENSCHAFT UND KUNST ... Für Goethe ist *Wissenschaft* ein Weg, um *das Staunen* zu *erleichtern* (Bd. 12, S. 407), sie führt letztlich dazu, *vor dem geheimnisvollen Urgrund aller Dinge uns anbetend niederzuwerfen.* (Schluß des Aufsatzes *Wirkung dieser Schrift*, Leopoldina-Ausgabe Bd. 10, S. 318.) Ebenso ist die *Kunst* für ihn ein religiöser Weg. Darum hat derjenige, welcher *Wissenschaft und Kunst besitzt,* eine Beziehung zum Göttlichen. Dieser Weg ist – aus psychologischen Ursachen – nur einigen Menschen möglich, jeder aber soll eine religiöse Bindung haben. Deswegen muß hier die *Religion* selbst in Funktion treten. *Die Kunst ruht auf einer Art religiosem Sinn ... Die Religion bedarf keines Kunstsinnes, sie ruht auf ihrem eignen Ernst ...* (Bd. 12, S. 468.) Das Gedicht benutzt das Wort *Religion* erstens als Religiosität, Weg zum Göttlichen im allgemeinsten Sinne, zweitens als *Religion* im engeren Sinne. Ähnlich gebraucht Goethe das Wort *Frömmigkeit* mitunter für Kirchlichkeit: *Ich habe nichts gegen die*

Frömmigkeit ... (S. 334, Nr. 181); wenn er hier fortfährt: *Wer ohne Frömmigkeit will leben, / Muß großer Mühe sich ergeben,* meint er die *Mühe* des religiösen Wegs durch *Wissenschaft* und *Kunst.* Im gleichen Sinne sagt er von Hafis: *Der du, ohne fromm* (d.h. kirchlich-rechtgläubig) *zu sein, selig* (d.h. gottzugewandt) *bist* ... (Bd. 2, S. 24.)

Erster Druck: Quartausgabe 1836. Aus der Spätzeit, bisher nicht näher datiert. – Der Vierzeiler ist ebenso wie die folgenden drei kleinen Gedichte nach Form und Sprache natürlich ein Spruch und hätte insofern bei den Sprüchen eingeordnet werden müssen (etwa S. 306/07). Aber diese kleinen Gedichte enthalten entscheidend wichtige Motive der Goetheschen Weltanschauung, die in den großen weltanschaulichen Gedichten der Spätzeit nicht oder nicht so deutlich auftauchen; darum sind sie hier eingefügt.

S. 367. WÄR' NICHT DAS AUGE ... Erster Druck: *Farbenlehre, Didaktischer Teil, Einleitung.* 1810. Dort heißt es: *Hierbei erinnern wir uns der alten ionischen Schule, welche mit so großer Bedeutsamkeit immer wiederholte: nur von Gleichem werde Gleiches erkannt, wie auch der Worte eines alten Mystikers, die wir in deutschen Reimen folgendermaßen ausdrücken möchten:*

Wär' nicht das Auge sonnenhaft,
Wie könnten wir das Licht erblicken?
Lebt' nicht in uns des Gottes eigne Kraft,
Wie könnt' uns Göttliches entzücken? (Bd. 13, S. 324.)

Die in unserm Text abgedruckte Fassung steht dann in der *Ausg. l. Hd., 1827,* in der Gruppe *Zahme Xenien III.* Der *alte Mystiker,* auf den Goethe anspielt, ist Plotin, dessen neuplatonisches Weltbild Goethe geistesverwandt war und ihn daher anzog. Er beschäftigte sich 1805 ausführlich mit ihm. Der Gedanke, daß das, was in uns Gott sucht, selbst Göttliches sei, ist durch den Neuplatonismus an das Abendland weitergegeben und hat dort fortgewirkt. – Die erste Niederschrift des kleinen Gedichts steht in einem Notizbuch von 1805 (WA. 3, 439). – Bd. 8, S. 462f., Nr. 17–25 u. Anmkg.; Bd. 13, S. 324, 1–9 u. Anmkg. – Goethe u. die Antike. Hrsg. von E. Grumach. Bln. 1949. S. 815–821. – Fr. Koch, Goethe u. Plotin. Lpz. 1922.

S. 367. WAS AUCH ALS WAHRHEIT ... Entstanden 1805. Wilhelmine Wolf, der Tochter des berühmten Philologen, ins Stammbuch geschrieben. Erster Druck *Ausg. l. Hd., 1827,* in der Gruppe *Zahme Xenien III.* (WA. 3, S. 440; 53, S. 554.)

S. 367. WENN IM UNENDLICHEN DASSELBE ... Erster Druck: 1827 in der *Ausg. l. Hd., Zahme Xenien VI.*

S. 368. SCHWEBENDER GENIUS. Vers 5–12 erschienen erstmalig in „Chaos" 1831, das Ganze im Nachlaßband 7 (47), 1833. Entstanden sind die Strophen 1826 zu einer bildlichen Darstellung, die in einen Zyklus sinnbildlicher Zeichnungen gehört, die ein Schüler der Weimarer Kunstschule 1814 zur Feier der Rückkehr des Großherzogs Carl August aus England auf Grund von Angaben Goethes entworfen hatte. Diese Bilder benutzte Goethe 1825 als Schmuck seines Hauses bei der Feier von Carl Augusts 50jährigem Regierungsjubiläum. Gleichzeitig ließ er verkleinerte Stiche davon herstellen und schenkte diese mit Versen an Bekannte. So hat er auch dieses Gedicht mehrfach handschriftlich verschenkt, z. T. unter Fortlassung der ersten Strophe. Vers 6 gibt es von Goethe eigenhändig in drei verschiedenen Fassungen: *Luftiger Berge, Bunter Berge, Blauer Berge* (Goethe-Archiv). Die Überschrift stammt wohl von den Nachlaßherausgebern (vgl. W. A. 5, 2, S. 92), daher in unserm Text Kursiv. – Viëtor im Euphorion 1932, S. 110–120 und in seinem Aufsatzband: Geist und Form, 1952, S. 149–158. – Gräf II, 1. S. 624f. – M. Mommsen Bd. 1, S. 278f. u. Abb. II. – Werner Weber, Forderungen. Zürich 1970. S. 119–123.

S. 368. WENN AM TAG ... Zu der gleichen Zeichnung wie das vorige Gedicht, mit ihr am 28. August 27 an Hofrat Schütte in Bremen gesandt und im gleichen Jahre im „Bremischen Unterhaltungsblatt" erstmalig gedruckt, dann in Bd. 7 (47), 1833, der Nachgelassenen Werke. Parallelverse zu 5–12 des vorigen Gedichts. – K. Viëtor im Euphorion 1932, S. 110–120; wiederholt in: Viëtor, Geist und Form, 1952, S. 149–158.

S. 368. EINS UND ALLES. Entstanden 1821 in Jena, die Gedichthandschrift hat Goethes eigenhändige Unterschrift: *Jena, Octbr. 6, 1821.* – Das Motiv der Sehnsucht des einzelnen, als Individuum Begrenzten, nach Entgrenzung im *Grenzenlosen* auch in *Ganymed* (S. 46), *Selige Sehnsucht* (Bd. 2, S. 18f.) u. a. Das Eingehen in höhere Region bedeutet ein Aufgeben der irdischen Existenzform als einzelner, und damit auch ein Aufhören jedes Affekts (4/5), da ein solcher nur aus der Bedingtheit, Begrenztheit entspringt. *Da drüben bildet sich alles um.* (S. 334, Nr. 180.) ... *Bis im Anschaun ewiger Liebe wir verschweben, wir verschwinden.* (Bd. 2, S. 117.) An den wenigen Stellen, wo über höchste religiöse Dinge gesprochen wird, ist einerseits das *Strebend sich Bemühen* genannt, anderseits *die Liebe von oben* (*Faust* 11936ff.), so auch hier zu Beginn der 2. Strophe. Zeile 8/9 eine kühne bildliche Wendung: die aufsteigende, d. h. immer mehr zu Geist werdende Entelechie hat die Aufgabe, dem *Weltgeist* näher zu kommen, sich an ihm zu messen. (Ähnlich das Wort *ringen* S. 258, Vers 89 und S. 371, Vers 32.) Ein vergleichbares Bild des Aufsteigens in der Schluß-Szene des *Faust II*, wo nicht alle Entelechien gleich rasch und gleich weit aufsteigen, so daß die einen von einer anderen sagen: *Dieser hat gelernt, er wird uns lehren.* (12082f.) Ähnlich hier 11/12. Dies alles ist – neuplatonisch formuliert – ein Regressus der Emanatio, d. h. die Bewegung des Menschen steht im Zusammenhang der Bewegung der Welt, die von Gott aus- und in ihn zurückfließt. Der Mensch ist allen Bereichen verwandt, dem Materiellsten, Starrsten, d. h. der Erde, und auch dem Leichtesten, Geistigsten, d. h. Wolken und Licht. In den *Wanderjahren (Buch 3, Kap. 14)* ist ausgeführt, daß *in der Menschennatur* einerseits *etwas Analoges zum Starrsten* (Bd. 8, S. 444, 28f.), d. h. zur Erde vorhanden sei (Unbeweglichkeit, Schwere, Undurchdringlichkeit für das Licht), anderseits die Neigung, zur Sonne emporzusteigen und sich aufzulösen ins Unmaterielle, Geistige. Dem Gegensatz von Starrheit und Steigerung entsprechen Erde und Licht, in der Mitte steht die Farbe (d. h. der Abglanz des Lichts auf der Erde). Diese Vorstellungen stehen hinter den Versen 13–18. Die Welt ist täglich neue Schöpfung, Urbild aller Tätigkeiten, in ihrem Rhythmus bleibend muß der Mensch ebenfalls tätig sein, um nicht dem *Starren* zu verfallen. (Die Bewegung ist sprachlich schon in der Häufung der Tätigkeitswörter ausgedrückt.) Die Schlußstrophe kehrt zum Anfang zurück im Gedanken des verschwindenden Einzelnen und des ewigen Ganzen; der Beginn sah diesen Zusammenhang von dem einzelnen aus, der Schluß blickt mehr auf das Seiende als Ganzes. – Am 28. Oktober 1821 schickte Goethe das am 6. Oktober entstandene Gedicht aus Jena nach Weimar an Riemer und schrieb in dem Brief dazu: *Ich werde selbst fast des Glaubens, daß es der Dichtkunst vielleicht allein gelingen könnte, solche Geheimnisse gewissermaßen auszudrücken, die in Prosa gewöhnlich absurd erscheinen, weil sie sich nur in Widersprüchen ausdrücken lassen, welche dem Menschenverstand nicht einwollen.* (HA Briefe Bd. 4, S. 18, 12ff.)

Motivisch verwandt der Brief an Zelter vom 19. März 1827: *Wirken wir fort, bis wir – vor- oder nacheinander – vom Weltgeist berufen in den Äther zurückkehren! Möge dann der ewig Lebendige uns neue Tätigkeiten, denen analog in welchen wir uns schon erprobt, nicht versagen ... Die entelechische Monade muß sich nur in rastloser Tätigkeit erhalten ...* (HA Briefe Bd. 4, S. 219, 9ff.) Das Wort *Weltgeist* auch Bd. 12, S. 289, 20; Bd. 14, S. 143, 4f.; Gespräch mit Riemer über *Pandora* 17. 5. 1808. Das Wort *Weltseele* auch Bd. 1, S. 248; ferner im Aufsatz über *Witterungslehre* (Leopoldina-Ausg. 11, S. 254).

Handschrift im Goethe-Schiller-Archiv. Facsimile: Festausgabe Bd. 2, S. 118/119. Die Handschrift trägt das Datum *Jena, 6. Oktober 1821.* Am gleichen Tage vermerkt das Tagebuch: *Gedicht zum Abschluß der Morphologie* (d.h. eines der Hefte *Zur Morphologie).* Sie zeigt folgende Formen einer ersten Fassung: 7–12 *Mit Welten-Seele sich durchdringen, / Ja, mit dem Weltgeist selbst zu ringen, / Bleibt uns der herrlichste Beruf. / Und es sind nur die guten Geister, / Gelinde leitend, unsre Meister / Zu dem der alles schafft und schuf.* 17–18 *Zur Sonne sei's, zu düstrer Erden, / In keinem Falle soll es ruhn* 22 *Da regt das Ewige sich in allen,* –

1823 gedruckt im „Morgenblatt" und in Goethes Zeitschrift *Zur Naturwissenschaft überhaupt.* – Der Titel erinnert an die antike Formel Ἓν καὶ Πᾶν und an die pansophische Formel „Omnia ab uno, omnia ad unum". Dazu auch Bd. 8, S. 463, Nr. 26 u. Anmkg. – Kommerell S. 208–211. – Boyd II, S. 222–226. – Korff, Goethe im Bildwandel seiner Lyrik, Bd. 2, 1958, S. 345–348. – Hermann Glockner, Kulturphilosophische Perspektiven. (= Ges. Schr., 4.) Bonn 1968, S. 590–597. – Jb. d. fr. dt. Hochstifts 1992, S. 76–83.

S. 369. VERMÄCHTNIS. Entstanden Februar 1829, also in Goethes 80. Lebensjahr. Goethe wollte das Gedicht gern in die *Ausg. l. Hd.* nehmen, doch deren Gedichtbände waren, als es entstand, schon seit 2 Jahren abgeschlossen, und so stellte er es in *Bd. 22, 1829,* an das Ende des 2. Teils der *Wanderjahre,* wohin es insofern paßt, als auch dieses Werk eine Summe seiner Altersweisheit, ein Bild des Menschen und sittliche Lebenslehre mit vielen Einzelparallelen zu dem Gedicht ist. Eckermann berichtet (12. 2. 1829), in Berlin habe man bei einer Zusammenkunft von Naturwissenschaftlern die beiden letzten Zeilen des Gedichts *Eins und Alles* in goldenen Buchstaben ausgestellt, Goethe habe es aber dumm gefunden, diese zwei Zeilen herauszureißen und absolut zu nehmen, und habe daher vom Widerspruch ausgehend das neue Gedicht gemacht. Der Widerspruch ist aber nur scheinbar. In *Eins und Alles* ist von der Auflösung des einzelnen die Rede, in *Vermächtnis* von dem Seienden als Ganzem, in dem jedes einzelne in gewandelter Form erhalten bleibt. Der Blick auf das Allgemeine gibt ein Glücksgefühl, denn es ist Kosmos im griechischen Sinne, d.h. *Gesetz* und Schönheit (*geschmückt*). Das Bild, daß die Natur ihre *Schätze* verwaltet und lebendig arbeiten läßt, ist in den naturwissenschaftlichen Schriften häufig (vgl. *Metamorphose der Tiere* S. 201 und die Anmkg. dazu). Diese schöne Gesetzlichkeit erscheint in Strophe 2 als Natur, in Strophe 3 als Sitte. Die eine Aufgabe des Menschen besteht darin, die Natur und ihre Gesetze zu erkennen. Dabei wird auf Kopernikus angespielt (10–12). Dieser stand in einer geistigen Tradition, denn schon Aristarch von Samos um 300 v. Chr. hatte das heliozentrische Weltbild ausgesprochen, war aber nicht anerkannt worden. Auch Kopernikus setzte sich nicht sogleich durch. Auf solche geschichtliche Tatsachen deutet der Satz *Das Wahre war schon längst gefunden.* (Ähnlich Bd. 14, S. 81ff.; 100, 3–11.) In Vers 11 *ihr* bezieht sich auf *Erde* in Vers 10; *dem Geschwister* (die bei Goethe häufige Singular-Form, wie: Gebirge, Geflügel usw.) meint die anderen Planeten. Von dem „bestirnten Himmel über mir" wendet sich der Blick in Strophe 3 zu dem „moralischen Gesetz in mir" (wie S. 357 *Was wär' ein Gott* ... und *Wanderjahre I, 10*). Brachten die Strophen 1–3 die göttlichen Gesetze, so bringen die Strophen 4–5 nun die Beziehung des Menschen zu ihnen. Zunächst Strophe 4: Die Beziehung zur Natur (parallel zu der 2. Strophe), hier sind die menschlichen Kräfte:

Sinne und *Verstand.* Dazu *Maximen und Reflexionen*: *Der Mensch ist genugsam ausgestattet zu allen wahren irdischen Bedürfnissen, wenn er seinen Sinnen traut und sie dergestalt ausbildet, daß sie des Vertrauens wert bleiben.* Die Beiwörter *sicher wie geschmeidig* fassen formelhaft zusammen, was Goethe als Naturwissenschaftler über die Auskömmlichkeit jedes Lebewesens in seiner Umwelt denkt (wie S. 201 *Metamorphose der Tiere* und S. 352 *An zwei Gebrüder).* Strophe 5: Die Beziehung zum Sittengesetz (parallel der 3. Strophe), die menschlichen Kräfte: *Vernunft.* Wenn man im Genießen der gegebenen Dinge *mäßig* (maßvoll) ist, d. h. der Mensch sich selbst Maß und Zucht setzt, ergibt sich Kultur und damit geistige Tradition rückwärts und vorwärts und ein erfüllter Augenblick – mehr ist dem Menschen nicht erreichbar. Mit diesen beiden Strophen ist der Mensch hineingestellt in den ewig lebendigen Vorgang des Erkennens und des sittlichen Handelns, in beiden Fällen steht er zwischen anderen und erkennt dabei, was wahrhaft *fruchtbar* sei. Goethe faßt formelhaft zusammen: *Was fruchtbar ist, allein ist wahr.* Dieser Satz wird verständlicher, wenn man Parallelstellen heranzieht, aus denen deutlich wird, daß hier nicht einfach das Wahre im Sinne der Logik gemeint sei, sondern das *Wahrhafte*, von innen Erfüllte, Geist Gewordene. An Friedrich Lehne 28. Sept. 1820: *Mein Sinn bleibt unverändert: das Beste sei, Fruchtbares zu beginnen und zu betreiben, damit ein Wahrhaftes lebendig und also auch nützlich werde.* Sehr aufschlußreich ist in den *Noten und Abhandlungen*, die dem *Divan* beigegeben sind, der Abschnitt über den *Konflikt des Unglaubens und Glaubens*, in welchem die Epochen des Glaubens als *fruchtbar*, die des Unglaubens als *unfruchtbar* dargestellt werden (Bd. 2, S. 208, 1–11). Hier ist deutlich, daß nicht nur das *Wahre* das *Fruchtbare* ist, sondern auch das *Fruchtbare* das *Wahre.* In den *Maximen und Reflexionen* gibt es zahlreiche Sätze zu diesem Thema (Bd. 12, S. 407–411 Nr. 309–338), aus denen nur zwei angeführt seien: *Das Wahre fördert; aus dem Irrtum entwickelt sich nichts, er verwickelt nur.* (Bd. 12, S. 409) *Beim Zerstören gelten alle falschen Argumente, beim Aufbauen keineswegs. Was nicht wahr ist, baut nicht.* (Bd. 12, S. 410) In dem Aufsatz *Naturphilosophie* heißt es: *Durchaus aber bleibt ein Hauptkennzeichen, woran das Wahre vom Blendwerk am sichersten zu unterscheiden ist: jenes wirkt immer fruchtbar und begünstigt den, der es besitzt und hegt; dahingegen das Falsche an und für sich tot und fruchtlos daliegt, ja sogar wie eine Nekrose anzusehen ist, wo der absterbende Teil den lebendigen hindert, die Heilung zu vollbringen.* (Bd. 13, S. 45, 1–7) Ähnlich viele Sätze in Briefen; an Zelter am 17. Mai 1815 im Zusammenhang der geschichtlichen Kunstbetrachtung: *Das Wahre kann bloß durch seine Geschichte erhoben und erhalten, das Falsche bloß durch seine Geschichte erniedrigt und zerstreut werden.* (HA Briefe Bd. 3, S. 308, 26ff.) An Staatsrat Schultz 10. Jan. 1829: *Ich ehre und liebe das Positive und ruhe selbst darauf, insofern es nämlich von uralters her sich immer mehr betätigt und uns zum wahrhaften Grunde des Lebens und Wirkens dienen mag ... Wenn das Wahre notwendig wird, um uns das entschieden Nutzende zu verleihen, da mag rechts und links fallen, was da will ...* (HA Briefe Bd. 4, S. 310, 26ff.) Und an Zelter 31. Dez. 1829: *Ich habe bemerkt, daß ich den Gedanken für wahr halte, der für mich fruchtbar ist, sich an mein übriges Denken anschließt und zugleich mich fördert ...* (HA Briefe Bd. 4, S. 367, 15ff.) Ferner die Ausführungen über das *Wahre* als das einzige, worauf man *fortbauen* kann, in den *Wanderjahren, Buch III, Kap. 14* (Bd. 8, S. 442, 35–443, 30). In der *Geschichte der Farbenlehre* spricht er von dem Aperçu, dem *Gewahrwerden dessen, was eigentlich den Erscheinungen zum Grunde liegt. Und ein solches Gewahrwerden ist bis ins Unendliche fruchtbar.* (Bd. 14, S. 98, 8–11.) Ähnlich eine Stelle in *Dichtung und Wahrheit* (Bd. 10, S. 76, 35f.) und Äußerungen in Gesprächen, welche Kanzler v. Müller (6. März 1828) und Eckermann (12. Febr. 1829) notieren. Diese Gedanken über das *Wahre* und *Fruchtbare* bewegten Goethe schon lange, wie die Ausführungen darüber im Brief an Jacobi vom 7. März 1808 zeigen (HA Briefe Bd. 3, S. 66, 13–18), doch sie verdichteten sich in der Zeit, als er das Gedicht *Vermächtnis* schrieb, wie die vielen Stellen aus diesen Jahren erkennen lassen. – Ähnlich wie der Satz über das *Wahre* und *Fruchtbare* eine formelhafte Zusammenfassung ist, so ist es auch der Satz *Geselle dich zur kleinsten Schar.* Auch dazu einige Beispiele: *Nichts ist widerwärtiger als die Majorität; denn sie besteht aus wenigen kräftigen Vorgängern, aus Schelmen, die sich akkomodieren, aus Schwachen, die sich assimilieren, und der Masse, die nachtrollt, ohne nur im mindesten zu wissen, was sie will.* (*Wanderjahre, Betr. im Sinne der Wanderer,* Bd. 8, S. 307 Nr. 165) *Wegen der Majorität haben wir ganz eigene Gedanken; wir lassen sie freilich gelten im notwendigen Weltlauf, im höhern Sinne haben wir aber nicht viel Zutrauen auf sie.* (*Wanderjahre, III, 11;* Bd. 8, S. 407, 1–3) *Die Geschichte der Philosophie, der Wissenschaften, der Religion, alles zeigt, daß die Meinungen massenweis sich verbreiten, immer aber diejenige den Vorrang gewinnt, welche faßlicher, d.h. dem menschlichen Geiste in seinem gemeinen Zustande gemäß und bequem ist. Ja derjenige, der sich in höherem Sinne ausgebildet, kann immer voraussetzen, daß er die Majorität gegen sich habe.* (*Wanderjahre, Aus Makariens Archiv,* Bd. 8, S. 473 Nr. 88) Der Zusammenhang des *Wahren, Fruchtbaren* und der *kleinsten Schar* (Vers 33 und 36) ist in dem Gedicht nur knapp angedeutet. Die *Wanderjahre* führen genauer aus, daß das *Wahre* oft nur bei einer *Minorität* weiterlebt (Bd. 8, S. 442,35–443, 30); in der Geschichte der Wissenschaft ebenso wie in der Kunst und in der Weltliteratur zeigt sich, daß das Wahre und Fruchtbare oft nur wie ein dünner Faden im Zusammenhang der Gesamtentwicklung weiterläuft (Bd. 8, S. 407, 1ff.; 443, 23ff.). – Die Schlußstrophe kommt auf den *Philosophen* zu sprechen und auf den *Dichter;* was er schafft, ist ein Werk der Liebe. Er fühlt vorbildhaft, was andere fühlen sollen, und stellt es dar. Auch dieser Gedanke kommt mehrfach anderswo vor seit jenem Satz in den *Lehrjahren*: *Es ist eine falsche Nachgiebigkeit gegen die Menge, wenn man ihnen die Empfindungen erregt, die sie haben wollen, und nicht die, die sie haben sollen.* (Bd. 7, S. 314, 23ff.) Besonders in den *Wanderjahren* ist dargestellt, daß der Laie die Welt mit den Augen des Künstlers sehen lernt (Bd. 8, S. 229, 23f.). Die Musik wird zum *Element der Erziehung* (Bd. 8, S. 152, 14f.); und von den bildenden Künstlern heißt es: *Sie müssen sich zuletzt dergestalt über das Gemeine erheben, daß die ganze Volksgemeinde in und an ihren Werken sich veredelt fühle.* (Bd. 8, 251, 21–23) Wieder zeigt sich hier der Zusammenhang der Gedanken des Gedichts mit denen der *Wanderjahre.* – Der Blick auf solche Parallelstellen läßt erkennen, wie sehr das klar gegliederte große Gedicht formelhafte Zusammenfassung von vielen Hauptmotiven des Goetheschen Altersdenkens ist. Der beste Kommentar zu dem Gedicht sind darum die *Wanderjahre.* Die 2. Fassung entstand in der Zeit von September 1828 bis Anfang März 1829. Gegen Ende dieser Zeit entstand das Gedicht *Vermächtnis.* Das Tagebuch notiert am 12. Februar *Abschrift des Vermächtnisses,* und Eckermann verzeichnet am gleichen Tage, Goethe habe ihm „das frisch entstandene, überaus herrliche Gedicht *Kein Wesen kann zu nichts zerfallen*" vorgelesen. Das Gedicht steht nicht nur der Entstehung nach, sondern auch dem Geiste nach im Zusammenhang der *Wanderjahre,* und seine Anfügung dort in Band 22 der *Ausgabe letzter Hand* ist nicht so unorganisch, wie es scheinen könnte. Davor stehen die *Betrachtungen im Sinne der Wanderer* (Bd. 8, S. 283–309), die mancherlei gleichlaufende Gedanken aussprechen. Manches Parallele findet sich auch in anderen Werken. Das Thema des erfüllten *Augenblicks* (Vers 30) lebt im *Divan* (Bd. 2, S. 41 *Der Spiegel sagt mir ...*) und im Helena-Akt des *Faust* (Bd. 3, Vers 9562ff.) und letztlich auch in der Metamorphose-Lehre, die im Vergänglichen das Wesen erkennt. Dadurch, daß das Gedicht eine Quintessenz von Goethes Weisheits-Buch, den *Wanderjahren,* ist und von seinem Altersdenken überhaupt, ist es *Vermächtnis,* d.h. etwas, was sein Besitz ist und was er an andere vererbt; es sind Sätze, die er an andere weitergibt, aber nur, weil er sie sich selbst hundertfach vorgesprochen hat, weil er sie aus Erfahrungen abgeleitet und für sich in knappe Formeln gebracht hat. – Zum Sprachlichen: In Vers 25 *Genießen* hat in Goethes Zeit nicht nur die Bedeutung „sich an etwas erfreuen", sondern auch „etwas in sich aufnehmen, verarbeiten"; das Motiv der Freude folgt erst in Vers 27. In Vers 42 *Beruf*:

Aufgabe; Funktion in der Gemeinschaft. Ähnlich Bd. 2, S. 128, 4; Bd. 5, S. 296 Vers 2847. – Vgl. auch Bd. 12 *Max. u. Refl.* Nr. 373, 398, 1101.

In Bd. 13 der Beitrag von C. F. v. Weizsäcker erläutert eine Reihe Goethescher Begriffe, die gerade auch in *Vermächtnis* vorkommen. – Sachregister in Bd. 14 und in Briefe Bd. 4 unter: Kosmos und Mensch, Gesetz, Sonne, Planeten, Gewissen, Ideal, Sittlichkeit, Sinne, Verstand, Vernunft, Augenblick, das Wahre, Dichter usw. – E. v. d. Hellen in der Jubiläums-Ausg. 2, S. 352–353. – G. Simmel, Goethe. Lpz. 1913. S. 22–33. – R. Paasch, Goethes Gedicht Vermächtnis. Jb. G. Ges. 7, 1920, S. 154–162. – Kommerell S. 208–212. – Boyd II, S. 263–268. – E. Staiger in der Manesse-Ausgabe, Bd. 2, S. 468–474. – Staiger, Goethe. Bd. 3, S. 205–213. – Jb. d. fr. dt. Hochstifts 1992, S. 83–89.

DIE SPÄTE LYRIK

Daß Goethe im Alter Sprüche schrieb, betrachtend und lehrhaft, war dem Geiste des Alters gemäß. Auch seine Gedichte an Personen, bewußt, handwerksgerecht, gesellschaftlich, passen zum Bilde eines greisen, längst repräsentativ gewordenen Dichters. Desgleichen die weltanschaulichen Gedichte: sie fassen bildhaft und formelhaft zusammen, was erst jetzt im Alter als Ergebnis formuliert werden konnte. Aber neben diesen Gruppen steht noch eine andere, die reine Lyrik. Mehr als jene andersartigen Gedichte bleibt diese ein Wunder.

Goethe hat selbst berichtet, wie er am Abend des 13. Februar 1818 das Gedicht *Um Mitternacht* (S. 372) schrieb: *Man lasse mich bekennen, daß ich mit dem Schlag Mitternacht im hellsten Vollmond aus guter, mäßig aufgeregter, geistreich-anmutiger Gesellschaft zurückkehrend das Gedicht aus dem Stegreife niederschrieb, ohne auch nur früher eine Ahnung davon gehabt zu haben.* (Bd. 12, S. 308, 34–309, 2.) In solchen Augenblicken konnte alles von ihm abfallen, was sich um ihn gehäuft hatte. Er mußte als Staatsbeamter und als Naturforscher ein Mensch des Willens und der Vernunft sein, er gab sich als der Geheime Rat, um sich konventionell gegen die Welt zu schützen; er ordnete seine Manuskripte und Korrespondenzen wie eine große Kanzlei und seine Sammlungen wie ein Museum. Fülle der Weltübersicht ließ ihn jedes einzelne mit mannigfachem anderen verbinden; seine Sprache wurde verallgemeinernd, formelhaft. Und doch – er konnte plötzlich ein Gedicht schreiben, augenblicksgeboren, leidenschaftgetrieben, Verse von reinstem lyrischem Schmelz. Die Stimme, die dann spricht, bleibt aber zugleich die Stimme des Weisen, die für das deutende, lehrende Wort sich gebildet hatte. Das macht diese Lyrik so einzigartig. Die unverminderte Schaffenskraft bedeutet nun freilich nicht, daß ein Gedicht sofort fertig dastand. Die Handschriften zeigen, wie sorgfältig er daran arbeitete. Auch die große *Elegie*, aus einem aufwühlenden Erlebnis entstanden, ist mit aller Meisterschaft der Sprachbeherrschung durchgearbeitet und umgeformt, bis eine endgültige Fassung erreicht war.

Die späte Lyrik – das ist die Lyrik nach dem *West-östlichen Divan.* In diesen ging das meiste ein, was in den Jahren 1814–1819 an Gedichten entstand. Doch erwuchs daneben und danach auch einiges, was nicht in den *Divan* gehörte, eine kleine aber erlesen schöne Reihe; sie beginnt mit *Frühling übers Jahr* und reicht zunächst bis zu *Wilhelm Tischbeins Idyllen.* (S. 371–376.) In der Folgezeit kamen dann noch drei große Gruppen hinzu: die Gedichte der letzten großen Leidenschaft von 1822/23 – man könnte sie die Marienbader Gedichte nennen – (S. 376–386), dann die *Chinesisch-deutschen Jahres- und Tageszeiten,* 1827 (S. 387–390), und schließlich die Dornburger Gedichte, 1828 (S. 390–391). Jede von ihnen hat einen eigenen Klang.

Die Marienbader Gedichte sind leidenschaftlich, spannungsreich, tragisch. Ein Mensch steht an einem Abgrund, *wo Tod und Leben grausend sich bekämpfen ...* (*Elegie* 118.) Goethe verbrachte die Sommer 1821, 1822 und 1823 in Marienbad. Dort war er täglich zusammen mit Frau v. Levetzow und ihren Töchtern. Schon 1821 bedeutete ihm die damals 17jährige Ulrike viel. Er schenkte ihr die *Wanderjahre* mit einer Widmung und machte sie, vor dem Hause sitzend, in stundenlangen Erzählungen bekannt mit dem Inhalt der *Lehrjahre.* Der Sommer 1822 zeigte ihm, daß in ihm noch alle Kraft des Erlebens sei wie einst – eines Erlebens, das nun wohl das letzte sei. Nach dem Abschied entsteht das Gedicht *Äolsharfen,* ein tiefer weher Klang, aber zugleich verhalten, formvollendet, abstandhaltend. Und dann der Sommer 1823: Alle Schönheit der Welt hat sich zusammengezogen in eine Gestalt, Pandora, der alle Götter ihr Bestes gaben und die zugleich doch des Zeus vernichtende Gabe trägt; das gleiche Erleben, das zur *seligen Höhe* führt, richtet zugrunde. Die Dichtung versucht zunächst noch, gebändigt zu bleiben; einige kleine Gedichte (S. 378–380), wohl z. T. als Briefsendungen gedacht, halten sich im Rahmen dessen, was der Gesellschaft und einer jungen Dame gefallen mochte; aber die leichte Form wird durchglüht von einer Leidenschaft und Innerlichkeit, aus der rein lyrische Strophen entstehen, freilich so verhalten, daß man sie unbedenklich heimschicken konnte, ohne den Hintergrund anzudeuten: *Fallsterne, wie sie in schöner klarer Nacht vorüberstreifen.* (An Ottilie 14. August 23.) Andere Verse aber führten eine Sprache, die man besser zurückhielt und versteckte (S. 378), kurze Aufschreie der Verzweiflung – die letzten; die ersten dieser Art waren einst in der Lili-Lyrik erklungen. Das Erschütternde ist, daß es sie auch jetzt noch gibt; nicht alle Lyrik des Alters ist also mit Betrachtung vermischt; diese Strophen sind einzig Ausdruck unmittelbaren Gefühls. Sie sind der Übergang zu der großen *Trilogie der Leidenschaft,* in der dann alle bis dahin zurückgehaltenen Gewalten hervorbrechen. Die Trilogie ist lyrische Großform; strenge, majestätische Stanzen bändigen die Erschütterung zu reiner Gestalt. Die *Elegie* entstand nach dem Abschied 1823, diesem letzten Abschied. Seltsam war in die letzten Marienbader Wochen Musik hineingewoben durch das Spiel der Pianistin Szymanowska. Und als müßte Goethe, der Augenmensch, aber zugleich auch der Allseitige, auch dies noch erfahren, so geht ihm hier die Dämonie und zugleich die Ordnung der Musik in einer ihm selbst ungeahnten Weise auf. Seligkeit und Tragik der Marienbader Sommerwochen sind verflochten mit dem Spiel der großen Pianistin. Nach der Heimkehr hält sich der alte Dichter mühsam und willensstark aufrecht, scheu beobachtet und umsorgt von den Seinen. Im Oktober kommt Marie Szymanowska zum Besuch nach Weimar, ist täglich zum Essen bei Goethe und spielt ihm vor. Alles im Sommer Erlebte kehrt damit wieder. Der Abschied am 5. November wird Goethe qualvoll schwer. Kanzler v. Müller, sachlich, taktvoll, berichtet von Tränen und wortlosen letzten Umarmungen. In den Tagen danach wird Goethe schwer krank. Physisches und Psychisches wirkt zusammen. Die Ärzte fürchten das Schlimmste. Am 24. November kommt Zelter nach Weimar, und der liebende Freund erkennt die Hintergründe des Leidens. Goethe brauchte nicht viel zu sagen; er gab ihm seine Handschrift der *Elegie*. Und Zelter las dem Kranken nun immer und immer wieder die *Elegie* vor, täglich, an manchen Tagen mehrmals (Tagebuch 30. Nov., 11. Dez.), und das eigene Werk in der Stimme des anderen, das geformte Wort, die Ordnung der ästhetischen Welt wirkte heilend. Nach Zelters Abreise schrieb Goethe ihm: ... *es war doch eigen, daß Du lesen und wieder lesen mochtest, mir durch Dein gefühlvolles sanftes Organ mehrmals vernehmen ließest, was mir in einem Grade lieb ist, den ich mir selbst nicht gestehen mag.* (9. 1. 24.) Aber das Erlebte zitterte noch lange nach; im März 1824 entstand das Gedicht *An Werther*, in dem die verzweifelten Worte stehen: *Und wir, verschlungen wiederholter Not, Dem Scheiden endlich – Scheiden ist der Tod* ... (S. 381). Vermutlich wurde im Laufe des Jahres 1824 auch *Der Bräutigam* geschrieben. Langsam entfernte er sich von dem Abgrund, dem er so nahe gewesen. *In jeder großen Trennung liegt ein Keim von Wahnsinn; man muß sich hüten, ihn nachdenklich auszubrüten und zu pflegen.* (*Maximen und Reflexionen* Bd. 12, S. 534.) Vielleicht ist das damals geschrieben.

Als Faust am Beginn des 2. Teils vernichtet daniederliegt, umschweben ihn Naturgeister und heilen ihn, und erwachend sieht er die Natur und erkennt in ihr am Abglanz das Unendliche. Das ist der Goethesche Weg, und man kann fast vorausahnen: Wenn es auf diese Tragik noch Gesundung gibt, nach dieser Leidenschaft noch Lyrik, so kann es nur Naturlyrik sein. 1827 entsteht der Zyklus *Chinesisch-deutsche Jahres-*

und Tageszeiten. In ihm gibt es nur die Natur und das Ich, das Auge ist das verbindende Organ. Kleine Motive, einmal die Narzissen (*II*), mehrmals die Rose (*IX–XII*) und dazwischen das Abendgedicht mit dem Motiv des dunklen Sees (*VIII*), eins der vollendetsten Gedichte, die Goethe jemals schuf. Sie sprechen nur von Landschaft, Pflanzen, Tieren, und ihre Frömmigkeit wird nicht Wort, nur Klang. Nach der Leidenschaft der Marienbader Gedichte wirkt dies alles doppelt still, rein, sachlich, heilend. In ihnen lebt die Atmosphäre des Gartens an der Ilm. Am 12. Mai 1827 zog Goethe in sein altes Gartenhaus. Sein Alter von 77 Jahren hinderte ihn nicht, hier zu leben, im engsten Umgang mit der Natur, wie er es zuerst mit 26 Jahren und seither so oft getan hatte. Bis zum 8. Juni blieb er hier, und vom 21. Juni an war er dann wieder täglich wenigstens für ein paar Stunden an diesem geliebten Ort. Hier – wie schon im Frühling in seinem Stadtgarten hinter dem Haus am Frauenplan – kamen Anregungen für neue Naturlyrik. Seine Gedichte hatten sein Leben lang Kraft aus der Natur gezogen, und so ist es noch im Alter: die Marienbader Gedichte, die Gartenhausgedichte und schließlich die Dornburger Gedichte – alle kommen sie aus einer Welt der frischen Luft: Garten, Park, Spaziergänge, Wagenfahrten, Beobachtung von Wetter und Pflanzen. Die *Chinesisch-deutschen Jahres- und Tageszeiten* führen die Naturgegenstände zurück auf einfachste Motive; sie bringen kleine Bilder; und so erblüht in ihnen noch einmal das lyrische Kurzgedicht, diesmal ganz sachgebunden, bildhaft-gegenständlich, in den Ausdrucksmitteln sparsam, aber von vollendeter Technik. Und darin liegt die Verbindung zum Chinesischen. Hier wie dort ein Minimum an Mitteln und ein Maximum an Ausdruck: virtuos, aber ohne Ehrgeiz; streng im Ausscheiden alles Willkürlichen oder Unwesentlichen und zugleich ganz leicht in Zeichnung und Farbe. Lächelnd und zugleich ganz ernst und fromm. So reines Naturbild, so geläuterte Weisheit ist völkerverbindend, und so spannt diese Lyrik vom Westen zum Osten.

Das Jahr darauf bringt dann die letzte Gruppe der Lyrik, die Dornburger Gedichte: *Willst du mich sogleich verlassen* . . . (S. 391) und *Früh, wenn Tal, Gebirg und Garten* . . .(S. 391). Die Stimmung dieser Dornburger Tage lebt in den Versen:

Schmerzlich trat ich hinein, getrost entfern' ich mich wieder,
Gönne dem Herren der Burg alles Erfreuliche Gott. 1828.

Sie sind angeregt durch ein lateinisches Distichon, das Goethe damals am Portal des Schlosses, in dem er wohnte, täglich vor sich sah:

Gaudeat ingrediens laetetur et aede recedens,
His qui praetereunt det bona cuncta Deus. 1608.

(Vgl. Bd. 13, S. 139, Abb. 7 und dazu die Anmkg. im Verzeichnis der Abbildungen.) – Im Juni 1828 war der Großherzog Carl August gestorben, der einzige, der durch die Kraft seiner Persönlichkeit mit Goethe zu vergleichen war unter allen, die noch um ihn waren, zugleich der Mann, an den tausendfach Vergangenheit, Gemeinschaft, Verstehen, Dank und Liebe ihn banden. Ein Jahr davor war Frau v. Stein gestorben, und so war er fast allein übrig von denen, die das alte Weimar verkörperten. Es gehört zu den Notwendigkeiten dieses sehr gefährdeten Organismus, das Leben von der Tagseite zu betrachten und vor allzugroßem fruchtlosem Schmerz sich zu hüten. Während Weimar von Trauerfeierlichkeiten erfüllt war, zog Goethe sich auf die Dornburg zurück, wo er schon sehr oft seit seiner ersten Weimarer Zeit geweilt hatte. Dort war er einsam. Die Thüringer Berge treten dort an die Saale heran. Hoch über dem Fluß liegen auf dem bergigen Ufer drei Schlösser, durch weitläufige Garten- und Parkanlagen miteinander verbunden. Der steile Südhang zum Flusse hinab ist mit Wein bepflanzt. Die Schlösser gehörten dem Großherzog, waren wohleingerichtet, und eins von ihnen wurde Goethe zum Wohnen zur Verfügung gestellt. Er beschreibt sie in einem Briefe an Zelter: *Anmutige Gärten ziehen sich an Lusthäusern her; ich bewohne das alte neuaufgeputzte Schlößchen am südlichsten Ende. Die Aussicht ist herrlich und fröhlich, die Blumen blühen in den wohlunterhaltenen Gärten, die Traubengeländer sind reichlich behangen, und unter meinem Fenster seh' ich einen wohlgediehenen Weinberg ... Von den anderen Seiten sind die Rosenlauben bis zum Feenhaften geschmückt, und die Malven, und was nicht alles, blühend und bunt, und mir erscheint das alles in erhöhteren Farben wie der Regenbogen auf schwarzgrauem Grunde ... Damit Du aber wissest, wie Dein Freund auf einem luftigen Schloß, von wo er ein hübsches Tal mit flachen Wiesen, steigenden Äckern und einer bis an die unzugänglichen steilen Waldränder sich erstreckenden Vegetation übersieht, wie er daselbst diese langen Tage von Sonnenaufgang bis Sonnenuntergang zubringt, will ich Dir vertrauen, daß ich ... die Naturwissenschaften wieder aufzunehmen angeregt bin ...* (10. Juli 28). Von dem großen Südzimmer aus, das Goethe bewohnte, übersah der Blick das weite Tal und den Himmel. Wolkenbildung, Windrichtung, Barometerstand wurden täglich genau verzeichnet. Oft beobachtete er schon vor Sonnenaufgang Sterne und Morgenröte. Den Tag brachte er fast ganz im Freien zu, und als er am 11. September nach Weimar zurückkam, notierte Eckermann: „Er war rüstig und ganz braun von der Sonne." Das Tagebuch verzeichnet in den Dornburger Wochen immer wieder: *Auf der Terrasse spaziert. Mit dem Hofgärtner gesprochen.* Goethe machte Beobachtungen an den Weinpflanzen und schrieb darüber einen Aufsatz. Besuche kamen von Weimar und Jena, aber er achtete darauf, daß ihrer nicht zu viele wurden. Er sorgte für gute Küche und gute Weine. Und gelöst von allen starren Krusten seines Weimarer Lebens, fühlte er sich gesammelt auf das Wesentliche des eigenen Daseins. Die seelische Aufgewühltheit durch den großen Verlust setzte sich um in gesteigerte Aufnahmefähigkeit, sich verlierend in die Natur und in die Schönheit der Landschaft dieser Spätsommertage. In dieser Zeit liegt die Marienbader Krise überwunden hinter ihm, und die reinste Heiterkeit des Alters ist verbunden mit *grenzenloser Tätigkeit.* (An Knebel 18. August 28.) Er vollendet ältere naturwissenschaftliche Schriften und arbeitet neue aus. Der Zauber dieser Tage wirkt bis in die nüchternen Aufzeichnungen des Tagebuchs hinein. Er lebt in den Gesprächen, welche aus dieser Zeit Eckermann und der Dornburger Hofgärtner Sckell überliefert haben. Und er spricht besonders aus den Briefen, zumal denen an Zelter (vom 10. Juli und 26. August) und dem an F. A. v. Beulwitz (vom 18. Juli), der eine ausführliche Schilderung von Landschaft, Schloß und eigenem augenblicklichem Leben, Schaffen und Denken in die Worte auslaufen läßt: *Die vernünftige Welt ist als ein großes unsterbliches Individuum zu betrachten, welches unaufhaltsam das Notwendige bewirkt und dadurch sich sogar über das Zufällige zum Herrn erhebt.* In diesen Dornburger Tagen, in dem Südzimmer des Schlosses mit dem weiten Blick auf *Tal, Gebirg und Garten* entstand Goethes letzte Lyrik. Es ist die Gnade dieses Daseins, daß es noch am Ende der höchsten Kraft fähig war.

Wieder ist es Natur-Lyrik, aber diesmal nicht Kurzgedichte wie die *Chinesischen Jahreszeiten,* und von noch tieferer Symbolik. Sie umfaßt das Leben als Ganzes, sie leugnet seine Not und Tragik nicht, aber endet mit seiner majestätisch ausgesprochenen Bejahung. (Vergleichbar etwa das Lynkeus-Lied Bd. 3, *Faust* 11288–11303.) Diese Gedichte sind religiös, ohne daß von dem Göttlichen mit einem Wort die Rede ist. Auch den Tod und die Hoffnung auf eine gewandelte Existenz deuten sie nur leise an. Das Bildsymbol allein ist dafür genug.

In der späten Lyrik ist die Symbolik des Altersstils, die im *Divan* beginnt, voll ausgeprägt. Das zeigen schon die Bildmotive in dem Zyklus *Wilhelm Tischbeins Idyllen.* Die einzeln stehende Eiche wird zum Sinnbild des einsamen Großen, das in allseitiger Entfaltung sein Ich zum Lichte empor in seine höchsten Möglichkeiten steigert. Das Motiv des liegenden Kentauren wird zum Sinnbild gespannter gebändigter Kraft. Ganz ähnlich die *Chinesischen Jahreszeiten.* Das Gedicht *Ziehn die Schafe von der Wiese* beginnt ganz anschaulich: Die Schafe ziehn ab, das Auge sieht nur weites reines Grün; was folgt, ist ein Gedachtes, Gewußtes: die Wiese wird bald voll von Blumen sein; und nun wendet es sich vollends ins Geistige, diese Hoffnung verallgemeinernd, so wie *Hoffnung* am Ende der *Urworte, orphisch* steht, als das eigentlich Lebendige, Wandelnde, Steigernde im Leben und über dieses hinaus. Und dann die vier kleinen Rosengedichte (*IX–XII*): auch da weist der Gegenstand über sich hinaus. Solches Verhältnis zur Natur ist weder als

Anschauung noch als Stimmung hinreichend bezeichnet, am ehesten könnte man es Geist nennen. – Das letzte große Sonnengedicht, *Früh, wenn Tal, Gebirg und Garten* ..., schildert äußerlich gesehen den Morgen, an dem die Sonne durch den Nebel bricht, und dann den klaren Sonnenuntergang am Abend. Aber dahinter steht, kaum angedeutet, ein Geistiges: Wenn das Ich schon früh mit Dankbarkeit und *reiner Brust* das große Naturgeschehen in sich aufnimmt, dann wird ihm auch die untergehende Sonne das Göttliche verkünden – am Abend –, und wir fühlen: es ist nicht nur der Abend des Tages, sondern auch der des Lebens. – Das oberste Sinnbild ist das Licht. In *Tischbeins Idyllen* heißt es in dem für heutige Ohren zunächst befremdlich klingenden Stil dieser Spätzeit: *Sonnenauf- und -untergänge / Preisen Gott und die Natur.* Die untergehende und wiederkehrende Sonne ist Sinnbild des immer sich erneuernden Lebens (*Der Bräutigam*). Der Vollmond oder die Sonne als reines, siegendes Licht erhalten symbolische Bedeutung und ermöglichen die lebensbejahenden Schlüsse der Dornburger Gedichte. Die ganze späte Lyrik ist voll von Licht- und Farbmotiven. Aber sie sind niemals nur Eindruck, Gefühl oder Stimmung, sondern immer auch Symbol und Geist. Das Organ der Welterfassung ist das Auge. (Ein Beispiel vor allem: *Dämmrung senkte sich von oben* ... S. 389.) Licht und Farbe sind Symbole in dem Sinne, wie es die *Farbenlehre* (Bd. 13) ausspricht. (Vgl. vor allem: *Sinnlich-sittliche Wirkung § 758 bis 920; Blau § 779; Gelb § 768; Rotgelb § 773.)* Das Dornburger Gedicht *Früh, wenn Tal, Gebirg und Garten* nennt zu den zwei Tageszeiten, die es schildert, jeweilig eine Farbe, *Blau* für den Vormittag und ein *vergoldendes* Rotgelb für den Abend; und mit ihnen deutet es auch den Wandel der Seele an. Man braucht Goethes Farbensymbolik nicht zu kennen, um das Gedicht zu verstehen. Aber wenn man sie kennt, wird es noch reicher an Hintergründen und Nuancen. Die zwei kurzen Farbwörter weisen dann auf einen ganzen Anschauungskreis, d. h. sie sind zur Formel geworden. Und ähnlich gibt es des Formelhaften noch mehr in dieser späten Lyrik.

Das lyrische Motiv weist als Symbol über das Hier und Jetzt des Augenblicks hinaus. Es gibt in der späten Lyrik Zusammenschau von Zeiten und Zeitüberschneidung. Das Gedicht *Um Mitternacht ging ich* (S. 372) verbindet drei Zeitstufen. In der Lebensrückschau *An Werther* (S. 380f.) überschneiden sich Einst und Jetzt, da dem Individuum, das sich gleich bleibt, mehrmals der gleiche Erlebniskreis zuwächst. Das Dornburger Sonnengedicht gestaltet den Sonnenlauf eines Tages, doch das Licht ist zugleich Hinweis auf eine höhere Welt, der man ein Leben lang näher kommt, je mehr man lernt, sie mit *reiner Brust* aufzunehmen.

Der Aufbau der späten Gedichte setzt die Motive locker nebeneinander und läßt den Zusammenhang oft in der Schwebe. Das Gedicht *Um*

Mitternacht deutet die Verbindung der drei Zeitstufen nur an. Das Dornburger Sonnengedicht spricht von Naturerscheinungen und verlegt den Zusammenhang in das Herz des Menschen. Der Satzbau verknüpft nicht als einfach-klare Reihung, sondern so geheimnisvoll-vielschichtig, wie es das Seelische ist.

In ihrer äußeren Form umfaßt die späte Lyrik alles vom großen Stanzengedicht bis zum kleinen Vierzeiler. Da, wo die Ordnung der Kunst das Chaos der Leidenschaft umzugestalten versucht, greift sie zur strengen großen Form in der *Elegie.* Wo dagegen das Auge an den Dingen der Natur sich freut, werden oft nur ein paar kleine Bildeindrücke mit wenigen Farbtupfen dargestellt – es bedarf dazu einer vollendeten Beherrschung des Werkstoffs der Sprache –, und es ergibt sich dann – ähnlich wie in der fernöstlichen Lyrik – das Kurzgedicht. Es ist eine sehr eigene Goethesche Form. Sie war ihm entstanden als Ausdruck des individuell erlebten Augenblicks in den kleinen zärtlichen Brief-Strophen für Friederike (S. 25), die er selbst kaum aufhob, nicht als Gedicht ansah, unwissend, daß er eine neue Form schuf; reichere Blüte hatte die Lili-Lyrik gebracht (S. 97–105), einzelne kurze Strophen, ein Naturbild, eine Situation und zugleich die ganze Tiefe des Herzens in einem Augenblick. Die zweite Blüte dieser lyrischen kurzen Form zeitigt Weimar: die Briefgedichte an Frau v. Stein mit ihrem zarten farbigen Schmelz (S. 124–128) und die kleinen Schicksalsgedichte dieser Jahre, die wie ein Seufzer, ein Aufatmen sind (S. 131–134), darunter als schönste *Alles gaben Götter ..., Der du von dem Himmel bist ...* und *Über allen Gipfeln ...* (S. 142). In der Klassik dagegen wird das lyrische Kurzgedicht seltener (S. 242, 252, 255), wohl weil das Gelöste, Leichte der Sprache seltener wird. Erst die Alterslyrik in ihrer Gelokkertheit macht es wieder zahlreich (S. 372–390). Aber nur ganz ausnahmsweise ist es auch jetzt noch Aufschrei des Augenblicks (S. 378) wie in der Jugend. Meist formt es jetzt ein sachgebundenes Naturmotiv wie in *Tischbeins Idyllen* oder den *Chinesischen Jahreszeiten.*

Goethe hat seine späten Gedichte nur zum Teil selbst zusammengestellt. 1827 kam einiges, darunter die *Trilogie der Leidenschaft,* in die Gruppe *Lyrisches* der Lyrikbände der *Ausg. l. Hd.* Erst nach deren Druck entstanden die *Chinesischen Jahreszeiten* und die Dornburger Gedichte. Eckermann und Riemer brachten sie in Bd. 7 der Nachgelassenen Werke (= Bd. 47 der *Ausg. l. Hd.*), 1833, aber zwischen Gedichten aus ganz anderen Zeiten und von weit geringerem Rang, wie es die Nachlese mit sich brachte. Einige kleine Lyrica blieben darüber hinaus bis zur Weimarer Ausgabe unbekannt. In der alten Goethe-Eckermannschen Anordnung erscheint die späte Lyrik also sehr verstreut und nicht vollzählig. Auch die rein chronologische Reihenfolge, die Gräfs Ausgabe herstellte, ordnet sie nicht zusammen, denn die wenigen späten Lyrica sind hier verstreut zwischen die Masse der Gelegenheitsgedichte, in der sie fast verschwinden. Darum ist im vorliegenden Bande eine Gruppierung versucht, welche das lyrische Werk der Spätzeit unvermischt dem Leser darbietet. Doch bleibt innerhalb der Gruppe noch ein Unterschied. Viele dieser Gedichte, wie die *Elegie*, sind von Goethe bis in jede Silbe hinein durchgefeilt und von ihm selbst zum Druck gebracht. Andere hinterließ er Eckermann und Riemer in sorgfältiger Handschrift. Aber einiges – und wir möchten es in der Gruppe nicht missen – ist nichts als ein paar Zeilen auf Zetteln, im Augenblick hingeschrieben, beiseitegelegt und später vergessen (S. 378, 390). – Die Anordnung innerhalb der Gruppe ist im allgemeinen die zeitliche, denn die ganze innere Folgerichtigkeit der Goetheschen Existenz ist darin enthalten, daß erst die Marienbader Lyrik entsteht mit ihrer zerbrechenden Tragik, in der fast allein vom Menschen die Rede ist, danach die reine stille Naturlyrik in ihrer heilenden Hingegebenheit, die fast nur von den Dingen spricht, und schließlich die Dornburger Lyrik mit ihrer großartigen Symbolik, die das Wesen der Welt und die Innerlichkeit des Ich ins vollendete Gleichmaß bringt. Sie ist Goethes letztes Wort. Sie ist Ausgleich und Fortführung jener beiden anderen Gruppen. So ist selbst innerhalb von Goethes letzter Epoche noch Entwickelung, wie es seinem Wesen, der ständig nach Steigerung strebenden Entelechie, entsprechend war.

Karl Viëtor, Goethes Altersgedichte. Euphorion 33, 1932, S. 105–152. In umgearbeiteter Form wiederabgedruckt in: K. Viëtor, Geist und Form. Bern 1952. S. 144–193, 325–328 und in: Interpretationen. Hrsg. von J. Schillemeit. Bd. 1. Frankf. 1965 u.ö. (Fischer Bücherei 695) S. 65–98. – H. Hefele, Geschichte und Gestalt. Lpz. 1940, S. 103–116. – E. Trunz, Goethes späte Lyrik. Dt. Vjs. 23, 1949, S. 409–432. Dasselbe in: E. Trunz, Ein Tag aus Goethes Leben. München 1990 u.ö. S. 147–166. – Emil Staiger in der Gedenk-Ausgabe, Artemis-Verlag, Zürich. Bd. 1, 1950, S. 745–754; Bd. 2, 1953, S. 650–662. – Goethe-Handbuch, 2. Aufl. Artikel „Alterslyrik". Lieferung 2, Stuttg. 1955. – E. Staiger, Goethe Bd. 3, 1959, S. 108–127, 199–236. – Walter Müller-Seidel, Goethe und das Problem seiner Alterslyrik. In: Unterscheidung und Bewahrung. Festschr. f. H. Kunisch. Bln. 1961. S. 259–276.

Zu der Marienbader Lyrik: Hedda Sauer, Goethe und Ulrike v. Levetzow. Reichenberg 1925. – Der Marienbader Sommer 1823 in Tagebüchern, Briefen und Gesprächen: Weim. Ausg., 3. Abt. (Tagebücher), Bd. 9, 1897; 4. Abt. (Briefe), Bd. 37, 1906. Dazu: Goethes Gespräche. Hrsg. von W. Herwig. Bd. 3, 1. Teil. Zürich 1971. – J. Urzidil, Goethe in Böhmen. Zürich 1965.

Zu der Dornburger Lyrik: Kommerell S. 128–140. – Hans Wahl, Die Dornburger Schlösser. Weimar 1923. = Schr.G.Ges., 36. – Goethe in Dornburg. Bearb. u. eingeleitet von H. Krüger-Westend. Jena 1908. – Die Dornburger Zeit in Tagebüchern, Briefen und Gesprächen: Weim.Ausg., 3. Abt. (Tagebücher), Bd. 11, 1900; 4. Abt. (Briefe), Bd. 44, 1909. Ferner: Goethes Gespräche. Hrsg. von W. Herwig.

Bd. 3, 2. Teil. Zürich 1972. – F. Soret, Zehn Jahre bei Goethe. Lpz. 1929. S. 244–272.

S. 371. FRÜHLING ÜBERS JAHR. Flüchtiger Bleistift-Entwurf der Verse 17–32, kaum leserlich, und eigenhändige Reinschrift des ganzen Gedichts mit Datum *15. März 1816* im Goethe-Schiller-Archiv. Erster Druck: *Über Kunst und Altertum, 1820.* – *übers Jahr*: über das ganze Jahr hin, das ganze Jahr hindurch (Fischer, Goethe-Wortschatz S. 640). *5 Safran*: gelber oder gelbroter Krokus.

S. 372. MÄRZ. Eine Handschrift hat das Datum *5. März 1817.* (W. A. 3, S. 385; dazu Gräf II, 1, S. 140.) Erster Druck: *Über Kunst und Altertum, 1820.* – *Sonnenblick* = Sonnenschein, Strahl der Sonne (wie S. 42 *Sternenblick* und wie Bd. 5, S. 245 Vers 1049).

S. 372. BLICK UM BLICK. Erster Druck: *Ausg. l. Hd., 1827, Bd. 3,* S. 58 in der Gruppe *Lyrisches.* Entstehungszeit unbekannt. – Die Motive dieses Gedichts kommen alle im *West-östlichen Divan* vor. Das Motiv der Frau vor dem Spiegel in dem Gedicht *Der Spiegel sagt mir ...* (Bd. 2, S. 41), das Motiv der Verse 3/4 lautet dort: *Hätte sie sich weggewendet, Augenblicks verlör' ich mich ...* usw. (Bd. 2, S. 72). Das Motiv der Wechselseitigkeit (Vers 6) zieht sich durch das ganze *Buch Suleika,* und das Motiv *wie neu geboren* (Vers 8) ist für den *Divan* überhaupt kennzeichnend (Bd. 2, S. 7, 42, 74 u. ö.). Ich halte es also für möglich, daß das Gedicht in diesem Zusammenhang entstanden, aber aus irgend einem Grunde nicht in den *Divan* hineingenommen ist, ähnlich wie *Verweile nicht* (S. 314).

S. 372. UM MITTERNACHT. Entstanden laut Tagebuch am 13. 2. 1818. Erster Druck: Neue Liedersammlung von Zelter, 1821. – Goethe brachte das Gedicht 1822 zum Druck. Am Ende seines Aufsatzes *Geneigte Teilnahme an den Wanderjahren* (der in *Über Kunst und Altertum* und im „Morgenblatt“ erschien) schreibt er: *Hier nun fühl' ich unwiderstehlichen Trieb, ein Lebenslied einzuschalten, das mir seit seiner mitternächtigen unvorgesehenen Entstehung immer wert gewesen* ... und bringt dann den Text des Gedichts. In den *Annalen* berichtet er: *Ein wundersamer Zustand bei hehrem Mondenschein brachte mir das Lied „Um Mitternacht“, welches mir desto lieber und werter ist, da ich nicht sagen könnte, woher es kam und wohin es wollte* ... (Bd. 10, S. 521, 37ff.) Ähnlich äußert er sich an anderer Stelle. (Bd. 12, S. 308, 29ff.) Und Eckermann teilt unter dem Datum 14. 1. 1827 das Wort mit: *Das Lied „Um Mitternacht“ hat sein Verhältnis zu mir nicht verloren, es ist von mir noch ein lebendiger Teil und lebt mit mir fort.* – Der Knabe erlebt die Mitternacht – mit leiser Fremdheit trotz der Schönheit der Sterne. Der Mann erlebt sie anders; das Nordlicht erscheint dämonisch wie die Leidenschaft. Das Wort *zuletzt* am Beginn der 3. Strophe deutet darauf, daß diese Strophe vom Alter spricht. Nicht Sterne oder Nordlicht, sondern der volle klare Mond. Nicht Gegenwart, sondern Vergangenheit und Gegenwart im Gedanken verbunden. (Vgl. Bd. 10, S. 32, 27f.) War der Knabe dumpf, unbewußt, der Mann von Leidenschaft gezogen, so waltet jetzt der Geist, *sinnig, willig, schnelle,* die Adjektive deuten die Zeit der körperlichen Kräfteverringerung als geistige Steigerung. Der Lebensüberblick vergegenwärtigt frühere Mitternachts-Situationen, die so anders waren, und bedenkt auch das *Künftige* – wird es die Steigerung fortsetzen? Von Strophe zu Strophe hat es mehr Helligkeit gegeben. Drei Stufen des Lichts und des inneren Zustands, doch das Leben bleibt rätselhaft in seiner Folge, das spricht sich im Satzbau aus: der *Wenn*-Satz wird nicht deutlich zu Ende geführt, und der *Bis*-Satz hat keine grammatische Vorstufe, ihre Verbindung bleibt in der Schwebe, vielschichtig, nächtlich und geheimnisvoll.

Das Motiv des Nordlichts schon in *An Lida* S. 127; motivisch verwandt auch Bd. 5, S. 368 *Epimenides* 67–70. – H. A. Korff, Vom Wesen Goethescher Gedichte. Jahrbuch d. Fr. dt. Hochstifts 1927. S. 1–14. – Viëtor in: Euphorion 1932, S. 107–110. Wiederabgedruckt in: Viëtor, Geist u. Form. 1952. S. 145–149. – Kommerell S. 132–134. – Hefele S. 104f. – Walter Hof, Um Mitternacht. Euphorion 45, 1950, S. 50–82.

S. 373. ZWISCHEN BEIDEN WELTEN. Erster Druck: *Über Kunst und Altertum, 1820,* nach dem Gedicht *Für ewig* (S. 127), das schon 1784 entstanden war, aber hier erstmalig erschien. Auch in der *Ausg. l. Hd.* in dieser Reihenfolge. Stammen auch die Verse *Einer Einzigen angehören* ... aus der Zeit, als *Für ewig* entstand? Die Zeilen 1–6 klingen so, daß diese Frage naheliegt. Der Schluß ist zweifellos im Alter entstanden, wohl nicht lange vor dem Druck. Auch die Überschrift klingt nach der Spätzeit. Äußere Hilfsmittel zur Datierung fehlen. – Ein Dank an Lida, d. h. Frau v. Stein, und an Shakespeare, die beiden großen bildenden Erlebnisse einer für den Aufbau seiner Persönlichkeit entscheidenden Zeit. – Von einer Anregung, die Lida-Gedichte als Gruppe und in ihrer Besonderheit zu sehn, berichtet ein Brief an C. A. Schubarth vom 2. April 1818: ... *So hat mich Delbrück aufmerksam gemacht, daß meine kleinen wenigen Gedichte an Lida die zartesten unter allen seien. Das hatte ich nie gedacht, noch viel weniger gewußt, und es ist wahr! Es macht mir jetzt Vergnügen, es zu denken und anzuerkennen.* (HA Briefe Bd. 3, S. 426.) – A. Henkel, Entsagung. Tüb. 1954. S. 140: „Dankbare Treue und nicht Verklärung".

S. 373. IMMER UND ÜBERALL. Vers 1–4 erschienen in *Über Kunst und Altertum, 1820,* ohne Überschrift; das Ganze dann mit

Überschrift in der *Ausg. l. Hd., 1827*. Die Strophen sind wohl nicht lange vor dem jeweiligen ersten Druck entstanden.

S. 374. ST. NEPOMUKS VORABEND. Von Goethe selbst datiert. Erster Druck: *Ausg. l. Hd., 1827*. – Tagebuch, Karlsbad, 15. Mai 1820: *Vorfeier zu des Landespatrons Johannes von Nepomuk morgendem Fest*. Und am 19. Mai: *Abends ... schwimmende Lichtchen zu Ehren des heiligen Nepomuks, der Heilige illuminiert. Gesang auf der Brücke*. Der heilige Johannes Nepomuk, Generalvikar des Erzbischofs von Prag, wurde 1389 bei einem Streit mit König Wenzel IV. gefoltert und dann in der Moldau ertränkt. Spätere Legende berichtet, das sei geschehen, weil er Beichtvater der Königin Johanna gewesen sei und dem Wunsch des Königs, ihm das Gebeichtete zu verraten, nicht nachgekommen sei. Als sein Leichnam in der Moldau schwamm, soll er begleitet gewesen sein von wunderbaren Lichtern oder von Sternen, die anzeigten, daß er in den Himmel gekommen sei. Zu seinen Ehren fanden darum Lichterprozessionen statt. Sie sind ein Volksbrauch, der von Böhmen bis nach Frankreich verbreitet ist. Auf Brettern werden Kerzen befestigt, mit einem durchsichtigen Windschutz aus Papier umgeben, sie werden angezündet und ins Wasser gelassen, vom Ufer, einer Insel oder einem Boot aus; sie schwimmen dann brennend flußabwärts. – Goethe sandte das Gedicht am 24. Mai an Zelter zum Komponieren. Dieser entsprach dem Wunsche sofort und sandte am 14. Juni seine Komposition mit einer Erinnerung an eine ähnliche in Prag erlebte Feier: „Da ich immerfort Dich in Gedanken habe und mir Dein Weben und Leben wie ein Faden, wie eine schwingende, klingende Saite vor der Seele schwebt, so sprang mir das ‚Nepomukchen' sogleich entgegen: ich fand mich in Prag auf der Schützeninsel; die schöne Brücke vor mir, dazwischen den sanften Strom, der tausend Schiffchen mit hellen Kerzen trägt; das Frohlocken der Kinder, das Gebimmel und Getön der Glocken – und der ruhige Gedanke: daß mitten in dem poetischen Wirr- und Irrwesen die Wahrheit ruht wie ein schlafendes Kind ..." – In einer früheren Fassung lauten die Verse 3–4: *Und die Glocke tönt vom Dome / Zu der Andacht, in's Entzücken*. Die Änderung ist bezeichnend für den Spätstil. In der Mischung von impressionistischen Bildern, zauberischer Süße der Melodie und hintergründiger Weisheit des Geistes eins der erstaunlichsten Lyrica dieser Spätzeit.

Frühe Fassung: Hans Gerhard Gräf, Goethe. Lpz. 1924. S. 133. – Interpretation: Hugo Friedrich in: Mein Gedicht. Hrsg. von Dieter E. Zimmer. Wiesbaden 1961. S. 84f. – Hugo Kuhn, Text und Theorie. Stuttg. 1969. S. 80–103. – Über den Volksbrauch der Lichterschwemme: Leopold Kretzenbacher, Begegnung in Erbe und Erlebnis. Zur Volkskultur im dt.-slavischen Grenzraum. In: Ostdt. Wissenschaft. Bd. 9. München 1962. S. 428–460, insbes. S. 445f.

S. 374. WANDERSEGEN. Erster Druck: *Wilhelm Meisters Wanderjahre, 1821,* als Einleitungsgedicht vor dem Roman. Entstanden wohl nicht lange vor dem Druck. In der 2. Fassung des Werks, 1829, blieb das Gedicht weg. Sechszeilige Stanze. – *bedenklich*: vielerlei Bedenken erregend, Nachdenken erfordernd. Wie Bd. 6, S. 130, 14f. (GWb. 2, Sp. 148–151.) – H.J. Schrimpf, Gestaltung und Deutung des Wandermotivs bei Goethe. Wirkendes Wort 1952/53, S. 17f. Dasselbe in: Schrimpf, Das Weltbild des späten Goethe. 1956. S. 131.

S. 374. WILHELM TISCHBEINS IDYLLEN. Entstanden Juli-August 1821. Erster Druck: *Über Kunst und Altertum, 1822.* Goethe hatte schon vor seiner italienischen Reise Beziehungen zu Wilhelm Tischbein, und kaum war er 1786 in Rom angekommen, so ließ er ihn zu sich bitten. Der nahe Verkehr, der sich nun ergab, führte auch zum Plan gemeinsamer Arbeit. Die *Italienische Reise* sagt, ... *daß Dichter und Künstler zusammenarbeiten sollten, um gleich vom Ursprunge herauf eine Einheit zu bilden ... Tischbein hat auch hiezu sehr angenehme idyllische Gedanken, und es ist wirklich sonderbar, daß die Gegenstände, die er auf diese Weise bearbeitet wünscht, von der Art sind, daß weder dichtende noch bildende Kunst, jede für sich, zur Darstellung hinreichend wären* ... (Bd. 11, S. 139, 23–32.) Jedoch kam es damals zu keinem gemeinsamen Werk, und nach Goethes italienischer Reise hörte die Verbindung zunächst auf, zumal weil Tischbeins geschäftliches Verhalten gegen den Herzog von Gotha Goethe nicht gefiel. Erst seit 1806 gab es wieder eine Annäherung. Tischbein lebte damals in Hamburg und unterhielt lebhafte Beziehungen zum Weimarer Hofe. 1808 zog er für dauernd nach Eutin in die Sommerresidenz des Herzogs von Oldenburg, der ihn ganz in seinen Dienst nahm. Hier reiften nun in seinen späten Jahren viele frühe Pläne. Man kann sagen, daß Tischbein viele seiner Bilder so lange in sich herumtrug wie Goethe viele seiner Gedichte. Den großen Idyllen-Zyklus, den er in den Jahren 1819/20 in einem Zuge ausführte, konnte er nur in so rascher Folge schaffen, weil die Pläne längst fertig waren. Zum Teil gingen sie in der Tat bis in die Zeit des Zusammenseins mit Goethe zurück, so daß die späte Zusammenarbeit wirklich eine Fortsetzung jener frühen Pläne ist, wenn auch in gewandelter Form. Diese frühe Planung und späte Ausführung formte auch den Charakter der Bilder. In den klassizistischen Figuren ist viel 18. Jahrhundert und Nachklang der Beschäftigung mit pompejanischen Wandbildern, aber an der stimmungsvoll-zarten Landschaft sieht man, daß Tischbein im Alter nicht ganz ohne Einfluß seitens der viel jüngeren Romantiker geblieben ist (er kannte Runge). Seine Idyllen wirken illustrativ und erscheinen in manchen Zügen wie ein Vorklang von Schwind und von Böcklin. Im Gattungscharakter der Idylle liegt dieses gleichzeitig Bildhafte und Erzählende, und Geßner, in beiden Richtungen gleich begabt, hatte das 18. Jahrhundert mit Idyllen dieser Art entzückt. Goethe besaß eine Neigung zum Idyllischen, zumal wenn es mit groß gesehener Natur und mit Naturformen des menschlichen Lebens verbunden war. Und beides sah er nun, als im Sommer 1821 zwei Sendungen mit aquarellierten Skizzen von Tischbein ankamen, Darstellungen von Landschaften, von Naturgottheiten und von Menschen in schöner Landschaft (zwei befreundete Jünglinge vor Sonnenuntergangslandschaft; Familie mit Kindern, Ziegen und Früchten in arkadischer Umgebung; Mann, Frau und Kind mit Pansflöte; Hirte und Hirtin Abschied nehmend usw.). Goethe entsprach gern Tischbeins Bitte, Gedichte zu den Bildern zu machen, sie entstanden Mitte Juli 1821. Unmittelbar danach kam Goethe die Lust an, auch Prosabeschreibungen der Bilder zu geben, und in diese fügte er seine Verse ein. Der Aufsatz erschien unter dem Titel *Wilhelm Tischbeins Idyllen* in seiner Zeitschrift *Über Kunst und Altertum, Bd. 3, 1822*. In der *Ausg. l. Hd., 1827*, erschienen die Verse dann auch unter den Gedichten in der Gruppe *Kunst*. Es sind 20 Gedichte, dazu ein Einleitungs- und ein Schluß-Gedicht. Von diesen sind für unsere Ausgabe nur 7 ausgewählt. Die kleinen Gedichte können durchaus auch ohne die Bilder bestehen und sind sehr bezeichnend für Goethes Altersstil, auch in ihrer sprachlichen Eigenart. – Nr. 3 zum Bild einer frei stehenden Gruppe von vier Bäumen (je eine Zypresse, Eiche, Pinie und ein Feigenbaum); ein Lieblingsmotiv Tischbeins. – Nr. 4 zum Bilde eines kleinen waldumgebenen Sees, in dessen Mitte eine kleine Insel, auf der eine große nach allen Seiten voll ausgebildete Eiche wächst. – Nr. 4 scheint eine Parallele zu haben in dem kleinen Gedicht, das 1833 in den „Nachgelassenen Werken“ erschien:

An den Wurzeln heiliger Eiche
Schwillt ein Lebensquell hervor,
Und so, ohne Nachbar-Gleiche,
Wuchs die Edle still empor.

Äste streckt sie, Blätterbüsche
Sonnig über glatte Flut,
Und in ewig grüner Frische
Spiegelt sich des Dankes Glut.

Ein Motiv, wie es Goethe liebte: das einzelne, allseitig ausgebildete, seine Gattung vollendet repräsentierende Lebewesen. Er war sich der Symbolik dabei sehr bewußt, denn in seinem Aufsatz nennt er das Gedicht einen *anthropomorphischen Reim*. – Nr. 5 bringt das Chiron-Motiv wie *Faust II*, 7319–7488. Der *Held*, auf den angespielt wird, ist Achilleus. – Nr. 6 steht an einem Wendepunkt in Goethes Gedichtzyklus (es ist dort Nr. 9; vorher 8, nachher 12 Gedichte). Vers 1–8 wiederholen die Bildmotive der ersten 8 Bilder, Vers 11–18 weisen auf die der folgenden Bilder voraus. Von den Motiven der bisherigen Bilder wird gesagt *irdisch war's und in der Näh* (Pflanzen, Menschen und Faune).

Im einzelnen ist angespielt auf die Landschaften (5), auf das Freundespaar, das die Natur betrachtet (6), und das Liebespaar, das Abschied nimmt (7–8); die Einleitung (1–4) meint wohl die Motive der Liebe und des Abschieds (2), vielleicht auch das im 1. Gedicht ausgesprochene Motiv des Vergehens und Werdens in der Natur. Goethe hat Tischbeins Bilder anders angeordnet, als der Maler es getan hatte. Er läßt jetzt die Bilder von Wasser- und Luftgeistern folgen, die Tischbein in Anlehnung an pompejanische Motive dargestellt hatte, die *Najaden* (13, 15 und 17 *Plätschern)* und die *Sylphiden* (14, 16 und 17 *Wallen*). Diese Bildmotive deutet er als menschliche Sehnsucht, die hinausführt über das, was *irdisch* und *in der Näh'* ist; in Wasser und Luft fühlt der Mensch sich dem Kosmischen verbunden. Doch die wirkliche Lösung der Sehnsucht ist die Wendung ins eigene Innere, Vergeistigung. Das sagt der für Goethes Altersstil bezeichnende Schluß. Goethe hat also hier aus Tischbeins Motiven durch Umgruppierung und symbolische Auslegung etwas Eigenes gemacht. (Tischbeins Bilder spielen etwa eine Rolle wie die „Quellen" für die Balladen.) Auch wenn sich alle Einzelheiten dieses Gedichts auf die Tuschzeichnungen beziehen, bleibt die gedrängte dichterische Verbindung ein tiefsinnig-schönes Spiel mit magischen Bildern und Formeln, ähnlich wie manches in *Faust II* und in den Alterswerken überhaupt. – Einfacher als das viele Motive vereinigende Gedicht 6 sind die Gedichte 1, 3, 4, 5, in denen nur je ein Motiv auftritt, das eben durch diese Vereinzelung seine Bedeutsamkeit ausspricht. – Nr. 7 *schauderhaft* = erschauernd, Schauer (Schauder) ausdrückend.

Was Tischbein im Mai 1821 an Goethe sandte, war eine Mappe mit getuschten Zeichnungen, das sogenannte *Grüne Buch* (Tagebuch 25. 7. 21). Goethe sandte es am 25. Juli an Tischbein zurück, es kam später in den Besitz des Herzoghauses, wurde verkauft und ist heute verschollen. Fast inhaltsgleich mit den Bildern des „Grünen Buchs" sind die von Tischbein im Winter 1819/20 in Öl gemalten Idyllen-Bilder, welche sich heute im Museum zu Oldenburg befinden. Es ergibt sich die Frage, wie die Bilder in Oldenburg zu den Goetheschen Versen gehören; z. T. läßt sich das vom Inhalt her erschließen, aber nicht immer mit Sicherheit. Doch gibt es dafür ein Hilfsmittel. Als Fr. v. Alten 1872 über Tischbein schrieb, lag das „Grüne Buch" (in das Goethe seine Verse neben die Bilder eingetragen hatte) noch vor. Goethe hat seine gedruckten Bildbeschreibungen numeriert; v. Alten sagt nun, was zueinander gehört 1) aus Goethes Beschreibung, 2) aus dem „Grünen Buch", 3) aus den Oldenburger Bildern. Diese kleinen Ölbilder hingen damals in einem großen Sammelrahmen und hatten Nummern. Heute hängen sie in Einzelrahmen und haben andere Nummern. Aber es gibt im Oldenburger Museum eine alte Photographie, welche die alte Anordnung und die alten Nummern hat. So kann man also die Bilder in Oldenburg und Goethes Gedichte auf dem Weg über v. Altens Buch und die Photographie im Oldenburger Museum in die richtige Verbindung bringen. – Tischbein selbst hatte seine Bilder in eine bestimmte Reihenfolge gebracht. Goethe löste diese auf und ordnete sie neu, und zwar so, daß die ersten Bilder *irdisch* sind, die zweite Gruppe aber *Najaden* und *Sylphiden* zeigt; so lebt sein Bild der *Steigerung* in dieser Anordnung. – Goethe, Wilhelm Tischbeins Idyllen. Hrsg. von E. Trunz. (Mit 13 Abb.) Hamburg, Verlag der Gesellschaft der Bücherfreunde, 1949. (68 S.) Dasselbe in überarbeiteter und ergänzter Form in: Studien zu Goethes Alterswerken. Hrsg. von E. Trunz. Frankf. a. M. 1971. S. 7–74. – Aus Tischbeins Leben und Briefwechsel. Hrsg. v. Friedrich v. Alten. Lpz. 1872. (XII, 330 S.) Insbesondere S. 1–118, 263–330. – Fr. Landsberger, W. Tischbein. Lpz. 1908. S. 171–176, 200–202. – Wolfgang Sörrensen, J. W. Tischbein. Bln. u. Stuttg. 1910. S. 59–77, 133–141. – W. Tischbein, Aus meinem Leben. Hrsg. v. L. Brieger. Bln. 1922. – W. Müller-Wulckow, Die Idyllen W. Tischbeins. Schünemanns Monatshefte 1929. – J. H. W. Tischbein. Gedächtnis-Ausstellung 1930 im Oldenburger Landesmuseum. (Katalog o. O., 1930, von W. Müller-Wulckow.) Nr. 407, 454, 546, 551. – Lilli Martius, Der Eutiner Tischbein. Nordelbingen 20, 1952. S. 114–137. – Kommerell S. 114–117.

S. 376. ÄOLSHARFEN. Erster Druck: *Ausg. l. Hd., 1827,* hinter der *Trilogie der Leidenschaft.* Am 6. August 1822 schrieb Goethe das Gedicht in das Stammbuch des Komponisten Tomaschek aus Prag mit der Überschrift *Liebeschmerzlicher Zwiegesang unmittelbar nach dem Scheiden.* Gedichtet am 24.–25. Juli 1822 nach der Abreise aus Marienbad. *Äolsharfen,* Windharfen waren in der Goethezeit beliebte Instrumente. Sind in einem Park zwei aufeinander abgestimmte Harfen angebracht, so bringt ein und derselbe Windhauch beide zum Klingen, eine scheint der anderen zu antworten. *Gespräch* ist das Gedicht in übertragenem Sinne: Ein Einander-Verstehen, Miteinander-Sprechen auch aus der Ferne, schönster Beweis der Liebe. Es sind parallele Monologe, nur im Geiste dialogisch. (Echte Dialoge sind dagegen *Das Wiedersehn* (S. 195), einige *Sonette* (S. 294–303), das *Buch Suleika* im *Divan.*) Das Gedicht hat also eine ähnliche Struktur wie ein mittelhochdeutscher Gedichttyp, der z. B. bei dem Kürenberger vorkommt und von dem De Boor sagt: „Die Herstellung der Beziehung zwischen Mann und Weib durch Botschaft oder Brief ist bewußt vermieden. Die beiden Redenden stehen ganz im eigenen Raum, sie sind zum lyrischen Ich geworden. Ihre Reden beziehen sich aufeinander, aber sie greifen nicht ineinander ein. Diese eigentümliche Liedgattung bezeichnen wir als ‚Wechsel'." (Die höfische Lit. München 1953. = Gesch. d. dt. Lit., 2. S. 244.) Auf die *Elegie* deutet das Motiv voraus, daß selbst die Natur nicht mehr Tröstung bringt (17–20). Doch indem der Liebende innerlich das Bild der Geliebten in sich wiederfindet, bleibt er nicht in hoffnungsloser Einsamkeit. Am Ende das bei Goethe häufige, symbolische Bild des Regenbogens, bekannt aus Homer und der Bibel, bei ihm auch verknüpft mit seinen Studien des Lichts. In der *Farbenlehre* sagt er: ... *so verwandelten die Griechen den Regenbogen in ein liebliches Mädchen, eine Tochter des Thaumas (des Erstaunens); beides mit Recht: denn wir werden bei diesem Anblick das Erhabene auf eine erfreuliche Weise gewahr. Und so ward sie diesem Gestalt liebenden Volke ein Individuum, Iris, ein Friedensbote, ein Götterbote überhaupt.* (Bd. 14, S. 11, 15–20.) In ähnlichem Sinne das *Iris*-Motiv im *Divan* (Bd. 2, S. 81), in *Faust* 4721 ff., *Iphigenie* 1351 ff. Die Liebende sagt: Iris erscheint nicht am heitern blauen Himmel (27), doch regnet es, so kommt sie; so ist auch mit seinen Tränen, seiner Sehnsucht das Bild der Geliebten da. Der Liebende gibt dem Motiv eine neue Wendung: Iris ist Brechung des göttlichen Lichts, Brücke vom Unendlichen zum Endlichen. Kein zarteres und tieferes Bild für das Wesen der Geliebten könnte das Gedicht beschließen. Auch dies ist erste leise Andeutung eines Motivs der *Elegie* (Vers 79–84), die Offenbarung des Absoluten im Bilde des Menschen. Über Leben, Wesen, Alter der Liebenden, über Ursache und Art der Trennung kein Wort. Jede äußerliche Beziehung zur Biographie fehlt. Das Motiv der Wechselseitigkeit ist in der ganzen Marienbader Dichtung aus Traum und Sehnsucht geboren (anders als im *Divan*). – 20 *sich befeuern* = im Sternenglanz erstrahlen. 26 *meine* = gesinnt bin („daß ich vielleicht in der Entfernung nicht so treu gesinnt sei"); Dt. Wb. 6, 1885, Sp. 1924–35, insbes. 1928. – 31 *vergleichen an*: ungebräuchliche, auch bei Goethe sonst nicht vorkommende Konstruktion; im Dt. Wb. 12, 1. 1956, Sp. 455 nur mit diesem einen Beleg genannt; Fischer, Goethe-Wortschatz Sp. 681: „nach dem Französischen". Vielleicht Kombination mit „annähernd", „an ... heranreichend". – Der Druck in der *Ausg. l. Hd.*, Bd. 3, S. 31, hat nach Vers 14 einen kleinen Strich, der einen größeren Absatz bedeutet. – In einem Brief an Zelter vom 9. Jan. 1824 schreibt Goethe: *Kennst Du nachstehende Reimzeilen? Sie sind mir ans Herz gewachsen, Du solltest sie wohl durch schmeichelnde Töne wieder ablösen* und zitiert dann Zeile 31–34 des Gedichts *Ja, du bist wohl ...* Briefe, HA., Bd. 4, S. 101. – Kommerell S. 93.

S. 378. KÖNNT' ICH VOR MIR SELBER FLIEHN ..., ACH, WER DOCH WIEDER GESUNDETE ... und DENN FREILICH SIND'S ... Alle drei erstmalig gedruckt in der Weimarer Ausgabe Bd. 5, 1. Abt., 1893, und zwar unter den Sprüchen. Seither in den Gesamtausgaben immer an diesem Orte. Daß die Verse unter die Sprüche gerieten, liegt an ihrer kurzen Form. Es sind aber keine Sprüche, es sind reine Lyrica, lyrische Kurzgedichte. Ihr Stil weist sie aus als Gedichte der Spätzeit.

Die Gedichte *Könnt' ich vor mir selber fliehn ...* und *Ach! wer doch wieder gesundete ...* stehen handschriftlich (von Goethes Hand) auf ein und demselben Bogen. Auf dem gleichen Bogen steht eine Notiz Goethes, die sich auf Ikens Übersetzung der persischen Dichtung „Toutinameh", Stuttg. 1822, bezieht; mit dieser befaßte er sich im Sommer 1822. Auf dem gleichen Bogen steht noch ein

Gedicht *Gätet Mädchen Hanf ...*, das die Umbildung eines Gedichts aus der Königinhofer Handschrift ist, mit der Goethe sich ebenfalls im Sommer 1822 beschäftigte. (W. A. 5, 2, S. 390f.) Der handschriftliche Befund legt also die Annahme nahe, daß beide Gedichte im Sommer 1822 oder etwas später entstanden sind. – Das Gedicht *Denn freilich sind's* ... steht auf einem Quartblatt, das sonst nicht beschrieben ist. Nach Schrift und Papier stammt es vermutlich aus Goethes Spätzeit. Hans Wahl urteilte aus seiner großen Kenntnis der Goethe-Handschriften heraus: 1819–1823. Dieses Gedicht ist eine sechszeilige Stanze. Goethe pflegte nicht eine einzelne Stanze zu schreiben; Stanzen wollen gereiht sein. Aber es konnte vorkommen, daß eine einzelne Stanze als Paralipomenon übrigblieb und dann verselbständigt wurde (S. 127). Die Mariannen-Lyrik hat keine Stanzen; aber die Ulriken-Lyrik hat sie, in der *Elegie* und in *Aussöhnung;* auch im Gehalt deutet alles in dieser Stanze auf das Ulriken-Erlebnis, der Monolog des Einsamen, die Frage *soll man? Oder soll's verschieben?* ... Die Stanze klingt, als sei schon verschiedenes vorausgegangen, d. h. sie ist Bruchstück. Sie scheint irgendwie in den Kreis der *Elegie* zu gehören. – Zu dem Ulriken-Erlebnis gehören schließlich noch zwei Zeilen, die Goethe in seinem Schreibkalender für das Jahr 1823 notiert hat (gegenüber dem Kalendarium vom Januar, aber das bedeutet nicht, daß sie in den Januar zu datieren sind; doch aus dem Jahre 1823 werden sie wohl stammen):

Ich bin gefangen! Wie! In tiefer Gruft.
So wär' ich alsobald in freier Luft.

Die Ulriken-Lyrik umfaßt also 1) die großen Gedichte *Äolsharfen* und *Trilogie der Leidenschaft;* wahrscheinlich gehört auch *Der Bräutigam* hierher. (S. 380–386.) Sodann 2) Kurzgedichte in konventionell-gebändigter Art, die als Briefgedichte verschickt wurden und 1827 zum Druck kamen. (S. 378–380.) Und schließlich 3) Kurzgedichte privatester Art, die Goethe niemandem zeigte. Das sind diese drei Gedichte und das Bruchstück im Schreibkalender. Sie teilen mit den anderen Kurzgedichten die augenblicksgeborene kleine Form, mit den großen Gedichten die Leidenschaft und Qual. – Das Wort *bogenhaft* (im dritten Gedicht) kommt auch Bd. 2, S. 104, Vers 13 vor, eine der Neubildungen auf *-haft,* wie Goethe sie im Alter liebte; der Sinn der 3. Zeile: in Eile und geradezu, langsam und auf gekrümmtem Wege ... Wie nach der Schilderung der Qual und Verwirrung dann die Stanze klangvoll abschließt in der Klarheit der Maxime, einer der so selbstverständlich klingenden großen Wahrheiten der Liebe – das ist eigenste Goethesche Art. Auch ihrem Rang nach als Lyrica dürfen die drei kleinen Strophen neben den anderen Marienbader Gedichten stehen. – Das erste der kleinen Gedichte begann ursprünglich: *Das Maß ist voll. / Warum streb' ich* ... Dann wurde die Zeile *Könnt' ich vor mir selber fliehn!* davor gesetzt, und vor die nun dritte Zeile kam das *Ach!* – Das zweite Gedicht begann ursprünglich: *O! wer doch wieder gesundete! Wie lange soll das schmerzen!* – Zu *Könnt' ich vor mir* ... vgl. S. 124 *Hier bildend* ...

S. 378. AN ULRIKE V. LEVETZOW. I–VI. Erster Druck: *Ausg. l. Hd., 1827,* in der Gruppe *Inschriften, Denk- und Sendeblätter,* ohne Überschrift und natürlich ohne Namensnennung. Die 6 Gedichte stehen hier zwischen einem Gedicht, das überschrieben ist *Gesendet von Marienbad einer Gesellschaft versammelter Freunde zum 28. August*

1823, und dem Gedicht *An Madame Marie Szymanowska*, das unter anderm Titel das Schlußgedicht der *Trilogie der Leidenschaft* bildet. Der Nachforschende konnte also infolge dieser Anordnung Zusammenhänge vermuten. Die 6 Gedichte tragen in der *Ausg. l. Hd.* keine Überschrift, haben im Register aber die gemeinsame Überschrift *Liebschaft*. Dieses Wort – gebildet wie „Freundschaft", „Verwandtschaft" – bedeutet in Goethes Sprache das, was er in seinen *Aufklärenden Bemerkungen* zu den *Inschriften, Denk- und Sendeblättern* dazu sagt: *Sind als Aufblicke von Galanterie, Neigung, Anhänglichkeit und Leidenschaft im Konflikt mit Weltleben und täglicher Beschäftigung zu betrachten; wie denn der Liebende auch als Wetterbeobachter auftritt.* Damit ist die innere Spannung, die in diesen Versen lebt, von Goethe selbst ausgesprochen. Von dem 6. Gedicht kam eine Handschrift aus Ulrikes Nachlaß ins Goethe-Schiller-Archiv. Am 14. August 1823 schickte Goethe von Marienbad die Gedichte I, III und IV an seine Schwiegertochter als Beilage zu einem Brief und bezeichnete sie als *einige Fallsterne, wie sie in schöner klarer Nacht vorüberstreifen.* Im 3. Gedicht erscheint der Dichter als Beobachter von Wetter und Wolken, als *Schüler Howards*, nach dessen Lehre hier Cumulus (5–6), Stratus (7–8) und Nimbus (9–10) dargestellt werden. (Wolkenlehre und Wolkensymbolik: S. 349–352 und S. 408. Ferner Bd. 13, S. 304–313 und die Anmkg. dazu.) – Vom Wetter spricht auch IV, das Gedicht vom Barometer, das dann mit leichtem Klang überleitet zu einem zweiten feinen Instrument, dem eigenen Herzen, das Wandlungen anzeigt – welche, das bedarf ja nur einer Andeutung. Das Barometer reagiert schicksalhaft-zwangsläufig, ohne Pause, in völliger Abhängigkeit. Die Parallele wird nicht ausgeführt, und das Unerbittliche wird ausgeglichen durch die Leichtigkeit und Süße der Sprache. – V bringt das Motiv des Wiederfindens der Geliebten im eigenen Herzen wie *Äolsharfen* 21 f. und *Elegie* 43–48. – VI wurde an Ulrike nach Karlsbad gesandt, wohin ihre Mutter und sie von Marienbad gereist waren. Goethe legte es am 10. September 1823, als er auf der Heimreise war, von Eger aus einem Brief an Ulrike bei. (HA Briefe Bd. 4, S. 89) – Die kleinen Gedichte versuchen, sich dem Konventionell-Verständlichen anzupassen, doch der Unterton tiefer innerer Bewegtheit bleibt spürbar.

Das erste der kleinen Gedichte gehört seinem Ursprung nach nicht in die Gedichte um Ulrike, wurde von Goethe aber mit ihnen zusammengestellt. Am 24. Juli 1823 schrieb Goethe an Zelter und fügte diese Verse bei, mit Überschrift *An Lili.* Hier beginnen sie: *Du hattest gleich mirs angetan* ... Später, für die Gedichtgruppe, änderte er: *Du hattest längst* ..., was auf Ulrike paßte, die er seit Jahren kannte. Wer hatte es ihm *gleich* angetan? Wer ist hier *Lili?* Es ist eine Schülerin Zelters, Lili Parthey, die Goethe in Marienbad am 23. Juli aufsuchte. Sie erzählt anmutig, was Zelter ihr für Goethe aufgetragen hatte: „Nicht nur einen

Gruß, sondern auch, was darauf reimt." Goethe versteht sofort und küßt sie. Und dann noch einmal: „Er wollte mir die Hand küssen, was ich natürlich nicht litt, sondern ihm ebenso natürlich den Mund hinhielt." Darauf bezieht sich Vers 4. Goethe erwähnt dieses Erlebnis, durch das er sich *überrascht und beinahe verwirrt fühlte*, in dem Brief an Zelter vom 24. Juli und kommt einen Monat später im Brief vom 24. August aus Eger noch einmal darauf zurück. (HA Briefe Bd. 4, S. 75,22ff.; und 83,3ff. Dazu: O. Harnack, Goethe und Lili Parthey. GJb. 22, 1901, S. 113–128. Und: Gespräche, hrsg. von W. Herwig, Bd. 3, 1 S. 523–538.) – II, 2. *dürfen wir* = dann braucht uns das nicht zu betrüben. – IV, 1. *lebendig Silber*: Quecksilber. Gedacht ist an ein Quecksilberbarometer, wie Goethe es benutzte (Goethe, Die Schriften zur Naturwissenschaft, Leopoldina-Ausgabe, Bd. 11, 1970, S. 246). Er schreibt am 19. August 1823 aus Marienbad an Staatsrat Schultz: *Die Methode, das Barometer als hauptwirksam bei allen atmosphärischen Erscheinungen anzusehn, hat mir sehr gefruchtet, ja mich beinahe übermäßig in diesem Fache beschäftigt.* (HA Briefe Bd. 4, S. 81.) Von dem Gedicht *Du Schüler Howards* steht ein Entwurf im Notizbuch von 1823. (W. A. 53, S. 557.) In diesem stehen auch die Verse *Ich bin gefangen! Wie! In tiefer Gruft, / So wär' ich alsobald in freier Luft* (W. A. 5, 2, S. 418) und ein gesellschaftlich-scherzhaft gehaltener Vierzeiler für Ulrike:

Ich schien dir lieb und wert zu sein,
Und dir gefiel die kleinste Gabe,
Und wenn ich deine Gunst noch habe,
So sind die Tafeln nicht zu klein. (W. A. 5, II, S. 366.)

Das gleiche Thema hat ein Zweizeiler, der Ulrike geschenkt wurde:

Genieße dies nach deiner eignen Weise,
Wo nicht als Trank doch als beliebte Speise. (W. A. 4, 265.)

Den Kommentar gibt ein Brief an Grüner vom 29. Juli 1823: *Ich wünsche ein Pfund von der feinsten Wiener Schokolade.* – Kommerell S. 81.

S. 380. TRILOGIE DER LEIDENSCHAFT. Text nach der *Ausg. l. Hd.* Das Gedicht *An Werther* entstand Ende März 1824 in Weimar; die *Elegie* 5.–12. September 1823 auf der Reise von Karlsbad nach Weimar; das Gedicht *Aussöhnung* in Marienbad Mitte August 1823. Das letzte Gedicht der *Trilogie* ist also zuerst entstanden, das erste zuletzt, zunächst jedes für sich. Als Goethe im Oktober 1823 Eckermann die *Elegie* zeigte (im November Humboldt und im Dezember Zelter), hatte sie noch keine Verbindung zu dem Gedicht *Die Leidenschaft bringt Leiden* ... Erst am 21. Januar 1825, als bereits die Zusammenstellung der Gedichte für die *Ausg. l. Hd.* in Gang war, kommt im Tagebuch die Bezeichnung *Trilogie der Leidenschaft* vor. – Die 3 Gedichte sind, wie es einer Trilogie zukommt, von verschiedener Art. Die *Elegie* steht beherrschend in der Mitte. In *Elegie* und *Aussöhnung* spricht ein allgemein gehaltenes lyrisches Ich; ein Liebender klagt; kein Wort über Ort und Umwelt der Liebe, über die Gründe der Trennung, sein und ihr Alter. Dagegen spricht in dem Einleitungsgedicht der Verfasser des

Werther, d.h. Goethe individuell, der als gealterter Dichter auf sein Jugendwerk zurückblickt. Durch die Zusammenstellung zur Trilogie erhalten nun auch die beiden anderen Gedichte mittelbar mehr individuellen Charakter. Das Thema der *Leidenschaft* verbindet sie, im Einleitungsgedicht als tiefe Gefährdung der Jugend, in der *Elegie* als Not des Augenblicks, in der *Aussöhnung* als verklingender Schmerz. Die drei Gedichte gehören verschiedenen Gedichttypen an. Im ersten wird eine Gestalt der Dichtung angesprochen und mit ihr das Leben allgemein betrachtet; im zweiten wird eine soeben erlebte Situation dargestellt; das dritte ist ein Gelegenheitsgedicht, in welchem zwar Tiefstes zur Sprache kommt, das aber (im Zusammenhang der Entstehung als Gedicht an Frau Szymanowska) heller und gefälliger ist als die vorigen Gedichte und auf diese Weise – wie Goethe es liebt – das Tiefsinnige mit leichter Hand zum Abschluß bringt. Das Gedicht *An Werther* enthält das Äußerste an Skepsis und Resignation in Goethes hoher Lyrik. Hier kommt ein Grundton zum Vorschein, der seit seiner Jugend vorhanden ist, doch nur selten sich äußert (am ehesten in Gesprächen und Briefen), und dann meist im Zusammenhang mit Werther. An Zelter schreibt Goethe am 3. Dez. 1812: *Wenn das taedium vitae den Menschen ergreift, so ist er nur zu bedauern, nicht zu schelten. Daß alle Symptome dieser wunderlichen, so natürlichen als unnatürlichen Krankheit auch einmal mein Innerstes durchrast haben, daran läßt „Werther" wohl niemand zweifeln. Ich weiß recht gut, was es mich für Entschlüsse und Anstrengungen kostete, damals den Wellen des Todes zu entkommen, so wie ich mich aus manchem spätern Schiffbruch auch mühsam rettete und mühselig erholte ... Ich getraute mir einen neuen „Werther" zu schreiben, über den dem Volke die Haare noch mehr zu Berge stehen sollten als über den ersten.* (HA Briefe Bd. 3, S. 212, 30ff.) Hier sind manche Vorklänge zu dem Gedicht *An Werther* zu finden, ebenso in dem Brief an Zelter vom 26. März 1816: *Leider bleibt das immer die alte Leier, daß lange leben soviel heißt als viele überleben, und zuletzt weiß man denn doch nicht, was es hat heißen sollen. Vor einigen Tagen kam mir zufälligerweise die erste Ausgabe meines „Werthers" in die Hände, und dieses bei mir längst verschollene Lied fing wieder an zu klingen. Da begreift man denn nun nicht, wie es ein Mensch noch vierzig Jahre in einer Welt hat aushalten können, die ihm in früher Jugend schon so absurd vorkam ... Beseh ich es recht genau, so ist es ganz allein das Talent, das in mir steckt, was mir durch alle die Zustände durchhilft, die mir nicht gemäß sind und in die ich mich durch falsche Richtung, Zufall und Verschränkung verwickelt sehe.* (HA Briefe Bd. 3, S. 347.) Die Worte an Werther sind oft von schneidendem Sarkasmus (10, 39f., 47f.), erst die letzten zwei Zeilen mildern diesen Klang. Ganz anderen Charakter hat die *Elegie*. Sie ist aus einer konkreten, soeben erlebten

Situation erwachsen. Trotz der großen Klage ist sie nicht so düster wie das Gedicht *An Werther*, denn es fehlt jeder nihilistische, Illusionen zerstörende Zug. Der Liebende weiß trotz des Schmerzes, daß die *jetzige Minute* ihm *Schönes* und *Gutes* bietet (109ff.). Wie ihn die Geliebte ins Leben weist zu *froh-verständigem* Handeln (97ff.), so weist er selbst die Freunde zum Forschen und Betrachten (131f.). Wie Wellen und Wellentäler wechselt die Verzweiflung mit solcher Vergegenwärtigung der Weltfülle. Trotz des persönlichen Zustands der Sehnsucht und Trauer gibt es keine Auflehnung gegen die Ordnung der Welt, keinen Zweifel an ihrer Sinnhaftigkeit. *Aussöhnung* ist wiederum ein Gedicht anderer Art. Alles ist indirekt gesagt, Subjekt ist das *Herz*. Das persönlich Erlebte wird verallgemeinert; das Tiefsinnige wird mit der leichten Hand des geübten, gealterten Dichters formuliert. Das durch Krankheit und Leid erschütterte Herz ist durch Musik wieder mit dem Rhythmus der Welt in Einklang gebracht; die Verse sind liebevoller Dank und zugleich eine vornehme Huldigung für die Künstlerin. Nur leise klingen tiefste Töne an (das religiöse Motiv der Ordnung der *Welt* und der *Töne*). Dieses Gedicht ist seinem Wesen nach nicht Monolog wie die *Elegie*, sondern Mitteilung (wie es auch die Entstehung zeigt), und schon dadurch wird offenbar, daß der Dichter der Welt wiedergegeben ist. Es ist als voller reiner Klang, der frühere Motive noch einmal in anderer Tonart aufnimmt und auflöst, der gemäße Abschluß der ganzen Trilogie.

Um den biographischen Hintergrund kennen zu lernen, sind die Tagebücher und die Briefe aus dieser und der folgenden Zeit die wichtigsten Quellen. Vollständig abgedruckt sind sie in der Weimarer Ausgabe. Hinzu kommen die Berichte von anderen, welche man in der Ausgabe der Gespräche von W. Herwig findet. Die Briefe äußern vieles nur in verhaltener Form. Am 9. August schreibt Goethe an Staatsrat Schultz: *Mehr oder weniger bedeutende Menschen hab ich gesprochen und ein wunderliches Resultat herausgezogen: ihr Hauptstreben ist eine unmögliche Synthese* ... (HA Briefe Bd. 4, S. 81,1ff.) Einen Monat später, am 8. September, aus Eger, nach der Trennung von Ulrike, schreibt er an den vorigen Brief anknüpfend: *Dort hab ich doch, mit selbstgefälliger Weisheit, das so unerläßliche als irrige Bestreben der Menschen getadelt, die sich mit unmöglichen Synthesen abquälen. Das Blatt war kaum zur Post, als ich mich auf der unmöglichsten aller Synthesen ertappe* ... (HA Briefe Bd. 4, S. 87,1ff.) – B. Suphan, Briefe Goethes an Ulrike v. Levetzow. GJb. 21, 1900, S. 3–51. – Elegie. Goethes Reinschrift, hrsg. v. B. Suphan. Weimar 1900. = Schr. G. Ges., 15. – August Sauer, Ulrike v. Levetzow und ihre Erinnerungen an Goethe. Deutsche Arbeit 3, 1904, 4. Heft. (Auch als Sonderdruck.) Neugedruckt in: A. Sauer, Probleme und Gestalten. Stuttg. 1933. = Sauer, Gesammelte Schr., 1. S. 19–38. – G. v. Graevenitz, Die Trilogie der Leidenschaft, G. Jb. 29, 1908, S. 71–87. – Gundolf, 1916, S. 707–713. – Geneviève Bianquis, L'élégie de Marienbad. In: Goethe, Publ. de la Faculté des Lettres de l'Université de Strasbourg 57, 1932, S. 387–408. Wiederholt in: Bianquis, Études sur Goethe. Paris 1951. S. 121–142. – Charles Du Bos, Approximations. Série VI:

Le dernier amour de Goethe et l'élégie de Marienbad. Dasselbe deutsch: Du Bos, Der Weg zu Goethe. Olten 1949. S. 310–353. – Richard Harder, Höchstes Glück der Erdenkinder. In: Gedicht und Gedanke. Hrsg. von H. O. Burger, Halle 1942. S. 152–168. – Kommerell, 1943, S. 148–163. – Boyd II, 1949, S. 236–255. – Kommerell, Dichterische Welterfahrung, 1952, S. 33f. – Elizabeth M. Wilkinson, Goethes Trilogie der Leidenschaft als Beitrag zur Frage der Katharsis, Frankf. 1957. = Fr. Dt. Hochstift, Vorträge u. Schriften, 18. (32 S.)

S. 380. AN WERTHER. Der Verlag Weygand in Leipzig, der 1774 die Erstausgabe des *Werther* verlegt hatte, wollte 1824 eine Sonderausgabe zum 50jährigen Jubiläum dieses Ereignisses drucken und bat Goethe um ein Vorwort. Die erneute Beschäftigung mit dem frühen Werk kam zusammen mit den schmerzvollen Nachwirkungen der Erlebnisse von 1823. Goethe schrieb am 23. März 1824 an den Verlag: *Wenn Sie ... eine nochmalige Ausgabe der Leiden des jungen Werthers, wie solche vor Jahren aus Ihrem Verlag hervorgegangen, gegenwärtig veranstalten wollen, so wüßte nichts zu erinnern. Gelingt mir zu rechter Zeit ein kurzes Vorwort, rhythmisch oder prosaisch, so übersende solches mit dem Wunsche eines guten Erfolgs.* Das Tagebuch notiert am 24. März: *Nachts für mich; an die neue Ausgabe von Werthers Leiden gedenkend.* 25. März: *Mittag für uns mit Eckermann. War das Gedicht zur neuen Ausgabe von Werther fertig geworden.* 26. März: *Abschrift des gestrigen Gedichts ... gegen Abend Prof. Riemer, das neue Gedicht durchgegangen und stellenweise bedacht.* – Während die beiden andren Gedichte der *Trilogie* in Stanzen geschrieben sind, ist die Form hier weniger streng; Reimstellung, Taktzahl und Strophenlänge wechseln. – 1ff. *Noch einmal ...* Anrede an Werther bei Gelegenheit der neuen Auflage des Werks. – 3 *neu beblümten Matten*: die Matten blühen jedes Jahr von Blumen, so auch jetzt, nach vielen Jahren, in veränderter Lebenssituation. Dieser Erwähnung der äußeren Welt folgt später (11–20) das Thema des Mißverhältnisses von Außen und Innen. – 5 *Es ist als ob du lebtest in der Frühe*: Werther wird angesprochen wie ein einstiger Jugendgefährte. – 15 *verworrene Bestrebung*: ein inneres Streben, das wirr ist. – 19 *trüb* im Sinne von Goethes Farbenlehre und Farbensymbolik: Licht hindernd, verdunkelnd. – 33ff. *Doch erst zu früh ...* Anspielung auf Situationen in dem Roman *Werther*, wo es Warnung (Bd. 6, S. 20, 30f.), Trennung (S. 59; 103), Wiedersehn (S. 75ff.; 107) gibt, und zugleich mitklingend neues eigenes Erleben, weil Einstiges und Jetziges sich ineinander spiegeln. – 37 *ersetzt*: ein glücklicher Augenblick wiegt Jahre der Trennung und Sehnsucht auf. – 46 *Dem Scheiden endlich.* Anspielung auf Abschiede im eigenen Leben. Dazu der Satz: *In jeder großen Trennung liegt ein Keim von Wahnsinn; man muß sich hüten, ihn nachdenklich auszubrüten und zu pflegen.* (Bd. 12, S. 534.) *Scheiden ist der Tod*: das gilt wörtlich für Werther. – 47f. Goethe schrieb an

Zelter am 26. März 1816: *Beseh ich es recht genau, so ist es ganz allein das Talent, das in mir steckt, was mir durch alle die Zustände durchhilft, die mir nicht gemäß sind* ... Auch in *Dichtung und Wahrheit* schildert er, daß *eine dichterische Aufgabe* (Bd. 9, S. 585, 14f.) ihn von Selbstmordgedanken ablenkte (Bd. 9, S. 578, 9ff.; 583, 21ff.; 585, 14ff.). Was für die Werther-Zeit galt, gilt auch für die *wiederholte Not* späterer Lebenslagen. Von hier aus gesehen besagen die Verse 47f.: *Der Dichter singt* und vermeidet dadurch den wertherischen Tod, den ein großer Abschied sonst bringen würde. Das so entstandene Gedicht *rührt* dann andere Menschen, die es hören. (Ähnlich in der *Zueignung* des *Faust: Der Schmerz wird neu, es wiederholt die Klage / Des Lebens labyrinthisch irren Lauf* und dann: *Mein Lied ertönt der unbekannten Menge, / Ihr Beifall selbst macht meinem Herzen bang.)* Die Schlußverse bitten, daß ihm dieses rettende Mittel auch in der neuen Not gegeben sei; damit ist die Verbindung zur *Elegie* hergestellt. – 50 *Geb' ihm ein Gott* ... Abwandlung von *Tasso* 3433.

S. 381. ELEGIE. Über die Entstehung berichtet das Tagebuch am 5. Sept. 1823: *Früh alles gepackt ... allgemeiner, etwas tumultuarischer Abschied ... Abgefahren nach 9 Uhr ... Halb 1 Uhr in Zwotau ... Abschrift eines Gedichtes. Nach 5 Uhr in Hartenberg. Vielfache Unterhaltung mit dem Grafen* ... Am 6. Sept. auf Schloß Hartenberg: *An dem Gedicht redigiert. Mit dem Grafen spazieren gefahren ... Notizen von dem Feldbau* ... 7. Sept.: *Das Gedicht fortgesetzt. Abschied vom Grafen und der Familie. Abfahrt mit 2 Chaisen ... In Eger gegen 1 Uhr ... Nach Tisch Rat Grüner ... Von 4 Uhr an für mich ... Gleich nach der Ankunft Abschrift der neusten Strophen. Gegen Abend Briefe diktiert.* 12. Sept.: *Um 6 Uhr ab von Hof ... Bei sehr schönem Wetter nach Sonnenuntergang in Pösneck eingetroffen. Das Gedicht abermals unterwegs durchgegangen und Bemerkungen gemacht.* 17. Sept.: *Gegen 10 Uhr abgefahren* (von Jena). *Gegen 1 Uhr in Weimar ... Die Abschrift des Gedichtes angefangen.* 18. Sept.: *Die Abschrift des Gedichtes fortgesetzt.* 19. Sept.: *Die Abschrift des Gedichts vollendet.* Wenn man die Fülle der (hier nur im Auszug mitgeteilten) Tagebuchnotizen liest, sieht man, wie Goethe auf der Reise von Karlsbad nach Weimar (mit den Aufenthalten in Schloß Hartenberg, Eger und Jena) viele Menschen spricht, mit Geologie und Volkswirtschaft beschäftigt ist, Briefe empfängt und absendet und dazwischen immer an dem großen Gedicht arbeitet, das für ihn wohl der cantus firmus dieser Tage war. Schon am Tage der Ankunft in Weimar beginnt er die Reinschrift. Er nahm besonders gutes Papier (16 Seiten) und trug eigenhändig in großen lateinischen Schriftzügen die *Elegie* ein. Diese Reinschrift hat keine Verschreibung, keine Streichung und ist eins der schönsten Beispiele, wie Goethe dem sprachlichen Kunstwerk Ehre erwies durch das Werk der Hand. Er legte diese Handschrift in eine Mappe von rotem Maroquinpapier (so bekam Eckermann sie zu sehen) und ließ später für sie vom Buchbinder einen Einband mit blauem Papierbezug und dem Aufdruck *Elegie. September 1823* herstellen. Diese Handschrift behandelte er als eine Kostbarkeit und zeigte sie nur wenigen nahen Freunden. Eckermann berichtet am 27. Oktober 1823, wie Goethe ihm die *Elegie* mit einer gewissen Feierlichkeit zeigte, und kommt am 16. November noch einmal auf das Werk und seine Entstehung zurück. Am 12. November kam Humboldt nach Weimar. Goethe war krank. Er gab ihm zunächst die *Paria*-Trilogie zu lesen, dann einige neue *Divan*-Gedichte, und schließlich am 19. November die *Elegie*. Humboldt schreibt an Caroline: „Heute gab er mir ein eigen gebundenes Gedicht, eine Elegie. Ich sah schon, daß sie sehr zierlich und sorgfältig äußerlich in Band und Papier behandelt war. Sie war ganz von seiner Hand geschrieben, er sagte mir, es sei die einzige Abschrift, die davon existiere, er habe sie noch niemandem, ohne Ausnahme, gezeigt und werde sie noch lange nicht, vielleicht nie drucken lassen. Er habe sich aber auf meine Ankunft gefreut, weil er vorher wisse, ich werde mit ihm fühlen. Er sagte das alles in einem bewegteren und sich mehr erschließenden Ton als ihm sonst eigen war. So fing ich an zu lesen, und ich kann mit Wahrheit sagen, daß ich nicht bloß von dieser Dichtung entzückt, sondern so erstaunt war, daß ich es kaum beschreiben kann. Es erreicht nicht bloß dies Gedicht das Schönste, was er je gemacht hat, sondern übertrifft es vielleicht, weil es die Frische der Phantasie, wie er sie nur je hatte, mit der künstlerischen Vollendung verbindet, die doch nur langer Erfahrung eigen ist. Nach zweimaligem Lesen fragte ich ihn, wann er es gemacht habe. Und als er mir sagte *Vor nicht gar langer Zeit,* war es mir klar, daß es die Frucht seines Marienbader Umganges war. Die Elegie behandelt nichts als die alltäglichen und tausendmal besungenen Gefühle der Nähe der Geliebten und des Schmerzes des Scheidens, aber in einer so auf Goethe passenden Eigentümlichkeit, in einer so hohen, so zarten, so wahrhaft ätherischen und wieder so leidenschaftlich rührenden Weise, daß man schwer dafür Worte findet. Die selige Nähe der Geliebten ist in ihrer ganzen faltenlosen Einfachheit des Glücks geschildert, mit dem Frieden Gottes, mit dem Gefühl frommer Seelen verglichen. Von dem, was eigentlich fromm sein heißt, ist in wenigen Zeilen eine namenlos schöne Beschreibung. Dann ist die Betrachtung der Natur, die Anschauung des Weltalls, also das, was Goethes innerste Beschäftigung ausmacht, der Geliebten gleichsam entgegengesetzt, indem der Dichter sich fragt, warum ihm das alles denn nicht mehr genüge? Und dieser Kontrast hebt das Gefühl der Liebe auf eine wundervolle Weise. Die Geliebte ist nur in einer einzigen Stanze (das Gedicht besteht aus sechszeiligen Stanzen) mehr angedeutet als geschildert. Wie er nämlich davon spricht, daß ihn Fels und Feld und Wiese nicht mehr ansprechen, sagt er: auch nicht der Wolken zart Gebilde, und wie er dies Gebilde beschrieben, heißt es, womit sie am ähnlichsten zu vergleichen ist, sie, die lieblichste der lieblichen Gestalten. An dieser Stelle geht er gleich auf sie wieder über, aber gleich wieder vom Sinnlichen ab, indem er sagt: allein warum suche ich sie da und nicht im inneren Gemüt, wo ihr Bild so tausendfältig herrscht ... In keiner Silbe des Gedichtes ist des Alters erwähnt, aber es schimmert leise durch; teils darin, daß alles darin so ins völlig Hohe und Reine gezogen ist, teils in der umfassenden Fülle der Naturbetrachtung, auf die hingedeutet ist, und die Reife der Jahre fordert." Man spürt aus Humboldts Worten, wie tief ihn das Gedicht bewegt hatte. Ohne den Text vor sich zu haben, nur nach der Lektüre am Vormittag in Goethes Arbeitszimmer, gab er abends die briefliche Beschreibung. Am 24. November kam dann Zelter, der ebenfalls bald die *Elegie* zu sehen bekam und der sie mit seinem *gefühlvollen sanften Organ* (Goethes Brief vom 9. Jan. 24) wiederholt dem Freunde vorlas. Die Reinschrift, welche Ekkermann, Humboldt und Zelter zur Hand nahmen, befindet sich heute im Goethe-Schiller-Archiv. (Facsimile: Schr. G. Ges., 15. 1900.) Das 1. Blatt ist frei. Auf S. 3 steht *Elegie* und das Motto, sonst nichts. Auf S. 4 die 1. Strophe, darunter ein geschlängelter Strich (Volute), wie Goethe ihn auch sonst macht (für Abschnitte oder Gedichtschlüsse). Auf S. 5 beginnt dann das Gedicht mit Strophe 2; hier wie auf den nächsten Seiten füllen in Goethes kräftiger schöner Schrift immer 3 Strophen eine Seite, so geht es bis Seite 11. Da steht nach Vers 126 wieder ein Schlußstrich (Volute). Auf S. 12 stehen die beiden letzten Strophen. Es folgen 2 leere Blätter. Die Anordnung der Handschrift gliedert das Gedicht also in sich (während der Druck gleichmäßig eine Strophe hinter die andere setzt). Sie scheint dadurch anzudeuten, daß die einzelnen Teile aus verschiedenen Zeitpunkten sprechen (während andere Gedichte zwar mehrere Zeiten ins Auge fassen, doch nur einen Zeitpunkt der Aussage haben, wie *Um Mitternacht* S. 372f.). Zwischen der 1. Strophe (die in der Gegenwartsform spricht) und der 2. Strophe (Praeteritum) liegt eine Zeitspanne. Der nun beginnende Rückblick umfaßt selbst wieder verschiedene Zeitabschnitte: Zusammensein (7–18), Abschied (19–24) und dann den Zustand der Einsamkeit (25ff.), welcher Erinnerung ist und zugleich Klage des Augenblicks (und darum Vergangenheitsform und Gegenwartsform mischt). Nach Goethes neuem Trennungsstrich (126/127) folgt erstmalig eine Anredeform, doch nicht um die Einsamkeit zu überwinden, sondern um sie zu bestärken: *Verlaßt mich hier* ... Die Schlußstrophe faßt das Erlebte zusammen. Dieser Komposition kommt die Stanzenform entgegen; die Stanzen runden jede Strophe in sich (und können dadurch verschiedene Zeitpunkte als jeweilige Gegenwart reihen), sie heben anderseits alles ins streng Stilisierte empor (und sind insofern das Gegenteil aller tagebuchartigen Reihung). Viele Züge machen das Gedicht zur *Elegie:* es stellt einen Seelenzustand dar – dazu gehören auch die Erinnerungsbilder – und ist Liebesklage. Goethe hat deswegen die Gattungsbezeichnung (von der er hier nur den Gehalt bedenkt, während er in den *Römischen Elegien* an die Form dachte) als Titel gewählt. – Das Motto, an den Schluß des vorigen Gedichts anknüpfend, zitiert *Tasso* 3432f., doch dort steht: *wie ich leide.* – 1ff. *Was soll ich* ... Erwartung des Wiedersehens. – 4 *Wie wankelmütig* ... ähnlich S. 378 *Denn freilich sind's* ... – 7ff. *So warst du denn* ... Ein neuer Zeitpunkt: das Wiedersehen, aber gesehen als Vergangenheit (Übergang ins Praeteritum), der eigentliche Zustand der Elegie ist hier bereits erreicht, doch wird zunächst die Zeit des Glücks geschildert, im Klang freilich schimmert durch, daß das alles nur noch Erinnertes, Entbehrtes ist. Das Wort *Paradies* auch Bd. 8, S. 240, 10f. und 25f. – 13f., das Motiv, daß der *Tag* die *Flügel* regt, kommt bei Horaz vor (Od. III, 28,6 ,,volucris dies"; ebenso IV, 13,16), und Voß verzeichnet es in seinen ,,Mythologischen Briefen" 1794, Bd. 2, Brief 4 (2. Aufl., 1827, Bd. 2. S. 47). – 20 *Minnen.* Goethe übernahm das Wort aus der durch die Romantik wieder ins Licht gerückten mittelhochdeutschen Dichtung und bildete den Plural für: Beziehungen des Herzens. – 23 *Das Auge starrt* ... Das in Vers 3 Gefürchtete ist eingetroffen. Kein Wort über die Ursachen. Beginn der Klage, welche die *Elegie* hinfort nicht mehr verläßt. – 25 *Und nun verschlossen* ... Bezieht sich schon auf *Herz* in Zeile 26. – 35f. *Und wölbt sich nicht* ... Die Wolken, ähnlich geschildert wie in *Du Schüler Howards* (S. 379) und in *Howards Ehrengedächtnis* (S. 350). – 47f. *Zu vielen* ... Die Gestalt der Geliebten nimmt in der Erinnerung vielerlei Formen an, da die Erinnerung viele verschiedene Situationen festhält; das Motiv wird variiert in Vers 122ff. – 61f. *War Fähigkeit* ... Diese 2 Zeilen beziehen sich auf die Zeit vor der Begegnung mit der Geliebten; 63f. beziehen sich auf die Zeit danach; 65f. sind zusammenfassende Betrachtung, paßrecht als Schlußzeilen der Stanze. 67 knüpft an das vorige an, lenkt dann mit *Wie lag ein innres Bangen* nochmals zu dem 61f. geschilderten Zustand zurück, während 71f. *Nun dämmert Hoffnung* ... den Versen 63ff. entspricht. – 68 *unwillkommner Schwere*: Genitiv-Konstruktion, wie Goethe sie liebte, besonders häufig z. B. in *Paria* S. 361f., *Legende* Vers 4, 12, 13, 44, 97. – 74 *wir lesen's*: Paulus an die Philipper 4, 7: ,,Der Friede Gottes, welcher höher ist denn alle Vernunft, bewahre eure Herzen und Sinne ..." Die gleiche Wendung in einem Brief an Nees von Esenbeck vom 22. August 1823, in welchem Goethe sich freut, endlich in seiner Art der Naturbetrachtung Anerkennung zu finden; diese Freude treffe in Wochen, die er *heiter und wie ins Leben zurückkehrend zugebracht habe.* Er schreibt dann: *es kam augenblicklich der Friede Gottes über mich, der mich mit mir selbst und mit der Welt ins Gleiche zu setzen sanft und kräftig genug war.* – 82 *Enträtselnd sich den ewig Ungenannten.* Daß der Mensch in der Liebe dem Rätsel Gottes näher komme und daß er die höchste Liebe nie recht benennen könne, ist ein von Goethe mehrfach ausgesprochener Gedanke, der in das Gefüge seiner gesamten geistigen Welt gehört. (S. 357 *Prooemion*: Gott, immer *unbekannt,* schafft die *Liebe;* ferner Bd. 2, S. 117; Bd. 3, *Faust*-Schluß; ausführlicher dazu Jb. Goethe 16, 1954, S. 51 ff.) Aus der Zeit kurz bevor die *Elegie* entstand, stammen die Worte an Zelter: *man weiß recht gut, daß der Mensch alles, Gott selbst und das Göttliche an sich heranziehen, sich zueignen muß. Aber auch dieses Heranziehen hat seine Grade, es gibt ein hohes und ein gemeines.* (HA Briefe Bd. 4, S. 74, 18 ff.) Schon in Vers 73 ist der *Friede Gottes* genannt, in Vers 80 ist von *einem Höhern, Reinern, Unbekannten* die Rede, an diese Stellen knüpft die Zeile 82 an. Aus diesem Zusammenhang heraus ist meines Erachtens *sich* Dat. Sing. und *den ewig Ungenannten* Akk. Sing. – 83 *seligen Höhe.* Das Wort *selig* hat bei Goethe mehrfach wie in der älteren Sprache einen Bezug auf die religiöse Sphäre, z. B. auch in *Selige Sehnsucht* (Bd. 2, S. 18 u. Anm.). – 100 *Im Handeln sei's, zur Freude, sei's dem Lieben;* Diese Interpunktion in Goethes Reinschrift und in der Taschenausgabe der *Ausg. l. Hd.* Die Oktav-Ausg. der *Ausg. l. Hd.* läßt das erste Komma weg, ihr folgend Weim. Ausg. und Fest-Ausg. Staiger in der Manesse-Ausg. läßt das 2. Komma weg. Ich halte die Interpunktion der Handschrift und ihre Dreiteilung für die beste (wie schon v. d. Hellen, Jubil.-Ausg. 2, 342); in der Art, wie hier eine Fülle von Beziehungen angedeutet wird, bezieht sich zwar der ganze Vers 99 auf den ganzen Vers 100, doch gehören meines Erachtens insbesondere zusammen *schnell – im Handeln, wohlwollend – zur Freude, lebendig – dem Lieben,* so daß die alte rhetorische Form des Wechselsatzes dahintersteht (versus applicati; vers rapportés; vgl. Lausberg, Elemente d. literar. Rhetorik, 1963, § 335) – wie auch S. 387 in Nr. *I*, Vers 7–8 –, freilich in der lockeren Art, wie Goethe dergleichen handhabt und dadurch Untertöne schafft. Vgl. auch die Anmkg. zu 104. – 101 *Nur wo du bist . . .* Das Wort *nur* kann in Goethes Sprache beliebig im Satz verschoben werden; also: „wo du nur bist", d. h.: wo immer du bist; *sei alles,* d. h. das, was die Verse 97–100 sagten; *kindlich:* dem Augenblicke lebend wie ein Kind (Bd. 12, S. 540, Nr. 1315: *Das Kind erscheint als Realist . . .,* ferner Nr. 1316, 1317); an Ulrike v. Pogwisch 1. Juni 31: *klug wie alle Kinder und alle Menschen, die unmittelbare Zwecke haben.* (Briefe HA Bd. 4, S. 432, 29 f.) – 104 *Augenblick.* Das Wort knüpft an Vers 98 an und wird 106 wiederaufgenommen. An Zelter 19. 10. 1829: *Hier nun das Wundersamste des Alter-*

tums ... Die Gesundheit nämlich des Moments und was diese wert ist ... Diese Gestalten geben uns das Gefühl: der Augenblick müsse prägnant und sich selbst genug sein. (Vgl. auch Bd. 11, S. 419, 25–29.) Der *höchste* oder der *prägnante Augenblick* wird oft in Verbindung mit dem Handeln, der Freude oder der Liebe genannt (Bd. 14 Sachregister „Augenblick"; Goethe-Wörterbuch Bd. 1, 1978, Sp. 1068–1075), der Vers 100 faßt also nur sehr knapp-formelhaft zusammen, was an vielen Stellen in anderem Zusammenhang einzeln ausgesprochen ist. – 125 *geringstem Troste:* wie könnte dies zu einem Troste, und sei er noch so gering, hinführen? – 127 *Verlaßt mich hier ...* Mit dieser Strophe beginnt in Goethes Reinschrift ein neuer Abschnitt. *Weggenossen:* Die Reisegefährten werden symbolisch für Weggenossen überhaupt, geistig und allgemeinmenschlich. Wie aber so oft in Goethes Spätwerk geht das Sinnbildliche vom Alltäglich-Wirklichen aus. Goethe hatte gerade auf dieser Reise sich viel mit Gesteinen und Wetterbeobachtungen beschäftigt, Beziehungen zu Naturforschern gehabt, und seine Weimarer Hausgenossen John und Stadelmann, die er in Marienbad bei sich hatte, hatten sich als Beobachter der Wolken und Sammler von Gesteinen bewährt. (HA Briefe Bd. 4, S. 71, 27f. und 30; 72, 18f. und 23ff.) – 134. *erst* = vor kurzem (wie *Faust* 707, 2205, 4376, 8489 u. ö.) – 135. *Pandora* („die von allen Beschenkte" oder „mit allem Beschenkte") wurde auf Zeus' Wunsch als schönste Gestalt von allen Göttern mit dem Besten, was diese schenken konnten, begabt, doch Zeus gab ihr zugleich das Gefäß mit allen Nöten und Qualen für die Menschen, um diese zu strafen, weil sie von Prometheus das himmlische Feuer erhalten hatten; dieses Gefäß blieb eine Zeitlang verschlossen, dann aber, geöffnet, verbreitete es schreckliches Unheil. Pandora wurde für Goethe zur Symbolgestalt, das zeigt zumal sein Festspiel *Pandora* (Bd. 5), auch *Achilleis* Vers 594ff.

Die ersten Entwürfe für die *Elegie* schrieb Goethe in einen „Großherzoglich Weimarischen Schreib-Calender für das Jahr 1822", den er auf seiner Reise 1823 mit sich führte. Er benutzte ihn als Notizbuch, das Kalendarium vom Vorjahr nicht beachtend. Hier stehen Entwürfe für die Verse 1–6, 31–66, 118–126, außerdem einige Verse, welche später nicht benutzt wurden. Dieser Schreibkalender kam nach Goethes Tode in Privatbesitz, man weiß nicht, auf welche Weise. 1980 gelangte er in England zum Verkauf und wurde vom Freien deutschen Hochstift (Frankfurter Goethe-Museum) erworben. Daraufhin wurde dann 1983 im Insel Verlag, Frankf. a. M., ein Facsimiledruck mit philologischem Anhang hergestellt. – Sodann gibt es ein Goethesches Manuskript der *Elegie,* das bereits das ganze Gedicht enthält, doch mit vielen Streichungen und Änderungen. Von diesem Manuskript kamen vier Blätter durch Eckermanns Sohn Karl nach Hannover (jetzt: Stadtarchiv), während ein Blatt wieder nach Weimar (Goethe- und Schiller-Archiv) gelangte. Zeitlich folgt dann Goethes Weimarer Reinschrift. Nachdem Goethe die *Elegie* zunächst nur dem engsten Freundeskreis gezeigt hatte, entschloß er sich für die *Ausg. l. Hd.* zum Druck. Er ließ seine Reinschrift durch seinen Schreiber John abschreiben und gab diese Abschrift seinem Mitarbeiter Göttling in Jena zur Durchsicht, denn Göttling machte für die *Ausg. l. Hd.* die Interpunktion. 1827 erschien in Bd. 3 der *Ausg. l. Hd.* die ganze *Trilogie der Leidenschaft.*

Goethes Elegie. September 1823. Hrsg. von B. Suphan. Weimar 1900. = Schr. G. Ges., 15. (Facsimile der Reinschrift.) – Goethe, Elegie von Marienbad. Faksimile einer Urschrift. Hrsg. von Christoph Michel und Jürgen Behrens. Mit einem Geleitwort von Arthur Henkel. Frankfurt 1983. (Mit Textabdruck aller Fassungen.) 155 S. – Goethe, Elegie von Marienbad. Hrsg. von Jürgen Behrens u. Christoph Michel. Frankf. 1991. = Insel Taschenbuch 1250. (123 S.)

Literatur: Johannes Urzidil, Goethe in Böhmen. Zürich u. Stuttg. 1965. – Ladislao Mittner, Zu Goethes Marienbader Elegie. In: Geschichte, Deutung, Kritik. Festschrift f. Kohlschmidt. Bern 1969. S. 160–164. – Klaus Weissenberger, Formen der Elegie von Goethe bis Celan. Bern 1969. S. 68–75. – Weitere Lit.: Vgl. zu S. 380 *Trilogie der Leidenschaft.*

S. 385. AUSSÖHNUNG. Im August 1823 traf Goethe in Marienbad zusammen mit der aus Polen stammenden Petersburger Hofpianistin Maria Szymanowska geb. Wolowska und ihrer Schwester Casimira Wolowska, ferner mit der Sängerin Anna Milder-Hauptmann aus Berlin. Über den tiefen Eindruck, den das Klavierspiel und der Gesang dieser Künstlerinnen auf ihn machten, spricht er in den Briefen dieser Zeit an vielen Stellen, auch im Tagebuch. Aus Eger schreibt er am 24. August an Zelter: *Nun aber doch das eigentlich Wunderbarste! Die ungeheure Gewalt der Musik auf mich in diesen Tagen! Die Stimme der Milder, das Klangreiche der Szymanowska, ja sogar die öffentlichen Exhibitionen des hiesigen Jägercorps falten mich auseinander, wie man eine geballte Faust freundlich flach läßt ... Und wenn ich jetzt bedenke, was das heißt, alle Woche nur einmal eine Oper zu hören ... so begreift man erst, was das heiße, einen solchen Genuß zu entbehren, der wie alle höheren Genüsse den Menschen aus und über sich selbst, zugleich auch aus der Welt und über sie hinaus hebt. Wie schön, wie notwendig wär' es nun, daß ich an Deiner Seite zu verweilen Gelegenheit fände! Du würdest mich durch allmähliche Leitung und Prüfung von einer krankhaften Reizbarkeit heilen, die denn doch eigentlich als die Ursache jenes Phänomens anzusehen ist, und mich nach und nach fähig machen, die ganze Fülle der schönsten Offenbarung Gottes in mich aufzunehmen.* Frau Szymanowska und ihre Schwester brachten Goethe nach der Sitte der Zeit ihre Stammbücher, und er schrieb Gedichte hinein. So entstand als Gelegenheitsgedicht *Die Leidenschaft bringt Leiden.* Das Tagebuch berichtet: 14. August: *Zu Madame Szymanowska, welche in einem benachbarten Hause auf dem Flügel spielte, ein Stück von Hummel, eins von sich und noch zwei andere, ganz herrlich. Mit ihr spazieren gegen die Mühle...* 15. August: ...*Zu Doktor Heidler, wo Madame Milder unvergleichlich sang und uns alle zum Weinen brachte* ... 16. August: *Madame Szymanowska und Schwester, besuchend und einladend... Gedicht für Madame Szymanowska. Mittag zu Hause. Um 4 Uhr bei Madame Szymanowska, welche köstlich spielte...* 17. August: *Die Gedichte für Madame Szymanowska weitergeführt. Madame Milder kam zum Besuch.* 18. August: *Gedichte in die zwei Albums vollbracht und geschrieben. Madame Szymanowska besuchte mich, neugierig auf den Inhalt des Albums.* – Das Gedicht wurde erstmalig 1827 in der *Ausg. l. Hd.* gedruckt, und zwar an 2 Stellen, 1. in *Bd. 3* als Schlußgedicht der *Trilogie der Leidenschaft* mit der Überschrift *Aussöhnung*, 2. in *Bd. 4* als Nr. *38* der *Inschriften, Denk- und Sende-Blätter* mit dem Titel *An Madame Marie Szymanowska.* – Die Parallelen zu dem Brief an Zelter vom 24. August sind deutlich: die Musik *faltet* das Ich *auseinander*, wie man eine geballte Faust öffnet, d. h. sie löst einen Krampf; sie hebt den Menschen *aus und über sich selbst, zugleich auch aus der Welt und über sie hinaus*, sie ist die *schönste Offenbarung Gottes.* – 6 *Die hehre Welt...* Das gleiche Motiv wie in *An Werther* 19 und *Elegie* 31 ff., 127 ff. Mit den *Sinnen*, mit Auge und Ohr (wie S. 357 *Prooemion* Vers 7 ff. sagt), hat das Ich bisher die Welt aufgenommen und sie als *hehr*, d. h. herrlich, gottgeschaffen, verstanden (das gleiche Wort in der *Elegie* Vers 130). Jetzt *schwindet* dieses Verständnis. – 7 *Da schwebt hervor...* Das Gegenmotiv zu der vorigen Strophe. Die Welt wird wieder zurückgewonnen, und zwar auf dem Wege der Kunst (während in der 1. Strophe wohl mehr an die Natur gedacht war). – 15 *Zum reinsten Dank der überreichen Spende...* Zum Dank für das Gespendete bietet das Herz sich selbst dar, d. h. der Dichter spricht der Künstlerin hier (und in Vers 18) seine Liebe und Verehrung aus, wobei sogleich im Adjektiv die Reinheit dieses Dankes betont wird.

Frau Szymanowska und ihre Schwester sprachen Polnisch, Russisch und Französisch, aber nur wenig Deutsch, deswegen unterhielt sich Goethe mit ihnen in französischer Sprache. (Das internationale Publikum in den böhmischen Bädern sprach überhaupt viel Französisch). Goethe hat seine Gedichte für die beiden Stammbücher sofort selbst ins Französische übersetzt. (Abdruck: W. A. 53, 1914, S. 558; Soret, 1929, S. 94). Da er aber meinte, seine Übersetzung sei sprachlich nicht gut, bat er im Januar 1824 Soret, dessen Muttersprache Französisch war, um eine neue Übersetzung. In Sorets Aufzeichnungen und Briefen ist dann mehrfach von dem Gedicht und von Goethes Übertragung die Rede. – F. Soret, Zehn Jahre bei Goethe. Hrsg. v. H. H. Houben. Lpz. 1929. S. 93–102. – Weitere Lit.: vgl. *Trilogie der Leidenschaft.* – Goethes französische Fassung lautet (nach Soret S. 94):

La passion amène les souffrances! – Qui soulageroit
Un cœur oppressé éprouvant une trop grande perte?
Les plus beaux jours évaporés trop vite.
En vain tant de bonheur t'étoit approprié.
L'esprit est offusqué, les intentions confuses,
Et les sens n'apperçoivent plus qu'un monde effacé.

La Musique d'abord aux ailes angéliques
Entrelaçant ses dons de mille à mille,
Pénètre l'homme entier le restaurant,
Le surchargeant de perfections nouvelles; –
Son œil se mouille, il sent au moment même
Le prix divin des sons comme des larmes.

Ainsi le cœur tout soulagé s'apperçoit bien vite
Qu'il vit encore, qu'il bat, qu'il voudroit battre,
Qu'il voudroit reconnoissant pour tant de bien
S'offrir soi-même en tribut volontaire.
Il sentiroit alors – ô! fût ce pour jamais –
Le bonheur double des sons et de l'amour.

Varianten einer anderen Handschrift (W. A. 53, 558): 11 même moment 15 biens 17 Pour toujours. – Reproduktion der Handschrift in: Goethes Leben und Werk in Daten und Bildern. Hrsg. von Götting und Göres. Frankfurt 1966. Abb. 482. (Vers 1–12).

S. 386. DER BRÄUTIGAM. Handschrift in der Univ.-Bibl. Leipzig; ein Bruchstück im Goethe-Archiv Weimar; beide reproduziert in: (Jb.) Goethe 14, 1952/53, Abb. 1 und 2. – Datiert durch die Untersuchung von L. Blumenthal: wahrscheinlich 1824. Von Goethe nie in Gesprächen oder Briefen erwähnt. Einziger Druck zu Goethes Lebzeiten 1829 anonym in der als Privatdruck hergestellten Zeitschrift „Chaos", die Goethes Schwiegertochter Ottilie für einen kleinen Weimarer Bekanntenkreis zusammenstellte und drucken ließ. – Das hundert Jahre lang kaum beachtete Gedicht hat seit etwa 1932 besondere Aufmerksamkeit gefunden. Max Kommerell im Goethe-Kalender 29, 1936, wiederabgedruckt in: Kommerell, Dichterische Welterfahrung, Frankf. 1952, S. 50f.: „Der alte Dichter denkt die Liebe als das Verhältnis des Bräutigams: wie zart, wie goethisch, wie geistvoll-liebend! Als Nachduft, als sich selbst verstehender Wille vielen Liebens bleibt das Verlöbnis übrig, ein Sich-Widmen, ein vertrauendes Entgegenblicken und, auch dem Greisen, noch immer etwas von Sehnsucht, von Erwartung, von dem Futurum, in dem alle Liebe gelebt wird. Wieder scheinen es Tageszeiten, während wahrhaft die Lebenszeiten durch einen Gegenstand, den sie verschieden ergreifen, zur Einheit werden. Was ist das Ausruhn hinter der Schwelle? Ist es Hochzeit, Tod oder der Friede der geistigen Hingabe? Und warum ist das Leben gut? Weil es in allen Wechseln auf den Inbegriff der Liebe bezogen war – ein Leben des Bräutigams.“ – Ausführlicher Kommerell, Gedanken über Gedichte. Frankfurt 1943 u. ö., S. 135–137. – Ernst Beutler in seinem Essay „Lili“ in „Essays um Goethe“, Bd. 2, 1947 u. ö., hat die Beziehung des Gedichts zu der Darstellung des Verlöbnisses mit Lili in *Dichtung und Wahrheit* aufgezeigt (S. 77–81), doch was er über Handschrift und Datierung sagt, muß berichtigt werden mit Hilfe des Aufsatzes von L. Blumenthal. Auf der Rückseite des Goetheschen Gedicht-Entwurfs stehen die Verse 9289–9304 aus dem Helena-Akt des *Faust,* der 1826 fertig wurde. – Die Strophen 1–3 schildern die Situation des Bräutigams in der Jugend; ihre Sprache ist nicht so, wie ein junger Mann kürzlich Erlebtes schildert, sondern so, wie es der Gealterte in der Rückschau in wenigen großen symbolischen Bildern vergegenwärtigt. Diese Strophen benutzen die Form des Präteritums. Die Bilderreihe zieht sich von Strophe zu Strophe, ohne daß die Strophenschlüsse Einschnitte bilden. Dann aber fängt Strophe 4 noch einmal so an wie Strophe 1, einen Abschnitt bezeichnend, und jetzt wird im Präsens gesprochen, es ist die Situation des Gealterten. Sein inneres Erleben schließt unmittelbar an das in der Jugend an. Darum im Gedicht der Übergang ohne Nennung von Zeit. Liebe erfährt sich als ein inneres Zugeordnetsein, das zeitüberhoben ist. Die 4. Strophe spricht von *Traum.* Im Traum können wir Menschen sehen, die längst gestorben sind, im Traum können wir jung und alt zugleich sein. Ganz deutlich ist hier (wie einst) das Empfinden: dort ist sie, nur eine kleine *Schwelle* trennt uns noch. Traum ist zeitlos wie die Liebe. Und weil es diese Zeitlosigkeit und Innigkeit der Liebe gibt, kann der große Schlußsatz folgen. – Die Motive in Strophe 1–3 sind dieselben wie in *Dichtung und Wahrheit* bei der Schilderung des Verlöbnisses mit Lili. Goethe schrieb an dem *17. Buch* von *Dichtung und Wahrheit* im Jahre 1821 und in den folgenden Jahren. Zu dieser Zeit war Lili nicht mehr unter den Lebenden. Sie war 1817 gestorben. Goethe wußte es. – Alle Motive des Gedichts kommen bei Goethe auch sonst vor, sie gehören zu den Vorstellungen, mit denen er umging und die bei besonderem Anlaß in neuer Verbindung zusammentreten konnten. Die *Schwelle* ist ein symbolisches Motiv: *Die Schwelle ist der Platz der Erwartung.* (Bd. 7, S. 496, 14). Darum verbindet sich dieses Motiv mit dem des *Bräutigams.* Im *Saal der Vergangenheit* hängen Bilder, welche typische Lebensformen darstellen (Mutter und Kind, Vater und Sohn usw.), und von einem derselben heißt es: *so ungeduldig wird der Bräutigam auf der Schwelle horchen, ob er hereintreten darf.* (Bd. 7, S. 541, 12). Im *17. Buch* von *Dichtung und Wahrheit* steht das Motiv des *Bräutigams;* der Verfasser sollte erfahren, *wie es einem Bräutigam zu Mute sei* (Bd. 10, S. 109, 32f.), in diesem Zusammenhang heißt es: *Es war ein Zustand, von welchem geschrieben steht „Ich schlafe, aber mein*

Herz wacht". (S. 107, 4f.) Damit ist verbunden das Motiv des arbeitsreichen Tages (S. 99, 22–27), der Liebende kann *wegen vermannigfaltigter Geschäfte die Tage ... bei ihr nicht zubringen* (S. 106, 38f.), doch sucht er nur *aus Liebe zu ihr* diese Arbeit *zu erweitern und zu beherrschen* (S. 108, 1–7). Dazu kommt das Motiv des Zusammenseins am Abend (S. 106, 10–12; 106, 38–107, 2) und des erhofften Ruhens bei ihr (110, 4–6). Schon in den *Lehrjahren* sind diese Motive vereinigt: *Bräutigam* (Bd. 7, S. 64, 14), *Sterne* (72, 27), *Traum* (72, 28), *ganz mit ihrer Gegenwart umkleidet* (73, 4), *er setzte sich auf ihre Schwelle nieder* (73, 24). Die *Trilogie der Leidenschaft* hat im Einleitungsgedicht das Motiv der unwillkommenen Tagesarbeit (8) und das des abendlichen Blicks in die Sonne (9); in der *Elegie* kommt als Erinnerung an vergangenen Zustand das Motiv vor *So wird es auch der nächsten Sonne bleiben* (16), das im *Bräutigam*-Gedicht hoffnungsvoller erklingen kann (12), und das Anfangs-Motiv des *Bräutigam*-Gedichts klingt in der *Elegie* an in den Worten über *Den tiefsten Sinn, den Sinn, ihr zu gehören* (78). Das Motiv der *Schwelle*, im *Bräutigam* mit dem der Hoffnung verbunden, kommt in der *Elegie* im Gegenthema vor: *die Schwelle meidend* (21). – Das Thema des geheimnisvollen Zusammenhangs von Liebe und Tod kommt in dem Dramenfragment *Prometheus* vor, Vers 317–414 (Bd. 4, S. 185–187); es gehört zu dem geistigen Hintergrund in *Werther*, zumal in Werthers Abschiedsbriefen (Bd. 6, S. 116ff., 122f.); es kommt später gewandelt zum Ausdruck in der *Seligen Sehnsucht* (Bd. 2, S. 18f.) und im *Faust*-Schluß.

Die Parallelen zu *Dichtung und Wahrheit* (Bd. 10) sind bereits dort im Kommentar zum *17. Buch* (in den allgemeinen Bemerkungen zu diesem Buch) genannt. Zum Motiv der *Schwelle*: Bd. 5, S. 240 *Nat. Tochter* 893ff.; Bd. 8, S. 206, 10; 358, 17; Bd. 12, S. 34, 5ff.; 95, 1; 95, 8; 304, 18f. Außerdem Weim. Ausg., Naturwiss., Bd. 8, S. 334, 1; Bd. 9, S. 126, 9; Brief an Nees v. Esenbeck 31. 10. 23; in den Gesprächen die Äußerung an Kanzler v. Müller über die *Schwelle des Lebens* (19. 2. 1823). – Zum Motiv des *Bräutigam*: Bd. 7, S. 372, 4ff.; Bd. 8, S. 200, 12f. An Boisserée am 27. 9. 1816, als dieser erwartete, daß seine Sammlung demnächst zu einem schönen öffentlichen Museum werde: *Ihr Brief ... drückt den Zustand eines Bräutigams aus.* – Eckermann und Riemer setzten das Gedicht in den ,,Nachgelassenen Werken", Bd. 7, zwischen die beiden – datierten – Dornburger Gedichte (S. 391). Dadurch entstand der Eindruck, es sei ebenfalls 1828 in Dornburg entstanden. Auch die ,,Chronologie der Entstehung Goethescher Schriften" von Musculus, 1842, setzte es ins Jahr 1828, und von da ging diese durch keine Urkunde gesicherte Datierung in die Goetheforschung ein; erst Lieselotte Blumenthal ging (1953) den Handschriften nach und brachte dadurch eine verläßlichere Datierung. Grundlegend bleibt also diese Untersuchung von Lieselotte Blumenthal in dem Jahrbuch: Goethe 14/15, 1953, S. 108–135. – Genannt seien ferner: Viëtor in: Euphorion 1932, S. 124–128. Wiederholt in: Viëtor, Geist und Form. 1952. S. 163–170. – Kommerell, Ged. über Gedichte, 1943, S. 135–137. –

Kommerell, Dichterische Welterfahrung, 1952, S. 50–52. – Paul Stöcklein in: Dt. Vjs. 22, 1944, S. 382–411. Wiederholt in: Stöcklein, Wege zum späten Goethe. Hbg. 1949. 2. Aufl. 1960, S. 221–262. – Ernst Beutler, Essays um Goethe. Bd. 2. Wiesbaden 1947 u. ö., in dem Essay über Lili. – Wolfgang Kayser, Kleine dt. Versschule. 3. Aufl. München 1951. S. 107f. – Günther Müller in: Dt. Vjs. 26, 1952, S. 131. – Walter Hof in: Euphorion 46, 1952, S. 301–306. – Emil Staiger in: Goethe, Gedenk-Ausgabe Bd. 2, Artemis-Verlag, 1953. S. 658–661. – H. Pongs in: Studium Generale 13, 1960, S. 731. – W. Müller-Seidel in: Goethe 20, 1958, S. 6–27. – Detlev W. Schumann in: Goethe 25, 1963, S. 192–205. – Werner Keller, Goethes Gedicht „Der Bräutigam" und die „Aldobrandinische Hochzeit". German.-Roman. Monatsschr. NF. 18, 1968, S. 152–171. – Vgl. auch Bd. 12, S. 333, 30f.

S. 386. LÄNDLICH. Übertragung aus dem Neugriechischen. Das Tagebuch vermerkt 6. und 9. Juli 1824 und wieder 25. Mai bis 12. Juni 1825 Beschäftigung mit „Chants populaires de la Grèce moderne" éd. par C. C. Fauriel, 2 Bde., Paris 1824–25.

Dieses Werk enthält zweisprachig – griechisch und französisch – Volkslieder, von denen Goethe einige mehr oder minder frei übersetzte. Das Nachtigall-Gedicht steht bei Fauriel in Bd. 2, S. 287, ist von Goethe also wohl 1825 übertragen. Er veröffentlichte es in der *Ausg. l. Hd., 1827,* und zwar erstens in der Gedichtgruppe *Neugriechische Liebe-Skolien,* die zu der Abteilung *Aus fremden Sprachen* gehört, sodann aber noch einmal und mit der Überschrift *Ländlich* in der Abteilung *Kunst.* Hier ist es nicht als Übersetzung gekennzeichnet; es gehörte für ihn also wohl zu dem, was er gelegentlich *Angeeignetes* nannte, d. h. er hatte das Gefühl, diese Verse entsprächen seiner eigenen Art vollkommen. – Bd. 12, S. 498, Nr. 942–943.

S. 387. CHINESISCH-DEUTSCHE JAHRES- UND TAGESZEITEN. Erster Druck: Berliner Musenalmanach für das Jahr 1830. Dann in den „Nachgelassenen Werken" Bd. 7, 1833. – Ein ganzer Zyklus lyrische Kurzgedichte, der einzige seiner Art bei Goethe und anderen deutschen Dichtern seiner Zeit. In dem „Berliner Musenalmanach für 1830" nimmt er sich seltsam fremdartig aus; der ganze Almanach ist gefüllt mit Gedichten im Stil der Spätromantik (mit Ausnahme von 3 Gedichten Eckermanns, der sich hier als Epigone des mittleren Goethe zeigt). Goethe ging im Alter eigene Wege. Die Form (lyrisches Kurzgedicht) ist nur in allgemeinsten Zügen der chinesischen Lyrik nachgebildet. Die Motive zeigen ebenfalls nur einige allgemeine Anregungen, und zwar aus dem Versroman „Hua Dsien Gi" („Chinese Courship") und aus chinesischen Novellen, da gibt es Mandarinen, die sich vom Hofe zurückziehn, und Liebende, die einander in Gärten sehen, gibt es Pfauen und Blumen, es wird Wein getrunken und es werden kunstvoll Gedichte niedergeschrieben. Doch diese Motive hat Goethe aus dem Epischen ins Lyrische übertragen und ihnen durch seine Art der Darstellung die Gegenständlichkeit und Symbolik seines Altersstils gegeben. –

Obgleich ihm nur mittelmäßige chinesische Dichtungen in unzureichenden Übersetzungen vorlagen und obgleich er von chinesischer Malerei wenig wußte, fühlte er mit richtiger Ahnung die wesentlichen Züge heraus, und wieder regte ihn das Fremde – wie im *Divan* – zu eigenem Schaffen an; es ist die letzte seiner östlichen Wanderungen, und auch diese innerlich begründet, denn sie paßt zu seinem Altersstil. In der chinesischen Lyrik und hier in diesem Zyklus: Kurzgedichte, die Motive gegenständlich – Landschaft, Pflanze und Tier –, zurückgeführt auf ein letztes Wesentliches, mitunter fast formelhaft (hinter einem Wort wie *Sonnenfeier III, 7* steht eine Weltsicht); ein Mindestmaß von Worten und ein Höchstmaß von Anschaulichkeit; alles mit sicherer, geschulter Hand gesetzt; die Naturmotive vermischt mit Ethischem, stiller Weisheit und tätiger Sittlichkeit. Chinesische Gedichte und Tuschzeichnungen geben nicht eigentlich Stimmung, dazu sind sie zu objektiv; auch nicht Wirklichkeit, dazu sind sie in der Zurückführung des Motivs auf wenige Hauptzüge zu stilisiert; sie verarbeiten Eindruck und Stimmung geistig; die Stilisierung ist nicht individuelle Willkür, sondern höchstes handwerkliches Können, das erlesenen Geschmack verkörpert. Chinesische Dichtung schätzt das Alter und findet in ihm neue Schönheit; und sie sieht das Göttliche in der Natur. In diesen Bereichen muß man wohl das Verbindende zu Goethe suchen. Der Zyklus besteht vorwiegend aus Dinggedichten mit Naturmotiven, hat aber einen ethischen Ausklang. – *I,* 1 *Mandarinen* = chinesische Würdenträger, Angehörige der literarisch gebildeten Beamtenaristokratie. 5 *des Nordens* = der Nordstadt, d.i. Peking. – *II,* 8 *Wen sie so spaliert erwarten.* Das Motiv taucht schon viel früher auf in einem flüchtigen Entwurf aus der Zeit der Klassik: *Mirabellen pflanz ich in meinem Garten in Reihen / Daß nun die Wunderschöne wandelnd in Gesellschaft sei.* (W.A. 5, 2. S. 374.) – *III,* 5. *lichte Schleier* steht in einer Handschrift des Gedichts, die von Goethes Sekretär John geschrieben und von Goethe durchgesehen und numeriert ist, sowie im Erstdruck (Berliner Musenalmanach 1830). Der Druck in den „Nachgelass. Werken", Bd. 7, 1833, hat *leichte.* Zu der Lichtsymbolik paßt gut, daß die Schleier des Nebels schon von Licht erfüllt sind. Sowohl Überlieferung wie Zusammenhang lassen vermuten, daß *leichte* ein Fehler ist. Die Handschrift verkörpert außerdem aber eine frühere Fassung; Zeile 4 lautet dort: *Wolkenteilend bring uns Glück.* Der Erstdruck hat schon *Wolkenteilung.* – *V,* 1 Anrede an den Pfauen, von dem schon im vorigen Gedicht die Rede war. Von diesem Gedicht ist der erste Entwurf, mit Bleistift flüchtig geschrieben, im Goethe-Archiv vorhanden. – *VI,* 12 *Osten* ist die Richtung, in der die Sonne aufgeht; gewissermaßen eine indirekte Metapher, denn das Bild der schönen Frau als *Sonne* (wie *Faust* 9224) wird nicht unmittelbar ausgesprochen. – *VIII,* 9 Der Erstdruck hat *Nun im östlichen ...* Diese

Fassung ist wohl vorzuziehen; der Druck von 1833 hat *am;* eine Handschrift ist nicht bekannt. Der Erstdruck hat ferner *Ahnd' ich.* – *VIII,* 12 *auf der nächsten Flut*: auf dem ganz nahen Wasser (aqua proxima). In 8 ist der *See* genannt, und über dessen am nächsten liegenden Teil sieht man die Zweige der Weiden. Jedenfalls ist *nächsten* kein Druckfehler, wie gelegentlich vermutet worden ist, sondern entspricht Goetheschem Sprachgebrauch. – *IX,* 4 *ergänzt* im ursprünglichen Sinne: Ohne die Rose wäre die *Blumenwelt* unvollständig; erst durch sie, die *Allerschönste,* die *Königin* (X, 1 f.), wird sie „ganz". Von diesem Vierzeiler besteht noch eine andere Fassung, von Goethe eigenhändig geschrieben, auf einem Einzelblatt im Goethe-Archiv, mit folgenden Abweichungen: 1 *Nun sieht man erst was Rose sei* 4 *die Frühlingszeit ergänzt.* – *X,* 1 Bezieht sich auf die Rose wie das vorige Gedicht. 6 *Schauen und Glauben* wird ergänzt durch die erkennende *Forschung,* wie Goethe sie in seiner Metamorphosen-Lehre entwickelt hatte. – *XI.* Anknüpfend an das vorige; jemand, dem die Metamorphosenlehre widerstrebt, äußert seine Bedenken: alles Sein werde in Bewegung aufgelöst, das sei *verfänglich;* das *Netz,* womit alles eingefangen werden soll, ist eine Verallgemeinerung, *grau* wie jede *Theorie* (*Faust* 2038). Der Dichter antwortet und knüpft wieder an das Rosen-Motiv an. Das Gedicht, von spruchhaftem Charakter, ist gebaut wie die Dialoge der Sprüche in Versen (S. 306ff. Nr. 16, 17, 33, 69, 92, 94, 95, 113, 119–125 u. a.). Am 7. Nov. 1829 schreibt Goethe an Zelter, der Mitte August das Manuskript dieser Gedichte erhalten hatte: *Je älter ich werde, je mehr vertrau' ich auf das Gesetz, wonach die Ros' und Lilie blüht.* Zu diesem Gedicht sagt der chinesische Germanist Chuan Chen S. 81: „Goethes Anschauung vom Unvergänglichen, das inmitten der vergänglichen Erscheinungswelt, die in immerwährendem Wechsel Formen hervorbringt und wieder vernichtet, als *ewiges Gesetz* wirkt, trifft sich intuitiv mit dem innersten Wesenskern chinesischer Weltanschauung, wie sie sich etwa in der tiefen Weisheit eines Konfuzius und eines Lao-Tse offenbart ... Nach „I-King" (Buch der Wandlungen) liegt das Weltprinzip in der Wandlung; genau wie Goethe sagt *nichts verharret, alles flieht,* weil das *Unvergängliche* und das *ewige Gesetz* gerade im Wandeln sich verwirklicht." – *XI,* 8 *Pinsel, Farbe*: das chinesische Schreibzeug. – *XIV.* Rede und Gegenrede wie in den vorigen Gedichten, wobei einer der großen sittlichen Grundsätze Goethes (vgl. Bd. 8, S. 241, 23 f.; 281, 27; 283 Nr. 2; 312, 19–22) den Schluß macht; er läßt sich sehr wohl mit den Grundsätzen des Kungtse (Confucius) in Einklang bringen, von denen Chuan Chen im Hinblick auf die von Goethe gelesenen chinesischen Romane sagt: „Das Idealleben ist nach Konfuzius ein Leben in Ruhe und Zufriedenheit. Die fünf Pflichten gegen Kaiser, Vater, Brüder, Frau und Freunde sind klar und deutlich festgelegt. Man soll nicht viel nachdenken, sondern man soll handeln; nur durch Handeln kann man sein Lebensziel erreichen: moralische Vollkommenheit. Es gibt keinen Raum für Sehnsucht, Leidenschaft und Träumerei. Man darf an ein Jenseits glauben, aber seine Pflichten findet man im praktischen Leben ..." (S. 10.) – Motivische Parallelen lassen sich natürlich leicht finden, aus naher oder entfernterer Vergangenheit, zumal es ein Spätwerk ist. Doch Parallelismus bedeutet nicht Quelle, sondern Zugehörigkeit zu einem inneren Bild- und Gedankenbereich. Die Wandlung von *Schleier nebelhaft* zu *Wolkenteilung* auch in *Früh, wenn Tal* ... (S. 391). *Hoffnung* und *Schleier* gehören ohnehin zum durchgehenden Bestand Goethescher Motive (Sach-Reg. Bd. 14). Der *Pfau*: Eckermann 22. März 1824. Begegnung *im Freien*: Brief an Frau v. Levetzow 29. Nov. 1823; Briefe HA 4, S. 94, 14: *ich mochte an heitern Tagen Sie denken, wo ich wollte, so fand ich Sie unter freiem Himmel* ... und am 13. April 1824: *ich kann mir sie im Freien denken* ... (Ebd. S. 106, 25 f.) – *Warum und Wie*: zahlreich in den Naturwiss. Schriften, z. B. Bd. 13, S. 220 ff., 233 f., 241, 311 f. *Gesetz, wonach die Ros' und Lilie blüht*: Brief an Zelter 7. 11. 1829. Briefe HA 4, S. 351, 22. *Sehnsucht zu beschwichtigen ... im Tüchtigen*: Bd. 8, S. 241, 23 f.: *Die Sehnsucht verschwindet im Tun und Wirken.* Die *Sehnsucht* und das *Tüchtige* sind Grundmotive des Goetheschen geistigen Bereichs, oft genannt, oft in einem Spannungsverhältnis, und eben darum auch in Beziehung gesetzt (Sachreg. in Bd. 14 unter *Sehnsucht* und *tüchtig, das Tüchtige*). – Christine Wagner-Dittmar, Goethe und die chinesische Literatur. In: Studien zu Goethes Alterswerken. Hrsg. von E. Trunz. Frankf. 1971. S. 122–228.

Mit chinesischer Dichtung und Kunst hat Goethe sich von Zeit zu Zeit immer wieder beschäftigt auf Grund der nicht sehr ergiebigen sinologischen Werke seiner Zeit, die ihm Einblick in die konfuzianische Welt gaben, während ihm die buddhistischen und taoistischen Elemente der chinesischen Kultur unbekannt blieben. Er befaßte sich mit China besonders im Jahre 1813 (Keudell Nr. 863–873; Brief an Knebel 10. 11. 1813; Tagebuch 2.–16. Okt. 1813), dann wieder 1817, als er das Drama „Lau Schen Ör" in der englischen Übersetzung „An Heir in his old age" von J. F. Davis, London 1817, las (Keudell Nr. 1103) und darüber in dem Aufsatz *Indische und chinesische Dichtung* (Bd. 12, S. 301–303) berichtete. Die wichtigste Epoche der Beschäftigung mit China ist dann das Jahr 1827. Er las damals den Roman „Yü Giau Li" in der französischen Übertragung „Iu-kiao-li ou Les deux cousines" von dem Sinologen J. P. Abel Rémusat, Paris 1826, 4 Bde., (Tagebuch 9.–14. Mai 1827) und ferner von demselben „Contes chinoises", Paris 1827, 3 Bde., mit 10 chinesischen Novellen. (Tagebuch 22. bis 24. August 1827.) Besonders aber beschäftigte ihn der Versroman „Hua Dsien Gi" (Geschichte vom Blumenpapier), den er in der englischen Übersetzung „Chinese courtship" by P. P. Thoms, London 1824, kennenlernte. (Keudell 1798; Tagebuch 31. Jan.–11. Febr. 1827; Eckermann 31. Jan. 1827; Mommsen Bd. 2, S. 181–183.) Dieses Werk enthält als Anhang „Bai Me Tu Sin Yung", in englischer Übertragung „The Songs of a Hundred Beautiful Women". Dies sind lyrische Gedichte und einleitende biographische Angaben dazu. Einiges daraus hat Goethe übersetzt in seinem Aufsatz *Chinesisches,* der in seiner Zeitschrift *Über Kunst und Altertum, Bd. 6,* noch Ende des Jahres 1827 erschien. (W. A. 41, 2. S. 272–275 und 42, 1 S. 230–235.) Hier fand er einige typische Kurzgedichte, doch bekam er von den Meisterwerken chinesischer Lyrik nichts zu sehn, und die Übersetzungen waren nicht sonderlich gut. Dennoch fühlte er das Besondere heraus, und es regte sein eigenes Schaffen an. Das Tagebuch notiert am 15. Mai 1827 im Gartenhaus: *Einiges an den chinesischen Jahreszeiten.* 1. August: *Chinesische Jahreszeiten suppliert.* Am 24. Oktober im Brief an Zelter erwähnt er als unveröffentlicht *kleiner Gedichte mancherlei, darunter eine Sammlung mit der Rubrik „Chinesische Jahreszeiten".* Über die Drucklegung notiert das Tagebuch am 29. Juli 1829: *Den Beitrag zum Berliner Almanach bedacht und gefördert.* Am 2. August berichtet ein Brief an Eckermann über die Fertigstellung des kleinen Zyklus für den „Berliner Musenalmanach"; am 13. August vermerkt das Tagebuch *Die Gedichte für Berlin abschließlich zusammengestellt.* Am gleichen Tag sendet Goethe sie an Riemer zur Durchsicht. Am 15. August schickt er sie an Zelter nach Berlin, der sie den Musenalmanach-Herausgebern übergeben wollte: *Möge Dir auch in diesen Blättern Scherz und Ernst einige Freude machen.* – Der im 19. Jahrhundert wenig beachtete Zyklus wurde erst im 20. Jahrhundert allmählich in seiner Schönheit des Altersstils entdeckt; bezeichnend dafür Rilkes Brief an Kippenberg 3. 2. 1914: „Läßt sich irgendwo nachsehen und können Sie mirs kurz andeuten, welche Stelle jene *Chinesisch-deutschen Jahreszeiten* (woher der Titel?) in Goethes (offenbar spätester?) Produktion einnehmen? Es kommen die verschiedensten Elemente darin zusammen, will mir scheinen, die bedeutendste lyrische Ergreifung, wie sie seine mächtigsten Zeilen besitzen, und daneben, ja mitten drin, ein Spielend-Dekoratives ..." – Über Goethe und die chinesische Dichtung vor allem: E. H. von Tscharner, China in der dt. Dichtung. München 1939. Und: Chuan Chen, Die chinesische schöne Literatur im dt. Schrifttum. Diss. Kiel 1933. – Woldemar Frhr. v. Biedermann, Goethe-Forschungen, Bd. 1–3, Lpz. 1879–1899, versucht Goethes Zyklus bis ins einzelne aus „Hua Dsien Gi" (Geschichte vom Blumenpapier) herzuleiten und gibt dadurch ein positivistisch verzerrtes Bild, wie schon Chuan Chen S. 80 und E. H. v. Tscharner S. 102 u. 126 dargelegt haben. – Fr. Strich, Dichtung und Zivilisation. München 1928. S. 93–123. – E. Jenisch in: Dt. Vjs. 1, 1923, S. 309–338. – Rich. Wilhelm in: Jahrb. d. fr. dt. Hochstifts 1927, S. 301–316. – Rich. Wilhelm in: Chines.-dt. Almanach. Frankf. 1929/30. – E. Beutler in: Das Buch in China und das Buch über China. Frankf. a. M. 1928. S. 54–58. – Chuan Chen in: Litterae Orientales 50, 1932, S. 1–5. – Junyu Kitayama, West-östliche Begegnung. 3. Aufl. Bln. 1942. S. 2–10. – Elizabeth Selden, China in German poetry. Univ. of California publ. in modern philology 25, 1942, insbes. S. 190–207. – Über Goethes Gedichte insbesondere: Viëtor in: Euphorion 1932, S. 120–128; wiederholt in: Viëtor, Geist und Form, 1952, S. 158–162. – Ursula Fritzsche, Studien zur Entwicklung des lyrischen Subjekts bei Goethe. Diss. Münster 1953. S. 112–120. – W. Preisendanz in: Jahrbuch der dt. Schillerges. 8, 1964. S. 137–152. – Hideo Fukuda im Jahrbuch „Goethe" 30, 1968, S. 192–201 und in: Japanische Beiträge zur Germanistik. Hrsg. von M. Sagara. Tokyo 1980. S. 77–119. – Friedrich Burkhardt im Jahrbuch der dt. Schiller-Ges. 13, 1969, S. 180–195. – Joachim Müller in: Marginalien zur poetischen Welt. Festschr. für R. Mülher. Bln. 1970. S. 53–87. –

Yang En-lin in: Goethejahrbuch 89, 1972, S. 154–188. – Christine Wagner-Dittmar in: Studien zu Goethes Alterswerken. Hrsg. von E. Trunz. Frankf. a. M. 1971. S. 122–228. – Norbert Mecklenburg, Naturlyrik als Glaubensbekenntnis. In: Naturlyrik und Gesellschaft. Hrsg. von N. Mecklenburg. Stuttg. 1977. S. 74–87. – Meredith Lee, Studies in Goethe's Lyric Cycles. Universitiy of North Carolina Studies. Chapel Hill 1978. S. 129–147. – Günther Debon, Goethes Chinesisch-deutsche Jahres- und Tageszeiten in sinologischer Sicht. Euphorion 76, 1982, S. 27–57.

S. 390. ES SPRICHT SICH AUS ... Erster Druck: Weim. Ausg., Bd. 5, 1. 1893, unter den Sprüchen, die Verse haben aber lyrischen Charakter (wie die S. 378). Sie sind ein auf einem kleinen Blatt ganz flüchtig mit Bleistift geschriebener Entwurf, ohne jede Interpunktion, die letzte Zeile schwer leserlich, so daß der erste Herausgeber sie las „Komm alte Freude, komm ins Herz", was dann in der Weim. Ausg. 5, 2. 1910. S. 268 gebessert wurde zu der heutigen Lesung. Vielleicht darf man den Zeilen eine Mittelstellung geben zwischen der Leidenschaft der Marienbader und der erhabenen Ruhe der Dornburger Gedichte. Daß die Dichtung den Schmerz löst, ist ein in Goethes Wesen verankertes, mehrfach wiederkehrendes Motiv. (*Tasso* 3433; *An Werther* 50.)

Die einzige Handschrift (im Goethe-Schiller-Archiv) zeigt Schriftzüge der Spätzeit, ich habe aber kein Merkmal für genauere Datierung gefunden. Wie einige Herausgeber dazu kommen, die Verse „Dornburg 1828" zu datieren, ist mir unbekannt. – Eine *goldne Leier* hat Apollo, der Gott der Dichtung. Pindars 1. Pythisches Siegeslied (übersetzt von Voß, Herder, Humboldt u. a.) beginnt „Goldne Leier (oder: Harfe) Apollos ..." C. Ph. Moritz in seiner „Götterlehre" nennt im Apollo-Kapitel die „goldne Zither". Schiller sagt im Gedicht „Poesie des Lebens" über das abstrakte Denken: „Apoll zerbricht die goldne Leier". Bei Goethe kommt die Wendung *goldne Leier* schon *Tasso* 1157 vor als Inbegriff der Kunst. Sie ist in den späten Versen wohl ähnlich gemeint, und die Formulierung deutet über das Persönlich-Augenblickliche hinaus den Hintergrund einer großen geistigen Tradition an.

S. 391. DEM AUFGEHENDEN VOLLMONDE. Von Goethe selbst datiert. Er sandte das Gedicht, eigenhändig geschrieben, am 23. Oktober 1828 an Marianne v. Willemer. In dieser Handschrift lautet Zeile 11 *Schlägt mein Herz auch schneller, schneller* ... Außerdem wurde das Gedicht in einer Abschrift Johns am 26. August 1828 einem Brief an Zelter angefügt, d. h. sogleich nach seiner Entstehung. – 7 *Zeugest mir* ... Dazu Bd. 2, S. 85: *Euch im Vollmond zu begrüßen, / Habt ihr heilig angelobet,* d. h. die Liebenden wollen getrennt stets bei Vollmondschein aneinander denken. – Erster Druck 1833 in „Nachgelassene Werke" Bd. 7. Es folgen *Der Bräutigam* und *Früh wenn Tal* ... innerhalb einer von Eckermann und Riemer selbständig zusammengestellten Gruppe „Vermischte Gedichte" aus dem Nachlaß.

Das Tagebuch notiert am Ende der Aufzeichnungen zum 25. August 1828: *Schöner Aufgang und Fortschritt des Vollmondes.* – Facsimile der Handschrift: Goethes Briefwechsel mit Marianne v. Willemer. Hrsg. von M. Hecker. Lpz., 9.–11. Tausend (1936), Tafel 9. – Viëtor in: Euphorion 1932, S. 130–133. Wiederabgedruckt in: Viëtor, Geist und Form. 1952. S. 170–178. – Kommerell, Gedanken ... S. 134f. – Kommerell, Dichterische Welterfahrung, 1952, S. 46–50. – R. Petsch in: Zeitschr. f. dt. Bildung 4, 1928, S. 297–308.

S. 391. FRÜH, WENN TAL, GEBIRG UND GARTEN ... Erster Druck: Deutscher Musenalmanach für das Jahr 1833, hrsg. von A. v. Chamisso u. G. Schwab. – Ein *Wenn*-Satz beginnt, ein zweiter solcher fährt fort, ein dritter Konditionalsatz schließt an (*dankst du dann* ...), und erst in den letzten zwei Zeilen folgt der Hauptsatz; in diesem Geflecht von Beziehungen sind die Naturmotive verknüpft mit den sich steigernden Seelen-Motiven (*dem sehnlichsten Erwarten* ..., *Dankst du dann* ..., *Reiner Brust* ...), zugleich gehen die Gegenwartsformen über in die Zukunftsformen der Schlußzeilen. Der Gedanke, daß dem Menschen, wenn er von früh an Natur recht sieht, diese auch am Abend Zeugnis des Höchsten sein wird, ist direkt überhaupt nicht ausgesprochen (sondern nur durch das Satzgebilde angedeutet): alles bleibt Naturbild und Seelenzustand. Wie so oft bei Goethe ist das Sinnbildliche im Wirklichen angelegt. Goethe beobachtete von dem hochgelegenen Dornburger Schlosse aus in diesen Tagen mehrfach bei hohem Barometerstand den im Saaletal häufigen Morgennebel, der sich später auflöste. Darüber sein Tagebuch am 8. Juli und am 5., 7. und 9. September 1828 und der Brief an Zelter vom 7. September.

Viëtor in: Euphorion 1932, S. 133–136. Wiederabgedruckt in: Viëtor, Geist und Form. 1952. S. 170–178. – Kommerell, Gedanken ... S. 130–132. – Kommerell, Dichter. Welterfahrung, 1952, S. 46–53. – Walther Killy, Wandlungen des lyrischen Bildes. 1956. 3. Aufl. 1961. S. 10–16. – Joachim Müller, Goethestudien. Lpz. 1960. S. 187–192.

NACHTRAG

S. 285. GROSS IST DIE DIANA ... Das Werk von Hirt stellt das Standbild auf 2 Kupferstichen dar. Die Göttin hat mehrere Brüste, darunter einen Gürtel mit plastischen Tierfiguren, dann bis zu den Füßen fünf weitere gürtelartige Ringe, der erste und zweite zeigt Hirsche, die übrigen andere Tiere. Goethes Angaben Vers 7/8 und 21/22 entsprechen genau diesen Bildern.

S. 359. URWORTE. ORPHISCH. Zu Vers 33–40 *Hoffnung.* In Goethes Bibliothek befand sich seit 1805 das von ihm mehrfach erwähnte Werk von Alois Ludwig Hirt, Bilderbuch für Mythologie, Archäologie und Kunst. 1. Heft, Berlin 1805. Darin S. 100–101: Spes, Göttin der Hoffnung. Dazu Abb. XI, 2: Spes mit großen Flügeln am Rücken, kleinen an den Fersen, fliegend; nach einer Gemme.

GOETHES ERLÄUTERUNGEN EIGENER GEDICHTE

In *Dichtung und Wahrheit* hat Goethe sich zu vielen seiner Jugendgedichte geäußert; er hat sie in seinen Lebensgang hineingestellt und mancherlei Einzelheiten erläutert. Aber dieses Werk reicht nur bis 1775. So blieb die *Harzreise im Winter* (S. 50), die ohne einige biographische Tatsachen kaum zu verstehen ist, ohne Kommentar und demgemäß in mancher Beziehung für den Leser rätselhaft. Der Prenzlauer Rektor Karl Ludwig Kannegießer, als Schriftsteller und Übersetzer geschätzt, versuchte eine Auslegung des Gedichts und sandte sie Goethe zu. Dadurch wurde dieser angeregt, sich nun selbst dazu zu äußern, und schrieb seinen Kommentar. Auch andere Gedichte von ihm setzten einige biographische Tatsachen voraus, insbesondere die Gedichte an Personen aus seinem Alter, die er als *Inschriften, Denk- und Sendeblätter* bezeichnete. Darum hat er auch diese kommentiert. Bei seinen anderen Erläuterungen – zur *Ballade* (S. 290), zu den *Urworten* (S. 359) und zu *Howards Ehrengedächtnis* (S. 350) – ist es die Schwierigkeit der Gedichte in sich selbst, die ihn zum Kommentar anregte. Er wollte dem Verständnis Hilfen geben. Er begrenzt sich dabei auf das Inhaltliche und greift sachlich und fest zu. Bei der *Ballade* gibt er einleitend in die Tiefe gehende Betrachtungen über die Gattung allgemein, danach zählt er den Inhalt strophenweise auf in einer fast nüchternen Weise. Er hat gewußt, warum er in diesen Grenzen blieb. Er wollte nicht an das Geheimnis des eigenen Schaffens rühren. Die Frage nach dem inneren Zusammenhang von Gehalt und Gestalt läßt er offen. Den Interpretationen seiner Zeitgenossen wie Kannegießer, Schubarth u. a. stand er freundlich gegenüber und damit der Interpretation überhaupt. Er schrieb seine Kommentare, um zukünftigen Interpreten entgegenzukommen, und beschränkte sich dabei auf Erläuterungen im eigentlichen Sinne. Doch ist damit nicht gesagt, daß der heutige Interpret ihm methodisch darin gleichzukommen versuchen müsse. Denn das Sich-selbst-Verstehen und Sich-selbst-Darstellen eines Künstlers ist etwas anderes als das Verstehen seines Werks durch einen Betrachter, der durch Individualität und Zeit von ihm Abstand hat und der nun aus dieser seiner Existenz heraus seine Fragen an das Werk stellt.

Der Historiker Heinrich Luden in Jena notiert am 19. August 1806 folgende Gesprächsäußerung: *Der Dichter soll nicht sein eigener Erklärer sein ... damit würde er aufhören, Dichter zu sein. Der Dichter stellt seine Schöpfung in die Welt hinaus; es ist die Sache des Lesers, des Ästhetikers, des Kritikers, zu untersuchen, was er mit seiner Schöpfung gewollt hat.*

S. 392. HARZREISE IM WINTER. Erster Druck: *Über Kunst und Altertum, 3. Bd., 2. Heft, 1821.* Dann in: Ausg. l. Hd., Nachgel. Werke, Bd. 45, 1833.

Als Goethe das Manuskript fertig hatte, schickte er es am 13. März 1821 an Riemer und schrieb dazu: *Wenn Sie Beikommendes durchzusehen geneigt sind, so wollte besonders ersuchen aufzumerken, ob meine Enthüllung der damaligen Zustände bis auf einen gewissen Grad hinreicht. Teils um das Gedicht nicht zur Prosa herunter zu ziehen, möcht ich sie nicht deutlicher aussprechen, sodann dürft es auch wohl nicht am Ort sein, hierin weiter zu gehen.* Er äußerte sich dazu dann noch in den *Tag- und Jahresheften,* Abschnitt *1820* (geschrieben etwa 1825): *Aufgeregt durch teilnehmende Anfrage schrieb ich einen Kommentar zu dem abstrusen Gedicht „Harzreise im Winter".* Das Wort *abstrus* in der Bedeutung „verborgen, schwer zu erklären" mit dem Nebensinn „etwas abwegig", dies wohl geschrieben im Hinblick auf die Leser, für die dieses Gedicht schwierig war. – Kannegießer hatte seine Interpretation an Goethe geschickt mit einem Brief vom 11. November 1820 (Briefe an Goethe HA 2, S. 292). Seine Auslegung ist neugedruckt: (Jb.) Goethe 24, 1962, S. 228–235 mit Erläuterungen von W. Herwig. – Wulf Segebrecht, Das Gelegenheitsgedicht. Stuttg. 1977. Insbes. S. 317ff.

S. 400. BALLADE. Erster Druck: *Über Kunst und Altertum, Bd. 3, Heft 1, 1821.* Dann in: Ausg. l. Hd., Nachgelassene Werke, Bd. 45, 1833.

S. 403. URWORTE, ORPHISCH. Erster Druck: *Über Kunst und Altertum, 2. Bd., 3. Heft, 1820.* Dann: Ausg. l. Hd., Nachgelass. Werke, Bd. 49, 1833.

S. 408. HOWARDS EHRENGEDÄCHTNIS. Erster Druck: *Zur Naturwissenschaft überhaupt, Bd. 1, Heft 4, 1822.*

S. 409. INSCHRIFTEN, DENK- UND SENDEBLÄTTER, AUFKLÄRENDE BEMERKUNGEN. Für den 4. Bd. der *Ausg. l. Hd.*, der 1827 erschien, stellte Goethe 98 Gedichte zusammen, die er selbst mit Nummern versah. Im Juni 1825 schrieb er dazu die *Aufklärenden Bemerkungen,* die er dem Bande beifügte. Da unsere Ausgabe nur einen Teil der von Goethe zusammengestellten Gedichte an Personen bringt, enthält sie auch nur einen Teil seiner Anmerkungen. Anderseits enthält sie wiederum Gedichte an Personen, die er selbst nicht in seine Sammlung aufgenommen und also auch nie kommentiert hat.

BIBLIOGRAPHIE

Abkürzungen

Adelung = Joh. Christoph Adelung, Versuch eines grammatisch-kritischen Wörterbuchs der hochdeutschen Mundart. – Goethe besaß die 1. Aufl. 4 Bde. Lpz. 1774–86. Zitiert wird meist nach der Ausgabe Wien 1808.

Art. = Artikel.

Ausg. l. Hd. = *Ausgabe letzter Hand.* 40 Bde. 1827–1830.

Boyd = James Boyd, Notes to Goethe's poems. I. Oxford 1948. (X, 226 S.) II. Oxford 1949. (X, 272 S.)

Briefe HA. = Goethes Briefe. Hamburger Ausgabe. Hrsg. von K. R. Mandelkow. 4 Bde. Hamburg 1962–1967 u. ö.

Dt. Vjs. = Deutsche Vierteljahresschrift für Literaturwissenschaft und Geistesgeschichte.

Dt. Wb. = Deutsches Wörterbuch von Jacob Grimm und Wilhelm Grimm. Lpz. 1854–1962.

Fischer, Goethe-Wortschatz = Paul Fischer, Goethe-Wortschatz. Lpz. 1929. (XII, 906 S.)

Fischer-Lamberg = Der junge Goethe. Hrsg. von Hanna Fischer-Lamberg. 5 Bände und 1 Register-Bd. Berlin 1963–1974.

GJb. = Goethe-Jahrbuch.

Goedeke = Karl Goedeke, Grundriß zur Gesch. d. dt. Dichtung. 3. Aufl., 4. Bd. 1.–4. Abt. Dresden 1910–1916.

(Jb.) Goethe = Goethe. Vierteljahresschrift der Goethegesellschaft. Weimar 1936 ff. Seit Bd. 3, 1938, Viermonatsschrift. Seit Bd. 9, 1944, als Jahrbuch erscheinend.

Gräf = Goethe über seine Dichtungen. Hrsg. von H. G. Gräf. Bd. 7–9: Die lyrischen Dichtungen. Bd. I. 1912. Bd. II, 1 und II, 2. 1914.

Gundolf = Friedrich Gundolf, Goethe. Bln. 1916 u. ö.

GWb = Goethe-Wörterbuch. Bd. 1. Stuttg. 1978. Laufend weitere Lieferungen.

Hefele = Herman Hefele, Geschichte und Gestalt. Lpz. 1940.

Hehn = Victor Hehn, Über Goethes Gedichte. Hrsg. von E. v. d. Hellen. Stuttg. u. Bln. 1911.

HwbA. = Handwörterbuch des dt. Aberglaubens, hrsg. von H. Bächtold-Stäubli. 10 Bde. Bln. 1927–1942.

Jb. d. fr. dt. Hochstifts = Jahrbuch des Freien deutschen Hochstifts zu Frankfurt a. M. 1902 ff.

Jb. G.Ges. = Jahrbuch der Goethegesellschaft.

JEGPh. = Journal of English and Germanic Philology. (Urbana, Ill.)

KDN = Deutsche National-Literatur, hrsg. von Joseph Kürschner. 164 Bde. 1882–1899.

Keudell = Elise v. Keudell, Goethe als Benutzer der Weimarer Bibliothek. Weimar 1931.

Kommerell = Max Kommerell, Gedanken über Gedichte. Frankfurt 1943.

Mommsen = Die Entstehung von Goethes Werken in Dokumenten. Hrsg. von Momme Mommsen und Katharina Mommsen. Bln. 1958.

Morris = Der junge Goethe. Hrsg. von Max Morris. 6 Bde. Lpz. 1909–1912.

PMLA = Publications of the Modern Language Association of America.
Pyritz = Goethe-Bibliographie. Begründet von Hans Pyritz, fortgeführt von Heinz Nicolai und Gerhard Burkhardt. Heidelberg 1965. Bd. 2. 1968.
Ruppert = Goethes Bibliothek. Katalog. Bearbeitet von Hans Ruppert. Weimar 1958.
Schr. G.Ges. = Schriften der Goethe-Gesellschaft.
Sp. = Spalte.
Staiger = Emil Staiger, Goethe. 3 Bde. Zürich u. Freiburg 1952–1959.
Tecchi = Bonaventura Tecchi, Sette liriche di Goethe. Bari 1949. = Biblioteca di cultura moderna, 468.
W. A. = Weimarer Ausgabe von Goethes Werken. 143 Bde. 1887–1919.
Zedler = Großes vollständiges Universal-Lexicon ... Halle u. Lpz., Verlegts J. H. Zedler. 64 Bde. 1733–1750. Dazu 4 Suppl.-Bde. 1751–1754.

Ausgaben

Goethes Schriften. Leipzig, bei G. J. Göschen. 8 Bde. 1787–1790. Die Gedichte in Bd. 8. 1789. (In der philologischen Wissenschaft wird diese Ausgabe abgekürzt bezeichnet: S.)
Goethes neue Schriften. Mit Kupfern. Bln., bei J. F. Unger. 7 Bde. 1792–1800. Die Gedichte in Bd. 7. 1800. (Philologische Abkürzung: N.)
Goethes Werke. Tübingen, J. G. Cotta. 13 Bde. 1806–1810. Die Gedichte in Bd. 1. 1806. (Philologische Abkürzung: A.)
Goethes Werke. Stuttg. u. Tübingen, J. G. Cotta. 20 Bde. 1815–1819. Die Gedichte in Bd. 1 und 2. 1815. (Bezeichnet: B.)
Goethes Werke. Vollständige Ausgabe letzter Hand. Stuttg. u. Tüb., Cotta. Bd. 1–40. 1827–1830. Dazu ergänzend: Goethes nachgelassene Werke. Ebd., Bd. 41–60. 1832–1842. (Hrsg. v. Eckermann und Riemer.) Die Gedichte in Bd. 1–4 (1827), 47 (1833) und 56 (1842). Es gibt nicht eine, sondern zwei *Ausgaben letzter Hand;* inhaltlich sind sie gleich, im Druck verschieden: eine im Taschenformat, die andere größer, im Oktavformat. (Bezeichnet: C^1 und C.)
Goethes poetische und prosaische Werke in zwei Bänden. Stuttg. u. Tüb., J. G. Cotta. 1836–1837. (Hrsg. v. Eckermann u. Riemer.) Die Gedichte in Bd. 1. (Die sogenannte ,,Quartausgabe". Bezeichnet: Q.)
Goethes Werke. Nach den vorzüglichsten Quellen revidierte Ausgabe. Bln., G. Hempel. 36 Bde. o. J. (1868–79.) Die Gedichte in Bd. 1–3, 1868–70, hrsg. v. Strehlke. (Mit Anmerkungen.)
Goethes Werke. Hrsg. v. H. Düntzer, K. J. Schröer, G. Witkowski, A. Gotthold u. R. Steiner. Stuttg., Bln. u. Lpz., o. J. (1882–1897) = Dt. National-Literatur, hrsg. v. J. Kürschner. Bd. 82–117. – Die Gedichte, hrsg. von Düntzer, in Bd. 1–3. (Mit Erläuterungen.)
Goethes Werke. Hrsg. im Auftrage der Großherzogin Sophie v. Sachsen-Weimar. Weimar, H. Böhlau, 1887–1919. 143 Bde. Abt. I: Werke. 63 Bde. 1887–1918. Abt. II: Naturwiss. Schriften. 14 Bde. 1890–1904. Abt. III: Tagebücher. 16 Bde. 1887–1919. Abt. IV: Briefe. 50 Bde. 1887–1912. – Die sogenannte ,,Weimarer Ausgabe". Die Gedichte in Bd. 1–7, 16, 37 und 53. (Vollständigste aller Ausgaben, sämtliche Lesarten, kein Kommentar.)

Goethes sämtliche Werke. Jubiläums-Ausgabe, hrsg. v. E. v. d. Hellen. 40 Bde. (1902–1907) und 1 Register-Bd. (1912). Stuttg. u. Bln., Cotta. – Die Gedichte in Bd. 1—4, 1902–1907, hrsg. v. E. v. d. Hellen. (Mit Kommentar.)

Goethes Werke. Vollständige Ausgabe in 40 Teilen. Hrsg. v. K. Alt u. a. (Goldene Klassiker-Bibliothek.) Verlag Bong, Bln., Lpz., Wien, Stuttg. 40 Bde., dazu 2 Bde. Anmerkungen und 2 Bde. Register. (1909–1926.) – Die Gedichte in Bd. 1 und 2. (Mit Erläuterungen.)

Goethes Werke, Großherzog-Wilhelm-Ernst-Ausgabe. 16 Bde. Lpz., Insel-Verlag. (1905–1916.) – Dünndruck-Ausgabe. Die Gedichte, hrsg. v. H. G. Gräf, in Bd. 14 und 15 (1916). (Nur Text, chronologisch geordnet.) Diese 2 Bände auch als Sonderausgabe ,,Gedichte in zeitlicher Folge", 1916 u. ö. Neue Ausgabe, besorgt von Heinz Nicolai. Wiesbaden 1958 u. ö.

Goethes Werke. Festausgabe. Hrsg. v. R. Petsch. Bibliogr. Institut, Lpz. 1926. 18 Bde. – Die Gedichte in Bd. 1 und 2, hrsg. von Boucke. (Mit Anmerkungen.)

Goethe. Gedenkausgabe der Werke, Briefe und Gespräche. Hrsg. v. Ernst Beutler. Bd. 1 und 2: Gedichte. Hrsg. v. Emil Staiger. Zürich, Artemis-Verlag, 1950 u. 1953. (Mit ausführlichen Nachworten.)

Goethe. Berliner Ausgabe. Bd. 1–2. Gedichte. Hrsg. von Regine Otto. Bln. 1965–1966 u. ö. (Mit Kommentar.)

Goethe, Sämtliche Werke nach Epochen des Schaffens. Münchner Ausgabe. Hrsg. von Karl Richter u. a. München 1985 ff.

Goethe, Sämtliche Werke. Hrsg. von Hendrik Birus u. a. Bd. 1 und 2: Gedichte, hrsg. von Karl Eibl. Frankfurt, Dt. Klassiker Verlag, 1987 u. 1988.

Goethes Gedichte. 3 Teile. Mit Einleitung und Anmerkungen von Gustav v. Loeper. Bln. 1882–1884.

Goethes Gedichte. Auswahl in zeitlicher Folge. Hrsg. v. M. Hecker. Lpz., Insel-Verlag, 1939. 29.–43. Tausend 1947. – (Bemerkenswert wegen der Datierungen.)

Goethes Gedichte. Mit Erläuterungen von Emil Staiger. 3 Bde. Zürich, Manesse-Verlag, 1949. (Mit Kommentar.)

Der junge Goethe. Goethes Gedichte in ihrer geschichtlichen Entwicklung hrsg. u. erläutert von Eugen Wolff. Oldenburg u. Lpz. 1907. – (Abdruck der frühen Gedichtfassungen mit allen Lesarten und Erläuterungen.)

Der junge Goethe. Hrsg. v. Max Morris. 6 Bde. Lpz., Insel-Verlag, 1909–1912. (Abdruck der frühesten Fassungen, mit Anmerkungen.)

Der junge Goethe. Hrsg. von Hanna Fischer-Lamberg. 5 Bde. Bln. 1963–1973. (Abdruck der frühen Fassungen, mit Anmerkungen.)

Goethe, Vermischte Gedichte. 1788. Hrsg. von Karl-Heinz Hahn. Bd. 1: Faksimile. Bd. 2: Transkription, Lesarten usw. Lpz. 1984. Lizenz-Ausg. Frankfurt a. M. 1984.

Goethe über seine Dichtungen. Hrsg. v. Hans Gerhard Gräf. 9 Bde. Frankf. a. M. 1901–1914. Davon: Dritter Teil: Die lyrischen Dichtungen. 1. Bd.: 1912. 2. Bd., 1. Hälfte: 1914. 2. Bd., 2. Hälfte: 1914. (= Des ganzen Werkes 7.–9. Bd.)

Abhandlungen

Düntzer, Heinrich: Goethes lyrische Gedichte. 2. Aufl. 3 Bde. Lpz. 1875–77. – Düntzer, Erläuterungen zu den dt. Klassikern. Bd. 61–73. Goethe, Lyr. Gedichte. 3. Aufl. Lpz. 1896–98.

Hehn, Victor: Gedanken über Goethe. Bln. 1887 u. ö.

Valentin, Veit: Wolken in Vision und Wissenschaft bei Goethe. Neue Jahrbücher f. d. klass. Altertum, Gesch. u. dt. Lit. 2, 1899, S. 385–401.

Lehmann, Rudolf: Goethes Lyrik und die Goethe-Philologie. GJb. 26, 1905, S. 133–158. Wieder abgedruckt in: Goethe im Urteil seiner Kritiker. Hrsg. von K. R. Mandelkow. Bd. 3, 1979, S. 323–331.

Dilthey, Wilhelm: Das Erlebnis und die Dichtung. Lpz. 1906 u. ö.

Hehn, Victor: Über Goethes Gedichte. Aus dem Nachlaß hrsg. v. Ed. v. d. Hellen. Stuttg. u. Bln. 1911.

Carlowitz, Ric v.: Das Impressionistische bei Goethe. Sprachliche Streifzüge durch Goethes Lyrik. Jb. G. Ges. 3, 1916, S. 41–99.

Gundolf, Friedrich: Goethe. Bln. 1916 u. ö.

Müller, Günther: Geschichte des dt. Liedes. München 1925.

Heusler, Andreas: Goethes Verskunst. Dt. Vjs. 3, 1925, S. 75–93. Wiederholt in: Heusler, Kleine Schriften. Bln. 1943. S. 462ff.

Korff, H. A.: Vom Wesen Goethescher Gedichte. Jb. d. Fr. dt. Hochstifts 1927. S. 3–27.

Heusler, Andreas: Deutsche Versgeschichte. Bd. 3, Teil 4 u. 5. Bln. 1929. = Grundriß d. german. Philol. 8, 3.

Reitmeyer, Elisabeth: Studien zum Problem der Gedichtsammlung mit eingehender Untersuchung der Gedichtsammlung Goethes und Tiecks. Bern 1935. = Sprache u. Dichtung, 57.

Kommerell, Max: Goethes Gedicht. Goethe-Kalender 29, 1936, S. 133–169. – Wiederholt in: Kommerell, Dichterische Welterfahrung. Frankfurt a. M. 1952. S. 23–52.

Hefele, Herman: Goethes Lyrik. In: Hefele, Geschichte und Gestalt. 6 Essays. Lpz. 1940. S. 9–116.

Kommerell, Max: Gedanken über Gedichte. Frankf. a. M. 1943.

Fuchs, Albert: Goethe. Un homme face à la vie. Bd. 1. Paris 1946. (560 S.)

Boyd, James: Notes to Goethe's Poems. Vol. I: 1749–1786. Oxford 1944. 2. Aufl. 1948. (X, 226 S.) Vol. II: 1786–1832. Oxford 1949. (X, 272 S.)

Tecchi, Bonaventura: Sette Liriche di Goethe. Bari 1949. = Biblioteca di cultura moderna, 468. (186 S.)

Wilkinson, Mary Elizabeth: Goethe's Poetry. German Life and Letters. N. S. 2, 1949, S. 316–329. Wiederabgedruckt in: Wilkinson, E. M., and Willoughby, L. A.: Goethe Poet and Thinker. London 1962. S. 20–34. Dasselbe in deutscher Sprache in: Wilkinson-Willoughby, Goethe, Dichter und Denker. Frankf. 1974. S. 15–33.

Peacock, Ronald: Goethe as lyrical poet. In: Essays on Goethe. Ed. by William Rose. London 1949. S. 21–44.

Kaulhausen, Marie-Hed: Die Bedeutung der irrationalen Sprachkräfte für die Gestaltung des lyr. Gedichts. Dt. Vjs. 25, 1951, S. 232–249.

Fritzsche, Ursula: Studien zur Entwicklung des lyrischen Subjekts bei Goethe. Phil. Diss. (Maschinenschrift) Münster 1953. (XVI, 141 S.)
Mohr, Wolfgang: Zu Goethes Verskunst. Wirkendes Wort 3, 1953/54. S. 151–163. Auch in: Wirkendes Wort, Sammelband III. Düsseldorf 1963. S. 288–300.
Staiger, Emil: Goethe. 3 Bde. Zürich u. Freiburg 1952–1959.
Pehnt, Wolfgang: Zeiterlebnis u. Zeitdeutung in Goethes Lyrik. Tübingen 1957. (VI, 153 S.)
Korff, H. A.: Goethe im Bildwandel seiner Lyrik, 2 Bde. Lpz. 1958. (392 und 356 S.)
Simon, Werner: Zu Goethes Stanzendichtung. In: Beitr. zur dt. u. nord. Lit. Festschr. f. L. Magon. Bln. 1958. S. 238–249.
Trunz, Erich: Die Sammelhandschriften von Goethes Gedichten und das Problem ihrer Edition. In: Weimarer Beiträge. Ztschr. f. dt. Literaturgesch. 6, 1960, Sonderheft. S. 1176–1183. Wiederabgedruckt in: Trunz, Weimarer Goethe-Studien. Weimar 1980. (Schr. G. Ges., 61.) S. 77–84.
Kayser, Wolfgang: Goethes Dichtungen in Stanzen. In: Kayser, Kunst und Spiel. Göttingen 1961. S. 86–99.
Müller-Seidel, Walter: Die Geschichtlichkeit der dt. Klassik. Stuttg. 1983.
Trunz, Erich: Weltbild und Dichtung im Zeitalter Goethes. Weimar 1993. (Schr. G. G., 63) Darin: Die Formen der dt. Lyrik in der Goethezeit. S. 59–74. Und: Goethes religiöse Gedankenwelt, dargestellt auf Grund der Gedichte und des „Faust"-Schlusses. S. 125–144.
Hahn, Karl-Heinz: Aus der Werkstatt deutscher Dichter. Halle 1963. Darin S. 71–109: Goethes lyrische Kunst u. das Problem der Intuition.
Werin, Algot: Goethe – lyrikern. Lund 1967. (436 S.) In schwedischer Sprache.
Kaiser, Gerhard: Wandrer und Idylle. Goethe und die Phänomenologie der Natur in der deutschen Dichtung von Geßner bis zu G. Keller. Göttingen 1977. (301 S.).
Graham, Ilse: Goethe. Portrait of the Artist. Berlin and New York 1977. (382 S.).
Lee, Meredith: Studies in Goethe's Lyrik Cycles. Chapel Hill 1978. = Univ. of North Carolina Studies in the Germanic Languages, Nr. 93.
Conrady, Karl Otto: Goethe. 2 Bde. Königstein 1981–1985.
Tümmler, Hans: Und der Gelegenheit schaff' ein Gedicht. Goethes Gedichte um und über Persönlichkeiten seiner Zeit. Bad Neustadt a. d. Saale 1984.
Gedichte und Interpretationen. Bd. 2: Aufklärung und Sturm und Drang. Bd. 3: Klassik und Romantik. Stuttg., Reclam, 1984.
Trunz, Erich: Ein Tag aus Goethes Leben. Acht Studien. München 1990. Darin: Goethes lyrische Kurzgedichte; Goethes späte Lyrik u. a.

Vertonungen

Gedichte Goethes in Kompositionen seiner Zeitgenossen. Hrsg. v. M. Friedländer. 2 Bde. Weimar 1896 u. 1916. = Schr. G.Ges., 11 u. 31. (Texte und Noten.)
Moser, H. J.: Goethes Dichtung in der neueren Musik. Jb. G.Ges. 17, 1931, S. 261–281.
Die Musik in Geschichte und Gegenwart. Bd. 5. 1956. Art. ,,Goethe" von Fr. Blume. S. 432–457. (Mit zahlreichen Literaturangaben.)

Verzeichnisse von Vertonungen der einzelnen Goetheschen Gedichte enthalten die Fest-Ausgabe, Bd. 2, 1926, S. 514–536, und die Gedenk-Ausgabe (Artemis-Verlag), Bd. 2, 1953, S. 665–760.

Nachschlagewerke

Nicolai, Heinz: Zeittafel zu Goethes Leben und Werk. In: Goethes Werke, Hamburger Ausgabe, Bd. 14.

Deutsches Wörterbuch, begründet von Jacob Grimm und Wilhelm Grimm. Lpz. 1854–1962. – Reprint 1984.

Fischer, Paul: Goethe-Wortschatz. Lpz. 1929. (XII, 905 S.)

Goethe -Wörterbuch. Stuttgart 1978ff.

Hermann, Helmut G.: Goethe-Bibliographie. (= Reclam 8692) Stuttg. 1991.

Goethe über seine Dichtungen. Hrsg. von Hans Gerhard Gräf. Bd. 7–9: Die lyrischen Dichtungen. Bd. I. Frankf. 1912. Bd. II, 1 und II, 2. Frankf. 1914.

Goethe-Bibliographie, begründet von Hans Pyritz, fortgeführt von Heinz Nicolai u.a. Bd. 1. Heidelberg 1965. Bd. 2. 1968.

Frank, Horst Joachim: Handbuch der deutschen Strophenformen. München 1980.

Goethe-Handbuch. Bd. 1: Gedichte. Hrsg. von Regine Otto und Bernd Witte. Stuttg. 1996.

Weitere Hilfsmittel: Hbg. Ausg., Bd. 14, Bibliographie.

REGISTER DER GEDICHT-ÜBERSCHRIFTEN UND GEDICHT-ANFÄNGE

Verzeichnet sind auch Gedichte, die in anderen Bänden der „Hamburger Ausgabe" enthalten sind. – Klammern bei den Zahlen bedeuten, daß das Gedicht in der Anmerkung zu der in Klammern genannten Seite zu finden ist (in vollem Wortlaut oder als Lesarten).

INHALTSÜBERSICHT

KOMMENTARTEIL